JN192905

増補改訂版

クラーラ・ツェトキーン

——ジェンダー平等と反戦の生涯——

伊藤 セツ

Ito, Setsu

Clara Zetkin

(1857-1933)

Eine Biografie

Für Geschlechtergleichheit - gegen Krieg
Gegen Faschismus - für Frieden

御茶の水書房

増補改定版まえがき

2013年12月，クラーラ・ツェトキーン（1857-1933）の没後80年の終わりに本書初版第1刷が出された。それから4年を経た2017年は，クラーラ生誕160年，マルクス『資本論』第1巻刊行150年の他，ロシア革命100年でもあり，私は思い立って同年12月はじめにドイツを旅した。その最中，丁度クラーラが生まれ育ったヴィーデラウの南，ドイツとチェコとの国境のエルツ山地やケムニッツ（DDR時代はカール・マルクスシュタット）をめぐって，ドレスデンのホテルに宿泊中の深夜，スマホの着信音が鳴った。

それは，本書残部僅少を機に，初版の正誤表の本文への組み込みや，その後の研究動向（書評や反応への対応を含め）を「補章」として付した増補版を出したいとの御茶の水書房の橋本盛作社長からの電話であった。本当に有難いお申し出で，夢かと思ったが，現実だった。感謝に耐えない。

本書の正誤表は，私の研究ブログに2014年3月にアップし，出版社にも，挿入して販売することをお願いしてはいたが，そのようなやり方では不行き届きであるし，書評や，寄贈した方や読者からの反応を含め，本文，文献，索引の，訂正すべき点は訂正して，増刷していただくことができることは，著者としてこの上ない安堵である。

本書は，幸い，2014年5月に，「第20回（2013年）社会政策学会学術賞」をいただき[*]，2014年度中に，私が知る限りでは，8本の書評[**]も出されていた。また，この間，すでに初版で予告しておいたドイツでのクラーラ・ツェトキーンの初めての手紙集も第1巻がようやく2016年に刊行され[***]，2017年には，クラーラのゆかりの地，ベルリンやシュツットガルトで，クラーラ生誕160年の記念の催しももたれたとの情報も得ていた。

私自身はといえば，本書初版出版後の4年間，クラーラ・ツェトキーンを日本に最初に紹介（英語からの重訳で）した山川菊栄を研究テーマとして取り組んで，旅に出る前，丁度脱稿したところであった。この研究は，クラーラ研究と切り離されたものではなく，継続の意味もあり，また2017年には，マルクス『資本論』第1巻刊行150年とのからみで，私はクラーラが，第1巻から女性解放論として何を汲み取ったかについての小論も発表していたのである****。

「補章」に書きたい，書かなければならないと思ったことは次の点であった。

第1に，本書出版後のこの4年間に，クラーラ・ツェトキーン関連地点でまだ訪れていなかったうちの3つの地点（上述のドイツのエルツ山地，ウクライナのオデッサ，そしてラトヴィアのリーガ）を短期ではあるが旅したことについてである。たとえ垣間見るだけであったとしても，臨場感をもつということは，叙述に対して少なからぬ影響を及ぼすことを実感してきているので，初版の上梓後も，機会をみつけて意図的にそれらの地に足を運んでいた。この4年間でそのいくつかの目的を達することができた。後手にまわっている感があるがそれについて書くことが出来たらとまず思った。

第2に，受賞や書評に関することである。8本の書評の紹介と簡単なレスポンスを公表する得難い機会と考えた。

第3に，本書初版のviページおよび911頁でふれたクラーラの最初の手紙集が，当初予定の第1次世界大戦開戦100年の2014年には間に合わなかったが，2016年に，マルガ・フォイクト編『クラーラ・ツェトキーン：戦争の手紙第1巻1914-1918』カール・ディーツ出版　ベルリン，2016.10，559頁，€49,90）として出版された。編者のマルガ・フォイクト氏は，1953年生まれの，スラヴ語・文化研究者で1990年まで，ベルリンの独ソ友好センター館内のロシア図書館の司書で責任者だったが，両ドイツ統一後，2000年以降はフリーランスで，クラーラ・ツェトキーンの初めての手紙編集という大きな企画を単独で手掛けられたのである。第2巻（1919-23の収録）は，2018年現在発行準備中とのことであるが，とりあえず，第1巻を簡単にでも紹介したいと考えた。

第4に，この第1巻に収録された，クラーラのローザ・ルクセンブルクあての重要な手紙（1918年11月17日付け）の興味深い内容を紹介して本文を補いたいと思った。

第5に，この間，1917年は，クラーラ生誕160年であったが，生誕150年の2007年には，私も招待されてベルリンでの記念シンポジウムに参加していたので，160年はどうしただろうかと気になり，マルガ・フォイクト氏から簡単な情報を得ていた。そのことを紹介しておきたいと思う。日本では，クラーラ生誕160年など大方に関心はないが，その同じ2017年は，既述のようにマルクス『資本論』第1巻刊行150年でもあり，マルクス『資本論』と関連する原稿の依頼を受けた私は，クラーラが『資本論』第1巻から，女性解放論の何を学んだかという小論を書いた。私がこれをもってクラーラ生誕160年の記念としたことにもふれたい。

さらに本書初版に寄せられた御指摘のメール，葉書，手紙を今改めて読み返し，それらを受けとめて，この増刷の機会に，許される範囲で補論に反映させることを試みたい。まだ多くの論点があることを自覚はしているが，また先送りする。特にマルクス主義女性解放論といわれているものが本質的に持つ，未来社会論についての言及が必要であろうと考えている。

最後に，ここで，特筆して謝意を表したいのは，拙著初版第1刷出版後，最初から通読して，高い見識と友情から，短期間に誤植・表現・問題点を指摘し，脱力している私を叱咤激励して，正誤表つくりを助けてくれた，高校・大学を通じての60年来の親友，坂西雅子氏（元天使短大教授）のことである。彼女が，2015年の春に故人となってしまったことは私には痛恨の極みであるが，今回の増補改訂版は，何よりも彼女が喜んでくれるはずである。ありがとう。

2018年3月8日　国際女性デーに　　伊藤　セツ

*第20回（2013年）学会賞選考委員会報告　選考委員会委員長 禹宗杬『社会政策学会Newsletter』2014-2016年期No.1（通巻80号）2014.9.1：4-5.

**書評は私が把握している8点は，発行順に次のとおりである。

1. 水田珠枝『週刊読書人』2014.4.18：4面。
2. 矢野久・倉田稔　イギリス女性史研究会『女性とジェンダーの歴史』No.2, 2014.11：矢野47-49，倉田49-50.
3. 荒又重雄　昭和女子大学『学苑』No.893, 2015.3：86-87.
4. 高田実『大原社会問題研究所雑誌』No.677, 2015.3：61-63.
5. 掛川典子『昭和女子大学女性問題研究所紀要』No.42, 2015.3：79-82.
6. 姫岡とし子　日本ドイツ学会『ドイツ研究』No.49, 2015.3：226-230.
7. 荒又重雄『労動総研クォータリー』No.98, 2015.4春季号：58-59.
8. 松丸和夫　女性労働問題研究会『女性労働研究』No.59, 2015.6：152-155.

***Voigt, Marga.Hersg. *Clara Zetkin Die Kriegsbriefe Band1*（*1914-1918*）Karl Dietz Verlag Berlin. 2016.

****伊藤セツ「クラーラ・ツェトキーンと『資本論』第1巻――マルクス主義と女性解放論・女性運動」『日本の科学者』Vol.52, No.9, 2017.9：22-27.

はしがき

人は，ある時，ある場所に生れ，それぞれの時間を生きてこの世から去っていく。人は，背後の歴史的時間，つまり「時代」と，住み，あるいは移動した地理的空間，つまり「場所」，の影響をうけて生きて死ぬ。今日のようなグローバル化の時代には，たとえ過去の人物をあつかうにしても，歴史は，その人物がかかわった世界の歴史を，そしてまた地理的背景である「場所」も，地球規模で位置づけて考察する必要がある。その人物の生きた意味を今日と関連付けて理解する必要がある場合は，そうしなければならない。

私はいま，クラーラ・ツェトキーン（Zetkin, Clara：1857-1933）というドイツ人女性の生涯を描こうとしている。1857年にドイツのザクセン王国の小村に生まれ，ドイツ連邦，ドイツ帝国，そしてドイツ（ヴァイマール）共和国の成立と崩壊（ファシズムの勝利）の時代を生きて，当時のソビエト社会主義共和国連邦のモスクワ郊外で75歳で死んだ一人の女性運動／革命運動／政治運動家の生涯である。彼女は，没後80年の2013年現在（というのは，この先のことは不明であるから），モスクワのクレムリンの壁に，日本人の片山潜（1859-1933）と並んで葬られている。

2008年が彼女の没後75年であった。したがって，それ以降は，生きていた時間より死んでからの時間が刻々と長くなっていく。人の一生の評価は，「棺を蓋（おお）いて事定まる」（『晋書』648年）そうであるが，歴史的に何かを為した人物は，その人が何者であったかだけでなく，後世においてどのように評価されるかをも含めて問われ続ける。忘れ去られたものが急に掘り返されたりもし，はなばなしく評価されていた人物が突然抹殺されたりもする。その意味では「事定まる」こと自体もある側面からの相対的なものであって絶対的なものではない。私が対象とする人物においてもそうである。

また，その人物を描く人（本書では，私）の視点，つまりどの視角からその人物に光を当てるかによって，その人物は異った評価をうけることにもなる。何よりも描かれる人そのものが多様な側面をもっているし，描く人の側にも立脚点がある。したがって歴史的人物は，極端にいえばいかようにも描かれることとなる。また，たとえ可能な限り多様な側面を取り込んで客観的に描こうとしても，資料的制約によって，知り得ることは限界があるし，書き手の立脚点からの陰影の濃淡が生じることも避けられない。何をもって「客観的」といえるかわからない。新たに資料が掘り起こされて新しい事実が発見されるごとに，対象の別な側面に光が当てられて評価し直されたり，それ以前の評価が覆されるということにもなる。

そのような事態を防ごうと完全に相対化してその人物を描くことに努めるとしても，描き手の立脚点まで相対化するわけにはいかない。立脚点なしにテーマを設定することは意味がないともいえるからである。

これらのことは，カーの『歴史とは何か』(カー 1961 = 清水訳 1969) の「歴史」を〈伝記〉に，「歴史家」を〈私〉に置き換えてみると，私は「歴史家」ではないにもかかわらず，あてはまることが多い。「歴史家」たちは，未来というものを深く感じて，「なぜ」という問題とは別に，「どこへ」という問題を提出する (同上：160) というカーの指摘もまたあてはまる。

私が，恩師，新川士郎先生 (1910-1994) の勧めによってクララ・ツェトキーンの資料集めに着手したのは北海道大学大学院経済学研究科修士課程に入った1963年のことであった。私は，まずクララ・ツェトキーンに関する修士論文を，さらに博士予備論文を書き，そのあとクララの重要演説・論文 (と私が判断したもの) を10編ピックアップして解説付きで編訳書を出した (松原編訳 1969)。

その後，やっと1970年代の後半から1980年代の前半，東西に分かれていたドイツ (ドイツ連邦共和国 = BRD = 西ドイツと，ドイツ民主共和国 = DDR = 東ドイツ) でクララの足取りを追いながら資料を収集した。そして1981年，わずか3カ月ではあったが都費で海外研修に出る機会を得た。当時の東西対立の制約のなかでの東ベルリン，ライプツィヒ，ボンやアムステルダムで可能な限りのアルヒーフ検索を行い，1984年に博士論文として提出するための単著を完成させた (伊藤 1984)。

研究を手掛けてからすでに20年が経っていた。そのころ，ソ連はペレストロイカ，グラスノスチと，ゴルバチョフの改革の時代に入り，数年後に歴史の世界史的転換の時代がやってきた。1989年，ベルリンの壁崩壊の年，私は勤め先を変え，諸般の事情から，この研究には正面からむきあうことができなかった。しかし，クラーラ・ツェトキーンと関連するアウグスト・ベーベル（1840-1913）の研究（昭和女子大学女性文化研究所編 2004）や，1977年に国連の定める「国際デー」となったもともとクラーラ・ツェトキーン発案の「国際女性デー」の歴史を追う仕事（伊藤 2003）をやってはいた。また，遅ればせながら2005年度から2008年度まで，日本学術振興会の科学研究費助成（基盤研究C−17510224）を得て，クラーラ・ツェトキーン研究に正面から向きあう機会も得た。

前著をまとめた1984年という年自体，微妙な年であった。すでに1960年代・70年代に欧米に起こって主流となっていく学術の動向・時代の風潮に，1984年（それは偶然にもジョージ・オーエルの1949年の小説『1984年』の題の年でもある）に世に出た拙著は，当時の風潮に抗するつもりであったが，何ほどの意味ももたなかった。

ここで「当時の風潮」とは，女性学，ネオ・フェミニズム，社会史，カルチュラル・スタディーズ，ジェンダー史を含む，ポスト・モダンの新たな研究方法の隆盛のことであり，欧米・日本の著作が，クラーラ・ツェトキーンも依って立ったマルクス主義女性解放論の批判，否定，無視，そして断続の上での脱構築という思想的風潮のことである。

私は，長期の研究サバティカル制度のない大学に籍を置いていたので，1985年以降は夏季・冬季・春季休暇を利用して，主に米国各地の大学図書館に入り込み，最新の研究動向を追い続けた。他方1990年代から，ソ連・東欧の崩壊のプロセスで公開されはじめていたモスクワやベルリンのアルヒーフを利用することも容易になったが，私が実際利用する機会を得たのは，崩壊後15年もたった前述の科学研究費助成金獲得によってであった。

折しも，大学の改革が激動の時代に入り，大学院運営と博士の学位の取得を望む大学院生を相手に，時間的余裕はほとんどなく，公開された資料をせっかく入手しても，十分使いこなすことが出来ないままで定年の時が訪れた。

クラーラ・ツェトキーンの没後30年の1963年に始めたこの研究は，実質的にかけた年月はその半分にも満たないとはいえ，1984年の前著を挟んで

2013年で通算50年になる。

この研究をまとめる段階になって，私は，この研究は，実はクラーラ・ツェトキーンの存在を借りて，本当は何か別のものを探し求める研究であるということを意識するようになった。それは，実は「社会主義とは何か」という問題である。地上に現れた「社会主義」とよばれた政治・経済体制の本質を，事後に振り返って云々することはできても，事の進行中に事実を的確に見抜くことがいかに困難だったかをあらためて思う。また，歴史の現段階で「社会主義」と自称する諸国の実験は殆んど成功していないことを考えれば，クラーラ・ツェトキーンが女性解放（単なる男女平等ではなく）を社会主義の実現に賭けていたその社会主義とは何かを問わねばならない。社会主義と呼んでも呼ばなくても，新しい政治的・経済的システムとはどういうものか。しかしながら本書からはその結論は得られない。

本書は，もとより女性解放を中心としたクラーラ・ツェトキーンの伝記である。「評伝」,「史伝」と呼ぶ場合もあるが本書の場合なにか大げさな気がする。しかし，そもそも伝記とは何か。私は「伝記論」なるものを知らない。だが，少なくとも，私がこれまで接した限られた伝記，あるいは私が対象とするクラーラ・ツェトキーンに関する先行各種伝記によって，その種類を分類してみると次のようになるように思われる。

まず，a.事実の根拠となる資料をいちいち提示しないいわばノンフィクション風のもの(いわゆる伝記作家によるもの), b.厳密に1次資料の出典に依り，あるいは間接的にでも（たとえ孫引きでも）1次資料に根拠を求めて，いちいちそれを提示する学術的手法をとるもの。

また，著者の立脚点から見て，①対象とする人物の側に立って，肯定的側面の資料を用い，マイナス面はそぎ取る書き方。しばしばその人物称賛がこれに加わる。②これまで通説となっていた対象人物像を否定し，新たな資料と研究方法によって，隠されていたマイナス側面を浮き彫りにしてオリジナリティを誇示するもの。しばしば，その人物への批判や憎悪を感じさせる。③対象人物を客観的に多側面からとらえて，可能な限り1次資料を発見駆使して対象を客観的に描く書き方をするもの，である。

上記aは，細かな事実の確認のトレースがかなわず，想像と創作がどの箇所か不明である。もしもこれが①の立場から書かれているとすれば，一面性を免れないことになる。研究者として私は，その立場をとるわけにはいかない（これは，たとえどんなに資料を駆使しても「傾向文学」にちなんで「傾向伝記」とでもいうようなものである）。私は，極力トレーサビリティを重視し，文献の所在を可能なかぎり1次資料に求め，それを明記する方を選ぶ。また上記②は，①を覆すのであるから，1次資料を掘り起こして高度にアカデミックな形式をとるが，「逆傾向伝記」になりがちである。また③は，往々にして著者の立脚点が見えなくなり，何のためにその人物を描くのかの目的がはっきりしないことがある。「なぜ」，「どこへ」である。

私は本書で可能な限り，立脚点を明確にしながら③でいく。称賛と憎悪には与しない。

本書と1984年の拙著を区別するのは，①新しい資料（ソ連・東欧の崩壊以降入手したものを含む）の入手や，すでにそれを用いた新しい先行研究成果を組み込んだ執筆であること。②それによって私に生じた新たな視点によって，これまでの評価と方向付けに修正を加えているということ。また，③形式的問題では，日本人に好まれる縦書きをあえて横書きにして，パソコンの技術で容易になった，注を直接頁の下に付けて，本文を読みながら，注によって理解を深めやすくするという方法をとったこと。④引用文献の所在を，重複・煩雑さをさけ，巻末で全体が見えるように合理化したこと。⑤索引に事項，人名，地名索引を区分したこと。⑥年譜と年表の統一に工夫をこらしたことである。

さらに何よりも，本書は，1984年の拙著に対する批判を念頭において書かれている。

伝記に使用する資料についてであるが，本書に関連する人物を例に挙げてみても，①自らが自伝的なものを書いている場合がある。ベーベルや，リリー・ブラウン，および片山潜がその例である。②本人の日記が存在する場合がある。ケーテ・コルヴィッツがその例である。③収集された手紙の存在がある。ローザ・ルクセンブルクがその例である。④演説が議事録等にどの程度収録されているか。⑤著作原稿が存在し，選集や全集にどの程度収録されているか。⑥手稿あるいは口述筆記（手紙）の未印刷資料がアルヒーフ等にどれだけ蒐集されていて公開されているか。⑦写真がどの程度存在するかも重要であるが，クラーラは子ども時代を除いて生涯のすべてにわたって写真は存在する。さらに，⑧同時代の人物との関連がどれだけ他の文献で把握できるかという問題がある。

クラーラには，上記のうち，①，②が存在しない。①を手掛ける計画を晩年に書いているが，当時の情勢と彼女の余命がそれを許さなかった。③手紙は存在するが，まとまって収録されたものはまだない。部分的だが，2014年の第1次世界大戦勃発100年を目途に，ドイツの研究者によってクラーラの反戦・平和に関する手紙の収集が行われ，2013年現在刊行準備中である。現在彼女の手紙は多くのアルヒーフに分散しており，手紙部分を私が利用するときは，私が収集した限りにおいてそれを用いたが，他の研究者が一度利用したものの後追い・孫引き的なものとなった部分もある。④，⑤が重要な資料となるが，全集はなく，選集は，クラーラの著作・演説・手紙類全体の10分の1ほどの収録であろう。⑥は，ソ連・東欧崩壊後に一挙に公開され閲覧可能となったが，私の側の限界から，偶発的な発見要素が多い。⑧は，本書ではかなり広い範囲で関連文献から，クラーラへの言及をひろい，彼女の実像に迫るように努めたつもりである。

さらにこれらの資料にいつどのように接したかも問題になる。重複するが，現物の手書き（あるいはタイプ）の1次資料か，手書きがタイプに翻刻されたものか，印刷・公表されたものか，一度公表・使用されたものに依っているか，他国語に翻訳があり，重訳からの引用か，日本語の場合邦訳はあるか，それはオリジナルな翻訳か，他国語からの重訳かということが問われる。本書で使用の場合，可能な限り注を付してわかるようにした。

邦訳を含む用語の問題であるが，1984年拙著で，「婦人」としたところをすべて「女性」に変えた。また最近の社会史やジェンダー史では使用しない当時の用語を，現代的に言い換えることはしていない。しかし，必要と認めた場合に限り，それぞれの特定グループのみが用いるジャルゴン（jargon：よくいえば専門語，悪く言えば他には通用しない語）をなるべく違和感ないように相互に通訳して用いている場合もある。

高野房太郎（1860-1904）の評伝を書いた二村一夫（2008：vi-vii）は，「まずはできるかぎり史料を集め，その内容を批判的に吟味し，史実を確定することに依って，その実像を明らかにしたい」が「直接史料が欠けていても，関連する諸記録を利用すれば，史実に接近することは可能」といい，さらに次のようにつけくわえている。

「もちろん，そうした実証重視の方法にも限界はあります。推測や想像を完全に封じて，歴史上の人物の生涯を描くことなど不可能です。たまたま残された史料だけに頼って再現された人間像は，ミイラのように干からび，かえって歪んだものとなるでしょう。ある側面では想像力を駆使し，大胆に推理する必要があります。ただその場合には，なぜそのように判断したのか，その根拠だけは明らかにしておくつもりです」(二村 2008：ix)。

私は，これを読んだ時，平山郁夫の絵「鄯善国妃子（ぜんぜんこくひし）」(楼蘭国王女）を思いだした。平山が，シルクロードから出たミイラを想像力を駆使して月夜の砂漠に眠る美しい女性に復元した，青い背景の絵である。私は，この絵を見て，私のクラーラ・ツェトキーンに関する仕事にもこんな部分があるのではないかと直感するところがあった。しかし，私の感性の鈍さと疑い深さからなかなかそれができなかった。

また，ウィットフォーゲル（1896 - 1988）の評伝を書いたウルメンは「この本は彼(ウィットフォーゲルのこと)が研究対象としたものについて研究する。その点，一人の人間の生涯と業績を記述する以上のものになることは，彼自身一番先に認めてくれることだろう」(ウルメン 1978＝亀井監訳 1995：2）といっている。

私は，クラーラ・ツェトキーンが，研究対象としたものを研究するのではない。クラーラは，研究者ではなく，初期にはジャーナリストであり，女性運動家であり，やがて職業革命家であり，政治家であった。しかし，クラーラが，活動の対象とした領域は広い。まず第1は，女性労働問題・女性問題であり，第2は，教育問題（子ども，家庭，学校）といえる。その他，各国の思想状況，労働者・労働運動の実態，平和問題，農業問題，知識人問題，文学・芸術ときわめて広い領域を得意とした。私はこのクラーラが得意とした対象領域のすべてを本書であつかってはいない。

冒頭私は，カーの『歴史とは何か』に言及し，「歴史」と〈伝記〉をおきかえるということを書いたが，カーは「歴史家」と「伝記作家」を，もとよりはっきり区別している。そして私は，この両者のどれにも当てはまらない，この両者と隣り合わせたところにいる。クラーラが生きた時代の「歴史」における「個人」（クラーラ・ツェトキーン）の役割を，本書で考えてみたい。

1963年に，恩師新川士郎先生は，「女性問題の研究をしたい」と申し出た私に，「日本から入るな。まず外国の，日本人に知られていない対象をテーマとせよ」と，クラーラ・ツェトキーンの女性解放論を私にテーマとして与えられた。後に「このテーマと心中せよ」，「このテーマは心中する相手として不足はない」ともいわれた。しかし，クラーラ没後80年，ベーベル没後100年，このテーマと取り組んで50年の今年（2013年）を，私は，自らこの研究の一応の区切りとすることにした。私のテーマとは，やはり女性問題そのものであり，クラーラ・ツェトキーン個人ではないからである。

本書で使用する資料も先行研究も2012年までのものでとどめる。

また，本書によって，すでに絶版になり，オン·デマンドリストからも消え，古書の流通界で浮かび上がるだけとなっている1984年の（幸いにも1986年に2刷りが出たが）前著『クララ・ツェトキンの婦人解放論』（有斐閣）は，当時お世話になった「ライプツィヒ・クラーラ・ツェトキーン教育大学」の諸先生への謝意と，旧東ドイツならではのクラーラ・ツェトキーン・コロッキウムの成果部分および，本書では割愛した日本におけるクラーラ・ツェトキーンの過去の紹介部分を除いて反故となる。

巻末に，私がこれまでに発表し，本書に吸収されていく習作的作品のリストを挙げたが，これらの多くとも，本書の刊行をもって別れを告げることにする。

増補改訂版

クラーラ・ツェトキーン

——ジェンダー平等と反戦の生涯——

目　次

目　次

第2章 青春――ライプツィヒ――87

第3章 亡命――パリでのオシップ・ツェトキーンとの生活――125

写真・図表一覧

掲載写真について，一言おことわりしておきたい。これまでの，クララ・ツェトキーン伝に使われている写真は，伝記作家の立場，ねらい，資料入手の制約等によって，一面的な掲載のされ方が多かった。本書では，私の立脚点からクララの全体像がわかるように，同時代人をも含めて独自に入手した多数の資料から写真を取捨選択して掲載している。同じ写真あるいは類似の写真が二次利用で複数あり，異なるキャプション（例えば，場所，年）については，私の類推で選択するか，不正確さのため選択から外した。また，絵も写真化しているので同類として扱っている。

写真の出所は，①私が撮影したもの，②アルヒーフで許可されて固有の番号を付して掲載したもの，③所蔵している美術館等のカタログ，④先行関連図書既掲載のもの，⑤信頼できるウェブサイトから得たもの，から成っている。

出所を一覧に付した。なお，③と④は，文献のフルネーム等を，「文献リスト」に掲げてあるので，文献引用の略記に従って示している。文献リストを参照していただきたい。⑤については人物3点であるが，Spartacus Educationalのサイト（http://www.spartacus.schoolnet.co.uk/index.html 2012.4.25アクセス）から得た。現在，歴史上の人物の写真は，Wikipedia他のサイトに多く掲載されている。印刷物で写真が得られなかったこの3点について他ウェブサイトの写真を照合しつつSpartacus Educationalに依拠したのは，このサイトが歴史上の人物に関する教育向けの英国の情報の出所の1つだからである。

第3章

第6章

第7章

第8章

第9章

第12章

第13章

第14章

第15章

第16章

凡　例

1　Clara Zetkin のドイツ語発音は［ˈklaːra ˈtsɛtkiːn］（Der Große Duden, Bd.6, *Aussprachewörterbuch*：422，819）であるので，本書ではクラーラ・ツェトキーンと表記する。ただし，引用文においては，執筆者の記述に従うのでこの限りではない。（＊1920年7月以前の印刷物はKlaraとなっている。）

2　欧文人名は，本文では原則として，名・姓の順でカタカナ書きとし，読者の便を考慮して重要人物の初出のみ，必要に応じて（生年－没年）を記すが，生年－没年および原語は，原則として索引のカタカナ書きの後に入れる。初出以降の叙述では文脈に応じで，姓のみまたは名のみと簡略化する場合がある。引用文においてはこの限りではない。

3　外国の機関紙誌名，政党・組織名等は，日本語訳あるいは原語のカタカナで表記するが，必要に応じて（原語/略語）を付す。そのあとの叙述でも，読者の便を考慮して原則としてそれを繰り返すが，場合によっては，略号を用いることもある。脚注および年譜・年表中はすべて略語を用いる（略語の説明は別途一覧を記す）。引用文中はこの限りではない。

4　欧米の地名は，本文ではカタカナ書きのみとし，地名索引に原則として原語を入れる。

5　その他本文中，原語を示す必要があると私が判断したものには，原語を付した。

6　ロシアの旧暦には，西暦も付記している。

7　出典の文献，引用頁は本文中に挿入しているが，煩雑すぎると私が判断したものについては脚注にする場合もある。

8　引用注，引用文献については，①言語が多岐にわたること，②翻訳からの引用も多いこと（その場合，②a原語と対比可能だった場合と，②bそうでない場合，がある），③全集や選集に収録されている文献から引用・翻訳する場合があること，等により，私自身が作成したルールに依った。
①　に対応するために，頁を示す時，p.やS.や頁，等を省略し，：89，あるいは：89-91，のように：のあとに数字のみで示した。

② ②aの場合は，原著者名の原語と出版年（版を重ねている時は，どの版を邦訳したか，どの版を引用したかを明示する)，邦訳者の名と翻訳年を（　　）内に＝で併記した。

9 直上の引用文献と同じ文献による場合は，（同上：××）と頁の数字を入れる。頁が全く同じ場合は（同上）のみとする（他の文献を挟んで，それ以前に引用した文献を用いる場合はこの限りでない)。頁が改まった場合は，必要に応じて引用文献を再度書く。

10 写真の掲載に際しては，本文中はキャプションのみで，出所は写真一覧に書いた。(筆者が直接撮影したものはこの限りではない)

11 『マルクス･エンゲルス全集』，『レーニン全集』は大月書店版を用い，頁は邦訳版によるものである。

12 一般に「ドイツ社会民主党」といわれている場合でも，正式党名は，1869～1875年は「社会民主労働者党」(SDAP)，1875～1890年は「ドイツ社会主義労働者党」(SAPD)，1890年以降が「ドイツ社会民主党」(SPD）である。原語は次頁参照。

13 地名の呼び方は，ドイツ語読みが中心となっている。現在の一般にサンクトペテルブルクと呼ばれているロシアの市は帝政ロシア時代はペテルスブルク，1914－24年はペトログラード，1924－91年はレニングラードである。

14 アメリカ合衆国については，米国あるいはU.S.A.と略す場合がある。

15 die Frauの訳語は「女性」とした。引用文中はこの限りではない。

16 2018年版補章に関連するものは※で指示した。

略語一覧（Abkürzungsverzeichnis）

ADAV	Allgemeiner Deutscher Arbeiterverein
ADF	Der Allgemeine Deutsche Frauenverein
BDF	Der Bund deutscher Frauenvereine
DBE	Deutsche Biographische Enzyklopädie
DDR	Deutsche Demokratische Republik
EKKI	Exektivkomitee der Kommunistischen Internationale
IAA	Internationale Arbeiterassoziation
IAH	Internationale Arbeiterhilfe（MOPRに同じ）
IISG	Internationaal Instituut voor Sociale Geschiedenis
IML,ZPA	Zentrales Parteiarchiv beim Institute für Marxismus-Leninismus beim Zentralkomitee der SED, Berlin.
IRH	Internationale Rote Hilfe（MOPRに同じ）
KAG	Kommunistische Arbeitsgemeinschaft（Levi Gruppe）
KI	Kommunistische Internationale
KPD	Kommunistische Partei Deutschlands
KPdSU	Kommunistische Partei der Sowjetunion
NL	Nachlaβ
MOPR	IRHに同じ（ロシア語の Meshdunarodnaja organisazija pomoschtschi borzam rewoljuzi）
RGASPI	Российский Государственный Архив Социально-Политической Истории（Russisches Staatsarchiv für sozialpolitische Geschichte）
SAPD	Sozialistische Arbeiterpartei Deutschlands（1875-1890）
SAPMO	Stiftung Archiv der Parteien und Massenorganization der DDR im Bundesarchiv
SDAP	Sozialdemokratische Arbeterpartei（1869-1875）
SED	Sozialistische Einheitpartei Deutschlands
SPD	Sozialdemokratische Partei Deutschlands（1890 ～）

UdSSR Union der sozialistischen Sowjetrepubliken

USPD Unabhängige Sozialdemokretisse Partei Deutschlands

・定期刊行物全集等の略号

文献リスト本書913-914に掲載

増補改訂版

クラーラ・ツェトキーン

——ジェンダー平等と反戦の生涯——

序　章

1　研究の背景と目的

21世紀の初めの10数年の現時点では，世界的に，ジェンダー平等のメインストリーミング（日本流にいえば男女共同参画を進めること）が強調され続けている。しかし，国連を挙げての取り組みにもかかわらず，まだ世界的規模での実現には程遠い。

それとは別に，「資本主義は女性を解放しない，社会主義社会がこれをなし得る」という考えが19世紀から継続していた。いわゆるマルクス主義（あるいは社会主義）女性解放論である。しかし，マルクス主義を実践するプロセスにあった，社会主義（と思われていた）諸国のうちの主要なものはその初歩的段階で，たかだか80年にも達せず崩壊した。

21世紀はじめの現在，女性が男性と相対的に平等であることが認められているのは主に北欧福祉国家である。だが，北欧福祉国家は社会主義国家ではない。では，社会主義国家と福祉国家は，歴史的にどんな関係にあるのか。第1次世界大戦に賛成して信頼を失った社会民主主義から分離して革命によって「社会主義」へむかった勢力が，男女平等のいくつかを実現したことは確かだが，まだ実験の段階のまま行き詰まって，社会民主主義政党が主導する「福祉国家」が，社会主義と関係はないが結果的に男女平等の先を進めているという構図にみえる。ではモデルはルールある「福祉国家」なのか。

さて，私が本書でとりあげるクラーラ・ツェトキーンは，アウグスト・ベーベルが党首だったドイツ社会民主党から出発して，ローザ・ルクセンブルクやカール・リープクネヒトが創立したドイツ共産党へ移り，同時にドイツ一国の枠を越えて，国際的に第2インターナショナル，そして第3インターナショナルの女性政策・女性運動の責任者でもあった。

クラーラ・ツェトキーンが対象とした社会問題・運動は，女性問題・運動に限定されないが，主に女性問題であった。

彼女は，市民（ブルジョア）階級の思想を吸収して成長しながら，労働者（プロレタリア）階級の立場にたって論陣を張り，当時のブルジョア女性運動と決別し，批判した。また，彼女は，心情的に，あるいは単に思想的にプロレタリア女性の立場にたつというよりは，具体的にその階級の利害を守る政党と国際組織，つまり初期には「社会主義者鎮圧法」下のドイツ社会民主党（SPD）と第2インターナショナル，第1次世界大戦後はドイツ共産党（KPD）と第3インターナショナル（コミンテルン）という国際的組織と結びついた人物であり，常に〈組織の人〉であった。その上，彼女は，強いイデオロギー・党派性をもつ人物だった。

当時はまさにイデオロギー・党派性のぶつかり合いの時代であった。クララは，ナロードニキ，ラサール主義，パリ・コミューンの思想，マルクス主義のさまざまな思想にもまれながら，マルクス主義の理論を選びとってそれを出発点として女性解放論を論じた。

第1次世界大戦時は，ローザ・ルクセンブルクとともに，スパルタクスグルッペに拠って反戦派であり，レーニンと交流があり，レーニン没後もコミンテルンの執行委員として，トロツキー，ジノーヴィエフ，ブハーリンとも親しかった。コミンテルンではレーニンからスターリンへの流れを生き，上記3人の追放をまじかに見ながら，スターリンによる「大粛清」が始まる数年前に，モスクワ郊外で一生を終えた。

1970年代以降の世界の思想のパラダイム転換時に既に，ニュー・フェミニズムは，マルクス主義を過去に押しやられる思想の一つでしかないと考えた。いわゆる「第2波フェミニズム」が勃興するや「マルクス主義的女性解放」の位置自体が目に見えないものとなり，「第1波フェミニズム」に括られていたり，ニュー・フェミニズムの一つでもあるマルクス主義フェミニズムと同一視・混同されたりもした。歴史的起源や思想の種類において当然区別されなくてはならない「マルクス主義的女性解放」の固有性は，存在自体もろともかき消されてしまった感があった。ドイツ近現代史一般のなかの位置でも同じことがいえるし，ドイツ近現代ジェンダー史の叙述においてさえそうである[1)]。ポストモダンのいわゆる「言語論的転回（あるいは転換）」が主流になると，新しい知の枠組みからはみ出しているすべての理論は，批判の対象となり，「という言説」として過去の歴史的事実そのものが存在しないかのごとくにもなる歴史方法論が流行した。

20世紀の後半の世界体制の大きな枠組みの変動，ソ連・東欧の崩壊がそれに追い打ちをかけた。「社会主義」と思われていた国家が，20世紀後半，いよいよ「社会主義」とは似て非なることが周知の事実となり[2)]，「資本主義」への可逆性や，「社会主義」と自称する国家の非「社会主義」的性格が明らかになってくると，何が「社会主義」かが曖昧模糊となり，「女性解放は社会主義とともに」といったアウグスト・ベーベルやクララ・ツェトキーンのテーゼは，その人物もろとも過去の遺物として忘却の彼方に押し流されても仕方がない様相を呈している。

しかし，その時代を担った歴史的人物は，その人物が生きた時代とそのおかれた立場でまず評価なり批判なりされ，その上で現代の課題への影響や意味，問題点が指摘されなければならない。

今日の時代の思想的風潮もまた，長い歴史の中の人類の歴史的実験の結果生れてきたものである。したがって，短絡的に単に今ある風潮に引き付けて，過去に「レッテル」を貼り，歴史から抹殺してしまうことは，歴史と未来の両方に対して，不遜な態度といえるのではないだろうか。

1）それにくらべてドイツの市民的女性運動は，一般のドイツ近代史の叙述のなかで健在である。若尾，井上編（2005）の『近代のドイツの歴史』のドイツ「女性運動」をあつかったくだりにも，市民的女性運動に主眼をおいて「プロレタリア女性運動のグループもあった」程度の記述であり（服部　2005：157-158），「戦争の勃発と女性たち」という項目でも，市民的女性運動に引き付けてドイツ社会民主党の唯一の女性幹部ルイーゼ・ツィーツの動向の，ある側面だけを取り上げるにとどまっている（三宅　2005：170-171）。ドイツ社会民主党と袂を分かって反戦を貫き，ヴァイマール共和国議会の共産党議員を1920-1933年まで続けたクララ・ツェトキーンの名は，本文全体を通じてどこにも現れない。姫岡，川越編（2009）の『ドイツ近現代ジェンダー史入門』も然りで，索引を探しても名前もない。

2）もっとも，1930年代後半においても，トロツキーはもちろんアンドレ・ジイドのソ連旅行記など（ジイド　1936＝小松訳　1937，ジイド1937＝堀口1938）を読めば，「これが社会主義か？」というきわめて示唆的で大胆な疑問の提示も当時からあったのだが。

人はみな，時代の風潮の影響を受けて生きている。それはある意味で避けられないことである。しかし私は，時代の風潮と，時代が否定している風潮を関連付け，歴史的な普遍の流れをみなければならないと思っている。

本書の目的は，第1に，現存する多くの資料（一次資料から，研究文献まで）によって可能な限り，クラーラ・ツェトキーンという人物の実像にせまり，「クラーラ・ツェトキーンは歴史のなかでどういう役割を持ったか」を読者に示すことである。第2に，それによって，クラーラのかかわった女性運動に関する発言や著作，行動や生き方が，世界のジェンダー平等の運動や現在の日本の「男女共同参画」の実現に連なるもの，寄与するものは何であったかを考察することである。

2　資料と研究の方法

研究方法は，資料（広義の史料）としては，まず彼女が書いたもの（日記や自伝はない。手紙と演説・論稿などが残されている。彼女の上の息子マクシムによるメモ風の部分的日記や彼が作った年譜はある），次に彼女の言動を叙述したもの（議事録，記事），そして彼女をとりあつかった伝記・研究書，彼女のある断片に触れた本人・他人の文献を用い，そこから人物像を構成するという方法をとる。こうした文字情報のほかに，写真が残されているし，少ないが，音声や映像も残されている。それらを可能な限り駆使してクラーラ像を構築する。

また，彼女がいた（移動した）場所に立ち，そこで彼女が見たもの，読んだものにできるだけ接して，理解を深め，タイムラグを念頭に入れながらも当時の事実を類推する。彼女の足跡を追って，彼女が立った場所に実際立つという方法をとる。その地理的追跡は，私の側の事情で，時代が前後したり，間を置いたり，繰り返し訪れている場所とそうでないと場所がある。しかし，彼女がいた場所のほとんどを，1978年以降2012年まで34年にわたってしまったが，複数回この足で歩いて，地理的感覚と臨場感を重視するように心がけた。

アルヒーフ検索は勿論であるが，それとは別に，彼女と関わった人的つながりを重視し，その人々が書き残したものの中から，クラーラのいろいろな側面を推し量った。例えば，ローザ・ルクセンブルクのレオ・ヨギヘスへの手紙のなかに，クラーラについてふれている箇所が多数あるのでそれを用いる。またローザの各種伝記で言及されるクラーラに関連する部分を，相矛盾する素材をも含めて吟味する。

また，資料を「事実の反映」とみなさず単に意味を生成するテキスト，ディスクールとして，テキスト分析を行うという「言語論的転回（転換）」を研究方法とする歴史研究（たとえば姫岡　2004：8）には与しない。その方法では，きわめて主観的分析に終始し，肝心の「事実」は存在しないことになるからである。

結果的にそうなるのであるが，国際的に活動したクラーラは，ドイツ史のなかにはおさまりきれない。従って，世界史の中にクラーラを置くという横断的世界史に踏み込まざるを得ない。ドイツを中心に，ロシア，アメリカ合衆国，それに第2インターナショナルやコミンテルン史に関連し，さらに断片的に部分的ではあってもクラーラと接触した各国史が関連してくる。それらを私の手に負える範囲で考慮に入れる。

3　先行研究と研究動向

ここで，1984年の拙著出版以降，クラーラ研究はどう展開されてきたかについて書いておきたい[3)]。

未印刷資料についていえば，すでに何度か述べたように，ソ連・東欧崩壊後（1990年代）から，それ以前までは，一部特権的な人にだけ閲覧・使用を許されていたアルヒーフ（モスクワのRGASPI[4)]，ベルリンのSAPMO[5)]）が1990

3）1984年以前の，諸外国でのクラーラ・ツェトキーン研究は，伊藤（1984：33-50）に記述しており，本書では繰り返さない。

4）RGASPI（ルガスピ）とは，ドイツ語で示すが，旧Zentrale Parteiarchiv des Instituts für M-L beim ZK der KPdSU.が，変更されてRussische Zentrum für Aufbewegung und Forschung von Dokumenten der neuesten Geschichte，となり，再度の名称変更で，Russländisches Staatliches Archiv für Sozial-und Politikgeschichite, Moskauとなったアルヒーフのロシア語の略称である（伊藤 2006：55）。

年代にあいついで開放された。

上記資料を使用して，各分野で多くの新しい研究が行われた[6]が，クララ・ツェトキーンに関しても例外ではなく，新しく2冊の伝記が出された。1冊は，フランスの，ローザの研究者でもあるパリ第8大学のドイツ史教授だった故ジルベール・バディアによるもの（Badia 1993：319S.），他の1冊は，21世紀に入って，ボーフム・ルール大学歴史科学部の教授資格論文（Habilitationsschrift）を刊行したターニア・プシュネラートのもの（Puschnerat 2003：463S.）である。

前者は，従来の東独の伝記作家ルイーゼ・ドルネマンの長年にわたった蓄積（Dornemann 1957, 1959, 1973改訂最終版で563S.）を一定程度尊重しながら，ドルネマンが東独的特有の政治的配慮からほとんど触れなかった事実や限界を新資料を駆使して越え，特にフランスに関する叙述が詳細であるという特徴を持つ。

後者は，膨大な資料を用いて，これまでの東独的研究に徹底批判で挑み，クラーラ・ツェトキーン像の180度の転換そのものを目的とした，内容においてアグレッシヴ，形式においては，文献，索引の表示においてアカデミックな完成度の高い装いをこらしている。彼女のクラーラ研究は，教授資格論文のための高いオリジナリティを要求されているせいか，ドルネマンとは逆の，「傾向伝記」という偏った印象をまぬがれない。彼女によって描かれるクラーラ像は，細部にわたって否定的側面が多く，ドルネマンの叙述と比べるとクラーラは同一人物と思われないほど相違がある。さらにプシュネラートによれば，クラーラは，スターリン主義化の加担者としてまた被害者として，コミンテルンの中にあっては「精神的亡命者」として，スターリンの反

5）SAPMO（ザプモ）とは，旧東独のSED付属ML研究所に所蔵されていた文書が，連邦文書館に統合されたアルヒーフの呼称であり，Stiftung Archiv der Parteien und Massenorganisationen der DDR im Bundesarchivの略称である。

6）日本語で読めるものでも，ごく一例をあげれば，個人ではレーニンの妻クループスカヤを，ペレストロイカの光に照らして読むという試み（ルバノフ=伊集院訳 1990）が行われたり，スターリン極秘書簡の公開（リー他 1995=岡田他訳 1996），コミンテルンとインドシナ共産党関係の資料を用いた歴史書（栗原 2005），またコミンテルン史そのもの（マクダーマット他 1996 =萩原訳 1998），現RGASPI所蔵のカール・マルクス家族の写真帳と告白帳のデジタル化の刊行（大村他編　2005）などがある。

対者への支持を秘めながら苦しみのなかで老いてモスクワ郊外アルハーンゲルスクに死すというものである。このような側面も事実であろうことは私にも大方推測はつくが，この側面だけを摘発してもクラーラの全体を描いたことにはならない。

2008年にミュンヘンのザウア社（K・G・Saur）から出されたフィールハオス他編『ドイツ伝記百科辞典』（*DBE*）改定第2版第10巻でプシュネラート はクラーラ・ツェトキーンの項を執筆担当しているが，クラーラを「政治ジャーナリスト，政治家」とし，1920年代後半，スターリンに率いられる左派的傾向，社会ファシズム論，スターリン化，粛清に反対し，コミンテルンからもドイツ共産党からも孤立したとして，伝記にも用いた「精神的亡命者」（Die innere Emigration）というタームで彼女を特徴付けている（Vierhaus, *et al.*, Hrsg.*DBE.*, 2007,Vol.10:832-833）。東独時代，ライプツィヒ・クラーラ・ツェトキーン教育大学で進められていたツェトキーン研究のグループが崩壊して10数年後に現れた彼女は，ドルネマン，バディア亡きあと，在野の研究者を除けば，アカデミズムの世界でのクラーラ・ツェトキーン研究の第一人者となった感があった[7)]。

7）プシュネラートは，ツェトキーン伝記の意図を，「メンタリテート史」的伝記の対象としてとりあげるとしている。メンタリテートにどういう日本語をあてるべきか。アナール派の「心性」に近いニュアンスを持っていると思われるので「心性」と訳しておく。心性／心性史，心性と階級，小市民性，心性とイデオロギー，ケーススタディとしての伝記というキーワードが示すように，プシュネラートを貫く方法は「心性」である。またこの本の裏表紙の宣伝文は例えば次のようなものである。「社会主義者で後に共産主義者となったクラーラ・ツェトキーンは，生存中からすでにそうであったが，その没後はいっそう政治的に利用されてきた。旧DDRにおいては，彼女はレーニンの崇拝者として，またソ連の忠実な友として，1989年以後は『民主的共産主義』の代弁者として，またスターリンとファシズムに対する大胆な反対者とみなされている。（中略）本伝記は，ツェトキーンの政治的，私的生活を，これまでにない個人に対する最も大規模なアルヒーフ資料に基礎をおいて，記述したものである。神話的人物ツェトキーンの背後に，これまでいわれてきた公のツェトキーン像に比し，その政治的行為がより強い権威的で反民主主義的態度によって明確にされる個性が見えるだろう」と。クラーラが「権威的で反民主主義」であったことの証明に「心性史」的方法が，21世紀のクラーラ研究に使われたのである。私はこの方法に立ち入らないが，この方法を以てしては，クラーラ・ツェトキーンという人物を，歴史的事実に即して描き出すことはできないという指摘だけはしておきたい。

私は1960年代以来，断続的にクララ・ツェトキーンの研究を発表してきた（主なものは松原1969，伊藤 1984，2001，2009）が，1960年代から1980年代まで依拠していた伝記は，主に東独の伝記作家ドルネマンによるものであった。もっとも彼女は当時でもRGASPI，SAPMOの前身のアルヒーフを，自由に利用することができる立場にあり，実際利用している証拠も私は現地で確認済みであるが，東独の伝記作家としての限界からまぬがれることはできず，クララの一面的賛美が強く，私生活やドイツ共産党の複雑な問題点は避けて通っている。プシュネラートは、豊富な資料を独占的に利用しながら20年にもわたって手を加え改訂して完成させたドルネマンの，クララ・ツェトキーン伝を，上記辞典で，「参考文献」にも挙げていない。ドルネマンのこの悲劇は，私が1970年代の終わりから1980年代を通じて交流を持った東独のクララ・ツェトキーン研究者の多くにあてはまる。

私はなぜ今，クララ・ツェトキーンの伝記を書こうとしているのか。ネットルが，1966年に英語でローザ・ルクセンブルクの伝記を書いた時，（ローザの）「読むにたえる伝記がまだない」から（ネットル 1966＝諌山他訳 1974上：2）といい，ローザをよく知るドイツ人フレーリヒのローザ伝を「フレーリヒが描くローザ・ルクセンブルク像は，まるで紋切型の聖人伝である」と言い切っている（同上：30）。私はフレーリヒについては必ずしもそうは思わないが，クララのドルネマンによる伝記については，それはかなりあてはまる。しかし，かくいうネットルも，クララに関する所では，資料を十分使いきれず，ローザについてさえもネットルの注意がおよばない部分があるし，叙述も矛盾したり，事実誤認があることを指摘することができる。

伝記に限らず，研究とはかなり努力してもそのようなものであろう。その伝記作家があまり関心がない部分については軽く扱うし，その作家が外国語でそれを書いている場合，他言語への翻訳の時，翻訳者の関心と知識の有無・軽重がさらにそうした傾向に拍車をかける。いちいち，例を挙げ，出典を示すのはあまりに煩雑なことだからである。

私は，そうした限界に注意してクララを書こうとしているが，他の伝記作家がおちいる問題を完全に避けることはやはり不可能である。

伝記以外のクララ・ツェトキーン研究をみると，クララに関する学術的研究が盛んだったのは，1950年代末から1980年代まで「ライプツィヒ・クラーラ・ツェトキーン教育大学」を中心とするグループ（「女性解放のための労働者階級の闘争史共同研究チーム」）および東ベルリンのマルクス・レーニン主義研究所（IML）であり，当時も，ソ連・東独の非公開未印刷資料を駆使して研究を蓄積していた。しかし西側のアルヒーフはアムステルダムの国際社会史研究所（IISG）以外を使用せず，閉ざされた研究の感があった。東独では，クラーラ・ツェトキーン・コロッキウムを1968～89年までに10回開催したが，参加者は当時のソ連・東欧社会主義国だけ（1985年の第8回と1987年の第9回には，私も例外的に招待されて参加）であった。「ライプツィヒ・クラーラ・ツェトキーン教育大学」は，多くのクラーラに関する修士・博士論文を生産していたが，出版されたものは，クラーラの演説分析をしたもの（Reetz 1978）のみであった。しかし，プシュネラートは，これらのグループの論文については，彼女の著書の「ツェトキーン文献」に大小もれなく挙げているという業績を残した（Puschnerat 2003：443-456）。これによって，東独での私の師たち（フリッツ・シュタウデ教授，ハンス・ユルゲン＝アーレント教授他）の文献も，封印されたり，焚書にあわないで済んでいることには，救われる思いもする。

クラーラ・ツェトキーンは，米国でも，女性運動や文学・芸術論の学位論文（Honeycutt 1975，Reutershan 1980）のテーマともなり，西独の在野の研究者ヘルヴェーも啓発的研究を行っていた（Hervé, Hrsg. 1979）。

1990年代以降，クラーラ・ツェトキーンの晩年の家，ビルケンヴェーダーのクラーラ・ツェトキーン・ハウスを残す運動をした住民グループが小冊子を出している（Dörnenburg 1997）し，定期的に研究会も開いている。

2007年の生誕150年にはヘルヴェーがクラーラの論文・演説・手紙9編を掲載した編著を出し（Hervė, Hrsg. 2007），結成されたばかりの「ディ リンケ」（Die Linke，日本では「左翼党」と訳している）系と思われる研究者がベルリンで記念コロッキウムを開催し（ローザ・ルクセンブルク財団主催，12名報告，11名ドイツ人，私だけ非ドイツ人），労働運動系の雑誌に一部を掲載した上で，論文16本と8編のクラーラ・ツェトキーンの演説・論文が付されて出版された（Plener, Hrsg. 2008）。コロッキウムには若い研究者も多く，さらに大胆に新たな資料を駆使して，プシュネラートとは異なる個別研究を進めている。

生誕150年記念では，他にビルケンヴェーダーのクラーラ・ツェトキーン・ハウスで，地域住民を集めて2007年7月7－8日の2日間にわたって，記念の催しを行った。ここにも「左翼党」系が参加していた。

さらに2011年11月，このハウスでシンポジウムが開催され，ブランデンブルク州の家として地域住民との文化交流の性格をもたせようとしている。また，マルガ・フォイクトらによって，2013年現在，第1次世界大戦勃発100年の2014年の出版を目指して，クラーラ・ツェトキーンの平和に関する手紙集の発行が進められている。新たなアルヒーフで発掘されたクラーラの手紙に基づいて，研究の新地平を拓いてくれることを期待する。(※補章参照)

4　本書における研究対象の限定

クラーラ・ツェトキーンの文筆活動・運動的守備範囲の広いことはすでにのべた。発表当初は，ドイツ社会民主党の機関紙誌やパンフレット，演説記録が多いが，『クラーラ・ツェトキーン演説・著作選集』全3巻が生誕100年に出され(Zetkin 1957-1960)，戦後に問題別に編集された単行本も多い。

クラーラ・ツェトキーンが取りあげているのは，ドイツ女性運動史，ドイツ社会民主党と第2インターナショナル，ドイツ共産党と第3インターナショナルの女性政策，家庭・学校教育論，文学・芸術論，農業問題，ロシア革命論，知識人問題，反帝国主義・平和論，反ファシズム統一戦線論，等多岐にわたる。その中で，生涯継続して取り組んだのが，女性運動史，女性問題・女性政策である。

本書は女性問題を中心にとりあげる。クラーラの女性問題関係論文の発表は1885年から多くの雑誌への寄稿，小冊子，1892年以降1917年までは『平等』(*Die Gleichheit*，それ以後も複数の機関紙)，運動としては1911年以降「国際女性デー」，晩年の研究の場としてはモスクワの，ソ連の共産主義アカデミーの「国際女性運動の理論と実践研究部」を足場にしているので，それらを中心にみていく。

5　主要用語の定義

本書のキーワードは，女性解放，女性解放運動（ブルジョアの，プロレタリアの），マルクス主義（あるいは社会主義）女性解放論，フェミニズム（フェミニスト），ジェンダー，社会主義である。クラーラ研究に即して，これらを現在（将来においてまで絶対的なものではない）私がどういう意味で用いているかをここで触れておく。

(1) 女性解放と女性解放運動

女性解放とは，女性が，女性を抑圧するものから解き放たれるという意味であり，単なる男女平等（ジェンダー平等）や男女共同参画ではなく，性別役割分担の固定化からの解放という意味でもない。極端に言えば，仮にある種の性別役割分担をしていたとしても，そのことによって，女性が抑圧や不利益を直接・間接に被らない社会があるとすれば，それは女性が解放された状態というべきであろう。

女性解放運動とは，女性を抑圧したり，不利益をもたらすものから解き放たれるための女性の当事者運動であり，女性によって主体的に担われる運動のことである。女性解放運動は，性にかぎらず，抑圧され，不利益を被っているすべての人間の，それを取り除く運動の一分野である。単に女性運動という場合は，女性が主体であっても，この限りではない。

本書が対象とする時代の女性解放運動は，市民革命に付随した，市民的（ブルジョア的）女性解放運動に先行され，資本主義的市場経済の発展に依って資本と賃労働関係に組み込まれる女性労働者に担われるプロレタリア女性解放運動がそれに続いた。両者の女性解放運動は，それぞれの階級の女性を抑圧する種類が異なってはいたが，全体としてみれば，それぞれ女性解放の多面的側面を担っていることが多く，女性という共通項が女性解放への協働を可能にする。その共通項は時代と共に変動し，不利益の種類も微妙に異なり，対立する場合もある。

(2) ブルジョア女性運動，プロレタリア女性運動

ブルジョア（Bürger）とは，公民，市民，国民と訳されるが，ブルジョアジー（Bourgeoisie）となると，一般に有産市民階級を意味し，マルクス主義では，資本家階級と同義に用いる場合もある。対語は，プロレタリア（Proletariat）で，無産（労働者）階級を意味する。

Die bürgerliche Frauenbewegungは，今日では市民的女性運動と訳されることが多い。ここで，市民的という語を定義しておかなければならない。原語は，ブルガルリッヒェ フラウエンベヴェーグンク（ブルジョア女性運動）であるから，そのまま「ブルジョア女性運動」といったほうがはっきりしているが，これは階級を強調する語感をもつ。「市民的女性運動」という邦訳は，階級を基底におきながらも，非プロレタリアの小所有者市民一般を広く包括するという語感がある。そのほうが時代の風潮にてらしても正確と思われる。以下の叙述で私は，この語の邦訳を，文脈にあわせて両用することがある。その要求は，上層においては，財産相続権，中下層においては，教育・職業の種類と機会平等であった。両者とも政治的権利を要求した。従って男女の平等な権利を要求する人，運動として次項でとりあげるFrauenrechtlerin：フラウエンレヒトラーリン（日本語では女権拡張論者）と同義となる。フラウエンレヒトラーリンは，同じ階級内の男女の平等，同権を強く要求するあまりに，直接の敵対者が男性になることがある。

Die prolatarische Frauenbewegungは，労働者階級に属する女性の運動であって，本人が直接労働過程（資本－賃労働関係であれ，家内労働者，自営であれ）に入る女性労働者と，労働者の妻あるいは家族員女性の両者を含んでいる。その要求は，前者では，同一労働同一賃金，労働条件一般の改善，労働時間の短縮，女性に対する特有の生理的要求（母体保護，危険業務からの除外），となる。後者は，主たる生計維持者の賃上げ，労働条件の改善，労働時間の短縮から，自らの労働の場を求めるなどが要求となる。政治的権利の要求は，同じ階級の男性にも与えられていない場合が多く，またそれは，両性ともに経済的要求実現の手段であって，そのものとして押し出されない。運動の向うべき相手は男性ではなく，直接・間接に搾取する者である。

(3) マルクス主義(社会主義)女性解放論[8)]

マルクス主義女性解放論とは，マルクス主義の理論を基礎に置く女性解放論のことである。それは，ごく単純化して要約すれば，マルクスやエンゲルスの著作の中から抽出される，①私有財産と階級国家に起因する女性の社会的生産からの排除，②資本主義経済の下で資本と賃労働関係に入った労働者階級の女性の資本による搾取，③資本主義経済の下での女性の社会的生産への復帰，④女性労働者保護を柱にした階級闘争による労働条件の改善，⑤搾取・収奪者からの，革命による労働者階級による権力奪取，⑥生産手段の社会化，⑦国家・階級の廃止，⑧それに参加する過程を含めた男女平等，両性の人間性の開花，ということになる。この理論は，階級闘争の理論を基軸にしており，両性の矛盾・対立・闘争の視点(ジェンダー視点)は分離されず包摂されている。多様な社会主義理論のなかでマルクス主義の社会主義理論を科学的社会主義理論と呼ぶ立場からは，この女性解放論を総称して，科学的社会主義の女性解放論ということになる。

しかし，この理論の難点が1960年代以降多く指摘されるようになった。主な批判は，マルクス主義の理論は生産の理論であり「再生産」領域を含まない。マルクス主義は資本と賃労働関係にある労働者のペイドワークをあつかうが，そこから除外されている多数のアンペイドワークを理論化出来ない。再生産領域とアンペイドワーク領域は，多く女性の領域であるから，マルクス主義そのものはもともと女性問題を包含しえない。社会主義が女性を解放するなら，社会主義になるのを手をこまねいて待つのか，等であり，今日では，社会主義と思われた(あるいは今も自称している)国でも，女性問題は解決されていない，といった点である。

---

8) マルクス主義フェミニズム，社会主義フェミニズムというフェミニズムの種類があるが，フェミニズム，社会主義，マルクス主義の明確な定義なしに，「マルクス主義フェミニズム」，「社会主義フェミニズム」を社会科学的用語として論じることは今やできないと私には思われる。日常的用語としてなら，マルクス主義の理論を用いた男女平等主義，数多くある各種社会主義の理論とむすびついた男女平等主義という漠然とした理解は得られる。しかし，特に社会主義フェミニズムについては，社会主義で表現されるものの多様性や，なによりも現状を考えれば歴史的考察なしに，議論を繋いでいくことはできないのではないだろうか。従って私はこの語を用いない。

また，「科学的社会主義」については，社会主義一般ではなく，「科学的」社会主義と特定して呼ぶこと自体が，主観的で党派的であるので，この呼称は普遍性をもたない，という疑問も投げかけられている[9)]。

(4) フェミニズム，フェミニスト，フラウエンレヒトラーリン（女性の権利擁護論者）

今日フェミニズム（スト）は，広い意味では，女性を重んずる思想（人），女性の地位向上に賛同する考え（人），男女平等主義（者）の意味でつかわれる国際的日常用語である。

歴史的には「女性解放」という用語が先んじて19世紀から使われており，「フェミニズム」は，20世紀冒頭からの用語である。しかも，「フラウエンレヒトラーリン」が「フェミニスト」に先行する。当初「フェミニズム」は，市民的女性解放運動のジャルゴンであった。しかし，明確な定義を与えないうちに，「フェミニズム」は，いわば世界を席巻した。例えば「マルクス主義とフェミニズムの不幸な結婚」まではいいとして「マルクス主義フェミニズム」となると，用語の歴史的起源から考えれば，「そのフェミニズムは，マルクス主義ではない」ということになる。では「マルクス主義とは何か？」ということにもなるのは当然である。もう一つの例をあげれば，戦前山川菊栄は，「資本の走狗となったフェミニスト」（山川 1928：6）といったが，戦後は本人が「フェミニスト」（もちろん資本の走狗ではない）とされる。米国においては，アウグスト・ベーベルは「メンズ　フェミニスト」ともよばれ，本書の主人公クラーラ・ツェトキーンも，「ウイキペデイア」その他のメディアでは立派な「フェミニスト」である。言葉は歴史につれて動くものであるが，起源に遡って，歴史的変化に合わせて使うか，使わないかは，今日では各自の勝手にまかされるという感がある。

「フェミニズム」は，主要思想，理論に付随しているのでそのまえに多くの「冠（かんむり）」がつく（詳細は，伊藤 2008：127-146参照）。私は，「フェミニズム」

9）1984年の拙著への水田（1985:185-193）の批判はこのような問題に対してであった。当時，私は，完膚無きほどの批判を受けて，その後ずっと考え続けてきたが，水田も書いていたように（水田：1985：191）「もちろん，これらの質問に答えるのは容易ではない」。不十分ながら終章でこの問題を取り上げたい。

とは，女性の差別・不利益の原因の本質を，ジェンダー関係に求める理論・思想のことと考えている（これにも批判があり，私自身試行錯誤したがなおそう定義する以外，いまだ他の定義に達しない）。しかし，「フェミニスト」は今や，ごく一般的に「男女平等主義者」をさして呼ぶことが多いので，多様な意味を含むカタカナ日常用語と考えたほうが妥当かもしれない。

(5) ジェンダー，ジェンダー化

ジェンダーとは，20世紀後半に世界に広まった英語である。本書の主人公が生きた時代は，文法上の性を説明する無機質な用語でしかなかったにちがいない。ドイツ語にはジェンダーに対応する語はない（日本語にも世界の多くの言語にも妥当な単語がない）ので一般に英語をそのまま使う。生物学的性差（sex）にたいして，社会的に形成された性区分を呼ぶ名詞である。生物学的性差は，染色体の構成等から女性と男性の多様な中間形態（LGBT）もあり，どう判定するかも多様である場合がある。これまで，社会の側が，女性と男性を所与のものとして二項区分をあてはめてきた。歴史的には，社会的・文化的に，女性らしさ，男性らしさ，女性の活動領域，男性の活動領域などがジェンダー区分されてきた。ジェンダーは，ジェンダー関係――女性と男性の社会関係が，男女間の格差・差別をもたらし，さらにはこれが，権力的な支配・被支配を内包しているので注目される。ジェンダー関係に依る格差・差別・不利益をもたらす社会問題をジェンダー問題という。

ジェンダーは動詞でもあり，Genderingという英語があるが，日本では「ジェンダー化」と訳されることが多い。邦訳語「ジェンダー化」にはジェンダー視点を入れて対象を分析するという場合と，ジェンダーに差異化して区分の固定を進めるという意味と，2つの異なる意味がある。例えば，本書の登場人物が，「社会的・文化的性差にも十分配慮した理論を展開しているかを検討する」場合も，ある法律が「ジェンダーの固定化を進めている」という場合も，特に注記せず両方に「ジェンダー化」という語を使ってしまう場合がある。

しかし，今日，ジェンダー視点なしに，どんな社会現象も分析できない。その点を注意しながら書き進めたい。

(6) 社会主義

ベーベルも本書の主人公も「社会主義が女性を解放する」といった。ベーベルの主著はその名も『女性と社会主義』であり，クラーラ·ツェトキーンも，女性を解放する社会・経済・政治体制として「社会主義」をめざした。ベーベルは，同書第4編「社会の社会化」のなかで，社会主義の中身を具体的に描いた。社会主義とは，主要な生産手段の所有・管理・運営を社会の手に移す生産手段の社会化を行う社会であり，生産手段の社会化は，経済を利潤第一主義の狭い枠組みから解放することによって，人間社会を支える物質的生産力の新たな飛躍的な発展の条件をつくりだすことができる。こうして社会がさらに高度な発展をとげ，搾取や抑圧を知らない世代が多数を占めるようになったとき，原則としていっさいの強制のない，国家権力そのものが不必要になる社会が実現し，そのなかで，女性は解放されるという考えである。

しかし，そうした社会を人類はまだみていない。その意味では，社会主義は今なお現実のものではない。

20世紀にはいって，この地球に社会主義が実現されたと思われた場所と時代があった。しかし，それは，当初の目的に反して崩壊したことが明らかとなった。社会主義がそのようなものとして終わるのか否かは，まだしばらく歴史的時間を要するだろう。

利潤第一主義，効率主義，そこから必然的によびおこされる競争至上主義の資本主義が，多くの女性にとって，不利益をもたらすということは周知の事実である。

従って現時点ではベーベルの言う「社会の社会化」(Die Sozialisierung der Gesellschaft) という考え方に立ち戻って〈女性を解放する社会主義〉への再挑戦という含意でこのタームを使う。

6　ドイツ帝国統計に関する覚書
――「ジェンダー史」研究からの批判にたいして

クラーラ・ツェトキーン自身が女性労働問題について執筆を始めるのは

1885年であるので，その時点を意識して，女性労働問題に関する統計に触れておく必要がある。本書で見るクラーラの女性解放論は，エンゲルス，マルクス，ベーベルに依拠しているいわゆるマルクス主義女性解放論である。その要点をやや強引に要約すれば，①工場への機械の導入は，女性，児童のような，筋力を必要としない労働力を家庭から労働市場に引き出し，資本・賃労働関係の中に組み込み，工場女性労働者数を増した。②これによって，労働者家庭の労働力の価値分割をもたらし，男性の賃金は切り下げられ，ある場合は成人男性労働者は解雇されて失業者となり，家庭を崩壊させた。③しかし，このことは家長たる男性労働力の支配から女性を解放し，女性に経済的自立への道を切り開く端緒となった。④だが，その生理的特徴から女性・児童を成人男性労働力と同等に資本に搾取させてはならない。それは，家族の労働力の再生産を不可能にし，労働力破壊への道となる。女性・児童には，労働条件上成人男性以上の保護を与えなければならず，労働者保護規定一般以上に特別に配慮されて搾取から守らなければならない。児童労働は一定の年齢まで禁止，女性労働は，労働時間の短縮や深夜業の禁止，女性の身体に有害な労働につかせることの禁止。⑤女性労働力が経済社会での義務をはたすようになると，必然的に女性に公的生活面での権利を与えなければならない（参政権，労働組合や政治的団体への加盟，団結権等）。⑥子どもの保育は労働者家庭に代って社会的に支援されなければならない。⑦賃金に男女差別があってはならない。一定の条件で同一労働同一賃金を要求する。というものであった。従って初期の女性労働運動の要求としては労働時間の短縮と女性労働保護立法が前面に出された。

こうした理論は，男女労働者の実態の分析結果によるものであり，調査や統計によっても裏打ちされ，立法の根拠の手段となる。

しかし，当時，労働者の実態調査や労働統計は十分に存在したのか。

このような理論のおおもとは，特に女性労働者をあつかったわけではないエンゲルスの『イギリスにおける労働者階級の状態』（1845）および，マルクスの『資本論』第1巻（1867）に含まれていた。しかし，両者ともに，産業革命が最初に進んだイギリスの労働者の実態の観察から導き出されたものである。エンゲルスもマルクスもドイツ人であったが，1860年代までは，ドイツはまだ連邦国家で統一されておらず，産業革命も国家統計も不十分であった。ドイツは，1840年代，イギリスが産業革命を終えた時点から工業化の段階に入った。

1845年代に出たエンゲルスの『イギリスの労働者階級の状態』は，イギリス議会の公式出版物や工場委員会，救貧法委員会の報告から統計を取りだしている。またイギリスの1841年のセンサス広報を批判的に吟味している。『資本論』執筆中のマルクスは，1866年ジュネーブで開催された第1インターナショナル第1回大会に提出したテーゼ草案第2項において，労働者階級自身による，すべての国の労働者階級の統計調査の必要性を挙げ，その調査項目を示した。その項目のなかには「従業員の年齢と性別」という文言がある（マルクス『臨時中央委員会代表に対する個々の問題についての指示』『マルクス・エンゲルス全集』Vol.16：180-199[10]）。

直接ドイツの女性問題をあつかったアウグスト・ベーベルの『女性と社会主義』（初版1879）は当時整備途上にあるドイツの統計や調査を駆使した。この時ドイツにはどのような統計が存在し[11]，彼はドイツに関してどのような統計を使ったのだろうか（伊藤セツ 2004：133-181）。

マルクスやエンゲルスが1840年代から1860年代のイギリスの産業革命の

10）こうしたマルクスの構想は1880年フランス労働党の為に書いた『労働者へのアンケート』（『マルクス・エンゲルス全集』Vol.19：227-234）にふたたびあらわれ，100の質問事項を調査案に入れているが労働者の数と構成の中にも年齢別と並んで男女別が入れられている。（上杉　1951：196-201）。

11）長屋（1992：15-20）は，「ドイツではイギリス，フランスにおくれ，19世紀40年代にアンケート調査の実施が始まる。このアンケートには実施主体別に，帝国アンケート（Reichsenquete），州アンケート，私的アンケートの三種類がありうる。帝国アンケートはドイツ帝国形成後に中央官庁によるその行政資料獲得のための調査で，1874年の鉄道調査，工場内での婦人と児童労働，徒弟・職人・工場労働者全般の事情についてのアンケートがその開始とされる。1878年にはタバコ産業，鉄鋼業，綿・亜麻工業について，1885年，洗濯業と既製服業における女工賃金についてのアンケートが続く。（以下略）」と書いている。また，長屋の別稿（1993）によれば，1871年のドイツ帝国形成以来，ドイツの統計は整備され，1871年にドイツ全土最初の人口調査が実施され，1875年から5年ごとに継続された。1872年には「帝国統計局」が活動を開始した。エーマー（2004＝若尾，魚住訳 2008：7）によれば，「1871年に行われたドイツ帝国の最初のセンサスも，なお個別諸邦によって異なる方法で実施されていた。全ドイツの統一的な人口センサスは，1875年から1910年まで5年間隔で実施されていた。」とのことである。

進展と男女労働者の状態を問題にしたのに対して，ベーベルは，決してドイツに限定したわけではないが，1879年初版から30年にわたり1909年改訂（1910年出版）の『女性と社会主義』まで，新たに発表されるドイツ帝国統計を用いて，女性労働者の動向を分析し，理論化しようと努めた。

人口と就業に限定してみれば，ベーベルは『女性と社会主義』の初版（1879）では，ドイツ帝国の1875年の男女別人口（この年から5年ごとに統一ドイツ帝国で人口統計が行われるようになった）を使用しただけであったが，第9版（1890）では1885年の人口統計，1889年のドイツ帝国の統計年報，1883年と1889年のザクセン王国商工監督官報告，1888年のドイツ商工調査，1885年のライプツィヒ商工会議所報告等を用いるようになる。当時の特徴として出典不記が多いが，1895年の第25版では，1890年のドイツ国勢調査とドイツ帝国統計年報，個別の産業監督官報告や商工会議所報告を用いていることがわかる。1902年改定の第34版では，1882年と1895年の統計数値の引用が目立つ。1909年改定の第50版（邦訳の『ベーベルの婦人論』はすべてこの版から）では，1900年，1907年のドイツ国勢調査が使われている。さらに，この版で，1882年，1895年，1907年のドイツ帝国統計[12)]を使って，男女の従業者，その産業別，就業形態別男女比が計算されている。

しかし，ドイツジェンダー史研究者の住沢（1986：34-37）は，〈工業化と女性労働の関係については，これまで工業化の進展につれて安価な女性労働力がますます労働市場へと引き出され，男性労働力を駆逐していくと一般的に考えられてきたが，この見解に基礎を与えたのが，帝国統計（1882，1895，1907）であり，これには問題がある。1980年代の新しいドイツ女性労働史研究の側からの統計批判によって，それは否定される。理由は，1882年および1895年の統計においては，家族従業員が不完全な形でしか把握されていな

12）5年ごとの人口センサスの他，帝国統計局は，1882，1895，1907年の，13年，12年おきの「ドイツ帝国職業＝営業調査」（Berufs=und Gewerbezahlung des Deutschen Reichs）を行い，その結果を，1882年については，*Statistik des Deutchen Reiches, Neue Folge*, Bd.2-7, 1884-85, に，1895年調査については，同 Bd.102-119, 1897-99に，1907年調査については，同，Bd.202-222,1909-12，に公表した。私は，これらのドイツ統計についての知識を，ドイツ統計思想・制度史の第一人者，北大大学院時代からの友人長屋征勝（現京都大学名誉教授）から折に触れて教えていただいている。これらの現物は法政大学図書館で閲覧した。

かったものが，1907年の統計で改善され，家族従業員項目が新たに設けられたからである〉，という意味の指摘をしている。

そこから導き出される結論は，住沢の表現によれば，①「一般的に主張されている工業化による女性就業者の増大という現象は生じなかった」，②「女性労働者による男性の駆逐というシェーマは妥当性を持ちえない」，③「女性労働の全体像を把握するためには工業部門以外の分野に対してももっと目を向けて行く必要がある」というものである[13)]。

家族従業員の把握は，確かに今日においても女性の労働統計のひとつの難点であり，女性の労働を眼に見えるものにしてその経済力を計測するためのジェンダー統計の大きな課題である。しかし，上記①についていえば，工業化による女性就業者の増大ではなく，限定して資本と賃労働の間に引き入れられた女性工場労働者の増大を問題にするのであり，②については，工業（全工業ではなく女性が引き入れられた特定産業における）によるその部門の男性労働者の駆逐を問題にしなければならない。③はもちろんそのとおりであるが，工業の発生・発展時においては，工業化という新たな事態を把握し，かつ工業部門以外の分野も把握する必要がある，ということになろう。

先にも述べたとおり，産業革命と女性労働の関係は，イギリスについてまず述べられたことであり，時期的に見てもドイツの，1882, 1895, 1907年の「ドイツ帝国職業＝営業調査」によって打ち出されたものではない。しかも，この種の問題は，全国統計を，単なる平均値で結論を下す類のものでないことは社会統計学の常識である。

13）あらかじめ注意を喚起しておきたいことがある。「高度工業化の1882年，95年，1907年に実施された帝国統計によると，この25年間に女性就業率は36%から45%へと著しく増加し，工業化による女性労働の増加というテーゼを裏づけていたが，女性の目で見る新しい女性史は1907年に参入された家族従業員がそれ以前の統計では不完全な形でしか把握されていないという統計上の誤謬を指摘した。この点を考慮して算出し直すと，就業者数のなかに占める女性比率は35%前後で一定していたのである」（住沢 1986：34）。住沢は，編者の筆頭である『ドイツ近現代ジェンダー史入門』（姫岡他編 2009：133）においてもこれを繰り返し記して，「機械化によって安価な女性労働が男性労働を駆逐するというマルクス主義の論理や，家庭に閉じ込められていた女性の職場進出という近代化論のテーゼに見られるような，近代の進展とともに女性の稼得労働は増加するという説も覆された。（以下略）」と記している。

総じて「ドイツ帝国職業＝営業調査」の家族従業員項目の不完全さは，産業革命と女性労働の関係にとっては重大事ではない。特定の結論を導く合目的的な総計数値の作成による正確な現実の反映は，政府統計一般から直ちに導き出すことは不適切である場合が往々にしてあるのである。

私は，その検証を行った（伊藤 2012：9-15）うえで，本書を執筆している。本序章にその内容のさわりだけを載せておきたい。

住沢（1986：34-56）名義の論文は，1882, 1895, 1907年調査を出典とするデータに基づき，間接的に引用，加工した表を3つ提示していた。そのうち最も総括的と思われる表3を見やすく製表し直して次頁に再掲した（表序－1）。

住沢は，この表の読みとりを行っているが，特にBの鉱工業部門について記述している重要なところを要約する。（下線は伊藤）

① この部門の女性就業者は，1882年の112万7千人から1895年には152万1千人，さらに1907年には，210万4千人へと急激に増加しており，この趨勢からは工業化＝女性労働の増加，安価な女性労働力による男性労働力の駆逐というテーゼは一見，的を射ているかのような印象がもたれる。しかし，他部門の女性労働全般，あるいは男性労働との比較において占めていた相対的比重という観点からみると，鉱工業部門における女性就業者実数および女性就業者総数に対する構成比は年を追って増加してはいるが，農業部門と比較すれば，1907年段階でさえ実数・構成比ともにはるかに及ばない。それに比べ男性の鉱工業部門の構成比は1907年には49.2%に達して，農業部門を上回る。

② 就業者伸長率の男女比較では，女性の方が多少上回るとはいえ大差はない。それゆえ，この数字からは女性労働力による男性の駆逐というシェーマは妥当性を持たない。さらに全就業者に占める鉱工業部門の女性比率については，1882年から1907年にかけて1.1%しか上昇しておらず，年代的変化はほとんどみられない。しかも鉱工業部門における女性比率（18%前後）は，その他を除く全産業部門のなかで最も低い。

表序-1　住沢（1986：35）の，「表3　産業部別門就業者数および構成比」（E以下加筆）

（単位：1000人，％）

産業部門	年	全産業合計		男性		女性			女性比率
		総数	構成比（注1）	実数	構成比（注2）	実数**（修正）	構成比（注3）	構成比修正後	
A農業・水産業	1882	8,236	43.4	5,701	42.5	2,535（3,935）	45.7	56.7	30.8（40.8）
	1895	8,293	37.5	5,540	35.7	2,753（4,153）	41.9	52.0	33.2（42.7）
	1907	9,883	35.2	5,284	28.4	4,599	48.4	48.4	46.5
B鉱工業（手工業を含む）	1882	6,396	33.7	5,269	39.3	1,127	20.3	16.2	17.6
	1895	8,281	37.5	6,760	43.5	1,521	23.1	19.1	18.4
	1907	11,256	40.1	9,152	49.2	2,104	22.2	22.2	18.7
C商業・運輸	1882	1,570	8.3	1,272	9.5	298	5.4	4.3	19.0
	1895	2,339	10.6	1,759	11.3	580	8.8	7.3	24.8
	1907	*3,478	12.4	2,547	13.7	931	9.8	9.8	26.8
D家事使用人	1882	1,723	9.1	257	1.9	1,466	26.4	21.1	85.1
	1895	1,772	8.0	224	1.4	1,548	23.5	19.4	87.4
	1907	1,736	6.2	166	0.9	1,570	16.5	16.5	90.4
その他 E行政・軍人・自由業	1882	1,031	5.4	916	6.8	115	2.1	1.6	11.2
	1895	1,426	6.5	1,249	8.1	177	2.7	2.2	12.4
	1907	1,739	6.2	1,451	7.9	288	3.1	3.1	16.6
（上記までが住沢の表，住沢が「その他」としてあるところ以下を，住沢引用文献の1975版にて伊藤加筆）									
A-Eの合計	1882	18,952				5,542			29.2
	1895	22,110				6,578			29.8
	1907	28,092				9,493			33.8
F失業・年金受領者	1882	1,354				702			51.8
	1895	2,143				1,116			52.1
	1907	3,405				1,792			52,5
A-Fの合計	1882	20,311				6,247			30.7
	1895	24,253				7,694			31.7
	1907	31,497				11,285			35.8

注：1：全産業就業者総数に対する構成比，2：全産業男性就業者総数に対する構成比，3：全産業女性就業者総数に対する構成比，*　住沢の表では3,448，**（　　）内の数字は家族従業員の数を考慮に入れて（住沢の用語では，統計把握上の誤謬を考慮に入れて）算出しなおしたもの。

出所：住沢の資料出所はG.Hohorst/ J.Kocka/ G.A.Ritter（Hsg.）*Sozialgeschichtliches Arbeiterbuch*, II, 2 durchgesehene Aufl. München 1978, S.66-67:Ulla Knapp, Frauenarbeit in Deutschland, Bd.II,S.650-651.（住沢1986：35による。なお住沢 1985：35にも同じ表あり）。その下の部分は，Hohorst et al., Hrsg.（1975：66）にて伊藤加筆。原統計はいちいち明記していないが，ドイツ帝国統計。

③　結論として，鉱工業部門における女性労働者は，高度工業化時代にその重要性を増大させたとはいえ，女性労働の中核を形成するにはいたらず，この部門が主として男性労働者に依拠し続けていたことを物語る。

これが，新しい「ジェンダー史」研究者に通じる，従来の説の覆し，脱構築の例である。

しかし，統計批判が，従業上の地位の「家族従業員」の把握欠如問題から始まったのであるから，鉱工業部門の従業上の地位についてもこれを議論のうちに入れて女性労働を把握し，また工業化時代を問題にするなら，まず資本賃労働関係で女性労働を議論する必要があろうと思い，このドイツの統計を，原本から私なりピックアップした例を挙げてみることにする。

そのためには，上記①については，工業化による女性就業者の増大ではなく，可能な限り資本と賃労働の間に引き入れられた女性工場労働者の増大に注目すべきである。②についても，全鉱工業ではなく女性が多数引き入れられたであろう機械の導入による男性労働者の駆逐が現れると思われる部門を問題にしなければならない。③については，工業化の初期・発展時においては，工業化が女性・児童に及ぼす新たな事態にたいして，資本との関係で必要な社会政策的対応と関連するような部門の統計を挙げるべきと思う。

そこで，商業以外で女性が特に多い繊維工業・縫製業をピックアップして，従業中の地位を加味した，表序－2と表序－3を作成した。ここから見える傾向の要点は次のとおりである。

1　女性の絶対数が多い産業は，繊維・縫製業であるが，内部構成は，「職員」は男性が圧倒的に多く，「労働者」では，女性労働者数は，年を追うごとに(工業化が進むごとに)その数において男性をしのいで増大する。

2　「家族従業員」は，もともと女性を拾い上げる数字であるので両産業とも女性が多い。

3　「自営·業主」は，両産業とも，男女とも時代と共に急速に減少していく。

4　「職員」の増加率は，男性より女性が多く，特に，19世紀から20世紀にかけてその傾向が強い。

5　両産業部門では全体として女性労働者の増加率が男性より高い。

表序-2　1907, 1895, 1882年における，繊維工業・縫製業の従業上の地位別，性別従業員数

（単位：人）

産業			繊維工業			縫製業		
年			1907	1895	1882	1907	1895	1882
自営・業主		女性	62,725	70,850	106,958	308,256	329,457	350,796
		男性	70,071	129,593	231,452	371,175	408,178	411,739
職員	合計	女性	5,919	1,489	619	10,432	3,106	1,016
		男性	62,159	42,611	20,454	25,378	14,685	5,082
	管理・営業	女性	4,019	902	–	6,826	1,932	–
		男性	37,041	27,174	–	17,671	11,706	–
	技術・監督	女性	1,900	587	–	3,606	1,174	–
		男性	25,118	15,437	–	7,716	2,980	–
労働者	合計	女性	489,737	388,881	254,561	300,911	181,801	97,527
		男性	397,669	359,833	296,045	287,692	287,406	253,445
	労働者・奉公人	女性	464,332	369,198	–	254,671	168,822	–
		男性	393,523	337,445	–	279,294	285,142	–
	家族従業者	女性	25,405	19,683	–	46,242	12,986	–
		男性	4,146	2,388	–	8,398	2,264	–

出所：*Statistik des des Deutschen Reiches*, Band 220/221, Berufs-und Betriebszählung von 12, Juni 1907, Bearbeitet im Kaiserlichen Statistischen Amte, 1914 Berlin, 表９（S.126, S.128）より伊藤作成。

表序-3　1907, 1895, 1882年における，繊維工業の従業上の地位別，性別従業員数の増減

（単位：人，%）

期間	自営・業主				職員				労働者			
	女性		男性		女性		男性		女性		男性	
【繊維】	増減数	増減率	増減数	増減率	増減数	増減率	増減数	増減率	増減数	増減率	増減数	増減率
1895-1907	-8,125	-11.5	-59,922	-45.9	4,430	297.5	19,548	45.2	100,856	25.9	37,886	10.5
1882-1895	-36,108	-33.8	-101,859	-44.0	870	140.5	22,157	108.2	134,320	52.8	63,788	21.5

出所：*Statistik des Deutschen Reiches*, Band 220/221, Berufs-und Betriebszählung von 12, Juni 1907, Bearbeitet im Kaiserlichen Statistischen Amte, 1914 Berlin, 表９（S.126, S.128）より伊藤作成。

上記③には，今回適切な表示が出来なかったが，この膨大で情報豊かなドイツ帝国統計は，多方面からの検討が可能になることがわかる。

森戸（1916：13-21）の「職業及営業調査に現はれたる独逸の有業女子」（ドイツ『社会政策雑誌』Vol.4のオットー・ランツベルクの論文の紹介とのこと）では，3回の調査を用いて有業女性に関する統計をどう見るかが問題にされている。特に農業の家族従業員数による有業女性数の増加を疑問視し，それに下婢（ママ）の数を加えて，両者を女性の職業から除外した「女子職業の全部を通覧する必要がある」としたり，「賃金を得て方々で個人的労働を提供する者の数が著しく増加して来た」との指摘も見られる。

姫岡が，工業化の進展は女性労働をますます増加させるというテーゼをマルクス主義が打ち出したといっているが，その理論のおおもとは，特に女性労働者をあつかったわけではないマルクスの『資本論』第1巻（1867），第3編の第8章，第4編の第13章で叙述されていることであった。しかし，マルクスの理論は，産業革命が最初に進んだイギリスの労働者の実態の観察から導き出されたものであるし，『資本論』第1巻が出た1860年代までは，ドイツはまだ，産業革命は進行中であり，帝国統計というものは存在しなかったことはすでにのべたとおりである[14)]。

産業革命と女性労働の関係は，イギリスについてまず述べられたことであり，時期的に見ても，1882, 1895, 1907年の「ドイツ帝国職業＝営業調査」によって打ち出されたものではない。後追い的に時期の異なる他国の統計で理論を覆したといわれても，上記のように，総じて「ドイツ帝国職業＝営業調査」の「家族従業員」項目の不完全さは，工業化と女性労働の関係にとっては重大事ではない。

「ジェンダー史」による反論は，ベーベルに向けられているのか？　いや，ベーベルを特に意識している気配はない。しかし，アウグスト・ベーベルの『女性と社会主義』は当時整備途上にあるドイツの統計を多用した。人口と就業に限定してみれば，ベーベルは『女性と社会主義』の初版では，ドイ

14）また『資本論と統計』については，マールィー（1967＝是永監訳 1980）参照。

ツ帝国の1875年の男女別人口を使用しただけであったが，第9版（1890）では1885年の人口統計，1889年のドイツ帝国の統計年報，1883年と1889年のザクセン王国商工監督官報告，1888年のドイツ商工調査，1885年のライプツィヒ商工会議所報告等を用いるようになる。当時の特徴として出典不記が多いが，1895年の第25版では，1890年のドイツ国勢調査とドイツ帝国統計年報，個別の産業監督官報告や商工会議所報告を用いていることがわかる。1902年改定の第34版では，1882年と1895年の統計数値の引用が目立つ。既述のように，1909年改定の第50版から本項で問題にした，1882年，1895年，1907年のドイツ帝国統計を使って，男女の従業者，その産業別，就業形態別男女比を計算したのである（伊藤 2004：133-181参照）。ベーベルの女性論こそ，ドイツ帝国統計の発展とともに形成されたといえる。

ともあれ，「新しい女性史」が，歴史研究に「性－ジェンダー・カテゴリー」を導入して，「女性労働史」という枠組みを設定し，それによって，従来の女性労働論の「常識」や「通説」を打破したということになるのだろうか。くりかえすが，この膨大な統計のきわめて全体的概括的利用からのみ「家庭に閉じ込められていた女性の職業進出という近代化論のテーゼに見られるような，近代の進展とともに女性の稼得労働は増加するという説も覆えされた」と結論付けることはできない。

しかも，この種の問題の検証は，歴史の中で形成され，それなりの限界からまぬがれない全国統計を単なる平均値で結論をだす類のものでない。

特定の結論を導く合目的的な総計数値の作成による正確な現実の反映は，いつの時代も，所与の政府統計一般では不十分にしかなされないことは，私も所属している，経済統計学会ジェンダー統計部会の研究者は十分承知していることである。ジェンダー視点での統計利用，ジェンダー統計の生産について，その統計の持つ歴史的意義と限界，多面的利用可能性を的確に把握し，具体的改善策を常に提起することによって，統計も現実をより反映するものとなり，それを用いての理論的深まりも可能となり，統計は現実の課題の解決へのツールともなるのである。

こうしたことはジェンダー課題・ジェンダー統計に限ったものではなく，社会科学的に常に新たに持ち上がる課題・仮説とのかかわりについてもいえることでもあることを指摘しておきたい。

7 本書の構成と内容の概略・特徴

本書は，序章に続くⅢ部，16章構成である。

第Ⅰ部 1857～1890年，は4つの章からなる。

第1章 少女時代―ヴィーデラウ村，では，歴史的・地理的特徴，両親それぞれの系譜と家族，市民的女性解放思想・女性運動の動向，労働者階級の組織と女性労働者問題，があつかわれる。彼女の出生は1857年であるが，1848年革命のころからの政治的経済的情勢と，出生の地ヴィーデラウの地理的特徴や産業をみ，祖父母の系図をさかのぼって両親の思想的・階級的背景をさぐる。また彼女に影響を及ぼしたドイツの市民的女性解放思想・女性運動の動向や，当時の女子教育の実態を知り，彼女の教育の程度をドイツ教育史の中で把握する。最後に，長じてクラーラが関係することになる，彼女の少女時代と同時進行のドイツおよび国際的労働者階級の運動組織と女性労働者問題のあつかいを概略的に追う。本章後半部分は，従来の研究（メーリング，後のツェトキーン，テネセン他の研究）に依拠しての叙述であるので，先を急ぐ方は，第2章に進んでいただきたい。

第2章 青春―ライプツィヒ，では，ライプツィヒの歴史的概略とその1870年代，ライプツィヒでのクラーラの家族，ドイツの教育制度とアウグステ・シュミットの女性教師養成学校，亡命ロシア人オシップ・ツェトキーンとの交友と社会主義者鎮圧法，の順で叙述する。ライプツィヒでのクラーラの家族の生活や，女性教師養成学校のレベル・教育内容・目標を，当時の他国を含めた女性教育の実態とくらべながら，校長アウグステ・シュミットの女性解放論等の特徴を明らかにする。ライプツィヒという自由な都市で出会った，最初のパートナー，無名ロシア人亡命ナロードニキ，オシップ・ツェトキーンを描く。ライプツィヒ時代のオシップについてはほとんど手がかりがないので，同時代のロシアのナロードニキたちの動向から推測する。ここで，クラーラはドイツ社会民主主義者に接触し，運動に入って行く。ビスマルクの社会主義者鎮圧法下のドイツ社会民主党の非合法活動のなかで，オシップがライプツィヒを追放され，クラーラも亡命生活に入るプロセスを先行研究を越えて詳細に描く。

第3章　亡命―パリでのオシップ・ツェトキーンとの生活，では，ライプツィヒを出てリンツ，チューリヒを経てパリへ，パリでのオシップ・ツェトキーンとの生活，パリ時代のツェトキーン夫妻の文筆活動，オシップの死とクラーラの帰国までが描かれる。クラーラはオシップの亡命先パリに向かうが，その途中チューリヒで，ドイツ社会民主党の非合法機関紙『デア　ゾツィアルデモクラート』の輸送を手伝い，チューリヒに集まってきているロシアやドイツの多様な思想の亡命革命家たちと知り合う。1882年26歳のクラーラはパリでオシップと再会して，パリ・コミューン後10年のパリで80年代終わりまで共同生活をする。パリでクラーラは，子どもを2人出産し，極貧の生活を経験する。生活の糧は，文筆活動であり，書く必要からもマルクス主義理論を身につけた。やがてオシップの死と亡命者たちの協力を，これまで先行研究で用いられなかったパリ警察の資料を用いて裏付ける。クラーラはこの間，パリで，生身のマルクスの3人の娘たちとも知り合っているので，それらについてもこの章でのべる。

第4章　パリ亡命時代の文筆・演説活動，では，特にパリ時代の文筆活動のなかで，以後50年近く続くクラーラの基礎・出発点となった主要な作品を取り上げる。「社会民主主義と女性労働」という1885年の論稿からはじまり，小冊子『現代の女性労働者問題と女性問題』(1889)，第2インターナショナル創立大会での演説（1889）に結実するプロセスを紹介する。クラーラの問題意識の出発点は，女性労働問題である。しかも，プロレタリアの現場の女性労働問題と，プロレタリアの妻，子ども，プロレタリア家族の問題をともに対象にしているところに特徴があるので，労働者階級の女性問題と言った方が適切であろう。

小冊子の完成度は高く，1889年，第2インターナショナル創立大会での，女性解放のための演説は，ながくドイツ社会民主党の女性政策の基礎となった。上記，論稿演説を可能な限り翻訳して再現した。

第Ⅱ部　1891～1914年，は，クラーラの30歳代から50歳代後半におよぶ人生の最盛期を扱い，第5章から第10章までの6章からなる。

第5章　シュツットガルトでの生活と活動で，シュツットガルトという都市，そこでのフリードリヒ・ツンデルの出現と結婚，ほぼ時を同じくしてのローザ・ルクセンブルクの出現，この期のクラーラの代表作である小冊子『芸術とプロレタリアート』をとりあげる。

シュツットガルトは，クラーラが最も長く住み活動の拠点とした都市であった。当時のシュツットガルトのドイツに占める位置，若き画家フリードリヒ・ツンデルとの出会いと事実婚ではないクラーラが望んでの法律婚。『平等』紙の25年にわたる編集，リリー・ブラウンとの確執，『平等』紙の記事やローザとの文通，ローザがレオ・ヨギヘスに出した手紙を多く用いてクラーラの，シュツットガルトでの生活と活動を明らかにする。ローザから見たクラーラ像が浮き上がる。

ここでクラーラの2人の息子は成長し，ベルリンに遊学した次男はローザの家に寄宿してローザと愛人関係になる。クラーラとツンデルは，シュツットガルト郊外ジレンブーフに家を建てる。10年余りは，この郊外の家はツンデルとその芸術家の友人たちとのサロンとなり，クラーラは，ドイツ社会民主党の仕事を順調に進める。この生活が一変するのは，第1次世界大戦の勃発であり，反戦運動であり，ロシア革命であった。

この時代の文筆・演説活動は，引き続く3つの章で活動の種類ごとになぞっていく。従って第5章と合わせて4回，同じ時代が異なる側面から描かれることになる。**第6章は，ドイツ社会民主党の女性政策とローザ・ルクセンブルクとの交友**を，1. ハレ党大会からブレスラウ党大会まで（1890-1895），2. 1896年ゴータ党大会でのクラーラ・ツェトキーンの演説（その翻訳），3. ハンブルク党大会からハノーファー党大会まで（1897-1899），4. 1900年以降ドイツ社会民主党女性会議と党大会にみる女性政策（1911まで）を繋いでみてゆく。ここにローザとの交友を絡ませて追っていく。ここでは，ローザのヨギヘスへの手紙やネットルのローザ評伝中のクラーラに関する箇所を援用するが，ここでローザ像が，クラーラ側から逆照射されて相対化される。

また，クラーラの主要な仕事『平等』紙の編集については，**第7章『平等』の編集・内容と変遷，リリー・ブラウンとの論争，クラーラの追放**を，詳細にとりあげる。さらにこの章では，同時代人リリー・ブラウンそのものをとりあげ，リリーの生涯と主著『女性問題――その歴史的発展と経済的側面』(1901) を概観する。

やがて，独立社会民主党に席を変えたクラーラの『平等』からの追放(1917) もこの章で言及する。この章には，ケーテ・コルヴィッツの日記も登場する。

第8章　第2インターナショナルの女性政策とのかかわりでは，クラーラの国際的活動を，時系列でとりあげた。創立大会からアムステルダム大会まで (1889-1904)，女性選挙権問題をあつかったシュツットガルト大会 (1907)，国際女性デーを決議したコペンハーゲン大会 (1910)，アラゴンの『バーゼルの鐘』に描かれるバーゼル臨時大会 (1912) と，幻のウィーン大会 (1914年) と追っていく。ここでは，創立大会での演説に始まり，女性選挙権問題での演説，世界最初の帝国主義戦争に反対する立場，反戦平和の思想をみる。アメリカ社会党の女性選挙権運動からヒントを得て，女性選挙権を反戦・平和と結びつけた「国際女性デー」という運動形態がここに生まれる。国際女性デーは，それ以後の国際的女性運動にも大きな影響を及ぼし，今日に繋がっているものであるので，次章に独立させた。

すなわち，**第9章　国際女性デーの起源と伝搬**では，1. 国際女性デーの源流となったアメリカ社会党の女性参政権運動，2. アメリカでの女性デーの国際化志向，3. 国際女性デーの決議と世界主要国での共有，4. ロシアでの女性デーをとりあげ，その伝説性とプロパガンダ性を追い，クラーラ・ツェトキーンの国際女性デーにおける役割を見る。これまでの私の国際女性デー研究を発展させた章である。

第10章　アウグスト・ベーベルと『女性と社会主義』では，ドイツ社会民主党のなかで，クラーラが運動の表面に出てくる10年以上前から，女性問題に注目したドイツ社会民主党党首ベーベルをとりあげる。彼の主著『女性と社会主義』は，1879年の初版から1910年の50版まで30年にわたって幾度もの改定をくり返す。最後の改定の後，さらにマリアンネ・ヴェーバーの批判に応えようとして，ベーベルは補遺を書くが，これまで邦訳されたどの『ベーベルの婦人論』にもこの補遺はとりあげられなかった。これが初めて邦訳公開されたのは2004年である (女性文化研究所　2004：203-206) が，大方の目には触れていないので，没後100年を記念する2013年出版の本書に再掲する。この章では，従来と異なる新たな研究にアンテナをはって，ベーベルとツェトキーンの理論の相違にも焦点を当てる。

第Ⅲ部　1915～1933年は，反戦と革命とコミンテルンの目まぐるしく変化する情勢の中で，クラーラがどのように生きたかを，6つの章をたてて，公私両面からみていく。この期は，クラーラの健康が徐々に蝕まれていく高齢期に相当する。しかし彼女は最後まで奮闘したのである。

第11章　世界大戦，ロシア革命，ドイツ革命と女性，ではクラーラとローザのそれぞれの運命ともいうべきものを追うことになる。1. 世界大戦へのドイツ社会民主党の対応と国際動向，2. ベルンでの社会主義者の世界女性会議と反戦勢力，3. ロシア10月革命にたいするローザの批判とクラーラ，4. ドイツ革命におけるベルリンのローザとシュツットガルトのクラーラをあつかう。ロシア革命に続く，ドイツ革命と，ドイツ共産党の結成，ローザとカールの死。日をおかずして社会民主党によるドイツ共和国＝ヴァイマール共和国の誕生。その共和国で成立した男女平等の選挙権の行使によって，ドイツ共産党国会議員となったクラーラ。ほとんど同時に力を増すファシズム。これらをこの章に収める。ここでは，ローザのクラーラへの手紙がふんだんに使われる。

第12章　ドイツ共産党とコミンテルンの間で，では，コミンテルンのドイツ共産党への介入の中でクラーラがどう考え，行動したか，ドイツ共産党の中での位置はどうであったかに注目してみていく。ドイツ共産党の「3月行動」から「10月蜂起」(1921～1923年) までの，世界革命を期待するロシア主導のコミンテルンの介入によって引き起こされる諸問題は，クラーラを困惑させた。ドイツ共産党は，幾度もの失敗や打撃によって，精鋭部隊を失い，クラーラは新しい指導部と意見はあわなかった。投票率や国会議員数に比べてドイツ共産党の実力は伴わず，ファシズムを押しとどめることはできなかった。クラーラは同時にコミンテルンの執行委員であり続けたが，レーニンの死後は，健康の衰えも激しくコミンテルン内の紛争の中でも中間的立場の域を出ることはできなかった。1932年12月，クラーラは最年長議員としてドイツ国会の開会演説をしたが，モスクワとベルリンの往復やファシストの妨害はクラーラの肉体に致命的打撃を与えた。きれいごとではすまされない生身のクラーラが浮き上がる。

コミンテルン初期，まだレーニンもクラーラも元気であった時期に実現した2人の対話を，**第13章　レーニンとクラーラの「女性問題」と「3月行動」に関する対話**，として独立させた。私は，この直接話法的記録を重視している。1920年は「女性問題」を中心にした対話であり，1921年は「3月行動」を中心にした対話である。日本ではクラーラとレーニンの対話と言えば，女性問題についての対話が知られているが，ドイツ「3月行動」をめぐっても当時重訳と思われる邦訳紹介はされていた。まだ世界同時革命に期待をおいているソ連と，それが不可能と知って新経済政策をとるにいたる革命家レーニンの，矛盾と苦渋の政治的戦術が，ローザの後を継いでドイツ共産党の党首となったパウル・レヴィの行動への対処を通じてみることができる。

クラーラもまた，この段階では，国会議員というれっきとした政治家であり，ドイツ共産党の革命家であった。レーニンはクラーラに，1920年の段階では，世界革命を前提としたプロレタリア独裁の時代の女性運動の方針を書くように注文したのであり，クラーラはそれを理解して受け止めたが，1921年の対話では世界革命への期待が薄くなったあとのレーニンの複雑な戦術を半ば理解し受け入れるという変化をみせる。この対話からクラーラが，レーニンから，政治と革命を学んでいく様子がわかる。この章の最後に，クラーラのレーニン賛歌ともいうべき追悼の論稿をあえて全訳してとりあげる。

第14章　レーニン時代のコミンテルンの国際女性運動では，女性運動に特化して叙述する。この章で，クラーラ・ツェトキーンと初期コミンテルンの女性運動方針，1921年と第2回国際共産主義女性会議でのクラーラの報告，1922年とコミンテルン第4回大会での女性問題に関するクラーラ報告，1923年第3回コミンテルン執行委員会への出席と反ファシズムのクラーラの演説もコミンテルンの方針に沿って展開されていることが示される。1923年レーニンはすでに，何度目かの卒中の発作を起こし，1924年1月に世を去るが，モスクワとドイツを往復していたクラーラもまた，1923年後半から健康を害して，はじめてコーカサスに保養に行く。ここでクラーラは，いうところの

「東方」に初めて接したのである。

レーニン死後，スターリン時代への過渡期が続く。**第15章　スターリン時代への移行期のコミンテルンの女性運動のなかで**においては，コミンテルンの「ボルシェヴィキ化」，「スターリン化」の政策が強化されるなかで，1924年に第5回大会と第3回国際共産主義女性会議が開催される。この女性会議でのクラーラの発言は，極めて重要で，資本主義諸国とソビエト共和国における女性大衆の間での共産主義活動の性格の諸条件の相違を明らかにしていたものであるので全訳して示す。しかし，第4回コミンテルン執行委員会での女性問題でのとりあげ方，1925年の「女性のあいだでの活動にかんする組織協議会の決議」と「5月決議」などは，クラーラの見解と異なった方向に動いて行く。女性問題のとりあげ方においてもレーニンの時代は去っていた。

クラーラは表舞台から退いて行く。1926年の第6回コミンテルン拡大執行委員会総会と第4回国際共産主義女性会議には，クラーラは出席していない。クラーラ・ツェトキーン生誕70周年とロシア革命10周年の1927年は，モスクワでクラーラが表舞台に出る殆んど最後であった。このとき，すでにクラーラは，ドイツ共産党ともコミンテルンとも距離をおいた状態に入る。1928年，スターリンと「第3期」には，活動はもうできないが，執筆に執着するクラーラの姿がある。いわゆるコミンテルン右派を，陰ながら支持する苦悩するクラーラでもあった。

第16章　晩年─私的・公的葛藤のなかで，では，主にクラーラの私的生活を書く。フリードリヒ・ツンデルとの遅すぎた離婚，息子マクシムとコンスタンチン（コスチャ）をめぐる女性たち（マクシムについてはハンナとミロヴィドヴァ，コスチャについてはローザとナジャ・マッソヴァとゲルトルート）。マクシムとハンナの間に生まれたただ一人の孫ヴォルフガンクとの文通や経済的心配。このような家族の心配ごとのなかで，クラーラは主に文筆活動を続けている。また，このころの彼女の各方面への手紙の量の多さには驚かされる。マクシムとミロへ，コミンテルン執行委員会女性局へと絶えず手紙が発信され，口述筆記に依る数々の小冊子を残している。この章ではアルハーンゲリスクに没しクレムリンの壁に眠るまでを描く。ここでは，ソ連・東欧の崩壊以降公表されたクラーラとその家族の私的手紙が使われる。

終章は，これまでの研究の締めくくりとして，本書が目的とした2点にたちかえり，さらに，1984年の前著に向けられた批判に対して，今の段階での考えをのべる。

第Ⅰ部

おいたち・青春・亡命

―ヴィーデラウ・ライプツィヒ・パリ（1857〜1890）

第1章　少女時代――ヴィーデラウ村

1　歴史的・地理的特徴

(1) 時代背景

クラーラは，1857年7月5日，ドイツのエルツ山地の北側のなだらかな丘陵地帯，ケムニッツとライプツィヒとの中間にあるヴィーデルバッハ川に沿った村，ローリッツ近郊ヴィーデラウ村（現ケーニヒスハイン－ヴィーデラウ）に生まれた。1857年当時は，この地域はプロイセンに支配された多数の封建的君主国の連合体，ドイツ連邦[1]のひとつ，ザクセン王国に属していた。

1857年は，1848年のドイツの市民革命，つまり3月革命から10年もたっていないし，1844年のシュレージエンの織工の一揆もそのすぐ前の出来事であったといってもよい。また，クラーラが生まれた頃のドイツのケムニッツ近郊ヴィーデラウ村は，ゲルハルト・ハウプトマンが戯曲『織工たち』（1892）のなかで描いた社会環境に似ていたといわれる。クラーラが，フェルディナント・フライリヒラートの詩「シュレージエンの山間より」（1844）や，ハインリヒ・ハイネの「シュレージエンの織工」（1844）の世界[2]で物心がついたのだとしたら，そのこと自体すでに彼女への影響に大きな意味を持つものと思われる。ちなみにシュレージエンは，エルツ山地より北よりのポーランドにまたがる地域名である。

時代と空間の雰囲気を感じ取っていただくためにハイネの詩「シュレージエンの織工」を井上正蔵の訳でまず以下にあげておきたい（井上　1966：163-164）。

1）1813年，対ナポレオン解放戦争の後，1815年，ドイツは，独立国家（35君主国と4自由都市）の緩やかな連合体でまとまり，ドイツ連邦を形成し，各国公使による合議機関としてフランクフルトに連邦議会を置いた（丸畠　2005：68，参照）。

2）シュレージエンの織工の一揆の，ドイツ労働運動史上での研究は，島崎（1963：361-379）。

くらい眼に　涙もみせず
機にすわって　歯をくいしばる
「ドイツよ　おまえの経帷子(きょうかたびら)を織ってやる
三重の呪いを織りこんで
　　　織ってやる　織ってやる

「ひとつの呪いは　神にやる
寒さと飢えに　おののいてすがったのに
たのめど待てど　無慈悲にも
さんざからかい　なぶりものにしやがった
　　　織ってやる　織ってやる

「ひとつの呪いは　金持どもの王にやる
おれたちの不幸に目もくれず
のこりの銭までしぼりとり
犬ころのように　射ち殺しやがる
　　　織ってやる　織ってやる

「ひとつの呪いは　いつわりの祖国にやる
はびこるものは　汚辱と冒涜ばかり
花という花はすぐくずれ腐敗のなかには　蛆がうごめく
　　　織ってやる　織ってやる

「筬(おさ)はとび　機台はうなる
夜も日もやすまず　織りに織る
ふるいドイツよ　おまえの経帷子を織ってやる
三重の呪いを織りこんで
　　　織ってやる　織ってやる

Die schlesischen Weber

この詩の井上訳では「織ってやる　織ってやる」というリフレインは，原

写真1-1　ケーテ・コルヴィッツ「織工たちの蜂起」の一枚「織工の行進」(1897)

語では，「ヴィー　ヴェアベン　ヴィー　ヴェアベン」(„We werben We werben“) である。

ケーテ・コルヴィッツの6枚の連作版画に「織工たちの蜂起」(1897)[3]がある。これをみていくと，クラーラの原点に触れるような気がする。しかし，クラーラより，丁度10歳若い芸術家のケーテとの接点は，後に触れるように両者の思想的立場の違いもあり意外と多いとはいえない。その多いとはいえない接点を，私は本書の関連個所で可能な限りふれることにするので，読者もその個所に注意をはらっていただきたい。さて，ケーテのこの6枚のどの版画にも，貧しく，怒り，悲しむ，長いスカートをはいた女性の姿がある。

のちに，ドイツ工場法（労働者保護法）にふれるが，男女平等を求める市民的女性運動にではなく，搾取され，飢えた労働者階級の女性たちに，クラーラの原点があるということを，私は，本書の出発点におく。イメージとして，ケーテの「織工たちの蜂起」の一枚「織工の行進」をここに張り付ける（写真1－1)。

ところで，クラーラの誕生の時期はドイツ史のなかでは，1848/1849年の

3）ケーテ・コルヴィッツは，これらの詩や戯曲に触発されての6枚の連作版画「織工たちの蜂起」(「困窮」「死」「協議」「織工の行進」「襲撃」「顛末」　1897) を書いた。詩，戯曲，連作版画との関連については，志真 (2006：36-64) が詳しく書いている。

市民革命から普仏戦争を経て1871年のドイツ帝国の創設（ヴィルヘルムⅠ世皇帝即位）の中間に位置づけられる。私は，本書で，クラーラ・アイスナー（後の姓はツェトキーン，一時ツェトキーン-ツンデルと連記）という一人の女性の75年の生涯を描くのであるが，ヨーロッパの市民革命期から書き起こし，没後は今日・将来に至るまで，つまり18世紀末，19世紀，20世紀，ロシア革命とその崩壊まで連なった視野の中で描かなければならない。

1848年のドイツ3月革命は，封建君主制の廃止・民族の統一をもとめて起こった市民革命であり，男性の普通選挙による国民議会を成立させたが鎮圧され，1849年7月，敗北した。ハイネやリヒャルト・ヴァーグナーもこの革命にそれぞれにかかわっている。このドイツ革命のあと，50年代は政治的反動の時代であった。ドイツのブルジョアジーは，保守的で自由主義的改革に反対する大農場経営の領主貴族であるユンカーと妥協し，ドイツの統一は実現されないままであったが，資本主義的発展への道は開かれていた。ドイツの資本主義は，イギリスおよびフランスより遅れ，工場制度が30年代から40年代に，主にプロイセンに根を下ろし，50年代には産業革命が進行した。

女性史の視点からドイツ近代史を描いた田村によればこの時代は次のようである。

> 1848年革命の挫折後，ドイツ全土に保守の仮借ない抑圧でもってする安定化政策が実施されていった。革命の成果は撤回され，とくに出版，結社，集会の自由が取り下げられた。憲法は議会の承認を受けずにさだめられ，議院は解散された。プロイセンでは上院のかわりに地方貴族の代表であるユンカーと，君主によって個人的に招聘されたメンバーとで構成された貴族院が設置され，この貴族院が1918年まで保守主義の要塞となっていく。下院の代表もまた男性だけの不平等選挙で，しかも3階級選挙権で決められた。自由主義者やラディカルな民主主義者はすべての地域で公職から追放されるか，あるいは亡命を余儀なくされ，かってパウロ教会で厳粛に宣告された「ドイツ人の基本権」は，憚ることなくきっぱりと拒否され，官僚と警察による監視システムが確立した（田村1998：109）。

50年代のドイツは経済的には繁栄していたが，クラーラの生まれた1857年には，ヨーロッパ各国，米国で経済恐慌が起き，はじめての世界経済恐慌が起きた年として記録される。1857年は，日本は江戸末期(安政4年)であった。将軍は徳川家定，その前年には，ハリスが下田に来ているし，翌年には日米通商条約が結ばれ，安政の大獄がおきて，封建体制が大揺れに揺れていた。

クラーラは，この年にドイツ連邦時代の王国に生を受けて，少女期には，1864年のデンマークとのシュレスヴィヒ・ホルシュタイン戦争，1866年の普墺戦争，1870年の普仏戦争[4)]の時代を経て，1871年，統一ドイツ帝国が成立する時代が進展していた。ビスマルクの社会主義者鎮圧法時代にスイス～パリへの亡命を経験し，第1次世界大戦時には反戦少数派となり，1918/19年のドイツ革命時は敗北の側に立った。この時代は，ローゼンベルク（1928＝足利訳 1969）によれば「ヴァイマール共和国成立」の過程に含まれる。クラーラは，そのヴァイマール共和国のドイツ共産党（KPD）の国会議員を1920年から務めて，1933年にナチスが政権をにぎるまでの75年を生きる。人はみな，その一生においてさまざまな出来事に遭遇し，一人一人他人に替えがたい人生を経験するが，クラーラの生涯もその例外ではない。

(2) 地理的背景

ヴィーデラウ村を遠い裾野とするエルツ山地は，ザクセンの丘陵地帯から南東に波打って盛り上がった斜面地形で，当時のオーストリア帝国とザクセン王国（現在はチェコ）との境目にあり，チェコに入ってから急な勾配で河川に谷の形をとって終わっている全長約130 km，幅は40kmの低い山脈である。

ザクセンは，18世紀以来，東部ドイツにおいては，もっとも経済的に発達している地方で，シュレージエンとならんで資本主義的生産様式が根を下ろした中心地であった。エルツゲビルゲ（鉱山山地）という名称は，貴金属，

4）1864年シュレスヴィヒ・ホルシュタイン戦争，1866年の普墺戦争，1870年の普仏戦争については，これらにかかわったオーストリアの側から描いた貴族出身のノーベル賞作家，ベルタ・フォン・ズットナーの小説『武器を捨てよ』(ズットナー1889＝ズットナー研究会邦訳　2011)に詳細に描かれている。

写真1-2　ヴィーデラウの教会学校とクラーラの生地（1981年10月14日，筆者撮影）

非鉄金属を多く含んだその地質に由来しているが，17世紀に鉱床が枯渇して鉱業が衰退して以来，鉱山労働者は困窮した。16世紀にはレース編みが始まり，以後女性や子どもの副業として続いていた。やがて19世紀の半ば，森林の木材から家具，玩具が製造されるようになり，後に紡績工業が発達した。この地方産出の木の玩具は，今も世界的にも有名である[5)]。

クラーラの生まれたヴィーデラウ村地方は，ザクセンの繊維産業の中心地クリミチャウを近くにひかえ，村民は，この頃，農業および家内工業に従事していた。クラーラが幼少の頃，産業革命の影響は，この村にも押し寄せ，農村の家内手工業者は，機械制大工業との競争にまきこまれて経済的独立を失い，しだいに工場主の支配に屈服しつつあった。

現在はケーニヒスハイン－ヴィーデラウと呼ばれ，当時の面影を残す教会学校が残されている（写真1－2）。クラーラの父はこの学校の教師だった。

5）今日の日本にも「エルツおもちゃ博物館・軽井沢」にドイツ・エルツ地方で作られている人形が多数展示されてる。パイプ人形（お香をたくための人形）や，くるみ割り人形が有名である。パイプ人形の起源は，クラーラ・ツェトキーンの生れた頃と重なり1856年ごろとされている。ともに1929年に亡くなったルイス/ヒルダ・ハウシュタイン夫妻は「パイプ人形のハウシュタイン夫妻」と呼ばれ親しまれていたという（エルツおもちゃ博物館・軽井沢　2010：4）。

この建物に2011年現在もなおクラーラを記念する小さな資料室がある。

2　家族とその系譜

(1) 父方の系譜

クラーラの祖父母の時代からの連なりでみると，それは18世紀，フランス革命に遡り，ヨーロッパの市民革命の全プロセスを経てクラーラに繋がる。まず，父方であるが，父，ゴットフリート・アイスナー（1806-1875）は，当時のヴィーデラウ村より少しライプツィヒ寄りのグライフェンハインの貧農の出身であった。ゴットフリートは，19世紀のはじめ，1806年に，代々うけつがれた貧しい日雇い小作人ヨハン・ゴットフリート・アイスナー（1774-1837）とその妻ロッシーネ・マリア・ケンツッィヒ（1780-1864）の息子として生まれた。1800年頃，後のドイツ帝国となる範囲には2,300万人の住民がいたが，その大多数は農村に住んでいた。農村社会の下層を形成していたのは，土地を保有しない日雇いなどの層で数的には圧倒的に多かった（矢野他 2001：21参照）。この父方の祖父の職業については，いろいろ説があるが（伊藤　1984：58），貧農であったことだけは間違いがない。彼の青年時代はまだ農奴の時代であった。

この頃のドイツは，ナポレオンの支配下にあり，1807年には，ドイツ観念論の哲学者のフィヒテが，ベルリンで「ドイツ国民に告ぐ」という講演を行ったことは有名である（阿部　1998：186）[6)]。

父，ゴットフリートは，16歳のとき牧師のもとで，日曜学校の「子ども（キンダー）の教師（レーラー）」となり，そこで勉強しながら子どもたちに教えるようになった。彼は，

6）ついでながら，18世紀後半を生きたフィヒテは，川越修（1990：45）によれば，「家父長的」な婚姻論を展開して，後に女性運動家たちによって標的とされたという。1797年の著書で曰く。「婚姻という概念は，夫の意志への妻の無制限の服従を内包している。それは法的な根拠によるものではなく，道徳的な根拠によるものである。妻は自らの尊厳のために服従せねばならない。」（川越　1990：47による）と書いているとのことである。

やがて学識ある教師となり，とりわけ音楽にすぐれていたという。1830年に，クラーラ·エルトムーテ·リヒター（1809-1855）と結婚して，3子をもうけ，1853年，47歳のとき，村の学校教師兼合唱隊指揮者としてヴィーデラウ村に赴任した。学校には約180名の児童がいて，当時の慣習どおり一人の助教といっしょに2つの小さな教室で，読み，書き，計算と宗教の基礎を教えていた（ドルネマン 1957=武井訳1969：13参照）。

彼は1855年に妻と死別した。翌年，1856年，亡くなった妻の義妹に当たるヨゼフィーネ・フランツイスカ・エリザベス・フィターレ（1822-1906）と再婚する。このときゴットフリートはすでに50歳，ヨゼフィーネは33歳であった。この2人がクラーラの両親となる。

ゴットフリート・アイスナーは，1853年から72年までは，ここで教会学校の教師と合唱隊指揮者を兼ねていた。アイスナーは，宗教的背景は，ルター的プロテスタントで，生き方の姿勢はトルストイ型キリスト教徒であった。この父親の宗教的背景もクラーラの気質に影響を及ぼしたと考えられる。

(2) 母方の系譜

次に，母方の系譜をみよう。クラーラの母ヨゼフィーネの父ヨハン・ドミニーク・フィターレは，イタリア＝フランス系の商家の出で，フランス革命の支持者だった。彼は，ナポレオンの士官学校で教育を受けナポレオン軍に入ったが，ナポレオンが栄華を極めていた最中に退役し，その後フランス語教師としてライプツィヒに落ち着いたとドルネマンは書いている（ドルネマン 1957＝武井訳1969：14参照）。

ヨゼフィーネの母（つまりクラーラの祖母），ルイーゼ・ヘンリエッテ・オットー（のちにフィターレ）は，鬘作り職人の，フリードリヒ・アドルフ・オットーの長女として生まれた。このルイーゼ・ヘンリエッテがヨハン・ドミニーク・フィターレと結婚したのである。クラーラの母ヨゼフィーネは，この2人を両親として1822年にライプツィヒに生まれた。このように，フランス系の血が混じっている祖父フィターレが，ナポレオン軍からいつどのようにして離れてなぜライプツィヒにいたのだろうか。ナポレオンが皇帝にな

写真1-3　1800年初頭のライプツィヒ

った時とも書いているものもあるが（Alexander 1927：3），そうとすると1804年であるからフィターレ16歳ということになり，つじつまがあわない。

ナポレオン軍は1812年，ロシアに遠征し，ドイツ諸邦の軍もこれに参加したが，モスクワからの退却時に壊滅状態に陥り，プロイセンは寝返ってロシア軍の側についてナポレオンを攻撃した。1813年10月ライプツィヒ近郊でロシア・オーストリア・プロイセン・スウェーデンの連合軍とナポレオン軍のあいだで決戦となり，ナポレオンを追ってライプツィヒ市街に突入し，ナポレオン軍はドイツ国内から撤退した（石田編 2007：26）。1813年といえばフィターレは25歳，ナポレオンの撤退に従わずライプツィヒに残ったということも考えられる。しかしこれは，私の推測に過ぎない[7]。

後にフィターレは，ライプツィヒで，トーマス学校のフランス語とラテン

7）このときの戦いは「諸国民戦争」と呼ばれ，100年後の1913年に91メートルの高さの「諸国民戦争記念碑」がライプツィヒ郊外に落成し，今日も威容を誇っている。

語の教授を務めた。彼は，イタリア語，フランス語，英語，ドイツ語を母語のように話したという（Hardel 1964：83）。

クラーラの母ヨゼフィーネが生まれた年1822年は，ドイツはどのような状況にありライプツィヒはそのなかでどのような位置をしめていたのだろうか。1822年といえばナポレオンがセント・ヘレナ島で死んだ翌年のことである。先述のように，ヨゼフィーネは，アイスナーの最初の妻，クラーラ・エルトムーテ・リヒターの義妹にあたる。

母ヨゼフィーネは，当時としては高い教育を受けた方で（具体的にどのような教育を受けたかは，すべての先行伝記にも書かれていない），ジョルジュ・サンドの女性解放の精神の信奉者であったという。早くからライプツィヒの市民的女性運動の指導者ルイーゼ・オットー・ペータースと親交を結び，市民的女性運動の積極的擁護者で，女性の経済的自立を支持していた。彼女は情熱的でエネルギッシュな女性であったようだ。

ヨゼフィーネは，ライプツィヒで医師のヴィルヘルム・モーリッツ・リヒター（1818-1850）と結婚して一子をもうけていたが，1850年に夫のヴィルヘルムはコレラで死んだという。

その後数年を経て，1856年11月3日，ヨゼフィーネとゴットフリート・アイスナーはライプツィヒのトーマス教会で結婚式をあげた。

クラーラはルター派プロテスタントの父と，ドイツの市民的女性運動に共鳴した行動的母から生まれたということになる。こうした，両親の思想的背景もクラーラの人間形成に大きな意味をもったに違いない。

ここまでの確認は，クラーラの出発点にあたって基礎となる。クラーラは，都市ではなく農村の，経済的には中の下ともいうべき階級出身である。しかし，まぎれもなく，ある程度の知識層の家庭に育った。このことが，後に，彼女をしてドイツ社会民主党の中で，例えば，貴族で将軍を父としたリリー・ブラウンと論争した時，違いを明白なものとした根本的要因となると推測される。クラーラは，労働者階級の出身ではないが，貴族の出身とは無縁であり，時代的制約から，高等教育を受けてはいないが職業的専門教育を受けた，非都市的小市民下層の知識層の出身ということがいえよう。

(3) 家庭教育

写真1-4　クラーラの母方の祖父母（ヨハン・ドミニクスとルィーゼ・ヘンリエッテ・フィターレ）

先述のように，クラーラの父は，ルター派の堅実なトルストイ的キリスト教徒であり，母は，元ナポレオンの支持者を父に持ったドイツ市民的女性運動の共鳴者であった。この両親の家庭がどのようなものであり，とくに母の思想がクラーラに与えた影響を，伝記作家ドルネマンの叙述に依拠して推測してみたいと思う。ドルネマンは書いている。

ヨゼフィーネ・フィターレはまさにこの父（ヨハン・ドミニカス・フィターレのこと：伊藤）の娘だった。彼女は子どもたちによくフランス革命の話を聞かせ，自由，平等，兄弟愛の理想をたっとぶ精神を育てた。そして指先で窓ガラスを叩いて拍子をとりながらマルセイエーズの歌を教えた。しかもヨゼフィーネ夫人は，ブルジョア的な婦人解放運動の積極的な代表者だった。父ゆずりの気性のはげしさで，彼女は，当時ブルジョア社会ではめったに見られなかった考え方，婦人は物質的に独立していて，一つの職業をもたなければならないという考え方をもっていた。

彼女が1848年のドイツ革命に共感をもち，自由思想をもつブルジョア層と接触があったのも，当然のことだった。ヴィーデラウでは，彼女は，革命当時ヴィーデラウの農民をドレスデンに導いた84歳のシュッツェンマイスター博士がおなじような思想を持っていることを知った。そして，1860年代の半ばごろ，統一と自由の呼びかけがあらたにドイツを席捲し体操運動が勢いを盛りかえしていたなかで，博士といっしょに体操協会を創立した。二人を指導者として，ヴィーデラウの婦人や少女は黒赤金の協会旗の刺繍をした。その後村の婦人たちは婦人同盟を組織したが，この同

写真1-5　クラーラの両親（ゴットフリートとヨゼフィーネ・アイスナー）

写真1-6　クラーラの弟妹　（アルトゥールとゲルトルート・アイスナー）

盟はルイーゼ・オットーやアウグステ・シュミットの婦人運動とも関係があり，この種のものとしてはドイツで最初の組織だった（中略）。

ヴィーデラウの学校教師と彼の二度目の妻は，めずらしい夫婦だった。村人たちはあとでこそ，この婦人を「アイスナー夫人」と呼んだが，この上品ですこし異邦人的な容貌の都会人を連れて，夫がライプツィヒから帰郷した時，農民たちは驚いた。多くの人は，うまくいくだろうか，とささやきあった。事実，二人のまったく異なった人物のあいだには，宗教の問題をふくめていろいろな意見の相違があった。クララものちに語っているが，両親の家はまるで本物の討論クラブのようなもので，二人は長時間の，ときには熱っぽい議論ばかりやっていた（ドルネマン1957＝武井訳1969：14-15）。

クラーラは，少女時代にどんな文化的環境で育ったのかはすでに推測がつく。ドルネマンは，さらにクラーラは読書が好きで「シラーやゲーテの作品，ホメロスのイリアスやオデュッセイ，すこし大きくなってからはシェイクスピアの戯曲，ディケンズやバイロンの作品などを，何時間でも読んだ。しかし，なかでもとくに印象深かったのは，けっして読みあきることのない三冊の本だった。うち二冊は屋根裏から見つけたもので，一つは絵入りのフランス革命史，一つはスイスの盟約者たちの解放戦の物語だった。彼女はこの偉大な自由の戦いの物語に夢中になり，村の青少年のあいだに話をひろめ，その劇をやったものだった。のちに彼女は言っている。『私は何度もアルノルト・フォン・ヴインケルリートとして，自由のために死んだものでした』。もう一冊は父の書架で見つけた。教皇制度にたいする各地の教会の歴史である。」（同上：16）と書いている。

アルノルト・フォン・ヴインケルリートとは誰か。『ドイツ伝記辞典』（*DBE*, 2. Ag., B.10 2008：669）によれば，スイスの伝説的国民英雄で，ゼムパッハで，1386年7月9日に没したとあるが生年についての記載はない。彼は，オーストリアのハプスブルク公爵レオポルト3世の軍に対する1386年のゼムパッハの闘いに，スイス会議同盟軍隊の勝利をもたらしたとして知られている。

プシュネラートの伝記は，メンタリテート史的伝記の対象としてクラーラをとりあげるとしていることは，はしがきで述べたが，貫く視点は「気質あるいは心性」であり，その視点からみると,「クラーラの子ども時代の社会化」(私がこの章で扱ってる「おいたち」に相当する意味）における思想形成のもとは，父からうけた独特のルター派の宗教性，母の自由主義の教育を受けた市民的考え方，ということになる。

3　市民的女性解放思想・女性運動の動向

さて，ここで，クラーラに大きな影響を与えることになる母ヨゼフィーネが共鳴していたライプツィヒの女性運動とはどのようなものであったかを見ておく必要がある。なぜなら，のちのドイツおよび国際プロレタリア女性運動の指導者となるクラーラは，まぎれもなく，ドイツ市民的女性運動の落とし子でもあったからである。

(1) 18世紀～19世紀初め

どの国にも，市民革命に付随して市民階級の女性の目覚めと運動がある。この運動は，当然のこととして，のちの労働者階級の女性の運動より時代的に先行し，その国の市民革命の性格に規定されている。運動の背景には女性解放思想があり，それを唱える論者には男性がリーダーシップをとっていたこともまれではない。ドイツではケーニヒスベルクの市長，テオドール・ゴットリープ・フォン・ヒッペル（当初は別名を使っていた）の『女性の市民的改善について，および女性の教育について』(Hippel 1792)をあげることができる。イギリスのメアリ・ウルストンクラーフト（1759-1797）の『女性の権利の擁護』(Wollstoncraft 1792）にくらべれば日本で知られていないが，フォン・ヒッペルは，まぎれもなく，ウルストンクラーフトの同時代人であった。

〔テオドール・ゴットリープ・フォン・ヒッペル〕

ヒッペルについては，日本のドイツ史研究者は，1980年代の半ば以降に断片的に注目するようになった。管見の限りでは、良知（1986)，若尾（1996)，田崎（2007)，弓削（2009）がヒッペルの上記著書『女性の市民的改善について，および女性の教育について』に言及している。

この本のなかで，ヒッペルが，女性の隷従は，女性自身のとがではなく，文化の，つまり因習の所産であることを指摘し，したがって，国家市民としての男性と女性の壁を取り払い，教育，司法，行政，学問，医業などの男女差別も廃し，女性に完全な自立と自由を与えるよう主張していたのだと，良知は書いている（良知1986：6）。

また，彼は，男女のどちらか一方を優越させることは，自然の意図するものではないと強調した。自然が女性を服従させたというが，こうした意見を支配的にしたのはわれわれ男性たちではないかという考えに立っていた（Hippel 1792＝弓削 2009：6による）。

若尾（1996）は，ヘレーネ・ランゲとゲルトルート・ボイマー編の『女性運動の手引き』（1902）[8] に依拠しながら，ヒッペルについて多くを紹介しているドイツ史研究者である。以下若尾の叙述に依ってみていく。

> （ヒッペルは，）ルソーの自然概念に依拠しつつルソーを批判する。「女性に対する男性の支配や女性の劣等性は神の定めたものではなく，また最初の原始状態から存在するものでもなく，それは理性に反している」と。ルソーと異なりヒッペルにとっては，男性に対する女の身体的および精神的な劣等性は自然によるものではなく，単に生活様式や習俗，因習によって形成され，そのなかに基礎づけられているにすぎない。「専制主義の鉄鋼の圧迫」が，女性をいわば発育不良にしたのである。この見解が，ヒッペルの第1テーゼである。第2テーゼは，男性への女性の隷属も，文化の結果であるという「文化史の仮説」にある。そして第3テーゼが，女性のための市民的改善にかんする提案である。「国家が，市民の偉大で高貴な半数の有用な働きに真剣に関心を持ち，自然が平等に作ったものたちを公正に待遇し，彼女たちにその権利を，また人格的自由や独立と共に市民的権利と市民的名誉を返還する義務を感じ，女性に内閣，裁判所，講義

8）H.Lange u, G. Bäumer（Hrsg.）*Handbuch der Frawenbewegung*, 4 Bde., Berlin 1901/02. 若尾は，第1次世界大戦前における穏健派女性運動の理論的な集約点を示す文献の一つとして挙げている（若尾1996：313）が，筆者はこの文献にあたっていない。

室，勘定場，作業室を開放し，国家が人間殺傷なしには済まされず，またその意志も無いというなら世にいう強者である男性から剣の独占をなくし，自然が望み市民社会も望むはずの，両性の下にその他の区別をいっさいせず，そして両性がその自然的素性を恥としないなら，そのときには国家奉仕と国家至福とはどこでも増進し，小川のほとりの草原の如く人間が繁茂し，人類はその偉大な使命に向かって前進するであろう（若尾 1996：314-316による）。

また，ここではふれないが，18世紀末から19世紀転換期の，男性知識人の保守的女性論については川越（1990：44-57）が参考になる。

さて，19世紀にはいって，空想的社会主義者も活躍しはじめていたころ，カール・マルクスが1818年に，フリードリヒ・エンゲルスが1820年に生まれ，1836年には，パリでドイツ人のプロレタリア的職人たちが，ドイツ人労働者の最初の政治組織である義人同盟を結成し，1840年代からマルクスとエンゲルスの著作が次々と発表されるようになった。市民革命の中で，市民階級の女性だけでなく，下積みの女性たちも動き始めている。

クラーラが生れる約10年ほど前のことである。

(2) 1848年ドイツ革命とドイツの市民的女性運動

良知は，『女が銃をとるまで　1848年女性史断章』（良知 1986）のなかで，当時のドイツ・オーストリアの民衆の女性の状態について次のように書いている。

たしかに、ベルリンでもウィーンでも，そしてパリでも，あのケーテ・コルヴィッツが描いたような黒い粗末な衣服に身をまとった老若の名もない女性たちが，つねに革命の「状況」を形成していた。革命の真の暴力は，多くの場合に女性であった。たとえばウィーンの場合も，完全かつ無制限な自由と男との同権を要求した「女性解放」が，革命の語られざるスローガンであった。（中略）女も国民軍へ入れて武装させろ，議会の選挙権もよこせ，貧しい労働者の家族を救え，農民とも手を握って武装闘争へ。それは，女性たちがブルジョア的革命機関につきつけた爆弾だった（良知 1986：8）。

このように良知は「ケーテ・コルヴィッツが描いたような黒い粗末な衣服に身をまとった老若の名もない女性たち」（同上）のことを書いている。ケーテ・コルヴィッツの絶望に打ちひしがれた民衆の絵の中には，先にも示したように男たちの中に必ず長いスカートをはいて女たちが混っている。

しかし，良知は続ける。

48年革命はある意味では裏切りの歴史であった。第一にそれは，「奉公人」（ゲジンデ）という底辺身分からすらはみ出た「賎民労働者」（ゲジンデル）を裏切った。第二にそれは，大国主義の谷間にあえぐ多くの少数民族を切り捨てた。そして第三にそれは，「万人」の自由や平等を唱えはしたが，その「万人」というのは男だけのことで，女は，「万人」のなかに含められず，したがって「人間」ではなかった。ハンガリーやバーデンの戦野には女性も姿を現し，ウィーン革命では女性が銃をとってバリケードに立ったが，その姿はつねに，女らしくない「アマゾン女」にたいする世人の蔑視に包まれていた。「革命」の理念に燃えたはずのフランクフルトでは，国民議会議場のパウロ教会は女性だということでマイゼンバーク[9]の入場を拒否し，パリのもっとも革命的なクラブですら，会合に参加した女性は二階席の片隅を指定され，討議への実質的参加を許されなかった（同上：64）。

これに対し，田村の叙述はニュアンスが違う。

1848年パオロ教会でのフランクフルト国民議会では「ドイツ人民の基本

9）マイゼンバークとは，文筆家で女性権利擁護論者であったMaysenbug, Malwida Freiin von（1816-1903）のことであろう。1850年1月からハンブルク自由教区の女子単科大学（1852年にプロイセン文化省によって閉校に追い込まれる）の講師をつとめた人物である。

権」と「帝国選挙法」についての議論がおこなわれたが，この議会には女性のための席が設けられていた。これに参加したある女性は，「当日家に帰るや倒れこみ動けなくなった。体は震え，激しい頭痛におそわれた。朝8時から午後2時半までずっと興奮していたのだから。扉は9時半に開いたのだが，席をとるために立って待っていた。すぐに前広場は名望ある男女でいっぱいになり，扉が開くと死に物狂いで席につき，ご婦人がたは早速こめかみにオーデコロンをすり込んでいる。柄つき眼鏡で見回すものや華やかに着飾ったものたちで，ひととき劇場にいるようであった」と興奮の緊張の体験を記している。またある女性はパオロ教会での女性の様子をつぎのように語っている。

議長の左側が女性席に指定されている。最前列はジャーナリストや新聞記者の席で，その後4列が女性席である。ゆうに200席はあったろう。女性が左側に陣取ったのはある前兆ではないのか？　それとも議場管理の不注意なのか，あるいは女性はどっちみち充分な解放思想をもっていないからなのか？　美しき反逆者をジャーナリストや新聞局の代表者の真ん中にすえるなんて，情熱的で雄弁な共和主義者や扇動者との危険な結合を仲介することになるのではないか？　しかし，左翼の男性は議論，提案，法律案修正の動議そして質疑に集中する確信にみちた政治家たちで，脇の方には目もくれず女性のまなざしに視線をむけることもなかった。一方女性は身じろぎもせずに真剣な表情で聞き入り，ときおり自分たちの判断をささやきあっているのを聞くと審議の内容を正しく把握し，いろいろ提案を出しあっている。女性の知識欲の旺盛なのをまのあたりにした。また会議後，ある女性が，どうして男性は空疎な形式ばかりをだらだら議論するのか，まったく前進がないではないかと夫に問いつめると，夫はおまえにはわからないんだよと答えるのを聞いた。議論されたすべての問題はまた，われわれ女性の問題でもあるのだから女性を排除した決定はさせまいという共通の認識があった（田村　1998：86-87）。

とはいえ，結果的には，良知の言うように，それは「万人」の自由や平等を唱えはしたが，その「万人」というのは男だけのことで，女性は，「万人」

のなかに含められなかったのは事実である。田村も，「しかし国民議会での長引いた議論は女性に幻滅と惨憺たる認識をもたらしただけだった」(同上：88) として，それが，ルイーゼ・オットーに1849年4月21日『女性新聞』を刊行させる決意をさせることとなる。

こうして，クラーラと後に接触することになるドイツ市民的女性運動のリーダー，ルイーゼ・オットーが登場する。

〔ルイーゼ・オットー〕

ルイーゼは，1819年，ドイツのマイセンに生まれた。父は弁護士，母はマイセンの陶磁器画家で，勤勉で献身的という当時の市民女性の理想像を体現した女性であった。かなり裕福で進歩的な知識人の家庭に育った。16歳で両親に，22歳で婚約者と死別し，その後文筆家として頭角をあらわし，小説，詩，新聞への寄稿を通じて社会批判をおこない，女性の完全な社会的平等を主張するようになった。ルイーゼは，とくに，公的・政治的生活での活動を女性の権利および義務として要求したドイツで最初の女性であった。

彼女はすでに，1844年，ロバート・ブルム (1807-1848) の主催する『ザクセン祖国新聞』(*Sächsische Vaterlands-Blätter*) が提起した問題「女性は国家の利益に参加する権利を持つか？」に対して，最初の論文を書き「国家の利益への女性の参加は，ただ権利であるだけでなく，女性の義務である」と主張し，注目を浴びた。田村 (1998：91-92) は，「武力で鎮圧された1844年のシュレージエンの織り工の蜂起は，飢饉や局地的におこる不穏な状態，ストライキ，階級紛争といったさまざまな新しい社会問題の代表的な例として注目を集めた。この織り工の少なくとも半分は女性であった。オト (田村の表記：伊藤) は最初から女性の権利を擁護し，民衆のなかでもっとも貧しい女性労働者の社会的困窮をわが事として引きうけ，彼女らの擁護者となることを決意していた。ザクセンのエルツ山地におもむいて訪ねた労働者家族，ラオジッツの織工の村への旅やリーゼン山地への旅で彼女はレース編み女工，織り女工そして刺しゅう女工たちの家内労働の非惨な状況を直接知ることができ，搾取と不公正の程度についてきわめて詳細にしらべた」と書いている。彼女は，1847年には，ライプツィヒの植字工の新聞『植字工』(*Typographin*) に，48年には，これの発展である『ライプツィヒ労働新聞』(*Leipziger Arbeiter Zeitung*)に執筆していた。このように，1848年の革命以前に，つまり，私が書こうとしているクラーラの生まれる10年以上前に，のちのクラーラの師，ルイーゼ・オットーは，シュレージエンとエルツ山地を結んでこの時代の労働者家族の問題を把握していたのである。

1848年の3月革命から50年代のはじめにかけてのルイーゼの活動には，めざましいものがあった。48年5月20日の『ライプツィヒ労働新聞』にルイーゼは，ザクセンの内務大臣，労働委員会および全労働者にあてて「少女の訴え」(Adresse eines Mädchens)を発表し，女性の労働権を主張した。また初期のルイーゼの活動で重要なのは，すでにふれたように，1849年4月からドイツで初めての『女性新聞』(*Frauen Zeitung*)を週刊で出したことである。彼女はこの新聞に，女性労働者の通信員を獲得しようとした。この新聞は，さまざまな妨害や財政上の困難にもかかわらず，1852年まで刊行を続けた(Gerhard, *et al.*, Hrsg. 1980)[10]。

ルイーゼ・オットーは，「女子労働者の境遇や女性一般の立場を想い起こしてみると，私の胸には多くのものがこみあげてくる。無数の私の同性が貧しさや屈辱のなかで，またはねつけられ，ないがしろにされるなかで，身の細る思いをしているのを見ると，それだけでもう何度でも，私の胸からおののきの吐息がもれ，私の頬は恥辱に赤らみ，熱い涙が目に溢れてきた。(中略)だが，女性もまた人権をもつその日までは，現在の社会無秩序がやむことはなく，社会的秩序はもどることもないだろう」(良知 1986：66による)といっている。ブルジョア革命を，労働者階級や農民がともに戦い，特に「女性の人権」をブルジョワ階級に限定しているのではないことがわかる。

一方私的生活では，ルイーゼは，1849年に，文筆家であり自由のための闘士でもあったアウグスト・ペータースと婚約したが，彼は同年バーデン

10) 反動の時代1850年に新結社法が可決された。これによって，ドイツ連邦のすべての国で女性は未成年者と同じように政治団体に加入することも，また政治集会への参加も禁止された。プロイセンとバイエルンでは1908年まで，この法律は有効であった。さらにザクセンでは特別に出版法が可決され，定期刊行物の編集者はザクセンに定住している男性のみが引き受けることができることとなり，女性が定期刊行物の編集および出版の責任者になることが禁止された(田村 1998：107-108参照)。

での蜂起で政治犯として逮捕され，長年の懲罰刑を受けたので，結婚したのは1858年になってからであった。しかし，夫のアウグスト・ペータースは，その後，長い患いののちに1864年に世を去った。

再び一人になったルイーゼは，同じ志をもつアウグステ・シュミットらと，1865年ライプツィヒに，「女性教育協会」(Frauenbildungsverein)を創設し，10月16-18日，同地に最初のドイツ女性会議を招集した。この会議では男女平等や，女性の社会参加，女性の労働権について論じられたが，政治的権利の要求は前面にはだされなかった。この会議には，「ライプツィヒ労働者教育協会」の幹部であったアウグスト・ベーベルも出席していた[11]。ドイツ労働運動と，市民的女性運動の繋がりをここに見ることができる。

1865年の女性会議は「全ドイツ女性協会」(Der Allgemeine Deutsche Frauenverein = ADF) を結成することを決め，ルイーゼ・オットーは，その会長となってアウグステ・シュミットとともに翌1866年，機関紙『新しい道』(*Neue Bahn*)を発行し，1895年に没するまで約30年間この協会を指導した。この会は主として女性の職業教育と職業活動の保障を要求する運動に力を入れていた。このような市民的女性運動の申し子として，後述のようにクララ・アイスナーがライプツィヒで通学することとなる「女教師養成学校」の存在も可能であったのである。この学校のことは次章で取り上げるが，ルイーゼ・オットーは，女子学院の設立を呼びかけていたと，田村は次のように説明している。

> ……オトは，ハムブルクの女子単科大学が女性の専門教育をめざすと同時に，フレーベルの教育理念のもとで生徒自身が家事労働を実習できたような学校のありかたを理想としていた。若い女性のより高い知的教育が家政の仕事を妨げるようなことがなく，相互に取り込むような教育を望んだ。

11）後に詳しく述べるが，1863年に5月にフェルデナント・ラサールらの「全ドイツ労働者協会」が，6月にアイゼナハ派と呼ばれたベーベルの「ドイツ労働者協会同盟」が結成された。1865年9月後者の第3回大会がシュツットガルトでもたれ，ドイツ労働運動内ではじめて女性労働問題を集約的に取り扱った。ここで，女性の職業労働と男女の同権が擁護され，同年10月にライプツィヒで開催されることになっていたルイーゼ・オットーらの第1回ドイツ女性会議にベーベルを派遣することを決めたのである。

オトは，「人道主義」と「社会主義」と「永遠に女性的なもの」を三本の柱とした世界観を堅持していたが，そもそもなにを学ぼうとしているのかまだ充分に自覚してはいなかった（田村 1998：112）。

ルイーゼ・オットーについては，日本では，1984年の拙著（伊藤 1984）出版のころにはほとんど言及されていなかったが，1990年から，ドイツ社会史的研究が，彼女の比較的晩年の回想録に注目し，興味深い詳細な多岐にわたる生活描写を翻訳紹介しており（姫岡 1990：83-100），21世紀に入ってから研究の前進が見られ（須藤 2002，若尾 2005，山田 2003, 2005）ルイーゼ・オットーをテーマに学位論文が書かれるようにもなった（山田　2006）。山田は2005年に，私が1984年にルイーゼについて書いた叙述の不十分さを指摘している（山田 2005：123）。26年を経た現在，それにたいし，新たに考えさせられるところがある。それは，「伊藤セツおよびドルネマンは，オットーたちの運動をブルジョア婦人運動と位置づけ，労働者階級の闘争と結合させなかったという見方をしているが，それにもかかわらず，革命期には，オットーが『婦人労働者』の社会的地位の向上の要求をしたことをクララ・ツェトキンを通して認めている」という山田の指摘である。

ここで，問題点を整理しておきたいと思う。山田は，上記論文の中で，「1849 年，50 年の『女性新聞』には『ボビンレースの編み子』，『女性労働者のために』，『女性労働者のために 第二部』，『家事使用人』その他の女性労働者に関するかなり長文の記事が掲載されている」ことに注目し，ルイーゼ・オットーの，冬のエルツ山地の貧しい女性労働者の状況について具体的描写を紹介している。エルツ山地はまさしく，クラーラの故郷の近くであり，そこに描かれているのは，その約10年後に生れたクラーラが見た世界である。確かに，ルイーゼ・オットーとクラーラ・アイスナーは数十年を隔てたとはいえ同じ対象をみたのである。しかし，ルイーゼ・オットーは，この状態をみて叙述はしたがその改善を労働者階級の組織的闘争とは結合させるすべをもたなかった。その限りで市民的女性運動の範囲であったというのが私の叙述の意味である。しかしルイーゼ・オットーが，女性労働者を深く観察する眼を持っていたことが，クラーラの師たるゆえんであり，クラーラの成長の糧となったのである。だが，ルイーゼ・オットーが，ドイツブルジョア女性運動に位置づけられることに変わりはない。

ともあれ，クラーラはこうしたドイツの市民的女性運動のリーダーたちを身近な環境として少女時代を迎えるのである。

4　当時の労働者階級の組織と女性労働者問題認識

クラーラが生れてからヴィーデラウで過ごした少女時代の市民的女性運動は先に見たが，後にクラーラがその立場を選ぶことになるドイツの労働者階級の闘争と関連する女性運動は，どのように展開されていたのであろうか。以下，私独自の研究領域でないにもかかわらず多くの頁を割くことになるので，誤謬をおそれるが，後のクラーラの活動と女性解放論の位置を読み取るために必要な作業であり，最近の「ドイツジェンダー史研究」のいわゆる「言説」理論[12)]とも関わる重要な問題なので，概観しておかないわけにはいかない。

1969年に，ドイツプロレタリア女性運動の通史ともいうべき『女性運動に対するドイツ社会民主主義の女性解放政策と文献　1863-1933』を書いたヴェルナー・テネセンは，1863年から1933年までの時期を，第1次世界大戦の勃発を機に大きく前後に分け，特にその前半を3つの連続する時期として，①プロレタリアのアンチフェミニズム[13)]の時期，②女性の働く権利の承認と

12）姫岡とし子は，「労働のジェンダー史研究」によって，「労働現場において，また労働法や社会政策の制定を通じて，さらに労働運動においても女性労働／男性労働，女性労働者／男性労働者は差異化され，その維持，強化，再生産が行われている」。また，「資本家を批判するさいに，労働側はしばしば『脆弱な女性の酷使』あるいは『家族破壊』といった言説を持ち出すが，そこには同時に『体力・精神力ともに優れて技能および重労働に適した男性』『家族の扶養は男性の役割』『女性は家庭』といった意味合いが隠されており，階級闘争のなかで男性優位の労働関係も構築，再構築，強化されていく」といい，「考察観点の変化によって従来の定説が見直され，これを覆す成果が登場している」が，「こうした再解釈は『言語論的転回』すなわち，史料を『事実の反映』ではなく意味を生成するテクスト，言説（ディスクール）とみなして，その意味がいかに構築されたかを解読するためにテクスト分析を行う方法が登場したことにより可能となった」と主張している（姫岡　2009：135）。ここで，前述のケーテ・コルヴィッツの絵の中の男性たちと一緒に描かれている女性労働者も「事実の反映」ではないといえるのであろうか。

13）ここでのアンチフェミニズムのフェミニズムとは，単純に男女平等主義程度の意味で

科学的女性解放理論起草の時期，③女性の組織化の時期，に区分している(Thönnessen 1969：5-6)。クラーラはこの③の時期にはじめて登場することとなる。

また，1974年に『女性解放のためのドイツ労働者の闘争史とドイツ労働運動のなかにおける女性の役割に関する文献集』を編集したアーレント夫妻は，その初期から1970年当時までを，ドイツ労働運動の5つの主要時期に区分して文献を整理している。その5つの時期とは，①1848-1871年，②1871-1900年，③1900-1917年，④1917-1945年，⑤1945-1970年であり，④の時代をさらに1933年を境に2つの小時期に区分している(Arendt, *et al.*, Hrsg. 1974：7)。この区分では①はまだクラーラがヴィーデラウにいる少女時代にあたる。

本書では，クラーラの幼少期から少女時代にすすめられていた，テネセンのいう①，②の時期を，(1) 1863年以前，(2) 1863-68年，(3) 1869年に分けてみていく。1869年を独立させているのは，ベーベルらがアイゼナハで社会民主労働者党を創設し，アイゼナハ綱領を採択した年だからである。つまりこの期のドイツ社会民主主義的女性解放論の綱領的到達点と見なされるからである。

(1) 1863年以前[14)]

フランツ・メーリングの『ドイツ社会民主主義史』(初版発行1897-1898)には，18世紀後半のシュレージエンおよびザクセンの家内工業，19世紀初頭のライン＝ヴェストファーレンの大工業におけるドイツ労働者の状態が描写されている。ライン＝ヴェストファーレンの大工業では，1810年代，20年代に子どもの酷使がみられ，子どもの生活は悲惨な状態に陥っていたことが報告されている(メーリング 1960年版＝足利他訳 上 1968：43-44)。

1848年ドイツ革命のころ，労働者の中で女性労働の評価とその組織化に

あろう。

14) なぜ1863年に区切りを置くかといえば，ドイツにおける社会民主主義的政治組織は，1863年，フェルディナント・ラサールによって創立された「全ドイツ労働者協会」をもってはじまるからである。しかし，ドイツ労働者階級の発生は19世紀の初頭までさかのぼる。

たいする偏見は根強かった。まず，手工業者の領域から女性の工場労働を禁止すべきという声がおこった。とくに仕立屋とたばこ労働者の間でその見解は強かった。1848年8月に設立された「全国たばこ労働者共済組合」では，組合規約，疾病および徒弟修業に対する救済，賃金問題，失業予防の手段を検討したが，工場での女性労働の禁止を要求する決議をしている（Zetkin 1958：61）。労働者の間にこのような考え方が一般的であった時に，労働運動の指導者の中から女性労働に関して偏見を脱するものも現れた。クリスティアン・ヴィルヘルム・ヴァイトリングとシュテファン・ボルンである。

ヴァイトリングは，1808年マクデブルクに生れ，仕立屋となって1828年から35年までドイツ国内を遍歴した。1841年までパリで生活し，フランスの社会主義学説を吸収し，「義人同盟[15)]」のなかで労働者階級の革命闘争に参加したが，ヴァイトリングの思想は，ユートピア的社会主義と科学的社会主義の中間に位置していた。フランツ・メーリングは，ヴァイトリングの女性観，および児童教育についての考えを次のように説明している。

ヴァイトリングは，婦人問題にたいして，かならずしも自由な立場に立ってはいない。かれはなお，男性の自然的な優越性を信じており，自然が奇蹟をおこなわないかぎり，そして女性が有用な科学，発明および才能において男性に優位をしめさないかぎり，婦人は新しい社会で指導的な役目につくべきでないと考えている。しかしこのことは，職人ぐらしが，かれの結婚観や恋愛観へ投げかけた陰影の，最後のなごりでもある。ほかの点では，かれは，ブルジョア的結婚を辛辣かつ適切に批判している。（中略）また三歳ないし六歳からの子どもの教育は，社会の義務とされる。子どもは訓練所に収容されて，あらゆる技術と学問の教育を受け，あらゆる労働に――とりわけ，嫌いな労働にも――慣らされる。青年の教育は，社会のための生産的労働と結びつけねばならない（メーリング 1960＝足利他訳 上1968：83）。

15）1834年，パリにおいて結成されたドイツ人亡命者や遍歴職人から成る秘密結社の追放者同盟から1837年に分離独立して結成された最初のドイツ人共産主義結社。これが後の「共産主義者同盟」になる。

1848-49年のドイツ革命に参加した植字工ボルンは，女性労働に対しても，その組織化に対してもさらにすすんだ考えを持っていた。1848年の革命のあと，ベルリンの労働者150名が集まり，あらゆる労働組合，同業組合，工場に対して，労働者の中央委員会を構成する代表者を選挙するよう決議した。数回の予備会議のあとで，中央委員会が組織され，議長団にボルンも選ばれた。ボルンは，ブリュッセルとパリで，「共産主義者同盟[16)]」に属していた。ボルンは，労働者中央委員会の規約に次の文を加えている。

> われわれは大部分の国民を味方に数える。われわれの味方は，賃労働者や職人ばかりではない。大資本との競争によって圧迫されている大多数の小親方も，自身の分割耕地だけでは自身や家族を養うことのできない農民も，われわれの子どもを教育する教師も，刺繍機械やその他の機械の後に座っている少女もわれわれの味方である。要するに，働いても働いても資本の力に敗れ，自由競争で没落するすべての人が，われわれの味方なのだ（メーリング 1960＝足利他訳 上，1968：348）。

中央委員会は，1848年8月23日に「労働者会議」をひらいた。会議はドイツ労働者の組織「労働者友愛会」をつくり，そのための規約を起草した。「労働者友愛会」は地区委員会と地方委員会から構成され，そのうえに最高機関としての中央委員会があった。地方委員会の仕事は，その地方の労働者の利益を擁護し，中央委員会と地区委員会との結合をはかることであり，またその特殊部局では，女性労働者の問題が取りあげられることになっていた。しかし，この組織の中で，女性たちがどのような領域で，どのような成果をあげたかを示す記録はない[17)]。

初期のドイツ労働者の女性労働に対する立場は，女性が労働市場で男性の

---

16)「共産主義者同盟」の創立は義人同盟の組織改変によるものである。ロンドンで1847年に結成され1850年頃まで存在した国際的秘密結社。

17) 後にクラーラ・ツェトキーンは，会則が原則として女性の加盟を承認していたということ自体は当時として注目に値すると評価している（Zetkin 1958：63）。

競争者として現れるか，あるいは女性が従来から多く従事している産業部門内に限定されているか否かに左右され，女性労働が，いわゆる女性の仕事の範囲を越えるとき女性労働者を対等とみなさない「プロレタリアのアンチ・フェミニズム」が引き起こされる。こうした考えは，男性を科学的社会主義の理論で啓発することによって，また両性の労働者を共通の組織に入れることによって比較的後になってはじめて克服されるというのがテネセンの見解であった（Thönnessen 1969：12）。

テネセンの言う「科学的社会主義の理論」とは，マルクス・エンゲルスによる理論である。テネセンは，この時期に「たとえ，家族の原始史，両性の社会的役割および女性労働に関する系統的に整理された資料がないとしても，ドイツの科学的社会主義の初期から，ほとんどすべての著作の中に比較的ゆたかな内容がみられる」として，エンゲルスの『国民経済学批判大綱』（1843-44年），『イギリスにおける労働者階級の状態』（1844-45年），マルクスとエンゲルスの共著『聖家族』（1844年），『ドイツ・イデオロギー』（1845-46年），『共産党宣言』（1847-48年），およびエンゲルスの「イギリスの10時間労働法」（1850年）をあげ，「これらの労作は，社会主義の理論家は，労働者階級が女性労働問題を認識するようになる前に，『女性問題』として後に指摘された概念とすでにとりくんでいたことを示している」（Thönnessen 同上）とのべている。そうした考えに立てばテネセンがあげたものの他にエンゲルスの『共産主義の原理』（1847）をつけ加える必要があろう。

これらの文献は，主にイギリスの機械制大工業によって引き起こされる女性労働の状態の悲惨さと，女性労働と男性労働の競争の実態を前に，解決の方向は労働諸条件の改善と男女労働者の組織化の必要を訴えている。それは決して「プロレタリアのアンチ・フェミニズム」ではなかったし，「ジェンダー化」に手を貸すプロセスでもなかったのである。

(2) 1863-68年

1848年革命そのものの中では，ドイツ労働運動の独立した役割は，副次的でごくわずかなものにとどまった。工業プロレタリアートの独自の重要性は，ドイツの後進的状態のもとにあってはあまりにも弱いものであった。プロレタリアートが独自に登場してくるのは先に見たボルンの「労働者友愛会」のなかぐらいのものであった。

しかし，1863年以降（その時はクラーラはもう生を受けている），労働運動は新しい高揚をみるにいたった（アーベントロート 1964=広田他訳 1969：4-6）。1848年の革命後のドイツ産業の急速な発展にうながされ，労働者階級の構成も変化し，女性および児童労働はますます増加した。60年代のドイツプロレタリアートは，エンゲルスが叙述した40年代のイギリスプロレタリアートと同じような状況であった。

ドイツでは，1863年5月に「全ドイツ労働者協会」（ラサール派），6月には「ドイツ労働者協会同盟」（ベーベルの労働者教育協会系）が結成された。また，国際的には翌1864年には「国際労働者協会」（いわゆる第1インターナショナル）が結成されている。

1860年代の後半には，ドイツ各地で労働組合が結成され，ストライキが発生しているが，とくにベルリンの，印刷工の組合，タバコ労働者の組合，製パン工・壁工・木工らも低賃金と無制限の労働時間に反対して立ち上がった。1865年，既製服製造業の女工に対する極端な搾取ぶりが問題となった。この女工の状態についてメーリングはいう。

あっさり飢え死にしてしまわないだけ稼ごうと思えば，あわれなかの女たちは，朝はまだ暗い中から深夜まで働き続けなければならなかった。金もちの女の甘やかされた眼だったら，はじめから一本の糸も見わけられないような絶望的な暗さの電燈の下で，疲れた眼が思うようにならなくなると，1～2時間の仮眠をとるのが，かの女たちの唯一のリクリエーションであり，人生における唯一のたのしみだった。これほど苦しい思いをしても，かの女たちの毎日の稼ぎは，ダッフル羅紗や普通のラシャを縫ってせいぜい10ジルバーグロッシェン，晒木綿類を縫って約8ジルバーグロッシェン，模様刺繍で約3ジルバーグロッシェンが普通で，いくら頑張っても5ジルバーグロッシェンにすぎなかった。このおぞましい貧困から逃れるためかの女たちの歩む道は売春しかなかったが，この道は警察の取締まりへ，強制労働所へ，監獄へ，恥辱の死へと通じていた（メーリング 1960

＝足利他訳 下1969：236)。

さて，この時期に「全ドイツ労働者協会」(ラサール派)，「ドイツ労働者協会同盟」(ベーベルの労働者教育協会系)，「国際労働者協会」(第1インターナショナル)の女性問題に対する方針はどうであったかを見ておきたい。

1）「全ドイツ労働者協会」(ラサール派)

1863年5月23日，フェルディナント・ラサール（1825-1864）を会長とするドイツにおける最初の社会民主主義的政治組織であり，最初の自立的労働者組織であった「全ドイツ労働者協会」がライプツィヒで結成された。規約の第一条は，協会の目的を「平和的および法律的手段によって，なかんずく大衆の確信の獲得をつうじて，普通・平等・直接選挙法を獲得すること」とし，この選挙法こそ，「ドイツ労働者階級の社会的利益を十分に代表し，社会の階級対立を真に除去することのできる唯一の手段である」と規定している。メーリングが言うように，1863年当時は，「かっての共産主義者同盟のような社会主義的宣伝団体を作ることではなく，統一的に考え，戦い，できるかぎり迅速に労働者階級の大衆を緊密な集団として政治闘争の場に投入できる社会主義的政党を創立すること」が課題であった（メーリング 1960＝足利他訳 下 1969：59)。

ところで，ラサールは，当時ドイツ領東部のブレスラウ（現ポーランドのヴロツワフ)に，豊かなユダヤ人絹商人の一人息子として生まれた[18)]。姓はもとLassalであるが，最初のパリ訪問の時に，ユダヤ系であることを隠すために，フランス風にLassalleとしたといわれている。1840～41年，ライプツィヒの商業学校に学ぶが中退し，1843～1845年にかけ，ブレスラウ大学，ベルリン大学の両大学で，ヘーゲル哲学を学び，ヘーゲル左派に属した。1844

18) 猪木正道は，「ラサールは，1825年4月11日，シュレージエン地方のブレスラウに，富めるユダヤ商人の子として生まれた。マルクスに遅れること7年，エンゲルスよりは5歳年少であった。この場合われわれが注目すべきことが三点ある。第一は彼が生れた時代背景，すなわち当時のドイツの情勢であり，第二は彼が生れた場所，すなわちブレスラウの位置であり，第三は彼の血統すなわちユダヤの血である」と書いている（猪木 1953：117)。

年ベルリン大学に転学した時，シュレージエンの織工の蜂起に遭遇する。

ヘーゲル（1770-1831）は死んでいたが，かってヘーゲルが哲学講座で教鞭をとったベルリン大学でラサールはヘーゲル研究に没頭する。1845年パリに行きプルードン（1809-1865）やハイネに会った。1848年の3月革命に参加する中でマルクスと知り合い，『新ライン新聞』に属して活動する。ラサールは，同1848年11月に武装蜂起煽動の容疑で逮捕される。拘留は1851年4月にまでおよぶ。1857年にベルリンに移り，『ヘラクレイトスの哲学』を著し，1859年にはマルクスの『経済学批判』出版に協力した。共産主義者同盟（1847年）のメンバーでもあったが，しかしこの頃，革命戦略をめぐってマルクスおよびエンゲルスと対立した。1862年に『労働者綱領』を著し，当時の資本主義国家を批判し，いわゆる「夜警国家論」を説いた。1863年に，「全ドイツ労働者協会」を創設するにいたる。翌1864年ラサールは，39歳で，ジュネーヴで決闘で死んでいるが，シュヴァイツァー（1833-1875）がこれを引き継いだ（江上 1972：249-262）。

テネセンは，女性労働問題に関してはラサールの著作の中では，全くあつかわれておらず，1863年の創立大会や1865年の総会でもふれられていないといっている（Thönnessen　1969：13）[19]。

ラサール派の女性労働問題に対する態度を追ってみると，1867年の「全ドイツ労働者協会」第6回総会決議は，その第4項で女性労働問題にふれ，次のようにいう。

> 女性が大工業の作業場で仕事をすることは，われわれの時代のもっとも不快な濫用である。不快なというわけは，労働者階級の物質的状態が，それによって高められるのではなくむしろ低められ，そして労働者住民は，みじめな状態にある家族の破壊によって特に一撃を加えられるからである。そしてそのような状態の中で，彼らがまだもっていた観念的な財貨

19） 後にクラーラ・ツェトキーンも，「ドイツ社会民主主義運動および労働組合の発展の初期における著作は，特に女性の稼得労働の問題や，女性労働者の労働組合組織についての『全ドイツ労働者協会』の立場に関して非常に不十分な報告しか行っていない」（Zetkin 1958：78）といっている。

の最後の残りものを失うのである。女性労働のために市場を拡大する努力は，今日ますます拒否されている。賃金関係が，能動的で組織的な制度によって止揚され，そして個々の労働者に彼の労働の完全な成果が保証されることによって資本の支配を除去することのみが救済を保証するのである（Schröder 1910：436）。

テネセンは，この項について「この決議は，一方において全くブルジョア的な家族理念にとらわれていることを示し，他方において，女性労働の増加原因に対するラサールの無理解をも示している」（Thönnessen　1969：14）といっている。

1868年9月26日，ラサール派は，シュヴァイツァーとフリッチェの呼びかけで「全ドイツ労働者会議」を開いた。これには206名の代議員が出席したが，彼らは110の地区に142,008名の労働者，しかもさまざまな工場の労働者を代表していた。労働者会議は4日間の討議のあとで，10の「労働組合」（アルバイターシャフテン）と1つの「労働組合連盟」（アルバイターシャフツフェルバント）を創立した（メーリング 1960＝足利他訳 下 1969：246-47）。「全ドイツ労働者会議」では，女性の工場労働や，「労働組合」への入会について討論した。職業女性労働そのものや，「労働組合」への女性労働者の加入について反対する代議員は多かったが，それでも彼らは，全体としてみれば少数派であり，全ドイツ織工同盟の議長シュナイダー・ショーブらは，女性労働者の組織化は，安価な労働力としての競争や搾取のあしき結果を克服する効果的手段であることを力説した。会議は工場女性労働を禁止せず，「労働組合」は，男女労働者，男女の小親方を会員とすることを決めた（Zetkin 1958：80-81）。

1867年の「全ドイツ労働者協会」の女性労働者に対する見地と，1868年の「全ドイツ労働者会議」のそれとの間にはたしかに大きな相違がみられる。しかし，ラサール派の女性労働観について幾人かの論者の語るところによれば，ラサール派にとっては前者の見地が本質的で支配的であったように思われる。すなわち，社会学者ヒルデ・リオンによれば，ラサール派は女性の工場労働に代わって家の中での稼業を要求した。またラサール派は反抗的女性労働者への対抗措置として，男性労働者の防衛的ストライキを提議した。そして工場労働から女性を遮断することによって男性労働者をより多く工場労働に就かせ，失業を減らし，男性の賃金を高めることを期待した（Lion 1926：26)。しかし，ラサール派は，すべての種類の女性労働をも拒否したのではなく，「女性の領分」外にある職業に女性が就くことを拒否したのであり，また，女性たちが，自己の家督労働に強制されたり，刺激されたりすることを防ぐためには，男性労働者が早く結婚することができるように，より高い賃金をあたえるべきであると考えていた（同上)。

テネセンは，ラサール派について，「ラサール派は，単に当時の資本主義的条件のもとでの女性労働に反対するだけではなく，原則的に女性を『女性の領分』にとじこめることに賛意を表明し，女性労働によってひらかれた男性の後見からの解放の可能性にもまた反対したので，彼らの立場をプロレタリアのアンチ・フェミニズムと呼ぶことができる」（Thönnessen　1969：14）といっている[20]。この影響は以後の労働運動でも，またはるか極東の日本においても生き続けてきた。クラーラも後に別の意味でラサールの影響を受けているが次章でふれる。

2）「ドイツ労働者協会同盟」（ベーベルの労働者教育協会系）

プロレタリア女性運動の起源に貢献したのは，「労働者教育協会」であった。「労働者教育協会」は，もともと1860年頃から，「国民協会」[21]が生みの

20）クララ・ツェトキーンは後に，ラサールの「賃金鉄則」の理論が，女性の賃労働は「賃金基金」をめぐる競争を激化させると考え，女性の地位の改良は賃金制度の廃止においてのみ可能であると考えて，当面の政治的・経済的運動から女性を排除する結果を招いたのだと説明している。また，ラサールは，男性のみの普通選挙権を主張したが，これは，女性の権利論者が非難するように，女性選挙権を否定したのではなく戦術上の配慮からであったといっている（Zetkin 1958：74-82)。若き日にラサールの理論をよく読みこんでいたクラーラらしい評価と思う。

21）1859年自由主義ブルジョアジーはプロイセン中心のドイツ統一と議院内閣制を求めて「国民協会」（Deutscher Nationalverein）を設立した。1861年に自由主義若手議員20余人は「進歩党」（Fortschrittspartei）を結成した。「国民協会」はユンカー勢力と対抗するため労働者を味方にしようとし，各都市に「労働者教育協会」（Arbeiterbildungsverein）や「労働者協会」を設立するという動きがあった。

親で，1863年には104の協会が生れていた。市民階級はこの協会をできるだけ労働者に役立つ職業学校および実業補習学校と結びつけようと考えていた。アウグスト・ベーベルその他の労働者が参加し，急速にドイツ全土にひろまっていったばかりか，ここに集まった労働者は，しだいに自分の利益を理解し，資本と労働の間の対立を認識して独自の要求を提出し始めた（メーリング 1960＝足利他訳 下 1968：9-10）。

1863年6月，「進歩党」（注21参照）は，自己に忠実な労働者教育協会を統一するという計画を実行に移し，ベーベルらの協力を得て「ドイツ労働者協会同盟」を設立した。「同盟」は，翌年1864年ロンドンに創立された「国際労働者協会」（第1インターナショナル）の影響のもとに，しだいにブルジョア自由主義的考えを脱していった。その過程で女性労働問題にたいするマルクス主義的理解が浸透発展して行くのである。

1865年9月，シュツットガルトで開催された「ドイツ労働者協会同盟」の第3回大会は，ドイツ労働運動内ではじめて女性労働問題を集約的にとりあつかった。女性の職業労働と男女同権が強く弁護され，同年10月にライプツィヒで開かれることになっていたドイツで最初の市民的女性運動の全国会議である，第1回ドイツ女性会議に挨拶を送り，25歳のベーベルを派遣することを決めた。この動きは，まだクラーラが8歳の時のことである。1865年の「ドイツ労働者協会同盟」の第3回大会では，工場主モーリッツ・ミュラーが女性問題に関する報告を行い，カール・マリーエ・ヨーゼフ・エッカルトが女性選挙権を要求した。

ミュラーは言う。

> 私は，女性に，彼女が適しているどの仕事にも就く権利を与えることを主要な主張としてすえている。女性の権利の行使にたちはだかっている今なお現存する法的障害はとりのぞかれるべきである。女性の労働への適性は，法的許可によってではなく，行為によって証明されるのである。女性の自然的能力を教育によって可能な限り完成させることが家族の義務であり，女性の教育活動のために配慮することが国家および自治体の課題である（*Bericht über* 1865：47-48，ただし，Thönnessen 1969：16による）。

ミュラーは自説をのべたあと女性労働問題に関して次の3つの決議を提案した。

1，労働者大会は，国民経済的配慮から女性労働力を動員することの高い意義を承認することを宣言する。2，労働者大会は，女性にとって，女性を独立させ，まじめに義務を遂行させる解放と，まじめな労働者の間でまじめな労働につく男女平等の権利と，男女平等の地位を正当なものとみなすことを宣言する。3，労働者大会は，啓発および精神的・物質的支持によって女性労働者をはげまし，自助と連帯の原則によって労働者と同じ意味における女性労働者協会を創立することが，将来の労働者協会の課題であると宣言する（同上：49，Thönnessen：同上による）。

また，エッカルトは，女性の社会的解放は，大会が男性のために要求したように，女性の投票権もみとめることであると発言した。
テネセンは，ミュラーの見解を次のように評価する。

ミュラーの演説は，のちの社会主義的女性解放理論の重要な要素を含んでいる。モーリッツ・ミュラーは，工場女性労働の完全な排除を労働者家族の破壊をとめるための唯一の手段とみるラサール派に反対して，資本主義的経済様式にとって，そのようなあこがれは矛盾していることを認めた。ミュラーは，女性労働者の増加を，機械化との必然的結びつきにおいてみたマルクスやエンゲルスの思想と肩を並べるものである。（中略）ミュラーは，漠然と「国民経済的配慮」について語っている。そこで彼は，資本主義がも早，女性労働なしですますことはできないということを表現しようとした。この事実から彼は，女性労働者の平等な地位の実現と全女性の解放を要求した。経営者ミュラーは，労働者が当時ブルジョア的家族関係の温存に努力している間に，経済的発展の範囲で彼が女性労働の価値をみとめるにつれて科学的社会主義と接近したのである（Thönnessen 1969：16-17）。

大会は，ミュラーの報告・提案をめぐって激論をたたかわせた。他の論者は，未婚女性の生活手段としての女性の労働権を要求したり，女性労働の劣悪な諸条件，男女労働者の競争による賃金の抑圧，主婦労働による家族の解体を持ち出したり，ラサール派の考え，すなわち「しかし，われわれは女性を解放することができる前に，まえもって労働者の完全な解放を行わなければならない」と主張したり，男性が働けば十分だ，女性は自分の「家の管理」に専念せよととなえたりした（同上：17-18）。

このような「プロレタリアのアンチ・フェミニズム」がドイツ労働者の多くをとらえていたにもかかわらず，ミュラーの提案が多数によって是認された（同上：18, Zetkin 1958：84）。

このことは，労働者教育協会の指導的メンバーの中で，早くから女性労働問題にたいする偏見を脱していたアウグスト・ベーベルやヴィルヘルム・リープクネヒトの影響が強かったからであろう。

ベーベルは，自伝『わが生涯より（アウスマイネムレーベン）』の中でこの大会のこの場面を次のように描いている。

……宝石店主，プフォルツハイムのモーリッツ・ミュラーは，女性問題，すなわち彼が得意としている問題について報告した。彼は文書報告の中で，男女の完全な社会的同権と女性労働者のための実業補習学校の創立，および女性労働者協会の創立を要求した。この問題についての討論にはもっとも多くの時間をかけた。エッカルト教授は，女性の社会的解放は，大会が男性のためにそれを要求したように，女性に投票権を与えることを含んでいるのだと断固として宣言した。ミュラーの決議は，この説明とともに絶対多数をもって採択された（Bebel 1910：115）。

それから2年後，1867年9月7日，「ドイツ労働者協会同盟」の第4回大会がゲラで開かれた。その議事日程にも女性労働と女性運動の問題が含まれていた。報告者は再びミュラーであった。彼は「統一的ドイツ労働者協会は，今日の労働者大会で宣言する。女性は女性が適しているどの仕事にもつく権利がある。女性の権利にはむかっている偏見や，法的妨害は除去されるべきである。家族，自治体，国家は，男性の教育制度にけっしておくれをとらない，立派な，女性の教育制度を配慮する義務がある。労働者協会の為すべき仕事は，こうした決議の実施に対立している現存の法律，習慣，風俗，偏見の中に横たわっている妨害を全力をあげてとりのぞく援助をすることである」(Zetkin 1958：85による。出所不明）とのべた。

ミュラーは進歩的市民階級の代表であり，彼の偏見のない発言は注目される。この時代のことを，後にクラーラは，同時並行していた国際労働者協会（第1インターナショナル）の女性労働問題への態度との比較関係でとらえる。

……マルクス主義的認識の重要な本質的要素は，すでにはっきりあらわれていた。そしてそれは，第1インターナショナルの増大する影響に帰されるものである。女性の職業労働は，女性の社会的同権のために，ひろい萌芽的基礎をなすという理解が明らかになった。何となれば，女の男からの，家族からの経済的独立なしには解放は不可能だからである。女性労働に伴うさまざまのおそるべき現象のみなもとは，工場女性労働そのものではなく，むしろその資本家的搾取であるということも明らかとなった。労働者教育協会の代表の多数は，この理解にもとづいて実践的結論を導き出した。すなわち，産業女性労働の禁止ではなく，無配慮な搾取に対する資本家的優勢の法的制限を，女性の同権のための努力への援助を，ということである（Zetkin 1958：81)。

（中略）

女性のあいだでの階級対立が，どんなに消し難い本質的差異をもたらしていたかということは，60年代の労働者教育協会によっては，理解されなかった。労働者教育協会は，女性プロレタリアートの中に市民的女性運動の影響がとどくことを，搾取され，負担と義務でおしつぶされているプロレタリア女性を新しい社会関係のための自我と闘争意欲と，たたかいの情熱でみたすのを促進する状態として喜び，歓迎した。労働者教育協会は，プロレタリア女性運動の開始のための心理的諸条件を生みだしたのである（同上：87)。

「ドイツ労働者協会同盟」の第5回大会は，1868年，ニュルンベルクで開かれた。この大会では，女性問題はとりあげられなかったが，ドイツ労働運動史上いくつかの点で大きな前進があった。ニュルンベルク大会は，第1インターナショナルの規約の要点を含む綱領を採択し，ベーベルの主導で，中央集権的労働組合設立の方針をきめた。この大会の精神と方針にもとづいて，1868年以降女性労働者の組織化が進むのである。

3）「国際労働者協会」（第1インターナショナル）

a　1864年の創立宣言と暫定規約

ラサールがジュネーヴで決闘した1864年8月28日（その3日後に彼は息を引き取った）の1カ月後の1864年9月28日，ロンドンで「国際労働者協会」（第1インターナショナル，以下第1インターナショナルと記す）の創立大会が開かれた。クラーラはこの時7歳であった。

創立宣言と暫定規約は，起草小委員会で原案を作成し，激論のあと，マルクスの手にゆだねられた。マルクスが書きあげた文書は最終的に本質的変更なしに承認されている（バーフ他 1964＝刀江書院編集部訳 1967：58-78参照）。マルクスは，インターナショナルの最初の綱領文書を書くにあたって多くの複雑な問題にぶつかった。というのは，国際労働運動の目的を，各種の思想的背景を持つ労働運動の水準に受け入れられる文言で書かなければならなかったからである。マルクスが書いた2つの文書は，約15年前の『共産党宣言』よりはずっと穏やかなものであった。

第1インターナショナルの規約は，プロレタリアートの広範な大衆を協会の戦列にひきいれることを促進させる役目を担っていた。この頃各国には自主的労働者党は存在していなかった。したがって暫定規約は，新しく設立される支部とともに，既存の労働者団体の協会加盟をさだめていたし，個人加盟もみとめられていた。また，協会加入の条件は，規約の承認であった。

では，第1インターナショナルとその委員会（委員会は1864年10月18日以降は中央評議会と呼ばれ，1866年夏以降は総評議会と改称し，この名称で歴史に残る），最初の綱領文書は，女性問題にどうかかわったのであろうか。

暫定規約前文にはこう書かれていた。

> われわれは宣言する。本国際協会ならびに本協会に加盟するすべての団体および個人は，真理・正義・道徳を，皮膚の色や信条や民族の別にかかわりなく，彼ら相互のあいだの，また万人にたいする彼らの行動の基準と認める。われわれは，自分自身のためでなく，各自の義務を果たしているすべての人のために人および市民の権利を要求するのが，人たるものの義務であると考える。義務をともなわない権利はなく，権利を伴わない義務もない[22]（『マルクス・エンゲルス全集』Vol.16：12-13）。

第1インターナショナルは，行動の中で女性の権利を承認し，活動の最初から女性労働問題に注意を向けていた。それは「どのように」だろうか。

b　1865年　予備会議

1865年9月25日から29日，第1インターナショナルは，第1回大会のための予備会議をロンドンに招集した。議案の作成にはマルクスも参加した。議案には女性と児童の労働問題が含まれていた。予備会議では，女性の工場労働が労働者階級の状態に悪い影響を与えているかということに対する各支部の諸見解がまとまっていないことが示された。そこで，中央評議会は，女性・児童労働問題を第1回大会の議事日程にのせ，根本的に討論することとなった。

c　1866年　第1回大会　ジュネーヴ

1866年9月3-8日，第1インターナショナル第1回大会がジュネーヴで開催された。この会議では，女性労働問題は，中央評議会とプルードン[23]主義者

22）クララ・ツェトキーンは，この前文の「全く一般的であるから，表面的に通読しただけではひかえめで不十分だと思われるかもしれない」（Zetkin 1958：92）表現の中に，第1インターナショナルは，基本的に男女同権を承認しているのだと説明している。

23）フランスの社会主義者，アナーキストのプルードン（1809-1865）はこの時すでに没している。「第1インターにおいて，プルードンに対する理論的な清算がでた後でさえ，フランスではプルードンのメッセージが強力なイデオロギーとして残るのである」（佐藤 2010：36）というプルードンのアンチ・フェミニズム思想も生き続けた。プルードンをジェンダー視点から全面的に研究したものを私はまだ見ていないが，フランスのフェミニズムの歴史の書には，随所にプルードンおよびプルードン派のアンチ・フェミニス

との間で激しい論争が起こった。大会に先立ち，8月21～28日に開かれた評議会では，8時間労働制や女性・児童労働問題を討議している。この時の評議会決定をめぐってマルクスは「個々の問題についての暫定中央評議会代議員への指示」を書いている。

「指示」は，①国際協会の組織，②労資の闘争における協会の仲介による国際的協力，③労働日の制限，④年少者と児童（男女）の労働，⑤協同組合運動，⑥労働組合，その過去・現在・未来，⑦直接税と間接税，⑧国際的信用，⑨ポーランド問題，⑩軍隊，⑪宗教問題，からなりたっていた。③の労働日の制限の中で，「指示」は，「われわれは労働日の法定の限度として八時間労働を提案する」とし，「本項は，男女の成人だけについてのものである。ただ，婦人については，夜間労働はいっさい厳重に禁止されなければならないし，また両性関係の礼儀を傷つけたり，婦人の身体に有毒な作用やその他の有害な影響を及ぼすような作業も，いっさい厳重に禁止されなければならない」(『マルクス・エンゲルス全集』Vol.16：192) としている。

また，④年少者と児童(男女)の労働の中では次のようにいっている。

男女の児童と年少者を社会的生産の大事業に協力させる近代工業の傾向は，資本のもとでは歪められていまわしいかたちをとっているとはいえ，進歩的で，健全で，正当な傾向であると，われわれは考える。合理的な社会状態のもとでは，9歳以上のすべての児童は，生産的労働者とならなければならない。これは，健康な成人はなんぴとも自然の一般的法則，すなわち，食うためには労働しなければならず，しかも頭脳によってだけではなく，手によっても労働しなければならない，という法則から除外されてはならないのと同様である。しかし，さしあたってわれわれが問題にしなければならないのは，[労働人民に属する]男女の児童と少年だけである(同上)。

ト的言動が多く引用されている（ラボー 1978＝加藤訳 1987：522の索引から参照)。なおプルードンの女性に関する書に，死後刊行された未完の『娼婦政治，または，現代の女性』(1875) があるというが私は確認していない。

マルクスは，児童労働について「資本のもと」と「合理的な社会状態のもと」とは区別するべきことを言っているのである。

「指示」は，第1回大会で，中央評議会の公式の報告として読み上げられた。しかし，大会で代議員の3分の1を占めていたプルードン派は，「指示」に対抗して，覚書のかたち，議事日程上のすべての項目について，独自の綱領を提出した。大会は「指示」の9項目中，国際協力，労働日の制限，児童および女性労働，協同組合運動，労働組合，軍隊の6項目を決議として採択した。

反対派，プルードン主義者の女性労働に対する見解はどのようなものであろうか。プルードン主義者は，女性の占める場所は，職場や政治の中にではなく，家族の中にあるという見解で一貫していた（フォスター　1955＝インタナショナル研究会訳　1957：51）。ジュネーヴ大会でもプルードン主義者は，女性を産業労働で使うことを非難した（同上：67）。メーリングもプルードン主義者がこの大会で，「婦人労働を『堕落の原理』として非難し，婦人の場所は家庭にありと指摘した」（メーリング　1933＝栗原訳　1953：62）と書いている。

テネセンは，ジュネーヴでの第1インターナショナル第1回大会におけるプルードン主義者の見解に関してかなりの紙数をさいて論じている。

テネセンは，ジュネーヴ大会での「指示」反対派について論ずる前に，1864年にロンドンで創立された第1インターナショナルドイツ語圏支部が，1866年に出した，女性労働に関してもふれている一つの覚書について注意を与えている。その文書は，次のように書いている。

> 家事労働，家庭内労働，世話，監督，そして一般に女性と母親は，男性と父親の重大な公的及び家庭の義務と並んで，家庭生活のくつろぎと詩情とを代表すべきであり，社会的作法の中に品位と美とをもたらすべきであり，人生の楽しみを高尚なものに高めるべきである（* *Der Vorbote*, Jg., 1866, Genf 1868：44[24)]）。＊（　）内はThönnessen 1969：19のママ。

24）Thönnessen　1969：19. からの再引用。*Der Vorbote*（『魁』）とは，J.Ph.ベッカー編の国際労働者協会のドイツ語圏支部（本拠はジュネーヴ）グループの中央機関の政治・社会・経済雑誌。ジュネーヴで，1866，1867，1868，1870，1871発行。この項については，私

テネセンは，「この文書が，国際労働者協会によって，またマルクスとエンゲルスの目のとどくところで起草されたかどうかは明白でない」(Thönnessen 1969：19) と付け加えているが，このドイツ支部の中にあった女性観は，ジュネーブ大会で，プルードン主義者という弁護者を見出したのである。彼らは，女性に「尊敬すべき地位」を確保してやり，売淫制度を廃止し，よく働く労働者と結婚できるようにしてやることが女性問題の解決であると考えていた。

「指示」の内容は，児童および女性労働を単に悲惨なものとみるのではなく，新しい社会の秩序を形成するものという認識にもとづいていたのであるから，プルードン主義者およびその追随者は「指示」の思想から遠いものであった。

d　1867年　第2回大会　ローザンヌ

1867年9月2-8日，スイスのローザンヌで，第1インターナショナル第2回大会が開催された。マルクスはこの年の夏，『資本論』第1巻の校正に追われ，定期大会の準備に時間を割くことができず大会にも出席しなかったが，ローザンヌ大会によせる「国際労働者協会総評議会の呼びかけ」の中で，大会の議題の第1を「労働者階級（男女の）が資本のくびきからみずからを解放するための闘争において，国際協会が彼らの共通の行動の中心点となるようにすることのできる実際的な手段はなにか」(『マルクス・エンゲルス全集』Vol.16：525) と設定した。プルードン主義者は，再び総評議会の提案に反対して，大会に彼らの議事日程を提案した。

女性労働問題は，「社会における男女の役割」として議事日程にのせられたが，前大会時と同じく，フランスの代議員コーリーが登場し，科学が証明したという女性の肉体的・心理的特殊性をもち出して，女性に歴史の中で特殊な役割をあてがおうとし，男女の役割分担について演説した (Thönnessen 1969：25)。

1867年のローザンヌ大会で総評議会評議員にハリエッテ・ローが選出さ

はテネセンに依拠し，独自に研究したものではないので，故島崎晴哉教授からいろいろご批判・ご教示をいただいた（島崎 1985：227）ことを感謝する。

れ，1872年までこれを務めた。ローは，英国の無神論運動の著名な女性活動家であったが，マルクスの娘エリノアが「女性労働者の労働組合組織化のために力を注いだ人物である」といったとクララ・ツェトキーンは後に書いている。同じくクララはローの活動を「工場女性労働の多くの部門の中での非歴史的で古い見解に反対し，これを法的に禁止する要求に反対した生き生きした行動や，女性労働者を――稼いでいないプロレタリア女性をも――意識的な，意思の強い，彼女の階級の利益をめざす女性闘士にたかめるために，労働組合に組織する精力的な活動を行ったことは，一人の女性が国際労働者協会の総評議会の地位にあるという状態以上に重要なことであった」と評している（Zetkin 1958：103[25]）。

ローザンヌ大会のあと，イギリスの靴製造工同盟の女性の第1インターナショナル加盟をはじめとして，女性労働者の加盟が相次ぎ，第1インターナショナルはこれらの女性のたたかいを支援し，その要求の貫徹のためにたたかった。

e　1868年　第3回大会　ブリュッセル

1868年1月，総評議会は，第1インターナショナル第3回大会の議題を検討した。議事日程には，資本主義社会における機械採用の問題と，生産手段の社会的所有の問題が含まれていた。前年，48歳だったマルクスの『資本論』第1巻がすでに出版されていた。

1868年7月28日の総評議会でこの問題が討議された際，マルクスはその発言の中で，機械生産に関する『資本論』第1巻の基本的規定を説明し，機械の資本主義的採用の有害な諸結果――労働者の労働強化，労働時間の延長，女性と児童の労働の搾取など――を明らかにした[26]。それと同時にマルクスは，

25）クララ・ツェトキーンは，同じ個所で，ローは，第1インターナショナル創立以来1868年のブリュッセル大会まで総評議員であったと書いているが，これは誤りと思われる。なぜなら，1869年5月12日付の評議員会名による「アメリカ合衆国全国労働同盟への呼びかけ」に，イギリス人，ハリエッテ・ローの名前が入っており，また1869年8月17日の総評議会会議でローは，教会の財源と収入を普通教育費にあてることを提案したという記録があるからである（『マルクス・エンゲルス全集』Vol.16：351, 563）。

26）『資本論』第1巻は，女性労働問題とのかかわりでも大きな意味を持っていた。第1巻第13章では直接，女性・児童労働を扱ったが，この章のみならず，『資本論』全体で展開された，労働，労働力，労働力商品，労働力価値，労働力価値分割，賃金，剰余価値，

機械生産は社会主義の物質的土台であり，「組織的労働は，機械採用のもっとも重要な結果のひとつ」であることを強調した。彼はここで「一方では協同的組織的労働に通じ，他方ではこれまで存在してきた社会・家族関係の破壊に通じる」機械生産の歴史的進歩性を解明して見せたのである（バーフ他 1964＝刀江書院編集部訳　1967：165）。

1868年9月6-13日，第1インターナショナル第3回大会はブリュッセルで開催された。大会の議題は，①資本家による機械採用の結果について，②労働者階級の全面的な教育について，③信用について，④土地所有について，⑤労働時間の短縮について，⑥協同組合についての他，戦争に対するプロレタリアートの態度とストライキの問題について，であった。ブリュッセル大会は，プルードン主義に反対する多くの代議員の発言が相次ぎ，プルードン理論そのものの根本原理にたいする直接的批判が大会の特徴であった。この大会で，『資本論』にかんする決議が採択された。その決議は，あらゆる民族の労働者に，『資本論』を学習し，その各国語の翻訳を促進することを訴えた（同上：180-181）。

1868年以降，フランスの女性労働者のインターナショナル加盟がすすんだ。1869年には，リヨンの女性撚糸職工8000人が賃上げと労働時間短縮のストライキ中に第1インターナショナルに加盟した。

1869年9月6-11日にバーゼルで開かれた第1インターナショナル第4回大会にこのことが報告された。1870年，ル・クレソーのプロレタリア女性のストにたいし「インターナショナルに属するリヨン女性からの檄」が出された。

1871年3月18日，パリでコミューン（市自治委員会）が権力をにぎった。コミューンは，立法権だけでなく，行政権もにぎり，官僚制度を廃止した。コミューンの議員は普通選挙によって選ばれ，さまざまな政治潮流が存在した。第1インターナショナルはこれを支持したが，大きな影響は与えられな

資本蓄積，利潤率等の概念そのもの，価値法則，剰余価値法則，資本蓄積法則等の経済法則そのもののなかに，現代の女性・家族問題や，女性労働問題の解明の理論的手がかりが残されている。そのことが，今日においても，同一労働同一賃金，母性保護，労働時間短縮，家事労働の位置付け，妻の賃労働者化をめぐる問題等，女性問題の重要論点が，賛否両面から『資本論』にたちかえって議論され，注目されるゆえんでもあろう。

かった。コミューンは約2カ月の後，5月28日，プロイセン軍と同盟したフランス軍によってつぶされた。歴史上最初の労働者階級の執権としてマルクスは『フランスにおける内乱』を書いた。後にパリに亡命したクララーラの最初の夫オシップ・ツェトキーンは，コミューンのリーダーたちの姿を，また，クララーラは，コミューンの女性闘士，ルイーズ・ミッシェルについて書いている。

1872年，第1インターナショナル第5回大会がハーグで開催されたが，ここではロシアの無政府主義者，バクーニンとの理論闘争の場となった[27)]。この大会で総評議会の所在地をニューヨークに移すことを決めた。ニューヨークでは，フリードリヒ・アドルフ・ゾルゲが総評議会議長となった。最初の国際的労働者組織であるインターナショナルはここに実質的役目を終えたが，多数派を形成していたバクーニン派をはじめとするインターナショナルの各国支部は，ハーグ大会に続くソンヴィリエ大会を開き，マルクスから離脱して存続し，その後の1876年のフィラデルフィア大会で正式に解散した。

(3) 1869年：社会民主労働者党（SDAP）の結成

さかのぼって1869年7月17日，「ドイツ労働者協会同盟」の機関紙『民主主義週刊新聞』は，「ドイツ社会民主主義者へのよびかけ」を公表し，8月7～9日，「全ドイツ社会民主主義労働者会議」をアイゼナハに招集した。この会議で，ラサール派との論争の末，ラサール派をしりぞけ，ベーベルが準備した計画に沿って「社会民主労働者党」を結成した。会議は「社会民主労働党綱領」（いわゆる「アイゼナハ綱領」）討議の中で，女性問題をあつかったが，従来からくりかえされている2つの潮流が論争した。まず，選挙権問題に対して，ラサール派の影響下にあったものは「20歳以上の男子の普通・平等・直接選挙権」要求し，マルクス主義者は「あらゆる国民のための選挙権」を要求した。しかし，アイゼナハ綱領の中には，ただ男性のための選挙権要求がかかげら

27）1872年の大会での論点は，労働者階級の組織化と議会選挙への参加による政権奪取を主張するマルクス主義者と，それに反対して革命の直接的行動で国家と資本制を倒すべきであるというバクーニンらの対立であった。バクーニンはマルクスの意見には同意できず，ハーグ大会で行われた投票において敗北し追放される。

れただけであった。すなわち「Ⅲ-1，20歳以上のすべての成年男子に，議会，個々の連邦議会，州および市町村議会およびその他すべての代議機関の選挙への普通・平等・直接および秘密選挙権の獲得。」という文言で終わった。

選挙権から女性は排除されていた。次に女性労働にたいしても従来からの論点をめぐって論争が起こった。「女性労働の廃止」論がこの時点でもくりかえされる一方，「男女同一賃金」にたいする要求がこの1869年の会議ではじめてかかげられた。

旧東独のドイツ労働運動史の研究家ディーター・フリッケの『ドイツ労働運動史ハンドブック』(Fricke 1987) は，1869年のアイゼナハでの「社会民主労働者党」の創立から始まるが，ドイツプロレタリア女性運動の起源を，後のクラーラ・ツェトキーンの研究 (Zetkin 1958) に基づいて1869年創立のユリウス・モテラー指導のザクセンの「マニュファクチュア・工場及び手工業労働者の国際労働組合」におく。この組合は第1インターナショナルには加盟していなかったが，その精神を組み入れたものであった。この20年後1889年，第2インターナショナルの創立時に，クラーラは，ベルリンの女性労働運動を代表して演説するが，その時に再びこの問題をとりあげたい。

さて，本書の主人公，クラーラ・アイスナー一家は，こうした運動がドイツで起きている1872年11月4日，故郷ヴィーデラウを離れた。クラーラ15歳の時である。18世紀に，バッハ，ゴットシェート，レッシング，ゲーテ，シラーが活動した都市ライプツィヒに転居したのである。

附：「言説の歴史学」(61頁 注12)) についての補足

私たちも，ライプツィヒでクラーラを待ち受けていたものを求めて先に進みたいのであるが，その前に，一つの関所がある。それは，例えば，日本については「女工哀史言説」という「言説」が象徴しているように，「史料を『事実の反映』とみなすのではなく，意味を生成するテキスト・ディスクールとみなし，その意味がいかに構築されたかを解読するためにテキスト分析を行う方法」(姫岡 2004:8) をとる「言説の歴史学」=「言語論的転換あるいは転回」論者が論陣を張っている関所である。この方法は，新たな見方によって，背面から見落としていた点に気付かせ，深めさせてくれる利点もなくはないが，現実の主要な側面をぼかし，本質的な問題は何かを秘匿するという役割も果たす。松村の，「『言説の歴史学』は事実を実証的に明らかにすることを不可能なこととして最初から放棄し，実証史学を否定する」(松村 2007a：63) という批判，同じく松村の「言説 (ディスクール) はもとより重要であるが，言説のみに分析対象を限定し，ポスト・モダニズムのように言説と事実の関係を切断し，解明できるのはテクストの差異性だけであるとなると，歴史的事実は究明不可能であるとする不可知論に陥る」(松村 2007b：18) との指摘は重要である。

姫岡は，1860～1870年代のドイツの市民的改良家たちの工場における女性保護法の制定時に登場した言説をとりあげている (姫岡 2004：102-108)。ここで，社会改良家たちのある就業実態調査 (工場における子どもと女性の実態調査：1874-75実施：対象，調査地不明) を例に取り上げて，「調査は，男女労働者の差異化に主眼が置かれている」(結果的にそういう役割を果たしたということではないのか)，「女性は，あくまで男性の言説によって代弁される調査対象にすぎない」(階級社会の国家寄りの調査は本来そういうものであり，そこから統計調査批判が生れ，今日のジェンダー統計運動にまで連なっているのであるが) と批判する。調査から出た3つの改善策 (①工場内での施設の改善，②工場以外の場所での女性労働者や子どもへの配慮の強化，③女性就業の制限) のすべてに，姫岡の視点から見たコメントが付され (別の視点から見れば，また別のコメントもありえようが)，「この報告書は女性労働者の実態把握を目的とするものであるが，同時にジェンダーとはこうあるべきものというメッセージを伝え，ジェンダーに関する意味を構築し，労働者をジェンダー化するという役割を果たしているのである」（姫岡 2004：108）という理解となるのである。姫岡が取り上げる調査は1870年代以降である。

また，工場法における「女性保護」の過程で，社会改良家や，社会民主党，中央党が何のために何を主張したかを歴史的に解説している（姫岡 2004：109-118）くだりは，詳細で参考になるが，保護を必要とする女性労働者の現実から出発するのではない。あくまで「言説」探しをする。

姫岡は「労働現場において，また労働法や社会政策の制定を通じて，さらに労働運動においても女性労働／男性労働，女性労働者／男性労働者は差異化され，その維持，強化，再生産が行われている」。また，「資本家を批判するさいに，労働側はしばしば『脆弱な女性の酷使』あるいは『家族破壊』といった言説を持ち出すが，そこには同時に『体力・精神力ともに優れて技能および重労働に適した男性』『家族の扶養は男性の役割』『女性は家庭』といった意味合いが隠されており，階級闘争のなかで男性優位の労働関係も構築，再構築，強化されていく」といい，「考察観点の変化によって従来の定説が見直され，これを覆す成果が登場している」が，「こうした再解釈は『言語論的転回』すなわち，史料を『事実の反映』ではなく意味を生成するテクスト，言説（ディスクール）とみなして，その意味がいかに構築されたかを解読するためにテクスト分析を行う方法が登場したことにより可能となった」とも主張している（姫岡　2009：135）。

姫岡は，さかのぼってドイツ第2帝政期（1871-1918）の女性労働をとりあげて（住沢　1986，32-56），古典的労働問題研究が工場労働を中心として女性労働を問題にしたこと，工場労働が中核的位置を占めるのは男性の場合で女性の就業は異なっていたこと，にもかかわらず，女性労働の問題がもっぱら賃労働と資本の関係として捉えられていたことが問題であると批判する。工業化と女性労働の関係について，これまで工業化の進展につれて安価な女性労働力がますます労働市場へと引き出され，男性労働力を駆逐していくと一般的に考えられてきたが，この見解に基礎を与えたのが帝国統計（1882，

1895, 1907年実施)であって，その統計調査の不十分であることを指摘する(同上：34)。その点については，本書の序章ですでにとりあげている。

さらに注意しなければならないのは，工業化と女性労働の変化が最初に問題にされたのは，ドイツに帝国統計の存在しないはるか前，国際的には，イギリスの産業革命時である。イギリスの産業革命は，1760年代から1830年代にかけて起こったのであり，社会統計の整備もイギリスがもっともはやく，ドイツその他の西欧の社会統計は遅れていた。エンゲルスは『イギリスにおける労働者階級の状態』で，マルクスは『資本論』でイギリスの統計を利用した。場所と時代の相違も混同すべきではないだろう。

第2章　青春――ライプツィヒ

クラーラのライプツィヒ時代とは，彼女が，まだアイスナー姓を名乗っていた15～24歳まで（1872～1881年）の9年間である。クラーラ15歳の1872年といえば，日本では明治5年にあたり，樋口一葉が生れた年でもある。今流にいえば，高校入学から大学・大学院修士課程卒で就職するまでという年齢にあたる。この地で彼女は，当時のドイツの時代的制限をうけた女子教育であるとはいえ，その時代としては上級の学校教育を受け，正式に教員国家資格をとり，家庭教師としてではあったが働き始めた。ライプツィヒは，彼女の知性を磨き，思想を育む上で重要な役割を果たした都市であった。

ライプツィヒでの教育・社会環境こそが，以後半世紀を越える長い活動の基礎を築くことになったと私は思う。

まず，クラーラは，彼女の教育の担い手たちであるドイツの市民的女性解放思想家たちとそれに賛同する母からその時代の先端の思想的影響を受け，さらに，ロシアから亡命してきたナロードニキたちと交わり，それらの上に1875年に名称を改めた「ドイツ社会主義労働者党」（SAPD）に代表される社会主義思想へ近づいていく。

では，クラーラが住んでいたライプツィヒとはどのような都市だったのだろうか。またそこでクラーラがうけた教育はどのようなものであったのか。人生の土台を築く年齢のときの，時代的背景と土地，そして受けた教育が，その後の，人の生涯の活動に影響を及ぼす。この章では，ライプツィヒとその時代についてまず考察したい[1]。

1）私がはじめてライプツィヒを訪れたのは東西ドイツに分かれていた1978年のことである。フレーベル研究者でのちに北星学園の学園長になった友人酒井玲子氏と2人で，それぞれの研究目的を持ってライプツィヒに入った。まず，20世紀初めに「新市庁舎」に改装されたという旧「プライセンベルク城」の威容に目を奪われ，他の何も目に入らないほどであった。私のライプツィヒの第一印象は何と言ってもあの建物である。

1　ライプツィヒ，その1870年代

(1) ライプツィヒという都市

はじめに，ライプツィヒの市史[2)]を，中世まで遡って要約的にふりかえってみよう。

12世紀半ばごろ，辺境伯オットー（1125－1190）が，ライプツィヒの市権を得て市憲章を公布した。この辺境伯オットーが出たのはヴェッティン家であるが，ヴェッティン家は，11世紀にマイセン辺境伯から始まって，後にはザクセン王としてライプツィヒに強大な影響を与えた家系であるとされる。ヴェッティン家は，「吟遊詩人」，「学者」，そして多くの「王侯」を出し，ドイツ史でも大発展をとげた貴族王家で，最後の末裔が1918年に王権を放棄するまで，支配は800年に及んだ。ヴェッティン家の11～12世紀ごろの発展を支えたのは，前章でふれたエルツ山地に銀山を発掘して富を得，さらに「硬貨鋳造権」を手にしたことにある。

13世紀前半には，聖トーマス教会，後のパウリナ大学教会[3)]，そしてトーマス教会学校が建設される。ヴェッティン家は，13世紀ハインリヒ高貴伯(1215－1288)のころ領土を増やし,「ミンネゼンガー」として多くの歌曲を作り，その二男は「ライプツィヒ市章」(写真) を決めた。ライプツィヒはこの頃神聖ローマ帝国の勢力圏にあったが13世紀後半辺境伯ディーツマンは，皇帝軍と争ってライプツィヒを解放した。

2）市史の叙述は浅岡 (2006：175-210) を参照している。

3）1544年に大学に寄付されて以来，1240年に建てられたパウリナ教会は1968年の「大学教会爆破」まで，長らくライプツィヒ大学の教会であった (浅岡 2006：46)。1953年，DDR時代，カール・マルクスの135回目の誕生日に合わせてライプツィヒ大学はカール・マルクス大学と名を改めた。1968年大学の新校舎設立のためという理由で，パウリナ教会は爆破され，跡地に建つ校舎正面には，「カール・マルクスのレリーフ」が建てられた。東西ドイツの統一後，1991年に大学の名称は「ライプツィヒ大学」に戻った (同上：57-60参照)。私が初めてこの大学を訪れたのは1978年，巨大なカール・マルクスのレリーフに度肝を抜かれたものであったが，そこは，数百年も建っていた教会の跡地だったのだ。2011年に訪れた時はマルクスのレリーフは姿を消し，美しい近代的教会風大学が建設中であった。(※2017年末に行った時は完成していた。)

1409年に，聖トーマス-アウグスティン司教座聖堂参事会修道院の食堂で「ライプツィヒ大学」が創設された（Schmidt *et al.*, 2010：23）。これは，1386年創設のハイデルベルク大学に次いでドイツで2番目に古い大学である。大学の教材のために印刷所や，出版社が生れ，ライプツィヒはドイツ有数の書籍文化をもつ町となった。16世紀，宗教改革の時代にライプツィヒは複雑な経過の後1539年にプロテスタントの町となる。1618～48年の30年戦争で市は疲弊するが神聖ローマ皇帝軍を撤退させ復興に努めた。

さらに百年以上を経て，クラーラのライプツィヒ時代より110年以上前の1765年から68年にかけてゲーテがライプツィヒ大学で学んでいる。ライプツィヒ時代の森鷗外を研究した金子幸代は，ライプツィヒという都市へのゲーテの言及に注目している。金子は「『我はたたえる，我がライプツィヒを！ライプツィヒは小パリであり，そこに住む人々を教え育てる！』と，若き日を回想してゲーテが先ず第1にあげたのが„bildet seine Leute！“（そこに住む人々を育てる！）という，ライプツィヒがもたらす教育的影響の大きさであった」（金子 1992：307）と書いている。

ゲーテといえば，『ファウスト』第1部（1808）の中に「ライプツィヒのアウエルバッハスケーラー」という項があることは有名だ。この酒場でのメフィストの悪ふざけの後，悪魔と組んだファウストの遍歴が始まる。このわくわくする場所をゲーテはここに指定した。この地下酒場は，21世紀に入っても多くの人々を集めて賑わっている。

森鷗外がドイツに留学したのは1884年から1888年までで，ライプツィヒ大学で学んだのは1884年（明治17年）から1885年（明治18年）の約11カ月であるが，この時期は，すでにクラーラのパリ時代なので2人はこの都市で重なって生活してはいない。鷗外の「ドイツ3部作」といわれる『舞姫』（1889）はベルリン，『うたかたの記』はミュンヘンを背景としているが，『文づかひ』は特定の都市とは結びつかない。鷗外がライプツィヒについて書いている断片は，鷗外の『独逸日記』に見ることができる。

それによれば1884年10月22日「午後2時30分，滊車にて伯林を発す。ライプツィヒに達せしは5時35分なりき」とある（『森鴎外全集』13：10-11）。24日には，「（前略）おほよそ独逸の都会のうちにて，ライプチヒの如く工場多きはあらじ。煤烟空を覆いて，家々の白堊は日を経ざるに黒みて旧りたるように見ゆ。さるをわが大学にゆく途に，ヨハンネス谷Johannesthalという処あり。まがき（ママ，漢字でない：伊藤）にてかこみたる小園あまたありて，その中に小さき亭などあり。こは春夏の候に来て遊ばんために，富人の占め居るものぞ」（同上：12-13）。

鷗外がライプツイヒを描いた100年近く後，1978年に，東ベルリンから汽車ではじめてライプツィヒに入った私には，頷ける描写が多い。それはおいて，ここで重要なことは，1885年9月28日，29日の鷗外の日記である。この両日，森鴎外は，前章でみたドイツの市民的女性運動の全ドイツ女性協会（ADF）の総会に出かけて，何と29日にクラーラの師アウグステ・シュミットの演説を聞いているのである。

この両日の日記を以下引用する。

二十八日。秋冷膚（はだえ）を侵し，細雨霏霏（ひひ）たり。午後三時独逸婦人会Allgemeiner Deutscher Frauenverein　第十三総集に赴く。この会は千八百六十五年に創立せられたり。発起者をオツトオ，ペエテルス氏Frau Louise Otto-Peters と名づく。フオオゲル氏の族なり。第十三総集は来責任府クラメアル街 Kramerstrasse 第四号にて開く。時は九月二十七日より二十九日に至るといふ。然れども男子の傍聴は，この日とその翌午後とのみ許可す。会する者数百人。男子は僅（わず）かに十人許すなりき。演説婦人中カッセル Cassel 府の人カルム氏 Fraeulein Marie Calm の言最も衆を動かしたり。この会の志す所は主として救恤，看護に在りといふ。午後六時閉会。十時拝焉停車場 Bayerischer Bahnhof に赴く。（以下略）（同上：58）。

二十九日。午後三時ニイデルミユルレル氏 Frau Dr. Niedermueller（フオオゲル氏の女）と倶に再び婦人会に赴く。演説中シュミット氏 Freulein Augusta（ママ）Schmidt 及びゴルドシュミット氏 Frau Henriette Goldschmidt の言最も聴くべし。後者は蓋（けだ）しニイデルミユルレル氏の旧師なり。この日シュライデン氏 Frau Schleiden もまた会場に在り（同上：59）。

鷗外と全ドイツ女性協会（ADF）との接触の意味は，鷗外研究者に譲る[4)]が，日本人でクラーラの師アウグステ・シュミットの演説を聴いたことのあるものは，鷗外以外にいないのではないだろうか。

ちなみに，滝廉太郎は，20世紀初頭1901～1902年にライプツィヒ音楽院に留学しているが，クラーラはこの時はシュツットガルトに住んでいる。ライプツィヒ音楽院に関しては，イギリスの女性作曲家で，イギリスの女性参政権運動に身を投じ入獄まで経験したエセル・スマイスは，まだ20歳にも満たない1877年，作曲家をめざして，ライプツィヒ音楽院に留学し，約10年滞在している。クラーラとほぼ同年代のこのイギリス女性音楽家は，クラーラと同時代に，ライプツィヒで学び，1911年に，女性選挙権をめざす「女たちのマーチ」を作曲することになる（大谷　1999：172-177，小林　2010：14-15）。

1922年，1960年と1966年と3度ライプツィヒを訪問した大塚金之助は，1969年に著した本の中でライプツィヒを次のように書いている。

> ライプツィヒをうつくしくするのは，ここが国家官僚政治の中心地でなかったということにつきるようだ。ライプツィヒは，大学，出版，商業，工業，戦史，音楽，文芸，労働運動，政治運動，ナチ裁判などで，古くから有名な，そしてわかわかしい都市である。まず，ライプツィヒは，学問の町である。ライプツィヒ大学はむかしから有名で，当時の有名な教授がいたし，日本の教授たちのなかにはこの大学で勉強した人たちがいた。(中略) ライプツィヒは，本の町である。ここのドイツ文庫（Deutche Bücherei）は，民主ドイツ最大の図書館の一つで，ドイツ国会図書館よりも早く国家から功労章をうけている。この町には，むかしから出版書店が多かった。日本の人に親しまれたレクラム（Reclam）文庫――日本の文庫本の原型――のレクラム書店もここにあった。（中略）ライプツィヒは，商業の町である。ここの有名な国際見本市は，古く15世紀からはじまって，いまでも毎年，

4）鷗外研究者の金子幸代は「……男子の聴講が許された二日間とも鷗外は出席しており，女性問題に対する関心の深さを示している」（金子　1992：313）と書いている。

世界の注目をあびている。ライプツィヒは，工業都市でもある。ライプツィヒは，戦史の町である。1813年，ドイツとロシアの連合軍は，ここで，モスクワから敗退してきたナポレオンの軍隊を打ち破った。その戦勝記念塔は，いまでも，がっしりと高くそびえ立っている。(中略)ライプツィヒは，音楽芸術の町である。バッハの生活と仕事とは，この町の歴史にかがやかしいページだったと言われているし，リヒャルト・ワーグナーは，ここで生まれたし，この町に関係のあるもう一人の作曲家にはフェリクス・メンデルスゾーンがあった。ここには，また，ウィーン少年合唱団のように有名な聖トーマス少年合唱団がある。ここのゲヴァントハウス・オーケストラは世界第一級のオーケストラであり，戦後復興したオペラ劇場はまったく新しい建築様式で外側はモダンでまっ白である。ライプツィヒは，詩人の町である。この町には，ゲーテの『ファウスト』の一場面ともなったアウエルバッハのケラー（地下酒蔵）がある。(中略）ライプツィヒは，労働運動史や社会主義運動史の町である。(後略)(大塚　1969：281-315)。

そしてまた，1989年の東西ドイツのベルリンの「壁の崩壊[5)]」あるいは「壁開放」をもたらした民衆の運動もライプツィヒを起点としていた（浅岡 2006：223)。ライプツィヒのニコライキルへもゲヴァントハウスもこの時の運動の先頭に立っていた。あの頃ライプツィヒの研究者から届く手紙や，待ちかねたように直接日本にやってきたライプツィヒの友人が持参した写真集（Schneider 1990）などは，当時のライプツィヒの情景を彷彿とさせた。このように，ライプツィヒとは，クラーラが生活したときも，クラーラに時代の新しい動きを感じ取らせる力をもった都市であった[6)]。

5)「この“崩壊”という日本語は，ベルリンでの臨場感には異質な語感なのだが，メディアが定着させたのであろう」(齊藤　2010：142)。

6）私も，クラーラの跡を追って1978，1980，1981，1983，1985，1987，1992，1996，2011，※2017年とライプツィヒに行って，ライプツィヒとはそのような町であったであろうこと，あることを実感した。21世紀に入って訪れた時のライプツィヒの変容は，1978年にはじめて見たライプツィヒと統一ドイツのライプツィヒが，調和的に溶け合っていて私を安心させた。

(2) 普仏戦争―ドイツ統一と労働運動と女性

さて，クラーラがライプツィヒに現れる1870年代のドイツはといえば，1870年に普仏戦争[7]がおこり，第1インターナショナル総評議会はマルクス起草の宣言を発し，国際連帯を強調したころである。のちにクラーラと親しくなるローザ・ルクセンブルクが，この頃（219頁参照），ポーランドのザモシチで生まれているし，レーニンも1870年生れである。1871年，フランスがドイツに降伏し，普仏戦争休戦協定が成立した。1871年，プロイセンを中心にドイツ統一が達成され，ドイツ帝国（Deutches Reich）が成立した（ハフナー1987＝山田訳1989）。同年2月ヴィルヘルムⅠ世が皇帝となり，ビスマルクが帝国初代宰相となって実権をにぎった。3月最初のドイツ帝国議会選挙が実施された。この最初の選挙で，31歳のアウグスト・ベーベルが，早くもグラウヒャウ－メラーネ選挙区から選出されている。

この1871年，フランスでは，普仏戦争で，プロイセン軍の侵略に対して首都パリを守ったパリ労働者にたいし，新しい共和制政府（ティエール政府）が，プロイセンと休戦協定を結んで武装解除を行おうとした3月18日に，労働者が蜂起した（パリ・コミューン）。

他方，この頃，ロシアの状況は，1850年代の終わりから起こったナロードニキの運動が活発になり，1860年代を経て，ロシア国内からの亡命者がスイス，フランス，ドイツに姿を現すようになった。例えば1870年に，後にオシップとクラーラと親交を結ぶロシア人ラヴローフが，国外に逃れて1871年のパリ・コミューンに参加しているし，前述，バクーニンもパリ・コミューンを強力に支援した。

当時のドイツの労働運動の状況をみると，クラーラが，ライプツィヒに来た1872年から数年たった1875年，前章でみた労働運動の2つの潮流，ラサールを会長とする「全ドイツ労働者協会」（1863年5月，ライプツィヒで結成），

7）普仏戦争（Deutsch-Französischer Krieg, 1870年7月19日～1871年5月10日）は，第2帝政期のフランスとプロイセン王国の間で行われた戦争である。ドイツ諸邦もプロイセン側に立って参戦したため独仏戦争とも呼ぶ他，フランス側は1870年戦争と呼称している。戦争はプロイセン側の圧倒的勝利に終わり，プロイセンを中心にしたドイツ統一が達成され，ドイツ帝国が成立した。対してフランスでは自らも捕虜となったナポレオンⅢ世の権威が完全に失われ，第2帝政は終焉を迎えて第3共和政に移行した。

いわゆるラサール派と，アイゼナハ派（ベーベルらを中心に1869年8月ドイツ中部の，アイゼナハで結成された「社会民主労働者党」）がゴータで合同し，「ドイツ社会主義労働者党」（1890年以降「ドイツ社会民主党」）が生れ，「ゴータ綱領」が採択された。

前章で，1869年の「アイゼナハ綱領」における女性労働問題への態度をみたが，ここで「ゴータ綱領」におけるそれをみたい。

1875年2月14～15日，ラサール派とアイゼナハ派の統合に関する詳細な討議がゴータで行われた。この予備会議では，新しい統一党の組織と綱領に関する草案が発表された。綱領を認め，党の利益のために働くものはだれでも党員になることができた。綱領草案が起草されたが，これはラサール派とアイゼナハ派のこれまでの綱領の妥協の産物であった。綱領草案が資本主義社会に向けた実践的要求は，要するに，国家の完全な民主化，無制限な団結の自由，徹底的な労働者保護立法であった。マルクスは，その年の5月5日に，ロンドンからベーベルやリープクネヒト等にあてて，この綱領草案に対する批判的評注を書き送っている。党の合同そのものは，5月22～27日のゴータ大会で実現し，党の名称は「ドイツ社会主義労働者党」となった。

この党の綱領，「ドイツ社会主義労働者党」のいわゆる「ゴータ綱領」草案における女性問題に関する議論は次のようなものであった。草案は，その第2条に，「国家・自治体におけるあらゆる選挙に，21歳以上のすべての男性の普通・平等・直接・秘密選挙権を」と規定し，また第3条に，「女性労働の制限と児童労働の禁止」と規定されていた。この2つの条項について，保守と革新の両側から修正案が出された。前者は第3条について，「女性労働の制限」のかわりに「禁止」をおこうとし，後者は，第2条について「男性の選挙権」ではなく国民の両性に対する選挙権を要求した。

1） 女性選挙権問題

選挙権問題についてみると，リープクネヒトは，「その旗に平等をかかげている党は，人類の半数に政治的権利をみとめる」べきだと主張したが，ヴィルヘルム・ハッセルマンは，女性に対する教育が十分行われていない時には，女性票は反動の側に流れると心配していた。しかし，ベーベルは，だからこそ女性の教育のために努力しなければならないと演説し[8]，「両性の国民のための選挙権」という修正案を出したが，62対55票で否決された（Thönnessen 1969：33）。反対側の理由は，女性選挙権に反対するという原則的理由からではなく，「実践的」配慮からだと説明された[9]。

「ゴータ綱領」は結局，「Ⅱ-1，20歳以上のすべての国民に，国家と自治体におけるすべての選挙および投票への，秘密で強制的な，投票による，普通・平等・直接選挙を与える。選挙日あるいは投票日は，日曜日か祭日でなければならない」と規定した。この規定は，2つの意見の歩み寄りを示している。「女性」あるいは「両性」のという具体的ことばをさけたが，「すべての国民」という概念のうちに包括することを認めざるをえなかったのである。

しかし，ベーベルの提案に反対投票したものの中にはヴィルヘルム・リープクネヒトも入っていた。そのあたりの事情についてベーベルは，『わが生涯から』の中で，「私は，国民のための選挙権というところを，両性のための選挙権を要求するよう提案した。ハッセルマンは，私の提案に反対を，アウアーは賛成を表明した。これは，62対55で否決された。あとでハーゼンクレヴァーは，多数の代議員は，彼らが要求を，国民という表現でその裏に含めていたから私の提案に反対したのだと説明した。リープクネヒトも，文体上の理由から私の提案に反対投票をしたのであって，事柄自体については，彼は私に同意していたと似たような意見をのべた」と書いている（Bebel 1911：331-332）。

ゴータ合同大会における女性選挙権問題をめぐって詳細な検討を行った島崎晴哉は次のように書いている。

　ベーベルの修正案は大会手続きとしては確かに否決された。しかし，こ

8）この発言は，1875年5月25日に行われた。「女性と選挙権，ゴータでのドイツの社会主義者の統一大会における討論」（Bebel 1875）として，選集（Bebel, *Ausgewählte* Ⅰ：306-307）に収録されている。

9）のちに，クララ・ツェトキーンは「多数派（反対派）は女性選挙権の要求が，当時のたたかいを弱め，困難なものにするだろうと懸念していた。彼らは，女性を動員することによって，たたかいの力が増大することを期待せず，評価もしなかった」（Zetkin 1958：145）と批判している。

写真2-1　ヴィルヘルム・リープクネヒトとアウグスト・ベーベル

の手続き的な否決の意義がここでは重要である。なるほど採択では「男女両性の」という明確な表現が削除されたが，しかし一方では草案にあった「21歳以上の成年男子」という表現も退けられて，「20歳以上の国民」となったのである。表現のこの移行は，ベーベル提案の否決が原案への復帰とはならず，表現上の後退はあったものの，そのなかに婦人選挙権の要求についての実質的な前進を含んでいた（島崎1963：89）。

2）　女性労働

マルクスが書いた「ゴータ綱領草案に対する評注」の中には，選挙権問題についてふれている個所はないが，「女性労働の制限と児童労働の禁止」という綱領草案文言については，次の叙述がある。

労働日の標準化ということは，労働日の長さ，休憩時間等に関するかぎりでは，すでに婦人労働の制限をふくんでいなければならない。それ以外には，これは，婦人の身体にとくに有害な労働部門もしくは女性の徳性を傷つけることしか意味しえない。もしこのことを頭においていたのだったら，そう言うべきであった（『マルクス・エンゲルス全集』Vol.19：31-32）。

大会では，女性労働の禁止を要求する修正案は，アイゼナハ大会の時と同様，多数によって否決された。「ゴータ綱領」は結局，「Ⅱ-6-（5）児童労働，および健康と良俗を害するすべての女性労働の禁止」（Berthold *et al.*, Hrsg, 1967：49）という表現で採択された。

1875年のこれらの綱領的要求の実現には，「立法者への」要求，議会による実現の段階があり，公然たる要求は女性労働の保護に関しては1877年，女性選挙権は1895年にはじめて掲げられ，立法化は，前者は1891年に，後者は1918年のドイツ革命後1919年のヴァイマール憲法によってはじめて実現した。

この間，ベーベルは一貫して女性問題に注目し，1875年に既に「女性の現在と未来の地位について」という論文を発表しており，1878年に，「社会主義者鎮圧法」が成立したあと，獄中で書いた『女性と社会主義』の初版を1879年に非合法のなかで発行する。ベーベルのこの著の初版の発行および評価は，こうした時代的背景と密着している。

クラーラはこのような時代のドイツ，ライプツィヒで教育を受け成長したのである。

2　ライプツィヒで生活したクラーラの家族

(1)　ヨハンナ公園のそばで

クラーラのライプツィヒ時代については，かつてその名をとった，そして今はその名も消えた「ライプツィヒ・クラーラ・ツェトキーン教育大学」（Die Pädagogische Hochschule „Clala Zetkin“ Leipzig）[10]の研究者たちが，クラーラの生誕120年（1977）記念前後に地元ならではの詳細な研究を残している（Müller 1976, 1977, Staude 1977, 1981）ので，それらを参考にして書いてみたい。

10）ライプツィヒにあった旧マックス・クリンガー学校に，1951年に設立された教員養成所が，改組発展して，1972年にライプツィヒ・クラーラ・ツェトキーン教育大学と名称を変更した。東西ドイツの統合に伴う改革によって，1992年10月1日をもって20年の歴史を閉じた。私は1980年代のはじめ，この大学を足場にしてクラーラ・ツェトキーンの研究をした。東ドイツ時代の貴重な経験であった。

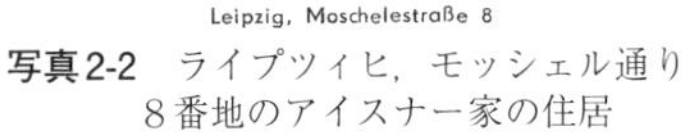

写真2-2　ライプツィヒ，モッシェル通り8番地のアイスナー家の住居

写真2-3　クラーラ・ツェトキーン・パルク（旧ヨハンナパルク）1981年8月筆者撮影

クラーラ・アイスナーとその家族が，当時人口約1300人のヴィーデラウ村からライプツィヒに引っ越したのは1872年11月4日のことであった（Müller 1977：71）。同年7月19日に，ヴィーデラウ村の学校教師であり教会のオルガン奏者だったクラーラの父のゴットフリートが勤続50年を迎えて，年金が下りるようになり，子どもたちの教育のため，母方の祖母の住む大都市ライプツィヒ（当時人口約10万人）にやってきたのである。ゴットフリートは，1872年12月2日にライプツィヒ市民権を獲得した。最初はフランクフルター通り43番地に住んでいたが，1873年シュールガッセ5番地の1階に引っ越した。1874年になってモッシェル通り10番地の3階に住む祖母といっしょに生活することになった。モッシェル通りのつきあたりには，1861年以来整えられた美しい広い公園——ヨハンナ公園があった（それが後にクラーラ・ツェトキーン公園と呼ばれるようになる）（Müller 1976：82）。そのモッシェル通りの，1つの家——そこには，17世帯68人が住んでいたが，新しい借家人としてアイスナー家が入居したのである。クラーラは，ここから，北通りのアウグステ・シュミットの経営する女性教師養成学校に通うこととなり，こ

こで，ロシア人バルバーラ（生没年不明）や，のちのパートナー，オシップ・ツェトキーンと知り合う。どうして，この2人のロシア人がライプツィヒにいたのかは後にとりあげる。

(2) 家族員

ライプツィヒに移ったときのクラーラの家族は，父（67歳で病身），母（50歳），3人の子ども（クラーラ16歳，弟アルトゥール14歳，妹ゲルトルート11歳）の5人，ライプツィヒには祖母ルィーゼ（82歳）が住んでいた。モッシェル通りの家の管理人の妻は祖母を良く知っていた。彼女は鬘作り職人である父オットー の長女であり，元ナポレオンの将校，後ライプツィヒに来てからはトーマス学校のラテン語とフランス語の教授，フィターレと結婚したことは前章ですでに述べた。

クラーラは，1874年秋ライプツィヒの女性教師養成学校（Lerherinnenseminar，後述）へ，アルトゥールはトーマス学校に入学した。クラーラが在学中，18歳の時の1875年6月，父が世を去った。父は，活気あるライプツィヒについになじむことができないままであった。その2ヵ月後祖母ルィーゼも85歳で亡くなっている。母は子どもたちと一緒に，近くのモッシェル通り8番地の家（写真2−2）の1階に引越し1878年までそこに住んでいた。

3　ドイツの教育制度とクラーラが受けた教育

(1) ドイツの教育制度と女性教師養成学校

ここで当時のドイツの女子教育がどのようなものであったかを，先行研究（田村 1998：109-145，黒田 2001：280-281）によって明らかにし，その中で，クラーラが進学した女性教師養成学校とはどのような位置にあったかを示したい。

1847年，ライプツィヒには，すでに，オッティリーエ・フォン・シュテイバーによって女学校が創設されていた。ドイツの教育体系は19世紀以降教育機関の制度化が進み，1859年に中等学校の整備が行われたが，女性は教育体系の枠外におかれていた。ヴァイマー他（1976＝平野監訳1979：222-223）

によると，高等女学校については，19世紀の最後の4半世紀になるまで，国家の側の配慮はほとんどなされなかった。19世紀中葉以降，職業生活に組み込まれた女性の数がますます増加し，女性問題が大きな社会問題の一部となっていく。

1865年，すでに触れたドイツ・ブルジョア女性運動の指導者として有名なルイーゼ・オットー - ペータースが，前述，女学校の校長オッティリーエ・フォン・シュテイバー，女性教育者アウグステ・シュミットとともに，ライプツィヒで「ライプツィヒ女性教育協会」(Frauenbildungsverein) を創設した。この1865年という年は，下記のように重要な意味をもっていた。

1865年，8月21日に，同地に最初の「全ドイツ女性会議」が召集され，この会議にはやはり同年新設された「ライプツィヒ労働者教育協会」(Leipziger Arbeiterbildungsverein) の議長になっていた25歳のアウグスト・ベーベルも出席したことは前章でのべた。さらに，同年10月1日，ライプツィヒに最初の職業女学校 (Fortbildungsschule für Mädchen) が創設された。既述の「全ドイツ女性会議」に続いて，10月半ば「全ドイツ女性協会」(Allgemeine deutsche Frauenverein：ADFV) が結成され，ルイーゼ・オットー－ペータースが会長となった。この時アウグステ・シュミットは書記に選ばれている。「全ドイツ女性協会」はフランス革命によって打ち立てられた人権の平等要求という意味で女性と男性の同権を要求した。機関紙として『新しい道』(*Neuen Bahnen*) を発行し，当初はルイーゼ・オットーとイエニィ・ハインリヒが，後にアウグステ・シュミットが編集を担当した。

ポズナニ (現ポーランド) からライプツィヒにやってきたユダヤ系女性，ヘンリエッテ・ゴールトシュミットもこの運動に加わる。彼女は，少女時代からシラーを始めドイツ古典に親しんでいたが，夫のラビに従ってライプツィヒに来た時，シラー百年祭が開催されており，「彼女がライプツィヒにひらいたサロンでは，モーゼス・メンデルスゾーン，レッシング，カント，フィヒテ，ヘーゲルそしてシラーの著作や思想について，活発に議論が戦わされた」(浅岡 2006：162) とのことである。

「全ドイツ女性協会」の第1回総会は1866年ライプツィヒで開催されている。

さて，1871年，18歳までの高等女学校 (Höhere Töchterschule) がライプツィヒに創設された。またこの年，ライプツィヒ大学に女性聴講生が認められている[11]（Boercher Joeres 1983：172）。教育面に対するはじめての実践的援助は，1872年に設立された「高等女学校制度推進連盟」（Verein für das höhere Mädchenschulwesen）が行った。政府が適切な教育課程と「女教員試験規定」によって単一の高等女学校を創設しようとしたのは，この連盟のおかげであった。また，1872年，ヴァイマールで，女学校で教鞭をとる男性教員を中心に，女学校教員集会が開催されている。そこでは，カリキュラムに統一性をもたせること，教師陣の充実をはかり，ギムナジウムや実科学校と同じ学校監督庁の監督下に位置づけられるよう運動をすることが目標として掲げられていた（黒田 2001：280-281参照）。このような女子教育の動きが盛んになった1872年に，クラーラはライプツィヒに現れたのである。

1873年には，プロイセンの文相ファルクによって高等女学校の制度化が検討され，女性教員の養成と資格試験の制定を討議するためベルリンに高等女学校の代表が招かれた。ここでは，高等女学校の規格や授業内容を統一的に規定するという点に討議の重点が置かれ，校長職を試験制度化することや，教員養成所出身の男性教員でも中学校教員試験に合格していれば上級の学年を受け持つことができることが新たに決められた。しかし，女性教員も上級の学年を受け持ち，指導的立場に就くべきであると主張した女性教員の提案は退けられた。このベルリンの会議の決定は，ヴァイマールの教員集会と同様，女学校を制度化し，統一的規格を与えたという点では意義あるものであったが，女性教員にとっては満足のいくものではなかった（黒田 2001：281）。こうして女性に担われた女性教育運動が始まることになる。

クラーラはこのような女子教育をめぐる動きのなかで，1874年，ライプツィヒで教育運動の先頭にたつ女性教育者が経営する本節冒頭に記したシュテイバーの女学校，女性教師養成学校に入学することになる。

クラーラがライプツィヒを離れた後も，政府や州議会に，完全な大学入

11）女性に正規の入学が認められたのは1906年からである。しかし18世紀に2人の女性が学位を取得している例がある。姫岡（2005:47）によれば，1754年にハレ大学でドロテア・エルクスレーベンが1787年に医学の学位を，1787年にゲッティンゲン大学で17歳のドロテア・シュレーツァーが博士号を授与されたとのことである。

学資格をもつ女子ギムナジウムの設立を要求する運動が続いていた。1885年，クラーラがパリで文筆活動を始めたとき，「全ドイツ女性協会」は，9月28～29日に，ライプツィヒで，臨時総会と第13回大会を開くなど，ライプツィヒは，ルイーゼ・オットーとアウグステ・シュミットの女性運動の拠点であり続けた。この13回大会には当時ライプツィヒ大学で学んでいた森鴎外が参加していたことは，すでに述べた。

1888年，女子ギムナジウム（Mädchengymnasium）創設のための奨学基金を得て，ヘレーネ・ランゲ（1848-1930）が，ギムナジウムと実科ギムナジウムのコースに交互に転換できる「女性実科コース」をベルリンに創設している。

クラーラは，ルイーゼ・オットーとアウグステ・シュミットとライプツィヒで深く関わりあい，やがて思想的に決別するが，ヘレーネ・ランゲとは時期と場所を共有していない。

既述のとおり，1874年，アウグステ・シュミットが校長を務めていたライプツィヒの女性教師養成学校の正式名称は，「シュテイバー教育女学校」（Steybersche-Institutまたは，Steybersche Erziehung-Institut für Mädchen in Leipzig）（Hohendolf 1962：11）である。クラーラは，母がアウグステ・シュミットやルイーゼ・オットーと知り合いだったことからこの学校に入学した。この学校は上記のドイツ・ブルジョア女性運動の申し子であり，高い市民階級の娘たちのための少数全寮制学校で，ノルデシュトラーセ12番地にあった。従って，クラーラはいわば，アウグステ・シュミットの直弟子であり，大変成績が良かったので，ルイーゼ・オットーが主催するお茶会にも何度も参加を許されたとのことである（Müller 1977：74）。

この著名なドイツの市民的女性運動の2人の指導者ルイーゼ・オットー - ペータースとアウグステ・シュミット（写真2–4）についていえば，前者のほうが有名である。クラーラは，ルイーゼ・オットー - ペータースに関しては，後に小伝を書いているほどであるが（Zetkin 1958：151-160），アウグステに関しては何も書き残してはいない。ルイーゼ・オットーについては，前章ですでにとりあげたので，ここでは，クラーラと直接的かかわりが強い，女教師養成学校の校長アウグステ・シュミットについてみておく。

写真2-4　女性の権利擁護運動の指導者アウグステ・シュミット（左）とルイーゼ・オットー－ペータース（右）

アウグステは，1833年にプロイセンの将校の家に生まれた。1864年にライプツィヒに来て，前述のオッティリーエ・フォン・シュテイバー女学校で教えることとなった。1860年代を通じてアウグステはこの学校を発展させ，低学年から教員養成部門までをもつ一貫制学校に完成させていった。1870年にオッティリエ・フォン・シュテイバーが亡くなってから彼女は校長になった（Honeycutt 1975：23-24）。

(2) アウグステ・シュミット

アウグステは，ルイーゼ・オットーの教え子で，先に見たように1865年にルイーゼ・オットーやフォン・シュテイバーとライプツィヒに「女性教育同盟」を創設し，また「全ドイツ女性協会」の機関紙『新しい道』の編集も担当した。

彼女は，クラーラの前には，1874年に「女性教師養成学校＝シュテイバー女学校」の校長として現れる。のちに，アウグステは，1890年，チューリンゲンのフリードリヒローダに集まった女性教員たちの集会から生まれた「全ドイツ女性教員協会」（Allgemein Deutchen Lehrerinnen-Verein）の共同創立者となり，名誉会長ともなっている。「全ドイツ女性教員協会」は，従来の小規模の教員組織を統合する形で作られ，20世紀初頭にはドイツ最大の女性教員組織となった（黒田 2001：280）。

また，アウグステ・シュミットは1894年ベルリンで創設された34の市民的女性団体の連合組織「ドイツ女性同盟連合」（Bundes Deutscher Frauenverein：BDF）の会長ともなって1899年まで会を束ねていた。BDFは，女教師，公務員，小市民層の主婦を組織して1901年には，7万人の会員を擁していた（*Eine Chronik* 1984：46-47）。このような活動をしてアウグステは，1902年に没した。

アウグステ・シュミットは当時のドイツ女性には珍しいほどのすぐれた演説家でもあった。彼女の男女平等の考え方にクラーラは強い影響をうけ，またアウグステ・シュミットもクラーラの優秀さを誇りにもしていたという。伝記作家，ルイーゼ・ドルネマン（Dornemann 1973：34-35）は，アウグステ・シュミットと，その女性教師養成学校について次のように書いている。

> アウグステ・シュミットは，卓抜した女性だった。男女平等の深い信念をもち，聡明で精力的，自主的に考えて行動する彼女は，勇敢な女性闘士であると同時に，心温かく明るくて，非常に魅力にとんだ楽天的な人間だった。彼女はすぐれた教育者だった。彼女のなかには，ドイツ市民階級のもっとも人道主義的な伝統が示されていた。文学の理解力にめぐまれドイツ古典と世界文学のすぐれた精通者である彼女は，観念的ではあるが普通の学校長などにはめったに見られないちゃんとした教養をもっていた。この学校の他の教師陣も有能な人材ばかりだった。したがってクラーラは，将来の活動にとってきわめて有意義なすぐれた教育をうけたのだった。シュミットの女教師養成学校では，とくに歴史，文学，外国語――フランス語，イタリア語，英語――をよく教えた。語学を教えたのはフランス人，イタリア人，イギリス人の教師だった。ここでクラーラは，彼女の後年のたしかにほめてよい語学知識と歴史の分野での特別な知識の基礎を築いた。
>
> 特に，彼女にとっては，文学教育が好もしく貴重だった。プロイセン＝ドイツ帝国の盲目的な愛国心がまだぜんぜん入り込んでいなかったこの学校では，他国民の生活と文化にたいする理解が養われた。ゲーテ，シラー，

写真2-5　ライプツィヒの女教師養成学校（シュテイバー教育女学校）
1874-78年まで通学（第2次世界大戦で爆破される）

レッシングだけでなく，シェイクスピア，シェリー，バイロン，バルザックその他の作家のものも読まれた（ドルネマン 1957＝武井訳 1969：22-23）。

クラーラが，入学試験を受けたときのアウグステ・シュミットとのやり取りのエピソードを，ハルデルは，少年少女むけのクラーラの伝記『ヴィーデラウから来た少女』のなかで，文献的根拠を示さずに書いている。フィクションが混じっているであろうが引用しておく。

アウグステ・シュミットが，「歴史の中で重要な女性について知っていますか」と聞いたとき，「オランプ・ド・グージュ」とクラーラは答えた。アウグステ・シュミットは，「それは誰ですか」ときいた。彼女は説明した。アウグステは，「どうして知っているのですか」と尋ねた。クラーラは，祖父からもらった1797年にシュトラスブールで出された絵入りのフランス革命史の本で読んだと答える。「それはドイツ語で書かれていたのですか」とアウグステは聞く。「いいえ，フランス語で」と答える。「あなたはヴィーデラウの村の学校でフランス語を習ったのですか」。「いいえ，私の祖父はトーマス学校の教授でした。彼はイタリア系フランス人でナポレオンの将校でした。祖父の家ではドイツ語と同じようにフランス語が話されていました。私の母と祖母は，私が小さな子どもの頃私にそれとなく教えたのです」(Hardel 1964：21-23より)。

クラーラが，ライプツィヒで受けた教育は彼女の生涯にとって有益なものであった。*Eine Chronik* (1983) によると，1876年の復活祭に，クラーラはギムナジウム卒業試験 (Reifeprüfung) に合格し，「シュテイバー女学校」の女教師養成クラスで「現代言語の専科担当」教員となる勉強を始め，2年後の1878年5月8日，国家試験を受けることでその課程を終えた。

かって「ライプツィヒ・クラーラ・ツェトキーン教育大学」でクラーラ研究のリーダーだったフリッツ・シュタウデ (Staude 1977) は，この学校でクラーラが学んだものは，第1に，教師になる目的で学んだ「教育学領域の理論的基礎」であり，第2に，フランス語，英語，イタリア語の「外国語」の知識であり，第3に，「芸術と文学」領域での見識であるといっている。

1878年にクラーラが受けた「現代言語の専科担当教員」の国家試験の経過と内容はどのようなものだったのだろうか。それについては，ドレスデン国立資料館 (Staatsarchiv Dresden) に保存されている資料に基づくシュタウデ (Staude 1981：741-742) の研究によってうかがい知ることができる。1878年の3-5月の試験は，ドレスデン王立女性教師養成学校 (Königliche Lehrerinnen-Seminar) で行われ，32人(ライプツィヒから5人)が受験している。クラーラは，宗教，ドイツ語，フランス語 (文法，会話，文学)，英語 (同)，地理，歴史，自然科学，算術，教育学等17科目で受験していた。試験の柱は，論文，筆記試験，教育実習，口頭試問に分かれていた。

1878年3月の試験は，論文は，ドイツ語，フランス語，英語，の3科目，それぞれの言語で出題され，それぞれの言語で書いて，4月から5月の指定された日までに提出するというものである。ドイツ語は，現代言語の教授法について，フランス語は17世紀から18世紀初頭に生きた思想家で1687年に『女子教育論』を書いたフェヌロンに題材をとったもの，英語は，イギリスの19世紀の詩人テニソンに題材をとった内容のものであった。筆記試験と教育実習は，英語とフランス語にたいして行われている。

このことから，当時の教員にきわめて広く深い資質が要求されていることがわかる。クラーラは，試験には合格したが，女性が国立学校から採用されるということは望めなかったので，家庭教師となる。彼女は1878年から1882年まで，オッチャッツ近郊ヴェルムスドルフの大地主の家，チョッパウの工場主ハインリヒ・ヤーコプ・ボーデマー（Bodemerm, Heinrich Jacob: 1848年のドイツ革命を支持した進歩的思想家）の家（Badia 1993 = Hervé *et al., 1994*：18），そして，ライプツィヒ-コンネヴィッツで家庭教師として雇われた（*Eine Chronik* 1984：32）と書かれている。

ともあれ，クラーラの受けた教育は当時のドイツの女子教育としては，最高レベルに位置するものだっただろう。先述，ヘンリエッテ・ゴールトシュミットがライプツィヒに「女子大学」を設立したのは1911年であり，女性作家リカルダ・フーフはこの女子大学の卒業生であるという。この女子大学は，「社会教育専門学校」に名を改め，現在もフリードリヒ・エーベルト通りにあるとのことである。

4　オシップ・ツェトキーンとの出会いと社会主義者鎮圧法

(1) 学友のバルバーラ

ライプツイヒでクラーラは，重要なロシア人2人に出会う。女性教師養成学校の学友バルバーラと，亡命学生オシップ・ツェトキーンである。私は，1981年に，ライプツィヒの「ドイチェ・ビュヘライ」でコピーしたゲルトルート・アレクサンダー（1882-1967）[12]によるクラーラ伝記に改めて注目する。1927年のクラーラ生存中の伝記であるので，当然本人に事実関係を確認して書いているであろう。その意味で信憑性があるといえる。

それによれば，クラーラは，学業を終えた後，まず，かなりラサールの影

12）アレクサンダーは1907年，クラーラと知り合う。SPD～KPD党員。KPDの重要な文芸評論家。1925年にコミンテルン女性部へ。1926年KPdSU党員。モスクワ国立中央図書館とレーニン図書館で働く。スターリンの粛清の間，1937年短期間拘留され，1939年から1944年まで流刑（Weber, *et al.,* 2004：59）。

響を受けた。のちに，ラサールの理論を女子解放論も含めて批判することになるが，当時の風潮によってではなく，若き日に自らラサールを読み込み，一定の影響を受けたうえでの批判だったことが想像される。

彼女は，ラサールとシュルツェ－デーリチュ（1808-83）[13]の論争に関心を持った。弟アルトゥールを通じて，社会民主主義の新聞やパンフレットを入手し，マクデブルク生まれのリアリズムの著述家シュピールハーゲンの小説，ラサールとシュルツェ－デーリチュを主人公とした『整然と並んで』(*In Reih'und Glied*：1866) から大きな影響をうけたという。しかし，それについて語り合う仲間をもたなかったが，その時大きな役割を果たすのが，ロシア人の学友であった。その学友の名はアレクサンダーの伝記では，最初は伏せられ，のちにバルバーラと書かれている。

バルバーラに関するわずかな情報を私なりにつなぐと，次のとおりである。

彼女とクラーラは，女性教師養成学校で出会う。クラーラより2歳若い (Honeycutt 1975：38) バルバーラは，ペテルスブルクの毛皮商人の娘であった。バルバーラは，ライプツィヒの毛皮商人ヴェルニッケ家に住んでいた。ヴェルニッケ商会は，タバコ類の輸入や輸出もやっており，ペテルスブルクのバルバーラの父，スタノフ氏と共同で商売をしていたのである。スタノフ

---

13) シュルツェ－デーリチュは，プロシア産業経済協同組合法，ドイツ協同組合法の生みの親である。ザクセン王国の一部，デーリチュの恵まれた家庭に生まれた。ライプツィヒ大学他で法律学を学び，卒業後は裁判官として活躍した。1848年の3月革命後，郷里からプロイセン国民立法会議議員に当選。中央党の左派に属し，働く者の側に立って活躍したがラサールの論敵であった。当時，工業化と交通の改善にともない，中産階級の没落と資本家的経営による手工業への圧迫とが重大問題になっており，手工業者はすでに過去のものとなったツンフト体制（中世における手工業者の同職組合）を再興し，不合理な制限や束縛によって自らの地位を保持しようとしていた。このような時代に，彼が手工業者たちを救済し，自主性を保持させる方法すなわち近代的協同組合をつくりあげた。彼は，実際に協同組合を設立し，その改善を図り，あらゆるかたちの協同組合の全国的な中心的指導者となったが，なかでも貸付信用組合は大きな比重を占めていた。このようなときラサールがベルリン郊外の手工業者組合で講演し，起訴された。この講演は『労働者綱領』（フランツ・メーリングはこれを「ドイツの状態の鏡に映された『共産党宣言』だ」といっている。メーリング 1960＝足利訳 上 1968：540）の出版と結びついた。1863年1月22日，プロイセン議会で彼は，「封建貴族，ブルジョワジーおよびプロレタリアートの三角関係を基盤とするそれ相当の理由から」（猪木 1953：146-147）ラサールのために援護した。

商会は，春秋のライプツィヒメッセに出展するため，スタノフ氏はライプツィヒに年に2度やってきていた[14]。彼は娘バルバーラに教員になることを望み，娘をライプツィヒの女性教師養成学校で学ばせていたのである。クラーラは，バルバーラからロシア語を習った。

ラサール等の影響を受けて社会的問題に関心を持っていたクラーラは，1878年の試験の後のある日，バルバーラと社会的，政治的問題について話し，よく理解し合うことができた。バルバーラはライプツィヒに亡命してきたナロードニキのロシア人学生と親しくしており，政治的思想的に孤立しているというクラーラに彼らを紹介した。

その時についての，アレクサンダーの叙述は以下のとおりである。彼女（バルバーラのこと：伊藤）は言った。「私の同国人の間でなら，あなたは，こういう問題をよく理解し，明確にすることができる友人を見つけるわ」。それは当時そう言われていたロシアの「ニヒリスト」，亡命者と学生たちのことである。クラーラは，講義を通じてこのサークルの影響を強く受けた。とりわけ，その著書にクラーラが感激していたラサールも読まれていた（Alexander 1927：5）。プシュネラートもラサール[15]のクラーラへの影響に注目している。

ラサールの，1862年の『労働者綱領』，1863年の『公開答状』，『学問と労働

14）オシップ・ツェトキーンがユダヤ系ロシア人であることは知られているが，情報の少ないバルバーラとその父もそうであったかもしれない。というのは，18世紀から19世紀初頭から多くのユダヤ商人がライプツィヒ見本市に「毛皮」や「タバコ類」をもって参加していたとのことであるからである（浅岡　2006：159）。

15）ラサールについては，前章でふれたが，さらに付け加えると1948年の革命では『新ライン新聞』に寄稿してマルクスとも知り，彼の影響を受けた。長年かかった卒業論文は1859年に『ヘラクリスの哲学』として上梓し，訴訟で独学した法学の成果は1861年に主著といわれる『既得権の体系』となった。1862年，ベルリン郊外の手工業者組合で講演し，起訴されたが，それを『労働者綱領』として公刊，さらに『公開答状』によって彼の所見を具体化した。そのなかで彼は，賃金鉄則の考え方を基礎に，国家の補助による生産者協同組合の設立，普通選挙権の獲得などを強調したため，マルクスから強い批判を受けたが，労働者には大きな影響を与えた。ラサールのドイツ社会民主主義への影響は大きく，当初アウグスト・ベーベルもヴィルヘルム・リープクネヒトも，多くの点でマルクスよりラサールに近かったといわれるだけに，クラーラもラサールの影響をうけたであろうことは想像に難くない（江上　1972：175-177参照）。

写真2-6　若き日のクラーラ・アイスナー

者』は，当時のドイツ労働者に大きな影響を及ぼし，前章でみたように1863年の「全ドイツ労働者協会」の結成に至るのであるが，これらをクラーラは読んでいたかもしれない。

クラーラが，亡命ロシア人グループに近づいた丁度その年の秋，つまり1878年10月21日「社会主義者鎮圧法」が発効した。クラーラは，この法律の犠牲者のために熱心に募金活動をし，アウグステ・シュミットとは決別し，家族とも決裂した。

その冬，バルバーラの招きでクラーラはバルバーラの故郷，当時の帝政ロシアの首都ペテルスブルクを訪問している。バルバーラがナロードニキでなかったことは，自由にロシアの両親の家と行き来していたことから推測される。この優雅な都市の訪問はライプツィヒで亡命ロシア人と親しくしていた若きクラーラに，何を感じさせたであろうか[16)]。

16）クラーラの足跡を追うことにしている私が，この都を始めて訪れる機会を得たのは，ソ連の末期1989年8月のことであった。ネヴァ河沿いのこの都の威風堂々とした重厚で美しい町並みは，ソ連末期の疲弊の中でもその輝きをいささかも失っているとは思えなかった。2005年，ロシアになって再度訪問した時は，モスクワの復興に比べて，いささ

図2-1　バルバーラ（左）とクラーラ（右）（ベルンハルト・ナストによる挿絵）

バルバーラという人物は，クラーラに，亡命ロシア人とロシアの首都を結びつけたことになるが，彼女が何者でその後どうなったかは不明である。バルバーラについては，写真も，確実な文献も残されていない。実在の証を発見できない。図2–1のような挿絵が残されているだけである。

帰国したクラーラは，教師として公の仕事につくことができず，ライプツィヒ近郊ベルムスドルフで家庭教師兼養育係りの仕事をしたのは上述のとおりである。

のちに，クラーラは1888年，『ノイエ・ツァイト』に「ロシアの女子学生」という論文をのせているが，それにも固有名詞はでてこない。管見によればいかなる先行研究もバルバーラのことを明らかにしていない。しかし，子ども向けの読み物のなかでは，バルバーラの名はよく現れる（Hardel 1964：156-162）。

(2) ナロードニキとオシップ・ツェトキーン

ここに，クラーラの思想的発展に決定的影響を及ぼし，後にパリで同棲し，

か精彩を失った感じがした。

事実婚であったが，生涯その「姓」を用いることになるオシップ・ツェトキーン（1853月日は不明～1889.1.29）が登場する。オシップ・ツェトキーンも，亡命ロシア人であったが，ロシア人サークルとは少し離れて生活していた（とアレクサンダーは書いている）。

実際のオシップの経歴は，SAPMO所蔵のパリ警察が監視のため残した文書コピーと，1889年1月パリでの死亡時の『ベルリーナー・フォルクスートリビューネ』の記事によって知ることが出来る。パリ警察文書によると，彼は1853年，ウクライナ南部，黒海に面した港湾都市オデッサで生れた[17)]（SAPMO-BArch NY4005/129, Bl.52）。彼の生年は，パリの警察資料から得られたものであり，正確かどうかは不明である。その他警察資料からいくつかの情報が得られる。名はオシップ-ヨーゼフであるが，イサークとも呼ばれていたとのことである（SAPMO-BArch NY4005/129, Bl.8, 21）。死亡記事では，「裕福な両親の子としてロシアで生れた」とある（*Berliner Volks-Tribüne*, 1889.2.9. Nr.6）．

つまり，オシップは，ウクライナの裕福なユダヤ系ロシア人家庭の出身であったが，多くのナロードニキがそうであったように自然科学を学び（正式に高等教育を受けたかは不明），彼の世代の同じ階級の多くのロシア知識人がそうしたように経済的に恵まれた家族のもとを去って生活していた。オシップは指物師を習得し，手に職をつけて暮らしていた。それは仕事場に入って働く人々と接近するためであったという（SAPMO-BArch NY4005/129, Bl. 52）。

彼は1870年代のナロードニキであった。1874年，彼は他のナロードニキとともに「人民の中へ」の運動に加わり，この運動の失敗の後，同年ロシアの憲兵に追われてロシア国内を逃亡し，オデッサで追跡者の手中に落ちるところを奇跡的にドイツに亡命してライプツィヒにやってきた（ドルネマン

17）バディアの書にもウクライナ出身とあるが，その根拠となる出典はなし（Badia 1993=Hervé *et al.*, 1994：15）。前注との関係でいえばライプツィヒの毛皮類はウクライナのプロディという町からもたらされたという（浅岡 2006：161）。オシップの消息はなぞに包まれているが，この辺に何かヒントがあるかも知れない。プシュネラートは，警察文書と一致してオデッサと明記している（Puschnerat 2003：34）。

1957＝武井訳1969：33)。その経路，ライプツィヒに到着したのはいつかは明らかではない。1874年にロシアを離れたことは，パリ警察の文書にも書かれている(SAPMO-BArch NY4005/129, Bl. 52)。

オシップについての情報が少ないので，ここからは私の推測が入るが，1853年ウクライナのユダヤ系の家庭に生まれたといえば，ロシアのナロードニキ，後のゲオールギー・ヴァレンチーノヴィチ・プレハーノフ(1856-1918)の親しい協力者パーヴェル・アクセリロート(1850-1928)と似ている。アクセリロートは，1870年代の初め，ナロードニキ運動に加わり，逮捕を逃れるためにロシアを去って，スイスで亡命生活を送った。1870年といえば，まだレーニンがやっと生れた頃である。1876年，「土地と自由」派が結成された。こ年の12月6日，クラーラとほぼ同年の1856年生まれのプレハーノフが20歳の時に主導したペテルスブルクのカザーニ寺院広場での示威行動で，多くのナロードニキが逮捕された。逃げ延びたものは国外に脱出した(バロン1963＝白石他訳1978：38-40参照)。

これらと照らし合わせれば，オシップ・ツェトキーンも，アクセリロートやプレハーノフの同時代人，大きな意味ではこの時代のロシアのナロードニキの仲間だったと考えていいだろう。誰かが，オシップ・ツェトキーンに言及した思い出の一つでも書いていてくれないかと探すのだが，後述のベーベルの『私の生涯から』第3巻に1か所，エンゲルスに1か所(後述)あるのみで，それ以外，私はまだ見つけていない。多くの，名の通ったナロードニキに関する文献のなかには，オシップ・ツェトキーンという名は出てこない。オシップは無名のナロードニキだったのであろう。ただし，次章で見るように，オシップはパリでクラーラとともにアクセリロートやプレハーノフその他の，ロシア人亡命家コロニーで生活している。

「オシップの人生航路は典型的ナロードニキであった」(Puschnerat 2003：34)とプシュネラートは書いている。

では，ナロードニキとは何か。和田春樹は，「もっとも狭い意味で考えれば，ナロードニキ運動は1869年にはじまり，1883年に終わったということができる。この運動が，基本的には，人民に„未払いの債務“を負っていると考えた若きインテリゲンツィア，青年学生の運動であったことは周知のところである。

事実，運動参加者の出生年を一べつしてみると，クリミア戦争に先立つ5年間，1850年代前半に生れた者が圧倒的に多いのであって，したがって，彼らは20歳そこそこで運動をはじめ，運動壊滅のさいには30代に入ったばかりのところであった。」（和田 1963：1）と書いている。オシップ・ツェトキーンもまさにそれに当てはまる。

20歳そこそこのオシップは，先輩のナロードニキの書物を読んだに違いない。例えば，ツルゲーネフの『父と子』（1862），チェルヌイシェフスキーの『何をなすべきか』（1863）などである。これらを読まなかった1870年代のナロードニキがいるとは考えられない[18)]。

プレハーノフも学生時代にチェルヌイシェフスキーの『何をなすべきか』を読んで感動し，「ロシアに印刷機が発明されてからのち，これほど大きな成功をおさめた書物はない」と語ったという（金子 1961：136）。『何をなすべきか』は，女性解放の書でもあり，ロシアの空想的社会主義の書ということもできる。そこには「ナロードニキ・フェミニズム」とでも名付けられる男性と女性が登場し「ナロードニキの結婚観」が実践される[19)]。私たちは，ノルウェーのイプセンの「人形の家」（1879）については女性解放の文学として多く語るが，ロシアの『何をなすべきか』についてはそのようには扱っていないのはなぜだろうか。しかし，ここで私がナロードニキ文学とフェミニズムの結びつきを論じる知見を持ちあわせていない[20)]。オシップも「ナロード

18）金子（1961：152）は，「画家レーピンの回想記によると，1860年代の学生たちは『なにをなすべきか?』のラフメートフと『父と子』のバザーロフを自分たちの見ならうべきかがみとしていたということである」と書いている。70年代もその余韻はあったであろうと推測される。

19）例えば，ロプホープのヴェーラへの言葉。「すべての人間は全力をつくして自分の独立を守らなければなりません。相手をどんなに愛していようと，どんなに信頼していようと，これに従属してはいけません。（中略）――君は『あんたの金で生活したくない』って言うし，ぼくはそれをほめているんですからね」（チェルヌイシェフスキー 1863＝金子訳，1978上：202-203）。

20）チェルヌイシェフスキー生誕150年（1978）を記念して，金子他（1981）によって編まれた『ロシア解放思想の先駆者　チェルヌイシェフスキーの生涯と思想』の「まえがき」で，「最初の企画ではチェルヌイシェフスキーの歴史学，共同体論，婦人解放論等を独立の項目として予定していたのであるが……これを割愛せざるを得なかった」（金子他1981：2）と書かれている。

ニキ・フェミニスト」であったかもしれない。また，「ナロードニキ的時間の使いかた」[21]をしていたのかもしれない。

ところでロシアを追われた亡命ナロードニキ，オシップ・ツェトキーンは，ライプツィヒでバイリス駅の近くのコーレン通り3番地に住んでいた（Müller 1977：75）。

オシップは1876年あるいは遅くとも1877年来バルバーラと一緒に，しばしば，ロシア人学生の討論の夕べに参加していた。多分ロシアで難を逃れてライプツィヒに逃げ延びたナロードニキのグループに違いない。バルバーラの紹介で，クラーラがこうしたナロードニキのロシア人学生のサークルに入りそこで2人は知り合った。当時ライプツィヒは，ロシアでナロードニキ活動をして追われた学生たちのドイツでの中心地といわれた。

アレクサンダーはいう。「オシップは立派なマルクシストで，少なくともカール・マルクスを知っていた。半分学生，半分は家具職人でドイツの組織にも加わり，労働者を知っていた。とりわけ彼は，哲学・社会学生同盟の一員であり，まじめに社会問題の科学的研究に従事していた。仲間の中にはヴァイス兄弟，医学学生シッペルがいた。オシップは，このグループのなかでマルクス主義を追求する構成分子の一人だった。彼はクラーラに，革命は，ドイツでは社会民主党に組織されて働かなければならないと説明した」（Alexander 1927：5）。

彼らのライプツィヒのサークルには，ロシア人のほかに，セルビア人，ポーランド人，オシップが親しくしていたルードヴィッヒ・ヴァリンスキー[22]がいた。彼らはポーランドへ文献の密輸を組織しており，後にポーランドの運動で指導的役割を果たした人物である。

オシップとナロードニキの関係，クラーラとオシップのナロードニキの関

21）例えば，革命家ラフメートフ像。「ラフメートフは限られた時間の中でおそろしく多くのことをすることができた。それというのも時間の使い方の上に彼は，物の使用のばあいと同じように，気まぐれの抑制の原則を設けていたからだ。（中略）休息は彼には必要のないものであった。『おれにはいろいろ仕事があるから，仕事をとり替えることが休息なんだ』と彼は考えている」（チェルヌイシェフスキー 1863＝金子訳，1978下：70-71）。

22）1879年，ヴァリンスキーは，ラヴローフの影響を強く受け，ポーランド社会革命党綱領を起草した。

係は，クラーラの伝記作家ドルネマンは多くを描いていない。ターニア・プシュネラートの叙述が，参考になる。ドルネマンの伝記は，どちらかといえばナロードニキを避け，プシュネラートの伝記は，クラーラの思想形成に，ナロードニキの影響を入れようとすることに特徴がある。

クラーラと知り合った頃はオシップは20代後半であった。オシップはまた，ライプツィヒの労働運動に関わっていた1847年12月29日キーリッチュ生まれの指物師の親方，モーゼマン（Mosemann[23]）と呼ばれたベルトールトのところで働いていた（Müller 1977：74-75）。クラーラとオシップが次第に親しくなっていくことは，師のアウグステ・シュミットや母を激怒させることになる。

当時のクラーラとオシップの関係については，ハニーカットが，ニューヨークのロングアイランドで1972年11月21日にクラーラの次男コスチャにインタビューしたものが比較的真実を今日に残していると思われる（Honeycutt 1975：41-42）。

それによると，オシップは，クラーラを，ベーベルとリープクネヒトの影響下にあったライプツィヒ労働者教育協会の講演会にも誘っている。オシップは，また，親方の指物師，モーゼマンのところにもクラーラを連れて行った。彼の仕事場は，シュレッター通り10番地にあった。オシップは，他のナロードニキもそうであったように，ドイツ社会民主主義に接してマルクス主義を学びつつあった。オシップのナロードニキ思想がこの時どのようなものであったか不明だが，クラーラに影響を及ぼさなかったはずはない。

ターニア・プシュネラートは，彼らを「ニヒリスト」と表現しているが，ナロードニキとニヒリストとはどういう関係と理解すべきだろうか。

〔ナロードニキとニヒリスト〕

ナロードニキといえば，日本では人民主義と訳され，ロシアのインテリゲ

23）他のすべての伝記には，モーゼルマン（Mosermann）と書かれているが，私は，ライプツィヒ市資料館のライプツィヒ市警察資料に基づいて書いているミュラーに従う（Müller 1977：74-75）。プシュネラートもモーゼマンと書いている。

ンツィァの農奴制の打倒を目ざす運動とされていた。金子は「ナロードニキはゲルツェンによって創設されたロシヤ農民社会主義の理論にもとづき，ロシヤにおける資本主義の発展の必然性を否定し，農民革命をとおして，農村共同体とアルテリ（協同組合）の基礎の上に，社会主義を実現しようとするものであった。ナロードニキの行動の精神的な出発点となっているものは人民にたいする負債の思想である。彼らは自分たちの教養が人民の血と汗によってあがなわれたものであり，人民の苦しみをなくし，人民を幸福な生活にみちびくことを自分たちの義務と考えていた」（金子 1961：160-161）と一般的解説をしている。

ニヒリストといえば，日本ではツルゲーネフの『父と子』（1862）に登場する，既存の秩序・価値を否定するバザーロフを，小説上の主人公アルカージイが「あの男はニヒリストです」と紹介したことから知られるようになり，虚無主義と訳されてきた。『父と子』のアルカージイは「ニヒリストというのは，いかなる権威にも頭をさげない人間，どんなにはたから敬意をはらわれている原理にたいしても，それを信条としてけっしてうけ入れない人間のことなんです」と説明している（ツルゲーネフ 1862＝錦織訳 1962『世界文学大系31　ツルゲーネフ』筑摩書房：203-204）。

プシュネラートは，「ニヒリスト」という名称を，「ナロードニキ」と同義に用いている。なぜなら，クラーラ・ツェトキーン自身が，「ニヒリスト」という名称を，いつも暗黙に，ナロードニキを意味して使用していたからだと説明している（Puschnerat 2003：30）。

ツェトキーンは，たしかに1888年の「ロシアの女子学生たち」の論稿（Zetkin 1888a）で，「ニヒリスト的」境遇を書いている。「ニヒリスト」的ロシアのインテリゲンツィア世代の像を描写するこの論文は，クラーラが，彼らの作法と同様な世界観を熟知していることを示している。

プシュネラートは，同個所で，「ライプツィヒのロシア人サークルでは，いずれにせよ，ロシアとフランスの社会主義文献を読み議論した。とりわけ，ラサールを読んだ。ロシア人はチェルヌイシェフスキー，ドブロリューロフ，ピサレフ，ラヴローフ，バクーニンを，フランスの初期社会主義者では，とりわけプルードンが読まれた」と（同上）書いている。

私は，ニヒリストの定義はフェミニストの定義と並んで，混乱を招くと考えるので，ナロードニキに統一し，ニヒリストを用いないことにする。

その理由に，イギリスのチェーホフ研究者ロナルド・ヒングリーは，1962年に「ニヒリストという言葉は，それを調べれば調べるほどますます多様な意味合いを持ってくるように思われる。権威者の中にも，同一の著書の中においてさえ明らかに幾つかの異なった意味でその言葉を使っている人々がいるために，特にそうである」としたうえで「『アレクサンドル2世治下（1855-1881年）のロシア急進主義者および革命主義者』の同義語として使っている」（ヒングリー 1967＝向田訳 1972：122）と書いているからである。

パリ警察の文書には，オシップは「ニヒリスト支持者」（SAPMO-BArch NY4005/129, Bl. 9）あるいは「ニヒリスト」（SAPMO-BArch NY4005/129, Bl. 18）と書かれている。

(3) 社会主義者鎮圧法

クラーラが女教師養成学校を卒業して国家試験に合格したのが1878年3月（22歳）であった。その年の秋，つまり1878年8月中旬，ビスマルクは社会主義者鎮圧法案を発表し，それを審議するため9月9日に帝国議会が招集された。この法案によれば，団体，あらゆる種類の結社，とりわけ社会主義的印刷文書などを禁止する権限が州警察に与えられることとなっていた。10月19日，社会主義者鎮圧法は149対221票で採択され，1879年10月21日「社会主義者鎮圧法」（Sozialistengezetz :1890.9.30失効）が発効した。この法律は，「社会民主主義，社会主義もしくは共産主義的な活動」によって国家，社会秩序の転覆を図ろうとする結社，集会，印刷物，寄付金の徴集などを禁止したほか，特定地域の部分的戒厳令の施行，違反者の居住地制限などを規定していたので，社会主義運動は大きな打撃を受け，ライプツィヒ労働者教育同盟やドイツ社会主義労働者党の幹部・活動家の追放が始まった。

以後社会主義者鎮圧法は4度もその適用期間を延長され，12年間続いたのである。この法によって12年をクラーラは，ドイツ国外，チューリヒやパリでの亡命生活を経験することになる。同法施行後の10年間に，1,299の印刷

Der Sozialdemokrat

Internationales Organ
der Sozialdemokratie deutscher Zunge

Probenummer.　Sonntag, 28. September.　1879.

Parteigenossen aller Länder!

写真2-7　『デア　ゾツィアルデモクラート』
1879年9月28日　見本号

物，332の団体が禁止された[24]。しかし社会主義者の被選挙権を奪うことをしなかったから，ドイツ社会主義労働者党は地下活動によって党勢を拡大した。ローゼンベルクは「この法律は社会民主党代議士の資格を取り消さず，また，社会民主党の選挙アジテーションを防ぎきれなかった。こうして，社会民主党は，形式的な社会主義的組織や新聞はもたなかったけれども，労働者の個人的な団結によって経営内で存在を続け，3年ごとの帝国議会選挙にさいして，党は，いつも公然と立ち現れた」(ローゼンベルク1928＝足利訳1969：29)と書いている[25]。

1879年，アウグスト・ベーベルは，1877年から78年にかけてビスマルクを侮辱したかどで禁固刑に服していたが，この期間にかねてからあたためていた女性解放論の草稿を書いていた。1878年，社会主義者鎮圧法が通った後で，ライプツィヒの印刷所で2000部印刷し，翌年の1879年2月，あえて社会主義を表面に出した『女性と社会主義』という題で，ホッチンゲン-チューリヒのスイス労働者同盟人民書店から非合法裏に出版した。偽装タイトルは『エンゲル統計学　第5冊』となっていた。しかし，3月29日に発売禁止となった。

この年，ドイツ社会主義労働者党は，機関紙『デア ゾツィアルデモクラ

24） Fricke (1987) B.1：170-177.による。
25） 1890年2月の選挙では142万票（1878年の公布時43万票），35議席を獲得した。そこでビスマルクは同法の強化を図ろうとしたが，議会が90年1月25日，同法の有効期限の延長を否決（169対98）したため，同法は9月失効したものである。

写真2-8　ドイツ社会主義労働者党が1880年8月20-23日に非合法党大会を開いたスイス，チューリヒ州のヴィデン城

ート』(*Der Sozialdemokrat*) 見本号を（写真2-7）1879年9月28日チューリヒで非合法裏に発行した。これは秘密ルートでドイツに送られた。

翌年の1880年8月20日から23日，ドイツ社会主義労働者党はスイスのシュロス・ヴィデン（チューリヒ州）（写真2-8）で大会を開いた。この大会では，以後続く社会主義者鎮圧法下での合法，非合法の活動について詳細な取り決めを行った[26)]。

同年9月3日，ライプツィヒのレストラン（写真2-9）で，ベーベルが「誕生祝い」と偽装して党の報告集会を行った。参加者とベーベルを始め関係者が逮捕されたがそのなかにオシップ・ツェトキーンがいた。ドイツ人は2時間にわたる尋問ののちに釈放されたが，外国人であるオシップは拘束された。

この時，ただちに国外追放を言い渡されて，数時間後にクラーラとオシップはライプツィヒ市境で将来を約束して別れたというのがこれまでの通説で，ライプツィヒ市境での2人の別れの場面は，伝記作家によっていろいろ推測されて書かれている。この通説の出所はベーベルの自伝『わが生涯から』第3部に，「このときのただ一人の犠牲者は，ロシア人同志ツェトキーンであ

26）メーリング（1960＝足利他訳　下1969：420）は「大会は，ロシアのニヒリストの解放闘争に同情を表明しているが，ロシアの状況によって規定された戦術はドイツには適合しないといい，（以下略）」と，ロシアのナロードニキ運動への態度についてふれている。

った。ライプツィヒで植字工として活動していて，この『誕生日の祝い』の客として居合わせたのであった。彼は追放処分になった。」(Bebel 1914：152) と書かれていることにあるのではないだろうか。オシップ・ツェトキーンの名が出てくる貴重な文献が，説明不足のまま使われていたのではないかと思う。アレクサンダーによる説は，1881年，ポーランドへの文献密輸の非合法組織の活動家として逮捕され，釈放されて，即刻追放処分され，パリに向かったということになっている (Alexsander 1927：6)。

バディアによる伝記では，オシップが自分の写真 (写真2-10) をクラーラに渡し，その裏には，「愛する友クラーラ・アイスナーへ，ホセ・ツェトキーンより」と書かれていたと記されている (Badia 1993= Hervé *et al.*, 1994：19)。この写真は，ルイーゼ・ドルネマンの伝記，1973年版にもすでに掲載されているオシップの面影を今日に残す唯一の写真である。この写真の出所は不明であり真偽のほどはわからないが，不思議なことに，ドルネマンの伝記にもフランス語のバディアの本にも，そのドイツ語への翻訳者の本にも，その裏書きは»To my dear and beloved friend Clara Eissner from Jose Zetkin« (Badia 1993：21 = Hervé *et al.*, 1994：19) と英語で書かれているというのである。U.S.A.の研究者ハニーカットの英文の中にはそのような文はみられない。なぜJosèと書いているのかは，前述のパリ警察の報告書で，オシップがそう呼ばれていたことはわかる。さらにこの1枚の写真の裏には，1881年5月5日にライプツィヒで写されたと書かれている (Dornemann 1973：48-49の間の挿入写真，およびBadia 1993 = Hervé *et al.*, 1994：25)。もし，オシップがライプツィヒを去ったのが1880年9月ということになれば，つじつまが合わない。したがってこの時は逮捕されただけでまだ，ライプツィヒにいたと考えた方がいい。

プシュネラートの記述をもとに推測すれば，実際は，こうではないだろうか。オシップは，1880年9月3日に逮捕されて服役した。

釈放されて学生支部を指導していたオシップは，1881年3月に結成されたライプツィヒ「暫定執行委員会」のメンバーとなった。ライプツィヒを覆った小戒厳状態のなかで，外国人アナーキストというかどで1881年4月に再逮捕され，数カ月服役の後，6月27日にザクセンから追放された。この写真は

写真2-9 誕生会と称して，1880年9月3日党大会の報告をしたレストラン，「ゴールデネ・ロイテ」

写真2-10 オシップ・ツェトキーン To my dear and beloved friend Clara Eissner from Jose Zetkin (1881.5.5)と写真の裏に書かれている。

その間に撮られ，クラーラに渡されたものであろう。つまり，オシップが，最終的に追放されたのは1881年6月27日であると思われる。

以上が私が知る限りでのライプツィヒでのオシップ・ツェトキーンのすべてである。パリでのオシップについては次章で追う。

この章では，人生の基礎を築く8年を過ごしたクラーラのライプツイヒ時代をあつかった。

ライプツィヒでのクラーラの出会いは，まず第1に，アウグステ・シュミットとルイーゼ・オットーというドイツの市民的女性運動の指導者であり，その思想を教育に生かしたシュテイバー女学校であった。このことは，クラーラの社会主義思想の土台に，豊かなリベラルな思想を置くことができたという点で大きな意味をもつ。

第2の出会いは，オシップ・ツェトキーンという青年とであった。工業と商業の都市ライプツイヒは，ドイツ社会民主党の労働運動が盛んでナロードニキたちロシア人学生亡命者が生活することができた。その中でこそ，オシップ・ツェトキーンの存在も可能であったと思われる。

こうして，クラーラは，恩師や母親たちの思想とは決別した。[27)]

27）ハニーカットの，1972年11月21日，クラーラの息子コスチャとのインタヴューによると，クラーラは1886年に母親とは縁りを戻し，彼女の生涯を通じて弟アルトゥールとは近い関係にあり続けたという。1886年とは，パリに住んでいたクラーラが，健康を害し，2人の子を連れて秋にひと時ライプツィヒに帰国した時のことであろう。しかし，母の嘆願にもかかわらず，政治観，社会観をクラーラやアルトゥールと根本的に異にした妹ゲルトルートとは，親しい見せ掛けを続けることをも拒絶したとのことであった（Honeycutt 1975：39-40）。クラーラは弟アルトゥールとは2歳，妹ゲルトルートとは5歳離れている。私が見た文献にはクラーラは弟やその娘のことを書いているが，妹の名を一度も見かけたことはない。

2011年10月，私は1981年以来30年ぶりに，3度目，統一ドイツ後はじめて，クラーラの生地ケーニヒスハイン・ウィーデラウの教会学校（今はムゼウム）を訪問した。対応して下さったレナーテ・ディボヴスキーさん（Frau Renate Dibowski）によれば，ゲルトルート一家はアメリカ合衆国に住み，その子孫たちが，自らのルーツを求めて，統一ドイツ後この地を訪れ，今もディボヴスキーさんと文通が続いているとのことであった。ゲルトルートの物語を追うことは私の力に余ることで断念した。

第3章　亡命――パリでのオシップ・ツェトキーンとの生活

1　ライプツィヒを出てリンツ，チューリヒへ

1878年10月21日に社会主義者鎮圧法が施行され，2年半が過ぎた1881年6月，戒厳令がライプツィヒに施行され，6月27日，前章でみたようにオシップ・ツェトキーンがドイツから追放された。その後，クラーラもオシップのあとを追ってライプツィヒを離れる。

社会主義者鎮圧法下，ライプツィヒを去るまでの2年半，クラーラは1878年から1881年までオッチャッツ近郊ヴェルムスドルフの大地主の家，チョッパウの工場主ハインリヒ・ヤーコプ・ボーデマーの家，そして，ライプツィヒ-コンネヴィッツなどで家庭教師として働いていた。

1881年夏に，ライプツィヒを出たクラーラは，オーストリアのリンツ近郊トランシュタインの会社の共同所有者である社長のもとで教師になった(Putchnerat 2003：43)。その会社は，前章でも触れた「シュルツェ－デーリッチュ」的協同組合方式の企業であり，彼女の教え子たちはクラーラとほとんど同年齢であった。しかし，彼女の見解，自立した行動，講義に関して，雇い主側と意見が分かれて騒動が起き(Alexander 1927：7)クラーラは仕事を継続できなくなったという。このへんの詳しい情報について私はこれ以上は調べがついていない。

そこで，クラーラは，1882年の晩夏，ペテルスブルクからチューリヒに行っていたバルバーラの招きでチューリヒに向かうことになった。チューリヒにはバルバーラのほか，マクシム・ロムとそのフィアンセのフェアロープターや，ドイツの社会民主主義者たちがいた。バルバーラがチューリヒで何をしていたか記録されたものがないが，ライプツィヒで学業を終えた後，一度ロシアに帰った彼女が，1870年代から女性をも受け入れていた当時ドイツ語圏で唯一の大学，チューリヒ大学で学ぶためにチューリヒにやってきたので

はないかと推測される。

しかし，クラーラについて書かれた先行伝記のなかでバルバーラが登場するのは，ここまでである。ここでバルバーラの名は消える。若いクラーラの運命を方向づけたかのような存在，結果的にペースメーカー的役割を果たしたバルバーラの消息は忽然と途絶え，その後いっさい登場しない。バルバーラは本当に実在の人物か，その証拠を残すものを私は発見していない。

いくつかの疑問を残しながら前へ進む。とにもかくにも，クラーラはチューリヒへ行ったのだ。まず，チューリヒとはどんな歴史的意味ある街だったのか。みておきたい。

(1) チューリヒという都市

スイスは，ヨーロッパのほぼ真ん中に位置する。チューリヒに長く住んだジャーナリストの笹本（1988：1）は，「『ヨーロッパの真ん中にある』というスイスの地理的条件が，この国の運命を決める大きな要素となった」と書いている。また彼は「スイスは外国からの亡命に対して寛大だったのでドイツ，オーストリアその他のゲルマン文化圏，ロシア，ポーランドなどのスラブ文化圏から想像もつかぬほどの大勢の亡命政治家が流れ込んでいた。（中略）それは，上はプレハーノフやアクセリロートなど大ものから，下はローザのような無名（当時：伊藤）の少女にいたるまで多彩をきわめていた。時代をすこしずらせば，レーニンのような巨人もその一人となる。チュウリヒ（ママ。以下同。伊藤）は大量の亡命客を親切に迎え入れ，学生の滞在許可も容易で，会合その他の自由をも許した。チュウリヒ大学は資格を持つ外国の若ものたちすべてに門を大きく開き，困っている学生の面倒も見てくれた」（笹本 1988：24-25）とも書いている。

和田（1973　上：29）によれば，すでに1870年代から「ツューリヒ（ママ。以下同。伊藤）はこの当時国外留学の道をとったロシア青年たちのセンターとなっていた。とくに総合大学入学の道を女子学生に開いていたのは当時世界でもツューリヒ大学だけであったので，ロシアの女子学生が多くここにやってきた。73年5月現在，ツューリヒで学ぶロシア人学生182人中104人は女子学生であった。その中には，フィグネル姉妹をはじめ，のちのナロード

写真3-1　1875年頃のチューリヒ風景

ニキ運動参加者が多くいた。このほかに，亡命者も多く集まっており，ロシア人コロニーの総数は300人強であったといわれる」[1)]と書いている。この叙述の約10年後クラーラはチューリヒに着いたことになる。

ちなみにローザ・ルクセンブルクは，クラーラがチューリヒを去った7年後の1889年から1898年までの9年間チューリヒに滞在した。ローザの伝記を書いたパウル・フレーリヒは，「ワルシャワからチューリヒへの道は，絶対主義の牢獄からヨーロッパ中でもっとも自由な国への道であり，煙霧にくもった汚濁した低地から，新鮮な空気と開けた眺望を持った高地への道であった」と書いた（フレーリヒ 1948＝伊藤成彦訳 1991：15）。ローザは，1897年，26歳で『ポーランドの産業的発展』（ルクセンブルク 1898＝肥前訳 1970, スキルムント他訳 2011）でチューリヒ大学から学位を取得した。彼女もここでパーヴェル・アクセリロートやプレハーノフ，ヴェーラ・ザスーリチと接触している。

さらに，レーニンは1895年，チューリヒにアクセリロートを，ジュネーヴにプレハーノフを訪問し，20世紀の初頭，1903年からジュネーヴ，1914

1）イエメルの『知識と革命―ツューリヒにおけるロシア人コロニー（1870-73）』に基づいての記述。私は確認していない。

年からベルン，1916年からはチューリヒでスイスでの亡命生活を送った。チューリヒでは，チューリヒ市立図書館に通って『帝国主義論』を書いたのである。1917年，ロシア2月革命の知らせを受けたのもチューリヒであり，レーニンを含むスイス在住30人の亡命ロシア人をロシアに運んだ，いわゆる「封印列車」が出たのもチューリヒからであった。

もうひとつつけ加えれば，アウグスト・ベーベルも，チューリヒとはゆかりの深い人物である。まず彼の主著『女性と社会主義』は，生前第53版まで出されたが，社会主義者鎮圧法のもとでの1879年の初版から1887年の第7版まではホッチンゲン－チューリヒ・スイス人民書店出版から出されている[2)]。1889年にベーベルの娘フリーダがチューリヒ大学に入り，2年後医師のフェルディナント・シモン（1862-1912）と結婚してチューリヒに住んだ。1896年，ベーベルはチューリヒ湖畔沿いに妻の名をとって「ヴィラ･ユーリエ」を建て，夫妻でしばしば，娘夫妻と孫を訪問した。1906年からは心のやまいにかかったフリーダにユーリエがチューリヒで長く付き添い，ベーベル自身も1907年暮れから翌年の初めまで心臓病の悪化で娘のところに滞在した。癌におかされていたユーリエは1910年にチューリヒで亡くなり，1912年にはフリーダの夫フェルディナント・シモンが敗血症でチューリヒに没した。同年，ベーベルの孫のシモンはチューリヒ大学に入学した。翌1913年ベーベルはスイスのバート・パッスークの療養先で死んだ。ベーベルのなきがらは，チューリヒに鉄道で運ばれ，「チューリヒ人民の家」に安置されて，シールフェルト中央墓地の家族墓地に家族とともに眠っている。この時のベーベルの葬儀には，クラーラもローザもチューリヒにやってきた。

さて，話を本題に戻すと，ドイツではすでに社会主義者鎮圧法施行後4年近くが経っていた。チューリヒは，当時，ドイツ社会民主主義者とロシア亡命革命家の中心地で，ドイツ社会民主党の機関紙『デア ゾツィアルデモクラート』が発行されていた。そればかりではない。チューリヒは，すでに1870年代当初からロシア人亡命革命家のセンターでもあった。

2）クラーラは，この本をライプツィヒ時代に知っていたが，読んだのは，1882年チューリヒである（Dornamann　1973：54）。

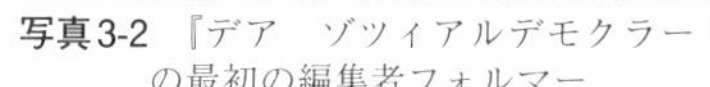

写真3-2『デア　ゾツィアルデモクラート』の最初の編集者フォルマー

写真3-3『デア　ゾツィアルデモクラート』2代目編集者ベルンシュタイン

チューリヒを，このように多くのクラーラゆかりの人々が行き交っていることに注目したい。

(2)『デア ゾツィアルデモクラート』の非合法輸送

クラーラはチューリヒでアウグスト・ベーベルの友人のユリウス・モテラーの助手として約3ヶ月，『デア ゾツィアルデモクラート』の定期発行と輸送を手伝うことになった。『デア ゾツィアルデモクラート』は，社会主義者鎮圧法下の1879年9月28日チューリヒで発行され，1881年来ドイツ社会民主党の中央機関紙となり，1890年9月27日まで継続した。編集長は，バイエルンの社会主義者，ゲオルク・フォン・フォルマー（写真3-2）であったが，1881年1月にエドワルト・ベルンシュタイン（写真3-3）がこの役を継ぎ，さらにヴィルヘルム・リープクネヒトに代わった（Eberlein Bd. IV. 1969：1565-1566）。ドイツ社会主義労働者党は，チューリッヒに「外国通信場」をもち，『デア ゾツィアルデモクラート』をドイツに密輸する組織「赤い野戦郵便局」（Die Rote Feldpost）があった。その責任者は，ユリウス・モテラー（写真3-4）であった。

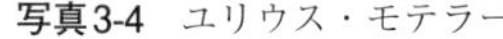

写真3-4　ユリウス・モテラー

写真3-5　ヨーゼフ・ベリ

彼は，クリミッチャウの毛織物工出身で，ベーベルとならんで労働運動の中に女性を引き入れ，女性の労働権と経済的独立を擁護する見解をもつ代表的人物であった（Bartel, *et al.*, 1975：59-60）。モテラーが，当時のいわゆる「プロレタリアのアンチ・フェミニズム」（第1章でふれたが女性労働者を男性と対等の存在と認めないプロレタリアに後につけられた呼称）の立場ではなかったということも，その後のクラーラの活動に影響をあたえたことと思う。クラーラはのちに，ユリウス・モテラーの小伝を書いている（Zetkin 1958：188-201）。

クラーラは，このモテラーの助手として，非合法文献のドイツへの密輸出を手伝った。もともとこの仕事にはヨーゼフ・ベリ（写真3-5）があたっていた（Belli 1978）が，逮捕されたためクラーラがこの仕事を代ったのである（Fricke 1961：927）。

チューリヒ時代は，『デア ゾツィアルデモクラート』の運び屋であったクラーラ[3)]は，その数年後，パリでオシップと共同生活を始め，1885年からは，オシップとともに『デア ゾツィアルデモクラート』への寄稿者として登場する(次章)。

チューリヒでのこの3ヶ月の非合法活動経験と交友関係もクラーラの生涯に大きな意味をもったにちがいない。ここで彼女は，『デア ゾツィアルデモクラート』の編集長だったベルンシュタインと知り合う。モテラーやベルンシュタインが，フランスにおける思想状況をクラーラに説明したので，彼女は，フランスの「可能派」(ポシビリズム)，「アナーキズム」，「マルキシズム」などの異なる思想と論争を理解し，フランス労働運動の現状についてある程度予備知識をもつことが出来た。いろいろな意味で，チューリヒ時代は，クラーラにとってパリでの政治生活に入る準備期間ともいうべきものであった。

当時30歳代の初めであったベルンシュタインは，1878年，社会主義者鎮圧法が成立する少し前，ベルリンでの銀行勤めを辞めて，社会主義者カール・ヘヒベルクの秘書としてスイスにやってきて，以後20年ドイツに帰ることなく外国で暮らした。1879年，チューリヒでエンゲルスの『反デューリング論』を読んでマルクス主義に開眼したという。1880年，ベーベルがロンドンにマルクスとエンゲルスを訪問したときの同行者はベルンシュタインである。この年のドイツ帝国議会会期中，社会主義者鎮圧法の1884年9月までの延長が決定された。そうしたいきさつで前述のように1881年に，若きベルンシュタインが『デア ゾツィアルデモクラート』の暫定編集者に指名され，間もなく常任編集者となった。

クラーラがはじめてベルンシュタインに会ったのはこのようなときであっ

3）ついでながらこの事実は，ドルネマンの伝記でも丹念に書きこまれ，私も1984年の拙著に書いているところであるが，日本のドイツ史研究者の間にもよく知られていないようである。というのは，井上他著（初版1998，改訂3刷2008：101-131）の『ジェンダーの西洋史』の「Ⅳドイツ」は，ドイツ近現代史，20世紀政治史，反ファシズム運動史，社会主義史，ジェンダー史専門の星野治彦の執筆であり，章の扉は，クラーラと彼女が編集した『平等』紙の写真で飾られているが，クラーラについてのコラム（同書，改訂3刷2008：113）に，「社会主義者鎮圧法下，非合法紙をパリから郵送するのを手伝っていた1881年，同じ社会主義者として長年敬愛していたオシップ・ツェトキンと同志として結婚する」と書かれている。クラーラが手伝ったのは1882年，チューリヒにおいてであり，その後パリに行って，オシップとの共同生活に入るのである。

写真3-6　プレハーノフ

写真3-7　アクセリロート

た。ベルンシュタインは後に，修正主義者としてクラーラと対峙するが，チューリヒ時代両者の間でどんな会話が交わされていたかは知る由もない[4)]。

当時スイスに亡命していた，前述のロシアのプレハーノフ（写真3-6）や，パーヴェル・アクセリロート（写真3-7），ヴェーラ・ザスーリチ（写真3-8）なども，1883年にロシアの最初のマルクス主義の

写真3-8　ヴェーラ・ザスーリチ

4）のちにベルンシュタインの伝記を書いたピーター・ゲイは，「修正主義の起源をなしたのも，その思想を最も明確に表現したのもエドゥアルト・ベルンシュタインの諸著作である。（中略）ベルンシュタインはまさに，伝記を書かれるにふさわしい人物である（余り書かれていないが：ママ）。それは彼の生涯が彼の党の歴史であるからというだけでなく，ベルンシュタイン自身が人間として偉大だったからである。その恐れを知らぬ誠実と良心の故に，彼は真理の前にはその時々の便宜や自己の党派心を犠牲にして顧みなかった。真理への忠誠心と民主主義への献身とが彼を確固として導いたのである。それればかりではない。彼がマルクス主義にもたらした修正は，まさしく社会変革の問題と資本主義発展の問題の核心を衝くものであった」（ゲイ　1952＝長尾訳1980：7）といっている。

政治結社「労働解放団」を結成している。これは，ロシアにマルクス主義に基づいて労働者革命を目指すという動きの嚆矢とされる。彼らは，スイスの中でも特にチューリヒを根拠地にしていたわけではないが，クラーラは，彼らと知己を得た。だとすると，クラーラは自分やオシップと同年代のプレハーノフやアクセリロートに親近感を感じ，パリでのオシップとの亡命生活を思い描いたに違いない。

クラーラがのちにパリでも交流した亡命ロシア人は，チューリヒ時代と重なっている人物も多い。その一人が，プレハーノフである。クラーラがとくにプレハーノフから影響を受けたわけではないが，クラーラと同年代のロシアの重要人物としてとりあげておく（バロン 1963＝白石他訳 1978参照）。

スイス，フランス，ドイツを通じてクラーラと交流のあったプレハーノフは，1856年生まれでクラーラとほぼ同年齢である。ロシアの最初のマルクス主義者といわれるプレハーノフは，ロシアの小地主の家庭に生まれ，1873年秋ペテルスブルクに移り，士官学校に入学したが，1874年鉱山専門学校にかわった。自然科学に興味を持ち，ダーウインの著作が彼の世界観の形成に大きな影響を与え，無神論者として宗教学の教師と論争した。1875年ペテルスブルクの革命的青年たちに近づき，1876年ナロードニキのサークル「ブンターリ」（「一揆主義者」）に加わった。この年は，露土戦争を前にして農民運動のたかまりを中心とした解放運動が新しい局面に入り，1876年12月8日，ロシアではじめての政治的デモンストレーションがペテルスブルクのカザン寺院広場で行われ，プレハーノフが専制制度反対の演説をした。

プレハーノフが『資本論』を初めて読み，マルクス，エンゲルス関係の紹介論文に触れたのもこの年であった。『資本論』第1巻が刊行されたのは1867年のことでありロシア語翻訳が出たのは1872年である。1877年から78年には，プレハーノフは「ヴ・ナロード（人民の中へ）運動」に入って行った。翌年，1878年には「土地と自由」に加わり，1879年には『社会の発展法則とロシアにおける社会主義の任務』，1880年には『土地共同体とその将来』を書いた。国家に対してはバクーニンの影響を受けて無政府主義的見解が見られ，社会の発展や社会関係については，パリでクラーラ/オシップ・ツェトキーン夫妻を助けた亡命ロシア人ラヴローフの『歴史書簡』(1869) の影響をうけていたという。1879年に「土地と自由」は,「人民の意志」と「黒土再分割」に分裂し,プレハーノフは「黒土再分割」の機関紙の編集者となったが,1880年1月15日亡命生活に入り,1917年4月13日ロシアに帰るまでスイス,フランス,ドイツ,イタリアで37年間外国にあった。

1882年,プレハーノフはマルクス主義に近づく。当初プレハーノフは,ナロードニキ主義をマルクス主義の方へひきよせることができると考えていたが,かっては影響を受けたラヴローフらと対立して,ナロードニキと決別した。1883年,ロシアにおける最初のマルクス主義的著作といわれる『社会主義と政治闘争』を発行し,ロシアにおける最初のマルクス主義団体である「労働解放団」を結成し,以後1903年までの活動がもっとも高く評価される。1903年のロシア社会民主労働党第2回大会まで,プレハーノフはレーニンと同じ考えであったが,次第に対立し,党がボルシェヴィキとメンシェヴィキに分裂してから,メンシェヴィキの側に立った。1904年の第2インターナショナルアムステルダム大会では片山潜と握手をしたことは,日露戦争のさ中だけに世界の注目を浴びたが,その後1905年の革命には反対の立場,1908年から12年には,ボルシェヴィキに近づき,第1次世界大戦に対しては祖国防衛の立場にたちマルクス主義から離れた。1917年2月革命ののち,ロシアに帰ってメンシェヴィキを支持し,同年10月革命のとき,ソビエト政権に反対する闘争には参加しなかったが社会主義革命には消極的であった。1918年5月30日フィンランドのサナトリウムで62歳の生涯を終え,ペテルスブルクのヴォルコフ墓地に葬られた。

クラーラとプレハーノフの間には接点がいくつかある。一つは,1882年のチューリヒ,1883年からのパリ,そして,1890年代の農業問題をめぐる論争でのクラーラへのプレハーノフの共感,1899年のシュツットガルトのクラーラがツンデルと住んでいたジレンブーフの家での交流などである。プレハーノフは,ジレンブーフの客の一人でもあった。まさにプレハーノフは,クラーラ・ツェトキーンの同時代人であった。彼とクラーラの具体的関わりについては折に触れてのべる。

2　パリへ，マクシムとコスチャを産み育てる

(1) パリのロシア人コロニーで

クラーラ・ツェトキーンのパリ時代とは，1882年11月24日[5)]から1890年初夏（月日を特定できない）までの約8年（1886年の秋に数ヶ月間ライプツィヒに帰るが）である。将来を約束したロシア人オシップ・ツェトキーンの亡命先であるパリに，クラーラは彼を追ってやってきた。

パリ時代は，クラーラの25～33歳までにあたり，年齢的にも以後40年あまりにおよぶ活動の基礎を築いた重要な時期である。ビスマルクの社会主義者鎮圧法施行下4年目，フランスは，パリ・コミューン（1871.3.28-5.28）後10年をへた第3共和制の時代であった。

当時のパリは，ライプツィヒにも，チューリヒにもまして，国際的各種亡命社会主義者の坩堝であった。まず当然，オシップが属していた「ロシア人コロニー」があった。「ロシア人コロニー」は，ロシアの1881年のアレクサンドルⅡ世暗殺後，テロリスト的ナロードニキ主義者と，後に「革命的社会主義党」となるティチョミノフを理論的指導者とする一派，そしてもう一派は当時スイスにいたプレハーノフらの社会民主主義派（マルクス主義者）に分かれていた。パリの「ロシア人コロニー」には，マリー・ニコノロヴナと，オシップ/クラーラ・ツェトキーン家の2つの政治サロンがあった。

革命的コロニーの精神的道徳的権威は，マルクス主義者ではなかったが誠実な性格の高潔な人物のピョートル・ラヴローフ[6)]であった。ツェトキーン夫妻はラヴローフと親しくつきあった。オシップは，毎週土曜日，カフェド　トレッサーで，ロシア人，ルーマニア人労働者の集会を持った。そこでツェトキーンたちは，エリー・リュバノヴィク，ダーフィト・リャザーノフと言葉を交わした。ヴェーラ・ザスーリチは彼らの住まいにやってきたし，そうしばしばではないが，プレハーノフの論文を翻訳するとき，アクセリロ

5）フランス共和国警察は，オシップ・ツェトキーンの監視文書に「1882年11月24日（金）彼の妻がパリに到着した」と書いている（SAPMO-BArch NY 4005/129, Bl. 1-2）。

6）ラヴローフは，ロシアの流刑地から脱走してパリに亡命し，パリコミューンへ参加し，コミューン戦士の救援活動を行っていた。マルクス，エンゲルスらとの親交もある。

ート夫妻と文通した。彼らはイタリアや英国の労働運動指導者とも密接な関係にあった。フランス人では，ゲード，ラファルグ，ヴィラン，マロン，ルイーズ・ミッシェルらと親しかった。当時のフランスは，政治運動が活発で，様々な社会主義の潮流——ブランキ主義，無政府主義，フーリエ主義，プルードン主義——が混じりあっていた。クラーラは，ほとんどすべての集会に出てこれらの流派と付き合いを持ったが，これらの思想的潮流のすべてをここで説明することは難しい。マルクス主義的社会主義政党である「フランス労働党」は，1879年にマルセーユで設立され，ジュール・ゲードが最高責任者であった。

ツェトキーン夫妻は，1883年に，すでにロシアのプレハーノフらの組織「労働解放団」のことを知っていた。

私生活では，オシップ・ツェトキーンとの共同生活によって，クラーラはこれまでの姓アイスナー(Eißner)から通称をツェトキーン姓に変え[7]，2人の男児の出産，亡命者としての貧困な生活と生活費稼ぎのための文筆活動，オシップとの死別という出来事があった。

社会的歴史的には，パリ・コミューン後10年を経たフランスの体験，国際的労働運動亡命者たちとの交流，さまざまな政治グループでの講演，第2インターナショナルの創設大会（1889.7.14-20）への参加と演説，という大きな出来事が凝縮している。

パリ時代については，ドルネマンの手による伝記の後，カーレン・ハニーカットが，クラーラのパリ時代を詳細に描き出す（Honeycutt：1975）[8]。また，1990年の東西両ドイツ統一後，あまり時をおかず，1993年にフランスで，フランス人ジルベール・バディア[9]の手によってクラーラの伝記が出版

7）彼らの「原則」にしたがって，また，ドイツ国籍を失いたくないという理由から，また子どもたちがロシア国籍になることを避けるために，いわゆる法的結婚はしなかったが，オシップは子どもたちを認知し，戸籍にはツェトキーン姓で登録し，クラーラは，この時点から生涯進んでツェトキーン姓を名乗った（Badia 1993=Hervé 1994：22）。

8）ハニーカットの，クラーラのパリ時代に関する叙述は，38ページに及び，アムステルダムの国際社会史研究所（IISG）所蔵のクラーラの手紙に基づいている点，資料の質において信頼できる。

9）原著者のギルバート・バディアは，1993年当時，パリ第8大学のドイツ史の教授として紹介されている。彼はフランス・レジスタンス運動の中で活動し，1941年と1943年に

され（Badia 1993），翌1994年ドイツ語に翻訳（Badia 1993 = Hervé *et al.*, 1994）された。フランス語でのタイトルが『クラーラ・ツェトキーン－フェミニスト先覚者』（*Clara Zetkin, feministe sans frontieres*）[10]であるのに対し，ドイツ語訳書は『クラーラ・ツェトキーン－新しい伝記』（*Clara Zetkin, Eine neue Biographie*）となっている[11]。ドイツ語への主翻訳者のフローレンス・ヘルベーは，旧西ドイツ側のクラーラ・ツェトキーン研究者である。バディアの本とその独訳書の出版によって，パリ時代のクラーラの生活と活動がこれまで以上に明白になった。

(2) オシップとの貧困生活

オシップは，パリに到着した1881年から，サン・ジャック通りや，サン・ゼバスチャン通りに住んでいたが，1882年12月7日から1883年10月26日まで，ポート・ロワイヤル通り64番地の家具付きの一室[12]でクラーラ・アイスナーと共同生活を始めた[13]。

2度逮捕されているが，スパルタクス運動，ローザ・ルクセンブルク，フランスへのドイツ・オーストリア亡命者に関する多くの著書があるとのことである。日本のローザ研究者，伊藤成彦氏と親交があり，1980年に，ともにチューリヒで，ローザ・ルクセンブルク研究国際協会の創立に尽力したとのことである（伊藤成彦 2009：9-10）。

10）バディアの書は，1.子ども時代と青春時代，2.パリにおける決断の年，3.1890年のドイツ，4.『平等』の編集長，5.フエミニスト，6.クラーラとリリー，7.女性選挙権のための戦い，8.クラーラ・ツェトキーンと社会民主党，9.1890から1914年までの私生活，10.女性社会主義者の文化的見解，11.訓練と教育，12.戦争，13.社会民主党からの除名，14.クラーラ・ツェトキーンとロシア革命，15.1918年11月革命，16.大いなる決意，17.ソビエトロシアへの始めての旅，18.共産主義インターナショナルの立ち上げ，19.ドイツ共産党指導部およびインターナショナルとの論争，20.モスコウでの賛美——ベルリンでの中傷，21.フェミニズムと革命的団結，22.スターリン，インターナショナル，そしてドイツ共産党への反対，23.ファシズム，24.晩年，25.人となりのスケッチの25章からなっている。

11）ドイツ語訳書は，「翻訳者の注」として，„feministe“をドイツ語の„Feministin“と直訳しなかった理由についてドイツ語の„Feministin“は„Frauenrechtlerin“という意味と混同して用いられ，クラーラはそれには当たらないからと書いている（Hervé *et al.*, 1994：319）。しかし，U.S.A.のHoneycutt（1975）もクラーラを英語で„feminist“と呼んでいるし，アウグスト・ベーベルとドイツに代表される社会主義女性運動を英語で„men's feminism“とさえ言う（Lopes *et al.*, 2000）。

12）フランス共和国警察，東警察調査班文書（SAPMO-BArch NY4005/129, Bl. 8-10）。

13）私は2000年9月，幾度目かのパリ訪問の折りこの界隈に立ち寄った。パリの地下鉄6番線に乗って，セーヌ川の南，13区，グラーシエ（Glaciére）駅で降り，後に（1887年4月

写真3-9　クラーラとオシップが共同生活をはじめたアパート（2000年9月　筆者撮影）

写真3-10　コスチャが生まれたとき住んでいたアパート（2000年9月筆者撮影）

翌，1883年8月1日，ここで，マクシム（1883.8.1-1965.4.15）が生まれた。しかしワンルームで子どもを育てながら仕事をすることは困難であったので，10月に，そこから約100メートル離れた，鉤型の路地，フラッター通り10番地（パリ5区と14区の境にある）のアパートの2DKに引越した（写真3-10）。家賃は500フラン[14]。1年半後1885年4月15日，そこで2番目の子どもコンスタンチン（愛称コスチャ 1885.4.15-1980.4.6，以下コスチャ）が生まれた[15]。

オッシプは，ロシア語のほか，ドイツ語，英語，クラーラは，フランス語，英語，イタリア語に通じ，ロシア語は少し理解し，話すことができた。彼らは執筆，翻訳と語学教師などをして露命を繋いだ。しかし，定職に就くことのなかったパリ時代の生活はクラーラの生涯の中で経済的にもっとも苦しい

以降）ツェトキーン一家が住むことになるグラーシエ通りを5分ほど歩いてポート・ロワイヤル通りにぶつかるまさに道路の向かい側の角に，それとおぼしき建物は建っていた。普通のヨーロッパのアパートメントであった（写真3-9参照）。

14）フランス共和国警察，東警察調査班文書（SAPMO-BArch NY4005/129, Bl. 8-10）。

15）この界隈はパリの中心部ではないが，郊外とも言えない地域である。商業地とアパートが混在し，ほどほどの賑わいとパリらしい雰囲気がただよっていた。

時代であった。当時の困窮振りはクララーラの研究者のすべてが指摘しているが，前述ハニーカットのものが，クララーラのベルンシュタインやカウツキーへの手紙を駆使して裏づけをとった上で，1970年代の前半，クララーラの第2子コスチャにインタビューして確認した具体的叙述となっている（Honeycutt 1975：58-60）。

クララーラは，パリ滞在中に，生活苦の中でもマルクス主義の理論を研究したとされる。『共産党宣言』（1848），『資本論』（第1巻 1867），出版されて間もない『家族・私有財産および国家の起源』（1884）を読み，フランス革命史とパリ・コミューンの歴史を研究した。その痕跡と成果は，確かに1885年以降の論稿に現れている（次章参照）。

フランス，ドイツ，ロシアの労働運動問題についてオシップと議論し，1880年代半ばにポール・ラファルグとマルクスの次女ローラ・ラファルグ夫妻と意見を交換した。クララーラの国際主義はここで形成され，文筆活動にも反映される。

パリでのクララーラの交友関係は，ロシア人のほかにも広かった。フランス労働運動はパリ・コミューンの打撃から立ち直りつつあった。第3共和国はコミューン指導者たちを特赦にしたので，クララーラは彼らと知己を得た。1883年と1885年の間に，可能派のレクレアによって指導される国際社会研究サークルの集会に参加し，ジュール・ゲードの家族や，『資本論』第1巻の大衆向け解説を書いたガブリエル・ドヴィルと知り合った。「インタナショナル」の作詞者ウジェーヌ・ポティエ，パリ・コミューンの女性の闘士ルイーズ・ミッシェル，シャルル・ロンゲとマルクスの長女イエニー・ロンゲらと交際した。イエニーは，シャルル・ロンゲと1872年に結婚していた[16)]。彼女もクララーラと同年の1882年2月，ロンドンからパリへやってきたのであるが，5人の子どもを抱えて苦しい生活を強いられていた。クララーラは，彼らとの付き合いによって政治的感覚を学ぶことができたが，クララーラの到着後1年の1883年1月11日にイエニーが39歳で病死し，1月13日葬儀が行われて

16）彼女は当時流行していた「告白帳」（質問票Confessions）への答えを1872年まで集めていた（大村他編　2005）。

いるので（ヴォロビヨワ他著1967＝岩上訳1968：136），イエニーより，夫のシャルル・ロンゲとのつきあいの方が長くなる。

また，マルクスの次女，ローラならびに1868年に彼女と結婚[17]したその夫のポール・ラファルグとも親しく付き合う間柄となった。ラファルグ夫妻は，パリ・コミューンの闘士で，投獄されていたが，1880年の恩赦でパリへきていたのでクラーラのパリ時代はこの夫妻のパリ在住と重なっている[18]（同上：187）。

これらをみると，歴史の一定の時期の絢爛たる顔ぶれとクラーラがパリで結びついたということがわかる。クラーラは，パリ滞在中に，生活苦の中でもマルクス・エンゲルスの著作を読み，フランス革命史とパリ・コミューンの歴史を研究し，フランス，ドイツ，ロシアの労働運動問題についてオシップと議論した。

3　生活の資としての文筆の仕事とオシップの病死

(1) 生活苦，パリ警察文書

オシップは，1884年に『ディ ノイエ・ツァイト』に，「ウラルにおける鉱山・冶金工」（Zetkin, O 1884），1885年に同じく「はだしの仲間――ロシアにおける労働者階級の状態の知識についての寄稿」（Zetkin, O 1885）を書いている。

クラーラは，パリ到着から3年後，1885年1月，第2子コスチャ出産前から文筆活動をはじめている。この時期は，社会主義者鎮圧法施行下のドイツでも女性労働者の運動が起きてきた時期である。クラーラの論稿の主な掲載紙誌は，チューリヒからの非合法輸送を手伝った『デア ゾツィアルデモクラート』であり，他にベルリンのマックス・ヒッペル主宰の『ディ ベルリーナー・フォルクスートリビューネ』，シュツットガルトの『ディ ノイエ・ツ

17）ローラはポール・ラファルグと結婚記念に贈られたアルバムに，マルクス家の写真を収集した（大村他編　2005）。

18）夫妻はその後ラファルグが70歳で死ぬという考えに従って1911年1月26日，青酸カリ注射で心中したが，その背後には経済問題があった。都筑は「1911年，ローラが，エンゲルスの残した財産をほとんど使いつくし，夫と一緒に自殺した」（都筑　1984：368-9）と書いている。

ァイト』であった。詳細については後述する。

写真3-11　クラーラ・ツェトキーン（1885）

クラーラも文筆活動をはじめたとはいえ，生活は貧しく，1886年春はクラーラにとって大きな危機だった。ハニーカットは1886年3月22日付けカール・カウツキーにあてた，『ディ ノイエ・ツァイト』掲載予定のルイーズ・ミッシェルについての原稿が遅れていることを詫びるクラーラの手紙の次の箇所を引用している。

「私が（原稿の）半分しか送れないことをお許しください。その仕事をすることが私には非常に困難で，私はどうしても全体を完成することができなかったのです。私はさながら宮廷の針子で，料理女で，洗濯婦で，といったありさまで（中略），要するに『女秘書』です。加えて，一時も私を離れない2人の小さないたずらっ子[19]がいます。」

これを読むと，ナロードニキ的理想的結婚観は，現実の生活の厳しさの前では無力であることがみてとれる。男女の平等な関係，経済的自立という思想は2人の結びつきの支柱であっただろう。オシップの健康上の問題もあってか，このありさまであることを，クラーラ自らが告白している。

貧困の中での過労によってクラーラは健康を害し，1886年の春，初期の結核と診断され，転地を勧められた。『ディ ノイエ・ツァイト』の編集者ハインリヒ・ディーツは，5月6日に女性労働者の7から10週間分の賃金に相当する100マルクの振替えをクラーラに送った。クラーラの弟のアルトゥール・アイスナーも送金した。こうしてみると，ライプツィヒの弟，シュツッ

19）このときマクシムは2歳で，コスチャは0歳であった。

トガルトのディーツやカウツキー，ベルリンのマックス・シッペル等が執筆依頼や送金でパリ時代のクラーラの支援者であったことが分かる。

5月の終わり，クラーラは，ライプツィヒの近くのアンガー・グロッテンドルフに住むアルトゥールの家に，2歳とゼロ歳の子を連れて身を寄せた。ここで，オシップの仕事の指物師の師であった親方モーゼマンの勧めで，彼女のチューリヒやパリでの見聞や女性問題，ベーベルの『女性と社会主義』[20]について演説した。これは，「ツェトキーンの政治的活動の新段階の始まり」(Honeycutt 1975：68) となった。滞在数ヶ月，週に2～3回，子連れで集会でスピーチをしたのである。これが，彼女の処女演説となる。

クラーラの1886年のライプツィヒでの演説については，クラーラ生誕100年の1957年6月25日付け『ライプツィヒ人民新聞』に，グロービック (Von W. Fritz Globig) の署名入りの「クラーラ・ツェトキーン ライプツィヒで最初の演説を行う」という記事がある。「社会主義者鎮圧法のさ中の1886年，彼女は，東ライプツィヒの『グルデネン・アウア』(Güldenen Aue) で初めての報告つまり『処女演説』を行った。クラーラのこの記念すべき登場について，われわれは，1928年に始めて，『ザクセン労働新聞』の社会主義者鎮圧法布告の50周年に際しての編集部員と古参党員との共同の意見交換で聞き知った。わが古参党員は感動的に報告した。クラーラ・ツェトキーンが彼女の非合法の経験について語るために，どのように彼女の至急の願いに応えてくれたか，そして特に，フランスの可能派に反対するフランスのゲード主義者 (Guesdisten) について報告したことを。非合法の催しは，成功した。集会所の立ち入りは，スパイや警察の不意の襲撃にたいして守られていた。(後略)」と書かれている (SAPMO-BArch NY4005/77, Bl. 101)。

ドロテア・レーツは1978年の学位論文『女性社会主義演説家としてのクラーラ・ツェトキーン』のなかで，パリで，オシップ・ツェトキーンがクラーラに演説させようと長い間誘ってもしり込みしていたこと，1886年ライプツィヒでの演説も，「29歳をもってはじめて彼女は，思い切って演壇での第一歩をやってのけた。それも夫の長い間の説得と，手紙で決断をせまった後に

20) この本は当時ライプツィヒの労働者の間で広く読まれていたのである。

写真3-12　1886年，クラーラがはじめての演説を行った東ライプツィヒの「グルデネン・アウア」

である」ことを書いている（Reetz 1978：9）。この演説は，ライプツィヒ―ゼーラーハウスの「グルデネン　アウア」で行われたが，社会主義者鎮圧法と団体規制法（Vereingesetzgebung）抵触という二重の危険が伴う中での催しであった。

同年8月28日付のカール・カウツキーあての手紙で，クラーラは，「何が一番私を喜ばせたかといえば，非常に多くの女性が運動の中に引き入れられているということです。（中略）多くの同志は今や運動への女性の完全な参加と活動を，以前に僅かの者がそうだったように，単に最早素晴らしく良いことだとみているだけでなく，実践的に必要なことだと思っています。そのことは，私が最後にドイツにいた時の理解と比べて大きな変化です」（IISG NL Kautsky，D.XXIII　407）と書いている（Fricke 1987 I：414による）。

クラーラは，健康を回復して1886年10月21日 にパリに戻った（Müller 1977：79）とされる[21]。

21）ミュラーは，帰国の日を特定しているが，バディアは8月としており，ずれがある。ただし，1886年8月11日，8月18日，8月25日と3回にわたって『デア ゾツィアルデモクラート』に，「社会民主党と女性の問題」という論文が連載されている。これはライプツィヒで書かれたものと推測される。

このクララ，パリ不在の間の1886年8月9日，パリ警察は「ラファルグの親友，ロシアのニヒリスト，ツェトキーンは，ドイツの女性教師と2人の子どもと暮らしていた。この女性は，6年後に彼を残して婚姻による共同体を見捨て，彼に2人の子どもを残して出て行った」と書いている（SAPMO-BArch NY4005/192, Bl. 18）。ライプツィヒへの里帰りを帰国と勘違いしたのかもしれないが，もともと法律婚によらず，共同生活も6年も経過していないのに，しかも2人の子どもを連れて行ったのに，とんだお門違いをしたものである。パリ警察は，亡命者の情報を集めてはいたが，時々事実に反する把握をしていることがわかる。

1886年10月9日には，「ツェトキーンと妻は昨日別々にニューヨークから到着した有名なドイツのアジテーター，リープクネヒトに会いにロンドンに赴いた」（SAPMO-BArch：NY4005/192, Bl. 28）と報告されている。この報告は真偽のほどは疑わしい。10月9日にクララがライプツィヒからパリに戻っていたかも確定できないし，健康状態，経済状態からしてロンドンに2人で行くことは不可能であっただろう。

経済状態も相変わらずであった。すでに家賃の滞納が始まっていた。引き続き，パリ警察の報告書によって，オシップ·ツェトキーンを追うことにする。

1886年12月5日タルマーニュ通りにあるラ ヴィレットのドイツクラブ本拠地で公開集会が開かれ，オシップ・ツェトキーンは，この集会で雑誌『自由』およびアナーキスト的小冊子の配布に反対して猛烈に抗議した。同じく，彼は，公開であるにもかかわらず，その集会へのアナーキストの入場許可に抗議した（SAPMO-BArch NY4005/192, Bl. 31）と報告されている。

1887年にはいって，1月3日，バスティーユ通りで行われたドイツ（社会主義者：伊藤）クラブの集会で，彼は，最近計画された国際平和祭の支持者にはならないと主張した。彼は，もし，それを支持しても，この枠組みで高揚している抗議は十分な効果がなくなると判断した。その場合には，彼は，政府は外国人に，政治演説を行うことを許さないだろうということを想定した。しかし，平和祭は決議され，グリンペとツェトキーンが，グループの代表に指名された（SAPMO-BArch NY4005/192, Bl. 33）。

これは，1887年2月19日，パリで一連の外国人社会主義者が発起人となって行われたヨーロッパにおける軍拡競争と戦争準備に反対する国際平和祭のことであろう。ドイツ，スカンジナヴィア，ポーランド，ロシアの社会主義者が参加した。オシップ・ツェトキーンは，組織委員の一人になったのである。エンゲルスは，ロンドンから1887年2月16日付け在パリのポール・ラファルグへの手紙で「ツェトキンが19日の集会に手紙がほしいと言ってきています，あす君に送ることにします。なにを言ったものか，まだわかりません」(『マルクス・エンゲルス全集』Vol.36：542）と書いている[22)]。エンゲルスがオシップ・ツェトキーンに触れているのは，『全集』においてこの一か所だけである。

ところがこのころツェトキーン家は，貧困のどん底にあった。1887年の4月，家賃が滞ってツェトキーン一家はフラッター通りの家を追い出され，夜の9時まで路頭をさまよった。数週間後にツェトキーン一家はパリ13区のグラシエ通り（Rue de la Glaciére[23)]）に根拠地を見出した。彼女は家庭教師の仕事をするが，生活は女性労働者と同じく苦しかった。その時の，子どもをかかえた生活苦が，彼女をして後に家事や育児や貧困がいかなるものかを体験することのない市民的女性運動や女権論者（Frauenrechtler）に批判的立場に立たせることになると推測される。しかもパリ滞在中2人の子どもたちはまだ幼かったとはいえ何の教育をも受けさせていないままであった。両親は彼らの教育を気にしていたということである（Badia 1993= Hervé *et al.*, 1994：23）。

再びパリ警察の報告によると，オシップは，1887年5月29日午前11時，ペール・ラシューズでの血の週間（Blutwoche）の記念日のデモンストレーションに参加した。彼は，パリコミューンの戦士の墓に供える赤と黄のアカデミーフランセーズ（Immortellen）の小さな花束を持って行った（SAPMO-BArch NY4005/192, Bl. 37）。

1887年6月2日の報告では，「ユダヤ人と若干のロシア人労働者の指導的リーダーは，エリー・ブラビノヴィチ（Elie Brabinowitch 原語判読不能との注あり）とツェトキーンである。オシップ・ツェトキーンは単にユダヤ人労働

22）結局エンゲルスは，オシップ・ツェトキーンの求めに応じて「パリの国際祝祭日の組織委員会あての手紙」を書いた（ME全集，Vol.21：350-351）。エンゲルスの手紙は祝祭の席上で読み上げられた（同上：610）。

23）グラシエ通りも，これまでの2箇所と近い距離にある。

者の間でだけでなく，学生たちの間でも高い評価を受けている。彼はしばしば，ポール・ラファルグと一緒に仕事をしている。そしてジュール・ゲードやシャウヴィーレ（Chauvière　名前判読不能との注意書きあり）と非常に親しい。ツェトキーンは機械工である。彼は，妻と子どもたちと本当にみすぼらしい生活をしている。彼がもっとインテリであるなら，生計費のために働かなくていいなら，同郷人に大きな影響を及ぼし，その上，多分，フランスでニヒリスト指導者になるであろうに」（SAPMO-BArch NY4005/192, Bl. 37）と書かれている。

ここで，読者は，この報告がフランス警察の，亡命者の動向に関する文書であることを想起していただきたい。オシップが，フランス社会で多くの信頼を得てリーダー格であるにもかかわらず，貧しい生活をしていて十分能力を発揮できないでいるさまが，警察によって語られているのだ。

続いて1887年6月13日，セント・デニス通りでドイツ社会主義者クラブの集会が開かれた。オシップ・ツェトキーンが，「国際委員会は，この集会をどの新聞にも公表しないことを決定したこと，人に気づかれなく，顔を見せることなく，行われなくてはならないと説明した」（SAPMO-BArch NY4005/192, Bl. 41）ことを警察は把握した。9月9日，オシップ・ツェトキーン，ハルペリン（Halpèrine），ヴェーラ・ザースリチによって執筆された小冊子が刊行され，ロシアに送られ，配布されているということも把握されている（SAPMO-BArch NY4005/192, Bl. 43）。11月9日には，「ポルトラツキー（Poltratsky）が，たくさんの政治亡命者のなかにいる若干の同国人とつきあっている。そして彼は何度もツェトキーンを訪れている」（SAPMO-BArch NY4005/192, Bl. 43）とパリ警察は報告している。

このような監視のもとでも，オシップ・ツェトキーンは1887年まではパリで活動を続けていた。オシップの病のことはまだ警察の報告に現れない。

フランスの労働運動家チャールス・ラッポポート（1865–1941）は，クラーラの70歳の誕生日に「私は1888年，クラーラと，パリ4区のトレッサー[24)]通

24）2000年9月，私はフラッター通りからタクシーに乗ってセーヌを渡り，市庁舎の近くのトレッサー通りに行った。にぎやかな商店街の30メートルほどの突き当たりの路地であった。

りの同じ名前のカフェーの地階で彼女の夫オシップ・ツェトキーンに始めて会ったときと同じく知り合った。そこには，毎週土曜日ロシア人とルーマニア人が集まっていた。ほとんどユダヤ人であった。オシップ・ツェトキーンは，外国人労働者によって組織された最初の社会主義的グループの誠実な献身的な勤勉な秘書になった[25]。ロシアのナロードニキの，ピョートル・ラヴローフ，エリー・ポウバノヴィッチ，リャザーノフや他の有名な社会主義の闘士たちがそこで演説した」と『ユマニテ』[26]は書いている（Badia 1993= Hervé *et al.*, 1994：23による）。

しかし，1888年になると病魔がオシップを襲っていた。5月22日，フランス警察は，「ロシアの社会主義労働党の指導者と見なされているオシップ・ツェトキーンは，目下非常に重い病気である。彼の友人たちは，彼の最後が目前に迫っていると思っている」（SAPMO-BArch NY4005/192, Bl. 47）と報告しているのである。

こうしたなかで，クラーラは，オシップとともに，フランス労働党の機関紙『ル・ソシアリステ』，オーストリア社会民主党機関紙であるウィーンの『ディ グライヒハイト』（後の『労働者新聞』），クラーラがチューリヒ時代に密輸を手伝ったドイツ社会民主党の『デア ゾツィアルデモクラート』，『ディ ノイエ・ツァイト』，『ベルリーナー・フォルクス・トリビューネ』に論文を発表してきた。これらの雑誌には，1886年12月から，1890年6月までにオッシップとクラーラからの300以上の論文が発表されている（Badia 1993 = Hervé *et al.*, 1994：31）とのことである。これらの論文は，当時ほとんどドイツにおいて一般的であったように無署名であり，文体だけで誰のものであるかを区別するのだという。

バディアによれば，クラーラの文体は，感情豊かで格調高いのにたいし，オシップのドイツ語は，まわりくどい表現がなく明快だった。しかし1889年前に書かれた論文は，無署名の場合，確実にどちらの筆になるかは区別で

25）オシップは，ロシア人グループ「労働者解放団」の幹部であった。
26）*L' Humanité*, 10. Juli 1927。

きない。クラーラがオシップのドイツ語に手を加えていることもあるという。

クラーラと推測されるものはすでに述べたように1885年から現れる。クラーラの無署名の最初の論稿は1885年1月『デア ゾツィアル・デモクラート』(1885年第1号)の「社会民主主義と女性労働」である。これが，現存するクラーラの最初の活字になった論稿と考えていいだろう。

『デア ゾツィアルデモクラート』には，このほかに女性問題について「社会民主主義と女性労働問題」(33号から35号まで3回連載) などを書いた。注意すべきは，出発点は1885年のドイツ社会主義労働者党の女性労働政策だったことである。その内容は次章に譲る。

クラーラが，署名入りで書いた最初の主要論文は，1886年，『ディ ノイエ・ツァイト』に2度にわたって掲載された，ルイーズ・ミッシェルの伝記的スケッチである。この論文がクラーラのどのような状態にあるときに書かれたかは既述のとおりである。クラーラはドイツとオーストリアの雑誌に，フランスの選挙運動や議会での論争，フランス労働運動の全体像を報告した。フランスばかりではない。この時期に見のがせないのは,「ロシアの女子学生」という論文である。また他の論文では，個人的知り合いでもあったウジェーヌ・ポティエ，ジョルジュ・クレマンソー，ポール・ラファルグ，ブノワ・マロン，エドワルト・ヴィランらの政治生活や運動に関する小伝記を独自の視点で，政治的立場の相違の批判等も含めて書いた。これらは後に，時期的にみてクラーラとの共著のようなものであろうが，1889年に，多分クラーラがオシップに敬意を表して，単著としてオシップの名でベルリンで出版されている (Zetkin, O. 1889a, 1889b)。

パリ時代のクラーラの文筆活動の内容は次章で扱う。

(2) オシップ・ツェトキーンの死とラヴローフ

オッシップの病気は，リューマチ (Rheumatismus) と診断されていたが回復しなかった。実は「リューマチ」ではなく，薬が全く効かない脊椎の病気であったといわれる。病名はどの文献にも明らかにされてはいないが，あるいは正岡子規と同じ「脊髄カリエス」だったのかもしれない。1888年3月25日，すでにクラーラはカウツキーに書いている。「私は男になったように自分を

写真3-13　ルイーズ・ミッシェル

Berliner Arbeiterbibliothek.

Herausgegeben von Max Schippel.

IV. Heft.

Der

Sozialismus in Frankreich

seit der Pariser Kommune.

Von

Ossip Zetkin-Paris. †.

Preis 20 Pfennige.

Verlag der „Berliner Volks-Tribüne".
Berlin S.O., Oranienstraße 23.
1889.

Berliner Arbeiterbibliothek.

Herausgegeben von Max Schippel.

V. Heft.

Charakterköpfe

aus der

französischen Arbeiterbewegung.

Von

Ossip Zetkin-Paris †.

Preis 20 Pfennige.

Verlag der „Berliner Volkstribüne"
Berlin SO., Oranienstraße 23.
1889.

写真3-14　オシップ・ツェトキーンの著書の表紙2点

励ましています。しかし，いいようもなく困難な状況にあるのです」。

クラーラはここで「男になったように」というジェンダーを意識した表現をしていることに注目したい。

クラーラは，カール・マルクスの娘婿シャルル・ロンゲ（この時，すでにみたように妻イエニーはこの世にはいない），カール・カウツキー，ベルンシュタイン，ヴィルヘルム・リープクネヒトに助けを求めている。

すでにのべたように，当時，オッシプとクラーラは3つのドイツ語新聞の恒常的通信員となっていた。マルクスの次女，ローラ・ラファルグは自分の家事使用人で以前のコミューンの参加者マダム・ロビンをクラーラの家にも遣わし，家事の一端を担ってもらうようにとりはからった。1888年3月頃[27]からマダム・ロビンは毎日来てツェトキーン家の家事を助けるようになった。

それでも1888年の夏までは，オシップはたいていの論文を自ら書いていたが，病気の進行のため，クラーラがそれを代わって引き受けなければならなくなった。1888年11月12日シャルル・ボニエ は，ヴィルヘルム・リープクネヒトに書いている。「私はツェトキーンに関する悲しい知らせをしなければなりません。彼の病気はもう治りません。しかし彼はそれを知りません。友人の医師の助けで，私たちは，彼をサルペトレ病院（de la Salpétrière）に入院させました。そのおかげでよい看病が確実に得られ，彼の勇気ある妻は看病の疲れから解放されるでしょう。ツェトキーン夫人は何が起きているか知っています。しかし，真実を彼に言うことは危険です。それはとても気の毒です」[28]。

1889年が明けて，医師はクラーラに，オシップが絶望的であることを知らせた。1月29日夕方8時過ぎにオシップは死んだ。翌1月30日，クラーラはウィーンにいるカール・カウツキーあてに「親愛なるカウツキー，わたしのオシップは，昨夕，恐ろしいほどの死とのたたかいのあとに，丁度10日間も続いた苦しみのあとに，亡くなりました。」といつもと変わらぬ字体でパリからはがきを出している（IISG, Kautsky NL, DXXⅢ［310］[29]）。

27）ちなみに，1888年3月2日，ドイツでは皇帝ヴィルヘルムⅠ世が亡くなった。

28）アムステルダムIISG，ヴイルヘルム・リープクネヒト通信，D.75.（Badia 1993= Hervé *et al.*, 1994：30による）。

29）アムステルダムIISGには，私が訪れた1981年，1886年から1915年までのクラーラかオシップは，1月31日，パリ，イヴリィ市民墓地（Cim Parisien d' lvry）[30]に埋葬された。クラーラ32歳，オシップ36歳，マクシム5歳，コスチャ4歳であった。葬列の先頭を，ピョートル・ラヴローフが進んだ。ラヴローフは，プレハーノフが，自分の思想形成において決定的な影響をおよぼした3人の思想家（チェルヌイシェフスキー，ラヴローフ，マルクス）として挙げたうちの一人である（金子 1961:184）。

その日のうちに，いち早くフランス警察の文書が，オシップの死と葬送の様子を報告している。1889年1月31日付けで「今日3時，昨日早くにグラーシエ通り20の彼の住まいで亡くなったユダヤ系ロシア人オシップ・ツェトキーンの非宗教的埋葬が行われた。ほとんど全ロシア人コロニーが，葬儀が行われたイヴリィ墓地まで霊柩車のあとに従った。未亡人ツェトキーンとともに葬列の先頭に立ったラヴローフは，故人の墓にむかって演説をした。彼は，常に弾圧の弁護人そのものであったこの故人の死を特別に悼んだ。それから彼は，金もなく取り残された未亡人と子どもたちを忘れないように，そして彼らに最大限の援助が与えられるように，列席者に要請した。セレモニーは何事もなく終わった」（SAPMO-BArch NY4005/192, Bl. 49）。最後の一文がいかにも警察の報告書らしい。

1889年2月9日と16日付け『ベルリーナー・フォルクス・ツァイトゥンク』は，Nr.6，Nr.7と2度オシップの死についての記事を載せている。2月9日付けでは，オシップの経歴が書かれているが，クラーラの名を出さず，「同じ思想的立場と同じ資質を持つ高潔なライプツィヒ女性と結婚した」とあり，その女性を「勇敢な女性」，「誠実な妻の心のこもった看護」と讃え「ロシア

らカール・カウツキーへあてた手紙が所蔵されているが，パリ時代のものは14通あった。オシップからカール・カウツキーへ宛てたものも3通ある（IISG, Kautsky NL, DXX Ⅲ［418］［419］［420］）。

30）2000年9月，私は，パリ地下鉄7番線にルイ・アラゴン駅方向に乗り，クレムリン駅で下車し，薔薇の花束を買って，そこからタクシーで，イヴリィ・パリ市民墓地へむかった。墓地管理事務所で，Zetkin, Ossip の名と没年1889年を言ったら，古い帳簿を出して調べてくれた。ここには3人の人が勤めていた。確かに1889年1月31日に葬られたという手書きの記録帳簿があり，それを見せてくれた。さらに調べて，その6年後にその墓は整理されて，それ以降オシップの墓はここにはないという。帳簿を調べてくれた人に薔薇の花を渡して，墓地内を少し歩き，徒歩でクレムリン地下鉄駅まで戻った。

写真3-15 ピョートル・ラヴローフ

人オシップ・ツェトキーンは，すべてのドイツ人労働者と同志たちが感謝するにふさわしい人物である」として，「われわれ自身，その思い出に常に敬意を払うライプツィヒの学生時代からの価値ある友人，われわれの新聞の誠実な寄稿者を失った」と書いている（*Berliner Volks-Zeitung.*,1889.2.9, Nr.6）。

2月16日付け『ディ ベルリーナー・フォルクス－トリビューネ』には，「オシップ・ツェトキーンの葬儀」という記事がでている。それには，墓ではポール・ラファルグや多くの外国人社会主義者（ロシア，ドイツ，スイス，デンマーク，スペイン）が，オシップへの弔辞を述べたとある。

ラヴローフとの交友や，彼がオシップの葬列の先頭に立っていたことは，ロシア人オシップの，民族的・思想的出自を示している。ラヴローフはすでにのべたようにプレハーノフに影響を与え，後に激しく対立した人物である。彼はオシップとどういう関係だったのか。横道にそれるがここでラヴローフなる人物についてみておきたい。

〔オシップの葬列の先頭を進んだラヴローフ〕

ラヴローフは，ペテルブルクとポーランドの間にあるプスコフ県の貴族の家系に1823年に生れている。多面的な才能を持って，数学，自然科学，哲学，歴史学，社会学を深め詩人でもあった。「ラ・マルセイエーズ」のロシア語訳者でもある。1860年代はじめから革命運動に参加したが，大量検挙が開始された1866年，ヴォロゴド県に追放され，1870年に国外に逃れて第1インターナショナルに加わり，1871年のパリコミューンに参加した。彼はマルクスとエンゲルスに近づき，マルクスとエンゲルスを評価したが，マルクス主義の理論的立場を受け入れることはなかった。

日本のラヴローフ研究者である佐々木照央は「ラヴローフは時代時代において思想的変遷をとげているが，一貫している立場は，エリート知識人の民衆救済義務，反専制，貴族の特権放棄である」(佐々木　2001：8) と述べる。1878年，パリで「パリ社会革命支援基金」をたちあげた。当時のラヴローフの活動はロシア人に対してよりもポーランド人に影響を及ぼした。ラヴローフを中心とする「パリサークル」も組織された。1879年には「ロシア社会革命文庫」をつくる。1881年の皇帝暗殺事件に対してはラヴローフはこれを支持した。この年，オシップはパリに亡命した。1882年ラヴローフはフランス政府から追放され，ロンドンにいたが，「人民の意志」を支援した。1883年，84年と親しい人々と死別し，パリにもどったが，1885年には視力が衰え生活費にも事欠いた。1886年から10年間ロシア国内紙に記事を書く仕事で生計を立てた。1888年，「労働解放団」のアクセリロートがラヴローフに再合同の呼びかけを行ったが，彼はその提案を拒否した。

このような経過を経てラヴローフは1889年1月オシップ・ツェトキーンの葬列の先頭に立ったのである。彼は，1895年病に倒れたが，最後の2年は「思想史」の完成に全力で取り組み，結論が書けないままで1900年世を去った。2月11日の葬儀には8,000人の群衆が同伴したという。弔電の中には，ドイツに帰って活動家となっていたクラーラ・ツェトキーンからのものもあった (佐々木　2001：667)。オシップを葬って11年が経っていた。

ラヴローフの思想を，その著『歴史書簡』(1868-69) によって，金子幸彦が要を得てまとめているので引用したい。

> ラヴローフによれば，社会の進歩のためのたたかいは真理と正義とのための闘いに帰着する。道徳的に発達し，批判的に思考する人間は，真理をできるだけ多くの者に理解しうるものとするために努力し，また力のおよぶかぎり正義の原則を社会のなかにもちこむことに協力する。科学や芸術をふくめた，いわゆる文化はそれ自体としてはまだ進歩の原動力とならない。それはただ進歩のための材料にすぎない。進歩の原動力となりうる

写真3-16　オシップが埋葬されたパリ・イヴリィ市民墓地の入口（2000年9月　筆者撮影）

ものは，これらの文化を創造し，ひろめ，それらを真理と正義のために意識的に役立たせるところの人々である。道徳的に発達した人間は進歩のために自己の才能と知識とを役立て，個人的な幸福や享楽を犠牲にし，もし進歩のためのたたかいにとって必要ならば，たかい学問的活動をさえもあきらめなければならない（金子　1961：161）。

4　第2インターナショナル創立大会への参加

クラーラのパリ時代の終わりを飾るのは，「国際労働者会議」（第2インターナショナル創立大会）への参加であろう。オシップの没後，クラーラは，第2インターナショナル創立大会の準備に参加していた。国際労働者会議のプロジェクトが具体化したとき，彼女は，準備委員会の中のドイツ社会民主党を代表していた。1889年初め，パリでは，ふたつの国際会議が開かれるのではないかという思想状況にあった。一つはマルクス主義のフランス労働党によるもの，一つは共同行動を拒否するいわゆる「可能派」（ポシビリスト）と呼ばれている一派によるものであった。

ベルリンの新聞（『ベルリーナー・フォルクスブラット』や『ディ ベルリーナー・フォルクス・トリビューネ』）は「可能派」の論文を掲げていた。しかし，ポール・ラファルグを委員長とするパリ組織委員会の仕事をしていたクラーラは，ラファルグやジュール・ゲードと討論して，1889年5月11日に『ディ ベルリーナー・フォルクス・トリビューネ』に，当時の複雑な思想状況を「国際労働者会議とフランス労働者の間での論争」(Zetkin 1889f) と題する論文として発表した。これを読んだフリードリヒ・エンゲルスは，5月16日，ポール・ラファルグ宛に，ロンドンから「クラーラ・ツェトキーンは『ベルリーナー・[フォルクス]トリビューネ』に，すばらしい記事を書きました。――3か月まえにこれほど綿密な論文が耳に入っていたなら，僕たちはなにかと重宝させてもらったのですがね。ベルンシュタインはあすマシンガム[31]を訪ねて，これを大いに利用するでしょう。彼はまた，第13選挙区の事件[32]をもフルに活用するでしょうが，『エガリテ』の記事だけを見れば，さっぱりこの事件の意味がつかめなかったのに彼女のおかげでベルンシュタインはその一部始終がわかったわけ。」と書き送った(『マルクス・エンゲルス全集』, Vol.37:179)。

日本でもいくつかの翻訳が出されて知られているイギリスのジェイムス・ジョルは，1889年第2インターナショナル創立時のフランスについて「実際，フランス社会主義運動には統一が全く欠けていた。また運動の伝統が多種多様であった。たとえば，フーリエのユートピア的理想主義，サン・シモンやルイ・ブランによる社会の経済的再組織，プルードンのアナキズム，そしてオーギュスト・ブランキに代表される理論抜きの暴動の伝統，これらが，マルクスやバクーニンなどの外来思想と融合したり，ときには相争ったりしていた。この結果，1889年にはフランス労働者階級の忠誠を求めて幾つかのグループが競合していた。」と書いている(ジョル　1974＝池田他訳 1876：14)。

大会準備の過程でクラーラは，これまで，一般労働運動とその歴史に興味があったが，報告を委任されたのは女性問題であった。彼女はその準備をしはじめた。

31) マシンガム，ヘンリ・ウイリアムズ。イギリスのジャーナリスト。『スター』の編集者。
32) フランスのポシビリストの内部闘争。詳細は省略するが，もともとポシビリストとは，1882年のフランス労働党の分裂後に成立したフランス労働運動内部の日和見主義的潮流で，ブルスとマロンによって指導されていた。「可能なもの」(possible) の達成をめざすという原理宣言から，ポシビリストという名が生まれたのである。

(1) エリノア・マルクス-エイヴリングとの出会い

1889年7月14日から20日まで，パリのある粗末な労働者集会所に400人が集まって第2インター創立大会を開催した。

マルクスの末娘，エリノア・マルクス-エイヴリング，エンマ・イーラー，アウグスト・ベーベル，ヴィルヘルム・リープクネヒトも第2インターナショナルにやってきた。

クラーラは，1889年7月19日，大会で，『ディ　ベルリーナー・フォルクス－トリビューネ』の労働者とベルリン女性労働者の信任を受けたものとして，資本主義システムの下での女性労働者の状態について主要演説の一つ[33]を担当した。

ルイーゼ・ドルネマンは，この時の様子を「彼女が演壇に近づくにつれて，代表たちのまなざしは，あるものは好意にみち，あるものはただ好奇心にかられて，彼女のあとを追った。彼女は，勤労婦人の外出着らしく安くほとんど飾りけのない簡単な黒い服を着ていた。濃い赤褐色の頭髪は，一つの髷にまとめられていた。闘争，貧困，貧乏，苦悩，厳しい精神労働，そして知識との貪欲な格闘などが彼女の容貌をつくっていた」(ドルネマン　1957＝武井訳1969：73) と書いている。ここでの演説は，次章で取り扱うが，エリノアによってフランス語と英語に通訳された (Badia 1993= Hervé　1994：33)。

私は，クラーラはここではじめて，マルクスの末娘エリノアに会ったのではないかと推測する。エリノアは，1886年，パートナーのエドワード・エイヴリングと連名で，『ウエストミンスター・レヴュー』誌に「女性問題」(The Woman Question) を発表していた (Eleanor Marx / Edward Aveling 1983,1986)[34]

33) この演説は，クラーラ・ツェトキーン選集の冒頭に「女性解放のために」と題して掲載されている。この題は，選集の編集者がつけたものであろう。

34) この小著『女性問題』はベーベルの『女性と社会主義』の英訳が出た1885年にそれを読んだ書評的意味を持っている (都筑　1984：139)。しかし，この書は，悪意を持った匿名の書評によって「文章の構造をみると酔っぱらいの植字工や投げやりの校閲者が想像される」と酷評された (同上：146)。1983年にフランクフルト・アム・マインのVerlag Marxistische Blätter社から1986年にライプツィヒVerlag für die Frau社から，ドイツ語版が出されている。

写真3-17　クラーラ・ツェトキーン（1889）

から，クラーラはそれは読んでいたかもしれない。エリノアは，17歳でフランス人ジャーナリスト，コミューンのイギリス亡命者で『1871年のコミューンの歴史』の起草者プロスペル＝オリヴィエ・リサガレと婚約し，10年関係が続いたが，マルクスの死後エドワード・エイヴリングと共同生活にはいり，エリノア・マルクス-エイヴリングと名乗り，エイヴリング夫妻となった（都筑 1984：113-147）。

都筑は，第2インターナショナル創立大会でのエリノアの活動について，「エリノアは，モリスやカニンガム・グラハムらイギリス代表にまじって大会の常任委員会を助け，またフランス語，ドイツ語から英語への通訳として忙しく立ち働いた。（中略）ベルリンの婦人労働者を代表したクララ・ツェトキンの婦人労働に関する演説をエリノアがフランス語と英語に翻訳したときには，場内からさかんな拍手が湧いた」（都築　1984：214）[35]。

パリで，クラーラは，マルクスの3人の娘，イエニー，ローラ，エリノアのすべてと知り合ったことになる。

また，フランスに亡命しているクラーラが，なぜ「ベルリン女性労働者」を代表した演説なのか。クラーラがしばしば『ディ　ベルリーナー・フォル

35）その根拠を都筑は，*Protokoll des Internationales Arbeiter-Congresses zu Paris*（*1889*），*Justice*, 3 Aug.1889,84. からとっている。

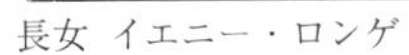

長女 イエニー・ロンゲ　　二女 ローラ・ラファルグ（1880年代）　　三女 エリノア・エイヴリング

写真3-18　クラーラが知り合ったマルクスの3人の娘

クス-トリビューネ』に寄稿し，マックス・シッペル社から小冊子を，オシップの名を含めてすでに3冊も出していたことと関連するのかと私は推測していたが，クラーラがパリにいる間の当時のベルリンの女性労働者の運動について，ディーター・フリッケが説明しているのでそれによって簡単に叙述しておきたい（Flicke 1987, I：409-418）。

遡って1869年から1877年にベルリンには「女性労働者の職業教育と知的刺激」に携わる協会が存在した。それは，ブルジョア民主主義的考えをもった女性たちが創立したものである。1872年から73年ころ，この組織から「ベルリン働く女性・少女協会」が分離した。それは，ベルタ・ハーンやパウリネ・シュテーグマンのような女性社会民主主義者の指導のもとに，ドイツにおけるはじめてのプロレタリアの女性組織となった。協会は1875年4月に，結社法8条を根拠に禁止されたが，事実上1877年まで存続した。

70年代に，ベルリンの協会や種々の試み以外にも，地域レベルでは，ハンブルクやアルトナで針仕事をする女性や，製本女工や，厚紙表紙装丁女工たちのプロレタリア女性運動の兆しを組織化する努力もあった。

1885年に生れたもっとも重要な女性労働者組織は，3月15日にベルリンで設立された「女性労働者の利益代表協会（Der Verein zur Vertretung der Interessen der Arbeiterinnen）」であった。この協会の創立は，900～1000名の女性・少女が参加した女性労働者集会の大多数に支持された。集会は，主に，女性労働者組織の有用性と必要性，女性労働者の労働・生活諸条件，売春の原因，子どもの教育をテーマとしていた。この「女性労働者の利益代表協会」は，組織の当初からすでに500名の会員を擁していた。

この組織は，初代会長マリーエ・ホフマン，2代目会長パウリネ・シュテーグマンによって率いられていた。1885年9月，それから北部ベルリン女性労働者協会が，そして1885年11月25日に創立されたベルリンマント縫製女性の専門協会が分離した。2つの組織は「女性労働者の利益代表協会」の期待する水準には達していなかった。ベルリンの例は，同じく提携している他の諸都市の女性労働者を刺激した。

1886年のストライキ布告とともにベルリンの諸協会の他，ドイツ全国14の女性労働者協会が一時的に禁止され，1887年に最終的に禁止された。このような時期，すでにのべたクラーラのライプツィヒへの一時帰国があり，社会主義者鎮圧法のもとでも，女性労働者の組織が出来ていることを知ったクラーラは，その様子を前述のカウツキーへの手紙で知らせていたのである。

1888年11月以来，ベルリンや他の都市で起きたように，女性労働者は特別な専門職協会を創設する方向にシフトした。多くの女性労働者はしばしば男性の服を着て全国集会に参加したが，ついにふたたび女性労働者集会を実現させた。例えば，ベルリンでは，1888年12月から1889年5月までに，8つの大きな，さらに多数の専門分野集会がもたれる結果となった。1889年4月20日付け『ディ　ベルリーナー・フォルクス-トリビューネ』(1889,Nr.16)に，「女性の労働力」(Die weibliche Arbeitskraft)という無署名記事があり，ベルリンでの最近の女性労働者集会が次のような決議を採択したとして決議文を掲載している。決議文の中には「集会は，反動的要求としての女性労働の禁止に注目する。加えて，女性労働運動をマヒしたままにし，女性を経済的に，その結果精神的にも男性への従属を維持している」状態に抗議するという文言がある。

ディーター・フリッケは，このように，第2インターナショナル創立大会直前のベルリンの女性運動の流れを書いているが，ディーター・フリッケは，1870年代と1880年代に初めは，女性運動はフェミニスト的性格をもっており，ベルリンの運動自体もその例外ではなかったといい，ドイツのプロレタリア女性運動は19世紀の80年代の中葉以降に始まったと書いている（Fricke 1978 1：415）。

しかし，実際クラーラは，ベルリンの女性労働者と関係を持ってはいなかった。それがなぜ，ベルリンの女性労働者の信任を受けて第2インターナショナルに登場するのかは，十分説明がつかない。

もっともクラーラは，のちにドイツのプロレタリア女性運動の歴史を研究した時，第1インターナショナルの影響を受けたクリミチャウの繊維労働者の組合「マニュファクチュア・工場及び手工業労働者の国際労働組合」のなかに，ドイツのプロレタリア労働運動の起源を見，ベルリンの運動に起源があるのではないとしている[36]。

メーリングは，1880年代の中葉の運動を，「散発的に60年代および70年代にはじまっていた婦人労働運動が，はじめての高潮を経験し，ささやかではあるが実際の成果をおさめることができた。」（メーリング 1960＝足利他訳 下 1969：483）といっている。

さて，第2インターナショナルでのクラーラの報告は，クラーラにとっても，当時の国際労働運動にとっても大きな意味をもつものとなった。クラー

36）クラーラはこれまでのドイツプロレタリア女性運動史研究を批判して次のように云う。「まだ，一つもドイツプロレタリア女性運動史なるものはない。特に，プロレタリア女性の階級本能を明白な階級意識にまで純化し，彼女たちを同じ義務をもった同権の組織された戦友として，一般のプロレタリア解放闘争に導くための努力の最初の発端に関する報告は不満足な不十分なものである」（Zetkin 1858：119）。「プロレタリア女性運動の発展に関する総括的，歴史的展望を与えようとしたものはみな，独自の資料研究の基礎上にその最初の組織された階級的起源をあとづけることを断念した。それらは，すでに選考された資料を加工することで満足するか，あるいはまた単にそれを引用することで十分満足した。しかし，価値があって，同時に容易に役に立つ資料は，ベルリンにその起源と中心点をもっていたプロレタリア女性の組織化の努力に関して一覧に供しただけである」（同上：119-120）。このようにして，クラーラは，ベルリンではなく，クリミチャウに，階級的プロレタリア女性運動の起源を求めた。クリミチャウの運動の傾向としてクラーラは「両性の区別なく，プロレタリアの共同の組織と共同のたたかいが必要であるという明確な認識をもっていること。女性を（男性と）全く同権で同じ義務をもつ，階級闘争の共同のたたかい手として評価したこと。その運動の性格が，いかなるブルジョア女権論的混合物もない断固としてプロレタリア的，国際的傾向をおびていたこと。社会主義への確固とした確実な目標を設定していること（同上：142）これである。20世紀初頭のクリミチャウの女性労働者の動向は，日本においても垂水（2006，2012）によってジェンダー視点から注目されている。

ラはライプツィヒではたかだか10人から20人の女性に話しかけたものであったが，ここでは，全ヨーロッパからきた400人の代表，しかも，労働運動のアンチ・フェミニストを含む闘士のまえで演説したのだ。ドイツからは，アウグスト・ベーベルやヴィルヘルム・リープクネヒトを含む81名の代表が参加した。大会での彼女の仕事は，報告をすることだけではなかった。彼女の主要課題は，組織的問題であった。彼女はパリの関係者とともに，学生時代からの言語知識を生かして，11人の大会書記の1人に[37]選ばれた。彼女は会議がスムーズに進展するよう配慮し，国際会議開催では，どんなに大勢の人が重要な意味をもって働かなければならないかの実務も把握した。

クラーラの人生の段階にとっても，パリ会議はひとつのエポックであった。この会議で，ベーベルとリープクネヒトとは友人となった。

第2インター創立会議のパリはまた，万博のパリでもあった。かつ人々はフランス革命の100年を記念していた。

クラーラに続いて，エンマ・イーラー[38]が，まだ小さいがねばり強くたたかっているドイツの女性運動や女性労働者運動について発言した。彼女は，小ブルジョアの熱心なカトリック信者の家に生まれた。1881年に創立された女性手工業者のためのブルジョア的な女性救済協会の幹部であったが，1883年ベルリンではじめてドイツ社会民主主義系の労働者集会に出席した。また彼女は上述の1885年に創設された「女性労働者の利益代表協会」の共同創立者及び幹部会員でもあった。彼女は女性労働者の政治的・労働組合的組織化にすぐれた力を発揮した。こうして彼女は1889年，第2インターナショナル創立大会に参加し，プロレタリア女性のたたかいのためにドイツ社会民主党の戦列に加わった人物であった。[39]パリ大会で知り合ったこの2人の女性は，

37）女性はもう1人，ポーランドのメルテ・ヤンコワカが選ばれた。

38）エンマ・イーラーの研究者であるクラウディア・フォン・ゲリオイ（von Gélieu, Claudia）は，2007年にベルリンで開催されたクラーラ・ツェトキーン生誕100年のコロッキウムで，「初期女性労働者運動とクラーラ・ツェトキーン（1880/1890年代）」と題する報告で，パリにいたクラーラが，執筆活動を通じてドイツ労働者に名が知られていたことを指摘しており，エンマ・イーラーがベルリン女性労働運動側から2人目の代表となったことを指摘している（von Gélieu 2008：42-43）。

39）エンマ・イーラーは，その後，1890年から1892年まで，ドイツ労働組合総委員会のはじめての女性委員である。1891年のはじめ，ハンブルクで，はじめての社会主義女性新

のちにドイツで緊密な共同行動を行うこととなる。

大会は，労働者保護立法に関する決議の中で，女性労働者のための特別保護規定をもうけることを要求し，同一労働同一賃金の要求も掲げた。会議は，さらに，女性労働者を，同等の権利をもつものとして労働者の仲間に迎えることは労働者の義務であると宣言し，原則として次のことを要求する。すなわち両性の労働者に，そして国籍の区別なく同一労働に同一賃金を（gleiche Löhne für gleiche Arbeit für die Arbeiter beider Geschlechter und ohne Unterschied der Nationalität）（*Pr.Internationalen Arbeiter-Congresses zu Paris*：122）と書いた。新しくつくられる第2インターナショナルの全支部に，女性を平等に加入させる義務を負わせた。

(2) ビスマルクの失脚，クラーラパリを去る

第2インターナショナル創立大会の後クラーラの健康状態はよくなかった。会議の準備過程に生じた疲労は，健康状態を回復させなかった。シャルル・ボニエは，ヴィルヘルム・リープクネヒトに1889年10月31日に書いている。「ツェトキーン夫人と息子のコスチャ（の健康状態）は少しも改善されません」と。しかし，その6カ月後，デヴィルは，「ツェトキーン夫人は私たちの家にきました。また，私は彼女を1時間ほど前，コミューン時代を記念するペール・ラシューズ墓地[40)]で見かけました。良くなったのでしょう」と書いている（IISG，Korrespomdenz Willhelm Liebknecht，D.75 und D.122：Badia 1993 = Hervè *et al.,* 1994：34-36による）。

聞『女性労働者』を発刊。これが，後述の『平等』の前身である。彼女は，1898年，『階級闘争の中での女性労働者たち』を著す。彼女は，女性労働者の労働組合への組織化を重視し，1902-1905年，彼女のイニシァチヴのもとに，労働組合の女性労働委員会がつくられた。委員会は1905年のドイツ労働組合会議から総委員会に付属する女性労働者書記局として活動した。1908年12月以降，彼女は総委員会の代表としてドイツの働く青年のための中央機関に所属した。

40）2000年9月2日（土），午前，私はペール・ラシューズ墓地に行った。クラーラがパリで出会った人々の名を18人，メモして持参したが，ジュール・ゲードの名が案内に載っているだけで，発見はできなかった。そのかわり，サン・シモンの名を見つけ墓も発見した。サン・シモンの墓は，もっとも飾り気のない質素な墓のひとつであったのがかえって印象に残っている。

ドイツでは，1890年1月，国会は社会主義者鎮圧法の延期をついに否決した。2月20日，帝国議会の選挙でドイツ社会民主党は圧勝した。クラーラがドイツに帰る決心をしたのは1891年春のことと思われる。

パリでのクラーラをみかけた最後は，4歳と6歳の男の子の手をひいてイヴリィ墓地の質素なオシップの墓に花束を置いてすすり泣いているところであった（Badia 1993 = Hervé *et al.*1994：36）という。多分パリを離れる別れの挨拶をしていたのであろう。

写真3-19　コスチャとマクシム

ちなみにクラーラは，それから9年後の1900年，第2インターナショナル第5回大会がパリで開催された時通訳として訪れた。その時は，すでに，彼女は『平等』の発行責任者であり，フリードリヒ・ツンデルと法律婚をしていた。

次にフランスを訪れたのがその20年後，ツールで開かれたフランス共産党創立大会に非合法裏に出席した時である。この時はパリに思いをはせるどころではなかったであろう。

1939年，ドイツを亡命したコスチャ・ツェトキーンがパリにおり，彼はさらにここからカナダへとむかう。

第4章　パリ亡命時代の文筆・演説活動（1885-1890）

1　ジャーナリストとしての執筆

(1) 何にどのようなものを書いていたのか

ここでは，前章でたち入らなかったパリにおけるクラーラ・ツェトキーンの主な執筆活動を改めてみていくことにする。執筆活動の初めは，ターニア・プシュネラートがいうように「ジャーナリストの仕事」（Puschnerat 2003：62）としてであった。とにかく収入を得ることが主な目的で，ドイツ語の雑誌『デア ゾツィアルデモクラート』，『ディ ノイエ ツァイト』，『ディ ベルリーナー・フォルクス－トリビューネ』の他，フランスの『ル ソシアリスト』[1)]にも書いた。

クラーラは，当初，文筆稼業のジャーナリストであり，ドイツに帰国してからは女性運動家であり，1919年以降は革命家であり，1920年に議員に選出されて以降は政治家であった。クラーラは決して研究者でなく，研究論文を書くということはなかった。その意味ではアウグスト・ベーベルもクラーラと似ている。ローザ・ルクセンブルクは，この2人とは異なっている[2)]。従って，私は，クラーラの書いたものを「論稿」と呼ぶことにしている。

パリ時代のクラーラの文筆活動中，女性問題に関するものを中心に重要な

1）フランス語の『ル ソシアリスト』には夫妻の手によるものと思われるものがあわせて16編掲載されている。そのうち幾つかの題名をあげると（（　）内は筆名），「資本蓄積」（Cl），「ヨーロッパ大都市における人口移動」（O.Z），「失業」（O.Z），「統計」（O.Z），「アメリカ合衆国の労働者組織」（Zetkin），「1870年から1880年におけるアメリカ合衆国の経済発展」（ZN），「共同組合」（Clara），「ドイツからの移民」（O.Z），「鉄道労働者」（O.Z），「創造者としての女性」（Clara），「自由と道徳」（Clara），「軍国主義と過剰生産」（O.Zetkin），「女性問題」（無署名），「正常な労働日」（O.Zetkin），等である。

2）クラーラは，小冊子類は多く書いたが，生涯でまとまった単著を書くことはなかった。その点，後に友人となるローザ・ルクセンブルクとは決定的に異なる。ローザは，革命家となる出発点において，1897年，チューリヒ大学で学位（「ポーランドの産業的発展」）をとって，経済学研究の領域に分け入り，『資本蓄積論』（1913）その他の単著を残した。

表4-1　パリ時代のクララ・ツェトキーンの女性問題に関する主な文筆活動

（原文表記は巻末文献リスト：923-925）

【1885】

「社会民主主義と女性労働」（無署名）『デア　ゾツィアルデモクラート』Nr.1（1885.1.1）.

【1886】

「社会民主主義と女性労働の問題――綱領問題によせて」『デア　ゾツィアルデモクラート』Nr. 33（1886.8.11）, Nr. 34（1886.8.18）, Nr.35（1886. 8.25）.

「ルイーズ・ミッシェルと思いだすこと」『ディ ノイエ・ツアイト』H. 4: 210, 270,1886.

【1887】

「女性解放と女性労働者運動」『ディ ベルリーナー・フォルクス－トリビューネ』見本号1887.

「フランスの女性運動」『ディ ベルリーナー・フォルクス－トリビューネ』Nr.21, 22, 1887.

【1888】

「女性問題について」『ディ ベルリーナー・フォルクス－トリビューネ』Nr.16（1888.4.21）.

「女性問題について」『ディ ベルリーナー・フォルクス－トリビューネ』Nr.20（1888.5.19）.

「フランスの児童・女性労働についてⅠ，Ⅱ，Ⅲ」（﹅）『ディ ベルリーナー・フォルクス－トリビューネ』Nr.27（1888.7.7），Nr.28（1888.7.14），Nr.29（1888.7.21）.

「女性労働問題とその解決」『ディ ベルリーナー・フォルクス－トリビューネ』Nr.38（1888.9.22）.（注：無署名だが最後にV. とある。最後にスローガン二つ。両性のための完全な法的平等。男女同一労働同一賃金（男女同一労働同一賃金の原文は，Für gleiche Arbeit gleicher Lohn für Frau und Mann!）

「働く女性の労働組合組織」『ディ ベルリーナー・フォルクス－トリビューネ』Nr.39（1888.9.29），（注：この間，（﹅）の印で「労働者住宅問題」（フランスから），その他を連載している。イタリアの女性運動も紹介している。）

「カルロ・ピサカーネ，イタリア社会主義の先駆者Ⅰ，Ⅱ，Ⅲ，Ⅳ」（C.Z.）『ディ　ベルリーナー・フォルクス－トリビューネ』Nr.43（1888.10.27）, Nr.44（1888.11.3）, Nr.45（1888.11.10）,Nr.46（1888.11.17）.

「女性労働者運動」『ディ ベルリーナー・フォルクス－トリビューネ』Nr.44（1888.11.3）（無署名）

「現代の女性問題と女性労働者問題」（フランスから）『ディ ベルリーナー・フォルクス－トリビューネ』Nr.45（1888.11.10）.

「なぜ女性は公的生活に出なければならないか（フランスから）Ⅰ，Ⅱ」『ディ　ベルリーナー・フォルクス－トリビューネ』Nr.46（1888.11.17），　Nr.47（1888.11.24）（無署名）.

「二つの，女性の訴え」『ディ　ベルリーナー・フォルクス－トリビューネ』Nr.48（1888.12.1）．（無署名）.

「女性の『母親業』（女性の循環から）Ⅰ，Ⅱ，Ⅲ」『ディ　ベルリーナー・フォルクス－トリビューネ』Nr. 48（1888.12.1）, Nr. 49（1888.12.8）, Nr.50（1888.12.15）.（無署名）.

「ベルリンの女性労働者の運動について」『ディ　ベルリーナー・フォルクス－トリビューネ』Nr.50（1888.12.15）．（無署名）.

「ロシアの女子学生」『ディ ノイエ・ツァイト』H.VI.357,1888.

【1889】

「フランスにおける女性労働者のストライキCz」『ディ　ベルリーナー・フォルクス－トリビューネ』Nr.1（1889.1.1）.

「女性問題についての時代遅れの見解」『ディ　ベルリーナー・フォルクス－トリビューネ』Nr.8（1889.2.23）.

「国際労働者会議とフランス労働者の間での論争」『ディ　ベルリーナー・フォルクス－トリビューネ』, Nr.19（1889.5.11）（無署名）.

「女性問題について」『ディ　ベルリーナー・フォルクス－トリビューネ』Nr.23, 1889.

「次期帝国議会選挙と女性」，『ディ　ベルリーナー・フォルクス－トリビューネ』Nr.24（1889.6.15）. Nr.28,（1889.7.13）.

『現代の女性労働者問題と女性問題』，ベルリン労働者文庫 Ⅲ，ベルリーナー・フォルクス－トリビューネ社，ベルリン, 1889.

『パリコミューン以降のフランスにおける社会主義』オシップ・ツェトキーン，ベルリン労働者文庫Ⅳ，ベルリーナー・フォルクスートリビューネ社，ベルリン，1889.
（注：『ディ　ベルリーナー・フォルクスートリビューネ』，Nr.19，1889.5.11の広告欄にオシップ・ツェトキーン著として出ている。48頁20ペニヒ）
『フランス労働運動の巨匠たち』オシップ・ツェトキーン，ベルリン労働者文庫V，ベルリーナー・フォルクスートリビューネ社，ベルリン，1889.
「女性解放のために」（国際労働者会議での演説，パリ）1889. 7.19.
「女性労働の問題についてⅠ」（無署名）『ディ　ベルリーナー・フォルクスートリビューネ』Nr.41（1889.10.12），Ⅱ.（署名あり，以下同）Nr.42（1889.10.19），Ⅲ. Nr.43（1889.10.26），Ⅳ. Nr.44（1889.11.2），V. Nr.45（1889.11.9），Ⅵ. Nr.46（1889.11.16），Ⅶ. Nr.48,（1889.11.30），Ⅷ. Nr.50,（1889.12.14），Schluss. Nr.52,（1889.12.28）.
【1890】
「女性運動について」（無署名）『ディ　ベルリーナー・フォルクスートリビューネ』Nr.6（1890.2.8）.
「女性運動について」（無署名）『ディ　ベルリーナー・フォルクスートリビューネ』，Nr.10（1890.3.8）.
「女性労働Ⅰ，Ⅱ」（cl），『ディ　ベルリーナー・フォルクスートリビューネ』Nr.27（1890.6.28），Nr.28（1890.7.5）.
「女性と政治」（zt）『ディ　ベルリーナー・フォルクスートリビューネ』，Nr.32（1890.8.9）.
「資本と女性解放」（zt）『ディ　ベルリーナー・フォルクスートリビューネ』，Nr.35（1890.8.30）.

ものをリストアップすると表4-1のようになる。

ツェトキーン夫妻の寄稿先であった『デア ゾツィアルデモクラート』は，前章でも述べたとおり，1881年以来チューリヒで発行されたドイツ社会民主主義者の機関紙（Eberlein 1969, Bd.6：1565）である。オシップとクラーラは，1886年から1889年まで，主として，「フランスから」というタイトルで通信を載せている。また，クラーラは，女性問題について1885年に「社会民主主義と女性労働問題」（無署名），「社会民主主義と女性労働の問題── 綱領問題によせて」（No.33～No.35まで3回連載），「女性労働と女性の風紀」（No.42）などを書いている。

『ディ　ノイエ・ツァイト』は，1883年1月からシュツットガルト（後ベルリン）で発行されたカール・カウツキー編集のドイツ社会民主主義者の週刊誌（Eberlein 1969, Bd.6：1565）である。ここには，クラーラの23編の寄稿があるが，オシップの生存中はわずか2編しかみられない。しかし，1886年に書いた「思い出のルイーズ・ミッシェル」は，パリ・コミューンの女性闘士の同時代の生き方を書いたものとして貴重である。

『ディ　ベルリーナー・フォルクスートリビューネ』は，ベルリンでマックス・シッペルが1887年に創刊した社会政治週刊誌（毎週土曜日1892年まで発行）(Eberlein 1969, Bd.6：1819) である。これには，すでに，1887年7月3日の同誌見本号に，クラーラ・ツェトキーンは無署名で「女性解放と女性労働者の運動」という論稿をよせていたが，初期にはオシップとともに，オシップ没後は単独で，1891年まで実に115編が寄稿された (Staude 1980：883)。オシップとクラーラの合作がもっとも精力的に行われたのは1888年である。

この期の作品で，後にマックス・シッペル編のベルリン労働文庫に収録されたものはオシップ名の小冊子が2冊，クラーラ名のものが1冊ある。

(2) 執筆の分野

プシュネラートは，パリ時代にこれらに発表したクラーラの論稿を3つの分野に分けた。第1は，フランスの先駆的社会主義者・政治家についての伝記的論考，第2は，フランスの政治的，社会的，経済的諸関係についての執筆，第3は，女性労働と女性解放に関するものとしている (Puschnerat 2003：62-64)。

私は，この期のクラーラ・ツェトキーンの執筆活動を，本書の目的とのかかわりの重要度からみて次のように分類する。第1は，1885年からはじまり，1890年までの一連の女性労働論，女性解放論である[3)]。この時期，この種の論稿は，量的にもっとも多く，1880年代のドイツ社会民主主義の女性労働政策を，アイゼナハ綱領 (1869)，ゴータ綱領 (1875) といった綱領の次元で，またマルクス，エンゲルス，ベーベルの到達点，およびフランス労働党の綱領や，ジュール・ゲード，ポール・ラファルグ等の文献も念頭に入れて，批判的に見解を打ち出すという内容である。この時期の論稿は，彼女の最初のまとまった最初の小著ともいうべき1889年の女性労働・女性問題に関する小冊子[4)]と，さらに彼女の国際的デビューとなる第2インターナショナル創

3）なお『クラーラ・ツェトキーン演説・著作選集』(全3巻) には1885年から第2インターナショナル創立 (1889) にいたるまでの5年間のクラーラの論文は収録されていない。本章で，この間の重要と思われる論稿の内容を概観する。

4）ベルリン労働者文庫第3巻『現代の女性労働者問題と女性問題』として刊行されたが，メーリングは「ベルリンではシッペルが，『フォルクス－トリビューネ』を発行するとともに，ベルリン労働者文庫の名で大衆むけ小冊子の定期的なシリーズを発行した。その中には，クララ・ツェトキンの婦人問題に関するすぐれた論説があり，かの女はこれに

立大会での演説へのプロセスと，以後長く続く一貫したクラーラの活動の中核部分を形成したものである。

第2は，オシップ・ツェトキーンとともに，あるいはその影響を受けて執筆した一連の論稿である。パリ・コミューンに参加したフランス社会主義者について『パリ・コミューン以降のフランス社会主義者』（Zetkin, O. 1889a）や，彼らの伝記[5)]（そのなかに，女性アナーキスト，ルイーズ・ミッシェル（1830-1905）の同時進行の小伝を含んでいる）を『フランス労働運動の巨匠たち』という題で，1889年にベルリン労働文庫の小冊子の第4巻，第5巻としてオシップ・ツェトキーンの名で出版している（Zetkin, O. 1889b）。こうして，クラーラはフランス社会主義者の思想状況を理解していったものと思われる。また，オシップとともにいたからこそ可能となったであろう「ロシアの女子学生」[6)]やその他ロシアの労働問題の状況の解説を書いている。オシップとの共著には「ℨ」という印を入れていることが多い。その後クラーラ独自に，第2インターナショナル創設前夜の，フランスの「可能派」批判を行った無署名論文，前出の「国際労働者会議とフランス労働者の間での論争」（Zetkin 1889f）を書くことになるが，オシップの影響も強かったであろう。こうした広い視野からの発言はエンゲルスからも評価されたことは前述のとおりである。

第3は，フランスの政治的，社会的，経済的諸関係についての断片を，ドイツに紹介していることである。

本書は，クラーラの女性解放論に焦点を当てているので，上記第1の分類のものをさらにここでとりあげることにする。

よってドイツ婦人労働者のもっともすぐれた前衛闘士としての頭角を現した。」（メーリング 1960＝足利訳 下 1969：513）と書いているが，このことをさしている。クラーラのこの小冊子は，彼女の初期の女性論として後に評価されており，初出は，前述の1888年11月10日付け『ベルリーナー・フォルクス＝トリビューネ』であり，その時の題名は「現代の女性と女性労働者問題」であった。つまり，「女性」と「女性労働者」の順位を入れ替えたのである。

5）ジュール・ゲード，ポール・ラファルグ，ガブリエル・デヴイル，ブランキストのエドワルド・ヴィラン，ルイーズ・ミッシェルの5人が，文庫第5巻に収録されている。

6）ここにはナロードニキに関する彼女の言及を見ることが出来る。

クラーラの筆と推測される無署名論稿は1885年1月から,『デア ゾツィアルデモクラート』に現れる。この1885年第1号の無署名の論稿「社会民主主義と女性労働」(Zetkin 1885) が, 現存するクラーラの最初の活字になったものと思われる。また『デア ゾツィアルデモクラート』には, 同じく無署名で「社会民主党と女性労働問題」(33号, 34号, 35号と3回連載:1886年8月) が続く (Zetkin 1886)。これらは, 当時の「ドイツ社会民主主義」の女性労働政策と結びついているものであり, それがクラーラの出発点であることに注目したい。

私は, 研究の当初から, 第2インターナショナル創立大会で行った演説 (「女性の解放のために」と選集では題を付されている) (Zetkin 1889i) を, クラーラの女性解放論のまとまった出発点として注目してきた (伊藤1984:207-221) が, そこに至るまでには, このように数年間の準備過程があったのである。

1885年までには, ベーベルの『女性と社会主義』の初版 (1879), 1884年の第2版, エンゲルスの『家族・私有財産及び国家の起源』(1884) が出されており, クラーラは, これにフランスでの見聞やゲード, ラファルグの影響を受け, その到達点をわがものとして執筆が始まっているとみることができる。

クラーラは,『ディ ベルリーナー・フォルクス-トリビューネ』にも1887年の「見本号」から執筆を開始する。「女性解放と女性労働者運動」(Zetkin 1887a) の他,「女性労働の問題とその解決」,「働く女性の労働組合組織」,「女性労働運動について」,「現代の女性と女性労働者問題」など (以上1888), また「女性問題についての時代遅れの見解」,「女性問題について」,「次期帝国議会選挙と女性」など (以上1889) と, 第2インターナショナルでの報告以前にもこれだけを書きあげていたのである (詳細は文献リスト参照)。

さらに第2インターナショナルでの報告の後, 同年10月から年末までに, 同紙に「女性労働の問題について」(Zetkin 1889j) という論考を『ディ ベルリーナー・フォルクス-トリビューネ』に8回連載している。総頁に換算するとかなりの長文になる。

1890年, パリからチューリヒに移った短い期間にも『ディ ベルリーナー・フォルクス-トリビューネ』への寄稿は続く。

2　はじめての女性労働論の背景

今日の段階で当時のクラーラの執筆活動をみるまえに，押さえておかなければならない点が2つある。

第1は，当時ドイツ工場法は歴史的にどのような過程にあったかという点，第2は，工場法の制定過程は，二項対立的なジェンダーの構築過程でもあり労働者がジェンダー化されていく過程であったとする新しい「ジェンダー史」あるいは歴史学の「言語論的転回」論者の見解についての批判である。

(1) ドイツの工場法の歴史的概観と「言説論者」による保護立法批判

1885年から1889年までの，ドイツの工場法のなかで，特に労働者保護立法がどのように進展していたであろうか。

この問題を系統的に扱った文献は見当たらないので，以下関連する各種文献（ベーベル 1910＝伊東他訳 上 1958：249-251，メーリング 1960＝足利他訳 1968/7，小椋 1987：31-38, 臼井 2007：75-106，姫岡 2004：100-120, 2009：107-122）を繋いで不十分ではあるが，流れを把握したい。

1860年代に労働者が労働問題にどのような態度をとっていたかは第1章のクラーラのおいたちの歴史的背景のなかで触れておいたが，工場法に限定してふりかえる。

1802年から1847年にかけてイギリスで展開した労働者保護立法（いわゆる工場法）に広く対応して，ドイツの社会政策でも労働者保護が始まった。最初は，1839年3月9日に公布されたプロイセンの工場における少年労働者の作業に関する規制である。この法律は，すべての鉱山，工場，スタンプミル，冶金工場に適用され，9歳未満の児童の就労を禁止し，就労している年少者に3年間の学校教育が必要とされた。また，16歳未満の年少者の労働時間は1日あたり，1時間半の休憩時間を含めて10時間までに制限された。さらに21時から9時までの就労，および日曜・祝日の年少者の就労が禁止された。

この法律は，仕事の遂行から生じる危険から労働者を保護するという形で，1845年1月17日のプロイセン一般営業条例（プロイセン工場法）に繋がっていった。それは，従業員の健康と人道を顧慮することが義務づけられていた。1849年には賃金保護条例が追加された。1845年の一般営業条例は，1853年5月16日に改訂があった。クラーラが生れる4年前のことである。メーリングは，「この法律は，12歳以下の子どもの工場就業を禁じ，14歳までの子どもには6時間以内，16歳までは10時間以内を許すというものであった。アーヘン，アルンスベルク，デュッセルドルフ地区に工場監督官1名ずつ任命されていた」(メーリング 1960＝足利他訳 上 1968:442)。また，メーリングは「大工業の疾風怒涛時代にイギリスの労働者が過ごした生活は，60年代のライン工業の中にそっくりその姿を再現した。(中略) 婦女労働と児童労働はおそろしく増加した。ライン商工会議所の報告は，恥知らずな態度をかくすことなく，子供の搾取をさまたげる就学義務に対する『理由のある』非難の声をあげている。この場合に問題にされていたのは，1853年の工場法が工場で就業している児童について規定している3時間の学校教育であって，それは本質的には単なる紙の上のものであり，しかもこの一片の紙きれすら高等法院の判決によって破られることがしばしばであった」(同上 下1969：5) と書いている。

ドイツ各連邦で展開された労働者保護法の諸規定は，1869年6月21日の北ドイツ連邦営業条例にとりいれられ，のちにライヒ法に入れられた。ここまでは，女性労働者の保護は問題になってはいなかった。しかし，その必要性は，まず，1860年代末から70年代に活発に討議されるようになり，まず市民的社会改良家が，イニシアチブをとった(姫岡 2004：101)。

1869年は，アイゼナハで「社会民主労働者党」(SDAP) が結成された年で，それ以降についての，労働者側の見解はすでに本書第1章で触れた。1870年設立のカトリック中央党は，さまざまな世界観から女性労働者保護をもとめ，議会での初めての労働者保護立法論議が行われ，すでに存在する児童に対する保護を女性に導入し，就業者数10人以上の工場における8時間以上の女性労働禁止が提出された。しかし，女性保護導入に対する議会での賛成者は少なく提案否決された。進歩党のヒルシュは，産後10日間の就業禁止を提案した。

1872年に，アイゼナハに集まった財界，行政，ルーヨ・ブレンターノ

（1884-1931）ら学者の男性が保護立法の先頭に立った。1873年に設立された社会政策学会が労働者保護，特に女性労働者保護を問題にした。

1875年，すでにみたように，ラサール派とアイゼナハ派が統一して「ドイツ社会主義労働者党」（SAPD）を結成したが，採択された「ゴータ綱領」では「健康とモラルを害するすべての女性労働の禁止」を規定していた。労働者保護立法については，危険労働の規制，工場日曜労働の禁止，9時間標準労働日，女性労働者・18歳以下の労働者・見習いの8時間労働日，夜間労働の禁止，妊婦と産婦の相応の就業禁止期間の要求，就業規則の制定,女性労働者と見習の保護規定の強化を要求していた。

1877年3月，「中央党」は，日曜日の休息，女性労働の制限による家族の保護法案提出し，4月に，「ドイツ社会主義労働党」は，工場法改正法案を提出した。ここでは女性・青少年と男性一般を区別している。

1878年7月17日，営業条例改正法は，はじめて，女性労働者の特別な労働保護を規定した。それは鉱山における女性の就労，ならびにきわめて厳しい労働条件の仕事場での女性の就労を禁止し，わずかながらも母性保護を規定していた。1878年と言えば社会主義者鎮圧法が施行された年である。

政府の工場法改訂案には母性保護は含まれず，「中央党」の提案に，産後3週間の就業禁止，女性の深夜労働禁止があった。5月8日の議会で論議が行われ，SAPDの女性の労働規制，「中央党」の既婚女性の就業全面禁止が出された。「帝国党」・「進歩党」は政府案を支持し，7月17日に工場法改定は成立した。産後3週間の就業禁止，特定分野の女性・年少労働者の就業制限と労働禁止，工場監督官の設置義務化が含まれている。

1882年，クリミチャウで女性織工が11時間労働を求めてストライキを実施した。

1885年は，社会主義者鎮圧法施行中であったが，「ドイツ社会主義労働者党」は1881年の12議席から1884年に24議席に倍増させ，階級的観点から工場法を全面的に改定する法案を提出し，女性労働者だけでなく男性労働者にも，法定最大労働時間を10時間に制限し，土曜日は8時間，例外を除いて日曜・祝日の就業禁止および深夜業の原則的な禁止を提案し，さらに女性労働者と16歳以下の男性労働者には再度，深夜業の禁止を要求した。また出産の前後8週間の就業禁止，健康とモラルに危害を及ぼす経営での女性と青少年の使用禁止ないし制限も要求されていた（この項，姫岡　2009：116参照）。

1885年母性保護要求としては，ドイツ工業団体が帝国議会で，下着製造工場および既製服工場における女性労働者の実態調査を決議し，1887年の帝国議会で工場法案を採択した。その法案は，既婚女性の就業最大10時間，女性の深夜業，日曜労働，土曜日の18時以降の労働禁止であったが，ビスマルクは帝国参議院提出を見送った[7)]。

上記の概略のように，クラーラが執筆活動を始めた1885年は，「ドイツ社会主義労働者党」が積極的に，女性労働者保護（女性保護ではない）をうち出したときであった。これに注目したい。

ところで，女性労働者の保護をめぐっては，新しい「ジェンダー史」研究の一部から，保護は「労働者のジェンダー化」の過程であるという考え方が提起されるようになった（姫岡 2004全巻，姫岡2009：107-122）。

主要論者姫岡の説明をみよう（アンダーラインは伊藤による）。

> 私は，女性保護法の制定にあたって，女性や女性の労働がどう把握されたのか，という認識レベルの問題が決定的に重要なファクターとなったと考えている。現状の認識の仕方によって，その解決の方向性，つまりあらたに構築されるべき社会秩序や労働秩序も決まって来るからである。最近の歴史学の「言語論的転換*」は従来の認識論に決定的批判をつきつけ，言語による表象は社会的現実の反映というより，むしろ非秩序だった世界から秩序だった世界を構成する言語化という行為によって「現実」が構築されると主張している。女性保護法の制定時における言説も，女性たちの実像を言語化したものと言うより，むしろ言語化によってジェンダー間の差異を明確にし，「保護されるべき存在」としての「現実の女性」を構築するものだったと言える。
>
> 工場法における女性保護規定は，労働者を男性労働者と女性労働者という，ヒエラルヒー関係を伴う二つのカテゴリーに明確に区分する試みで

7）ビスマルクは，労働者保護立法ではなく，各種社会保険立法に力を入れた。

あった。それゆえ工場法の制定過程は同時に，二項対立的なジェンダーの構築過程でもあり，労働者がジェンダー化されていく過程でもあった」(姫岡　2004：100)。(＊この書では「転換」。後に「転回」ともいう。伊藤)

こうして，姫岡はいわば，「言説」の吟味をするわけであるが，その対象に，当然ドイツ社会民主党（当時の党名では「ドイツ社会主義労働者党」）の論者たちが入る。ベーベルや，クラーラ・ツェトキーンも入る。その際，姫岡の文面で私が気になるのは，工場法はあくまで，労働者保護法（Arbeiterschutzgesetz）であるから，それを女性労働者に適用する場合は，女性労働者保護法（Arbeiterinschutzgesetz）であって，姫岡がいう「女性保護」ではない。姫岡は「女性保護」を定義していない。私が読んでいる範囲の原書に「女性保護」に対応するドイツ原語は見当たらない。この点は読者に注意していただきたい。「女性労働者保護」と「女性保護」では，その含意が全く異なる。

クラーラについては，1889年の第2インターナショナルパリ大会での演説からすでに，姫岡によって，その「言説」が注目されており，その翌年1890年からクラーラが「言説」の立場を変えたと指摘しているが，それはあたらない（後述）。

本章では，クラーラの論稿は，あくまで1885年から1889年に至るパリ時代のものをあつかうが，あらかじめ姫岡の指摘を念頭に置いておきたい。それ以降のクラーラへの姫岡の言及は，第7章でとりあげる。

(2) クラーラの最初の論稿「社会民主主義と女性労働」（無署名）

「社会民主主義と女性労働」は，1885年の『デア　ゾツィアルデモクラート』Nr.1（1885.1.1）に掲載された無署名の論稿である（Zetkin 1885）。当時，ドイツ社会民主主義者の中にあった，女性労働の工場労働への進出をどう見るか，議会に提出する労働者保護立法[8]のなかで，女性労働をどうしようとしてい

8）1885年3月11日，アウグスト・ベーベルは，ドイツ帝国議会の営業法改訂のために「社会民主党の労働者保護立法提案」（Bebel 1885）について演説した（Bebel *Ausgewählte* 2/1：260-270）。

るか，女性労働者の排除ではなく，健康と公序良俗に害ある女性労働の禁止でなければならないということを明白に主張したものである。彼女の考えを要約すると次のようになる。

「女性労働」について，「女性労働の完全な廃止」の要求は，なんら社会主義的な要求ではなく反動的なものである。社会主義的綱領をとりあげてみると，アイゼナハ綱領は，Ⅲ項の8で「女性労働の制限と児童労働の禁止」を要求したが，ゴータ綱領はⅢ項の5で，「児童労働とすべての健康と公序良俗に害ある女性労働の禁止」を要求している。外国の綱領を引き合いに出すと，フランス労働党のいわゆる最小限綱領で女性労働は，「男女労働者の同一成果にたいする平等賃金[9)]」という要求をあげている。

社会主義者が「女性労働の完全な排除」という要求をたてたなら，それは，社会主義諸党として矛盾である。女性労働は，賃金を一般に引き下げるために今日資本によってもっとも好んで使われる手段の一つであり，そして，女性労働がそれにたいして抵抗する場合，抵抗は，女性労働の導入と結びついた賃金あるいは労働者の生活水準の切り下げに対し，また，それらと結びついた健康関連の障害に対して反駁する限りで正当性を持つ。

工業女性労働が，今日もたらしているあらゆる困難にもかかわらず，ベーベルがいうように，それは，職業の自由，住居移転の自由，結婚の自由の開始の意味を持つ。

ゲードやラファルグも，彼らの実践的小冊子において，労働党の綱領について，初めにプロレタリアートが，工場に女性が入ることに抵抗し，やがてそれを承認しなければならなくなったことについてのべている。近代的工場で働いている女性労働者の数は，非常に大きく，女性労働の排除は，現実に不可能になっている。

フランスの同志たちの考えは次のようである。

もし，女性労働者の排除が可能であったとしても，そういう方向に力を

9）対応する原語は，Gleichheit der Löhne bei gleichen Leistungen für männliche und weibliche Arbeiter，である。

尽くすのは適切ではない。工業女性労働は，今日，資本主義社会のもとでは災いであるにもかかわらず，労働時間が著しく縮小され，搾取者の利潤が排除された新しい社会においては，彼女は，男性の経済的従属から解放され自ら生きることが許されることによって，女性のための恵みである。なぜなら，彼女は自らの力で生きることになるからである。

女性は，自らに属すべきものであり，女性は彼女の人生に関する自由を取り戻すべきである。女性は，男性抜きに固有の力によってその存在を見出すことが出来なければならない。

労働者党は，工場女性労働の禁止を要求してはならない。労働者党は外国人労働者の国外追放もしてはいない。それどころか，外国人労働者を，その土地の労働者より安い賃金で雇うことを禁止さえしている。これがフランスの事情である。

ドイツにおいては，1875年の国勢調査が，女性人口は，男性より741,632人多いという結果となった。これに加えて独身男性の数が増大している。人は，特定の仕事に割り当てられた女性人口から利益を得ている。

上記のように，クラーラは，この小論で，社会民主党は，「女性労働の禁止」という要求の，空想的で反動的な性格に反対するといっている。彼女は，フリードリヒ・エンゲルスの1884年に出版された『家族・私有財産および国家の起源』をとりあげ，「女性の解放は，女性が大きな社会的な規模で生産に参加することができ，家事労働がわずかしか女性をわずらわさないようになるときにはじめて，可能になる。そして，こういうことは，近代の大工業によってはじめて可能になったのであって，この近代の大工業は，女性労働を大きな規模で許容するばかりか，それを本式に要求しており，また私的な家事労働をもしだいに公的な産業に解消することにつとめる」という個所を引用し，注目している。この個所は，さまざまに曲解もされるが，女性の解放，男性との平等な地位は，女性が社会的な生産労働から遮断され，家庭の私的労働に制限されている限り，不可能であり，不可能なままであることを強調する。

以上，クラーラの処女論稿が，女性労働問題から，しかも，アイゼナハ綱領とゴータ綱領を引き合いに出す所から始まり，エンゲルスを引用していることに，それ以降のクラーラの理論展開の出発点として私は注目したい。女性労働問題を論ずる時，労働者保護立法のなかでの女性労働者の扱いと平等(男女平等の組織，待遇，選挙権)，つまり「保護と平等」の関係が，1890年代どころか，100年以上を経ても，今日まで尾を引く問題とされている。それらを，労働者の利益を代表する政党が綱領にどう盛り込んでいくかということは重要な問題である。

ドイツ労働者党である社会民主主義の政党は，1885年時点まで，1869年のアイゼナハ綱領と，1875年のゴータ綱領をもち，アイゼナハ綱領よりはましなゴータ綱領で，多くの女性工場労働反対者の存在の中で，それらの意見を克服しきれないままで1885年に労働者保護法の改訂を議会で要求しようとしていたのであった。クラーラが，論文を世に問い始めたのはこのような時期であった。要するに，論点は，ドイツ社会民主党内にもある「工場女性労働の絶対禁止」論者への反論であったのである。

翌1886年8月，『デア　ゾツィアルデモクラート』紙上で3回にわたって連載された「社会民主主義と女性労働の問題――綱領問題への寄与」(Zetkin 1886a)は，徹底してゴータ綱領の「健康と公序良俗に害あるすべての女性労働の禁止」条項を取り上げ，これを綱領の改定に際して検討を要する文言だとしている。

クラーラは，「わが綱領の改定に際して，健康と公序良俗に害あるすべての女性労働の禁止は，検討を要する問題の一つである。女性労働者の保護の問題を解決するに容易でない……」，「しかし，私は，人は，正義感，さらに，未来の両性の母である女性の搾取について憤激する感覚，何か他の感覚に訴えるということではなく，原則的に正当な姿勢というものがあるという考えをもつ」として，「私は，社会主義の観点からの『健康と公序良俗に害ある女性労働』の禁止というわれわれの要求を吟味するだろう。そして私は，要求は，われわれにとって立場を悪くしてはいけないという証拠を証明することができると信じている」といい，「健康と公序良俗に害あるすべての女性労働とは何か。どのような基準を当てはめるべきか。あるいは，今日の一般の労働でどのような部門がそのようなものか，女性にとってのように男性にとっても同様に有害な作業はないのか。」と詰めていくが，「現代社会は，健康と公序良俗に害あるすべての女性労働を禁じることは全くできない」として，「繊維産業と女性と子どもの労働が演じている役割だけを考えている」と当時の焦眉の問題に限定した。

メーリングは書いている。

　この年に，散発的に60年代および70年代にはじまっていた婦人労働運動が，はじめての高潮を経験し，ささやかではあるが実際の成果をおさめることができた。政府が縫い糸に関税をかけようとしたとき，ベルリンの既製服女性労働者がはげしい抗議をしたので，帝国議会は，下着製造工場および既製服工場における婦人労働者の実情を調査することを決議した。政府のまったく表面的で不十分な方法をもってしても，この調査は，婦人労働力のこの膨大な搾取領域におけるものすごい状態をあからさまにした。それは，経済の発展の全体の中で順次おこなわれるいろいろな生産方法と経済組織の種々の見本を展開していて，手工業，家内工業，商人資本，苦汗制度，問屋と製造業，中企業と大経営，世界市場目当てに製造する輸出工場，地方的需要の充足をめざす商会，注文生産の零細工場，手工労働と機械，工場や作業場，地下室や屋根裏における作業等々が並存しているが，これらのすべてに共通していることは，婦人労働力を骨の髄までしぼりとることである。政府の報告者さえも，かなりあからさまに，飢え死にをするかもしくは売春をするかが，その家族によって扶養されることのない婦人労働者にのこされた唯一の選択である，と認めている。このような恐るべき光景も，公認の「社会改良家」にはいささかの感銘も与えなかった。ビスマルクは，大地主と大工業化の「窮状」を救済するための仕事で手一杯だったのだ（メーリング　1960＝足利他訳　下1969：483）。

1885年3月，ドイツ帝国議会で，ドイツ社会主義労働者党の国会議員団が労働者保護立法を提案したが，ビスマルクは社会主義者鎮圧法施行下においては労働者保護立法には反対で，社会保険立法に主眼を置き，3つの社会保険法（1883：健康保険法，1884：労災保険法，1889:障害・老齢年金法）を施行してきた。

1885年の「社会民主主義と女性労働」は，ドイツ語で書かれた初めてのクラーラの無署名論文であるが，その背景をみると，1885年3月，ドイツ帝国議会で,「ドイツ社会主義労働者党」の国会議員団が労働者保護立法を提案したという事実がある。労働者保護立法は，1877年1月以来，女性労働者の保護も含めて同党によって提案され続けていたものである。すなわち，危険労働の規制，工場日曜労働の禁止，9時間標準労働日，女性労働者・18歳以下の労働者・見習いの8時間労働日，夜間労働の禁止，妊婦と産婦の相応の就業禁止期間の要求，就業規則の制定,女性労働者と見習の保護規定の強化などである。

1885年のドイツ社会主義労働者党の労働者保護立法草案は大きな意味を持ち,帝国議会におけるその採択を要求する請願書は50万人を超えていた。

しかし，こうした政策は，前述の引用のように，今日のジェンダー歴史学から批判を受けているというわけである。

3　小冊子『現代の女性労働者問題と女性問題』(Zetkin 1889h)

1889年のクラーラ・ツェトキーンのパリ時代の代表作として，この小冊子を取り上げる。

この小冊子『現代の女性労働者問題と女性問題』について，ヴェルナー・テネセンは,「この小冊子は，明解で理論的密度も濃かったから，女性解放文献の中でももっとも重要な作品であると同時に，ヴァイマール時代に女性解放理論が解体するまでの，後の社会民主党の女性解放政策の規範ともされていた」(Thönnessen 1969：46) と評価し，アルブレヒトらもほぼ同様に位置づけている (Albrecht, *et al.*, 1979：18)。

この40頁の小冊子は，Ⅰ，女性の経済的地位における革命，Ⅱ，女性と公的生活，Ⅲ，女性と子どもの教育，Ⅳ，要約という章構成をとっている。

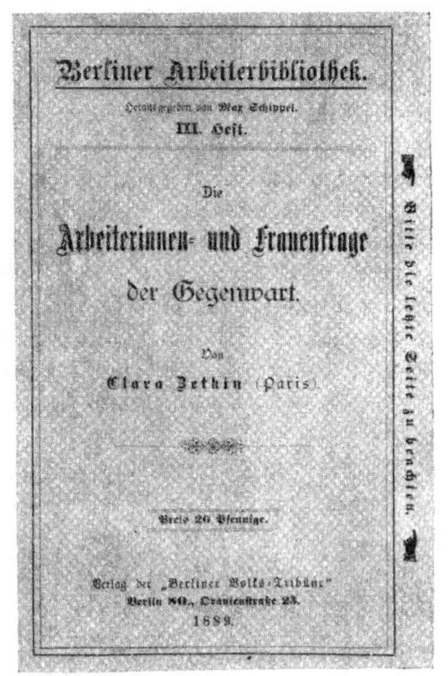

Die Arbeiterinnen- und Frauenfrage der Gegenwart

写真4-1　クラーラ・ツェトキーンの『現代の女性労働者問題と女性問題』（1889）の表紙

内容を見よう。

(1)　女性の経済的地位における革命（第Ⅰ章）

この章でクラーラ・ツェトキーンは，近代の経済的変化が女性諸階層にどのような影響を及ぼし，それ以前の時代の女性の社会的・経済的地位をどう変化させたか，とくに労働者階級の女性にその影響はどのように現れ，男女労働者が何をなさなければならないかについて述べている。以下要点をみよう。

まず第1に，クラーラは，女性のおかれている基本的状態についての認識を歴史的に叙述する。クラーラは，「女性の状態は，常に生産活動に従事する人民大衆の状態と一致する。大衆の状態と同じように女性は従属しており，無権利である」（Zetkin 1889h：3）といい，ギリシャ，ローマ，中世・現代の女性が，それぞれ，家内奴隷，農奴，賃労働者の状態と同じであることについてふれる。そして「現代の女性は，少しもよい状態になっておらず，多くの点で，現代の賃労働者より悪い状態にある。賃労働者と同じように女性は搾取され無権利である。いや，たいていの場合は，二重に搾取され，二重に無権利なのである」（同上）という。クラーラは，女性の地位は，社会的な生産関係を基礎とするその時代の状況に規定されており，社会的生産関係のもとで形成される女性の「弱さとか遅れ」というような特性は，固定的なものと考えられるようになったと説明する。

この冒頭部分で気づくことは，彼女の理論は，すでに女性が抑圧された状態におかれた時点を出発点としているということである。すでに，ベーベルやエンゲルスの影響を受けていた彼女は，女性の社会的に従属した地位は，私有財産の発生にもとづいていることにはふれている（同上）が，その点を積極的に論じるのではなく，力点は，現代（＝資本主義経済体制）以前か，以降かということにおかれていた。

第2に，クラーラは，上記，現代以前の女性の地位について述べ，「現代」以前に，今日的意味での女性問題は発生し得なかったことを説明する。彼女によれば，「女性は狭く限定された領域の中で，共同体的家政の最も重要な生産力であった。女性は家族の繁栄と発展のための労働を課されていた。しかし，女性は，彼女の身分については義務だけをわりあてられ，その権利をうけとってはいなかった。男性はいわば，彼女を終生扶養する代価として，女性の労働力を搾取する責任ある家庭経営者であった。」，「女性は労働の原始的分業によって家にしばりつけられて」（同上：5）おり，生産が古い労働手段をたよりにしている限り，その活動領域を拡大することができなかった。女性の時間と労力は，家族維持のために必要な実用品の生産のために費やされていた。このような経済的土台の上では，たとえ女性は，社会的に無権利状態におかれていたとしても，立派な家政の処理者としては尊敬をはらわれていたという。

古い経済的諸条件のもとでは，主婦の役割は意味をもっていたが，現代の生産様式は，男女に，家庭の内外で全く異なる役割を与えることによって，「今日の主婦の役割と過去の主婦の役割との間に根本的で決定的な相違」を生じさせた。このように，家庭の中での「女性の生産力」によって消費物資が生産されていた時代には，「言葉の現代的意味における女性問題」（同上：6）は存在しなかったと，クラーラはみるのである。

第3に，クラーラは，現代の女性問題が発生する土台となった経済的変化を論じている。「女性問題は，むしろ現代の労働問題と同じように，機械による商品生産や，蒸気や電力の利用によって変革された工業，すなわち，大量生産の子である。それは，政治的問題でも，倫理的問題でもなく（政治的・道徳的要素に連なってはいるが）一つの経済的問題である」（同上）。大工業・大量生産は，家庭内で行われていた生産活動を社会に移し「家政の必要物資」を安い値段で提供したので，不完全な道具をもってする家庭内生産は，時間と労力の浪費となって，「古き良き祖母の時代からの主婦の役割は，その経済的意味と根拠を失う」（同上：7）こととなった。

クラーラはさらに，衣生活，食生活面での生活必要物資やサービスが大量生産によってどのように社会から供給されるかを述べたあとで次のように要約する。「それゆえに生産手段の発展は，家庭の中での女性の活動の経済的土台を破壊したが，同時にまた，女性の活動のための諸条件を，社会に，すなわち戸外の『生活の市場』（Markt des Lebens）につくり出したのである」（同上：7-8）と。

第4に，クラーラは，このような経済的変化が諸階級の女性にどのように影響したかを検討する。彼女はこれを3つの階級，すなわち，「ブルジョア女性」，「中流の女性」，「女性大衆・無産階級の女性」に分けて論じている（同上：8）。「ブルジョア女性」は一般に「彼女が自由になった時間」を「楽しみや娯楽」に使うが，「例外として，まじめな精神的仕事や，基礎的教養の習得や，体によいスポーツの練習」にもあてた。次に「中流女性」は，「彼女たちの古い生活諸条件の崩壊」から，いわゆる「自由な職業（教師とか看護とかの）や芸術的領域の産業」に就いて収入を得るようになった。そしてこの階級の女性から「女性教育運動」が起こったが，それは「中流の没落と併行して展開した」のである。これらにたいして「女性大衆・無産階級の女性」の場合「新しい活動領域はすなわち工場」であった。すなわち，経済的変化は，どの階級の女性に対しても，その「活動は，最終的には家から社会に移され」（同上）るような，そういう影響を与えたのだとクラーラ・ツェトキーンは主張するのである。

女性問題を，女性を一括りにせず，各所属階級ごとに分析するというのがクラーラ・ツェトキーンの独自性である。クラーラが「ブルジョア女性」という場合，今日一般に日本語でいう「市民階級の女性」という意味ではない。なぜなら，「中流の女性」を「ブルジョア女性」から区分しているからである。クラーラが「ブルジョア女性」というのは，経済的に資本家階級の一員である女性という意味であると考えられる。

第5に，クラーラは，この経済的変化が，特に「無産階級の女性」に何をもたらしたかを詳論するが，その際に強調するのは，プラスの側面，つまり女性の経済的独立であった。新しい生産様式は，肉体的に弱い女性の就労も可能にしたが，労働力が過剰になり，産業予備軍，失業者を生み，賃金を低下させ，男性の賃金だけでは家計維持ができなくなり，女性の稼得がこれを補わなければならなくなった。そして「女性の活動は，倹約することから稼ぐことに変わった。しかしそのことによって女性は，男性なしに生きる能力を得た。それは，女性にはじめて，完全に自立した生活を可能にする能力を与えたのである」(同上：9)。クラーラはさらに，「新しい生産関係」は，女性の「これまでの家の中での活動を破壊しただけでなく，古い男性の支配の上にきずかれていた家族をも転覆する」，そして「工場に移された女性の活動は，習慣的な家庭生活を破壊するが，経済的自立と同時に一般に女性の解放への最初の礎を築いた」(同上) といっている。しかし，「生産諸関係において男性から経済的に自立した女性は，まだ，政治的・社会的に男性の後見を受けており，公権喪失の状態であった」(同上)。

この問題は，Ⅱでとり上げられるが，ここで注目する必要があるのは，クラーラが女性の経済的自立を強調している[10]ことである。

第6に，クラーラは，女性が工業に引き出されたことから生じる労働市場での矛盾と，その中でも女性労働が増加する必然性について述べる。

「工場女性労働はたちまち，資本家が期待する巨大な経済力となった」(同上：10) が，女性労働は特別安く売られたので，男性労働力や児童労働との競争がはじまり，その結果賃金が幾重にも引き下げられた。女性の賃金が安い理由としてクラーラは，これまでの女性の無収入労働が低く評価されてい

10) もちろん，ここでいう自立が，男性と対等の経済力という意味でないことは次の叙述ですぐ明らかになる。

たこと，女性の労働力が少ない出来高しか生産できないと考えられていること，さらに，女性は無欲とみなされ，家計の一部だけを補助する労働と思われ，家事へ戻る一時的就労とされていたこと等をあげている。そればかりではなく，女性は，社会的諸関係について無理解で連帯感が不足しており,「順応しやすい従順な労働力」と見なされていたことを指摘する。このような中で女性労働者と男性労働者は反目する。

重要なことは，女性労働者をひき出す生産諸条件は,「自然法則のように不可避的な経済的必然」(同上：11) であり，資本家が女性を雇用するのはこの必然性にもとづくものであるということである。この過程で，賃金が低下し，やがて男性が妻子の生活費を保証することが難しくなり「女性の稼得活動が永遠不易の必然事となる」(同上：12) とクラーラはいい切る。

第7に，この経済的必然はどういう方向に進むかがのべられる。クラーラは，議論を前へすすめる。「女性労働と機械」が賃金を下げるのではなく，現代の生産様式がこの両者を「資本主義的に利用する」結果が賃金を下げるのである。そう理解したうえで両者を見れば，まず，機械が，労働を簡潔にしてかつ時間を節約し，大量生産によって高度に発達した社会をつくって，その意味で「人類を解放した」ように，女性労働は，女性の解放・男女平等を可能にする「経済的土台を創造した」(同上：12)。矛盾の解決は,「社会形態を，新しい経済状況に調和させることにかかっている」のであって，私的所有を社会化し，生産を社会的生産とすることによって，女性問題は労働問題と同じようにその解決を見出す。そうすることによって「人間と機械との間の，女性労働と男性労働との間の矛盾はたちまち消え失せる」(同上：12)。であるから，女性労働を，女性と子どもの健康に有害な場合をのぞいて禁止したり制限したりすべきではない，という結論になる。

では，最後に男女労働者は，この矛盾の中で何を為すべきなのか。クラーラは，男女労働者の利益を統一して,「労働者の利益」として資本家の利益に対立させよと主張する。女性の工業化が，男性プロレタリアートの利益と敵対関係の中ですすむべきではない，というのが彼女の結論である。

クラーラはいう。「工場女性労働者が組織され，経済的･政治的に啓発され，それによって彼女が諸関係を明確に認識して，向上し，たたかうプロレタリアートに与することが，何より重要なことである」(同上：14) と。そして彼女は「女性労働者の組織と啓発，経済的・政治的平等のたたかいは，単に社会主義運動にとってのぞましいばかりでなく，そのことが社会主義運動にとってますます死活問題になってきているし，これからもそうなるだろう。工業の発展は生産から男性をますます排除し，女性プロレタリア軍がはるかに増大しているのだ。男性プロレタリアートによってだけでなく，数百万の工場女性労働者によってになわれる社会主義運動は，2倍の早さで勝利に向かって，全労働者階級の政治的・経済的解放にむかって導かれるにちがいない」(同上：14) と，第Ⅰ章を結んでいる。

(2) 女性と公的生活 (第Ⅱ章)

クラーラは，第Ⅱ章で，第Ⅰ章でみた新しい生産様式のもとで経済的に社会的活動をする女性は，公的，政治的場面にも参加して，自らを圧迫している政治・立法にも発言しなくてはならないことを主張する。

選挙権の要求，労働者保護立法，各種保険組合，集会・結社権の要求がここでとりあげられ，一言でいえば「生産力として女性が持つ経済的意味に，政治的・社会的権利が相応する」(同上：21) ことが必然となっていくというのである。クラーラの書いていることを要約して追ってみる。

女性は，自然的で閉鎖的社会では，大きな被害もなく，社会の公的生活から切り離されていた。男性も当時は狭い領域でのみ公的生活に参加していた。小規模経済と地域市場は，従来からの生活に適合しており，男性にも女性にも同じように適ったものだったのである。新しい生産諸関係の発展，つまり小規模の地域的なものから，大規模な国民的なもの，そして国際的なものへの社会の経済的諸関係の発展は，公的生活の性格にも同じような発展の経過を引き起こさざるを得なかった。地方分権主義(パルティクラリスム)は，国際主義 (コスモポリタニスム) に地位を譲るためにナショナリズムに道をあけなければならなくなった。

階級対立と生存競争の支配のもとで，ブルジョアジーは，革命を通じて，政治権力を所有し，生産関係と市場関係を彼らの利益と権益を統制のもとにおいた。ただ，ブルジョアジーの権力・諸関係の維持のために，すべては作りかえられた。「教会，学校，新聞，そしていわゆる教育施設は，階級国家の手中に，プロレタリアートをだまし，欺くすぐれた道具であることが明らかになったのである」(同上：16)。

公的生活への労働者の積極的参加に関しては，なお納税者に限られていた。原理としては，公的生活への男性世界の参加が公認されていたのであったが，「女性は別である」。女性の地位は，たいてい，経済的地位と社会的・政治的権利の間に，はなはだしいギャップがある (同上：16) とクラーラは書いた。

大規模な生産が，女性が家族の必要のために必需品をもはや生産しない小規模生産を押しのけたその日から，彼女たちの利害もまた家族から社会に移された。家族の生活諸関係の大部分は，もはや家長の個人的意思では決まらず，最終的には，市場関係を通じて，政治的状態によって影響され，決定されるようになった。生活費を確保する稼ぎ高，労働時間の長さ，しばしば職業の種類，余暇時間や休日など，家庭生活の基盤もまた，もはや男性の意思によってではなく，資本家によって，生産と市場の必然に左右されるようになった。

家政のための必需品の価格は，家族の範囲内ではなく，しばしば，一層広い範囲で発展した公的諸関係と政治的尺度がものをいう。競争は，植民地問題と保護関税を引き起こし，そこではたちまちに，家政のすべての必需品を高騰させた。新しい生産改良は，今日は父を，明日は男性を解雇して失業させた。

クラーラはいう。「要約すれば，女性は，家族の外側にある，彼女の全生活と彼女に関するすべてを支配し規定する社会的権力と制度に，いつでもどこでも，妻として，家政婦として，母として，引き合いに出されるようになる。」(同上：18)。

社会的諸関係は，彼女たちに新たな重荷を負わせ，この関係が，どのように，なぜ，彼女に際限のない義務を与えるのかを教えず彼女の権利を要求すべきではないとされた。社会生活において「労働力」となった女性は，資本家に従属させられるという関係に入る。彼女にとって公的生活への参加という関心が起こるのは必然である。

女性工場労働者は，国家や社会の直接的影響をうけ，要求を出し，抗議をしなければならなくなった。とりわけ，公的生活に関心を抱くことは彼女にとって，選挙などの際に，決定的なものとなる。労働者保護と工業法（Gewerbegesetz）の状況は女性労働者にとっても男性労働者にとっても最も重要である。女性労働者にとっては，資本家が彼女たちを，法的に，日曜日や祭日に定めなく長時間酷使することができるかどうか，夜間労働や超過労働勤務をし，危険な産業部門への従事によって，彼女たちの生命が縮められているか，あるいは8時間の正常労働に従事しているか，休日があったり夜に睡眠をとれるかどうかが，非常に重要である（同上：19）。

男性労働者なら彼の賃金を恒常的にひどく引き下げられる時，あるいは彼が，少なくとももっとも必要不可欠な生存条件を保証する最低賃金にぎりぎりで雇われるのを強いられる時，我慢するだろうか。衛生学上や安全対策統制の監視に関する法律，疾病，老齢，傷害保険組合に関する法律は，女性工場労働者に対しては，男性プロレタリアートに対してとくらべて，効果があがらなかった（同上：20）。

集会や結社の権利についての規定は，女性の生活にとっても，男性に対すると同様同じ重要性を持っていた。集会の権利は，彼女に共同体の利益をこえた関心に対する要求を出すために必要だった。税金や公課は，女性生産者として，女性消費者として，彼女に負荷をかけた。

今まで，旧態然たる習慣や，男性のエゴイズムが，女性の無関心と同様，女性の，公的生活への参加への道をふさいできた。しかし，現実のやむにやまれぬ論理が，政治的・社会的に，彼女に権利を要求させるようになった。女性が今日の生産のなかで演じ，日々意味あらしめられる役割こそが，男性の意志とともに，あるいはそれに反して，それどころか，彼女自身の意志に反してさえも，女性に権利を要求させるようになったのである（同上：22）。

以上が，第Ⅱ章の大意である。

(3) 女性と子どもの教育（第Ⅲ章）

第Ⅲ章は，内容的に3つの部分とそれにつぐ結論的要約部分に分かれている。まず，第Ⅲ章第1の部分で，クラーラ・ツェトキーンは，これまでいわれてきた女性の育児天職論が，どの階級の女性にもあてはまらないということを，諸階級の女性の子育ての実態を分析しながら論証してみせる。

クラーラはいう。すでにみたように，経済的諸関係は，主婦の家庭内での活動・その機能を無意味なものとし，女性の活動や関心を家庭から社会に移した。しかし，「女性の天職は母性であり，子どもを教育することだ」（同上：23）という考えや「道徳的根拠」をあげて，女性が社会で権利を主張することに反対するものがあとを絶たない。こうした考えは次の2点で難点をもっている。第1に，女性の多数が「母親の義務を遂行する状態におかれていないしその可能性もない」（同上）という事実を全く考慮に入れていないということ，第2に，「母として子どもの側にいる女性は本当に十分な教育者なのか。そしてまた彼女は，今日の諸関係のもとで教育者でありうるのか。」（同上：24）という疑問が生ずることである。この難点を論証するためにクラーラは，「ブルジョアジーの女性」（彼女は，上流社会あるいは，大ブルジョアジーとも，言葉を置き換えている）と，「プロレタリア女性」の両者の子どもの教育の実態を分析する。

前者では，子どもの教育は，母親によってではなく，金を払って雇った「肉体的・精神的賃労働者」あるいは「専門家」にまかされている（同上）。「母親の義務は，これら専門家を選ぶこと，給料を出すこと」にすぎず，この階級の母親は，自分の子どもの発達にほとんど影響を与えることがない。これに対して，後者「プロレタリア女性」は，貧困によって女性の家計補充のための労働が増え，母親が子どもの教育にかかわりあう時間をもたないのである。

このように両階級とも「教育は，主に家族の絆によって結び付けられた人々の仕事や課題ではなく」なる（同上：25）。新しい生産諸条件は結果的には両階級の女性に等しく「女性を家事労働からだけでなく，一部においては子どもの教育からも解放する」（同上：26）ことになる。しかし，両者の間には，背後に「ぜいたくな不精」と「誰の目にも明らかな過労」という根本的差があるのだ。「資本家の妻」は，子どもの教育のためにふさわしい専門家を選ぶのに，「労働者の妻」は，安くて長時間仕事にありつけそうな人を選ぶ。では，プロレタリアの子どもは実際どのようにして育てられているのだろうか。クラーラ・ツェトキーンはその実態を詳細にのべる。この部分は，クラーラの労働者状態論ともいうべき個所である。また，この労働者状態を基礎に据えていることが，クララの教育理論の特徴である。

労働者階級の子どもは，昼休みに母親が工場から家へかけつけるとか，少し年上の姉か，隣人に見てもらうか，商売として保育業を営んでいる他人に金を払ってたのむという方法がとられている。子どもは母乳のかわりに，まぜものを入れた薄い牛乳や，いかがわしげな「乳児食」を与えられている。女性労働者がよい託児所（Die Krippe）か，幼稚園（Der Kindergarten）に子どもを入れることが出来れば幸運である。乳児期を過ぎれば，放任された子どもには，さまざまの危険が待っている。子どもが小学校に入ると母には，その学校がどんな内容の所であろうが，「重大な災害を防止する監督という意味を持つ」（同上：27）。労働者の妻は，「短い休憩時間，就業後，日曜または祭日」にしか子どもの発達に影響を及ぼすことができないが，そうした自由時間はまた「パンのための労働時間に生じた遅れをとり戻す」時間でもあり，家事を処理しなければならない[11]。

では「プロレタリア女性は，どのようにして彼女の子どもの発達にかかわればいいのか」（同上）という問題が提起される。

ここで，クララは「小ブルジョアジー」の階層にも目を向ける。小ブルジョアジーが分解し，この階級の女性の一部は大ブルジョアジーを模倣するが，多数はプロレタリアになり「女性裁縫師，女性刺繍師，女性教師としての片手間賃仕事」をやるようになる。彼女たちは，労働者の妻と同じ状況におかれ，「子どもの世話や教育はこの階級においても母親の手から離れる」（同上）のであった。

子どもの教育と世話は，古い生産諸条件のもとでは，「長期にわたって専ら母性機能でありえた」（同上：28）が，現代の生産諸条件はこの機能を奪い，家庭生活はこの側面でも転覆させられた。「転覆の過程は残念ながらまだ終わっていない。古いものと新しいものとの闘争，過渡期の困難な諸条件は，子ど

11）クララも，ベーベルも，労働者階級の女性が，家事育児を引き受けている現実から出発するのが常であった。これにたいし，ジェンダー論者が，役割分担を疑問と思わず肯定しているといって批判している叙述が目につく。まず，現実がどうであるかの認識と，その肯定は別問題である。

もの教育に関してもその無情さをはっきりと露呈する」。「子どもの教育は家族から社会に移されるであろうし，移されなくてはならない。それは，母親の手から言葉のもっとも広い意味における教育者（der Pädagoge）の手に移るだろうし移らずにはいられない。女性はもはや，彼女の個人的才能や資質に応じ，社会の必要に応じて，社会的活動に従事するにあたって，主婦としてだけでなく，母としても自由になる。女性の立場はこうした点でもまた，ますます男性に似たものとなろう。あらゆる感傷的反動家たちは，このような必然事を少しも変化させることはできない」（同上）とクラーラは書いている。

この章の第2の部分で，クラーラは，教育の目的にてらして，子どもを教育するものにはどのような条件がそなえられなければならないかを考察する。

まず，第1の部分でのべたような事実は一般に悲しむべきことなのかとクラーラは問う。たしかに，「母親は乳児期・授乳期には『自然の』つまり子どもの間の自然的諸関係によって規定されている教育者であり，養育者である」（同上：29）が，乳児期以降は，母親から教育されようと第三者から教育されようと子どもの発達自体には関係がないとクラーラはいう。彼女の見解によれば，ここで必要なのは，「母親による教育」ではなく，子どもの発達の法則をよく理解した「思慮深く愛情深い教育」なのである。そして分業の発達と女性の稼得労働への従事という両面から，子どもを教育することは，一つの訓練された専門的職業となる。しかし，人はその事実を認めず，「女性が子どもの教育者であるべきだ」といい続ける。クラーラは，教育の仕事は，他の職業と同じく，「天賦の才能と，必要な技術的訓練と，できるかぎり高度で多面的な発達」（同上：31）という3つの条件が備わっていなくてはならないと主張する。

しかし，この条件は，多くの女性にあてはまるわけでなく，女性だからといって生まれつき教育という職業に向く才能をもっているわけではない。したがってこの才能は他の場合と同じく「個人によるものであって，性（das Geschlecht）によるものではない」（同上）。数千年の長期にわたる経験の継承によって女性は男性より子どもの教育の適性があるように思わされているが，これも多くの場合，「女性の一面的な発達によって天性の才能はのびなやみ」（同上：31），衝動のままにとどまるのだと。クラーラは，教育の目的とそこから規定される教育者の資格を次のように言いあらわす。

「教育の目標・目的は言葉の完全な意味で子どもを一人前にすることである」。「教育の目標は，子どもの発達を支配する肉体的（身体の），心的（精神の）法則を知ることなしには達成されず，また，その中で子どもが発達する自然的・社会的環境を理解することなしに達成されることはできない。それはまた，上記の法則にもとづいた教育学的方法についての知識及び認識なしには完全に達成されることもできない。職人であれ，技術者であれ，それに細工を施す素材を知らなければならず，素材の造形に必要な，確実な技術的・専門的こつを意のままにできるものでなければならず，加工に最も適すると思われる方法を知らなければならず，教育の職業のための心がまえができていなければならない」（同上：31-32）。

自然は女性に「母性愛という本能」を与えたという見解に対して，クラーラは，「母性愛の本能は盲目的であり，不確かなもの」であって「最良の場合でも，子どもの教育にあたって最悪の事態を避けることはできても，完全なものを与える能力を持たない」（同上：32）と懐疑的である。

「毎日，10時間，11時間，いやそれ以上の時間を工場で働いたり，朝早くから夜遅くまで家内工業に従事している女性は，彼女の教育者としての仕事に関する研究に没頭する可能性をもたない。教育における彼女のかかわりは，彼女があらかじめ子どもに食べさせるパンを稼いだ時，ズボンの尻をつなぎ合せたり，靴下を修繕することに制限されざるをえない」。したがって子どもの教育は「全く知識を持たないかあるいは不十分にしか知識を持っていない女性の手から，職業的に訓練を受けた教育者の手に移らなければならず」，「向う見ずな本能の仕事から，目的のはっきりした科学の問題となる」（同上：33）のである。

この章の第3の部分では，クラーラ・ツェトキーンは教育者たるものは自分自身が教育され，発達したものでなければならず，新しい倫理的価値観を身につけたものでなければならないことを主張する。「教育しようとするものは，自分があらかじめ教育されたものでなければならない」（同上：34）。ところが，男性は，女性を「未発達な生物」と見なしているのに「その生物が，次代をになう世代を教育するために自然によって『選ばれ』たというのだ」（同上）

から矛盾している。「女性解放の敵対者は，女性の劣等を証明するために何巻もの本を書き，そして彼らは他のページでは，この劣等な生物に，あらゆる社会的課題の中でもっとも重要な課題をわりあて，さらにそれを固有の『仕事』として説明することに何の疑念もいだいていない」(同上)。

クラーラはここでゲーテの言葉「もし両親自身が教育を受けているならば，子どもたちも自然にそれを受けとるだろう」を引用し，このことは「第1に母と子にあてはまる」(同上) と云っている。クラーラは第1に「母子関係」を問題にしたのであるが，ゲーテの引用に見られるように「両親」の問題が眼中になかったわけではない。

次に，クラーラ・ツェトキーンは，古い倫理的価値と新しい倫理的価値についてのべる。古い生産関係に新しい生産関係がとって代わり，「新しい道徳的価値観を生み出した」(同上：35) にもかかわらず，「女性はその倫理的価値観をまだ新しい社会関係と一致させることができなかった」(同上)。女性は「社会的出来事への興味をもたず，参加もせず，新しい社会の価値は彼女に知らされないままであった」から，家族愛は強く発達しているが，社会的連帯という面ではたちおくれ，心がせまく，「彼女の個人的愛着の領域以外で動いているすべてのものに対する無関心」(同上：36) が生ずる。しかし，倫理的価値観も女性の所属階層によって異なり，「下層の人々」は，「現代的意味における相対的に高い道徳的発達」をみせ，「連帯」ということも，もっとも身近なものとして把握するが，「小ブルジョア女性」はもっとも保守的で，「彼女たちの価値や道徳についての古くさい観念の中に化石化している」(同上：37) 状況だと云う。

女性の古い道徳的価値はきわめて消極的なもので「うそをいわない」とか「人をだまさない」といったたぐいのものであり，「その倫理的価値の中心には家族がおかれている」(同上)。その結果，「家族と社会とは女性の頭の中で敵対物」となる。新しい社会の中での女性の地位は，彼女の義務と権利についての価値観を大きく転換するはずなのであるが，実際にはそうなってはいない。クラーラは「女性がその古い観点を固執する限り，(中略) 家と社会の中で反動的要素としてとどまる限り，人は，母親を，先天的に子どもの最良の教育者として褒めそやすことはできない」(同上：38) というのである。

第3章の最後の3パラグラフは，この章の要約であり，クラーラ・ツェトキーンの考え方を明快に示している部分なので全訳引用する。

もし人が，こうした法則の正しさを認めるならば，おのずから，今の状態の女性は，少年少女のための定められた教育者だということはあり得ないという結論に達する。だから，現代の状況が女性から教育という役割をとりあげたり，社会がこの役割を引き受けることを良くないことと思うには及ばない。したがって教育における母親の使命が喧伝されて，女性が社会的生活からしめ出されることもまた認められるべきではない。

社会の義務は，母親が確かに自然な教育者・養育者そのものである時期，つまり，妊娠しているときと子どもが乳児であるときに，子どものために母親を保護してやることである。それに続く（子どもの）発達期には，母親は，子どものために，母親――ここでいう母親とは，あらゆる教育上の影響を（子どもに）注ぐものと考えてのことであるが――その母親の代わりを最善の方法でするあらゆる設備・施設を要求すべきなのである。

これと同時に，女性が将来，教育活動からしめ出されると考えるべきでもない。そうではなくて，将来少年少女を教育するときに，女性にはおそらくきっとすぐれた役割をはたす能力があるということが，すでにこれまで暗示されてきている。しかし，『母親』だからというだけで，どの女性でもこの役割をはたしうるわけではない。教育という職務のための天賦の才能と素質があり，これが可能な限り高度で多面的で全面的な発達と結びつき，かつ必要な職務上の特別訓練を受けた女性だけがこの役割をはたしうるのである。女性が自由社会の中で自由な発達をとげて，十分に，人間として成長するとき，女性が自分の新しい権利と義務とを自覚するまでに成長するとき，女性がゲーテのプロメテウスの歌をもって，過去のあらゆる偶然にたいして，すばらしくも誇り高い言葉，『わたしはここにいる。わたしの姿に似せて人間をつくる』という言葉を発することができるときそのときはじめてわたくしたちは，女性について，少年少女を教育する者として適任者であると語ってよいのである（同上：38-39）。

以上が，クラーラが32歳の時に書いた，小冊子の概要である。ここに彼女の女性問題への考えの基礎があった。

女性解放論は，往々にして子どもの教育論を欠き，自己の解放に眼が行くことが多いが，クラーラの女性解放論は，最初から子どもの教育の問題を伴っていた。クラーラのこの理論は，ドイツでも，日本でも家庭教育論，学校教育論の研究対象ともなっている。しかし，冒頭に限定したように私は，本書でクラーラの教育論には触れない。

4　第2インターナショナル創立大会での女性労働問題に関する演説(Zetkin 1889i)

この演説は，クラーラ・ツェトキーンの演説としてはそれほど長いものではない。すでに10年前にアウグスト・ベーベルが『女性と社会主義』を出していて，女性問題の啓発を行っていたとはいえ，まだ女性が政党や国際機関で活躍の場がなかった1889年に，第2インターナショナル創立大会で，女性が当事者として女性の問題について演説するという役割をクラーラは引き受けた。彼女は，すでにみた，1885年からのジャーナリスト的論稿の寄稿や，小冊子（Zetkin 1889h）等を理論的基盤として，1889年7月19日に，はじめて国際的演壇に立ったのである。

ルイーゼ・ドルネマンの伝記によって，当時の状況を補足しておく。

クララ・ツェトキンは大会準備に並はずれた協力を惜しまなかった。過去数年間万国の労働者代表が集会の場にしていた彼女の住居では，しばしば新しい国際連帯という問題が論ぜられ，数多くのきずなが結ばれた。死んだ夫は，いつも新しい労働者インタナショナルについて説明しそれを話題にした。なぜなら，ヨーロッパのすべての国における労働者階級運動の急速な成長，とくにフランスにおける社会主義労働者大衆政党の誕生，そしてドイツ社会民主党の強化は，そうした連合組織を創設する前提条件を生み出していたし，いたるところで階級意識のある労働者は国際的な結集を要求していたからである。オシップがまだ生きていたら，きっと火のよ

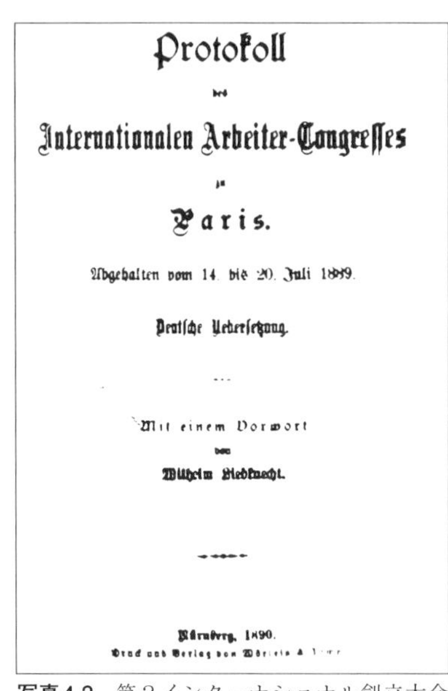
Protokoll

des

Internationalen Arbeiter-Congresses

zu

Paris.

Abgehalten vom 14. bis 20. Juli 1889.

Deutsche Uebersetzung.

Mit einem Vorwort

von

Wilhelm Liebknecht.

Nürnberg, 1890.

Druck und Verlag von Wörlein & [illegible]

写真4-2　第2インターナショナル創立大会プロトコールの表紙

写真4-3　パリ第2インターナショナル創立大会時のクラーラ・ツェトキーン（1889年）

うな情熱をもって大会準備に首をつっこみ，彼女もいっしょに彼の意思どおりに行動しただろうと，クララは思った。だから，友人のポール・ラファルグを委員長とするパリ組織委員会の仕事に全力をそそいだ（ドルネマン 1957＝武井訳 1969：69-70）。

ここでのクラーラの演説は，クラーラ・ツェトキーン演説・著作全集の冒頭に収録されているものでもある（Zetkin 1889i）ので，議事録の全文を邦訳して掲げる。

（1）演説内容

ベルリンの女性労働者代表，市民（Bürgerin）ツェトキーンは，さかんな喝采を受けて，女性労働の問題に関して発言した。彼女はまえおきした。女性労働者の状態は，男性労働者の状態と同じであるから，そのことについて報告するつもりはない。しかし，彼女は，彼女に任を託した女性たちの同意を得て，女性労働の問題を原則的立場から光をあてる。というのも，国際労働者大会が，原則問題を論ずることによって，この問題に関してきわめて明瞭に見解を示すことがぜひとも必要であるにもかかわらず，これについてまったく明らかになっていないからだ。以下詳論した（論稿ではないことを考慮に入れ，です。ます。調の話し言葉で訳す 伊藤）。

反動分子が女性問題について反動的見解を持つことは驚くにあたりません。ところが全く心外なことは，社会主義者の陣営内においても，女性労働の廃止を要求するあやまった見解に出くわすことであります。女性解放の問題，すなわち究極的には女性労働の問題は，ひとつの経済的な問題なのであり，だからこそ社会主義者には，前述のあやまった要求にあらわれる理解ではなく，経済的諸問題に関してのより深い理解をもつことが期待されて当然なのであります。

社会主義者が知らなければならないことは，現代の経済的発展に際しては，女性労働がけっして欠かされないものであるということです。また女性労働の自然な傾向は，社会の個々人が従事しなければならない労働時間が短縮されるか，あるいは社会の富が増大することをめざしているのであり，男性労働力との競争によって賃金を押し下げるのは，女性労働それ自体なのではなく，それをわがものにする資本家による女性労働の搾取なのであることも知らなければなりません。

社会主義者が，まず第1に知らなければならないことは，経済的に従属しているか自立しているかということが，社会的に奴隷であるか自由であるかを決めるということであります。

およそ，人間の顔をしている者すべての解放を自分の旗にかかげているその人々が，人類のまる半分を，経済的に従属させることによって，政治的かつ社会的な奴隷にしておくことは許されないことです。労働者が資本家によって抑圧されているように，女性は男性によって抑圧されています。女性が，経済的に自立しないままでいるかぎりは，抑圧されたままの状態が続くのです。この女性の経済的自立のための不可欠な条件は労働です。女性に，自由な人間的存在，男性と同じ権利をもった社会の成員であることをのぞむならば，いまや，ある特定の個々の例外の場合を除いて，女性労働を廃止したり制限したりする必要はありません。

社会的平等をめざして努力している女性労働者は，女性の権利のためにはでに戦っているブルジョア女性運動に，女性解放のためのなにものも期待していません。これは砂上の楼閣であり，現実的基盤をひとつももっていないのです。女性労働者は，女性解放の問題は，ただそれだけが孤立してあるものではなく，大きな社会問題の一部であることを深く確信しています。彼女たちは，この問題は，今日の社会ではけっして解決されず，社会の根本的改革ののちにはじめて解決されるであろうという，まったく明快な説明が出来ます。女性解放問題は近代の落とし子であります。しかも機械がこれを生み出したのです。

女性の解放は，女性の社会的地位の，根本からの完全な変革，経済生活における女性の役割の一大革命を意味します。不完全な労働手段を伴った古い生産様式は，女性を家族にしばりつけ，彼女の活動範囲を家の中に制限していました。家族の中では，女性は，きわめて生産的な労働力でありました。彼女は，家族にとって必要なほとんどすべてのものを生産しました。昔の生産および商い事情のもとでは，物品を家族のそとで生産することは，不可能ではないにしても，非常に難しいことであったでしょう。この古い生産諸関係が有効であるかぎりは，女性は生産的でありました。この転換は婚姻締結の減少に大いに寄与しました[12]。

機械による生産が家族の中における女性の経済活動を消滅させました。大工業は，小規模生産用の不完全な諸道具を用いる個人工場の場合よりも，あらゆる物品を，より安く，より早く，より大量に作り出すことが出来るのであります。女性は，しばしば，少し仕入れる原料を，機械制大工業の完成品よりも高く買わなければなりませんでした。彼女は，（原料の）原価のほかになお，自分の時間と労働をつけくわえなければなりませんでした。その結果，家族の中の生産活動は，経済的に無意味なもの，労働と時間の浪費となりました。たとえ，一人ひとりの個人にとって家族のなかで生産している女性が有益でありえたとしても，この種の経済活動は社会にとって損失以外の

12）原文にこの一文がついているが，選集ではなぜかこの一文欠如。

なにものをも意味しないのであります。

これが，よき古き時代の立派な主婦が，ほとんどまったく姿を消してしまった理由なのです。

大工業は，家のなかのそして家族のための物品生産を無用なものにしました。それは，女性の家内経済活動の基盤をなくしました。同時に大工業は，社会のなかで女性が活動するための基礎をつくりました。筋力および熟練を要する労働の不要な機械的生産は，広範な労働領域に女性を雇用することを可能にしました。女性は家族の収入を増やすという希望をもって工場に入り込んできました。工場での女性労働は，近代工業の発展とともに不可欠なものとなったのです。そして，現代のありとあらゆるものの改良とともに，それによって男性労働は不要なものとなり，何千人という労働者が解雇され，貧困者の予備軍が創出され，賃金はたえまなく，ますます切り下げられているのです。

かって夫の収入は，家のなかで妻が同時に生産活動をしているならば，家族の生存を維持するのには十分でした。しかしいまや，それは，独身労働者がやっていくのにもほとんど足りないのです。既婚労働者は，必然的に女性の有給労働に期待しなければなりません。

こうした事実によって，女性は男性への経済的従属から解放されるのです。工場で働いている女性は，男性のたんなる経済的従属物としてもっぱら家族のなかにいることは不可能であり，彼女は男性から自立した経済力として，自分を満足させることを学ぶのです。しかし，女性が，もはや経済的に男性に従属しない以上は，男性への社会的従属ということにたいする理屈にかなった根拠はなにも存在しません。それにもかかわらずこの経済的自立は，当面けっして女性自身のためになるのではなく資本家を助けることになるのです。生産手段の独占により，資本家は，新しい経済的原動力を占有し，それを独占利潤追求のために活用しはじめます。男性への経済的従属から解放された女性は，資本家の経済的支配下におかれたのです。いいかえれば女性は，男性の奴隷から雇用主の奴隷になったわけです。すなわち，彼女はたんに主人を変えたにすぎません。しかしなにはともあれ，彼女は，主人を変えるにあたって得をしたのです。つまり，彼女はもはや経済的に男性より劣っていたり，男性に従属したりするのではなく，男性と平等なのです。資本家はというと，女性それ自体を搾取することだけで満足せず，加えて女性の助けをかりて男性労働者をいっそう徹底的に搾取する手段として女性を利用します。

最初から，女性労働は男性労働より低廉でした。男性の賃金はもともと，全家族の生計を保証するよう算定されています。一方，女性の賃金は，はじめから，一個人の生計維持費をなしているにすぎません。女性は工場労働以外に家庭でも働くことをあてにされているので，それさえ部分的な額にすぎないのです。さらに，家のなかで女性により原始的労働用具をもって生産される生産物は，大工業の生産物に比較してみると，社会的・平均的労働のささいな分量にしか価しません。その結果女性の労働能力は劣等だと結論付けられることとなり，こうした考えが女性労働力に対して僅かな賃金しか与えられないようにさせるのです。女性の低賃金のいろいろあげられる理由のうえに，総じて女性は男性よりも小さな欲望しかもっていないという事情がつけ加えられました。

しかし，資本家に女性の労働力を価値あるものにさせたのは，たんに安価であるということだけでなく，女性のおおいなる恭順さということもあります。資本家は，つぎの2つの要因をあてこんで投機しました。すなわち，女性労働者に，できるだけ安い賃金を支払うこと，そして競争によって，男性の賃金をできるだけおしさげること，これです。同じやりかたで，資本家は児童労働を，女性の賃金をおしさげるために利用しました。一方また，人間の労働力一般の相場を下落させるために，機械の働きを利用しました。

女性労働が，その自然的傾向とまったく相反する諸結果にいたる原因，女性労働が，労働日の根本的な短縮を実現するかわりにまた，女性労働が，社会の富の増大，すなわち，社会の構成員個々人のおおいなる福祉を意味するのではなく，ひとにぎりの資本家の利潤の増大を意味し，そしてますます増大する大量の貧困を意味する原因は，資本主義制度にのみ帰せられるのです。女性労働の有害な諸結果は，今日，人目をひくようになり，人々の心を非常に痛めていますが，それは，資本主義的生産様式の消滅とともにはじめて消滅するでしょう。

資本家は，競争に負けないために，かれの商品の仕入れ（生産）価格と販売価格とのあいだの差額をできるだけ大きくしようと努力します。かれはまた，できるだけ安く生産しできるだけ高く売ろうと試みます。その結果，資本家は労働日を無限に延長すること，法外に安い賃金でとにかくできるだけ労働者を食いつくしていくことに多大な関心をもっています。この努力は，男性労働者の利益に対立すると同様に，女性労働者の利益に真正面から対立します。男性労働者と女性労働者の利益のあいだには実際的対立はありません。しかし，資本の利益と労働のそれのあいだには，和解できない対立が確実に存在するのです。

経済上のもろもろの理由は，女性労働の禁止を要求することに対立します。現在の経済情勢は，資本家も男性も女性労働を放棄することができないという事情にあります。資本家は，女性労働を，自分が競争に耐え続けるために維持していかなければなりません。そして男性は，彼が家庭を築こうとするならば，女性労働をあてにしなくてはならないのです。私たちが，女性労働が立法措置で除去される状況を実現しようとのぞんでも，それによって男性の賃金が改善されることはないでしょう。資本家は改良された機械を使用することによって，より広範にすばやく，安い女性労働の脱落分を償うでしょう。そして短期間のうちにすべてはふたたびもとどおりになるでしょう。

労働者にとって有利な結果をもって終わった大ストライキのあと，資本家が，改良された機械の助けをかりて，労働者が獲得した成果を無効にすることはよく知られています。

女性労働は競争を引き起こすといって，女性労働の禁止や制限が要求されていますが，それは，機械の廃止を要求したり，おのおのの仕事場に働く労働者の数をきめていた中世的結社権の再建を要求したりすることとちょうど同じ理屈にもとづいているのです。

しかしながら，経済的要求を度外視しても，女性労働の禁止に反対するのは，特に原則的理由からなのです。まさに問題の原則面からして，女性は全力をあげてあらゆるこの種の試みに抵抗することに心を砕かなければなりません。すなわち，女性は，この種のあらゆる試みに，もっとも厳しく，同時にもっともその資格あるものとして抵抗しなければならないのです。なぜなら女性は男女の社会的平等と政治的平等は，ひとえに，経済的自立のたまものであり，家族のそとでの社会的労働が平等を可能にするということを知っているからです。

私たち女性は，女性労働の制限に対して原則的立場から断固として抗議します。私たちは私たちの問題を，労働問題一般から区別しようとはけっして思っていませんから，特別の要求を定式化することはしないでしょう。私たちは，労働一般が資本に対して要求する以外の保障を求めはしません。

ただ私たちは，ひとつの例外だけを妊婦のために認めます。妊婦の健康状態は，女性自身と子どもの利益のために特別の保護規定を必要とします。わたしたちは，けっして特別な女性問題というものを認めません！（ゴシックは伊藤）[13]私たちは，女性に，いわゆる自由業を許可することや，男性の教育に等しい教育——たとえ，この2つの権利の要求が，ほんとうに自然で正当であったとしても——また，政治的権利を認めることだけに女性の完全な解放を期待してはいません。いわゆる普通・自由・直接選挙権が存在する国々は，私たちに，その実際的価値がどんなにとるにたりないものであるかということを示しています。経済的自由のない投票権などというものは，流通しない手形以外のなにものでもありません。もし，社会的解放が，政治的権利に依存するというのなら，普通選挙権をもつ諸国には社会問題が存在しないことになるでしょう。女性と全人類の解放は，もっぱら，資本から労働を解放する事業となるでしょう。女性と労働者は，社会主義社会においてのみ，その権利の完全な所有に到達することができるでしょう。

こうした事実を考えあわせるなら，自分の解放を真剣にのぞんでいる女性たちにとって残された唯一のことは，社会主義労働者党に，労働者の解放をのぞんでいるただ一つの党に，参加することです。

男性の援助なしに，それどころか，しばしば男性の意志に反してさえ，女性は社会主義の旗のもとへ歩みよりました。そればかりでなく，女性は，ある場合には，経済状態に明白な理解をもつだけで，彼女自身の意志に反してさえ，さからいがたく社会主義へかりたてられてきたということもまた事実です。

13）このゴシックを付した箇所は，1890年代にはいるとクラーラが見解を変えたといって問題になっている箇所である。反論は後述する。

さて今や女性は，社会主義の旗のもとに立ち，そしてこの旗のもとにとどまるでしょう！　女性はこの旗のもとで，彼女の解放のために，女性を男性と同じ権利をもつ人間として認めさせるためにたたかうでしょう。

女性は社会主義労働党と手をたずさえて進みつつ，たたかいのあらゆる苦難と犠牲をわかちもつ覚悟をしております。そして勝利のあとで，彼女たちにふさわしいあらゆる権利を当然のこととして，要求することを断固として決意しています。女性は，犠牲と義務に関しても権利に関しても同じ条件で闘士の戦列に迎え入れられた戦友以外のなにものであることものぞみません。

（大きな拍手。拍手は，市民（Burgerin）エリノア・エィヴリングが，この演説を英語およびフランス語に通訳し終えたあとにふたたび高まった）。

この演説でクラーラは，女性労働者の状態の報告ではなく女性問題を原則的立場から仔細に吟味することを試みた。そこでの彼女の主張を要約すると，一部社会主義者が女性労働の廃止を要求することは，経済問題から見て全くの誤りである。①資本主義経済に女性労働は不可避である。②経済的独立か否かが社会的従属か否かの根本である。③女性は資本の経済的支配下に入って主人を変えただけだが，男女平等という点で得をした。④しかし，資本は女性を利用する。⑤妊婦の保護規定の要求が重要。というものである。

「ジェンダー史」研究が，当時に至るまでのあらゆる思想的・政治的立場の男性が，女性労働に反対しているとみているのに対して，クラーラは，労働者階級だけはそうであってはならないと考えていたことが分かる。反動分子が女性問題について反動的見解を持つことは驚くにあたらないが，社会主義者の陣営内においても，女性労働の廃止を要求するあやまった見解に出くわすことは，全く心外なことといいきっている。

女性解放の問題は，究極的には女性労働の問題は，経済的な問題なのだから，社会主義者には，経済的諸問題に関してのより深い理解をもたなくてはならないと啓発している。クラーラこそは，当時の際立った女性当事者のオピニオンリーダーであったというべきだろう。

(2)　クラーラの女性問題に関する見解の出発点のまとめ

1885年の処女論文，1889年の小冊子と，第2インターナショナルの国際的演説に代表させて，パリ時代の終わり――それはまた，クラーラの修業時代の終わりでもある――のクラーラの女性解放論をみてきたが，次のようにまとめることができる。

①女性問題を対男性としてではなく経済の発展の結果として客観的に捉える。

②女性労働の禁止に反対する。女性の経済的独立を重んじる。

③女性労働は「主人」を男性から資本に変えただけと把握しながら，その積極的側面を見て「得をした」と表現する。

④母性愛を疑い，自然なものと認めてはいないが，妊婦の保護規定を強力に擁護する。

⑤子どもの教育者の資格を，母親にではなく教育者に求める。

このうち，①～③は，マルクス，エンゲルス，ベーベル，あるいは第1インターナショナル，ドイツ社会民主党において培われつつあるものであった。従ってこの時期のクラーラの女性解放思想の特徴は，④，⑤にあったということができる。①～③は，女性問題に対する原則的立場から出たものであり，④，⑤は，1880年代の女性労働者の状態そのものから生じた見解であっただろうと思われる。その結果④，⑤は，子どもに対しての女性の母性役割，母親役割を相対化し，ジェンダーニュートラルであるばかりではなく，それを超えて専門的教育を受けたものへとビヨンド・ジェンダー的な考え方を示している。

市場経済への参加による経済的独立という考えと，女性は資本の経済的支配下に入って主人を変えただけだが，男女平等という点で得をしたという考えについては，いわゆる「第2波フェミニズム」が，ただそれだけではないかと批判するところである。

1880年代におけるこの①～③の「原則的把握」は，あくまで本質的問題であり，④，⑤も当時の現状の反映であり，1890年代以降の，資本・市場の変化と女性労働者，第2インターナショナル，ドイツ社会民主党の運動の力関係によって，政策的具体化が進められることとなる。そのとき，クラーラのこの原則的把握が変化・発展する。その検討は第Ⅱ部で行われる。

第Ⅱ部
ドイツ社会民主党と第2インターナショナル
—シュツットガルト時代（1891～1914）

第Ⅱ部では，クラーラ・ツェトキーンの生活の根拠地はシュツットガルト，活動の足場は，ドイツ社会民主党（1890年以降の党名）と第2インターナショナル，主な仕事は，『平等』の編集である。

この時代を第5章から第10章までの6章編成としたが，それぞれの章が，章題にあわせて独立性を持っており，第Ⅰ部と異なって，章を追って時間的に流れが進むわけではないので，時代が行きつ，戻りつする。

特にドイツ社会民主党の女性政策と，第2インターナショナル女性運動に関しては，時間的流れが重なり合って進むばかりではなく，内容に，それぞれを代表するトピックス，つまり前者にあっては『平等』，後者にあっては「国際女性デー」を，章を別建てにしていることも，さらに時間的だぶりを繰り返すことになる。

しかし，試行錯誤の結果の章構成であって，不用意にそうしたわけではない。

第5章　シュツットガルトでの生活と活動
―フリードリヒ・ツンデル／ローザ・ルクセンブルクの出現

1　ドイツへの帰国―シュツットガルトに拠点を置く

(1) シュツットガルトへ，職を得る

1890年3月20日，ビスマルクは失脚した。同年9月30日，社会主義者鎮圧法は失効し，ドイツからの多くの亡命者が，その年の秋にドイツに戻った。クラーラが，いつパリを去り，どこを経由してドイツに戻ったかを私は確定できていない。最終的にシュツットガルトに定住することになるが，そのいきさつは大体次のようである。

クラーラがパリを去る決心をしたのは1890年の春と思われるが，ドイツに帰るとしてもどこへ行くのか。何をして食いぶちを稼ぐか。最初，クラーラはスイスで職を見つけた[1)]。しかし，彼女の健康状態は悪化しており，すでにパリでの最後の1カ月，彼女は過労で，医師から結核と診断されていた。

クラーラは，アウグスト・ベーベルの斡旋で，スイスのノルトラッハにある社会民主党員が経営する保養所に入った。彼女は，学齢期に達した7歳と，5歳の子どもを連れていたので，短期間ではあったが学校教育を受けさせたようである。1891年の1月までここに滞在した（Badia 1993 = Hervé *et al.*, 1994：53）。

時期的に見て，この間，パリ時代の最後か，スイスの保養所に移ってから

1）ドルネマン（1957＝武井訳 1969：76）は「彼女はパリ労働者大会以降はチューリヒで働いていた。そしてある日，病み疲れ，なにひとつ持たず，二人の子どもを両腕にかかえて，ライプツィヒの弟の玄関に立った。その姉を迎えたとき，教師のアイスナーは死ぬほど驚いた。彼女はやさしく迎えいれられ，二，三週間後アウグスト・ベーベルの助けでシュヴァルツヴァルトの療養所に移された。この療養所は同志たちがやっていて，かっては『赤い野戦郵便局』の非合法組織のなかで大きな役割を演じたところだった。」と書いているが，これは，不正確に思われる。前章でみたように，1890年の春は少なくともパリにいたと推測されるから，労働者大会以降，チューリヒに行くまでは一定程度の期間があったはずである。

書いたと思われる女性問題関係のいくつかの論文が『ディ ベルリーナー フォルクス－トリビューネ』に1890年の7月と8月に掲載されている。ここで注意を引くのは，これまで無署名であった記事に，1890年半ば以降，クラーラは，明らかな署名に代わる記号をつけて発表し始めたことである。前章，表4-1でもみたように，例えば，「女性労働Ⅰ，Ⅱ」(*Die Berliner Volks-Tribüne*, Nr.28 (1890.6.28), Nr.27 (1890.7.5)) にはcl，「女性と政策」(同上誌，Nr.32, 1890.8.9.) にはzt，「資本と女性解放」(同上誌，Nr.35 (1890.8.30)) にも，ztというような記号である。

これらは，病中であるとはいえ，第2インターナショナルでの論壇デビューの後，クラーラが文筆活動を，本格化する決意を示すもののように思われる。

健康が回復してくるや，クラーラは，シュツットガルトに定住する決心をする。なぜシュツットガルトを選んだのかといえば，そこにクラーラは仕事があるとの判断からであろう。シュツットガルトにやってきたのは1891年1月以降であろうと推測される。

これまで，クラーラが住んだ，ヴィーデラウ，ライプツィヒ，チューリヒ，パリは，彼女の人生の基礎をはぐくんだ土地として，私は土地そのものの歴史的，文化的，社会的意味を重視したが，シュツットガルトは，働くため，生きるために伝をもとめてクラーラが飛び込んだ土地であるということができる。しかし，これは単なる偶然ではない。

まず，ドイツ社会民主党との関係でいえば，シュツットガルトには，ドイツ社会民主党の理論機関誌『ディ　ノイエ・ツァイト』を発行するJ.H.W.ディーツ出版社があり，オーストリア人のカール・カウツキーが編集責任者をしていた。クラーラは，すでにパリから何度か原稿を送っており，パリ時代に，ディーツ出版社は彼女を経済的に助けていたのである。このことがクラーラをシュツットガルトに引き寄せたのだ。さらに次の点は重要であった。

当時，南ドイツの多くの諸国[2]で女性はある程度の自由を享受していた。

2）ドイツ帝国は，プロイセン王国を中心とした連邦国家で，構成国 (Bundesstaat) は，プロイセン，バイエルン，ヴュルテンベルク，ザクセンバーデン，メクレンブルク＝シュヴェリン，ヘッセン，オルデンブルク，ザクセン＝ヴァイマル＝アイゼナハ，メクレンブルク＝シュトレリッツ，ブラウンシュヴァイク，ザクセン＝マイニンゲン，アンハ

写真5-1　マクシムとコスチャ

写真5-2　クラーラと2人の息子

ザクセンやプロイセンと異なって，ヴュルテンベルクやバーデンにおいては，女性は，政治集会に参加し，そこで発言する権利をもっていた。

1891年の初夏，シュツットガルトにやってきたクラーラはこの地に溶け込んでいく。彼女は，弟からの前借りでみつけた市中のローテブール通り147番地にあるアパートの4階の最上階の部屋に住んだ。窓からは，家々の屋並を越えて美しいヴュルテンベルクの首都の周囲に連なる森のふかい丘まで見渡すことが出来たという（ドルネマン1957＝武井訳 1969：77）。

そして彼女はディーツ出版社に職を得，8歳と6歳のマクシムとコスチャは，シュツットガルトのギムナジウムに通って正規の教育をうけることができるようになった。しかし，当初は，正式にドイツ語が話せるわけではなく，ドイツ語とロシア語とフランス語を混ぜ合わせて話していたという。

ルト，ザクセン＝コーブルク＝ウント＝ゴータ，ザクセン＝アルテンブルク等のリストである。このうち，ザクセン＝ヴァイマル＝アイゼナハ大公国は，1903年以降，公文書上「ザクセン大公国」(Großherzogtum Sachsen) と表記されるようになった。

ドルネマンは，「クララーラは希望どおりJ.H.W.ディーツ社に，たいしたものではないが割のいい仕事を見つけた。いろいろな仕事をしたなかで，彼女は――ドイツにおける最初の仕事の一つとして――アメリカ人ベラミイの『紀元2000年からの回顧』を翻訳した。これはドイツでは社会主義者の戦前世代が感動して読んだものだった。」(同上：76)と書いている。

またバディアも，「なぜシュツットガルトを選んだか。多分，この都市に，出版社の責任者，ディーツがいたことであった。クラーラは彼のためにエドワード・ベラミイの英語の未来小説『紀元2000年からの回顧』を翻訳した。」(Badia 1993 = Hervé *et al.*, 1994：53)としている[3)]。

(2) シュツットガルトという都市とそこでのクラーラの37年

ともあれ，シュツットガルトは，南ドイツでミュンヘンと並ぶ古い歴史の町であり，ヴュルテンベルク州の首都であり，当時は大工業もなく小市民的都市であった。1770年に哲学者ヘーゲル（1770–1831）がこの町で生まれている。フリードリヒ・シラー（1759–1805）もヴュルテンベルクの下級軍人の子としてこの街に生まれ，シュツットガルトのカールス・シューレで医学を学び，やがて，劇作家となって，ここで1776年「群盗」を書いた。

ネッカ川がラインに合流するマンハイムからシュツットガルトにいたる流域はヴュルテンベルクといわれるぶどうの栽培区でもある。

この街で下層女性の動きとして食糧蜂起が記録されている（若原1990：127-128)。それによると，飢饉の時代と言われた1847年5月3日に，地方都市シュツットガルトで，食糧難に対する規模の大きい蜂起があり，国王軍隊との武力衝突にまでエスカレートした。この事件で逮捕者130人を出したが，

3）『紀元2000年からの回顧』は，すでに，1889年，ベルリーナー・フォルクストリビューネ社から，「ベルリン労働文庫」第1巻『社会主義小説，顧みれば2000年から1887年』アメリカ人，エドワード・ベラミイによる，として紹介されている。筆者はこれがクラーラの手によるものと考えていたが，それとディーツ出版社の翻訳との関係の調べがおよばず不明である。この書は，さらに，リリー・ブラウンの夫Georg von Gizyckiの翻訳があり，1891年までに7版を重ねたという情報もある。またクラーラ・ツェトキーンの翻訳は，1914年にシュツットガルトのディーツから出されていることは確認される。ショルツェ（Scholze　1987：49-54）は，クラーラが，1919年の版に序文をつけた旨書いているが，この混乱した時期にそのような余裕があったかどうかも疑問である。

下層女性の逮捕は，社会的ネットワークに守られてわずか4人だったとのことである。

また，1848年の革命時，ベルリンでの革命で，プロイセンのフリードリヒ・ヴィルヘルムⅣ世が降伏した後，フランクフルトのパウロ教会でドイツ憲法制定議会が開催された（このことは第1章で書いた）が，阿部（1998：203）によれば，1849年，国王と対立してドイツ帝国憲法は執行機関を持たず，多くの議員が引き上げる中で国民議会にとどまった数百名の民主主義者は，フランクフルトからシュツットガルトに移って会議を続けたという。しかし，これもヴュルテンベルク政府が介入して解散させられてしまった。

この街にクラーラは1891年から1928年まで37年も住むことになる。もっとも1920年以降は，ベルリンやモスクワとの頻繁な往復があったので，3つの都市に分散して住んでいたことになる。

この間の出来事を列挙すれば，ここで，2人の子どもは教育を受け，女性労働者の利益のための週刊誌『平等』（『ディー　グライヒハイト』）を編集し，ローザ・ルクセンブルクと親しくなり，若い画家フリードリヒ・ツンデルと結婚し，郊外のジレンブーフの森の家に住み，マクシムとコスチャを高等教育を受けさせるためにミュンヘンとベルリンに送り出し，ツンデルと芸術論を深め，やがてツンデルと思想的乖離，その他の問題で離婚することになる。

第2インターナショナルの大会と国際社会主義者女性会議をここシュツットガルトで開き，クラーラは国際的女性運動家として名を知られるようになった。ベルリンに出た二男コスチャはローザの家に寄宿してローザの愛人の1人となり，第1次世界大戦には，2人の息子たちは，衛生兵として徴用されて出兵したが生還し，それぞれの複雑な愛の営みを展開する。

この間の活動はクラーラにとってもっとも脂が乗った時期といっていいだろう。

ここに住んでいる時に，第1次世界大戦が起き，ロシア革命の報をきき，1917年にはクラーラが26年も編集長として論陣を張った『平等』誌の編集の座を追われ，ドイツ社会民主党と決別する。このすべての舞台がシュツットガルトであった。クラーラがツンデルと同じジレンブーフに住んでいたのはおそらく1916年ころまでであろう。その後は，私的・公的問題でツンデルが，ジレンブーフの家をでていたことが推測されるし，クラーラも落ち着いてジレンブーフに腰を落ち着けることは少なかったであろう。

第Ⅲ部でふれることであるが，シュツットガルト時代として先どりしておくと，1917年，クラーラ60歳の年にロシア革命が起こった。ドイツでは少数派の左派スパルタクスグルッペの一員として，ローザ・ルクセンブルク，カール・リープクネヒト，フランツ・メーリングと連携して行動したが，クラーラはこの頃からすでに健康を害している。1919年のドイツ革命と挫折，ドイツ共産党の創立というベルリンの動向を，クラーラは，病気でシュツットガルトを出られないまま，ローザとの手紙と電報で理解し，協力していた。やがてローザ，リープクネヒトの虐殺の報を聞く。直後にメーリングをも失い，クラーラは一人で歴史の転換点に立った。

しかし，クラーラがこの間，シュツットガルトに住んでいたことが，また病気がここに彼女を引きとめたことが，クラーラに，ベルリンという政治の中枢都市にいたローザらと異なる運命をもたらしたと言えないこともない。

シュツットガルトは，また，後述する1920年のカップ一揆の時，ヴァイマールからベルリンに移っていた共和国政府が一時避難した場所でもある（石田編　2007：57）。

1920年，すでにドイツ社会民主党から独立ドイツ社会民主党に移っていたクラーラはドイツ共産党に転じ，ドイツ共産党の最初の国会議員となる。シュツットガルトに住居をおきながらベルリンに出て，国会議員であり続け，ヴァイマール共和国時代を生きる。と同時に，1920年にモスクワに行ってレーニンと会いコミンテルンの執行委員としてドイツとモスクワを往復する。

レーニンが死に，クラーラはいよいよ老境に入って，スターリンのコミンテルンでの覇権争いの初期を見，眼病とリューマチに悩まされる。1916年にすでに破綻していたツンデルと，法的離婚に踏み切ったのは，実に1928年のことであった。

2人の息子もそれぞれに私生活においても一筋縄ではいかない。マクシムはシュツットガルトの女性，クラーラの秘書だったハンナ・ブーフハイムと結婚し，ヴォルフガンクというクラーラの孫を儲けるが，2人の関係は早いうちに終わり，クラーラがハンナと孫の生活費の心配をするということが起る。

1929年，クラーラがベルリン近郊のビルケンヴェーダーに引っ越すまでの期間にこれだけのことが起こったシュツットガルトである。したがって，前章までのライプツィヒ時代やパリ時代というように，シュツットガルト時代と一括りにすることはできない。クラーラはシュツットガルトに住みながら，もはや住む土地に関係なく活動する国際的政治運動家であった。クラーラはローザよりはるかに長く生き，不慮の死をとげたわけではなく，殺害されもせず，異郷ではあるが文字通り「ベッドの上で死んだ」。死の前年まで，ドイツ国会でナチスと対峙し，余生と呼ぶべきものの全くないクラーラの人生であった。

さて，この時代をどのように区分して，クラーラの活動を描くかは難しい問題である。

ドルネマンはクラーラのすべてに肯定的で直線的であり，バディアは幾つかの活動やテーマごとにこの時代のクラーラを描く。プシュネラートはこの時期のクラーラのメンタリテートを，ひたすら権威主義のそれとして描き出すことに注意が向けられすぎていて，かえって内容が薄く具体的な活動を描けていない。プシュネラートは，クラーラをトータルにとらえることに成功しているとはいい難い。私は先行研究を参考にしながら，私独自のクラーラ像を描くことにする[4)]。

2　フリードリヒ・ツンデルとの出会い

(1) シュツットガルトでのロシアとのつながり—プレハーノフ

『平等』の編集に携わって以降クラーラは経済的にも安定した生活を送ることが出来るようになった。クラーラはベルリンの女性運動家たち，パリの第2インターナショナル創立大会でクラーラの後に報告したエンマ・イーラーは勿論，マルガレーテ・ヴェンゲルス，少し遅れてオッティリーエ・バー

4）シュツットガルト時代のクラーラを描こうとして，思うのはここ数年のインターネットの情報網の驚異的充実である。シュツットガルトでの関連人物・事項のかなりが瞬時にして入手できる。それだけにこの章は，インターネット時代の研究のあり方が私に問われていると言える。

ダー，ルイーゼ・ツィーツと知り合った。

2人の息子は，数年で学校の遅れを取り戻し，1894年にはマクシムをシュツットガルトでも上位の高等学校，カール－ギムナジウムに入学させることができ，数年後コスチャもそこに入った。クラーラは彼らの宗教教育をまぬがれることに成功し，息子たちはギムナジウムでは成績も悪くはなかった。

クラーラは，ライプツィヒ時代に，ロシア人バルバーラやオシップを知り，チューリヒにおいてロシア人の亡命家グループと接触し，パリでオシップと共同生活をしながら，ラヴローフらのロシア亡命者のコロニーと共に生きてきたが，オシップと死別してドイツに帰国してからもロシアとの関係は断ち切れてはいない。クラーラは，ロシアの運動に常に関心を持っており，プレハーノフとの連絡も続いていた。

クラーラ・ツェトキーンは，プレハーノフが指導する「労働解放団」が，労働者階級の階級的立場に立ち，ロシアの労働運動に，ツァーリズムの最終的打倒を実行する力を見ていた。クラーラは，ドイツ社会民主党に，90年代の初めのロシアの革命運動のプロレタリア的，国際主義的諸関係の形成の決定的パートナーは誰かを見分けさせることができた。

プレハーノフが，戦略的かつ戦術的見解を，西欧の社会主義文献や西欧社会民主主義運動の闘争や経験を根本的に研究することによって発展させたという事実を，クラーラは評価した。1890年代初頭，クラーラは大きな関心をもって，亡命ロシア人やロシアにおける革命運動の発展を追い続ける。彼女が編集する『平等』誌にもしばしばロシアの運動の役割を取り上げた。

クラーラとプレハーノフとの間には密接で友好的関係が存続していた。プレハーノフは，1895年のドイツ社会民主党ブレスラウ党大会を大きな関心を持って見守り，農業問題における日和見主義的見解に対するクラーラの反論（Zetkin 1895j）を歓迎した。プレハーノフとその仲間は，農業問題についてのドイツ社会民主党の討論と態度を評価した。ドイツ社会民主党の修正主義論争の時代に，クラーラは，ベルンシュタインやコンラート・シュミット（Schmidt, Conrad）[5)]の哲学的世界観に反対する党の闘いにおいて，プレハー

5）ケーテ・コルヴィッツの兄

ノフの論争的論文がどんなに重要な役割を持つかを知っていた。

プレハーノフは，クラーラ・ツェトキーン，ローザ・ルクセンブルク，フランツ・メーリング，アウグスト・ベーベルのもとで，高い評価を得ていた。クラーラは，プレハーノフの論文をドイツ語に翻訳した。さらに彼女は，プレハーノフの修正主義批判を少しばかり和らげようとするカール・カウツキーの試みに精力的に反対した。

クラーラのロシアの運動へのたえざる注目は，のちの1905年，1917年のロシア革命の受容を容易にしたと考えられる。

(2) フリードリヒ・ツンデルとの出会いと結婚

写真5-3　フリードリヒ・ツンデル自画像（1894）

1890年代の終わりに，クラーラは，個人生活・政治生活上新たな局面を迎えた。それは，ゲオルク・フリードリヒ・ツンデルとの出会いと，ローザ・ルクセンブルクとの交友のはじまりである。

クラーラは，1890年代の後半，シュツットガルトの芸術家たちが，美術学校にたいするストライキを組織するのを援助したが，そのとき，画家フリードリヒ・ゲオルグ・ツンデル（写真5-3）を知った。

まず，ツンデルとは，どういう人であったかをみよう。オシップ・ツェトキーンの場合は亡命ロシア人ということもあって，その生い立ちは推測の域を出なかったし，亡命者を監視する警察情報を用いざるを得なかったが，ツンデルについては，比較的多くの情報を得ることが出来る。

ツンデルは，1875年10月13日，ドイツのマウルブロン近郊ヴィールンスハイムの近くのイップティンゲンで，ブドウ栽培農民でレストラン経営者の

10 Alte Spinnerin, 1896 (Nr. 16)

'u spät, 1896 (Nr. 18) 25

写真5-4 1896年のツンデルの絵「老いた糸紡ぎ女」と「遅すぎた」

息子として生まれ，6歳のとき母を失った。彼は父の2番目の妻と折り合いが悪かったので，14歳で両親の家を出，プフオルツハイムの絵描きの親方のもとで装飾画家の見習い修業を始め，1891年に職人試験と親方試験を終えた。1892年に，ツンデルは，カールスルーエの美術工芸学校に入り，2年後にシュツットガルト美術学校に入学して，ロベルト・フォン・ハオグとヤーコブ・グリューネンヴァルトに師事した。その美術学校は，1901年にアカデミーの地位を獲得したところである。前出の自画像はシュツットガルト美術学校入学当時のものである。

彼の学業中，アウグスト・ベーベルの集会に参加する機会があった。それは彼に強い影響を与えた。彼はドイツ社会民主党の思想に接触したのである。

1896年，美術学校学生のストライキ[6)]が発生し，ツンデルはこれに参加した。学生らは1年以上も正当さを主張して闘争し，ドイツ社会民主党に加わった。このようななかで，ストライキの支援を求めて，美術学校の2人の学

6）何が争点の美術学校ストライキであるか，資料を発見できない。

写真5-5　クラーラ・ツェトキーン，1897年，チューリヒにて

写真5-6　ツンデルが描いたクラーラの肖像

生，ツンデルとグラフィック・アーティストのフェリック・ホーレンベルクが，当時すでに名の知られた女性社会主義者であったクラーラ・ツェトキーンを訪ねたのである。

非妥協的な学校指導部の姿勢のためにストライキは終わった。経営陣は，仮借のない態度を示し，フリードリヒ・ツンデルは追放処分を受け，ホーレンベルクも処分された。フリードリヒ・ツンデルは，親方修業生としての資格において，学校のアトリエ等を自由に使っていたが，一日で事情が変わって収入もなくなった。1896年に描いたツンデルの絵に「老いた糸紡ぎ女」(写真5-4左）や，「遅すぎた」(同右）がある。1897年にはコスチャの肖像も描いている（写真5-9)。

他方，数年前，シュツットガルトに引っ越してすぐあと，クラーラ・ツェトキーンは，隣のボッシュ家族と知り合いになっていた。ロベルト・ボッシュは，1886年に，精密機械の小さな工場を創設した人物であった。彼は，労働者を1894年に9時間労働で，1906年には8時間労働で働かせる，いわゆる「社会的」経営者であった。クラーラは，このロベルト・ボッシュと親しくなった。自動車のモーター用点火プラグの発明は，この工場主に富をもたらした。

ボッシュは，芸術に，特に絵画に興味を持っていた。彼の援助で，クララは，フリードリヒ・ツンデルの住居とアトリエを手に入れることに成功した。そして21歳の若い画家は，魅力ある39歳の洗練された女性にほれ込んだ。1897年のクララの写真（写真5-5）にみられる，細い腰，黒い床まで届くスカートを着て，現代的ヘアスタイルで縁取られた顔がそのことを証明している。この写真は，成熟し自信に満ちたクララのもっとも美しい写真の1枚である。

多分，若い画家は，この知的で，意志の強いオーラを発するような女性を頼もしく思ったにちがいない。それ以後の2人の結びつきの意味については，クララの伝記作家のなかでも見解はさまざまであるが，ドルネマンとバディアは，率直に2人の愛情の問題として取りあつかっている。1898年，ツンデルは，クララの肖像を描いた（写真5-6）が，現在もベルリン近郊のビルケンヴェーダーの「クララ・ツェトキーン－ハウス」（16547 Birkenweder Summter Stsasse 4）に展示されている。

フリードリヒ・ツンデルは若かったが，彼の画家としての才能は公認され始めていた。パリ時代以来，仕事で手一ぱいだったクララの生活は，安定に向かっていた。しかし，感情面では，クララは，長い間，むなしさを感じていた。すぐに，クララは，この若い男性を愛し，18歳の年齢差を顧みず，ともに生活する決心をした。党の古参者は，この関係を心配してあれこれ言ったことは，後述のローザ・ルクセンブルクのヨギヘスへの手紙によっても知られる。しかし，クララはそのような批判によって動揺する女性ではなかった。2人の息子は，長兄のようだった若いフリードリヒとよく気が合っていた。その息子たちと相談した後，クララは，3年後，つまり1899年11月にフリードリヒ・ツンデルと法的結婚をする決心をした。その時，クララ42歳，ツンデル24歳，マクシム16歳，コスチャ14歳であった。

クララとツンデルとの結婚については，「クララの権威主義のメンタリテート」を証明しようとするプシュネラートは，別の見方をしている。彼女の見解をまとめると次のようになる。

この婚姻は，法的根拠か経済的根拠か区別がつかない。シュツットガルト警察は，1891年クラーラのシュツットガルトへの移住のあと，監視下にあるこの女性社会民主主義者をオシップ・ツェトキーンと法律婚をした妻として，ロシア国籍を持つものとして，できれば追放処分にしたい外国人女性と考えていた。しかし，クラーラは，警察の調査によって証明されるところでは，オシップ・ツェトキーンとは法的形式を踏んだ結婚をしていなかった。したがって彼らの子どもたちはフランスの法によって，父に認知されて，彼の姓を正当に名乗っているものであるということ，ドイツ法によれば，クラーラ自身は戸籍名はアイスナーを名乗らなければならないということであった。

クラーラは，パリ亡命中に，ツェトキーン姓を名のったが，法的結婚をしないということは自分と2人の息子のドイツ国籍を守るためにも必要なことであった。ツンデルとの法的結婚は，クラーラにとってこうした状況のなかで好都合であったのだと，プシュネラートは推測する（Puschnerat 2003：83-84）。

3　ローザ・ルクセンブルクの出現とジレンブーフへの転居

(1) ローザ・ルクセンブルク

ローザ·ルクセンブルクはポーランド人で，1871年3月5日ザモシチ生れで，クラーラ・ツェトキーンより14歳若かった。（但し1870年生まれという説もある。）

ローザは，1896年に既に第2インターナショナルのポーランド代表になってはいたが，まだクラーラとはすれ違いである。1898年にローザが偽装結婚してベルリンに移住して後，クラーラとローザは親しくなったのである。ローザの手紙での最初のクラーラ個人についての言及は，1898年9月3日付けのレオ・ヨギヘスへのものであるが，クラーラとの出会いから1907年ごろまで，10年近くの間，ローザはクラーラをかなり低く評価していた。本章では，ツンデルとクラーラとローザの私的関係のみをとりあげ，他のクラーラとローザとの関係は次章でとりあげる。

写真5-7　ローザ・ルクセンブルク（RGASPI/1/2012-3）

写真5-8　レオ・ヨギヘス（1889年以前）

ローザはすでに，シュツットガルトにも足をはこんでおり，1899年7月18日，ツンデルに「親愛なる同志，いましがた，私はあなたのアトリエに行きました。私がマエストロ[7]にお目にかかれなかったことを非常に残念に思います。私は，クラーラと元気で快活な息子さんたちに会いました。またあなたの友人のH[ホーレンベルク]の同席をも20分楽しみました。私はあなたと，ハノーファー（1899年10月9から14日まで開かれるドイツ社会民主党大会の場所：伊藤）でお会いしたいと思います。」（Luxemburg, *Briefe* I：346）[8]とシュツットガルト滞在中に手紙を書いている。このときは，まだクラーラとツン

7）ローザは，ツンデルを，マエストロ，詩人，あるいはFreidelなどと呼んだ。

8）以下，ローザの手紙全集全5巻からの引用は，（Luxemburg, *Briefe* I：346）のように簡略化して記す。なおこの時の手紙は，ローザがチューリヒからベルリンへの帰路，シュツットガルトに立ち寄った時のものである。同じ日付で，ローザはヨギヘスにも手紙を書いているが，それは，次章で扱う。

写真5-9　コンスタンチン・ツェトキーンの肖像（12歳）　フリードリヒ・ツンデル画（1897）

写真5-10　シュツットガルト　ブルーメン通り34の家

デルが結婚する前であった。ローザの手紙全集に収録されている限り，ローザのツンデルへの手紙の方が，クラーラへの手紙より先にある。

また，1899年11月6日付けレオ・ヨギヘスへの手紙に，ローザは「――そうそう，もう一つ小さなニュース。クラーラが，ツンデルと結婚しますが，K・K［カウツキー］たちは彼女の将来を心配して，ブルジョワ新聞がこれをいい餌にすることをものすごく残念がっています！……」(Luxemburg, *Briefe* I : 396 = ヨギヘスへ　II　伊藤成彦他訳1976 : 188)[9)] と書いて出している。ローザもその数年後，1904年か5年ごろ，14歳年下のクラーラの2男，コスチャを愛するようになるのであるが……。

1890年代の終わり，クラーラは実生活で，物質的な困難はもはやなかった。彼女の編集者の収入は月240マルクであった。1893年の政府統計で女性労働

9）以下，ローザの手紙が，ヨギヘスへの手紙（伊藤成彦他訳全4巻）に含まれている場合には，(Luxemburg, *Briefe* I : 396 = ヨギヘスへ　II : 188) のように簡略化して記す。ローザのヨギヘスへの手紙の邦訳は伊藤成彦他訳（1976-77）に依る。ヨギヘスへの手紙がローザの手紙全集で発見できない場合は邦訳の所在のみ記す。

者平均月収40～50マルクの時にである。彼女の収入は，それにもかかわらず，生活維持費のためにぎりぎりであった。彼らの共同生活の最初，フリードリヒ・ツンデルは，実生活では収入はなかった。新しい住居の家賃を支払うにはかつかつであったが，2人はブルーメン通り34番地の十分な広さのある住居に（写真5-10）引っ越した[10]。

ツンデルにも，徐々に再び仕事の注文が入ってくるようになった。ロベルト・ボッシュは，ツンデルに彼の娘パオラ・ボッシュの肖像画を描くように依頼した。シュツットガルトで生活しているイタリア人貴族マルキス・デラ・ヴァレ・ディ・カサノーヴァが，たくさんの絵画を購入し，イタリアのマギオーレ湖にある彼のヴィラ・ド・パレンザ（Villa de Pallanza）のアレンジをツンデルに依頼した。フリードリヒ・ツンデルはこのようにして，確実に地位を確保していったのである。

1900年には，ツンデルはバイオリンを手にしたコスチャの全身像「バイオリニスト，コンスタンチン・ツェトキーンの肖像」描いている（写真5-11左）。コスチャ15歳の像である（チュービンゲンのクンストハレに所蔵）。

1902年1月6日のローザのヨギヘスへの手紙のなかに，「……メーリングがあらわれ，ちょうどベルリンに，一時，展示されているツンデルの絵を2枚，見にゆこうと誘われました。それから一緒に連れだってまたわたしのところに戻ると，一時間半も腰をすえていたというわけ，とても楽しくおしゃべりをしました。」（Ruxemburg, *Briefe* Ⅰ：557＝ヨギヘスへⅢ：34）というくだりがあるので，ツンデルが，絵をベルリンの展覧会に出していたのであろう。

このときのツンデルの絵はどんな絵だったのだろうか。1902年1月に展覧会に展示されたとすれば少なくとも1901年に描かれたものであろう。絵を売って暮らしていたはずであるから手元に残っている確率は低いが，チュービンゲンのクンストハレのカタログで見る限りでは，1901年に「機械工の肖像」，1902年ころに複数の「風景」，「木の習作」などがある。

10）1899年9月27日付け *Die Gleichheit* は，「ご注意。『平等』編集部への送付物のすべては，以後，Blumenstraße 34 Ⅲ，Stuttgart　という住所へ」と出ている。また，11月8日付けから，編集者はKlara Zetkin（Zundel）に変る。

写真5-11　ツンデルの描いた2人：バイオリニスト（コスチャ，1900）と剣士（マクシム，1902）

また，ツンデルの小話として，同じく1902年1月25日付けローザのヨギヘスへの手紙に，「ところで，K.K.のことでツンデルのはいた名言をぜひともあなたに披歴したいと思います。かれがまたあのシッペルの本のことで書いた論文（4本も！）――例によって，主な内容というのが，マルクスはいつどんなところでも関税には反対だったと論じたもの（ついでに言っておくと，メーリングが明らかにしたとおり，そんなことは本当ではありません！）ですが――それをツンデルが読んでこう言ったのですよ。〈カウツキーときたら，マルクスがおしめのなかにたれ流していたときさえ，そのやりかたたるやまことにオーソドックスだったと，どんな場合でも論証しなけりゃいられないんだからな〉ですって。」（Luxemburg, *Briefe* Ⅰ：583＝ヨギヘスへ　Ⅲ：55-56）。クラーラやローザはかなりカウツキーに批判的であったが，ツンデルもそれに調子を合せている様子が知られる。

1902年，長男のマクシムが，医学の勉強のためミュンヘンに旅立った。

写真5-12 ジレンブーフの家の前，車を運転するゲオルク・フリードリヒ・ツンデル（1907）

1902年のマクシムの全身像が「剣士，マクシム・ツェトキーンの肖像」としてツンデルによって描かれている（写真5-11右）。この年，ミュンヘンには，レーニン／クループスカヤ夫妻が亡命しており，かれらの『イスクラ』発行にあたっては，クラーラも間接的に援助していた。

翌1903年9月，修正主義との論争のあったドイツ社会民主党ドレスデン党大会のあと，クラーラはクリミチャウの繊維労働者のストライキを支援した。翌10月に，ツェトキーンとツンデルは，シュツットガルト郊外ジレンブーフに転居したのである。『平等』の編集の場もここに移したことが，10月7日付けから，『平等』の連絡先が，ヴィイゥヘルムスヘーエ，ポスト・デーゲルロッホ・バイ・シュツットガルトに変わっていることから推測される。

(2) ジレンブーフでの日々

クラーラ・ツェトキーンとフリードリヒ・ツンデルとの生活はどのようなものだっただろうか。クラーラが法的結婚してすぐ後に，ツェトキーン－ツンデルと名乗ったことはすでに書いた。結婚後4年目1903年に移ったシュツットガルト郊外ジレンブーフとはどのような生活環境であったのか。

この家は森のなかにあり，自然にとりかこまれて，夫妻の強い個性と美的

写真5-13　ジレンブーフの庭の手入れをするツンデルとローザ（1907）　**写真5-14**　ジレンブーフで，愛犬とクラーラ　**写真5-15**　同じく愛犬とフリードリヒ・ツンデル

感覚にあふれるたたずまいをもっていた。かれらは美しい庭をつくり，バラを植え，たくさんの動物を飼っていた（写真5-13, 5-14, 5-15）。

コスチャは，正確に裏付けるものはないが1904年か5年にやはり医学を志してベルリンに発っているはずである。

ジレンブーフでの生活は，マクシムもコスチャも手を離れて，ツンデルとの2人の生活だったことを意味する。

ここに2人は実質的家庭生活を築き，第1次世界大戦にいたるまでの10年余はジレンブーフでの生活を楽しんだ。しかし，ドイツ社会民主党の分裂の後2人の心は離れて行く。

ルイーゼ・ドルネマンはジレンブーフでの生活の明るい側面のみを描き出す。ターニア・プシュネラートは，ここでのクラーラの生活が，その理論や信条とは裏腹に，いかにブルジョア的であったかを執拗に暴き出そうとする。私は，これらとは別に，ローザがいろいろな人に書いた手紙の叙述によって，クラーラとツンデルの生活を追ってみたい。

1900年に遡るが，ローザがクラーラへ「私は詩人が私に手紙をくださったことにとても感謝しています」（Ruxemburg, *Briefe* Ⅰ：511）と書いている（日付なし）ので，ツンデルがローザに手紙を出していたことがわかる。ローザがツンデルのことをクラーラに手紙に書く時「詩人（デヒター）」という語を使うのが一般的であった。

さて，1906年11月29日付けコスチャあての手紙で，イタリアのマデルノのペンションで快適な休暇をすごしていたローザは，働き詰めのクラーラを思ってコスチャに「あなた（コスチャをいつものDuではなくなぜかSieと呼んでいる）は，ツンデルに，彼が奥さんをここに追い出したくないか手紙を書いてください。彼女はここでとても疲れをいやすでしょう」といっている（Luxemburg, *Briefe* Ⅱ：275）。1906年のこの時期は，9月に開かれたマンハイムでのドイツ社会民主党女性会議と党大会の後，『平等』に毎号のように論稿（例えば「賃金問題と女性」，「ドイツにおける女性選挙権と投票権」（いずれも*Gl.*Jg.26, Nr.22, 1906.10.31）など）を書いていた時と重なる。『平等』の月2回刊行の責任者という仕事は，安定的であるが非常に束縛された生活を強いられたであろう。

ローザも休暇や仕事でシュツットガルトに時々やってきた。1907年ころのツンデルとローザのジレンブーフでの庭仕事の写真が残されている（前出 写真5-13）。また自動車を購入してハンドルを握るツンデルの写真もある（前出 写真5-12）。このころローザはコスチャと盛んに文通をしている。

1907年8月第2インターナショナル・シュツットガルト国際会議の開催中，ローザはクラーラのもとに宿泊していた。ローザは，9月5～15日の間にクラーラに「あなたとツンデルとあなたの若者たちが親切にもてなして下さったことに感謝します。残念ながら私はあなたの天国から生き地獄に転落しました。私の家は，親族の訪問（子どもたちも）で完全にいっぱいです。私は私のためのちょっとした場所や静かな瞬間もありません」（同上：303）と書いている。

ドルネマンによればジレンブーフの家は，シュツットガルトのドイツ社会民主党左派の森の家であり，精神的中心でもあった。しかし，単に左派がこの家を訪れただけではない。ロシアの亡命革命家たち，レーニンやプレハーノフも，戦艦ポチョムキンの水兵たち，ポーランドの革命家カルスキー，ローザ・ルクセンブルク，シュツットガルトの芸術家（画家や女優）たちが多く集まっていた。常客のなかには，ベーベル，メーリングもいた。クラーラの部屋は芸術家たちの手によって飾られ，ときおり，クラーラの弾くピアノにあわせて，マクシムがバイオリンを奏でた。部屋では政治，社会問題，労働運動とならんで，芸術，文学，美術に関する問題が議論された。クラーラの教育論の執筆も，1907年と1910年の第1回，第2回国際社会主義女性会議の準備もこの森の家でおこなわれた。

クラーラの芸術・文学に関する著作は，フリードリヒ・ツンデルに負うところ大だったとされる。そのことについてクラーラは，芸術の領域での仕事，思想，楽しみについてはツンデルの恩恵を受けていると語っている。

ツンデルは，ジレンブーフのアトリエから，のちにチュービンゲンのクンストハレに移されて残されている「風景習作『大地』」(1903)，「下図『大地』」(1903)，「大地」(1904)，「老いた採石工」(1904) などを描いた。1907年の彼の作品で印象的なのは，「若い農夫の肖像」，「風景」，「パオラ・ボッシュの肖像」，「マルガレーテ・ボッシュの肖像」などである。

パオラ・ボッシュとは，ツンデルのモデルで，1916年ごろから愛し合い，1928年にツンデルとクラーラとの離婚が成立した後に結婚した女性である。1931年にツンデルとの間に一子を儲け，同名のフリードリヒ (1931.5.17-2007.3.11) と名付けた。フリードリヒは物理化学者となり，父の思い出を書き，クラーラのことも淡々と書いている (http://www.zundel.at/html/ueber_seinen_vater.html, 2011. 2. 11アクセス)。

次章で明らかにするが，手紙の文面から見て，ポーランドからドイツにやってきたローザが，クラーラを政治的にも信頼するようになるのは，1907年ころからではないかと思われる。かなりの時間を要している。それ以前は，ローザが，クラーラの関心の重点が女性問題におかれていたこと，独自の理論を持たないこと，社会民主主義者との交際範囲が狭いこと，その他おしゃべりであること等の欠点を，逐一，ヨギヘスへの手紙で書いており，クラーラは，はなはだたよりにならないおばさんとの印象をヨギヘスに与えている。

ツンデルは，ドイツ社会民主党員画家として多面的な活動をしていたが，1910年代はじめ，党内の芸術論争から次第に遠ざかり，「外光派絵画 (Freilichtmalerei)」に関心を示すようになっていく。1910年代にもローザは時々

写真5-16 ローザ（中央），とクラーラ（左）1908.6.19

ジレンブーフにやってきた。

1908年8月25日にローザは，コスチャにあて，「私が10月にシュツットガルトに行くことは有り得ないことですよ。いつ私がその時間をとるというのですか。そして，それは，まさしく，詩人の前，ミーツェ（マリー・ヴェンゲルス）たちの前では奇妙でしょう」(Luxemburg, *Briefe* Ⅱ：377) と書いているが，私には含意はわからない。

1908年9月3日，同じくコスチャにあてて「今，お母さんの悲しい知らせを書いたあなたの手紙と，彼女自身からの手紙を受け取りました。……お母さんはしばらく休養しなければなりません。彼女が10月にネルヴィに行く前に，非常に悪いなら今直ちにナウハイムに行くべきです。そのことについて，ツンデルとザルマノフに言ってください。そしてすぐ私に報告して下さい。第2に，あらかじめ，お母さんに今年党大会（9月11日から予定されているニュルンベルク党大会：伊藤）に行くことを諦めさせるということが必要です。(中略) 主要な問題は，もちろん，編集の代わりをする人を見つけることです。私は，あなたがツンデルと編集をするというあなたの計画は非現実的と思います。(中略)（ルイーゼ・カウツキー，ハンナ・ドルシュ，バラバーノフ何人かあげて）これらのなかで誰が適任かは，お母さんが決めなければなりません。あなたが断固としてツンデルと一緒にそのことについてお母さんと話してください。私もお母さんに手紙を書きます。急いで決めてお母さんを直ちに家から連れ出すことが大事です。あなたは，もちろん，それらすべてにかかわらず手伝わなければなりません。そしてツンデルはなによりも，子ども付録，女性付録を少なくとも全面的にサポートしなければならないでしょう。」(Luxemburg, *Briefe* Ⅱ：381)。

かなりおおげさな内容のローザの手紙であるが，クラーラはこの年，9月半ばの党大会に出ているし，『平等』の編集に支障をきたした気配はない。

1908年9月29日に，ローザは，コスチャへ「私は，出発前で急いでいます。アトリエでヴィルヘルム[11]を見たいですが出来ません。残念です。しかし，詩人は終日いつも描いているので今回もまた，なかへ入って行くのが難しかったのです。」(同上：383)。

10月初め，「『新世界』では，詩人の絵の大成功とともにGetold[Zlottko] に気付きました[12]。それは，残念ながら，かなりまずく複製されており添える言葉もありません。」(同上：384) と書いている。

ところで，クラーラはロシアのコロンタイとはすでに1906年のマンハイムのドイツ社会民主党大会以来顔見知りで，1907年の国際社会主義女性会議でも女性選挙権運動で意見を同じくしていたが，コロンタイは1908年にドイツに亡命してきてベルリンに住んでいた。コロンタイ側の伝記には，「1909年春，イギリスの成年選挙権協会から，クララ・ツェトキンとともに招待されてロンドンに行った。」(斎藤　2010：82) あるいは，「春，クララ・ツェトキンとともに普選獲得期成同盟の招聘によって，イギリス訪問」(イトキナ，1970＝中山訳 1971：344) と書かれているが，クラーラ側の文献では，確認できない。2つの異なる文献が，1909年春にクラーラがロンドンに行ったとしているが，その事実は確認されない (マクシム作成の年譜にも書かれていない)。

1909年6月29日，ローザは，コスチャへ「お母さんからの手紙で，ツ

11）ツンデルの絵のことであろうと，ローザ手紙全集の編集者は注記している (Luxemburg, *Briefe* Ⅱ：383)。

12）営利娯楽新聞『新世界』Nr. 40：137にツンデルの絵「プロレタリア」が発表されていた。

ンデルはもう良くなったと聞きました。彼と彼女にとっていいことです」(Luxemburg, *Briefe* Ⅲ：40) と書いている。

1909年12月20-24日の間に，ローザはクラーラに「あなたと詩人，そしてマクシム・ツェトキーンにクリスマスの挨拶を。(中略) 私はコ［スチャ］に同じく祝日には家に帰るよう提案しました。しかし，彼は学業を怠けないようにし，それについてはなにも言わせません」(同上：108) と書いた。

1910年3月7日には，ローザは，クラーラに宛てて「論文は，それなりに効果を及ぼし，とてもいいです。かわいそうな詩人には，私のために非常な不機嫌と不安を与えたことは，ひどく残念です。」(同上：120) と書き，同じ3月7日の別の手紙では，「あなたと詩人に誕生日の挨拶と贈り物のお礼を申し上げます。」(同上：122) とある。

1910年7月19日にはローザはコスチャ宛てに「お母さんが，今日，ドッゲ (褐色短毛で番犬用の大型犬：伊藤) の病気について書いてよこしました。最初にかわいそうな小さな猫が，それから犬が……。お母さんは詩人と彼の健康のことでひどく心配したのです (同上：195)。

1910年10月20日 (マグデブルク党大会の期間中) に同じくコスチャ宛てに「……お母さんはツンデルから一箱の花をもらいました。彼女は非常に落ち込んでいます。なんとまあ当たり前のことです。終わりのない，数え切れない集会の際には。しかし，彼女の醸し出す雰囲気と働きは傑出しています。」(同上：233)。

少し飛ぶが，1911年8月1日に，ローザはコスチャへ「今日，ハンネス・デ［ィーフェンバッハ］が，私にツンデルの彼の絵 (彼が持っている絵と云う意味か：伊藤) を (頼みもしないのに) 送ってよこしました。そして私は，そのまえに長いこと座っていました。ただ私は，私の絵[13]はごみであるいうことをほぼ確信しました。ツンデルの絵は，完全に異なって描かれ，全く昔のマイスターを思わせます。私は以前，目が相互に非常に広く描かれているという印象を持っていましたが，それは間違いです。デッサンは非の打ちどころがなく，絵は恐ろしいほど似ています。私のを送り返してください。私は

13) ローザは絵も描いており，コスチャの肖像も書いている (後掲 写真16-6)。

Clara Zetkin mit ihren Söhnen Maxim und Konstantin.
Sillenbuch (bei Stuttgart) um 1914.

写真5-17　ジレンブーフでのクラーラと2人の息子（1914）

それをもう一度みたいのです。多分それは私を少しはなぐさめるでしょう。あなたが良ければ，そのまえにそれをツンデルに見せて下さい。」(Luxemburg, *Briefe* Ⅳ：96）と書いている。

1911年8月10日，コスチャへ「あなたが私にツンデルの意見について書いてくださったこと，とても興味を持ちました。私は，もちろん，人がどうしようとも，経験もなく，ぜんぜんわかりません。しかし，私はじっくり考えませんし，なにも知りません。というのも，彼が先行している多足類のような人を私はスケッチできないでしょうから。顔色に関しては，……ツンデルのところでは，彼は，目に楽しい明るい，しかし，それはハンネスの色ではなくて，ツンデル的，ボッシュ嬢的，ヴイルヘルム的，そしてたいてい彼の肖像がもっている色です。どこに絵の先生がいたのか書いてください。私にとって非常に重要です。」（同上：100-101）と書いているが，前後の関係が分からず私には意味が不明である。手紙にはしばしばこのようなことが起こり，解説抜きには，あるいは，かなりの関連知識がなければ理解できないことが多い。この手紙もその類と思われるが，コスチャとローザの，ツンデルのローザの絵についてのやりとりの雰囲気を伝えるものであろう。

1911年10月19日ローザはコスチャとコルシカ島に旅に出た。クラーラにローザは「私は，詩人がベルリンに居るのか，行くのか気になっています」（Luxemburg, *Briefe* Ⅳ：119）と書き，1911年11月11日，コスチャへ「お母さんは，私に，ツンデルがここでグレーテル・カ［ウツキー］の絵を観，そして彼が私の最高の絵と見なすと言いました。」（同上：121）と書き，11月17日，同じくコスチャへ「詩人の事故は非常にうまく行ったのですね。しかし，ほんの少し幸運な後でも，彼がカーヴを少しでもむちゃな走り方をしないことが賢明に思われます。」（同上：125）と書いており，絵のことと並んで現実的な話題になる。

時は先へ進むが，1913年8月3日付けジレンブーフからヨギヘスへ「……ツンデルが自動車で夜行列車に間に合うよう持って行く……」（同上：290）という一文がある。なおヨギヘスへの手紙（同上：288）ではオートバイでと邦訳しているがドイツ語版ローザのヨギヘスへの手紙ではmit dem Auto　となっているのでツンデルがすでに1907年から持っていた車であろうと思われる。ローザが急ぎの連絡をヨギヘスにしているのである。

1914年第1次世界大戦の前夜，クラーラとローザの結束は強まっていく。それと対照的にクラーラとツンデルとの結びつきは緩んでいく。この年，ローザは禁固1年の判決を受ける。

戦中のジレンブーフでのクラーラの生活はどのようなものだったのだろうか。

次章でもふれるが1916年5月，フリードリヒ・ツンデルは，民間人として自由意思で赤十字活動に招集され，自分の車でフランスの戦場に行った。このことは，今も（2011年確認）ジレンブーフのクンストハレに展示されているツンデルの年譜にも書かれている。

ツンデルとクラーラのジレンブーフでの生活は，1916年に，思想的にも，個人愛としても終わっていたと推測される。

クラーラがツンデルから得たものは，芸術に関する多くのことであろう。そこでの2人の合作は，オシップ・ツェトキーンの場合と非常に異なっている。以下に紹介するクラーラの論稿は，ツンデルも共有した芸術評論と推測される。

4　ジレンブーフ時代のクラーラの文学・芸術評論

クラーラ・ツェトキーンの多数の演説や著作の中では，文学・文芸論はそれほど多いわけではないが，彼女は，ローザ・ルクセンブルクと同じ時代に，別々の場所で，いくつかのプロレタリア文芸批評，広くはプロレタリア文化・芸術論を書き残していた。日本では，ローザのロシア文学論は，比較的古くから知られている（ルクセンブルク＝救仁訳：189-225，伊藤成彦：1991：188-205）が，クラーラの文芸論は日本では紹介されていない。

クラーラのモスクワ発，1924年7月9日付け，ハンナ・ツェトキーン－ブーフハイム[14]宛の手紙（SAPMO-BArch NY4005/60, Bl.139-145）では，長男マクシムの妻だったハンナに「『平等』から，シラー（1905年刊行と思います[15]），ビョルンソン[16]の『われらが力について』，イプセン[17]について，のような論説，それ以外にもあなたが私の文学的な書きものと思うものを探しだしてください」と過去の自分の執筆物を送るよう依頼している。

この手紙に具体的にあげられているものと「それ以外」と思われる主なものは，後にハンス・コッホ編のクラーラ・ツェトキーンの芸術に関する論稿を集めた『芸術とプロレタリアート』（Zetkin=Koch, Hrsg., 1977）に大方収録されているが，当時これらのものをハンナが探し出して送ったかどうか，それをクラーラが何に使ったかは，明らかではない。

大塚金之助は，1969年，その著『ある社会科学者の遍歴』のなかで，「ツェ

14）ハンナとは，シュツットガルトにいるクラーラの秘書。クラーラの長男マクシム・ツェトキーンの最初の妻。第10章で詳述。

15）クラーラの思い違いで，実際は1909年に書いている。

16）ビョルンスチャーネ・ビョルンソン（Bjørnson, Bjørnstjerne：1832-1910）ノルウェーのノーベル文学賞受賞作家，詩人。「われらこの国を愛す」は後にノルウェー国歌となった。

17）ヘンリック・イプセン，ノルウェーの劇作家。

ートキン[18]には，芸術や文学や教育についての書きものもあるから，ドイツ古典芸術を知らないで，政治的・政治理論的にだけかの女をあつかっていては，『必要にして十分』ではないだろう」(大塚 1969: 361) と書いている[19]。本章は，第1次世界大戦前のクラーラの文学（芸術・文化を含む）への発言と，クラーラの文学論に関するドイツ（Koch 1977：5-46, Kliche 1977：369-415）やU.S.A.（Reutershan 1980,1985）での先行研究を用いて紹介する[20]。

(1) ドイツ社会民主党および『平等』編集長時代の社会主義文学評論活動

クラーラは，1897年ハンブルクで開催されたドイツ社会民主党大会の演説で，「プロレタリアートに，最高の社会主義文学を」提供すべきだとの意見を述べ（Zetkin 1897m）ているが，クラーラの本格的文学評論活動は1899年，画家，フリードリヒ・ツンデルと結婚した後1903年以降に住んだシュトゥットガルトのジレンブーフの家での文化人，芸術家との交友から生まれている。クラーラは，ドイツ社会民主党のシュトゥットガルト労働者教育委員会に所属して，そこでの活動として，また1892年以降1916年まで率いたドイツ社会民主党の女性機関紙『平等』と，その付録『われらが女性と母のために』を場として，文学評論活動を展開した。

この時期のドイツの文学状況はいわゆるヴィルヘルムⅡ世の時代を背景とした世紀の転換期の文学であり，旧文学に反抗し，新文学を創造しようとす

18) 大塚は，「ツェトキーン」ではなく「ツェートキン」とZeにアクセントをおいて発音し，仮名書きした。

19) クラーラの教育論については，日本でも複数の研究者がいる（五十嵐 1964，大崎 1976，米田 1980）.

20) おいたち，の章ですでに述べたようにクラーラの父ゴットフリート・アイスナーは，トルストイ型キリスト教徒であったと，息子マクシム・ツェトキーン編纂のクラーラの年譜（SAPMO-BArch NY4005/18, Bl.36）に書かれている（マクシムによる年譜は1934年6月16日に作成されている。ゴットフリートは，1806年生まれ1875年没であるから，トルストイ（1828-1910）の初期の作品には触れたかもしれないが，影響を受けているというわけではなく，マクシムが振り返ってそのように特徴付けたのであろう）。また，クラーラが生まれたドイツのケムニッツ近郊ヴィーデラウ村は，ゲルハルト・ハウプトマンが戯曲『織工たち』(1892) のなかで描いた雰囲気をもっていたこともすでに述べた。このことはクラーラ自らが後にそう書いたとルイーゼ・ドルネマンが指摘している。どこでクラーラが書いたか出所を私は確認していない。

る自然主義が台頭していた。神品（1977：204）は，当時ドイツでは「文学は，文学の美ばかりを追求することをやめて，現実の社会問題に取り組むべきだという考えが支配的だった。当時は政治の転換期で，貧富の懸隔，労働条件の過酷さ，男女差別について世論も関心を強くしている時期であった。社会民主主義の思想が徐々に広がってゆき，社会改革は若い文学者たちの心をもっとも強くとらえる課題であった」と書いている。手塚（1963：230-235）は，自然主義とその先へ進むロマン主義を代表したこの時代の「大立物」として，ゲルハルト・ハウプトマンを挙げる。このような時代を反映して，ドイツ社会民主党においても，社会改革と新たな文学の創造に関心がもたれるようになった。

クラーラは文学者ではないが，当時ドイツ社会民主党の女性機関紙『平等』の主筆として文学・文芸論をいくつか書く事となる。

冒頭に引用した手紙のようにクラーラ自身，晩年にははっきり記憶をしていないようであるが，彼女が当時書いた文学に関するものを年代順に示すと，表5-1のようになる[21)]。（原文の題は巻末文献リスト）

すなわち，彼女は，クラーラ・ミュラー，オットー・クリレ，ヨハン・ゴットフリート・ヘルダー，フリードリヒ・シラー，フェルディナント・フライリヒラート，フリッツ・ロイター等の自由や解放や革命を歌ったドイツ詩人たちについて，また，ノルウェーやフランスの，ビョルンソン，イプセン，バルザック，ルー・メルテンスらの作品を直接とりあげて論評しているし，それ以外，様々な書物のなかに，ゲーテ，トルストイ等の作家についても言及している。

これらの執筆の目的は，ドイツ社会民主党とその女性運動との関連からいって，社会主義文学あるいはプロレタリア文学の視点からの主に女性の啓発である。

これらの論稿中で，包括的でもっとも重要なものは，文学・文芸評論の枠

21）他に，ロシアで書いたものに，Dem deutschen Dichter Ernst Toller best Willkommengruß, Manuskript, 1926. がある（Koch, Hrsg., 1977：329-331）。

表5-1　クラーラ・ツェトキーンの文学・文芸評論・論稿

「プロレタリアートに最高の社会主義文学を」*Pr.Berlin* 1897。
「自由の詩集　クラーラ・ミュラー」*Die Gleichheit*, 1899, Nr.6-8.
「オットー・クリレの詩集『狭い路地から』への序言」Otto Krille: *Aus engen Gassen*, Berlin 1904.
「ヘンリック・イプセン」, *Die Gleichheit*, 1906, Nr.12, 13.
「ヨハン・ゴットフリート・ヘルダー」, *Die Gleichheit*, 1908/1909, Beilage Nr.3.
「オノレ・ド・バルザック」, *Die Gleichheit*, 1908/1909, Beilage Nr.10.
「フリードリヒ・シラー」, *Die Gleichheit*, 1909, Nr.3-5.
「書評：ビョルンソン『われらが力について』」, *Die Gleichheit*, 1909/1910, Beilage Nr.8-16.
「革命の詩人-フェルディナント・フライリヒラート[22]」,*Die Gleichheit*, 1910, Beilage Nr.19.
「フリッツ・ロイター」, *Die Gleichheit*, 1910/1911,Beilage Nr.4.
「論評　労働者演劇－ルー・メルテンの『鉱山労働者』」*Die Gleichheit*, 1911/1912, Beilage, Nr.16.
「芸術とプロレタリアート」Stuttgart , Jan.1911
「論評　映画としての小説」*Die Gleichheit*, 1913/14, Beilage Nr.21.

を超えるが，1911年の「芸術とプロレタリアート」である。また1970年代の東独の文芸評論の文脈でクラーラがどう位置付けられているかをみると，ドイツのレクラム文庫，ディーター・シュレンシュテッド，クラウス・シュテットケ編『位置（ポズィティオーンスベシュティムンク）を決める：19世紀の終わりから20世紀初頭の文学および文化についてのマルクス主義理論史について』(Schlenstedt *et al.*, Hrsg., 1977)は，G.W.プレハーノフ，フランツ・メーリング，ポール・ラファルグ，マクシム・ゴーリキー，ローザ・ルクセンブルク[23]ら9名の著作をとりあげて

22）フランツ・メーリングは，『ドイツ社会民主主義史』のなかで，マルクスと親交のあったフライリヒラートについて「フライリヒラートの革命歌の多くには，思想や言いまわしのはしばしにいたるまで，マルクスの精神がかよっている。(中略) このことは，フライリヒラートの価値を低めはしない。その逆だ。」(メーリング 1960＝足利他訳 1968, 上：214)。

23）ローザ・ルクセンブルクと文学については，伊藤成彦 (1991：188-205) は，「ローザ・ルクセンブルクは，折にふれて文学論を展開している。とくに，彼女がさまざまな同志，友人たちに宛てて書いた膨大な書簡のなかには，ゲーテ，シラーからトーマス・マン，リルケにいたる作家，詩人の作品が引かれ，また論じられていて，それらを集めただけでもかなりの量にのぼる。また彼女は，ポーランドの民衆詩人ミツキェヴィチや，ロシアの作家ウスペンスキー，トルストイについて文芸批評風のエッセーを書き (とくに，トルストイについては3回)，1905年のドイツ社会民主党内のシラー論争にも加わって3度にわたってシラー論を書いてもいる。そして，第一次大戦中は，獄中でロシアの作家コロレンコの『わが同時代人の歴史』をドイツ語に翻訳する仕事を続け，その序文のために，かなり長文の「ロシア文学論」をも書き残しているのであって，これらローザ・ルクセンブルクの「文学論」は，ソヴェトのローザ・ルクセンブルク研究家によって『ローザ・ルクセンブルクの芸術・文学論集』という一冊の本に編まれてさえいるほどである。

おり，その一人に（順番からいって一番最後に）クラーラが入っている。クラーラを担当したのは，当時のドイツ労働運動文学史中央研究所学術共同研究者ディーター・クリッヘ[24]である。クリッヘは，シュツットガルトでのクラーラの文学・芸術・文化の交友関係をあげながら，「芸術とプロレタリアート」に代表されるクラーラの文学に関する評論を重視して，当時のドイツ社会民主党の文学・芸術論争のなかにクラーラを位置づける。時代は第1次世界大戦までに限定せず，コミンテルン時代に及び，1955年にだされたクラーラのモスクワでの秘書で長男マクシムの二番目の妻となったエミリア・ツェトキーン－ミロヴィドバ（Zetkin-Milowidowa, Emilia）編のクラーラの「文学と芸術について」[25]も用いている。

冒頭で述べたように，ハンス・コッホ編のクラーラ『芸術とプロレタリアート』（Zetkin = Koch, Hrsg., 1977）が，クラーラの主要な文学評論を網羅しているが，編者コッホは長文の序で，収録した作品について一つ一つ解説を付している。なおクラーラの作品は，クリッヘの論文と同じく第一次世界大戦後にまでおよび，領域としては文学のみならず，知識人問題，学校問題等クラーラが発言した文化面での全領域に範囲を広げている[26]。

これらクリッヘやコッホの1970年代の，クラーラと文学への注目と異って，統一ドイツ後のクラーラ研究者も，クラーラの文化・文芸にかんする発言をとりあげている。フランスのジルベール・バディアは，「一女性社会主義者の芸術的視点」という章をもうけている（Badia 1993=Hervé *et al.*, 1994;119-126）し，ターニア・プシュネラートは，1890年から1914年までの区切りでクラーラを論ずる章「安定した生活運営と革命的イデオロギー」のなかで，「ブルジョア的遺産とアヴァンギャルド」なる節を設け（Puschnerat 2003：186-

……1908-1912年にはエンゲルスのバルザック論も知られていなければ，『社会主義リアリズム論』もなかった。……ローザ・ルクセンブルクの文学論は，いわば社会主義文学論の扉を開いたものだった」といっているが，同時代にクラーラも社会主義文学論を展開していたといえるだろう。

24）私は未見であるが，Dieter Klicheには，Zur Literatur-und Kulturauffassung Clara Zetkins, in: Weimarer Beiträge, XXXII Jg.1976がある。

25）筆者未見，Über Literatur und Kunst, Zusammengestellt und hg. v. Emilia Zetkin-Milowidowa, Berlin 1955.

26）しかし，クラーラの文学・芸術論は，第1次世界大戦前までが中心と思われる。

193) て，この間『平等』誌上に現れた文学上の記事を，今日的視点から詳細に批判的に検討する。そのプシュネラートも「ツェトキーンは，社会主義リアリズムの理論の先駆者の一人と見なされうる」(Puschnerat 2003：191) という表現をしている。

(2) クラーラの文学・芸術論に関するUSAでの研究 ：ヨアン-バンクス・ロイターサンの研究

筆者が見る限り，クラーラの文学論そのものを学術的研究対象としてきたのは，ヨアン-バンクス・ロイターサンの下記2つの作品である。

1) ロイターサンの学位論文：「第2インターナショナル時代のドイツ社会民主党の文芸政策におけるクラーラの例外的位置」(Reutershan 1980)

1980年2月，ニューヨーク大学ドイツ語・ドイツ文学部は，ロイターサンの「第2インターナショナル時代のドイツ社会民主党の文芸政策におけるクラーラの例外的位置」と題する独文530ページにおよぶ論文にPh.Dの学位を授与した[27)]。

内容は，3つの主論文（主論文A：クラーラと第2インタナショナルのドイツ社会民主党における社会民主主義的女性運動，主論文B：第2インターナショナル時代のドイツ社会民主党の文学問題，主論文C：クラーラの文学政策と文学理論）から構成されている。

この東西ドイツに分かれている時代に書かれた学位論文に付された要旨によってロイターサンの主張の要点は次の通りであることがわかる。

まず，ロイターサンは，ドイツ連邦共和国及びドイツ民主共和国両者の社会主義文学史家は，クラーラは，第2インターナショナル期のドイツ社会民主党内で，彼女の同時代人によって主張された文学政策や理論の範囲外に置かれていたものを支持していたということを認めていると書いている。さらに，

27) リサーチ・アドヴァイザーはVolkmar Sander，ドイツ語で書かれた論文である。ロイターサンは，1945年ニューヨーク生まれ。ミドルベリィ大学，NYU，ベルリン自由大学でドイツ学を修め，1977年来NYUのドイツハウスの語学部主任，1980年からNYU助手。ドイツとアメリカの女性運動についてのさまざまなテーマで雑誌論文発表。

1890年と1914年の間の時期に，ドイツ社会民主党全体は，初期社会民主労働党と結びついて自動的に発達した初期の文学的カウンター－カルチュアの成長を促進することができなかったのに対し，クラーラは，社会民主党員やその潜在的支持者の個人的，社会的アイデンティティを強固にする役目を果たし，彼らに，ヴィルヘルム時代のドイツに支配的であった攻撃的アンチ社会主義文化イデオロギーに対し，魅力的オルタナティヴを提供することもできた強力で自律性のある文学的カウンター-カルチュアの創造を，社会民主党内で普及させた数少ない指導的社会民主党員の一人であったとしている[28]。

また，破壊的で頼りない社会主義的作家や評論家の一部の人々は，主流をなした文学的伝統を「時代遅れ」と呼び，あるいはプロレタリア文学にだけ焦点を当てたが，クラーラは，そのような両極端を避けて，伝統的文学の批判的選択的摂取を擁護し，同時に，同時代，すなわち革命前の時代におけるオルタナティヴ社会主義文学の一層の発展を促進したとしている。ロイターサンの歴史的，記述的研究は，クラーラの文学活動の深部で，彼女の既成の社会民主党の風潮からの分離と彼女の政治的努力の全体への文学活動の統合を考察するものであった。

ロイターサンは，クラーラの政治的，文学的業績の間の通じ合う領域の輪郭を描くことで，第2インターナショナルの期間の社会主義文学理論におけるクラーラの独特の位置を説明をすることを試みている。

社会民主党の女性新聞『平等』の編集者として，ドイツ社会民主党の女性運動の指導的主要人物として，クラーラは，プロレタリア女性の利益や必要を彼らの組織のための出発点とした。政治的組織として台頭する社会主義女性運動の必要性と彼女たちの労働者としておよび主婦や母としての二重の役割における特別の関心は，ともに，ツェトキーンをして，単なる経済的・政治的範囲を超え，イデオロギー的闘争にも主眼点をおかせることとなった。また，プロレタリア女性の要求は，ツェトキーンをして，教育，文化，演芸そしてまた文学にたいしてラジカルな批判を練り上げ，それらに新しい形式を開かせた。

28）この点は，先述，21世紀に入ってからのターニア・プシュネラートの見解と異なる。

以上が，ロイターサンの学位論文の主張点の要約である。

2） ロイターサンの著書：『クラーラそしてパンと薔薇ードイツ戦前社会民主党における党と女性運動間の文学政策の対立』(Reutershan　1985)

ロイターサンは，前述学位論文をもとにして，1985年『クラーラそしてパンと薔薇－ドイツ戦前社会民主党における党と女性運動間の文学政策の対立』という単行本を出版した。学位論文の内容を半分に短縮して次のような章構成であった。

すなわち，第1章　社会民主党の芸術活動へのヴィルヘルム時代の挑戦，第2章　社会民主党の文学的伝統，第3章　1890年から1914年の社会民主党の文学政策，第4章　クラーラの1905年以前のプロレタリア女性の関心の認知，第5章　1905年以降の『平等』の女性読者像の拡大，第6章　プロレタリア女性の文学的関心と要求：クラーラの文学的挑戦，第7章　『平等』における文学習得の一般的傾向，第8章　ブルジョア的文学的伝統の習得，第9章　社会主義的著者を獲得する，第10章　社会主義的女性執筆者の独占，第11章　文学的反大衆性のツェトキーンの要求，第12章　シュペルバー論争におけるクラーラの位置，である。

最初の3つの章は，ツェトキーンの文学政策が意味をもつ背景が論じられる。第4章，第5章では，1905年以降の「女性の利益」との関わりで，女性運動内部でのクラーラの組織活動が叙述される。第6章では，ドイツ社会民主党の女性の文学に特化した要求と関心がとりあげられ，第7章から11章までは，ツェトキーンの具体的文化政策の試みが，そして第12章ではクラーラの文学理論の位置づけと文学実践活動へのつながりが述べられている。終章では，クラーラの文学活動とプロレタリア女性の組織活動の基礎を固め，ドイツ社会民主党上層部に抵抗する文化政策構想が形成される原理を総括する。

1890年から1914年のあいだの時代，クラーラは，自律的で社会主義的な文学的伝統の保持のために社会民主党員を鼓舞した。このことは，当時，階級闘争のために文学の価値を否定していた左派に対するのと同様，右派の党仲間の文化政策とも対立した。この書物の著者ロイターサンは，クラーラの文学の仕事を，実践と理論から叙述し，クラーラの，他の社会民主党員とは異なる位置についての説明を与えている。すなわち，クラーラの文学政策は，最終的に，彼女の主要な仕事であったプロレタリア女性の組織（つまり，その関心と要求をクラーラがあらゆる活動領域で，文化的にも，配慮し守ろうとした女性組織）に根をもっていたという結論に達している。

1910年，ドイツの社会主義的世論の中でいわゆる「シュペルバー論争」（Sperber Debatte）が始まった。社会民主党の支配的文化政策に反対するジャーナリストの攻撃の中で，作家で社会民主党員のハインツ・シュペルバー（Sperber, Heinz[29]）が，「彼らのたたかい，彼らの信念，彼らの情熱，彼らの理想から」当時のプロレタリアートのために，社会主義的「傾向芸術」[30]を呼びかけたのである。この考えに対して反論したのがクラーラの論文「芸術とプロレタリアート」と「労働者演劇」であったとロイターサンは位置づける。

(3) クラーラ・ツェトキーンの文学・芸術論『芸術とプロレタリアート』(Zetkin 1911a)

ロイターサンの指摘もあるので，続いてクラーラの文学・芸術論の代表的な作品『芸術とプロレタリアート』をとりあげることにする。

『芸術とプロレタリアート』は，もともと，1910年の暮れ，シュツットガルトの「労働者教育委員会」の「第１回文化の夕べ」での講演である。当初『平等』誌の7号，8号に収録され，1911年1月，シュツットガルトのパウル・ジンガー委員会出版として16頁の小冊子になった（Zetkin 1911a）。この講演録は，その後『クラーラ演説・著作選集』1巻（Zetkin, *Ausgewählte* Ⅰ：490-505）をはじめ，ハンス・コッホ編の『芸術とプロレタリアート』（Koch 1977：186-197）や，レクラム文庫に収録されている（Zetkin = Haferkorn *et al.*, Hrsg, 1974：333-347）。

シュツットガルトのパウル・ジンガー委員会出版の小冊子は，当時のクラーラの夫，画家フリードリヒ・ツンデルの生誕100年記念として，1975年にチュービンゲンの「クンストハレ」で行われた展覧会の目録にも，その講演は，発行当時の小冊子の形式のまま収録されている。ツンデルとは後に離婚しているが，1910年代冒頭はクラーラの文化・芸術論はツンデルに負うところ大

29）Heinz Sperberとはオランダの劇作家Herman Heijerman（1864-1924）の筆名である。

30）Tendentz Kunst. ここでは，Tendentz（傾向）とは，芸術の思潮のことであるが，特定の（この場合社会主義の）思想を顕著に表した芸術をさす。

であったといわれている(Badia 1993=1994 Hervé *et al.*, 1994：119)。

1975年時点における展覧会に際してツンデルの目録への収録は，ツンデルの側から見ても2人の記念碑的内容であったことを示すものであると思われる。

内容を外観して見よう。

〔「芸術とプロレタリアート」の要約〕

まずクラーラは，芸術とプロレタリアートについて，「資本主義的社会体制がその賃金奴隷を生み出す生活条件は，芸術敵対的であり，実に，芸術を抹殺するもの」であるといい，「物質的困窮，文化的貧困もまた，階級矛盾が社会を分割して以来，搾取された，支配されたものの運命」であるという指摘から説き起こす。

続いてクラーラは，ジャン・ジャック・ルソーに18世紀の，レフ・トルストイに19世紀から20世紀にかけての芸術論を代表させて，その時代背景と照らして批判的に解説する。しかし，クラーラは，時代的背景をはなれて，人間と芸術の本質的関係を語ろうと歴史を遡る。

彼女は，「芸術は，人間の，古く，本源的な精神的生活表現」であり，思想のような抽象的思考より前に，人間が，動物から離れ，人間の精神生活が目を開いたときに「本源的な芸術感覚」が芽生え，「基本的芸術活動」すなわち「見たものや感じたことにたいする感覚的叙述の表現手段を発見した」という。

だから，今日，抑圧されている社会階層に，「芸術の享受と創造への激しい要求が生き続けていることは疑いがない」。しかし，確認しておかなければならないことは，支配階級が支配しているものの矛盾に明白に気づき，それを止揚しようと努力しない限り，抑圧されているものは，芸術や新しいものを創造することができない。「その芸術家的あこがれは，その主人の芸術を持って養われている」から，「支配されたものが高みを求め，抵抗する階級として，独自の精神的生活内容を授与されるときにはじめて，すなわち，重苦しい社会的，政治的，精神的桎梏を打ち砕くためにたたかうときにはじめて，人間の芸術家的文化遺産の影響が自己のものとなる」という。

では，どのようにして，プロレタリアートは自身の芸術を見出すか。封建社会の庇護の下でブルジョア社会が発展するとき，芸術家のたたかいもまた，芸術の自由のために全力をつくす。歴史は，職人階級が束縛から解放されるために，また，宮廷の従僕としての仕事の抑圧の鎖をうちやぶるために，芸術家がどのように困難で，苦しい格闘をしたかを示しており，その結果「芸術家は，勝利し」，その成果は，また，ブルジョア社会の勝利の一部であったという。

クラーラは続ける。「しかし，ブルジョア社会の経済的母体である資本主義的商品生産体制において，そのことは何を意味したか。芸術もまた同じ商品生産の強固な規範に従順である以外の何ものでもない。資本主義的商品生産の基礎は，人間の労働の不自由さである。人間の労働が一般に不自由であるかぎり，手の労働と同じく頭脳労働も屈従させられたままであり，科学や芸術も不自由であることをまぬがれない」。プロレタリアの手，研究者・学者や創造的芸術家が，資本主義体制を支えている。芸術がパンとひきかえられる。「なぜなら，芸術家は生きたいからである。生きるためには，芸術家は，その才能が彼に創造することを命じたものを，売らねばならない」のである。

「資本主義にあっては，芸術が作り上げたものも商品になる。服地やコーヒーのように，芸術家の商品は市場を征服しなければならない。支配するものは誰か。芸術を理解するグループでもなく，芸術を楽しむものでもない」。そうではなく，文化などではないもの，いいかげんな文化，贅沢，「支払い能力のある野卑な人びと」の気晴らしと麻酔の必要が，芸術商品市場を支配する。

「競争という疼きに駆り立てられた資本主義的芸術市場の不安」が芸術家を襲う。「造形芸術家は狂気のあわただしさの中で，芸術の巨大商品バザール，いわゆる展覧会のために製作する。作曲家は新しいシーズンのクライマックスに，曲を完成する。作家はクリスマス市場のためにせかせか働く」。芸術家は，せかせかした企業家や，商人の中に，芸術的商品とともにかき消され，彼の芸術的資本は，たちまち浪費され，文化的価値の捏造者となる。今日，賞賛されている芸術家は，たかだか10年で忘れられる。資本主義は，芸術家を「芸術的ルンペンプロレタリアート」とする。

「巨大な発注者としての今日の国家は，芸術をその困窮から高みへひきあげることはできないのか。それはできない。なぜなら，国家は，所有し，支配している少数派の国家であり，統一した全人民と人民の意志の表現ではないからである。国家もまた，その被造物が国家である資本主義秩序の法の意のままである」。

ではどうすればよいのか。

「労働が，資本主義のくびきから解放されたときにのみ，それによって社会における階級矛盾が止揚された時にのみ，芸術の自由は生命と形を受け取り，芸術家的才能が自由に飛翔することが出来る」。

ここで，クラーラは，リヒャルト・ワーグナーの「芸術と革命」(1849) を引用する。「色あせた金権精神を持つ一般的職人根性の屈辱的な奴隷的拘束から，われわれは，燦然たる世界精神を持つ自由な芸術的人間性自身を引き上げたい；工場の苦労を背負った日給から，われわれは，すべて美しく，強い人間に成長したい。われわれは，至高の芸術的享楽の永遠に枯れることのない泉として，そこにあるものである」。ワーグナーは，すべての人にとって等しく奴隷であることは時代遅れであるように，すべての人にとって自由な芸術家的人間性の開花を求め，「革命は人間に，強さ，芸術，美しさを与える！」といいあらわした。

クラーラは，ワーグナーが期待した美しく，強い人間とは，個別的に多方面に有能な「人格」ではなく，すべてが分かちがたく結びつき，すべてを一つのものと感じる調和の取れた発展した人間であるという。また，クラーラは，革命は大衆の行為であり，志向する芸術は，常に精神的な大衆の生活の表現そのものであるといって，われわれは，労働とともに芸術をも解放する社会革命はたたかうプロレタリアートの仕事でなければならないと，ワーグナーの言わんとしたことを敷衍する。

また，「プロレタリアの階級闘争の内容は，決して経済的,政治的要求に尽きるものではない。その内容は，統一的で完結した全体を打ち立てる新しい世界観」であり，「それは，自然科学と社会科学の成果をよりどころとした社会主義の世界観である」という。

その世界観は，社会制度が変化する時，つまり人々の感覚，思想，意思が革命化する時，大衆の中で発展するものであり，もっとも深いところで，現行の経済秩序とその上部構造に妥協できない対立の中での生活条件を通じて出会う階級，つまりプロレタリアートの精神と思想の世界観であるというのである。

ブルジョアジーは，ブルジョア社会の柵の前で，行きつ，戻りつする。プロレタリアートは柵を越えて進む。彼らは，柵がこなごなに打ち砕かれなければならないことを知っている。ここから，たたかうプロレタリアートは，偏見なく，大胆に，すべての研究の成果の結論を採用することが出来る。彼らの戦いが，再び資本主義の秩序を認識し，強力になればなるほど，ブルジョア的世界の精神生活に対立して，その精神的生活内容もますます鋭くなる。プロレタリアの階級闘争は，新しい精神的，道徳的理念の担い手となる。その理念は，新しい独自の文化的生活を，高らかに咲かせ，こうした生活の強い脈拍は，芸術的享受と形成へのあこがれの翼を広げる。

クラーラは，「プロレタリアートは，社会主義的世界観を精神と言葉に与える芸術的仕事に気づく。そのようにして，それは，われらの時代のブルジョア的芸術への対立物となる」という。しかし，まだ「これは，彼らの全自由をたたかいとり，それをもって，高い人間性の理念の担い手であることを感覚的に感じる若く新鮮な階級の健康で発展的な芸術ではない」という。クラーラは，「われわれの同時代の芸術は，神々の黄昏の雰囲気から生まれた」ということを指摘する。「簡単にいえば，それは現実なしの理念である」。ブルジョア階級の歴史的存在として，今日，理念と現実が大きく乖離しているので，これらの階級の見解と気分はペシミスティックになっている。

しかし，プロレタリアートの芸術は，彼の全歴史的存在を楽観的に感じ，考えなければならないものである。ここには，最も高い目標を据える大衆のイデオロギーによってのみ生み出されることができる現実と理念の統一がある。理念とは，人類が夢見たもっとも崇高な自由の思想である社会主義であり，現実とは，成熟した認識と鉄鋼のように硬い意思のうちに，もっともはげしい行動をしようとする階級のことである。

ここまで論じて，クラーラは，次に「傾向芸術」に触れる。

人は，「傾向」一般を芸術の名において社会から追放するのではなく，支配的階級と対立する「傾向」のみを追放しようとする。しかし，「すべての時代の強烈で壮大な芸術作品は，傾向の灼熱の息吹に満たされている」。むしろ「理念がなく，傾向がなければ，芸術作品を汚し，それを冒涜するものとなる。反対に，理念と傾向が，芸術的価値を生み出し高めることができる」。

理念が芸術的に成熟した表現手段をもって内なるものからの創造は，不滅のものを生み出す。プロレタリアートは，ブルジョア世界のいかなる芸術家的流行のおろかさにも加わらないで，その独自の道を進まなければならない。プロレタリアートは，発展する階級として，単に芸術を楽しむだけでなく，創造的でもあるわけだが，どのようにして創造性をわがものにするのか。ここそがクラーラの言いたいところであった。彼女は次のように考える。

芸術の歴史がそれを証明するが，すべて勃興する階級は，発展の早い時期で芸術家の模範を求める。ルネッサンスはギリシャとローマの芸術に，ドイツ古典芸術は，古典古代とルネッサンスにというようにである。未来の芸術は，ブルジョア階級の古典芸術を道しるべとし，それを超えて豊かなものになる。社会主義とは，それが精神的内実であった世界のブルジョアリベラリズムの，首尾一貫した一層の発展と改革のことである。社会主義芸術は，リベラルな思想によってつくられた偉大な，古典的，ブルジョア的芸術の継続でもある。封建社会の抑圧的限界から外への憧憬が，ゲーテやシラー，ベートーベンの芸術家的完成をもたらしたのだ。

クラーラは，「傾向芸術」を，理念と現実の統一という意味で肯定しながら，ブルジョアジーのたそがれから新しく生まれるプロレタリア芸術の成熟を，偉大な古典的，ブルジョア的芸術を道しるべとし，継承し，それを超えて豊かなものにする方向に見出しているといえる。

クラーラの講演は「すべての偉大な芸術は，偉大な共同体に流れる知性的心血をそそがれて生かされる」(Denn alle grosse Kunst lebt von dem geistigen Herzblut einer grossen Gemeinschaft）ということばをもって終わる。

このドイツ語は邦訳しにくい。しかし，このクラーラの一文は，よく知られているものであって，ライプツィヒのクラーラ・ツェトキーンパルクのクラーラの立像の横の石碑に刻まれている2つの文のうちの1つである。

クラーラの文学論・芸術論も，それを対象とした研究も多くはないが，

1910年代のドイツ社会民主党のシュツットガルトの文化・芸術にたずさわる人々との盛んな交流が，クラーラの考え方に反映していると考えることが出来る。また，「芸術とプロレタリアート」の土台には，芸術の都市ライプツィヒやパリで培った教養や経験や見聞がゆるぎないものとして存在していることが読み取れる。

いつの時代にも，文学・芸術に限らず神々の黄昏があり，支配的なものの終わりが訪れる。クラーラの見解は，そのとき，新たに勃興する文化や芸術の担い手が，何を道しるべとし，何を継承し，どう超えるかについて，普遍的な示唆に富むものということができる。

第6章　ドイツ社会民主党の女性政策と ローザ・ルクセンブルクとの交友

1890年社会主義者鎮圧法が廃止され，ビスマルクの時代は終った。フランツ・メーリングは『ドイツ社会民主主義史』のなかで，1878年から1890年の社会主義者鎮圧法下でのドイツ社会民主党の犠牲と，その間に手に入れたものについて，次のようにまとめている。

「大まかな統計によれば，社会主義者鎮圧法の下では，1,300の定期もしくは不定期の刊行物，332のさまざまな労働者組織が禁止処分を受けた。戒厳令がしかれた地区からの追放は900件に近く，そのうち500件以上が扶養家族を持つ人々であった。内訳はベルリン293件，ハンブルク311件，ライプツィヒ164件，フランクフルト71件（中略）。有罪の判決のおりた自由刑は，合計約1,000年で，それが1,500人の人々に課せられている。こうした数字は，とうてい現実に追いつくことができないものであり，おびただしい不幸な人間生活や，資本主義的もしくは警察的弾圧によって貧しい世帯を奪われ，悲惨な追放の境遇に追いやられ，生命を短かくされた無数の受難者のことは，この数字そのものをみただけでは想像不可能である」（メーリング1960－足利他訳 下1969：521）。しかし，「社会主義者鎮圧法が公布されたとき，ドイツ社会民主党は，437,158票を獲得し，42の機関紙をもち，組合は50,000以上を組織し14の機関紙を持っていた。社会主義者鎮圧法の消滅した時，党は1,427,298票を獲得し，60の機関紙を持ち，組合は200,000人以上の組合員と41の機関紙をもっていた」（同上：522）。

とはいえ，社会主義者鎮圧法廃止後も，ドイツの一連の連邦では，反動的な結社法が存続しており，女性の政治的集会への参加も政党への参加も認められてはいなかった。

1890年代以降，工業化，都市化が進むなかで，スラム街に住む労働者の住環境，生活環境は劣悪になった。労働者階級は，妻子が工場での長時間労働に従事し，妻は工場労働と家事労働との二重の負担のため，都市では乳幼児死亡率も高く，その原因と考えられた既婚女性の工場労働への批判も強まった。このような状況は，1890年代に突如として起こったものではなく，すでにみてきたような長い道のりの継続の上にではあったが，事態に対処しようとする女性運動は，世代の交代もあって，時には断続する。特に世紀転換点の女性運動の主流をなした母性を強調する穏健派の市民的女性運動の研究が日本でも進んで，新しい事実も掘り起こされ，注目を浴びるようになってきている。もちろん，女権論的女性運動の流れも続いている[1)]。

本書がとりあげるクララ・ツェトキーンらのプロレタリア女性運動は，労働者階級の女性の劣悪な環境が，男女労働者の階級闘争によって改善されるとの立場に立つもので，その政策と運動は，ドイツ社会民主党によって提起され主導されてきた。

本章では，まず第1に，前半で，社会主義者鎮圧法廃止後のドイツ社会民主党のなかで，クララは女性問題とどのように取り組んできたのか，党大会と同党の女性会議の開催にそってみていき，第2に，後半では，ローザ・ルクセンブルクを再び登場させ，主にローザの手紙をつかって，ローザのクララ観察や，2人の党友としてのつきあいについてのべたい。

1　1890年代―ドイツ社会民主党ハレ大会からハノーファー大会まで

(1) ハレ党大会 (1890) からブレスラウ党大会 (1895)

1)　1890年10月12日～18日，ハレ党大会

社会主義者鎮圧法廃止後，ドイツ社会民主党の最初の党大会は1890年にハレで開催された。課題は，新しい組織と新しい綱領をつくることであった。まだ，ドイツに戻っていないクララ・ツェトキーンは，この党大会には出

1）ドイツ女性運動にはブルジョア（市民的）女性運動と，プロレタリア（労働者階級の）女性運動の流れがあるが，前者は，母性を尊重する穏健派と，権利要求を中心とする急進派とに分かれる。当時のドイツ女性運動の流れを，ドイツ史に位置づけた叙述は，服部（2005：156-158）を参照。

席していない。

「1890年ハレ党大会で決定されたドイツ社会民主党組織」において，まず，ドイツ社会民主党に所属できる資格は，「党綱領の基本方針を認め，能力に応じて党を支持する個人」とされる。

次に党指導部と党大会について，次のような組織構成をとることとした(Fricke 1987：225)。

党大会(毎年)
｜
党指導部(12名) ------
｜　党機関紙
公開の信任者制度
｜
党員

ハレ党大会は，この一つ，一つを規定しているが，特に(前にも出てきた)「信任者制度[2)]」についてみておこう。「信任者」とは，ドイツ社会民主党の党員と党指導部をむすぶ役割をもつ人のことで，1890年から1905年迄，規約上存在した。ハレ党大会では「信任者」に，「フェルトラウエンスメンナー」(Vertrauens<u>männer</u>(下線は伊藤))という原語をあてていた。

「信任者」は，個々の帝国議会選挙区ごとに，公の集会で，党大会に先行して毎年，1名以上選ばれるというものである。信任者個々人に単独の全権と信任を与えるという制度で，社会主義者鎮圧法下の非合法党活動の名残をとどめる組織制度であった(Fricke 1962：30-34)。ただし，「フェルトラウエンスメンナー」という語は，2年後の1892年ベルリン党大会で，「フェルトラウエンスペルゾーネン」(Vertrauens<u>personen</u>(下線は伊藤))に変えられた。後年の，議長を意味する「チェアマン」が，「チェアパースン」へと，ジェンダーに中立な用語に変えられたはしりが，この時代のドイツ社会民主党

2）日本語は，『レーニン全集』(Vol.9：304)では，「受任者制度」と訳している。

ですでに起こっていたことが注目される[3)]。また，選挙区で選ばれた代表者(Vertreter)の中に女性が入っていない場合には，特別の女性集会で選挙することができるとした(*Pr.Halle*,1890:6)[4)]。これは，現在にいう一種のポジティヴアクションともいうべきものであろう[5)]。

機関紙に関しては,『デア　ゾツィアルデモクラート』が刊行を停止し,『ダス　ベルリーナー・フォルクスブラット』紙が『フォアヴェルツ』と名称を変え，ドイツ社会民主党中央機関紙として1891年1月1日から発行されることとなった。

また，女性問題とのかかわりでは，大会は,「女性工場監督官の設置」と「男女の健康に害ある労働の禁止」という2つの提案をしている。女性の間での活動を行うために,「女性アジテーション委員会」(Frauenagitationskommission)[6)]をつくった。翌年のエルフルト党大会では,それを各地域にもつくることが決議されている。この委員会は，政治活動や通信活動を行ったり，集会を招集したりするゆるやかな結びつきのものであった(Thönnessen 1969：51)。

党の決定ではないが，ハレ党大会の後，エンマ・イーラーが，ドイツではじめてのプロレタリア女性のための雑誌『女性労働者』をハンブルクとベルリンで発行し始めていた。1890年12月20日の見本号から約1年,「働く人民の,女性と少女の利益のための雑誌」というサブタイトルがついていた。これは後述のように1年後に『平等』となって生まれかわり，ドイツに帰国してシュツットガルトに活動の場を置いたクラーラ・ツェトキーンが編集を担当することとなる。クラーラ·ツェトキーンが，そこをこそ言論の場とした『平等』

3）フリッケの原語は「フェルトラウエンスロイテ」(Vertrauensleute)となっている。性中立的用語であれば,「ロイテ」でもよかったのであろう(Fricke 1987：225)。

4）「組織規約」∫9-1。ドイツ社会民主党の議事録（プロトコール）を(*Pr.*＋開催地名)で記す。以下同。

5）なお，この女性への特例条項は1892年のベルリン党大会で一旦取り消された(*Pr. Berlin* 1892：8)が，1894年のフランクフルト党大会で復活し(*Pr. Frankfurt* 1894：7),1900年マインツ党大会で決定された組織規約にも含まれている(*Pr.Mainz* 1900：7)。

6）アジテーション（ドイツ語発音ではアジタティオーン）は直訳すれば煽動であるが,現代的日本語では政治活動に向けた誘いかけの意味である。以下，煽動とは訳さずアジテーションと記す。

のあゆみについては後述する。

2）1891年10月14日～20日，エルフルト党大会，「エルフルト綱領」

翌1891年10月14日から20日までドイツ社会民主党エルフルト党大会が開かれた[7)]。

クラーラがシュツットガルトに居を定めて最初の党大会である。しかし，クラーラはまだドイツ社会民主党の大会に出席してはいない。

このエルフルト大会は，1875年採択の「ゴータ綱領」を修正して「エルフルト綱領」を決めた。この新しい「エルフルト綱領」で女性に関するところを抜粋すると，その前文で「ドイツ社会民主党は，……新しい階級的特権や優先権のためにたたかうのではなく，むしろ階級支配と階級それ自身の廃止のために，そして性と血統の区別なく，すべてのものの平等な権利と平等な義務のためにたたかうものである。このような見解から出発して，党は今日の社会において賃金労働者の搾取と抑圧とたたかうだけでなく，あらゆる種類の――それが階級に，党派に，性に，あるいは人種にむけられようとかかわりなく――搾取と抑圧とに対してたたかうのである」と原則的声明を行い，続く政治的要求の部分では，「性にかかわりなく20歳以上のすべての旧帝国国民に，あらゆる選挙権についての秘密投票制度を持つ普通，平等，直接選挙および投票権を与えること」，「公法および私法上で，女性を男性に対して不利にするすべての法律の禁止」，「公的国民学校，ならびにその能力によって一層の上級教育に適するとみられる生徒および女生徒にたいする，上級教育施設における，教育，教材，そして給食の無償制度」，「出産援助を含む医療および薬剤の無償制」を要求している。

また，「エルフルト綱領」の経済的要求部分は，労働者階級全体の保護のための要求規定であり，関連する個所をあげれば次のとおりである。

1　次のような基盤の上にたつ，効果的な国民的労働者保護立法。

7）1891年のドイツ社会民主党大会は，8月16-22日のブリュッセルでの第2インターナショナルの第2回大会の2カ月後に開かれた。

(a) 最高8時間の標準労働日の確定。

(b) 14歳以下の子どもにたいする職業労働の禁止。

(c) 夜間労働の禁止。……

(d) すべての労働者に対する，毎週最低36時間の連続した休日。

(e) 現物給与制度の禁止。

……

4　団結権の確保

……

(*Pr. Erfurt*, 1891：3-6)

「エルフルト綱領」は，選挙権に関して「性にかかわりなく」と明記した最初のドイツ社会民主党の綱領であった。ちなみに1869年の「アイゼナハ綱領」は「20歳以上のすべての成年男子」，1875年の「ゴータ綱領」は「20歳以上のすべての国民」と表現していた。

ただし，「エルフルト綱領」には，女性労働者の特別の保護規定の要求はみられない。

3） 1892年11月14日～20日，ベルリン党大会

ベルリン党大会は，クラーラ・ツェトキーンが関与するはじめてのドイツ社会民主党大会であった。この党大会の期間中に出された1892年11月16日付け『平等』には，「党大会への女性社会民主主義者の指示」として，「社会民主主義の党綱領は，女性が男性に対する公的・私的関係において，ハンディキャップを負っているものが規則の廃止を要求することができるという章句を含んでいるから，Vertrauensmännerを Vertrauenspersonenに変えることと，女性代表者は，特別の女性集会で選ばれるべきだという変更を提案する」と明記されている（*Gl.*, *2.* Jg., Nr.23,1892.11.16：186）。ベルリン党大会の決議は，マンハイムの女性・少女の代表とともに，クラーラ・ツェトキーンによって起草された，包括的な計画的社会主義女性アジテーションに関する提案が審議された。そして，党大会は次のように決議した。

1　社会民主党は，労働組合や――可能なところでは――労働者の政治的

組織に，プロレタリア女性を加入させて，彼女たちが自分の階級の解放闘争に意識的に，明確な目的で参加するために，積極的政治活動を展開させること。

2　社会民主党は，そのために力強く活動すること，そして，社会民主党の帝国議会議員団は，女性労働者に，連合し協力する権利の，自由で無制限の行使が保証されることを支援すること。

3　選挙活動時に，社会民主党は，女性の政治的無権利に対し抗議することと，政治問題に関する啓発をプロレタリア女性の隊列に持ち込むという2つの目的で，集会をもつこと。

さらに，前述のように「信任者」を著す「Vertrauensmänner」という語が「Vertrauenspersonen」に変えられた。

1893年のエンマ・イーラーが作成したリストによれば，1890年前後のプロレタリア女性の組織は，ベルリンをはじめ各地に，数十名から数百名の職業別ごとの協会として多数存在していた。社会主義者鎮圧法消滅後のプロレタリア女性運動の組織上の主要な問題の一つは，存在する多数のこうした協会をまとめることにあった。1892年当時労働組合への女性労働者の組織率は2%にすぎなかった。

このように，1891年と1892年の2度のドイツ社会民主党大会で，多くの基本的女性政策が決められていったが，その途中からクラーラが加わったのである。

4） 1893年10月22日～28日，ケルン党大会

1893年にケルンで党大会が開かれた。女性たちへの告知は，『平等』1893年10月4日号（*Gl., 3.*Jg., Nr.20）に「ベルリン女性アジテーション委員会」と『平等』編集部からの連名で，この党大会に注意を向ける呼びかけで行われている。このように，1893年からは『平等』編集部が，ドイツ社会民主党大会を知らせているので『平等』は党の女性機関誌に近い性格を持つようになったと考えられる。

クラーラ・ツェトキーンは，ヴュルテンベルクの社会民主党代議員として

ケルン党大会に参加して10月26日に演説した。

この年，デュッセルドルフで7名の女性が，結社法に抵触したとのかどで逮捕され，それをきっかけにして，プロイセン，バイエルンで女性運動に対する弾圧が始まった。

1893年から，クラーラは『平等』誌上に論稿を執筆し始める。

5） 1894年10月21日～27日， フランクフルト（マイン）党大会

1894年の党大会は，ニュルンベルクで開催が予定されていたが，ニュルンベルクでは女性運動は弾圧されていたので，フランクフルトに開催地を移し，女性は非合法に参加した。女性たちへの告知は，前年と同じく『平等』誌上で，1894年9月5日付け（*Gl., 4.* Jg., Nr.18：137-138）に「ベルリン女性アジテーション委員会」と『平等』編集部からの呼びかけというかたちで行われている。大会直前の10月14日付け（*Gl., 4.* Jg., Nr.21）でも，1面から関連記事を載せて注意を喚起している。

こうしてドイツ社会民主党フランクフルト（マイン）党大会が1894年10月21日～27日まで開催された。この期間中女性問題は「非公式」協議で行われた。その結果,「女性アジテーション委員会」が解散され[8)]，代わりに単独の「女性信任者」(Weibliche Vertrauensperson)が選出されることが定められた[9)]。「女性信任者」の仕事は次のようなものであった（Fricke Ⅰ 1987：423-424）。

1　信任者は，政治的，労働組合的行動をしている現場の同志が，プロレタリアートの女性を考慮するよう配慮すべきである。女性同志には，信任者の困難な苦労の多い課題の遂行を支持することが期待される。

2　女性労働者が，労働組合に組織されるべきであるということ，その目的にそって，女性の政治活動が利用され，運営のポストに女性組合員を参加

8）しかし，「ベルリン女性アジテーション委員会」は，これまでも中心的意味をもち，成し遂げなければならない山積した課題もあるので，解散されなかった。

9）ドルネマンはこの点について，1895年，女性政治活動委員会が禁止され，党の女性運動は非合法活動に移った。この時以来，信任者制度は，女性の政治的啓発と組織化の為に重要な意味をもつようになった。信任者という合法的政治活動は他の非合法女性活動と結びついていたと説明している（Vgl., Dornemann, 1962：110）。

させるよう，あらゆる機会に働きかけるべきである。

3　女性の，労働組合組織に組織されていない状態は，目的にあわせての問題であって，ある主義に従うという問題ではない。

4　女性が男性の政治的教育的協会に加盟するか，単独の組織をつくるか否かは，地域の諸状況，とりわけ社団立法がどうなっているかによる。

5　女性教育協会は，教育活動と並んで，実践的活動をもするべきである。女性労働者の労働条件に関する事実を集め，公共の政治活動の利用に供する。女性労働者の信頼するにたる女性工場監督官がいないので，女性労働者の特別の苦境を取り除く力となって働く苦情処理委員会を作るべきである。

写真6-1　クラーラ・ツェトキーン（1904）

6　このために，女性プロレタリアートの啓発と組織化は，時々特別のチラシを外部に配布すべきである。

7　社会主義女性運動は，これまで以上に大きな範囲に労働者新聞の側から援助すべきである。

帝国議会ドイツ社会民主党フラクションは，ベーベルの指導のもとに，1894年2月，結社・集会権と女性のための選挙権を要求する法案を議会に提出したが否決された。1908年まで女性運動にむけた反動的社団立法が存続したために，社会民主主義女性運動は，党内に既に上記の信任者制度が導入されていたことをもって，細々運動を続けざるを得なかった。

6）1895年10月6日～12日，ブレスラウ党大会

1895年はドイツの女性運動の試練の年であった。この年，女性の結社およ

び集会に関する反動的な法によって，いっさいの女性運動が非合法とされた。市民的女性運動の指導者の2人（その1人はリリー・ブラウン）とドイツ社会民主党の女性1人が発起人になって，この法律を改正する議会への請願署名運動が展開された。1895年1月9日付けの『フォアヴェルツ』は，編集部に送られてきた「ドイツの全階級，全党派の女性の請願書」を発表した。それは，「すべてのドイツ女性」にむかって，女性の結社と集会の権利の要求に署名によって支持して欲しいというものであった。この請願署名へのドイツ社会民主党の協力をめぐって党内で賛否両論があったが，クラーラとエンゲルスは，請願内容が女権論的要求のみで，ドイツ社会民主党の要求がもりこまれていないということで協力することに反対した。『フォアヴェルツ』は1月24日号でこの請願を批判したクラーラ・ツェトキーンの論説（Zetkin 1895a）を載せた。

そのなかで，クラーラは，プロレタリアの女性たちがこの種の請願に署名することに反対し,「女性問題は社会問題全般との関連のなかでのみ把握され，解決されるべきである」という立場で，ドイツ社会民主党は，男女両性の利益を代表しており，すでに帝国議会で，集会の権利の問題について提案をしていること，このような時にプロレタリアの女性が「完全にブルジョア的精神を呼吸している」請願に署名する理由はないとのべたのである。

エンゲルスは，1895年1月28日付け，ロンドンからヴィクター・アードラーへの手紙で「婦人団体の請願の決定的却下のことをルィーゼは特別に喜んでいる——同封木曜日付『フォールヴェルツ』所載，クララ・ツェトキンの論説を見よ。クララの言うとうりで，彼女はこの論説を掲載させるために，長期の強硬なたたかいをやりぬいた。クララ万歳！」と書いている（『マルクス・エンゲルス全集』Vol.39：348)。この事実からエンゲルスがクラーラの背後にいたこと，2人は意見が同じだったことがわかる。

ここでルィーゼとは，ロンドンにいたルィーゼ·カウツキーのことであろう。

マルクス主義正当派と修正主義，女権論的市民的女性運動とプロレタリア女性運動，やがて，ドイツ社会民主党とドイツ共産党，ボルシェヴィキとメンシェヴィキ，第2インターナショナルの流れとコミンテルン，と，対立する2つの派は，歴史的に相いれない対立物となる。

この年1895年8月5日エンゲルスは世を去った。

1895年10月6日から12日，ブレスラウ党大会が開かれ，市民的女性運動へのドイツ社会民主党の協力をめぐってドイツ社会民主党内でも賛否両論に分かれた。党大会の予告は，ベルリンの党幹部会，また女性に対しては，ベルリンの「信任者」オッティリーエ・バーダー，とシュツットガルトの『平等』編集部から，いずれも『平等』誌8月7日号（*Gl.*, 5. Jg., Nr.16）に1895年7月15日付けで掲載されている。この号は「社会民主党綱領の新しい要求」，「ブレスラウ党大会への女性党員の動議」，「なぜわれわれは新民法典の改正を要求するか」という論文が載っている。

党大会では，農業問題[10]，メーデー，次期国際会議の問題，家内工業・苦汗制度・労働者保護の問題についての決議がなされた（*Gl.*,5. Jg.,Nr.22, 1895.10.30：170）。この大会でクラーラはドイツ社会民主党の統制委員（Komtrollkommission）となり，1914年までその地位にあった（Fricke 1976：296-297）。

また，党大会は，女性問題，ないしはプロレタリア女性運動の要求に関して，次のような提案と決議を受理した。

「1896年の党大会の議事日程で，女性政治活動に関する報告を設定する（報告者としてクラーラ・ツェトキーン同志が決定された）」（*Gl.*, 5. Jg., Nr.22, 1895.10.30：171）とある。

(2) 1896年ゴータ党大会（10月2～6日）とクラーフ・ツェトキーンの演説

前年の大会での予告通り，ゴータ党大会では議事日程に「7.女性の政治活動」が設定された（*Gl.*, 6. Jg., Nr.19, 1896.10.16:145）。報告者は，クラーラ・ツェトキーンであった。クラーラ・ツェトキーンの演説は，単に女性労働問題ばかりでなく，階級的視点から女性問題全般をあつかったものとして，また女性運動にたいするドイツ社会民主党の影響を強めるという実践的要求に応えるものとして，重要な意味をもったとされている。

この演説は，「社会主義はプロレタリア女性とともにのみ勝利する」と題

10）この大会で農業問題が討議された。クラーラは，この1895年の大会で10月10日に演説した（Zetkin 1895j）が，この農業問題へのクラーラの態度は，女性問題を越えて注目された。

されて『選集』に収録されているが，この題が妥当かどうかをも含めて内容を検討してみたい。結論から言って私は「女性の所属階級の要求にあわせた具体的諸政策を」という題の方がよいのではないかと思っている。

この報告については，のちのリリー・ブラウンの理論との対比においても重要であるので，以下要約を示す。

この演説は，内容からみて4つの部分に分けられる。すなわち，第1は，女性の社会的抑圧と現代の女性問題発生の歴史的経済的背景について，第2は，諸階級の女性が当面する女性問題の異なった内容について，第3は，ドイツ社会民主党に課せられた女性解放のための任務について，第4は，プロレタリア女性運動のためのゴータ党大会の課題と具体的方針についてである。

第1の点について，クラーラは，一般的女性問題の発生を私有財産の発生に求め，現代女性問題の発生を資本主義的生産様式の発生に置いてとらえる。ここまでは，当時のマルクス主義女性解放論を踏襲している。クラーラの独自の現代の女性問題の分析は，第2の点で行っている。彼女は，現代の女性問題は，資本制的生産様式そのものが生み出した社会諸階級のそれぞれの経済的基礎の相違に応じて，異なった内容をもって存在するといい，プロレタリア女性，中間市民層および知識人の女性，ブルジョア女性それぞれの女性問題を区別して説明する。

まず，ブルジョア女性の女性問題は，財産の所有及び処分権についてである。クラーラ・ツェトキーンは云う。「上流階級の女性は……彼女の財産によって彼女の個性を自由に発展させることが可能です。……しかし，妻としては，彼女は相変らず男性に従属しています。……もしもこの階級の女性たちが，彼女の生活にまじめな内容を与えたいと欲するなら，彼女たちはまず第1に，所有に関する独立した自由な処理権の要求をとりあげなければなりません。それゆえ，この要求は，上流階級の女性がとりあげる諸要求の中心に位置します。これらの女性たちは，彼女たちの階級の男性の世界に対してこの要求の実現のために，すべての特権的地位に反対してブルジョアジーがたたかったのと同じたたかいを，寸分ちがわぬやり方でたたかいます。すなわち，財産所有にもとづいているあらゆる社会的差別の廃止をめざすたたかいを行うのです」(Zetkin 1896n, Zetkin, *Ausgewählte* Ⅰ: 97)。彼女はこのことを評して,「それがすなわち，私有財産制度の中での女性解放の最終段階」(同上：99)であると云っている。

では，中小市民階級，ブルジョア知識人の女性の当面する女性問題は何か。この階級は資本制生産の発展に伴って没落し，経済状態はますます悪化する。クラーラによれば,「この階級においては，女性は上流階級の場合のように，私有財産の所有者として男と同権なのではありません。彼女たちはまた，プロレタリア階級の場合のように，プロレタリア女性としても男性と同権なのでもないのです。この階級の女性は，むしろ男性との経済的同権をまず第1にたたかいとらなければなりません。そしてそれは，2つの要求，すなわち，両性の平等な職業教育への要求と，両性の平等な職業活動への要求によってのみ可能となります。これは経済的には，職業の自由の実現と，男女間の自由競争以外の何をも意味しません。この要求の実現は，中間市民層および知識人の女性と男性との間の利害の対立をひきおこします。自由職業内での女性の競争は，ブルジョア女権論者の諸要求にたいして男性の抵抗をひきおこす主動力です。それは純粋な競争恐怖症です。すなわち，精神的労働をする女性に反対して主張されるあらゆる理由，たとえば女性の知力の劣性なこととか，女性のいわゆる母としての自然職分とかは，口実にすぎません。この競争は，この階級の女性をして彼女の経済活動になお対立しているすべての制限を政治闘争の中でとりはらうことができるように，政治的権利を要求することにかりたてます」(同上：100)という。さらにクラ－ラは，この階級の女性が社会的に進出する際に，単に経済的理由からばかりでなく精神的にも十分生を享受し，個性を発展させようとしている側面も見落すべきではないといい,「精神的道徳的側面と同様に経済的側面からしても，ブルジョア女権論者の努力は全く正当である」(同上：101)と結論する。

プロレタリア女性についてクラーラは,「プロレタリア女性にとっては，女性問題を発生させたものは，絶え間ない展望を安い労働力に求める資本家の搾取欲望である」(同上)といい，解決の方向を次のように示す。「プロレタリア女性の解放闘争は，彼女の階級の男性に反対するブルジョア女性のそれとは同じではあり得ません。反対に，それは，資本家階級にたちむかう同じ階級の男性といっしょのたたかいです。プロレタリア女性は同じ階級の男性にむかって，自由競争をおそれて女性に設けた制限をとりはらうためにたたかう必要はありません。資本の搾取欲望と近代的生産様式の発展は，彼女からこの種のたたかいの必要性を全く奪いとりました。その反対にプロレタリア女性の搾取に反対して新たな制限を設けることこそが問題となります。すなわち，妻として，母としての彼女の権利を，彼女に再び与え，それを確実なものにすることが問題なのです。彼女のたたかいの窮極目標は，男性との自由競争にあるのではなく，プロレタリアートの政治的支配をうちたてることにあります。プロレタリア女性は，同じ階級の男性と手をたずさえて，資本主義社会に反対してたたかいます。もちろんプロレタリア女性は，ブルジョア女性運動の諸要求にも賛同します。しかしプロレタリア女性は，ブルジョア女性運動の諸要求をかちとることを，ブルジョア女性運動をプロレタリアートと同じ武器をもってたたかいの中にひき入れんがための目的への手段とみなすにすぎません」(同上：102-103)。

演説の第3の部分，ドイツ社会民主党に課せられた女性解放のための任務について，要約すれば次のようになる。すなわち，ブルジョアジーは，ブルジョア階級の女性運動の諸要求に対しては原則的にも否定的態度でのぞむが，ブルジョア民主主義の枠内でもある程度の改革が行われるのが常である。ところがドイツにおいては，ドイツブルジョア革命そのものが，きわめて不十分で妥協的なものであり，その結果，政治的および社会的領域で女性の地位の改良を行うということは全く等閑に付されてしまった。ブルジョアジーがこのような保守的性格をもっている場合は，プロレタリアートが女性の民主主義的要求をとりあげてたたかわねばならない。従ってドイツ社会民主党は，そのことを任務として課せられている，というのである。

演説の最後の部分で彼女は，ドイツ社会民主党はどのようにして女性の中で煽動すべきかという問題に入る。ドイツ社会民主党は，プロレタリア女性の階級意識を目覚めさせ，階級闘争にひき入れるために，女性の中で社会主義的煽動を行わなければならない。その際，クラーラは，女性のおかれている客観的状態を十分考慮に入れ，女性の家庭ではたす役割を重視して次のように言う。「煽動は単に口頭だけで行われるべきではありません。大多数の無関心な人びとは，わたしたちの集会にやって来ませんし，たくさんの妻たちや母たちは，全くわたしたちの集会に顔を出しません。プロレタリア女性を，母として，また妻としての彼女の義務から遠ざけることでは，社会主義的女性煽動の課題をやりとげることができないでしょう。反対に，煽動は，女性がこの課題を，これまでよりもよりよく行えるように働きかけなければならないのです。そしてそうすることこそが，プロレタリアートの解放に利益を与えるのです。家族の中での関係が，すなわち彼女の家族内での行動が，改善されればされるほど，彼女はそれだけ戦闘力をもつようになります。彼女が自分の子どもの教育にたずさわることが多くなればなるほど，彼女は子どもたちを啓発することができますし，わたしたちと同じ感激と献身をもって，プロレタリアートの解放のために隊伍をくんでたたかい続けるよう配慮することができます。……夫や子どもを階級意識で満たした非常に多くの母や妻は，わたしたちが，わたしたちの集会で見かける女性同志たちと全く同じだけのことを行っているのです」(同上：108)。

ここでは，クラーラは，プロレタリア女性が置かれている現実の生活課題を重視し，それに密着するのである。そうした女性の心をとらえる方法を次のように言いあらわしている。「それゆえ，山がモハメッドのところにやって来ないなら，モハメッドが山に行かなければならないのです。すなわち，わたしたちは，計画的に文書煽動によって，社会主義を女性のところにもたらさなければならないのです。こういうわけですから，わたくしは，みなさんに，ビラをくばることを提案します。すなわち，4半分のページに，社会主義綱領のすべてをぎっちり詰めたり，わたしたちの百年間の全知識を与えるような伝統的ビラではなく，階級闘争の立場から個別的に個々の実際的問題を論じた小さなビラです。これは重要なことです。そしてビラをつくるときの技術的問題は，わたしたちにとって重要な意味をもっております。伝統的なビラのように悪質な紙をつかってもっとも粗悪な印刷をしたものではなく――そんな粗悪なビラなら，書かれていることばにプロレタリアートのようには敬意を表しないプロレタリア女性は，しわくちゃにして投げすてるだけです。――アメリカやイギリスの禁酒家がするように，その装丁がこざっぱりした4ないし6ページの内容の小冊子がいいのです。なぜなら，プロレタリア女性もまた女性であるかぎり，『あら，きれいなものがあるわ。読んでみたいわ！』(笑いと喝采）というのです。そしてわたしたちは，重要な文章を，大きな，太い活字で印刷しなくてはなりません。それなら彼女たちはちゃんと読むでしょう。彼女たちの精神的注意はいわばそこに集中するでしょう」。

ゴータ党大会は，クラーラ・ツェトキーンの演説にもとづき，「女性労働者保護法の拡張」，「女性工場監督官の任命」，「同一労働同一賃金」，「男女の完全な政治的同権」，「女性の男子と平等な教育権と自由な職業活動の承認」，「男女の私法上の同権」の要求を決議した。この要求の最後の3つは，明らかに，これまでブルジョア女性運動の分野でかかげられていた中心スローガンであった。労働者政党であるドイツ社会民主党がゴータ大会でこの種のスローガンをかかげる理論的根拠は，クラーラ・ツェトキーンの演説の中にのべられていたとおりである。

第2インターナショナル創立大会における演説にくらべて，この演説に見られるクラーラの女性解放論は，変化と発展を見せている。第1に，彼女がこの演説で，単に女性労働問題をとりあつかうのではなく，女性問題全般をとりあつかい，あらゆる階級の女性問題について論じていることが注目される。資本制的生産様式の発展にもとづき，単にプロレタリア階級の女性ばかりでなく，ブルジョアジーおよび中・小ブルジョアジーの階級の女性がどのような影響をうけ，そこからどんな問題が生ずるのかということを全面的に検討し，それぞれの階級の女性の女性運動の特徴とその本質を明らかにしたことは，クラーラ・ツェトキーンの女性論の独自的側面と私は把握している。さらに重要なことは，彼女が単にこうした理論的検討を行っただけでなく，この検討から，労働者党が，労働者階級の女性にたいしてのみならず，中・小ブルジョア女性およびブルジョア知識人の女性の要求にたいしても，階級的・戦術的視点からこれをとりあげ，要求の獲得のために積極的支援をすることの必要性を明らかにした点にも注目すべきである。1889年の演説では，プロレタリア女性運動のブルジョア女性運動からの切りはなしと，プロレタリア女性運動のプロレタリアートの階級闘争への連帯という側面を強調していた。しかしこの1896年の演説では，プロレタリアートとの階級的連帯がうまくいったプロレタリア女性運動が，ブルジョア女性運動と連帯し，ブルジョア女性運動のかかげる要求をかちとるためにともにたたかい，この階級の女性を，プロレタリアートの側に獲得するという新たな方向を提起している。

この演説の注目すべき第2の点は，プロレタリア女性の家庭ではたす役割を重要視しているということである。1889年の演説が，プロレタリア女性が社会的労働をすることの意味を評価し，労働者としての側面を強調していたとすれば，この演説は，プロレタリア女性の，母としておよび妻としての側面に目をむけ，家庭ではたす女性特有の役割の重要性を強調している。この点から見れば，女性を労働組合に組織することと並んで，組織化が困難な女性たちを社会主義思想で教育するための諸活動を行うことも，社会民主党の重要な任務の一つとなる。クラーラ・ツェトキーンは，当時の情勢が要求する実践的配慮から，プロレタリア女性の家庭ではたす役割を，社会的活動面ではたす役割と同様に評価したのであった。これは，クラーラの変節ではなく，柔軟な対応とみるべきである。

クラーラ・ツェトキーンの女性論が，以上の2点で発展をみたのは，当時の客観的情勢の反映であった。すなわち，独占資本主義段階に入って，ドイツの女子就業人口は，男子就業人口が相対的に停滞しているのに反して，相対的にも絶対的にも増加し，女性労働者層が広範囲にひろがっていたこと，それに反して女性労働者の組織は，さまざまな困難によってはかばかしくすすんでいなかったこと，ドイツ社会民主党の勢力およびプロレタリア女性運動が前進し続けていたことなどの反映である。とくにプロレタリア女性の家庭ではたす役割に期待をよせたことは，プロレタリア女性の成長と力量が，その期待にたえるほどのものになっていたことの反映と考えられるのではなかろうか（この演説は，松原 1969：21-39に訳出）。

党大会は，クラーラの演説に基づき，あらゆる地方で，女性の信任者を可能な限り選出することを決議した。決議は云う。「可能な限りあらゆる場所で，公の集会で，女性信任者の選挙を行うこと。この信任者の課題は，政治的・労働組合的観点でプロレタリア女性の間で活動し，階級意識を育て，強めること。そしてこれらの課題に対応して，計画にみあった政治活動をすること」（*Pr. Gohta*, 1896：160）と。

女性に関する決議の中に，プロレタリア女性の運動の中に次の諸点が入れられるべきことが定められた(Fricke 1978 I ：425)。

1　女性労働者のためにさしあたり少なくとも，法的女性労働者保護の拡大，特に，法的8時間労働日の導入。
2　女性工場監督官の雇用。
3　女性労働者と女性職員の，営業活動仲裁裁判所(Gewerbeschiedsgericht)への選挙権と被選挙権。
4　性の区別なく同一業績(Leistung)への同一賃金。
5　女性の男性との完全な政治的平等，特に無制限の団体，集会，連合の権利。
6　両性の平等な教育と自由な職業活動。
7　両性の私法上の同等の地位。

ゴータ党大会は，プロレタリア女性運動の新しい展開をみせ，理論的指導者の「ツェトキーン時代」(Ära　Zetkin)とまでいわれている(Evans 1979：83 = Fricke 1987：426)。

なお，このゴータ党大会でクラーラは，党の統制委員に選出され，1914年までその地位にあった。ドイツ社会民主党女性運動におけるクラーラのリーダーシップの絶頂のこのとき，リリー・ブラウンが登場するのである。

(3) 1897年ハンブルク大会から1899年ハノーファー党大会まで

1） 1897年10月3日～9日，ハンブルク党大会

この年の党大会における女性に関する政策的情報は少ない。『平等』誌上では，この年チューリヒで開催された「女性労働者保護法に関する国際会議」関係の情報は多い(7. Jg., Nr.19)が，ハンブルク大会関係は，予告はなし，終了後の10月27日付け(7. Jg., Nr.22)で「ハンブルク党大会」という記事があるのみである。

しかし，クラーラはこの大会で10月5日に「最上の社会主義文学をプロレタリアートに読ませよう」という演説(Zetkin 1897m)を，さらに，10月8日

に投票率に関する演説（Zetkin 1897n）[11)] を行っている。

2） 1898年10月3日～8日，シュツットガルト党大会

翌1898年の党大会は『平等』の編集・発行地シュツットガルトにおいて開催された。『平等』1898年8月31日付け（Nr.18）は，1895年のブレスラウ大会の時と同じスタイルで党大会の予告を，ベルリンの党幹部会，また女性に対しては，ベルリンの「信任者」M.ヴェンゲルス（オッティリーエ・バーダーではない）とシュツットガルトの『平等』編集部名で掲載した。『平等』9月28日付け（8. Jg., Nr.20）では，クラーラが「目前にせまった社会民主党大会」という巻頭論文を載せている。大会の結果と決議の報道は，同誌の次号10月12日付けNr.21に載っているが，特に女性に関する文言はない。

しかし，議事録ではクラーラは，「補償政策に反対する」という演説を10月3日と4日に分けて行っている。

この大会には，前年ドイツの市民権をとったローザ・ルクセンブルクが，「戦術問題にかんする討議」で，ケーテ・コルヴィッツの兄，コンラート・シュミット[12)] を，ベルンシュタインと並ぶ改良主義者として激しく批判した（志真　2006：231）。

3） 1899年10月9日～14日，ハノーファー党大会

ハノーファー大会については9月27日付け『平等』（8. Jg., Nr.20）に，単なる党大会の予告ではなく，大会に向けての論稿が掲載されている。大会までの間にクラーラは，『平等』誌上で，「社会民主主義理論と戦術に反対する」（*Gl.*, 9. Jg., Nr.8, 1899.4.12），「刑務所法案」（*Gl.*, 9. Jg., Nr.13, 1899.6.21），「召使の運動」

11） Wahlbeteiligung zur Revolutionierung der Massen と題して，Zetkin, *Ausgewählte* Ⅰ, 121-125, に収録。

12） コンラート・シュミットは，晩年のエンゲルスと親しく意見を交わしていた。エンゲルスからのシュミット宛手紙も何通かあるが，1890年10月27日のエンゲルスの長文の「シュミットへの手紙」はよく知られている（『マルクス・エンゲルス全集』，Vol.37：422-429）。コンラート・シュミットは，ドイツ社会民主党機関紙『前進』の主幹で，大学教授でもあったが，1932年10月14日，69歳でケーテ・コルヴィッツにみとられて孤独のうちに死去した。

写真6-2 ドイツ社会民主党シュツットガルトグループのメンバーと

(Zetkin 1899g) 等の論稿を次々に出している。

クラーラ自身, 1899年10月12日, ハノーファー党大会では,「革命的階級党」について演説して, ベルンシュタイン批判に加わっている (*Pr. Hannover*: 178-182)。

またこの大会が終わって10月25日付『平等』(9. Jg., Nr.22) に記事が出たが, 特に女性問題が議論された様子はない。

2　1900年以降6回のドイツ社会民主党女性会議とドイツ社会民主党の女性政策

19世紀が終わり20世紀にはいる。世紀が変わったとはいえ, 第2インターナショナルもドイツ社会民主党も最初の10年は19世紀の継続として時を刻む。しかし, それは, 1910年代, 帝国主義の戦争と革命へむかう入り口の時代でもあった。

ドイツ社会民主党は, 1896年のゴータでの女性政策を受けついで, 1900年以降も，その政策の路線を踏襲して領域を広げていく[13]。1900年1月17日付け『平等』の冒頭に「今私たちが要求するもの」（*Gl.*, 10. Jg., Nr.2, 1900.1.17：9-10）という論説が掲載されている。そこには次のような項目が掲げられている。要点のみを記す。

・実効性のある女性労働者の法的保護[14]。
・女性の夜間労働の無条件禁止の立法。
・女性の体に特別有害なあらゆる仕事に女性を使用することの法的禁止。
・女性労働者のために法的8時間労働日の導入。
・女性労働者のために土曜日の午後の法的に定められた解放。
・妊婦と産婦にたいする，少なくとも産前1週間，産後2週間の法的保護規定の拡大。
・妊婦と産婦のための疾病保険の拡大再編成。
・大・小の工場，手工業，商業，運輸・交通業のすべての女性労働者と女性従業員，同じく，女性農業労働者と女性奉公人への実効性ある法的保護。
・未婚・既婚女性労働者の双方に実効性ある法的保護。
・家内工業領域での法的女性労働者保護の拡大。
・公平で訓練された経験豊かな女性工場監督官をおくこと。
・女性への選挙権ならびに被選挙権の付与。
・すべての女性賃労働者――農村女性労働者と女性奉公人を含めて――の法に守られた完全な団結の自由。

すなわち，一口でいえばすべての女性労働者の法による労働条件の改善と選挙権と団結権の要求である。この論説の最後を，クララは，「私たちは，今日，上記の改革をすべての女性賃労働者の利益のために要求する。なぜな

13）1899年から1900年へのSPDの越年のパーティの様子が，フォン・トロッタ監督の映画『ローザ・ルクセンブルク』に描かれている。フィクション映画ではあるが，雰囲気を伝えるものとしては，意味があり，非常に興味深い。
14）実効性のある法的女性労働者保護は，さまざまな理由を挙げて7回繰り返している。

ら，女性プロレタリアートは，戦いにおいて有能であり，性的奴隷と階級奴隷からの解放を戦ってこそ完全な人間性を獲得するということを知っているからである」と結んでいる（同上：10）。

では，1900年代の初頭，党大会ごとに，これらの女性問題がどう取り扱われたかを追ってみよう。

1900年のドイツ社会民主党マインツの党大会では，これ以前4年間の党大会での女性問題の取り上げ方の消極性をやぶるかのように，活発な討論が行われた。まず，議事日程に「女性労働者の法的保護のための政治活動」と「女性と少女のための教育協会」がたてられ，ベルリンの「信任者」オッティリーエ・バーダーの名で，『平等』に広報されている（*Gl.*, 10. Jg., Nr.18, 1900.8.20）。同紙には，党大会への党員女性からの2つの提案（①結社権，②帝国議会ドイツ社会民主党フラクションへの女性の権利要求）のほか，この年から2年に1度のドイツ社会民主党女性会議開催の提案がなされている（*Gl.*, 10. Jg., Nr.18：148）。『平等』紙上では，この年のドイツ社会民主党の女性問題に関する情報は極めて多い（*Gl.*, 10. Jg., Nr.3, Nr.19, Nr.20, Nr.21等）。

マインツ党大会の党規約決定によりドイツ社会民主党幹部会付属統制委員会が存在していたが，この当時には9名から構成され，うち3名はローザ・ルクセンブルクの知人のアウグスト・カーデン，クラーラ・ツェトキーン，およびアドルフ・ゲックであった。

結局，マインツでの1900年のドイツ社会民主党大会から，合法的に2年に一度開催されることとなった女性会議は，1911年の党大会まで，計6回もたれる，それぞれの会議の詳細な報告が大会プロトコールに掲載される。会を重ねるごとに内容は豊富になり，1900年の報告は，プロトコールの13頁分をしめるだけであったが，1908年のニュルンベルク女性会議の報告などは実に82頁にも及んでいる。

この女性会議は，オッティリーエ・バーダー，クラーラ・ツェトキーン，ルイーゼ・ツィーツらの女性リーダーによって牽引されている。6回の会議で議題にされ討議されたことは次のようなものであった。

写真6-3　オッティリーエ・バーダー

写真6-4　ルイーゼ・ツィーツ

(1) 第1回 (1900)，第2回 (1902)，第3回 (1904) ドイツ社会民主党女性会議

1）　第1回ドイツ社会民主党女性会議 (1900年9月15日～16日)

第1回ドイツ社会民主党女性会議は，ドイツ社会民主党マインツ党大会の前に開かれ，信任者制度について，プロレタリア女性の間での政治活動，労働者保護法のための活動，女性と少女の教育協会について討議されている。

9月17日から21日までの，女性会議にひき続く党大会では，女性労働者保護法のための政治活動，女性と少女のための教育協会が討議され，結社権要求と帝国議会ドイツ社会民主党フラクションへの女性の権利要求が決議された。

9月18日，党大会では，ローザが「世界政策」について発言している。そのあと，ヨギヘスに「……クラーラは，いつも変わらず親切な気持のいい人ですが，あの人ったら，しょうがない，いかにも女らしいばかげた問題に足をとられて，会議ではぜんぜん発言しないのです。ですから，わたしはまったくの紅一点です」(ルクセンブルク，ヨギヘスへの手紙Ⅱ，伊藤成彦他訳：321) と書いている。以後も長く，女性問題を重視することのなかったローザらしい本音をヨギヘスに気を許して漏らしている[15]。

ドイツ社会民主党についていえば，1882年チューリヒでクラーラと知り合ったベルンシュタインは，1901年に亡命先からベルリンに帰ってきて，すでに激化していた「ベルンシュタイン主義」=「修正主義」をドイツ社会民主党に本格的にもたらした。経済学者で，エンゲルスとの文通で有名になった，コンラート・シュミット（本章脚注12参照）は，ベルンシュタインと意気投合していた（ゲイ 1952 = 長尾訳　1980：388）。

2）第2回ドイツ社会民主党女性会議（1902年9月13日～14日）

第1回の女性会議の2年後も，ドイツ社会民主党ミュンヘン党大会（9月14日～20日）の前に女性会議が開かれた。議題は，女性政治活動家の教育，女性労働，児童労働，家内労働の法的保護，女性の政治的同権，特に結社集会権であった。議事録の他，『平等』（12. Jg., Nr.20, 1902.9.24：158-160）に長文の報告，7本の決議文が掲載されている。項目だけ挙げておくと，①女性労働者保護，②苦情委員会，③子どもの保護，④家内労働，⑤政治的平等：a）女性選挙権，b）結社・集会権，⑥食肉の価格高騰，⑦組織問題，である。

この女性会議で，デュッセルドルフのヴァイス夫人（Frau Weiss）から，1897年のリリー・ブラウンの前述の組織プランの一部が提案され，リリーがこれに賛成したが，オッティリーエ・バーダー，ルイーゼ・ツィーツらがこれに反対した。この時クラーラはこの論争に関与せず（Niggemann 1981：186, 187）『平等』にはこのことは記されていない。

3）第3回ドイツ社会民主党女性会議（1904年9月17日～18日）

第3回ドイツ社会民主党女性会議は，ドイツ社会民主党ブレーメン党大会（1904.9.18-24）の前に開かれた。一般的政治活動，子どもの保護，10時間労働日，国民学校，結社・集会権，そして『平等』について討議され，女性選挙権に関する決議と「子どもを守る委員会」を設置する決議が採択されてい

15）しかし，革命における女性の力は無視できないことへの理解への到達が，18年後，死の直前のクラーラへの『ローテ・ファーネ』執筆依頼から推し測られるが，この問題は後述する。

写真5-6　1907年のデモンストレーションでのクラーラ×印と演説するローザ××印。

る。決議は『平等』1904年10月22日付け（14. Jg., Nr.22：174-175）に掲載されている。クラーラは，10時間労働日と学校問題について報告した。学校問題は，五十嵐顕訳で，1960年代から日本に知られており，教育学の研究者によって研究の対象にされている[16]。

（2）第4回（1906），第5回（1908），第6回（1911）ドイツ社会民主党女性会議

1）　第4回ドイツ社会民主党女性会議（1906年9月22日～23日）

第4回女性会議は，ドイツ社会民主党マンハイム党大会（9月23日～29日）の前に開催された。ここでは，「中央信任者」の報告（政治活動，機関紙），農民女性の間での政治活動，奉公人の運動，女性選挙権，妊産婦の為の保護が討議され，農業女性問題に関する決議，奉公人の運動に関する決議，女性選挙権に関する決議，妊産婦の保護に関する決議が採択された。

そのあと開かれたドイツ社会民主党マンハイム党大会（9月23日～29日）は，「社会民主主義と国民教育」を議題として，クラーラ・ツェトキーンとハインリヒ・シュルツが報告している[17]。

16）例えば，五十嵐顕編訳（1964）『クララ・ツェトキン　民主教育論』明治図書，東京参照。

17）1906マンハイムの社会民主党大会で，この議題の下にクラーラとハインリヒ・シュルツは，6つの基本テーマを提案した。①当時の学校の基本的性格，②社会主義教育の目標の解明，③学校教育に関する社会民主党の個々の要求，④プロレタリア家庭教育の諸

この党大会には，既述のようにロシアのコロンタイも参加し，クラーラや，ベーベルは，コロンタイと知り合った（アレーシン1990=渡辺訳 2010：460，イトキナ1970＝中山訳1971：347）。コロンタイは，1901年，ジュネーブの図書館で知り合ったプレハーノフと親しく（斎藤　2011：74），この時，両者はともにメンシェヴィキに属していた。

2）　第5回ドイツ社会民主党女性会議（1908年9月11日～12日）

第5回ドイツ社会民主党女性会議は，ニュルンベルクで開かれ，中央女性信任者の報告（政治活動・機関紙活動）があり，結社法廃止後のドイツ社会民主党内での女性の新らしい組織，青年の社会主義教育が議題とされ，家庭での教育をケーテ・ドウンカーが，青年の組織をツェトキーンが報告した。ここでは青年組織を設立する決議がなされ，ドイツ社会民主党ニュルンベルク党大会（13日～19日）に引き継がれた。

ドイツ社会民主党ニュルンベルク党大会では，女性組織，青年組織について討論され，さらに，クラーラ・ツェトキーンが，「大衆に科学的社会主義」を，「戦争煽動者に反対する」などの発言をした。

なおこの大会で，ルイーゼ・ツィーツが，はじめて，女性で唯一のドイツ社会民主党指導部（Parteivorstand）のメンバーとなり，1911年まで委員（Beisitzer），1914年までは，書記あるいは書記長（Schriftführer bzw. Sekretär）となった（Fricke 1976：284-285）。その影響か1908年以降は『平等』へのツィーツの署名入り執筆の機会が多くなる。

3）　第6回ドイツ社会民主党女性会議（1911年9月8～9日）

第6回ドイツ社会民主党女性会議は，イエナ党大会（9月10日～16日）の前に開かれ，女性ビュローの報告（a.煽動，b.国際女性デー，c.子どもを守る委員会，d.読書の夕べ，e.苦情委員会），女性と帝国議会選挙（報告はクラーラ），女性と自治体政策などが取り上げられた。

問題，⑤社会民主党の成人教育の諸問題および中央教育委員会の創設について，⑥社会主義青年諸組織における教育であり，①②③がシュルツ，④⑤⑥がツェトキーンによる報告であった（ツェトキン・シュルツ他，保田，大崎他訳1983参照）。

1900年～1911年まで6回開催されたドイツ社会民主党の女性会議は，ドイツにおけるプロレタリア女性運動の発展の里程標ともされている（Die Arbeitengemeinschaft, Hrsg. 1970：38)。女性会議は，オーストリアなどから来賓を招待して若干国際的性格をもたせていた。この女性会議で，クラーラ・ツェトキーンは毎回，議長を務め，欠かさず報告も行っている。すなわち，1900年のマインツでは，労働者保護法，1902年のミュンヘンでは，女性選挙権（2日目午前)，1904年のブレーメンでは，学校問題（2日目午前)，1906年のマンハイムでは女性選挙権，1908年のニュルンベルクでは，青年の組織，1911年のイエナでは，女性と帝国議会選挙について報告している。

さらにその間に，クラーラ・ツェトキーンは，毎年開催されているドイツ社会民主党の党大会でも，報告や発言をしているし，毎号の『平等』への執筆のほか，章を改めてのべる第2インターナショナルでの国際的活動を含めると，目を見張るものがある。

ドイツ社会民主党の正式の女性会議は，1911年の第6回をもって終わる。それ以降は，短い期間ではあるが，第2インターナショナルの舞台で，女性問題をめぐる運動の前進がみられるので次章でのべる。

3　ローザ・ルクセンブルクとクラーラ・ツェトキーンの党友関係

(1) 19世紀の終わり

すでに前章で，ふれたとおり，ローザ・ルクセンブルクはポーランド人で，1871年3月5日生れであるから，クラーラ・ツェトキーンより14歳若かった。

1889年，第2インターナショナル創立の年，ローザは，チューリヒへ行き，チューリヒ大学で自然科学，数学，政治学，経済学を学び，翌年，レオ・ヨギヘス[18]と知り合う。すでに述べたが，1897年，ローザは「ポーランドの産業的発展」の研究によりチューリヒ大学から学位を取得し，1898年5月，グ

18) ヨギヘス＝本名，レオン・グロゾフスキ，ヤン・ティシカは，1867年4月18日ヴィルノの比較的裕福なユダヤ人の家庭に生まれた。ポーランド，リトアニア，ドイツで活動したマルクス主義者，革命家である。ポーランド王国社会民主党の創立者の一人。

スターフ・リューベック[19]と形式上の結婚をしてドイツ国籍を得た。ベルリンにきてドイツ社会民主党の党員となって，この結婚は5年後の1903年に解消したが，解消の手続きの複雑な経過が，後述するヨギヘスへの手紙に幾度となく現れ，シュツットガルトに住んでいたクラーラ・ツェトキーンも連絡場所としてこれに関わっている。

前章でもすでに一部示したように，1898年から1919年の死に至るまで，ローザは，シュツットガルトのクラーラと20年にわたって，個人的にも政治的にも，深い繋がりを持つ間柄であった。本節では，あらためて，ローザとクラーラのドイツ社会民主党の党友としての関係そのものをとりあげてみたい。

まず，ネットルのローザの伝記の中に次のようなくだりがあることを，一応記憶にとどめておきたい。

> ローザと親しくなるにはかなりの知性が要求された。馬鹿な人間にローザは我慢が出来なかった。クララ・ツェトキンと親しかったが，頭の程度ではとてもローザの相手になりうるような女性ではなかった。友情が二人の間に生まれることはついになかった。この女性は頭がよわく，政治的問題も感傷でしかとらえられなかった。それにもかかわらず二人がつきあっていけたのは，彼女がローザに一目おいていたからである。重要な点になると，たいていローザの言う通りにしていた（ネットル1966：69＝諌山他訳1974：36-37. 下線：伊藤）。

私が下線を引いた部分は，邦訳の問題もあると思われるが，必ずしもクラーラ・ツェトキーンの描写としては適切とはいえない。あるいは，クラーラについて，知識がないままに気軽に叙述しているように思われる。しかし，ローザが当初クラーラに抱いた印象のある側面と，ネットルのクラーラ観の一部の反映でこのような叙述になったことに，一応の注意を払っておきた

19）グスターフ・リューベックは，ローザの知人ドイツ人亡命者カール・リューベックと結婚していたポーランド人オリンピア・リューベック夫妻の息子。

い。このことは，プシュネラートの，クラーラの「メンタリテート」把握が必ずしも適切ではないことの逆の証明にもなろう。一面的把握の伝記にありがちの叙述の典型例として，ここではこれには深入りせず本書の主人公のその後をクールに追うことにする。

写真6-6　ローザ・ルクセンブルク

これまでクラーラとローザの関係については，ロシア革命をめぐる両者の見解の相違に関する件を除き，それ自体を扱った論者もほとんどいない[20)]。ローザがクラーラとコスチャへ送った手紙は膨大な数である（後述）にもかかわらず，日本ではその文通に着目して邦訳した者はいない[21)]。クラーラとローザとの関係に言及した寺崎（1994：31）は「ローザは『女性専科』のクララに思想的な面で刺激を受けることはなかった。しかし二人の間には一方が支えを必要としているときにはかならず，他方がそれにこたえてくれることを期待できるという強い信頼関係が生まれた」と書いている。

しかし，ローザの伝記を書いたパウル・フレーリヒ（1884-1953）は，『ローザ・ルクセンブルク』の第3版へのまえがき（1948年秋）のなかで，ローザとクラーラとの関係を象徴する次のような一文を残している。

20）この関係を正面から扱った論文にHenicke（2008：86-104）がある。また，クラーラは，ローザのロシア革命批判を批判しているが，それは事実誤認の批判であると評されている（伊藤成彦　1985:212-216）。これについては後述する。

21）ローザの手紙の邦訳は多い。カールおよびルイーゼ・カウツキー宛ては川口・松井訳（1932），ゾフィー・リープクネヒト宛ては北郷訳（1952），秋元訳（1982），レオ・ヨギヘス宛ては伊藤成彦ら訳（1976），マチルデ・ヤーコブ宛てはベラート編（1973＝渡辺訳1977），その他友人数名へあてた手紙は，伊藤成彦訳（1991）があるが，コスチャやクラーラ宛のものは邦訳されていない。

ローザ・ルクセンブルクの生涯と思想を生き生きと再現するのに最適の人は，クララ・ツェトキンであった。(中略) 育ってきた環境は異なっていたが，互に相手の体験から影響を受け合い，思想的な見方と政治行動において一致した見解と態度をとるにいたった。ローザの後に生き残った社会主義運動の指導者のなかでクララ・ツェトキンほどに，人間として，また闘士としてのルクセンブルクを，彼女の闘った舞台を，その歴史的状況や闘いに際しての味方と敵を，知っているものは他にはいない。彼女は，資料からのみ判断するものには窺いしることのできないような，ローザ・ルクセンブルクの態度決定に際しての特殊な動機を知っていたのである。クララ・ツェトキンがローザの伝記を書いたならば，どのようなものを書いたかは，彼女がこの僚友を追憶して書いた論文やパンフレットに示唆されている。しかし。クララ・ツェトキンは，1933年に死ぬまで日常闘争に身を献げ，これが仆れた僚友が自分に課した義務に答える道だ，とくりかえし語ったのであった(フレーリヒ 1948＝伊藤成彦訳 1991: ii)。

実際問題として，クラーラの人生には，ローザの伝記など書く時間はなかった。それどころか後年，クラーラ自身が，息子のマクシム夫妻に宛てた手紙で，自分に残された3つの課題のうちの1つに，「自分の人生の思い出を書くこと」を挙げていたが，それに着手するどころか他の課題とともにやり残したまま世を去ったのだから(本書第16章参照)。

フレーリヒは，クラーラの次男コスチャとほぼ同年齢であり，ドイツ共産党内で一時期クラーラ批判派であったが，1927年，クラーラ70歳を記念する小冊子に，クラーラの小伝も書いており (Frölich 1927：3-17)，自ら複雑な政治的立場に置かれながらも同時代人としてローザやクラーラと直接関わり，両者を熟知していた人物である。

また，クラーラの伝記作家旧東独のルイーゼ・ドルネマンは，「二人の偉大な女性革命家の友情は，ドイツ労働運動史上もっとも美しく価値あるものの一つである」(ドルネマン 1975=武井 1969：133) ともいっている。

さらに，クラーラとローザの関係をみるとき，私は，ローザと同じ日に惨殺されたカール・リープクネヒトとローザと2人の，生誕100年を記念して，1971年に東ドイツで編まれた34名による追悼文集『カールとローザの思い出』の冒頭が，2人に奉げるクラーラの詩[22]で始まること，加えてその邦訳『カールとローザ，ドイツ革命の断章』があえてクララ・ツェトキン他著とされている点にも注目したい（ツェトキーン他 1971＝栗原訳1975）。

実際，クラーラとローザの関係は，クラーラが，2番目の夫，画家のフリードリヒ・ツンデルと居を構えたシュツットガルトでの家族的交友，前述した次男コスチャとのベルリンでの特別な関係等，私的・家族的なものから，ロシア革命，ドイツ革命等の同時代に遭遇した世界史的出来事をめぐる理論と運動そのものに及ぶ。

当初，ローザはクラーラと知り合った頃，クラーラをどう見ていたのだろうか。ローザがクラーラを見る目は，ネットルが気安くクラーラをあつかいたくなっても不思議はないような厳しさではあった。

ローザの，ベルリンからチューリヒのレオ・ヨギヘスへの手紙（伊藤成彦他訳　Ⅰ，Ⅱ，Ⅲ，Ⅳ　1976-1977[23]）を使ってしばらく追ってみたい。

1898年5月17日付け，ローザのヨギヘス宛ての手紙に，他のドイツ社会民主党の党員名の1人としてクラーラ・ツェトキーンの名がはじめて現れる（Luxemburg, *Breife* Ⅰ：114＝ヨギヘスへⅠ：183）[24]。そのときは，ローザは，ツェトキーンと呼んでいる。

しかし，最初のクラーラ・ツェトキーン個人についての言及は，1898年9月3日付けのものである。以下手紙文中の……は，前略，中略，後略，を意

22）かれらのありし日のすがた，／　かれらがその存在と／活動とによって世にあたえたもの，／　それは　不滅である。／それは　無数のプロレタリアのなかに／　深く入り込んでいて／　知識となり／　意志となり 行為となる。クラーラ・ツェトキーン（栗原佑訳1975冒頭）.

23）ドイツ語版のローザ・ルクセンブルクの手紙全集5巻本は，1980年代前般の出版であるが，1970年代後半に邦訳された『ヨギヘスへの手紙』全4巻は，1960年代後半ポーランドで出版されたものであり，私は，原文との対比は，ドイツ語版でしか行えない。ドイツ語版と対応していないものについては不明と記した。

24）以下，ローザのヨギヘスへの手紙の引用所在をすでに本書前章注9でことわったように，ヨギヘスへの手紙の邦訳の所在とローザの手紙全集でのドイツ語の所在を＝で，を結んで注記する。同という文言は直上の巻数を指す。

味する。

パルヴスが党大会の議事にベルンシュタ［イン］戦術の討論を要求している（ツェトキーンの『平等』も同様の要求をしている）ことは，きっとご存知でしょう（Luxemburg, *Breife* Ⅰ：194＝ヨギヘスへⅠ：276）。（さらに同年9月25日付けで）『ライプチヒ民衆新聞』の論文は大評判で，パルヴスは電報で祝いを伝えて来たし，ツェトキーンはこんな讃歌をつけてシェーンランクに手紙を寄せて来ました――〈勇敢なローザが粉屋のベルンシュタインを激しく叩いたので，粉はもうもうと宙に舞い，ベルンシュタイン一派の鬘が頭から消し飛んだ。もう粉飾がきかないからだ〉。……（同上：208＝同上：292）。

ここでは，1898年10月3～9日に開催されることになっているドイツ社会民主党のシュツットガルト大会で，ベルンシュタインの修正主義への共同のたたかいの連帯が示されている。つまり，クラーラとローザとの出会いは，ドイツ社会民主党内のベルンシュタインの修正主義との闘争から始まっていることがわかる。

1899年2月1日付けでは，クラーラが，ローザ，シェーンランクと3人で話すため，ベルリン滞在を1日のばしたこと，「クラーラはいつも通りにラディカルで，その上噂話もたっぷり（例えば，クラーラを陥れたリリー・ブラウンについてなど）。」，「これからはクラーラと文通をすることになって，わたしはとても嬉しい。彼女は率直で，親切で，……できるだけラディカリズムを強めようと努め……。結局のところ，わたしはこの会見に満足しています。）」（Luxemburg, *Breife* Ⅰ：264-265＝ヨギヘスへ Ⅱ：35）

1899年4月25日付けのものでは，「昨日はクラーラの集会[25]に出ました。彼女の演説は，文字通りわたしの最近の5つの論文のくり返しで，まるで教

25）なんの集会か不明。

えられた講義みたいでした。そのことに気がついたのは私だけでなく他の人も。……クラーラはイギリス，フランス，イタリアの親しい同志たち数人からわたしのパンフレットを送ってほしいとたのまれているとのこと。……クラーラは特に序文をほめています。……彼女は昨日からわたしのところに泊っていて，明日発ちます」(Luxemburg, *Breife* Ⅰ：315＝ヨギヘスへⅡ：95)。

この手紙から，クラーラとファースト・ネームで書くようになった。綴りはKlaraとK書きである。この文面からも分かるように，『平等』編集9年目のクラーラをこきおろす自信は大したものであるが，言葉通り信じてよいかわからない。

1899年4月27日付けでは，「昨日クラーラが帰ったので，今日やっとあなたに手紙を書けるようになりました。というのは疲れていたし，それに少々神経が苛立っていたから。……ベーベルがハノーヴァでベルンシュタインについて報告をするということは国家の機密で，それを決して口外しないようにと，クラーラと，彼女を介してベーベルからも固く口止めされました。……軍国主義に関しては，誰が報告することになるのか，わかりません。クラーラは〈アウアーを怒らせるために〉わたしを提案するつもり。もちろんそうはならないでしょう。……ベーベルはクラーラを介してわたしに次のように言うように命じました。〈われわれは皆絶対にハノーヴァに行かなければならない〉と。これらはすべて結構。でももちろん，ハノーヴァで事がうまく行った途端に，K・Kもすぐに冷淡になって，わたしを〈テーブルから〉遠ざけようとするのです。……――クラーラだけは誠実で高潔な婦人ですが，でもある程度彼女も抜け作で，いつも話しの最後を詰めておかなくてはならない。この点では今度はこれまで以上に彼女のことがよくわかりました」(Luxemburg, *Breife* Ⅰ：316＝ヨギヘスへ Ⅱ：96-97) とある。

1899年4月30日付けでは，「……クラーラに関しては，彼女はかれらにでまかせの約束をしたので[26]，彼女とわたしが直接話しましたが，彼女にも約束しながら後で実行しないという欠点があるのです。……ハノーヴァへの代表資格のことを考えれば，たとえ1～2度でも演説をしなければならないでしょう。わたしはものすごく嫌だけれども，でもクラーラも，とくにツゥバイルのところへ演説をしに行けと盛んにすすめていました。というのは，かれを通してベルリン全体からの支持を得られるし，もしもの場合には代表資格も。」(Luxemburg, *Breife* Ⅰ：320＝ヨギヘスへⅡ：101)。

この3通では，クラーラがベルリンのローザの所に泊まっていたこと，ローザはまだかなりのうさんくささをクラーラに抱いていること，ローザがハノーファー党大会の代表資格が得られるようにクラーラがあれこれ助言している様子がわかる。

1899年6月から7月，ローザは，父に会いにポーランドへ帰り，チューリヒ近郊のシュレッセルでヨギヘスと休暇を過ごした。そしてチューリヒからベルリンへの帰路，ローザは，シュツットガルトのクラーラの家に立ち寄った(ヨギヘスへⅡ:132，注2)。次はその時の手紙である。1899年7月18日付け，シュツットガルトから。「……クラーラが，ひとりでわたしを待っていました。すでに党のことについていくらか聞きましたが一番重要なことは，ハノーヴァで軍隊について報告する人間が——例の鷹のような名前をもったライプチヒの男[27]。……何と恥辱的なことでしょう！　クラーラはわたしの抗議[28]を伝えてくれますが，しかしどうにもならないでしょう」(Luxemburg, *Breife* Ⅰ：346-347＝ヨギヘスへⅡ：130-131)。同年7月22日付け「……クラーラは，とても優しく，親切にしてくれました。彼女との話の詳細は手紙で。……」(Luxemburg, *Breife* Ⅰ：347＝ヨギヘスへⅡ：130-131)。

7月23日付け「……クラーラはハンブルクの人たちにわたしに頼むように

26）ドイツ語版，ローザ手紙全集Ⅰ：320のドイツ語では，ins Blaue hinein versprochenで，「ただ漠然と約束をしたので」となる。

27）ドイツ語版，ローザ手紙全集Ⅰ：346の注432の解説に依ってFiedrich Geyerのこととわかる。

28）ドイツ語版，ローザ手紙全集Ⅰ：347には，mein Projektと記されており，抗議とは訳しがたい。

はすすめなかった，そんなことは全然知らなかった，とのこと。彼女はわたしに承諾するように熱心にすすめました。……ともかくクラーラは，これまでもそうだけれども，とてもよく，それにとてもラディカルに喋るけれども，ガイヤー（Geyer=鷹のような名前をもったライプツィヒの男と先にローザが称した人物：伊藤）の問題でもはっきりしたように，自分の意見が全然ないのです。（彼女はもうベーベルにG（eyer：伊藤）に賛成して，しかもそれをほめる返事をしていたのです！〈だけど何でもないわよ。あれはバカなことだ，といまかれに手紙を書くから〉と言っているけれども……）。……ただ一つ重要なことは，クラーラが言うには，Bはひとりぼっちで頼れるものが誰もいないということ。」(Luxemburg, *Breife* Ⅰ：349 = ヨギヘスへⅡ：133)。……「クラーラはベーベル以外には誰とも文通をしていないので，何も知らないのです。B（ebel：伊藤）はもうずっと前からチューリヒにいます」(Luxemburg, *Breife* Ⅰ：349 = ヨギヘスへⅡ：134)。

この段階でも，ローザはまだクラーラをあまり評価していない。「自分の意見が全然ない」，「ベーベル以外には誰とも文通していない」等，政治的判断に関して劣るところがあり，彼女の目から見て交友関係も狭いとの批判的見解がはっきり読み取れる。しかし，この評価は正当であろうか。1899年といえば，シュツットガルトに落ち着いて9年目，『平等』をとりしきって8年，ドイツ社会民主党の統制委員であり，第2インターナショナルの舞台を何度も踏み，フランスやロシアの思想状況もおさえ，エンゲルスとも知り合い，彼から一定の評価も受け，ドイツ社会民主党の女性運動をとりしきる力量を備えていたはずの時期である。ローザのクラーラに対する低評価はどこからくるのか。もう少し先へ進む。

1900年にはいる。3月15日付けで，ローザはシュツットガルトのクラーラのところで月曜一日休ませてもらったと書いている（Luxembrg, *Breife* Ⅰ：453 = ヨギヘスへⅡ：259-260）。5月11日付けで，またグスターフ・リューベックとの結婚を解消する提訴の手続きを，クラーラ・ツェトキーンの手をかりて，シュツットガルトで行われることがヨギヘスに知らされ（不明 = ヨギヘスへⅡ：280），6月18日付けでは，いろいろな書類をヨギヘスに依頼し，

6月中にそれをクラーラに送るよう繰り返している。7月になっても解決しないらしく，繰り返され，7月17日付けでもヨギヘスに「あなたは，いったい，例のグスタフの件をなんだと思っているのです?!　なんだって，かれの書類をクラーラに早く送らないのです？」(Luxemburg, *Breife* Ⅰ：493＝ヨギヘスへⅡ:314) と怒っている。7月11日付け「……クラーラが手紙をよこして，今月末には何日かシュツットガルトを留守にするといってきたのです。ですからグスタフの書類をあなたがいますぐに送らないかぎり，居住登録の件はどうにもならなくなり，……」(Luxemburg, *Breife* Ⅰ：496＝ヨギヘスへⅡ：316) といらいらした手紙が，8月になっても続いている。

すでに，前節でも書いたが，ローザのクラーラ観察としては重要であるし，ローザの気質を表しているとも思われるので，繰り返し引用するが，1900年9月18日，ドイツ社会民主党マインツ党大会の最中，ローザは「世界政策」について発言したあと，ヨギヘスに「……クラーラは，いつも変わらず親切な気持のいい人ですが，あの人ったら，しょうがない，いかにも女らしいばかげた問題に足をとられて，会議ではぜんぜん発言しないのです。ですから，わたしはまったくの紅一点です」(Luxemburg, *Breife* Ⅰ：503＝ヨギヘスへⅡ：321) と，いかにも戦力にならない女性と決めつけていることがわかる。

前節でみたとおり，この年ドイツ社会民主党ではじめての女性会議がもたれており，クラーラはその責任者として，ローザが責任をもった「世界政策」や「ポーランド問題」に発言するゆとりをもたなかったであろうことが想像される。ローザは女性問題を「女らしいばかげた問題」と心情をヨギヘスに吐露していることに，ここでは注目しておきたい。その後も，ヨギヘスへの手紙の中でのクラーラへの似たようなローザの評価は1902年ころまで続く。

既述のように「頭の程度ではとてもローザの相手になるような女性ではなかった」とクラーラを評したネットルは，ローザとクラーラの関係を次のように微妙に表現を変えていく。少し長くなるが重要なところであるので引用する。私が引いた下線部分に注意されたい。

カウツキー夫妻はさておいて，ローザはクララ・ツェトキンとは堅固な友情をきずいてきた。(中略) クララ・ツェトキンは，自分がメンバーとなっている党の統制委員会の会議にシュトゥットガルトから出かけてきたときはいつも，ベルリンではローザのもとに泊った。それは，ローザのドイツ生活のうちでもっとも堅固な友情となっていくものだった。彼女が第一印象を傲慢にも「真面目な立派な人だが，空のゴムホースのようなところがある」とのべた女性が，あらゆる面でローザの全面的な同盟者となり，献身的な友となった。クララ・ツェトキンのマルクス主義理解はあてにならなかったし，その革命への献身は，陰謀的なものとか科学的なものというよりも情緒的なものだった。そして彼女の感情は憤慨や抗議によってすぐ火がついた。不正に対する反応としてはきわめて真実の人間的資質といえるものだったが，社会主義の将来については実現不能な神秘主義に容易に変質させられるか，さもなければ——しょっちゅうあったことだが事態が悪化すると——暗黒の，ほとんど肉体的麻痺を起すような絶望に陥るものだった。ローザ・ルクセンブルクのように規律ある独立心ある人間からみると，しばしば厄介者であった。それに，ローザは，クララ・ツェトキンが特殊な関心を払っている社会主義的婦人運動にたいしては，控え目に言っても，無関心であった。しかし，彼女たちはふたりとも，どの論点に対しても文句なくただちに左翼的立場をとった。クララ・ツェトキンは，戦術や分析についてのローザの優秀な知性にただただ敬意を評して従っていた。おたがいにたいする興味や思いやりは，私生活にまで及んだ。もっともまるでずるさといったところのないクララ・ツェトキンの方が，得る以上のものをあたえたのだが。ベルリンとシュトゥットガルトの距離は遠く，またふたりとも忙しい生活を送っていた。（以下略）（ネットル1966：69＝諌山ら訳1974：207-208）。

このローザの評価は，クラーラを「権威主義」と決めつけているプシュネラートの考えとあまりに異るものである。ローザの立場に立って書くネットルのクラーラ観察は，ネットルのクラーラ評を背景にして，ローザの自己中心的なところが乗り移っている感がなくもない。これも，ある側面からのクラーラ像であるとして参考にはなるが，クラーラの「マルクス主義理解はあてにならなかった」というのは言いすぎであろうし，「革命への献身は，陰謀的なものとか科学的なものというよりも情緒的なものだった」というのは，その後のクラーラの革命家，政治家としての生涯をみると，たとえ未熟だったかもしれない当時といえどもそう簡単に言い切れない。もっとも，陰謀的なことが革命に必要だとしたら，のちに，クラーラはレーニンから学んだといえるかもしれない（後述本書第13章）。

伝記作家は，対象となる人物と交際している人物を叙述する際に，その人物をよく調べ，書く時点での評価をも含めて，対象となる時期の位置づけで相対化して書くということでなければならないということを学ばされる。本書でクラーラに関連する人物は多く，その人物のことを私がきちんと理解しているかが問われるゆえんである。

さらに，ここで付け加えておきたいことがある。それは，クラーラが女性問題を重視したのに，ローザはなぜ軽視したかという問題である。

その問題にせまるために，ローザ27歳の時の1897年チューリヒ大学に提出した学位論文「ポーランドの産業的発展」をとりあげてみたい。学位論文ではないが，ほぼ同世代，同時代のレーニン（1899）の「ロシアにおける資本主義の発展」（『レーニン全集』Vol. 3）を思わせる題名である。ローザの，1898年にライプツィヒで出版された同名の学位論文の邦訳は肥前（1970）と，スキルムント他（2011）の2点あるが，前者の訳を用いれば，この論文は「第Ⅰ部　ポーランド工業の歴史と現状」「第2部　ポーランドにおけるロシアの経済政策」からなる。

マニュファクチュアから大工業への移行，工業の生産諸条件等の項目においても，イギリスについてはマルクスやエンゲルスが注目し，レーニンも関連個所で細かに何か所も触れている女性・少女への言及が，ローザの論文には驚くほど少ないことに気付かされる。今流に，ジェンダー視点がないと私は批判しているのではない。ジェンダー以前の男女という性別視角がまるで欠如している。もちろん資料的制約もあったであろう。なにしろ労働者といえば男女合計でのみ統計がとられ，語られていた時代のことだった。

第1部で，女性への注目は，第18表　月当たり賃金（単位ルーブル）のソスノヴィーツェ地帯とウッジ地帯の，「仕上げ」，「毛紡績」，「混合紡績」，「綿紡績」，「平均」の各賃金の男女・若年比較のみである（ルクセンブルク

1898＝肥前訳 1970：48)。

第2部では，工業の生産諸条件について叙述する箇所でも，「労働力」という場合は性別の考え方はないが，賃金を取り上げるときは，第2表　ポーランドとロシアの賃金差(ポーランドの方が大，単位%)において，「綿紡績業」，「綿織業」，「仕上加工」，「羊毛紡績業」，「毛織業」，「トゥーフ製造」，「半毛織業」，「平均」ごとに性別と児童の区分があり(同上：87)，もう一か所，第3表　繊維工業における月平均賃金(単位ルーブル)に，ポーランドとロシアの性別と児童の区別がある(ルクセンブルク 1898＝肥前訳 1970：89)。これらの表の説明に限り，女性労働者への言及がなされているだけである。

従ってローザは，19世紀の終わり，クラーラ･ツェトキーンと会った当初は，女性労働問題には関心がなかったということができる。ただし，ローザが1919年没の全生涯をとうしてそうであったとはいいきれない。革命に女性の参加は重要だったことに気づくのは，死を前にした数カ月であった。これについては本書第11章で述べる。

(2) 20世紀の最初の10年

ローザのヨギヘス宛て1902年1月3日付け「……クラーラから，きのうまた『至急』としるされた8ページもある手紙を受けとりました。――いつも変らぬ心のこもったものです。きょうは，メーリングのうちに行きます」(Luxemburg, *Breife* Ⅰ：553＝ヨギヘスへⅢ：27)。つづいて1月9日付け「クラーラからは，けさまたそれは長い手紙を受けとりました。彼女がメーリングと文通できるようにしてやったところ，それはもう喜んで，〈おとぎ話の鵞鳥番の娘が，王様に声をかけてもらったような〉しあわせな気持ちだと，書いてきました(！)」(同上：563＝同上：40)。

クラーラが率直にローザに心をひらいているのがわかる。

1月14日付け「クラーラがきょう書いてきたところによると，21日にまたベルリンにくるとのこと，フランス社会主義の危機について話をするつもりなのだそうで，わたしの意見をもとめてきました。むろんのこと，その考えには大賛成だといってやりました。おそらく彼女は，いつものとおりわたしの論文を忠実に複製することでしょうから，なおのこと拍手を送らねばなりません。」(同上：569＝同上：46)。

ローザはクラーラを若干見下した相当な自信家ぶりををヨギヘスに吐露している。

1月22日付け「……クラーラは，もうこちらに来ていて，フランスに関する演説の内容のことで，わたしのところに相談に来ることになっています」(Luxemburg, *Breife* I：580＝ヨギヘスへⅢ：61)。

1月25日付け「……あしたは，メーリング夫妻とクラーラがうちに来ます。……クラーラは，あすは，うちに泊まります。月曜の晩にフランスのことを話すのです(第4区で)」。

1902年1月27日付け「……クラーラは，きのう，カウツキー家に昼食によばれていて，そのあと，メーリング夫妻といっしょにうちでゆっくり晩をすごすため，ここに来ることになっていたのです。ところが，とつぜんカウツキーのうちからわたしにも昼食にこいという招きがもう朝の11時からとどいて，しかも万一ことわったりすれば『永遠に絶交だ』などというおどし文句までついているものですから，むろん出かけないわけにはいかなくなってしまいました。昼食は，ぶどう酒もついていて，豪勢なものでしたし，ぜんたいにもう，わたしたち二人をしたにもおかぬもてなしようでした。結局5時ごろまで腰をすえることになり，そのあと，クラーラといっしょにうちに戻ると，彼女はきょうの演説の準備を少しし，わたしはわたしで食卓の準備にとりかかったというしだい。7時にはもうメーリング夫妻がきて，11時半までおりました。メーリングはかわいそうに，もっともっと腰をおちつけていたかったのに，クラーラが，きょうの会合のまえにじゅうぶん睡眠をとっておきたかったもので，そろそろ腰をあげる時分だとそれとなく知らせたのです。……クラーラは，いつものとおり，熱っぽく，しかもユーモアたっぷりにしゃべりにしゃべったものでした。フランツは，リリー[ブラウン]のことで『LV(ライプチヒ民衆新聞)にはげしい論説を二つも書くと言っています。メーリング夫妻とクラーラのあいだは，大丈夫，したしいものになるでしょう。……クラーラは，むろん，うちにとまって，けさはもう6時から起きだして，報告の準備をしていました。そのあいだ，わたしのほうはずっと眠っていて，起きたのは10時。今晩は，彼女のでる会合にいかなければなりません。彼女はどうしてもわたしを引き合いにだしたいのだそうですから，それをこの耳で聞き，目で見てみようと思うのです。そのことが『フォアヴェルツ』の報告欄に少しでものるほどのものかどうか，たしかめたいのですよ。……少なくともフランスのわれわれの同志にはこれが多少の力になるでしょう。というのも，かれらに有利になるような決議文をわたしが書いていて，それをあすの会合の演説のあとクラーラが提案することになっているからです」(Luxemburg, *Breife* Ⅰ：584-585＝ヨギヘスへⅢ：66-68)。

1902年1月28日（火）付け「……ツェトキノーヴァ［ツェトキーン夫人］の演説は，わたしにいわせると，上出来とはいいかねるものの，とにかくまあまあといった出来でした。わたしの書いた決議文は満場一致で採択されました。……彼女はかわいそうに，なにぶんくたびれはてていたものですから，ぜんたいにたくさんの具体例をはじめ，わたしのこともいい落としてしまいました。ただ，ところどころで，わたしの論文のいくつかをそのまま，引用して読みました。会場は大きくはなく，500人ほども（SD［社会民主党員］）[29]いたでしょうか。……クラーラは目がもうひどく悪くなっていて（もう片方の目にも白い膜がかかってきています），夜はひとりで歩けないものですから，会場から彼女を［テレサ］ストックとの約束があるライプチヒ通りの帝国ホールまでつれていってやらなければなりませんでした。その晩は「婦人と未婚女性」の集まりがあって，このストックや党の『おれきれき』がみんな顔をだしていたわけ。そこでは，なんとメーリングのうちで知り合った例のひどく舌ったらずの発音をする女流詩人，クラーラ・ミューラー[30]が自作の詩を朗読したものです。……つぎの

29）ドイツ語版，ローザ手紙全集Ⅰ：586では，社会民主党員（Sozialdemokraten）と説明が入っている。

30）『ヨギヘスへの手紙』Ⅲ:72注：クラーラ・ミュラー・ヤンケ（1860-1905）ドイツの女流抒情詩人。その作品のうちで，しばしば，プロレタリア的テーマをあつかい，社会民主党のグループとむすびついていた。しかし，クラーラは『平等』1899, Nr.6-8に「自由の詩人，クラーラ・ミュラー」をとりあげて評価している（Zetkin 1899e）。

日曜には，クラーラをつれてアイスナーのところへ行きます。しかも晩にはK・K［カウツキー］のうちによばれていて，ベーベル夫妻もくるとかいっていましたが，こちらのほうはなんとかことわるつもり。ただクラーラがうちに泊めてくれといっているので，彼女をむかえに遅くなってからちょっと顔をだすだけにします。おなじこの日曜の朝にはレーデブーアをうちによぶことになっています。これはわたしがクラーラに策をさずけて，『平等』のためのリリー［ブラウン］の本の書評をかれに渡すように言ってやったからです[31)]。クラーラは，そのあとでいっしょにE［アイスナー］のうちに行くため，昼食もうちで食べるといっていますので，たぶんレーデブーアも昼食にひきとめることになってしまうと思います。どうです，いまじゃクラーラのおかげで党内のごたごたにすっかりまきこまれてしまいましたよ。しかし，これも長いことではないでしょう。もっとも，こうしたことにもそれなりの利点はあるものです。」(Luxemburg, *Breife* Ⅰ：586-587＝ヨギヘスへⅢ：70-71)。

ところが，その「つぎの日曜日」の前日，1902年2月1日（土）付け，「……彼女（クラーラ：伊藤）は，きのう，日曜日のアイスナー家訪問はとりやめたいと，知らせてきました。わたしにはぴんときたのですが，おそらく彼女とアイスナー夫妻やグラートナウアーとのあいだになにか不愉快なゆきがかりが生じたに違いありません。」(同上：589＝同上：74)。この手紙のなかに(クラーラは，あさって，講演のためライプチヒのかみさん連の所に行きます(同上：590＝同上：75)という表現がある。2月3日付け「ツェトキーンはきのう，うちに来ましたが，レーデブーアはむろんのこと現れませんでした。わたしは，あわれにも，クラーラにおがみたおされて，K・Kのうちのろくでもない夜会に，いっしょに行くはめになってしまいました。彼女ときたら，わたしといっしょでなければ，行きたくないといいはるんですよ。……K・Kのところでは，……クラーラもなにやらむっつりしていました。彼女は，つぎ

31）『平等』12.Jg.,Nr.15（1902.7.16）とNr.16（1902.7.30）に，ゲオルク・レーデブーアの，リリー・ブラウンの『女性問題』の書評が掲載されている。

に出てくるときは，何日かうちにとまることに決めてしまったようです――とても居心地がいいとかで。あなたがこちらにいるときには，それもちょっとぐあいが悪いですがね。クラーラがアイスナーのところに行きたがらなかったのは，どうもかれが信用ならぬ気がするからだそうです。とくに，『フォアヴェルツ』にのせたハノーヴァ大会の寸評のうちで，わたしはちっとも気がつきませんでしたが，彼女のことを手ひどく非難したことがあるからだとのこと。」(Luxemburg, *Breife* Ⅰ：594 = ヨギヘスへⅢ：79-80)。1902年2月15日付け「クラーラの集会報告は，なんともう『フォアヴェルツ』にのっていました。しかし，いちばん大事なところにごまかしがあるのです。……クラーラが大声をあげて文句はつけているものの，これはもうたぶんなんともならないでしょう。」(同上：606 = 同上：94)。

2月16日付け「きょうは，クラーラが，例のフランスにかんする自分の演説の紹介に誤りがあるということで，訂正を申し込んだ記事が『フォアヴェルツ』にのりました。あすは，彼女からくわしい手紙をもらう約束になってます。彼女は，『平等』にわたしのおこなったザクセン地方におけるアジテーションの記事をのせましたよ」(同上：607 = 同上：95)。2月27日付け（コーンス・フェストゥゼーレンで演説した時のこと）「会場は，8時にはもう満員になって，お話にならぬ暑さでした。またもや少し報告の内容をかえ，社会改良と社会民主主義について話しました。聴衆はすっかり満足してくれました。ヴァルデク・マナッセ[32)]があとで言ったことですが，クラーラ・ツ［ェトキーン］なら，わたしがそこで1時間でしゃべった内容を，2時間ずつ10回にわけて報告するにちがいないですってさ」(同上：619 = 同上：109)。

この1902年のヨギヘスへの手紙に現れる，ローザのクラーラ観やドイツ社会民主党の幹部たちとの付き合いの描写は，具体的で生き生きしている。リリー・ブラウンの本の書評を『平等』にレーデブーアに書かせたのはローザの企てであったことがわかる。クラーラは晩年失明状態であったが，ローザの記述によれば，1902年の初めに夜歩けない状態になっているということなので，40歳代の半ばごろから眼疾患が進んでいたこともわかる。

32）ヴァルデク・マナッセ(1864-1923)は，ベルリンのドイツ社会民主党活動家。

1903年，ドイツ社会民主党ドレスデン党大会の時の手紙。9月15日「いま，党大会にゆくところです。クラーラと宿はいっしょですが，ちっともさしさわりを感じていません。……わたしの席はモッテラーとクラーラの横。……」(Luxemburg, *Breife* Ⅱ：38＝ヨギヘスへⅢ：154-155)。9月16日付け「わたしの決議案（われわれの計画したのと同じもの）は採択されました。わたしの演説はとてもよかったということですが，しかし，言いたいことの半分しかのべられませんでした。クラーラは，〈形式はみごとにととのっていたし，とてもうまかった〉といっていました。」(同上：40＝同上：157)。クラーラはローザを高く評価していることがわかる。

このあと10月，クラーラは，シュツットガルト郊外ジレンブーフに転居しているのである。

1904年に入る。ローザは，1月16日の演説でヴィルヘルムⅡ世を侮辱したというかどで8月26日から10月24日まで3か月の懲役刑に入り，ツヴィカウの監獄に入るが，恩赦で早期に釈放された。ローザはじめての収監であった。監獄から9月9日付けで彼女はヨギヘスへ「……アドルフにいって，わたしのアドレスをクラーラ［ツェトキーン］に送らせるよう。彼女からの便りがほしいので。」(同上：64＝同上：161)と書いている。

クラーラが手紙を出したかどうか不明である。

1905年。6月27日「……わたしの休暇はといえば，これ以上はないほどのすばらしいやりかたで，ここにいたままで過ごしています。……規則正しい生活，落ちついた静かな独居がとてもいい影響を与えてくれるようです。……また，クラーラのところへ行くには――50マルク使わなければなりませんが，あすこではちっとも休むことはできません。一日じゅうひっきりなしの騒がしいおしゃべりには耐えられないからです。」(同上：143＝同上：259)。

7月25日頃[33)]，(4頁脱落の後)「……しかし，クラーラの気持ちだけは考慮に入れないわけにはいきません。うちあけた話，なんとなく気がすすまない

33)『ヨギヘスへの手紙』編者注による。編者はa.日付けは内容から推定。b.この手紙は，最初の4枚が脱落している，と書いている。(『ヨギヘスへの手紙』Ⅲ：272)

のです。みんな来いというのですけど，あのおしゃべりのことを思うと，二の足をふみますよ。とはいえ2週間の予定でいかずにはすみそうもありません。それも，近日中に。返事をください」(Luxemburg, *Breife* Ⅱ：153＝ヨギヘスへⅢ：270)。

8月3日付け「……あなたのきっぱりした手紙のせいで，わたしはほぼ出掛けることにきめました。――ツェトキーン夫人の所へです。じつはプシチーナの方が望ましいけど(ヤージャ［ヴァルスカ］がそこに行ったことを何故もっと早く言ってくれなかったの！)，数日間だけを除いてあいかわらず一人でいても，いまのような無気力と憂鬱な状態では何のたしにもなりません。そのうえ旅行はずっと高くつくでしょう。ツェトキーン夫人の所なら汽車の切符代だけしか要らず，それにかれらはわたしに食事(それがわたしにはうんざりですが)と散歩を押しつけるでしょう。さいごにまたわたしの所にシュツットガルトからの若い女性同志が，クラーラの指示で派遣されてきており，近日中に休暇で帰省する予定で，絶えずわたしにも同道するようにせがむのです。」(同上：159-160＝同上：277-278)。

8月6日付け「……今になってもどこへ私が発つのかわたし自身はっきりしません。あなたに書いたように，はじめはクラーラの所へ行くのが一番実際的だと思っていました。あとになって，あなたも一緒に2週間をプシチーナで過ごせるかもしれないというプランを思いつきました。……この手紙書くのもやっとです。あいかわらず，出発するか，しないか迷っています。……もうプシチーナでどこに落ち着けるかもわからない以上，明朝クラーラの所へ発つことにします」(同上：162＝同上：281)。

結局ローザは，最後は連絡がつかないままヨギヘスがいるはずのクラクフに行った。クラーラの所へ行くのを渋っている理由に「おしゃべり」と云うことを挙げているが，どの伝記作家もクラーラのおしゃべりについては触れていないのはなぜか。ローザは本当はヨギヘスと過ごしたかったので，クラーラの所に行くことが気が進まなかったのではないか。

8月25日付け「クラーラはなにがあろうとわたしをイエナから自分の所，シュツットガルトに連れて行く，とカウツキーに宣言しました。たしかに連れて行かれます！……」(同上：170＝同上：287-288)。

9月17日付け「今日2時にルィーゼ［カウツキー］が立寄り，一緒に出発します。クラーラからはもう手紙を受け取りました。［イエナ］ではクラーラやカウツキー夫妻と同じくカイザーホーフ・ホテルに泊まります」(Luxemburg, *Breife* Ⅱ：172＝ヨギヘスへⅢ：290)。

9月24日付け「……クラーラのところには行きませんでした。彼女の所は家の増築の為「作業中」で，落着かないでしょうから。それに彼女自身わたしをもてあましていますし。」(同上：174＝同上：293)。

こうして，クラーラとローザは何度もドイツ社会民主党の党大会に一緒している。しかしである。このころ（正確にはわからないが1904年ごろから）コスチャがベルリンのローザの家に寄宿している。はじめは，それだけだったはずである。

1907年，ローザとヨギヘスとのあいだに何かが起こった。私はローザを書くのではなくクラーラを書いているのであるから，この「何か」については，ローザの伝記作家にまかせてたちいらない。ローザとヨギヘスとの私生活の終局は瞬時におきた。ローザは，（ヨギヘスへの）「反動でそこにいた友人と恋に落ちた」とネットルは書いている（ネットル1966＝諌山他訳 上1974：398)。これまでのクラーラの描写からみてネットルのこの書き方が妥当であるかどうかは判断しにくいが，友人とはクラーラの次男22歳のコンスタンティン・ツェトキーンであった。

1907年から，ヨギヘスへのローザの手紙には，この手紙の編者によってローザのコスチャあての手紙が参照された注が頻繁につくようになる。このころ，ローザとコスチャは文通を始めたのだ。ローザはそれでも回数が減るとはいえヨギヘスに手紙を出し続ける。

ヨギヘスへの手紙の邦訳第Ⅳ巻は阪東宏訳である。

1909年5月1日，5月3日，ローザは，シュツットガルト近郊ジレンブーフ-ゲーデルロッホのクラーラの家からヨギヘスに手紙を出す。

(3) 1910年代半ばまでのローザとクラーラ

1910年から11年のクラーラとローザの文通には，ロシア社会民主労働党とレーニンが絡んでくる。1910年1月15日〜2月5日にパリで開かれたロシ

Clara Zetkin und Rosa Luxemburg auf dem Weg zum Tagungsort des Magdeburger Parteitages 1910

写真6-7　1910年マグデブルク党大会へむかうクラーラとローザ

ア社会民主労働党中央委員総会で，レーニンの路線の支持者は少数派であり，多数派（ボルシェヴィキ）とは呼んでいても，メンシェヴィキその他さまざまな分派に分かれていた。レーニンは抗議していたが，ボルシェヴィキに割り当てられた党資金の一部（モスクワの工場主でロシア社会民主労働党員のニコライ・バーヴロヴィチが，ボルシェヴィキに遺言で残した遺産[34]）は，即刻ロシア社会民主労働党中央委員会に移すべきこと，また残りは2年間に返却すべき旨の決議が採択された。これらの金額は臨時にドイツ社会民主党の代表者，メーリング，カウツキー，およびクラーラ・ツェトキーンを［供託人］として保管されることとなった。

ローザ・ルクセンブルクとその同僚たちは，レーニンに圧力をかけてロシア社会民主労働党の組織統一を保持させようとした。カウツキー，メーリング，クラーラはロシアの党から供託された基金の法的保管人：統一ロシア社

34）金額は23万5千ルーブリないし31万5千ルーブリと推定され，メンシェヴィキが，この資産をボルシェヴィキに独占させたくないと思ったであろうと西川（1989：119）は書いている。

会民主党の代表機関にのみ支出することを決定させた。このことについての文通の内容は分かりにくく入り組んでいるので一部のみ紹介するにとどめる。

1910年7月9日あるいは10日付け「『トリブーナ』の資金については努力しています。どのみち500マルクくらいは入手できるでしょう。ツェトキーンにわたしから出資を催促したものでしょうか（？）。（不明＝ヨギヘスへⅣ：128）1910年7月21or22日付けツェトキーン夫人からガリツィアからのたわごとを同封して来ました。彼女は（大会の前に，開かれる）婦人集会にわれわれの側からも二人の女性が参加する必要があると考えています。したがってイレーナともう一人（クションツ［A.マゥエツキ］の妻ではどうでしょう？）が必要です。代表団には女性2名（わたしを除く）と，3．4名の『殿方』あわせて6名は欠かせないと思います。万一の場合にそなえて，わたしにも婦人集会への資格を与えるべきです。」（不明＝ヨギヘスへⅣ：137）。

1910年12月23日～1911年1月2日，ローザはクラーラのもとにいる。

1911年2月2日付け「……（わたしは一週間前まだ『蜂起前』にベーベルを訪れ，適当な候補者をあげ，いまはツェトキーン夫人を通じて統制委員たちに働きかけています。しかしこのことは誰にも言わないでください。）」（Luxemburg, *Breife* Ⅳ：21＝同上：183）。

1911年2月13日ころ「ユーレクの論説か，それとも誰にもさしつかえないならツェトキーン夫人が『平等』に寄せた論説か，どちらをロシア人たちに提示したものでしょう？　後者はとてもよく書けており，ロシア人宛てに書かれたものとして掲載してもおかしくはありません。……」（同上25＝同上：186）。

2月23日付け「きのうすぐにツェ（トキーン夫人）に手紙を書き，レーニンの手紙をわたしに転送するよう，またわたしとの了解なしでかれに返事を書かないよう依頼しました」（同上：29-30＝同上：189）。3月はじめ。「……ツェトキーン夫人は，わたしへの便りによれば，まだ何も受取っていません。レ（－ニン：伊藤）は，われわれの関係を知っていて，彼女には頼まず，そのかわりわれわれの影響力が及ばないものと考えて，K・Kの所へアドルフ［ヴァルスキ］をやって，事情を説明させるのがよいと思います。……」（不明＝

ヨギヘスへⅣ：189）。

1911年3月末，ドイツ社会民主党の党学校修了の後，ローザはジレンブーフのツェトキーンの家で3週間休養していた。

4月はじめ，「当地を来訪したラパポルト（トルストイに関する報告演説のため）はツェトキーン夫人に，レーニンはプレハーノフと会談したサン・レモから帰ったこと，後者は再びレーニンとよりを戻したらしいと書いて来ました。レーニンは少なくともいろんな人と話合いはするのです。……」（不明＝同上 Ⅳ：197）。

1911年おそらく6月末「いま届いたクラーラの手紙を同封します[35]。わたしは事後に知ったことなので，彼女がこのようにレーニンへの好意を表明するのを阻止できませんでした[36]。マ［－ルトフ］の小冊子への対応は差し控えておきます。万一のためにツェトキーン夫人のアドレスを記します――シュツットガルト郊外　ヴィルヘルムスヘーエ，デーゲルロッホ局」（不明＝ヨギヘスへ　Ⅳ：201）とヨギヘスに書いた。

1913年1月9日付け，ベルリンからヴィーンのルイーゼ・カウツキーに宛てて，ローザはクラーラについて次のように書いている。

> クララの長らく音沙汰がなかったあとで，詳しい手紙を受け取りました。しかしだいぶ前からの彼女の便りがすべてそうであったように，今度の手紙も憂鬱なひびきを持っています。無沙汰の期間が長ければ長いほど，ますますそういう印象を受けます。つまり彼女は事実上の限界にきており，徹底的に仕事を離れて，南国の陽光のなかで休息しなければならないでしょう。しかしあなたがいくらお勧めになっても，壁に向かって口をきくようなものでしょう。所詮見込みはありません。けれども，つい先ごろ彼女

35）同封の手紙は発見されない。

36）この手紙は，レーニンがクラーラ・ツェトキーン，K.カウツキーおよびF.メーリングを供託人として（保管者はシュミット）封鎖されていたロシア社会民主労働党中央委員会の資金の封鎖解除のためクラーラ・ツェトキーンを訪問したのちに書かれたのかもしれない。このシュツットガルト訪問は1911年6月ないしおそくも7月27日，29日以前のことである。ローザはこの問題に関しすでにレーニンによって何度も批判された自己の見解，ボルシェヴィキとメンシェヴィキの統一を期待する見解をもっていた。

がここにいた時は，みるも気の毒なありさまでした。あなたのクリスマスの贈物にはたいへん喜んでいました。そのことについては，たぶん彼女が自分で手紙に書いたことでしょう（カウツキー編，川口他訳：143-144＝Ruxemburg, *Briefe* Ⅳ：261）。

1913年2月上旬「きょうドイツにいるロシアの党の通信員であるロシアの一婦人が来訪し，『プラウダ』編集部からの手紙を届けました。それによると，旧暦2月10日[37]までに「婦人の日」[38]についてわたしに執筆して欲しいとのこと。やる価値がありますか？　ツェトキーン夫人に頼む方がいいでしょう？……」（Luxemburg, *Breife* Ⅳ：263＝ヨギヘスへⅣ：263-264）。

この相談にはどのような意味があるだろう。1913年はロシアではじめて「国際女性デー」が行われた年である。やがて1917年のロシア2月革命の序曲ともなるロシアの女性デーの第1回目にローザが原稿を依頼されている。女性問題はクラーラへと思っていたらしいローザが，何か考えるところあってヨギヘスにわざわざ意見を求めている。この年1月に，ローザは『資本蓄積論――帝国主義の経済的解明のために』を出したばかりであった。結局，ローザの著作リストにそれらしいものは見つからないので原稿は書かなかったのであろう。

3月3日付けでは，「ツェトキーン夫人は今日帰ります」（不明＝同上：271）。3月8日「わたしは当地でヒュプシ到着の報せを見てすっかりいらいらし，ツンデルがとくにオートバイで夜行列車に間に合うよう持っていくはずの葉書を書くのもやっとでした。……」（不明＝同上：288）。シュツットガルト郊外ジレンブーフから手紙を出すためにツンデルがオートバイを走らせたのだ。

11月「ツェトキーン夫人はあす到着し，土曜日の昼食後あなた方とはなしをしたいとのこと……」（不明＝同上：316）。12月末「ツェトキーン夫人は明日の朝到着します」（不明＝同上：321）。

1910年代，ローザとクラーラは親しく行き来し政治的意見を交わしている

37）新暦では2月23日。

38）当時1913年3月8日に予定されていた「婦人の日」のこと。

さまがわかる。ヨギヘスらとも会っている。

パウル・フレーリヒによると，レオ・ヨギヘスについて，クラーラは次のように評しているとのことである。私はクラーラの出所を確認していない。

2人（ローザ・ルクセンブルクとレオ・ヨギヘス）ともっとも親しかったクララ・ツェトキンは，レオ・ヨギヘスはローザ・ルクセンブルクの行動や著作の仮借ない批判者であって，彼女の理論的知識や実践的知識を批判した。かれは遠くを見通して鼓舞する人であったが，ローザは，物事を鋭く見て包括的に理解する人であったと証言している。

クララ・ツェトキンがヨギヘスについて，「かれは自分の傍に偉大な女性がいることに耐えることができ，そしてその女性が成長し発展することを自分の自我の桎梏と感ぜずに，真のゆたかな友情を交し合うことのできる，今日ではひじょうに稀な男性の一人であった」。この友情はお互いの感情が消えてしまった後の時代になっても，少しもそこなわれることなく続いたというのである（フレーリヒ 1948＝伊藤成彦訳 1991: 20-21）。

ここに，1917年5月29日付け，ウロンケ要塞監獄から，ローザがクラーラの60歳の誕生日を心にかけてルイーゼ・カウツキーに書いた手紙がある。

「やっぱり大事なことを忘れていました。婦人たちからの敬意の印として，クララに本のようなものを贈ったらとお勧めします。彼女にきっと一番喜ばれるだろうと思われるものは，ギリシャの哲学や文学にかんするもの（たぶんヴィラモヴィッツのギリシャの戯曲と文学史），またはギリシャの哲学者そのもののよいドイツ語版でしょう。彼女はいまこういったことにとりつかれて，夢中になっています。基礎的な本が手に入れば，それは彼女にたいへん誇りやかな（ママ：誇らしげな）気持ちをあたえるでしょう。さもなかったら，『N.Z』誌上にリプシュッツが書評を書いた『生物学概論』という大著。こういう本格的な書物なら，彼女も喜ぶでしょう」（ルクセンブルク　川口ら訳：214-215 = Ruxemburg, *Briefe* V：245-246）。

1917年，クラーラは，ツンデルとの間にも亀裂が入り，『平等』の編集から追い出され，第1次世界大戦さなかの身辺あわただしい時期に，7月5日の60歳の誕生日を迎えるが，そのとき，ローザが書いているようなギリシャの哲学，文学あるいは生物学の本を読むことを喜びとしているとしたら，私はクラーラの深い嗜好に好感が持てる。川口らが「基礎的な本」と邦訳しているところの原語は，etwas Fundamentals aus diesem Gebiete であり，私なら「このような領域の根本的な本」と訳したい。このようなとき，クラーラは，基礎的ではなく，より深い根本的なものに触れたいと思っていたとローザは言いたかったのだと思う。しかし，ローザが5月から意見を述べているのに，その助言通りにはいかなかったようである。

ローザ自身は，クラーラの誕生日の1か月前の1917年6月5日に，ヴロンケからゾフィー・リープクネヒトに，自分は，オーギュスト・ロダンとポール・グゼルの対話，『芸術』[39] を贈りたいので手配して欲しい旨依頼している（Ruxemburg, *Briefe* V：251）。「クラーラと彼女の夫はその本のことをどんなに喜ぶでしょう。私は彼らがその本を知らないことを知ってますからね」（同上：252）と書いている。

4　私的生活でのクラーラとローザ

(1) コスチャ・ツェトキーンとローザ・ルクセンブルクとの関係

ローザが愛した男性は，ポーランド人のレオ・ヨギヘス（1867.7.17-1919.3.10殺害）のほか，クラーラの次男コスチャ・ツェトキーン（1885.4.15-1980.4.5高齢で病死），ハンス・ディーフェンバッハ（1884-1917.10.24 戦死），ローザの弁護士だったパウル・レーヴィ（1883.3.11-1930.2.9 事故死／自殺？）の4人といわれている（伊藤成彦 1991：13）。現に，2012年に編集された『ローザ・ルクセンブルクの恋文』（Schütrumpf　2012）には，この4人へのローザの手紙が収録されている（レオには，1893年～1910年まで，コスチャには1907年

39）1911年発行の，フランス語の*L'art*であるが，ポール・プリナによって独訳されたものを贈ろうとしている。

～1915年まで，パウルに1914年2月～11月まで，ハンスには，1917年1月～8月まで）。

クラーラの次男コスチャを愛したことからいっても，クラーラとローザの関係は特別であったといえる。しかし，クラーラがローザとの関係で残した文書には，そのことを匂わせるものは発見されない。ローザのヨギヘスへの手紙には全く現れないローザの一側面である。

西川正雄は，コスチャを，ローザの「15歳年下の恋人」，「一時期の恋人」（西川 1989: 216）と表現しているが，必ずしも一時期とはいえまい。また，伊藤成彦（1991）『ローザ・ルクセンブルクの世界』（社会評論社）の扉および，シュートルンプの本には，張りのある顔をしたローザの横で俯き加減に立っているコスチャの写真が，また同じく，ローザ・ルクセンブルクの手紙集『友への手紙』（ルクセンブルク，伊藤成彦訳1991）の95ページには，ローザが描いたコスチャの肖像をローザと2人でもつコスチャの写真が掲載されている（いずれも出典の明記なし）。その写真を本書第16章（写真16-5，写真16-6）に掲載した。

マルガレーテ・フォン・トロッタ監督のドイツ映画「ローザ・ルクセンブルク」（1985）にも描かれるコスチャは，数奇な運命をたどった人である[40]。

コスチャとローザとの直接の手紙のやり取りは，残存している限りでは，1907年1月15日から1915年4月10日までの8年間，コスチャ22歳から30歳まで，ローザ37歳から45歳までに及ぶ。1907年，コスチャは医師を目指したが，ローザは，政治経済の研究を彼に勧め，その上，彼にドイツ社会民主党の党学校の講師の職を紹介しようとしたが，成功しなかった。コスチャは，それからシュトゥットガルトに帰り，母，クラーラの『平等』の編集を助け（Badia 1993=Hervé *et al*, 1994：117），1920年代前半に医師になったと思われる。

『ローザの手紙全集』（Luxemburg, *Briefe* Ⅱ～Ⅴ 1982-84）には，1907年1月付けの「コスティーク，私の息子！」ではじまる最初の手紙から，「ニウニウ

40）コスチャの簡単な生涯のスケッチは，本書最終章（第16章）で行われる。

(Niuniu)，私のお気に入り（Liebling)，誕生日までにこの手紙をまちがいなく受け取ってくれるといいんですが」で始まる1915年4月10日付けの手紙まで8年間で550通ほどのローザからのコスチャ宛の手紙が収められている[41]。1915年で途絶えるのは，コスチャの第1次世界大戦への従軍である[42]。

ローザのヨギヘスへの手紙の編者フェリクス・ティフによって，ローザのコスチャへの手紙が1908年6月19日付けから，1912年9月20日付けまで，4年にわたって，日付等の確認以外，内容の照合と説明の為に46通使われている。それらは，ローザ自身の詳細な行動，考え，仕事の事実内容の確認が主で，日記のように記録している。コスチャが，ローザの行動内容に，相当程度の高い関心をもっていなければ書き得ない内容のものであり，資料価値も高い。また時には，人物評も入るが，典拠等に誤記もある[43]。

フェリクス・ティフの「注」から離れ，手紙そのものに戻るが，ローザからコスチャへの手紙によって，第1次世界大戦時のコスチャの心境の一端が読み取れる。1914年8月1日，コスチャ宛てに，ベルリンに（ブリュッセルから）戻ったと電報を打ち，翌日8月2日，「ニウニウシュ（Niuniusch)，2通の手紙受け取りました。私はあなたといっしょに，あなたのそばにいて，い

41）ローザからコスチャへの手紙は，ローザの『手紙全集』には，1907年に27通，1908年に77通（以上第2巻)，1909年に45通，1910年に111通（以上第3巻)，1911年に127通，1912年に111通，1913年に1通，1914年に1通，付録で9通（以上第4巻)，1914年に15通，1915年に13通（以上第5巻）確認される。

42）1914年11月1日付け，ローザのハンス・ディーフェンバッハ宛て手紙に，Costia ist noch zu Hause und arbeitet in der Redaktion. という一文がある。Zu Hause は，伊藤成彦によっては，「家で」（伊藤　1991:95)，カウツキー編（1924＝川口・松井訳1983：261）によっては「銃後にあって」と訳されている。

43）例えば，レーニンについてであるが，1912年2月はじめ，レーニンは，カウツキー，メーリング，ツェトキーンの3人によって供託されていた凍結党資金をボルシェヴィキへ一部解除を要請し，その結果をカウツキーから聞くためベルリンにやってきた。ローザをも訪問したが，1912年2月はじめローザは，コスチャに「きのうレーニンが訪れ，きょうまでにもう4回会いました。かれと話すのは楽しいです。賢明で教育があり，顔はでこぼこですが，わたしはそれを見るのが好きです。……あわれなミミ［仔猫の名］はレーニンにひどく注目され，こんな立派なやつはシベリアでしか見たことはないと言われました。それも„バールスキー・コット（貴族猫）“なんだそうです」（AZHP所蔵）と書かれている。しかし，この手紙を，ローザの手紙全集の1912年2月はじめのところで探したが発見できなかった。西川（1989：137-138,注15）がこの手紙を1911年4月29日と特定しているので，私も後追い的に発見することができたというような次第である。

ろんなことを語り合い相談できたらどんなにいいかと思います。」(中略)。「全世界は，突然，精神病院になりました。あなたの『党から抜ける』については，笑っちゃいました。あなたは，おおきな子どもなの？　あなたはひょっとして，人間から『抜ける』つもりですか？」(Luxemburg, *Briefe* V：7) [44]。

コスチャは，1915年3月に召集され，6月に衛生兵としての教育を終え，当面衛生兵連隊に入った(同上：66)。1918年の9月まで，クラーラをはじめ，ルイーゼ・カウツキーへの手紙の中にコスチャとマクシムの安否を気遣う表現が何度も現れる[45]。例えばブレスラウから，1918年9月6日付けクラーラ宛てに，ローザは，「最愛のクラーラ，あなたのカードありがとう。私はあなたがとても心配しているだろうと思います。コスチャがもうあなたの保護のもとにあり，マクシムからよい知らせが届いているといいのですが。ともかく時間が許すなら，一行でも書いてよこしてください。それをみると，私は心が休まるでしょう。私のほうは，ヤーコブ嬢[46]がここに来て，3週間の予定でこの近くのグラッツェア連山に出かけたこと以外，新しいことは何もありません。帰路またここに寄るでしょう。私はあなたからの一言を待ち焦がれています。あなたを何度も抱きしめます。あなたのR.」(同上：407) と書いている。

1915年，ローザは，ベルリンパルニム女子刑務所へ入り，獄外のクラーラと連携して反戦運動をしている。コスチャ・ツェトキーンは，第1次世界大戦に3月に招集され，1915年7月に衛生兵としての教育を終え，ウルムの

44) この部分は西川(1989：215-216)によっても引用されている。映画『ローザ・ルクセンブルク』(1986)では，「党から抜ける」的なことばは，会話のなかでクラーラ・ツェトキーンが言ったように設定されている。

45) 映画『ローザ・ルクセンブルク』では，ローザが1917年，ブレスラウ監獄に移されて後のある日，コスチャの訃報が届くというストーリーになっているがこれは全くのフィクションであることがわかる。1917年に戦死したのは，ローザが，ハンスネレ，ヘンシェンと多くの手紙で呼びかけた前出ハンス・ディーフェンバッハ(Diefenbach, Hans 1884-1917.10.24)であろう。彼はコスチャと年齢が近い医師であり『ディ　ノイエ・ツァイト』に執筆していた。コスチャは，ローザの死後60年以上生きて1980年にカナダで没する(第16章参照)。

46) Jacob, Mathilde(1873-1943)，当時，ベルリンでタイプと複写事務所を管理。ローザの秘書。

連隊に戻っていた。1915年4月10日以降，ローザがコスチャに出した手紙は残されていないが，これまでとかわりなく出していたことは，後のクラーラへの手紙で知られる（1916年5月12日付け 同上：118-119）。

1915年7月12日，クラーラは，自宅で逮捕され，ベルン国際社会主義女性会議宣言のドイツでの配布と『インテルナツィオナーレ』第1号発行の2件で起訴される。『平等』1915年8月20日付け（25. Jg., Nr.24）でクラーラの逮捕が報道された。この間『平等』は，ハンナ・ブーフハイムが代理刊行（『平等』奥付の説明による）した。スイスのツインメルヴァルト会議には，クラーラは拘束中で不参加だった。10月12日クラーラは釈放される。

1915年10月12日，ローザはクラーラへ「……私は，コスチャ［ツェトキーン］から定期的に便りをもらっています。……老人［フランツ・メーリングのこと］は，この間，残念なことに重い病気でした。今彼はがたがたいっていますが，非常に疲れて意気消沈しています。彼はあなたから生きている証拠の手紙がこないので歎いています。手紙を書いたツンデルからも，彼は何の返事も受け取っていません。彼にすぐ手紙を書いて励ましてやってください。……」（Luxemburg, *Briefe* V：79）。

1916年1月1日，ベルリン，リープクネヒトの事務所でインテルナツィオナーレ派の全国活動家会議が開かれた。ケーテ・ドゥンカー，ベルタ・タールハイマーが参加した。獄中のローザの起草になる「国際社会民主主義の任務に関する方針」が発表され，スパルタクスグルッペが結成される。クラーラは病気で参加しなかった。2月18日，ローザは出獄した。

これらの様子から戦時中も，牢獄や戦地からローザとコスチャは文通していたことがわかる。

(2) ジレンブーフのドラマ—クラーラとフリードリヒ・ツンデルの破綻

1916年5月12日付けで，ローザは，クラーラに「あなたの市内『旅行』の結果の報せ[47]と，同様になによりも詩人の招集も，呆然としました。何がど

47）1916年5月1日のベルリンのメーデーのことと思われる。ポツダム広場の反戦デモでカール・リープクネヒトが逮捕された。

うなったのでしょう？！　人は詩人を大真面目と考えたのでしょうか。……本当に，私は，どうなるのか頭をいためています。このあいだの騒ぎでわたしは，ついでながらコスチャにも長い間手紙を書いていません。明日書きましょう。彼は，詩人の目前になにが迫っているかすでに知っていますか？私はあなたをめぐる彼の心配を考えることが出来ます！……」(Luxemburg, *Briefe* V：119)。この手紙の編者注に，「フリードリヒ・ツンデルは，民間人として自由意思で彼の自動車で赤十字のために運転し，フランスの戦争現場に動員された」(同上，注65) とある[48]。このことは前章でもふれた。

1916年5月16日，クラーラへ「……詩人はどうしていますか?!　悩ましいあのことが頭を離れません。かれが本当に招集されるのかどうか，いつなのか書いてください。それは信じられないことです。私は，あなたがどうなるのか想像できません。」(同上：120)。

ローザはついに，1916年6月初めほんの数日，ジレンブーフのクラーラの所に行った。その時のことについて，ローザは，1916年6月12日にクラーラに「あなたのところを出発してから毎日，私はあなたに手紙を書こうとしたのですが，文字通り息をつく暇もありませんでした。今日ついに書かなければなりません。ともかくありがとう。聖霊降臨祭の卵も，短い手紙もすべてありがとう。あなたとコスチャとの3日間は，私を元気づけ，喜ばせました。……愛する，ファンの立派な人物は，何と，いつも誇らしげにコ［スチャ］と私と森を散歩したことか。あなたは詩人が自分を忘れてしまったと勘違いしています。彼は非常に深く感動的でした。まさに彼は全くそのことについて何も言わないのです。彼は，総じて多くを言う人ではないのです。そして，あなたを興奮させたくないためにも，それにかんして彼はもう言及しないのですよ」(同上：124)。

そして1916年6月23日，ローザはクラーラへ「マクシムと詩人についてあなたが書いたこと，もちろん，少しはよろこばしいです。特に，詩人とのことは，私にとっては，心配をさそうことです。……ちびさん(コスチャ)からは，

48) このことは，1917年4月28日の，ローザのハンス・ディーフェンバッハへの手紙にも言及されている (Luxemburg, *Briefe* V：225)。

私も直接便りをもらいました。かれは，いつもそうであったように，もちろん《初めての環境になじんでいません》。」(同上：125)。

1916年7月3日,「——私はちびさんからたくさんの便りをもらいました。私は,彼が早く異なった環境に慣れることを望んでいます。——詩人の運命をとても心配しています。」(Luxemburg, *Briefe* V ：129)。

7月ローザはブレスラウ刑務所に収監された。

1916年8月3日，クラーラへ「あなたの若いひとはどうしていますか。彼から手紙をもらっていますか。コスチャには，彼の住所を暗記していないので私自身書くことが出来ません。住所を私に送ってください。……詩人とはどうなりましたか。私はいらいらして手紙を待っています」(同上：133)。

1916年11月29日，クラーラへ「コスチャからなにも受け取っていません。それで彼にも書いていません。待ってもなんの役にもたちません。あなたにクリスマスに来ていただきたいです。マクシム[ツェトキーン]はもしかして,再び，もう前線にでているのでしょうか。あなたの『平等』は，郵便で定期購読し，きちんと読んでいます。あなたと詩人がどうなっているか，療養が何かの助けになったかまた私に書いてください。」(同上：142)。

その1カ月後，年が明けて1917年1月7日，ローザは，3人目の愛人となった若いハンス・ディーフェンバッハへ手紙を書いている。いつコンスタンチン・ツェトキーンと別れたのか，そしてその理由は推し測れない。ハンス・ディーフェンバッハへ書いた内容とはこうである。

「ジレンブーフにおけるドラマは，あなたが予想するよりも私に重い衝撃を与えました。私のやすらぎと友好関係に衝撃をあたえたのです。」(同上：157)と。

編者注では，シュツットガルト近郊ジレンブーフにはツェトキーン-ツンデルの家族が住んでいたが，第1次世界大戦後，クラーラ・ツェトキーンと彼女の夫，画家のフリードリヒ・ツンデルの間で，政治的，個人的論争が起こった。ツンデルは政治的権力の日和見主義からの分離は必然だったということを納得しなかった。彼は，工場主ロベルト・ボッシュの娘と結びつき,戦争のあと最終的にクラーラ・ツェトキーンと別れた(同上：157, 注8)とある。

この解説は極めて形式的で詳細は不明である。しかし，正式な離婚の成立は1928年，実に11年後であった。すでに書いたように，ツンデルは1929年，パオラ・ボッシュと結婚し，1931年に一子をもうけている。

ローザは，1917年3月5日，クラーラへ，「せめて数行を持って，私はあなたの親切な手紙とあなたとコスチャからの立派な本に感謝します。同じく，あなたの庭の美しい緑の挨拶と二つのマツユキソウもありがとう。M（マチルデ・ヤーコブ）嬢があなたについてたくさん知らせてくれます。私がとっても嬉しいのは，あなたがコスチャと再び家にいるということです。そのことは，どんな医者の助けよりもあなたにとっていいことでしょう。……あなたの，コスチャの写真を入れた前の手紙を受け取りとても喜んでいます。コスチャは緊張を解いているように見受けられます。……彼の手紙を昨日受け取りました。……あなたを何度もだきしめます。詩人とコスチャに心からの挨拶を。」(Luxemburg, *Briefe* V：186)。

「ジレンブーフのドラマ」と書いた後でも，このころ（1917年1月以降）のローザの手紙にはていねいに「詩人に宜しく」ということばが付されており，6月5日付けのゾフィー・リープクネヒトへの手紙にも，「クラーラと彼女の夫」と書いて（同上：252），2人の間に変化があったことをローザはにおわせない。

1917年は，ドイツ独立社会民主党創立準備大会を開き，『平等』には（27. Jg., Nr.11から14号まで）毎号「社会民主党内の論争」という記事をクラーラが書く。4月6日から8日，ゴータで独立社会民主党創立大会があったとき，クラーラは病気で出席せず，大会に電報を送る。クラーラは独立社会民主党員となり，党大会はクラーラを統制委員に選出した。

その結果，『平等』編集者の地位を追われる顛末は次章で述べる。

1917年7月5日のクラーラ60歳の誕生日に，フランツ・メーリングが『ライプツィヒ人民新聞』にクラーラへの祝辞を寄せる。

1918年11月11日に，ドイツは休戦協定に調印し第1次世界大戦は終結し，クラーラの2人の息子は無事ドイツに帰還した。リリー・ブラウンやケーテ・コルヴィッツの息子やハンス・ディーフェンバッハは戦死した。マクシムやコスチャが，「西部戦線」のような激しい戦闘が行われた現場から帰ってきたのかどうかは実証できない。

また，その後2ヶ月余り，丁度ローザの死の前後のコスチャの動向を把握する資料を私は発見していない。

さて，ドイツ社会民主党内でのクラーラ·ツェトキーンの主な仕事は，『平等』の編集であった。1891年の終わりから1917年の約四半世紀，クラーラは『平等』とともにあった。

次章では，本章と時期的にほとんど重複するが，『平等』そのものをとりあげて，クラーラの活動を追ってみたい。

第7章　『平等』の編集・内容と変遷，リリー・ブラウンとの論争，クラーラの追放

1　『平等』の発行と1890年代

第6章の前半では，ドイツ社会民主党内でのクラーラ・ツェトキーンの活動を，党大会の流れにそってみてきた。しかしクラーラの党内での主な仕事は，雑誌『平等』の編集であったので，本章では，第6章とこの時期とは重複するが，『平等』誌そのものをとりあげて，クラーラの活動を『平等』誌とのかかわりという側面からあらためて検討していきたい。

(1)『平等』がひき継いだもの

クラーラ・ツェトキーンが編集責任者だった『平等』(『ディ グライヒハイト』：*Die Gleichheit* －隔週発行）は，雑誌なのか新聞なのか。見た目には新聞のようであるが，「女性労働者の利益のための雑誌」(Zeitschrift für die Interessen der Arbeiterinnen）とあるので，雑誌とみなすことにする。ただし，これまでのクラーラの伝記作家は，新聞（Zeitung）とも書いており，「紙」とも「誌」とも呼んでいるが，私は第6章でもすでにそう記してきたとおり「誌」に統一する。

1891年12月，この雑誌をクラーラ・ツェトキーンが編集するようになったいきさつは，そう単純ではない。またこの時点で，約四半世紀後の1917年に，どのような国際・国内情勢のもとでクラーラが『平等』の編集を手放すことになるかは，クラーラも予想もつかなかったにちがいない。

クラーラが，この女性労働者のための隔週刊定期刊行物の編集を引き受けたのは，シュツットガルトのディーツ社に勤めて数ヶ月たった1891年の暮れであった。1891年当時，アウグスト・ベーベルの『女性と社会主義』も，社会主義者鎮圧法の廃止後，これまでのホッチンゲン－チューリヒのスイス人民出版社からではなく，シュツットガルトのディーツ出版社から第9版全

面改定版が，晴れて合法的に出版されていた。

前章でみたように，1891年には，8月16～22日のブリュッセルで開かれた第2インターナショナルの第2回大会の2カ月後にドイツ社会民主党のエルフルト大会が開かれ，そこで採択された「エルフルト綱領」は，「女性の完全な政治的経済的法的権利の平等」をうたっていた。第2インターナショナル第2回大会とドイツ社会民主党のエルフルト大会の1891年の2つの大会に，クラーラ・ツェトキーンは参加していないが，この時，国際的にも，ドイツ社会民主党の中でも，クラーラの存在は徐々に認められつつあった。

バディアは「クラーラ・ツェトキーンは，社会民主党の仲間の中で彼女の論文によって，良い評判を獲得していた。彼女のするどい理解力，彼女の文体，そして綿密さと明確さ，およびパリ大会への尽力が評価されており，彼女は組織者としての能力を発揮していた」，「出版責任者のディーツをして，彼が創刊しようとしている非常につつましやかではあるが女性新聞の責任を彼女にゆだねることに心を動かす根拠があったことは疑いがない」(Badia 1993=Hervé *et al.*, 1994 :53-54) と書いている。

ところで，『平等』の起源は，実は，1885年から86年にオッフェンバッハのゲルトルート・ギョーム－シャック[1)]が，週刊の，女性のための回章 (Rundbrief)，『女性市民』(*Staatsbürgerin*) を編集していたことに遡る。この『女性市民』は，シャックが資金を含めて，すべてをとりしきり，ベルリンの女性労働者を中心に数百部の読者がいたが，6カ月で廃刊になった。

その5年後，社会主義者鎮圧法撤廃後のはじめての1890年10月のドイツ社会民主党ハレ大会後，シャックの近くにいて，当時社会民主党内で中心的

1）シャックについては，エンゲルスの1891年10月1日のベーベル宛て手紙に，「ヴィーンの『労働婦人新聞』はおそらくおん地の婦人関係の女史たちをだいぶ怒らせるだろう。この連中は全員まだ強くシャックされていて，労働運動の女性面だけにあきたらず，なにか特別の婦人運動を欲している。……」(『ME全集』Vol.38：134) というふうに，動詞として「シャックする」(anschacken) という単語が使われている。『全集』には「彼女は1880年代にブルジョア的女権運動から社会主義的労働婦人運動に合流し，ベルリンで一時指導者として活躍した。のちに彼女は無政府主義にむかった」(同上：542) という注が付されている。

Die Staatsbürgerin.

Organ für die Interessen der Arbeiterinnen

und der

…tral-Kranken- und Begräbniß-Kasse für Frauen und Mädchen in Deutschland.

16. Sonntag, den 18. April 1886.

写真7-1 ゲルトルート・ギョームーシャック　写真7-2 『女性市民』（1886.4.18）

役割を演じていたエンマ・イーラーが，ドイツではじめてのプロレタリア女性のための雑誌『女性労働者』（『ディアルバイターリン』）を出版したのである。それは，1890年12月20日（見本号），1891年1月に第1号が，ハンブルクとベルリンで「働く人民の，女性と少女の利益のための雑誌――現代の労働運動の基盤の上にたつすべての女性労働者を統合する機関誌」として発刊された(von Gélieu 2008: 43)。この時は「雑誌」と称している。これもまた，イーラーが，私財を投じて発行していたもので，編集その他をひとりで担当していた。

写真7-3 エンマ・イーラー

翌1891年のエルフルト大会は，ドイツ社会民主党の管理のもとに，シュツットガルトの党の出版社ディーツ社から女性労働者の雑誌を発行することを決定した。そのとき，ディーツ社には，このイーラーの『女性労働者』のタイトルとともに内容も新たにして，編集を新しい女性に委ねるという考えがあったようである。

1891年12月28日，『女性労働者』の前年の刊行から丁度1年後，『女性労働者』の後身として『平等』と名を変えた女性誌の「見本号」が発行された。『平等』は，発行地はシュトゥットガルトで，エンマ・イーラーと並んでクラーラ・アイスナー（ツェトキーン）[2)]編集と明記され，「女性労働者の利益のための雑誌」として8ページ建てで隔週刊であった。発行場所は，この時すでにクラーラの住むアパートメントと同じ（ローテブール通り147）であった。続いて『平等』の第1号が，1892年1月11日に発行された[3)]。それは「ヴェルテン（マルク　ブランデンブルク）のエンマ・イーラーによって編集される」という記述を付して，『女性労働者』を編集していたエンマ・イーラーの継承が強調されてはいた。しかし，発行地，編集部住所は，上記，シュトゥットガルトのローテブール通り147のⅣで，連絡先は，クラーラ・ツェトキーン（アイスナー）[4)]になっていた。

後に1899年9月27日付け『平等』（9. Jg., Nr.20）から，クラーラの引っ越し先である「シュトゥットガルト　ブルーメン通り34のⅢ」と住所を変える。いずれにせよ，イーラーが編集長，事務局長がクラーラという感をあたえる書き方であるが，2人が，実質どのような協力関係にあったのか，編集会議のようなものがあったのかどうか不明である。

発行責任者のフルネームは，見本号のクラーラ・アイスナー（ツェトキーン）から，1892年の第1号ですでに，クラーラ・ツェトキーン（アイスナー）と姓を入れ替え，8年近くが経過して，フリードリヒ・ツンデルとの再婚後，

2）クラーラの表記はKlara Eißner(Zetkin)であり，法的正式姓Eißnerを用い，名はKlaraとKを用いている。

3）『平等』の編集と発行は，社会主義者鎮圧法の廃止後，ドイツに戻ってシュトゥットガルトに居を定めてからの四半世紀にわたるクラーラの理論と実践そのものであり，『平等』はクラーラ研究に欠かせない文献である。私は，1970年代後半から，ライプツィヒのドイチェビュヘライやベルリンのIMLの図書館で，『平等』の頁を繰ってきたが，やがてマイクロフィッシュ版を手元において自由に使用できるようになった。縮刷版も出され，それには1908/1909年巻から項目ごとに通し頁での目次がつくようになった。

4）クラーラの表記はKlara Zetkin（Eißner）となって，Zetkinという通称を前に出して，Eißnerと順位を取り替えている。

1899年11月22日付け（9. Jg., Nr.24）からクラーラ・ツェトキーン（ツンデル）となる。ここでアイスナー姓が消える。クラーラ・ツェトキーン（ツンデル）名での発行は，クラーラが，『平等』から追放される前の最後の号1917年5月25日（27. Jg., Nr.17）まで続く[5]。

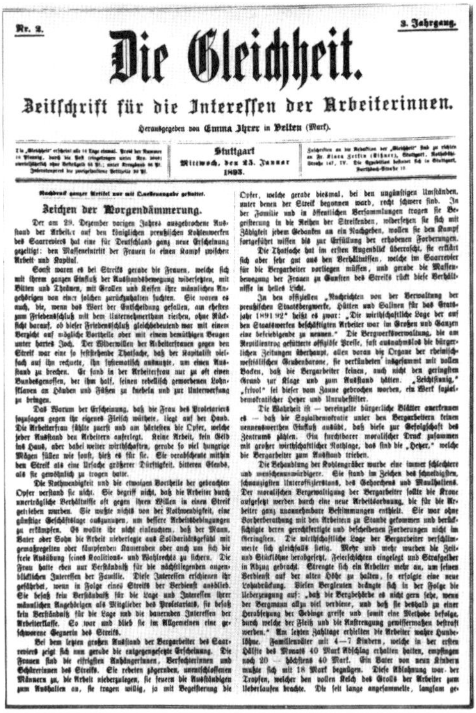
Nr. 2. 3. Jahrgang.

Die Gleichheit.

Zeitschrift für die Interessen der Arbeiterinnen.

Herausgegeben von Emma Ihrer in Velten (Mark).

Stuttgart
Mittwoch, den 25. Januar
1893.

Nachdruck ganzer Artikel nur mit Quellenangabe gestattet.

Zeichen der Morgendämmerung.

Der am 29. Dezember vorigen Jahres ausgebrochene Ausstand der Arbeiter auf den königlichen preußischen Kohlenwerken des Saarreviers hat eine für Deutschland ganz neue Erscheinung gezeitigt: den Masseneintritt der Frauen in einen Kampf zwischen Arbeit und Kapital.

Sonst waren es bei Streiks gerade die Frauen, welche sich mit ihrem ganzen Einfluß der Ausstandsbewegung widersetzten, mit Bitten und Thränen, mit Grollen und Keifen ihre männlichen Angehörigen von einer solchen zurückzuhalten suchten. Sie waren es auch, die, wenn das Wort der Entscheidung gefallen, am ehesten zum Friedensschluß mit dem Unternehmerthum trieben, ohne Rücksicht darauf, ob dieser Friedensschluß gleichbedeutend war mit einem Verzicht auf mögliche Vortheile oder mit einem demüthigen Beugen unter hartes Joch. Der Widerwillen der Arbeiterfrauen gegen den Streik war eine so feststehende Thatsache, daß der Kapitalist vielfach auf ihn rechnete, ihn systematisch ausnutzte, um einen Ausstand zu brechen. Er fand in der Arbeiterfrau nur zu oft einen Bundesgenossen, der ihm half, seinen rebellisch gewordenen Lohnsklaven an Händen und Füßen zu knebeln und zur Unterwerfung zu bringen.

Das Warum der Erscheinung, daß die Frau des Proletariers sozusagen gegen ihr eigenes Fleisch wüthete, liegt auf der Hand. Die Arbeiterfrau fühlte zuerst und am härtesten die Opfer, welche jeder Ausstand den Arbeitern auferlegt. Keine Arbeit, kein Geld ins Haus, aber dabei weiter wirthschaften, gerade so viel hungrige Mägen füllen wie sonst, hieß es für sie. Sie verabscheute mithin den Streik als eine Ursache größerer Dürftigkeit, bitteren Elends, als sie gewöhnlich zu tragen hatte.

Die Nothwendigkeit und die etwaigen Vortheile der gebrachten Opfer verstand sie nicht. Sie begriff nicht, daß die Arbeiter durch unerträgliche Verhältnisse oft gegen ihren Willen in einen Streik getrieben wurden. Sie wußte nichts von der Nothwendigkeit, eine günstige Geschäftslage auszunutzen, um bessere Arbeitsbedingungen zu erkämpfen. Es wollte ihr nicht einleuchten, daß der Mann, Vater oder Sohn die Arbeit niederlegte aus Solidaritätsgefühl mit gemaßregelten oder kämpfenden Kameraden oder auch um sich die freie Ausübung seines Koalitions- und Wahlrechts zu sichern. Die Frau hatte eben nur Verständniß für die nächstliegenden augenblicklichen Interessen der Familie. Diese Interessen erschienen ihr gefährdet, wenn in Folge eines Streiks der Verdienst ausblieb. Sie besaß kein Verständniß für die Lage und Interessen ihrer männlichen Angehörigen als Mitglieder des Proletariats, sie besaß kein Verständniß für die Lage und die dauernden Interessen der Arbeiterklasse. So war und blieb sie im Allgemeinen eine geschworene Gegnerin des Streiks.

Bei dem letzten großen Ausstand der Bergarbeiter des Saarreviers zeigt sich nun gerade die entgegengesetzte Erscheinung. Die Frauen sind die eifrigsten Anhängerinnen, Verfechterinnen und Schürerinnen des Streiks. Sie redeten zögernden, unentschlossenen Männern zu, die Arbeit niederzulegen, sie feuern die Ausständigen zum Aushalten an, sie tragen willig, ja mit Begeisterung die Opfer, welche gerade diesmal, bei den ungünstigen Umständen, unter denen der Streik begonnen ward, recht schwere sind. In der Familie und in öffentlichen Versammlungen tragen sie Begeisterung in die Reihen der Streikenden, widersetzen sie sich mit Zähigkeit jedem Gedanken an ein Nachgeben, wollen sie den Kampf fortgeführt wissen bis zur Erfüllung der erhobenen Forderungen.

Die Thatsache hat im ersten Augenblick überrascht, sie erklärt sich aber sehr gut aus den Verhältnissen, welche im Saarrevier für die Bergarbeiter vorliegen müssen, und gerade die Massenbewegung der Frauen zu Gunsten des Streiks rückt diese Verhältnisse in helles Licht.

In den offiziellen „Nachrichten von der Verwaltung der preußischen Staatsbergwerke, Hütten und Salinen für das Etatsjahr 1891/92" heißt es zwar: „Die wirthschaftliche Lage der auf den Staatswerken beschäftigten Arbeiter war im Großen und Ganzen eine befriedigende zu nennen." Die Bergwerksverwaltung, die am Reptilientrog gefütterte offiziöse Presse, fast ausnahmslos die bürgerlichen Zeitungen überhaupt, allen voran die Organe der rheinisch-westfälischen Grubenbarone, sie verkündeten insgesammt mit vollen Backen, daß die Bergarbeiter keinen, auch nicht den geringsten Grund zur Klage und zum Ausstand hätten. „Leichtsinnig," „frivol" sei dieser vom Zaune gebrochen worden, ein Werk sozialdemokratischer Hetzer und Unruhestifter.

Die Wahrheit ist — vereinzelte bürgerliche Blätter anerkennen es — daß die Sozialdemokratie unter den Bergarbeitern keinen nennenswerthen Einfluß ausübt, daß diese zur Gefolgschaft des Zentrums zählen. Ein furchtbarer moralischer Druck zusammen mit großer wirthschaftlicher Nothlage, das sind die „Hetzer," welche die Bergarbeiter zum Ausstand trieben.

Die Behandlung der Kohlengräber wurde eine immer schlechtere und menschenunwürdigere. Sie stand im Zeichen des schneidigsten, schnauzigsten Unteroffizierstons, des Gehorchens und Maulhaltens. Der moralischen Vergewaltigung der Bergarbeiter sollte die Krone aufgesetzt werden durch eine neue Arbeitsordnung, die für die Arbeiter ganz unannehmbare Bestimmungen enthielt. Sie war ohne Vorherberathung mit den Arbeitern zu Stande gekommen und berücksichtigte deren gerechtfertigte und bescheidenen Forderungen nicht im Geringsten. Die wirthschaftliche Lage der Bergarbeiter verschlimmerte sich gleichfalls stetig. Mehr und mehr wurden die Zeit- und Stücklöhne herabgesetzt, Feierschichten eingelegt und Strafgelder in Abzug gebracht. Strengte sich ein Arbeiter mehr an, um seinen Verdienst auf der alten Höhe zu halten, so erfolgte eine neue Lohndrückung. Vielen Bergleuten drängte sich in der Folge die Ueberzeugung auf: „daß die Bergbehörde es nicht gern sehe, wenn der Bergmann allzu viel verdiene, und daß sie deshalb zu einer Herabsetzung der Gedinge greife und somit eine Methode befolge, durch welche der Fleiß und die Anstrengung gewissermaßen bestraft werden." Am letzten Zahltage erhielten die Arbeiter wahre Hundelöhne. Familienväter mit 4—7 Kindern, welche in der ersten Hälfte des Monats 40 Mark Abschlag erhalten hatten, empfingen noch 20 — höchstens 40 Mark. Ein Vater von neun Kindern mußte sich mit 18 Mark begnügen. Diese Ablohnung war der Tropfen, welcher den vollen Kelch des Grolls der Arbeiter zum Ueberlaufen brachte. Die seit lange angesammelte, langsam ge-

写真7-4 『平等』3. Jg., Nr.2（1893.2.8）

さて，1891年12月28日付け『平等』の見本号では，「読者へ」というよびかけを行った。そこで，『平等』は「女性の数千年来の古く低い社会的地位の究極の原因は，その時々の『男性たちによってつくられた』立法にではなく，経済的状況によって条件づけられた所有関係に求められるべきだという確信に基礎をおいている。（中略）このような見解に従って『平等』は，両性の平等の敵を，男性のエゴイズムや偏見とは看做さず，また性と性のたたかいであると説くものでもない」と書き，さらにエンマ・イーラーの『女性労働者』を継承するものであることが記されている（*Gl.*, 1. Jg., Probenunmmer, 1891.12.28）。

ところで，エンゲルスは，これら女性労働者新聞をそれとなく注目していたふしがある。すでに，1892年1月20日，エンゲルスは，ローラ・ラファルグへのロンドンからの手紙のなかで，「シュツットガルトの新聞（『平等のこ

5）1916年の秋，実質的にツンデルとクラーラは，別れていたが，法的離婚をしていなかったため「クラーラ・ツェトキーン（ツンデル）」のままでいたのであろう。

と』）は，最初はイーラー夫人によって編集されていて，おそろしくできのわるいものでした。そして，いまはかわいそうなクララ・ツェトキンがそれを受けもっていますが，最初の二つの号はたしかにひどく貧弱でつまらないものです」と書き送っている（『マルクス・エンゲルス全集』Vol.38：214）。

初期の『平等』は，一面に主論文（無署名，編集者，したがってクラーラが書いている），時事的報道（第2インターナショナルの大会開催，帝国議会の様子やドイツ社会民主党大会についてなど）に，「女性労働者運動」という欄が続き，また署名入りで連載ものの文芸欄ももうけられていた。最初の年の数号は絵も写真もなく，ひたすら髭文字で印刷されたドイツ語の文章が続くだけであり，女性雑誌らしい雰囲気はなかった。初年度6号から，「コミューンの女性」という記事で挿絵があらわれ，8号から「読者からの手紙」や詩が掲載されるようになる。

1893年には，次章で見る第2インターナショナルのチューリヒ大会での女性労働者保護の問題と関連して，女性労働者保護に関する論考や記事が多いが，6号の「ルイーズ・ミッシェル」に関連の，詩や写真が載っている。

(2) 女性労働者保護に関する『平等』の記事への現代の「言説論者」による批判

この年，1893年の『平等』に多くとりあげられた女性労働者保護に関する記事について，新しい「ジェンダー史」の一つの方法である「言説論者」=「言語論的転回論者」姫岡（2009：118-20）の，「女性保護に反対だったツェトキン」が「賛成に立場を変えた」という指摘を取り上げておかなければならない。

前にも述べたがクラーラはもともと「女性労働者保護」（Arbeiterinnenschutz）を問題にしており，「女性保護」という語を用いたことはないので，私はその原語も，姫岡の定義も知らない。ともかく，姫岡は，1893年に限定して『平等』のクラーラの記事について次のように紹介・解説し，結論を出す。少し長くなるが引用する。

……93年以降は社会主義女性運動の機関紙として91年に創刊された『平等』の誌上で女性保護賛成の主張を展開している。彼女が見解を変えた大きな理由として，ヨーロッパの急進的市民的な女性運動，とくにイギリスなどが女性労働問題にも関与してくる動きに対抗し，市民的女性運動から明確に袂を分かとうとした点が考えられる。あらためて女性保護を要求し，市民的女性運動との決別を唱えた第二インターナショナルのチューリヒ会議と歩調を合わせて，ツェトキンひきいる『平等』は，女性保護撤廃を要求する市民的女性運動は「女性の活動領域の拡大，ある種の職業からの女性の排除に対する闘い」なのに対して，プロレタリア女性は「資本家の搾取に対する女性労働の保護と，女性の労働の厳しさ，長さ，健康に有害，低賃金を減少するための闘い」(*Gleichheit*, 3.Jg. (1893) Nr.17（ママ）：126) であると，その違いを前面に押し出したのである。

就業による女性解放を掲げる彼女は，社会民主党にみられたモラルへの配慮は女性にのみ必要という指針はとらないし，まして女性の家庭責任を指摘することもない。女性保護支持の理由は，あくまで階級的な観点からであり，現状では女性の方が男性より搾取されやすいことを指摘する。プロレタリア女性や少女の工業労働者軍団への投入は，流産や死産，乳幼児死亡や病弱な子どもの増加につながって労働者層の衰退を招く，(ママ) 明日の強い，抵抗力のある闘争的なプロレタリアートを育成するためにも，女性の搾取に防壁を設けなければならない，というのである (ibid. Nr.18:137)。

階級闘争の推進のために女性保護が必要というツェトキンの主張は，もっと詳細に展開される。なぜ，女性の方が男性より搾取されるのか，これを彼女は男女の違いから説明する (ibid.Nr.19:150)。第一に出産機能を持つ女性の身体的特徴であり，だからこそこれへの配慮が不可欠となる。つぎに社会的脆弱性である。ただし，彼女はこれを，19世紀の支配的な言説で保護法制定過程の議論でも強調されたような「女性の本質」ととらえるのではなく，歴史的に形成されたものとみなしている。(中略) ツェトキンによると，資本家によって長時間労働を強いられ，おまけに家事も遂行しなければならない女性は，時間的余裕もなく，疲弊して精神的活力を失っている。(中略)

このような状況では，女性保護は平等原則に反し，男性に対して二流の存在になるという女権論者の主張は，資本家を助長するだけで，搾取の強化につながってしまう(ibid.147)。男女は異なるが対等だと考えるツェトキンにとって，保護は男女のより大きな社会的平等を達成する手段であった(ibid.151)。保護によって女性プロレタリアートは健康と時間と活力を回復し，権利を行使できるような政治教育と組織化を通じて男性同様に抵抗能力と護身の適正を身につけ，彼らとともに解放のために，プロレタリアート全体のために闘う可能性が与えられる。すなわち保護は，女性のためだけでなく，全プロレタリアートの階級的利害のためになるのである(ibid. Nr.18:139)(姫岡 2009：118-20)。

ここで，姫岡の引用箇所を『平等』で確認してみると，引用されている『平等』第3巻17号というのは16号の誤記であり，「女性労働者保護と女権論者」(Zetkin 1893g)という無署名論稿の中の一節である。18号については，「法的女性労働者保護，衛生学上の必要性」(Zetkin 1893h)，19号は「法的女性労働者保護の問題について」(Zetkin 1893i)[(*)]および「女性の平等原則と法的女性労働者保護」(Zetkin 1893j)という2つの論稿からの引用である。*印以外すべて無署名であるので，編集責任者のクラーラ・ツェトキーンが書いたものとみなされる。

文中の第2インターナショナルのチューリヒ会議については，『平等』の17号に,「チューリヒでの国際社会主義労働者会議での決議」が書かれており,8時間労働日，政治行動，戦争時の社会民主党の立場と並んで，女性労働者保護がある。

このくだりを姫岡がどう締めくくっているかを見よう。

ツェトキンにとっては階級闘争が女性解放の手段であり，その階級的解放のために保護が必要条件だとされた。すでに述べたように，保護法によって形成されたのは，近代国民国家の要請にかなうジェンダー化された女性像，つまり，①国力増強のために健康な子どもを産む母，②保護を必要とする脆弱な存在であるがゆえの二流の補助労働力，③居心地のよい家庭をつくる妻であった。①の点については，彼女は「階級闘争を担う強靭靱

(ママ)なプロレタリア戦士を産む母」と読みかえた。市民的フェミニストの間で議論になった②については，彼女たちとの差異化のために，また階級闘争を担えるよう資本家の酷使を回避するためという理由で「脆弱」という規定は暫定的にではあるが受け入れ，③の家事義務については不問に付した。階級最優先の彼女の議論では，保護法における女性労働のジェンダー化推進という側面は階級に従属するか，あるいはその背後に隠れ，問題視されることはなかったのである(姫岡 2009：120)。

姫岡の，女性労働者保護に関するクラーラ・ツェトキーン評は，当時のドイツ工場労働者の状態およびドイツ社会民主党の保護立法要求の流れから見て，歴史的現実からの出発ではなく，「言説」のみを切り離してとりあげ，今日的ジェンダー視点で問題にするという，いわば，ことばの点検に過ぎないように思われる。

女性労働者保護の問題を，戦略と戦術，現実的対応という観点からすれば，クラーラは，女性労働者保護反対から賛成に考えを変えたのではない。1889年の第2インターナショナル創立大会時は，女性労働者も男性労働者とともに，同じ階級としてたたかうという連帯の強調が必要だという読みがクラーラにはあったのである。ついで1891年のドイツ社会民主党のエルフルト綱領が，労働者保護や選挙権獲得で，まず男女労働者を平等なスタートラインに立たせたことを確認したうえで，クラーラは，順序を踏んで，はじめて女性労働者の実態から，男性と異なる政策が必要であるという，いわば当然のことを主張し始めただけのことである。それが労働運動の戦術というものであろう。クラーラは，女性運動家であり，理論と結びついた戦略戦術をもって当面の要求を設定し獲得するものであり，そのためにはどの駒を先に出すかを熟慮する策士であり，単なる「ジェンダー論」者とは異なるのである。

さて，1894年には，『平等』は，女性工場監督官，女性の賃金問題のほか，英国や米国の女性労働問題も取り上げられている。

1895年には，ルィーゼ・オットー・ペータースとフリードリヒ・エンゲルスへの弔辞が載り，「女性労働運動」の欄が消えて「運動から」にかわる。「ブルジョア女権論者」批判も見え始める。

2　リリー・ブラウンの『平等』への関与―1890年代後期

(1) リリー・ブラウンの登場と論争

前章でみたように，クララ・ツェトキーンがドイツ社会民主党のゴータ党大会で女性運動の基本方針を演説するまさにその年，1896年の初めに，リリー・ギツキィ（ブラウン）が，『平等』に協力するようになる。『平等』1896年1月8日付けには無署名の「喜ばしい説明」という記事がある。その記事は，当時リリーが編集していた『女性運動』(*Die Frauenbewegung*) 誌を「もっともラジカルなドイツの女権論者の機関誌」として紹介し，リリーの簡単な経歴を載せて，「私たちは，フオン・ギツキィ夫人を同志として，ともにたたかうものとして，心から歓迎する」(*Gl.*, 6. Jg., Nr.1, 1896.1.8：7) と書いている。無署名であるので，『平等』に責任を持つクララ・ツェトキーンが書いたものに違いない。ただし，リリーが，編集に携わるという文言はどこにも書かれていないので，当初は重要な寄稿者というほどの意味だったのではないかと推測する。

リリーの最初の『平等』の署名（リリー・ブラウン・ギツキィという署名）入り論文は，ゴータ党大会の直後（つまりクララの演説を聴いた後の）1896年11月11日付けの23号「ブルジョア女性運動とプロレタリア女性運動」(*Gl.*, 6. Jg., Nr.23, 1896.11.11: 178-180) であった[6]。

この内容にたいしては，クララ・ツェトキーンが署名入りで「回答」(*Gl.*, 6.Jg., Nr.25, 1896.12.9：198-200) で反論し，それにリリーがなぜか無署名で「回答への回答」(*Gl.*, 6.Jg., Nr.26, 1896.12.23：203-204) を出している。ここでは，すでに本書で取り上げた1889年の「現代の女性労働者と女性問題」も引き合いに出されている。最初から2人の見解は相いれなかった。

6）メーヤーの『リリー・ブラウンのフェミニズムと社会主義』巻末文献リストの「論文」欄では，リリー・ブラウンが1895年から『平等』に論文を書いたことになっているが，『平等』の実物を調べても載っていない。また，同書には他の『平等』掲載論文も発表年が異なったりして誤記が多い (Meyer 1985：217-218)。

以後リリーは，後述のように，翌1897年から華々しい論争を展開したが，1901年まで精力的に『平等』の編集に協力もした。リリーが編集に協力するようになったこともあってか紙面も変わった。1896年第3号から，「目次」がつくようになり，第12号までの間に毎号リリーと他の論者との10回にわたる論争記事が載り，第14号からは，リリー・ブラウンとクラーラ・ツェトキーンの連名で，「覚書」(Notizenteil) というかなり重要な記事に毎号頁を割くようになった。ある時は，8頁建ての『平等』中で「覚書」が4頁にもわたり，それは詳細な女性運動の動向の記録であって『紀要』などの後ろについている詳細な「彙報」のような感じを与えるものであった。

そうしたなかで，1897年1号 (7.Jg.,Nr.1, 1897.1.6) から，『平等』は，発行以来書かれていた「エンマ・イーラーにより編集」(Herausgegeben von Emma Jhrer in Pankow bei Berlin) を，「エンマ・イーラーにより創設」(Begründet von Emma Jhrer in Pankow bei Berlin) に 変 え，1898年 第1号 (Jg.8.,Nr.1, 1898.1.5) からはその文言も消えるということがおきている。エンマ・イーラーと『平等』のかかわりはこうして目に見えないものとなった。このことと，リリー・ブラウン問題に関係があるかどうかはっきりしない。しかし，エンマ・イーラーに代わってリリー・ブラウンが，編集に携わっているという明記は『平等』のどこにも見られない。

『平等』誌上に掲載されたリリー・ブラウンの署名付き（署名は1896年当初ベルリン，リリー・ブラウン・ギツキィであったが，1897年5月12日の記事からベルリン，リリー・ブラウンとなる）単独論文は数多い[7)]。『平等』の最初

7）1897年には，「カーニバル」(*Gl.*, 7. Jg., Nr.4,1897.2.27：26-27)，「イギリス議会における女性選挙権運動の勝利」(*Gl.*, 7.Jg., Nr.4,1897.2.27：32)，「ドイツ女性労働者運動のさしせまった課題」(*Gl.*, 7.Jg., Nr.6,1897.3.17：41-42)，「なぜ女性運動は独立でありえないか」(*Gl.*, 7. Jg., Nr.10,1897.5.12：76-78)，「イギリスにおける女性選挙権」(*Gl.*, 7, Jg., Nr.13,1897.6.23：102-104)，「私の提案についての議論」(*Gl.*, 7. Jg., Nr.14,1897.7.7,107-111)，「ブリュッセルの国際女性会議」(*Gl.*, 7. Jg., Nr.18,1897.9.1：139-141)，「嬉しい説教」(*Gl.* ,7. Jg., Nr.21,1897.10.13：161-162)，「れんが製造条例」(*Gl.*, 7. Jg., Nr.26,1897.12.22：202-204) などである。1898年は，「選挙闘争における母親の義務」(*Gl.*, 8. Jg., Nr.11,1898:81-83)，「クリスマスのうた」(*Gl.*, 8.Jg., Nr.26,1898.12.21)，1899年 (9.Jg.) では，「古代の女性問題」の

の10年，1901年までの間にリリーとクラーラとの間に大きな論争は2度行われている。

第1の論争の起こりとなったのは，1897年3月17日付け『平等』掲載のリリーの「ドイツ女性労働者運動のさしせまった課題」(*Gl.*, 7. Jg., Nr.6,1897.3.17：41-42) であった。ここで，リリーは，ドイツ社会民主党の女性運動の機構的改組を提案したのである。それは，党の女性運動に，次の4つのグループからなる中心組織をつくるべきだというものであった。4つのグループとは，第1に，女性労働者の状態を調査し，資料を収集するグループ，第2に，女性問題・女性労働問題についての文献・資料を整理するグループ，第3に，法律的な問題をあつかい，労働争議審査会での意見を収集し，実践的顧問として女性労働者を支援するグループ，第4に，ビラ，印刷物を発行するグループであった。これには，『平等』編集部からの「あとがき」がついていて，「私たちは，きわめて重要な問題を提案している同志ブラウンの上記論文を討論に付す」と書かれており，さっそく同号から誌上討論が始まる。

一番バッターは当然のようにクラーラ・ツェトキーンであり，長文の「同志ブラウンの提案への批判的所感」(*Gl.*, 7.Jg., Nr.6, 1897.3.17：42-44)，次号に，そのⅡ (*Gl.*, 7. Jg., Nr.7, 1897.3.31：50-51) が掲載された。クラーラ・ツェトキーンは，リリー・ブラウンの計画は，ブルジョア的傾向をもつベルリンの女性社会主義者の考えを反映したもので全体的立場に立つ提案ではないと反論した。この論争の経過はハインツ・ニゲマンの研究に詳しい (Niggemann 1981：181-198) が，ドイツ社会民主党の主だった女性運動の指導者たちはクラーラと類似の考えからリリーの提案に反対した[8)]。エンマ・イーラーはこのとき，批判的意見を述べながらも，立場を明確にしなかった (Nr.7,

---

6回にわたる連載，Ⅰ(Nr.1)，Ⅱ(Nr.2)，Ⅲ(Nr.4)，(Nr.5)，Ⅴ(Nr.9)，Ⅵ(Nr.12)，「ロンドンでの国際女性会議」(Nr.15)，「ロンドンでの国際女性会議」(完) (Nr.16)，「たたかいの倫理学」(Nr.20)，「フェルスター氏への返事」(Nr.22)があり，1900年(Jg.,10)では，「変化」(Nr.22)が掲載されている。

8）クラーラに続いて，オッティリーエ・バーダー「同志ブラウンの提案への批判的所感Ⅲ」とアウグステ・イェーガーの「同Ⅳ」がNr.8(4月14日付け)，エンマ・イーラーの「同Ⅴ」とW.ケーラーの「同Ⅵ」がNr.9(4月28日付け)，マリー・グライフェンベルクの「同Ⅶ」がNr.10(5月12日付け)，N.Nの「同Ⅷ」とA.アイヒホルンの「同Ⅸ」がNr.11(5月26日付け)，マルター・レーラックの「同Ⅹ」がNr.12(6月9日付け)に載った。

Nr.9,1897.4.28:67）。

リリー・ブラウンは，この間「なぜ女性運動は独立でありえないか」（*Gl.*, Jg.,7, Nr.10,1897.5.12：76-78），「私の提案についての議論」（*Gl.*, 7. Jg., Nr.14,1897.7.7：107-111）という論稿で，この論争に応じ，さしあたり，「一人の書記と小さな事務所」が必要という修正案を出した。しかしこの問題は7月21日付のクラーラの論文「同志ブラウンの修正提案」（*Gl.*, 7. Jg., Nr.15,1897.7.21：115-116）によって終止符がうたれ，リリーの提案はドイツ社会民主党の党大会で正式にとりあげられることもないまましりぞけられた[9]。

リリーとクラーラの『平等』誌上での2度目の論争はリリーが1901年に出した『女性労働と家政』という小冊子をめぐってであった。リリーは，家事労働を共同で行うための組織の提案，個別的な家政機能を協同組合家政に，あるいは集中化された家政管理に吸収するという考えを打ち出し，その具体化を呼びかけた。クラーラは，これを日和見主義的空想主義として批判したのである。

クラーラの反論は，「経済協同組合Ⅰ，Ⅱ，Ⅲ」を署名入りで，「同Ⅳ」を無署名で，『平等』1901年6月19日付け（11.Jg., Nr.13），7月3日付け（11.Jg., Nr.14），7月17日付け（11.Jg., Nr.15），7月31日付け（11.Jg., Nr.16），と4回載せ，リリーは8月28日付け（11.Jg., Nr.18）に「回答」をのせたが，同日付けにクラーラのそれに対する「回答への応答」が掲載されている。

リリーの提案は，今日的視点から見て，また女性運動の組織や要求として，とくに的外れのものとは思われない。ただ，それが，ドイツ社会民主党の歴史のなかで修正主義路線とむすびついていることが，クラーラ・ツェトキーンをはじめとする，他の女性党員を必要以上に警戒させたものと思われる。修正主義路線との結びつきという点では，クラーラはとりわけ警戒心が強か

9）その後，1902年のドイツ社会民主党の第2回女性会議でデュッセルドルフのヴァイス夫人から，1897年のリリーのプランの一部が提案され，リリーがこれに賛成したが，オッティリーエ・バーダー，ルイーゼ・ツィーツその他の女性たちが反対したことはすでに述べた。この時クラーラはこの論争に関与せず（Niggemann 1981：186-187），『平等』にもこのことは記されていない。

ったように見受けられる。

そもそも，今日でも，政党に組織された女性運動の方針とは，現実の女性の要求・女性問題の内容から出発するとしても，その具体的内容の前に，まず，党全体の綱領なり方針があり，その枠内での一部署の運動として，位置づけられるという図式になっている。このことを最初に示したのが，クラーラ・ツェトキーンの時代のドイツ社会民主党だと思われる。リリーの疑問や積極的問題提起は市民的女性運動としてなら当然のことだったかもしれない。しかし，社会主義者鎮圧法廃止後まだ数年しかたっていない労働者階級の政党としてのドイツ社会民主党の女性運動としては通用しなかったということであろう。

(2)「覚書」という記事

ところで『平等』誌上では，リリー・ブラウンは，先述のとおり1897年7月7日号から1901年5月22日号まで，「覚書」という記事の執筆をクラーラと連名で担当していた。この期間の「覚書」は女性運動の各方面に目配りした以前にもまして詳細な記録が掲載されている。この記録はそれだけでも資料的に貴重な価値があり，これだけの記録を残す能力に驚嘆させられる。

この仕事は，クラーラと連名ではあるが，リリーが主に情報を収集したのであろう。このことは，リリーの創造的論文執筆へむけるエネルギー・時間を，制約するという以上に，掠め取るという結果になったろうと推測されるが，リリーは毎号これでもか，これでもかと，手を抜くことなく書き続けた感がある。しかし，リリーには，1901年に著した女性問題に関する大著『女性問題――その歴史的発展と経済的側面』(Braun 1901) の現状分析部分の執筆に大いに役立ったにちがいない。これについては後述する。

1899年から，リリーは署名付き記事も『平等』に精力的に掲載する。市民的女性運動の動向は主にリリーが担当して記事にしている。リリーとの緊張関係が増す中で，クラーラの住所の移転やツンデルとの結婚という変化も同時進行していた。

3 クラーラ・ツェトキーンと論争したリリー・ブラウン

(1) リリー・ブラウンという同時代人

では，1896年，ゴータ党大会の年，ドイツ社会民主党に近寄って，クラーラと論争したこのリリー・ブラウンとは，あらためてどのような人物だったのだろう。リリー・ブラウンは，一人の人間としてももちろん興味深く，社会民主党の当時としては傑出した数少ない知識人女性であっただろう。本書では，クラーラ・ツェトキーンとの関係を中心にその人物像を概観しておきたい。

写真7-5 リリー・ブラウン（1905）

私は，1984年の拙著においては，マリー・ユーハッツの叙述（Juchacz 1955）を主に参考にしながら，リリーの『女性問題――その歴史的発展と経済的側面』（Braun 1901）の復刻版（Braun 1979）の解説部分（Bouvier 1979, XIII-XXII）や，ハインツ・ニゲマンの『社会主義とフェミニズムの間の解放――帝国における社会民主主義女性運動』（Niggeman 1981），その他辞典等の解説をつないで構成した。その後，まとまったリリーの英語伝記（Meyer 1985）や，日本におけるドイツ社会史のなかでの女性に関する書物（川越他 1990，フレーフェルト 1986＝若尾他訳 1990）がだされたので，それらを参考にして叙述する。なお，これらのリリーに関する伝記的叙述の多くは，彼女の自伝的回想（Braun 1909）に基づいている。

リリー・ブラウンは，1865年7月2日，イエニーとハンス・フオン・クレッチマンの最初の娘としてハルバーシュタットに生れた。父はもともとはボヘミアの出身で，母方の家系は，ナポレオンの兄弟にさかのぼる。リリーという名は，ゲーテの恋人であったフランクフルトの銀行家の娘，リリー・シェーネマンにちなんでつけられたといわれる。もとの名は，リリー・フオン・クレッチマンである。リリーが生れた頃，父は33歳くらいで，プロシア軍の長官であったが，後に将軍に昇格した。時期的にみて多分シュレースヴィヒ＝ホルシュタイン戦争（1864），仏墺戦争（1866），普仏戦争（1870-71）を生き延びて出世したのであろう。

リリーは，大富豪というほどではないが，クラーラ・ツェトキーンとは異なる上層軍人階級に生まれ，育てられ方そのものが「箱入り娘」のそれであることが推測される[10)]。幼い時から，読み書き，計算の他，フランス語と英語，文学と絵画，ピアノを，正規の学校ではなく，私的家庭教師から学んでいる。また，料理・裁縫・刺繍・家政・性教育等を，将来の上流階級の主婦になるべく身に付けた。

彼女は病弱で孤独な子どもであったが，13歳の時すでに，ゲーテ（ヴェルテルやフアウストを含む）を読み，数年後には，ラスキン，ブローイング，ウイリアム・モリス，シェリー，ニーチェ，イプセン，同時代のダーウィニズムの擁護者の著作を集めたという。この金持ちの，リリーのサロンには，南ドイツとオーストリアの知的で貴族的なエリートが集まっていた。2年間叔母の下で教育されて17歳で家に戻り，8年間，まず，家で妹の世話をしたり，要塞の若い高官や身分の高い家族と社交して過ごした。要塞での社交は，ふさわしい相手を見つける結婚市場でもあった。

20代の半ばに，いくつかの出来事が彼女に起こった。まず，父が新皇帝ヴィルヘルムⅡ世の命で軍隊の任を解かれ，彼女が大好きだった叔父，アルトウール・フオン・クレッチマンが自殺した。

父の退役後，リリーは，物質的にも精神的にも苦労が多く，一家がベルリンの質素なアパートに引っ越す準備をしている間に祖母が死んだ。リリーは，ヴァイマールのゲーテ・アルヒーフで働いていたが，やがて家族が住むベル

10）例えば，彼女の初夜の体験の記述など（川越他　1990：119-120，フレーフェルト1986＝若尾他訳　1990：211）は，作り話かもしれないが，リリーの育てられ方の一端を示唆している。

リンに行った。それから，紆余曲折があった後，彼女はひとりで生き，自らを鍛え，自律的生活をしていた。

1890年代のベルリンは，文学活動や文学論争の中心地のひとつであった。リリーはこのるつぼの中に身を投じた。1891～1892年には，祖母の資料を用いていくつかの出版をした。丁度クラーラ・ツェトキーンが，シュツットガルトに落ち着いた頃である。リリーは，文学，舞台，芸術一般の研究のなかでもますます社会的テーマ，特に，貧困と社会主義，性道徳の偽善，女性の抑圧に焦点を当てた。

リリーは，国民経済学者で講壇社会主義者と言われる（非正規）大学教授ゲオルグ・フォン・ギツキィと知りあった。彼は「倫理文化協会」（Die Gesellschaft für Ethische Kultur）の代表者として活躍しており，ドイツ社会民主党にも好意的であった。病身で車いす生活をしている彼と，リリーは，両親の反対を押し切って1893年に結婚し，彼を通じて社会的動向に目を開いていった。彼女は知識欲旺盛で，「倫理文化協会」の刊行物に執筆したり，「協会」の集会に出席したが，その集会で，ドイツ社会民主党の女性労働指導者，オッティリーエ・バーダーと知り合った。リリーは夫から社会主義理論も学んだ。

その後リリーは，ミンナ・カウアーを議長とする『女性福祉協会』（Der Verein „Frauenwohl“）に加入し，政治活動をした女性労働者に対する警察のとりしまりを非難して，保守系新聞に，大学教授夫人の「はめはずし」と書き立てられたこともある。さらに彼女は，市民的女性運動――それはベルリンの急進的女権運動であった――に加わり，1894年に創立された「ドイツ女性協会同盟」（Der Bund deutscher Frauenvereine：BDF）で活躍した。彼女は，ミンナ・カウアーとともに，市民的女性運動の利益を代表する雑誌『女性運動』（*Die Frauenbewegung*）の編集に携わった。この雑誌は，女性選挙権を推進し，議会の問題，立法の問題を主にとりあげていた。

1895年1月，リリーたちは，「ドイツの全階級，全党派の女性」の請願書を『フォアヴェルツ』が載せ，「すべてのドイツ女性」にむけて，女性の結社と集会の要求を署名によって支持して欲しいと訴えたのを，クラーラがはねつけた時，エンゲルスがこれを支持したのは前章ですでにみたとおりである[11)]。

1895年5月16日のカール・カウツキーにあてたリリーの手紙には，「社会民主主義は，その主張者によって，それが階級闘争の土台の上に立っているといわれています。実をいうと，私も私の夫もこの命題を理解してこなかったということを告白します……」(Evans 1979：104による) と書かれている。彼女は，人間のうちにある善への信頼，教養と教会からの解放を社会主義と考え，また，社会主義を目指す全人類の解放のための運動においても，一つの階級の犠牲や不利益のうえに他の階級の解放はありえず，社会民主主義も最終的には「この悪い『ブルジョアジー』もまた人間だ」ということを認識すべきだと考えていたという (同上)。

1895年，夫，ギツキィが亡くなり，リリーは積極的にドイツ社会民主党に接近した。リリーは，この時点で (そしてその後も) 社会主義をマルクス主義的位置づけを持って理解していたのではなかったが，市民的女性運動からは離れようとしていた。しかし，1895年というきびしい情勢のもとで，彼女は，決断をためらってもいた。それでも，リリーは，1896年に社会民主党に入党したのである。社会民主党の中で，居心地のよくなかったリリーをクララ・ツェトキーンに紹介したのはアウグスト・ベーベルだといわれている (越智　1985:106)。クラーラは『平等』の仕事の協力を依頼し，ハインリヒ・ブラウンを紹介したという (越智 同上) が，真偽のほどはわからない。

ほどなくリリーは，ハインリヒ・ブラウンと結ばれ，ブラウンの生涯4人の妻のうち3番目の妻になった。ハインリヒ・ブラウンは，1854年生まれで，『社会立法および統計誌』や『新社会』の編集者であり，エドワルド・ベルンシュタインの信奉者であった。リリー・ギツキィからブラウンとなった彼女は，ドイツ社会民主党で物議をかもしながら活躍していた。

1897年に，ハインリヒ・ブラウンとの間に，息子オットーが生れた。ハイ

11) それにもかかわらず，1896年の初めに，リリー・ギツキィが，『平等』に協力するようになることを，リリーが編集していた『女性運動』誌を「もっともラジカルなドイツの女権論者の機関誌」として紹介しながら「喜ばしい説明」とクラーラが歓迎したのは，なぜだったのだろうか。リリーの夫ギツキィの死と，SPDへの入党が，クラーラに心を開かせたのか。1896年のSPDの女性政策が相当の地固めをしたという自信があったのだろうか。このことは，私がいまだに理解できない点である。

ンリヒ・ブラウンには，すでに最初の妻との間に2人の息子が，2番目の妻との間に1人の息子がいた。したがってオットーはハインリヒよりはリリーの息子であった（Meyer　1985：160）という。オットーの誕生によって，リリーの結婚に強く反対した元将軍の父と和解したが，両親の家の没落による経済的危機がリリーの肩にかかってきた。リリーはそのためにも，論文書きや著書の出版を余儀なくされたのである。すでに紹介した著作は，収入を目的として書かれている。

折しも，リリーがドイツ社会民主党に入党した1896年は，ドイツ社会民主党ゴータ大会で，議事日程に女性労働をとりあげ，前述のように，クラーラが基調報告をして，女性運動に対するドイツ社会民主党の原則的態度・方向を打ち出した年でもあった。

案の定，多分，歴史的なことや国際的動向と関係なく発言するリリーの見解・主張は，ことごとく，クラーラのそれと対立した。クラーラがそのことを予測しなかったのが不思議である。1896年から1901年までの5年間，クラーラは，はっきり言って，リリー・ブラウンに手を焼いたに違いない。リリーは，恐れを知らぬ大胆さで，あふれる才能を『平等』にもろにぶつけたのである。リリーはまだ30代の初めであり，クラーラは40代にさしかかる年齢であった。

1897年に，リリーは，女性の社会的地位を改善するための立法措置を政府へ働きかけるため，ドイツ社会民主党に情報局を置き，研究グループを作ること（それは既存の組織との競合を意味した。悪意はなくともリリーはそのようなことに無頓着であったのだろう）を提案し，『平等』誌上で論争になって，リリーの提案が退けられたことはすでに述べたとおりである。

また1899年末，プロイセンにおける政治結社に対する女性の団結禁止令が解除されて，1900年にドイツ社会民主党最初の合法的女性会議がマインツでもたれた時，1896年のドイツ社会民主党の女性運動の基本方針（それはすでにみたとおりクラーラが中心になって作成したものだが）と異なる立場から，市民的女性運動とドイツ社会民主党の女性運動の共同を主張した。1900年9月15日から16日まで開かれるはじめてのドイツ社会民主党女性会議に先立ち，クラーラは8月29日付けでリリーに手紙を出している（Evans 1979：125による)。その手紙の中でクラーラは，ドイツ社会民主党内に女性運動にかんする根本的見解については意見の相違は存在しないこと，もし相違があってもそれは党大会（大会は，9月17日から21日までマインツで開かれた）であつかうべきものだから，女性会議では実践的問題のみを討論すべきことを伝え，情勢が要求する運動のきびしさへの覚悟をせまるものであった。以後，リリーとクラーラの論争は1901年にも『平等』誌上で展開され（後述），リリーはクラーラを「狂信的教条主義者」と非難し，クラーラはリリーを「ブルジョア社会改良主義者」と呼んで対応した。

リリーは，さらに1901年に，36歳で，大著『女性問題－その歴史的発展と経済的側面』を出版したが，『平等』は，この書について，クラーラ・ツェトキーンではなく1902年になってゲオルグ・レーデブーアの書評を2回（*Gl.*, 12. Jg., Nr. 15, 1902.7.16, Nr.16, 1902.7.30）に分けて載せ，リリーのブルジョア女性運動にたいする積極的すぎる評価と，プロレタリア女性運動の軽視を批判した。レーデブーアに書評を書いてもらうように示唆したのはローザであった。ローザの1902年1月28日（火）付けヨギヘスへの手紙のなかに「……わたしがクラーラに策をさずけて，『平等』のためのリリー［ブラウン］の本の書評をかれに渡すように言ってやったからです」(Luxemburg, *Briefe* I：587）と書いているくだりがあったことは前章で述べた。。

『平等』の仕事と併行して，息子オットーを育てながらこの大著を準備し刊行したエネルギーと才能は，ただならぬものと思われる。

1901年，リリー・ブラウンは『平等』の編集の仕事を罷免された。リリーは，はじめはこうした決定を解除するよう努力したが，やがて女性運動の舞台ではなく，一般的政治運動の場で活動することに活路を見出そうとした。その後，彼女は，1903年のドレスデン党大会の他，1906年のマンハイム女性会議，1907年の第1回国際社会主義女性会議（シュツットガルト）には参加している。

1903年の党大会は，リリーは，ベルンシュタイン主義の立場に立っていた。このころ，リリーは，ケーテ・コルヴィッツとも親交があった。すでに，連作『織工たちの蜂起』を世に出し（1897年），『農民戦争』制作中だったケーテが，1904年にパリに2度滞在しているが，「一度目は友人のリリーとハインリヒ・ブラウン夫妻の招待による短期間の旅行」（志真　2006：76）とのことである。リリーは1865年生まれ，ケーテは1867年生まれで，ほほ同年代で，クラーラより10年ほど下であった。

リリーは，1907年の第1回国際社会主義女性会議では，女性運動の国際的連絡機関の設立をめぐり，そのような機関をおくことは女権主義への譲歩だといって反対した。しかし，クラーラ・ツェトキーンとルイーゼ・ツィーツの提案，すなわち国際女性書記局をシュツットガルトの『平等』編集部におき，『平等』を書記局の機関誌とすることがローザ・ルクセンブルクらによって支持されると，リリーは，書記局を国際社会主義書記局のあったブリュッセルにおくよう提案した。しかし，リリーの提案は否決され，ツェトキーン・ツィーツ案が採択されて，ツェトキーンが書記に選出された。

1907年ドイツ社会民主党内の仲裁裁判が行われ，リリーに決定的判定が下されて彼女は党生活から退いた。以後1916年8月9日の死まで彼女は文筆活動に没頭したが，1914年，第1次世界大戦にあっては，戦争に対する態度は他の修正主義者と同じであった。

リリー・ブラウンは腎臓と心臓に持病があり，常に健康であるわけではなかった。第1次世界大戦がはじまると，一人息子の17歳のオットー・ブラウンは，自ら志願して入隊した。オットー・ブラウンは，勇敢な，思いやりのある礼儀正しい知的な大物のリーダーの可能性を持つ人だったといわれる。

リリーは，1916年，8月の始め，心臓か卒中の発作で倒れ，数日後に死んだ。

リリーの没後2年がたった1918年に（オットーは）戦死した。数年後に彼の詩やエッセイの出版物が出てドイツで彼は有名になった（Meyer　1985：211）。

オットーと同じく志願兵として参戦した次男ペーターを，1914年に戦場で亡くしたケーテ・コルヴィッツは，リリー・ブラウンの死後，1916年8月9日，12日付けの日記にこう書いている。

1916年8月9日

リリー・ブラウンが死んだ。彼女は卒中発作を起こして8日に死んだのだ。彼女のオットーは生きている彼女に会わなかった（Kollwitz　1989：265）。

写真7-6　ケーテ・コルヴィッツ（年不肖）

1916年8月12日

リリー・ブラウンはその遺書の中で述べている。……「わたしの運命の身の毛もよだつ残酷さにもかかわらず，わたしは一度も人生をあきらめたことはない。そしてわたしは渾身の力をふりしぼって苦痛に耐えてきた。わたしが経験したことは，よしやそれが苦しいことであっても，わたしはすべてに感謝する。なぜならすべてのものが最後までわたしの力を強め，わたしの進歩を促したから……」オットーは生きている。もしかれが死んだら，かの女は自分の進歩を促すものとして，それを肯定したであろうか。このことはいったい問題になるだろうか。中略

一人の人間の地上の生活が引きさかれ，そしてこの体験——かれの死——が，わたしの力を豊かにするということを，わたしは肯定できるだろうか。子供が死んだ場合には，もはやそんなことは言えないようにわたしには思われる。もしもかの女を進歩に導いたかの女の運命の残酷さについて語るならば，政党やかの女の家庭におけるかの女の体験についても同じことが言える（Kollwitz 1989：266＝鈴木2003：101）。

ここでの，政党におけるかの女の体験とは，クラーラ・ツェトキーンとの対立が含まれていることはいうまでもなかろう。そしてその2年後リリーの息子，オットー・ブラウンの死も，ケーテ・コルヴィッツの日記には記されている[12)]。

12）1918年6月6日：……二人の戦死者：オットー・ブラウン，4月28日（日曜日）に，大

かって，『平等』に，リリー・ブラウンへの歓迎の言葉を書いたクラーラ・ツェトキーンは，1916年9月1日付け，『平等』Nr.25の付録「われらが母と主婦のために」の冒頭に，死亡記事を書いている（Zetkin 1916u）。

リリーの伝記を書いたメーヤーは「クラーラ・ツェトキーンは本当に悪意ある死亡記事を書いた。確かにそれは，彼女の英雄的性質への感謝の言葉で始まる。しかし，それは，彼女に不適切な感情を抱く方向に進む。」と書いている[13]（Meyer 1985：187）。

なお没後，1922年にリリー・ブラウンの5巻本の全集が出されている。

この『全集』は，第2巻，第3巻に，『一女性社会主義者の回想』の修業時代，たたかいの時代がそれぞれおさめられている他は，前記の女性問題に関するものは一つも収録されていない。リリー・ブラウンの文学作品集ともいうべきものである。第1巻には，ユリー・ボーゲルシュタイン[14]によるリリーの伝記と「ティターンの陰にて」，第4巻には「小説　人生の探求者」と「五幕の悲劇　ムッター・マリア」，第5巻には，「侯爵夫人の愛の手紙」と「3幕の叙情オペラ　マドリーヌ・クウィマー」が収録されている。それにしても40代の後半で早自伝的反省を描き，劇，オペラの台本もこなすなどリリーの多才ぶりには驚ろかされる。

あらためて，リリー・ブラウンの主著を発表順に列挙すると，『女性の公

攻勢で。ハンゼンの無比の友ハインツ　フオン　エンゲルハルツ，ケンメルで。……（Kollwitz　1989：365）。

13）メーヤーのいう悪意の内容とは，クラーラが，ブラウンが党に参加した時，彼女は党の理論を不十分にしか理解していなかったことやマルクス主義運動の真髄を理解できず，この欠陥を隠しはしなかったこと，を明らかにして，彼女の『回想』をくだらないものとして批判し，ドイツ社会民主党と指導者にゆがめたイメージを引き起こしたこと。また，リリーの『女性問題』を失敗作として，見下した書き方をしていること，さらに，クラーラが，「ブラウンは，非常に勤勉に研究したがゆえにあっぱれであるが，史的唯物論の不熟練の故に失敗なのである。総じて彼女は，創造的思想家ではなく，深みも独創性もなかった」と書いたことである。

14）この女性は，リリーの生前から，ハインリヒ・ブラウンの愛人であり，リリーの1916年の没後，ハインリヒの4度目の妻となる。

民義務』(1895),『女性問題と社会民主党』(1896),『女性労働と家政』(1901),『女性問題——その歴史的発展と経済的側面』(1901),『私たちは何を望むか』(1902),『女性と政治』(1903),『母性保険－妊産婦の保護の問題への寄与』(1906),『一女性社会主義者の回想——修業時代』(1909),『一女性社会主義者の回想－たたかいの時代』(1911),『子どもの解放』(1911),『女性と戦争』(1915) などである。

文学的作品は別として，女性問題に関する著作全体を通じて，リリーのどのような主張が，ドイツ社会民主党の中で論争を呼んだかについて要約すると次のようになろう。

リリー・ブラウンの主張を特徴づけるものは，第1に，市民的女性運動とプロレタリア女性運動の統一を，ドイツ社会民主党の女性運動方針として確認されていた戦略的位置づけとは異なるところで，ドイツ社会民主党内の修正主義の潮流に沿って提起したことである。両運動の共同行動自体は前述の1896年のゴータ党大会でのクラーラ・ツェトキーンの演説でも明確にうち出されていたが，クラーラの方針は階級的イデオロギーに貫かれていたから，リリーの無原則的にみえる統一の主張は論争の的となったのである。

第2に，リリーは，社会政策立法を重視し，特に女性労働者保険に注目し，疾病保険，災害保険，廃疾・老齢保険と並んで，母性保険の必要性を強調したことである。リリーは，「女性は労働することよりも，より高度な義務つまり母になる義務があるから，女性の経済的独立は雇用によってのみ保証されるべきではない」という考えをもち，妊娠及び子供の幼少時に女性の独立を保障するために，所得累進課税による全女性のための一般母性保険を主張したのである。ブラウンは，子どもは，幼稚園に行くまでは母を必要とすると強く感じていたという (Boxer *et al.*, 1978：136)。

第3に，個別的な家政機能を協同組合的家政に，あるいは集中化された家政管理に吸収するという考えをうち出した。この考え自体は新しいものではない。ベーベルはすでに当時その著『女性と社会主義』(33版)「現代の女性」の第7章「社会の社会化」(1909年の第50版以降は第4編　社会の社会化　第27章　人格の自由な発展　3　共産主義的調理場，4　家庭生活の変更) で客観的事実過程としてそのことをのべていた。しかし，リリーは，これを女性運動の指導者たちに具体化するように呼びかけたのである。クラーラは，この考えを主張したリリーの1901年の小冊子『女性労働と家政』を，「もっとも危険な日和見主義形態における空想主義の最新の開花」と批判したのはすでに述べた。

第4に，すでにふれたが，リリーとクラーラのドイツ社会民主党内の，1897年の女性組織問題および1907年の国際女性運動組織をめぐっての見解の相違である。リリーの主張は，ドイツ社会民主党内あるいは第2インターナショナル内の修正主義と歩調をあわせるという形であらわれた。女性運動とは，常にこのように思想がらみのものである。

また，リリーの思想の一端を表現するものとして興味深いのは，リリーがイプセンの『人形の家』のノラを「エゴイズムの典型，心情と女らしさの欠如」と評していることである（Gizyeki Braun 1895：297）。

総じてリリーの女性解放思想は，母性主義的なフェミニズムであり，その主張は現実的に見えながら，客観的には空想の域を出ることはなかったといえよう。これが，プロイセンの将軍の娘[15]と，エルツ山地の小村のトルストイ的教師の娘との階級的違いでもあった。

今日の視点から見れば，リリーの主張は，女性福祉的先見性もみてとれる。大きくはある階層の女性の要求にマッチしていたし，クラーラ流の政党内女性組織の問題についての疑問も今日的視点から見ても一考の余地はある。要するにリリーにも一理あることを認めないわけにはいくまい。

しかし，リリーが，当時の戦争に賛成したドイツ社会民主党の右派と結びついていた思想傾向に根本的問題があっただろう。従って彼女は第1次世界大戦のさなかの反戦運動とは無縁であったわけであり，クラーラからみれば，すべてが関連付けられて我慢がならない理論に見えたであろう。このことが，クラーラ・ツェトキーンにはリリーの評価を，必要以上に下げることになったということが類推される。この種の問題は，日本にもあったし現に尾を引

15）オーストリア＝ハンガリー帝国軍人の娘として生まれたベルタ・フォン・ズットナーが，反戦小説『武器を捨てよ！』を1889年に書いた（1905年にノーベル平和賞を貰っている）例もあるので一面的判断が危険なことは承知しているが，リリーの階級的出自は，その思想と無縁ではないことが推測される。

いており運動の統一の困難性を示すものであろう。

(2) リリー・ブラウンの主著
『女性問題－その歴史的発展と経済的側面』(1901) の構成内容と特徴

前述のリリー・ブラウンの著作の中で，女性問題にかんするもっとも重要な書は，『平等』の編集の地位を追われた直後に1901年にライプツィヒで出版した『女性問題－その歴史的発展と経済的側面』である。

この書の復刻版は，偶然ではあろうが1979年，ベーベルの『女性と社会主義』の初版百周年を記念するその年に，ベルリンとボンのディーツ社から，ブーヴィエの解説付きで出された (Braun 1979, 以下引用はこの版による)。

後世に取り上げられることの無かったこの書ではあるが，テネセンは,「ベーベル (1878年 (ママ)) と，エンゲルス (1884年) の本およびクラーラ・ツェトキーンによる女性解放の社会主義理論の総括的な本 (1889年，実際は小冊子：伊藤) のあと，女性解放のための社会主義的文献の中でもっとも重要な新刊本は，リリー・ブラウンの『女性問題』であった」(Thönnessen 1969：66) と書いている。ベーベルもまた，このリリーの書を，「女性問題に関する文献の中で第一級のものの一つ」と評し，この書の統計や出典の明示のし方をほめている (Bebel 1902：293)。

ベーベルの書評は1902年に出た (Bebel 1902) が，この年ベーベルは彼の『女性と社会主義』に幾度目かの手を加えて第34版を出版した。『女性と社会主義』の第34版は476頁であったが (1909年の最後の第50版は517頁)，これと比べてもリリーの『女性問題』は557頁の大著であった。

まず1979年にベルリンとボンのディーツ社から出された復刻版によって目次を追ってみよう。なおこの書のとびらには「わたしの夫とわたしの息子へ」と書かれている。

構成内容

はしがき

第Ⅰ部　19世紀までの女性問題の発展

1　古代における女性問題

2　キリスト教と女性

3　女性の経済的位置

4　精神生活における女性の状況

5　革命の時代における女性

第Ⅱ部　女性問題の経済的側面

1　ブルジョア女性界での労働のためのたたかい

(1) 第1期　職業労働を視野に入れた教育改革の始まり

(2) 第2期　ブルジョア的職業領域における女性の進出

(3) 第3期　新時代の女性教育と女性労働のための努力

2　ブルジョア女性運動の推進力

3　原則的視点からみたブルジョア職業運動

4　プロレタリア女性運動の発展

5　最近の調査によるプロレタリア女性労働の統計

6　現在の女性労働者の状態

(1) 大工業

(2) 家内工業と家内労働

(3) 商　業

(4) 農　業

(5) 家事及び個人奉公

7　労働女性の運動

8　ブルジョア女性運動とその労働女性問題への態度

9　社会政策立法とその課題

(1) 女性労働者の保護

(2) 女性労働者保険

(3) 立法の限界

リリー自身の序文によれば，この本は「長い年月にわたる研究の基礎の上に，女性問題を包括的に叙述」したものであり，女性問題にたいする自分の視点は「女性の経済的状態」におかれているということである。そしてその叙述にあたって，官庁統計や国及び民間の調査を利用し，包括的文献研究の上で行っていることを強調し，この書に，「女性の民法上・公法上の地位，女性問題の心理的・倫理的側面を対象にした第2巻が続く」と予告している。

第Ⅰ部は，母権制の時代から，一夫一婦制の成立，ローマ帝国，ゲルマン人の社会での女性の地位，ローマカトリック教会と女性，女子修道院の教育，中世の売春，ギルドの女性，ルネサンス期の女性，フランスのサロンの女性，ルソーの思想の女性への影響，フランス革命期の女性，タレイランの教育政策，メアリ・ウルストンクラーフトからヒッペルまでをあつかっている。

一夫一婦制への発展の過程は，エンゲルスに依拠している。ベーベルは前述の書評で，リリーが女性の地位に及ぼしたキリスト教の影響をあまり好意的に評価しすぎているとして批判した（Bebel 1902：293）。

第Ⅱ部では，章の課題にも示されているとおり，第1に，1. 2. 3で，ブルジョア女性の教育・職業活動・女性運動を詳細にあつかい，第2に，4. 5. 6でプロレタリア女性の労働の実態を，歴史的に，また国際的に，いくつかの産業分野毎に，統計を駆使して包括的に論じ，7で労働運動の中での女性労働者の運動をとりあげている。

最後の2つの章は，リリーのこの本の特徴をあらわす重要な箇所と思われる。

8では，ブルジョア女性運動を中心にすえて労働女性の問題を見ており，リリーが一貫して，ブルジョア女性運動とプロレタリア女性運動の統一を主張した時の，彼女の階級的・思想的背景を表現している。この章では，慈善の企画と社会的援助の仕事，ブルジョア女性運動による労働女性の保護の原則上の拒否，社会改良とブルジョア女性運動内のその擁護，ドイツ女性協会同盟の労働女性問題に対する態度，奉公人問題に対する女権論者の姿勢，ブルジョア女性運動による労働女性の組織，労働女性に及ぼしたブルジョア女性の影響について述べられている。

ベーベルは，リリーのプロレタリア女性運動のあつかいが粗雑であると批判している（Bebel 同上）。

9　は，リリーの女性論の得意とするところであったが，工場労働者，家内工業，商業，農業労働者から奉公人に及ぶ保護の問題をあつかい，彼女の女性論の重要な主張の一つである「家政協同組合」を論じたのち，女性労働者保険の意義・役割に発展する。この章の終りは，立法の限界と題して，次のように展開する。「資本主義経済制度は，女性労働なしには存在しない」。しかしその「女性労働が，家族の古い形態をくずし，ブルジョア社会の道徳がもとづいていた道徳概念をゆり動かし，人類の存在——それを条件づけるのは，健康な母である——をあやうくする」。「もし人間が，最終的に己れを見棄てたくないなら，人間は，資本主義経済制度を見棄てなければならない」。「社会政策立法は，この目的に道をひらく」ものであり，「(社会政策立法は) 意識しようがしまいが，総じて，人類を2つの敵対する状況に分裂させている古い世界にかわって，新しい世界を建設するために有効である」(Braun 1979：557)。

彼女は，この「新しい世界」とはいかなる経済制度をとるのかをはっきりとは説明せず，その世界への橋わたしとして社会政策立法を評価するところでこの書をしめくくっている。

テネセンは，この書は「党の理論と大体において一致していた」が「同じテーマをあつかったそれ以前の著作のようには社会民主党内で長く取りあげられはしなかった」といい，その理由として1つは，本の分量が多く値段も高かったこと」，1つは「党内で，リリー・ブラウンの名と結びついた諸傾向」(いわゆる修正主義と結びついているということであろう：伊藤) のせいだとしている (Thönnessen 1969：66)。

また，序文で予告したこの書の第2巻(Braun 1979:XXI)は出版されなかった。

リリー・ブラウンが『女性問題』を著した時，ベーベルの『女性と社会主義』は，1895年に改訂した第25版が出まわっていた。ベーベルはさらに小改訂して1902年に第34版を出しているから，1901年当時は，第33版が出まわっていたものと思われる。その後ベーベルは1909年に大改訂して第50版を出した。日本で翻訳されているのはいずれの訳者によるものもこの50版をもとにしている。両版の構成をリリーの『女性問題』とくらべてみると，1901年時点では，過去の女性に関する章構成はリリーの方が詳しいが，現代の女性をあつかう時のベーベルの特徴は，まず第1に，多数の女性がそのもとで抑圧されている性と家族 (結婚) の問題に多くの頁をさいているということである。第2に，女性問題の解決のためには国家と社会の社会主義的変革が不可欠だと考え，1909年の改訂でさらにその問題を発展させていったことである。リリーの書にこの2つの視点は見られない。

ベーベルは，1902年の第34版の序文にこの書の目的を，「女性の完全な同権に反対する偏見との闘争，またこれが実現をみなくては女性の社会的解放が保証されない社会主義思想の宣伝」(Bebel 1902 = 伊東他訳 1958：24) と書いている。ベーベルはこの序文で，「国家と社会の根本的な変革」が必要だという認識が，広範なプロレタリア女性層をとらえただけでなく，「ブルジョア的な女性運動」をも活発化し，女性運動全体か前進しているといい，「そのことを示す一つのきわめて特色ある目じるしは，女性問題にかんする著作が，いちいちくわしく研究するのは一個人の力にはあまるほどにおそろしくふえたこと」(同上：25) と言いあらわしている。

その「おそろしくふえた」本の中で「第一級のもの」がリリーの本であったというわけである。

ブーヴィエは，リリーの『女性問題』の復刻版の序文で，「リリー・ブラウンが1901年に『女性問題』というタイトルで包括的な本を出版した時，彼女はすでに，党内の闘わない姿勢の代表者であるばかりでなく，政治的野望とたしかな文才をむすびつけて，自分では何ら包括的な理論的業績を著していなかったクラーラ・ツェトキーンの指導と権力の地位にたいする一つの公然たる挑戦者――たとえ威赫ではないにしても――であった」(Bouvier 1979 in：Braun 1979：XX) と書いている。

クラーラ・ツェトキーンはたしかに，1901年当時，リリー・ブラウンの『女性問題』のようなまとまった大著をものしてはいなかった。しかし，巻末の文献一覧にも明らかなとおり，1885年から，1901年までの女性問題に関する小冊子・論稿は150本を超えていたし，それぞれの大会等で要求される適切な演説の原稿を多く書いていた。それに，はたして，女性運動の世界で，研究者の世界とは異なり，大著を書いたかどうかが，それほど問題になるであろうか。クラーラは1933年に没するまでに，ドイツ女性運動の歴史についての本をまとめているが，満足のいかないもののようであったし，またクラーラ一人ではとうてい完成できないであろう膨大なまだ練られていないプランを持っていた(後述)。

クラーラ・ツェトキーンの女性解放論は，どのテーマをあつかっていても労働者階級の女性問題の現実に視点をすえた女性解放論であったが，リリー・ブラウンの女性論は，ブルジョア階級の女性運動の視点からプロレタリア女性運動をあつかい，統一を目ざしていたという点が異なっている。しかもクラーラは，ドイツ社会民主党内の左派の政治的立場を代表し，リリーは，右派そのものであった。リリー・ブラウンの倫理感を基礎とするブルジョア・フェミニズムの思想は，マルクス主義に近寄りながら，当時のいわゆる修正主義と結合し，最初からマルクス主義と逸れたところで発展した。

クワタートは，リリー・ブラウンの社会主義は，「社会主義的世界観という階級的基礎を拒絶し」，「史的唯物論を疑い」，「ベルンシュタインの理論」に依拠したと書いている（Quateart 1978, in：Boxer *et al.*, ed., 1978：123）。だからといってこの書を軽視する理由にはならないが，クラーラの評価とクワタートの評価には一致点はある。

4 20世紀の『平等』と第1次世界大戦―クラーラの『平等』からの追放

(1) 1901-1907年

『平等』は，1891年のエルフルト党大会の決定によって，党の出版社ディーツから出されていたとはいっても，編集内容は自由度を持っていた。しかし，1901年4月1日をもって，『平等』は，ドイツ社会民主党直属となった。そのせいか，誌面には多少の変化が見られた。

1901年5月22日（11.Jg., Nr.12）付けを最後に，リリーとクラーラの連名の「覚書」は終わり，「覚書」は各担当項目別に執筆者の署名が入るようになった。また，1901年からはオッティリーエ・バーダーによって，「女性信任者」（Weibliche　Vertrauensperson：前章参照）の名前と住所一覧が載るようになった。

『平等』1902年7月16日（12.Jg., Nr.15：115-116）と7月30日（12.Jg.,Nr.16：122-124）には，既述のように，リリーの著書への書評が，ゲオルグ・レーデブーアによって書かれた。この年1902年9月24日付け（12.Jg., Nr.20）には，ミュンヘンでのドイツ社会民主党女性会議の長い報告が掲載されている。

毎号取り上げられているテーマも女性労働者の利益に即し，興味深いものがある。クラーラは，署名入りで「女性労働者のための昼休みの延長か，日々の労働の早い終了か？」という論稿を3回にわたって書いている（Zetkin 1903l）。

1903年8月22日から翌1904年1月の終りまで，クリミチャウの繊維工場労働者が10時間労働を要求してストライキを行った。『平等』は，1903年8月26日から1914年2月10日号まで，毎号欠かさずこの記事を掲載した（Zetkin 1903m）。

1905年の第1号（15.Jg., Nr.1, 1905.1.11）から『平等』は，従来の2段組みから3段組に変わり，活字も一段と小さくなって豊かな内容を盛り込もうとしているが，別の見方をすると，読みにくいものとなる。冒頭には，ベーベルの「旗を高く」が載っている。頁数も従来の8頁だてから，一定しないものになり，6頁だてだったり，10頁だてだったり，時として18頁だてをとることもあった。この組み方は，1908年（18.Jg.）の終りまで続く。3年で2段に戻したことはやはり読者の読みやすさを考えてのことであろう。「覚書」の位置も従来と異なって巻末ではなく記事の一部となり，巻末には多数の詩の掲載も目立っている。

1905年2月8日（15.Jg.,Nr.3）付けには，ローザ・ルクセンブルクが，はじめて『平等』に登場して，冒頭に「ロシアにおける革命」と題する記事を書いている[16)]。また同誌は同じく1905年から『母親と主婦のために』および『私たちの子どもたちのために』という付録を付けて，難解だとの批判の絶えない内容を補おうとした。これは，同年中に13号まで出された。母，主婦，子どもという問題を，1905年から「付録」としてでもつけて注目するドイツ社会民主党の理由は，より幅広い女性を味方にしたかったからであろう。

その他同年の17号に「ドイツ女性信任者の報告――1904年8月から1905年

16）ローザは，以後1913年までに，10本の原稿を寄稿している。それは，私が調べた限りでは，「問題の解決」（15. Jg., Nr. 24, 1905.11.29），「5月の祝日」（17. Jg., Nr. 9, 1907.5.1），「ドイツ労働者階級の政治的指導者」（20. Jg., Nr. 10, 1910.2.14），「トルストイ」（21. Jg., Nr. 4, 1910.11.21, Nr. 5, 1910.12.5），「モロッコ」（21. Jg., Nr. 23, 1911.8.14），「貧民収容施設で」（22. Jg., Nr. 8, 1912.1.8），「今何を」（22. Jg., Nr. 10, 1912.2.5），「3月の嵐」（22. Jg., Nr. 13, 1912.3.18），「一撃一撃」（22. Jg., Nr. 20, 1912.6.26），「ラサールの遺産」（23. jg., Nr. 18, 1913.5.28）である。寺崎（1994：39-40）も，同様の報告をしている。

7月まで」という特別号もつき，全頁オッティリーエ・バーダーが書いている。この特別号には，「ドイツの女性信任者」の名簿が載っている。以後毎年バーダーの報告が特別号として出されることとなった。

写真7-7 オッティリーエ・バーダー

1906年5月16日付（Jg., 16, Nr.10）からは，『平等』はタイトルの下に，「付録付き：子どもと女性のための付録」と書かれ，1907年1月9日号（17.Jg., Nr.1）からはそれが「付録付き：母親・主婦と子どものために」となり，毎年13号の附録がついた。女性労働者むけの雑誌にさらに女性（母親・主婦）のための附録をつけるには，ドイツ社会民主党内の『平等』をめぐるさまざまな論議を背景とする一定の理由があったのだろう。

ドイツ社会民主党内では，『平等』は，難解であるとされ，1896年のゴータ党大会では，党機関紙の日曜版附録として平易な内容に変える提案が出されていた（*Pr. Gotha* 1896：40）。また1898年のシュツットガルト大会では，『平等』を党直属の性格を強めてベルリンで編集しようとする提案があったが否決された（*Pr. Sttutgart* 1898：131）。編集者クラーラ・ツェトキーンは，『平等』に主として「すすんだ女性同志」を教育することを課題としていたのであるが，党内から，もっと大衆的なもの，一般うけするものにせよという批判がくりかえし出されていた（*Pr. München,* 1902：306-307）。これに対し，クラーラは，あくまで『平等』は一つの政治的女性誌であり，社会主義的政治活動を行うことが原則であるという路線を主張した（Müller *et al.*, Red 1970：32-34）。

1902年の女性会議，1906年の党大会，1911年の女性会議は，『平等』の性格づけについてくりかえし議論している。1900年以降「中央信任者」（Zentralesvertrauenperson）であったオッティリーエ・バーダーは，「『平等』は，活動している女性同志にとって精神的な絆であり，団結，教育，政治的訓練の手段として不可欠のものであった」とのべている（同上：34）。

『平等』の性格をこのように活動家の中心的部分の政治的女性機関誌と位置づけると，大衆的かつ一般うけするものは附録として別に出さざるを得なかったと解される。母親･主婦むけの附録は，「論文」，「主婦のために」，「教育者としての母」，「子どもの保護」，「健康法」，「文芸欄」，「詩」などからなりたっており，衣・食・住・育児・健康に関する実用的な楽しい記事が多く掲載された。

『平等』はまた，ドイツ社会民主党の女性教育活動の教材としてつかわれた。クラーラ・ツェトキーンらは，『平等』の記事や，マルクス－エンゲルスおよび労働運動の先駆者たちの著作をつかって「読書と討論の夕」を開催し，女性活動家の教育や訓練を行っていた。この方式は，階級意識に目ざめ，マルクス主義的教育をうけた女性たちが，党幹部として成長するのを助けた。この方式は，1905年，イェナ党大会で承認され，それ以後，各地で読書と討論の夕がひらかれ，女性幹部をつくる一つの教育の場となっていった。

しかし，『平等』の編集方針にむけられたのと類似の批判と，それをめぐる議論が，「読書と討論の夕」に関してもくりかえされていた。たとえば，教材として，クラーラ・ツェトキーンらが主張するように，マルクス主義の理論を基礎にすえるか，そうではなく，料理や裁縫をとりあげることによって女性たちを社会主義へ導くかという議論である[17)]。

ツェトキーンを中心とする女性運動指導者の主流の関心は，女性幹部の核をつくることにむけられており，「読書と討論の夕」で教育された女性活動家が，居住地域や職場でさらに幅広い女性達を獲得する能力を身につけることに主眼がおかれていたと考えられる。

(2) 1907年からの10年

1907年，『平等』は，シュツットガルトで開かれた第1回国際社会主義女性

17) たとえば，1911年『平等』21.Jg.,Nr.23とNr.24には，「女性読書の夕べの4年」（クルト・ハイニッヒ，ベルリーン）が2度記事を書き，Nr.25に「女性の読書の夕べの問題について」の無署名論文（クラーラであろう）がこれに対応している。

会議の代表者たちによって，社会主義的女性インターナショナルの機関誌であることが確認され，第2インターナショナルシュツットガルト大会もこれを認めた。

1908年10月12日号は巻をあらため，19巻1号として，再び2段組みで出されている。この巻から縮刷版に年間の目次がつけられたので，今日のわれわれには，非常に利用し易いものとなった。例えば，19巻（1908／1909年）の目次の構成を見ると次のとおりである。

呼びかけ，決議

論　文

運動から…煽動，組織，青年運動，子どもの保護委員会，政治展望，労働組合展望，協同組合展望

覚え書き…奉公人問題，女性労働者の労働条件，工業・商業及び交通組織での女性労働，給仕婦問題，農業労働者問題，社会立法，女性選挙権，女性運動，外国における社会主義女性運動，母子保護，女性工場監督官，公職の中の女性，社会的貧困図，その他

1909／1910年の20巻では，「覚え書き」の部分に学童の保護，女性教育，文芸が，1910／1911年の21巻では，同じく，児童労働，刑法，住宅問題，大衆運動，道徳問題，1911／1912年の22巻では同じく，国内法上の女性の地位，家族の権利，学校及び教育のあり方が，1912／1913年の23巻では，法律での女性労働者保護，統計が新たに分類としてつけ加えられている。1911年以降は，毎年3月国際女性デー関係の報道が載っている（この記事に関しては章を改めて述べる）。

1910年は，2月にはアウグスト・ベーベルの70歳を祝う記事（*Gl.*, 20.Jg.,1919.2,14），コペンハーゲンでの第2回国際社会主義女性会議の記事が，複数の号にまたがって詳細に報告されている。系統だっていない記事の中に，重要な決議（例えば，「国際女性デー」や「平和のために」など）やベーベルの挨拶などを発見することが出来る。これらは，本書の関連個所でとりあげる。

Sondernummer Preis 10 Pf.

Die Gleichheit

Zeitschrift für die Interessen der Arbeiterinnen

Dem Andenken August Bebels.

Stuttgart
1. September 1913

Dem toten Bebel.

Rede von Klara Zetkin an Bebels Bahre.

Im Namen der sozialistischen Frauen aller Länder rufe ich dir, August Bebel, die Versicherung unseres heißesten, unauslöschlichen Dankes nach. Und ich darf wohl eines erklären: in diesem Gefühl und in unserer tiefen Trauer sind mit uns auch die verbunden, von denen uns sonst ein breiter Abgrund unversöhnlicher Gegensätze trennt, die bürgerlichen Frauen. Denn August Bebel ist der beste, getreueste Kämpfer für das Recht, das Menschentum des ganzen weiblichen Geschlechts gewesen. Wo immer Frauenherzen jetzt und künftig von dem Willen bewegt werden, daß das Weib emporsteigen muß aus der Enge und dem vielgestaltigen Unrecht sozialer Verknüpfungen, die in Jahrtausenden entstanden sind, emporsteigen muß zur Sonnenhöhe voller, freier Menschlichkeit, da wird sein Name und sein Werk leuchten, wegweisend und hoffnungbelebend wie der Stern über Bethlehem.

August Bebel hat sich erhoben, ein unvergleichlicher Anwalt unseres Rechts, als aus den Reihen der Frauen selbst dieser Wille kaum in die Öffentlichkeit zu treten wagte, als er den Blick bald verschleiert unsichere und nicht immer richtige Worte stammelte; zu einer Zeit, wo die menschliche Gleichberechtigung des Weibes verkünden, seine Gleichberechtigung fordern der erdrückenden Mehrzahl der Zeitgenossen Schlimmeres dünkte als ein Verbrechen: eitel Torheit. Er ist uns unbeirrt im Kampfe vorangeschritten, heiter durch die Erkenntnis des unaufhaltsamen geschichtlichen Geschehens, stark durch den Zorn und die Liebe seines sittlichen Empfindens, das seine unerschütterliche

写真7-8 『平等』のベーベルの死に際しての特集号（1913.9.1）

1911年以降は，前年に設定された「国際女性デー」が各国でどのように取り組まれているかを詳細に載せているが，この部分は第9章に譲る。

1913年には附録の他に，「女性選挙権新聞」(3月2日) と，ベーベルの死に際して「特別号」(9月1日) が出された。

1913年，「出産ストライキ論争」と名づけられた問題が起こった[18]。これは，特にベルリンにおける出産の減少をめぐっての論議と行動を指す市民的女性運動側のネーミングであった。『平等』は，すでに1913年8月20日付けで「出産減少の原因1」(ハインリヒ・

18)「出産ストライキ論争」とは何かについて定義したものは見られない。1913年，8月20日，ドイツのカトリックの司教が，キリスト教徒らしい結婚ということについて，司教教書を出した。司教は出産の減少を嘆き，「家族の重い道徳上の病気」であると認識した。司教は，その原因を「宗教的弛緩」と「国民の広い層でのキリスト教的信仰生活の衰退」に見た。出産の減少を「出産ストライキ」と市民運動側が命名したのであろう。ベルリンでは社会民主党の医者ユリウス・モーゼスとアルフレッド・ベルンシュタインが講演や活字で呼びかけて，カトリックの司教教書の内容についての集会がもたれた。集会には多数の女性を含む約4000人が参加したといわれる。ローザやクラーラやツイーツは，出産の減少が資本主義社会に対する闘いの手段になるという見解には与しなかった。1913年夏から秋，印刷物や無数の集会で表現されたいわゆる「出産ストライキ論争」は，プロレタリア大衆の生活苦を反映していた (Eine Chronik,1830-1945：86)。「出産の減少」という現象への運動側の解釈を「出産ストライキ論争」と呼んだものと思われる。日本においてこの問題をとりあげた研究に水戸部 (2005) がある。

ヴォーゲル）（23.Jg., Nr.24:372-373），9月17日付けで「同Ⅱ」（Nr.26：406-407），「ベルリンにおける出産減少について」（ミンナ・ギュルトナー）（Nr.24:374）を載せていた。論争の成り行きを見て，10月29日付け（23.Jg., 23.Nr.3: 33-37）で「出産減少の問題についてⅠ」（ルイーゼ・アイシュホーフ），「そのⅡ」としてフリーダ・ヴルフ（同上：37-38），「そのⅢ」で無署名のまとめが載っている（同上：38）[19]。

1914年3月8日には，『平等』は，「女性選挙権新聞」という別紙を出したが，これは，16頁だてで，詩や名画の写真が紙面を埋める美しい編集である。

しかし，この年は『平等』にとって試練の年であった。1914年7月28日，第1次世界大戦が勃発し，8月5日号（23.Jg.，Nr.23）の同誌はそのことを報じている。それに続く24号（8月28日号）は従来の16頁だてが急に4頁だてに減じ，25号になると検閲のために削除された空欄が目立つようになった。そうした中で1915年の国際女性デーや，1915年3月26～28日，ベルンでの国際社会主義女性会議の準備の様子が，かろうじて報道されていく（5月14日号及び6月11日号）。

1915年8月20日号（25.Jg., Nr.24）にはクラーラ・ツェトキーンが，ベルン会議参加とベルン会議のビラの非合法な配布を理由に逮捕された旨が報じられた[20]。編集者欄に彼女の名前はなく，「奥付」によればハンナ・ブーフハイム[21]が代行してその任にあたっている。10月に入ってクラーラは健康上禁固不能の理由で保釈され，1915年10月29日号（Nr.26，Nr.3）から再び『平等』

19）『平等』にこの問題でクラーラは発言しなかったが，この種のことを決して見逃しはしないプシュネラートは，クラーラは，この問題自体を，ブルジョア的，個人主義的，無政府主義的見解であるとみなしたと書いている（Puchunerat　2003：143）がその根拠はあげられていない。

20）クラーラはこの逮捕によって，1915年9月5～8日に，スイスのツインメルヴァルトで開催された会議には出席できなかったのは既述のとおりである。

21）ハンナ・ブーフハイムは，後に，クラーラの長男マクシム・ツェトキーンと結婚し，1921年のクラーラのモスクワ行きにも同行する人物である。クラーラの唯一の孫ヴォルフガンクを産んだあとマクシムと疎遠となり，クラーラは人生の終わりまでハンナに経済的援助を続けることとなる。ハンナの名前が初めてあらわれるのが1915年で，この時点で，『平等』の編集でクラーラの片腕となっていることが推測できる。

誌上に彼女の名が表れる（関連事項は本書第11章でふれる）。

その3号の「運動から」の欄に，クラーラ・ツェトキーンの署名入りで，スペースからみて10行ほど，ただし，その半分が検閲で削除された次の中途半端な文が載っている。

「ありがとう。私の逮捕と一時的な未決拘留による罷免には，ドイツからも外国からも，すべてに返事を書くことができないほどのたくさんの数のとても暖かい御支援の言葉をいただきました。私はそれゆえこの場で，男女の同志の皆さんに深甚の感謝を申し上げます，……」。以下削除されている。

(3) クラーラの『平等』からの追放と『ライプツィヒ人民新聞』「女性付録」

1914年8月4日のドイツ社会民主党国会議員団が戦争公債に賛成したあと1915年にかけて『平等』の購読者は，12万4,000人のピークから4万6,500人に減じた。以後1916年には35,500人，1917年には19,000人と減少した。1917年3月2日号（*Gl.*, 27.Jg., Nr.11）から，「社会民主党における論争」と題する記事が4回にわたって掲載されていたが，1917年5月25日（Nr.17）がクラーラの責任編集による『平等』の最終号となった。この号は4頁だてで，「平和，政治情勢の民主化及びロシアにおける革命への両ドイツ社会民主党の態度」（最終回），「オッティリーエ・バーダーの70歳の誕生日」，「運動から」，「覚え書き」という構成であり，次号からクラーラが身を引くことはなにも書かれていない。

次の号1917年6月8日号（*Gl.*, 27.Jg., Nr.18）は，責任編集者は，ベルリンのマリー・ユーハッツに変わり，従来の「女性労働者（アルバイターリンネン）の利益のための雑誌，母親（ムッター）と主婦（ハウスフラウエン），および子どものための付録付き」『平等』が，「労働者の妻（アルバイターフラウエン）と女性労働者（アルバイターリンネン）のための雑誌，子どものための附録つき」『平等』に変えられた。この号の冒頭に「特記事項」（In eigener Sache）と題する論説が載っており，クラーラが，「1914年8月4日の重要な日（ドイツ帝国議会でドイツ社会民主党議員団が戦時公債に賛成した日のこと：伊藤）からのち，党指導部，党委員会によって，他方では労働組合の中央執行委員会によっても承認され支持を得たドイツ社会民主党国会議員団の政策にもっともするどく対立し，攻撃し，反発した」ことから，『平等』の責任編集の任を解いたことを報じ，「『平等』のこの号は，も早これまでの長年の指導者，同志クラーラ・ツェトキーンによって編集されているのではない」と読者に告げている。

写真7-9 マリー・ユーハッツ

1914年8月から，1917年5月25日迄，3年近く，ドイツ社会民主党帝国議会議員団多数派が，第1次世界大戦の戦費予算に賛成して以降，クラーラが，カール・リープクネヒト，ローザ・ルクセンブルク，フランツ・メーリングとともに反対の立場を明確にしていたので，『平等』紙面は，すでに検閲等で体をなさないものとなっていた。それでもこの日まで編集に携わっていたこと自体が驚異である。

大体，クラーラは1915年には3月に，交戦国の初めての国際会議となる「国際社会主義女性会議」(ベルン)を，中心人物として開催し，ローザ，フランツ・メーリングとともに『ディ　インテルナツィオナーレ』を発刊し，寄稿し，逮捕までされ(ツインメルヴァルト会議には拘禁中で参加しなかったものの)ていた身であった。

1916年は，獄中のローザの起草になる「国際社会民主主義の任務に関する方針」にもとづいてスパルタクスグルッペが結成され，全国から17人の代表がベルリンで第1回全国会議を開いている。この年までに，コスチャ，マクシム，ツンデルが，さまざまな形で戦争に招集されていた。1917年はじめ，ドイツ独立社会民主党創立の準備がすすめられ，『平等』には，「社会民主党内の論争」という記事が連載されるに至る。クラーラは，独立社会民主党に早速入党し，創立大会ですでに統制委員となっていた。この時点で，ドイツ

表7-1 『平等』の購読者数とドイツ社会民主党女性党員数の推移

年	購読者数	女性党員数	注　編集者/発行地/組み/付録など
1892	2,000	—	2. Jg. Clara Zetkin/シュツットガルト/2段組
1900	4,000	—	10. Jg.
1902	4,000	1,836	12. Jg.
1903	9,500	2,644	13. Jg. ジレンブーフ
1904	12,000	—	14. Jg.
1905	23,000	4,000	15. Jg. 3段組みとなる
1906	46,000	6,460	16. Jg. 子どもと女性のための付録
1907	70,000	10,943	17. Jg. 母親・主婦・子どものための付録
1908/09	85,000	29,453	18. Jg. 10月20日から2段組みへ戻り19. Jg. となる。
1909/10	82,000	62,259	19. Jg. /20. Jg.
1910/11	85,000	82,642	20. Jg. /21. Jg.
1911/12	9,4000	107,693	21. Jg. /22. Jg.
1912/13	107,000	130,371	22. Jg. /23. Jg.
1913/14	112,000	141,115	23. Jg. /24. Jg.
1914/15	124,000	174,754	24. Jg. /25. Jg.
1915/16	46,000	134,663	25. Jg. /26. Jg.
1916/17	35,500	107,336	26. Jg. /27. Jg.
1917/18	19,000	66,608	27. Jg. 編集責任者Clara Zetkin→Marie Juchatz.
1918	28,000	70,659	28. Jg.
1919	33,000	206,354	29. Jg.
1920	13,000	207,000	30. Jg.
1921	25,000	192,485	31. Jg.
1922	33,000	—	32. Jg.
1923	22,000	130,000	33. Jg.， 1924から『女性同志』(*Die Genossin*)

出所：Jahresberichte　Ottilie Baaders und des Parteivorstandes seit 1902,
Die Genossin, Informationsblätter der weiblichen Funktionäre der SPD., Nr.7,（1924）:5.
In: Hrsg. Niggemann（1981）：299,360.

社会民主党と独立社会民主党と二重党籍なままであったようなので，ドイツ社会民主党多数派の指導部から『平等』編集者の地位を追われるのは当然のなりゆきであった。ルイーゼ・ツィーツはすでに1917年2月15日に党指導部から追放されていた。

その後『平等』は1924年まで発行され，『女性同志』(*Die Genossin*) にひきつがれた。『平等』の購読者数とドイツ社会民主党女性党員数の推移は表7-1のとおりである。

クラーラ・ツェトキーンが『平等』を編集していた25年あまりの間にドイツ及び国際プロレタリア女性運動は発展し，同誌はその発展を反映し，またその発展に寄与した。それと同時に，母体であるドイツ社会民主党内の意見の不一致も進行していたのである。

1907年の第1回国際社会主義女性会議や，1910年の第2回国際社会主義女性会議，そこでの国際女性デーの決議，1911年から毎年開催された国際的な女性デーのとりくみの様子，1915年の国際女性会議の報道等，『平等』をぬきにしてこれらの女性運動史上の出来事を把握し，語ることはできない。『平等』の役割及びクラーラのかかわりについては，フリッツ・シュタウデ(Staude 1972，1973およびHervé 1978)の研究がある。

2007年に，ベルリンで開催されたクラーラ・ツェトキーン生誕120年のコロッキウムで，ザッハゼは，「『私は罪を説明する』。1917年の『平等』編集からのクラーラ・ツェトキーンの罷免」という報告を行い，クラーラの『平等』編集からの追放の経過をのべている(Sachse 2007:72-78)。

『ライプツィヒ人民新聞』6月29日の『女性付録』に書いたクラーラの論稿「『平等』からの別れ」(Zetkin 1917l)についてとりあげているザッハゼ(Sachse 2008：72)によれば，4月にクラーラが，創立されたばかりの独立社会民主党員となったあと，1917年5月16日，ベーベルの没後ドイツ社会民主党の党首となっていたフリードリヒ・エーベルトが，すでにドイツ社会民主党員ではないクラーラの，ドイツ社会民主党女性機関紙『平等』の編集からの即時追放を言い渡したという。

こうして1917年6月，『平等』の編集の地位を奪われたクラーラは，すでに『ライプツィヒ人民新聞』紙6月19日付に論説をよせ，ドイツ社会民主党多数派のとった措置を批判した。第1次世界大戦勃発後，とりわけ1914年8月4日の帝国議会でのドイツ社会民主党議員団の戦争公債賛成後の『平等』のとった態度について説明した。彼女は，同誌が，ドイツ社会民主党多数派の見解にあわせて，戦争公債可決とドイツ社会民主党の議会闘争中止の政策をみとめることは国際社会主義に反する裏切り的行為であり，また，これらの政策に対して沈黙を守ることは臆病な行為だと信じて，多数派批判を行ってきたことを説明し,「私の処分は，こうした私の活動の信念の結果だ」(Zetkin 1917k) と書いている。

この論稿の中でクラーラ・ツェトキーンはさらに「『平等』の変容は単にドイツの同志のみの問題ではなく，それはむしろ万国の組織された社会主義女性の利害にふれる問題である」(同上) として，もはや読者は，国際社会主義女性運動の機関誌としての資格を失った『平等』を見限って，国際的報告や寄稿をクラーラ個人に送るようにと呼びかけ,「古い」『平等』の代わりの女性誌が間もなく発行されることを予告した。それが,『ライプツィヒ人民新聞』の『女性付録』であった(写真7-10)。

『ライプツィヒ人民新聞』の『女性附録』は，1917年6月29日付から隔週1回,1918年12月2日付まで，合計38号が出された。1917年6月29日付け『ライプツィヒ人民新聞』は『女性付録』を付け，クラーラの「『平等』からの別れ」という論説をのせた (Zetkin 1917l)。『ライプツィヒ人民新聞』1917年7月3日号はフランツ・メーリングが，クラーラ・ツェトキーンの60回目の誕生日によせる祝辞を書いた。

さらに7月13日号の『ライプツィヒ人民新聞』は同紙の『女性附録』が新しく出されたことについて次のように書いた。

「同志クラーラ・ツェトキーンの恒常的協力のもとに発行される『ライプツィヒ人民新聞』の『女性附録』は，今後2週間隔で定期的に出される。附録発行によって同志たちに，単に片寄ったドイツ社会民主党指導部にくすねとられた『平等』の代用が与えられるというだけでなく『ライプツィヒ人民新聞』の購読者に，購読料引上げの反対給付が提供されることにもなる。新しい『女性附録』は『ライプツィヒ人民新聞』の内容を有益で豊かなものにする。この機会にいっそう『ライプツィヒ人民新聞』のための新しい宣伝を行わなければならない。この新しい附録において『ライプツィヒ人民新聞』は，とりわけ，他の機関紙にはまねのできないほど役に立つ内容を女性たちに提供する」と。

「『平等』からの別れ」の中で，クラーラは，ドイツ社会民主党の幹部が彼女から「四半世紀以上の長きにわたって主宰してきた，『平等』の編集者としての仕事を取りあげた」のは，『平等』がドイツ社会民主党多数派幹部の「新方針」に反対してきたからであることを強調し，「もし，私が別の行動をとっていたなら，私は私の国際社会主義者としての原則を否認し，私の過去，私のライフワーク，私の存在とはなはだしく矛盾しなければならないことになっただろう。私が別な行動をとることは社会主義者の名にふさわしくないだろうし，広範なプロレタリア大衆の信頼にもとるものだろうし，私が社会主義労働運動の中で，主として，国際社会主義女性運動の中でしめてきた指導的地位にそぐわないだろう」と書いている。この文中で，クラーラ・ツェトキーンは「私にあっては，常に，プロレタリア女性の社会主義的感覚と思想を明確にし，深めることが『平等』の主要課題であると自負してきた。すなわちそれは，不屈の行動に出る用意のある意志と，大胆な，犠牲をいとわぬ行動の前段階としてなくてはならないものである」といっている（Zetkin 1917l）。この考えが，26年にわたるクラーラ・ツェトキーンの『平等』編集の基本姿勢であるといっても過言ではない。

さて『ライプツィヒ人民新聞』の『女性附録』は『平等』とよく似た編集方針であった[22]。

「論文」に続いて，「運動から」，「女性選挙権」，「外国における社会主義女性運動」，「子どものために」，「母のために」，「母子保護」，「平和のために」等の項目が見られる。とくに「平和のために」は，第1次世界大戦中という情勢の中で毎回力がこめられたものであった。

やがて，ロシア10月革命がおきる。クラーラは，『ライプツィヒ人民新聞』（1917年11月16日付け）と，その『女性付録』（1917年11月30日付け）の両方で，この出来事を報道する（Zetkin 1917p, 1917q）。12月には，クラーラとルィー

22）私は，『ライプツィヒ人民新聞』の実物を1981年8月末から9月初め，中世の城のようなライプツィヒの新市庁舎の中にある「国立文書館」で閲覧した。新聞は破損が激しく，特に1917年の10月分は，蠟のようなもので固められ，コピーを取ることは禁止されていた。クラーラの論稿にかんしては，選集に収録されているもの以外は，必要な個所を写し取らなければならず，限られた時間の中で焦って手書きした。余談になるが，当時の東ドイツ側にあったこの「国立文書館」は，トイレを利用するとき，いちいち係に申し出て，トイレの鍵を借りなければならなかった。なぜそうするのかもわからず，ここでの作業は非常に気が重かった。その後も何度もライプツィヒに行ったが，「国立文書館」の扉を開けたことはないので現在の利用状況を私は知らない。

ゼ・ツィーツとで独立社会民主党の女性全国委員会を設けたが，それは，独立の機関紙をもたず，1918年も『ライプツィヒ人民新聞』の『女性附録』を発言の場としている。

1918年の国際女性デーの国際的取り組みも『ライプツィヒ人民新聞』「女性附録」の3月，4月，5月，6月の毎号に詳細に報告されている。特に，4月5日号の「国際社会主義女性デー」は，非常な長文で，1918年という情勢における女性労働者の国際的連帯行動の意を強調する内容であり，「外国における国際社会主義女性デー」は，フィンランド，オランダ，オーストリア，ハンガリーなど各国の女性デーを報じ，「選挙権のために進め，社会主義を通じて！」とよびかけている。4月19日付けも，5月1日付けも，17日付けも，6月に入っても，14日付けで取り上げられており，1918年の女性デーの意義を，クラーラが重視し，動向を注目していたことが推し測られる。

またこの年，11月13日付けには「ロシアプロレタリア革命の1年」(Zetkin 1918o) を書いている。

『ライプツィヒ人民新聞』の『女性附録』における，クラーラの最後の論稿は，12月2日付「完全な民主主義の仮象と実在をめぐって」(Zetkin 1918r) であった。

1918年ドイツ11月革命後，12月2日の38号を最後に『ライプツィヒ人民新聞』の『女性付録』が途切れた。

ちなみに，『女性付録』は，1918年3月22日付けに，コロンタイの「国家の母性保護の問題について」を，同年10月18日付けには，トロツキーの「ロシアのプロレタリアート独裁の問題について」を寄稿させていた。

マリー・ユーハッツ編集の『平等』をみると，1918年の国際女性デーを全く報じていない。

以上をふりかえると，クラーラ・ツェトキーンと『平等』の26年は，ドイツ社会民主党の，戦いの歴史を反映し，『平等』には，この時期の，クラーラのすべてが凝縮されているように思われる。

『平等』は常に，ドイツ社会民主党の修正主義と，市民的女権論を視野に入れなければならなかった。リリー・ブラウンという稀に見る有能な，修正主義と市民的女権論の代表である女性をも受け入れ，決別した。やがて『平

Frauen-Beilage
der Leipziger Volkszeitung
Unter ständiger Mitarbeit von Frau Klara Zetkin

Nummer 36 | Leipzig, den 1. November 1918 | 2. Jahrgang

An die sozialistischen Frauen aller Länder!

写真7-10 『ライプツィヒ人民新聞』の『女性付録』（1918.11.1）

Die Kommunistin

Organ der Vereinigten Kommunistischen Partei Deutschlands (Sektion der Kommunistischen Internationale)
Herausgegeben vom Frauenreichssekretariat. Gegründet und unter ständiger Mitarbeit von Clara Zetkin

Nr. 6 | Berlin, 25. März 1921 | Jahrg. 3

Zum internationalen Frauentag.

An alle werktätigen Frauen!

Heraus zum Internationalen Frauentag!
Er muß euer Tag werden!

写真7-11 『ディ　コムニスティン』（1921. 3. 25）

等』は，第1次世界大戦に直面し，あくまで反戦の立場に立つクラーラの居る場所ではなくなった。

しかし，『平等』に掲載されている論稿，記事，統計は，マリー・ユーハッツの編集の時代に入っても貴重なものであり，当時の女性運動の実態を示す宝庫となっている。

本章での叙述は，その宝庫の一角に触れたにすぎない。

さらに付け加えれば，ドイツでのクラーラの女性新聞発行・編集の試みは続く。クラーラは，1919年中に，ドイツ共産党（スパルタクスブント）の女性機関紙としてシュツットガルトで『女性社会主義者（ディ ゾツィアリステン）』（1919年4～8月）

(Eberlein Ⅳ 1969：1573)，同じく『女性スパルタクス（ディ スパルタクスティン）』(1919年9月～1920年Nr.19まで) (同上：1575)，シュツットガルト／ベルリンでドイツ共産党の女性機関紙『共産主義女性（ディコムニスティン）』(1921年3月～1924年6月まで，ただし1925年以降は，ドイツ共産党の日刊紙の附録となる。) (Eberlein Ⅱ：921-22) と３つのものを次々と手がけた。

『共産主義女性』は，当初シュツットガルトで8頁だて，毎月1日，11日，21日の3回発行で，『平等』や『ライプツィヒ人民新聞』「女性附録」とほぼ同様の編集内容であった。1919年と20年には，編集者としてクラーラ・ツェトキーン自身も執筆しているが，1921年第1号から，編集責任はマルタ・アーレンドゼーに移り，「クラーラ・ツェトキーンの恒常的協力のもとに，女性の権利書記局編」と書かれてベルリンで発行された。クラーラは1922年までは，同紙に執筆しているが23年以降は筆をとっていないようである。

第8章　第2インターナショナルの女性政策とのかかわり

1889年にパリで創設された第2インターナショナルは，1912年のバーゼル臨時大会までの，23年の間に8回の大会を開催した。1914年8月に予定されたウィーン大会は，第1次世界大戦勃発により開催されなかった。

この間，クラーラは，1891年の第2回ブリュッセル大会を除いてすべての大会（1893年－チューリヒ，1896年－ロンドン，1900年－パリ，1904年－アムステルダム，1907年－シュツットガルト，1910年－コペンハーゲン，1912年－バーゼル）に参加した。

本章では，第2インターナショナルでのクラーラ・ツェトキーンの活動という角度から彼女の足跡を追うことにする。創立大会に関しては，第3章，第4章ともかかわり，第2インターナショナル時代全体は，第5章，第6章と第7章と時期的に重複する。可能な限り事実記述の重複はさけるが，同じ時代のクラーラの多面的活動をそれぞれの側面から順次光を当てる。そのような方法をとったのは，そうすることで，総体としてクラーラの理解が深まると考えたからである[1)]。

1　第2インターナショナルの最初の2回の大会

(1) パリ創立大会（1889）の補足

ドイツ社会民主党の女性政策と併行して，あるいは先行して第2インターナショナルの女性政策があった。1889年の第2インターナショナルの創立大

1）本章の主要資料は，*Kongreß-Protokolle der Zweiten Internationale* Bd.1, Paris 1889- Amsterdam, 1904（1975），Bd.2, Stuttgart,1907-Basel（1976）, Verlag Deilev Auvermann KG/Glashütten in Taunus, および，関連する『平等』の記事である。各大会の議事録所収のプロトコールは，各大会ごとに名称が異なるので，*Pr.Paris*,1889のように統一略記載をしてそのあとに当該個所の，頁を示した。

会で，クラーラ・ツェトキーンとエンマ・イーラーが女性問題について報告したことはすでに第3章で述べた。クラーラは，亡命先パリ仕込みの当時のプロレタリア女性問題に対する最先端の考え方を身に付け，エンマ・イーラーは，社会主義者鎮圧法のなかで活発化したドイツの女性労働者の組織の実践面を代表して，第2インターナショナル創立大会の壇上に立ったのであった。

第2インターナショナル創立大会では，女性労働にかかわる決議が採択されている。労働者保護に関する12の決議項目のなかに，「……（d）その営業様式（Betriebsweise）が，女性の身体に特別悪い作用を及ぼすあらゆる産業部門における女性労働の禁止，（e）女性と18歳以下の青年労働者の夜業の禁止，……（g）労働者にとって健康に害あることが予測されるあらゆる産業部門ならびに営業様式の禁止……」（*Pr. Paris*, 1889：122）を入れ，「大会はさらに，女性労働者を，労働者の戦列のなかへ，同じ権利をもつものとして参加させることが労働者の義務であるということを宣言する。また，原則として，両性の労働者に対する同一労働同一賃金と，国籍の区別なしに同一労働に対し同一の賃金を支払うことを要求する」（同上）と決議している。

この創立大会で発言したクラーラとエンマ・イーラーが，のちに，ドイツ社会民主党の女性機関紙『平等』の創設とかかわることになるのも，前章でみた通りであった。

(2) 第2回ブリュッセル大会（1891）—クラーラ欠席

1891年8月16日から22日，ブリュッセルで，第2インターナショナルの第2回大会が開催された。この大会に準備された議題は，11点で，労働者保護立法や選挙権問題が，女性にかかわる議事であった。パリを離れて帰国途上で移動中のクラーラはこの大会に出席していない。

この大会の議事録によれば，女性代議員たちは，「大会は万国の社会主義政党に，その綱領に両性の完全な同権のために努力するという明確な表現を入れるよう命ずること，そして当面，何よりも，『民法ならびに政治的領域において，女性に男性と同じ権利を認めること』を要求するよう決議しなければならない」（*Pr. Brüssel* 1891：32）と提案した。ドイツのパウル・ジンガーがこの理由を述べ，ブリュッセルのヴァンデルヴェルデが反対を表明し，「家庭で生活することが女性の第一の義務である」と述べた。この決議案への反対はわずか3人で，結局採択された[2)]（同上：33）。このように第2インターナショナルの時代も，女性の領域だけに限らず，さまざまな思想が錯綜しており，女性問題ではプルードン的アンチフェミニズムとの論争はあいかわらず繰り返されていた。

1893年のチューリヒでのインターナショナル大会からは，『平等』にも予告が出るようになった（*Gl.*, 2. Jg., Nr.10, 1892.5.18）。

2　第3回から第6回大会まで

(1) 第3回チューリヒ大会（1893）と第4回ロンドン大会（1896）

1）第3回チューリヒ大会（1893）エンゲルスの出現

シュツットガルトに落ち着いたクラーラは，1893年8月6日～12日まで開催された第2インターナショナルのチューリヒ大会に，マンハイムの社会民主党の女性とベルリン社会民主党を代表する資格で参加した。

クラーラは，このチューリヒ大会に特別に参加したエンゲルス（代表ではないので参加者リストでは，名前は確認されない）とはじめて知り合いになった。歓談したりダンスをしたり劇場にも行った[3)]という。

この大会の時に写した貴重な顔触れの写真が残されている（写真8-1）。

この写真について，大村他（2011：31）は，「この有名な写真は，1893年8月12日の第2インターナショナル・チューリヒ大会のものである。戸外の庭園でフリードリヒ・エンゲルス，クララ・ツェトキン，ベーベルの家族，そしてベルンシュタインが座っている。エンゲルスはまさにこのチューリヒの会議の最終日に出席し，集まりをたいへん喜んでいた。」と書いている。こ

2）Mit alle gegen drei という記載があるのみで，賛成票は何票かという具体的数の記載はない。

3）劇場では『マイスタージンガー』を上演していたとのことである（ドルネマン 1957＝武井訳 1969：89）。

写真8-1 1893年8月12日の第2インターナショナル・チューリヒ大会にて
（左からベーベルの娘フリーダ・シモン夫妻，クラーラ，エンゲルス，ユーリエ／アウグスト・ベーベル夫妻，エルンスト・シャットナー＝ベルンシュタインの継息子，レジナ／エドワルド・ベルンシュタイン）

の時エンゲルスは，73歳，この2年後，1895年に没した彼は，次の1896年の大会を見ることはなかった。

エンゲルスは，8月21日，チューリヒから，ローラ・ラファルグに宛てて，第2インターナショナル・チューリヒ大会に参加した，オーストリア，ロシアの女性代表に関するコーミッシュな品定めをしたあとで，クラーラについてこう書いている。

……巨大な活動能力を持ち，少々ヒステリカルな熱狂ぶりを示すクララ・ツェトキンがいましたが，僕は彼女が大好きです。彼女は氷河におおわれた山グレールニシュに登りました。彼女のような体質の婦人にとっては，たいへん激しい奮闘です。要するに，僕は，一人の婦人の抱擁から抜け出すと，次の婦人，それからまた次の婦人に抱擁されるという幸運にあい，ベーベルはひどくやきもちをやいていました――『婦人論』の筆者である彼は，自分のみが彼女たちに接吻される資格をもっていると思っていたのです！（『マルクス・エンゲルス全集』Vol.39：105）。

この時，ローザ・ルクセンブルクはまだ，第2インターナショナルに姿を現していなかったのだろうか。いや，22歳のローザは，この大会に来ていた。ジョル（1955，1974＝池田他訳1976：80）は，まだアナーキストとの論争が続く第2インターナショナルのなかで，他の14名とともに，代表から排除されたためローザは出席できなかったと書いている。しかし，2012年3月にポーランド語から邦訳出版された『ローザ・ルクセンブルク全集　第1巻』には，チューリヒ大会に関連するローザの手になる3つの文書が載っており（『ローザ・ルクセンブルク全集』Ⅰ：117-133），出席はしていたが，ローザの代表権は認められなかったということが明らかにされている（同上：132）。

ニューヨークのロシア社会民主主義者を代表する「労働解放団」のプレハーノフは，自分の組織が秘密の組織であるからと言ってアナーキストと思われてはならないと釈明して代表に食い込んだ。代表リストには，ロシア人ただ一人，「プレハーノフ　ペテルスブルク，ロシア社会民主労働党，ニューヨーク」，として載っている。この大会でアナーキストたちは排除された。イギリス代表団には，シドニー・ウェブ夫妻が含まれ，バーナード・ショーがオブザーバーで参加するなど多彩な集まりであった（ジョル1955, 1974＝池田他訳　1976：82参照）。会議組織者の一人は，ロバート・ザイデル，議長はパウル・ジンガーだった。のちに，ベーベルの『女性と社会主義』33版を英訳したダニエル・ド・レオンが記録係の一人として，ルイーゼ・カウツキー（カール・カウツキーの2度目の妻），ベーベル，ツェトキーン，エンゲルス，E.ベルフォート・バックス，そしてエリノア・マルクス－エイヴリングも参加していた。セッションの一つでは，女性が司会をした。第2インターナショナル第3回大会では，「女性労働者保護」の問題が8月11日の第10会議で正面から取り上げられている。オーストリア代表の一人としてウィーンの女性労働者代表，ルィーゼ・カウツキー（ロンドン）が「女性労働者の保護」に関する以下の決議文を提案した。

「次のような方策の実現によって女性労働者の法的保護を支持することが万国の労働者代表の義務である。①女性のための8時間の法定最高労働時間と18歳以下の少女のための7時間法定最高労働時間の制定，②毎週36時間の連続した休日の設定，③夜間労働の禁止，④健康に害ある領域でのすべての女性労働の禁止，⑤分娩前2週間，分娩後4週間の妊婦の労働の禁止，⑥女性が働いている産業部門のすべてに十分な数の女性工場監督官の任命，⑦工場，仕事場，店舗，家内工業で，あるいは農業労働者として働いているすべての女性に，上記方策を適用させること」(*Pr. Zürich* 1893：37)。

この決議は，ルィーゼ・カウツキー，アンナ・クリシコフ，クララ・ツェトキーンとチェコ，ロシア，スペイン，英国，オランダの代表団によって支持された(Krivoguz = Translated, Belskaya *et al*., 1989：121)。

この提案をめぐって討議が行われたとき，ブルジョア女権論的立場からの反対意見(ベルギーのエミール・クライス)や，修正案等[4)]が多々出された。この大会での論議は，女性労働者保護と同一賃金をめぐる国際的はじめての論争であった。先のルイーゼ・カウツキーの原案に，結局「同一労働同一賃金(gleiche Lohn für gleiche Leistung)」を加えて採択された(同上：40)。

この年『平等』誌も再三にわたって大会の内容をとりあげ(*Gl*., 3. Jg., Nr.14,1893.7.12, Nr.15, 1893. 7.26, Nr.16, 1893. 8.9, Nr.17, 1893. 8.23)，特に女性労働者保護をめぐる議論に多くのページをあてている(*Gl*., Nr.18, 1893. 9.6, / Nr.19, 1893. 9.20)。このことは本書第7章ですでに見た通りである。

ここで，ひとつ注意を喚起しておきたいことがある。それは，ローザ・ルクセンブルクが，1893～94年にかけて「労働者保護立法」という論稿を残していることである。それは，ポーランド語の『労働者問題』第5～6号に掲載されている(小林勝責任編集『ローザ・ルクセンブルク全集』Ⅰ，2012：35-92)が，1893年のチューリヒでの国際会議での労働者保護問題の議論と関連があるかもしれない。

ローザは，この論稿のなかで当時のポーランドの女性と児童労働についてつぶさに語り，次のようにいう。

……労働者階級が最も緊急に必要としている女性と子どもの保護に関す

4）クライスは，女性問題と労働者階級の運動をむすびつけることに反対し，男性は女性の敵であるといった。彼女は労働者階級の運動への女性の参加に反対し，決議案の思想は，非現実的であり有害であると主張し，これをベルギーのH.H. van Kolが支持した(Krivoguz = Translated, Belskaya *et al*., 1989：121)。

る我が国の1884年，1885年，1886年の法は，女性に関してはほとんど手をつけず，子どもに関してもわずかにましな程度である。数カ月前に発布された新しい法も，この点において何ら変わっていない。見るところ政府は，女性と子どもの労働者にはすでに必要以上に対処したと考えているようである。しかし，我々はそのようには受け取らないし，受け取ることもできない。

労働者の全世代の健康と延命のために，我々は次のような法を要求しなければならない。

1　14歳以下の児童就労を全面的に禁止する。

2　女性および18歳以下の年少者による夜間就労を全面的に禁止する。

3　女性の就労は1日8時間まで，年少者の就労は6時間までに制限し，朝食，昼食，夕食のために適切な休憩を取ること。

4　休日には連続36時間にわたって女性と年少者の就労を禁止する。

5　最低，産前2週間，産後6週間の女性就労を禁止し，賃金を差し引かず，かつ医師や助産婦の援助と産院を保障する。

6　例えばタバコ工場，マッチ工場，印刷所，製紙工場などのように，労働者や医師により設備が最も劣悪と認められた工場や，最も有害な業種における女性および年少者の就労を全面的に禁止する。

これらの要求の幾つかは，後述するように，例えば8時間労働と同様に，労働者すべてに共通の要求である。しかし，我々は，とりわけ我々の中で最も弱く，労働や貧困の軛に最も潰されやすい女性や子ども，年少者のために，特別に法を要求して闘わねばならないのである（小林勝責任編集『ローザ・ルクセンブルク全集』Ⅰ，2012：53-54）。

姫岡は，ツェトキーンの女性労働者保護要求について，「保護法によって形成されたのは，近代国民国家の要請にかなうジェンダー化された女性像，つまり，①国力増強のために健康な子どもを産む母，②保護を必要とする脆弱な存在であるがゆえの二流の補助労働力，③居心地のよい家庭をつくる妻であった。」といい，「保護法における女性労働のジェンダー化推進という側面は階級に従属するか，あるいはその背後に隠れ，問題視されることはなかったのである」(姫岡 2009：120) といったが，同じ言葉をここでローザにも繰り返したとしたら，ローザは何ときりかえしただろうか。

2) 第4回ロンドン大会 (1896年)

第4回ロンドン大会は，1896年7月27日～8月1日まで開催された。西川は，「ロンドン大会の一つの特徴は，多数のイギリス労働組合活動家，ハインドマン以下121名の社会民主連盟員，トム・マンら117名の独立労働党員と並んで，フェビアン協会からバーナード・ショウ，ウェッブ夫妻，ラムジー・マグドナルドなど22名が出席したことである。6日目の午前中が，教育・健康問題の討議に当てられ，義務教育費・給食・児童保護・教育環境の整備等々について，シドニー・ウェッブ，ケア・ハーディー，第1回・第3回大会で女性解放の熱弁をふるったことのある，ドイツの女性運動指導者クララ・ツェトキーンなどが議論したが，それは他の大会では見られぬ光景であった」(西川 2007：273) と書いている。

この第2インターナショナルの第4回大会では，1896年7月31日に，大会に参加していた女性代表たちの非公式特別会議がひらかれた。公式記録にはないが，『平等』から多くの情報を得ることが出来る。また，下記のロシア語文献[5]から情報が得られるので，不足分はそれらで補って，要点を紹介する。

まず，ロンドン大会については，1896年5月13日付けの『平等』(*Gl.*, 6. Jg., Nr.10：74) に「信任者」(Vertarauenspersonen：本書第6章，第7章で説明済み) オッティリーエ・バーダーの名で，ドイツの女性にも広報され，同号に，「ロンドンでの国際社会主義者労働組合大会のための決議」がクラーラ・ツェトキーン，エンマ・イーラー，エリノア・マルクス-エイヴリング，アーデルハイト・ポップの名で同大会組織委員会に出されている。この大会では，国際的社会主義労働組合会議が開催されたことがわかる。

『平等』同年8月5日付け (*Gl.*, 6.Jg., Nr.16) には大会の結果が報道され，8月

5) Академия Наук СССР Институт Истории: *История Второго Интернационала II*, Москва, 1966, стр. 373.

19日付け（Nr.17）に，この大会では，女性代表者の特別会議が7月31日に開催されたことを報じている。

この特別会議には，イギリス，スコットランド，ドイツ，オランダ，ロシア，U.S.A.，ポーランドから約30名の代表が出席した。会議の基本問題は，女性の労働組合への参加であった。会議は，イギリス製鋼労働組合書記ヒックスの報告を聞き，参加者は，女性にも男性とともに単一の労働組合に加盟するようよびかけ，また，社会主義政党の女性労働者の中での活動を強化して，女性労働者を階級闘争に参加させる必要性を訴えた。さらに会議は，ブルジョワ女権論を批判し，女権論は女性労働運動に有害な影響を与え，女性労働者の利益とは無縁のものであるとした。また，会議は，女性社会主義者の国際的連携のために，国際的通信活動を組織することを決定したが，これは実現されなかった。

初の第2インターナショナルの国際的女性会議の情報はこの程度しか知りえない。

このように，1896年，第2インターナショナルは初の国際的女性会議に類する会合をもったのであるが，それは，以後10年あまり立ち消えとなった。

3）クラーラが，マルクスの息子フレデリック・デームートと会う

1896年の大会でクラーラ・ツェトキーンがロンドンに行った時の逸話が残されている。それは当時から明らかにされていたことではなく，30年以上を経た1929年の時点でのクラーラの手紙に書かれていて，1934年にスターリンによって封印されていたものであった。

その逸話というのは，このロンドン大会の機会に，1889年の創立大会でクラーラの演説を英語とフランス語に通訳したマルクスの末娘エリノア・エイヴリングが，フレデリック・デームート[6)]を，クラーラに自分の異母兄とし

6）1851年ロンドン生まれのフレデリック・デームートは，エンゲルスの子として育てられていた。エンゲルスが死（1895）に際してマルクスの子であるということを明らかにしたことは知られている。エリノアは驚き，その後クラーラに会った最初の機会にこの事実を彼女と共有し，フレデリックを彼女に紹介したのである。フレデリックは，1929

て紹介したということである[7]。そのいきさつは次のようなものである。

1929年当時，モスクワのマルクス＝エンゲルス研究所所長であったダーフィト・リャザーノフが，コミンテルン執行委員として，モスクワにいたクラーラ・ツェトキーンにフレデリック・デームートに関する問いあわせの書簡を送った（1929年2月20日付け，RGASPI/558/2/195, Bl.2, Nr.181）[8]ことにはじまる。ツェトキーンは，1929年2月27日付でリャザーノフに次のように返信した（RGASPI/558/2/195, Bl.3-9）[9]。

——1896年にロンドンで第2インターナショナルの会議〔1896年7月27日～8月1日〕に列席した折，私は会議の終了後もさらに一週間かそれより長くそこに滞在していました。ある日のこと，私はトゥッシー[10]の「家」で一夕を過ごすことになったのです。それについては，私たちがことのほか急速に，心底うちとけた間柄になっていたということを申しあげなければなりません。私たちはまるでずっといつも顔見知りであったようでした。トゥッシーは私に対して，おしゃべりする時も手紙をくれる時も，率直で信頼しきっておりました。彼女が私をその夕べに招待してくれた時，彼女

年1月28日にロンドンに没した。リャザーノフのクラーラへの手紙はフレデリックの没後約1カ月を経ずして発せられている。クラーラの返事は間をおかずに出されている。

7）このことは，RGASPIアルヒーフの研究員ヴァレリー・フォミチョフが，1992年の旧ソ連・東欧の崩壊後，スターリンによって1934年に秘匿を指示され，半世紀余アルヒーフ地下で眠っていたこの問題に関するダーフィト・リャザーノフの調査記録（アウグスト・ベーベルの自筆書簡，フレデリック・デームート自筆書簡，クラーラ・ツェトキーン自筆書簡等）を発見公表したことによって明らかになった。

8）その要点は次のようであった。「ここに私は，（エリノアの『母違いの兄』に関して）最近話題になった問題についての，*„Vorwärts"*のカウツキー論文の写しをお届けします。私は，この種の『問題』に，元来余り大きな意義を認めないのですが，このことについて現実にいうべきことをもっている全ての人々の意見を知り，保存することが，歴史記述家としての私の義務だとこころえます。…そこで，私は，…この件についてあなたがご存知のこと全てを，ご教示頂きたいのです」。

9）リャザーノフは1931年にスターリンよって嫌疑をかけられ失脚し，1938年に処刑され，これらの書簡を活用する機会はなかった。なお，これら手紙の訳は，大村，窪ら編（2005）の付録，CD-ROMによる。訳者の名前はないが，下記邦訳はそれをもとにし，私の感覚からしてクラーラの不自然と思われる言い回しを単純化してある。

10）マルクスの3女エリノアのこと。

は言ったのす。「ねえ，あなたは絶対に来てくださいね。あなたをびっくり仰天させるものがあるのです」と。その日エイヴリング家には私の他にさらに2・3人の友人が招かれていて，私たちは思い思いにかたまっておしゃべりしておりました。トゥッシーが私をちょっと脇へ連れていきました。「ちょっと待ってね。びっくりするわよ」。それから彼女はひとりのやや若い，痩せた男の人の手を引いて私のところに連れてきました。覚えている限りでは，彼は少し前屈みになっていたように存じます。「さあ，クラーラ，兄を紹介するわ。母は違うんですけど。ニムとモールの息子です。あなたはきっとその話を知っているわね。すてきな人よ。ちょっとお相手してね」。トゥッシーはそこを離れ，「フレディ」は明らかに当惑しておりました。私たちは会議や新しい労働組合運動について少しおしゃべりしました。――少したってからトゥッシーが「母違いの兄」(„Halbbruder") のところへ戻ってきました。「父と『将軍』が私たちの母への思いやりから嘘をつき，黙っていたことは知っているわね。ふたりがそうしたのは正しいことでした。自分を犠牲にしてもいいほどにカールを愛していたのだけれど，『ミームヒェン』〔エリノアの母，イェニーの愛称〕はやはりそれに耐えられなかったでしょうから。でもこの若い人が私たちと全く切り離されてしまったことは，本当に残念でなりません。母の死後，私たちに，少なくとも私には，ありのままを話してくれてもよかったのに。父がそうしてくれなかったのはまだわかります。イェニー（ロンゲ夫人）と母の死にあまりにも打撃を受け，昔の話を思い出す余裕などなかったでしょうから。でも，モールの死後，『将軍』とニムが相変わらず黙っていたのは，本当に理解できません。あの時この人をもっと私たちに近いところに引き取っていたならば，彼にとってどんなによかったことでしょう。私たちの中に迎え入れて，私たちの仲間になじんでくれるよう，骨を折ってみます。彼は私を信頼してくれています。気持ちの良い，繊細な人です。彼は目覚め始めています。まず労働組合運動に参加してもらうことにしました。仕事をうまくこなして，活躍してくれると思います」といったのです。

クラーラは1929年の手紙で，その33年前（1896年）のエリノアの異母兄に

写真8-2　フレデリック・デームート

対する言葉を甦えらせたのである。それればかりではない。さらにクラーラは，この手紙でエリノアの自死の2年前の様子を生き生きと描き出している。クラーラは続ける。

——忘れがたいといえば，当時ロンドン滞在中にトゥッシーと一緒にすごし，一緒に仕事をした様々な思い出も同様です。とりわけイーストエンドで重労働に従事する「ユダヤ系ドイツ」労働者のために私たちが共同で催した集会のことは。トゥッシーはそのころ花咲く生命力そのもの，飽くことない活動意欲そのものでした。第2インターナショナルとイギリス労働運動が発展してゆく未来への喜ばしい希望そのもの，そしてエイヴリングと二人三脚の幸福な共同作業によって歴史の持続的な進歩に貢献しようとする彼女自身の活動についても，喜ばしい未来を全身で信じておりました[11]。

少なくとも1896年，エリノアと一緒に仕事をしていて，エリノアが「エ

11）大村他（2011：31）は，「エンゲルス，そしてマルクスの末娘，エリノア・エイヴリングや19世紀最後の3分の1期のドイツおよび国際労働者運動のほかの傑出した代表者とツェトキンが旧知の間柄であったからこそ，ロシアの社会民主主義者で，歴史家，情熱的な文書蒐集家そしてマルクス／エンゲルス研究者であったダーフィト・リャザーノフが，1929年2月20日付けで彼女に手紙を送ることになったと言ってよい」と書いている。また，ヘッカー（Hecker 2008, 143）の研究では，ツェトキーンの回想では，リャザーノフと彼女がはじめてコンタクトをもったのは，おそらく，1890年のチューリヒでの短い滞在であったという。ということは，私の推測では，クラーラが，パリを去り，ドイツに帰国する途中，健康を害して，スイスのノルトラッハにある保養所に入った時に，チューリヒで会ったのではないかと思われる。

イヴリングと二人三脚の幸福な共同作業」をしているとクラーラには，見えたのである[12]。しかし，エリノアの悲劇はそのあとわずか2年で起きている。1898年4月1日，エリノアは自らの手で命を絶ち，クラーラは『平等』1898年4月13日号（*Gl.*, 8. Jg., Nr.8：59）に追悼文を書いている。

クラーラは，パリ滞在時代を含めて，マルクスの3人の娘，イエニー，ローラ，エリノアと息子フレデリック・デームートとの4人姉弟のすべてと知り合っていたのであった。

1896年，クラーラがフレデリックに会った時，クラーラは39歳，フレデリックは45歳であった。

(2) 第5回パリ大会（1900）と第6回アムステルダム大会（1904）

1）　第5回パリ大会（1900）

第2インターナショナル19世紀最後の第5回大会は，1900年9月23～27日まで，再びパリで開催された。クラーラは，かって亡命者としてオシップとともに住み2人の子どもを産み育てたパリへ11年ぶりにやってきたのである。彼女は，開会式でフランス語とドイツ語間の通訳としても働いた。

この大会では，ルイーゼ・ツィーツが「女性労働者の保護」の問題について発言しており，「女性社会主義者は，保護は，女性の利益のみならず，全労働者階級の利益であるということを認識してきた。なぜなら，女性が女性労働者として保護される場合に，彼女が女性として，母としても保護されるからである。女性の経済的保護はまた，彼女の政治的解放の不可欠の前提条件である。……それゆえに女性もまた労働者階級の解放闘争に参加しなければならず，そして，その目的のために，女性に社会的領域と全く同じく政治的領域でも運動の自由が与えられなければならない」（*Pr.Paris*,1900：13）とのべた。

なお，パリ大会にはローザ・ルクセンブルクも出席し，民族間の平和

12）その2年後，1898年3月31日，エリノアは，42歳で毒薬を飲んで自殺する（ヴォロビヨワ他著 1967＝岩上訳 1968：249，都筑 1984：345-370）。その姉，ローラ・ラファルグも，夫とともに，1911年1月26日に服毒自殺をした。エンゲルスから相続した遺産を使い果たしたからとジョル（1955＝池田他訳 1974：93）はいっている。遺書のなかにポール・ラファルグは「70歳になったら死ぬことをまえまえから決心していた」と書いていた（ヴォロビョワ他 1967＝岩上訳 1968：185）とのことである。

(Völkerfriede), 軍国主義と常備軍について報告した(同上：27)。

9月27日午後, フランスの女性社会主義者たちが, クララ・ツェトキーンに, 通訳としての非常に緊張を要する, 献身的な仕事ぶりに感謝して, 赤い蝶結びのリボンのついたすてきなフラワーアレンジメントを贈呈し, 喝采を浴びた(*Pr.Paris*,1900：28)。

ちなみに, この大会の女性労働者への告知は,「信任者」オッティリーエ・バーダーによって,『平等』誌1900年5月9日付け(*Gl.*, 10. Jg., Nr.10：73)で行われていた。しかし, 会議を終えての報道は, 同誌には掲載されていない。

2） 第6回大会：1904年8月14日～20日, アムステルダム[13]—片山とプレハーノフ

1904年2月4日, 日本の連合艦隊が, 旅順郊外のロシア艦隊を攻撃して日露戦争がはじまった。そのさなか, 第2インターナショナルの第6回大会は, 8月14日から20日までアムステルダムのコンセルトヘボウで開催された。ドイツからは, クララはもちろん, ローザ・ルクセンブルクも参加した(*Pr. Amsterdam*, 1904：4のドイツ代表団の名簿に記載あり)。

8月14日, 大会の冒頭で, オランダのヴァン・コールから, ロシア社会主義労働党のプレハーノフ, 日本のセン・カタヤマ(片山潜)が参加していること, フランス語—ドイツ語の通訳にクララ・ツェトキーン, 英語—フランス語の通訳にスミスがあたることが紹介された(同上, 7に通訳の紹介あり)。開会の部で, これまで6カ月にわたって交戦状態にあったロシアのプレハーノフと日本の片山潜が立ちあがって握手したことは日本でも語り伝えられている[14]。片山は英語で演説した。

13）*Pr.Amsterdam*, 1904.

14）その時の様子を, 片山潜は,「万国社会党大会報告」として「平民新聞」1904年10月9日付けに載せている。また, その28年後, 1932年, アムステルダムにおいて反戦世界大会が開かれた時, 片山が演説しているが, その中でも1904年のことを回顧し「私はロシア労働者の代表であったプレハーノフと握手した。私は日本の労働者の名をもって演説し, そして国際プロレタリアートの連帯性の厳かな誓いをなしたのである。私の演説は, ローザ・ルクセンブルクによってフランス語に, クララ・ツェトキーンによってドイツ語に訳された。」(片山　1954：314)と書いている。同じ時のことを袴田里見は「片山潜は,『そこで私が一場の挨拶をしたけれども, そのときに, なにしろドイツ語に翻訳してくれたのはクララ・ツェトキーンだったし, フランス語に翻訳してくれたのは, ロ

写真8-3　1904年アムステルダムのインターナショナル大会で（前列　左：片山潜，右：プレハーノフ，後列　中央：ローザ・ルクセンブルク，右：ビクター・アドラー）

片山はその日のことを，後に『自伝』のなかで，次のように書いている。

14日は晴天にして朝10時より音楽堂に来会したる代表者の数は5百余名，当日の会長はバン・コール，副会長は露国代表プレカノフ氏及び小生の二人，大会の幹事ツルールストラ氏報告の演説を為し，万国の労働者が一室に相会し四海皆兄弟の実を挙げることを述べ，殊に現時敵国なる日露人プ

ーザ・ルクセンブルクだから，これは私の話した内容よりもっといい話をしてくれたんだろう』と私たちにいって笑ったことがあります」(袴田 1968:70)とのべている。しかし，『自伝』の年譜の1904年には，「演説は，ローザ・ルクセンブルク及びジャン・ジョーレスによって翻訳された」と書かれている（片山 1954：347)。議事録には冒頭に書いたとおり，フランス語—ドイツ語の通訳にクララーラ・ツェトキーン，英語—フランス語の通訳にスミスがあたるとあって，ローザの名は出てこない。文献と片山の回顧はかみあわない。この辺の考証は，西川（1995：59）によっても行われている。西川は，そこで，「クラーラ・ツェトキーンが活躍したことは間違いなく，彼女のドイツ語への通訳は，ときに演説者本人より雄弁だったと言う。ローザ・ルクセンブルクが片山の演説の仏語訳を買って出た可能性は全くないとは言えない」と書いている。

レカノフ及び片山両氏が此の会の副会長と成り，共に人類の為に万国平和の為に一室に会するは此の上なき快事にとの言下に小生とプレカノフ氏と会長の前にて握手し，露国人と日本人は友人なることを公表せしに，満堂の拍手喝采数分間に及び，一旦我等は席に復したれども会衆は尚も拍手喝采を続けたるを以て，我々は立って再び握手し，以て満堂の激賛に報ゆ，(以下略)(片山 1954：235-236)。

この場面を，前章でも引用した『第2インターナショナル　1889-1914』の著者，英国人のジョルは「それは，万国の社会主義者同志間の連帯が政府間の敵対を超越していることを示す，感動的な象徴であるかのように思われた。しかし，この大会に出席した人々は，プレハーノフがほぼ四半世紀の間亡命生活を送っていたこと，また片山潜が日本の何ら影響力を持ち得ぬ小党派を代表していた事実を忘れていたのであろう」(ジョル　1974=池田他訳　1976：126) と書いている。しかし，この2人がそれ以外でこの場に立つことはあり得なかったのであって，2人のおかれた立場・事実を知っていてもなお人々は拍手したにちがいない。今私たちは，この2人が，アムステルダムでの握手の日までどのような思想的変遷をとげ，なにゆえに彼らの母国と一般の人々と同じかかわりをもつことができなかったかを知っている。かつ，彼らのその後の人生や，日露戦争から一世紀以上の歴史も知っている。その上で，もしその場に居合せることを想像するなら，やはり，熱烈な拍手を送ったのではないだろうか。

ちなみに片山潜は，1896年まで13年間米国で幾つかの大学に通い卒業するため日本を留守にしていたが，帰国後は1903年まで，7年間，労働運動や，日本の初期社会主義運動の中核にいて，社会政策学会の会員ともなり，その後米国から第2インターナショナル，アムステルダムに参加したのであった。

さらに，片山とプレハーノフは，この大会で，それぞれ演説をしている(*Pr. Amsterdam*, 1904：9-10)。クラーラは，このとき，プレハーノフと握手した日本人に注目したであろう。その10数年後，クラーラと片山は，コミンテルン執行委員会のメンバーとなる。

アムステルダム大会では，ドイツの女性代表たちによって提案された「女性選挙権にかんする決議」が採択されている。その決議は，「プロレタリアートが，国家や市町村での普通・平等・秘密・直接選挙権獲得のためにおこなっているたたかいにさいし，社会主義諸党は，女性選挙権を立法府の中で提案し，情報宣伝においても原則点を堅持しかつ強力に主張しなければならない」というものであった（*Pr. Amsterdam*, 1904, 54）。

1904年のアムステルダム大会の後，半年もたたない1905年1月，ロシアで第1次市民革命が起こった。日露戦争は1905年9月5日にポーツマス講和条約調印で終結したが，世界情勢の上に大きな変化をもたらした。英独間の対立が表面化した。英国は，1904年英仏協商，1907年英露協商を結び，1891年の露仏同盟と合わせてドイツを包囲する「3国協商」が成立した。ドイツはビスマルク時代に，オーストリア，イタリアと「3国同盟」を結んでいた。英仏は，エジプトにおける英国と，モロッコにおける仏国との優越権をみとめたが，ロシアは西方へ向かってバルカンおよび海峡を狙い，独奥と対立した。

1907年には，英露協商によって，ペルシャ，アフガニスタン，チベットに関して英露両国の妥協が成立した。「3国同盟」と「3国協商」とのあいだに戦争の準備が進められるが，その中心は英独の対立であった。

3　第7回シュツットガルト大会と第1回国際社会主義女性会議

(1) レーニンの出現

第2インターナショナル第7回大会は，クララ・ツェトキーンのすでに15年にわたる活動の根拠地，シュツットガルトで開催された。この大会で女性問題とかかわるキーワードは女性選挙権問題である。この大会でクララはじめてレーニンと会った。フィンランドのコウッカラ（Kuokkala）に亡命していたレーニンが，第2インターナショナルの大会にはじめて参加した（公式名簿には掲載されていない）のである。クララはそのときのことを後に「レーニンの思い出」のなかに次のように書いている。

（前略）人の特徴をみとるに特別の目をもっていたローザ・ルクセンブ

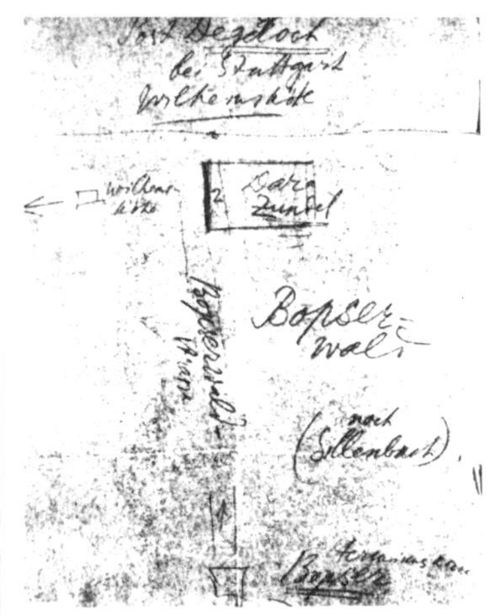

写真8-4　レーニン（1910）とジレンブーフへのクラーラの家への道順メモの一部

ルクが，レーニンを指して私にこういった。『あのひとをごらんなさい。あれがレーニンです。あの我意の強い頑固な人間をごらんなさい。あれこそは，ほんの少しばかりアジア型の血の混じった正真正銘のロシア農民のタイプの人間です。あの人は，山をも覆さねばやまない，あるいはそのためにおしつぶされないともかぎらない。しかし，あの人は，決して屈服する人ではありません』」と（Zetkin, *Ausgewählte* Ⅲ：90）。

このレーニンとの出会いからクラーラは個人的にもレーニンと親しくなる[15)]。

15）レーニンは，この時シュツットガルト郊外ジレンブーフに住んでいたクラーラの家を訪れている（Höpfher *et al.*, 1980：134-135）。その時，誰かが書いた「ダーチャ・ツンデル」（Datscha Zundel）へ行く道順や目印のメモが2枚残っている（同上：134, 写真8-4）。第6章ですでに述べたが，1911年の6月にも，当時パリに住んでいたレーニンは，ジレンブーフのクラーラの家を訪ねた。同年6月10日から17日までパリでボルシエヴィキ派の在外中央委員の会議が開かれ，ボルシェビキの出版所の経営や輸送にあたる国外の技術委員会と，全国協議会召集のための組織委員会をつくることが決められたのだが，レーニンは，シュツットガルトのクラーラに，これらのことを報告して，資金問題について相談しようとしたと考えられる（同上：151）。このへんのくだりは，ローザのヨギヘスへ

Internationale Sozialistische Frauenkonferenz in Stuttgart 1907

写真8-5　1907年のシュツットガルトでの社会主義女性会議参加者（前列白い帽子がクラーラ）

また，第2インターナショナルの中で，女性社会主義者たちの最初の公的な会議がもたれたのは，1907年のこの第7回大会の時であった。1896年のロンドンでの非公式会議のあと，1907年の第7回大会迄のプロレタリア女性の国際的連帯への準備は，それまで第2インターナショナルのすべての大会に参加してきたクラーラを指導者とするドイツ社会民主党の女性運動の中で準備された。

(2) 第1回国際社会主義女性会議

第2インターナショナルのシュツットガルト大会の期間は8月18日から24日までであったが，開会1日前の17日から18日に，第1回国際社会主義女性会議がもたれた[16]。女性会議は公式にはドイツ社会民主党の「女性中央信任者」オッティリーエ・バーダーによって招集された。

会議には英国，ドイツ，オーストリア，チェコスロバキア，フランス，ハンガリー，フィンランド，スイス，ノルウェー，スウェーデン，ベルギー，オランダ，米国等から58名の代表，さらに，ロシア，ポーランド，イタリ

の手紙に何度も現れる。

16）この会議（Die erste Internationale Konferenz Sozialistischen Frauen）については，Berichte an die erste Internationale Konferenz Sozialistischen Frauen, abgehalten in Stuttgart 1907, Berlin, 1907, を参照した。

アから非公式の代表が参加した。議長は，クラーラ・ツェトキーン，オーストリアのアンナ･ボーシェク，フインランドのヒーリャ･パルシネンであった。

議題は，第1に，各国の女性運動についての報告，第2に，女性運動の国際的連絡機関の設立について，第3に，女性選挙権獲得闘争についてであった。第1の議題について各国の代表が，それぞれの国の女性運動の状況を報告したが，内容的に見てプロレタリア的性格の女性運動が発達しているのはドイツであった。ドイツの報告は，当時女性が各地の政治活動に参加することを禁止されている状況の中で，約9,000人の女性がドイツ社会民主党に自発的に拠金しており，法律的に比較的自由が認められているザクセン，ビュルテンブルク，ハンブルク，バーデンでは，ドイツ社会民主党とむすびついた女性同盟が設立され，10,500人の同盟員をもっていること，労働組合には12万人の女性が組織され，ドイツ社会民主党女性機関紙『平等』の発行部数は7万部であることなどをつたえている。

8月17日の夜，会議は第2の議題をとりあげた。報告者はクラーラであったが，女性運動の国際的連帯のために，国際社会主義女性中央書記局を設立し，通信員が毎年その国における活動状況を通信することにしようと提案した。

ドイツのルイーゼ・ツィーツは，クラーラの提案に補足し，書記局はシュツットガルトの『平等』編集部に置くこと，そして『平等』を書記局の機関誌とすることを提案した。

これにたいし，クラーラと対立して『平等』編集部からすでに1901年に離脱していて修正主義と同調していたリリー・ブラウンは，すでに，本書第7章でふれたが国際社会主義女性書記局のような女性運動の特別の中心をつくることは女権主義への譲歩であるから，各国の通信員は，規則的に外国の党出版物に自国の女性運動の状態について書くことにしようと主張した。これは一種の方便であっただろう。書記局をおく提案に反対しきれないことを知ると，リリー・ブラウンは，書記局を，国際社会主義書記局のあったブリュッセルにおくよう矛盾した提案をした。ローザ・ルクセンブルクは，ブリュッセルにおける国際社会主義書記局の活動のありかたを批判し，中心をシュツットガルトの『平等』編集部におく提案を支持した。修正主義にひときわ鋭い感覚を持っていたローザはブリュッセルに本部を置くことは危険だと感じとっていたのである。かくて，リリー・ブラウンの提案が否決され，ツェトキーン・ツィーツの提案が採択され，女性書記局書記にクラーラが選出された。

8日18日に，第3の議題，女性選挙権問題がとりあげられた[17]。当時，女性選挙権は，ニュージーランド（1893年），オーストラリア（1902年），フィンランド（1906年），それに米国の若干の州以外は認められていなかった。各国の労働者党は，女性選挙権闘争を階級的立場からどのように位置づけ，どのような戦術規定を与えるかという問題で，多少の混乱をみせており，その問題をはじめての国際社会主義女性会議がとりあげ，統一見解を出そうとしたわけである。クラーラ・ツェトキーンは基調報告の中で，1902年ベルギーで，1905年オーストリアで，1906年スウェーデンで，社会主義党が女性選挙権のための闘争は無理であると判断して成人男子のための普通選挙権のみを要求したことをとりあげ，このような方針は，労働者階級になんの利益ももたらさず，党の，大衆への影響を弱め，女性選挙権獲得を困難にするものであること，イギリスのフェビアン協会員と独立労働党員が要求した制限選挙権は，ブルジョアジーを，労働者にたいするたたかいで強化し，団結させるものであることを指摘した。ドイツ代表は，性の差別や何の制限もないすべての成人の普通選挙権を，決議案として提出した。しかし，イギリスのフェビアン派と独立労働党員は，たたかいの戦術作成を各組織のおのおのの問題によって，各国ごとにおこなうことを認めるようにという修正案を出し，オーストリアの代表テレーゼ・シュレジンガーは，全女性の選挙権獲得のための闘争を成功裏に発展させうる明確な時と方法は，各国の党組織にまかせるべきだという対抗案を出した。しかし，イギリスの他の代表，ロシア，ベルギー，フィンランドの代表は，ドイツの決議案を支持した。ロシアのコロン

17）女性選挙権については，クラーラ・ツェトキーンは，すでに1906年マンハイムで開かれたドイツ社会民主党女性会議で報告を行いそれをもとに，1907年に『女性選挙権問題について』と題する小冊子を書いて（Zetkin 1907a），女性選挙権問題について理論的・実践的蓄積をおこたらなかったが，彼女の見解が国際的注目をあびたのは，この第2インターナショナル，シュツットガルト大会においてであった。

タイ[18]は，オーストリアの決議案は，女性選挙権の獲得をはばむだけでなく，プロレタリアートを2つの陣営に分かち，男性と女性の利害を分割することによって労働者階級の統一を妨げる危険なものであると指摘した。ドイツの決議案は47対11（反対は，オーストリア9人，イギリス1人，スイス1人）で採択され，この決議は，8月20日にひらかれた第2インターナショナル，シュツットガルト大会の女性選挙権問題にかんする委員会に提起された。

委員会では，オーストリアのヴィクター・アードラーが修正案を出したが，9対12で否定され，女性会議で採択された決議が，8月22日の議事日程にそのまま提出された。総会での報告者は，クラーラ・ツェトキーンであった（*Pr. Stuttgart,* 1907：120-121）。

8月18日から開かれた第2インターナショナルの本大会そのものは，5つの問題，すなわち，軍国主義と国際紛争，政党と労働組合との相互関係，植民地問題，労働者の移住，そして女性選挙権問題を議事日程に載せていた。女性選挙権闘争にたいして労働者党がどのような原則的見解をもつべきかという問題は，女性労働問題にたいすると同様，基本的にしてかつ論議の多い問題であった。ドイツ社会民主党においてはこの問題については党創立以来の長い論争の歴史をもっていた。また，クラーラ・ツェトキーンの晩年の著作『ドイツプロレタリア女性運動の歴史によせて』の補遺によれば，1893年の第2インターナショナル，チューリヒ大会でも，女性選挙権問題をめぐって女権論的傾向とマルクス主義的見解が対立したと書いている（議事録には載っていない）。クラーラは，その当時から，女性選挙権のための原則的で戦術的態度をめぐる論争はますます重要性をおびてきたといっており，1907年の決議を，女性選挙権にたいするマルクス主義的態度の最初の原則的な宣言であったと自ら評している。

クラーラの報告及び決議の内容について，たちいってみることにする。

18）コロンタイは，1907年の第2インターナショナル第7回大会（シュツットガルト）以後長きにわたってクラーラ・ツェトキーンと協力するようになった。ロシアの主流とコロンタイは各種考え方が，必ずしも一致しなかったが，1923年以降語学力を買われて外交を担当し，1933年から45年まではソ連邦のスウェーデン大使を務めてスターリン時代を生き延びた。以下折に触れて取り上げる。

(3) 女性選挙権に関する大会決議とクラーラの演説

1907年8月22日，クラーラ・ツェトキーンは，すでに，第1回国際社会主義女性会議で採択され，8月20日の委員会をも通過した女性選挙権問題に関する決議案をたずさえて登壇し，その決議の理由を説明する演説を行った。

シュツットガルト大会に提案され採択された女性選挙権にかんする決議は次のようなものであった。

1) 決議

国際社会主義者大会は，国際社会主義女性会議が，はじめてシュツットガルトで開催されたことを大いに喜び歓迎する。大会は，女性会議が提出した諸要求を支持することを宣言する。万国の社会主義諸党は，普通選挙権の実施のために，エネルギッシュにたたかう義務を有している。したがって，とくに，国家や地方や地方自治体の立法機関における選挙権民主化闘争もまた，プロレタリアートのために女性選挙権獲得闘争として指導されるべきものであると考える。この女性選挙権は，積極的に要求すべきものであり，煽動の場においても議会においても，力強く主張されるべきである。男性選挙権の民主化がすでに幅広く前進しているか，あるいは十分に達成されている諸国においては，社会主義的諸党は，普通女性選挙権を実施するためのたたかいをとりあげなければならない。もちろんそれとともにおそらく男性プロレタリアートの完全市民権のための諸要求をもとりあげ，たたかわなければならない。万国の社会主義女性運動の義務は，選挙権の民主化のために社会主義諸党が指導するすべてのたたかいに最大の力を発揮して参加することである。しかもなお，このたたかいのなかで普通女性選挙権は基本的に重要であり，実践的に影響をもっているので，これをまじめに擁護するために同じエネルギーをそそいで尽力することである。国際大会は，選挙権闘争をはじめようとしているあらゆる国に，それをはじめる時期について詳細に指示することは適切ではないと考えている。しかし，選挙権獲得闘争が指導される場合には，それは社会主義的諸原則にもとづいて指導されるべきであり，したがって男女の普通選挙権という要求で指導されるべきであるということを宣言する。

（*Pr. Stuttgart, 1907*：40，Zetkin, *Ausgewählte* I：344-345）。

次に，この決議を理由づけるクラーラ・ツェトキーンの演説をみることにしよう。

2） 決議理由のためのクラーラ・ツェトキーンの演説（全文）(Zetkin 1907e)

以下の全文は，演説であるので，くどさや，繰り返しに，読者は辟易するかもしれない。段落もなく長く続く部分は，私の判断で，＊を入れた上で段落を細分した。この演説は，採択すべく提案した決議の理由を述べるのに，クラーラが，いかに必死であったかの雰囲気が伝わってくる。この演説は彼女の女性問題に関する演説や論稿の中で，もっともクラーラ・ツェトキーンらしさを表出しているものの一つであると私は考えている。

私は，みなさんに，女性選挙権委員会の討議について報告し，また，第1回国際社会主義会議（国際社会主義女性会議のことを意味している：伊藤）によって，47対11票で採択された，上記の決議の提案理由を示さなければなりません。

＊女性社会主義者は，女性選挙権を，それが獲得されるなら，女性の自由で調和的な生活の発展と生活活動のまえに立ちはだかっているすべての社会的障害をとりはらうことができるというような問題のひとつであるとは評価していません。なぜなら，女性選挙権は，そのもっとも深い根源そのもの，すなわち，人間の，他の人間による搾取と抑圧の基礎である私有財産制に手をふれてはいないからです。そのことは，政治的にはすでに解放されてはいても，社会的には隷属し，搾取されている男性プロレタリアの状態を瞥見しただけでわかります。プロレタリア女性の自由な解放と調和的発展にとってもっとも困難な社会的障害となっているものは，階級対立から生じているのですが，女性の選挙権が承認されたとしても，搾取するものとされるもののあいだのこの階級対立は止揚されはしません。しかも女性選挙権は，資本主義制度のなかで，男女間の社会的対立から，女性

にたいして生ずる諸矛盾をとりのぞきもしません。その反対です。この矛盾とは，さまざまの種類の矛盾であり，そのうちのもっとも広い範囲にわたり，しかももっとも苦難にみちた矛盾は，職業活動と母親としてのつとめとのあいだの矛盾なのですが，男女の完全な政治的同権は，これら諸矛盾が発展し激化する地盤を用意するのです。

＊ですから私たち社会主義者にとって，女性選挙権は，ブルジョア女性にとってのように「最終目的」ではありません。しかし，私たちは，女性選挙権の獲得を私たちが最終目的をめざしてたたかうなかで熱烈に要求すべき一段階と評価しています。選挙権は，ブルジョア女性たちの教育と行動の可能性を，男性優先の形にとじこめている制限をうちやぶることによってブルジョア女性をたすけました。選挙権は，プロレタリア女性が階級的搾取と階級支配に反対して完全な人間性の獲得のために先頭に立っている闘争において，プロレタリア女性たちを武装させています。選挙権は，資本主義制度を転覆し，社会主義制度を建設し，そこではじめて女性問題に解決を与えようとするプロレタリアートの政治権力獲得をめざすたたかいに，プロレタリア女性たちがこれまで以上に大規模に参加することを可能としています。

私たち社会主義者は，女性に本来的にそなわっている自然権として女性選挙権を要求するのではありません。私たちは，変革された経済活動，変革された社会的存在，そして女性の人間としての意識のなかに根拠をもった社会的権利としてそれを要求するのです。古きよき時代の家政をつかさどる主婦は，資本主義的生産によって，昔ながらの小部屋へと追いこまれてしまいました。職業女性，わけても，経済活動と社会的生産のまっただなかにある女性賃労働者が，主婦にかわって女性の経済活動に関して社会的にもっとも重要な形態を代表する典型となっているのです。すべての資本主義諸国の職業統計と産業統計がその変化を反映しています。以前には，女性が自家生産したものが，家族の消費と福祉のために用いられていました。いまでは，彼女が勤勉にその手で生みだしたもの，彼女がその頭で必要性や快適さや美しさを工夫したものが，商品として社会の商品市場に現れますし，数百万という女性自身も，みずから労働力の販売者として，もっとも重要な社会的商品として，社会の労働市場に登場するのです。これとともに，家族や社会においての彼女の地位にひとつの変革が起こっています。

＊女性は家政から解放されて，生活費のかせぎ手となりました。彼女は，実際に，家族の外で生計をたてることができ，家族や夫からの経済的独立をかちえたのです。しばしば，家族は，彼女にもはや十分な生計の資を提供しはしませんでした。男性と同じように――しばしば男性より苛酷な条件のもとで――彼女は，彼女に敵意をむきだす生活とのたたかいに一歩も後に引けませんでしたし，内外の生活苦が，彼女にたたかいを強いたでありましょう。このたたかいのなかで，彼女は男性と同じ完全な政治的権利を必要としたのです。というのは，そのような権利を武器として彼女はみずからの利益を守ることができ，また守らねばならなかったからです。彼女の社会的存在とともに，彼女の感情や思想の世界も変革されました。彼女は，女性が数百年の長きにわたって自明のこととしてうけ入れていた政治的無権利状態を，まぎれもない不正として感じるようになりました。歩みののろい，苦痛にみちた発展過程をへて，女性は，古い家族生活の束縛から公的生活の領域に登り出たのです。彼女は，完全な政治的同権を――それが選挙権に現れているように――社会生活に不可欠のものとして，また社会的成人宣言として要求しました。選挙権は，女性の経済的独立に，どうしても必要な政治的な相関概念（Korrelat）なのです。

このような事態に直面して，政治的に無権利な全女性が，普通女性選挙権獲得のために一致団結してたたかうと人は思うにちがいありません。しかし，そうではないのです。ブルジョア女性たちは，男女の完全な政治的同権という原則下に，一致して結集することすらしません。彼女たちは，普通女性選挙権のために整然とした力として，全力をあげてたたかいはしません。そのことは，根底においては，女権論者の陣営内の指導者の無理解や，先見の明のない戦術のせいではありません。たとえ，それから少なからぬ影響を受けているとしても。それは，女性の世界の内部にも異なった社会諸階層があることの不可避的な結果なのです。そしてたんに，選挙権を獲得しようとする目的だけでなく，選挙権の価値自体もまた，女性が属している社会階層によって異なるのです。選挙権の価値は，財産の大きさに反比例します。それは，上流社会の女性にとっては最小限の価値しかありませんが，プロレタリア女性にとっては最大の価値をもつのです。

＊そこで，女性選挙権獲得闘争もまた，階級闘争によって支配されるのです。全女性の統一的闘争はありえません。特に，それが，血のかよわない原則ではなく，まれにみる具体的で生きいきした内容，すなわち普通女性選挙権そのものに関係している場合でもそうなのです。私たちは，ブルジョア女性たちにその生来の本性を超越することを期待できません。ですからプロレタリア女性は，彼女たちの市民権をめざすたたかいにおいて，ブルジョア女性の支持をあてにはできないのです。階級対立は，プロレタリア女性がそのたたかいのなかで，ブルジョア女性運動にくみすることを不可能にしました。

＊それとともに，プロレタリア女性が，女権論者たちが，普通女性選挙権のためのたたかいで，統一して別行進をしているのを打ち負かそうと，遅れたり，並んだりして位置をとったり，撥ねつけようとするべきではありません。しかし，プロレタリア女性たちは，選挙権を，男性にたいする，階級の区別なしの女性のたたかいのなかではかちとることはできないということ，性の区別のないあらゆる搾取者にたいする，性の区別なしのすべての被搾取者のたたかいにおいてのみかちとることができるのだということを明らかにしなければなりません。

プロレタリア女性たちは，普通選挙権獲得闘争のなかで，万国の社会主義諸党が力強い同盟者であることに気づきました。社会主義諸党が女性選挙権の味方をするのは，イデオロギー的・倫理的考慮からくるものではありません。それは，歴史的認識，とりわけ，プロレタリアートの階級の位置（Klassenlage），プロレタリアートの実践的闘争の必要性にたいする理解からくるのです。プロレタリアートは，階級意識にめざめ，団結し，訓練され，かつ社会的な交戦権で武装した女性の参加なしにはその経済闘争と政治闘争にうちかつことはできないのです。工業にますます多くの女性労働者が雇用されているおかげで，女性労働者も訓練されかつ組織された階級的闘士として参加する場合にだけ，多くの工業で，賃金闘争を実行しうるでしょう。そして，プロレタリアートの政治活動，政治闘争もまた，女性によって担われるにちがいありません。搾取するものとされるものとのあいだの階級闘争の激化は，女性が階級意識にめざめ，プロレタリアの政治的解放運動へ参加したことの意義をぬきにしては当然考えられないことです。労働組合組織の強化は，——ブルジョア的希望にみたされたおろかものが期待したように——社会平和をもたらすのではなく，大規模な工場閉鎖と大ストライキの時代をもたらしました。

＊プロレタリアートが，目的意識的に政治活動の協力者となったことは，政治闘争の最高度の先鋭化，すなわち新しい闘争方法と闘争手段をとり入れた事態の切迫化という結果をもたらしました。ベルギーやオランダでは，プロレタリアートは，政治的大衆ストライキによって，その議会闘争を補わなければなりませんでした。ロシアではプロレタリアートは，それと同じ武器を革命闘争のなかで実験し，すばらしい効果をあげました。オーストリアにおいては，プロレタリアートは，選挙法改正をかちとるためには，立て銃（つつ）(Gewehr bei Fuß) の姿勢をとって，大衆ストライキという革命闘争手段を準備しなければなりませんでした。大ストライキ，大工場閉鎖，特に，革命的な大衆ストライキは，プロレタリアートに多大の犠牲をはらわせます。そしてこの犠牲は，同様に所有階級も，同じことで，ストライキやぶりを雇っても避けることはできません。かれらは，いっぱいにみたされた金袋をもってしても支払い不可能です。それは，別々にたたかっている階級のどの構成員も各自が担わなければならない犠牲なのです。

＊ですから，革命的大衆ストライキは，プロレタリアートの妻たちも，歴史的分別をもって犠牲の必要性とその意味を十分知ったときにのみおこなわれうるものです。輝かしいオーストリアの選挙権闘争は，まさに，女性プロレタリアートに社会主義的信念が浸透することがどんなに重要であり，どんなに不可欠のものであるかということ，犠牲の喜びと英雄的気概からどんな結果が生ずるかということを示しました。その闘争は，プロレタリア女性の熱心な協力なしには勝利をうることができなかったでしょう。私たちのオーストリアの兄弟の成功は，本質的には私たちのオーストリアの女性同志たちが闘争のなかで示した忠誠，労働と犠牲の喜び，そしてたたかいの美徳としての勇気のたまものであるということを特に指摘してお

かなければなりません（「ブラボー！」）。

以上，概略的にのべた事情から，プロレタリアートは，男女の政治的同権にたいして実際的生活の利益をもち，女性の完全な市民権をめざすたたかいをせざるをえないことが結論されるのです。このたたかいは，女性大衆を鼓舞し，彼女たちに階級意識について教える手助けになりました。女性選挙権を承認することは，プロレタリア女性がプロレタリアの階級闘争へ目的意識をもって参加するための前提なのであります。同時にそれは，男性プロレタリアートの啓蒙や組織化と同じ熱意をもって，女性プロレタリアートをもっとも強い力に煽動し，めざめさせ，結集し，訓練する気風を生みだします。

＊女性が政治的に無権利であるかぎり，女性はまたしばしば弱きものとみなされます。それにもかかわらず女性が政治活動におよぼしうる影響は支持されるのです。議会活動の取り引きでは，ただ投票用紙だけが流通価値をもっています。政治闘争で議席と投票数のみを計算している先見の明のない人びとは，男性プロレタリアートを階級意識をもった活動に目覚ませる努力を，時間，力，手段のあまったときにだけ社会民主党が承認すればよい一種の慰み，ぜいたくとみなしたのです。先見の明のないかれらは，女性の世界においても階級闘争が発展し，プロレタリア女性が彼女の兄弟の味方として目的意識的に階級闘争をたたかいぬき，このことがプロレタリアートに議論の余地ない階級利益をもたらすことを見落としているのです。女性を解放して，議会の議席のための一票を与えねばならなくなったその瞬間から，私たちの戦列のなかでももっとも先見の明に欠ける人びとにとってさえ，この利益は明らかになるでしょう。プロレタリア女性の票目当てにあらゆる党の競争が始まります。なぜなら，プロレタリア女性は女性の過半数を構成するからです。しかし，社会主義諸党は，党の啓蒙活動によってあらゆるブルジョア諸党をうち負かすよう配慮しなければなりません。そして，女性の市民権獲得のための党のたたかいは，この方針でなされているのです。

＊フィンランドにおける選挙権闘争の歴史と，男女の普通選挙権のもとに指導された最初の選挙権行使がそのことを実証しました。女性選挙権こ

そは，大衆の無知という最後のそしておそらくもっとも強固な要塞において，広範な女性プロレタリア大衆の政治的無関心と政治的たちおくれに突破口をひらくひとつの主要な手段であります。そしてまさに，このような要塞こそ私たちは取りこわさなければならないものなのです。なぜなら，この要塞によってプロレタリアの当面の闘争がさまたげられ，損害をうけており，また，階級の将来がおびやかされているのですから（「ブラボー！」）。

しかし，階級闘争が激化した私たちの時代には，社会主義諸党はどのような女性選挙権を獲得するためにたたかうのかという疑問が生まれます。数年まえには，この疑問は根拠のないものと思われたでしょう。人びとは，女性選挙権一般のためにたたかうと答えたでしょう。なぜなら，当時，制限女性選挙権もまた，ただ中途半端なものとして，また不十分ではあるがひとつの前進として，しかしともかくも女性の政治的解放のための一段階として評価されたのですから。今日ではもはや，こうした無邪気な把握はできません。今日では，社会主義諸党は，かれらが普通女性選挙権獲得のためにのみたたかうべきであること，制限選挙権とは政治的同権という原則を偽造したものであり，あざ笑ったものであるとして，きっぱり拒否すべきであることを，力強く宣言しなければなりません。以前には，直感的に実施されたもの――制限女性選挙権の導入によって，所有階級の権力姿勢を強化すること――が，いまや，意図的におこなわれています。ブルジョア諸党内には，女性選挙権にたいする原則上の反対をくじく2つの傾向が作用しています。

＊すなわち，1つは，市民権獲得をたたかわなければならない大きな範囲のブルジョア女性世界の内外の生活苦の増大であります。2つは，たたかうプロレタリアートの政治的前進にたいする恐れが増大していることです。制限女性選挙権の実施は，こうした状況のもとで，ひとつの救助策としてあらわれたのです。プロレタリアートは，所有階級の男女間の和睦のための費用を支払わねばなりませんでした。所有階級は，制限女性選挙権の実施に注目しました。なんとなれば，かれらは，たたかうプロレタリアートの政治的力の増大からみずからを守るべきひとつの壁として，制限女性選挙権に期待したからであります。まず第1に，ノルウェーでの経過が

このことを示しました。社会民主党の指導のもとでたたかっていた前進するプロレタリアートにたいして，自治体代表をえらぶ普通選挙をこれ以上与えずにいることができなかったときに，この改革は制限女性選挙権の実施によって損なわれたのです。ブルジョア政治家によって歯に衣を着せずに，女性の財産リスト作成選挙権（Zensuswahlrecht）が，男性の普通選挙権への対抗物であるべきだということが，宣言されました。……（ママ）

私たちは，制限女性選挙権は，女性の政治的解放の第1段階というよりはむしろ，所有階級の政治的解放の最後の段階だと思います。それは，所有者の特権であって，普遍的権利ではありません。それは，女性を女性だから解放するのではなくて，女性であるにもかかわらず解放するのです。それは，女性を個人として，完全な市民にまで高めるのではなく，むしろ，財産と収入の担い手として高めるのです。ですから，大多数の女性大衆は，政治的に隷属したままであり，彼女たちの隷属だけは，別口座（ein anderes Konto）となります。しかし，それは，無権利なままに放置されたプロレタリア女性以上に，プロレタリア階級の問題です。制限女性選挙権は，所有階級の複数投票（Pluralvotum）としての働きをし，所有階級の政治的力を強めます。ですから，制限女性選挙権が，実践的には普通選挙権によるプロレタリア女性の政治的解放への第一歩であるとして評価することは適切ではないのです。いいえ，その反対なのです。それは，所有者の政治権力を高め，プロレタリアートのために性の区別なく選挙権のより広範な民主化をおこなうのとは反対の方向に向かって進んでいる反動勢力の力を強化します。それに加えて，ブルジョア女性を，希望がかなえられたものとして，全女性の政治的同権のたたかいから分離させます。行政上あるいは立法上の団体に対しての制限女性選挙権が与えられているどの国でも，政治的に解放された女性たちは，彼女たちの貧しい姉妹たちの市民権のために，すなわち，普通女性選挙権のために全力をあげてたたかってはいません。プロレタリアートの増大する力に対抗する防波堤を，制限女性選挙権の実施によって築こうとする反動的傾向が各所でますます増大すればするほど，ことがらのこういった関連について，プロレタリア女性を啓蒙することがますます必要になってきます。肝要なことは，彼女たちが，女性に対する公平という言葉のもとに，自分自身や彼女たちの階級の利益に反する不正のために，手仕事や牛馬を使う労働に誘惑されるのを避けることです。

女性選挙権にたいする私たちの主張は，いささかも女権論的見解ではなく，むしろ，プロレタリアートの大衆的なそして階級的な要求であります。私たちの要求は，社会民主主義党の選挙綱領全体の有機的な部分であって，原則的にも実践的にも等しく重要なものであります。ですから，いつでも，たんに女性選挙権要求のためにだけ煽動がおこなわれるべきでなく，とりわけ，社会主義諸党が政治的民主主義獲得のために指導しているあらゆる選挙権闘争と結合してたたかわなければなりません。このような理解にもとづいて，委員会の多数派は，あらゆる選挙権闘争がまた同時に女性選挙権獲得闘争として指導されなければならないと決議したのです。プロレタリア女性の権利もプロレタリアの男性の権利も，共同闘争によって獲得されるはずのものです。とりわけ，フィンランドにおける選挙権闘争がそのことを示してきました。女性選挙権の要求は，目的にかなった配慮から，事情しだいでは，最初からたたかわないでプロレタリアートの選挙闘争から分離すべきだとか，あとまわしにしたりすべきだとかいう見解を，委員会の多数派は認めることはできませんでした。所有階級は，神々のたそがれ的な気分になって，プロレタリアートのあらゆる選挙権要求に対抗しました。所有階級は，選挙権のもっとも控えめな民主化でさえも，かれらの階級支配の終了のはじまりであるとみなし，それに対してもっとも強い抵抗をするのです。たたかいの最後を決するのは，社会主義的選挙要求の性格や範囲ではなく搾取する階級と，搾取される階級の力関係です。

＊私たちに勝利を保障するのは，私たちの賢い決断や節制などではなく，私たちの要求の背後にあるプロレタリアートの力です。その結果，つぎのような疑問が生じます。すなわち，私たちの全体的選挙権綱領の提出，特に女性選挙権の要求は，社会主義政党や，プロレタリアートの力を強めることに役立つのかどうかという疑問です。私たちは，この問いにたいして，せいいっぱいの熱意をこめて力強く「そうだ」といいます。社会民主党がその選挙権闘争をより原則的に指導すればするほど，社会民主党は，人民

のますます深く広い層を煽動し，かれらを革命化し，忠誠で誠実な行動のなかでかれらを信頼感でみたし，闘争目標にむかう感動でいっぱいにするのです。さらに，司教杖（Stäbe）について古い伝説が語ったこと，まとめられた束は壊れない，を繰り返します。

＊社会民主党が選挙闘争のなかで，彼らの利益を主張している政治的に無権利な者たちの数が多ければ多いほど，政治的に無権利な者たちの勝利を期待している無産者が多ければ多いほど，社会主義の戦闘に勝つために役立とうとする男女の闘士の軍勢はますます増大します。そして，ひとつの要求というものは，全国のプロレタリアートの半分の人びとの市民権に最大限有効な効果がなければならないのではないでしょうか。その半分の人びとは，ブルジョアを教育しなくてはならないのに，ブルジョアの会議からしめだされており，いまや入場許可を要求して議会の扉をトントンとたたいているのです。社会民主党が女性の権利のために指導した選挙権闘争は，より広範な基礎，より広大な目的，より大きな勢力と打撃力をかちとっています。それは古い，根強い偏見との対決をせまって大衆をふるいたたせたのです。そして，ついに選挙権闘争は，私たちの敵の陣営に，危機と分裂をもたらしました。それは，所有階級の男女間の社会的対立を現実のものとしたのです。ですから，私たちは，プロレタリアートの独自の階級的利益において，社会主義諸党は女性選挙権の原則的承認を越えて，実践のなかで原則を転換する闘争を精力的に続けなければならないという信念をもっています。それとともに女性選挙権のために，どこかある国の社会民主党が都合が悪い時期にも，強引に選挙権闘争を始めるべきだと決していってはなりません。まったく同様に，どの選挙権闘争においても女性選挙権問題が決定的役割を演じなければならないとか，選挙権闘争が，女性選挙権か，しからずんば無か，というような合言葉で指導されるべきだとかいってはなりません。プロレタリアの選挙権闘争のなかで，女性選挙権がどれほど重要な役割を演ずるかは，多かれ少なかれ，各国の全体的歴史的状況にかかわっているのです。社会主義諸党は，原則として，あらゆる要求獲得のために選挙権をたたかうべきであり，これらの要求をプロレタリアの利益において原則的に高めなくてはならないのです。そして，

社会主義諸党は，その力をどれぐらい反対者から奪いかえすことができたかという戦利品を持ちかえるのです。重要なことは，女性選挙権が，原則として要求されること，かつ，大衆のなかでの煽動においても，議会においても，要求の意義にふさわしい力強さで主張されることです。私たちは，そういうふうにしても，たいていの国では，普通女性選挙権の獲得が今日明日には実現されないことを知っています。しかし，私たちは，それによって，将来の勝利が準備されることを確認しました。しかし，社会主義女性は，女性の市民権獲得のためのプロレタリアのたたかいにあって，精力的に前進する力でなければなりません。

＊たんに彼女たち自身が，もっとも献身的にプロレタリア選挙権闘争に参加するという意味においてだけでなく，むしろ，彼女がプロレタリア女性大衆を確信をもった協力者としてその闘争に導き入れるということによってです。彼女たちが，女性プロレタリア大衆を，たたかう兄弟の戦列に引き入れることによって，彼女たちは，女性大衆自身が選挙権を望んでいるということ，またプロレタリア女性が選挙権をまちがいなく使用するまでに成長しているという二通りのことを証明力をもって宣言しました。私たちは，女性選挙権獲得闘争において，臆せずに，前向きに進もうではありませんか。女性選挙権をめざすたたかいは，女性プロレタリアートが，階級意識ある政治活動にめざめるのに役立ちます。そしてそれは，プロレタリアートとその解放闘争の現在と将来にとって大きな意味をもつものです。目的意識ある女性闘士は，忍耐強い十字架の担い手や，鈍感な奴隷女ではなく，力強い男女の闘士の世代を育てあげるでしょう。まさに，女性には，彼女の体から復讐者がよみがえるということができるのもしごく当然のことであります。

＊すなわち女性が，たんに自分の乳房によってだけではなく，自分の頭脳の大胆な思考によって，また女性の心の情熱的な希望によって育くんできた子どもたちがよみがえるのであり，将来いつの日か母親にとってかわるにとどまらず，たたかいの節操においても母親にまさっている男女の闘士が復活するのです（嵐ような拍手喝采）。

「シュツットガルトの国際社会主義者大会　1907年8月18～24日」

Pr.Stuttgart,1907：40-47
（Zetkin, *Ausgewählte* Ⅰ：344-358から訳出）

上記演説の要点は，まず第1に，彼女は社会主義者は女性選挙権問題を原則的立場からどのようにとりあつかうべきかについて論じている。彼女によれば，女性選挙権の承認それ自体は，私有財産制にふれるものではなく，階級対立を止揚するものでもない。だから，社会主義者は，女性選挙権を，ブルジョア女権論者のように最終目的としてではなく，最終目的にむかうたたかいの一段階として評価しなければならない。このような視点で女性選挙権をみれば，それは，ブルジョア女性が男子の特権にいどむたたかいを助け，プロレタリア女性の搾取と階級支配に反対し，完全な人間性の回復のためのたたかいを準備し，彼女たちがプロレタリアートの資本主義制度の転覆と，政治権力の獲得と社会主義社会の建設のためのたたかいに参加する能力を与えるものである。

第2に，彼女は，女性選挙権を要求する根拠について述べている。彼女は，女性選挙権を，自然権としてではなく社会的権利として要求するものであり，社会的権利は，女性が賃労働者として男性とならんで，社会的生産にたずさわることによって，権利として要求され得るものとなると考える。

第3に，女性選挙権闘争をたたかう主体を労働者階級におき，ブルジョア女性運動から区別すると同時に，女性選挙権がプロレタリア階級全体にもたらす成果が大きいことを論じている。

第4に，彼女は当面問題になっている「制限選挙権問題」について社会主義諸党がどのような態度をとるべきかを問題にしているが，この部分が，演説の中核となっている。当時，第2インターナショナルの一部で，制限女性選挙権も，女性の政治的解放のための第一段階であるとして評価する者がいたが，彼女の演説はこの見解を批判することを目的としていた。彼女によれば，制限女性選挙権はブルジョアジーを利するものであった。

女性選挙権闘争にたいして労働者党がどのような原則的見解をもつべきかという問題は，女性労働問題にたいする場合同様，重要にしてかつ論議の多い問題であったのだが，当時社会主義者の中での女性選挙権をめぐる論争点は，主として戦術上の問題であった。シュツットガルト大会での論争点もやはり戦術上の問題をも含むつぎの2点であった。

ひとつは，制限女性選挙権の要求を擁護する見解（イギリスのフェビアン協会派と独立労働党）であり，もうひとつは，女性選挙権の要求を前面に出さずに，男子の普通選挙権だけをたたかうという見解（オーストリアのヴィクター・アドーラー，アーデルハイド・ポップ）であった。クラーラ・ツェトキーンは前述の決議理由のための演説の中で，この両見解に反論した。クラーラは大会の前から，「オーストリア人は，日和見主義的に，便宜上の考慮のために原則を犠牲にしている。……女性選挙権をも同様に精力的に主張するなら，煽動の規模と国民運動の力とを，弱めるどころかかえって強大にするであろう」といっていた。

第2インターナショナルのこの大会に初めて出席したレーニンは，「オーストリアの社会民主主義者とドイツの社会民主主義者のこの論争から，読者は，一貫した原則的，革命的な戦術からすこしでも後退することに，すぐれたマルクス主義者はどのように厳格な態度をとっているかを見ることができるのである」といってクラーラの見解を評価している（『レーニン全集』Vol.13：81-82）。

さらに注目すべきことは，クラーラ・ツェトキーンの演説は，単に上記の2つの異なる見解の反論を中心内容としているだけではなく，とくに前半の主要部分は，ブルジョア女権論的女性選挙権要求との思想的・論理的相違を明確に云いあらわしている点である。この演説を貫く視点は，むしろ女性選挙権をめぐるブルジョアイデオロギーとの闘争にあったように思われる。彼女は，女性選挙権闘争の戦略的位置づけを行い，女性選挙権を社会的権利としてとらえ，意識的に，ブルジョア女権論の思想と理論に対置させた。このことは，第1に，女性選挙権の要求をブルジョアジーが自らの階級利益のためにとりあげる気配をみせているということ，第2に，女性運動内部にあらわれた修正主義思想が，ブルジョア女権論と癒着する傾向にあることを，当時の時代的背景からよみとるならば，非常に重要な意味をもっていたわけである。

4　第8回コペンハーゲン大会と第2回国際社会主義女性会議

1910年の第2インターナショナルのコパンハーゲン大会は，1907年のシュツットガルト大会と並んで，国際女性会議を持ったという点において女性運動にとっては特別な意味を持つ大会であった。わけても第2回国際社会主義女性会議は，国際女性デーの決議によって今日にもつながりをもつ大会であった。

(1) 第2回国際社会主義女性会議

1910年8月26日～27日，第2インターナショナルのコペンハーゲン大会にさきだって，第2回国際社会主義女性会議か開催された。この会場には，17か国から約100名の代表が参加した。コペンハーゲン（デンマーク）でひらかれたこの2度目の社会主義女性会議は，国際女性デーにかんする決議を採択したことで知られている。

まず会議の経過を見ることにしよう。ドイツ社会民主党中央機関紙『フォアヴェルツ』1910年8月28日ならびに30日の附録は，「第2回国際社会主義女性会議」を特集している。それによれば，会議は，8月26日に，デンマークのマック夫人によって開会され，次にクラーラ・ツェトキーンが発言した。議事日程に入るまえに，クラーラ・ツェトキーンの提案で，フィンランドにたいするツァーリズム（Zarism）の抑圧にたいする抗議の決議を採択した。決議は，ブルジョア民主主義的自由のためのたたかいにおいて，政治ゼネストのはたす役割を強調し，フィンランド人民の自由と独立へのたたかいは，ロシア革命の歴史の一章であり，ロシア革命の勝利だけが，フィンランド人民およびツァーリズムの抑圧下にあるあらゆる民族の自由をもたらすことを宣言していた。

次にコロンタイ[19]が，女性会議が4つの主要テーマをとりあげられること

19) コロンタイは，1908年12月から1917年3月まで亡命生活を送り，1909-10年はドイツ（主にベルリン）にいて，ドイツ社会民主党の党員でもあった。この会には，ペテルブルクの北部工業地区紡績女性労働者の代表として参加している（アレーシン1990＝渡辺訳 2010：38-39）。

写真8-6　第2回国際社会主義女性会議コペンハーゲン（1910）（中央コロンタイ，その右クラーラ）

写真8-7　コペンハーゲンでのコロンタイ（1910）

写真8-8　第2回国際社会主義女性会議(1910)の会場となったコペンハーゲンの建物

を提議した。4つとは，女性選挙権，母子保護，平和運動，そしてより改善された国際組織委員会について，である。女性選挙権問題にかんする議論は，翌27日も続けられたが，イギリス代表は，ここでも女性のための制限選挙権の要求という戦術を会議が承認するようにと提案したが孤立し，3年前，シュツットガルトで採択された決議と基本的に同じ内容の決議案が，90対10で採択された。

つづいて，国際女性デーの決議が採択されるわけであるが，この部分は，『フォアヴェルツ』には，「ツェトキーン＝シュツットガルトが，毎年，あらゆる国で女性デーを開催するよう提起した」，「つづいて，共通の女性デーの開催を要求するツェトキーン＝シュツットガルトの決議が万場一致で採択された」とあるのみである。ただしこの決議文は，『フォアヴェルツ』にも，第2インターナショナルコペンハーゲン大会フランス語版議事録中の女性会議の決議集にも掲載されておらず，クラーラ・ツェトキーンの編集する『平等』誌上にのみ発表された（*Gl.*, 20.Jg., Nr.24,1910.8.29：378）。

1910年8月29日の『平等』24号は，冒頭に「コペンハーゲンでの国際会議」という記事を載せた。しかし，主要記事の中においてではなく，「運動から」という恒常的一般記事のなかの，「コペンハーゲンにおける国際社会主義女性会議における女性選挙権問題へのドイツの女性同志の提案」という，ともすると見落とされがちな長文のなかに，小見出しもない文章としてさりげなく挿入されていた。記事の執筆者名が，ガシーィエ・ポーティアンと入っており，決議文の提案者は，クラーラ・ツェトキーン，ケーテ・ドゥンカー，その他の女性同志たちとなっている[20]。

国際女性デーの決議の次に，ケーテ・ドゥンカー提案の母と子のための社会的配慮への諸要求を指摘した決議が，つづいてクラーラ・ツェトキーン提案の平和のために戦争に反対する決議が採択された。

戦争反対の決議は，パリ（1889年），ロンドン（1896年），シュツットガルト（1907年）のインターナショナルの諸会議の精神にそったものであった。

20）その文言は『平等』8月29日付けにドイツ女性同志からの「提案」として掲載され，10月10日付けに「決議」されたことが記載されている。

会議は最後に，国際女性組織の中心に再び『平等』誌を位置づけ，クララ・ツェトキーンを国際女性書記局員に再選し，諸決議を採択したおり，そのなかに「国際女性デー」及び「平和のために」の決議があった。

(2) 国際女性デーの決議

クララ・ツェトキーンの名は，現在，日本では，かろうじて国際女性デーの創始者として知られている。

クララ・ツェトキーン，ケーテ・ドゥンカーによって，第2回国際社会主義女性会議に出された国際女性デーの決議案は，次にみるように簡潔なものであった（Zetkin 1910k）。

> すべての国の女性社会主義者は，自国のプロレタリアートの，階級意識をもった政治的組織や労働組合組織と合意の上で，毎年，女性デーを開催する。女性デーは，女性選挙権のための啓発活動に役立てることを第一とする。その要求は，社会主義的見解にふさわしいすべての女性問題との関わりで光を当てられなければならない。女性デーは，国際的性格を持たなければならず，注意深く準備されるものとする。
>
> クララ・ツェトキーン，ケーテ・ドゥンカーおよび女性同志たち
>
> （*Gl.*, 20.Jg., Nr.24,1910.8.29：378 = Zetkin, *Ausgewählte* Ⅰ：480より訳出）。

この文案が満場一致で採択された。この内容には，第1に，国際女性デーは，たんに女性だけでなく，自国の労働者階級を代表する政治的組織や，労働組合組織とともに行われるということが明記してあり，第2に，国際女性デーが，女性選挙権問題をはじめとするあらゆる女性問題にわたる要求をとりあげるよう指示し，第3に，国際的連帯のもとに行われるべきことがつけ加えられている。

1911年以降の，国際的な女性運動の動きをみると，1910年の国際女性デー創始のもつ歴史的意義の大きさにあらためて驚かされる。なぜなら，国際女性デーは，第2インターナショナルの時代を越え，コミンテルンを越えて，今日においては，1977年以降国連の定める国際デーとなって，国際的，およ

び各国の女性運動に受け継がれ，その時々の歴史的課題にむけて幅広い女性によってとり組まれているからである。

国際女性デーの創始は，クララ・ツェトキーンの思いつきによるものではない。国際女性デー創始のもつ意味については，当時の歴史的背景と，女性運動の国際的連帯の到達していた一定の局面との2つから説明されなければならないだろう。

まず，当時の国際社会主義運動の情勢をみると，1907年のシュツットガルト大会以来，第2インターナショナルの日和見主義は強まり，年とともにますます帝国主義ブルジョワジーとの直接的協調に傾いていった。帝国主義二大陣営間の軍備拡張競争が激化し，戦争の危険がさしせまったものであるにもかかわらず，第2インターナショナルの諸大会で確認された国際社会主義の戦術は，実行に移されなかった。このような中で，1910年のコペンハーゲン大会は，ふたたび戦争の危機の問題をとりあげた。大会は，シュツットガルト大会でこの問題にかんして採択された諸決定を承認し，議会で軍事予算に反対するということを決定した。その補足として，社会主義諸党には，軍備縮小と軍備撤廃，仲裁裁判所による国家間の紛争の審理を自国政府に要求することが勧告され，また，戦争の脅威にたいする万国労働者の一致した連帯的抗議を組織することも勧告された。言葉のうえでは，第2インターナショナルの指導部は以前の原則的立場に立ちつづけており，修正主義は理論的には否定されてはいた。しかし実際には，西ヨーロッパの社会主義政党の指導者は中央主義の立場に移っていた。指導部の中央主義的政策は，第2インターナショナルから闘争能力を奪いつつあり，第2インターナショナルの諸党は，社会主義革命の党から社会改良の党へと変貌しつつあった。総括的にいえば，当時の第2インターナショナルの問題点は，理論的には革命的路線に賛同しながらそれを実践に移さないという右派および中央派の態度にあった。国際女性デー創設の決議は，第2インターナショナルの女性運動に，実践，すなわち，国際的共同行動を提起したという点で，重要な意味をもっていたというべきであろう。しかしこの意味については，クララ・ツェトキーンら一部のもの以外，第2回国際社会主義女性会議そのものも，それほど深く把握していたとは限らないのである。

国際女性デーの創始のきっかけにもなったと考えられる女性運動の国際連帯の段階であるが，国際女性デーの創始について積極的に提案をしたのは，第2インターナショナルシュツットガルト大会の代表となったアメリカの女性社会主義者であった。このことについては次章で詳しく取り上げる。

(3) 平和闘争のための決議

なお，この第2回社会主義女性会議で，国際女性デーの決議とならんで，「平和闘争のために」と題する決議も採択されたが，これもクララ・ツェトキーンが起草したものであった。その決議は次のようなものである(Zetkin 1910n)。

平和闘争のための決議

コペンハーゲンで開かれた社会主義女性の第2回国際会議は，戦争に反対するたたかいの問題については，パリ，ロンドン，およびシュツットガルトの国際社会主義大会の討議の基礎のうえに立つものです。会議は，資本主義的生産様式によってひきおこされた社会的諸矛盾を戦争の原因とみなしています。そういうわけですから，私たちは，平和の保障を，ひとえに，プロレタリアートの精力的な，目的を的確にとらえた行動と，社会主義の勝利に期待しています。

シュツットガルトの国際社会主義者大会の決議の精神をくんで，この平和の保障に協力することは，女性同志たちの特別の義務であります。この目的のために，私たちは，戦争の原因とその基盤――資本主義制度――および社会主義の目標にかんする女性プロレタリアートの啓蒙を促進すべきであり，それがもとになって全労働者階級の内部で権力の意識が強化されるようにしなければなりません。労働者階級は，今日の社会経済生活のなかではたす役割の力のゆえに，特定の状況では，平和の保障のために権力を確立することかできるし，また確立しなければなりません。この目的のために，私たちの子どもたちを社会主義者へと教育することを通じてもまた，たたかうプロレタリアート，この平和の部隊が，ますます強大になり，そしてその数を増すように配慮しなければなりません。

（*Gl.*, 21.Jg., Nr.1,1910.10.10：9 = Zetkin, *Ausgewählte* Ⅰ：481より訳出）。

この決議は，第2インターナショナル，コペンハーゲン大会に先立って，女性会議が，帝国主義戦争に反対する問題に関していち早くシュツットガルト決議をうけつぐことを宣言したものである。この決議は，戦争の原因は資本主義制度の矛盾にあり，平和の保障は社会主義制度にあるという基本的考え方を示したものとして重要な意味をもっていた。

しかし，この決議そのものは，『平等』の「国際女性デー」の決議とは別の箇所に掲載されていた（*Gl.*, 21.Jg., Nr.1,1910.10.10：9）。

『平等』の1910年10月10日号は，「コペンハーゲンでの第2回国際女性会議の決議と決定」を箇条書きで示して，そのなかにクラーラ提案の決議が位置づけられている。

項目を示すと，

Ⅰ　フィンランド人の自由のためのたたかいへの連帯の説明。
Ⅱ　平和の維持に関連する決議。（ここに，「平和のためにの決議」全文が掲載されている：伊藤）
Ⅲ　女性選挙権。
Ⅳ　母と子の社会的保護。
Ⅴ　その他。

である。

5　第9回バーゼル臨時大会（1912）とそれ以降

(1) バーゼル臨時大会とクラーラの演説

1）　バーゼル臨時大会

1912年10月，第1次バルカン戦争が起きた（1913年5月終結）。セルビア，ブルガリア，ギリシャ，モンテネグロの4国がロシアの仲介で「バルカン連盟」を作ったことがきっかけで，オスマントルコとの間に戦争が始まった。トルコの後ろにはドイツとオーストリア，「バルカン連盟」の後ろにはロシア，

写真8-9 バーゼルのミュンスター

さらに英と仏が加わる。

ドイツの皇帝の主導する世界政策は，資本主義の急速な発展を背景にして植民地と市場の拡大を狙い，当然，英・仏と対抗することになり，建艦競争，ナショナリズムも高まった。ドイツは，バグダード鉄道の建設を通じてオスマン帝国にも影響を広げようとする。それに対して，英露仏でドイツを包囲する「3国協商」と，独奥伊の「3国同盟」が対立した。結局，第1次バルカン戦争は，露の「汎スラブ主義」と，独の「汎ゲルマン主義」との対立でもあるし，「3国協商」と「3国同盟」の対立ともいえた。両者とも，バルカン諸国の民族独立の機運を利用して利権の拡大を図っていた。1913年春までにトルコの敗北がはっきりすると，列強が介入して13年5月にロンドン条約により休戦した。

第2インターナショナルは，バーゼルに緊急大会を招集し，シュツットガルトとコペンハーゲン会議での反帝国主義戦争の決議が繰りかえされた。ところで，この大会について西川は次のように書いている。

> 1912年11月，帝国主義戦争の脅威が増大する状況の中で，第2インターナショナルは，バーゼルで臨時大会をひらいた。会議の会場は，当時の名で「城代屋敷（ブルクフォークタイ）」，のちの「人民の家」に決まった。1912年11月24日，午後2時「城代屋敷」に集まった人々は，ミュンスターに行進した。「3時，鐘が鳴り響き，オルガンがベートーヴェンの平和賛歌をかなでる中，人びとは本堂へと進む。上方に何千という灯がきらめき，巨大な内部と人びとを薄く照らして明暗に沈め，色とりどりのステンドグラスからは光の条が幻のように落ちる」，「教会の外でも，あふれ出た一万を越える人びとを前に，

しつらえられた四つの演壇から，各国の代表が次々と所信を訴えていた」(西川1989：80, 81, 82) と。

この臨時大会で1912年11月25日，クラーラ・ツェトキーンが，帝国主義戦争に反対する旨の演説をした。

クラーラは，「戦争に反対するたたかいにおいて，女性の助力なしですますことができるだろうか」と問い，プロレタリア女性の母親としての子どもにたいする教育的役割を強調しながら，帝国主義戦争に反対し，社会主義の勝利の日まで，女性がたたかいつづける決意のあることを述べる。彼女は，「資本主義の民族国家はプロレタリアートにとっての真の祖国ではないが，私たち女性にとってなおさら祖国ではない」との言葉をのこしている。

この時の演説は，すでに，五十嵐顕による翻訳がある (Zetkin 1912i = 五十嵐1964：122-128) が，多くの社会民主党員が呑みこまれていくことになる帝国主義戦争の本質と，ジェンダー／ナショナリズム／インターナショナリズムに関するクラーラの見解を示す重要な内容であるので，五十嵐の翻訳をもとに，私が再度原典 (Zetkin, *Ausgewählte* Ⅰ：564-569および*Pr. Basel*, 1912：34-36) で確認し，翻訳したものの全文を掲げておく。

2)　クラーラの演説

私は，すべての国の社会主義者の女性の名において，次のように宣言しなければなりません。

固く結ばれた，一致した目標において，偉大な社会主義インターナショナルに結集している私たちは，いま，みなさんの一切の活動とたたかいをともにすることを，私たちの義務であり，私たちの栄誉であり，そして私たちの幸福であると感じます。私たちが，みなさんと格別に喜びにみちて一緒に活動するときがあるとすれば，みなさんが世界のプロレタリアートを，戦争に反対する神聖な十字軍に導こうと欲している，この時期がまさにそれであります。このさい，私たちは，みなさんと一緒であり，私たちの存在のすべて，私たちの意識のすべてをともにしています！ それは，まさに，私たちが女性であり，母親であるからです！ 社会諸関係が，時のたつにつれてどんなに変化したとしても，新しい人間の生命を生み，保護し，育てるという任務は，何十万年を通じて私たち女性とともに進んできたのです。この任務は私たちの重荷でもあり，また私たちの幸福でもあります。普遍的な人間性の発達，普遍的な文化理念の個人的表現として，私たちのなかに生きているすべてのものは，近代戦争におけるさしせまった大量破壊，すなわち，人間生活の大量絶滅といった考えを見抜き，怒り，身ぶるいして反対します。

すべてこの生命は，いつか母の胸にだかれていたのではなかったでしょうか。また嬉しいときも悲しいときも，母によって世話されたのではなかったでしょうか？

進行しつつある災禍を前にした戦慄のあまり，疑問が私たちの口をついて出てきます。いったい，事もあろうに，このような死の事業をたくらむ犯人は何者でしょうか。犯人を探しているとき，私たちは，錯綜した社会関連のもとで，新時代の戦争，切迫した世界戦争の主犯としての資本主義に思いいたります。現代においては，資本主義的秩序こそ，人食鬼であります。戦争は大量殺戮の拡大延長にほかならないのであり，資本主義はいわゆる平和の時でも，たえずプロレタリアートに対する罪を犯しています（嵐のような拍手）。くる年もくる年も，資本主義的発展をとげたすべての国々において，何十万という犠牲者が，すなわち流血の戦争がくいつくすよりも多数の犠牲者が，短期間に労働の戦場で倒れています。そして私たち女性は，自らこのようないけにえを，ますます多くささげているのです。私たちの公民権運動の資料までもが血で書かれています。しかしもう一つ別のことを，私たちは認識しています。住民の大量虐殺という，この恐ろしい不名誉は，資本主義によるプロレタリアート住民の大量搾取が，最も犯罪的，最も狂気じみた形態をとったものだということです。互いに虐殺させるために，欺かれ，けしかけられ，互いに盲目にされてひっぱりまわされているのは，労働者大衆の息子たちではないでしょうか。かれらこそ，同じ自由のためのたたかいにおいて兄弟であり，同志でなければならないのです（嵐のような拍手）。

この犯罪にたいして，私たちは女性として，母として反抗します。私たちは，こなごなにされ，切り刻まれた肉親の肉体に思いを致すばかりでなく，戦争に必ずつきまとう精神の大量殺戮をも重視します。私たちが，母として子どもの魂に種まきしたもの，文化や人間性を発展させるうえでもっとも貴重なものとして，子どもに伝えてきたものを戦争は脅かします。それは国際的連帯の自覚であり，諸民族連帯の自覚であります。この理想は戦争のなかで，侮辱をうけ，よごされ，さらに絶やされます。私たちはそれに抗してたたかい，岩のように堅い，理由のある確信の力をもってたたかいます。このたたかいにおいて，私たちはあなたがたと同じ戦列に並んでいます。いや，それ以上です。戦争に反対するたたかいにおいて，女性の助力なしですますことができるものでしょうか(「そのとおり！」)。わたしたちは，みなさんに未来と勝利を導くのです。母たる私たちが，戦争に反対する深刻な気持で，子どもの心を充たし，この感情にもとづいて幼いころから，社会主義的友誼の自覚をその心に植えつけるならば，重大な危機にのぞんでどのような世間の力も，この理想を子どもの心からひきはなすことはできない時がきます。なぜなら，私たちの息子や，娘は，私たちの肉体の子どもであるばかりでなく，私たちの心の子どもとして成長するでしょうし，私たちの気高い理想は子どものなかに生き続けるでしょう。彼らは極度の衝突と危険の時でも，なによりも彼らのプロレタリア的，人間的義務を思いおこすでしょう。これらの義務は彼らの最高の規範となるでしょう(そのとおり！)。

私たち女性と母が大量殺戮に抗して立ちあがるのは，私たちが利己主義や臆病で役立たずだから，偉大な目標のために大きい犠牲を払えないということではありません。私たちといえば，資本主義秩序の実生活の荒波をくぐってきており，このなかでたたかう女性へと成長しています。私たちは，私たち自身の血を差し出すよりも，いっそう困難な犠牲に応える力量をもっています。したがって，もし自由の問題にかかわるとなれば，そのためにたたかい，たたかって倒れる覚悟はできています。このようなたたかいにたいして，女性大衆が，かの伝説的な古代の母が「楯を持ってか，それとも楯の上にのって帰れ」といいながら，むすこに楯を渡したというあの気概で充たされるようでありたいのです。私たちの火急の気遣いは次の世代（Geschlechts）の精神的発達にあるべきです。それは，私たちの息子にたいして，資本家や王家の利益や，少数者の利潤，支配権，名誉欲といった反文化的目的のために兄弟殺し（Brudermord）にならないように守り，同時に自発的な目的意識をもって，自由のためのたたかいに全存在を投入するほどに，力強くなり，成熟してくれるように守ることです（嵐のような拍手）。[21)]

みなさんが私たちを必要とするのは，私たち自身のためにもなることです。なぜなら，私たちは，力としてあなたがたの背後にひかえている大衆の一部分であるからです。発達した資本主義にとって，戦争準備と戦争は，現実の必然であり，資本主義はこれによって，自己の支配を確立しようと欲しています。このために資本主義は戦争に強力な効果ある手段：科学研究の成果，技術の極致，無限の資源と，幾百万の人間を，消費的に意のままに使用します。したがって，国際プロレタリアートが戦争に抗するたたかいにおいて成果をあげるには，ただ，彼らの側からもまた結束しうる一切の強力な手段を威力的な大衆行動の形で召集し，一切の諸能力を動員する時だけです。広範な規模の大衆運動は，プロレタリアートの女性なくしては考えられません。女性は大衆の一部であり，その半分であって，私たちは女性として，日常の仕事の場合と同じように，この困難な，危険の迫ったたたかいにおいてこそ，わたしたち自身の精神的，道徳的価値を発揮しなければならないのです。

同志のみなさん，この精神的，道徳的価値は，大衆が最大の個人的犠牲をはらって，私たちの理想を守るその時にこそ，まさに私たちはそれなしで済ますことはできないものです。大多数の女性が深い確信から，戦争反対のたたかいのスローガンのもとに進み出てきたとき，はじめて，平和は人民に確実なものになることができます。しかし，大多数の女性がこのス

21）五十嵐顕訳ではここに「みなさんが，私たちを必要とするのは，私たちが母であり，未来は私たちとともに来るという理由だけでありません。」という日本文が入っている。しかし，議事録にも，ツェトキーン選集にもこの文に相当する独文はみられない。

ローガンのもとに進み出るその日に，スローガンは抵抗できないほどの魅力をもつにちがいありません。

すべての国の女性社会主義者もまた，情熱的な感激を持って，戦争に反対するたたかいの旗のもとに結集しています。彼女たちの存在は，帝国主義が資本主義国家の一定の政策になればなるほど，このようなたたかいがますますプロレタリア解放の全事業の中心となり，その頂点となることを示すものであります。たたかいは，ますますはっきりと，大衆を結束するばかりでなく，さらに立派に大衆を訓練するのに役立っています。

プロレタリアートはその偉大な行動において，完成した，目に見える，頼られる力として現われてくるだけではありません。プロレタリアートの力は，そのたたかいとともに生まれもし成長もするのです。したがって，プロレタリアートの戦争に反対するたたかいは，成熟を増し，威力を伸ばす生きた源泉であり，また人民を搾りとり，奴隷化し，殺傷している資本主義が，社会主義に道を譲らざるをえない日が近づくのを促すのです。この戦争に反対するたたかいにおいて社会主義の未来の勝利が準備されるのです。まさにこの理由によって私たち女性は燃えるような心でたたかいに参加します。資本主義の国民国家はプロレタリアートにとって真の祖国でありませんが，私たち女性にとってなおさら祖国ではないのです[22)]。真の祖国は，私たちが私たちのために社会主義社会のなかで作らねばならないのです。その社会のみが人間の完全な解放の十分な条件を請けおうのです。はやる心と情熱をこめて，「社会主義よ，汝の世界よ来たれ！」と私たちは叫びます。したがって，私たちは戦争に反対するたたかいのなかでも，前進してくるもの，突進してくるものの足音に耳をかたむけ，みなさんの決意がいっそうかたく，いっそう自信にみちたものであればあるほど，私たちはみなさんの決意にいっそう喜んであいさつを送ります。とはいえ，私たちは共通の運動という経験を，無駄にすごしてきたのではありません。みなさんが巧妙で分別のある運動を敢行するとき，私たちは一緒でありま

22）この部分の原文は，Noch weniger als für die Proletarier können ja für uns Frauen die kapitalistischen Nationalstaaten das wahre Vaterland sein. である。

す。みなさんが勇敢に運動に取りくむとき，私たちは一緒です。息のある最後まで私のできることのすべてを，私たちの存在のすべてを，平和，自由，人類の幸福の大事に投入しなければならないとき，私たちがいないということはありません。私たちが仕える大きい理想は，ただわたくしたちが次の言葉の完全な影響を意識しているなら，実現できるでしょう。
「生命をかけないなら，生命を得られない！[23]。」(嵐のような長く続く拍手)
(Zetkin, *Ausgewählte* Ⅰ, 564-569より五十嵐顕訳(1964：122-128)を土台に，伊藤変更邦訳)

クラーラのこの演説は，女性として女性の視点から発言しているという特徴がある。生命，それを生みだし，育てるものとしての女性性を前面に出して，自分が生みだした命を脅かす戦争に反対するという単純な，わかりやすい構図になっている。ほどなく男性労働者階級が資本主義ナショナリズムの罠にはめこまれ，(帝国主義の)祖国防衛という考えに取りつかれるのを見透かして，労働者階級の祖国はそこではないのだと訴えている。[24]

反戦についていかようにも切り口があったと思うが，クラーラは，あえて女性の立場からの演説となっている。その取り上げかたは，今日のナショナリズムとジェンダー（例えば，上野 1998)，戦争とジェンダー（例えば，若

23) 五十嵐顕注：シラーの詩「ワレンシュタインの陣営」(1798) 第2場，にでてくる騎兵の歌のなかのことば(五十嵐 1964：15)。

24) 演説家としてのクラーラ・ツェトキーンに注目して，フンボルト大学に提出した学位論文のなかで，ドロテア・レーツは，1912年のこの演説に独立した章を設けている(Reetz 1978：60-70)。いくつか抜粋すると次のようである。クラーラは，ジョレス，ヴィーラン，ベーベルのあとで4番目の演説家，しかも唯一の女性として，11月25日午後に登壇した。彼女が演説したのは，ドーム（ミュンスター）の方ではなく城代屋敷のホール(Burgvogteihalle）であった。演説の構成は3つの部分を含む。第1の部分では，女性と母親の視点からの戦争批判が行れる。第2の部分は，演説の核心部であって，政治闘争における女性と母親の意味と可能性が説明される。第3の部分は，締めくくりで，帝国主義戦争の危険に反対するたたかいは，労働者階級の解放闘争の全局面で評価されるというものであった。この演説は，ルイ・アラゴンに感銘を与えた。レーツは「この演説は，計画的であると同時に，煽動的である，先行する演説や論稿で多かれ少なかれ展開，形成された原則的思考が，ここで的確な叙述を見出したのである」(Reetz 1978：68) と書いている。

桑 2005）として，議論されているテーマに接近したとりあげかたである。彼女の意図は，こうした視点からの提起によって，男女の労働者階級の意識の覚醒を狙ったのであろう。しかし「鳴りやまぬ拍手」も，すでに力とはならなかった。

バーゼル臨時大会は，勃発しようとする戦争，それはのちに第1次バルカン戦争と名づけられる戦争であるが，その戦争の帝国主義的性格を強調し，すべての資本主義国の労働者にたいして，帝国主義反対闘争を行うよう要求する決議を採択した。

3） アラゴン 『バーゼルの鐘』における「クラーラ」

このバーゼル大会とクラーラ・ツェトキーンを，一時期の人々に特に印象付けることとなったのは，フランスのアラゴンの小説『バーゼルの鐘』（1934）の「エピローグ　クラーラ」（アラゴン 1934＝稲田訳 1987：401-422）である。小説の中のクラーラの描写の一節を，稲田三吉訳（1987）によって引用してみよう。

> バーゼルに現れたクラーラ・ツェトキーンは，すでに50歳を越していた。彼女が過去に歩んできたその長い人生，長い物語は，だが彼女の将来にひらけるであろう人生や物語からみれば，とるに足りないものであった。
>
> 彼女は美しくはなかったが，彼女のなかには何かしら強いもの，女性を越える何ものかがあった。どちらかというと小柄な彼女は，その大きな眼鼻立ちによって人々を驚かせた。彼女の髪の毛はまだブロンドに輝いていたが，それは櫛でもヘアピンでも決してとめることができない重い髪なのであった。顔の骨格がはっきり出ていて，力づよい感じを与えた。群衆の中にいても，思わず彼女の方へ眼が向いてしまうといったようなところがあった。彼女は服装にはかなり無頓着なようであったが，縞模様のブラウスとか，両肩の上にあまりうまく乗っていない毛皮とかが，人々の注意力をひき，彼女の上に視線を集中させるだけではなかった。彼女のなかで人目をそばだたせるものが何かといえば，それは彼女の目であった。（アラゴン/稲田訳　前掲書：406-407）。

アラゴンは，さらに，バーゼル会議のことを報じた『ユマニテ』紙の号は，クラーラ・ツェトキーンのこと，および彼女の演説を報じなかったとして，小説の中に，部分的にクラーラの演説を紹介し,「彼女は，明日の女性なのだ。あるいはもっと正確に，あえて言えば，今日の女性なのだ。どちらでも同じことである」(同上：421) と書いている。

クラーラが世を去った翌1934年に書かれているアラゴンの『バーゼルの鐘』のテーマは，一言でいえば「反戦平和と女性解放」である。この小説には3人の女性(男性への性的・経済的従属によってしか生きることのできないディアーヌ，労働者の世界，労働に裏付けられた経済的独立，男女平等に目覚めていくアナーキーな非婚の女カトリーヌ，そしてクラーラ・ツェトキーン) が登場する。この物語にばらばらに登場する3人の女性によって近代女性の目覚めと成長が引き継がれていく。この物語の中でのアラゴンの，第2インターナショナルバーゼル会議の描写は，その鐘の音の幾通りもの表現と相乗して，平和への希求と挽歌の「重々しい呻き」を印象付ける。アラゴンはこの小説の中で，1912年のバーゼルでのクラーラ，1920年のフランス共産党の創立大会に現れたクラーラ，そして死を真近にした彼女を描いている。シュールレアリストから，リアリズムの立場に立ったアラゴンの第一作『バーゼルの鐘』は，「新しい時代の女性がここに生れたのだ。そして彼女をこそ私は歌っているのだ。そして彼女をこそ，これからも私は歌い続けるであろう」と結ばれている (伊藤セツ 1988c：310-312参照)。

なぜ，アラゴンにとって，クラーラ・ツェトキーンは「新しい時代の女性」なのか。単にカトリーヌ，ディアーヌのその先を進む女性という意味ではなく，崩壊しつつある第2インターナショナル，そしてドイツ社会民主党から，新しい次元のものへの発展を直感するような書き方である。

(2) 開催されなかった第10回大会：ヴィーン1914年

1914年8月には，ヴィーンで第2インターナショナルの第10回大会が予定されており，それと同時に第3回国際女性会議が開かれることになっていた。

『平等』は，2月18日付けと3月18日付けで会議の予告を出している。それによれば，会議の名称は，「第3回国際社会主義女性及び女性労働者組織の国際会議」(8/21-22，ヴィーン）であった。議事日程は「1. 会議の成立，2. 国際書記局からの報告，3. 女性選挙権のためのたたかい，4. 母と子のための法的保護と社会福祉，5. 物価騰貴，6. その他」となっている。

これに先立ち，1914年4月に，ベルリンで，国際社会主義女性書記局の会議がひらかれ，大会のために女性運動，選挙権，地方自治，母子保護等にかんする8つの通達が承認され，会議のあと，書記局はベルリンで大規模な，国際的女性反戦集会をひらいた。ドイツ，イギリス，オランダ，オーストリアの女性書記局員か登壇した。この集会は，国際女性運動および戦争前夜のプロレタリアートの反戦運動の歴史においても意義深い集会であった。集会で，クラーラ・ツェトキーンとルイーゼ・ツィーツは，平和へのたたかいでの戦列に女性が参加すべきであると主張した。集会ではコロンタイの手紙，フランス，フィンランドの社会主義女性のあいさつか読みあげられた。

しかし，1914年7月28日，第1次世界大戦が起こり，8月に予定されていた第2インターナショナルのウィーン会議は開催されず，したがって第3回国際社会主義女性会議も中止された。会議は中止されても，書記局の活動は停止したわけではなかった。

同年11月，国際女性書記局ロシア通信員イネッサ・アルマンドを通じて戦争に反対する国際女性会議を翌1915年に開催することが提案され，その準備がすすめられていたのである。1915年の会議は，第11章で扱う。

このように，クラーラ・ツェトキーンは，1889年のパリでの創立大会から，第1次世界大戦の勃発まで，第2インターナショナルの舞台でも，女性問題と反戦平和の活動を精力的に展開し続けた。

第9章　「国際女性デー」の起源と伝搬
—米・欧・露，その伝説と史実と

前章で1910年のコペンハーゲンでの第2回国際社会主義女性会議の決議として「国際女性デー」(以下，括弧はつけない）のことにふれた。国際女性デーは，20世紀初頭のプロレタリア女性運動が20世紀後半の国連のジェンダー・メインストリーミングに繋がり，20世紀のはじめから21世紀の今日まで引き継がれる数少ない女性解放の国際的イヴェントである。第2インターナショナルの女性運動から国際女性デーをとりだして独立した章としたのは，起源や広がりが，多くの要素を含んでいて，単純には説明が出来ないからである。

私は，クラーラ・ツェトキーンの研究に入る数年前，ちょうど国際女性デー50周年の1960年頃に国際女性デーの歴史に関心を持った[1)]。当時，国際女性デーの創始者はクラーラ・ツェトキーンであると，女性運動関係者の間でいわれていた。

その後，国際女性デーには，その起源や歴史的プロセスについて，国内外でいくつかの伝説があることを知った。その理由はいくつか考えられる。まわりくどいことにはなるが，伝説の概略を紹介してから本論に入る。

1　国際女性デーの起源をめぐる伝説

1）国際女性デーは，1960年がその50周年ということもあって，私は大学の学部学生時代から関心を持っていた。私は『国際婦人デーの歴史』(川口和子・小山伊基子と共著，校倉書房，1980年，国際・戦前編)，および拙著『クララ・ツェトキンの婦人解放論』(有斐閣，1984年）の関連個所，『国際女性デーは大河のように』(御茶の水書房，2003年）をはじめ，ほとんど毎年のように，特にその100周年の2010年には，啓発的論稿（伊藤 2010a, 2010b, 2010c, 2010d）を書いてきた。特に起源の部分は丁寧に書いたつもりである。しかし，その後も研究者，女性運動家，メディアの文章を見るに，いまだに「伝説」のほうが史実に勝り，過去の「通説」がいつはてるともなくまかり通っている。

国際女性デーの起源には多くの伝説がある。世にひろまった宗教や物語りには伝説がつきものである。メキシコの地に降り立ったというマリア伝説からくる褐色のマドンナ，グアダルーペ聖母などがその例である。国際女性デーの起源をめぐる伝説を「国際女性デー伝説」と呼ぶことも可能なのではないだろうか。ここでその伝説をいくつか書いてみるが，そのすべてが，アメリカ合衆国の女性労働運動と関連することである。

(1) 1857年3月8日　ニューヨーク説

まず，国際女性デーの起源を1857年3月8日のニューヨークの繊維工場の女性労働者のデモに求める説がある。これは，国際民主婦人連盟（WIDF）の機関誌『世界の女性』でツイーグラー（Ziegler 1966）や，フーゲル（Hugel 1970）が唱え，旧西ドイツのヘルヴェー（Hervé 1979）やヴルムス（Wurms 1980）も主張し，日本においても婦人団体連合会が1963年以来1973年まで女性デーにむけて出していた解説パンフレット（日本婦人団体連合会 1963等）によって流布されてきた。旧東ドイツの歴史家ショルツェ（Scholze 1985）も，1985年にライプツィヒで開催された第9回クラーラ・ツェトキーン・コロッキウムで，1857年あるいは1858年起源説を紹介していた。今振り返れば，これは，1960～70年代に主流だった説ということになる。

ところが，アメリカのテンマ・カプラン（Kaplan 1985, 1988）は，ショルツェと同じ1985年の論文で，1857年説は，1955年になってからつくられた伝説だと主張し始めた。その理由はまず，当時のニューヨークにそのようなデモンストレーションは存在しないこと，それにフランスのフェミニスト批評誌『ラ・ルヴュ・ダン・ファース』12号（1982年秋号）で，1857年説は，事実無根（Kandel *et al.*, 1982）と書いているということを紹介している。カプランはこのことに衝撃をうけているようであるが，フランスのフェミニスト誌は何と書いていたのだろうか。1982年は，まだ東西対立の激しかった時代であり，国際的にも，各国においても，女性運動もイデオロギー闘争のただなかにあった時である。

しかし，国連機関はすでに1975年に国際女性デーの催しをやり，1977年には，国際女性デーを「国連デー」と決議しており[2)]，丁度1982年にはフランスのモーロア内閣のイベット・ルーディ女性権利相のもとで，国際女性デーが，フランスの祝日ではないけれど「公定記念日」とされている（下山 1992：28）。この1982年に，『ラ・ルヴュ・ダン・ファース』誌は，「国際女性デー」を「神話に包まれた起源」として，「毎年3月8日にわたしたちは何を記念しているのだろうか」と政治的・イデオロギー的に錯綜したこの日の伝説を解きほぐそうとしている。同誌は，フランス共産党の『ユマニテ』や労働総同盟の機関誌『アントワネット』の，国際女性デーに関する叙述が，1955年から1957年の間に，恣意的で作為的に1857年説を持ち出したと批判し，『ユマニテ』の1957年3月7日の以下の記事を引用する。

> 3月8日が来ようとしている。1857年のこの日に，ニューヨークでお針子たちが，糸と針，そして時にはミシンを使って夜明けから夜中の1時過ぎまで働くことに疲れ，仕事場としてあてがわれていた物置部屋のような部屋を出，男たちのようにプラカードやのぼりを持って街を行進してから，100年目の3月8日だ。この行動は，労働界に大きな影響を与え，（中略）その噂はわたしたちの祖先の住む古きヨーロッパまで届いた。ヨーロッパの人々は，それでなくてもリヨンの絹織物工たちの英雄的な行為を讃え，1848年のバリケード封鎖の話は父から子に伝えられている。そのヨーロッパにとって，1857年3月8日にニューヨークで起こったこの出来事は，テーブルをドンと拳で叩かれたようなものであった，（中略）この3月8日の思い出は，労働者たちの記憶に鮮明に残り，1910年には，ドイツ社会主義の闘士であったクラーラ・ツェトキーンが，コペンハーゲンの会議でこの日を国際女性デーにしようと提案したくらいである（『ユマニテ』1957年3月7日）。

『ラ・ルヴュ・ダン・ファース』誌は，これに続いて，「わたくしたちは，

2）さらに，国連は2011年12月19日，女性一般から，主に18歳未満の女児を区別し，強制的結婚，若年出産，虐待，教育機会の不平等などの現状を解決するために，10月11日を「国際ガールズデー」と定めた。

この伝説にもっと興味をもたなくてはならない。どうして最近になって，はるか昔の事件に象徴的な意味を与えて讃えるのかということに……。おそらく，国際女性デーをソビエトの歴史からひき離し，ボルシェヴィズムよりも古く，またインターナショナルな起源を与えることが必要だったのではないだろうか。同様に，アメリカ社会党に属した女性社会主義者の提案によるものではなく，もっと自発的に起こった事件を起源とすることが必要だったのではないだろうか。1857年という年は，クラーラ・ツェトキーンが生れた年である。つまり，インターナショナルな女性社会主義運動の一環として国際女性デーを設定したクラーラ・ツェトキーンに最後の栄誉を与えるためにこの年が選ばれたのだ」と書いている。

この叙述が1977年の国連決議（フランスは国連の「女性デー」決議に反対）以降の1980年代に入ってから，1982年になされていることはなぜか。

確かに，アメリカの労働運動史や，女性史を調べても，1857年時点で，ニューヨークの繊維・被服工場の女性労働者が，上記諸文献でいわれているような同一賃金要求のデモを行い得る状況にあったとは思われない。

1986年3月，私は，ニューヨーク市立図書館の新聞リストを検索した。同図書館には，1857年当時，ニューヨークで発行されていた『ニューヨーク・タイムズ』，『ニューヨーク・トリビューン』をはじめとして，週刊誌を含めて21紙誌の所蔵があったが，もっともポピュラーな『ニューヨーク・タイムズ』の索引にも，関連語を見つけ出すことができなかった。『ニューヨーク・ディリー・タイムズ』紙の1857年3月9日（月曜日）付けの，「今日のニュース」，あるいは「ニューヨーク市」の欄にも該当する記事は見当たらなかった。

また，プリンストン大学のスタンセル（Stansell 1986）のような，1857年当時のニューヨークと女性の関わりをもれなく叙述したような研究書のなかにも，女性デーの起源に相当するような事実に関する記述は見当たらない。

ただ，同書のなかで，女性デーの起源ともっとも関連あるのではないかと思われる個所は次の通りである。

「1857年，企業が倒産し始めた時，日にざっと数千の人々が解雇された。10月の終りには衣服小売業の（総計3万人のうち）約2万人の労働者が失業した。それに呼応して労働者は，仕事がないという理由から，同業者仲間だけでなく，すべての男性（女性ではない）にも手をさしのべる失業者の運動を組織した。1854年から55年に，そして再び1857年に数千の労働者が市議会から仕事と救済金を獲得するために行動した」(Stansell 1986：199)。スタンセルが，わざわざ「(女性ではない)」という但し書きを附して運動の主体が男性であったことに注意を促していることに注目したい。

1850年代に，アメリカの労働者は10時間労働の要求を掲げており，ローエルやマンチェスターの女性労働者がゼネストを打つ計画を討議したりもしたが，労働運動自体が弱体で，ストライキに至っていない（Hymovitz, *et al.*, 1978 :134）。

1857年については，アメリカの労働運動史あるいは女性史においてもニューヨークの女性労働者がその労働条件改善のために独自要求をもって街頭デモンストレーションをしたという記録は見出し得なかった。

フランスでは，『ユマニテ』誌が急に1857年説を出したということ，それを1982年になって『ラ・ルヴュ・ダン・ファース』が批判していること，これはどういう意味を持つか。

前者は，スターリンが1953年に死去したこと，ソ連共産党第20回大会が1956年に開催されてスターリン批判を行ったことと関係があるのではないか。つまり，ソ連色を薄めたかったということである。後者は，左右の両方から「国際女性デー」の出自への疑義があり，当時の社会主義諸国を含む開発途上国が主導したと思われる1977年の国連決議（伊藤 2003 :15-17）への反対や，それを「公定記念日」とすることへのわだかまりがあったのではないかということである。さらに，1977年は，ロシア革命60周年であった。しかし，これは，あくまで私の推測にすぎない。

(2) 1904－1907年3月8日　ニューヨーク説

次に，20世紀初頭1904年から1907年のニューヨークの女性労働者の行動に国際女性デーの起源を求める説がある。

20世紀初頭，1901年7月29日，アメリカ社会党（The Socialist Party of America）が結成された。実は，この党に結集した女性たちの女性参政権獲得運動の新しい活動スタイルとして「女性デー」という新たなアイデアを創造していくのだが，それに気づいた論者の多くも事実を正確に把捉しているわけではなかった。また，アメリカ社会党に言及する研究者も，女性デーの流れをこの党の歴史に意識的に関連づけていない。そうしたことが，年号や日付の点でさまざまな伝説を生んでいったと思われる。

まず，日本婦人団体連合会の初期のパンフレット（1963，1966），および，三井礼子（三井　1963：103）の1904年説があるが，これは，同年，3月8日にニューヨークで，女性労働者が，パンと参政権要求デモを行ったことに端を発するというものである。

また，石垣綾子と坂西志保（1957：101）の1906年説があり，ニューヨーク・イーストサイドでの女性参政権要求デモを女性デーの起源としてあげている。他に前述1857年3月8日の50周年記念として，1907年3月8日に祭典がもたれたとする1907年説もあった（Kaplan 1985：164）。この1907年説は，1857年から50周年ということと関連していると思われる。このように，1904年，1906年，1907年と女性デーの起源に関しては多様な説がある。

このような例を，あげればきりがない。例えば1993年の国連の広報用リーフレットには「国際女性デーは，歴史を作る人としての普通の女性の物語である。それは，男性との平等な地位を求める社会と社会変革に参加するための女性の古くからの戦いに起源をもっている。古代ギリシャにおいては，リュシストラテは，戦争を終わらせるために男性に対する性のストライキを起こした。フランス革命の時，〈自由，平等，友愛〉を叫びながらパリの女性たちは女性の選挙権を要求してヴェルサイユを行進した。国際女性デーのアイデアは，工業化された世界が，拡張・動乱・爆発的人口増大とラディカルなイデオロギーの時期にあった世紀の変わり目に，初めてもちあがったものであった」（UN 1993）と，古代にまで遡って書かれていた。

また，後述するが，1923年に日本への国際女性デーを導入したキーパーソンである山川菊栄は，1947年，戦後労働省に設置された婦人少年局長（片山哲内閣）となったが，女性デーの起源をアメリカに結びつけることをなぜか否定した[3]（山川1949）。この場合は，先の，1982年の『ラ・ルヴュ・ダン・

3）考えられる一つの理由は，当時日本はアメリカ占領下にあり，しかも冷戦期へと占ファース』誌の「おそらく，国際女性デーをソヴェトの歴史からひき離し，ボルシェヴィズムよりも古く，またインターナショナルな起源を与えることが必要だったのではないだろうか。同様に，アメリカ社会党に属した女性社会主義者の提案によるものではなく，もっと自発的に起った事件を起源とすることが必要だったのではないだろうか」をヒントにして考えれば，山川は，『ラ・ルヴュ・ダン・ファース』誌の推測とは逆に，占領下の日本で，占領軍がとった方針，つまり国際女性デーをソ連・ボルシェヴィズムと結びつけて印象付けることを黙認したのではないだろうか。当時マッカーシー旋風の荒れ狂うアメリカ合衆国で，アメリカ社会党の女性運動が国際女性デーの起源となっているという事実も不都合であるに違いない占領政策の意図を，受け入れざるを得なかったのではないだろうか。しかし，これも全く私の推測にすぎない。この点についてはさらなる研究が必要とされる。

ともあれ，文献で確認されるアメリカの女性デーの起源は，結論から言えば，1909年2月の最終日曜日（28日）であり，その背景には，20世紀初頭のアメリカの社会主義運動があったのである。そのことを以下にみていく。

2 国際女性デーの源流：アメリカ社会党の女性参政権運動

もともと，国際女性デーの源流は、アメリカ社会党（既述のとおり1901年7月に結成）の女性選挙権獲得運動の工夫された活動形態，一国内の「女性デー」という行事であった。

女性選挙権運動を遡れば，18世紀のアメリカ独立宣言時やフランス革命時にも，またドイツでもその要求はあったが，運動として歴史に登場するの

領政策が転換する時期であったので，GHQ民間情報局女性情報担当エセル・ウィード中尉の忠告に逆らうことができなかったものとも思われる。アメリカ人であるエセル・ウィード本人が，友人のアメリカ女性史家，M．ビアードから書簡を通して助言を得て，アメリカの女性運動と女性デーの関係を否定したのである（上村 1991）。なおビアードについては，上村の「メアリ・ビアドー歴史における力としての女性」（上村 2010：239-244）を参照のこと。また，夫，チャールズ・オースティン・ビアードとの共著『アメリカ合衆国史（新版）』が邦訳されている（ビーアド1964=松本他訳1964）が女性視点は見られない。

は19世紀半ばで，1848年のニューヨークのセネカ・フォールズ会議でのエリザベス－キャディ・スタントンらによる女性参政権要求の決議の採択である。

「女性デー」という活動形態を生み出したアメリカ社会党の女性運動は，一般のアメリカ女性史（Hymowitz *et al*., 1987）やジェンダー史（有賀他編 2010）にはほとんど登場しないので，ここで説明が必要である。

日本で知られているヘレン・ケラーや『世界をゆるがした10日間』の著者，ジョン・リードなども，アメリカ社会党党員であった。日本との関係そのもので言えば，ドイツのアウグスト・ベーベルの『婦人論』（原題は『女性と社会主義』）を日本に始めて全文邦訳（英語から重訳）したのは山川菊栄であったが，ドイツ語から英訳したのは，アメリカ社会党の女性活動家，メタ・シュテルンであった。また，アメリカ社会党の女性活動家に，ジョセフィン・コンガー－カネコという女性がいるが，その夫は，日本人の金子喜一である。金子は，有島武郎の小説『迷路』に出てくるKなる人物のモデルといわれており，有島に思想的影響を与えた人物であった。このように，アメリカ社会党と日本の接点はあるがあまり知られていない。

さて，アメリカ社会党の女性たちは，1904年から選挙権要求の具体的活動を始めているが，当時一国レベルで女性選挙権が獲得されていたのは，1893年のニュージーランドだけで，アメリカ合衆国では一部の州に認められていただけであった。こうした中で，米国の社会主義者の女性たちも組織的取り組みを始めたのである。少し詳しく見てみよう。

(1) アメリカ社会党の女性運動　1901年～1907年まで

20世紀冒頭，1901年7月29日，アメリカ社会党創立大会（インディアナポリス）では，128人の代議員のなかに女性が8人いた。その時の綱領には「男女の平等な市民権と政治的権利」をうたっていた。女性社会主義者は，農村や都市で活動していたが，都市のドイツ系アメリカ人の女性社会主義者は，19世紀後半以来ドイツ社会民主党の女性運動の影響下にあった。

アメリカ社会党に結集した彼女たちは，「全国女性社会主義同盟」（Women' National Socialist Union）を組織し（Buhle 1981：135），1904年全国大会をもった。

1907年6月に，彼女たちの中の一人，ジョセフィン・コンガー－カネコ（松

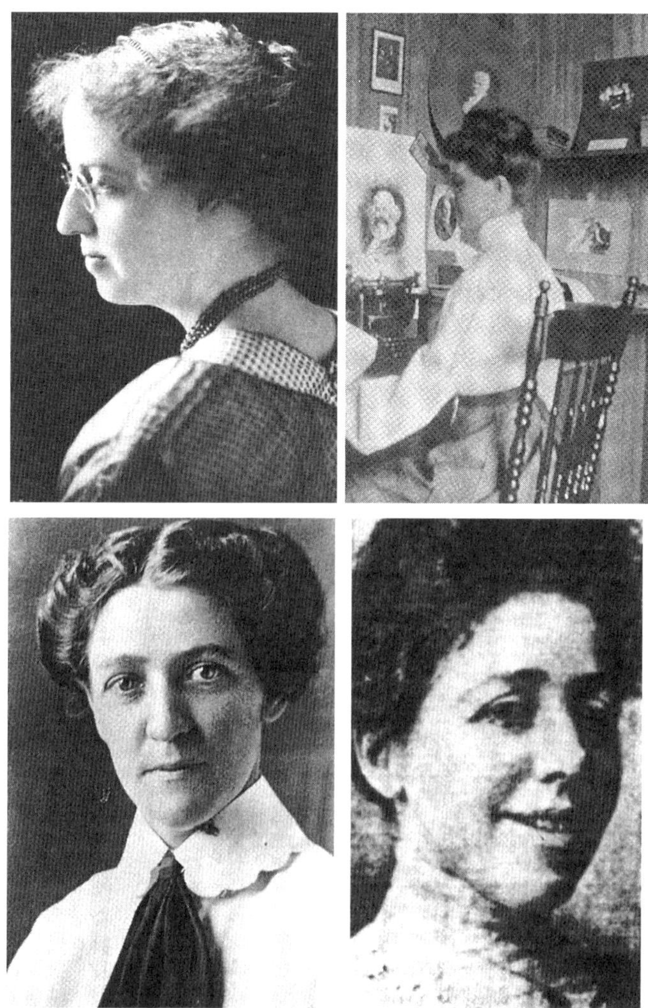

写真9-1 アメリカ社会党の女性活動家たち
右上：ジョセフィン・コンガー－カネコ
左上：メイ－ウッド・サイモンズ
右下：メタ・シュテルン
左下：ウィニィ・ブランシュテッター

尾　1983，大橋　2000，2002，2011：126-145）は，その夫の日本人の金子喜一とともにシカゴで，社会主義の見地にたった新しい女性月刊誌『社会主義女性』（*The Socialist Women*）を発刊した[4]。翌1908年初夏からは，2人の移転先カンザス州ジラードで21号まで発行され，1909年3月には誌名を『進歩的女性』（*The Progressive Women*）に変えて75号まで出した。その理由は，社会主義ということばを特に女性労働者が恐れているから読者の拡大は難しかろうという配慮からだったと言われている（大辻　1980：37参照，大橋　2011：168）。この雑誌は，当初アメリカ社会党の女性たちの非公式ではあるが党の機関誌ともいうべきものであった。

1907年の『社会主義女性』を発刊の直後にドイツのシュツットガルトで，第2インターナショナルの第1回国際社会主義女性会議が開かれる。アメリカ社会党の女性たちは，第2インターナショナルと関わりをもっていた。この会議に先立ってドイツ語で出された報告書[5]に，「『社会主義女性』の編集者からの手紙」としてジョセフィン・コンガー－カネコ，ならびに「アメリカ進歩的女性の全国同盟[6]の報告」が，マリー・ウイルシーレとサディ・M・シュヴエーデンの名で載っていることがその証拠である。

コンガー－カネコは，この手紙のなかで，アメリカにおける，社会主義の視点から女性問題を啓発し，解明する紙誌の状況と役割について報告している[7]。

(2) 1908年～1910年

1） 1908年のこと

4）金子喜一とジョセフィン・コンガーについては，他に山泉（1989），松尾（1989），大橋（2011）の研究がある。また，コンガーについては，岡崎（1991）がある。金子は結核の悪化で1909年6月に日本に帰国し，同年10月8日33歳で没した（大橋　2011：297-299に詳しい）。さらに，1913年11月からその名称を*The Coming Women*と変え1914年7月まで続いた。

5）Berichte für die Erste Internationale Konferenz sozialistischen Frauen, Abgehalten in Stuttgart, am Sonnabend den 17.August 1907 vormittag 9 Uhr in der Liederhalle.

6）Die Nationalliga fortschrittlicher Frauen Amerikas, 英語名はThe Women's National Progressive League.

7）大橋（2011：172）は，コンガーの報告の一部を邦訳している。

1908年5月12日シカゴで開催されるアメリカ社会党全国大会の直前に，社会主義女性の組織問題を検討するため，女性の集まりがもたれ，全国女性委員会（The Women's National Committee=WNC）が結成された[8)]。そこには赤ん坊を抱いた4人を含む200人近い女性が出席したとのことである。会議では，女性の地位の問題を検討するために任命された特別の委員会がレポートを提出したが，それは，女性と子どもの間での組織的教育の計画や，特別の宣伝物の発行や，女性労働の状態調査についての輪郭をのべたものであった。その要点は次の通りである。

①女性の間での組織活動に心を配り，それを運営するために5人の特別の委員が選ばれるべきであること。
②アメリカ社会党は，すでに決議されている活動分野に恒常的に女性オルガナイザーを配置できるようにこの委員会に十分な財源を保証すべきこと。
③この委員会は，本部と直接協力し，全国党委員会の指揮のもとにおかれるべきこと。
④この委員会は，全国大会によって選ばれるべきこと。しかし，委員会は必ずしもこの大会の代議員からなる必要はないこと。
⑤特別のオルガナイザーの生活費以外の，女性委員会の仕事を遂行するために必要とされる他のすべての資金は，委員会によってまかなわれるべきこと。
⑥1908年のキャンペィンの間にオルガナイザーとして任命された女性は，選挙権を現に獲得している州で仕事に従事すべきこと。

委員会のなかの一委員が，「少数意見」を提示したが，代議員たちは，この報告を支持し，ここに全国女性委員会が成立することになった。ブール（Buhle 1981：150）は，「全国女性委員会の創立は社会主義運動の重要な転換点を特徴付けるものであった」といっている。5人の委員会に選ばれたのは，メイ－ウッド・サイモンズ，アントイネッテ・コニコウ，ウィニィ・ブラン

8）このWNCについての日本での研究は大辻（1980）によって行われている。

シュテッター，マーガリテ・プレヴェイ，メタ・シュテルン[9]で，最初の全国女性オルガナイザーとなった。

アメリカの社会主義女性の内部や全国女性委員会の内部にも，女性組織とアメリカ社会党との関係についていろいろな意見があったが，社会党の全国執行委員会は，「わたしたちの意見によれば，全国女性委員会と全国オルガナイザーは，社会党の一委員会として創立されたものであり，その努力は，党と分離した組織をつくるためにではなく，党組織内の女性の構成要素を増やす方向に向けられるべきである[10]」といっている。サイモンズ，コニコウ，ブランシュテッター，プレヴェイは，この見解に賛成だったが，一人シュテルンは反対意見を持っていた。

さて，全国女性委員会が組織された1908年は，アメリカ社会党が，「女性問題に目覚めた時期」といわれている。その時代的背景として，忘れてならないのは，1つは，国内の市民的な女性選挙権獲得運動の盛り上がり（上野2003）であり，1つは，第8章で述べた，1907年にシュツットガルトで開かれた第2インターナショナルの世界大会での女性選挙権に関する決議である。

米国内でも，社会党のいくつかの地方組織が，第2インターナショナルの決議にそって政策を打ち出すことが必要だと主張し，特に，綱領のなかに選挙権に関する一項目を入れて，積極的キャンペインを始めるべきだと要求していた。アメリカ社会党は，1908年に創立された全国女性委員会にこの課題をゆだねようとして，年次計画の中に，リーフレットの発行，選挙権講師団の養成，作戦の討論等を組み込んだ。

1908年12月8～20日まで，シカゴで，アメリカ社会党執行委員会が開催された。19日（土）の午前のセッションで，全国女性委員会書記長ブランシ

9）この人物，メタ・シュテルンは，アウグスト・ベーベルの『女性と社会主義』50版（1910）を英訳した。山川菊栄は，これを邦訳した。山川による初めての完訳といわれるものはこの英訳からの重訳であった。山川は88歳の時（1978年）インタビューに，ベーベルの『女性と社会主義』を，1912年津田塾を卒業してから英語で旧版を読んだこと，新版（50版）を邦訳したと答えている（山川 1979：218）。

10）*Chicago Daily Socialist*, Dec.28, 1908. May Wood Simons, "Aims and Purpose of Women Committee," in: *The Progressive Women*, Vol. Ⅲ，No.XXIX（1909.10）.なお，この資料は，筆者未見のまま間接引用してきたが，大橋秀子氏のご厚意で入手し確認した。

ュテッターからの手紙が「女性選挙権問題についての宣伝目的で，すべての大都市で一日の大衆的集会を呼びかける決議」を勧告していることが報告され，「われわれは社会党の全地方組織に，1909年2月の最終日曜日を女性選挙権要求のデモンストレーションのための日とすることを勧告する」という動議が採択された。

このように，1909年2月の最終日曜日（28日）という日が指定されたのは，1908年12月19日のこの動議の採択によってである。後に「女性デー」といっているのは，実はこの「女性選挙権要求のデモンストレーションのための日」のことに他ならない。1909年2月の最終日曜日の女性の権利のための大衆集会，すなわちアメリカにおける女性デーは，このような背景のもとにアメリカ社会党の全国女性委員会の指導力によって始められたのであった。

2） 1909年のこと

1909年にはいると，ニューヨークで発行されていた労働者向け日刊紙『ニューヨーク・イヴニング・コール』に関連記事がみられるようになる。同紙11月15日付けには，「選挙デー」（へーべという名で書かれているが，これは，メタ・シュテルンのペンネームである）という論説が載り，そのなかでも「全国執行委員会の勧告によって社会党は2月の最終日曜日を選挙デーとすることにした」として，サフラジスト[11]（女性参政権論者）がではなく，社会党という政党が女性選挙権を要求する運動を支持していることを強調し，「社会主義者は，最終的目的としてではなく，より高度な目標に向かう手段としてのみ女性のための投票を獲得しようとするのだ」と説いている。

先にも述べたとおり，1909年2月の最終日曜日は28日であった。当時の『ニューヨーク・イヴニング・コール』は日曜日は休刊であり，3月1日（月）と2日（火）の2日間にわたり女性選挙権問題を特集している。3月1日付けは，全8ページ中，終わりの3ページが特集にあてられており，2日付けは，「サフラジストとソシアリスト，女性選挙権を要求」として28日の女性デーが報

11）サフラジスト（suffragist），またはサフラジェット（suffragette）とは，女性参政権論者のこと。

道されている。

それによれば，「全国委員会の要請で，社会党は日曜日の午後，全地方でデモンストレーション，会合をおこなった」とし，ニューヨークでは，マンハッタンでマリーヒルライシアムに2,000人が参加してアピールを行い，ブルックリンのレイバーライシアムで会合，パークサイド教会での歌，その他ロングアイランドのフェスラーホールや，イーストサイドのプログレッスアッセンブリルーム，ヨンカーズでは，市民図書館ホールで会合がもたれたとのことである。

3） 1910年2月の「女性デー」

さて，1910年も2月最後の日曜日（27日）に「女性デー」がもたれた。この年『ニューヨーク・イヴニング・コール』は，『ニューヨーク・コール』と名を変えて日曜日も発行されるようになっていた。

前日の『ニューヨーク・コール』2月26日付け3面には，ニューヨークの集会の予告が「大衆選挙権集会　女性デー，2月27日（日）午後3時30分，カーネギーホール，演説者　フランクリン・H・ウェントワース，シャーロッテ－パーキンス･ギルマン，ローゼ･シュナイダーマン，キャリー･W･アレーン，入場料はボックス以外は無料，開場は2時，主催は社会党ニューヨーク地区女性委員会」として載っている。ギルマンの名前に注目したい。

さらに，女性デー当日の『ニューヨーク・コール』紙購読を勧める勧誘文も書かれている。その口上は，「この日曜日は女性の日（Women's Day）である。当日の本紙はいまだかってなかった最上の女性の新聞となるでしょう。あなたが女性であるならば，社会主義者であろうとなかとうと，あなたが社会主義者であるならば，女性であろうとなかろうと，あなたが労働者であるならば，男性であろうと女性であろうと，あなたが市民であるならば，労働者であろうとなかろうと，……当紙を買い損なうことのないように」である。

この宣伝にある女性デー当日の27日付けでは，同紙全16面中，9面以降のすべてをアニタ・C・ブロックによって編集された女性デー特集に当てている。その中に，ドイツのアウグスト・ベーベルの挨拶が入っている[12]。

4） アウグスト・ベーベルの挨拶

アウグスト・ベーベルの挨拶とは次のようなものであった。全文を掲げておく。

女性デーのための挨拶　　　　　　　　　　　　　　アウグスト・ベーベル

20世紀は，社会改良の世紀だとしばしば言われてきました。私は，この世紀は，人間の抑圧と他人による人間の搾取の最後の痕跡を取り除くことを運命づけられた社会革命の世紀だと考えます。この目的を達成することは，プロレタリアートの使命であるばかりでなく，プロレタリアート以上に人権や市民権を否定されている女性の使命です。この精神で導かれ，その理念の高尚なることによって奮いたたされる女性運動は，文明のもっとも高い目的に貢献するものです。

権利と機会の，両性の完全な平等なしに，もっとも高い形態における人間的自由と文明は実現しません。新しい世界は，多くの点で古い世界より，より進歩的です。新しい世界が，人間的自由の新しい制度を打ち立てるために先頭に立って進まれることを期待します。

私はもし，デモンストレーションが，進歩の先駆者を演じ，成功の栄冠を与えられるならば，あなたがたの全国女性デーは，疑いもなく国際的重要性をもつものとなることを確信します。

ベルリン近郊シューネベルクにて　1910年2月3日

（『ニューヨーク・コール』1910年2月27日付け，英文より邦訳）

同紙2月8日付けは，カーネギーホールに3,000人が集まったこと，ストライキ中のフィラデルフィアの労働者支持と言論・出版・集会の禁止への抗議

12）私は1987年3月，米国ウィスコンシン歴史図書館でこの英文（『ニューヨーク・コール』2月27日号）に触れた。その後，『アウグスト・ベーベル演説著作選集』には独文の原文，「USAでのナショナル女性デーに向けて『ニューヨーク・コール』誌へ，ベルリンのアウグスト・ベーベル」（Bebel, *Ausgewählte,* Vol.9, 1997：187』）が収録されているのを発見した。

決議を採択したこと，ヨンカーズでも女性の大集会がもたれたことを報じている。

先に触れた『社会主義女性』を改名した女性月刊誌『進歩的女性』は，1910年4月号で，この年の女性デーのレポートを載せている。

それによれば，ニューヨーク市のカーネギーホールは，開場前から参会者であふれ，満員の盛況であった。地区女性委員会書記長マリー・オーベルランダーが開会を宣言し，集会の議長メタ・シュテルンを紹介した。シュテルンが女性デーの意義と目的について述べた。この日の主演説者，フランクリン・H・ウェントワースの後，キャリー・W・アレーン，ローゼ・シュナイダーマン（女性労働組合連盟の副議長であり，イーストサイド地区のオルガナイザー），キャロライン・ヴァンナム，シャーロッテ－パーキンス・ギルマンが演説した。ギルマンがこのようにアメリカの女性デーと関わっていたことがわかる。

最後に『ニューヨーク・コール』紙の副編集長アニタ・C・ブロックが決議文を読み上げて満場一致で採択された。決議文の全文はつぎの通りであった。

Ⅰ　一に，言論の自由を否定し，二に，出版の自由を禁止し，三に，平穏な集会を妨げて，不当な投獄や，不正な罰金の重荷をもたらすという一貫した試みが，法廷の命令と専横な有罪判決を通じて，司法的権威側にある人々のこれまでの宣言であったがゆえに，また，こうした合衆国憲法の修正第一項が，明らかに言論や出版や人々の穏便な集会の自由の剥奪があってはならないと規定しているがゆえに，自らの市民権を剥奪され，それゆえに市民権を奪われた全ての人々と特別に共感しあって，今日ここに集う女性は，上に列挙したような組織の暴挙にたいして抗議し，さらにこの抗議の写しをすべての労働組合，同業者組織，選挙権要求団体および他の進歩的組織や当市の新聞社に，それらの広い賛同を得るために送ることを決議する。

Ⅱ　われわれニューヨーク市民は，カーネギーホールに集まった大衆集会において，フィラデルフィアの自動車産業労働者のストライキに共鳴し，彼等の勇敢な闘いにおいて彼等自身の経済条件だけではなく，全労働者階級の経済条件の改良のために成功されんことを熱烈に希望することを表明し，さらに，この集会の利益の一部をフィラデルフィアのストライキ基金に提供することを決議する（『進歩的女性』1910.4：11）。

この決議文を掲載した『進歩的女性』1910年4月号には，サンフランシスコ，ニュージャージー，ロチェスター，シカゴの女性デーの様子も報告されている。

以上にみるように，1908年のアメリカ社会党全国女性委員会結成後の女性運動の一つの形態として，女性選挙権のための行動の日としての女性デーがアメリカ各地に定着していくことがわる。

3 アメリカでの女性デーの国際化――第2回国際社会主義女性会議での決議

(1) 全国社会主義者会議「女性のあいだでのプロパガンダ」

1910年5月，アメリカの全国社会主義者会議（National Sosialist Congress）が開かれた。5月18日のイヴニング・セッションで，サイモンズは全国女性委員会を代表して「女性の間でのプロパガンダ」に関する報告を読み上げた。彼女は1908年以来の活動を報告して最後にいくつかの勧告を行なった。そのなかに次の文言がある。

工場内の女性の地位は，彼女の政治的権利の剥奪の直接的結果として男のそれよりはるかに低いものであるがゆえに，また，社会党が，性に関わりなく労働者階級の直接の代表者であるがゆえに，社会党は，性，皮膚の色，あるいは人種に関わりなく平等な選挙権を要求し，そのために活動し，それを擁護し，働きかけることを誓約することを決議する。

われわれは，地方組織が，少なくとも月に一度，女性選挙権獲得を働きかけるために，集会をもつよう勧告する。われわれは，我が地方委員会の女性があらゆる機会に，社会主義的観点から選挙権について討論するように勧める。……屋内外の集会を催し，文書を広め，例年の党の記憶すべき出来事，2月の最終日曜日の女性デーの催しを行なう。

われわれは，女性デーの前の日曜日を資料の一般配布の日とすること，国際会議にゆくわれわれの代表が，2月の最終日曜日を，国際女性デー（International Women's Day）として提議するように（全国社会主義者会議が：伊藤）指令することを勧告する。

ここで，国際会議といっているのは，同年8月に開催されることになっていた第2インターナショナルコペンハーゲン会議かその女性会議のことと思われる。

この会議についてはすでに本書第8章でとりあげたとおりであるが，ここにはじめて，アメリカの女性デーとコペンハーゲンとの結び付きをみることができる。しかし，これまでの研究には，アメリカ社会党の女性運動を問題にしている場合も，この繋りという点にまで触れているものが見あたらなかった。『進歩的女性』1910年8月号には，国際会議に出席する3人の女性代表が写真入りで紹介されている。

3人とは，メイ－ウッド・サイモンズ，レラ・トワイニング，そしてレナ・モロウ・ルイスであった。

紹介記事によれば，メイ－ウッド・サイモンズは，シカゴ大学で学位（Ph. D）をとり，過去12年の間，社会主義のために講義し，ものを書いてきたが，その当時は，彼女の夫が主編集長をしている『日刊社会主義者』の副編集長をしており，すでに彼女の活動と影響は広い規模に及んでいるということである。

レラ・トワイニングは，デンバー地区で母親とともに社会党の活動に加わっていた。当時は，メキシコ難民のための仕事や，フィラデルフィアのストライキの中で貴重な仕事をしているとの紹介であった。レナ・モロウ・ルイスは牧師の娘で，禁酒運動，選挙権運動で活動していたが，労働者階級に近づき，社会主義の陣営にやって来たと紹介されており，彼女の知的活動がアメリカ社会党を助けているとのことであった。

(2) ニューヨークからコペンハーゲンへ

写真9-2 1910年のアメリカの「女性デー」で活躍した女性たち
シャーロッテ－パーキンス・ギルマン（左）とアニタ－C・ブロック（右）

彼女たちは，1910年8月17日にニューヨーク市からルシタニア号で出発し，6日間の航海の後，イギリスの土を踏んだ。陸路の旅の後，イギリスの仲間とともにデンマークを目指して再び船に乗った。旅の様子は，ルイスが『進歩的女性』に送った手紙に詳しく書かれている（『進歩的女性』1910. 10：2-3）。

しかし，彼女たちが到着した時，コペンハーゲンの女性会議はすでに始まっており，初日（8月26日）の夜の部の最中であったという。

2日目に行なわれた制限選挙権か普通選挙権かの議論についてレナ・モロウ・ルイスは手紙でも触れている。しかし，肝腎の国際女性デーの提案が3人の代表の誰によってどのようなかたちでなされたか，どのような討議があったかついては，ルイスの手紙にも，報道にもなんら叙述がない。

『進歩的女性』は，1910年10月号でこの女性会議について，ロシアのアレクサンドラ・コロンタイや，ロシア人でイタリア在住のアンジェリカ・バラバーノフの写真を大きく掲げて報じているが，やはり，国際女性デーについては何も書いていないし，国際女性デーの決議にはふれてもいない。その理由についてはさらに検討を要すると思うが，私がこれまでに調べたヨーロッパ側の資料で補えば，コペンハーゲンの第2回国際社会主義女性会議に

写真9-3 コペンハーゲン大会の様子を手紙で伝えたレナ－モロウ・ルイス

先立って，サイモンズは，1910年5月18日の，アメリカ全国社会主義者会議のイヴニング・セッションでの報告とほぼ同じ内容のものを，第2インターナショナルに送っていることが分かっている[13]。そのなかで，彼女は，アメリカ社会党の女性選挙権運動のスタイルを述べて女性デー方式が効果的であることから，それを国際女性デーとして，世界的催しにしようと提案していた。その提案を受け止めたのがクラーラ・ツェトキーンらのドイツ社会民主党の女性たちだったと推測できる。

第2インターナショナルは，すでに1907年のシュツットガルト大会時に女性会議（第1回国際社会主義女性会議）をもち，ドイツ社会民主党のクラーラ・ツェトキーンを中心に，女性選挙権問題を集中的に取り上げていたことは前章でみたとおりである。アメリカ社会党の女性たちは，この動きと連動していたわけである。

コペンハーゲンでの第2回国際社会主義女性会議では，アメリカ社会党の女性代表の提案を受けて，クラーラ・ツェトキーンらが，国際女性デーの決議を草案し，採択された。そのときの決議文は，前章でもみたが，簡潔なものでほんの数行であったので，あらためて再録する。

すべての国の女性社会主義者は，自国のプロレタリアートの，階級意識

13）Berichte an die Zweite InternationaleKonferenz socialistischer Frauen zu Kopenhagen am 26 und 27 August 1910.

写真9-4 国際女性デーの決議文を作成したクラーラ・ツェトキーン（左）／ケーテ・ドゥンカー（右）

をもった政治的組織や労働組合組織と合意の上で，毎年，女性デーを開催する。女性デーは，女性選挙権のための啓発活動に役立てることを第一とする。その要求は，社会主義的見解にふさわしいすべての女性問題との関わりで光をあてられなければならない。女性デーは，国際的性格をもたなければならず，注意深く準備されるものとする。

クラーラ・ツェトキーン，ケーテ・ドゥンカーおよび女性同志たち

（*Gl.*, 20. Jg., Nr.24,1910.8.29 :378 = Zetkin, *Ausgewählte* Ⅰ：480より訳出）。

短いが意味深長で，ここで何月何日という日は決められていない。このことは史実として重要であるので，私は，この決議の原文を読んだ1960年代の半ばごろから数え切れないほど書き続け，念をおしてきた。しかし，「国際女性デーはクラーラ・ツェトキーンによって1910年3月8日と決められ……」といった種類の叙述に100年以上たった2010年代の今も出くわす[14]。ま

14) 国際女性デー100年を経てもなおかつ，例えば，『令嬢たちのロシア革命』（斎藤2011:83）には，「注目したいのはこの会議（1910年の第2回国際社会主義女性会議のこと：伊藤）で，3月8日を国際女性デーとすることをクララ・ツェトキンが提起し，決議され

た，国際女性デーの起源は，アメリカ社会党とヨーロッパの社会民主党を結んだ女性選挙権運動の高まりがもたらしたものだという史実も，私はこれまで何度も強調した（伊藤 1982：47-55, 1984：340, 2003：43-44）が，すでにのべたように，国際女性デーはアメリカの女性運動とは関係はないとする山川菊栄の叙述（山川 1949,『山川菊栄集 7』1982：101）の謎は，2012年現在，山川菊栄研究者側からも解かれていない。

端的にアメリカの女性運動との関係にふれたドイツ側の資料としては，国際女性デーを載せた『平等』と同じ号の冒頭「コペンハーゲンでの国際社会主義会議」という記事（*Gl.*, 20. Jg., Nr.24,1910.8.29：369-371）の最後の部分に「さらになお，アメリカの女性同志たちの良い例に従って，毎年，特別な『女性の日』の設置」と書かれていることが重要である。

こうして，大西洋を隔てた欧米の労働者階級の女性の選挙権運動が繋がったのである。

4　第1次世界大戦前までの米・欧・露の国際女性デー

(1) 1911年以後の米国の女性デー

1911年以後，それまでアメリカ合衆国1国だった女性デーは，国際女性デーとなってヨーロッパ各国に伝えられ，欧米で開催されるようになるのだが，ヨーロッパ側の文献では，一貫性がなく，系統的に把握していたとは思われないので，第2インターナショナル下の米・欧・露の女性デーを別々に見ておきたい。

当時ニューヨークで出されていた，労働者向け日刊紙『ニューヨーク・コール』は，毎年女性デーについての情報にかなりのページを当てている。

1911年2月23日付けには次のような予告を載せている。

選挙権大衆集会　女性デー

1911年2月25日（土）午後8時

たことである」と書かれている。

カーネギーホール，57番街7
演説　フローレンス・ケリー
　　　メイ・ウッド・サイモンズ
　　　ロナルド・D・ソーヤー
　　　ジョン・スパルゴ
議長　アニタ・C・ブロック
歌　　J・W・ゲイツ
社会党ニューヨーク地区女性委員会主催

この年は，これまでと異なり2月の最終日曜日にいっせいに行うというのではなく，ニューヨークでも，マンハッタンは，上記のように25日（土），ブルックリンは，翌26日（日）にもたれている。

1911年2月25日付け『ニューヨーク・コール』は，「女性デー」と題して，「今夜と明日，全国で多数の集会がもたれるが，その重要性は，女性選挙権の訴えにある」といい，26日付けにはブルックリンの集会の予告が載り，27日付けでは，それは「熱狂的な集会」だったと報じている。

女性デー集会
本日2月26日（日）午後2時30分
ブルックリン　レイバーライシアム
演者　ベルタ・M・フラッサー
　　　ロナルド・D・ソーヤー
　　　アニタ・C・ブロック
　　　キャリー・W・アレーン

1912年は，アメリカの女性デーは2月25日（日）に行われた。同日『ニューヨーク・コール』は，次のような予告を載せている。

女性選挙権デーのための社会党のプログラム　今夜
パブリック　シアター　ウェストブロードウェイ42番通

音楽
アリス・ストーン―ブラックウェル「女性の解放」
メイ・ウッド・サイモンズ「働く女性と選挙権」
ジョージ・ラン「社会との政治的・経済的関連における女性」
ソル・フリードマン「女性と社会主義」
議長　ローゼ・シュナイダーマン

1913年は，2月23日（日）に，ニューヨークで2つの女性デーの集会がもたれた。24日付け『ニューヨーク・コール』は，それを「社会主義女性の記念日」と呼んで報じている。まずマンハッタンでは，前年と同じパブリックシアターで，メオ・イノ・マールンベルク，メタ・シュテルン，マリー・R・マクドナルド，ジョン・ブロックが，世界の女性運動の発展について演説した。司会は，ミリアン・フイン・スコットが務めた。また，ピアノとヴァイオリンの演奏があった。ブルックリンでは，ナソーニック寺院で人民フォーラムが開かれ，ヘレン・シュロスとイルヴイン・トゥッカーが演説し，ピアノの演奏があった(『ニューヨーク・コール』1913.2.24)。

1914年は，2月22日（日）に，ニューヨークのマンハッタン，ブロンクス，ブルックリン，クイーンズで集会がもたれ,23日付け『ニューヨーク・コール』によって「フェミニストの抵抗の進歩を示す」と報じられた。ドイツ語ではまだ英語の「フェミニスト」に類する語は登場せず，それに類似するが同じではない「女性の権利拡張論者」とでも訳すべき「フラウエンレヒトラー」という語が，市民的女性運動の階級的背景を含めて用いられていた時代である。

さて,1915年のアメリカの女性デーは,2月28日(日)にもたれ,「女性デーは,社会主義，選挙権，正義のために数千人の喝采によって栄誉ある日とされた」と報じられた。(『ニューヨーク・コール』1915.3.1)。

(2) ヨーロッパ各国の国際女性デー

ここでやっと本書の本流にもどるところまできたが，ヨーロッパの「国際女性デー」を克明に報道したのは，ほかならぬクラーラ・ツェトキーン編集の『平等』であった。第7章でふれたとおり，1911年以降は，毎年3月国際女

写真9-5 1911年3月19日，ベルリンの国際女性デーの行進（1）

写真9-6 1911年3月19日，ベルリンの国際女性デーの行進（2）

写真9-7　1911年ヴィーンの国際女性デー

性デー関係の報道が載っている。1911年は，ヨーロッパでは，ドイツ，オーストリア，デンマーク，スイスがこの催しに参加した。ドイツ，オーストリアの女性デーは，1848年のドイツ3月革命の犠牲者を記念して毎年行われていた労働者のデモにあわせて3月19日（日曜日）が選ばれた。3月19日は，ヨーロッパにとっては大切な日だったのである。

『平等』は，すでに，同年2月13日（*Gl.*,21.Jg.,Nr.10, 1911.2.13.），ルイーゼ・ツィーツによる「ドイツにおける第1回社会民主主義女性デー」を載せ，3月13日付け『平等』（*Gl.*,21.Jg.,Nr.12,1911. 3.13）に，「われらが3月の日」という無署名論文など，国際女性デーの呼びかけを大々的に行っている。19日にヨーロッパ諸国で初めての国際女性デーが挙行されているが，その報告は3月27日付け『平等』（*Gl.*,21.Jg.,Nr.13,1911.3.11：199-202）で，「われらが日」として，ドイツ，オーストリア，デンマーク，スイスの報告記事が載り，女性デーに寄せる挨拶が，米国やボスニアから寄せられている。

先に，アメリカ社会党の「女性デー」を励ましたベーベルは，アメリカ社会党の女性たちの発想が，ヨーロッパと結びついて国際女性デーとなったことを見逃してはいない。ベーベルは，ドイツの第1回国際女性デーの開催の宣伝のために，クララ・ツェトキーンが編集した『平等』特別号に「なぜ女性たちは選挙権を要求するか」というテーゼを載せている。「女性デーは，女性選挙権のための啓発活動に役立てることを第1とする」という決議の本流に触れたベーベルの期待を述べたものと思われるので，それをみることにしよう。

「なぜ女性たちは選挙権を要求するか－『平等』誌でのでのテーゼ」

1911年3月19日 A.ベーベル

1　男性と女性とで全人類を形成するように，人間社会とその政治的上部構造である政府は，女性なしにはありえないがゆえに。

2　誕生の偶然が，その人が女性に生れたという根拠からのみ，男性世界が所有している政治的権利や自由から女性を排除することは，きわだった不正，いや，ばかげていることであるがゆえに。

3　性（Geschlechts）の繁殖とその教育のために，女性は男性と同じく必要であるがために，また，女性が，女性労働者，稼ぎ手，扶養者，主婦，あるいは母として，社会や国家の義務を果たす貢献が，男性が社会や国家に対して果たすべき貢献に，価値や重要性において，遅れをとらないために。

4　女性労働者として，稼ぎ手としての女性たち——そして，現にあり，日々多くなるであろうその人たち——が，男性と同じように，平等な立場で，国家や公共機関にたいする財政上の義務を果たすべきであるがゆえに。

5　女性労働者，稼ぎ手，扶養者，主婦，あるいは母としての女性は，公共制度——教育制度，納税，司法，公的行政，孤児・貧困者の世話，社会裁判所，軍事施設，平和的あるいは軍事的政策等々，あらゆる領域での文化的進歩（Kulturfortschritt）への一語とともに——についての道理にかなった考え，合目的性，公正な態度において，男性とまったく違わぬ関心をもっているがゆえに。

6　現行法の違反者，法を犯すものとしての女性が，その性別を問わず，男性と同じく責任をとらされるという規定が，女性をもまた社会の法制度に男性と同じく参加しなければならないことを正当にも必要としているがゆえに。

7　女性の天性や性的生活（Geschlechtsleben）においてではなく，心理的，精神的特性においてでもなく，その存在をより完全なものにするために駆り立てられるからでもなく，とにかく，女性を第2階級の人間として扱い，誕生の偶然のみにもとづいて男になった人間に，主人あるいは後見人を引き受ける権利を与えることを，男性世界に許す根拠を見出さなければならないゆえに。

8　すべての公的，社会的制度の，常により高度でより完全なものへの人間の進歩と全発展が，女性のうちにあるあらゆる種類の大きな力と素質を，男性の資質と劣らず全体のために活用され利用されることを必要とするがゆえに。

9　両性の完全な平等なしに，人類の調和的発展や調和的社会生活が不可能であるがゆえに。

10　単に経済的抑圧や搾取されるものからの自由をめざすだけではなく，女性は性的存在（Geschlechtswesen）としてもまた完全な平等を獲得しなければならないから，普通選挙権を必要としている。女性にとって，政治的平等のためのたたかいも，二重の目的がある。その目的に，すべての女性は，彼女たちの立場の違いなどなく関心を持っている。

女性の政治的平等への努力を，冷笑家や後ろ向きの人が嘲笑するとしても，愚かものがそれにブレーキをかけようとしても，政治的平等すなわち，すべての制度のなかで最も高い，より完全なものへの人類の努力は，さらに良い方向で，いささかも幻想ではなく，勝利を収めることだろう。そして，たたかいは，同盟者としての女性とともに，負担は軽減され，勝利は促進されるのである。

（Bebel, *Ausgewählte* 8/2：503-504）

この内容は，女性の選挙権要求の根拠として，今日のジェンダー視点から見ても，通用する論点を見事に描きだしているし，国際女性デーが，当時の女性選挙権運動から発生したその原点を明確にのべている。

国際女性デーの決議は，後のプロパガンダに適合していく要素をかなり含んだものであったが，ヨーロッパの最初の国際女性デーによせた，ベーベルのテーゼと呼ばれるものは，女性の政治的権利一点に集中している。

続いて，1912年は，オランダとスウェーデンが国際女性デーに参加した。『平等』は，この年，4月1日にルイーゼ・ツィーツの「われらが日」(22. Jg.,Nr.14) を載せている。

翌1913年はロシアとチェコスロバキアが加わった。ベーベルは，ロシアでの初の女性デーの計画を知って，ベルリンにいたコロンタイへ，成功を祈る旨の手紙を出している (Bebel, *Ausgewählte* 9：247)[15)] が，後述する。ロシアでの国際女性デーの最初の挙行も，運動の流派の複雑さと関係してか，この期に及んでロシア史研究者にも十分認識されていないことに気づかされる[16)]。

さらに，ロシアの国際女性デーへの参加については，1917年の革命を経てロシアからソ連へとつながるボルシェヴィキのプロパガンダ的要素の側面から研究した学位論文 (Chatterjee 1995) があるので，その視点も避けては通れない。それについても後述する。

1913年のドイツ社会民主党イエナ党大会では，国際女性デーの集会がプロイセン選挙戦と時を同じくしており，集会が選挙戦に新しい刺激を与えたこと，集会の準備のために，ドイツ社会民主党や労働組合の機関誌に論文をのせたり，絵入りの16頁だての選挙権新聞を発行したり，国際女性デーの意義や，ドイツ，オーストリアの女性選挙権闘争のための男女闘士の記事をのせて宣伝につとめたことが報告されている。

オーストリアでは，街頭デモはおこなわず，スイス，オランダ，はじめてのチェコスロバキアはともに，3月9日に催しがあったということである。

先述のように，1913年にはじめて女性デーを行ったロシアでは，女性労働

15) 女性デーの動きを，U.S.A.，ドイツ，ロシアと追って，それぞれに歴史的意味ある文献を残したベーベルは，1913年8月73歳の生涯を閉じた。

16) 斎藤 (2011) の87頁では，「……ロシアで1913年に，国際女性デーを開く計画を立てた。そして各国にあわせてペテルブルクでも2月23日 (西暦3月8日)，第1回ロシア国際女性デーが開催された。」とあり，201頁には，(国際女性デーは)「ロシアでは1914年に初めて行われ，……」とある。この例からも，国際女性デーが統一的に理解されていないことがわかる。また，1913年は，『平等』によれば，3月2日にサンクト・ペテルスブルクで行われたとある。

者がペトログラードで集会をもち，生存権と男女同権を要求した。これらの要求の中には，「ツァーリズムをたおせ」というものも入っていたので，政府は報復手段として逮捕者を出し，労働者組織を解散させた。ロシアでは，労働者新聞の特別号を出し，外国の同志の手紙や論文をのせたということである。3月1日に行われた労働者の集会や会合は警察によって禁止され，オルグのサモイロワとニコライェワが逮捕されたが，この時のスローガンは，「ツァーリズムをたおせ」であった。

1913年，『平等』3月19日付け（23.Jg.,Nr.13）は，シカゴのメイ・ウッド・サイモンズの「合衆国における女性選挙権」に続いて，「社会民主主義女性デー」として，ドイツ，オーストリア，ガリチアとオーストリア－シュレージエン，スイス，オランダ，ロシアの女性デーを，次号4月2日付け（23.Jg.,Nr.14）では再びロシア，ボヘミア，ハンガリーの報告を載せている。

1913年のドイツの一地方の女性デーのエピソードをとりあげてみたい。この年，ドイツでは，ブラウンシュヴァイクで始めて取り組まれ，3月8日（土曜日）にローザ・ルクセンブルクが講演し，デモ行進をしている。ドイツの女性デーが3月8日と最初に結びつくのはこの年であるが偶然であろう。

ローザ・ルクセンブルクを追悼するローベルト・ビールの一文の中にそのことが触れられている。ツェトキーン他著，栗原訳，『カールとローザ―ドイツ革命の断章―』の中のローザの思い出の一こまであるが，1913年のブラウンシュヴァイクの国際女性デーについて準備段階から詳細に書かれているので引用しておく。

オットー・グローデヴォールはわれわれにたずねた。2～3日中に，3月8日を国際女性デーとして，ブラウンシュヴァイクではじめて，女性の示威集会を開いて祝うことになっているが，それを君たちは知っているか，と。われわれは誇りをもって報告した。われわれは政治講座のさいに国際女性デーの意義について話したし，示威集会のことも知っている。しかしこれは女性たちの事柄であって，われわれにはたしかになんのかかわりもない，と。ヴァーグナー同志（ブラウンシュヴァイクの労働者新聞編集者）はむっとした声で，そのことについて君たちはもう一度よく考えてみるべきだ，と言った。彼はアウグスト・ベーベルのことや，われわれに読むように勧めていたベーベルの『女性と社会主義』をわれわれに思い出させ，労働者階級は女性たちと共同しなければ，支配階級から勝利をたたかいとることはできないことを，われわれにはっきり説明した。われわれはかえすことばもなく，恥ずかしくなって床に目をやった。（中略）今度はたすべき任務について説明をうけた。それは，日曜日にローザ・ルクセンブルク同志を駅まで迎えにいって，ある酒場に案内することだった。そこでブラウンシユヴァイクで初めての3月8日示威集会がひらかれることになっていたのだ。われわれはめいめいきまった指令を受けとった。万一必要なときには警察の注意をそらせるためになにをなすべきかについても，たがいに打ち合わせた。（中略）われわれは目的地についた。隣の建物の階段を通って，非常口の脇の人口から，ホールの演壇に出た。

約500名の主婦や娘らがホールに集まっていた。私の知っているファスビンダー同志――彼女が，クララ・ツェトキンやローザ・ルクセンブルクと緊密な接触のあることを私は知っていた――が開会を宣した。私は舞台裏にかがんで，この女性集会に若い男子として参加させてもらった。ローザ・ルクセンブルクは小一時間ばかり話した。ホールの女性たちは彼女の才気あふれる思想や火を吐くようなことばに感激した。一種ふしぎな高揚した気分がみなぎり，私もそのとりこになった。集会が終わると，女性たちは通りへどっと流れ出た。けれども彼女らはばらばらにならずに，みんないっしょにホーエトーア墓地へむかって歩きだした。

党の決議――それは文書できめられたのではなく，口頭で伝えられたのだが――に従って幾百人もの同志たち――夫や息子や友人たち――が墓地に集まっていた。いまや男たちは墓地から出てきて女性たちと合流した。こうしてすばらしいデモ隊が組まれ，宮城にむかって動きだした。デモ隊はどうしても町の中央を通り抜けなければならなかった。というのは，幹線道路の一つであるボールヴェーク通りで，女性の同権のためにデモンストレーションをおこなうことになっていたからだ。そして集会や労働者のデモのおこなわれる伝統的な広場，ハーゲンマルクトでこの3月8日の催しは終わる予定になっていた。（中略）この3月8日は，われわれにとって波乱に富んだ忘れることのできない日であった（ツェトキーン他1971＝栗原訳，1975：21-26）。

日本ではじめての国際女性デーがひらかれる10年もまえに北ドイツの一都市ブラウンシュヴァイクで，国際女性デーの成功のために，ドイツ社会民主党の幹部と青年党員が綿密に計画をねり，ローザをむかえて集会を成功させている様子が生き生きと浮かび上がる。

1914年には，ドイツ，オーストリア，アメリカ合衆国，スイス，オランダ，チェコスロバキア，ロシアのほかにフランスがはじめて国際女性デーの催しをもった。ドイツでは，この年ドイツ社会民主党に新党員を獲得し，党の機関誌をふやすことに専念する週間を定めたが，その初日が3月8日であり，この年3月8日は，ヨーロッパのかなりの国や地域が女性デーを実施したといわれる。

この年のドイツ社会民主党の，「女性デーにむけて！」のちらしは，「3月8日はわれらの日である！」と記されている。ただし，後に国際女性デーの歴史を書いている『インプレコル』誌1929年19号には，ドイツの国際女性デーは3月9日に行われたとしている。ドイツではこの時，ローザ・ルクセンブルクが逮捕されていたのでクラーラ・ツェトキーンが中心となって，ローザ・ルクセンブルクの逮捕反対と戦争反対をとなえてデモンストレーションを行った。警官隊が動員されたが，ドイツの大・小都市で，プロレタリア女性の運動が展開されたといわれる。1914年ヴュルツブルクで開催されたドイツ社会民主党の大会記録をみると，女性デーと「赤い週間」という記述がでてくる（*Pr. Würzbwrg*, 1914附録：Bericht 1914：9）。

オーストリアの女性デーの集会で採択された決議は，緊迫した政治情勢に言及していたが，女性選挙権要求は書かれてはいなかった。スイスでは多くの女性集会がもたれ，ドイツでのローザ・ルクセンブルクの階級裁判に抗議し，オランダでも大衆的集会がもたれた。チェコスロバキアでは，多くの集会で女性デーの国際的意義が強調され，ローザ・ルクセンブルクとロシアの女性労働者にあいさつを送った。

『平等』1914年4月1日号（24.Jg.,Nr.14）は，「われらが国際女性デー」として，ドイツ，ハンガリー，スイス，ロシアの女性デーを報告しており，ロシアについては，リガ，ミンスク，イエカテリノスラヴ，イルクーツクと，地域ごとの報告を記している。

また，1914年6月14日付けの『平等』（24.Jg.,Nr.20）に「統一的国際社会主義女性デーの問題について」という論文が掲載されている。

1914年8月にウィーンで第2インターナショナルの第10回大会が予定されており，それと同時に第3回国際社会主義女性会議が開催されることになっていた。しかし，1914年7月28日の第1次世界大戦により中止されたことは既述のとおりである。

第1次世界大戦下で，1915年の国際女性デーは，ヨーロッパでは，ドイツ，オーストリアをはじめ，各国で実施が不可能になったが，スイスとノルウェーの2カ国が細々ながら開催した。スイスでは，「戦争に反対してたたかえ」というスローガンをかかげており，ノルウェーではクリスティアナで，スウェーデンやロシアの女性代表の参加を得て，やはり，「戦争に反対せよ」というスローガンで，デモンストレーションをおこなった。また，3月18日には，ドイツで約200名の女性がベルリンの帝国議会の前で，社会民主党のカール・リープクネヒトへの弾圧にたいする「同情デモ」を行った。

クラーラ・ツェトキーンは，1915年3月19日付『平等』に，「国際社会主義女性デー」という論説をのせ，国際女性デーの一般的意義と，同年の女性デーの課題についてのべている。すなわち，彼女は，国際社会主義女性デーのもっとも深い内容は何かと問い，それは，めざめつつある労働者階級の女性の人間性と女らしさを調和的に発展させうる自由への叫びであるといい，「他のもろもろの目的のための一手段としての，同等で完全な政治的権利の要求であり（中略）男女に自由な人間性を保証する社会主義制度への熱烈な要求である」といっている。さらにクラーラは，当面の女性デーのたたかいを反戦闘争と結合させることをよびかけて，「今年は，何はともあれ，女性社会主義者が，国際社会主義の名において苦難に満ち重荷にあえぐプロレタリア女性を結集したどの国においても，示威運動の性格を特徴づけるものは平和への願いである。（中略）国際女性デーで，すべての国において，プロレタリア女性の意志を平和のたたかいに燃えたたせ，強めなければならない。このたたかいは，女性たちが，われわれの日に，彼女たちの政治的成熟と，政治的権利への彼女たちの主張を証明することができる偉大な歴史的行為である」とのべている。

この年，ベルンとハーグで，各派の女性運動の戦争反対の国際会議がもたれるが，これ以降注目すべき女性デーの動きはロシアに移り，反戦・平和・革命に重心が移っていく。

(3) ロシアでの国際女性デー

国際女性デーの起源についてはアメリカ合衆国の動きを，その国際化については第2インターナショナルの中でのクラーラ・ツェトキーンの運動を注目してきたが，国際女性デーのその後の性格を特徴づけるのは，ロシア・ソ連での女性デーと，コミンテルンの女性運動となる。したがってここでは，ロシアを特に取り上げておきたい。

すでに触れたが1913年1月26日，アウグスト・ベーベルは，亡命してベルリンに住んでいたコロンタイ[17]に手紙を出している。ベーベルは1907年の，シュツットガルトでの第2インターナショナルの会議でコロンタイと会っていた。そのときの手紙は次のようであった。

シェーネベルグ-ベルリン　1913年1月26日

尊敬する同志　コロンタイ！

ロシアの同志の皆さんが2月のあいだに，はじめてロシアの女性デーを招集しようとしているというあなたの報せをきいて，私は満足であり，歓迎しました。

17）当時コロンタイは，メンシェヴィキの立場に立っていた。コロンタイは亡命中の身であって，ロシアではじめての国際女性デーに加わってはいない。またベーベルのこの手紙が，ロシアの誰かに渡ったかどうかも不明である。

世界中のどの他の国におけるよりも多く，ロシアの女性は，男性との平等のためにたたかってきました。そして，他のどの国よりも多く，彼女たちは，全民族の抑圧のあらゆる束縛からの解放のために英雄的に全存在をかけ，富，自由，生命の犠牲を捧げてきました。

どの国民も，女性殉教者の数において，ロシア国民と比較することはできませんし，どの民族においても，困難な，しばしば絶望的に思われる状況のもとでのこうしたたたかいは行われていません。ですから人は，闘うロシアの女性界（Frauenwelt）を，お世辞ではなくまた誇張でもなく，すべての諸国の闘う女性の前衛とみなしていいのです。

私は，最初のロシア女性デーもまた，ロシアの女性にとって，すでに多くのたたかう女性と殉教者を生み出した信念によって満たされているだろうとの確信を持っています。

私は，ロシアの女性デーが，最高の成果を上げることを期待しています。

党の挨拶と握手を。　　A.ベーベル[18)]

このことによって，ロシアの最初の女性デーは，1913年から行われたことが明らかであるが，1917年のロシア革命とかかわって，ロシアの女性デーは，ヨーロッパとは異なる動きを見せる。

私は，国際女性デーの起源にこだわって，アメリカ社会党の女性運動が次第に明らかになってきた段階で，「女性を祝う：ロシアとソヴィエト・ユニオンにおける1909～1939年の国際女性デー」（1995）というインディアナ大学（ブルーミングトン）歴史学部の学位論文にでくわした（Chatterjee　1995）。学位申請者は1964年カルカッタ生まれのインド国籍，チョイタリ・チャタージェー（Chatterjee, Choitali）である。資料は，ソ連崩壊の直後1991～92年にロシアに滞在して，早くも公開された今日のRGASPIの前身や，ロシア共産党女性部，労働組合，ロシア連邦国家アルヒーフ内の労働省記録等の他，フイルム・写真アルヒーフで女性デーに関する視覚的映像，当時の新聞をふ

18）この手紙は，Bebel, *Ausgewählte* 9：247に収められている。
出所は，ロシア新歴史ドキュメント保管・研究センター（モスクワ）Fonds134,Verz.1, Nr.400.

んだんに論文に使用できたことがわかる。ただし，私が，UMIを通じて入手したコピーは，文字データのみのものであるので，この論文に多く挿入されているであろう写真や映像を見ることは出来なかった。

論文の目的は，私の叙述の流れとは異なるところにおかれている[19]が，

---

19) アブストラクトには，チャタージェーは，次のように書いている。

この学位論文の目的は，1909年から1939年までのロシアとソビエト・ユニオンにおける国際女性デーの組織，構造，発展を研究することである。私は，祝日というものを，もともと，ボリシェヴィキ党のジェンダー化された目的と抱負へのメタテクストの解説，家父長的支配の限界から女性を解放するための企て，および公共領域への彼らの参加を確保する努力とみている。

革命的フェスティヴァルは，伝統的に，新しい政治的センターを定義し，新しい社会的コンセンサスについて語るシンボルを動員するのが常である。しかし，革命の時期は，同時に，保守主義の時期でもあり，そして，ソビエト・ユニオンでは，フェスティヴァルはまもなく新しい政治的状況を擁護するものとなった。こうしたタイポロジィ（類型学）において，女性デーは，例外的なものである。なぜなら，革命以前のロシアにおけるその発端からは，それは，それ自体，祝日として意図されたものではなく，「女性解放」のテーマに当てられたアジテーションとプロパガンダの日として意図されたものだからである。ボリシェヴィキ・サークルにおいては，女性はプロレタリアートのもっとも反革命的階層であるという広く行き渡ったコンセンサスがあった。解決法は，女性を政治的，共同社会的組織のニュートラルな公共領域に引き入れることであった。

私の研究の進行の過程で，私は女性のニーズは，従属的位置を占め，いつもボルシェヴィキ党によって無視されたことを発見した。しかし，3月という月の間に，特に女性デーに先立つ週の間に，女性に関する課題は，新聞，党サークル，労働組合，各省の女性部，労働者クラブ，そして学校で，ほどほどの緊急性をもつものになった。女性の問題に関するプロパガンダは，会合，公表された統計，社会における女性の状態に関する論文や報告，劇場のショウ，詩，リメリック（滑稽な内容の5行詩），小説，ポスター，フイルム，スローガンそして壁新聞を通じて広範囲に行われた。私は，文化人類学的／文献的アプローチを利用して，これらのプロパガンダ・テクストを，ジェンダー，コミュニティそして政治に関係するソヴィエト・イデオロギーのさまざまな局面を研究するために分析した。私は，それが祝祭の儀式を通じて動員されるにつれてボリシェヴィキ・プロパガンダの変化する内容を再現するように試み，ソビエト祝祭文化への参加レベルの相違を研究した。

この論文は，序説に続き，第1章　国際女性デー：革命の儀式，として，起源の部分を，特に1910年の第2インターナショナルでの論争，1913年，1914年のロシアでの挙行の状況をとりあげている。第2章　2月革命とジェンダーの構造では，1917年の国際女性デーを，第3章　国際女性デー：定義のための論争では，1920年代の女性デーを取り上げる。第4章では，大衆劇場と国際女性デーで，文化人類学的・文献学的アプローチを行い『新ソビエト女性』に注目する。第5章　解放の言語では，ソビエト女性と第1次5カ年計画とのかかわりを，第6章　自己および女性アイデンティティの構造では，1930年代をとりあげて，結論部分に進む。

1913年，1914年，1917年の，ロシアの女性デーの事実関係を知る上で，ロシア語文献（特に『プラウダ』）をとりあげて叙述している点に注目し，また，他にこの期のロシアの女性デーを研究している文献を探し出せなかったことから，本章では，チャタージェーの研究によって，1913年，1914年のロシアの国際女性デーについて叙述することにする。

最初に，この学位論文についての私から見ての問題点を述べれば，まず1909年から1939年という区分自体，その理由を説明していない。国際女性デーの起源に関わるクラーラ・ツェトキーンやアウグスト・ベーベル関係の史実については，チャタージェーは，英訳文献（クラーラについては，Forner（1984）の部分的英文選集，ベーベルの『女性と社会主義』については，メタ・シュテルン訳の最終50版（1910）を用いず，なぜかダニエル・デ・レオン訳（1904年版）を用いているだけで，原文を重視している気配は全くない。また，アメリカ合衆国についても，女性デーの起源そのものであるアメリカ社会党に迫ることはしない。2次資料から1908年3月8日のニューヨークの縫い子たちのデモンストレーション説が取られていて（Chatterjee 1995：36），起源伝説を一つ増やしている感がある。序章において，1909年から1939年までを年代順に分析すると書いているが，1909年については特に記述がなく，1913年にサンクト・ペテルスブルクとモスクワで女性デーの催しを実施することをボルシェヴィキが決めたとしてある。総じて，この学位論文は，革命の前後を通じて国際女性デーをボルシェヴィキが（のちにスターリンが），どう政治的プロパガンダに利用したかの歴史となっている。

また，このテーマで，学位を取得したのは，1995年であるから，たとえ研究対象年は1939年で終わるにしても，ソ連ではプロパガンダにすぎないという国際女性デーが，なぜ1975年の「国際女性年」を経て1977年に「国連の日」となったかを念頭に置いた叙述が結論部分で必要ではなかったのかとも私には思われる。ソ連以外についてはかかわらないというのであれば問題ないといえるかもしれないが，国際女性デーの研究としては不完全に思える。また，国際的・国内的な労働者の状況やたたかいの現実との関係を抜きにして祝祭分析という方法をとる点に限界も感じるが立ち入らない。

以上の点をおくとして，ここでは，本章の流れに関連する限りにおいて，史実としての内容は非常に参考になるものである。しかし，ロシア語文献を使って，それを英語で叙述しているものを，私が理解した限りで日本語で書くとき，正確に書き切れるかという問題はある。その上，個々に使用されているロシア語原文を私がフォローしていないので，厳密にいえば研究としては問題であることを承知してはいるが，これまで日本に紹介されたことがなかった内容であるので，あえて取り上げたいと思う。その際，チャタージェーの『プラウダ』の報道に依拠した事実関係のみを記し，チャタージェー自身の解釈はあまり多くを記さないこととする。

1） 1913年

ロシアでの国際女性デーの起源については，ドイツ側の視点・文献からは見えてこない点がチャタージェーによって書かれている。すなわち，コペンハーゲンでの国際女性デーの決議は，当初ロシアの女性運動家らは無視していたが，1913年にボルシェヴィキが，ロシアでの実施を決定したとしている。さらに，なぜボルシェヴィキが突然1913年に実施したかについて，歴史家の間で意見が分かれているが，ソ連の資料からの知見では，西洋の歴史家が主張して来たように，ロシアの女性の革命的意識によって引き起こされたということとは程遠く，ボルシェヴィキが，プロレタリア女性の一部の政治行動への極端な尻込み，無知そして全くの嫌悪を知って，行動を起こすことに奮起させるために女性デーに注目したのだという（Chatterjee 1995：38-39）。すなわち，ボルシェヴィキにとっては，どうやって，一般のプロレタリアの闘争に女性を組み込むかということが問題であり，第1段階として，ボルシェヴィキ党の中央委員会が，女性デーのイベントが，ロシアの，無関心な女性労働者を活気づけるにちがいないという希望を以て，1913年に国際女性デーを組織することを決定したのだというのである。このように，最初からロシアでは，女性デーは，他のヨーロッパ諸国とは異なり，女性選挙権の運動の促進のためではなく，働く女性をボルシェヴィキ党の隊列に勧誘する手段として行われたのだとしている（同上：40）。

チャタージェーは，さらにロシア語の文献から1913年の女性デー挙行の背景を探る。それによれば，全イヴェントの背景には動機となる意図があり，1913年のはじめから，ロシア社会民主労働党のサンクト・ペテルスブルク委員会は，国際女性デー祝日委員会を組織していた。委員会は女性デーを組織するためにどうするのが最善かについて，長い間討論や論争やらの結果，手始めにレーニンによって1912年4月22日（ロシア旧暦，西暦では5月5日）に発刊されたロシア社会民主労働党の機関紙『プラウダ』に，国際女性デーの意義についての短い記事を載せようということになった。ボルシェヴィキの指導者たちは，1913年1月になって『プラウダ』に国際女性デーに関する数本の論文を載せた。1月5日にサンクト・ペテルスブルクの一地域（ヴィボルク）で，国際女性デーの理念を広めるために女性労働者の大衆集会を開いた。似たような集会が，織物，縫製，繊維産業労働者や召使も加わって各所で開かれ，さまざまな問題（家内労働者の法律や保険，女性選挙権，家内労働者の団結権，そして国際女性デーについても討論された（『プラウダ』1913.1.20：3．Chatterjee 1995：43，による）。

ボルシェヴィキは，女性だけの活動を，フェミニスト運動と見て嫌っていたので，女性デーは，フェミニスト的逸脱を代表するものではないということ，女性デーを組織する唯一の理由は，女性労働者の素朴な意識に政治への理解を起こさせることと念を押して妥協した（『プラウダ』1913.1.5：3．Chatterjee 1995：44，による）。『プダウダ』はいう。

> われらが女性は，今日はじめて，プロレタリア運動の全家族の一員となろうとしている。そして，はじめて，その背後に各国の女性労働者のみならず，労働者階級一般との強い結びつきを感じるだろう（『プラウダ』1913.1.15：3．Chatterjee 1995：44，による）。

2月17日に集会をもつことを計画した時，防衛上の関係で，委員会は，警察を欺くために，不正確な日付，すなわち，1913年2月10日と発表した。サンクト・ペテルスブルク警察署長は，「Scientific Morning」という名称の集会を許可した。錯覚を増長させるために，本当は無料なのに，5ペイカのチケットを用意したり，裁判官の妻を招待して，女性デーは実はブルジョアとフェミニストの関心事だということをひろめようとした。準備の過程で，女性抑圧の根源をめぐるフェミニストとボルシェヴィキの意見の相違が明らかになっていったとチャタージェーは説明する。

ともあれ，女性デーは，「母の日」と違って，女性と女性文化規範を祝うものではなく，プロレタリアートの十分発達していない意識への社会的刺激を与える手段となった。『プラウダ』は，「2月17日を，ロシア女性の生活に新境地を開く日としよう。彼女たちをして階級意識と組織の発展をスピードアップさせよう」と書いた（Chatterjee 1995：57，による。ただし『プラウダ』の引用日付なし）。

国際女性デーは，1913年2月18日（西暦3月8日）の午前，通りには，ブラウスに赤い花をつけたピンでとめ，カラフルな衣装の女性労働者が，革命に共鳴して行進するために道沿いに並んだ。しかし，「Scientific Morning」という名称があたりさわりなく聞こえたため，市警察は介入の機会がなかった。カラシニコフ（Kalashnikov）ホールの入口には，警官がおり，ホールの中は，前2列は警官が占拠していた。丁度1時にホールのドアが閉められ，チケットを持った多くの人々が追い払われた。非常に多くの人々が入口のまわりでひしめき，入ろうとしているので，講演者たちを建物に押し込むのも大変だった（『プラウダ』1913.2.19：3．Chatterjee 1995：60，による）。このような状態でも結局演説を聴くために1000人以上がかろうじてホールに詰め込まれた。

チャタージェーは，演説の内容を分析すれば，ボルシェヴィキのジェンダー構造に関する意味深い情報を得られるとして，集会の責任者，ヤンチェスカヤ（Ianchskaia）の例を挙げる。彼女は「弁護士の妻」として革命運動とかろうじて結びついていたが，実質は一人の社会主義者であった。開会演説では，そういう彼女でさえボルシェヴィキ路線をとり，女性デーのイニシアチヴは，女性労働者そのものに起因し，女性の意識は「目覚め」ており，女性運動の自立は，プロレタリア女性の間で始まっているということを話した。

また，ヤンチェスカヤは，「女性の運動は，一般プロレタリアのたたかいからそれ自身分離すべきではない。そうではなく，協力的ファクターでなければならない。私たちの仕事は，労働者の組織に女性を引き付けることである。慈善事業の組織やフェミニスト関係者は女性労働者を引き寄せることはできない。プロレタリアの組織のみが，真に労働者階級の利益を擁護することが出来る」といったという（『プラウダ』1913.2.19：3. Chatterjee 1995：60-61，による）。

その他，ロシアの女性講演者の演説を，チャタージェーは，思い出や『プラウダ』の報道を駆使しながら紹介し，1913年の女性デーの成功は，ボルシェヴィキにとって満足するものであったと書いている。

2） 1914年

以下も，チャタージェーの，論文から得られたものである。

1914年には女性デーの意義は，前年のように満場一致というわけにはいかなかった。チャタージェーは，メンシェヴィキのコロンタイらは，女性デーを妊婦の保険法案の可決，女性の政治的権利，インフレーションに比例した賃上げの要求などを提案する場として使われるべきと主張し，クーデリー（Kudelli）のようなボルシェヴィキは，コロンタイとともに働き，メンシェヴィキとともに女性デーを組織したいと熱望したと書いている（Chatterjee 1995：72-73）。しかし，こうした考えは，他のボルシェヴィキによって拒否され，前年のように，この日を，女性を資本主義とツァーリズムに反対する労働者運動の隊列にいれることに利用することを決定した。こうした考えに従って1914年の女性デーも準備されたとのことである。

集会は，サンクト・ペテルスベルクの郊外で労働者階級ごとに，催されることになった。女性労働者は祝日の準備に大きな関心を示していた。革命的意識が徐々に発展しており，最初の社会主義的女性ジャーナル『ラボートニツア』の発行が女性デーの進歩を加速するにちがいないと期待された。

1914年，ボルシェヴィキはすべての女性集会に，市警察から公の支持が得られるようにしようとした。しかし，ただ一か所，ペテルスブルクのフェドロフ・ホールで開催されることが認められた。

『ラボートニツア』の編集部が，その発行と国際女性デーの準備とのために1914年2月18日に集まっていた時，警官が突入し，編集委員の3人を逮捕した。この時国際女性デーを準備していた工場労働者も含めて30名が逮捕された。逮捕されたボルシェヴィキの女性たちは拘置所の中で抗議行動を展開した。警官は『ラボートニツア』の校正刷りを押収し，さらに編集部員を逮捕したが，12,000部が，女性デーの通りに現れることを妨げられなかった。

このように，1914年のロシアの女性デーは弾圧の中で行われた。このことは欧米とロシアがいかに異なる状況の下に置かれていたかを示すものである。しかし，この年『ラボートニツア』が発行され，女性労働者たちはそれを買って，寄り集まって声を出して読み（Chatterjee 1995：81），市の郊外では多くの労働組合がいくつかの集会を開いたという。女性が優位を占める工場では，女性労働者は，自発的に欠勤したり，まえもって，彼女たちのボスに女性デーを祝うために休暇を取ろうとしていることを告げた（『プラウダ』1914.2.25:2,　Chatterjee 1995：81より）。

1914年は，詳しく見ていくと，モスクワでも，キーエフでも，ロストフでも，クロンシュタットでも，国際女性デーの集会がもたれている。また女性労働者とは別に，サンクト・ペテルスブルクやモスクワで，フェミニスト団体が国際女性デーの催しを行っている（Chatterjee 1995：83-87）。

しかし，1914年に第1次世界大戦が起き，強化される弾圧によって，ボルシェヴィキの組織者は追放され，1915年と1916年は国際女性デーの催しを持つことが出来なかった[20)]。再び国際女性デーが浮上するのは，ロシアに危機的状況が迫った1917年である。これについては，第11章でとりあげる。

20）後述するが，その後，1917年，ロシアの国際女性デーは，ロシア2月革命の序曲となった。1919年3月モスクワでレーニンの指導下でコミンテルンが創立された。1920年代，国際女性デーは，コミンテルンの指揮下に入る。1920年，レーニンは「国際勤労女性デーによせて」を発表し，ソビエト共和国こそ男女平等に一貫して取り組むことを表明する。この年は，ドイツ，スイスでも女性デーが取り組まれたが，ドイツでは従来の社会民主党に変わって，ドイツ共産党や独立社会民主党が主催していた。

先取りして記すと，国際女性デーが3月8日に固定されたのは，1921年のコミンテルンの女性会議で，ブルガリア代表が，前述1917年のロシア革命につながったペテルスブルクの女性デーを記念して，統一した日にもたれるよう提案して採択されてからである。もっとも，この事実があまりに政治的であるので（つまりロシア革命と直結していることと，コミンテルンの国際女性デーの位置づけが特に1930年代からソ連の擁護を前面に出す度合いが強まったので），戦後冷戦下にあって，本章冒頭に述べたように，3月8日について事実とは異なるさまざまな伝説が生まれることとなったのであろう。

以上のように，アメリカ社会党の女性選挙権運動に起源を持つ「国際女性デー」は，要所要所でアウグスト・ベーベルやクラーラ・ツェトキーンが関係し，第2インターナショナルの1910年の女性会議で国際性を持ち，数年の間にロシアにも波及していったのである。

こうしてみると，すでに第1次世界大戦に向かう帝国主義戦争の主要交戦国において，1911年を起点に国際女性デーが催されており，1912年，13年の，第1次，第2次バルカン戦争の当事者国の女性たちの間で，単に女性選挙権運動に限定されない，平和への機運が存在していたことも推測される。

今日にもつながる女性デーは，決して当初から3月8日と決められていたものではなかったことも明らかであろう。

次章では，長い間，ドイツ社会民主党の党首であり，社会主義者鎮圧法のさなか1879年に初版を出して，1909年まで30年にわたって改訂を重ねた，アウグスト・ベーベルの『女性と社会主義』を取り上げる。社会主義運動は男性中心で女性運動を従属させるという通念が日本にも流布している。しかし，ドイツ社会民主党の女性解放論は，ドイツ社会民主党の男性党首であったアウグスト・ベーベル抜きには語れない。また，世界の社会主義的女性運動もベーベルの主著『女性と社会主義』なしには語れない。

クラーラの女性解放論の位置もベーベルとの対比なしには語れず，その先に進むことが出来ないという理由から独立の章を起こすことにする。

第10章　アウグスト・ベーベルの『女性と社会主義』——没後100年に寄せて——

本章で取り上げるドイツ社会民主党の労働者出身の男性党首，アウグスト・ベーベル（1840.2.22–1913.8.13）は，著名な女性解放論，『女性と社会主義』（日本では『ベーベルの婦人論』として知られた）を書いた人であった。彼は，1879年の初版から1910年の最後の改訂版まで30年間も手を加えて，この書を世に残した。この最後の版もベーベルにとって完成版とはいえないだろう。なぜなら最後の版の脱稿後にとったベーベルの行為や，最後の版に付された「補遺」をみても，新たな資料や学説や批判には無視せず答えようというベーベルの意思が感じられるからである（後述）。

アウグスト・ベーベルは，ドイツ社会民主党の女性政策で具体的に指図することはなかった。しかし，ドイツ社会民主党の女性運動を進めた女性たちは，男性中心的な政党の中にあって，国際的にも知られた女性問題の主著をもち，前章でみたようにアメリカ社会党の女性運動にもアンテナをはって，時宜をえた励ましの手紙を送るような党首をいだいて，大いにやりやすい面があったに違いない。

もっともマリアンネ・ヴェーバーら当時の知識人女性は，ベーベルを「大衆的書き手」と呼んで，『女性と社会主義』に学術的価値は見出してはいなかったし，あるいはクラーラも，ドイツ社会民主党の女性理論派リーダーとしては，マリアンネと類似のとらえ方をしていたかもしれない。

今日の日本の「フェミニスト」たちのなかにも，私から見て頭ごなしの偏見からベーベルをさまざまに批判しているものもいるが，歴史的背景にてらしてみれば，『女性と社会主義』は，まずは評価されなければならない女性解放の古典であるということは間違いない。また，クラーラの女性解放論の位置もベーベルとの対比なしには語れない。

初版から100年がたった1979年，刊行100年に際しては，当時のドイツ民主共和国で記念の集会がもたれ，2冊の英語の報告書が出されている[1]。日本でも，『ベーベルの婦人論』の最後の邦訳者の一人である土屋保男（1979）をはじめ，白井厚（1979），倉田稔（1979），西川正雄（1980），犬丸義一（1980）という錚々たるメンバーがそれぞれに記念の一文を書いている。また110周年に際しては，倉田稔が『ベーベルと婦人論』を出版[2]した（倉田　1989）。

1970年代から20世紀の終わりにかけて最初の20年間はドイツ民主共和国で，そして最後の10年は統一ドイツになってからも，研究や選集の継続出版も行われた。

しかしながら，ほとんど時を同じくして，新しい「フェミニズム」の台頭とともに，アウグスト・ベーベルの『女性と社会主義』は徐々に忘れられていく。

世紀の変わり目の2000年，米国で『男性のフェミニズム―アウグスト・ベーベルとドイツ社会主義運動』という研究書が，ロープスとロスという2人の研究者によって出された（Lopes and Roth 2000）。これは注目すべき著作である。また，21世紀に入って，当時私が所属していた昭和女子大学女性文化研究所が，『ベーベルの女性論再考』（昭和女子大学女性文化研究所編 2004）を出版した。2004年はベーベルにとって何かの意味ある年ではないが，このテーマの研究を2003年度にまとめたということは，ベーベル没後90年を記念してという意味はあった。この書には，ベーベル『女性と社会主義』の最後の改訂版50版への「補遺」（マリアンネ・ヴェーバーの『法発展における妻と母』による批判への論駁）や，そこにいたるベーベルのリャザーノフへの手紙等，本邦初翻訳も含まれている（昭和女子大学女性文化研究所編 2004：202-207）。だが，時代は，すでにそのような研究を評価する眼をもたなかったというべきであろう。ジェンダー視点至上主義の踏絵的審判の眼だけが光って，地味な資料の掘り起こしに関心を寄せる「フェミニスト」はほ

1）日本からは，日本共産党の小泉初枝と日本社会党の渡辺道子が英語の論稿を出している。世界各国からのペーパーは，International Conference of the SED Central Committee to mark the 100th anniversary of the publication of August Bebel's book "*Women and Socialism*", Berlin, capital of the GDR, 23-25 February 1979.（2分冊）（合計623頁）に収録されている。

2）この本の帯には「婦人論出版110年　現代フェミニズムの原点」と書かれている。1989年の婦人論出版110年は，丁度，ソ連・東欧崩壊の1989年であったのである。

とんどいなかったのではないかと私には思われた。

さらにドイツ・ジェンダー史研究の隆盛の中で，ベーベルのこの古典の位置は急速に低落し，批判され，忘却に拍車がかけられる。それは，一種の現代の「焚書」の感がある。

2013年は，ベーベル没後100年である。本書は，クララ・ツェトキーンが主人公ではあるが，本章は，特別にベーベルの没後100年を意識して書かれている。

そうした意味もあって，①アウグスト・ベーベルの小伝に，『女性と社会主義』の30年にわたる改訂と国際的普及の状況をからめ，②『女性と社会主義』の内容とドイツ社会民主党内での評価，③本題であるクララ・ツェトキーンとアウグスト・ベーベルの関係の順で追っていくことにする。

1　アウグスト・ベーベル小伝

本章ではまず，ベーベルの生涯を，彼の政治生活ではなく，個人生活・家庭生活と女性に関する思想や理論，特に『女性と社会主義』との関わりに注目してみていきたい。なぜなら，ベーベルがあのような女性解放論を書く背景に，どのような個人・家庭生活があったか，また，クララ・ツェトキーンの女性解放論との異同をさぐる何らかの示唆が得られはしまいかと考えるからである。

ベーベルは,『女性と社会主義』の幾度にもわたる改訂の他，生前に自伝『わが生涯から』全3巻（Bebel　1910, 1911, 1914）を書き終わっていた。また，東西ドイツの分断から統一を挟んで，20世紀の終わりに『ベーベル著作選集』全10巻14冊も完結している。彼の，ドイツ語による伝記には，1960年代から1970年代までの旧ドイツ民主共和国時代の共同研究集団（Autorenkollektiv 1963），ゲムコウ（Gemkow 1969），ヒルシュ（Hirsch 1970）によるものがある。1980年代末から1990年代はじめの転換期には，西独で，ブラント（Seebacher-Brandt 1988）が，さらに東独で新たに組織された共同研究集団

(Autorenkollektiv　1989) が伝記を執筆している。また，ウルズラ・ヘルマンの解説入りで1910年のベーベル70歳を祝う寄せ書き集 (Bebel 1989) や，1913年のベーベルの死に寄せる追悼文集 (Gemkow und Miller 1990) が編まれ，ヘルマンの編集による『ベーベル夫妻の文通集』(Hermann,Hrsg.1997) も出された[3)]。従って，ベーベルの生涯の概略は，これらを利用して紹介する範囲内では比較的まとめやすい。以下，上記を参照して私なりに，ベーベルの小伝を書く。出所はいちいち記さない。

(1) ベーベルのおいたちとユーリエとの結婚，フリーダの誕生

アウグストは，プロイセンの下士官，ヨハン・ゴットロープ・ベーベル (1808-1844) を父に，パン屋の娘ヴィルヘルミネ・ヨハンナ・シモン (1804-1853) を母としてケルン近郊ドオイッツ (Deutz bei Köln) で，1840年2月22日に生まれた。翌1841年弟カール・ユリウスが，さらにその翌年弟カール・フリードリヒが生まれる。1844年1月，アウグストが3歳の時に父が没し，母はその年の10月に，父の双子の兄弟の一方，彼と同名のフェルディナント・アウグスト・ベーベルと再婚する。1846年には下の弟とこの継父も死去し，1853年には母も世を去る。この時アウグストは13歳であった。

1854年，アウグストはろくろ職人としての修業を開始し，1858年に職人試験を終了して1860年まで，南ドイツとオーストリアを遍歴する。この間1859年には上の弟も亡くなった。19歳でアウグストは，家族全員と死別して全くの一人となる。晩年，70歳で彼は妻とも死別するが，家族の相次ぐ死は，ベーベルの生涯を特徴づける。少年時代はケルン近郊で両親や弟達と，そして晩年はチューリヒで妻と娘婿と死別するのである。

1860年にアウグストは，ライプツィヒに定住し，ろくろ工場で仕事を始め，1861年2月19日創立の「ライプツィヒ職業教育協会」に入会した。1863

3) 本章はこれらを参考にしている。また，私は，1999年9月に，ベーベルが晩年に再三訪れ，ついには終焉の地となったスイスのチューリヒを訪問して，文献・写真によって知り得たベーベルの軌跡の一部を追い，墓地も確認した。その後2011年10月にもこの地の「スイス社会文書館」でベーベル，クラーラ関係の文献を閲覧した。現在はインターネットで写真関係などは容易に見ることが出来る。

年2月21日，同協会の創立記念日の催しで，ヨハンナ・カロリーネ・ユーリエ・オットー（1843.9.2-1910.11.22）[4]と出合った。ユーリエと知り合った時，アウグストはろくろ工の親方のもとで7人の職人の1人として働いていた。ユーリエは小間物屋で働いていた。2人は，翌1864年に婚約し，1866年4月9日，26歳のアウグストと22歳のユーリエはライプツィヒのトーマス教会で結婚した。ユーリエは，7きょうだいの末っ子で，教育は国民学校で受けている[5]。

写真10-1　アウグスト・ベーベル1863年（23歳）頃

1863年には，フェルディナンド・ラサールらの「全ドイツ労働者協会」も創立されているが，その第3回大会（1865年9月，シュツットガルト）は，ドイツ労働運動内ではじめて女性労働問題を取り扱ったことはすでに本書第1章でのべている。大会では，女性の職業労働と男女の同権が擁護され，同年10月にライプツィヒで開催されることになっていた第1回ドイツ女性会議にベーベルを派遣することを決めていた。ルイーゼ・オットー・ペータースやアウグステ・シュミットらが中心となっているこのドイツブルジョア女性運動では，男女平等や女性の社会参加が論じられていたが，まだ政

4）ユーリエの父ヨハン・ゴットフリート・オットー（1798-1857），母クリスティーネ・ソフィー（1804-1865）は，職を求めてライプツィヒにやってきた底辺の労働者であった。2人は1835年に結婚しライプツィヒに住んでいた。

5）ユーリエの生涯は，ユーリエ没後の多くの追悼文のなかで偲ばれる。その追悼文の一つがクラーラ・ツェトキーンによって『平等』誌1910年12月5日付け（*Gl.*, 21.Jg., Nr.5：67-69）に書かれたものである。後に，アンネリーゼ・ベスケ（Beske 1990）によっても小伝が書かれている。

治的権利の問題は前面にはだされてはいなかった。1865年の「全ドイツ労働者協会」の大会で，女性問題を取り上げたのは，モーリッツ・ミュラーやカール・エッカルトであり，彼らによる労働における男女平等権の主張や女性選挙権の要求が，多数によって承認された。

ベーベルは，自伝のなかでこの大会のことを「何か独特のしかし熱心な，彼らしい，好感の持てる宝石工場主，プフォルツハイムのモーリッツ・ミュラーは，女性問題，すなわち彼が得意としている問題について報告した。彼は文書報告の中で，男女の完全な社会的同権と女性労働者のための実業補習学校の創立，および女性労働者協会の創立を要求した。この問題についての討論にはもっとも多くの時間をかけた。エッカルト教授は，女性の社会的解放は，大会が男性のためにそれを要求したように，女性に投票権を与えることを含んでいるのだと断固として宣言した。ミュラーの決議は，この説明とともに絶対多数をもって採択された」(Bebel 1910：115) と書いていた。

ベーベルは，1866年9月に創立された第1インターナショナルの会員となり，結婚後の1867年，北ドイツ議会に議員として当選し，早くも政治活動を始めた。

1869年1月16日，娘が誕生し，ベルタ・フリーディケ（フリーダ）と名付けられた(1948.6.28没)。

この年，8月7日から9日まで，アイゼナハで「社会民主労働者党」が結成され，全ドイツ労働者協会は，解散してこの党に加盟した。この党は，綱領(いわゆるアイゼナハ綱領) の採択にあたって，女性の問題を2点において取り扱っている。すなわち女性選挙権と女性労働問題 (男女同一賃金と女性労働の制限) である。しかし，すでにみたように「アイゼナハ綱領」は，女性選挙権要求を入れることを認めなかった。ここで，ベーベルがどのような態度をとったか明らかではない。

アウグストは，1869年「社会民主労働者党」の創立に加わり，ヴィルヘルム・リープクネヒトと戦争公債に反対し，1871年の帝国議会ではパリ・コミューンを支持したり等で活躍していたが，1872年3月26日，こうした活動のかどで，国事犯として2年間の要塞禁固の刑を受け，7月8日からフーベルトゥースブルク要塞で拘禁生活を余儀なくされた。この時，アウグストは，30

歳代にさしかかり，ユーリエは20歳代の終わり，娘のフリーダは3～4歳であった。禁固のあいだ，ベーベルは社会科学の文献を学習し，2つの重要な著作『ドイツ帝国議会・地方議会の活動と社会民主党』，『キリスト教と社会主義』の原稿を書いた。ユーリエはこの間，ろくろ工場の仕事を続け，後の事業活動に関する警察報告の表現によれば「果敢で機敏な女性」として行動した。ユーリエはまた定期的にフーベルトゥースブルクを訪れ，アウグストに面会している。この禁固刑は，ベーベルの生涯の特徴の2つ目ともいうべき断続する投獄生活の始まりでもあり，フリーダは，3歳から18歳まで，父に対する政治的迫害によって，約半分はアウグストと切り離された生活を強いられた。フーベルトゥースブルク要塞からフリーダに宛てた手紙は11通残されている。この要塞には1874年4月23日まで拘禁された。その後もケーニヒスベルクシュタインやツヴイッカウに移送監禁され，1875年4月1日に，ベーベルは，31ヶ月の拘禁から解放された。

ここまでの間で，ベーベルは，女性の労働や選挙権をめぐるドイツ労働運動の動向やブルジョア女性運動の主張を把握する機会には接していたと思われる。

このようなとき，1872年にクラーラ・アイスナー一家は，ヴィーデラウ村からベーベル一家が住むライプツィヒに引っ越してきたのである。クラーラがアウグステ・シュミットの女性教師養成学校に入ったのは1874年であった。

(2) ベーベルの女性問題との取り組みとビスマルク時代－1875-1890まで

1875年5月21日から27日にゴータで開催された「ドイツ社会主義労働者党」(旧「社会民主労働者党」改め) は，新しい綱領 (いわゆる「ゴータ綱領」) 草案をめぐって議論したが，女性問題に関する論点は，女性選挙権問題であった。5月25日，ベーベルは，「女性と選挙権」に関する演説を行い「国民両性のための選挙権」という表現を入れることを要求した。しかし，62対55で否決され，「すべての国民」という表現が採択された。ベーベルの思想上の同志，ヴィルヘルム・リープクネヒトも反対投票した一人だが，ベーベルは，自伝のなかで「(リープクネヒトは) 文言上の理由から私の提案に反対投票したのであって，事柄自体については，彼は私に同意していたのだ」としている

August, Julie, and Frieda Bebel around 1880 (SAPMO)

写真10-2　ベーベル/ユーリエ夫妻と娘フリーダ（1880）

(Bebel 1911：331-332)。このこともすでに触れたがくり返し強調しておく。

この年（1875年）ベーベルは，「女性の現在と未来の地位について」という論文を書いた。しかし，これが発表されるのは3年後，1878年である[6]。この論文は『女性と社会主義』の構想を含むものとして注目されている[7]。1875年は，このようにベーベルの生涯を貫く第3の特徴である女性解放問題での継続する発言の最初の年となったのである。

ベーベルは，1876年以来，フェルディナント・イスライプと小工場を経営していた。それは，「イスライプ&ベーベル商会」(Filma Issleib & Bebel) と呼ばれていた。顧客は南ドイツとスイスにおり，しばしば商用旅行をした。

1877年1月に，ベーベルは，ドレスデン選挙区からドイツ帝国議会に選出されたが，6月12日には，ビスマルクを侮辱したとのかどで6ヶ月の禁固刑を受けた。彼は1877年から78年にかけてこの刑に服したが，この禁固期間に女性解放論の草稿を書いたのである。

クラーラが，ライプツィヒでオシップ・ツェトキーンと知り合ったのは

6）ベーベルは，ポール・ラファルグとも親交のあったフランスの政治家で自由貿易論者でもあるイヴ・ギョーとシジスモン・ラクロアの『キリスト教の社会的意義』を1876年に翻訳しており，その2年後に同書に反論した「イヴ・ギョーおよびシジスモン・ラクロア著『キリスト教の社会的意義の研究――付録　女性の現在と未来の地位について』――あるドイツ社会主義者による翻訳および序文」(1879) の付録として公表された。

7）日本では，倉田稔 (1975,1979,1999) によって翻訳されている。

1877年と思われ，クラーラの教員国家試験合格はその翌年であるから，大体，ベーベルが女性問題についての草稿を書き始めた時とこの頃が一致する。

Otto Löschke.

Die Frau

und der Sozialismus.

Von

August Bebel.

Zürich-Hottingen
Verlag der Volksbuchhandlung.
1879.

写真10-3　『女性と社会主義』初版表紙1879

1878年9月，ベーベルは，帝国議会でビスマルクの「社会主義者鎮圧法」に反対する演説をしたが，多数派の賛成によって10月21日に同法は発効した。ベーベルは，禁固刑中に書いた原稿を秘密裏にライプツィヒの印刷所で2000部印刷し，翌年の1879年2月，まさにビスマルクの「社会主義者鎮圧法」の「社会主義」の名をあえて付して『女性と社会主義』と題して，ホッチンゲン－チューリヒのスイス労働者同盟人民書店から非合法裏に出版した。偽装タイトルは『エンゲル統計学第5冊』[8)]となっていた。しかしその書は，1879年3月29日には早くも発売禁止となった。

社会主義者鎮圧法の施行後その廃止の1890年までの12年間，ベーベル一家には厳しい日が続いた。1880年8月ドイツ社会民主党（「ドイツ社会主義労働者党」）はスイスのシュロス・ヴイデンで非合法の大会を開いた。その後，社会主義者鎮圧法のさなか，12月5日から15日までアウグスト・ベーベルは，

8）なぜエンゲルの名をとったかわからないが，エルンスト・エンゲル（1821-1896）は，社会統計を体系化した著名なドイツの統計学者，経済学者で，ドレスデンの生まれ。プロイセン王国の統計局長官となり，官庁統計を整備し，統計教育に努めた人物である。家計の中でしめる食費の割合（エンゲル係数）が貧富の階層差に密接に関連することを指摘した「エンゲルの法則」で有名である。著書には『人間の価値』，『ベルギー労働者家族の生活費』（森戸辰男による邦訳あり）などがある。

カール・マルクスとフリードリヒ・エンゲルスと面談するためロンドンに行く。両者とはすでに1873年以来文通による交流があったが，ここではじめて彼らに会った。

社会主義者鎮圧法のもとでは，ドイツ社会民主党には指導部も書記局も存在しなかった。アウグスト・ベーベル，ヴィルヘルム・リープクネヒトと他の31名の社会民主党員は，1881年6月29日，22日以内にライプツィヒ市からの追放を命じられた。オシップ・ツェトキーンがライプツィヒから追放されたのと同時期である。そのあとクラーラもライプツィヒを離れている。

妻ユーリエと娘フリーダは，ライプツィヒに住み続け，1882年の9月半ばからアウグストは，ライプツィヒ近郊ボルスドルフでヴィルヘルム・リープクネヒトと同じ家に住む。1881年秋には社会主義者鎮圧法施行後はじめての帝国議会選挙があった。ベーベルは1881年の帝国議会選挙のためのビラ撒きのかどで，1882年5月19日にライプツィヒ地方裁判所で1ヶ月の禁固刑，6月15日にドレスデン地方裁判所で2ヶ月の禁固刑をうけたが，8月26日のツヴィッカウ地方裁判所の判決では無罪であった。

1882年，彼は，多くの裁判で係争中であった。1882年11月1日から1883年3月9日まで，アウグスト・ベーベルはライプツィヒ地区刑務所で禁固刑に服した。ユーリエは，毎週金曜日獄中のアウグストと面会した。この時アウグストは，1879年2月に初版を出した『女性と社会主義』の改訂版に取り組み，1883年10月に第2版として『過去・現在・未来の女性』に題を変え，新たに章立てをして，ホッチンゲン・チューリヒのスイス人民出版社から偽装タイトル『工場監督官報告』で出版している。

『女性と社会主義』初版は章立てをしていないが，内容は，まさに『過去・現在・未来の女性』そのものであり，後にベーベルは一時，書名として両者併記を行い，さらに元に戻すということを行っている。この時クラーラはパリでオシップと生活し，マクシムも生まれている時期であった。

社会主義者鎮圧法施行下1883年3月29日から4月1日までデンマーク社会民主党の支援のもとに，コペンハーゲンで，2度目のドイツ社会民主党非合法大会が開催され，ベーベルも参加した。この年ベーベルは，1883年6月29

日，ハンブルク1区の補欠選挙で帝国議会に選出された。

1884年3月20日付けベルリンからライプツィヒのユーリエ宛手紙がある（Bebel, *Ausgewählte* 2/2,：130-131）。手紙は，この日，社会主義者鎮圧法の延長に関する法令構想の帝国議会での最初の読み合わせ会で演説した様子を知らせているが，その中で，「私の後にプットカマーが演説しました。彼は私が予期したように，私の著書『女性』（ベーベルは *Die Frau* と略記している）を私に反対するために利用したのです。私は，個人的覚え書きで，ほんの少ししか答えることができなかったので，後で再び回答することを予告しました」と書いている。プットカマーとは，地主，保守主義者で，当時のプロイセン内務大臣であった。ここで『女性』とは，前述の，1883年10月に『過去・現在・未来の女性』に題を変えて出した『女性と社会主義』第2版のことである。この手紙は，ユーリエへの手紙の中で唯一『女性と社会主義』にふれているものである。

写真10-4 『女性 過去，現在，未来』（『女性と社会主義』第2版）1883

1884年5月，社会主義者鎮圧法は延期された。6月にベーベルは，ベルリンで『過去・現在・未来の女性』第3版への序文を書き，ホッチンゲン—チューリヒのスイス人民出版社から発行した。この年第4版も発行されている。

1884年9月24日，ベーベル一家はドレスデン近郊プラオエンの一軒家に住んだ。しかし，アウグストは，商用の旅，帝国議会関係の仕事，投獄等で家族といっしょに暮らすことはできない。社会主義者鎮圧法の時代は，ユーリエも困難ななかで生活したが，女性の集会に出ていることが手紙から読み取れる。

プロイセン警察は，先のドイツ社会民主党の非合法コペンハーゲン党大会に参加した帰路に逮捕したベーベルと他の8人の社会民主党員に対する起訴資料を収集しており，1885年9月28日から30日までケムニッツ地方裁判所で裁判が行われ，同年10月7日無罪判決を受けた。しかし，検事の上告によって1886年7月26日から28日までのフライベルク地方裁判所が再審理した。1886年8月4日の判決で，ベーベルはイグナッツ・アウアーらと9ヶ月の禁錮刑を受け，11月中旬からケムニッツで，12月からツヴィッカウで禁固刑に服した。この年，『過去・現在・未来の女性』の第5版がこれまでと同じ出版社から出されている。この頃パリにいるクラーラは，次男コスチャも生まれ，貧困のどん底にあって，文筆活動を開始し，ライプツィヒに一次帰国して秘密の小演説会を開いたりしている。

ツヴィッカウ刑務所に収監されたアウグストは，週に1通の手紙を書くことを許されていた。手紙には検閲がある。ユーリエの手紙はフリーダの教育や健康について配慮している。この間，ユーリエとフリーダは2度，1887年2月5日と3月28日にツヴィッカウを訪問している。この刑務所でアウグストは，シャルル・フーリエの原稿を書き（これは，『シャルル・フーリエ』として1888年に出版された），ヘンリック・イプセン，エミール・ゾラなどを読んだという。

1887年10月2日から6日まで，ドイツ社会民主党非合法下の3度目の党大会がスイスのザンクト－ガーレンで開催された。この短い期間にアウグストは3通の手紙をユーリエに宛てて書いている。1887年10月26日から11月3日までエンゲルスの招待でベーベルはロンドンへ2度目の旅をした。1880年以来7年目であった。

この年ベーベルは，1888年オーストリア労働者カレンダーに，「古代エジプトの女性の地位」という論文を書き，『過去・現在・未来の女性』は，第6版，第7版を重ねた。

1888年1月18日，ベーベルは，帝国議会で，社会主義者鎮圧法延期に反対する議論で3時間の演説をしたが，2月17日に同法は延期された。1月30日と2月17日，ベーベルは，帝国議会の演説で元バーデンの警察官僚アルフレッド・フォン・エーレンベルクのアナーキスト的活動を指摘した。ベーベルの摘発は，官憲によるフォン・エーレンベルクに対する訴訟を引き起こした。

アウグストは，1888年8月に証人として召喚された。

Frieda and Julie Bebel (SAPMO)

写真10-5　フリーダ＆ユーリエ・ベーベル

この頃，ユーリエとアウグストには，心配事が持ち上がっていた。それは1888年5月に，19歳だった娘のフリーダが精神病を発病したことである。同年7月31日，ユーリエとフリーダはシュヴァルツヴァルトの親しい医者のヴァルトヘル家に旅をした。そこにフリーダは1889年4月まで滞在して治療し，またチューリヒでの勉学の準備をした。フリーダは，ライプツィヒの私立の10年制高等女学校を終えていたが，その後はスイスで当時女性にも門戸をひらいていたチューリヒ大学に入ろうとしていたのである。彼女はチューリヒで結婚し家庭生活を営んだので，ここは後年アウグストにとってゆかりの土地となる。

1889年5月26日付けの『デア ゾツィアルデモクラート』に，ベーベルは，『過去・現在・未来の女性』への批判に対する意見を発表した。7月14日から20日まで，ベーベルは，パリで開催された第2インターナショナル創立大会に出席した。この年11月18日から30日まで，エルベルフェルトの秘密同盟裁判（アウグストら帝国議会議員を含む91人の社会民主党員に対して引き起こされた訴訟）なるものが行われたが，ベーベルは無罪となった。

この裁判中にアウグストは7通の手紙をユーリエに書いている。11月21日付けの手紙には，娘ソリーダからの手紙に返事を書いたことが記されている。フリーダは，この年，ホッチンゲンに住み，チューリヒ大学に在学していた。1889年のクリスマスは両親とではなく，2年後に結婚することとなるフェルディナント・シモン（1862.8.5 – 1912.1.4）と過ごそうとしていた。

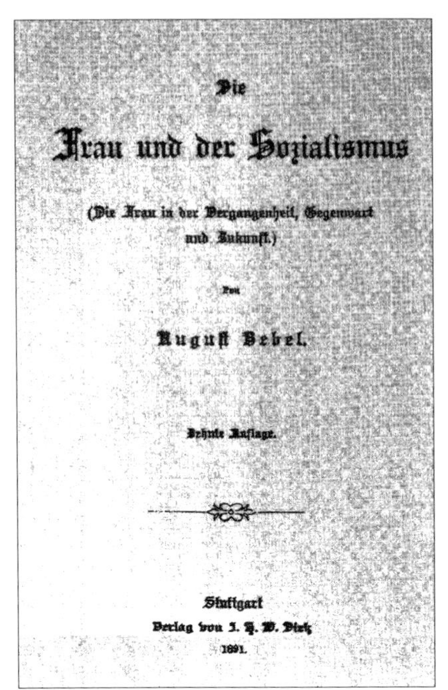
Die

Frau und der Sozialismus

(Die Frau in der Vergangenheit, Gegenwart und Zukunft.)

Von

August Bebel.

Zehnte Auflage.

Stuttgart
Verlag von J. H. W. Dietz
1891.

写真10-6 『女性と社会主義―過去，現在，未来の女性』（『女性と社会主義』第9版1891）

1890年1月21日，社会主義者鎮圧法の公布以来はじめて，ベーベルは，ハンブルクで演説した。彼はその日のハンブルクの演説の様子をユーリエに知らせる手紙を書いている。さらに2日後，ベーベルは1月23日にはベルリンで演説した。そしてさらにその2日後，帝国議会で，ついに社会主義者鎮圧法の延期が否決された。2月20日の帝国議会選挙で社会民主党は19.7％の得票を得た。ベーベルはハンブルクで当選した。

1890年3月20日，ビスマルクは辞職し，社会主義者鎮圧法は同年9月30日に撤廃されたのである。ベーベルは，直ちに『過去・現在・未来の女性』に，初版の時の『女性と社会主義』という原題を付して結合し，『女性と社会主義－過去・現在・未来の女性』と題し，1月14日付けで序文を付した第9版を翌1891年シュツットガルトのJ.H.W.ディーツ社から発行した。『女性と社会主義』の出版は晴れてドイツ，しかも同年クラーラが居を構えることになったシュツットガルト，クラーラが働くことになるディーツ出版社からとなったのである。

このようにみてくると，『女性と社会主義』は，ビスマルクのドイツ社会民主党への政治的迫害下の産物であり，獄中で準備され，非合法で初版が刊行され，版を重ねていったということになる。ドイツ国内ばかりではない。1880年代に，1884年にはデンマーク語（コペンハーゲン）に，1885年には，スウェーデン語（ストックホルム）と英語（ロンドン）に，1886年には米語（ニユーヨーク）に翻訳されて世界に広まっていった[9)]。クラーラ・ツェトキーンがパリで文筆活動を始めた初期は，ベーベルの『女性と社会主義』が世界に広まって行く時期と同じだったということができる。

(3) 1890年代から1909年まで―フリーダの家族と病と

1890年9月19日以来ベーベル夫妻はベルリンに住んでいた。娘のフリーダは，1891年2月2日，チューリヒの医者で細菌学者のフェルディナント・シモンと結婚した。この年の3月11日，ベーベルは，ドイツ帝国議会で，医学研究への女性の参画許可に関する請願委員会報告に関し「プロイセンでは今日女子学生は拒否されている」と演説した。

1891年末，ベーベルは，『女性と社会主義―過去・現在・未来の女性』第11版改訂版への序文を書き，翌1892年シュツットガルトのJ.H.W.ディーツ社から発行した。この3年の間に，同書はさらに12版から16版までを重ねる。

1893年8月6日から12日まで第2インターナショナルの大会がチューリヒで開催された。この大会期間中，ユーリエはクラーラ・ツェトキーンと知り合った（本書358頁，第8章第2節の写真8－1参照）。

1893年10月22日から28日まで，ケルンで社会民主党大会が開催された。クラーラ・ツェトキーンは，ヴュルテンベルクの社会民主党代議員としてケルン党大会に参加して10月26日に演説した。ユーリエは，この大会に参加していたアウグストに，1893年10月26日付けで，フリーダの手紙を同封しながら，自分も手紙を書いている。観劇のことなどを書いてリラックスした手紙であるが，この手紙の最後にクラーラ・ツェトキーンの名が出てくる。「クラーラ・ツェトキーンは女権論者（フラオエンレヒトラーリンネン：Frauenrechtlerinnen）に言及しませんでしたか？」と。ユーリエがその内容を

9）1890年代には，海外での翻訳（初訳の全訳）は，文献で確認できるものは，1891年にフランス語，オランダ語，1892年にイタリア語，ギリシャ語，1893年にルーマニア語，ブルガリア語，1895年にロシア語，1895年にハンガリー語，1896年にチェコ語，1897年にポーランド語が出され，20世紀に入ってからベーベルの生存中に，1906年にスペイン語，1911年にレッテ語，1912年にノルウェー語，1913年にセルビア・クロアチア語が出されている。この間，抄訳等での紹介は，1904年に日本，1908年にフィンランドで行われている（昭和女子大学女性文化研究所　2004：70-71参照）。

知りたかったとしたら非常に興味深い一文である。

フリーダは，1894年2月22日（アウグストの誕生日と同じ日）に息子を出産しヴェルナー（1894.2.22-1916.1.21）と名付けた。しかし，フリーダは，精神抑鬱症が再発し，ボーデンゼーの湖畔のアルボンで保養した。そこへアウグストは訪問している。『女性と社会主義—過去・現在・未来の女性』は，この年23版と24版が出されている。

1895年2月13日，アウグストはドイツ帝国議会で，「連邦国家における民主的人民代表と女性選挙権」に関する演説を行った。また『女性』は，初版と同じ題『女性と社会主義』に改題して，第25版記念版が新たな序文付きで出された。同年8月5日，フリードリヒ・エンゲルスが没し，ベーベルは，遺言によって遺稿の共同管理人になった。

この年彼は，「社会民主主義と普通選挙権——女性選挙権と比例選挙制を特別考慮して」(Bebel, *Ausgewählte* 3：613-691) を書く。

1895年から1896年，民法草案に関わってドイツ帝国議会で，「市民的結婚—現世の生業」，「結婚における男女平等のために」という2つの演説を行った。1896年ベーベルは，チューリヒ湖畔沿いに「ヴィラ·ユーリエ」を建てた。この年『女性と社会主義』の第26版，第27版が出る。なお，1897年には，第28版，第29版，1898年には版を重ねず，1899年に第30版が出ている。

1900年に入り，『女性と社会主義』は第31版を，1901年に32版を，1902年に33版を重ねた後，翌1903年には小改定をして第34版を出す。これ以後毎年版を重ねて，最後の改訂版である1910年の第50版にいたる。1890年代の終わり，ドイツ社会民主党内には，政治的見解によって，左派と右派の潮流に分かれていくが，ベーベルは中央派的位置にあった。

1901年，ベーベルは，3冊の女性問題に関する本の書評を『ノイエ・ツァイト』に書いている。デーレ・ゲルハルトとヘレーネ・シモン著『母性と精神労働』(Bebel, *Ausgewählte* 7/1：162-165)，リリー・ブラウン『女性問題－その歴史的発展と経済的側面』(1901)，及びE.ペルフォルト・バックス『英国における女性の特権とそれをどこへ導くか』(1901)（両者ともに*NZ.*, 12.Jg., 1901-02, Nr.10:293-301）である。

1902年10月23日，ベーベルはベルリンのシェーネベルクからシュツットガルトのクララ・ツェトキーンに，短い手紙を出している（SAPMO-BArch NY4005/71=Bebel, *Ausgewählte* 9：51）。内容は，リリー・ブラウンに関する『平等』と『フォアヴェルツ』の記事のことであることはわかるが，錯綜した内容を簡略化して書いており，私には読みとれない。

写真10-7　『平民新聞』1903年11月15日掲載のベーベルのスケッチ

ベーベルの『平等』への執筆は1902年から1911年まで5本にすぎない[10)]。

日本でベーベルの名が知られ始めるのは，『女性と社会主義』34版が出た1903年からである。週刊『平民新聞』1903年11月15日号はベーベルの顔のスケッチを載せている（写真10-7）。

11月29日号には「社会問題研究材料」として*Bebel, Woman in the past present & future.*という英語の書名が載っている。

1904年9月13日から20日まで，ベーベルは，アムステルダムで開催された第2インターナショナルの大会に参加した。日本でこの大会に参加した片山潜は，週刊『平民新聞』1904年10月9日号に，「（9月19日）次にベーベル氏登壇して50分間に渡る大演説を為し，……」とベーベルの演説の様子を報じている。

10）ベーベルの『平等』への執筆の5本とは，①1902年2月9日のベルリンでの労働者階級の女性と女児のための教育協会のお祝いの行事での演説，抜粋，12.Jg.,Nr.6, 1902.3.12, ②「旗を高く」15.Jg., Nr. 1, 1905. 1. 11, ③「新年に思う」16.Jg.,Nr.1,1906.1.10, ④「コペンハーゲンでの国際女性会議への手紙」20. jg., Nr.23. 1910. 8. 15, ⑤「なぜ女性たちは選挙権を要求するか」21. Jg., 特別号 1911. 3. 19。

1905年に第1次ロシア革命が起きるが，そのさなか，1905年から1906年までの間に，ベーベルの『女性と社会主義』は，モスクワ，オデッサ，ペテルスブルクで，ロシア語に翻訳され出版されたのである。日本では，『直言』1905年5月14日号，6月4日号に，「社会主義講演会，堺利彦『ベーベルの婦人論』」という見出しがあって，2回にわたって講じた旨の記事があり，同じく『直言』1905年6月25日号には，Woman was a slave before the slave exist.（Bebel）という英語が一行載っている（この英文に相当する独語原文は，Die Frau wurde Sklavin, ehe der Sklave existierte.）。

このことから，日本でベーベルが知られるようになるのは，1903年以降の初期社会主義者の人々を介してであり，『女性と社会主義』にこれらの人々が触れたのは，34版がはじめてで，しかも英訳を介してであるということがわかる。

さて，ユーリエとアウグストはしばしばチューリヒの娘夫妻と孫を訪問した。1906年にユーリエは長くチューリヒに滞在しているが，その動機はフリーダの病気の再再発だった。この時のユーリエからの4月28日から5月26日までの8通が残されている。最後の手紙からは，フリーダは手紙を書くことも出来ない状況であることが伺われる。その後アウグストとユーリエの2人の間での文通は残されていない。1906年9月27日マンハイムでの第4回ドイツ社会民主党女性会議でベーベルは女性選挙権に関する演説をした。

1907年8月18日から24日まで，第2インターナショナル，シュツットガルト大会が開催されベーベルも参加したが，ベーベルは，10月末から心臓病が悪化して，長い演説や旅行ができなくなっていた。1907年12月18日から1908年1月初めまで，チューリヒの娘家族のもとに滞在したが快方には向かわなかった。それどころか，ユーリエが乳がんに罹っていることがわかり，1908年2月26日にベルリンで乳がんの手術をしたときは，アウグストの病状も悪化していた。4月には衰弱がさらにひどくなった。アウグストは，1908年5月11日から7月3日まではバート・ナオハイムで，7月半ばまではアウグストの友人ノルトラッハのオットー・ヴァルトヘルのサナトリウムで，1909年4月は，ヴィースバーデンで，同年6月の初めから7月10日まではスイス，アッビスブルンのサナトリウムで療養している。アッビスブルンでは，最初はフリーダが，それからユーリエが彼に付き添った。最初の3回の静養にはユーリエもいっしょだった。ユーリエは，女性にも政治的組織へ加入が認められた1908年に社会民主党員となっていた。

1908年7月半ばにはスイスのテティ湖畔に家族と1ヶ月滞在した。同年9月12日にはチューリヒからニュルンベルクへ行き，ベーベルはドイツ社会民主党大会の開会演説をした。1909年7月終わりからは，ブリーンズエル湖畔リングゲルペルクに，それからスイスアルプスのグリンデルヴァルトやチューリヒのフリーダ一家のもとにいた。1909年には，女性問題関係の仕事としては，アーデルハイト・ポップの『一女性労働者の青春の自分史』への序文を書いている（Bebel, *Ausgewählte* 8/2：450-451）.

(4)『女性と社会主義』最後の改定（1910）からベーベルの死まで

1910年初め，ベーベルは2つの記念出版をした。ひとつは，70歳の誕生日にちなんで，『私の生涯から』の第1部をシュツットガルトのディーツ出版社から出したことである。他のひとつは，1909年10月末にロシアの社会民主主義者ディヴィット・リャザーノフの協力で書き上げていた『女性と社会主義』の改定第50版を出版したことである。『私の生涯から』第1部の序文は，「1910年　新年　シェーネベルク－ベルリン」となっており，扉には「私の愛する妻へ」（Meiner lieben Frau）と書かれていた。ユーリエとの早い別れをこの時予期していたかどうかはわからない。しかし，この第1部には，［個人的なこと］（Persönliches）という章があり，妻の生い立ちや，ベーベルとの生活が記され，「彼女は，ついに太陽が安らかな時を照らすまで，幾多の苦しい日，月，年を辛酸をなめ尽くさなければならなかった」（Bebel 1910：180）と過去形で書かれている。

1910年2月22日は70歳の誕生日であった。世界の各地から797通の祝電と約2,000通の手紙が届いた。22日朝，ドイツ社会民主党幹部は，ベーベルに，赤いモロッコ皮に包まれたアルバムを手渡したが，それには手漉き紙に159人のお祝いの言葉が書かれていた。クラーラ・ツェトキーンの『平等』紙も2月14日付け（*Gl.*, 20.Jg.,Nr.10）に特集を組んでいる。そのなかには，世界の

Die Frau
und der Sozialismus

Von August Bebel

Fünfzigste Auflage
Verbessert, vermehrt und neu bearbeitet
Jubiläums-Ausgabe

Stuttgart
Verlag von J. H. W. Dietz Nachf.
1910

写真10-8　『女性と社会主義』第50版，1910

写真10-9　ダーフィト・リャザーノフ

女性運動の指導者からの言葉があるが，『女性と社会主義』の50版を英訳したメタ・シュテルンのものも含まれていた。日本の片山潜のものもある。

この年，すでに2月3日付けで，ベーベルは，アメリカ社会党の女性たちの選挙権獲得運動キャンペーン「全国女性デー」に向けて『ニューヨーク・コール』に挨拶の手紙を送っており，それが同紙2月27日付けに英語で掲載されていることは9章ですでに述べた。

さて，70歳の誕生日の2月22日の夕方には，フリーダとヴェルナーがチューリヒからベルリンにやってきてともに過ごした。このときは平穏な日々であった。

しかし，この年の6月の終わり，アウグストは，2年前に乳がんの手術をしていたユーリエが末期肝臓がんにかかっていることを知らされた。日夜を通じてユーリエは痛みとたたかっていた。そうしたなかで8月が終わり，第2インターナショナルのコペンハーゲン大会と，国際女性デーを決議した同女性会議が開催されたが，ベーベルは，自分の健康も悪化し，ドクターストップがかかって参加することができなかった。そのような状態のなかでベーベルは，1910年8月27日付けで，チューリヒからコペンハーゲンの女性会議

写真10-10　ヴェルナー＆フェルディナント・シモンといっしょのベーベル

にメッセージを送ったのである（*Gl.*, 20.Jg., Nr.25,1910.9.12：389-390 = Bebel, *Ausgewählte* 9：200-201）。アメリカ社会党の女性運動のことを知っていたベーベルは，国際女性デーの決議が採択されることが予測された国際社会主義女性会議を見逃さなかった。メッセージには，「私の率直な望みは，国際女性会議の協議が，（中略），万国の女性社会主義者の団結の気持ちを広範に強め，社会主義者の男性世界と団結して共通の目的の獲得を早めることに貢献することです」（同上）と書かれていた。

ユーリエはすでに死の床にあった。その傍らでベーベルは，遅くとも10月には『私の生涯から』の第2部を書き始めていた。1910年11月22日，70歳のアウグストを残してユーリエはチューリヒに死んだ。

1911年3月19日に，ドイツで国際女性デーの取り組みが行われた。コペンハーゲンでの決議以来，いやその前の米国での全国女性デーの設定以来，女性デーに期待していたベーベルは，この日発行された『平等』誌特別号に，前章で紹介した「なぜ女性たちは選挙権を要求するのか」という一文に箇条書きのテーゼを付した。この日に，ブルジョア女性運動の側もベルリンの国際女性デーの催しに参加した。

1911年6月15日以来，ベーベルは，チューリヒのシモン家にいた。7月14日には，オランダの北海の保養地に4週間滞在し『私の生涯から』を書き続けた。第2部は1911年9月の終わりに出版された。1911年9月2日という日付の入った序文には，冒頭，自らの健康の衰えと妻を失った悲しみが述べられている（Bebel 1911:VII）。早くも1911年秋からベーベルは，第3部の執筆を始め，10月4日にチューリヒからベルリンに戻った。

しかし，この後，1911年暮れから死の1913年まで，ベーベルは心配事の多い日々を重ねなければならなかった。

1911年12月21日に彼がチューリヒに帰った時，フリーダの夫，フェルディナント・シモンが，敗血症に倒れていた。彼は細菌学の研究をしていて，猩紅熱連鎖状球菌に感染したマウスにかみつかれたのである。彼は1912年1月4日に死んだ。フリーダが，おおきなダメージを受けたのは想像に余りある。一方ベーベルの帝国議会議員としての活動は続き，ドイツ社会民主党の路線問題でも論争が続いていた。1912年3月1日にフリーダが自殺をはかり，ベーベルはチューリヒに戻って，フリーダをキュスナハトのテオドール・ブルンナー博士のサナトリウムに入れた。ベーベルは，孫のヴェルナーの教育のための配慮もしなければならなかった。ヴェルナーは，1912年初秋までに，アビトゥア（Abitur：大学入学資格試験）の準備をしなければならなかったのである。ベーベルとヴェルナーは，1912年7月20日から8月12日までボーデンゼー湖畔ロッヒヤウで一緒に過ごした。1912年10月15日，無事，ヴェルナー・シモンのチューリヒ大学での自然科学と薬学の研究が始まった。ウスターリ通りにあったシモン家の医者の住まいは放棄し，シヤッツェンベルクに引っ越した。1912年10月27日，医者の忠告にもかかわらずベーベルは，フリーダをサナトリウムからここへ迎えた。家族への心配事でベーベルの心臓病は悪化した。

それでも，ベーベルは，11月24日，25日に，第1次バルカン戦争から帝国主義戦争への拡大を見せる情勢を討議するバーゼルで開催された第2インターナショナルのあの臨時大会に参加したのである。バーゼルのドームでのこの大会は，その平和への決議とともに歴史や文学にも記録される大会となり，第2インターナショナルの最後の会議ともなった。また，1912年11月にはベーベルは毎晩10時まで『私の生涯から』第3部を書き続けていると，ルイーゼ・カウツキーに報告している。

1913年，戦争への危機感がつのるなかで，ロシアではじめての国際女性デーが計画された。ベーベルはそのことを知って1月26日ベルリンから，同じくベルリンにいるコロンタイに，計画の成功を祈る旨の手紙を出している（前章で邦訳）。

1913年4月30日，『私の生涯から』の第3部執筆中のベーベルは，死後も手稿の内容を変えずに出版されたいとの遺言を書き，7月21日にそれをカール・カウツキーにゆだねた（第3部は，結局ベーベル死後，カウツキーの序文と後書き付きで，1914年2月に出版された）。1913年8月1日にベーベルは，フリーダとともにスイスのグラウビュンデン州にあるバート・パッスークに滞在した。数日後に孫のヴェルナーもやってきた。8月12日付けのルイーゼ・カウツキーへの手紙が絶筆となって，翌8月13日に彼は死んだ。73歳だった。

8月14日，ベーベルの遺体は，チューリヒに向けて鉄道で運ばれ，「チューリヒ人民の家」に安置された。カール・マンツ，フリッツ・プラッテンらのスイス社会民主党員が告別式の準備をした。1913年8月17日の日曜日午後1時少し前，馬に引かれた棺は人民の家を出，シヤッツェンベルクのベーベルの住まいに向かった。1時間後に長い葬列ができた。聖ヤコブ教会の鐘がなりわたった。葬列の先頭は500の花輪を持つ人と2台の花馬車が，棺の後ろには家族・親族・個人的友人たち，その後に，クラーラ・ツェトキーン，ローザ・ルクセンブルクらドイツ社会民主党女性指導者たちが続いた。それにヨーロッパ各国からの弔問客が徒歩で従った。

シールフェルト中央墓地の火葬場前での告別式には1,200名が参列した。15人が弔辞を読み，そのなかにクラーラ・ツェトキーンも入っている。

17時30分頃，棺は炎に包まれた。アウグスト・ベーベルの遺骨は，チューリヒのシールフェルト中央墓地に葬られた。今もユーリエ，フェルディナント・シモン，ヴェルナー・シモンとともに家族墓地に眠っている[11]。

11）私は1999年9月12日（日）午前，チューリヒのシールフェルト中央墓地を訪れた。正

『平等』は，1913年8月20日付けで（*Gl.*, 20.Jg., Nr.24）で「アウグスト・ベーベルは死んだ！」という記事を載せ，1913年9月1日付け『平等』はベーベル特集号を組んだ。クララ・ツェトキーンは，「息を引き取るまで，この歴史的瞬間の諸課題に対して，大衆を集める準備に与える力を持ち続けたということが，ベーベルの幸運であり不死性でもある」と書いている。『女性と社会主義』はベーベル生存中に53版を重ねていた。

それに，ベーベルは，70歳から73歳まで，自伝『わが生涯』を書き，ついに書きあげたのだ。クララは75歳で没したが，何も残さなかった。

政治的・思想的側面を捨象してベーベルの生涯を追ったが，ベーベルの死は第1次世界大戦のはじまりの約1年前であった。ベーベルの没後，フリードリヒ・エーベルトがドイツ社会民主党首となった。そして，ドイツ社会民主党は大戦を支持した。政治局面は大きく変わったのである。

後に，エーベルト党首のもとで，ドイツ社会民主党多数派が第1次世界大戦に賛成し，独立社会民主党と分裂した時のありさまを，有澤廣巳は，次のように書いた。

> 光栄あるドイツ社会民主党の党首たるものは，彼らと同じ線を歩むべきだという考え方だったら，それは単純すぎる論理の遊戯にすぎない。1913年，ベーベルが死んだ時，党はエーベルトを党首に選んだのだ。そしてそういう党ができたのはベーベルの党首の下においてであった。ローゼンベルクも，「ドイツ革命において罰せられたものは，1914年以前のドイツ社会民主党の不十分な政治的訓練であった。その個人としての責任者を求めるとすれば，エーベルトまたはシャイデマンよりもアウグスト・ベーベルをあげるのが，歴史的正当性をもっているだろう」と書いているのである（有澤 1994: 上 102-103）。

門から入って左，家族墓地Cと区分された81079という番号のついた，横2m，縦2.5mほどの区画にそれぞれ2つの尖塔を持つ黒い墓標があった。左はシモン親子，右がベーベル夫妻の名が刻まれていた。真後ろの上空から強い太陽の光が降り注いでいた。

写真10-11　ベーベルの葬列（1913. 8. 17）

写真10-12　ベーベル家の墓（チューリヒ，シールフェルト墓地）1999. 9. 12筆者撮影

写真10-13　ベーベルの肖像（G. Trounier画）

何とでもいえるものだ。後世のフェミニストたちのベーベル評も中身は異なるが似たようなものである。

2　『女性と社会主義』の内容と変遷

(1) 内容の変遷

上記小伝の中で，ベーベルが『女性と社会主義』が改訂を続けながら版を重ねて行く様子を織り込んだが，初版と第50版が，『ベーベル演説著作選集』10/1,10/2に収録されている。両者の構成の相違は次の表10-1に見るとおりである。

ベーベルのこの主著の各版の内容を詳細に検討した西川（1980）は次の点を指摘している。

> 内容的に最も大きな変化は第2版*（第8版も全く同一）と第9版との間に生じている（第9版以降の判型は同じ）。それは，もとの文章が部分的に生かされており，全体の枠組も残ってはいるが，全面的な書き直しと言ってよい程である。中でも印象的な変更は，第50版の第1，2章に当たる部分に見出される。原始ないしは古代の女性について，第2版で典拠とされた文献の殆どが姿を消し，代ってその後に出版されたり，独訳されたりした，エンゲルスの『家族・私有財産・国家の起源』とルイス・モーガン『古代社会』（独訳1861年）が登場する。おそらくエンゲルスを通じて知ったバッハオーフェンの『女権論』（1861）も援用されることになる。それに伴い，叙述も一変したのであった。本書の書き出しの第1行が，第2版では『女性と労働者は共に原始時代から被抑圧者であるという共通点を有する』（傍点は西川）となっていたのが，第9版で『古代以来』となり，第34版ではそれも削除されているのは，一例に過ぎない。ベーベルが増補改訂を行なった際に心掛けたと思われるのは，まず，いま指摘したように，マルクス，とくにエンゲルスの仕事や他の文献を勉強した成果を取り入れることであった。例えば，原始社会の女性について，第50版では，ハヴロック・エ

表10-1　『女性と社会主義』初版と第50版の章構成対比

初版（1879）の目次	第50版（1910）の章構成
序説	序説
過去の女性	Ⅰ　過去の女性
	1　原始社会における女性の地位
	2　母権と父権とのたたかい
	3　キリスト教
	4　中世の女性
	5　宗教改革
	6　18世紀
現在の女性	Ⅱ　現代の女性
●性欲・結婚・結婚の障害と困難	7　性的生物としての女性
●その他の結婚の障害と困難，性別の数的関係その原因と結果	8　現代の結婚
	9　家族の破壊
●売春，ブルジョワ世界に必然的な社会制度，女性の職業上の地位，その精神的能力，ダーウィン主義とコミュニティの社会的状態	10　衣食の道としての結婚
	11　結婚の機会
	12　売　　春
●女性の法的地位，その政治に対する関係	13　女性の職業上の地位
●国家と社会	14　教養を高めるための女性の戦い
	15　女性の法律上の地位
	Ⅲ　国家と社会
	16　階級国家と近代のプロレタリアート
	17　資本制工業の集積過程
	18　恐慌と競争
	19　農業の革命
●社会の社会化	Ⅳ　社会の社会化
	20　社会革命
	21　社会主義社会の根本法則
	22　社会主義と農業
	23　国家の止揚
	24　宗教の将来
	25　社会主義の教育制度
	26　社会主義社会の芸術と著作
	27　人格の自由な発展
将来の女性	28　将来の女性
●国際関係	29　国際関係
●過剰人口	30　人口問題と社会主義
結　語	むすび
220頁	516頁

リス『男性と女性』(1894年)が新たに参照されている。次に統計資料を加え，それを最新のものにしていくことであった。第3に，現実の変化を叙述に反映させることで，この種の改訂は，例えば，女性の職業上ないし法律上の地位を扱った章や，技術革新に関する部分に著しい。さいごに，文言の推敲であった。ベーベルは，ただ叙述をふやしていったのでなく，旧版の文章を一頁にわたって削除したり，縮めたり，段落の順序を変えたりもしている。個々の文章にも絶えず手が加えられている。例えば，先に引用した本書冒頭の文章も，第34版で『共に』が消え，『女性』および『労働者』にそれまで付いていた定冠詞が削られた。第50版では，1901年に成った正字法に従って綴りが改められている(西川1980)。* なお西川は，当時，初版にあたることができなかったといっている。

また，土屋(1979)は，『婦人通信』1979年3月号「『婦人と社会主義』100年によせてのベーベル『婦人論』のすすめ」で，1883年の改訂ではエンゲルスの『反デューリング論』によって国家論を書き改め，1909年の改訂ではロシアのリャザーノフの援助のもとに，資本主義のもとでの婦人の状態についての統計資料をとり入れ，また「未来の婦人」についての部を増補したと解説している。確かに，ドイツ帝国統計は，1882年，1895年，1907年と急速に整備していくので，まさに『女性と社会主義』とともに進んでいるといえるのだが(伊藤 2012)，最後の1907年の数字をとりこむためにリャザーノフが手を貸しているとすれば，ベーベルは，この上ない助言者を持ったといえる。

また，第50版脱稿後にリャザーノフに協力を求めたマリアンネ・ヴェーバーへの回答「補遺」は，ベルンシュタインの序文を付した1929年の初版発行50周年記念版に収録されている。このことについては，後に触れる。

1933年，ヒトラー時代に，この書は，マルクス，エンゲルス，レーニン，ハイネ，トーマス・マン，ブレヒトなどの本とともに焚書の難にあい，1946年東独のディーツ書店の手によって第55版が発行され，79年の，100周年まで，第70版を数え，これまで25か国語で刊行され，約100種にのぼる各種の外国語版本が存在するまでにいたっている。

(2) 『ベーベル著作選集』収録に際してのアンネリーゼ・ベスケの注

ベーベルの著作選集を編んだ中心的人物，アンネリーゼ・ベスケの研究を紹介したい。

『選集』各巻の本文のみならず，文献リスト，注，索引のすべてが，ベーベル研究，ベーベルの女性解放論研究，特に『女性と社会主義』研究の宝庫といってよいが，私は，第10巻第1分冊に寄せたベスケの一大論文ともいうべき「編者序文」(1995年6月付けで執筆) と同第2分冊の末尾に付されたこれも膨大な研究蓄積のみが可能にする詳細な注に注目する。それによってベスケが明らかにしたのは次の点であった。

第1に，ベスケは，これまでながいこと見つけだせなかった『女性と社会主義』の手書きの原稿や，各版本をチューリヒの「スイス社会文書館，アウグスト・ベーベル文庫」(August Bebels Bibliothek im Schweizerischen Sozialarchiv) で発見したこと，「文化史的，女性史的に意味ある労作」『女性と社会主義』が，完成までのどんなに長い歴史をもっていたかを読者にまず知らせたいと最初に書いている。

第2に，この書をめぐる人的つながりにもふれているが，「第1に，ロシアの歴史家であり，社会主義者であるダーヴィト・ボリソヴィッチ・リャザーノフ (本名D・B・ゴールデンダッハ) へのアウグスト・ベーベルの未公開の手紙が，この選集で公表されたことをベスケは挙げている。ゴールデンダッハはベーベルが自著の50版を修正するのを助け，市民的女性運動の理論家であるマリアンネ・ヴェーバーとの論争の継続を刺激した人である」(Bebel, *Ausgewählte* 10/1：4) とベスケは書いている。「編者序文」の後半には50版改訂にあたって果たしたリャザーノフの協力が詳しく書かれている。この一事だけでもベスケのベーベルの『女性と社会主義』研究での貢献度の高さが推し量られる。

第3に，ベスケは，『女性と社会主義』の出版は，ベーベルの生存中1913年までの間に53版，その後，1913年から1933年までに11版を重ね，1933年5月10日の焚書にあって中断し，1945年から1995年まで両ドイツと統一ドイツを合わせて18版を出しているので，ドイツ語で80版を超えていると書いている。外国語訳については1913年以降を追ってはいないが，少なくとも25ヶ国語に翻訳されているとしている。1929年には，初版から50年を記念して，エドワルド・ベルンシュタインの序文付きの版がディーツ出版社から出されているが，それがドイツ統一後の1994年に復刻されたことをあげ，ベスケは「この序文は東独のベーベル研究にあっては完全に無視されていたものである」(同上 10/1：6) と書いている。

第4にベスケは，「女性問題を，社会問題の一側面とみなしながらも，ベーベルは，労働者の利益と進歩，自由と民主主義を結合した一つの社会主義ユートピアを描いていた」(同上：7) と言い表し，その理由を，ベーベルは，その著『シャルル・フーリエ』(1888) にも見られるようにフランス・ユートピアンの見解の影響を受けていたからであるとしている。ベスケは「アウグスト・ベーベルは現代社会主義の古代の先駆者，特にアリストテレスとプラトン，原始キリスト教の思想家，および空想的社会改良主義者の国家物語を研究すると同時に，市民的民主主義，ラサール主義，空想的社会主義そしてマルクス主義の思想を女性解放のために受容した」(同上) と解説して，ベーベルの思想的背景は単純ではないことを指摘する。ベーベルの著作は，一方で女性運動に先鞭をつけ，他方で社会主義の理念を普及させる役割を果たしたのであるが，ベーベル自身，単に女性の市民的権利や女性の人権について書くだけでなく，女性労働者の保護立法運動の先頭にも立っていたことにも注意を向けている。

第5に，ベスケは，ベーベルとダーウィン主義との関係について触れ，「ベーベルの書『女性と社会主義』と，ルードヴィッヒ・ヴォルトマンの書『ダーウィンの理論と社会主義』への『ノイエ・ツァイト』での1899年の書評は相互補完的であり，ベーベルはここではダーウィン主義，むしろ社会ダーウィニズムの立場をとっていた。(中略) ベーベルは，ダーウィンの進化論に賛成の立場に立ち，彼の論文は，ダーウィン主義とマルクス主義のより包括的な論争の構成要素をなしている」(同上 10/1：11) と見ている。この点については，最近では，ヴァイカート (Weikart 1994) の研究もでており，検討を要する指摘である。

第6に，ベスケは，一方でベーベルがこの書を改訂していくプロセスでの同時代人の古典的著作と対比し，他方でベーベルの生存当時から1990年代のベーベルに肯定的・否定的なものを問わず精力的にフォローする。ベーベルが，直接対応した人物から，市民的女性運動の急進派の文筆家でありリーダーであったミンナ・カウアー，リリー・ブラウン，ルイーゼ・ツィーツ，そしてシモーヌ・ド・ボーボワール，1970年代の英国のドイツ史家リチャード・エヴァンスまで目を行き届かせている。しかし，そのベスケも，マリア・ミースら1970年代以降のドイツ・フェミニズムの旗手たちのベーベルの否定や無視には触れてはいない。

最後に，ベーベルの最後の改訂版を助けたロシアの歴史家であり，国際労働運動について造詣が深く，ベーベルの『私の生涯から』のロシア語訳者でもあったリャザーノフについて，ベスケは，詳細に叙述する。アムステルダムの国際社会史研究所に所蔵されるカウツキーの遺品や他の未公開資料・手紙からリャザーノフの仕事を浮き彫りにしていくのである。リャザーノフ自身からの手紙は，当然この『選集』に入れてはいないが，先述のように1909年11月1日のヴィーンにいるリャザーノフ宛ベーベルの手紙が公開されている。それは，ベーベルが前日（1909年10月31日）に送った第50版への「序文」に，マリアンネ・ヴェーバーとの母権をめぐる論争に触れていないことを述べて対策をリャザーノフと相談する内容である。リャザーノフの考えで「補遺」を付けてこのマリアンネ・ヴェーバー[12)]との論争に応えようとするが，この「補遺」の『選集』への収録と，そのいきさつの解題・その詳細な注はベスケの仕事の圧巻である。また，こうしたベスケの新しい発見によって，ベーベルとマリアンネ・ヴェーバーとの関係の一端が明らかにされることは，当時の女性解放論や女性運動史の潮流とその相互関係を知る上一で貴重なものである。

私は，昭和女子大学女性文化研究所での共同研究で，マリアンネ・ヴェーバーに造詣の深い掛川典子教授にこの部分の翻訳や叙述を分担していただいた（掛川 2004:197-250）。

2004年に本邦初公開となるベーベルのこの部分が，日本では全く問題にも

12）マリアンネ・ヴェーバーが，『女性と社会主義』を読んだのは，1893年ころと思われる。なぜなら，マックス・ヴェーバーの1893年6月20日のマリアンネあて手紙に「必要ならベーベルを送りましょうか」と書かれたくだりがあるからである（Meurer 2010：69）。

されなかったことにかんがみ，ベーベル没後100年にあたって再録しておきたい。

(3) 第50版とマリアンネ・ヴェーヴァー：幻の補遺

ベーベルのリャザーノフへの手紙

どのような経過を経て，ベーベルは「補遺」をつけるに至ったのかは，ベルリンにいたベーベルから，ウィーンに住んでいたリャザーノフへの1909年11月1日付の手紙にみることができる。その手紙とは次のようなものであった（Bebel, *Ausgewählte* 9：175）。

ベルリン　シューネベルク　中央通り97　1909.11.1

親愛なる同志ゴールデンダッハ

残念ながら，私はあなたに，もう一度ご迷惑をかけなくてはなりません。私は，昨日，（『女性と社会主義』第50版への＝筆者注）序文を郵送しました。しかし，マリアンネ・ヴェーバーに対する反論をしないでしまったのです。今日私はこの問題を追うつもりです。私は，もう一度カウツキーから，バッハオーフェン（の本）を借りなければならないでしょう。ただ私はあなたに，英雄時代のギリシア人のもとで母権から生まれた「イリアス」からの事例を，次の文を添えて，直接ディーツに送ってくださるようお願いします。

しかし，トロイアの前で闘っているギリシア人のもとで英雄時代においてもまた，部分的に母権が存続したということが，「イリアス」における次の部分からわかります，等々です。

私は，昨年のチューリヒでのクリスマスに，ホメロスを読みました。しかし，その部分を残念ながらメモを取りませんでした。昨日私は，長い時間探したのですが見つからなかったのです。

今朝，ディーツは私に，組版ゲラ刷の訂正も私にしてほしいのだがと書いてよこしました。私はすぐ机に向かって，一枚目の刷本にも二つの間違いを発見しました。すると昼に，最初の12刷本が印刷に付されたので訂正をやめるように，という電報が到着したのです。

本は従って，かなりの誤植のままで世に出まわるでしょう。それは，記念版にとって誉められた話ではありません。

あなたと奥様に，ウィーンでお会いしたいです。

党友としての挨拶をこめて

A・ベーベル

掛川典子訳（昭和女子大学女性文化研究所編　2004:206-207）

許可を得て引用

このように，ベーベルは，マリアンネの批判への反批判を考えあぐねていた。1879年の初版以来30年にわたって改訂し続けてきた『女性と社会主義』への批判は多いが，その都度ベーベルは反論を改訂版の序文に書くのが常であった。しかし，マリアンネに対しては「補遺」という形をとったのである。

すでに，1979年，ベーベルの『女性と社会主義』発刊百周年に際して，西川（1980：8,16）は，『女性と社会主義』の50版に「付録」（補遺）がついていることに言及し，この「付録」は，「マリアンネ・ヴェーバーがその『法律の発展における妻と母』（筆者未見，筆者とは西川のこと：伊藤）で，ベーベルが（バッハオーフェンに基づいて）ギリシヤに母権が存在したと書いたのに批判を加えたことに対する反論である。管見の限り，この部分は邦訳されていない」と書いていた。

この「補遺」は，邦訳どころか，50版以降の版に原文そのものが付されていないことが多く，その英訳にも当初から付されていない。しかし，ベルンシュタインの序文を付した1929年の初版発行50周年記念版には，この補遺は収録されていた（Bebel 1994：455-456）し，『ベーベル著作選集』にも編者による長い解説付きで私たちの前に姿を現した（Bebel, *Ausgewählte* 10/2：687-688）。以下その部分を全訳する。西川が1980年時点で「未見」だったマリアンネ・ヴェーバーがその『法律の発展における妻と母』は，1907年初版であるが，1989年復刻版が出て入手しやすくなった[13]。西川が1980年に「管見の限り，この部分は邦訳されていない」と書いたその部分，「補遺」の全文

13）掛川はとりあえず，その膨大な目次を邦訳して私たちに示した（昭和女子大学女性文化研究所編　2004：209-2019）。

は次のとおりである。

補遺

マリアンネ・ヴェーバーは，彼女の『法発展における妻と母』において，ギリシア人のもとでも母権が存在したという私の見解に対して論駁する。彼女は文字通り言う。

「というのは，――例えば，大衆的書き手であるA・ベーベルのように――，母権が，すべての民族に共通のより古い発展段階であるという理論の信奉者とともに，アイスキュロスのオレステス物語の問題性を，ギリシア人の場合の若い父権を通しての，古い母権時代とその倫理の『排除』の例として，引きよせることは全く不可能であるのだから。ベーベルはすなわち――そして彼とともに（バッハオーフェンによれば）多くの人が――，アポロンによって命令され制裁された母殺しの，古い自然神であるエウメニデスたちによる復讐が次のことの証拠である，と信じている。かつてギリシアで母と息子の間の血縁の絆が，父と息子の間の絆よりも義務を負わせるものであると見なされたということ，そして従って若い光の神，とりわけアポロンによって保護された父権は，後代の発展の産物であるということの証拠であると。それに対して，実際，アイスキュロスによって利用された資料である，数百年も古いホメロスの詩は，少なくとも，殺された父の復讐を母殺しによって果たすという，息子の無条件の，神自身から命じられた義務の間の葛藤の悲劇性を全く知らない，という反論が出される。ホメロスにあってはむしろ，クリュタイムネストラとともにアガメムノンを撲殺したアイギストスに対して，オレステスが血縁の復讐の義務を果たす，ということを強調している。彼がその際母をも殺すということは，副次的事柄であり，彼にとって全く何の問題も含まない。」

このような叙述に対して，私は私の見解を固持し続けなければならない。さしあたり私は，ギリシア人の場合の母権を，明らかに英雄時代以前に引き延ばすことを確認する。

しかしそのことは，古い状況から新しい状況への推移が数世紀以上に及んだということを，排除するのではなく，それはむしろ自明なのである。

なぜなら，かの時代の社会的な発展段階は，今日のわれわれの場合よりもゆっくりと経過したのだから。そして，疾走し駆り立てるわれわれの時代においてすら，社会的発展における強烈な諸矛盾が堅固に並存するのである。ギリシア人の英雄時代は，従って父権時代の開始でもある。しかしまた，トロイアの前で闘うギリシア人たちの英雄時代にもなお母権が存在したことは，プリアモスの息子であるリュカオンが，アキレウスに懇願し，慈悲を乞うた，イリアスの次の場面に由来する。

「私は，ヘクトールの血縁の弟ではないのですから，私を殺さないでください。彼があなたにとって，あれほど穏やかであれほど勇敢な友人を殴り殺したのですが。」

ホメロスは，新しい権利の擁護者である。彼もまた，この立脚点から彼の時代の出来事を描写した時，われわれの時代の同じ現象の立脚点と合致した。いったいどれだけの詩人や歴史家が，彼らの計画や関心に適合するのと別様に，出来事を叙述する能力があり，あるいは望むというのだろうか。ホメロスの場合には従って，アイスキュロスは，オレステス物語の叙述のための素材を決して発見できなかった。しかし，ヘシオドスの場合はうまくいったのだ。ヘシオドスは，歴史的言明によれば，ほぼ二世代ホメロスより若かったことになる。ヘシオドスは従って，まだ，戦いの最中にあり，その時代のさまざまな民族のもとでの，母権から父権への変転から生成した思い出を聞いたのだ。バッハオーフェンによれば，アムフイダマスの葬式の際にホメロスに対するヘシオドスの勝利の時代まで語られてきたのであった。ホメロスと反対に，ヘシオドスは古い秩序の擁護者であった，ということは確実である。そして，アイスキュロスは，ヘシオドスの叙述から，彼の悲劇のための素材を借用したことによって，歴史的真実すなわち，両性の地位についてこちら側でもあちら側でも，実際に存在していた見解を物語った。

オレステスが，自身の母をも殺したことは，ホメロスによれば副次的事柄に見える。そこでこの見解は理解しにくいのである。母殺しは，父権の立場からも副次的事柄ではありえなかった。オレステスは母を殺したことによって，母のなかにおいて配偶者殺しと父殺しの首謀者を罰し，侮辱された夫の名誉の復讐をした。沸きたつような時代に母殺しを正当化することは，勿論ホメロスには良策に見えなかった。そうして母殺しはその叙述において「副次的事柄」となった。

二つの見解，ホメロスの見解とアイスキュロス―ヘシオドスの見解が並存されるが，客観的な批判者にとって，後者のみが実際の状況に適合したということは，全く疑いを生じさせない。

ここで，私は，なおイリアスのなかで，そしてオデュッセイアのなかで，女性と母は全くに異なった価値評価をされていることを指摘したい。イリアスにおいて女性と母が話題になったり，人が彼女に話しているところでは，尊敬や愛は本質的特性である。オデュッセイアにおいては別である。例えば，テレマコスが彼の母であるペネロペイアに関わる仕方は，単純に乱暴である。そして，母を追い出し，彼女に父が選んだ男性と結婚することを命じよと，求婚者たちがテレマコスに要求するような仕方は，一人の女性かつ母に示され得る最悪の軽蔑を意味する。

この精神によって結論するならば，オデュッセイアは，女性の軽視がすでに大きな進歩を遂げた後世から由来するように思われる。

掛川典子訳（昭和女子大学女性文化研究所編　2004：203-206）

許可を得て引用

以上が補遺の全文である。これを掛川は次のように解説している。

すでに明らかなとおり，20世紀初頭のマリアンネとベーベルの論争は，情熱と真摯さと教養の高さにおいて，抜きんでたものであった。マリアンネをして「大衆的書き手」と言わしめた，初等教育さえ満足にうけていない生粋のプロレタリアのベーベルであってみれば，マックス・ヴェーバーという高名な大学教授の妻による挑戦的論争の学問的水準に，圧倒されあるいは辟易しながら，しかし，女性解放への歴史的道筋を明らかにしたいという彼の信念において，反論をせずにいられなかったのであろう。ベーベルの「補遺」をみれば，その「大衆的書き手」の読書量や教養の高さが逆に偲ばれ，当時のドイツ社会民主党の大衆的文化水準が推し量られる（掛川　2004：222)。

この時ベーベルは70歳で死は3年後に迫っていた。マリアンネは40歳で，クラーラは53歳であった。マリアンネ・ヴェーバーは，市民的女性運動のなかでもすぐれて理論水準が高かったとはいえ，クラーラを取り巻くドイツの女性活動家は，リリー・ブラウン一人を見ても推測されるように，思想的立場を異にするそれぞれの陣営で並の知的水準ではない女性たちが多かった。彼女たちは彼女たちなりにベーベルを読み，ドイツ社会民主党の理論家との距離を測ったであろうし，ベーベルもクラーラも，常にそうした知的緊張関係のなかにおかれていたといえよう。

3　クラーラ・ツェトキーンとアウグスト・ベーベルの関係

(1) クラーラによる『女性と社会主義』の評価

1879年2月，社会主義者鎮圧法施行下のライプツィヒで，ベーベルの『女性と社会主義』の初版が出された時，クラーラ・ツェトキーンは21歳，ライプツィヒの近くのベルムスドルフで家庭教師をしながら，ドイツ社会民主党の非合法活動に加わっていた。彼女がベーベルのこの書を読む可能性は，1882年，チューリヒのユリウス・モテラーのもとで『ゾツィアルデモクラート』の輸送を手伝っていた時かと思われる。彼女は同年末チューリヒを去ったが，翌1883年6月，『女性と社会主義』の第2版が，『過去・現在・将来の女性』という題でチューリヒ・マガツィーン社から出されている。

クラーラ・ツェトキーンが，ベーベルについて，とくにその『女性と社会主義』の歴史的役割について，彼女の書きものの中で幾度かふれているので，彼女が，この書をどう見ていたかを知る手がかりとなる。

ゴータでの演説（1896年）をふりかえってみよう。

なお，もうひとつのできごとを顧慮しなくてはなりません。わたくしは，アウグスト・ベーベルの著書『女性と社会主義』の出版をあげたいと思います。この書物は，彼の長所や欠陥によって評価されるべきではありません。それは，それが出版された時代によって評価されるべきです。それは，一書物以上のものであって，ひとつの事件，ひとつの事業なのであります。この書物のなかではじめて，女性問題は，歴史的発展とどのように関連しているかが同志たちに説明されており，またこの書物によってはじめて，女性をたたかいの友に獲得するときにのみ，わたしたちは未来をわがものにすることができる，というよびかけがなされたのです。わたくしはそれをみとめていますから，わたくしは，女性としてではなく女性党員として，語りたいと思います[14)]。

1910年2月22日のベーベルの70歳の誕生日を祝って，『平等』は2月14日特集号（*Gl.,* 20.Jg.,Nr.10,1910.2.14）を企画した。それには，クラーラ・ツェトキーンをはじめ，当時のドイツ社会民主党の女性運動指導者たちが名を連ねている。巻頭論文はクラーラの「アウグスト・ベーベル」(Zetkin 1910b) であった。続いてローザ・ルクセンブルクが「ドイツ労働者階級の政治的指導者」を，ヘレーネ・グリュンベルクが「自由労働組合の共同創設者，後援者としてのベーベル」，オッティリーエ・バーダーとW.ケーラーの「ベーベルは，プロレタリア女性に何を与えたか」，マチルデ・ヴルムの，「ブルジョア女性へのベーベルの影響」，ルイーゼ・ラウシュ「ベーベルの個人的なこと」を書いている。それだけでなく，諸外国の指導者からの祝辞が掲載されている。

クラーラ・ツェトキーンはさらに同年2月22日，『フォアヴェルツ』にベーベルについて「わが女性運動の闘士」(Zetkin 1910c) と題する論文を発表した。

この前年1909年にベーベルは『女性と社会主義』に最後の手を加え，1910年にはその第50版を出したことはすでに述べたが，クラーラ・ツェトキーンは「わが女性運動の闘士」の中で，ベーベルと『女性と社会主義』を次のように評価した。

---

14) しかし，この叙述は，後に触れる，ロープスとロスによっては，別の読み方をされている。要するに，クラーラは，ベーベルの本が出たことに意味があるのであり，内容は欠陥を持っているのでクラーラによって評価を無視されているという読まれ方である。クラーラはこの本を評価しているのである。

ドイツプロレタリアートの階級意識ある部分は，早くから両性の同権の原則をみとめ，自己の戦列の内部でも原則実現の努力を重ね，ドイツのプロレタリア女性運動が発展しているが，こうしたことは，「まず第1にアウグスト・ベーベルの功績である」(Zetkin 1910c, *Vorwärts*,22.Feb, 以下「　」内同)「女性に女性自らの歴史的存在諸条件について理解を自覚させ，権利と未来のための戦いに必要な認識と能力の武器をあたえるためにベーベル以上のことをしたと誇りうる同時代人は1人もいない」，「学説と範例をもって――学説の客観的力とその学説を説く人の人格的価値のための誤りない試金石をもって――彼は，ドイツ労働者階級に女性の権利のためのたたかいの中で，道を示し，指導し，先頭に立ってすすんだ」。

『女性と社会主義』についてクラーラは，「たたかうプロレタリアートの必要からうまれて，あらゆる社会的新現象について論評し，新現象をその本質・原動力・及ぼす影響にいたるまで理解し，それを高い理想の尺度で測った」ものであり，この書でベーベルは，「人間の人間による搾取と圧迫が，自然そのものによって永劫神聖なりとされる免れぬ宿命であるとする伝説をうちくだき」，「資本主義制度が女性の身に避けられぬものとしてつくりだす生活条件，すなわちとくにおびただしい数の女性――プロレタリア女性――を性的奴隷と階級的奴隷の二重のくびきでしめつけ，服役させ，いためつける生活条件を明らかにするという主要任務をみごとにはたした」のだというのである。

クラーラはまた，ベーベルが「資本主義制度自体を批判的に調べつくしたときに，はじめて現代の女性の運命の苦難に満ちた道をたどり調べることができた」といい，「そのようにしてベーベルの本は，資本主義制度に対するはげしい弾劾であり，社会主義への強い確信に燃えた認識であり，解放する力への感激的な歓呼の讃歌である。一言にしていえば，社会主義の教養の比類なき宣伝書である」と評した。

もとよりクラーラもベーベルの本の欠陥を知ってはいた。しかし，彼女は，「ベーベルの研究方法が厳密な科学性という点で必ずしも非難の余地ないものではなかったということ，資料上の多くの欠点がとやかく云われ，多くの推論が仮説としてしりぞけられたとしてもそのことがどうだというのだ」と『フォアベルツ』で問いかけたのである。

クラーラは，後年に書いた論文「ドイツプロレタリア女性運動の歴史」の中でも「この著作の理論的欠陥と科学性の欠如は，その歴史的意義にくらべればとるに足りないものである。この書の及ぼす強い影響は，科学的社会主義の学説の土台の上でとりあつかわれた女性問題によせる深い本質的信念に導かれた革命的見解から生じたものである。そしてこの土台こそろくろ工であり，独学の人であるベーベルに，専門的学識を凌駕して，過去・現在・未来への広く自由な展望を可能にしたところの確実な視点を与えた」(Zetkin 1958：115) と書いている。さらに続けて，クラーラは，ベーベルの『女性と社会主義』の内容について次のようにいう。

「(『社会の完全な変革と，その社会主義的基礎上での建設によってのみ，女性の実際の完全な解放が可能であり，第二の道はない』というベーベルの) この認識は，ベーベルを，女性の同権の要求を未来の国家に延期するというあやまった結論にさそうようなことはしなかった。愉快なことには，社会民主党の戦列の中の多くの先見の明のない日和見主義者たちにはそのような口実があったのだが。ベーベルは，たとえば，すでに1875年にゴータの統一大会で綱領の要求として女性と男性のための選挙権を提出した。ドイツの階級意識あるプロレタリアートの最初の指導者は，女性の完全な同権のためのたたかいを，プロレタリアートの責務として，そしてまた現代の課題として布告した。彼は男子プロレタリアにこのたたかいを義務づけただけでない。彼は女性にもまた社会主義のために，同時に自己の解放のために，労働者階級のたたかいの組織的戦列の中でたたかうことを呼びかけた」(Zetkin 1958：117)。

「書物の示している理念は，ブルジョア社会の徹底的批判と，すなわちブルジョア的財産結婚の中に蓄積されている『たましいのよごれ』の批判と結びついた。それを隠ぺいした華々しいおきまり文句のヴェールや，お定まりの偽善は徹底的に粉砕された。『鉄のごとき必然の歴史』としての社会主義的未来の証明の影響と同様，批判の影響は，社会民主党にたいする鎮圧法の雰囲気の中で，異常なほどに高められていった。最も固い原始岩をダイナマイトが爆破するように，この書物の思想の歩みは，プロレタリアートの戦場への道を遮断し，それでもって彼女の完全な解放への道を遮断した最も古い偏見を壊滅させた。それは，ふみつけられ，おびやかされた女性の自意識，行動熱，法的要求，階級意識を目ざめさせた。そのようにして，ベーベルと彼の書物は，抑圧され，悩み多い女性たちを，社会主義の旗のもとに集めた，ドイツおよび全世界の革命的プロレタリア女性運動の重要な開拓者となったのである。ブルジョア女性運動もまた彼にたえざる恩恵を受けている。当面の考察にとっては，こうした歴史的·継続的影響より以上に，1879年に出版された文書は，労働運動の純化過程の時代の決算であり，一般に，階級意識あるプロレタリアートの認識及び成熟の理論的表現であり，特に，ドイツプロレタリア女性運動の開始のイデオロギー的戴冠であるという見解の方が重要となる。この初期の実践から次の局面には間隔がある」(Zetkin 1958：117-18)。

以上を要約すると，クラーラは，『女性と社会主義』の作者としてベーベルを次の点で評価し位置づけている。第1に，彼女はベーベルを，マルクスやエンゲルスの「科学的社会主義」の土台の上で女性問題をとりあつかったという点で評価し，第2に，彼の，女性解放が社会主義のもとでのみ可能であるという見解が，現実の女性の要求とその組織化を無視するのではなく，むしろ逆にこれらを現代の課題として位置づけたという点で他の非マルクス主義的理論と区別し，第3に，彼をドイツおよび全世界の，プロレタリア女性運動の開拓者ととらえている。そして注目すべきことに，彼女は，ベーベルによる女性問題の解明をもって，労働運動の純化の時代の終了と呼んでいる。このことは，彼女が，女性問題の解明を，他の社会問題に対する，労働者階級のマルクス主義的認識の発展の一部として位置づけていたこと，そしてその位置づけによれば，女性問題の解明が，この認識の発展過程の最後に位置していたと考えていたことを示すものである。

クラーラが指摘したように，「初期の実践」すなわちベーベルたちの実践から「次の局面」すなわち，クラーラたちの実践までは少なくとも10年の間隔があった。なぜなら，「社会主義者鎮圧法」が，ベーベルの実践をさまたげ，また，ベーベルの女性論の水準が必ずしもドイツ社会民主党の指導部全体の水準ではなかったからである。

1913年8月13日のベーベルの死に際して，『平等』は，8月20日付けに，その死を報道し，9月1日付けは16頁だての追悼特集号であった。この号には，ベーベルの棺の前でのクラーラの演説「死んだベーベルに」及びクラーラの論文「アウグスト・ベーベル」をはじめ，ローザ・ルクセンブルク，ヘレーネ・グリュンベルク，ルイーゼ・ツィーツ，ベーベルの議会での演説や，『女性と社会主義』からの抜粋が載せられている。

「次の局面」を担ったクラーラは，この時すでに，女性解放論上では，ベーベルの「理論的欠陥と科学性の欠如」を意識しつつ，ドイツ社会民主党の女性運動のみならず，国際的女性運動を組織しはじめていた。クラーラは，さらに一段と進んだ「次の局面」すなわち，プロレタリア革命期の女性解放論へと近付いていく。しかし，彼女と同じ方向へ進んだものはドイツ社会民主党の女性指導者，『平等』をになった同志たちでもあまり多くはない。ドイツ社会民主党は，右派，中央派，左派に分かれ，クラーラは左派として少数派だったからである。

(2) ベーベルと『平等』

前述のようにベーベル自身は，『平等』にそれほど執筆していないが，①『平等』は，『女性と社会主義』の宣伝を行った。②ロベルト・ミッチェルの「ベーベルの34版について」(*Gl.*, 14.Jg., Nr.15, 1904.7.13:113-115) が掲載され，③1909年12月6日付け (*Gl.*, 20.Jg., Nr.5：80) には，すでに50版，改訂記念号の宣伝が載っている。本文519頁で，仮綴じ本は2.50マルク，装丁本は3マルク。これまで，本書は各国語に翻訳されてすでに117,000部が売られたと具体的数字が挙がっている。クリスマスの贈り物としてどうぞ。『平等』編集部に問い合わせてくだされば安くすることが出来ますというような内容であった。

4 ベーベルとツェトキーンの相違点―ロープスとロスの研究から―

(1) ロープスとロスのベーベル研究

ベーベルとツェトキーンの関係を正面から取り上げた研究にU.S.A.のロー

プスとロスのもの（Lopes & Roth　2000）[15] がある。この研究によって，クラーラ・ツェトキーンとアウグスト・ベーベルの関係を見ていきたい。

2000年に出版されたこの書で用いられる英語のタームを，19世紀後半から20世紀冒頭にかけてのドイツ語の用語法にあてはめると異なる意味をもったりすることがあるが，英語によって「フェミニズム」を語ることの多い今日の日本人には，英語で書かれた方がなじみやすいという特徴がある。しかし，私にはひとつひとつの英語のタームに定義を与えると違和感も多く，2人の叙述に賛成しがたい点がある。それはそれとして，反論せず（英語の「フェミニズム」もあえて邦訳しない）彼らが主張するところの概略を紹介してみたい[16]。

アウグスト・ベーベルが活躍した当時，女性解放論（者）あるいは男女平等主義（者）をフェミニズム（フェミニスト）という用語で表現することはなかった。しかし，20世紀後半以降は，過去を説明する時でさえ，定義を明確にせずに，汎用されるようになった。フェミニズム（フェミニスト）は，定義を必要とする用語であるにもかかわらず，あいまいなままに用いると，その内容は混乱を極めたものとなるが，それが意外ともっともらしい不思議な力を持っている。それを承知の上で，ロープスとロスも使っているからというだけの理由で，ここで私も使うことにする。

本論に入る前に，冒頭ロープスとロスによる（独→英間の）「翻訳に関する覚え書」がある。

ロープスらは，19世紀終わりのドイツで，「フェミニスト」というタームは，男らしくないと思われる男性や，政治的手段が融和的で妥協的すぎる男性を特徴づけた表現であり，男性だけがフェミニストと呼ばれており，ある男性

15） Anne Lopes は，1987年以降（2000年現在）Audrey Cohen College に勤務し，ニューヨーク大学で政治学と女性学を教え，Gary Roth は，Rutgers University の Newark 大学院部長補佐で，Hofstra University で経済学と社会学を教えている。

16） ロープスとロスの研究は，謝辞の中に，ドイツ女性運動史の研究者，英国のリチャード・エヴァンスと，ベーベルの研究者，ドイツのウルズラ・ヘルマンの名も含まれており，資料検索は，アムステルダムのIISG，ベルリンのSAPMO，ボン－バート・ゴーデスベルクのフリードリヒ・エーベルト財団アルヒーフで行っている。しかしモスクワのRGASPIについては触れられていない。

が他の男性を侮辱するために使うラベルのようなものであった，といっている。しかしロープスらは「男性のフェミニズム」という場合，初期のこうした否定的含意のいくつかを持ち合わせながら，最近の議論を反映して，「男性のフェミニズムという語によって，われわれは，女性の解放と平等のために，女性を支持する男性を意味している」(Lopes *et al.*, 2000：19) と定義する[17]。

ロープス他によれば，その意味で，アウグスト・ベーベルは，この定義に当てはまる。ベーベルの主著『女性と社会主義』は，3つの異なる時期に英語に翻訳されている。ホープ－ブリジェス・アダムス－ヴァルターによって1885年に，ダニエル・デ・レオン によって1904年に，メタ・シュテルン[18] によって1910年である。しかし，ロープスらは，どの英訳の質にも納得がいかず，このロープスらの書では，ベーベルの独語を現代英語に自ら翻訳し直していると書いている。日本で多く読まれたであろうメタ・シュテルンの英訳も，この2人によって納得のいかない英訳だとされているので，そこから日本語に重訳した場合にも，また別の問題を含むことになったであろう。

さて，本書は，1，史料編纂の転換，2. 女性を読む，3. 男性のフェミニズム（女性解放論)，4. 過渡期のフェミニズム，5. 女性とベーベル，6. ベーベルとツェトキーン，の6章からなっており，いずれも興味深い（特に5. では，ベーベルの妻，ユーリエ・ベーベル，娘のフリーダ・ベーベルの他，最初のドイツ社会民主党の女性運動家ゲルトルート・ギョーム－シャック（ドイツの女性労働者のための小新聞『回章』をはじめたということですでに本書第7章で紹介済み)，『女性と社会主義』の最初の英訳者で多くの姓をもつホープ・アダムスがとりあげられている。そして最終章の6章が，ベーベルとツェトキーン（Lopes *et al.*, 2000：199-233）として直接クラーラ・ツェトキーンとかかわるものである。従って第6章をとりあげてみたい。

(2) ベーベルとツェトキーンの女性論の対比

この章で，ロープスらは，ベーベルとツェトキーンの関係を，独自の視点

---

17) 従って日本語では「男性の女性解放論」と訳したほうがぴったりするかもしれないと思う。
18) このメタ・シュテルン訳を，山川菊栄が1923年に邦訳したわけである。山川は，ダニエル・デ・レオンの英訳も所有していた（「山川菊栄文庫」所蔵目録による)。

で捉えている。それは，2点にまとめられる。第1は，ドイツ社会民主党史の女性の扱いに見るベーベルとクラーラの錯綜した位置づけの整理である。第2は，保護立法をめぐる問題である。

最初の点をみよう。ロープス他は，ドイツ社会民主党の男女平等についての男性の思想の発展には，1860年代半ばと1890年初めの2つの段階があるとしている。第1段階は，1865年のモーリッツ・ミュラーが，1870年代の終わり以降の第2段階は，ベーベルがこれをになうとしている。ミュラーの考えは，男性は，女性の市民生活における排除と包摂の両方から利益を受けるというもので，政治教育は是認するが，政治参加は認めないといったものであった。ロープスらは，この段階を「男性のフェミニズム」と呼ぶ。その考えはジェンダーバイアスがかかっており，階級の区別も無視して，男性を男性一般として把握している。

第2段階が進むと，「家庭的なこと」が控えめに扱われる一方で，男女平等はますます制限をとりはらって主張されるようになる。社会主義者のポリティクスは，「家庭的なことと女性との結びつき」をゆるめる。そして女性は，彼女たちを支持する男性の活動の主要な受益者となる。ロープスらはこの段階を，「プロレタリアのフェミニズム」と呼ぶ。続く時代は，歴史家によって，「マルクス主義フェミニズム」といわれると区分している。

「男性のフェミニズム」，「プロレタリアのフェミニズム」の次に，特に「マルクス主義フェミニズム」を定義なしに用いることに，私は疑問を感じるが，ここでは立ち入らず，以下ロープス他の説明を引用してみたい。

> 私たちが1890年代の初めに見るものは，男女平等が，再び家庭的なことを補完するジェンダーについての理解と新たに統合していることである。クラーラ・ツェトキーンは「プロレタリア女性を，母や妻としての義務から遠ざけることが，女性のための社会主義のプロパガンダの仕事であってはならない。その反対に，プロレタリア女性はプロレタリアートの解放の利害におけるよりも，こうした仕事をよりよく遂行することを励まされなければならない」と主張している。これは，平等や民主主義がこれと正反対のものを意味するベーベルにおいてはどこにも見出されない言葉である。

彼にあっては，女性がより平等であることは，家庭的でないことであった。そして彼は，決して家庭的であることや母であることを社会主義の目標として掲げない。彼女（ツェトキーンのこと：伊藤）がそれらを強めることを望んだのに，彼（ベーベルのこと）が伝統的ジェンダー関係からの解放を望んだという，ベーベルとツェトキーンのあいだの相違は，（「男性のフェミニズム」→「プロレタリアのフェミニズム」→：伊藤）マルクス主義フェミニズムへの発展過程の特徴である。

ツェトキーンが家庭的であることと女性の平等を再統合するけれども，彼女はモーリッツ・ミュラーと混同されてはならない。ツェトキーンが支持するのは，実のところ家事的なもの（the domestic）全体ではなく，母としてのこと（the maternal）であった。ツェトキーンは，公的，私的領域の両方で女性が完全に参加することを期待し，ミュラーの理論のような反平等主義の構成要素の兆候はない。ミュラーとベーベルが，対照的な両極を表しているとするなら，ツエトキーンは，彼らの融合である。彼女は，年代的にはベーベルの次に来るものではあるが，理論的にはミュラーとベーベルの中ほどに位置している。

ツェトキーンは，ミュラーから（そして中流階級のフェミニストからも），平等と家庭的なことの間に因果関係を求めないことよって，さらに区別されることができる。彼女の考えでは，何かあるものが他に優先するのではない。それらは，同時に擁護されるべきものである。女性は，よい妻，母であるべきであり，労働と公的生活に男性と平等の基盤で参加する。分業は家庭で広く行き渡っているけれど，真の平等は，それでも強くあまねくゆきわたる。このことは，現在にとっても未来にとっても真実であろう。両者に因果関係を見ないことは，また，平等であることと家庭的であることを明確な社会制度に分けた（ベーベルの『われらが目的』のような）初期社会主義者からツェトキーンを区別するものでもある。（Ropes *et al.*, 2000：200-201）。

この部分は極めて興味深い。ロープスらは，クララが，「家庭的なこと」を重視し，女性が「家庭的なこと」と結びついているということを，つまり荒っぽく言えば，性別役割分担を今日の一部フェミニスト・ジェンダー論者のように，単純には女性差別の原因としなかったと指摘しているのである。これはクラーラの主張にたいしてでは実は的を射ている。クラーラは，プロレタリアという場合，プロレタリアの妻が範疇に入っている。その妻たちを何よりも運動に引き込むにはどうすればよいかをクラーラは考えていた。すなわち，クラーラにあっては女性解放は，「論」というより何よりも現実の「運動」であり「政治」なのであった。

クラーラの読者が日本にあまりいないことから，クラーラの女性労働者保護論を除けば，この問題はフェミニスト・ジェンダー論者の指摘にはあがってこなかった。

他方，ベーベルの読者は日本にもいる。しかし，いくら邦訳があるとはいえ最初から終わりまで熟読した読者はそんなにいるわけではないであろうから，ベーベルの読み方が，ロープスとロスの反対になっていることが多いのである。ベーベルは，本人がプロレタリアである女性労働者を問題にしていたのであって，男性労働者の妻は視野に入っていなかった。ベーベルは，既婚女性労働者が家事育児と結びついていたことには触れるが，事実を叙述しただけであって，役割分担として眼を光らせる今日の論者のように，男女不平等とむすびつけては問題にはしていない。しかし，そこを，その部分だけを日本の読者はベーベル批判にあてた。「ベーベルは，男だから女性問題は理解できない」とさえ言った。

西川は書いている。

社会主義運動は，女性解放運動とも密接に関連していた。アウグスト・ベーベルの『女性と社会主義』はマルクス主義的な女性解放論の古典と言える。また，クラーラ・ツェトキーンが国際的に女性解放運動に大きな寄与をしたこともよく知られていよう。彼らは，マルクス主義者であったから，女性が真に解放されるのは，労働者の場合と同様，社会主義社会においてだと信じていた。したがって，女性解放の問題は，いわば労働者解放運動に従属するのが当然と考えており，ブルジョワ的な女性解放運動と一線を画していた。だが，とくにベーベルの場合，女性は家庭を守るべきものという，当時のブルジョワ社会の（男性の）通念を共有していた。第2次大戦後，1970年代になると，彼の議論がフェミニズムの観点から批判を受けることになった。それにも拘わらず，社会主義運動が，参政権などの点で，女性解放を促進したという事実は否定できない（西川2007：230-231）。

西川とロープスとロスのベーベル理解はこのように異なっている。

ロープスとロスは「ベーベルとツェトキーンがどの程度それぞれの理論における差異を認識していたか明確でない。確かなことは，誰も彼らの間の相違に注目しなかったことである。ツェトキーンからのいくつかのあてこすりを除けば，私的にも，公的言葉でもジェンダー問題の直接的論争の記録はない。そして彼女はベーベルを補うものと誰によっても考えられていた。」といっているがそれは確かであろう。

しかしである。ロープスとロスの主張するところを要約すると，目的はベーベルと同じだが，ツェトキーンはベーベルが最大の人気を博している時代と同時進行して，ベーベルとは異なることを主張するということが起こっていたのである。

ツェトキーンがでてくるまで，ベーベルの『女性と社会主義』は，社会主義者にとって女性問題の事実上唯一の参考書であった。しかし，ツェトキーンが，1892年に，社会民主党の女性新聞『平等』を刊行したとき，時事的な問題へのコメントも含めて女性の権利擁護者としてベーベルに代わる役割を果たしていったのである。しかも，彼女は1896年の党大会で，『平等』の読者を女性大衆ではなく，もっと進歩的な人々を想定していることを明らかにした。ロープスらにいわせれば，このことは，プロレタリアート一般を目的とした『女性と社会主義』のもつベーベルの趣旨と全く違っていたということになる。

私にいわせれば，その事実は，クララがベーベルのしいた土台の上で，1890年代の新しい現実と運動の要請にこたえようとしたことを意味するのである。ベーベルの『女性と社会主義』は，ドイツ社会民主党の発展段階を反映して，男性に対する啓もうの意味が強かった。その意味では「メンズフェミニズム」という呼び方は妥当ともいえる。

ロープスらも，ベーベルの役割は，社会主義者であることは，ベーベルの女性解放論を受容することを意味するという点で，ドイツ社会民主党メンバーの意識のレベルを高めることにあり，社会主義者鎮圧法のなかで，ドイツ社会民主党の戦術としても意味があったことを認めている（Ropth & Roth 2000：202-203参照）。

1896年の演説で，ツェトキーンは，ベーベルの本について，『女性と社会主義』は「それが出版された時代にそって判断されなければならない。それは，書物以上のものであり，重要な出来事であった」と語ったことはすでにのべた。しかしこれをロープス他は，ツェトキーンの観点からすれば，この本は，歴史的意味が上位であり，内容は二義的なものであって，もはや，話題の本ではなかったから，その論争に没頭する必要もなかったのだと彼女が思っていたと理解している。ロープス他は，ベーベルが，1891年，1892年，そして1895年に新版を出し，しかも，1895年版については，「変わらなかったのは2頁だけである。私は，多くを削除し，その多くを変えた」とベーベルがいっているのだから，本の内容はなお重要なものであったにもかかわらず，ベーベルの改訂の重要性に，ツェトキーンをはじめとして誰も注意を払っていないということをその証拠に挙げている（同上）。

つぎに，保護と平等の問題をとりあげ，まず，ロープス他は，ツェトキーンのベーベルとの相違でもっとも顕著であるのは，彼女は，経済分析に重きをおき，タームの使用においてより正確で客観的であったことをあげ，だから彼女は，正統派マルクス主義とみなされたということをあげる[19]。また，より重要なことは，クラーラのミドルクラスのフェミニズムに対する評価は，断定的で否定的であり，このことは，ベーベルから彼女を区別するという。つまり，ツェトキーンは，社会主義者からフェミニストを分離し，ベーベルは接合点を強調したという（Ropes *et al.*, 2000：213）。

さて，女性労働者の保護立法へのアプローチにおけるベーベルとクラー

19）先にローザが，ヨギヘスへの手紙で，クラーラのマルクス主義理解がいい加減だという印象を持ったのと，この叙述は対照的である。

ラの相違をロープスらはどうみたか。女性労働者保護立法の問題については，マルクス主義フェミニズムのジレンマと矛盾を示しているとロープスらはいっている。ロープスらはマルクス主義フェミニズムを定義していないので，私の独断で解釈すると，マルクス主義は，労働者保護と男女平等を統一的にとらえるが，女性労働者保護ということになると平等と統一しがたいというジレンマに陥るという意味であろう。しかし，大衆的運動にジレンマと矛盾はつきものであり，生活実態から導き出される要求･実践･運動と探求が，科学や理論，教育の力をかりて，矛盾を解決しながら前に進むものであろう。

1889年，第2インターナショナルの創立大会で，ツェトキーンは，女性労働制限の反対者として「われわれは，労働が資本から一般に要求するよりいかなるタイプの保護も要求しない」と演説した。ツェトキーンの特別の女性労働者保護立法への反対は，シャックを引き継ぐと見られると思われた。しかし，彼女にとっては2度目の出席となる1893年の第2インターナショナルの会議においては，彼女が女性労働の制限を支持したとき，シャックとは異なるものとして現れた。

ツェトキーンは，どう保護立法を，説明したか。ロープスらは，ツェトキーンは，女性は，女性の「いわゆる」権利の拡大のためにたたかう必要はなく，自由のための制限をたたかう必要があるといったのだという。ツェトキーンの観点では，「女性のための権利」は，「いわゆる」であり，女権論者をけん制する発言であった。論点は，「中流階級の女性運動が働く女性の保護立法を拒否する」ことにたいする批判であったのだというのが，ロープスらの解釈である。

既述のように，ベーベルは，本人がプロレタリアである（資本賃労働関係におかれた）女性労働者を問題にしていたのであって，男性労働者の妻はなぜかあまり視野に入っていなかった（と私は思う）。ベーベルは，既婚女性労働者が家事育児と結びついていたことには触れるが，事実を叙述しただけであって，役割分担と，男女不平等とむすびつけたのではない。西川のベーベルの読み方は日本的フェミニストの典型的読み方からの影響を感じさせる。

しかし，ベーベルをどう読むかの議論は，研究レベルではほとんどなされていないので，別の解釈も成り立ちうる。労働者階級の女性を問題にするとき，自らが労働者である女性と，労働者の妻である女性，広くは労働者階級の家族に属する全ての女性を問題にしなくてはならない。その点では，クララ・ツェトキーンの「家庭的なもの」にひきつけた女性労働者階級問題の把握の仕方が包括的であると私には思われる。

日本で現在展開されているジェンダー視点重視の女性運動のかなりの潮流を見るとき，「家庭的なもの」を完全に除外して，役割分担の容認が男女平等を妨げるという主張だけでは，大多数の女性を大きな男女共同参画の運動に引き入れることは行き詰まると私は考えている。「家庭的なもの」は，多くの女性にとって歴史的･文化的･社会的に，生活の現実そのものであり,「家庭的なもの」の社会化が，男女両性の平等のためではなく，利潤追求を求めて進められている現実への批判から出発しなければ，性別役割分担を問題視する意識は多くの女性のなかに浸透しない。また，その裏側には，男女両性の平等のための女性の経済力を保障する場の創出が見合わなければならないが，現実の労働現場の実情にみあった労働者保護のなかに明確に位置づけられた母性保護を抜いては，性別役割分担意識の払しょくなど絵空事にすぎなくなる。

ここに，ベーベルやツェトキーンがその時代の運動の現実から積み重ねてきた理論を安易に忘れてはならない理由がある。

表10-1にもみられるように，ベーベルの『女性と社会主義』50版は，4部構成となっていた。Ⅰ．過去の女性，Ⅱ．現代の女性，Ⅲ．国家と社会，Ⅳ．社会の社会化(Die Sozialisierung der Gesellschaft)である。この「社会の社会化」のなかで，ベーベルは，社会革命と社会主義を論じ，将来の女性の姿を描いた。そのとき社会主義国家はどこにも存在しなかった。その後地球上で実現されたと思われた「社会主義」国家のいくつかが消えた今日,「女性と福祉国家」へ大方の期待は移っている。私はここで，ベーベルの「社会の社会化」という考えを再検討する必要を感じているが，本章の範囲を越える。

第Ⅲ部
戦争と革命

第Ⅲ部では，第1次世界大戦の勃発から，第2インターナショナルの崩壊とロシア革命，およびこれに続く第3インターナショナル（コミンテルン）の時代のクラーラ・ツェトキーンをとりあげる。

まず，ローザ・ルクセンブルクの手紙によって大戦期，すなわちドイツ革命期のクラーラとローザの関係を，またローザ虐殺後の，初期ドイツ共産党における困難をコミンテルンとの関係において述べる。

さらに，レーニンの時代と，スターリン体制への移行期のコミンテルンのなかでのクラーラの位置を，女性政策を中心に追っていく。ここでは，女性政策以外で特に，1921年のドイツ共産党の「3月行動」をめぐるレーニンとクラーラの対話を再現する。コミンテルンのスターリン時代への移行期では，クラーラとスターリンの位置関係を推測する。

最後に，クラーラの，2人の息子，マクシムとコスチャと，彼らのパートナーとなるそれぞれ複数の女性たち，およびクラーラの唯一の孫，ヴォルフガンクとの文通から見えるクラーラの私的生活と晩年の心境とをとりあげて，彼女の一生を締めくくる。

第11章　世界大戦·ロシア革命·ドイツ革命と女性

ここで扱う世界大戦，ロシア革命，ドイツ革命，ドイツ共和国（ヴァイマール共和国）については，国際的にも日本においても新旧多くの研究が蓄積されており枚挙にいとまがない。本章の叙述の多くは，事実確認部分においてこれらの研究に依拠している。

第1次世界大戦は，19世紀末から1914年にいたる列強の世界の再分割をめざす帝国主義戦争であった。植民地や勢力範囲の再分割をめぐっての対立が，英・独の対立を基軸とする2つの帝国主義陣営（〈英・仏・露〉対〈独・オーストリア〉）の対立に発展して，30数カ国をまきこみ，死者は855万人にのぼった[1)]。

発端は，1914年6月28日オーストリア陸軍によるセルビアでの示威的演習に憤激したセルビアの一青年が，サラエボ（ボスニア）を訪れたオーストリア皇太子夫妻を暗殺した，いわゆるサラエボ事件である。この問題を局地的に解決することはもはや不可能で，これを口実に7月28日，オーストリア＝ハンガリー政府は，セルビアに宣戦を布告し，ドイツ政府がこれを支持し，8月1日にロシアに，8月3日にはフランスに対して宣戦布告し，8月4日にドイツ軍は中立国ベルギーの国境を越えた。イギリスはドイツ側からのベルギーの中立の侵犯に対し宣戦布告した。

こうして僅か数日のうちに世界大戦となったことは周知のとおりである。

1）三宅（2005：167）は「この戦争でドイツは，一つの試算によれば，戦死者200万人，負傷者425万人を出したといわれる。動員された男性の総数は，1325万名であり，その半数近くが死傷したことになる。戦争に起因する一般市民の死者は62万名，また出生の減少は300万名に及んだという。ちなみにドイツの総人口は，1914年7月1日現在で，約6779万名であった」と書いている。

1　世界大戦へのドイツ社会民主党の対応と国際動向

(1) 帝国主義戦争か否か：戦時公債への態度

単純化して言えば，ドイツ社会民主党は，エンゲルス没後，つまり1890年代後半以降，ベルンシュタインの影響下にある「修正主義」と，カウツキーを中心とするいわゆる「マルクス主義正統派」の2つの派が底流にあったが，20世紀に入って後者はベーベル，ジンガー（続いてハーゼ，エーベルトら）の「中央派」とローザ・ルクセンブルク，カール・リープクネヒト，クララ・ツェトキーンらの「左派」とに分かれていく。

内に3つの「派」をかかえたドイツ社会民主党が，第1次世界大戦に対処していくことになる。それは，「戦時公債」に賛成するか（つまり戦争賛成），反対するか（つまり戦争反対）の問題として表面化した。この問題を討議するため1914年8月2日に党幹部会，3日に帝国議会議員団の会議が開かれた。党幹部会では意見が分かれて決定に至らなかった。1912年の選挙でドイツ社会民主党は，得票率34.8％で第1党。帝国議会議員団は111名であったが，（最終的に）戦争公債に反対したのはわずか14名であったという。

「修正主義者」と「中央派」の大多数は，無条件の祖国防衛と城内平和（ブルクフリーデン）（Burgfrieden：党派抗争の一時的中止）に賛成した。また党には少数派の代議士が別行動をとるという要求は認められないという「規律」があった。

1925年から28年までドイツ敗戦原因国会調査委員会の委員であったアルトウル・ローゼンベルク[2)]は「1914年8月4日，ドイツ帝国議会は，ドイツ社会民主党の全員の票をも含めた満場一致で，戦時公債を承認した。ついで議会を解散し，ヴィルヘルムⅡ世と宰相ベートマン＝ホルヴェークの政府に戦争遂行を委ね，監視の試みすらも放棄してしまった」（ローゼンベルク1928＝足利訳1969：73）と書いている。

2）ローゼンベルクは，1918年11月ドイツ革命がおこると独立社会民主党に入党し，20年その分裂に伴いドイツ共産党（KPD）に入党した。20年から24年にかけてベルリン市会議員，24年から28年までは国会議員として活躍し，この間に，KPD中央部あるいはコミンテルン執行委員会に所属した。1927年にKPDを離れる（ローゼンベルク1935＝吉田訳1964：279．吉田のあとがきによる）。このような経歴の，内情に詳しいローゼンベルクが，ドイツ共和国の成立とその歴史を書き残したのである。

このことは単に党の決定に従って，という単純なものではない。ローゼンベルクは，当時のマルクス主義と戦争の理論を検討して次のように説明している。抜粋を載せておく。

> カール・リープクネヒトもまた，8月4日には，戦争遂行のための50億マルクの支出を皇帝政府に認めた。もし少数派が8月4日の公債の承認を社会主義に対する犯罪とみなしていたなら，かれらは，議員団規律を破ったであろう。とくに，強固な意思と勇敢な性質のカール・リープクネヒトはそうしたであろう。社会民主党の代議士は，後になってからようやく戦時公債を否認するにいたったが，それは，かれらが，ドイツ政府は，国民の存在を安全にするための防衛戦争を行なっているのではなくて，侵略戦争を行っているのだと確信した時になってからであった（同上）。
>
> マルクスとエンゲルスは，はるか未来における社会主義社会では戦争はなくなるであろう，と考えていた。しかし，かれらは，資本主義の時代においては戦争を，政治家――プロレタリアートの政治家もまた――がはっきりと計算にいれなければならない政策の手段とみなしていた。同じくマルクス主義は，すべての民族に独立の権利，したがってまた自衛権を与えている。さらにそれ以上に，マルクス主義は，すべての戦争を国際的プロレタリアートの利益から判断し，したがって，万国の社会主義的労働者は，すべての戦争にたいして統一的な見解をとるべきであるとされている（同上：74）。

これらのこともあって当初8月4日の帝国議会本会議で，ドイツ社会民主党の帝国議会議員団はリープクネヒトも含めて全員，戦時公債に賛成した。帝国議員団団長ハーゼは，賛成投票の理由を縷々のべた後「われわれは，戦争の苦痛という恐ろしい教えが，新たな何百万人もの人々のあいだに戦争に対する恐怖をよび起し，かれらが社会主義と諸民族の平和の理想の味方になることを希望する。このような原理からわれわれは，要求されている戦争公債に賛成する」と結んだ（フレヒトハイム1948＝足利訳1971：31参照）。

⑵ 戦時公債に反対へ

しかし，時がたつにつれてドイツ社会民主党内の状況は変化した。戦争を支持する多数派と，反対少数派は，以後幾度も行われる帝国議会議員団の「戦時公債」の承認か不承認かを問われるごとに，承認派，不承認派の数が動き始めた。アンダースンによると，1914年12月，政府が新しい戦時公債の承認を要求してきた時，リープクネヒトが一人，この戦争が帝国主義戦争であるとの理由で，党規律に従わず，戦時公債に反対投票した（アンダースン1945＝大木訳1974：49参照）。1915年3月には，戦時公債も組み込まれている予算の票決にあたって，上記ハーゼら30名のドイツ社会民主党代議士が退場し，リープクネヒトとオットー・リューレだけが反対の投票をした。戦争反対の重要なアピールが，直接大衆に向けて発表されたのは1915年5月であった。それは，「主要な敵は国内にいる」というカール・リープクネヒトが書いたリーフレットにおいてであった（アンダースン1945＝大木訳1974：52参照）。

1915年12月の新しい戦時公債承認に関しては，フリッツ・ガイヤーら20名が反対し，ドイツ社会民主党議員団の少数派も分裂し，1916年1月12日，カール・リープクネヒトは国会議員団から除名されるにいたる（フレヒトハイム1948＝足利訳1971：30-37参照）。

戦争の勃発と市民的女性運動の動向はどうだったか。三宅（2005：170-171）によれば，「ドイツ婦人団体連合会会長ゲルトルート・ボイマーは，すでに7月31日，戦争勃発の際「銃後（ハイマート）の戦線（フロント）での愛国的活動」に女性を動員すべく，参加の諸団体に呼びかけを発し，翌8月1日には，プロイセン内務省と打ち合わせを行」い，「婦人国民奉仕団」を発足させた。

ドイツ社会民主党はどうだったかといえば，同党幹部会のただ一人の女性，ルイーゼ・ツィーツは，7月31日の党幹部会で戦争反対の立場をとっていたが，同党を代表して「婦人国民奉仕団」の幹部会の一員になったという。

戦争反対の立場でも，銃後の戦線での活動の放棄はできないという考えからであった。戦争が起きて最初の『平等』は，1914年8月5日付け（*Gl.*, 24.Jg., Nr.23）であった。冒頭で，「戦争に対する戦争を」（Krieg dem Krieg）の見出しで，第2インターナショナルのシュツットガルトとコペンハーゲン大会の決議を確認し，戦争反対を訴える。その内容は，すでに第8章でみたとおりである。

続いて「プロレタリアの女性たちよ。準備せよ！」(Zetkin 1914g) というクララの呼びかけが続く。

1914年9月4日には，クラーラが「女性の義務」(Zetkin 1914i)，先のルイーゼ・ツィーツが「私たちの課題」(*Gl.*,24.Jg., Nr.25, 1914.9.4：371) を書いている。ルイーゼ・ツィーツは，「ドイツ社会民主党幹部および包括委員会 (Generalkommission) は，ドイツのプロレタリア女性たちに，銃後の一般的救済活動をよびかける」として「1，情報を広めること，2，地域共同体の仕事，3，子どもの世話，4，病人と産婦の援助」の4つをあげる。

『平等』は当初，ドイツ社会民主党の中でもクラーラやルイーゼのような戦争反対の立場の指導者によって発行されていたのであるが，立場の違いを越えて，住民の生活に必要な仕事に具体的に取り組まなければならなかった。

2　社会主義者の世界女性会議と反戦派の動き

第1次世界大戦開戦後，クラーラ・ツェトキーンは，国際女性運動を，1910年のコペンハーゲン第2回国際社会主義女性会議の決議の立場で指導し，あくまで戦争反対と国際主義の精神を貫くよう誘導し，『平等』や『フォアヴェルツ』等への執筆活動を精力的に行いながら，反戦の「国際社会主義女性会議」を召集しようとしていた[3)]。

この時期に，こうした彼女の行動を注目したのはレーニンであった。そのころ，社会主義者による反戦国際会議がいくつか開かれたが，その性格は，平和主義流にそれぞれの国の政府に平和確立を要求するというレーニンから見て全く意味のない種類のものであった。

従ってレーニンとボルシェヴィキは，クラーラ・ツェトキーンの率いる国際女性運動を味方にひきつけようとした。レーニンの考える反戦会議での主

3）戦争に反対する国際的統一戦線を要求する声について，フレヒトハイムは，「興味深いことであるが，この最初の試みは婦人の側から出てきた。クララ・ツェトキンは，国際社会主義婦人会議を1915年ベルンで開催することをよびかけた。」として，この会議の呼びかけの一部を書いているが，それはフレヒトハイムが多用している『絵入りドイツ革命史』134頁に依っている。全文はクラーラの決議文と酷似している（フレヒトハイム　1948＝足利末男訳　1971：44-45）。

要な課題は,「社会排外主義」(社会主義を標榜しながら帝国主義的侵略主義を支持する社会民主主義者の思想と行動)との闘争であった。クラーラが主導する「国際社会主義女性会議」を構成するメンバーの思想的背景は,クラーラ・ツェトキーンを中心とするドイツ社会民主党左派,イネッサ・アルマンドとクループスカヤを中心とするボルシェヴィキ,単なる平和主義者の3つに分かれていた。このことから,この会議の主要課題に関してドイツ代表団のとる立場が注目されていたのである。

国際社会主義女性会議は1915年3月26～28日に,スイスのベルンで開催された。当時,ベルンには,レーニン,クループスカヤ,イネッサ・アルマンドが亡命していた。この時レーニンの協力者であり,国際的人脈をもつイネッサ・アルマンドの果たした役割は大きかった(メリニチェンコ　2002＝村山監訳　2005：282-283参照)。

参加国は,ドイツ(7名),ロシア(ボルシェヴィキとメンシェヴィキ両派で6名),イギリス(4名),フランス(1名),オランダ(3名),イタリア(1名),スイス(2名),ポーランド(1名)の8か国で,参加者は25名であった[4)]。ベルギー,オーストリアは出席の準備をしていたが右派の妨害にあって参加できなかった。この会議は,第1次世界大戦勃発後最初の重要な反戦勢力の会議であって,はじめて主要な交戦国の代表が一堂に会したものである。

会議は,クラーラ・ツェトキーンの提案により,それが正規の国際社会主義女性会議であることを一致して認めたのち,社会主義女性の国際的平和活動,労働運動全体の中で国家主義に反対してたたかい,国際社会主義のために活動する必要の2点について討議した。

決議としては,クラーラ・ツェトキーン案のものと,レーニン起草のロシアのボルシェヴィキ案とがだされたが,前者が後者をしりぞけて採択された。

このことでレーニンはクラーラに失望し,批判の言葉を投げかけた(後述)。

4) ローザは逮捕されて獄中にあり,コロンタイは,ノルウェーに亡命していて,この会議には出席していない。西川(2007：341)は,採択された宣言は,この会議のために動いていたコロンタイの考え方には沿うものであったが,クループスカヤは不満を漏らしたと紹介している。

写真11-1　ベルンでの社会主義女性会議時のイネッサ・アルマンド(左)とクループスカヤ(右)(1915)

しかし，この国際社会主義女性会議が，第1次世界大戦勃発後最初の重要な反戦勢力の会議であったということは国際社会主義運動史上の事実であり，クラーラ・ツェトキーンのはたした役割は一定のものがあったのである。

ボルシェヴィキは，レーニンの手になる「戦争の性格を帝国主義戦争と規定すること，社会排外主義との闘争，および帝国主義戦争の内乱への転化」を含む決議を用意してこの会議にのぞんだ。そしてこれをめぐってクラーラ・ツェトキーンとの間に論争が行われ，ロシア代表団とポーランドのカーメンスカヤをのぞく全員の賛成によって，クラーラ・ツェトキーンの決議案が採択された[5)]。

5）このくだりは，斎藤治子の叙述（2011：152）では，「議長のツェトキンは協調的立場に立ち，反戦・平和のために社会主義が統一すべきという目的で集まった参加者をまとめるには，ロシア代表団の提案では会議は決裂してしまうと判断し，戦争の停止・早期平和達成を目的とする決議案を提起した。レーニンはこれに不服で，イネッサにツェトキンと会って，単なる『平和主義』ではなく革命闘争にもっていくよう説得せよと指示した。めずらしいことにイネッサは従わなかった。イネッサは会議の成り行きからして，女性社会主義者の大先輩ツェトキンの決意を撤回するのは難しいと判断したのであろう」となっている。

(1) クラーラ・ツェトキーンの決議案対レーニンの決議案

1） クラーラ・ツェトキーンの決議案

では，ここで，ボルシェヴィキ側から「協調主義」といわれたクラーラ・ツェトキーンの決議案とレーニンの決議案を比較して検討することにしよう。クラーラの決議案は，「働く人民の妻たちへ」と題して『選集』に収録されており（Zetkin 1915g），全国のプロレタリア女性へ呼びかける形式をとったものであった。その全文は次のとおりである。

あなたがたの夫たちはどこにいるのですか？

あなたがたの息子たちはどこにいるのですか？

8ヵ月このかた，かれらは戦場に出ているのです。両親の生きがいであり希望である青年，一家の稼ぎ手である生涯の最盛期の夫たちや，胡麻塩頭の夫たちは，かれらの仕事から，そしてかれらの家から引き離されているのです。かれらは皆，迷彩服を着て塹壕のなかで寝起きし，勤勉な労働が建設したものを破壊するように命ぜられているのです。

すでに，数百万人もの人が，共同墓地に眠り，数十万もの人が身体をずたずたにされ，手足をもがれ，失明したり，脳を打ち砕かれたり，伝染病の熱に襲われたり，あるいは疲労困憊にうちのめされて野戦病院に身をよこたえています。焼きはらわれた村や町，破壊された橋，全滅した森や荒らされた田畑が，かれらが行ったことの足跡なのです。

プロレタリア女性のみなさん！

あなたがたの夫や息子は，あなたがた，か弱い女性を守り，あなたがたの子どもを守り，あなたがたの家を守り，そしてあなたがたのかまどを守るためにひっぱりだされたのだといわれてきました。

ところが実際はどうなっているでしょうか？

か弱い女性の肩には二重の重荷がのしかかっています。あなたがたは，無防備のまま，悲しみや苦しみに身をまかせてきました。あなたがたの子どもたちは飢え，こごえています。あなたがたの頭上の屋根さえ取り払われそうです。あなたがたのかまどは冷たくそして空っぽです。

身分の高いものと低いもののあいだでの兄弟姉妹（Brüder- und Schwesternschaft）のような偉大な友情が語られ，貧しいものと富めるもののあいだでの争いをやめるようにと呼びかけられています。さて，この城内平和は，経営者があなたがたの賃金を引きさげ，商人や不正な投機家が価格をつりあげ，家主があなたがたを戸外に追いだすことに現れています。国家はぬけめのない手を用い，ブルジョア的慈善家がもの乞いに施すスープを料理し，そしてあなたがたには節約をすすめます。

あなたがたに，かくもおそるべき苦しみをもたらすこの戦争の目的はなんでしょうか？

世間では，祖国の繁栄，祖国の防衛ということがいわれています。

祖国の繁栄とはなんでしょうか？

祖国の繁栄とは，いく百万の人びとの繁栄を意味するはずではないでしょうか。いく百万の人びととは，戦争が，死体に，身体障害者に，失業者に，もの乞いに，寡婦に，あるいは孤児にした人びとのことです。

だれが祖国の繁栄を危いものにしているのでしょうか？　それは，国境のかなたで，種類のちがった軍服を着ているあの人たち，つまり，あなたがたの夫たちのように，戦争のことを少しも知りたくなかったし，またなぜ兄弟たちを殺さなければならないのかを知らなかったあの人たちなのでしょうか？　いいえ！　ちがいます。祖国は，広範な大衆の窮乏の結果として富を汲みあげ，抑圧のうえにその支配をうちたてているすべてのものによって危くされているのです。

戦争はだれに必要なのでしょうか？

戦争はいずれの国民をとってみてもそのなかの少数のものにとってだけ必要であるにすぎません。つまり，鉄砲や大砲の，甲鉄板そして水雷艇の製造業者にとって，造船所所有者や軍需品の供給者にとって必要なのです。かれらは利潤への関心において諸国民のあいだで憎しみをかりたてて戦争の勃発にまで寄与するのです。戦争は，そもそも，資本家たちにとって必要なのです。無産者や搾取されている大衆の労働は，それを作ったものが誰も消費することを許されない商品を積み上げなかったでしょうか？　たしかにかれらは貧しく，商品を買うことができません。労働者の汗がこうした諸商品を生産し，労働者の血が諸商品のために海外の新しい販売市場をたたかい取らざるをえなくするのです。資本家たちが大地の埋蔵物をうばい，もっとも安い労働力を搾取する植民地諸国が侵略されることになってしまうのです。

祖国の防衛ではなく，祖国の拡大がこの戦争の目的です。それが資本主義制度の望むところです。なんとなれば，人間の人間による搾取と抑圧なしには資本主義は存立することができないのですから。

労働者は，この戦争によって何も得ず，彼らにとって愛すべき大切なものをおそらくすべて失わねばならないでしょう。

労働者の妻のみなさん，女性労働者のみなさん！

交戦諸国の男性たちは沈黙させられています。戦争は，かれらの意識を鈍らせ，かれらの意志を麻痺させ，かれらの全存在をゆがめています。

しかし，戦場にあるあなたがたの愛するものへの，さいなまれる心配ばかりでなく，本国にあって苦しみと惨めさをたえしのんでいる女性のみなさん。あなたがたは，あなたがたの平和への意志や，戦争に反対するあなたがたの抗議の行動を起こすために，このうえさらになにを待っているというのですか？

あなたがたはなにをしりごみしているのですか？

これまであなたがたは，あなたがたの愛するもののために耐えしのんできました。いまやあなたがたの夫たちのため，息子たちのために行動することが肝要なのです。

人殺しはたくさんです！

この叫びはあらゆる国のことばで響きわたります。数百万のプロレタリア女性がこの叫び声をあげます。この叫びは，民衆の息子たちの良心が，人殺しに反抗している塹壕のなかで反響を見いだします。

働く人民の妻のみなさん！

こうした困難なときに，女性社会主義者たちが，ドイツやイギリスやフランスやロシアから集まってきました。あなたがたの困窮，あなたがたの苦しみが，女性社会主義者たちの心をゆさぶったのです。あなたがたやあなたがたの愛するものの将来のために，彼女たちはあなたがたに平和の事業のために立ちあがることをよびかけます。戦場をこえた彼方で，女性社会主義者たちの意志が結集したように，あなたがたもまた，あらゆる国から集まって，平和！平和！　というひとつの叫び声をあげなければならないのです。

世界戦争は，あなたがたに最大の犠牲を強いてきたのです。戦争は，あなたがたから，痛みと苦しみのなかで産みだし，骨折って育てた息子たちをうばい，きびしい生活のためのたたかいのなかであなたがたの伴侶であった夫たちをうばいました。こうした犠牲にくらべれば，あらゆることは，ちっぽけで，無にも等しいものです。

全人類は，あなたがた，交戦諸国のプロレタリア女性に注目しています。あなたがたは英雄になるべきです！

あなたがたは救済者になるべきです。

あなたがたをひとつの意志，ひとつの行動で統一してください。あなたがたの夫たちや，あなたがたの息子たちが，いまなお断言することができずにいることを，あなたがたは，いく百倍もの声で知らせるのです。

万国の働く人民は同胞だ。この人民の統一した意志だけが，人殺しをやめさせることができる。

ひとり，社会主義のみが，人類の将来に平和をもたらす。人間を所有階級の富と権力のためのいけにえとする資本主義を打倒せよ。戦争反対。社会主義へつきすすめ。

1915年3月　ベルン

（ドイツ，フランス，イギリス，ロシア，ポーランド，イタリア，オランダ，スイスの同志が参加した国際社会主義女性会議にて）[6]

6）『ベルナー・タークヴァハト』1915年4月3日号より（Zetkin, *Ausgewählte* I：668-671から拙訳）。この決議は『平等』に載っていない。『平等』1915年4月16日付けに「国際社会主義女性会議」の記事が2頁にわたってあるが，ところどころが検閲のためか削除されて白地のままである。

クラーラ・ツェトキーンの決議案は，このように，まず，労働者階級の女性に，戦場にある夫や息子の悲惨な状態を想い起こさせ，銃後をまもる女性の生活の不安と苦しみについてのべるところから始まっている。そして決議は女性に，「戦争の目的は何か」，「戦争は誰に必要か」という問題を投げかけ，戦争は，資本家だけを利するものであると説明する。

しかし，資本家による資本家のための戦争にたいして「反戦諸国の男たちは沈黙させられている」ので，女性たちが戦争反対の行動に立ちあがらなければならないことを強調し，働く人民の妻たちに社会主義のための行動を呼びかけるのである。

クラーラ・ツェトキーンの決議案は，戦争の原因は資本主義にあること，平和の保障は，資本主義の打倒と社会主義への闘争にあることを断言している。ここでは，はっきり城内平和を否定し，階級闘争をよびかけ，展望を社会主義の実現にまで広げているのである。

このような決議案の背景には，出征兵士の妻たちの生活の困窮があった。1914年10月からパンの原料の小麦が不足し，パンが値上がりし，ジャガイモも不足して値上がりするなど不満が高まっていた。政府は1915年1月にパンの配給制を導入した。15年2月にはベルリン北東部の労働者街で，ジャガイモを求めて店に殺到した何千という女性や子どもたちが商品をとりあう騒ぎが起こった（三宅 2005：175-177参照）。

クラーラの決議案は，こうした状況を把握したうえで，女性たちの困難から出発した文面になっている。

しかし，レーニンが考えたように，彼女は社会排外主義との闘争や，帝国主義戦争の内乱への転化という表現をとらなかったし，直接そういうことを目的とはしなかった。ボルシェヴィキの代表は，問題は，十把一からげの統一にあるのではなく，排外主義との革命的闘争とプロレタリアートの支配階級との容赦ない革命的闘争のための統一が重要であると考え，排外主義との革命的闘争と決裂を含んでいないクラーラ・ツェトキーンの決議案をきわめて不十分なものとして批判した。

2） レーニンが作成した決議案

では，レーニンが考えたボルシェヴィキの決議案とはどのようなものであったか。

国際社会主義女性会議の決議案：中央委員会代表団の提案した決議案

こんにちの世界戦争は，戦火のおよんだいたるところに多大の災厄をもたらし，ベルギーとガリチアを荒廃させ，幾千幾万の労働者の生活を破壊しつくしたが，この戦争は，植民地の再分割，世界市場の支配をめぐる先進諸国の支配階級の闘争と諸王朝の利害とによってひきおこされた帝国主義戦争である。この戦争は，あらゆる国の資本家階級と政府の政策の当然の継続である。したがって，だれが最初に攻撃をくわえたかという問題は，社会主義の観点からは，なんの興味もひくものではない。

この戦争は，労働者の利益にすこしも役だたないばかりでなく，労働者の国際的連帯を粉砕し，各国の内部では労働者の運動と階級闘争を弱めるために，支配階級の手ににぎられた武器である。同じように，ブルジョアジーがかかげ，日和見主義者が支持していう「祖国擁護」の合言葉も，誘いの餌以外のなにものでもない。ブルジョアジーは，彼らの利益のためにプロレタリアートがその生命と血をささげるよう，この餌によって，彼らを説き伏せようとつとめている。

これらの点を考慮して，臨時国際社会主義女性会議は，資本主義制度の没落をはやめる目的をもって人民を決起させるために，戦争によってひきおこされた経済的および政治的危機を利用するよう勧告しているシュツットガルトの決議，代議士は軍事公債に反対投票する義務があるとうたっているコペンハーゲン決議，労働者はたがいに撃ちあうことを犯罪とみなすと述べているバーゼル決議をよりどころとして，つぎのように声明する。——（ママ）交戦国の大部分の社会主義諸党の代表者は，これらの決議にまったく相反する行動をとり，情勢にしいられて，社会主義にたいするまぎれもない裏切りをおこない，社会主義を民族主義ですりかえた。本会議は，あらゆる国のプロレタリアには，彼らの階級敵，すなわち資本家階級以外には敵はないと主張するものである。

この戦争がひきおこした恐るべき苦悩は，すべての女性のあいだに，とくにプロレタリア女性のあいだに，ますます高まる平和の願いを呼びさましている。**本会議は，いっさいの帝国主義戦争**にたいして**宣戦**を布告すると同時に，この平和への願いが**自覚した政治力**に転化しうるためには，**労働女性**が，**所有階級のめざしているもの**は併合，征服，支配**だけ**であること，帝国主義の時代には戦争は不可避であること，**プロレタリアートが戦争に終止符を打ち，資本主義を最終的に打倒するにたる力を，自分のうちに見出さないならば**，帝国主義は幾多の戦争で平和を脅かすであろうことを，**よく理解する必要がある**と考える。もし，労働女性が帝国主義戦争の時代にともなう苦悩の時期を短縮したいと思うならば，彼女らの平和への熱望が憤激に変わり，**社会主義をめざす闘争**に変わることが必要である。**労働女性**は，**大衆の革命運動によってのみ，社会主義闘争を強化し，激化させてのみ**，この闘争における**自分の目的を達成するであろう**。したがって，労働女性の第一の義務は，労働組合組織と社会主義組織を支持することであり，また軍事公債に反対し，ブルジョア政府への入閣に反対してたたかうことにより，戦場の塹壕内での兵士の交歓を支持し，宣伝することにより，政府が憲法上の自由を剥奪しているところではいたるところに非合法組織をつくることにより，最後に，大衆を示威行動と革命運動に参加させることによって，国内平和を破壊することである。

国際社会主義女性会議は，即時この闘争を開始して，それを国際的に組織し，リープクネヒトのように，民族主義とたたかい，革命的な社会主義闘争をおこなっているあらゆる国の社会主義者の活動と自分の活動とを緊密に結びつけるよう，あらゆる国の労働女性に呼びかける。

同時に，本会議は，ヨーロッパでのもっとも先進的な諸国では社会主義的生産のための客観的諸条件がすでに成熟しており，運動全体が新しい局面にはいりつつあること，こんにちの世界戦争は労働女性に新しい重大な義務を負わせており，労働女性の運動は，社会主義運動全体に新しい展開力をあたえ，最終的な解放の時を近づけることのできる大衆の総決起の前ぶれとなりうることに，労働女性の注意をうながすものである。デモンストレーションや革命的示威行動を組織する首唱者となり，プロレタリアートと手をたずさえてすすむならば，労働女性は，プロレタリアートが先進諸国では社会主義を，後進諸国では民主的共和制をたたかいとるプロレタリア闘争の新しい時代の端緒をひらくことができるであろう。

(『レーニン全集』大月書店版[7)]，Vol.41：434-436より再掲。原文の傍点部分をゴシックで表し，邦訳原文の「婦人」を「女性」に変えたことをお断りしておく)。

ここには，明快な城内平和への批判，戦争を内乱へというレーニンの主張が打ち出されている。レーニンは，女性の具体的生活実態から出発するという展開ではない。

これに関連することとして，メリニチェンコは次のように書いている。

1915年春，イネッサ・アルマンドはロシア社会民主労働党中央委員会の任を受け，ベルン国際社会主義者会議で演説したが，そこでレーニン主義者たちは深刻な敗北を喫した。「われわれの方針が実現されるか否かは，主としてイネッサの肩にかかっていた」(クループスカヤの言)。「中央委員会に参加しているわれわれ社会民主主義者は，今まさに市民戦争[8)]のスローガンを掲げなければならず，労働運動は新たな局面に突入しつつあると思われる……」とアルマンドは宣言した。レーニンが書きあげた決議には，「万国のプロレタリアートの唯一の敵，自らの階級の敵は，資本家階級である」と主張されていた。ボルシェヴィキの女性代表たちは，クループスカヤの言によれば「われわれを直接指導したイリイチの方針」を提示したが，誰も説得できなかった。イギリス人女性も，ドイツ人女性も，フランス人女性も，スイス人女性も，オランダ人女性も。辛うじて達成できたのは，ボリシュビキの決議を議事録に組み込んで出版することだけだっ

7）本書で使用する邦訳『レーニン全集』はすべて大月書店版である。以下単に『レーニン全集』と記す。

8）日本では，これまで一般に「内乱」と訳されているが，この本の訳者は「市民戦争」と訳している。「内乱」の方がこの時代の言語的表現としてふさわしいが，邦訳に従う。

た……。

クループスカヤは,「われわれの決議に同調する者は誰もいなかった。われわれは孤立し (中略) 提出決議の刊行に必死にならなければならなかった」と嘆いている。アルマンドも正直に証言している。「……わが党中央委員会代表団は, 市民戦争, 不法就労, 塹壕での連帯, 社会主義離反者との仮借なき闘争と最終的断絶を訴える決議を当会議に提示したが, これは出席した大多数の代表にとって容認し難いものであった。数カ月後のツィンメルヴァルドと同じことが当会議で起きた。われわれの代表が提示した決議は否決され (中略) 代わりに他の平和主義的決議が採択された。」といっている (メリニチェンコ 2002＝村山監訳 2005：282-283)。

レーニンは, 彼の論文「社会排外主義との闘争について」(1915) や「社会主義と戦争」(1915) の中で, またコロンタイへの手紙の中で, 国際社会主義女性会議の問題をとりあげ, クラーラ・ツェトキーンを批判したが, 論点を要約すれば次のようになる。

すなわち, ドイツの代表団はこの会議での事実上「中央派」の役割をはたした。この決議案は, 日和見主義者と左派の一部とを一致させた「中間的」な決議案である。われわれの決議案との相違は, 単に表現上の問題ではなく本質的なものであり, 原則的なものである。レーニンは,「社会排外主義との闘争について」のなかで「会議では2つの世界観, 戦争とインターナショナルの任務にたいする2つの評価, プロレタリア党の2つの戦術が衝突した」(『レーニン全集』Vol. 21：196) と云う。彼によれば一方は, 一言でいえば, 第2インターナショナルの崩壊は起らなかったというものであり, その戦術は,「いくらか左よりの進路をとり, 大衆にデモンストレーションを呼びかける勧告をするだけにとどめよう」(同上) というものである。ところがもう一方は,「日和見主義者および社会排外主義者との党内外交をつづけていくことほど, プロレタリアの大業に有害で, 災を及ぼすものはない」(同上) と考えている。この後者の立場がレーニンの立場である。この立場からみると, クラーラは,「昔の誤り, 日和見主義との言行の不一致とを外交辞令でおおいかくした第2インターナショナルの誤りをもう一度くりかえした」(同上：199) ということになり，1915年7月のコロンタイへの手紙の中でも，レーニンは，クラーラが「社会排外主義を非難する問題を回避した」(『レーニン全集』Vol. 35：197) と執拗に批判を行った。

レーニンの決議案とクラーラのそれとの違いは，第2インターナショナルの崩壊と最初の帝国主義戦争を内乱に転化させるというスローガンのもとに，最初の社会主義革命を成功させようとしているレーニンの認識と，なお中央派的思想との妥協を重ねつつ，スパルタクスグルッペ，スパルタクスブント，独立社会民主党と紆余曲折を経てドイツ共産党に行きつくドイツ社会民主党左派の経験の違いであった。

すでに空白が多くなった『平等』1915年4月16日付けの「国際社会主義女性会議」の記事のなかには，「会議は，同志バラバーノフへの心からの感謝の言葉で閉じた」と他の人々への謝辞の中でもイタリア社会党のアンジェリカ・バラバーノフの名が最大級にとり挙げられている。

3）　バラバーノフの観察

そこで，バラバーノフがこの会議をどう見ていたかを彼女の『わが反逆の生涯』の邦訳(バラバーノフ　1938＝久保訳　1970：133-136) から4か所引用しておきたい。

> クララ・ツェトキンから，交戦国と中立国の婦人労働者の代表が戦争に対する敵意を示すために協議会を行うから，その準備を手伝ってほしいという手紙を受け取ったので，私は喜んで同意した。ルガノで彼女と会い，そのことについて意見を述べあった。クララはその人生の真っ盛りをささげてきたドイツ社会民主党の過誤にひところは気も転倒させるばかりだったので，私は彼女がその衝撃から立ち直れないのではないか，と思ったほどである(同上：133)。

> 当時の混乱した交通事情を考慮に入れると，中立諸国の他に，ドイツ，フランス，イギリス，イタリア(イタリアの参戦は15年5月——訳者注)

から代議員がきたことは満足すべきことであった。これは，戦争によって社会主義者の国際的な連帯の鎖が破壊されなかったということの否定しえない最初のあかしであった（同上）。

われわれの宣言文に一人でも署名しないということになれば――そのことは民族主義新聞に利用されるであろう――一般大衆に「国際主義者は，仲間割れしている」と信じ込ませやすくなるだろう。こういった状況にもかかわらず，レーニンの指導の下に動いていた婦人ボリシェヴィキは，われわれの集会の目的にそぐわない，したがって大多数が署名しえない決議案を提出したのである。それは，現存の社会党や労働党の多数派とただちに組織的に分裂すること，および新しいインターナショナルの形成を呼びかけていた。それはまた，戦争を内乱に転化することも呼びかけていた（同上：134）。

ベルンの婦人会議で，ボリシェヴィキは基本的な統一の重要性を十分に認識していた。しかし，それでも彼らはいささかの譲歩もしようとはしなかったのである。クララ・ツェトキンがくり返しくり返しボリシェヴィキにその決議案をとり下げるように訴えていた。彼女は病気がひどく，今，彼女がそうやっていられるのは，ただ彼女の恐るべき意志の力があればこそだということを知っていたわれわれは，この闘いが彼女の健康に及ぼす影響を思うと心配でたまらなかった。何の結果もうまずに討論が数時間続いたあと，クララはまったく消耗しきって小休止に入ることを提案した。この中休みの間に，彼女はボリシェヴィキ代議員やレーニンと一緒に別室へ入って行った。ここで，レーニンはついに妥協することに同意したのである。ボリシェヴィキは，彼らの決議案が会議の公式文書に載せられるということを条件に多数派の決議案に賛成することになった。長い暗礁が克服され，会議は成功裏に終わった。クララ・ツェトキンの部屋へ行くと，彼女は悪性の心臓病の発作に見舞われており，自分は死ぬのではないかと思ってドイツにいる息子の名前を呼び続けていた（バラバーノフ1938＝久保訳1970：135-136）。

写真11-2　アンジェリカ・バラバーノフ

この会議でのクラーラの消耗した様子を伝える文書を私は他に見出していない。バラバーノフの観察が妥当かどうか判断できないが，クラーラの心労の一側面を描写していると言えるだろう。心臓病についての記述がバラバーノフの他の著作にも見られる（Balabanoff 1959 = Hofe 2013：47）。1915年の会議の時のクラーラの心身の状態を推し量ることが出来る証言と言える。

このベルンでの女性会議は，1915年3月に開催されたのだが，1915年8月に，クラーラ·ツェトキーンが，ベルン会議参加とベルン会議のビラの非合法な配布をしたことを理由に，関係者17名が逮捕された。このくだりは，本書第7章でもふれたが，ツェトキーンの弁護士，フーゴー・ハーゼが，1915年9月に彼女の健康悪化を理由に釈放申請を提出した。J.H.W.ディーツが引き受けた保証金の調達によって，クラーラは健康上禁固不能の理由で10月12日に保釈された。しかし彼女はさらに厳しい警察の監視下に置かれた（Müller, E. 2008：70）。

なお，付け加えれば，この会議の約1カ月後，オランダのハーグで，12カ国から1000名以上の代表を集めた女性の反戦集会があった。当然のことではあるが，社会主義者とは異なる市民的女性運動のなかにも反戦主義者はいたのである[9]。

9）掛川（2002：2-3）の研究を参考にこの会議について記す。1915年4月28日から5月1日にかけて，ハーグ国際女性会議は開催され，12カ国から1136名の女性が参加した。ドイツ側からは，アニタ・アウグスブルク，リダ・グスタヴァ・ハイマンならびにヘレーネ・シュテッカーらを中心とする市民的女性運動急進派の女性参政権論者たちのグループ28

写真11-3 ケーテ&ヘルマン・ドゥンカー夫妻

(2) インテルナツィオナーレ派：ツィンマーヴァルトからキンタールへ

すでに1915年ベルンでの国際社会主義女性会議の反戦決議の前，3月5日に，ヴィルヘルム・ピークの家で反対派の会合が行われ，メーリンク，リープクネヒト，ドゥンカー夫妻，レーヴィ等は，4月14

名が参加している。このハーグ国際女性会議の主催者代表は，アレッタ・ヤコブス・ゲリッツエンであった。アレッタは，開催地である中立国オランダの医師で，オランダの女性参政権協会会長を務め，1878年に世界最初の産児制限診療所を開設した人物である。

掛川（2002：2-3）はいう。

アレッタが，オランダ女性参政権協会会長であったことは，ドイツで1902年に「ドイツ女性参政権協会」を設立したアニタ・アウグスブルクとリダ・グスタヴァ・ハイマンとの繋がりを理解させるし，産児制限運動との関連からは，ヘレーネ・シュテッカーとの近さが無理なく連想されよう。アウグスブルクらの交戦中のドイツから，ハーグの国際女性平和会議の呼びかけ人になったルートがここに開いていたわけである。シュテッカーは女性参政権より反戦問題を優先せる見解であり，この点ではアウグスブルクらとの不協和音をかもした」（中略）。「さらにハーグの国際女性会議の議長に選出されたジェーン・アダムス（Addams, Jane：1860-1935）は，アメリカ合衆国シカゴのハル・ハウスの中心人物であるが，自ら設立した『女性平和党』会員47名を率いて参加していた。「女性平和党」は，1915年1月に結成され，その綱領の前文には，「生命を育む」女性の，「生命の守護者」としての使命を高らかに宣言し，「平和の守護は女性の本能」と謳っている。この「女性平和党」の綱領がハーグ国際女性会議決議を経て，第1次世界大戦の終結を見越し国際連盟構想へと連なるウイルソン大統領の「14カ条」に影響を与えて行く（後略）」。

この会議について斎藤（2011：92-93）も「4月，ハーグで国際女性集会が開かれた。この頃，フェミニストの間でも，女性選挙権運動のリーダーであるイギリスのパンカースト母娘が戦争を支持して政府に協力したことなど，戦争支持派が増大する一方，戦争反対を維持する人々も少なくなかった。国際女性選挙権同盟の反戦派の提唱で開かれたこの集会には1200名が参加した。そこでは，「戦争によるかってない人間の苦痛に抗議する」決議が，女性選挙権の要求とともに採択された。決議の中には，外交の民主的統制，平和的解決への女性の意見の反映，という要求も含まれていた。」と書いている。

日に雑誌『ディ　インテルナツィオナーレ』の第1号をベルリンで発行することを決めた(上杉1969上：24)。彼らは，機関紙『ディ　インテルナツィオナーレ』の名によって,「インテルナツィオナーレ派」と呼ばれるようになった。これに，ローザ・ルクセンブルク，クラーラ・ツェトキーンらが加わり5月にリープクネヒトによってドイツ国民の「主要な敵は国内にいる」という非合法ビラが出され，「インテルナツィオナーレ派」は，ドイツ社会民主党のカウツキーら「中央派」と一線を画した。

1915年9月5-8日には，スイスのベルン郊外のツィンマーヴァルトで，国際社会主義者会議が開催される。ドイツ，フランス，ロシア(ボルシェヴィキ，メンシェヴィキ，エスエルの反戦派)，イタリア，スイス，ノルウェー，オランダ，ポーランドなどの交戦国・中立国から38名が集まった。「レーニンの狙いは，戦争を支持している各国の社会民主党から反戦・反帝の左翼を決定的に切り離す出発点として，また新しい革命的インターナショナルの中核として，このツィンマーヴァルト大会を利用することであった」(アンダースン1945＝大木訳1974：54)。しかし，会議は，帝国主義戦争に反対する点で一致したが，レーニンの主張は受け入れられていない。クラーラは拘束中で不参加であった。

1916年4月，スイスのキンタールにおける国際社会主義者の2回目の会議で，レーニン起草の「戦争から内乱へ」を含む宣言が提案された。それは戦争を帝国主義的と規定して，社会主義党と労働者階級に戦争をプロレタリア革命に転化することを求めたものである。レーニンの意向を受けたイネッサ・アルマンドの活躍もあり，7カ国40名の出席者は，「戦争から内乱へ」ではないが，一歩前進した宣言が採択されたと斎藤(2011：157)はいっている。

1916年，拘束から解放された後も，健康がすぐれなかったクラーラが，この会議に出席した形跡はない。

(3)「ユニウスブロシューレ」・「スパルタクスグルッペ」・「独立社会民主党」

1)「ユニウスブロシューレ」

1915年ころからローザは殆ど獄中にあり，クラーラも1915年の拘束の後，病気でシュツットガルトにこもり，2人ともそれぞれの場で文筆活動を続け

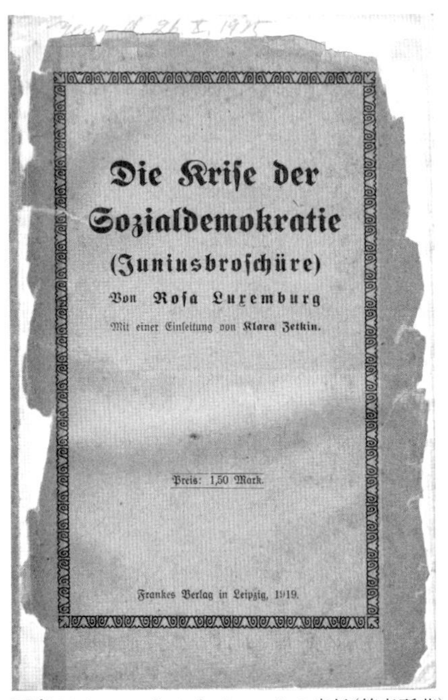

写真11-4 ユニウスブロシューレの表紙(筆者所蔵)

ている。ローザは，1915年4月獄中で『社会民主主義の危機』の草稿を書いたが出版できなかった。それはドイツでの反戦闘争を伝えるものであった。1916年1月末ローザは釈放され，4月にユニウスというペンネームで出版した。それが「ユニウスブロシューレ」と呼ばれている小冊子である[10)]。

「ユニウスブロシューレ」において，ローザは，今日の帝国主義2大陣営は，両者ともに自由のためにたたかうのではなく，征服と抑圧を目指すものであり，したがってそのいずれのグループの勝利も，世界の労働者階級に悪をもたらす。それゆえに労働者階級はこの2大勢力のいずれにも荷担すべきではなく，統一して国際的に帝国主義とたたかわねばならないとのべた(フレーリヒ1948＝伊藤成彦訳1991:260参照)。

---

10) クラーラ・ツェトキーンは後にローザの「ユニウスブロシューレ」の新版(1919)に序文を書いた(Zetkin 1919l)。「闘争は社会民主党の軍事予算承認に抗議をもってはじめられることになったが，この抗議は，戒厳令と検閲のあみにかからないように巧みに行なわれなければならなかった。しかも，もし当初から，少なからざる数の著名な社会民主党員がこの抗議を支持するならば，それが大きな意味をもつことは明らかであったので，われわれは国会の中や私的な集まりで，8月4日の党の政策に鋭い，破壊的なまでの批判を浴びせてきた指導的な人々のできるだけ多くと提携しようと努力した。この配慮のために，われわれは大いに頭を痛め，多量の紙と手紙と電報と貴重な時間を費やしたが，その結果はほとんど零にひとしかった。社会民主党多数派を手厳しく批判していたもののうちで，人格も信念も腐蝕させる偶像と化した党規律に抗って，ローザ・ルクセンブルクやフランツ・メーリングや私と行動をともにする勇気をもっていたのは，カール・リープクネヒトただ一人であった」(フレーリヒ1948＝伊藤成彦訳1991: 247による)。

フレーリヒは（同書：264）「『ユニウス・ブロッシューレ』は，戦争と戦争政策に反対して書かれた文書の中で，説得力と言葉の鋭さにおいてもっとも強力な文書であった」といっている。

しかし，ローゼンベルクは「ユニウスブロシューレ」をフレーリヒのようにではなく「ユートピア的急進主義」への依拠の危険性をもつと指摘している[11]（ローゼンベルク1928＝足利訳1969：117-118）。

2）スパルタクスグルッペ

1916年1月1日，「インテルナツィオナーレ派」は，全国協議会を開催し，ローザによって起草された「国際的社会民主主義の使命」を発表した。ローザはここで第1次世界大戦の性格を分析し「民族的防衛にも，どの国民大衆の経済的政治的利益にも役立たない」と断定した。「インテルナツィオナーレ派」は，奴隷解放運動者の名をとって自らを「スパルタクスグルッペ」と名付けた（グルッペはやがてブントとなった）。

3）独立社会民主党

1917年4月6-8日，カウツキーらはゴータで「独立社会民主党」を結成[12]し，「スパルタクスグルッペ」のメンバーもこれに加盟した。そのいきさつはこうである。ドイツ社会民主党系の労働者の多数派は，スパルタクス・グルッペと反対に，祖国防衛を必要であると考えていたが，ドイツが占領・併合のためにたたかってはならないとしていた。併合論者に反対して戦えという大衆のこの要求は，ドイツ社会民主党国会議員団の少数派によって支持された。彼らは，祖国防衛ではなく，征服戦争をする政府に責任を持つことはできないという主張に指導されて1915年12月に20人の代議士が国会議員団の多数と分かれて戦時公債に反対投票し，党から除名されたので1917年4月に結成した独自の党が，独立社会民主党である（ローゼンベルク1928＝足利訳

11）1916年レーニンは，スイスで「ユニウスブロシューレ」を読み，ローザの論証の内部矛盾に注意を促した（ローゼンベルク1928＝足利訳1969：119）という。

12）ドイツ独立社会民主党は，1922年，「中央派」によって解体され再びドイツ社会民主党に戻る。

1969：120)。では，独立社会民主党の大衆的基盤は，何であったか。

三宅によれば，つぎのようである。

> 同党の大衆的な基盤を形成したのは，戦争による生活・労働条件の悪化のなかで「階級闘争の再開」を求め，軍需工場内で影響力を広げていたドイツ金属労働組合の下部活動家たちであった。彼らは，組合の各工場における代表者・信任者として，またしばしば，祖国補助勤務法で新設された労働者委員会の委員の地位をも得て，労働条件改善の先頭に立っていた。同月（4月：伊藤）半ばには，パンの配給率の削減に抗議して，ベルリンの軍需工場労働者が大戦下初めて大規模なストライキに入り，ライプツィヒではさらに，内政改革とすみやかな平和の実現を求める要求も掲げられた。女性労働者をはじめとする多数の未組織労働者も参加したこの「4月ストライキ」の中心を担ったのも，独立社会民主党指導部と連携した工場内活動家たちであり，彼らはやがて「革命的オプロイテ」と呼ばれることになる（三宅　2005：182）。

独立社会民主党の創立大会に欠席したクラーラ・ツェトキーンは，このゴータでの会議に「あなたがたの会議は，ロシアにおける人民の権力的行動の炎の中で行われています。……私は大会の討議と決定とが，この感銘深い歴史的事件にふさわしくあれと望み，願っています。あなたがたの大会は妥協もためらいも知らない行動の端緒でなければなりません」(Zetkin 1917i) と挨拶を送った。この創立大会の宣言でまず強調されたのは，ドイツ社会民主党の右派多数派幹部に反対するすべての者を統一すること，戦時中に制限を受けた国民の自由と権利の回復の要求，選挙法の改正（女性選挙権の承認を迫る：原文は，Wir fordern das Wahlrecht für die Frauen ebensowohl wie für die Männer.）であった（IML/ZK/SED Hrsg.1956,：596)。

独立社会民主党には，ベルンシュタインも加わった。ローゼンベルクは「ベルンシュタインは，独立社会民主党で，社会民主党が長年にわたって公認の理論家とみなしてきた旧敵カウツキーや，さらには党幹部会の古くからのメンバーであったハーゼおよびディトマンと一緒になった」（ローゼンベルク1928＝足利訳1969：121）と書いている。

3　ロシア革命，ローザ・ルクセンブルクの批判とクラーラ・ツェトキーン

(1) ロシア国際女性デーとロシア2月革命

1917年のロシア2月革命は，ペトログラードの国際女性デーに端を発したと一般にいわれている。そのことに始めて言及している最初のロシア革命史に関する歴史家は，トロツキーだとチャタージェーは指摘している（Chatterjee 1995：93）ので，トロツキーの『ロシア革命史』（1930）をまず，ひもといてみる。トロツキーは次のように書いている。

> 2月23日（西暦3月8日：伊藤）は，国際婦人日（ママ）であった。社会民主主義の諸団体は，一般的なやり方で，つまり集会，演説，ビラなどによって，この日を記念しようと考えた。それが革命の第一日となろうとは，だれひとり思いおよばなかったのである。
>
> ところが，（中略）あらゆる指導にもかかわらず，数か所の工場の婦人繊維労働者がストライキを決行し，金属労働者に代表をおくって，支持を要請した。「ボルシェヴィキは」とカユロフ（トロツキーの前後の叙述から，カユロフとは，労働者街の権威ある指導者のひとりで，労働者出身のボルシェヴィキである：伊藤）は，「ふしょうぶしょうにこの要請に同意した。そして，労働者——メンシェヴィキや社会革命党員——がこれにつづいた。だが，ひとたび大衆的ストライキが展開されたならば，われわれはひとりのこらず街頭に呼びかけ，指導権をにぎらなければならない」。これがカユロフの決定であって，ヴィボルグ委員会はそれに同意しないわけにはいかなかった。（中略）2月23日が絶対主義にたいする決定的攻勢の開始となることは，当時だれひとり，ほとんどだれひとり——われわれは，あらゆる資料にもとづいてそう断言することができる——予想しなかったことである。

このように，2月革命は，それ自身の革命的諸団体の抵抗を排除しつつ，下から開始されたものであり，そのさい，全プロレタリア中最も抑圧され，

踏みにじられてきた婦人繊維労働者が——そのうちには，たしかに多数の兵士の妻がまじっていた——イニシアチブをとったのであった。伸びきったパン行列は，決定的な動因になった。この日，約9万の男女労働者がストライキに参加した。(中略)

この日，警察の補助として軍隊が招集されたが——明らかに大部隊ではなかった——，別に衝突はおこらなかった。婦人の大群が——全部が労働婦人というわけではなかった——市庁に押しかけてパンを要求した。しかしそれは，まるで雄山羊に乳をもとめるようなものであった。市内の各所に赤旗が掲げられた。赤旗のスローガンは，労働者が専制政治や戦争でなく，パンを欲していることを明らかにした。国際婦人日は犠牲者も出さずに，熱狂的に，成功裏に過ぎた。だが，この日がその内部になにを秘しているかは，夜になってもだれひとり想像し得なかったのである。

翌日になって，運動は減退するどころか，かえって倍加した。2月24日には，ペトログラードの約半数の工業労働者が罷業した。(中略) 25日になって，ストライキは広範な範囲に拡大した。(中略) 労働者と兵士との関係では，婦人労働者が偉大な役割を演ずる。彼女たちは，男子よりもさらに大胆に非常線に接近し，銃をにぎり，懇願し，殆んど命令する，「あなたがたの銃剣を下ろしなさい——そして，わたしたちといっしょになりなさい」。兵士たちは，興奮し，恥じ，心配そうに目を見あわせ，逡巡する。(中略) われわれは，運動の内的力学をいっそう明瞭に理解したいとおもう。2月23日，「国際婦人日」の旗幟（きし）のもとに，すでに長い間成熟し，抑圧されてきたペトログラード労働大衆の蜂起が開始された。反乱の第一歩はストライキであった。3日間のうちに，それは拡大されて，ほとんど一般化してしまった，すでにこのことが大衆に保証をあたえ，彼らを前方に押しすすめた(トロツキー 1930＝英訳 1932＝山西訳 1972：147-159)。

これにたいし，1960年代の『ソ連邦共産党史1』には次のように書かれている。

2月23日に，勤労者は，国際労働婦人デーを祝った。ボルシェヴィキのペテルブルク委員会は，この日を政治的ストライキで祝うように呼びかけ

写真11-5　1917年のロシアの女性のデモ国際女性デー

た。デモを組織したプチロフの労働者は，都心にむかった。途中で他の工場労働者がプチロフの労働者に合流しはじめた。この日，50の企業のほぼ9万人の労働者が，ストライキをおこなった。食糧の行列にならんでいた婦人が，デモにくわわった。「パンをよこせ！」「戦争をやめろ！」「専制を倒せ！」という要求をかかげたプラカードがあらわれた。つぎの日，デモは新しい勢いで広がった。首都では，約20万人がストライキを行った。ボルシェヴィキは，ストライキをつづけ，これをゼネラル・ストライキに転化させ，蜂起にもっていくことにきめた。（日本共産党中央委員会訳1　1961：296-297）[13)]。

トロツキーの『ロシア革命史』とソ連公式の『ソ連邦共産党史』では，2月革命初日の叙述は，女性とボルシェヴィキの役割の説明において明らかに異なっている。

では，次に，斎藤（2011）の第Ⅱ部，第6章の2月革命（その中に「国際女性デーから2月革命へ　　帝政の崩壊，ソヴェトと臨時政府の成立」という節

13）ソ連邦共産党史翻訳委員会訳（1972 Ⅰ分冊：290-291）のその後の版の党史にもほぼ同じ叙述がある。

がある）をみていきたい。以下は，斎藤（2011：200-202）からの抜粋である。

1914年8月に始まった第1次世界大戦は長引く戦況でロシアの経済的政治的基盤の弱さを国民の前にさらけ出した。特に1916年，ロシアでは戦争による負担が際立ってきた。

（1917年）2月に入って，3週間，酷寒が続き，ペトログラードでも平均気温はマイナス30度に下がった。鉄道は積雪で動かず，燃料や食糧を積んだ貨車が国のあちこちで放置されていた。

首都では燃料が底をつき，生産を止める企業がでてきた。

2月23日（西暦3月8日）木曜日は国際女性デーだった。女性社会主義者が女性参政権，母性保護の要求など，統一した国際的な行動を行う日で，（中略）[14]この日，夜明け前からペトログラードのパン屋の前には長い行列ができていた。

朝になると空ははれ上がり，寒いが好天となった。前日，国際女性デーに向けて，社会民主労働党のボリシェヴィキ，メンシェヴィキ，メジライオンツィ（前二者に分裂した党を統一するため1913年，ペテルブルグ（ママ）で組織されたグループで国際主義派とも称している）がつくっていた準備委員会で，帝政政府の打倒，戦争の終結，パンの保障というスローガンで，屋内集会を各工場で行うことに決めていた。そのため朝からペトログラードの工場が集中するヴィボルグ地区の企業内で，女子労働者の集会

14）この文の後，「ロシアでは1914年に初めて行われ，1915年にも行われた。」と続くが，ロシアで初めて国際女性デーが行われたのは1913年であったこと，1914年，1915年の実施・非実施状況はすでに本書第9章でみたとおりである。ただし，斎藤の本でも，第2章アレクサンドラ・コロンターイ，のところでは，「コロンターイは，ボリシェヴィキのイネッサ・アルマンドに呼びかけ，ロシアで1913年に，国際女性デーを開く計画を立てた。そして各国に合わせてペテルブルクでも2月23日（西暦3月8日），第一回ロシア国際女性デーが開催された（同書87頁）と書いている。さらに付け加えれば，国際女性デーが3月8日に国際的に統一されたのは，本書第14章で見るとおり，1921年のことである。同書83頁で，「注目したいのはこの会議（1910年8月，コペンハーゲンで開催された第2回国際社会主義女性会議のこと：伊藤）で，3月8日を国際女性デーとすることをクララ・ツェトキンが提起し，決議されたことである」と書いているが，これも事実に反することは，本書第9章で，決議文原案から確認済みである。

が行われた。その後，集会参加者は自然発生的に戸外にくりだし，「犯罪的政府はやめろ，戦争をやめろ，パンをよこせ，物価をさげろ」などと叫びながら，デモを行い始めた。近隣の男性労働者もデモに参加した。街に出ると，パン屋の前で行列していた人々もデモに入ってきた。

デモを取り締まるため市警察隊は出動したが，デモはその包囲網を簡単に破った。守備隊も動員されたが，デモを鎮圧せよとの命令を実行しなかった。首都の守備隊は戦線を離脱してきた厭戦気分の兵士が多く，帝政に忠実な精鋭部隊は前線で戦っていた。だから衝突もなく，デモの隊列は凍結したネフカ（ママ）を渡りペトログラード地区で解散した。警察資料ではこの日，50の企業で9万人がストライキに参加したという。

やはり国際女性デーは2月革命の発端と結びついている。ところで，なぜ，ロシア革命は国際女性デーを契機として始まったのか。チャタージェーは，既述の学位論文の第2章を「2月革命とジェンダーの構造」と題して，次の3つの問題を立てた。それは，① 誰も，なぜ2月革命が2月23日の国際女性デーから始まるかの理由を問うたものはいない。2月18日のプチロフのストライキが，革命の始まりの日として筋が通っているように思われるが，すべてのソビエトの，そして後の西側の研究者たちも革命は女性デーに端を発したということに同意しているのはなぜか，② 2月革命にペトログラードの女性が演じた異なる役割を分類し，女性労働者と主婦による大衆的行動に注目し，それを革命における低い序列の女性ボルシェヴィキの活動家によって引き受けられる類似の行動の歴史的表現と対照する（女工たちと違ってボルシェヴィキの女性たちは革命行動における党の命令を心にとめて行動しており，彼女たちの規則正しい政治活動を，思い出と伝記から明らかにすることができるから），また，③ 2月革命に関するボルシェヴィキの歴史的文献を検証し，革命についての彼らの理解は，深くジェンダー化された用語で役を割り当てていたことを立証する（Chatterjee 1995：94-96）の3つである。

私は，ロシア革命史の専門家ではないので，その起源と女性とのかかわりを，それぞれの多少異なるニュアンスの叙述の断片を紹介したままで先を急ぐ。

この2月23日の翌24日から26日まで労働者・群衆のデモは膨れ上がって行った。27日，兵士が労働者・群衆の側についた。

宮殿では2つの権力機関が作られようとしており，1つは国会臨時委員会，1つはペトログラード労働者代表ソヴェト（評議会）である。前者は戦争支持の政党からなる諸階級を含み，帝政の存続を認め，後者は，戦争支持者も反対者も含むが，共和制を目指す労働者階級の機関であった。

3月1日，帝国海軍の主力であるクロンシュタット要塞で反乱がおこり，水兵たちは革命の側につくことを宣言した。3月2日，ソヴェト執行委員会代表と国会臨時委員会代表との会談があり紆余曲折を経たが，同日皇帝の退位が公表され，臨時政府成立が宣言された。臨時政府は12名の閣僚を持ったが，ソヴェト派は，メンシェヴィキのテレーシチェンコ蔵相，トルードヴィキ（エスエルの一派）のケレンスキー法相だけであった。

国際女性デーに始まったロシア2月革命は，帝政の廃止をもって，目的の一つを実現した（斎藤 2011：207）。

3月22日に，レーニンからの「遠方からの手紙」（第1信）が届いた（第5信まで，『レーニン全集』Vol.23：327-377）。4月3日に，レーニン，クループスカヤ，イネッサ・アルマンド，その義姉アンナ・アルマンド，ジノーヴィエフ夫妻と息子，カール・ラデックなどボルシェヴィキ19名，ブント派（ユダヤ教社会主義者グループ）6名を含む32名が，ドイツが用意した「封印列車」でチューリヒからドイツ領土を経由して，デンマーク，スウェーデン，フィンランドを通り，ペトログラードのフィンランド駅に着いた。なぜドイツがこれを認めたかについて，ローゼンベルク（1928＝足利訳1969：154）は，「ロシア社会民主党の左派，すなわちボルシェヴィキは，ブルジョアジーと手を切り，単独平和をただちに結ぶことを望んでいた。かれらは，ドイツの軍事権力を恐れず，ロシアの単独講和によるドイツ軍の一時的強化は，ドイツの帝政に何の役にもたたず，世界革命の進展は間もなくドイツをものみこみお互いに交渉できると考えていた。ルーデンドルフ将軍は，スイスに住んでいたボルシェヴィキの指導者レーニンが，革命と単独講和を完成するためドイツ経由でロシアに帰国することを許した。後になって，レーニンのほうがルーデンドルフよりもはるかに見通しがきいていたことが明らかになった」と書いている。

こうして「封印列車」に乗って帰国したレーニンは，翌4月4日に10項目からなる「現在の革命におけるプロレタリアートの任務について」(4月テーゼ)(『レーニン全集』Vol.24：3-9) をボルシェヴィキに示した。

1917年のロシア革命の経過中，ローザは全期間獄中にあり，クラーラは独立社会民主党の統制委員であった。クラーラが1917年5月16日に，1891年以来編集長を務めたドイツ社会民主党の女性機関紙『平等』を追われたことはすでに第7章でふれたが，1917年5月25日 (Jg.,27, Nr.17) がクラーラの責任編集による『平等』の最終号となった。重複するが再確認すると，次号1917年6月8日号(Jg.,27, Nr.18)は，責任編集者はマリー・ユーハッツに変わり,「女性労働者の利益のための雑誌，母親と主婦および子どものための付録付き」『平等』は,「労働者の妻と女性労働者のための雑誌，子どものための附録つき」となった。この号の冒頭で，クラーラが「1914年8月4日の重要な日から，のちに，一方では党指導部，党委員会によって，他方では労働組合の中央執行委員会によっても承認され，支持を得たドイツ社会民主党国会議員団の政策にもっともするどく対立し，攻撃し，反発した」ので『平等』の責任編集の任を解いたことを報じ,「『平等』のこの号は，も早これまでの，長年の指導者，同志クラーラ・ツェトキーンによって編集されているのではない」(*Gl.*, Jg.27, Nr.18,1917.6.8:117) ことを読者に告げた。しかし，この時は，1914年の戦争の勃発からすでに3年近くが経過していた。ロシア2月革命から10月革命への流れの真っただ中の出来事であったことを確認しておきたい。

1917年2月，首都ペトログラードでの労働者と兵士の蜂起によって帝政政府が倒れてから，この革命で生れた臨時政府は，ロシア10月革命まで8カ月しかもたなかった。労働者・兵士が結集したソビエトは武力と首都の主要拠点を掌握していたが，当時のソビエトでは社会革命党とメンシェヴィキの勢力が強く，ボルシェヴィキは少数にとどまっていたので，臨時政府を支持して政府を監視する立場をとった。以後，臨時政府とソビエトという，いわゆる「二重権力(二重政権)」の状態が続く中で臨時政府は戦争を継続した。

しかしこの間，臨時政府は，ソビエトの要求に押されて，8時間労働制をしき（トロツキー1931＝英訳1932＝山西訳1972：331），20歳以上の両性の普通・平等参政権を定める（稲子1981：180，斎藤2011：226）など，多くの民主的改革を実現していたのである。

(2) ロシア10月革命とクラーラとローザ

1） ロシア10月革命と女性

ロシア2月革命は，国際女性デーとのかかわりにおいてとりあげられることが多いが，ロシア10月革命については，女性とのかかわりはどうであろうか。斎藤（2011：32-265）は，ロシアの「令嬢たち」（アリアドゥナ・ティルコーワ，アレクサンドラ・コロンタイ，エレーナ・スタソーワ，イネッサ・アルマンド，マリーヤ・スピリドーノワ）が，10月革命にどうかかわったかを中心に叙述しており，これは，他のロシア革命史にはみられないものである。しかし，これらの女性たちが10月革命に関わっていることはわかるが，組織的かかわりが描かれているわけではないので詳細は省く。10月革命時のプロレタリア女性の動きは明らかではない。10月には再蜂起した首都の労働者と兵士によって臨時政府は打倒され，レーニンを指導者とするソビエト政権が樹立された。

この革命政府と，ドイツとの関わりを象徴するのは，ドイツとの「ブレスト・リトウスク講和条約」である。交戦国どちらの側にも領土の併合や賠償を許さず，民族自決権を承認する公正な講和で戦争を終わらせて平和をかちとるというのが，レーニンとボルシェヴィキの最重要の公約であった。ソビエト政権はただちに英米仏など連合国政府に休戦・講和交渉を提案したが無視され，中立国へのあっせん依頼にも回答がなかったので，ソビエト政府は単独でドイツと交渉するしかなかった。1917年12月に始まった現ベラルーシ領のブレスト・リトウスクでのドイツとの休戦交渉は，紆余曲折を経て結局1918年3月4日に「併合，賠償，不公正な講和」をドイツ側に強制されて同意した。

それでも，ローゼンベルクは「1917年11月にボルシェヴィキに勝利をもたらしたロシアの第二革命は，ドイツ労働者を第一革命のそれよりもいっそう強く捕えた。というのはいまやロシアは，ブルジョワ政府ではなくて，社会主義政府をもったのだから。ケレンスキー政府は戦争を継続した。これに反してボルシェヴィキは，平和について語るだけでなく，実際にも平和を実現した最初の政府であった。ドイツおよびオーストリアの労働者の無限の平和への希求は，ドイツの《軍国主義》と交渉しているボルシェヴィキにたいする情熱的な同情へと変わった。ホフマン将軍に反対してロシアに味方することはまさに自分たちの義務と感じるにいたった」(ローゼンベルク 1928 = 足利訳 1969：207-208) と書いている。

しかし，革命ロシアに過酷な犠牲を強いたこの条約は，1918年11月のドイツ革命で，ヴィルヘルムⅡ世の権力がたおれると，11月13日にソビエト政府が破棄した。

2）ロシア革命についてのローザ・ルクセンブルクとクラーラ・ツェトキーンの立場

ローザは，1917年4月13日付けのウロンケ監獄からクラーラへの手紙で「ロシアの事件は計り知れないほどの強大な広がりを持つ事件で，ロシアでこれまでに起こったことは，小さな序曲にすぎないと私は見ています。事態は壮大な展開を示さずにはおかないでしょう。それが必然的な成り行きです。そして全世界に反響を呼び起こすことは必至です」(Luxemburg, *Briefe* Ⅴ：205) と書き，2月革命を1905～7年のロシア革命の継続，発展と見，ドイツ・プロレタリアートのロシア革命に対する重大な責任を指摘している。

その後，1918年秋，ローザはブレスラウの獄中で，ボルシェヴィキの政策に対する総括的な批判を含む「ロシア革命論」を書きはじめた。パウル・フレーリヒは，「この草稿は，ドイツ革命が起こったために完成されなかった。パウル・レーヴィは，1922年にこの断片を出版した」(フレーリヒ 1948 = 伊藤成彦訳 1991：287) と書いているが，フレーリヒは，ローザの「ロシア革命論」を，あえて「草稿」，「断片」と表現している[15]。

15）フレーリヒは原注でローザのこの草稿は，「伝説につつまれている」と言っている。つまり，レーヴィはその序文でこの草稿は，ヨギヘスによって焼却されようとしたと述べているが，クラーラによって有力な論拠から反論されている。たしかにレオは，この草ローザは，当初から次の点でロシア革命を批判的に見ていた。

ごく要点だけをまとめると，第1は，土地の国有化を避けたこと（農地改革・農民政策），第2は，民族自決・講和問題（革命を守るための単独講和を優先），第3は，憲法制定議会（制憲議会）の解散と選挙法，つまり，普通選挙によって選出される代議制を原則的に否定し，ソビエト[16]だけに依拠しようとした選挙法，第4は，民主主義的保障の廃止，すなわち，出版の自由，結社・集会の権利がソビエト政府の反対者にたいしてすべて停止された点である（伊藤成彦 1985：204，212参照）。

ローザは，「普通選挙，無制限な出版・集会の自由，自由な論争がなければ，あらゆる公的な制度の中の生活は萎え凋み，偽りの生活となり，そこには官僚制だけが唯一の活動的な要素として残る。プロレタリアートの歴史的使命は，権力を握ったときに，ブルジョア民主主義の代りに社会民主主義を創始することであって，あらゆる民主主義を廃棄してしまうことではない。社会主義的民主主義こそは，プロレタリアートの独裁にほかならないのだ」，「危険は，かれらがやむを得ずやったことを価値あるものとし，この宿命的な条件のためにとらざるを得なかった戦術のすべてを今後理論的に固定化し，国際的プロレタリアートに社会主義的戦術の手本として見習うことを勧めようとするところにはじまる」といい，「問題はロシアでは解決され得なかった。

稿の公表に反対したが，それは，ローザの意見が本質的な点で変わっていたからであり，彼女自身，ロシア革命について新しい本を書く意向をもっていたからである，と。草稿の行方が当時わからず，レオはその草稿をもっていなかったし，1922年KPDを離れたレーヴィ発行のものは，不十分なコピーをもとにしたもので，草稿そのものは1919年の1月蜂起の期間，ある人に保管され，10年後に発見されて，フェリクス・ヴァイルがレーヴィ版に必要な修正と重要な補足を加えて，1928年に，*Archiv für die Geschichte des Sozialismus und der Arbeiterwebegung* に発表した（フレーリヒ 1948＝伊藤成彦訳 1991: 287-289参照）というのである。ローザのロシア革命論のすべては，日本語では，伊藤成彦他訳（1985）に収められており，ドイツ語では，*Institute für Geschichte der Arbeiterbewegung*（1990）が日本語の前書とほぼ同じ構成で収録している。また，前者（日本語訳）には，伊藤成彦の「ローザ・ルクセンブルクとロシア革命」という独立の論文がある（以下それらを参照して叙述する。また邦訳は伊藤成彦・丸山敬一訳を使用）。後者（ドイツ語版）には，ラチザ（Laschitza, Annelies）の序文と，パウル・レーヴィの「ロシア革命。批判的評価。ローザ・ルクセンブルグ7の遺稿から」への序文が付されている。

16）ロシア語のソビエトは，労働者・農民・兵士の評議会。ドイツ語ではレーテ（Räte）。委員会の意味。

それは国際的にしか解決されない」(伊藤成彦他訳　1985 第1部の1による)と書いていた。

このローザの1918年の見解は，1922年の公表以降，その是非をめぐって論争の的となっていたが，ソ連・東欧の崩壊後は，ロシア革命に対するローザの先見の明ある批判として一段と評価される傾向がある。渦中にあったクラーラは，当時はたしてどのような態度をとったのであろうか。

伊藤成彦(1985)は「ローザ・ルクセンブルクとロシア革命」を論じているが，そのなかでクラーラを含む言及がいくつかある。

レーヴィによる刊行の前からローザの友人であったアドルフ・ワルシャフスキ（ヴァルスキ）との連名で，クラーラ・ツェトキーンは，（パウル・レーヴィの背信に対して）「説明」という論稿（Zetkin 1921k）を『ローテ・ファーネ』（1921.12.22付け，Warski/Zetkin, „Erklärung“としてZetkin, *Ausgewählte*, II：381-382に採録）に掲載し，刊行後アドルフ・ヴァルスキは，「革命の戦術問題に対するローザ・ルクセンブルクの立場」を，クラーラ・ツェトキーンは小冊子『ロシア革命についてのローザ・ルクセンブルクの立場』(Zetkin 1922a)を書いた[17)]。

1915年のレーニンの路線に反対したとはいえ，クラーラ・ツェトキーンはロシア革命後は，ほとんど全面的にボルシェヴィキ支持者であった（Zetkin 1917k, 1917p, 1917q, 1918a, 1918b)。

伊藤成彦の説をまとめれば，次のようである。

ヴァルスキとツェトキーンは，ローザ・ルクセンブルクは獄中で十分な情報を得ていなかったためにロシア革命に対して誤った判断を下した。し

17）クラーラの小冊子は，ローザ・ルクセンブルクの業績を評価し，レーヴィが公表したものの中に見られるローザのロシア革命批判を改良主義的に利用することに反対し，このローザの見解は，ドイツ11月革命（Umsturz）以降は変わったのだと説明し，世界のプロレタリアートにとってロシア革命の意義は不変だと主張するものであった。さらに，ルカーチは「ローザ・ルクセンブルクの『ロシア革命批判』に対する批判的注解」(ルカーチ1923＝平井訳 1965：173-211）を，レーニンは，「ローザ・ルクセンブルクはその誤りにもかかわらず，やはり鷲であったし，今でも鷲である」(『レーニン全集』Vol.33：208)という有名な言葉を残した「政論家の覚え書」を書いた(伊藤成彦1985:202, 210参照)。

かし，その後ドイツ革命の中でその見解を改めてロシア革命に完全に同調したと主張して，ローザ・ルクセンブルクとレーニンの基本的一致を強調した。だが，ルカーチは，「ローザ・ルクセンブルク『ロシア革命批判』に関する批判的注解」(ルカーチ1923＝平井訳1965：174-211参照)のなかで「たとえローザ・ルクセンブルクがドイツ革命の中でその見解を変えたとしてもローザの思想のなかにはレーニンの思想と基本的に一致しない点がある」といっている。

まず，農民政策については，ロシア革命はあえて「農業政策の革命的合目的性」(ボルシェヴィキと対立したロシアの社会革命党エスエルの政策を採用して革命を成功させる) を政策としてとったのだというのがクラーラの考えであった。制憲議会の解散，社会主義的民主主義のあり方の問題について，ツェトキーンとヴァルスキが，ドイツ革命の中でローザが見解を変えたという根拠を，「ローザは，ボリシェヴィキによる制憲議会の解散を批判したが，その後，ドイツ革命の中で，ローザ自身も国民議会制度に反対して『全権力をレーテへ』と主張し，ソビエトへの権力の一元化を認める立場に立った」ことにおいているが，これには2つの点で重要な事実の誤認があったとしている。

クラーラ・ツェトキーンは，「制憲議会，プロレタリア独裁，『民主主義』という問題の論点に関して，ヨギヘスは，ボリシェヴィキの政策を――その強行策をも含めて――歴史的な必然としてとらえて，当時の具体的な状況のなかに位置づけていた。疑いもなく，ボリシェヴィキの戦術に対するレオ・ヨギヘスの評価こそが，ローザ・ルクセンブルクにも大きく影響を与えて，彼女に以前の意見を変えさせることになったのである」といっている。つまり，ローザがドイツ革命の中で『ローテ・ファーネ』に書いた論説「全権力をレーテ[18]へ！　国民議会反対！」を見解変更の最大の証しとし，「『ローテ・ファーネ』こそは，ローザ・ルクセンブルクの最後の決定的な政治的信条の表明であり，遺書である。それらとロシア革命の中心

18)「レーテ」は，注16でもふれたとおり，ドイツ革命の際の評議会ないし協議会。ロシア革命 (1905，1917) の過程で生まれた労働者・兵士の革命的自治機関ソビエトに対応するドイツ語訳 (Ratの複数形)。

的経験，中心的スローガンとの間にはいかなる矛盾もない」とクララは書いたが，第1は，ローザの原則的立場と戦術的な次元での対応の問題であり，クララの批判は妥当ではないという点，第2は，クララが，ローザがボリシェヴィキによる制憲議会の解散に反対したというが，ローザの批判は，解散措置に向けられたものではなく，社会主義による民主主義の新しい発展であった。

以上が，伊藤成彦のクララ批判の要点であった（伊藤成彦1985：202-218）。

クララ生誕150周年コロッキウムで，ヘニッケは，「クララ・ツェトキーン『ロシア革命についてのローザ・ルクセンブルクの立場』，理論的－方法論的論評」（Henicke 2008：86-104）という報告を行った。ローザの指摘は，その後の歴史的経過の中でこそ，ひき続き検討に値する。

しかし私は，当時のクララのボルシェビキ擁護は，革命論上の理論的問題ではないと考える。クララは，1922年レーヴィがローザのロシア革命批判を公表した段階で，ローザの考えを知ったものと思うが，1918年にローザが草稿として書いたものを，1922年においては，状況の目まぐるしい進展の中で，革命論そのものとして論じるゆとりを持たなかったと思う。もともとロシア革命にローザのような疑問をもたなかったクララのことでもあり，加えてクララとしては，1922年が問題なのであり，その時点で1918年のローザの論点を検討することは不可能であっただろうということである。クララは，すでに，この時，コミンテルンの執行委員であり，1920年以来のレーニンとの対話を経て，政治的に今何を優先すべきかをレーニンに教えられ，それに同意してもいたからである。ドイツ共産党内にあっては，いまさらレーヴィ支持にまわることなどはできなかったのだ。

4　ドイツ革命―ローザの死とクララの決意―

(1) ドイツ11月革命のなかでのローザとクララ

ドイツ11月革命とは，1918年11月3日のキール軍港の水兵の反乱に端を発した大衆的蜂起と，11月9日カイザーの退位，帝政の打倒と議会制民主主義を旨とするヴァイマル共和国の誕生に終わる一連のドイツブルジョア民主主義革命を指す。

村瀬（1962：210）は，「ドイツ革命は3つの方向，即ち1.『外から』の連合国におけるドイツ民主化の要求，2.『上から』の自由主義諸派の国内改革及び妥協平和の要求。3.『下から』のスパルタクス団及び独立社会民主党左派による革命運動によって行なわれた。そして直接の動機は軍事的崩壊であった」と書いている[19)]。

経過をかいつまんで記すと，1918年頃ベルリンでは，労働組合に組織されていた労働者は，社会民主党の分裂によって影響を受けていたが，労働組合の幹部は社会民主党員が握り，下部労働組合活動家および経営内の活動家は独立社会民主党に共感を寄せていた。大企業においてはスパルタクスの影響は弱かった。大企業の社会民主党反対派代表たちは，旋盤工支部長リヒアルト・ミュラーの指導するサークルに集まっており，これが，前にも三宅の引用でふれた「革命的オプロイテ」（revolutionäre Obleute）[20)]となる。

1918年は，ドイツではベルリンの大ストライキに始まった。1月28日はベルリンの40万の労働者がストライキを行った。ストライキを行っている者の代議員大会が自らを労働者協議会（あるいは評議会）と称していた。しかし，社会主義的要求は全く掲げられておらず，共和国という政治形態もまだ現実政治の闘争目標ではなかった。「革命的オプロイテ」さえも，ストライキを政治的決戦にもっていく見通しを考えていなかった。大企業の労働者のストライキはベルリンからハムブルク，ダンツィヒ，キール他，ほとんどすべての都市に広がった。大ベルリン市労働者協議会が，ストライキ指導機関とし

19）私はドイツ革命について，村瀬の他，ローゼンベルク（1928＝足利訳 1969），ローゼンベルク（1934=吉田訳1964），フレヒトハイム（1948＝足利訳 1971），篠原（1956），上杉（上，1969），野村編（1972），有澤（上，1994），アンダースン（1945＝大木訳 1974），モムゼン（1989＝関口訳2001）を参照して書く。

20）革命的オプロイテは，すでに本書の引用文献中で，でてきているが，ここで注記する。オプロイテ（Obleute）は，英語のobmannにあたり，代表と言うほどの意味である。日本ではどの文献もオプロイテのままを使用している。

写真11-6　ドイツ11月革命（1918）

て，行動委員会を選挙したとき，スパルタクスのメンバーは，11人の委員のなかに1人しか入っていなかった（上杉 1969 上：58参照）。1918年1月のストライキはやがて鎮圧された。

前年1917年12月から開始されていたブレスト・リトウスク露独単独講和条約が1918年3月3日，調印された。同年春から夏にかけて西部戦線は敗北し，7月に，ドイツの戦況は悪化し，敗戦に至る。

ドイツ革命の詳細な流れを書くことは本節の目的ではない。ローザとクラーラの関係に絞って以下叙述したい。

1918年11月8日に，ベルリンでは，「革命的オプロイテ」と「スパルタクスグルッペ」が，翌9日の行動を呼びかけていた。ドイツ革命は，この1918年11月8日，ローザをブレスラウの監獄から解放した。首相マクス・フォン・バーデンは，11月9日，皇帝ヴィルヘルムⅡ世の退位，皇太子の帝位継承権放棄を発し，憲法制定国民議会の選挙を予告し，後継首相にドイツ社会民主党議長エーベルトを指名した。

上杉によれば「この日，リープクネヒトはベルリンの王宮に赤旗を掲げ，『ドイツ社会主義共和国』の成立を宣言した。これに驚いたシャイデマンは，エーベルトの反対にもかかわらず，午後1時ごろ帝国議会の窓から行進する民衆に呼びかけ，（中略）『自由ドイツ共和国』を樹立すると宣言した」（上杉1969：92）。詳論は避けるが，11月10日にベルリンにおいて労兵協議会の選挙が行われ，紆余曲折を経て新政府（エーベルト＝シャイデマン＝ハーゼ政府）が発足した。

ヘルマン・ドゥンカーによれば（ツェトキン他1971＝栗原訳1975:37-38），ローザは，11月10日（9日遅く，とも言われている）に，ベルリンに着いて，すぐ，スパルタクスブントがドイツ革命のなかで『ローテ・ファーネ』発行のために押収した『ベルリーナー・ロカール・アンツァイガー』[21]編集部（シェルル出版社）に直行した。11月10日に，ドイツ社会民主党と独立社会民主党の連立政府が樹立し，『ローテ・ファーネ』は，ここで2号まで発行されたが，エーベルトとの力関係でこの場所を放棄して，別の印刷所を見つけ，ローザとカールの編集で11月18日に改めて発行された。『ローテ・ファーネ』はローザの死に至るまでの2ヶ月間，ローザの最後の言論活動の砦となった。

パウル・フレーリヒはいう。

この当時，ローザ・ルクセンブルクがとった政策と行動についてもっとも信頼できる記述を残しているのは，クララ・ツェトキンである。ツェトキンはその著『ロシア革命にたいするローザ・ルクセンブルクの態度について』で，レオ・ヨギヘスからの手紙にもとづいてつぎのようにのべている。「人々は元気いっぱいで希望にみちていたが，しかし，ローザ・ルクセンブルクはこの事件をベルリンだけの立場からみず，運動全体との関連において，とくに全ドイツの広範な人民の政治意識の発展との関連においてとらえていた。したがってエーベルト政府の打倒という要求は，さし当たっては革命的プロレタリアートを結集させるための宣伝スローガンであって，直接，革命闘争をめざしたものではなかった。現状のもとで，ベルリンだけで闘争することは，もっともよくいっても，ベルリン„コミュー

21）『ロカール・アンツァイガー』紙は，かねて重工業資本の代弁者であった（上杉1969：92）

ン"にいたるだけであり，しかもおそらくそれは，パリ・コミューンに比べてずっと小型のものになるであろう。したがって目下の戦闘目的は反革命の攻撃にたいして力の限り防衛することである。つまり，アイヒホルンを復職させ，ベルリンの革命的プロレタリアートを残酷に弾圧するためによびこまれた軍隊を撤退させ，労働者を武装させ，軍事・行政権を革命的プロレタリアートの代表機関に委譲させることである。この要求の貫徹は行動によるべきであって，交渉によるべきではない」(フレーリヒ 1948＝伊藤成彦訳 1991：347。クララの原文は，Zetkin, *Ausgewählte* Ⅱ：445)

このように当時のローザはベルリンの11月革命を見ていたと，クララは後に書いていたのである。

しかし，この間，クララは，病気でシュツットガルトを離れられず，ローザと行動をともにしてはいなかった。ベルリンとシュツットガルトは遠く離れていた。従ってこのような革命的情勢の時，両都市においては雰囲気が決定的に違うのではないかと私は思っていた。当時のシュツットガルトの雰囲気を伝える資料があるので，転載しておく[22]。

シュトゥットガルト，11月7日　　　ベルト・ブレネケ

1918年10月上旬，長く病床にあったぼくはふたたび「兵役可能」と診断され，シュトゥットガルトの歩兵第125補充大隊に配属された。〔……〕毎日の献立は，だんだん配給量の減ってゆくべとべとしたパンに，乾燥野菜，干し鱈，腐りかけたジャガイモ，キャベツなどだった。意気があがるわけがなかった。

ぼくらの中隊は，老若ごたまぜの「前線豚」(ママ) ――とぼくらは自称していた――に加えて，当時いたるところで焔をあげていたストライキ運動に加わって「敗北主義分子」と疑われ，短期間の徴集をこうむった熟練労働者，つまり「かけがえがない」といわれたひとびとから成ってい

22) 以下の翻訳文の編訳者野村修は，「冒頭と結尾部以外に省略部分があるときは，多少にかかわらず〔……〕で表示されている。また〔　〕にはさまれた字句ないし文章は，訳者による付加・付注を示している」と注記している(野村1972：iii)。

た。なかにはSPD系のひとが多かったが，USPDの党員ないしシンパもいた。憤激が激しい口論に吐け口を見いだすこともあったが，「戦争をやめろ，万人に仕事とパンを！」という一点では全員が一致していた。便所の壁には，前線経験者にはピンとくる名言が書かれていた。「同じ給与と同じメシ，そうすりゃ戦争なんざ屁の河童。」先の見えない状況に太刀うちできていたのは，政治的訓練をつんだ労働者である，中年のわずかな戦友たちだけだった。意見の対立が極端になると，このひとびとはいうのだった――「われわれは結束していなければならない。われわれが権力を握るときが来るのだ……ロシアを思え！」〔……〕

11月7日の朝，シュトゥットガルト駐屯部隊に出動準備の命令が出た。ぼくらが重装備をととのえて宿舎のまえに集合したとき，兵営の門には固く錠がおろされていた。塀には土嚢が積まれ，その蔭に重機関銃が配置されていた。衛戍司令官の中佐をふくめた一群の上級将校が，広い営庭のまんなかで首を集めていた。司令官はおちつきなく手を振り動かし，幾度も，武装したぼくら兵士たちのほうを指差した。ぼくらは1200人もいたろうか。〔……〕

昼ごろになって，街路に活気が出てきた。歌声がぼくらの耳にひびいた。軍歌ではなかった。ぼくはふと耳をすました――この歌は聞いたことがあるぞ！　このまえに聞いたのはいつだっけ？　そうだ，戦争が勃発する直前の，メーデーのデモのときだ……　赤旗をかかげた労働者たちが，ぼくの故郷の町を歩いていた。かれらがこの歌をうたっていたのだ。「インターナショナル」を。

ぼくらの隊列はざわめいた。兵営の塀の上に，赤旗の先端が見えた。そして歌声が高まった，「いざ，たたかわん……」

蟻の群のようにおちつかない将校のところから，営庭の砂利を蹴立てて伝令が走った。下級指揮者の号令ははっきりしない。中隊長がすっとんでくる。「兵器係下士官！」とかれはどなる，「実弾を配るんだ！　各人30発！」

「弾丸が配られた。気つけ薬というわけか，加えて火酒が一杯ずつ。〔……〕

午後三時。労働者のデモはなお続いている。数万人もいるに違いない。ときどきシュプレヒ・コールがきこえてくる。「全権力を人民に！」――「戦

争をぶっつぶせ，ドイツ共和国ばんざい！」〔……〕

とつぜん兵営の塀の上に，水兵が2人現われた。2人は細長い赤い布を拡げた。それには大きな文字で，「戦友よ，きみらの兄弟を撃つな！　世界革命ばんざい！　ドイツ共和国ばんざい！」と書かれていた。ぼくらはみな，いきをのんだ。ぼくらの視線は水兵たちから将校の群へ，将校の群から機関銃座へ，忙しく往来した。熱っぽい期待の数秒間。2人の水兵は塀の上に仁王立ちだった，武器をもたずに。そのときだった，千ののどから一つの叫びがほとばしり，大きな兵営の隅々に怒濤のようにこだました，「平和！」――「白由！」――「パン！」

そしてぼくらは駈けだした，さえぎるすべてのものを蹴散らして。鉄の門扉がひらいた。――わっと流れこむ労働者たちと，ぼくらは鉢合わせする。小銃が，赤旗が振られる。無類の友愛のなかに，歓喜の陶酔のなかに，すべてが没してしまう。

大声をあげ派手な身ぶりをする群衆のなかで，ぼくは揉みくしゃになる。笑い，叫び，髭の労働者たちに抱擁される。ぼくらは一緒に，くりかえしインターのリフレインをうたう，「ああインターナショナル，われらがもの。」〔……〕

中隊長は姿を消していた。ほかの将校同様にずらかったのだ。それともかれは，シュトウットガルト衛戍司令部の占拠にたいして武装抵抗を試みた連中に，加わったのかもしれない。一群の将校と狂信的な学生とが，そこにバリケードを築いていた。その建物を，ぼくらは手榴弾で攻撃した。このときの接戦で，下士官ヴァイスハルトをふくむ兵士評議会の委員数名も，戦死した。

夕刻にはすでに，シュトゥットガルトは労働者・兵士評議会の手中にあった。ぼくらが衛兵を立て，労働者評議会と連絡をとり，革命的秩序を整えようと努力しているあいだに，広大な兵舎内の倉庫が泥棒どもに荒らされた。連中は衣類や布地の梱包をワイヤーで天窓からおろし，待たせてあったとトラックに積んだ。この大がかりな窃盗の首謀者は主計将校たちだった。連中の何人かをぼくらは営倉にぶちこんだ。

夜，皇帝派の部隊がベルリンから進軍してくる，という噂がひろがった。急いで数隊の突撃部隊が編成され，革命派の砲兵隊がジンデルフィンゲンからぼくらに合流した。皇帝派の部隊が来るなら，来い！しかしかれらは来なかった。二日後のシュトゥットガルトのスパルタクスブントの機関紙『ローテ・ファーネ』は，ベルリンで共和国が宣言されたことを伝えた。……

Bert Brennecke, Die Verbrüderung, in<*Neue Deutsche Literatur*>6.Jg., Heft 10, Oktober 1958：104-107.（野村編　1972：46-49）。

シュツットガルトの中心からも離れたジレンブーフの森の家にいたクラーラにも，このような雰囲気は届いていたであろう。

フレヒトハイムによれば，現に，1918年11月9日，2時ごろシャイデマンは共和国を布告した。4時ころカール・リープクネヒトもドイツ自由社会主義共和国を宣言した（フレヒトハイム1948＝足利訳1971：65）とあるが，前述上杉の叙述と順序が逆である。どちらが先かは文献により異る。

(2) ローザの手紙，1919年1月15日のローザの死，クラーラの追悼

1） 1918年11～12月のローザのクラーラへの手紙，ドイツ共産党の創立

この2ヶ月間のローザとクラーラの関係を示す資料は，ベルリンのローザからシュツットガルトのクラーラへの12通の通信（1918年11月18日付け2通，21日付け，24日付け，29日付け，30日付け，12月21日付け，25日付け，26日付け，日付なし，1919年1月4日付け，1月11日付け）によってみることができる（Luxemburg, *Briefe* V：416-427）。

この時期，ベルリンはどのような状況にあったかと照らし合わせてローザの手紙を見たい。有澤は「11月も半ばを過ぎると，闘争は社会主義者対社会主義者の闘争となって激化した。」（有澤　1994　上：91）と書いている。

1918年11月14日付け（電報と思われる）では，ローザはクラーラと何とか連絡を取り合おうとしている。クラーラは病気でベルリンへの旅は無理なので，電報か，速達郵便で連絡を取ろうという簡単なものであった。

11月18日に，ローザはクラーラに『ローテ・ファーネ』に署名つきの論文を，テーマは任意で急いでホテル・モルトケに送って欲しいと書いている。自分

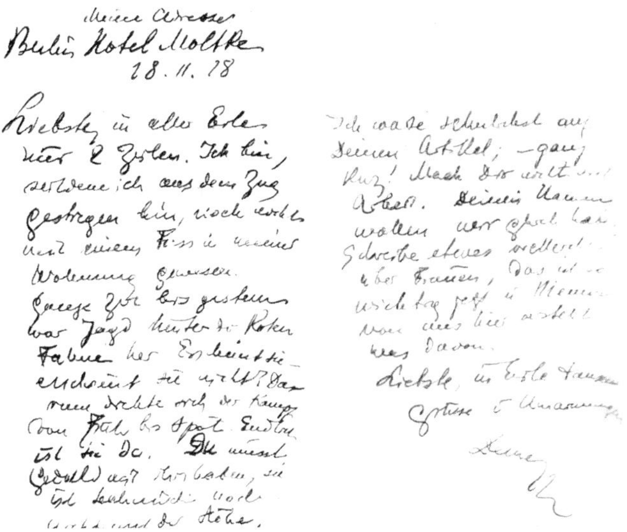
Meine Adresse
Berlin, Hotel Moltke
18. 11. 18

Liebste, in aller Eile nur 2 Zeilen. Ich bin, seitdem ich aus dem Zug gestiegen bin, noch nicht einen Fuss in meiner Wohnung gewesen.

写真11-7　1918年11月18日付けローザのクラーラ宛て手紙

はベルリンへ（ブレスラウから）の汽車を降りてから自宅にも帰っていないこと，『ローテ・ファーネ』にクラーラの名前がほしいこと。女性に関する内容で書いてもらいたいと催促している。クラーラはそれに応えた。

ローザは，11月21日付けでクラーラの論文落手の電報をうっており，クラーラがローザの求めに応じて書いた原稿は「革命と女性」と題して『ローテ・ファーネ』1918年11月22日号に掲載された（Zetkin 1918q）。

クラーラは「革命と女性」で，1918年11月というドイツの情勢の中で，いかなる政治的妥協もみとめることなく，反革命とたたかって社会主義権力の樹立をめざすたたかいに徹せよと女性に呼びかけた。この段階で彼女が懸念するのは，反革命にたいする右派の妥協であった。彼女は同論稿の中で「所有階級はやっと奪い取った政治権力を，勤労人民からふたたび奪いかえそうとして結集し，武装し始めている。彼らの代理人は，新聞や公行政のなかに，また革命によって廃止され延期された議会のなかに計画をもちこんでいる」，「資本主義制度を永遠化することと同じ結果になる憲法制定国民議会の演壇からは女性の為の完全な民主主義は生まれない」と女性に警告を与え，「突進する反動的暴力の前にはなんの逡巡もいらない！　まやかしの友とはなんの妥協も必要ではない！」として革命の徹底した遂行の力となることを再度女性大衆に訴えた。

かって，クラーラが女性問題にかまけていると不満をもらしたローザが，この1918年11月革命の段階で，女性を革命に引き入れることの重要性に遅ればせながら目覚めたというのは皮肉な見方であろうか。しかし，時はすでに遅かった。

11月24日付けのローザのクラーラへの手紙は，落ち着いた手紙である。自分の仮住所は，秘書のマチルデ・ヤーコブ宛てにしてほしいこと。そして「私はまだ家に帰っていない」と書いている。「女性への宣伝の重要性と緊急性はあなたと同じように私も十分理解される」として，『ライプツィヒ人民新聞』の付録のようにベルリンでも何らかの形での女性向け宣伝誌を必要としていることを熱心に書き送り，2人が会う可能性を問い，最後に「ツンデルに宜しく」と結んでいる。「ジレンブーフのドラマ」(本書第4章の4の (2) 参照) とローザが呼んだ事件からすでに3年がたっていたが，ローザは，そう書いている。この間に，クラーラの11月17日付けの手紙を受けとってツンデルの情報を得ていたからかもしれない。(※補章参照)

翌11月25日に，スパルタクスブントは，『ローテ・ファーネ』誌上に革命闘争の強化を呼びかけた「万国のプロレタリアートへ」という訴えを載せたが，その署名のなかにリープクネヒト，ルクセンブルク，メーリングと並んでツェトキーンの名があった。

11月29日のローザの手紙は長いものである。内容は『ローテ・ファーネ』の編集に関することであふれているが，そのなかで『ローテ・ファーネ』に『女性新聞』として本紙の半分大の用紙で週1回の付録をつけることを決めたので，クラーラにそれを担当してほしいと書いている。11月30日付けでは，ローザはクラーラに，「すぐ，革命の中での女性の課題について，短く，平易な，宣伝的な一般的な女性むけパンフレットを送ってください」と依頼している。

しかし，それは実現しなかった。クラーラは『ライプツィヒ人民新聞』の『女性付録』で「独立社会民主党の女性運動」を1918年12月2日まで書いていたが,『ローテ・ファーネ』は，そこまで至らなかった。12月に入ってベルリンでは流血の衝突事件がたびたび起こった。12月24日には水兵反乱事件が起きた。12月16日～21日，ベルリンで第1回の労働者・兵士レーテ全国大会が開かれている。この大会は，レーテ体制か国民議会選挙かを争点としたが，国民議会賛成派が勝利し，翌1919年1月19日を投票日と決めた。

12月は，20日，25日と26日の3通のクラーラへの通信が残されている。20日はまた急ぎの短い原稿依頼である。クリスマスの25日，「私は今日，ブレスラウ以来はじめて私の文机に向って，あなたにクリスマスの挨拶を書いています。」という書き出しで，どんなめまぐるしい一日を送っているか，リープクネヒトと，どんなに危険な毎日を生きているかを書いて，クラーラのところに行きたいと思っても時間がないことを説明している。ベルリンの政治的混雑が目に見えるような手紙である。

12月26日は，クラーラから23日付けの手紙を受け取ったが，私があなたのところに行くなんて考えられない。私は1日も『ローテ・ファーネ』から離れられない。あなたがこちらに来るかどうか，それはいつかを出来るだけ早く知らせてほしいという文面となっている[23)]。

12月29日に，ドイツ社会民主党が軍部と密着していることを理由にして，独立社会民主党は政府人民委員評議会から離脱した。

スパルタクスブントは12月31日～1919年1月1日に，ベルリンで全国大会を開き，ドイツ共産党（スパルタクスブント）を創立した。大会はローザ・ルクセンブルクの起草した綱領を採択したが，ローザの綱領は，いわゆる空想主義を，そして冒険主義をも明白に拒否していた（ローゼンベルク1934＝吉田訳1964：63，有澤 上1994：110)。彼女はその説明の中で，「革命の第一段階は12月24日で終わったが，今や，より強められ，より高められた。主として経済的な闘争の段階がくるだろう。次に起こるべきことは，エーベル

23）ベルリンとシュツットガルトの間は，今日（2011年時点）でも汽車（ICE）で約5時間かかり，直通であってもそう楽な旅ではない。この距離をこの革命のさなかにローザがシュツットガルトに来ることは考えられず，また病中のクラーラがベルリンに赴くことも考えられない。ベルリンとシュツットガルトは簡単に往復出来る場所ではない。それにしても，クラーラがシュツットガルトを動かなかった理由は，病気だけだったのか多少の疑問は残る。（※補章参照）

ト＝シャイデマン政府が倒壊するというのではない。人々は眼を先端に，上に向けるべきではない，下に向けよ。エーベルト＝シャイデマン政府はプロレタリアートの社会的，革命的大衆闘争によって，その基盤が掘りくずされねばならぬ。」といっている（同上）。

この情勢の中で，クララが，ドイツ共産党の創立に参加したのかどうかに関していえば，クララはシュツットガルトにいるのであるから場所的に創立大会の会場には参加していない。スパルタクスブントの一員ではあったが，なお独立社会民主党員でもあった。

この大会で，ドイツ共産党の中央委員会には，ヘルマン・ドゥンカー，ケーテ・ドゥンカー，フーゴ・エーバーライン，パウル・フレーリヒ，パウル・ランゲ，レオ・ヨギヘス，パウル・レーヴィ，カール・リープクネヒト，ローザ・ルクセンブルク，エルンスト・マイヤー，ヴィルヘルム・ピークおよびアウグスト・タールハイマーが選出された。

上杉によれば，のちに，ツェトキーンは，「自分は共産党の創立大会にはびっくりした。というのは，ルクセムブルク同志は自分にやっとその直前になってつぎのように知らせてきたのだ。すなわち彼女やそれ以上に強くレオ・ヨギヘス同志が，われわれは独立社会民主党の大会において始めてこの党から離れて，共産党を結成すべきだ，という考えを固執していたと伝えてきたからである。……ロザ（ママ）は殺される少し前に私に手紙をくれた。それによると，私がベルリンにやって来るのも，共産党入党を公式に声明することも，せいてすることはなかろう，レオ・ヨギヘスと相談した後，もし私が独立社会民主党大会に至るまでこの党に属しているならば，その方が有効であろう，とロザは考えている，それはなぜか，次に詳しく書くであろう，こう彼女は書いてきた」（上杉　1978：19-20による）といっているとのことである。

このことを，ローザやレオが直前に，どういう手段で知らせてきたのかは不明である。

ヴァイマール共和国の，1月19日の憲法制定国民議会の選挙に対するドイツ共産党の態度については，ローザとリープクネヒトは参加すべきという態度であったが，投票の結果選挙への参加は否決された。反対派のリーダーの

Nr. 45 – Jahrgang 1918　　Dienstag, 31. Dezember 1918　　Preis 10 Pfg.

Die Rote Fahne

Zentralorgan der Kommunistischen Partei Deutschlands (Spartakusbund)

Schriftleitung: Karl Liebknecht und Rosa Luxemburg

Konstituierung der Kommunistischen Partei.

Die Ebert-Regierung für Krieg gegen Polen.

Der Berliner Soldatenrat.

写真11-8　ドイツ共産党の創設を伝える『ローテ・ファーネ』(1918.12.31)

一人はリューレ[24]であった。

2）1919年1月闘争：ローザとクラーラ

1919年にはいって，ローザはクラーラに，1月4日に，「リストから消しておいてください。後文。」という電報を打っている。手紙全集編者の注記に寄れば，リストとは，ヴュルテンブルク憲法制定州議会への独立社会民主党の代議員のリストと思われる。しかし，それに続く手紙は載っていない。クラーラの側からの返信は失われている[25]。

1月4日，プロイセン州政府による独立社会民主党左派のベルリン警視総監アイヒホルン罷免にはじまるいわゆるベルリンの「1月闘争」を要約的に書くことは私の力にあまる。しかし，クラーラとローザの関係を書くにはここを看過するわけにはいかない。パウル・フレーリヒ（1939＝伊藤成彦訳1991：339-362）によって，かいつまんで経過をみると，独立社会民主党指導部と革命的オプロイテは，1月5日にベルリンの労働者にデモを呼びかけることを決定し，ドイツ共産党も同調した。デモが警視庁に到着して，アイヒホルンの留任をもとめ，革命の立場を守るように要求した。アイヒホルンの

24）前述のように，リューレは，リープクネヒトと戦争公債に反対した人物である。

25）この間，クラーラからローザへの手紙はSAPMOには残されていない。ローザに関するものは，秘書のマチルデ・ヤーコブ宛てのものが残されている（SAPMO-BArch：NY4005/79）。（※補章参照）

解任反対とエーベルト－シャイデマン政府打倒をめざして革命委員会が結成された。革命委員会は1月6日にデモを呼びかけ陸軍省の占領を試みた。この蜂起にリープクネヒトは賛成したがローザは反対した。ローザは，政治権力を目指す闘争を展開するには，情勢が熟していないと判断していた。

クラーラ・ツェトキーンは，次のように書いている。

> ローザ・ルクセンブルクに導かれた若い共産党は，この状況でさまざまな矛盾をふくんだきわめて困難な問題に直面せねばならなかった。共産党は政府の打倒という大衆行動に同調することはできず，それを拒否せねばならなかったが，しかし，同時に闘争に参加している大衆から離れることもできなかった。つまり意見の相違にもかかわらず，大衆のもとにあり，大衆の中にとどまって反革命との闘争を強化し，大衆の闘争が直面している状況を明らかにして，行動の中で大衆の革命意識の発展を促さねばならなかったのである。そして，このために共産党は，闘争に参加したプロレタリアートとの革命的連帯をそこなうことなしに，自らの旗色を鮮明にし，情勢にたいする評価をはっきりとうちださねばならなかった。それゆえ共産党の闘争への参加は，一面では消極的・批判的であると同時に，他面では積極的，煽動的であるという二面性をそなえていたのである（Zetkin 1922a, Zetkin, *Ausgewählte* II：445-446：フレーリヒ 1939＝伊藤成彦訳 1991：347-348による）。

1月8～9日の朝にかけて『ローテ・ファーネ』編集局のあった建物が機関銃の掃射をうけ，『ローテ・ファーネ』編集局はこの建物から撤去された。ローザがこの建物から出た。1月10日の夕方，ベルリン市司令官は独立社会民主党と共産党の指導者にたいする一斉検挙を行った。

このような時，ローザは，1919年1月11日付けでクラーラに手紙を書いている。

> 今日あなたの詳しい手紙を受け取り，やっと落ち着いて読むときをえました。それに返事を書いているなんて信じられません。数週間来，私と私

たちすべてが，どんな生活をしていることか。雑踏，ひっきりなしの転居，絶え間ない警報の知らせ，その間の緊張した仕事，会議，等々。私は，逐一あなたに書くことはできません！　私の住まいを，私は，ただ夜の2～3時間，時々見るだけなのです。でも今日，多分首尾よく手紙を受け取れたのです。私はどこで始めるべきかさえもはっきりわからず，あなたにいうべきことがそんなにありません。

つまり，とくに，選挙を無視[26]するという問題に関連することですね。あなたは，この決議の効果を，すばらしいことだと過大評価しています。『リューレ主義者』はいません。リューレは，会議の『指導者』などではありませんでした。わたしたちの「敗北」は，子どもじみた，不釣合いな，レベルの低い急進主義でした。しかし，それは，まさしく会議の初めだけでした。会議の一層の経過の中で，私たち（中央）と代表委員たちのつながりは打ち立てられました。そして，私が，私の報告で選挙無視の問題に関して，短く再度取り上げている間に，すでにはじめにあったのとは全く異なる共鳴を感じたのです。『スパルタクス主義者』は，大部分，新しい世代であり，『古い信用のおける』党のねぼけた伝統から自由であることを忘れないでください。そしてそのことは，光と影の側面から捉えられなければならないのです。――〔中略〕――レオ・ヨギヘスは逮捕されました。今日はこれで終わりにしなければなりません（Luxemburg, *Briefe* V：427）。

1月11日の情勢の中でローザがこのような手紙を書いているとは信じがたいことである。10日に書いたとしてもありえないとさえ思われるのだが，事実この手紙が存在するのである。これは，ローザのクラーラあての覚悟の遺書のようにも見える。なぜなら，ローザは，この混乱の危険極まりないベルリンから逃れず，危険を覚悟で居続け，いや，それほどの危険も感じないように，最後まで『ディ　ローテ・ファーネ』の編集と発行に従事したのだから。

26）1月19日の国民議会選挙のことであろう。この問題をめぐって，革命の中心から離れているクラーラの見解が，ずれているのではないかと懸念している。しかし，いつものローザのようなきびしさは失われている。

3） ローザとリープクネヒトの死

こうして，1919年1月15日がきて，ローザとカールは，マンハイム街53番地の最後の隠れ家で，逮捕された。2人はエデン・ホテルに連行されたが，まずリープクネヒトが頭部を銃尾で2度殴打され，ホテルを出る際にさらに殴り倒されて車に乗せられ，ティーア・ガルテンの池の傍らで車から引き出されて殺害された。死体は身許不明者として死体置き場に引き渡された。まもまくローザもフォーゲル中尉によってホテルの外に連行され，ホテルの門前で，兵士ルンゲが銃尾を2度ふるってローザの頭蓋骨を打ち砕き，半死状態のローザを車にのせて，頭部を殴り，フォーゲル中尉がローザの脳髄を射抜いて殺した。死体はそのままティーア・ガルテンまで運ばれ，リヒテンシュタイン橋からランドヴェール運河の中に投げ込まれた。ローザの死体が発見されたのは，1919年5月であった。

ところで，画家のケーテ・コルヴィッツは，1919年1月16日の日記に「リープクネヒトとルクセンブルクに対する，卑劣な，けしからぬ殺戮」(Kollwitz 1989：400）と1行だけ書いた。

そして1月19日の国民議会選挙当日の日記に「初めての投票。(中略)。私はこの日を本当に待っていた。いよいよその日がやってきてみると，あらためて，はっきりしない中途半端な気持ちだ。わたしは，多数派社会民主主義者のために投票したのであって，リストの一番上にあるシャイデマン個人のためではない。多数派社会民主主義を支持するからだ。自分の気持ちに従えば，わたしはもっと左にいるのだけれど，党派に左右されずに投票は出来ない」(同上）と書いている。

こうしたなかで，ケーテ・コルヴィッツは請われて，1月25日のリープクネヒトの埋葬前早朝，死体公示所の遺体安置室に行って死んだリープクネヒトのデッサンを幾枚もして，デスマスクや「棺台上のカール・リープクネヒト」を描いた。彼女は政治的にリープクネヒトと同じ立場ではないが，この依頼を即座に引き受けたという（志真　2006：135)。ケーテはまたその2ヵ月後の3月16日の日記によれば，同じ場所でレオ・ヨギヘスの死体をスケッチすることとなる。

写真11-9　カール・リープクネヒト（左），ローザ・ルクセンブルク（中），レオ・ヨギヘス（右）

1919年3月16日のケーテ・コルヴィッツの日記には「朝早くもう一度死体公示所に行き，射殺された一人の男をスケッチした。ロシア人だった——シャプスキとか，それに似たような名前で，ここではいつもレオとかれのことをよんでいた。」(Kollwitz 1989：413) とある。

ケーテ・コルヴィッツは，死んだカール・リープクネヒトばかりでなく，レオ・ヨギヘスのスケッチもしていたのである。ヨギヘスの名はケーテには知られてなかったか，あえて伏せているかのどちらかである。その作品は私は未見である。

ローザの葬儀は6月に入って行われた。遺体の写真はのこされている（ネットル1966＝諌山他訳 下 1975：231の前 および Hetmann 1976：277）が，私はその写真をここに載せることはあえてしない。

生れたばかりのドイツ共産党が，ローザ・ルクセンブルクとカール・リープクネヒト，そしてほどなく逮捕されて殺されたレオ・ヨギヘスと中心人物を失ったことは大きな痛手であった。そのあとを引き継いだのはまだ若き弁護士パウル・レーヴィであった。

(3) 1919年ドイツ革命で斃れたものへのクラーラの追悼

まず，ローザとリープクネヒトが1919年1月15日に逮捕されたことをク

写真11-10　ケーテ・コルヴィッツ自画像（1920）

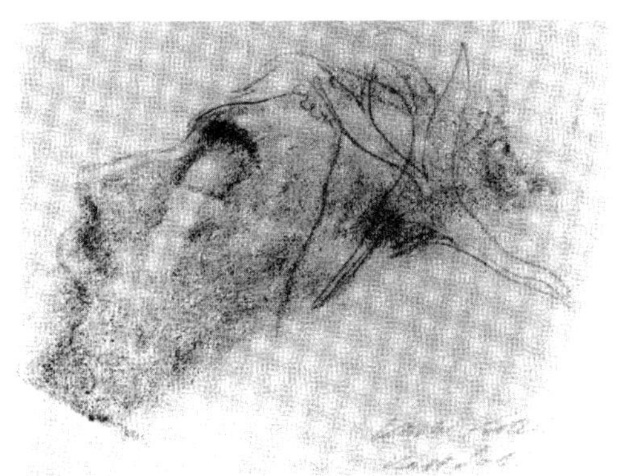

写真11-11　ケーテ・コルヴィッツによる「死の床のリープクネヒト」（上）と「リープクネヒト追悼」（木版画）（下）

ラーラは16日に知った。彼女はハーゼやツィーツにこの2人の保護を求める電報をうった。そして病気をおし，交通難を覚悟してシュツットガルトからベルリンに行こうとした。しかし17日の朝刊で2人が虐殺されたことを知った（Zetkin 1919a）。クラーラは，ローザの秘書マチルデに「血の涙を流して泣きたい，全世界を憾わすような声で叫びたい，あの怖ろしいことが考えられなくなるように，壁に頭をぶつけて打ち砕いてしまいたい……」と書いたという（ベラート編1973＝渡辺訳1977：247）。[27)]

クラーラは，ロシア革命やドイツ革命，それにローザと1919年の革命で斃れたものについていくつかの論稿を残している[28)]。

『ライプツィヒ人民新聞』1919年2月3日付けでクラーラは，「ローザ・ルクセンブクとカール・リープクネヒト」と題する追悼文を書いている（Zetkin 1919b）が，冒頭はハイネの詩で始められている[29)]。その中でローザについて，「『ローテ・ファーネ』は，ローザ・ルクセンブルクその人であった」，「ローザ・ルクセンブルクはまれにみる意志の人であった。きびしい自制心が，彼女の本質の燃え上がる炎を内面にかくし，外目には，沈着冷静のおおいの陰に押し込めた。自分自身を制することによって，彼女は他の人たちを教育し

27）この出所はZetkin 1919aであろう。原文を忠実に訳せば「私は泣きたい。全世界を震わせくつがえすようなのろいの言葉をはきたい。この戦慄すべきおそろしいことをただ考えたくない。彼らは死んだ。謀殺された。身の毛もよだつような状況で謀殺された。……」（Zetkin, *Ausgewählte* Ⅱ：71-72）となるが——。

28）Karl Liebknecht und Rosa Luxemburg müssen für die Massen lebendig bleiben（Aus dem Brief an Mathilde Jacob, die Sekretärin Rosa Luxemburgs, 18, Januar 1919），／Rosa Luxemburg und Karl Liebknecht（in: L V-Z., vom 3. Februar, 1919），IML/ZK/SED, Hrsg von Ilse Schiel und Erma Milz（1971）*Karl und Lasa, Erinnerungen*, Dietz Verlag, Berlin.（栗原佑訳　1975『カールとローザ——ドイツ革命の断章』大月書店に収録）／*Revolutionäle Kämpfe und Revolutionäre Kämpfer 1919*, Rosa Luxemburg, Karl Liebknecht, Leo Jogiches, E. Leviné, Franz Mehring und all den treuen, kühnen revolutionären, Kämpfern und Kämpferinnen des Jahres 1919 zum Gedächtnis von Clara Zetkin,Verlag Spartakus, Südd. Arbeiterbuchhandung, Stuttgart, 1920.／Erklärung（20. Dezember 1921）／*Um Rosa Luxemburgs Stellung zur russisischen Revolution,* 1922.

29）わたしは剣だ。わたしは炎だ。／暗闇の中で君たちを照らしたのはこのわたしだ。／戦いがはじまると　わたしは／まっ先に立って，最前列で戦った….／われわれには悲嘆にくれる暇はない。／新たにラッパの音が鳴りわたる。／さあ，新しい戦いのときだ—.／　ハインリヒ・ハイネ

指導することができた」,「彼女の友情は誠実，献身，自己犠牲，やさしい配慮そのものであった」,「小柄で病身ながらローザは類ないエネルギーの権化であった。彼女はどの瞬間にも自分自身にたいして最高のものを要求し，それを受け取った」,「謀殺された人のための哀悼は告発となる」,「残虐にも殺された者の血潮がエーベルト，シャイデマン，ノスケらの魂にこびりついている」,「彼らはカール・リープクネヒトとローザ・ルクセンブルクの謀殺にいきつくほかない雰囲気をみずからつくりだし，またひとにつくりださせたのだ」,「謀殺された者たちは死んではいない。彼らの心臓は歴史の中で鼓動し続ける」(フレーリヒ 1948＝伊藤成彦訳 1991：261-268）と書いている。

クラーラは，ローザへの弔辞のなかで,「社会主義の理念は，ローザ・ルクセンブルクにおいては頭脳と心臓から発した情熱，すべてにまさる強烈な情熱，つきることなく燃えて創造性を発揮する情熱であった。革命を用意し，社会主義への道を開くことが，この稀有な女性の生涯の任務であり，野心であった。革命を体験し，革命をともにたたかうことこそが彼女にとって最高の幸福であった。意志の力，無私，献身――これらを言い表すには，言葉はあまりに弱すぎる――をもって，ローザ・ルクセンブルクはもてるものすべてを社会主義のために投入した。彼女が社会主義のために犠牲に供したものは，彼女の死ばかりでなく，長い年月にわたっての毎日毎時の仕事と闘争，つまり彼女のすべてであった。……彼女は革命の剣であり焔であった。」(フレーリヒ 1948＝伊藤成彦邦訳 1991：228）といっている[30)]。

ローザの葬儀の日（1919年6月4日)，クラーラと知り合った日本人がいる。ジャーナリストの守田有秋[31)]である。守田の筆によってその日のことはこう描かれている。

30）クリフ（1959＝浜田訳　1961：163-164）も同じ個所を引用している。筆者は原文を確認していない。

31）守田有秋（1882-1945）は，本名守田文治，岡山県出身で早くから東京に出て山川均とともに社会主義者と交わる。1915年，二六新報特派員としてヨーロッパへ。はじめ中立国のスイスから第1次世界大戦その他各国の情報を報道する。戦後ただちにドイツに入国し，革命後の国情を伝え1921年9月に帰国した。

初めて彼の女を見たのは1919年の初めであったかと思ふ。それはフリイドリヒス・ヘエンの墓地で，ロザ（ママ），ルキセンブルグ女史の葬儀の行はれた日であった。（葬儀は6月13日であるので1919年の初めというのは，守田の思い違いであろう：伊藤）

独逸のあらゆる労働団体から贈られた花環がかつぎ入れられた後で，十数名の水兵達によって，ロザの棺は墓穴近くに運ばれた。

棺が置かれた時に，水兵二人が赤旗をもって棺を蔽ふた。

水兵たちの歌ふインタアナショナアレの歌が，一頻り広大な，静寂な，墓地に響き亘った，それが終わると，雪のような白髪を無雑作に束ねた一人の老婦人が現はれた。彼の女は南方の独逸人に見る温和な容貌の持ちぬしであった，彼の女は質素な緑色がかった服を着て居たかと思ふ，彼の女は，数千の同志を前にして弔辞を述べた。

……吾が小きロザは今，吾々の前に横って居る。彼の女の形骸は滅んで行く，然し，彼の女がもった所の革命の精神は，吾々同志萬人の胸に活きて居る，然り，ロザは今なほ活きて居る。私の胸の中に，そして兄弟よ，あなた方の胸の中に。

棺を囲んで居る同志の中から啜り泣く聲が聞えた。急にこれが諸方に傳波した，そして，そこでも，此処でも同じような歔欷の聲が聞え出した。

私は其の日の光景を，今でも忘れることは出来ない，私の生涯に於て，其の日は忘れられない記念の一日であったから（守田 1924：81）。

1920年に出されたクラーラの小冊子『1919年の革命闘争と革命家たち』（全32頁）は『選集』2巻にも収録されており，「ローザ・ルクセンブルク，カール・リープクネヒト，レオ・ヨギヘス，オイゲン・レヴィーネ[32)]，フランツ・

32）Eugen Leviné（1885-1919）。ペテルスブルク生まれのロシア人。ドイツで教育を受け1905年にロシアに戻って革命に参加。1907年再びドイツに戻って，ハイデルベルクで国民経済学を学び，筆名ゴールドベルクでドイツ社会民主党左派として活躍。ドイツ共産党の創立大会に参加。国民議会の選挙への参加に反対。1919年のベルリン闘争に参加し，ブラウンシュヴァイク，ルールゲビートで活動。1919年3月バイエルンに行き，ミュンヘンドイツ共産党のトップに立ち，ミュンヘン・バイエルンレーテ共和国の指導を引き継ぐ。5月13日逮捕。特別裁判で死刑の判決を受け6月5日に銃殺された（Weber&Herbst

写真11-12 1919年のクラーラ・ツェトキーン

メーリングおよび1919年のすべての忠実で勇敢な革命的男女の闘士たち，クラーラ・ツェトキーンによる追悼」という副題がついている（Zetkin 1920b）。内容は，序文に続いて，ベルリンの1月蜂起（Januaraufstand），ベルリンの3月闘争（Märzkämpfe），ミュンヘンレーテ共和国，革命闘争の盛り上がる内的発展，革命闘争の成果，革命的伝統の意味，倒れた革命家たち，ドイツにおける革命闘争とプロレタリアートと市民階級の闘士たち，展望」と項目を分けた1919年のドイツ革命の詳論となっている[33)]。

クラーラ・ツェトキーンのその後の生き方には，多分にローザの遺志を継ぐ部分があっただろう。ドイツ共産党は，その後，どの国の共産党も例外ではなかったが，多難な道をたどった。クラーラは1933年に没するまで，「日常闘争に身を献げ，これが仆れた僚友が自分に課した義務に答える道だ，とくりかえし」（フレーリヒ1948＝伊藤成彦訳1991: ii）ながら，レーニンの死を送り，ツンデルと離別し，コミンテルンの方針にもまれ，スターリンに消極的に反対し，長男マクシムの前妻ハンナとその息子ヴォルフガンクの経済的心配をしながら（第16章で詳述），視力が失われても最後まで執筆活動（口述）の手（口）を休めなかった。

ローザとの関係で興味深いことは，ローザが，ドイツ革命のなかで，女性

2004：453-454）。

33）選集への収録は，原文のベルリンの1月蜂起（Januaraufstand）が（Januarkämpfe）となっており，最後の「展望」が，小見出しなしで前項の後ろに統合されて，1頁半分削除されている。

を引き付けるために，クラーラに女性に関する原稿を多く依頼していたという事実である。ローザは，（すでに触れた女性労働者保護と女性選挙権問題1点ずつを除いて）ほとんど女性問題について論じることはなかったし，世界政策や民族問題と比べてむしろ些細な問題と考える節があった。そして，この期に及んで人口の半分をしめる女性を味方にして参加させることなしに社会変革はあり得ないことという事実に直面し，病気のクラーラに強引に助けを求めていた。

一方でクラーラは，ロシア革命やドイツ革命のなかで，どんな社会事象のなかにも女性の問題を見おとすことなく，女性にひき付けた論稿を次々に発表していることも改めて確認される。社会変革の運動には，人口の半分を占め，不利益を被っている当事者として女性の運動との協働が不可欠である。そのことをクラーラは生活実感の中から，そして運動論としてもローザより深く知っていた。そこがクラーラとローザとの違いである。

反戦・平和，革命，すべての局面でのクラーラの女性運動論には，女性をいかにして社会変革の運動に引き入れるかが当初から計算されていた。それは，今日いうところのジェンダー視点とは異なる。例えば，社会変革の目的のためは，今日いうところの「ジェンダー化」と名づける過程をも利用するというのがクラーラの考えであったといってもよい。クラーラは，その過程を経ながら，そこで終わるのではない社会の根本的変革を常に見据えていた。1919年は，クラーラの新しい出発のときであった。

第12章　ドイツ共産党とコミンテルンの間で

この章は，クラーラ・ツェトキーンの女性運動と直接的にかかわりをもつものではない。しかし，彼女の生涯を描くために，また次章以降のクラーラの政治活動を理解するための予備知識として，本章で叙述される歴史的事項はどうしても避けることのできないものである。私は，ドイツ近代史，ドイツ共産党史や，コミンテルン史を専門とするものでないが，先行研究に依拠して，以下，関連必要事項を叙述する。

既述のように「ドイツ共産党」は，1918年12月31日～1919年1月1日のスパルタクスブントの全国協議会で誕生した。当初の党名は「ドイツ共産党（スパルタクスブント）」であった。クラーラ・ツェトキーンは，直前に知らされたというが，彼女は独立社会民主党に籍をおいたままで，この大会時は病気でシュツットガルトにこもっており，ドイツ共産党の創始者のなかには入っていない。

クラーラは，1920年6月26日，ドイツ（ヴァイマール）共和国の，はじめての男女平等参政権が認められた選挙法による選挙で，ドイツ共産党から立候補し，初の女性共産党議員となった（以後13年にわたってヴァイマール共和国の終わりまで国会議員であり続けた）。この時，ドイツ共産党は，44万票，1.7％獲得し，パウル・レーヴィとともに2人の議員を出した。

クラーラはどのような経過でドイツ共産党に入り，議会での共産党員としての活動はどのようなものだったのか。あらためてこのような問いを発すると，その経過を直接あつかった文献はみうけられない。さまざまな文献・資料を繋いでようやく概略を把握できる。

ドイツ共産党史については，フレヒトハイムは，『ヴァイマル共和国時代のドイツ共産党』（フレヒトハイム 1948＝足利訳1971）において，1919～1933年までのヴァイマール共和国全期にわたるドイツ共産党を対象として叙述している。日本での最近の研究としては，『ヴァイマール共和国初期のドイツ共産党』という同名の大著が2冊だされている（山田1997, 篠塚2008）。しかし，これらは，両者ともヴァイマール共和国の初期を扱い，山田は，1921年から1923年にいたる過程を，篠塚はその副題にあるように，「中部ドイツでの1921年『3月行動』の研究」に限定している。篠塚の，「3月行動」に絞った徹底した研究は他に類をみないもので，1次資料を大量に駆使した結果として，特にこの期のクララ・ツェトキーンが掘り起こされることとなり，彼女の言動を読者に印象付ける叙述が多くみられる。したがって本章の，1921年のクララに関する部分は篠塚の研究に負うところ大であった。

本章では，結果的に，コミンテルンで活動したクララが，その支部となったドイツ共産党の中で，両者の板挟みをどのようにさばいていったか，さばき切れなかったかをみることになる。当初は，クララの，ドイツ共産党での活動とコミンテルンでの国際的活動を関連させて叙述しようとしたが，単純にはそれが出来ず，試行錯誤の末，本章に続く3つの関連する章を立てることとなった。従って，同じ時代を異なる側面から叙述していくことになるので，一部重複や年代的に前後することを避けられない。

一つの章はそれ自体なるべく独立，完結させたいという意図を持って書いたが，事態の複雑さがそれを許さず，他章とあい補うことにもなった。

コミンテルンについては，村田陽一の1970年代終わりから1980年代の膨大な研究『コミンテルン資料集』全7巻（大月書店）と，マクダーマット他（1996＝萩原訳 1998）の『レーニンからスターリンへ　コミンテルン史』（大月書店）を多く利用し，参照した。前者は主にコミンテルンの基本データ，後者は1991年以降に公表されたデータを利用した研究なので，両文献に大いに依拠している。

ドイツ共産党は，クララの生存中，1919年10月に第2回大会，1920年中に2月（第3回），4月（第4回），11月（第5回），12月（USPDとの統一の第6回），1921年8月（第7回），1923年1月（第8回）と党大会を開催しており，クララはこれにはすべて参加している。しかし，1924年（第9回），1925年（第10回），1927年（第11回），1929年（第12回）の4回の大会は，モスクワ滞在中か病気中等で参加していない。

他方，コミンテルンは，クララの生存中，6回の大会が，1919，1920，

1921，1922，1924，1928年と開催されている（「規約」上は毎年開催となっている）が，クラーラは，このうち1921年（第3回），1922年（第4回），1924年（第5回）の3回参加している。大会はクラーラの没後は1935年に第7回大会が1回開かれただけである。

また，大会と大会の間，「規約」で定められた「執行委員会」（EKKI）と「規約」には特記されていない「拡大執行委員会」総会が開かれている[1)]。クラーラの生存中は，1922年（第1回，第2回），1923年（第3回），1924年（第4回），1925年（第5回），1926年（第6回，第7回），1927年（第8回），1928年（第9回），1929年（第10回），1931年（第11回），1932年（第12回）の12回開かれている（没後は1933年11-12月の第13回のみ）。総会は，第8回から第10回の連続3回を除きすべて「拡大」執行委員会である。クラーラの参加が確認できるのは，第1回，第3回，第7回総会である。

1　ドイツ共産党とヴァイマール共和国の成立

(1) ヴァイマール共和国と国民議会

1）ヴァイマール共和国

前章の最後でみたドイツ共産党の誕生はドイツ共和国が生まれる前夜であった。ドイツ共和国あるいはヴァイマール共和国の歴史についての古典的書物は，ローゼンベルク（1928＝足利訳 1969，および1935＝吉田訳 1964）をはじめとして日本にも多くあるが，そのなかからクラーラ・ツェトキーンの位置の把握を，断片的なものを繋ぎながら試みてみたい。

ヴァイマール共和国あるいはヴァイマール共和制とは，1919年に発足して

1）コミンテルンは，1920年の第2回大会で，「規約」を採択した。その第5条は，「世界大会は共産主義インタナショナル執行委員会を選出する。執行委員会は，共産主義インタナショナルの世界大会から世界大会までの期間における共産主義インタナショナルの指導機関であって，世界大会にたいしてのみ責任を負う」となっている。しかし，執行委員会は，1922年の第1回からすでに「拡大」された執行委員会の総会（Das Erweiterten Plenum des EKKI）となっている。この問題については，世界大会の招集が技術的に不可能な場合，世界大会に準ずるものとして「拡大執行委員会総会」が計画されたと説明されている。これに対しては当然批判がある（村田編訳 Ⅱ 1979：561，注67参照）。

1933年に事実上崩壊した，ヴァイマール憲法（1919年8月に制定・公布）に基づくドイツの政治体制の通称である。共和制へと移行したが，国名は，ドイツ帝国の正式な国号である「ドイツ・ライヒ」(Das Deusche Reich：ドイツ国）であった。ヴァイマール共和制におけるドイツの国の称号は，社会民主党等が提案し，後に日本を始め他国の言語での翻訳でも実際多く用いられた「ドイツ共和国」(Die Deutsche Republik）である。そのため，この時代は「ドイツ国」の共和政時代である。首都も帝政期と同じくベルリンであり，ゲーテやシラーが活躍した都市である，ヴァイマールが首都であったわけではない。

日本で『ヴァイマル共和国成立史』および『ヴァイマル共和国史』と訳されているローゼンベルクの本の原題は，『ドイツ共和国の成立』および『ドイツ共和国史』である。

2） 国民議会

1919年1月19日の憲法制定のための国民議会選挙は，満20歳以上の男女の普通・直接選挙での比例代表制によって実施された。ドイツで，いやヨーロッパではじめての男女平等の選挙権・被選挙権が与えられた選挙で，投票率は83％であった（田村 2005：198）。

ローゼンベルクは次のように書いている。

> ドイツ共和国に憲法を与え，革命に新しい道を示すこととなる国民議会は，1919年1月19日に選挙された。社会主義政党からはこの選挙に社会民主党，独立派社会民主党が参加したが，共産党はベルリン党大会の決定に従って選挙を放棄した[2)]。ブルジョワ民主主義的中道派は中央党によって，また，昔の自由党，進歩党にかわって登場したドイツ民主党によって代表された。種々の保守派は合併してドイツ国家人民党となり，もとの国民自

2）この決定に，カール・リープクネヒトとローザ・ルクセンブルクは反対していた。上杉は，この決定はブルジョワ議会制度をなお信頼していた大衆をドイツ共産党から遊離させたとして批判している。また上杉は，共産党員によってブルジョワ議会制的共和国が帝国主義的半絶対主義的皇帝制よりも，いっそう有利な闘争条件を労働者階級に与えるという事実が十分に認識されていなかったとしている（上杉 1969 上：147-148)。

由党の右翼をなす工業家グループはドイツ人民党として登場した。

選挙の結果は，まだ完全に，1918年11月，12月の気分を反映していた。革命と共和国の信奉者，社会主義政党と民主主義的政党が大勝利を収めたのである。多数派社会（民主）党は1150万票を獲得し，独立社会民主党は230万票を得た。全体として総投票数3000万票のうちほとんど1400万が社会主義票であった。社会主義政党は選挙人の45パーセントの支持を得たのである。中央党は600万票，（ドイツ）民主党は550万票を得た。これにたいして国家人民党と人民党は合わせてたった450万票，すなわち15パーセントしか獲得できなかった。この二つの右翼政党はその政治綱領を慎重に作成し，新しい現実の基礎の上に立って議会主義的民主主義と折りあってゆこうとしたのだが，まず選挙で完敗した。選挙人の85パーセントが，個々さまざまの意見をもっていたにせよ，革命の事実を承認していたのである（ローゼンベルク1935＝吉田訳1964：89）。

さらにローゼンベルクは続ける。

国民議会はヴァイマルに召集された[3)]。こうして政府は，さしあたり国会を，かって12月の評議会大会に強い圧力をかけた急進的なベルリンの労働者階級の影響から遠ざけようとしたのである。さらにヴァイマルは，もはやポッ（ママ）ダムの軍国主義につかえるのではなく，ゲーテ，シラーの伝統につづこうとする新ドイツの象徴となるはずだった。

しかし世界史は軽率に選ばれた象徴を汚すことを好む。共和国はポッダム精神をのがれたがっていたが，国民議会が2月はじめヴァイマルに会したときには，共和国は旧帝政の軍事制度以上に，労働者を圧迫する義勇軍

3）政治上のさまざまな不便にもかかわらず，東南ドイツの小都市ヴァイマールに招集されたのは，上杉（1969　上：145, 148）によれば，ノスケらが労働者との闘争を続け，独立社会民主党やスパルタクスが先導活動をやっている首都ベルリンを避けたからだと言っている。また，有澤（1994　上：148）は「ベルリンではなくワイマールを選んだのは，高い象徴的な意味があった。ドイツの復興は，この地からかって世界を照らし世界を鼓舞した精神，すなわちヒューマニズムと自由と民族間の平和的競争の精神の庇護のもとになされるべきものと考えられた」としている。

団という新しい「軍国主義」をつくりあげていたのである。帝政時代の将校に指揮された新義勇軍の編成は，事実上，国民議会の諸傾向に対抗する政治権力を創りだしたのである。軍事問題にたいする態度如何が，国民議会の能力をためす試金石となった（ローゼンベルク1935＝吉田訳1964：90）。

以下，ヴァイマール共和国について要点だけ述べると，1919年2月6日からヴァイマールで開催された国民議会で，ドイツ社会民主党右派，「人民代表委員会政府代表」のフリードリヒ・エーベルト[4)]が，7割の支持を得て臨時大統領に選ばれ，同じくドイツ社会民主党右派のフィリップ・シャイデマンを首相として3つの連合政党（ドイツ社会民主党，ドイツ民主党，中央党）の代表からなる政府が作られた。1月蜂起を弾圧したノスケは国防相に就任した。同日シャイデマンは，国民議会で，対外政策はアメリカ合衆国大統領ウィルソンの原則に依拠し[5)]，国内政治は「社会化」[6)]を提示し，「革命を終わらせることなく，革命の事業をまったく一定の方式に従って，内戦もなく流血もなく建設する。これがすべての将来のドイツ議会およびドイツ政府の課題であ

4）エーベルト評はさまざまである。有澤は，エーベルトが大統領に選ばれたことを，「エーベルトが戦争中および革命の日々にえた個人的信頼の表現であった。彼の政敵でさえ，この社会民主党が彼の階級ばかりでなく，民族の全体を考えていること，彼が大言壮語の愛国者でなく慎重熟慮の行為の愛国者であることを見た」（有澤1994　上：148）と書いている。KPDは，「スパルタクス団は，ブルジョワジーの手先シャイデマン＝エーベルトとともに政権を分かつことを拒否する。なぜならば，党はこのような協力を，社会主義の原則に対する裏切り，反革命の強化および革命の麻痺と見なすからである」としており，林健太郎は，エーベルトについて「彼は大戦中は躊躇なく戦争支持の立場を持し，革命に際しては，ドイツ国家の崩壊を防ぐためにあらゆる努力を行った」（林 1963：52）と書いている。

5）上杉（1969　上：146）は「そのことは，アメリカの主導のもとにおける連合諸国，すなわち西の帝国主義の世界支配の承認を意味し，『ドイツ植民地の回復』という要求に端的に示されているように，この帝国主義のかさの下におけるドイツの帝国主義的権利を公然と主張したものであった」と書いている。

6）1918年から19年のドイツ社会民主党における社会化とは，第10章の最後に触れたベーベルの「社会化」の流れをくむものであり，小林（2008：ⅰ）によれば，ここでいう社会化とは，典型的には生産手段の社会的所有を実現するための能動的行為，すなわち「生産手段の社会的所有」のことであり，さらに生産手段に対する社会的コントロールの導入を含むものである。

らねばならぬ」と声明を結んだ。

1919年6月のシャイデマン退陣の後グスタフ・バウアーのもとで同じ体質の政府が，1919年6月23日の国民議会においてヴェルサイユ講和条約を承認[7]し，1919年7月31日にヴァイマル憲法を採決(8月14日に発効)した。「ヴェルサイユ条約とヴァイマル憲法によって，新共和国の2つの基礎がおかれた」(フレヒトハイム1948＝足利訳1978：91)。

3）ヴァイマール憲法

ヴァイマール憲法（憲法典に記されている公式名はドイツ国憲法：Die Verfassung des Deutschen Reichs）の最大の特徴は人権保障規定の斬新さにある。自由権に絶対的な価値を見出していた近代憲法から，社会権保障を考慮する現代憲法への転換がこのヴァイマール憲法によってなされ，その後に制定された諸外国の憲法の模範となった。当時は世界で最も民主的な憲法とされ，第1条では国民主権を規定している。両性の選挙権を認めた憲法は，1918年7月，第5回全ロシア・ソビエト会議が決めたソビエト共和国憲法の「18歳以上の男女の選挙権・被選挙権承認」に次いで世界で2番目である[8]。

7）ヴェルサイユ条約は，6か月にわたるパリ講和会議の結果として締結され，この条約によって第1次世界大戦は公式に終了した。敗戦国であるドイツ帝国の条約調印式は1919年6月28日に行われた。ヴェルサイユ条約は1920年1月10日に批准され，その結果ドイツとその同盟国は戦争を引き起こした責任として，莫大な賠償金（後に1320億金マルクと決定）を課せられた。ヴェルサイユ条約の名は調印場所のヴェルサイユ宮殿にちなむが，これは敗戦によって解体したドイツ帝国が1871年1月18日にその成立を宣言した場所だった。これは偶然の一致ではなく，この場所は，ドイツに対する戦勝国の意趣を含んで選択された。このヴェルサイユ条約で，ラインラントへの連合軍駐屯，陸軍は10万人を上限とするなどの軍備の制限，植民地とエルザス・ロートリンゲンの割譲，上シュレージエンなどザール地方の国際連盟による管理化，ダンツィヒ（現・グダニスク）の自由都市化などの領土削減が行われた。また経済面でも連合国側の管理機関がドイツに設置される事になり，飛行機の開発・民間航空も禁止された。そして戦争責任はドイツにあることが定められた。中でもドイツを苦しめる事になるのが，多額となると見られる賠償金であった。この条約はドイツ国民に屈辱感を与え，ヴァイマール政府に対する反感のもととなった。シャイデマンは条約に抗議して辞職し，グスタフ・バウアー内閣が成立した。

8）既述のようにロシアでは両性平等の選挙権は臨時政府のもとで1917年7月すでに認められていた。

(2) 独立社会民主党とドイツ共産党，両党の合同とコミンテルン

第3インターナショナル＝共産主義インターナショナル，いわゆるコミンテルンは，1919年3月2～6日モスクワで結成され，それを第1回大会とした。ドイツ共産党は，これを時期尚早と考えて，代表（フーゴ・エーバーライン）は結成の投票を保留した（ティフ 1996＝阪東編訳：1996：68）。

そこでは，プロレタリアートのディクタツーア（Diktatur：独裁，執権，執政）[9)]のテーゼや決議を始め全世界の労働者に対する呼びかけがなされた（村田編訳Ⅰ 1978：21-61参照）。クラーラ・ツェトキーンは，この時まだ独立社会民主党に属していた。

コミンテルン創立大会の代表や参加者，来賓党など71名のリストがある。そのうち，女性はアンジェリカ・バラバーノフ（ツインメルヴァルトコミッション），セラフイマ・イリーニクナ・ゴプナー（ウクライナ共産党），アレクサンドラ・コロンタイ（女性書記局），フリーダ・ルビナーの4人であった（Hedeler *et al.*, Hrsg. 2008：331, 339, 350, 370）。

1） クラーラ・ツェトキーン，独立社会民主党を去る

コミンテルンの創立大会と時を同じくして，1919年3月4日から，ベルリンで独立社会民主党臨時大会が開催された。上述のとおりクラーラ・ツェトキーンは，この時までドイツ独立社会民主党員であった。上杉（1969：151）は，「これは，ルクセンブルクとヨギヘスとの忠告によるもので，ツェトキンは党内の革命的勢力を強化して，これを共産党に合体させるという任務を帯びていた。彼女は大会の席上で，社会民主党を助け，これと行動を共にして革命を抑圧した独立社会民主党右派幹部の責任を追及し，その場所で党からの脱退を宣言した。」と書いている。

クラーラ自身は「……ヨギヘスは依然として，共産党の創立は早すぎた，独立社会民主党大会まで待たねばならなかった，と考えているであろう。私

9）Diktatur（ディクタツーア）は，日本語では独裁，執権あるいは執政であり，以下，引用文中では2つの日本語が出てくるがそのまま使用する。私はディクタツーアと記す。

はこの見解に従って行動した」と云っている（上杉　1978：20による）。

この大会で独立社会民主党を去るにあたってクラーラは，演説（Zetkin 1919j）のなかで「私は生命のあるところどこでもたたかう」（Ich will dort kämpfen, wo das Leben ist.）という有名な言葉を残している（Zetkin, *Ausgewählte* II：93-115）。この言葉は，90年以上を経た2010年代現在も，ライプツィヒのクラーラ・ツェトキーン公園の彼女の像とならんで碑に刻まれている（クラーラの立像ともども2013年現在撤去の憂き目にはあっていない）。

創立大会時のドイツ共産党について，山田（1997：22）は「統一的な指導体系をもたず，その党組織は，社会民主主義政党と労働組合に批判的であり革命期の協議会運動の中で活発になった，各地の急進主義者の小規模な集合体の域を超えなかった。しかも，彼らの協議会組織に対する影響力はなお僅かであり，共産党は以上のような組織を持って，その運動を開始しなければならなかったのである」と書いている。そのようななかで，1919年「1月闘争」で，この党は早くも，ローザ・ルクセンブルクとカール・リープクネヒトそしてレオ・ヨギヘスを失った。

その後，ドイツ各地の評議会（レーテ）運動は，政党の政治的指導者なしに2月のブレーメン人民委員政府の崩壊にはじまって，5月のバイエルン評議会共和国の終焉をもって後退した。バイエルンでは，評議会の闘争が鋭い形態をとった。1919年2月21日，独立社会民主党出身のバイエルン首相クルト・アイスナーが暗殺され，4月7日，独立社会民主党，無政府主義者，バイエルン農民同盟等によってバイエルン評議会共和国の樹立が宣言された。ドイツ共産党はこれに協力し，オイゲン・レヴィーネが執行評議会の主席となった。しかし，5月3日，社会民主党指導下の中央政府の12万人の軍隊によってバイエルン革命は鎮圧された。このさなか，4月にコミンテルン執行委員会議長ジノーヴィエフは，「バイエルン・プロレタリアートへのあいさつ」として「全ヨーロッパのプロレタリア革命の近い将来の運命は，諸君のところで決せられる」（村田編訳 I 1978：64）という無線電報を打っている[10)]。

10）この項について，村田は，村田編訳 I（1978：558-559）で詳細な解説を行っている。オイゲン・レヴィーネについては前章注32参照のこと。

写真12-1　ローザ（中央）と，弁護士として裁判所に向かうパウル・レーヴィ（右）
1914年

コミンテルンは，ドイツ革命に強い期待を寄せていたのである。

2）　ローザの後を継いだパウル・レーヴィについて

ドイツ共産党は，その創立の当初から毎年の如く危機に立たされた。ローザの死後，ローザの弁護士であった，パウル・レーヴィが党の議長に就任した。1919年10月にハイデルベルクでドイツ共産党第2回大会が開かれて指導機能・集権性を承認し，急進派を党内から排除した。

ローザの後を継いだパウル・レーヴィとはどんな人物であったのか。

レーヴィは，1883年3月11日，ホーエンツォレルン地方の織物工場主でユダヤ地域社会の長の息子として生まれた。シュツットガルトとベルリンで学び，1905年にハイデルベルクで，行政学に関する研究で法学博士号を取得した。1906年に弁護士を開業し，貧困者の弁護士として活躍する。ドイツ社会民主党に入り1913年党大会の代議員となる。1914年2月にローザ・ルクセンブルクの弁護人を引き受け，彼女の理論的，政治的影響を受けた。2人は1914年の一時期愛人関係にあった[11]。

第1次世界大戦では「祖国防衛」と「城内平和」に反対し，スパルタクスグルッペに属し，1916年以降レーニンとコンタクトをとるためスイスで生活した。彼は1917年スイスのオルテンでの，戦争反対の「ツィンマーヴァルト諸党」の会議にスパルタクスグルッペの代表として参加した。1918年の革命後，スパルタクスブントの指導部とドイツ共産党の指導者となり，創立大会で最初の中央委員の一人に選ばれた。ローザの裁判の弁護士を務め，ローザ・ルクセンブルク，カール・リープクネヒト，レオ・ヨギヘスの殺害の後，つまり1919年3月以降，レーヴィは彼らの衣鉢を継いだ。その先のことは後述する。

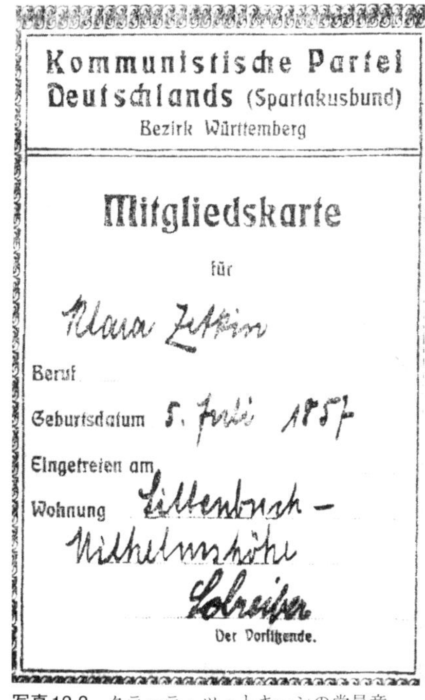
Kommunistische Partei
Deutschlands (Spartakusbund)
Bezirk Württemberg

Mitgliedskarte
für
Klara Zetkin
Beruf
Geburtsdatum 5. Juli 1857
Eingetreten am
Wohnung Sillenbuch-Wilhelmshöhe
Schreiber
Der Vorsitzende.

写真12-2　クラーラ・ツェトキーンの党員章

2　初期ドイツ共産党の困難のなかで—国会議員となる

(1) 1920年のドイツ共産党

1919年10月のハイデルベルクでのドイツ共産党第2回大会で，ドイツ共産党の路線が固まったように見えた。1920年2月25日にドイツ共産党第3回

11）1983年のローザの手紙全集の刊行によって公となる。最新のものでは，シュートルンプが編んだ『ローザルクセンブルク　愛の手紙』に，レオ・ヨギヘス，コスチャ・ツェトキーン，の次に，パウル・レーヴィが挙げられ，1914年の45通の手紙が収録されている。最後にハンス・ディーフェンバッハへの1917年の手紙が続く（Luxemburg = Schütrumpf, Hrsg. 2012）。

大会がカールスルーエで開催され，クララ・ツェトキーンは国際情勢をとりあげた演説の中で，軍事一揆が起こりうる危険を警告した（上杉1969：172,178，Zetkin 1920c，Zetkin, *Ausgewählte* II：182-194）。政権側のエーベルト大統領やバウアー内閣も，こうした危険について情報は得ていたが，翌1920年3月13日に「カップ一揆」が起こり，それへの対応では，複雑なプロセスをとることになる。ヴァイマール政府は，一時首都のベルリンを放棄して，ドレスデンへ，さらにシュツットガルトに退いた。

1）「カップ一揆」

「カップ一揆」とは，1920年3月13日に，コンツェルンとユンカーと極右の民族主義者の将軍であるカップとリュトヴィッツが，義勇軍と国防軍将校の解雇やその給与の不満を利用して，11月革命の諸成果を除去し，共和国政府を倒して権力奪取・軍事独裁を樹立しようと，エアハルト海兵旅団らを率いて，ベルリンに進軍した反革命のクーデターである。反乱の直接の動機は，連合軍の要求により海軍と陸軍の削減や，解雇が目前に迫っていたことにあるとされる。カップを首脳とする政府が樹立されたが，このクーデターに対しては，ベルリンの公務員や，自由労組系労働組合がゼネラル・ストライキで対抗し，カップ政府はわずかに国防軍と一部の義勇軍だけしかあてにできない状態に陥り，4日後の1920年3月17日に瓦解して，カップらは国外に逃亡した。

この間，カップ一揆に対する1920年3月21日の「ドイツ共産党中央委員会声明」や同年3月25日付けの「ドイツの労働者へ，全世界の労働者へ――ドイツにおける内乱について」というコミンテルン執行委員会の檄（村田編訳I 1978：124-127）などが錯綜する。

山田（1997：25）は，ドイツ共産党は，このような時点でもまだ社会民主党との連合政策を含む政治指導の内容を確定させえなかったと批判する。同じ1920年3月には，すでにヒトラーが「国民社会主義ドイツ労働者党」を結成していた。

2） コミンテルン「21カ条」

他方，コミンテルンはすでにその第2回大会（1920年8月6日）で，コミンテルンの加入条件としていわゆる「21カ条」[12]を定めていた。その条件は一口でいえば，第2インターナショナルからの思想的に完全な断絶,「改良主義」や「中央派」的な政策からの完全で絶対的断絶を要求し，党名を国名を付して「某共産党(コミンテルン支部)」としなければならないというものであった。

ドイツ共産党第2回大会からコミンテルンとは相対的に独自の大衆運動の路線を模索してきたパウル・レーヴィは，コミンテルン「21カ条」には反対であり，クラーラ・ツェトキーンも「21カ条」に「大きな不安を抱いた[13]」という（篠塚　2008：47, 432)。この辺の事情を察すると，また，次章のレーニンとの対話でのクラーラのレーヴィ擁護からも明らかなように，クラーラとレーヴィは当初比較的意見があっていたと思われる。

3）第1回国会議員選挙―クラーラとレーヴィの当選

コミンテルンの第2回大会に先立ち，すでにのべたようにドイツでは1920年6月6日に，第1回国会議員選挙が行われた。合同前のドイツ共産党は，単独で44万票（得票率1.7％）獲得し，クラーラ・ツェトキーンとパウル・レーヴィの2人が当選した[14]（期間は1924年5月まで)。クラーラはケムニッツーツヴィッカウ19選挙区選出であった。その時の選挙ポスターは，「リープクネヒトを忘れず，ドイツ共産党（スパルタクス団）ツェトキンへ　一票を」というものであった（写真12-3)。以後クラーラは1933年まで，ドイツ共産党の国会議員であり続けた（Haferkorn *et al.*, 1980：507)。

---

12)「21カ条」は，原案をレーニンが起草し，「加入条件作成委員会」での討議を経てジノーヴィエフ議長がコミンテルン大会総会に提案した。邦訳全文は，村田編訳Ⅰ（1978, 214-218）にある。

13）篠塚は，M.-L.Goldbach（1973）*Karl Radek und die deutsch-sowjetischen Beziehungen*（*1918-1923*）：68を根拠にしているが私は照合していない。

14）山田（1997：37-38）は，議員団の構成は，組織統合や党内抗争の影響を受けてめまぐるしく変動しているが，その数は，全体の国会議員459名中，1920年第1回国会選挙では2名であり，1920年末には，独立社会民主党との合同によって26名の議員団,「3月行動」後には23名（中略）で，国会活動は低調であったとしており，「それらとは別に，同党の国会活動は，党の非合法化に備えて，国会議員の不逮捕特権を利用して指導部の温存を図るものであった」と解釈している。

Denkt an
Liebknecht
Wählt
Kommuniſten
(Spartakus)
Liſte Zetkin

写真12-3　1920年のクラーラへの投票を呼び掛けるポスター

社会民主党内閣首相ミュラーが辞職し，中央党のフェーレンバハが首相となった。ヴァイマール共和国のドイツ国会での共産党の第一声[15)]は，1920年7月2日のクラーラ・ツェトキーンの演説であった(Zetkin 1920g)。これはまた，長いこと女性選挙権運動をたたかったクラーラが，ヴァイマール憲法によって実現された男女平等選挙権の最初の行使によって獲得した議席での女性の第一声でもあったのである。これに続く数週間の間にクラーラは5回も演説した。

本文と一緒にクラーラの関連写真を掲載してきたが，クラーラの風貌は1920年を境にして変わるのに気付かされる。1920年以降は，ドイツ共産党員，ドイツ国会議員，コミンテルン執行委員として，クラーラの生涯としても，全く新たな局面に立つのである。

15）この第一声はDas erste Wort der Kommunisten im Deutschen Reichstag（Zetkin 1920g）と題して，クラーラ・ツェトキーン『選集』第2巻（195-222）に収録されている。それから12年後の1932年8月30日に，クラーラ・ツェトキーンは最年長議員（75歳）として国会開会演説をする。後述するがこの演説も，Es gilt, den Faschismus niederzuringen！（Zetkin 1932e）として，同『選集』第3巻（413-419）に収録されている。

他方，レーヴィについてであるが1920年12月のドイツ共産党と左派独立社会民主党との統一大会で，レーヴィは，独立社会民主党のエルンスト・ドイミヒとともに統一ドイツ共産党（VKPD）の議長になった。しかし彼は，後述するように，1921年の2月にコミンテルンとの意見の相違のためにドイミヒとともに議長を辞任した。というのは，彼は，一言でいえば，大衆党（マッセンパルタイ）に賛成し，幹部党（カーデルパルタイ）には反対を表明していたので，イタリア社会党を分裂させてイタリア共産党の創設をもたらしたと考えられるコミンテルンを批判していたからである。

写真12-4　女性国会議員：マチルデ・ブルム（左）（USPD）/クラーラ（中）/ローラ・アグネス（右）（SPD）（1920）

彼は，これも後述するが，1921年のドイツ共産党の「3月行動」を激しく批判し，彼の1921年の『われらが道――一揆主義に抗して』という小冊子で，それを「モスクワのしかけたこと」と書いたので，4月にドイツ共産党から除名された。

その後彼は，ローザ・ルクセンブルクが，レーニンやトロツキーを批判した未公表の「ロシア革命について」（1918年9－10月に獄中で書いたもの）を独断で公表した（本書第11章参照）。その後，他の右派共産主義者ドイミヒとともに，共産主義者労働協会（Kommunistische Arbeitsgemeinschft=KAG）を創設した。しかし，彼の，自主的共産主義グループを作る試みは挫折し，1922年4月に再び独立社会民主党に合流し，同年さらにドイツ社会民主党に戻ったのである。彼はドイツ社会民主党左派の指導者であり，1924年にドイツ社会民主党から国会議員となり，また『社会主義政治と経済』誌を編集していた。

彼は国会議員である1930年2月に，急性肺炎にかかり，2月9日に高熱で

写真12-5 パウル・レーヴィ

朦朧とした状況の下で，ベルリンの最上階の住まいの窓から転落し，致命傷を受けて死んだ。事故死とも自死ともいわれている。議会は国会議員であった彼に黙とうをささげた。

ローザの弁護士であり，かつローザが愛したレーヴィ[16]は，クララ・ツェトキーンとは1920年の国会選挙で，最初のドイツ共産党選出の国会議員として同僚でもあった。クララは，ドイツ共産党内でのレーヴィの行動を，レーニンとコミンテルンに対して擁護し，レーヴイを弁護する立場に立った。しかし，レーヴィが党を除名されて数カ月後の1921年8月にレーヴィとクララは決別する時がくる。

ところで，前章でみたが，リープクネヒトやヨギヘスの遺体をスケッチした画家である，ケーテ・コルヴィッツは，当時のドイツの動きをどのようにみていたろうか。彼女の「1920年10月」とだけ書かかれた，長い日記の，一部を紹介しておきたい。

> わたしは，いまだにわたしの旗色を鮮明にしていないのを恥じる。わたしは，どの党派にも属さないと宣言しているが，その本当の理由は，わたし自身の臆病さのためらしい。もともとわたしはいっこうに革命的ではなく，進化主義的である。しかしみんながわたしをプロレタリアートと革命

16）既述シュートルンプ編の『ローザ・ルクセンブルク　愛の手紙』（Schütrumpf　2012：231-254）参照。

の芸術家として持ち上げ，ますます強固にその役割に縛りつけようとする。それで，わたしは，この役割を演じ続けるのをやめることが怖いのだ。わたしも昔は革命的だった。わたしの少女期から青春期にかけての夢は，革命とバリケードだった。いまもわたしが若ければ，きっと共産党員になっていただろう。いまでもやはり共産党の側にわたしをひきつけるものがある。しかしわたしはもう50歳代だし，わたしは戦争を骨の髄まで体験してきた。ペーターやその他何千人もの若者が空しく死んでいくのを見てきた。わたしは，世界がこんなにも多くの憎しみに満ちていたのを知って，驚愕し，衝撃を受けた。わたしは人間が生きていけるようにする社会主義を切望する。地球は，人殺し，虚言，腐敗，できそこないを，要するにあらゆる悪魔的なものを，いやというほど見てきた。もうたくさんだ。この汚辱のうえに建設される共産主義者の国が，神のみわざであるはずがない。

本当のところ，わたしに構わずそっとしておいてくれたらよかった。ひとりの芸術家，おまけに女性である芸術家に，この気狂いじみた複雑怪奇な状況のなかで，正しい道をみいだせと期待するほうが無理だ。わたしは芸術家として，あらゆるものからその感情内容を引き出し，それを心に刻みつけ，また外にむかって示す権利をもっている。だから，労働者階級のリープクネヒトに寄せる惜別の情を表現する権利もある。いやそれどころか，わたし自身は政治的にリープクネヒトのあとにつきしたがおうとはしなくても，その作品を労働者に献呈する権利がある。わたしは間違っているだろうか？（志真　2006：161-162 = Kollwitz 1989：489）。

この数年の初期ドイツ共産党の紆余曲折をみていると，芸術家であるケーテの感想（それはいずれ公表されることを意識して書いたものであったかもしれない）が，私には，後ろ向きだという気にはなれない。職業革命家であるクラーラは，この混乱の中でも選んで道を進まなければならないのは当然である。すでに彼女は職業革命家だったのだから，すべてを引き受けることから逃れることはできなかったのである。

ドイツ共産党は，革命時には敵対していた労働組合の運動に接近して行ったが，労働運動の内部での大衆的基盤の獲得は，組織内に多くの組合労働者を持つ独立社会民主党との合同を経なければならなかった。1920年末に，独立社会民主党は，コミンテルンへの加盟をめぐって，党内を二分しながらも，1920年12月のハレの臨時党大会で，236対156票で加盟を決定し，当時約80万名の独立社会民主党員（うち約13万5千人は女性）のうち，約30万名がドイツ共産党に入った。両党の合同会議は同じ12月にベルリンで開催されて，「統一ドイツ共産党」となった。議長はここでもパウル・レーヴィであった。

(2) 1921年のドイツ共産党とコミンテルン

1）「公開書簡」と「攻勢の理論」

統一ドイツ共産党は，1921年1月7日に，ドイツの労働組合，社会民主党，独立社会民主党，ドイツ共産主義労働者党（KAPD）および諸労働組合にあてて，統一を目指して，終局的目的ではなく当面の一歩を踏み出すことに力点を置き「公開書簡（オッフェナーブリーフ）」（あるいは「公開状」[17]）なるものを出した。その一方で後述の「攻勢の理論」と呼ばれる左翼的理論が形成されつつあった。この「攻勢の理論」の対極にあるパウル・レーヴイの姿勢が「公開書簡」を発案させたのである。内容は，増大する困窮，増大する生活費の高騰，増大する失業，反動に対する共同行動，すなわち「プロレタリア統一戦線」を呼びかけたものであった。しかし，この「公開書簡」は，よびかけられた諸党から拒否され，統一ドイツ共産党は困難な立場に立たされた。ひたすらドイツ革命を期待していたコミンテルンは，当時，統一ドイツ共産党に「行動性」を要求していて「公開書簡」に同意してはいなかった。

2） イタリア問題にはじまるコミンテルンとの齟齬

さらにドイツ共産党にとって困難な問題が持ち上がった。1921年1月15～21日迄リヴォルノで開かれていたイタリア社会党大会が，コミンテルンの

17）これは，レーヴィとラデックが起草したものである（マクダーマット他 1996：58)。レーニンは，これを「大多数の労働者階級を獲得する実際的な方法をもちいた最初の行動」(『レーニン全集』Vol.32：470英語版）と評価している。上杉（1977b:5）も，これは統一戦線を呼びかけるものであり，「この統一戦線によって支持される統一戦線政府が，過渡期の政府として当然予期されていた。」と書いている。

加入条件「21カ条」をめぐって3派に分裂したのである。結局別の会場でコミンテルン支部イタリア共産党が結成されたが，ドイツ統一共産党を代表してイタリア社会党に出席していたレーヴィは，「中央派」のセルラーティグループを擁護してコミンテルンから批判された。この問題にはクラーラ・ツェトキーンもかかわっているので避けては通れない。必要な限りにおいてふれておく[18]。

ドイツ共産党は1921年1月26日の中央委員会で，モスクワから派遣されていたコミンテルン執行委員会ドイツ担当のポーランド系カール・ラデック[19]とイタリア問題について討議した。クラーラ・ツェトキーンも，セルラーティを大衆が支持しているという理由から，レーヴィと同じ立場に立った。ラデックは，ドイツ統一共産党の中央委員会はコミンテルンの執行委員会に不満をもっているとみなされるということを隠さなかった。やがてラデックに代わってコミンテルンからハンガリー系のラーコシ・マーチャーシュが，統一共産党に遣わされた。統一共産党は2月に中央委員会を開いて，ラーコシと論争の後，レーヴィ，ツェトキーン，ドイミヒ，ホフマン，ブラースらがドイツ統一共産党中央委員会を辞任する声明を出した[20]。

18）詳しくは，1921年6月28日，コミンテルン第3回大会でレーニンが行った「イタリア問題についての演説」(『レーニン全集』Vol.32：491-497) 参照。

19）カール・ラデックは，コミンテルンのドイツ問題専門家として活躍し，ドイツ共産党ともその創立のころから友好的な関係であった。1930年代半ばにスターリンの外交顧問となるが，トロツキー支持者というかどでコミンテルン指導部から解任される。1937年に逮捕され収容所で死亡。2012年に膨大な伝記が刊行された (Gutjahr 2012)。

20）このくだりは，篠塚 (2008：47-59) の研究が詳しい。クラーラは1921年6月27日，コミンテルン第3回大会で「私がドイツ共産党の中央部から退いたことにとって決定的であったのは，イタリアでのインターナショナル代表であるラーコシ同志の我々の討論への介入であった」といった (篠塚 2008：56, 437) とのことである。村田編訳Ⅰ (1978：585) も，「ツェトキーンのような老練な革命家が党規律無視の行動に出たのは，ラーコシのセクト主義的な発言が執行委員会の方針についての誤解をあたえたという事情が，ある役割を演じていた。ラーコシは，党に所属するのは練達な兵士だけで，新兵は党外にとどめるべきだとか，イタリアであろうと，フランスであろうと，ドイツであろうと，必要なら10回でも分裂させるべきだとかと述べたのである」と書いている。コミンテルン執行委員会は3月末になって，「ドイツ統一共産党中央委員会からの5人の委員の脱退について」という声明をだし，「執行委員会は，レーヴィ同志とそのグループとに統一共産党中央委員会からの脱退を決意させた動機は，イタリア問題ではなくドイツ政策および国際政策における日和見主義的な動揺であるという見解をとっている」と批判してい辞任した両議長レーヴィとドイミヒの後任には，親コミンテルン的中央委員会が構成され，議長の座にハインリヒ・ブランドラーとヴァルター・シュテッカーが選ばれた（上杉 1969上：195，山田1997：30参照）。

対コミンテルンとの関係で「中央派」を支持するレーヴィに右翼日和見主義とレッテルを張る場合もある（上杉 同上：195）が，クラーラ・ツェトキーンも，レーヴィに近い考えを持っていたのであるから，同じレッテルを貼られても不思議ではない。しかし，その後の経過はそうはならなかった。両者のえらぶ道が少しずつ異なって行ったからだ[21]。

コミンテルンとの関係では，唯一革命が成功したロシア，特にボルシェヴィキの例が模範とされた。マクダーマットとアグニュー（1996＝萩原訳1998：54-55）を引用する。

……私的には，それを警戒する感情が表明されることがあった。1921年1月，尊敬されていたドイツの革命家クララ・ツェトキンはレーニンに手紙を送り，彼の影響力を行使して，執行委員会に，「現実の状況についての正しい知識もないままに，粗野で傲慢な干渉主義的な性格の手紙や宣言を出すことがときおりみられるが，そういうことのないよう注意してほしい」と要求した。ツェトキンはさらにつづけて，こう書いている。執行委員会はいろいろな国の「具体的状況」から「切り離されている」ために，コミンテルン路線の実践的実現に際して「過ちを犯すことになる」と[22]。

これをかりに，クラーラのレーニンへの1921年1月の第1の手紙としてお

る（村田編訳Ⅰ 1987：380）。

21）ツェトキーンは，のちに党規律違反を自己批判し，8月22-26日の第7回党大会で中央委員に再選され，ともに辞任した他の中央委員は，レーヴィに従って「共産主義者労働協会」（KAG）という組織をつくった。

22）出所は，Firsov, Komintern: mekhanizm funktsionirozaniia, 35.とある。私は確認できていない。この個所に続けてマクダーマット他（1996＝萩原訳1998：23）のパウル・レーヴィに関する叙述は，パウル・レーヴィを「歴史的複合性」においてとらえているとはいえない。これは次章で扱う。またイタリア問題についてはレーニンもコミンテルン執行委員会と同意見でツェトキーンとレーヴィを批判し，さらに中央委員会から脱退したことを大きな誤りだとした（『レーニン全集』Vol.45：112）。

こう。

上記のクラーラの懸念は，ますます現実のものとなる。レーヴィ指導下のドイツ統一共産党に不満であったコミンテルン執行委員会は，1921年3月初め，同党への介入のために，1919年の短期に終わったハンガリー・ソビエト共和国の指導者ベラ・クン[23)]ら3人を派遣した。クンは，クラーラと3月10日に，レーヴィとは3月14日に会った。クラーラはその時「打ちのめされたような印象」をもったとレーヴィに言っている（篠塚 2008：67, 68）とのことである。

イタリアの問題については，クラーラのファシズム論との関係でここで付け加えておかなければならない事項がある。現在ファシズムと言えば，一般には，後年のドイツのヒトラーのナチ党の政策を含めた広い概念となっている。しかし，もともとはイタリアを起源とするものであり，イタリアのムッソリーニは，すでに1919年3月，ミラノで「戦闘者ファッショ」（ファッショとは古代ローマの官吏がたずさえた一束の棒で団結・結束を意味し，ファシズムの語源となった）を結成し，同年11月の総選挙に立候補したが4千数百票を獲得しただけで落選した。しかし「戦闘者ファッショ」は，翌1920年の北イタリアのストライキで労働者による工場占拠が行われると，社会党員や労働者を暴力で攻撃し，労働運動を暴力で鎮圧した。「戦闘者ファッショ」は共産主義の進出を恐れる資本家・地主・軍部などの支持を受けて勢力を拡大し，1921年5月の総選挙では31名を当選させ，同年11月に「ファシスト党」に改組された。まさにその年，1921年，1月にイタリア社会党大会が，コミンテルンの加入条件「21カ条」をめぐって3派に分裂したのである。1922年10月28日に，4万人のファシスト党員がナポリなどからローマにむけて進軍する，いわゆる「ローマ進軍」をおこなった。国王ヴィットーリオ・エマヌエーレⅢ世は10月30日ムッソリーニに組閣を命じ，首班指名を受けて政権を授与され，史上初のファシズム政権が成立した。

23）のちにクン・ベラは，1929～34年の「社会ファシズム」路線の忠実な支持者であったが，1937年に「スパイ」容疑で逮捕されて1938年に死刑。

レーニンは，すでに，1921年5月に，「イタリア（ファシスト）風」という言葉を用いている（『レーニン全集』Vol.32：384）し，同年8月14日付けの「ドイツ共産主義者への手紙」のなかで，コミンテルン第3回大会の諸決定の最も重要な個所の一つとして，イタリア共産党が日和見主義とたたかいながらファシストとの戦闘のなかでプロレタリアートの大衆と結びつくことをあげている（同上：496）。また1922年2月にレーニンは，5月の最初の発作の前に，ローザについて「そうした自分の誤りにもかかわらず，彼女はやはり鷲であったし，いまも鷲である」の表現を残した「政論家の覚え書」を書いた。このなかで，セルラーティを批判しながらイタリア・ファシズムの明白な教訓を実践的に，実際的に活用するべきことを奨励している（『レーニン全集』Vol.33：209，ただしこの「覚え書」1924年4月16日付けの『プラウダ』87号にはじめて発表）。さらに2度目の発作の前の1922年11月13日の，コミンテルン第4回大会での演説において，コミンテルンの決議は，ロシア的であり，ロシアの経験を反映しているので，外国人にとっては空文句に留まっていると指摘し，経験の一部を自分のものにし実践するために，イタリアのファシストがイタリア人になにかを仕掛ければわかるだろうという意味のことを書いている（同上：449参照）。このように，レーニンがファシズムに言及したのは1921年と22年であった。

コミンテルンはどうか。ファシスト政権の成立直後，1922年11月4日の「イタリア問題についての決議」で，1920年秋のイタリア労働者の工場占拠に際し，この時点で革命的労働者党の不在が，労働者の敗北を決定し，現在のファシズムの勝利を準備したと述べる。そして「ブルジョアジーが，その最も精力的な翼であるファシズムの姿をとった」（村田編訳Ⅱ 1979：338）ものなので，イタリア社会党とイタリア共産党の合同の重要性を呼びかけている。翌11月5日には「イタリア労働者と農民へ」という呼びかけで，ファシズムの攻撃下のイタリアの勤労者への連帯を表明している（同上：355-356）。コミンテルンは1923年6月23日に再び「イタリア問題についての決議」を出し，進まないイタリア共産党とイタリア社会党多数派の統合について，ファシズムに対抗する力となるために促進すべき旨を呼びかけている。クラーラのイタリア・ファシズム論は1923年に展開されるので以上の経過と事実をとりあえず念頭にいれておくことにする。

3)「攻勢の理論」と「3月行動」

さて，レーヴィにかわって新しく「統一ドイツ共産党」の中央委員会議長の一人になった前記のブランドラーは，コミンテルンの執行委員会の見解を受け入れる「攻勢理論」の持ち主で，3月半ばに開催された中央委員会でこの「攻勢理論」を提起した。

「攻勢理論」あるいは「攻撃の理論」(原語はOffensivtheorieあるいはOffensivephilosophie，以下論者に従って「攻勢」あるいは「攻撃」を両用する)とは,「統一ドイツ共産党は，自力だけで行動に出うる実力を持つにいたった」という考えで，この理論は，客観的力関係を無視しても党は攻勢に出なければならないという冒険主義的なものであった。この「統一ドイツ共産党」の「攻勢の理論」とは，ドイツ共産党の党員の増加，経営協議会での影響力の拡大に自信を得て，「党はあえて攻勢に出なければならない」，「われわれは革命を強行しなければならない」とするコミンテルンの使者たちと一致した(高村 1989：32)。のちにドイツ共産党の議長となるエルンスト・テールマンは，この理論を支持した。

統一ドイツ共産党の主流はというと，これを左翼急進主義として退け,「公開書簡」以来の大衆政策，統一行動を拡大し大衆との結合を強化する政策を推し進めようとした。しかし，当時の諸情勢がそれを許さなかった。その結果いわゆる「3月行動」が始まった。

「3月行動」とは，ドイツ共産党が,「攻勢の理論」に基づいて，1921年3月下旬に中部ドイツのマンスフェルト鉱山地区を中心として引き起こした，大規模な武装行動のことをいう。この行動全体については，上杉の研究(1968, 1973, 1976, 1977a, 1978)の他，すでにのべた篠塚の800頁にもおよぶ研究書(篠塚 2008)がある。コミンテルンとドイツ共産党との関係というテーマとしても，コミンテルン第3回世界大会とドイツ共産党という問題は，研究者の関心をひくものであったので，斎藤（1979：179-217）の研究もある。

それらの研究に依拠しながら，私は，当時のクララーラのドイツ共産党内での位置をみることにする。

結局，統一ドイツ共産党は全国にゼネストを呼びかけ，3月23日からは武装行動を開始したが，それらも徹底せず，共産党側の軍事的劣勢が明白になっていった。マクダーマット他（1996＝萩原訳1998：60）は，これは，ジノーヴィエフとベラ・クンに吹き込まれて，ドイツ共産党が計画の不十分のまま起こした蜂起であったという見方をしている。

もともとこの行動に反対だったレーヴィは，3月29日付け書簡で，「3月行動」のきっかけについて以下のようにレーニンに報告している。

4週間前にコミンテルン執行委員会のある同志がドイツへ派遣された。（中略）私との，またツェトキーン同志との話し合いの内容は次のようなものであった。この同志は言った。「ロシアは非常に困難な状況にある。ロシアが西での運動によって負担を軽くされることが無条件に必要である。この理由からドイツ党は直ちに行動に入らなければならない。ドイツ合同共産党は今日50万の党員をもっている。これでもって150万のプロレタリアを立ち上がらせることができる。政府を打倒するには十分である。それゆえに政府打倒のスローガンで闘争を即時開始することに賛成であると」。これに反対する自分とツェトキーンに対して，クンは，「直ちに行動を始めなければならない。『部分行動』でも」との見解を固執した。彼の助言と圧力で党中央部は3月17日の中央委員会会議を招集し，そこで提起された一連の要求のために，そのトップには政府打倒があったが，行動に入ることが『労働者』に要求された[24]（篠塚 2008：68による）。

党中央委員会は結局4月1日ゼネスト中止を呼びかけ，4月4日に中央委員会を招集した。しかしこの会議には，すでに中央委員会を離れていた前議長

24） この手紙はPaul Levi an Lenin, den 29.3.1921, in: Briefe Deutscher an Lenin, 1917-1923, Dokument 68, 218f. からとっている。私は原文をみていない。

レーヴィは招待されなかった。

当時の議長ブランドラーは，「3月行動」を擁護した発言をした。これに対し，2月に中央委員会を退いてはいたが国会議員として審議権をもってこの会議に参加したツェトキーンは，「行動のやり方はバクーニン的一揆主義への堕落」と非難し，長文の決議文を提案した。

一部を引用する。

> ……この行動は，所与の経済的な内外政治的な状況を，偏見を持たず，冷静に評価せずに，広範なプロレタリア大衆と接触せずに，彼らを資本主義とブルジョワ秩序に対する攻撃へ導く具体的な闘争目標もなしに，そして一定の準備もなしに行われた。（中略）それは，ブルジョワジーのより強力な武装化とプロレタリアートのさらなる武装解除を引き起こしてしまった。それは，党を大衆から孤立させ，党と大衆の間に不信の壁を築いてしまった。……[25]（篠塚 2008：288による）

しかし，クララの決議案は否決され，タールハイマーが起草した中央委員会の「3月行動」を肯定する12項目の決議文が採択された。コミンテルン執行委員会は4月6日付けで「ドイツの革命的労働者へ」（レーニン起草）を出し，そこで「3月行動」を擁護したのである。そこには「共産主義インタナショナルは諸君に言う。諸君の行動は正しかった！労働者階級の勝利は，けっして一挙にかちとられうるものではない。諸君は，ドイツの労働者階級の歴史に新たな1ページを書きくわえた。次の闘争のために準備せよ。諸君の闘争の経験を検討し，それから学べ。……」（村田編訳Ⅰ 1978：382）と書かれていた。

4月14日にはクララが，ベラ・クンとの話し合いをレーニンに書いて，自分の決議文案を同封した。その手紙の一部を引用する。

25）*Protkoll der Sitzung des Zentralausschusses der VKPD von 7.u.8. April 1921*, Blatt 29f 私はこの資料を確認していない。

執行委員会の代表者としてのB*との話し合いのなかで，私は残念ながら，彼がドイツの状況を誤って評価していると，彼がとくにドイツのプロレタリアートを全く誤って考慮に入れていると，確信せざるを得なかった。彼は言った，ソヴィエトロシアとの同盟は行動の現実的闘争対象としては無力で弱い。党は大衆を政府打倒のスローガンで動員しなければならない，と。(中略) Bは，反革命が攻勢に出るときには大衆は動員されねばならない，との見解であった。我々は反革命を挑発して戦闘を開始させなければならない。バイエルンでも我々はオルゲシュ[26]を挑発しなければならない，と[27] (篠塚2008：68-9)。(*Bとは，ベラ・クンのこと：伊藤)

これを，4月14日のクラーラのレーニンへの第2の手紙とよぶことにする[28]。

篠塚 (2008：294) の研究によれば，レーヴィは，ゼネストが中止された4月1日以降4月3～4日に「3月行動」を批判するパンフレット『われらが道——揆主義に抗して』を書きあげた。4月7～8日の中央委員会での発言は認められなかったので，印刷に回し，12日に発行してしまった。それには，「3月行動」は「これまでの歴史の中で最大のバクーニン主義者の一揆」とし，その責任の一端がコミンテルン執行委員会にあると書かれていた。この問題について小冊子を書くということは，レーヴィは前の手紙でレーニンに予告していた[29]。

---

26) オルゲシュというのはOrganisation Eschenbachの略称。エッシェンバハという人物が中心になった反革命の武装組織 (上杉 1977a:115)。

27) この手紙はClara Zetkin an Lenin, den 14.April.1921, in:Briefe Deutscher an Lenin, 1917-1923, Dokument 70, 230.からとられている。私は原文をみていない。

28) ツェトキーンのレーニン宛ての手紙とその前後の事情はPuschnerat (2003：256-273) も参照した。

29) レーヴィは小冊子の印刷中に原稿をクラーラ・ツェトキーンに送った。原稿に目を通したツェトキーンは，4月11日付けの手紙でレーヴィに注意し，原稿に手を入れて削除や変更を求めた。要点を記せば，①小冊子は内容はすばらしいが，結果から言って，あなたは除名されるだろう。②あなたは，党とコミンテルンのために，プロレタリアートと革命の為に同志大衆のことを考えて除名という火に油を注ぐ真似はしないでもらいたレーニンは，クラーラ・ツェトキーンとパウル・レーヴィにあてて下記の返信をした。

同志ツェトキンと同志レーヴィ！　　　　　　　　　1921年4月16日

親愛な友人諸君！　お手紙ありがとう。残念なことに，この数週間私はたいへん多忙で，疲れきっていたため，ドイツの新聞をほとんど読むことができませんでした。ただ公開状を読んで，まったく正しい戦術だと考えただけです（わが国の「左派」はこの手紙に反対でしたが，私は彼らの反対意見を叱っておきました）。ドイツにおける最近のストライキと蜂起運動については，私はまったくなにも読んでいません。執行委員会の一代表が愚かな，左翼的すぎる戦術を主張し，「ロシア人を助けるために」即時行動をおこすように主張したというのは，お話しのとおりだろうと思います。この代表は，左翼的すぎることがよくあるのです。私の考えでは，そういうばあいにはあなたがたは譲歩せずに，抗議し，問題をただちに正式に執行ビューローの総会に提出すべきです。

セラティについては，私はあなたがたの戦術を誤りだと思います。セラティをなんらかの形で擁護したこと，そうでないまでも擁護めいたことをしたことは，誤りでした。しかも，中央部から脱退するとは!!??　とにかく，これは，このうえない大きな誤りです！　責任ある中央部員が少数派になったからといって中央部から脱退するような習わしをわれわれが大目に見るなら，共産党の発展と健全化はけっして順調にはおこなわれないでしょう。脱退などせずに――係争問題を執行委員会といっしょに何度でも討議する

い。③言っていることは正しいが，それゆえに解釈のされかたで安っぽい口実を与える書き方は慎んでもらいたい。④ラデックに対する論争的攻撃を和らげること，などであった（篠塚 2008：294-295，614から要約）。レーヴィは，クラーラが予想した通り4月15日に党から除名処分を受けた。4月29日にコミンテルンは，議長ジノヴィエフ名で，「レーヴィの件についての決議」を出し，「3月行動」の問題をコミンテルン第3回大会の審議にかけること，レーヴィ除名の決定の承認を決めている。上杉（1969，上：198）によると，18人の幹部が彼に呼応するという結果となった。これをみてクラーラ・ツェトキーンは，4月15日に，レーヴィ等と行動を共にしたことを自己批判しつつ「大衆との密接な接触」（『ディ・ローテ・ファーネ』1921.4.15）を強調して，『公開書簡』の精神にたち戻るよう訴えた。

のがよいのです。いま同志レーヴィは小冊子を書こうとしています。つまり，対立を深めようとしているわけです！　なんのためにそんなことをするのですか？？　私の確信するところでは，これは大きな誤りです。

なぜ待たないのですか？　6月1日には当地で大会がひらかれます。なぜ大会の開会まえに当地で内輪の話合いをやらないのですか？　公開の論戦をやったり，脱退したり，意見の相違についての小冊子を出したりしないで。われわれには試練を経た人材がたいへん少ないのですから，同志諸君が脱退を声明する等々したことを，私はほんとうに憤慨しています。できることはなんでもやり，できないことでもうすこしはやって――ぜひとも脱退を避け，対立を激化させないことが必要です。

2月と3月には，われわれの状態は困難でした。農民国で，農家が住民の絶対多数を占めているのです。彼らは動揺し，零落して，不満をいだいています。だが，あまり悲観的になるにはおよびません。われわれは適時に譲歩しました。われわれが勝利をおさめることを，私は確信しています。

敬具　レーニン

（『レーニン全集』 Vol.45：112-113）[30]

4）コミンテルン第3回大会へ

1921年のドイツ共産党とコミンテルンとの関係で，クラーラ・ツェトキーンについて書いておかなければならない重要なことがもう一つある。それは，コミンテルン第3回大会と，第2回国際共産主義女性会議に出席するため6月4日にドイツを出発してモスクワに着くまでの出来事である。

ルイーゼ・ドルネマンのクラーラ・ツェトキーンの伝記初版（ドルネマン1957＝武井訳1969：280-281）に次のような叙述がある。

30）編集部注として，レーニンの手紙の写しには，次の書きこみがある。「レーヴィとツェトキンへの私の回答」，1921年4月16日，「文書保管所に保管すること。もう2～3通写しをとること」，「要返却」，「1921年5月17日受領」。1958年に雑誌『平和と社会主義の諸問題』第2号に始めて発表。レーニンの書きこみのあるタイプした写しによって印刷。原文はドイツ語。（…や◦◦◦は，全集のとおり）

このときは彼女の秘書のほかに，息子のマキシムも同行した。この旅行中，彼女は新しい襲撃を受けたのである。同行の女秘書とマキシムを連れてリガで西欧の列車からロシア型の広軌の列車に乗りかえようとしていたとき，二人の男が近づいてきた。クララは二人の特徴的な制服を見て，客よせをするホテルの使用人かなにかだと思った。ところが男たちは，二人の女性の腕を乱暴につかまえると，むりやり連れ去ろうとした。二人の男は，当時ほとんど完全にロシアの白衛軍将校の手中にあったリトワニア警察の警官だった。女性たちの後にすこし離れてついていたマキシムは，どうにか逃げおおせた。明らかに警官たちは，彼がクララの息子であるとは知らなかった。

クララと秘書は警察に連行され，そこで身体検査をうけ，書類，金，その他身につけていた貴重品をとりあげられ，それから訊問をうけた。だれにも気づかれないようなところへ連れ去ってやると言われたが，クララは，警察が自分たちをどこかリトワニア国内の小さな刑務所にでもいれてしまえば，同志たちが自分たちを見つける機会はほとんどないだろうということは，明らかだった（主語・述語関係が明らかでないがママ：伊藤）。二人の女性は，粗末な小部屋で待たされて不安な数時間をすごした。夕方近く，二人には無限なくらいに長く感じられた半日が過ぎてから，一人の官憲が入ってきて，いやに親切そうに，もう自由の身だから行って結構です，と告げた。男には，外国の紳士がついていて，二人の女性にやさしくあいさつをした。マキシムがソビエト大使館に連絡して，大使が二人の釈放に成功したのだった。マキシムは荷物の大部分を警察の押収から守ることにも成功した。クララは，やっとのことでモスクワ行の列車に腰をおろして，ほっと息をついた。

1969年に武井は上記ドネルマンによるクラーラの1957年の初版（クラーラ・ツェトキーン生誕100年に合わせての出版）を翻訳して出した。この書は，1959年すでに，生誕100年で新たに明らかになった点を修正し，年譜を巻末につけた第2版が出ていて，さらに刷りを重ねていた。私が手にして読んだのは，1962年校訂第4版であるが，これは，1959年版と同じであり，さらに，

1973年にサブタイトルと目次を変え，写真をこれまでの9葉から48葉に増やし，年譜をはずして，文献一覧をより詳細なものとするなど，大幅な改訂をした版が出された。これは，第5版新版とよばれている。

上に引用した文章は，第2版および校訂第4版にはなく，1973年の第5版新版で再び現れた[31]。しかし，この旅に同行したマクシムの日記風メモ（SAPMO-BArch NY4005/15, Bl.85-143）があるのでそれと対比すると，このドルネマンの文章は事実関係で不正確な点がいくつかある[32]。

マクシムのメモによれば，秘書とは，ハンナ・ブーフハイムで，他にマクシムが知らない女性と4人で6月4日，（ベルリンの）フリードリヒシュトラーセ駅を夜8時45分に，寝台車で出発。6月5日ケーニヒスベルクで乗換え，正午12時，エイドクーネン（Eydtkuhnen）で，ヘルタ（シュトルム）が来る。政治局の警察から，軽く取り調べられ，マクシムから地図を，クラーラからは女性会議のための資料が没収される。さらに，6月6日朝，朝7時半，リーガで，クラーラ，ヘルタがプラットホームで逮捕され，ハンナとマクシムはすべての荷物を素早く寄せ，ゴネツキー（Gonetzki）のところへ行く。

とあるので，リガで逮捕されたのは，クラーラとヘルタであって，秘書つまりハンナではない。引き続き，マクシムのメモによれば，2人は，約12時間後釈放される。グロネツキー（Gronetzki）のところで合流。ただの誤解だったとのこと。夜10時に出発。6月7日，車窓の風景や人々の描写とマクシムの感想が書かれている。6月8日，とどこおりなく走り昼12時半に，モスコウに着く。雨。近代的な駅。荷物のなかからマクシムの一番良いトランクが出てこない。「手品のように不可解。リガで取り違えられたにちがいない。12,000マルクの損害[33]！」（SAMPO-BArch NY4005 15, B1. 85-86）とメモにある。

31）この箇所に注目した篠塚（2008：378-379，注693）は，第3版（1960）にはこの箇所はないと注記しているが，1973年の第5版で再度現れる（Dornemann 1973：425）のである。また第5版では「攻勢理論」の箇所が加筆されている。

32）ただし，メモは，略号，あるいは暗号風の部分があり，判読不明や，略記部分が多いので，私が読み取れる部分のみ判断の対象にする。

33）マクシムの日記風メモは，手帳に走り書きされているが，SAPMOアルヒーフは，これをタイプで翻刻した。A4サイズ59頁にも及ぶ長いものである。以下折にふれて引用する。Eydtkuhnenは当時ドイツ側の北の国境の市。ただし日本語読みにしたものを発見できない。ゴネツキー（Gonetzky），グロネツキー（Grontzky）は同一人物かもしれない。

なくなったトランクは，マクシムのトランクであるが，のちに，リガで没収された荷物の中に，コミンテルンから要求されてドイツから運ぶ「3月行動」の重要書類（ツェトキーン資料）が入っていたと篠塚は書いている。この資料が，どのようなルートを経てか不明であるが11月25日のドイツ社会民主党の中央機関紙『フォアヴェルツ』に発表された（篠塚2008：376-380）。クラーラは，その資料が押収されたことをめぐって，供述し攻防しなければならなかった。

クラーラ・ツェトキーンの新しい伝記の著者，ターニア・プシュネラートは，この問題をクラーラの失敗として見逃さなかった。篠塚（2008：693）は，「ツェトキーンの『ボリシェヴィキ化』に関心を持つプッシュネラートは，『この問題での彼女の供述は非常に矛盾していて，殆んど信用できない』（Puschnerat 2003：235, 注203）とのべているが，その論拠は示していない」と書いている[34)]。確かに論拠は書かれていない。

このほかにも，篠塚（2008）の研究の中には，レーヴィやツェトキーンに関するさまざまなエピソードがちりばめられている。

例えば，レーヴィとクラーラとは，クンによって「ヒステリックな人間」，「行動を反革命的にサボタージュした」と非難され（篠塚2008：312），レーニンはその報告を（括弧）に入れ，アンダーラインを引いて，ドイツ語で≪So≫と書きいれた（篠塚2008：312）とか，多くのことが書かれている。

篠塚（2008）にはこのほか，パウル・フレーリヒが「攻勢の理論」支持者であり，クラーラに不信感を抱いていたこと，1921年の党大会では中央委員に選出されなかったこと，しかし後に，クラーラとともにローザ・ルクセンブルク全集の編集と刊行に従事したことをあげ，また，フレーリヒは，「私は初めから，クラーラ同志が彼女の見解の根底においてはコムニストではないと思っていましたけれども，いつも彼女を大きな信頼をもって仰ぎみてきま

34）ついでながら篠塚は，「3月行動」において，「3月行動」を鋭く批判していたクラーラ・ツェトキーンが「党規律の前に屈して行く過程を，プシュネラートは，『ツェトキーンのボリシェヴィキ化』の観点から詳述している（Puschnerat　2003：235-277）」と指摘している（篠塚2008：693）。そのような見方もあるが，それは，ツェトキーン流の現実を直視した政治的判断と説明することもできる。

した。しかし私は，彼女と一緒に党の中でやって行くには，長い期間は不可能であると，言わざるをえません」，「客観的には今日の状況ではすでに，執行委員会の確たる意志が我々を引き留めなかったならば，我々はクラーラ同志とそのカバン持ちたちの除名に着手しなければならなかったでしょう」[35]とレーニンに手紙を書いた（篠塚2008：312）こと，また，ラデックは，コミンテルンの大会前夜（6月21日）のロシア代表団会議で，ツェトキーンと全ての反対派が党中央に屈服しない場合には，彼らを除名する要求をしたとか（篠塚2008：313）[36]多くのエピソードを書いている。

さて，コミンテルン第3回大会は1921年6～7月に開催された。

1921年7月9日，コミンテルンロシア代表団の名においてジノーヴィエフによって「3月行動とドイツ共産党内の情勢についての決議」が提案された。そこには，「第3回世界大会は，すべての主要決議，とくに戦術決議のうちの，熱烈な論争の対象となった3月行動にかんする部分が全員一致で採択されたこと，そして，ドイツの反対派の代表たち自身が，3月行動についてのその提案において概して本大会の見解の基盤に立ったことを，満足の念をもって確認する」（村田編訳　Ⅲ 1978：487）と書かれている。村田（同：600-601）によって「ドイツ共産党内の反対派（フランケン，マルツァーン，ノイマン，ツェトキーン）から反対決議が提案されたが，これは，反対派を名ざさずに，一般的に党規律の順守と分派形成の否認とを呼びかけたものであった。大会は全員一致でロシア代表団の決議を承認した」と注解されている。

また，ドイツ共産党中央委員会は，同委員会編の論文集『革命的攻勢の戦術と組織，3月行動の教訓』を準備した。ゲラ刷りを読んだレーニンがこれを酷評したので販売を停止することを決めたが，実は発行されたとのことである（篠塚2008：297）。

コミンテルンは，第3回大会において，傘下の各国共産党が大衆運動を重視する方針を出した。ロシア側は，1921年はじめから新経済政策「ネップ」

35）篠塚は，この手紙をPaul Frölich an Lenin, in : Briefe Deutscher an Lenin, 1917-1923, Doc.71：239-243, からとっている。私は原文をみていない。

36）A.Reisberg,Bd.1,163. からの引用とのことであるが，私は原文をみていないので日付その他を特定できない。

を採用し，それと呼応してコミンテルンの戦術を「大衆の獲得」を第一義的な課題とする方針に転換させていたのである。山田（1997：32）は「第3回大会は，コミンテルン指導部がレヴィ除名の承認にかかわらずレヴィの指導内容を再評価した場であった，とみることができる」と分析している。1921年以降ドイツ共産党は，コミンテルンに容認された路線で，「3月行動」で相当の党員を失いながら[37]，ほぼ20万規模の党員を持つ大衆政党として社会民主党に次ぐ第2の労働者党となった。

この頃，こうしたドイツ共産党の動きを，外から見ていたであろうケーテ・コルヴィッツにまた登場してもらおう。以下は，クララーラがレーヴィの擁護のためにモスクワで奮闘していると思われるころ，1921年6月28日のケーテの日記の一部である。

（前略）わたしは革命を経験し，わたしが革命家でないことをはっきり知った。バリケードに倒れようとの，わたしの子供らしい夢は，実行がむずかしいであろう。なぜならそれがどんなものであるかを，実際にわたしが知って以来，バリケードに行くことは，わたしには困難だということがわかって来たから。これまでの年月を，わたしがどんな幻想の中に生きて来たかを，今になって知った。

わたしは革命家であると信じていたが，単なる進歩主義者に過ぎなかった。実は時おりわたしは自分がいったい社会主義者であるのかどうか，むしろ民主主義者ではないかどうか，わからなくなることがある。現実が人を心肝に徹して試験し，かれの幻想からぬけ出て，正しいことをさとるということのない場所に，かれをいたわって据えておかないことが，どんなによいことであろうか。コンラード[38]の場合もいくらか似ていると思う。

実は，かれは――わたしにしても――もし現実の革命が，わたしたちが期待していたような相貌を呈していたら，革命家として行動する勇気もわ

37）「3月行動」においては155人の労働者が警官によって殺され，逮捕されたもの男女約6000人にのぼった（上杉1969：197）。

38）兄コンラート・シュミット（鈴木訳ではコンラード）をさす。ここでケーテ・コルヴィッツは，兄との思想的接近，あるいは同一性を告白している。

いたであろうに。ところが，それは最大級に俗物的で，滓（おり：鈴木によるカナルビ：伊藤）の多い（原語はschlackenhafte：不純なという意味か：伊藤），非理想的な現象を実際には示した――あらゆる現象が――そうであったので，わたしたちは愛想をつかしたのである。しかしもしもハウプトマンのような芸術家が現れそしてわたしたちに革命を，芸術家的啓発において示してくれるなら，わたしたちは再び自分たちを革命家と感じ，古い錯覚に陥るだろう（Kollwitz 1989：503-504＝鈴木訳 2003：148-149）。

クラーラは，ケーテからみると「最大級に俗物的で，不純な，非理想的な現象」のただなかに自らをおいていたのだ。職業革命家としてはそうせざるを得なかっただろうし，また職業革命家とは多かれ少なかれそのようなものであろう。

5） コミンテルンからの書簡とレーニンの手紙

コミンテルン執行委員会議長ジノーヴィエフからの8月13日付け書簡「ドイツ統一共産党イエナ大会へ」が出された。これには，ロシアからの執行委員として，ブハーリン，ラデック，レーニン，トロツキーも名を連ねている。スターリンの影はまだない。初期コミンテルンらしい書簡であり，「なにがなんでも攻撃という『理論』を全面的に拒否」すると同時に，パウル・レーヴィに表現される「日和見主義的偏向」を排除し，コミンテルン第3回大会の決議をイエナ党大会が全面的に受け入れるよう「威嚇的」な内容であった（書簡全文は村田編訳Ⅱ 1979：36-44）。

これとは別に，1921年8月14日付けで，レーニンは「ドイツ共産主義者への手紙」を書いた。ドイツ共産党のイエナ党大会に間に合わせようとして急いだ手紙である。そのなかに，クラーラ・ツェトキーンについて言及したくだりがあるが，彼女がこの時微妙な立場におり，レーニンはクラーラに手を出すなという考えを公表している。その部分を掲載する。

……同志，K.ラデックの論文『3月決起についての第3回世界大会の決定とこんごの戦略』（ドイツ統一共産党中央機関紙『赤旗』，1921年7月14

日および15日）は，私の確信するところでは，この第3回大会の一般的な，全員一致の決定にすくなからず違反している。ポーランドの，今日共産主義者の一同志から私におくってよこしたこの論文は，なんの必要もないのに——しかも事業に直接有害なことに——パウル・レヴィに矛先を向けているだけでなく（これはまだしも全然重要ではない），クララ・ツェトキンにも矛先を向けている。だが，クララ・ツェトキン自身，第3回大会のときモスクワで，協力一致した，非分派的な活動についてドイツ統一共産党中央委員会（「ツェントラーレ」）と「平和条約」をむすんでいるのだ！しかもこの条約は，われわれ全員が賛成したものである。同志K. ラデックは，場所がらでない論戦に熱心なあまり，あたかも彼女が「偉大な大衆が立ちあがる日まで」（auf den Tag, wo die grossen Massen aufstehen werden）「党のあらゆる行動を」（jede allgemeine Aktion der Partei）「延期する」（verlegt）という思想をもっているといった，まっかな嘘をつくにいたった。いうまでもなく，このような手口で同志K. ラデックは，パウル・レヴィがこれ以上のぞめないほどの奉仕を彼にしたのである。パウル・レヴィにとっては，論争がはてしなく長びくことだけが，ひとりでも多くの人が論争にまきこまれることだけが，ツェトキン自身がむすび，共産主義インタナショナル全員の賛成をえた「平和条約」の論戦的違反（翻訳ママ）によって，ツェトキンを党から切り離すように努力することだけが，のぞましいのだ。同志K. ラデックはその論文によって，パウル・レヴィが「左から」うけている援助のすばらしい見本を提供した（『レーニン全集』 Vol. 32：554-556）。

さて，ドイツ統一共産党イエナ党大会（第7回）本番ではどうであったか。

6） 1921年8月イエナ党大会：党名再び「ドイツ共産党」

1921年8月22日～26日，コミンテルン第3回世界大会のすぐ後に，イエナで合同共産党第7回大会が開かれた。ここで再び党名は「ドイツ共産党」となる。大会は通算した数でよばれる。事前に中央委員会が開催され，それに当時中央委員会を辞任していたクラーラ・ツェトキーンは，「国際女性書記局」を代表して出席した。この大会でフリースラント（エルンスト・ロイター）は書記長（政治局次長）となり，エルンスト・テールマンも中央委員に選出された。

イエナ党大会のくだりは，篠塚（2008：347-364）に詳細に書かれており，ツェトキーンは（レーニンの忠告にもかかわらず）健康上の理由で中央委員会に入ることを断ったが，いろいろな事情が入り組み，コミンテルン執行委員会代表，ブルガリア共産党総書記コラコフの勧めで受け入れた。中央委員会の中で反対派を代表したのはツェトキーン一人だけであった（篠塚2008：356）。

クラーラは，コミンテルン第3回大会出席のためモスクワに来た6月8日と，7月27日モスクワを去る時では，レーニンの影響もあったと思うが「3月行動」に対する評価をめぐって考えを違えていたことは確かである。このことはレーヴィを憤慨させた。8月23日，レーヴィは，国会から秘書のマチルデ・ヤーコブ（彼女はローザ・ルクセンブルクの秘書でもあった）に「クラーラはとうとう決定的に豹変してしまった。彼女が裏切ったのは，我々だけではない。彼女は事態を行き着くところまで直ちに進めてしまってトロツキーまでをも裏切ってしまった。彼女は今日，三月一揆（メルツプッチェ）に関するトロツキーの見解を退ける決議を承認した――マースローからクラーラまで――」と書いた（篠塚2008：360[39]による）という。

「3月行動」におけるクラーラ・ツェトキーンとパウル・レーヴィの関係や立場はそう単純なものではない。のちにレーニンと会った時の「3月行動」をめぐる会話を次章で取り扱うので，そこで再びこの問題についてふれたい。

この時ドイツ共産党員は約18万人であり，機関誌としては『ディ　ローテ・ファーネ』を含めて33の日刊紙，理論誌として『ディ　インテルナツィオナーレ』（予約購読3,500部），クラーラ・ツェトキーンが編集している女性向け『ディ　コムニスチン』（定期購読者2万7,500）が発刊されている。国会には26人の代議士がいたが，13人が離党しすでに1922年社会民主党に復帰したレーヴィ指導下に入った（同上）。

39）篠塚は，SAPMO-BArch.NY4126/16Bestand: Paul Levi, Blatt 26：A.A. Jones, Paul Levi and the Comintern, S.447から引用している。私は原文と照合していない。

1921年の初めに，ソビエトロシアは，戦時共産主義の政策で，政治的・経済的難局に立っていた。農民の暴動が起こり，労働者も不満を明るみに出し，飢えが全国を襲っていた。ケーテ・コルヴィッツは，1921年9月21日の日記に書いている。

写真12-6　ロシアを助けよう，ケーテ・コルヴィッツ作（1921）

> ロシアの恐ろしい飢餓と戦うために，共産党員といっしょに仕事をしている[40]。こうしてわたしはまた，本来のわたしの意に反して，政治に巻き込まれることになった。ポスターをひとつ作った。力尽きていまにも倒れそうな一人の男の周囲から，かれを支える手が差し伸べられている。よくできた。ありがとう（Kollwitz 1989：507-508，志真2006：163）。

ケーテもまた，意に反しても，「最大級に俗物的で，不純な，非理想的な現象」をみてみぬふりをすることなどできなかったのだ。ケーテの心情が読みとれる一節である。この作品とは，［写真12-6］と思われる。

さて，1921年は，大戦直後の「革命の波」が後退した時期であった。

1921年11月以降，ドイツ党指導部内には新たは紛争が起こった。フリー

40）1921年夏，ロシアでは干ばつの為に，数百万人の餓死者を出す大飢饉が予兆された。その時，ドイツの共産主義青年運動の指導者ヴィルヘルム・ミュンツェンベルク（1889-1940）が中心となって，文化人を含めて超党派で，国際的に飢えるロシアを救おうという訴えを8月12日に出した。賛同した文化人とは，アインシュタイン，ケーテ・コルヴィッツ，グロース，バーナード・ショウ，アナトール・フランス，アンリ・バルビュスなどがおり，ケーテがそれに加わったことを指している（星野2009：74-75参照）

KPD-Reichstagsfraktion 1921/22

写真12-7　ドイツ共産党国会議員団（1921/22）（前列左から2人目ツェトキーン）

スラントは，もともと，左派のマースローやフィッシャーと親しかったが，レーヴィ派に接近し，中央委員会内のレーヴィ派（マルツァーン，ブラース等）と結んで，レーヴィ派の復党を図るにいたった。彼は，コミンテルン執行委員会に敵対し，「モスクワからの独立」というスローガンを掲げた。また11月にドイツ共産党中央評議会は，当面の政治問題の解決のために「労働者政府」という方針を出し，12月8日にドイツ共産党中央委員会からすべての党組織に「政治情勢および党の任務についた，あわせて労働者政府への共産主義者の入閣に同意する件について」という通達を出した。このような動きに対して，ドイツ社会民主党の機関紙『フォアヴェルツ』11月25日号が，「3月行動」の暴露記事を載せた（村田編訳 Ⅱ 1979：558）。

3　引き続く困難の中で

(1) 1922年の「労働者政府（アルバイターレジールンク）」の提案

1922年1月10日，コミンテルン執行委員会は，「ドイツ共産党中央評議会へ」という書簡を送った。書簡は，ドイツ共産党が労働者政府のスローガンをかかげたことを「このことによってドイツ共産党は，煽動により，また組織活動により，広範な労働者大衆を自己の周囲に結集する可能性を得るだけでなく，またプロレタリアートを基盤におく他の諸政党にも，公然と，あからさまにブルジョワジーの側に立つか，それとも資本主義的連合にたいする闘争を取りあげるか，そのいずれかを選ぶことを，余儀なくさせるであろう。……」と評価しながら「誤った政治的用語の使用」として「社会主義的労働者政府」という呼び方は誤解を招くとして「ドイツ社会民主党と共産主義者労働協会の本質を見間違えるな」と警告する（村田編訳Ⅱ 1978：115-124）。村田（同上：558）は，「ドイツの党内問題にあてられたコミンテルン執行委員会のこの公開状（書簡：伊藤）は，当然にKAG（前出であるが，レーヴィと右派共産主義者ドイミヒらが作った，共産主義者労働協会Kommunistische Arbeitsgemeinschftの略称：伊藤）と党内におけるその一味の反党活動に対する闘争の呼びかけであるが，その一方で，統一戦線政策に反対していた党内左派の説得をもめざしている。この公開状（書簡）を受けとったあとで，1月21日のドイツ共産党中央評議会会議は，規律違反と解党主義的見解のかどでフリースラント，マルツァーン，ブラースら28名を除名した。フリースラントはKAGに加入した」と解説している。

1922年4月，ジェノヴァ世界経済会議のあいだにドイツとソビエト・ロシアのあいだの正常な経済的・政治的関係を復活させるために両国間でラパロ条約が結ばれた。

ドイツ国外相ヴァルター・ラーテナウは対ソ関係の正常化を目指す外交政策をとっていたが，反共産主義の立場をとる右派から激しい非難を受けた。このため6月24日，ラーテナウは反革命的テロル組織「オルガニザツィオーン・コンスル」の団員によって暗殺された。ラーテナウの葬儀でヴィルト首相は「敵は右側にいる」という演説を行い，反政府活動への対処を始めた。エーベルトは「共和国保護の緊急令」を発し，それは，7月21日に「共和国保護法」（Republikschutzgesetz[41]）として法制化された。これにより左右の過

41）1921年8月26日にも中央党の下ドイツ国務大臣エルツベルガーが「オルガニザツィオーン・コンスル」の成員によって暗殺された時，エーベルトは「共和国保護法」を持ち出し，クラーラは，1921年10月1日に，議会で，反対演説を行った（Zetkin 1921g, Zetkin,

激派活動への取締りは強化された。この時コミンテルン執行委員会は，1922年7月8日付けで「ドイツの男女労働者へ！　ドイツ共産党へ！　君主主義の危険からの共和制擁護の呼びかけ」を行った。

ラーテナウの暗殺に対して，ドイツの労働者階級は強力な抗議集会，デモンストレーションやストライキでこたえた。ラーテナウ暗殺抗議カンパニアは，カップ一揆に対する抗議行動以後におけるドイツの労働者組織の最初の共同行動であった（村田編訳 1979 II：573-574）。

1922年10月7日にドイツ共産党中央委員会は綱領草案を発表し，起草委員会に委託した。委員会には，ブランドラー，タールハイマーの他ツェトキーンが属していた。草案は，現在の課題は，「広範な大衆の状況に適合し，彼らの理解力の発展の度合いに近い部分的な闘争目標と結びつくこと」であるとして統一戦線戦術を全面に押し出している。綱領委員会はこの統一戦線を土台として労働者政府を結成することを提案している。

上杉（1969 上：223）は，「繰り返せば，レーニンが要請したプロレタリアート独裁への過渡的な形態として，この労働者政府が発見されている。したがって，この政府は，当然のことながら，統一戦線に結集された諸勢力に支持されつつ，プロレタリアート独裁を実現すべきさまざまな過渡的措置をとるべきものとされた。その措置とは，草案によれば，資本主義的大企業に国家が関与し，それによって利潤を制限し，労働者にたいする課税などを軽減すること，大企業の管理に経営協議会と労働組合とが参加すること，などである。ブランドラー，クララ・ツェトキンらは，ここで資本主義的社会体制を粉砕しようとは決して主張していない」と書いている。

この草案は，1921年の「3月闘争」の経験から引き出され，いろいろな問題点を残すとはいえ，ドイツ共産党のたどりついた水準であった。しかし，上杉（1969上：224-225）は「ドイツ労働運動自体について言えば，後述の1923年秋の武装闘争において労働者階級の敗北が記録されたのちは，実際はこの草案に現れた党の基本方針が厳密に検証されたにもかかわらず，極左分子がふたたび頭をもたげた結果，ブランドラー，ツェトキンらの草案は，

Ausgewählte II：335−356）。

写真12-8　コミンテルン第4回大会の代表者とクラーラ・ツェトキーン（中の列中央）（1922）

もはや積極的役割をはたさない運命となり終わった」といっている。

1922年11月から12月にかけてコミンテルンの第4回世界大会が開かれた。同大会は,「攻勢の理論」を批判し,「ブルジョワジーがすでに攻勢に移りつつあることを認め，さらにはファシズムの現実的な危険，これに対抗すべき戦術としての統一戦線および労働者政府」（上杉1969上：225）の問題をとりあげた。

1922年12月5日の「戦術についてのテーゼ」中の「11．労働者政府」（村田編訳Ⅱ 1979：288-291）の項では,「労働者政府の最も基本的な任務は，プロレタリアートを武装させ，ブルジョア的反革命組織の武装を解除し，生産の管理を実施し，租税のおもな負担を金持ちにせおわせ，反革命的ブルジョアジーの反抗を打ち砕くことでなければならない」（同：289）と，コミンテルン流の狭い解釈をして，労働者政府への参加にはコミンテルンの同意が必要であることを要求している。

当時，すでにイタリアでは，ムッソリーニが権力を握ってファシズムの動きが強まっていた。しかし，コミンテルンもドイツ共産党もその脅威を十分に認識しているとはいえなかった。

写真12-9 秘書（ヘルタ・ゴードン－オスターロー）（左）と国会へむかうクラーラ（右）（1922）

(2) 1923年「10月蜂起」～「相対的安定期」終わり1928年まで

1） ファシズムの危険

ドイツにとって賠償金の支払いは厳しいもので，1922年に入ると，連合国側は金銭による支払いをあきらめ，鉄，木材，石炭等の現物による支払いを求めた。しかし，現物による支払いも順調には進まなかった。

1923年1月11日，フランスのレイモン・ポアンカレ首相は，賠償不履行を理由とし，ドイツ最大の炭鉱地帯ルールを軍事占領した。成立後3年半のドイツのヴィルヘルム・クーノ内閣[42]は，「受動的抵抗」の政策をとった。ドイツ共産党は，このフランス軍隊のルール占領が，ドイツ民族の自立を経済

42）1年半で退陣したヴィルト内閣の後を受け，賠償金問題を視野に，アメリカと良好な関係をもつヴィルヘルム・クーノが1922年11月に首相に就任していた。クーノは占領に対して受動的な抵抗運動を呼びかけ，炭坑や工場，鉄道，行政は全面的にストライキを行い，占領に抵抗した。ストライキに参加した労働者の給料は，政府が保証した。給料の支払と税収の減少でドイツの財政は破綻し，生産が急減した状況で紙幣が大量に発行された結果，物価騰貴が生じ，ドイツ経済はハイパーインフレーションに陥った。8月に入るとドイツ各地で首相に反対するストライキが行われるようになり，議会の支持を失ったクーノ内閣は，在任わずか9ヶ月で退陣へと追い込まれた。

的にも政治的にも脅かすものとして，1923年1月23日付け『ディ　ローテ・ファーネ』で，「ポアンカレにルールで，クーノにシュプレーで，打撃をくわえよ！」と訴え，これはドイツ共産党のスローガンともなった。

1923年1月28日～2月1日にかけてドイツ共産党第8回党大会がライプツィヒで開催された。この大会において，クラーラも，開会演説（Zetkin 1923b）で「クーノをシュプレーで，ポアンカレをルールで叩け」と呼びかけ，「資本家階級は，ただプロレタリアートの統一戦線によってのみ打倒しうる」し，その結果樹立されるべき「労働者政府だけが，唯一の脱出路，すなわち経済的危機の重圧をもっぱらその肩に負わされている労働者階級を，現在の苦境から脱出させうる唯一の道だ」と強調した。

上杉（1969上：242）は，彼女（クラーラ）は「ここで統一戦線と労働者政府との関係を，はじめて明確に理論化した」といっている。大会は「労働者政府はプロレタリア独裁でも平和的，議会主義的にそれへ達することでもなく，ブルジョワ民主主義の枠内で，ブルジョワ民主主義的手段によって労働者的政策を遂行する労働者階級の企てである」と決議した（フレヒトハイム 1948＝足利 1971：136）。クラーラは，党中央委員に選出される。

1923年の春から夏にかけてストライキの波は高まった。このストライキの波とともに，統一戦線運動も発展した。ブラウンシュヴァイク，ブレーメン，ハムブルク，リューベック，やチューリンゲンにおいて労働者政府の前提条件が熟しつつあった（上杉 1969上：253）。

1923年6月12日～23日まで開かれた第3回コミンテルン拡大執行委員会は「ファシズムに対する闘争」の議題で，クラーラは，統一戦線の重要性とその成立の客観性を強調した。ここでのファシズムとは，イタリア・ファシズムであった。

クラーラ・ツェトキーンは，イタリア・ファシズムに対してどうたたかったのか。まず，1923年前半の反ファシズムの文献がクラーラ『選集』に収録されている。国際労働者救援会（IAH）のファシズムと闘う国際臨時委員会議長としてのクラーラ・ツェトキーンの「万国の労働者へ」の呼びかけに続いて「すべてのコミンテルン支部へ，すべての世界の階級意識あるプロレタリアへ」の呼びかけ（Zetkin 1923f）である。

1923年前半に，クラーラはドイツでの活動中に病にかかったが，それも癒えぬうちに6月12～23日の第3回コミンテルン拡大執行委員会総会出席のためモスクワへ行った。しかし，歩行が困難であった。この時出席していた荒畑寒村によるとクラーラは，6月20日「アームチェアにかけたまま二人の巨漢によって演壇に運ばれ」(荒畑　1961：421) た。彼女はこの状態で「ファシズムに反対する」2時間にもわたる演説 (Zetkin 1923g) を行っている[43)]。

このときの演説についてはいくつかの評価がある。富永 (1978: 23-25) は，次のように言う。

(1923年) 6月末，コミンテルン第3回拡大執行委員会総会が開かれ，「ファシズムに対する闘争」の議題ではドイツの代表の一人，クラーラ・ツェトキーンが名高い基調演説 (Zetkin 1923g) を行った。この演説はいくつかの優れた観察を含んでいるが，その主な狙いは，ファシズムをブルジョワジーの単なる軍事的テロ活動とみることに警告を与え，政治的・イデオロギー的把握の必要を説くことにあった。ファシズムは広範な社会層をまきこんでいる。広範な小ブルジョワ層は改良主義者に期待し，それが幻滅に終ったからファシズムに流れ込んだのだ。だから，ファシズムをプロレタリアの暴力に対するブルジョワジーの対抗暴力ととらえ，ロシア革命をファシズムの起源だとみるごとき改良主義者にこそ責任がある。だが，それとともに，「ロシア共産党を除く各国共産党」も数的弱さだけでなく認識不足による戦術的失敗のゆえに責任を免れない。ツェトキーンはいう，「歴史的，客観的にみれば，ファシズムはロシアで導かれた革命をプロレタリアがさらに推進しなかった罰としてあらわれる」と。彼女の演説は，その大部分がイタリアの事態に言及したもので，言外にそこでの党の実践にも反省を求めている[44)]。

43) この光景は荒畑寒村によって記述されている (荒畑　1961：421)。

44) 富永は同じ個所 (富永 1978：23) で書いている。クラーラ・ツェトキーンの演説の分析の材料・論旨の点で，イタリア問題とファシズム問題の専門家アークイラ (シャシュ) の論文と共通点が多いこと，クラーラが，独力で歩けないほど身体が弱っていたことを考え合わせると，彼女の演説の草稿原稿にアークイラが関与していたのではないかと想像し，しかしクラーラの演説は，アークイラに比べてロシア革命とボルシェヴィキを擁もう1人上杉はこの報告の内容をまとめ，意義・問題点を次のように指摘している。2ヶ所を引用しておく。

> もっとも，ツェトキンはこの時の報告では，イタリアのファシズムをとりあげ，この国において「産業資本は十分強力ではなく，……決定的なのは農業資本とひと握りの金融資本」と述べて，ムッソリーニとブルジョアジーの結びつきに触れている。しかし，これとの闘争方法，戦術としては，わずかに労働者の自衛組織をつくること，すなわち労働者を武装し，武力には武力をもって当たれ，と主張されているにとどまる（上杉1969上：238-239）。

> クララ・ツェトキンは，ファシズムはプロレタリア革命にたいするブルジョワジーの恐怖と弱さとの現れであり，その危険はファシズムがたんに反革命的暴力であるばかりでなく，大資本のために大衆的基礎をつくりだすところにある，と適切に指摘した。このドイツ労働運動の大ヴェテランの報告は，きわめて貴重なものであった。
>
> 彼女は，当面の最緊急の課題として大資本の野蛮な権力形態としてのファシズムに対する闘争をあげ，民主主義をまもるこの闘争のためには「経済的にも社会的にも大資本とますます対立している」(Zetkin, *Ausgewählte* II：719) いっさいの層，すなわち中産階級，インテリゲンチャおよび一部のブルジョア的勢力をも広く包含しなければならぬ，とされている。これは，共産主義運動にとって一つの画期的なテーゼであった。
>
> ツェトキンはこのような事態を精確に分析して，労働者階級の任務を指し示した。とはいえ，彼女はなお「大資本」と漠然と指摘しただけで，その内部の諸矛盾やいかなるグループとファシストたちが結合しているか，などの点では立ち入らなかった（上杉1969上：253-254）。

護しているとしている。

クラーラは，コミンテルンとイタリア問題によってドイツ共産党の中央委員を辞任するほどの立場にあったこともあり，ドイツファシズムとの対決の前に，イタリアファシズムには，きわめて敏感であったといえよう。

2） クーノ・ストライキと「10月蜂起」

ドイツでは，このあと1923年8月に「クーノ・ストライキ」が全土を覆い，8月12日クーノ内閣は倒壊した。次に登場した人民党のシュトレーゼマン内閣は，フランス・ブルジョアジーと妥協し，ルール闘争を終わらせようとして，8月13日，ドイツ社会民主党の経済理論家，ルドルフ・ヒルファーディングを財務相として内閣に入閣させた。ヒルファーディングは当時のドイツのインフレーションの終息をはかるため，通貨改革，財政改革に取り組んだが，ドイツ人民党の政略の犠牲となり，財務相を6週間務めただけで10月初め辞任を余儀なくされた（上条 2011：14 参照）。

クラーラは，6月の第3回コミンテルン拡大執行委員会以降，8月始めまでモスクワにいた。コミンテルンは，ドイツの情勢を革命的とみてドイツ革命のための委員会を創設した。この会議は，具体的な計画を検討するためにドイツの党の指導者をモスクワに招請し，8月末から9月初めにかけて，レーヴィの後，ドイツ共産党の党首となっていたブランドラー，ルート・フィッシャー，マースロー，テールマンが到着した。山田は「そして当時コミンテルンの代表としてモスクワに滞在していたツェトキンとヘルンレを交え，コミンテルン指導者との蜂起の計画に対する討論が計画された」（山田1997：310-311参照）といっているが，この期間はクラーラはコーカサスへ行っていてモスクワにはいない。ブランドラーらドイツ共産党幹部がザクセン州やテューリンゲン州の内閣に入閣し，ここを地盤としてドイツ全土に革命を広めようとした。しかし国防軍に鎮圧され，革命は失敗に終わった。またこの間にハンブルクで共産党の蜂起が起こっているが，これも数日で鎮圧された。いわゆる「10月蜂起」あるいは「10月闘争」（原語に近いものはMachtkampfか）である。この失敗によりブランドラーは失脚した。「10月蜂起」に失敗したドイツ共産党の指導者たちは，コミンテルンによって右派として非難され，左派の新指導者，ルート・フィッシャーとマースロー・アルカディに代えられた（カー 1979＝塩田訳 2000：127-128参照）。

ドイツ共産党は，1923年11月23日から翌年3月1日迄地下に追い込まれた（高村1989：40-52）。要するに非合法化されたのである。

1921年の「3月行動」の時と違って，この時クラーラは，コミンテルン執行委員会の指導的メンバーであった。しかし，ここでクラーラ・ツェトキーンがどのような態度をとったか資料的裏付けをとることが出来ない（この年の後半は，病気療養のせいか，論文や演説は選集にも全く収録されていない）。

3）「相対的安定」期のドイツ共産党（1924年以降1928年まで）

1923年のドイツの諸事件はコミンテルンでも注意深く研究され，1924年1月8日から21日まで，ツェトキーンをも含めたコミンテルンの執行委員会幹部会議がモスクワで開かれた。コミンテルン内においてもドイツ共産党は一致した見解は見出しにくく，ラデック，ツェトキーン，ピークらは，コミンテルンの政治決議[45]（村田編訳Ⅱ 1979：473−484）に賛同しかねて少数派となり，政治決議の採択後，声明を出した。この声明にクラーラが名を連ねていることから，1923年のドイツ「10月蜂起」へのクラーラの批判的態度が推し測られる。

ここでは，コミンテルンの政治テーゼが「10月蜂起」の敗北の原因について不完全な，誤った説明をしていること，失敗の理由を十分に確かめていないことを批判して，このような総括からは今後の教訓を引き出すことができない旨が声明されている（同上：605-606）。

1924年1月レーニンは没した。

4月にドイツ共産党第9回党大会が第1日はオッフェンバッハで，2日目以降はフランクフルト・アム・マインで開かれた。前述の1923年11月23日に出されたドイツ共産党の禁止はすでに1924年3月1日に解除はされていたが，4月の第9回大会はまだ非合法であった。大会の議事日程は政治報告，組織

45）1924年1月にコミンテルン執行委員会が出した「ドイツの諸事件の教訓」のことであるが，ここでは，ドイツ社会民主党を「社会主義の仮面をかぶったドイツ・ファシズムの一分派」であると書かれていた。このような総括にクラーラを含む少数派は反対したのであった。

報告，各部の報告，党大会への書面での挨拶の披露と決議の採択の順で進められた[46]。

クラーラは病気で欠席した。クラーラは3月の終わりに，モスクワから党大会に向けて長い手紙を送っている（注46の文献：85−96)。当時ドイツ共産党内には4つの潮流があった。①「10月闘争」まで党の主流をなしていたブランドラーやタールハイマーの右派。②ピーク，レンメレ，ツェトキーンら中間派。③フローリンやテールマンらの左派，④マースロー，ルート・フィッシャー，ローゼンベルクらの極左である。クラーラ・ツェトキーンは，ブランドラーらの誤りにはコミンテルン執行委員会にも責任があるとして右派に同情的であった。また，コミンテルン執行委員会議長ジノーヴィエフは，「10月闘争」以降，統一戦線戦術，労働者政府の問題でセクト的・極左的立場を強めて，③と④の立場を有利にした。1924年2月19日の党中央評議会会議で選出された新しい中央委員会は，中間派5名，左派2名からなり，党議長にレンメレが，副議長にテールマンが就任した。しかし，実権はベルリンのマースローとフィッシャーの極左グループにあった。

コミンテルンは，ドイツの党の潮流のなかにある，極左的偏向を是正しようとして介入して，混乱を招いた。党大会で選出された中央委員会には，マースローやフィッシャーの極左派が多数を占め，左派と中間派からはピークやテールマンが入り，ツェトキーンは再選されなかった（村田編訳Ⅲ 1980：553-555)。

この党大会では，女性問題については，女性国内書記局の報告があった[47]。各部の報告の中にはドイツ女性書記局からのものがあり[48]，クラーラ・ツェトキーンからの手紙が議事録にも掲載され[49]，女性のなかでの煽動（アジタテツィオーン）に関する決議が採択[50]されている。

大会はドイツ社会民主党に対しては社会主義の仮面をかぶったドイツ・フ

---

46) *Bericht über die Verhandlungen des IX Parteitages KPDs* (Sektion der KI), Abgehalten in Frankfurt am Mein vom 7.bis 10. April 1924, Hrsg. Von der Zentrale der KPD,1924.

47) 注46)の文書：64/30-33.

48) Ebenda.：64/80-83.

49) Ebenda.：64/85-96.

50) Ebenda.：195-96.

ァシズムの分派であるというコミンテルン執行委員会と同じ見方をした。

1924年5月4日に第2回国会選挙があり，ドイツ共産党は370万票（12.6％）を得て62名を当選させた。会期は1924年12月までであり，クラーラ・ツェトキーンはハッセン－ナッサウ19選挙区から当選した。第3回国会選挙は同年12月に行われ，共産党は270万票（8.9％）を得て，45名当選した。クラーラは，国会選挙提案（Reichswahlvorschlag：ヴァイマール共和国の選挙権と選挙制度の特別規定）で当選し，任期は1928年5月までであった。

1925年7月17日，ドイツ共産党は第10回党大会をベルリンで開催した。クラーラは前年からの病気でドイツの活動には参加していない。当時ドイツ共産党員は党員11万4千人であった。このときモスクワでは，スターリンとジノーヴィエフが対立していたが，ジノーヴィエフは，「左派」のルート・フィッシャーを支持した。コミンテルン執行委員会からはマヌイリスキーが党大会に出席した。

大会報告書[51]によると，クラーラ・ツェトキーンからの挨拶の電報が届いている[52]。さらに，党大会では，女性会議が開催された。そこでは，女性部の報告，政治状態と次の課題，中央への女性指導者の提言，その他について討論している[53]。

新しい中央委員には，フィッシャーとマースローらは再選されている。しかし，党内では異なる潮流の対立危機をはらんでいたので，1925年8月12日～20日まで，危機に終止符を打つため，モスクワでドイツ共産党代表団とコミンテルン執行委員会の1委員会との合同会議が開かれた。その会議の結果は書簡として公開され（村田編訳Ⅲ 1980：356-374）た。これが承認されて，フィッシャーとマースローは指導的地位から解任され，テールマンとデンゲルがこれに代わった。

このような時に，クラーラ・ツェトキーンは，コミンテルン側としてもド

51）*Bericht über die Verhandlungen des X Parteitages KPDs* (Sektion der KI), Berlin vom 12. bis 17. Juli 1925, Hrsg. vom Zentral-Komitee der KPD,Berlin 1926.Vereinigung Internationaler Verlagsanstalten G.M.B.H.

52）Ebenda.：444-445.

53）Ebenda.：745-768（以下落丁か，頁が抜けている）。

イツ共産党側としても姿を現していない。病気とはいえ，クラーラの両機関での発言力は1924年以降弱まっていくことが推測される。

1926年以降，ドイツ経済は好況に転じた。それは，労働者の労働条件の犠牲の上に立ったものであり，10月1日から5日まで，20％の賃上げ，週5日労働日の保証，残業の撤廃を要求するハンブルクの港湾労働者のストライキが行われた。エルンスト・テールマンはハンブルク入りをして，社会民主党系，無党派労働者と共産党との共闘のために努力した。また12月1日，ドイツ共産党のイニシアチヴで「全国失業者大会」が，5日には「全国勤労者会議」が開かれ，後者には社会民主党員，無党派層，農民の参加もあった。

コミンテルンは，この年に第6回，第7回と2度の拡大執行委員会をもった。その間，世界革命を唱えるトロッキーが追放され，1926年10月23日ジノーヴィエフが議長の座をとかれ（村田編訳 Ⅳ 1981：58），1926年12月15日，コミンテルン議長の制度の廃止についての決定があった（同上：94）。ジノーヴィエフに関する決議には執行委員会幹部会の一人としてクラーラ・ツェトキーンの署名もある。

コミンテルンはまた，ドイツ共産党から除名されたマースローやルート・フィッシャーらの異議申し立てに関して，その除名を確認した（同上：119-122）。

翌1927年3月2～7日，エッセンでドイツ共産党第11回大会が開かれた[54]。これは，エルンスト・テールマンによって指導される最初の大会であった（高村 1989：73）。テールマンは，「政治的状況と党の課題」という報告をした[55]。この時小康状態にあったクラーラはまだモスクワにいた。この大会には挨拶を送っていない。また大会では女性書記局の報告もなく，女性会議が開かれた形跡もない。

クラーラは，7月5日の70歳の誕生日はモスクワで迎え，8月31日～11月初めまでドイツに帰国していた。クラーラは，1927年以来，ドイツ共産党の中では，役職はなかったが，国会議員としての位置は変わらなかった。

54）*Bericht über die Verhandlungen des XI Parteitages der KPD* (Sektion der KI), Essen vom 2. bis7.März 1927, Hrsg. vom Zentralkomitee der KPD,Berlin 1927.Vereinigung Internationaler Verlagsanstalten G.M.B.H.

55）Ebenda.：42-65.

1928年5月20日の国会選挙で，共産党は320万票（10.6％）を獲得し，54名を当選させた（ドイツ社会民主党は153席（30％）獲得）。この時ナチスは，12議席であった。社会民主党は，6月28日，ヘルマン・ミュラーを首相に立てて，民主党・中央党・バイエルン人民党・人民党の大連合政権を樹立した。

クラーラは，この選挙でヴュルテンベルク31選挙区から当選した。しかしクラーラは，この時モスクワ近郊アルハンゲリスクの別荘に住んでいて，健康状態はますます悪化していた。

次章でふれるが，コミンテルンの資本主義「第3期」（資本主義の全般的危機の時代）の理論，社会民主党への攻撃はますます強まった。ロシア国内では新経済政策は中止され，5カ年計画が開始された。ロシア共産党内での左翼的コースつまり，スターリンの路線が勝利したのである。

スターリンの路線のドイツ共産党への影響は深刻であった。クラーラ・ツェトキーンは，ドイツ共産党の代表とコミンテルン執行部の代表との会合の必要を提案する1928年8月17日付け手紙を，アルハーンゲリスクからブハーリンに送っている（RGASPI/528/2/386）。

1928年9月にスターリンに忠実であったテールマンが，ハンブルクで任命した者の一人がまきぞえになった財政スキャンダルを隠蔽したという事件が起きた。党の中央派・右派に属するテールマンの反対派による，テールマンを職から降ろそうとする動議が，ドイツ共産党政治局と中央委員会によって裁可された。これをきいたスターリンは，急遽ベルリンに伝言を送って，テールマンへの攻撃をやめさせ，10月はじめにコミンテルン執行委員会幹部会は事実上ドイツ共産党の決定を破棄してテールマンを復職させた。

この「ドイツ問題」にたいするコミンテルンの介入は，コミンテルンの「スターリン化」の過程のはじまりであった（マクダーマット他 1996＝萩原訳 1998：126参照）。

4　ヴァイマル共和国危機の時代のドイツ共産党

(1) ドイツファシズムの進行のなかで

1） 1929年

1929年2月にクラーラはドイツへ帰った。シュツットガルトではなくはじめて，コスチャが用意したビルケンヴェーダーの家に行く。ここに1931年冬まで3年間近く滞在するのである。

1929年には失業者数が著しく増大した。1929年5月1日に20万の労働者がデモのために結集した。メーデー・デモをドイツ社会民主党員であるベルリン連邦警視総監カール・ツェルギーベルが禁止した。ドイツ共産党の指導者はこれに抗議することを決定し，ドイツ共産党系労働者と警官が衝突した。30名以上が殺され，194名が負傷し，1228名が逮捕された（マクダーマット他1996＝1998萩原訳：149参照）。「血のメーデー事件」である。ドイツ共産党とドイツ社会民主党との関係は決定的に悪化し，前者は後者を「社会ファシズム」とよび，テールマンやデンゲルらの主流派が「社会ファシズム」論に傾いた。

加藤（2008：140）は，「ツェトキン，ヘルマン・ドゥンカーらが中間派となり，20年代前半にブランドラー，タールハイマーらの影響下で『統一戦線』を主張した右派は，切り捨てられた」と書いている[56)]。

1929年6月9日～16日に，ドイツ共産党第12回大会が，ベルリン-ヴェディングで開催された。この時，クラーラはベルリン近郊にいたにもかかわらず，党大会プロトコールを見た限りではこの大会に出席した形跡もなく，メッセージも送っていない。中央委員会選挙結果を見ても，クラーラの名はどこにも見られない。党首テールマンの主報告は，このような大会でよく見られる嵐のような喝采を受け，モスクワに盲従するテールマンへの個人崇拝の傾向が現れた。新たな革命的高揚の事実が現在の発展の基本的契機とみなされ，「社会ファシズム論」が前面に出て，赤色労働組合の結成を確定した。しかし，これがドイツ共産党の最後の合法的党大会となった。

またコミンテルンでは，1929年7月，クラーラとも親しかったブハーリン

56）加藤はさらに「しかも，この時期は，KPDをも一支部とするコミンテルン内で，その中心であるソ連共産党のブハーリン派が失脚し，スターリン主義の左旋回，スターリン個人崇拝が完成される時期である。ドイツ共産党右派も，『ブハーリン的偏向』とされた。コミンテルンが，初めて公式に『社会ファシズム論』を宣言したのは，1929年7月の第10回執行委員会総会であった。タールハイマーらは『右翼的偏向』としてドイツ共産党を追われ，……」と続けている（加藤 2008：140）。

が，反ソ的意見を持ったとしてコミンテルンの活動から解任された（村田編訳V 1982：113-115）。スターリン体制の下でわずか4年の間に，トロツキー，ジノーヴィエフ，そしてブハーリンが消えた。

1929年10月25日に，ニューヨークのウォール街株式市場の大暴落が発生し，世界大恐慌が始まった。ドイツは経済的にもっとも影響を受けた国である。

写真12-10　コスチャに伴われて国会にむかうクラーラ（1930）

2） 1930年

1930年3月30日に，ブリューニング[57]内閣が成立した。ドイツ共産党中央委員会は，反ファシズム闘争についての決議を行い，「ドイツ人民の民族的および社会的解放のための綱領」を採択した。

同年7月18日に，ブリューニングの増税を含む予算案に対する社会民主党の撤回要求が議会で採択されたため，ブリューニングは国会を解散し9月14日に総選挙が行われた。その時の選挙結果で，ドイツ社会民主党が第1党で143名，ナチスが107議席を得て，第2党となったのである。ドイツ共産党は460万票で77名が当選し，第3党であった。

コミンテルンからは，マヌイリスキーがドイツに派遣された。

3） 1931年

1931年1月15-17日に，ドイツ共産党中央委員会は闘争方針を決定した。

57）ブリューニングは，カトリック教徒で中央党首相。政党や議会に拘束されない「大統領内閣」を構築（田村 2005：211）。

テールマン報告は「ドイツにおける人民革命」と題された。テールマンは,「現在は革命的危機の傾向はみられるが，革命的危機のすべての条件がまだ存在していないがゆえに，つまり革命的状況ではないから，人民革命は短期的な行動のスローガンではなく，コミュニストが大衆をそれにむけて結集して行く戦略的目標である」とした（高村 1989：115)。1931年初頭には，各地でファシストや警察による共産党の活動への攻撃が激しくなった。

(2) 1932年～1933年　クラーラの議会開会演説からナチス政権まで

1） 1932年

1932年2月20～23日に，ドイツ共産党中央委員会が開催された。テールマンは「革命的脱出路と共産党」と題する報告を行った。

ファシズム化のテンポの速さに対し，反ファシズム統一戦線をめぐる論議は堂々巡りをしている感があった。7月ベルリン・ブランデンベルクで全国の統一委員会の代表が集まり全国大会が開かれた。クラーラ・ツェトキーンはこれに「この統一戦線は全プロレタリアートをこえて，サラリーマン，職人，小経営者，小農，そしてインテリゲンツィアをも含まねばなりません」とメッセージを送った（高村 1989：136)[58]。

1932年6月，ブリューニングは解任され，中央党プロイセン州議会議員フランツ・フォン・パーペンが首相に就任した。

7月31日の国会選挙でナチスが第1党（230議席，37.3％）となり，ドイツ社会民主党は第2党（133席で21.6％)，ドイツ共産党は89席（14.3％）を得た。このように，ナチスの躍進に比例して，ドイツ共産党も躍進を続けていたのである。

この結果，議員の中で最年長者は当時74歳のクラーラ・ツェトキーンであり，ドイツ国会の慣例に従って最年長議員が国会を開会することになった。

フレヒトハイムは，例の皮肉な調子でいう。

58） 高村（1989）は，これを，Aus der Rede auf dem antifaschistischen Einheitskongress, in：Berlin am 10. Juli 1932. Die Antifaschistischitische Aktion. 31. Einleitung. から取っている。私はこれと対照していない。

モスクワで長年にわたって冷飯をくわされていた老クララ・ツェトキンが，（1932年：伊藤）8月末に7月31日に選出された国会の古参順の議長になったことは，共産党員にとってはいささかの満足であったといえよう。共産党は議席の比例配分に賛成しようとしなかったので，いつの年にも議長の席から除かれていた。ヴァイマル議会制が瀕死の床にある今となって，共和国の最後の国会がルクセンブルクとリープクネヒトの後継者にとって開会されることを運命が望んだのであった。一度だけ（最後に！――このことはすぐに明らかになるはずだ！），かって急進的左派を代表していたかの指導者世代の一人の声がドイツに語りかけた。ツェトキンのほとんど聞き取れないがしかし印象深い，左派への回帰と結集への訴えはもちろんうつろに消え去り，その直後ヘルマン・ゲーリングなる人物が議長席についたということは，決して偶然ではなかった（フレヒトハイム 1848＝足利訳1971：266）。

ルイーゼ・ドルネマンの伝記は書いている。

同志たちもクララがどんなに弱っていたかは知っていたので，それを頼むのは気が進まなかった。この共産党の老指導者に対して，無慈悲な警察の手入れも企図されていた。ファシストどもはクララ・ツェトキンが国会の開会を宣するようなことがあれば，殺してやる，といって公然と脅迫していた。

クララにとっては長く考えるまでもなかったし，当時のドイツ国会で彼女が開会宣言をすること自体，大きな意義を持つデモンストレーションであるということは明らかだった。彼女は行きたかったし，あまりにも熱心にそれを主張したので，なんとか思いとどまらせようとしていた医師たちも，ついに同意したのだった。（中略）

結論が下され，クララは長男のマキシムといっしょに旅行することになった。彼にやさしく守られて，彼女は長旅を比較的楽にたえぬいた。列車の中で友人たちに会った。アムステルダムの平和大会に出席する代表団だった。そのなかには，共産主義インタナショナル執行委員会でのクララの友人である日本の労働運動指導者片山潜もいた。みなは興奮して語り合った。クララは代表団の人びとに，予想される大会の成果について質問し，諸国の友を反戦闘争に動員するために，私も私なりに努力しようと約束した。そして列車のなかで大会あての手紙を書き，それを友人たちに託した。それはのちにアムステルダムで，大会で朗読され大きな喝采をうけた[59]。

そのあいだにも，ドイツのファシストどもはクララ暗殺の扇動をつづけていた。突撃隊の連中は，白髪の労働運動指導者を到着直後に襲撃するか，あるいは少なくとも大乱闘の口火にするつもりで，日夜レールター駅の周辺に待伏せした。だが待伏せは徒労に終わった。クララは途中キュストリンで下車して，自動車で旅行をつづけ，ひそかに用意された家に無事到着した。彼女は小憩ののちに，もう中央委員会の代表と会談している。それから，新聞，報告，その他の資料を読んでもらって，演説の準備にはいったのだった。

8月30日の朝，息子が回り道をして彼女を国会に同行した。彼女を共産党議員控室に案内したのは，旧友ヴィルヘルム・ピークだった。そのときの模様を，ヴィルヘルム・ピークは，「クララ・ツェトキンの生涯と闘争」のなかで，こう書いている。

「国会の開会式がはじまった。右翼席は褐色の制服を着たファシストでいっぱいだった。ベルリンの大工場の労働者代表をふくむ傍聴席は超満員だった。記者席には，内外記者団が目白押しに並んでいた。大きな緊張が議場にみなぎっていた。クララ・ツェトキンが議長席に着くかどうか，あの衰えた肉体で儀式をすますことができるかどうか，なにか政治的な演説をするかどうかは，共産党以外にはだれも知らなかった。

開会のときが近づき，議員入場の合図が聞こえたときには，緊張は頂点にたっした。開会を告げる最後の鐘の音がひびくと，議場はしんとなった。議長席の背後にある扉がひらいて，共産党議員団の二人の婦人同志に支え

59) この反戦会議はアンリ・バルビュスやロマン・ロランの呼びかけで1932年8月27日から29日迄アムステルダムで開催されたものである。29カ国から2200人の代表が集まった。クラーラの挨拶はのちに「約束と行動！－戦争に反対する国際会議に寄せて」として，*Inprekor* 1932, Nr.66: 2117-2120に掲載された（Zetkin 1932d）。

られたクララ・ツェトキンの姿が議長席に現われた。クララ・ツェトキン殺害を誓っていたファシスト傭兵の褐色兵団は，椅子のうえで身をかたくしていた。クララ・ツェトキンが，口をひらいた。彼女の口から，言葉がゆっくりと流れでた。彼女は，議員のなかに私より年長の人はいませんか，と形式的な質問を発した。返事はなかった。それから，クララ・ツェトキンはかねて用意の大政治演説にはいった。彼女は，戦争犯罪者にたいする弾劾演説をおこない，きたるべき帝国主義世界戦争がどんな様相を呈するかを述べ，戦争を防止する唯一の道こそすべての勤労者を統一戦線に結集することだと，大衆に呼びかけた。彼女の演説は，もっぱらファシズムと資本主義と戦争犯罪者にたいする弾劾に終始した。彼女は平和闘争を呼びかけ，ソ連の偉大な平和の役割をたたえ，大衆の血路はプロレタリア革命と社会主義だとのべた。彼女は説いた。

『目下の急務は，ファシズムを撃退し，それによって被抑圧者と被搾取者の組織力と権力を維持させるために，いやそもそも物理的存在を維持するためにすべての勤労者を統一戦線に結集させることです。この歴史的な絶対の必要時のまえには，政党，組合，宗教，世界観の立場がどんなに違っていてもそれはさまたげにはなりません。いっさいのおびやかされた人びと，苦悩にあえぐ人びと，解放に憧れる人びとはファシズムとその政権奪取に反対する統一戦線に参加しなければなりません。勤労者がみずからファシズムに反対することこそ，恐慌と帝国主義戦争およびそれらの原因である資本主義的生産様式とたたかう統一戦線を結成するための緊急かつ不可欠の前提であります』(Zetkin 1932e：伊藤注)」と(Pieck 1948：41-43：伊藤注)。

クララ・ツェトキンは(中略)つぎのような言葉で，演説を結んだ。

「最年長議員としての私の責任をはたし，また現在の病弱な身体にまけないで，さいわいにも，ソビエト・ドイツの最初のソビエト大会の開会を最年長議員として宣言できる日を希望してここに国会の開会を宣言します」(Zetkin 同上：伊藤注)(ドルネマン 1957 = 武井訳 1969：352-356)。

この演説は，今日も肉声の録音をインターネットからさえ聴くことが出来

写真12-11　最年長議員としてドイツ国会開会演説をするクララ（上壇中央）（1932）

るが，確かに，弱々しく，ききとれない低い声である。議場の写真をみても，やせ細った白髪でやっとそれと判別できるという感じである[60]（写真12-11）。

クララがドイツ国会に出席して留守の間の1932年8月27日～9月15日，第12回コミンテルン執行委員会が開催された。

この短いベルリン滞在中の1932年9月14日，クララがケーテ・コルヴィッツへ送った手紙が残されている。非常に読みにくいのであるが一部推測して再現すると次のようになる。

尊敬し敬愛する芸術家，
同志ケーテ・コルヴィッツ

1932年9月14日

あなたに再会して意見を交わすことが出来たらどんなに良かったでしょう。しかし，今日初めて私は，あなたが私と話したいと望んでいたことを知らされ，あなたの住まいに電話で問い合わせましたが，あなたは旅行に出てしまったとの答えでした。

とても残念ですが，私のみじめな健康状態から，お会いすることができないことをお伝えしなければなりません。あなたがモスクワで私に話してく

60）しかしドイツ国会は，1932年9月12日に解散された。コミンテルンはドイツにおける革命情勢の発展を過大評価していた。「社会主義ソビエト・ドイツ」のスローガンをかかげ，社会民主主義主要打撃論を唱える中で，選挙戦がたたかわれた。この間1932年10月30日にパリでは10月革命15周年記念集会がもたれていた。11月6日選挙があり，SPDは71万票を失って720万票を獲得した。ナチス党も200万票失い，1170万票，KPDは，61万票増やして598万票を得た（16.9％ 100議席）のである。

ださったあなたの最近の大作は，複製でも見ます。私は，私の意思を，両手で握りしめ，私の義務を果たすことも制限しなければならなくなりました。

明日，私は療養を継続するために，モスクワへむけての帰路につきます。私は，重い病気の襲撃をはねつけることができたなら，そこであなたにお目にかかりたいです。

老いた忠実な尊敬と共感をもってあなたに握手を（SAPMO BArc NY4005/80）。

この手紙の内容には不明な点が多い。まず，「再会して」とか「モスクワで私に話した」と書いていることから，ケーテ・コルヴィッツとモスクワで会ったような書き方であるが，ケーテは，1927年にモスクワを訪問しただけである。1932年にケーテの65歳記念でモスクワとレニングラードでコルヴィッツ展をやったことは確実であるが，何月か不明であるし，その時本人がモスクワを訪れているわけではない。ケーテの最近の大作とは何か。「父と母」の石像（1931年）をさすのか，モスクワで会いたいとはどういうことか。資料的には証明されない2人の特別の関係があったのだろうか。不明のまま先へ進む。

さて，1932年12月，シュライヒャーが首相となる。

2） 1933年

1933年1月30日，ヒトラー内閣が合法的に発足し，ナチス政権が誕生した。3月以降ドイツ共産党は非合法とされ，3月3日に議長のエルンスト・テールマンは逮捕された。3月5日に国会が炎上し，3月9日にその嫌疑をかけられてブルガリア人のコミンテルン執行委員ディミトロフが逮捕された。彼は，1926年にもベルリンを訪問して，ドイツ共産党内の事情にも詳しい人物であった（ブラゴエワ 1961＝草野訳 1970：118-120）。その知らせをクララは，モスクワ郊外アルハンゲリスクで聞く。

「ドイツ共産党への投票数が1928年5月の326万4792票から1932年11月には598万641票にたっし，この後者の数字は投票数のほぼ17％にあたっていた」（マクダーマット他 1996＝萩原訳 1998：159）というのにである。

ナチスの勝利は，ドイツ国内の深い階級的社会経済的な原因に根差すとしても，1929年～33年のコミンテルンのファシズム理論に起源があったとされる。マクダーマットらはいう。

初期にはイタリアのファシズムの性格に関して比較的鋭敏な洞察が行われていたのに，それが1928年以降スターリン主義的正当性のしめつけに屈して，重大な影響をあたえることになった。デーヴィド・ビーサムが主張しているように，コミンテルンによる「第3期」の分析は「すでに利用可能であったファシズム認識のレヴェルの意識的な拒否」のうえにおこなわれた（D. Beetham, *Marxists in Face of Fascism*, Manchester, 1983:2）。ここで，彼が言いたかったのは，イタリア・ファシズムの複雑な社会的構成と階級的性格について，グラムシ，トリアッティ，ツェトキン，ラデックによって研究された観察が，ナチズムのより深刻な脅威を解釈する際に，無視されたということである（マクダーマット他 1996＝萩原訳 1998：160）。

ここでは，イタリア・ファシズムについてのドイツ人クラーラ・ツェトキーンの洞察が評価されている。

田村（2005：215）は書いている。

……共産党は，19年の発足直後コミンテルンに加盟しその支部となったが，28年7月19日に開催されたコミンテルン第6回大会は，ドイツ社会民主党の指導者を「社会主義の仮面をつけたドイツ・ファシズム（＝ナチズム）の一分派」と決めつけていた。

しかし，世界恐慌の波及による生活のいっそうの危機のなかで，ブリューニング内閣の32年5月頃から，地域によっては共産党一般党員のもとで，社会民主党との「反ファッショ行動」が展開されつつあった。共産党指導部も方針転換しつつあったが，広範な大衆をまきこんだ反ナチス統一行動には至らなかった。

クラーラは，ナチス勝利の年，1933年6月20日に没した。

以上がクラーラとドイツ共産党との，そしてコミンテルンとドイツ共産党との13年間の関係であった。レーニンと5年間，スターリンと8年間のつきあいであった。

本章では，ドイツ共産党とコミンテルンの関係のなかでのクラーラ・ツェトキーンの位置を概観した。次章では，この時期と重なる，その初期のレーニンの生存中に，レーニンはクラーラとどのように接したかを特に取り上げて，本章での概観の一部を深めることにする。

第13章　レーニンとクラーラの,「女性問題」と「3月行動」に関する対話

本章では，レーニンの没後に書かれたクラーラ・ツェトキーンの『レーニンの思い出』(Zetkin 1924/25) によって，レーニン生存中のクラーラの思考が，レーニンからどのように影響を受けてゆくかをみることにする。『レーニンの思い出』は，あつかわれている問題といい，発表の時期といい，それ自体きわめて政治的文書であった。もっとも，革命家の言動や，その記録が政治的でないというものはありえない。

ここであつかわれている問題とは「女性問題」と「ドイツ共産党問題」特に1921年の「3月行動」の2つである。

クラーラは，自らの本領である女性問題・運動についての認識を，ロシア革命と社会主義建設の初期という歴史的段階で，レーニンの考え方と連動させようとした。そしてロシア的な性格の強いコミンテルンの女性政策と，自らが担ってきた西欧的女性政策と対比して，両者の新時代への応用可能性を追求しようとした。彼女はこのことができる当時唯一といってもいい人物だった。しかし，クラーラが，直接コミンテルンの女性政策に関与したのは，レーニンがまだコミンテルンの指揮をとっていた1921年の第3回大会と1922年の第4回大会までであり，1923年以降はコミンテルンの執行委員ではあり続けたが，ソ連中心で動くコミンテルンで表面に出るということはなく，女性問題・女性運動に関しては，ベルリンにおかれたコミンテルンの女性書記局での活動を中心とした。

レーニンとの対話の重要なテーマの一つである「ドイツ共産党問題」とは，すでに第12章でみた1921年の「3月行動」の後始末のことであるが，この問題に対するレーニンとコミンテルンのあつかいは，クラーラにとっては意表を突いたもの，予想外のものであったといってもいいだろう。「肯定」と「否定」が共存するような政治的取引の中で，クラーラは，従来とは次元の異なる，いわばロシア革命の生死にかかわる駆け引きの世界に引きずり込まれ，

彼女自身も，レーニンの革命指導のしたたかさを，否応なしに認めてゆかざるを得なかった。1921年のレーニンとのこの問題での対話以降，クラーラは，良くも悪くも職業革命家となった感がある。この岐路ともいうべき1921年に，クラーラは64歳であった。

1　クラーラとレーニンの対話とその前提

(1) クラーラがレーニンに会うまでのコミンテルンの女性政策

コミンテルン創立後，クラーラ・ツェトキーンの没まで，クラーラはコミンテルンの女性政策に直接・間接に関与したといえるが，主な活動は，1920～23年の4年間に集中している。

本章は，この時期に，クラーラ・ツェトキーンが1920年にモスクワへ赴き，何度かレーニンに会って，女性問題やドイツ共産党の当面の戦術についてレーニンと語りあった内容を示すのが目的である。対話の内容を理解するために，少し回り道をして，それ以前の女性問題をめぐるコミンテルンの状況から書き起こす。

1）　コミンテルン創立大会：執行委員会は女性を視野に入れる

1919年3月に，コミンテルンは創立大会で採択された一連の決議の中に，「社会主義のための闘争へ女性労働者を引き入れる必要にかんする決議」がある[1)]。この決議の内容は，同大会が決定した諸課題の達成は女性労働者と男性労働者の共同闘争によってのみ確実に行われることを確認すること，女性プロレタリアートを獲得し，新しい社会形態や共産主義理論についての教

1）Manifesto, Richtlinien, Beschlüsse der ersten Kongresses, Aufruf und offene Schreiben des Exekutivkomitiees bis zum zweiten Kongress, 1920: 68-69.（以下Manifestoと略記する）。なお，この決議は，日本では1927年に水野正次の訳によって『婦人問題叢書，第一篇，女性に与ふ』共生閣：44-43.（原書はLenin ruft die werktätigen Frauen, Berlin, 1926）に収録されている他，1978年に村田陽一によっても翻訳されている（村田編訳 I, 1978：56）。この決議はまた「共産党へのプロレタリア女性の協力についての決定」という表題でも知られるものである（その発案者は，クループスカヤとコロンタイである）。1919年3月6日の会議でコロンタイが決議案を出して，全員一致で採択された（村田編訳 I 1978: 558参照）。

育を行うことが，コミンテルン支部である各国の共産党の課題であるという趣旨のものであった。

翌1920年3月4日にコミンテルン執行委員会議長ジノーヴィエフの署名で，コミンテルンは「万国の女性労働者へ」という呼びかけを行っている（Manifesto：227-28，村田編訳Ⅰ 1978：114-15)。これは，「国際女性デーにむけて，共産主義インターナショナルは，全世界の勤労女性に連帯のあいさつを送ります」ではじまり，第1次大戦中に女性が各国で行った反戦行動を紹介し，全世界の女性労働者に社会民主主義者のもとを去って共産主義インターナショナルと連帯するよう呼びかけたものであり，ソビエトロシアにおいてのみ女性が二重の抑圧から解放されていること，労働者の政府のみが女性を解放する力を持つのだということを宣言したものである。この年，同じ1920年3月4日付で，レーニンが「国際勤労女性デーによせて」(『プラウダ』1920年3月8日付＝『レーニン全集』Vol.30：422-23）という一文を発表した。

レーニンはこの短い文の中で，不平等の問題，民主主義の問題，女性労働運動の任務について等，女性論の中でもきわめて重要と思われる論点について簡潔に要点をのべている。

この年の1920年7月19日～8月7日まで開かれたコミンテルン第2回大会は，女性問題にかんしてとりあげている。大会議長団の一人セルラーティが会議の議事目程の主要問題提案作成委員会に，「6. 規約・組織問題（青年の組織・女性の組織）」にかんするものをつくることを命じた。

コミンテルンは8月4日の会議で「共産主義インターナショナル規約」を採択した。規約第16条には「共産主義インタナショナル執行委員会は，共産主義婦人運動の国際書記局を承認し，また共産主義インタナショナルの婦人部を組織する」(村田編訳Ⅰ 1978：222）と女性運動の組織的位置づけを明記した。

すでに同大会開催中の7月30日～8月3日まで，第1回国際共産主義女性会議が開催されていた。この会議の準備中にロシアでは，アレクサンドラ・コロンタイが病気（急性腎炎，腸チフスと血液感染を併発）になり，長期間仕事から離れていた[2)]。これを補ったイネッサ・アルマンドは，1920年はじ

2）コロンタイは1921年9月に，オデッサ県女性部の求めに応じて書いた半生記で，自

めスペイン風邪にかかり十分な療養が出来ないまま，予後後遺症が長く続いていた。しかし，イネッサは衰弱を押して大会の準備に奔走し，本番を迎えていた。

他方，クラーラ・ツェトキーンは，1920年6月6日のはじめて女性が選挙権を得たドイツ国会の選挙で，ドイツ共産党から立候補して当選し，7月2日に議会で演説を行うなどドイツ国内での活動に専念していたので，コミンテルン第2回大会及び第1回国際共産主義女性会議ともに欠席であった。つまり，ここまでは，コミンテルンの女性運動にクラーラは関わっていないのである。しかし，両会議にむけてクラーラは「共産主義女性運動のための方針」(Zetkin 1920d) を執筆してコミンテルンに送ったが，これは両会議に間にあわなかった[3)]。

2） コミンテルン第2回大会，第1回国際共産主義女性会議

コミンテルン第2回大会では，共産主義女性運動の方針は討議されずに執行委員会に付託され，第2回大会が閉会された翌日，上記のように，規約上で国際女性書記局を承認したのである。

この時開催された第1回国際共産主義女性会議は，イネッサ・アルマンドが主宰し，議事日程は次のとおりであった(村田編訳Ⅰ 1978：579)。

①第３インターナショナルと女性労働者（報告者：ヤロスラーフスキイ)，②各国女性代表の報告，③ソビエトロシアにおける労働女性と農民女性の状態（報告者：アルマンド，ニコラーエヴァ，④共産党とロシアの女性のあいだでの活動（活動の組織形態，方法その他）（報告者：アルマンド)，⑤共産主義インターナショナルのもとに万国の女性のあいだの活動にあたる支部を設置する件(報告者：ヴォルフシュタイン)。

ら「深刻な病気のため，1919年11月から1920年4月末までは積極的な活動から外されていた。第7回全ロシア中央執行委員会の委員に再選された1920年春，全ロシア女性部の部長として私は，コミンテルン執行委員会を通じて第1回国際共産党員国際会議の招集を提起した。5月と6月の一時期，私は北部カフカースに滞在した。キスロヴォーツクでは，女性の活動をまとめ，党学校の組織を助成した。再度の深刻な病気が，20年7月から10月末まで私を戦列から離脱させた」と書いている(杉山 2001：258による)。

3）クラーラは結局再度この方針(Zetkin 1920h)ととりくむ(後述)。

会議の主要な議題「共産党とロシアの女性のあいだでの活動」については，イネッサ・アルマンドのテーゼが成文化のための基礎として採用された。しかし，このテーゼにたいしては，討論のなかで異論が多くだされたので，これらの修正や補足を考慮して最終案を作成することが，委員会に委託された。テーゼで最も議論をよんだ点は，女性にかんする第2インターナショナルの活動が（したがって，社会主義女性書記局の活動も）もっぱら否定的に評価されていた点であった。

私の推測では，1915年のベルン会議での決議がレーニン案を否決したなりゆき（本書，第11章参照）からイネッサがそのような考えを持つにいたったのではないかと思う。

会議は，「全世界の勤労女性にあてた呼びかけ」（村田編訳 I 1978：288-291）を採択した。

3）イネッサ・アルマンドの死

ここでイネッサ・アルマンドのことについてふれておきたい。イネッサは，2つの大会で疲弊し，北カフカーズ（カフカーズロシア語でKavkaz，英語でCaucasus，　独語でKaukasien，古い日本語では高架索）で療養することになった。しかし，1920年8月半ば，北カフカーズではソビエト共和国反対派の内乱がおきていた。非衛生的で政治的に不安定な地にイネッサは息子アンドレイを連れて8月18日にモスクワを出発したのである。目的地は3年後にクラーラ・ツェトキーンも保養に行くことになるキスロヴォーツク（現ロシア連邦）であった。この地へ行くことをアルマンドに指示したのはレーニンであった（メリニチェンコ 2002＝村山監訳 2005：358）[4]。イネッサはキスロヴ

4）ロシア共産党中央委員会（ボリシェビキ）カフカーズビュロー員は，セルゴと呼ばれたオルジョニキゼであった。彼は後に最高国民経済会議議長となり，1930年からロシア共産党政治局員となったが，スターリンを批判して1937年に自殺した。この地は1920年8月半ばに，ソビエト共和国を最も豊かな穀倉地帯から切り離す目的で，ウラガイ将軍率いるヴランゲリ部隊がクバンに投下されていた（メリニチェンコ 2002＝村山監訳 2005：359参照）。ヴランゲリとは，ロシア貴族出身の反革命白衛義勇軍に加わった軍人である。

ォーツク[5]に3週間滞在の後，この地の戦況悪化のため（白衛軍に包囲される危険）ナリチク（2012年現在，カバルダ・バルカル自治共和国の首都）に向かった。その行程で，現北オセティアの首都ウラジカフカス（1954～1990年までの名称はオルジョニキゼ）付近のベスランで白衛軍部隊と撃ち合いが始まり，グルジア軍用道路（1799年に，ロシアが南下政策のため，ウラジカフカスからトビリシまでの約200kmを切り開いたコーカサスを横断する道路，クラーラは数年後この道路を通るが後述する）の始発点を見てナリチクに着いた。不潔な駅舎に泊ったイネッサは，コレラを発症し，9月24日に息を引き取った。ナリチクの駅前広場で服喪集会が行われたという（同上：379）[6]。

この地が，鉱泉の湧く保養地とされていたとはいえ，反革命軍との戦闘がおさまらない非衛生的な1920年の北カフカーズ地方になぜイネッサ・アルマンドが保養に行ったのか，私は理解に苦しむ。

4） クラーラ，モスクワへ

さて，2つの大会に欠席したクラーラ・ツェトキーンは，コミンテルン第2回世界大会が終わった1920年晩夏，ソビエト・ロシアへの招待状を受け取り，シュツットガルトを出発して，ドイツから海路（どの港か不明である）ラトヴィアのリーガへ着き，そこからまずペトログラードへ行き，働く女性・農村女性3,000人の集会に出席し，その後モスクワへ入った。

モスクワ滞在中にクラーラは，レーニンと，1920年9月23～27日の間に1回と10月23日，11月4日に，合計3回会って，意見を交わした。最初の会見は丁度イネッサ不在中で，しかもそれがイネッサの死と遺体のモスクワへの搬送と，モスクワでの葬儀に繋がる時期であった。

レーニンは，「わがインターナショナル第2回大会では，女性の問題は十分討議されなかった。問題は提起されはしたが結論をうるところまでは行かなかった。女性の問題はいまだ審議中であって，委員会は，決議とテーゼと

5）キスロヴォーツクの惨状はイネッサの日記に見られる（メリニチェンコ2002＝村山監訳 2005：361-362）。

6）イネッサの遺体が入った棺がモスクワに到着したのは10月11日であった（メリニチェンコ2002＝村山監訳2005：386参照）。

方針をつくりあげることになっている」(Zetkin, *Ausgewählte* Ⅲ：29-30）とのべて，「方針」の作成をクラーラに委ねたのである。

クラーラは9月のモスクワ滞在中に『モスクワへの道』という小冊子を書いた（Zetkin 1920l)。ロシアへの思いは多分，ウクライナ生まれのロシア人だった最初のパートナー，オシップ・ツェトキーンへの思いと重なっていたであろう。2人の息子も，半分は，ロシア人の血が流れていたし，結局ロシア人女性を連れあいにすることになる。

クラーラはレーニンとの会見の後「共産主義女性運動のための方針」(Zetkin 1920h) をモスクワ滞在中に完成して，コミンテルン執行委員会に提出し，執行委員会は11月はじめにこの「方針」を承認した。

この「方針」には，国際組織として，共産主義インターナショナル執行委員会に国際女性書記局を設置すること，各国の党には，国際女性書記局と恒常的連絡を保つ国際女性通信員をきめること，女性書記局は各国の党の女性委員会と結びつき，全国的に女性にかんする資料を集め，全国の党の女性委員会を，国際的意義をもつ特別の問題および任務に気づかせること，国際情報機関誌を出すこと，国際共産主義女性会議を招集し指導することなどを明記している。

クラーラが，モスクワでこのような仕事をしている時，先のイネッサの死が告げられた。

彼女はクループスカヤに次のような手紙を書いている。

……私たちの同志イネッサの死にあたって，心からお悔やみ申し上げます。彼女の死により私たちは，最も献身的で信頼できる，積極的な闘士の一人を失いました。私はこれが共産主義女性運動にとってどれほど損失であるか，ロシア共産党と親愛なるあなた個人にとって，彼女の死がどんなに深く，苦痛に満ちた驚きであったかを感じています。私が知っている限り，イネッサはあなたの最も親しい友人の一人でしたね。深い同情をこめてあなたの手をにぎります（メリニチェンコ2005＝村山監訳2005：388[7]による)。

7）日付等不明。

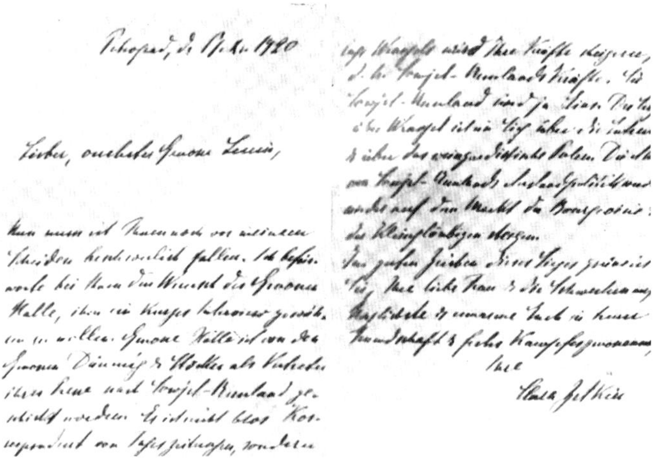

写真13-1　クラーラの筆跡，レーニンへの手紙の冒頭頁と最後の頁（1920.11.17）

1920年11月20日，クラーラ帰国後と思われるが，クラーラは女性書記局のメンバーに選任され，その書記長としてコミンテルン執行委員会に入ることとなった。

(2) クラーラ・ツェトキーンの『レーニンの思い出』の複雑な構成

クラーラ・ツェトキーンは1920年，1921年，1922年にモスクワで行ったレーニンとの対話を合わせてレーニン没後『レーニンの思い出』としてまとめた。それは，1924年1月終わりにモスクワで書いた第1部と，1925年1月終わりに同じくモスクワで書いた第2部との2部構成で，『演説・著作選集』第3巻（1960）に収録されている。そして『選集』の収録元は，1957年にベルリンのディーツ社から初版が出された小冊子『レーニンの思い出』ということになっている。2人の対話は，ドイツ語で行われたと推測される。

しかし，ディーツ社の初版の序言をみると，第1部は1924年に「文学と政策のための出版社」（ウィーン - ベルリン）から出されたものであり，第2部は1926年に『レーニンは働く女性に何と呼びかけたか』というパンフレットで初めて公開されたものである。

1957年のこの新版は，1929年以降に前記「文学と政策のための出版社」で刊行された第1部と第2部とをあわせた完全版（新版）を，ドイツ社会主義統一党（SED）中央委員会付属マルクス-レーニン主義研究所が入手したものであるとされている。また，この新版の第1部は，クラーラ・ツェトキーンの当初のオリジナル原稿にクラーラ自身が加筆したものであると説明されている。

私は，レーニンの没後1年以上たって1925年に，『共産主義女性インテルナツィオナーレ』（5. Jg., H.3/4 1925：2-30）にクラーラが「レーニンの思い出」という短い論稿を発表しているのを確認している[8]が，2部構成にした『レーニンの思い出』はこの内容を問題ごとに関連させて構成したものと思われる[9]。2部構成にして完成したものには小見出し等はついていない。

そこで，本書の読者が，もし追跡しようとする場合，もっとも入手し易いと考えられる『選集』版に依拠することにする。引用頁が必要な時はすべて『選集』版の頁に依る。

日本では，第2部にあたるところ（つまり1920年の対話の思い出：女性問題）の全訳は，すでに戦前1927年に2つ，すなわち，リャザーノフ，レーニン著，新城訳（1927：89-127）及び，レーニン，ツェトキン著，水野訳（1927：79-134）に収められている。

また，1931年12月の『レーニン研究』創刊号と，1932年2月の同誌第3号に，2度に分けて第1部にあたる個所（つまり主に「3月行動」についての1921年6～7月のレーニンとの対話の箇所）がほぼ全文（ただし後半部分は欠ける）翻訳され（いずれも検閲の×印を伴って）ている。

8）もともと，私が確認した『共産主義女性インテルナツィオナーレ』（5. Jg., H.3/4 1925, 2-30）掲載の「レーニンの思い出」は，1921年6月22日から7月12日迄開催されたコミンテルンの第3回世界大会に参加するためにモスクワに滞在した折の，レーニンとの会見の一部を書いたものである。小見出しがついていて「レーニンの個人的なこと」，「芸術と国民教育についてのレーニン」，「性と結婚の問題についてのレーニン」，「共産主義女性運動の意味についてのレーニン」，「共産主義者の一般的党活動の中に，女性大衆の活動を組織的イデオロギー的に組み込むことについてのレーニン」，「女性の支持を得るための改革要求についてのレーニン」，「一般的女性会議への共産主義的イニシアチヴについてのレーニン」となっている。

9）ドイツ「3月革命」の研究者，上杉（1977：92）は，「……この回想記は，国際労働運動の，そしてまた世界最初の労働者＝農民国家の最高指導者の，日常の生活風景を書き留めたというものではない。極めて政治的な文献であった」と書いているがまさにその通りであろう。

戦後は，1954年（ポリット編＝土屋訳1954：125-148），1956年（平井1956：9-51）に第2部（女性問題）にあたる個所があいついで邦訳されて，これらをあわせると，戦前戦後の一時期，クララの「レーニンの思い出」は，日本でも，一部の人々の間に親しみ深いものとなっていた[10]であろうことがわかる。

いずれにせよ，これらを組み合わせればクララ・ツェトキーンの『レーニンの思い出』の全体像が，今から50年以上前に日本語（独語原文と邦訳を照らしあわせると，独語版とは異なるところがあり，これらのすべてが英語からの重訳と推測される）となっていたのである。

レーニン没後の1924年1月末，クララは「3月行動」に際してのドイツ共産党とコミンテルン幹部の動向（特にパウル・レーヴィとクララ・ツェトキーン自身にかかわる）へのレーニンの見解を大幅に加筆したことがわかる。クララはあえてそれを第1部とし，ひるがえってその前年の1920年8～11月までの間のモスクワでのレーニンの女性問題についての対話を第2部として1925年1月末に，一つのものにまとめた。この第1部と第2部をあわせたものが，1957年発行のディーツ社の小冊子『レーニンの思い出』（Zetkin 1957）となるというわけである[11]。

第1部と第2部の時期的順序が逆であり，第1部が1921年，第2部が1920年という順に書かれている。日本語では，全体を通したものはないし，いずれも英語からの重訳と思われ，かつ一部は伏せ字で隠されているので，先行翻訳をもとにしながらも，ここでは最初から通して翻訳し，伏せ字をも復元することにする。

この『思い出』によるクララの記録は，政治的意図から，レーニンの言葉をそのまま伝えようとしたものと見受けられるが，テーマ的には次の点で貴重な資料となる。

『レーニンの思い出』の第1部全体を通して，コミンテルンの女性政策への

10）もっとも土屋訳は，第2部の，さらに半分の短縮であり（編者ポリットの原文がそうだったのであろう），平井訳の方は第2部の全文である（両者とも英訳からの重訳）。

11）これは，ツェトキーン『選集』第Ⅲ巻：89-160に収録されている。

レーニンの方針へのヒントが書かれていること，レーニンの性と結婚問題についての考えが書かれていること（クラーラとの最初の対話が，これらの内容と密接な関係にあるイネッサ・アルマンドのコーカサスでの死と重なり合っていることなどに注意），1921年のドイツ共産党の「3月行動」へのレーニンの評価が，生の言葉で書かれていて，公式文書を補う微妙なニュアンスが読み取れることなどである。

「3月行動」へのレーニンの評価とクラーラ・ツェトキーンの見解はすでに前章で篠塚（2008）がとりあげているのをみたが，篠塚は，なぜかクラーラのこの『思い出』1を全く使っていなかった。「3月行動」のもう1人の研究者上杉（1973, 1976, 1977a, 1977c, 1978）は，むしろこれをふんだんに使っている。ただし，『思い出』は，記録ではなく，政治的文書である。レーニンが本当にそう言ったかどうか，その他に言ったことをクラーラが落としたかどうかは，クラーラのみが知るところであり，発表したクラーラの政治的意図というフィルターを通したものであることは当然考慮に入れて読まなくてはならない。

本章では，クラーラとレーニンの対話を時代順に見て行くので『思い出』2が先となる。

2　1920年の「女性問題」をめぐる対話

ひるがえって，クラーラがはじめてレーニンに会ったのは，1907年8月のシュトゥットガルトで開かれた第2インターナショナル世界大会の席上であったことはすでに触れた。クラーラはその時のことを「レーニンの思い出」の中に「……人の特徴を看取るに特別の眼をもっていたローザ・ルクセンブルクが，レーニンを指してわたくしにこう云った。『あのひとをよくごらんなさい。あれがレーニンです。あの我意の強い頑固な人間をよくごらんなさい。あれこそは，ほんの少しばかりアジア型の混った正真正銘のロシア農民のタイプの人間です。あの人は，山をも覆えさねばやまない，あるいはそのためにおしつぶされないともかぎらない。しかし，あの人は，決して屈服する人ではありません』」（Zetkin, *Ausgewählte* Ⅲ：90）と。このことはすでに書いた。

この時，クラーラ・ツェトキーンは，シュトゥットガルト郊外のジレンブーフに住んでおり，レーニンはジレンブーフの家にクラーラに会いに行ったこと，1911年6月にも，政治資金の問題でクラーラの家を訪れたことも既述（第8章）のとおりであり，レーニンの妻クループスカヤには，1915年3月ベルンで開催された国際社会主義女性大会で会っていた。以上を確認して，筆を先に進める。

(1) 女性問題に関しての1920年秋の最初の対話―クレムリン，レーニンの書斎にて

女性問題に関してのクラーラとレーニンの最初の対話は，1920年7月19日～8月7日のコミンテルンの第2回大会を終えて，レーニンが国際女性運動の方針を作成することの必要性を感じている1920年秋，9月23日～27日の間と思われる。クラーラはなぜか，秋としか書いていない。場所は，クレムリンのレーニンの大きな書斎であった（Zetkin, *Ausgewählte* Ⅲ：129）

レーニンはコミンテルン執行委員会が，国際女性運動に関する決議とテーゼと方針をつくりあげる計画を持っていることをのべ，クラーラが，これまでの女性運動の理論上，及び，実践上の経験の上に立って，この方針をつくりあげることを依頼する。クラーラ・ツェトキーンは，この時の対話を書き記したのである。

レーニンは，「プロレタリアートのはじめてのディクタツーアは，女性の完全な社会的平等のための真の先駆者です。それは，女権論者の万巻の文献にもまさって，多くの偏見を根こそぎにしました。しかし，それなのに私たちはまだ国際共産主義女性運動というものを持っていません。私たちはこれをぜひとも持たなければなりません。」，「それをぬきにしては，わがインターナショナルや各国共産党の活動が完全に行われるはずがない。けっして完全とはならない。しかし革命の事業は完全に行われなければならない。」（同上：131），と自分の考えをのべて，各国の活動状況をクラーラに尋ねている。

クラーラは，ローザやレオ・ヨギヘスの名を出して，彼らとドイツ共産党の女性運動に力を入れるべきことを話し合ったし，運動をはじめたばかりであることを答えている。しかし，レーニンは，彼女たちの「プロレタリア階級意識」，「政治的階級意識の活動」，「思想の中心」はどうなっているかに迫って行く。

1）性と結婚の問題：「売春婦の新聞」,「性論議」,「自由恋愛」,「水一杯の恋」など

女性問題に関する第1回目の対話の前半は，当時，ドイツ共産党の女性の関心もひいていた（とレーニンが耳にはさんだ）性と結婚の問題をとりあげ，1920年という時点で，この問題を共産主義者がどのようにあつかうのが適切であるかについてレーニンが意見を述べる。レーニンによれば，1920年という段階では，女性社会主義者，及び，労働女性の，一切の考えがプロレタリア革命の方向にむけられなければならない時であり，プロレタリア革命こそが，結婚と性関係における真の革命に必要な土台をつくりだすものであるとする。そして「建設の途上において，男女関係や結婚と家族の問題が当面の解決を必要としてくる」のであって，その過程において史的唯物論の立場からこの問題をとりあげるべきだという。この問題をめぐってレーニンは，女性運動と青年運動との間に密接な関係があることを指摘し，性と結婚の問題は，とうぜん女性問題に含まれるものであるとしている。

ハンブルクで試みられているという，売春婦のための新聞を出すことより，まず未組織女性労働者の新聞をというのがレーニンの考えだった。

また，読書と討論の夕べに「性と結婚の問題」のパンフレットがとりあげられていることについて「くだらない！　そのなかにあるまともなことは，労働者はずっとまえベーベルの本で読んでいます。ベーベルの本は，そのパンフレットのように退屈な，うんざりするようなパターンではなく，ブルジョワ社会に対して煽動的に急所をとらえた，攻撃的筆致です。」(Zetkin, *Ausgewählte* Ⅲ：134）と一蹴し，手厳しい批判を加えた。クラーラは，控えめながらレーニンの考えに反対し，戦争とその後の混乱，それに革命がもたらした結果もあり「従来の社会的結びつきは緩み，ひき割かれ，人間と人間の新しい関係と考え方への兆しを証明しています。こうした問題への関心は，啓発と新しい方向付けの必要を現しています。それはまた，ブルジョア社会の不合理と偽善に対する反抗のしるしであることは明らかです」(同上)と対応している。しかし，レーニンは受け入れない。性と結婚の問題は，あくまで社会問題の部分であり，しかも今日は，結婚と性関係（ゼクシュアルフェルハルトニッセ）における真の革命に必要な土台を作りだす根本問題，プロレタリア革命，ソビエト，そしてヴェルサイユ条約が，働く女性の生活に及ぼす当面の問題に目を向けよと力説し，クラーラにその指導者であるべきことを思い至らせようとした。クラーラは，そうしたこともドイツで経験済みであったが，レーニンに「社会民主主義的考え方と時代遅れのプチブル性の残存」(Zetkin, *Ausgewählte* Ⅲ：137) と言われたと書いている。

青年と性を語るなかで，レーニンは，「新しい性生活」を批判し，共産主義社会では性的欲望や恋愛の満足は，「一杯の水をのむように」簡単でささいなことだという有名な理論があると言った。

特に，レーニンは，「自由恋愛」や「共産主義社会では性的欲望や恋愛の満足は，『いっぱいの水をのむように』簡単で，ささいなことである」という「水一杯理論（グラース・ヴァッサー・テオリエ）」を，人間の性生活における自然本能部分だけをみて文化的な要素を無視する非マルクス主義的な考え方として批判した。しかし，このグラース・ヴァッサー・テオリエの出典は語られず「水一杯理論」というネーミングは，レーニンによるものとされた[12)]。

この問題と最初に関わるのは，ドイツではなくロシアのイネッサ・アルマンドが先である（そののちにコロンタイが出てくる）。レーニンはクラーラとの対話の時点で，「ドイツにもあるそうだ」という伝聞体で，切り出している。1920年という年に，ドイツで，深刻な問題としてあったのかどうか，あるいは，共産主義を批判する題材に「自由恋愛」，「水一杯」が使われていたのかどうか，文献的に私には実証できない。イネッサやコロンタイは革命

12)「水一杯理論」というのは，レーニンによってコロンタイに張り付けられたレッテルであるという（秋山　1998：107）。しかし，コロンタイが，「ワシリーサ・マギーナ」（日本では『赤い恋』として，1928年に翻訳される）以下一連の小説を発表したのは，1921年のネップ以降，1923年からであるから，1920年秋のレーニンとクラーラの対話で，コロンタイを批判するとは考えられない。むしろレーニンは同様の批判を，さかのぼって1915年1月，イネッサ・アルマンドが「自由恋愛」を含むパンフレットを計画し，草案をレーニンに見せたときに激しく批判をしたことの方が先である。レーニンの「イネッサ・アルマンド」への2通の手紙（1915.1.17,『レーニン全集』Vol.35：182-183, および1915.1.24 同上：184-188）は有名である。イネッサが何を書こうとし，レーニンがどう反駁したかは，メリニチェンコ（エリツィンによって閉鎖されたレーニン博物館の最後の館長）の『レーニンが愛した女――イネッサ・アルマンド』(2002＝村山監訳 2005：190-199) に詳しい。これは要するに，恋愛の自由というのは，ブルジョアジーの要求であるという批判であった。

家ではあったが，貴族の出身であり，恋愛や結婚についてプロレタリア的実践を代表しえないということは確かであろう。レーニンはそのことを批判したのか。

しかし，ローザやクラーラの恋愛はどうであったのかというと，ローザは，少なくとも4人の男性を愛し，いわゆる事実婚である。事実婚と「自由恋愛」とは異なるがしかし，ローザにあえて「水一杯の恋」とレッテルを張る人はいない。クラーラは，オシップ・ツェトキーンとの亡命地パリでのやむをえざる事実婚，シュツットガルトでのツンデルとの自ら望んだ法律婚であった。レーニンと対話した1920年に，すでにツンデルとの関係は破綻していたが，1928年まで，実に71歳まで離婚を引き延ばしていたのである。さらに当のレーニンはといえば，途中イネッサ・アルマンドを恋したとはいえ，耐えてクループスカヤとは終生カップルであった（メリニチェンコ 2002＝村山監訳2005）。

クラーラは，ここまでの感想を次のように表現している。「……だから，彼は，すべてのことを，革命の意識的推進力になるかどうかという効果から評価した。国内の問題であろうが，国際的問題であろうが，彼の眼前には，個々の国の歴史的に与えられた特殊性や異なる発展段階への十分な認識のもとでとはいえ，一つの分割不可能なプロレタリア世界革命があったのである」(Zetkin, *Ausgewählte* Ⅲ：143）と。

2）国際女性運動の方針─女性運動の組織と要求の組み入れ

レーニンとクラーラの約束の時間が半分を過ぎた時，対話の後半において，レーニンは本論に入り，国際女性運動の方針について，クラーラに依頼した国際女性運動の方針作成の進捗状況と考えを聞いた。レーニンは，はっきりさせなければならない点の指示に移る前にこう言っている。

「残念です。同志イネッサ・アルマンドが今ここにいないのは非常に残念です。彼女は病気でコーカサスに行っています。」(Zetkin, *Ausgewählte* Ⅲ：144)。この日が9月24日だとしたら，イネッサはコーカサスで死んだ日にあたる。メリニチェンコ（2002＝村山完訳2005: 385）は「……ちょうどイネッサの病状がひどく悪化した時（その前にではなく！），またはおそらく彼女が死んでしまってから，レーニンはそのことを知らずに，クララ・ツェトキンとの会話の中で突然無意識に突き動かされたかのような言葉を発している」と書いている。クラーラの『レーニンの思い出』の記憶は，期せずしてこの瞬間をとらえていたのだ。しかし，10月7日までイネッサの死はモスクワに伝えられなかった。

さて，本題にやっと入ってレーニンのクラーラへの指示を要約すると次のとおりである。すなわち，レーニンは，第1に，女性問題の真の解決が共産主義，従って私有財産の廃止を通じてのみ可能であることを方針で強くうち出し，女性問題を社会問題，労働問題の一部分として理解し，女性運動をプロレタリア革命に結びつけることの重要性をあげている。レーニンは，「共産主義女性運動は，それ自身大衆運動の一つ，つまり全般的な大衆運動の一部分とならなければならない。それはただプロレタリアートの運動であるばかりでなく，すべての搾取される者，抑圧される者の運動，資本主義制度および，不合理な社会関係の犠牲者のための大衆運動でなければならない」(Zetkin, *Ausgewählte* Ⅲ：131) と云っている。

第2に，レーニンは女性運動の組織上の原則を提起し，女性の間で運動をすすめるための適当な機関，煽動の特別な方法，特別な組織形態が必要であるとのべている。そしてそこに組織される女性は単にプロレタリア女性だけではない。レーニンは，「われわれはただ工場や家庭で働いているプロレタリア女性だけを考えているのではない。小農の女性，種々の階層の小ブルジョワ女性，彼女らはみな，資本主義の犠牲者であり，第1次世界大戦以後はさらにその傾向が著しい」(同上：145) といっている。

第3に，方針は，女性大衆に党の要求と，女性の悩み，要求，願望とのあいだの政治的つながりを教える必要があり，プロレタリア政権が，女性に何を与えるかを知らせなければならないともいっている。そのことによって幾百万という女性大衆を党の側にひきつけ，その力を結集して，プロレタリア・ディクタツーアを実現し，共産主義の建設に着手するべきという。

第4に，レーニンは女性の家事労働からの解放のためのたたかいが党の政治的任務の一つであることを強調している。

レーニンは云う。

……こまごましたた単調な，彼女らの精力と時間とを消耗し浪費する個別の家事労働によって女性が，どんなに萎縮し，その精神が狭く無気力となり，その心臓の鼓動が衰え，その意志が弱くなるのを男性たちが平然と眺めている以上に露骨な（俗物的）証拠があるでしょうか？　もちろん，私は育児をも含めてすべての家事労働の責任を使用人の方におしやっているブルジョアの奥さんがたのことをいっているのではありません。私がいうことは，女性の圧倒的多数についてあてはまるのです。労働者の妻たちにも，一日中工場に立ちつくしている女性たちにも，あてはまるのです。

もしも，男性が「女の仕事」（Weiberarbeit）に少しでも手をかすことになれば，どんなにか女性の骨折りと苦労とを軽くすることができるでしょうか？　いやほとんど除き去ってしまうことさえできるかに気づく男性はきわめて少ないのです。プロレタリアートの男性のなかにもまだ多くはないのです。しかしこれは大へん不幸なことです。こうした女性への協力は，「男性の権利と威厳」とを損ずるものではありません。男性は自分たちの休息と安楽だけを望むのです。女性の家庭生活とは，日常の無限のつまらないこまかい事の犠牲になることです。男性の古くからの支配権力は，隠れた形で今日なお続いています。しかし結果においては，彼の女奴隷はその復讐を，同様に隠れた形でしています。女性の意識が遅れていること，男性の革命的理想にたいする女性の無理解は，けっきょく，男性の闘争のなかでの喜びに水をさし，決断をにぶらせるものであります。彼女らはちょうど，気がつかないうちに緩やかに，しかし確実に腐らせむしばんでゆく小さい虫に似ています。私は労働者の生活を知っています。――それも単に書物からばかりではありません。女性大衆にたいする私たちの党活動ならびに政治活動とならんで，当然，きわめて大きな範囲で，男性にたいする教育活動が行われなければなりません。私たち男性は，古い，主人の立場（Herrenstandpunkt）を徹底的に清算しなければなりません。――党内においても，大衆のなかからも。これらのことは，私たちの政治的任務の一つであります。そしてまた女性労働者のあいだで党活動をすすめていくために，理論と実践のうえで訓練された男女の幹部党員の養成も，それと同時に緊急に必要とされていることであります（Zetkin, *Ausgewählte* III：150-151）。

(2) 同じく2度目の対話—レーニンがクラーラのもとへ

上記のような指示に従ってクラーラ・ツェトキーンは国際女性運動の方針の作成に着手した。「2週間ばかり後のこと」（とクラーラは書いているが10月23日ではないかと思われる），レーニンがクラーラのところへ突然やってきた。「レーニンは大変疲れてまた心労しているように見えた」とクラーラは書いている（同上：153）。この時と前回と異なっているのは，イネッサの死が知らされすでにモスクワで葬儀も終えていたことである。

この訪問時のレーニンの関心は，コミンテルン第2回大会に提出するためにクラーラが作成している「女性問題のための方針」の進捗状況についてであった。しかし第2回大会では共産主義女性運動の問題は討議されずに，執行委員会に付託された。

クラーラの側からの必要は，主として，クラーラの無党派国際女性大会のプランをめぐってレーニンの意見を聴くことであった。クラーラは，ソビエトロシアが女性解放のために行った諸措置を，資本主義諸国の女性大衆に知らせるために，この会議を計画しており，具体的な組織上のプランをレーニンに打ちあけた。レーニンはこの計画を支持した（ジノーヴィエフも）が，ドイツとブルガリアの反対にあって実際には実現されなかった。

この計画の詳細は次章で扱う。ドイツで賛同を得られなかったということは，クラーラ・ツェトキーンは1920年時点で，ドイツに強い影響力を持っていなかったということを推測させるものである。

以上の点から，レーニンとクラーラ・ツェトキーンの対話で問題になっている国際女性運動の方針上の留意点は，明らかに，第2インターナショナル時の諸方針にくらべて，多くの新しい点を含んでいることがわかる。レーニンは，ロシア革命によってプロレタリア・ディクタツーアが始まり，コミンテルンが結成され，国際的にも労働者党の結成がすすんでいく中で，女性戦線においてもプロレタリア女性を中核として，小農及び小ブルジョア女性をも含めた女性運動を展開する時期にふさわしい内容を方針として要求したのである。

レーニンとの対話から，クラーラが要求されたものは，あえて名付ければ〈「プロレタリア・ディクタツーア」に対応する女性運動論〉ともいうべきものであった。その内容については第14章であつかう。

女性問題の対話の後，彼らはドイツの情勢，特に，12月に予定されていたドイツ共産党（スパルタクスブント）と独立社会民主党左派との「統一大会」について語り合った。

3　1921年のドイツ「3月行動」についての対話

(1) 1921年のクラーラのモスクワ行き

1920年の時と違って，1921年のモスクワ行きは，前章でもふれたとおり，マクシム・ツェトキーン，およびクラーラの秘書で1915年，一時『平等』の編集代行もしたことがある，マクシムの最初の妻となったハンナ・ブーフハイム－ツェトキーンといっしょであった。一行は，1921年6月4日ドイツを出発した[13]。この行程は，すでに述べたように，マクシムによる，詳しい日記風メモが手帳に残されている（SAPMO－BArch NY4004/15, Bl.85-142）。

途中のラトヴィアでの拘束事件は，前章でとりあげたのでここでは省略するが，クラーラがモスクワでどのような日程で動いたかは，マクシムの日記に詳しいのでそれを参照する。

とにかく一行は，1921年6月8日1時21分モスクワに着いた。雨の日だった。荷物の中からコスチャの旅行カバンが消えていた。リーガですり替えられたようである。駅には，コロンタイと他の同志たちが迎え，コロンタイらと粗末な食事（スープとじゃがいも）をとったようである。そこへ，バラバーノフもやってきた[14]。その夜，宿泊したところは毛布が少なくて寒くてよ

13）ハンナは，翌1922年2月11日，Wolfgangを出産しているから，この時妊娠していたかもしれない。

14）マクシムのメモによって，1921年に，クラーラがバラバーノフに会っていることが分かる。バラバーノフは，1919年～1921年までコミンテルンの書記であった。1921年にボルシェヴィキから離れ，イタリアに行き,1924年コミンテルンからも離れる（Schütrumpf Hrsg.2013:170）。第11章にもバラバーノフのクラーラ観察を引用したが，写真13-4に写っている頃（1920年か21年であろう）バラバーノフはクラーラを鋭い批判の目で観察し

く寝られなかったとマクシムは書いている。翌日6月9日は，明るい太陽が輝く日で一行はさっそくクレムリンで外交を開始する。その日から6月15日まで第2回国際共産主義女性会議が開催された。クラーラはジノーヴィエフに会いに行った。その時ジノーヴィエフは心臓を患っていたが非常に親切だったとのことである。マクシムは，バラバーノフのところへ行き，彼女から3～4週間前に開催されたロシアの労働組合大会の説明をきいた。ハンナは，彼女のスーツケースがかき回され，ほとんどすべての明かるい色の衣服が赤い色に変色していたことを発見して午前中がっかりしていた。トロツキーと話すことに成功，云々とマクシムのメモは続く（SAPMO－BArch NY4004/15, Bl.89）。

1） レーニンの住むクレムリンへ

この時のモスクワ滞在でも，クラーラはレーニンと会って，前回と同じく文化や芸術について意見を交わしている。レーニンはクレムリンに住んでいたので，そこをクラーラが訪ねた。クラーラの『思い出』によると，クループスカヤとその妹が，質素な食事をしている最中であった。この時クループスカヤとは1915年以来のベルンの国際社会主義女性会議以来初めて会ったという。ということは，1920年にはクループスカヤには会わなかったということであろうか。クラーラは，「彼女の暖かい，思いやりのある目つきの親愛なる顔には，彼女をむしばんだ油断のならない病気の消し難い兆候が表れていた」（Zetkin, *Ausgewählte* Ⅲ：94）と書いている[15)]。

ている。例えば，1920年のモスクワでのクラーラを「ジノヴィエフの示威の目的に使われている」，「クララが演壇そのものと彼女に送られる拍手喝采に取りつかれている」と。多分「3月行動」に関連してであろうが，「クララはドイツにおけるボリシェヴィキの戦術的な誤り，そしてその誤りの産物を知りつつも，お追従に抗することは出来なかった」，「彼女はドイツの少数反対派の方が正しいことを知っていたにもかかわらず，ボリシェヴィキの優れた指導者――つまり，ロシア政府の指導者――を支持する，と声を高めていったのである」，「このクララの態度は，私が生涯で味わった個人に対する苦い幻滅の一つである」（バラバーノフ 1938＝久保訳1970：284-285）。クラーラの深層の一端を示すのが，このレーニンとの対話なのである。

15） マクシムは，1921年6月9日（第2回共産主義女性会議の初日）の日記で，「レーニンはいたが，外にいた。彼の妻は重い病気。それを彼はほとんど何も言わない（バセドウ）」

写真13-2　ジノーヴィエフ

写真13-3　トロツキー

写真13-4　アンジェリカ・バラバーノフ（右）とクラーラ・ツェトキーン（左）

女性3人で，美術，教育，指導問題について話していると，そこにレーニンが遅くに入ってくる。すると大きな猫がレーニンの肩に飛び乗り，やがて膝の上で寝てしまった。クラーラは，ローザが，愛猫「ミミ」を抱いている時のことを思いだして感無量だったという（同上：95）。しかし，この日が何日であるか，マクシムのメモによっても特定されない。

この日話し合ったことについて，クラーラは，他のことはすべて忘れてしまって，レーニンの芸術，教育論についてのみ記憶に在り，涼しかったので歩いて帰宅したと書き残している（同上：101）。

2） レーニンのクラーラ病気見舞い

さらに，これとは別の忘れ得ぬ思い出としてクラーラは，モスクワで病気になった時，レーニンがクループスカヤと，彼女の宿舎を訪ねてきた時のことを書いている。それがいつかは不明だが，マクシムのメモによれば，クラーラは，モスクワに来て，一睡もできなかったり，興奮したりする日が多かったようである。そして，6月15日（それは，第2回国際女性会議が終わった日であるが）付けで，マクシムは「イネッサ・アルマンドと同志アルソン（プロペラ機に狙撃されて死んだ）の墓を訪れた。午後，母は2度気を失った。……夜12時，レーニンとクループスカヤ[16]が来て1時半までいた。」（SAPMO-BArch NY4004/15, Bl.89）と書いているので，その時かと思う。病気見舞いとはいいながら，ここでは，ポーランドとの戦争（1920年春ポーランドがウクライナに攻撃を開始し，キーエフを占領した）と，レーニンが断行した大戦からの離脱（ヴェルサイユ講和条約問題）というきわめて重い問題についてクラーラに説明して，真夜中までいたのである。

クラーラは，この時のレーニンがみせた苦悩の表情を「私はその時中世の巨匠，グリューネヴァルトの十字架に架けられたキリストの絵を思い浮かべ

と書いている（SAPMO－BArch NY4004/15, Bl.89.）。

16）ただし，メモのタイプ化にあたって，担当者がLenin u. Krupskajaとマクシムが書いたところを，消してKamenjewとしている（SAPMO－BArch NY4005/15.Bl.89）。しかし，クラーラは「レーニンが訪れてくれた。……彼の後には，同志クループスカヤの親しい顔も見えた」（Zetkin, *Ausgewählte* Ⅲ, 101）とあるので，クループスカヤと一緒に来たと思われる。

た。確かその絵は，『悲しみの人』という名で有名になっていると思う[17]。（中略）グリューネヴァルトのキリストは純然たる殉教者であり，迫害された人であり，惨殺された人で，どこまでも『この世の罪を背負っていく』人である。私が今見るレーニンもやはりこのように重荷を追い，負傷して全ロシアの労働者たちの苦悩と困窮とを全部背負っている『悲しみの人』であった」(Zetkin, *Ausgewählte* Ⅲ：101）と書いている。この時は病中であったことが関係しているかもしれないが，その数年後に気持ちを整理して書いたであろうこの文書に，クラーラが，レーニンをキリストに対比をしていることは，安易に書いたものではないだろう。

1921年という年は，レーニンにとって，まともに活動できた最後の年であった。春にはすでに不調を訴えていたし，冬には明らかに健康を害しており，翌1922年5月の最初の発作を招くに至るのである。

(2) レーニンとの「3月行動」をめぐる対話

それは別として，1921年に，もっとも時間をとり，レーニンとクラーラの赤裸々な見解をぶつけ合ったのは，ドイツの「3月行動」についてであった。女性問題から逸れるが，クラーラの伝記としては，前章の最後に見たドイツ共産党とクラーラ・ツェトキーンのかかわりにおいて重要な記録である。ここでその部分については，なるべくクラーラの書いていることを翻訳して示すことにする。戦前の『レーニン研究』に掲載された邦訳[18]は，名訳ではあるが英訳の重訳と思われるし，伏せ字部分も多いので，それを参考にしながら改めてここにドイツ語の原文と照らして邦訳したものを用いる。この部分は非常に長文であるので，パウル・レーヴイに関する対話部分は，私の判断で省略する箇所がある。なおこの部分は上杉（1977c：92-100）が多用してい

17）グリューネヴァルトの「十字架の下での悲しみ」(1502年，スイス，現バーゼル美術館蔵)。

18）第1部邦訳は，「レーニンの思ひ出」(一）訳者名なし『レーニン研究』創刊号（1931年12月），南北書院：39-49，1932年。「レーニンの思ひ出」(二）訳者名なし『レーニン研究』第3号（1932年2月），南北書院：36-48，に連載されているが，検閲で×印が多数ある。第2部にあたるところの邦訳は，平井潔『レーニン青年・婦人論』青木書店1956：11-57にあるが，英語からの重訳である。

るので，それをも参考にした。上杉によれば，まず，何をおいても「1921年夏の訪問の時は，ドイツ共産党は危機的状態にあったのみでなく，彼女自身も極めて困難な立場にあった」（上杉1977c：92）のである。

1） クラーラの回顧

クラーラ・ツェトキーンは書いている（Zetkin, *Ausgewählte* Ⅲ：105-123）。

1921年，わがインターナショナルの第3回世界大会および第2回国際女性会議が開かれた年の2度目のモスクワ滞在は，より長いものとなった。非常に蒸し暑い時であった。それは美しく金色に塗ったモスクワの寺院に太陽が熱射する6月下旬から7月上旬にかけて，大会が開かれたためというよりも，むしろコミンテルンの諸党内における雰囲気が然らしめたのである。特にドイツ共産党内においてそうなのであって，党内の空気は電気をかけられたように，会議のおり，暴風雨，稲妻，雷鳴が起こるのは殆んど毎日のことであった。ひとの過誤を嗅ぎつけた時ばかり，馬鹿に元気の良くなるわが党の悲観論者は，党の離散，党の最後を予言した。第3インターナショナルに組織されている共産主義者は，もしドイツ共産党内の理論と実践に関する熱烈な論争を，他の国々でもまた，同志たちの心情を熱くしないならば，無益な「インターナショナル」だったにちがいなかろう。「ドイツ問題」は，事実において一つのインターナショナルな問題であり，また当時にあってはコミンテルン自身の問題でもあった。

「3月行動」といわゆる「攻勢の理論」は――それは，「3月行動」の基礎をなすものであり，しかも「3月行動」の弁明のために，遅ればせながらやっと，精密さと明確さをもって作られたものであったとはいえ，「3月行動」の終結点と不可分の関係にあるものであったので――，全共産主義インターナショナル，世界経済と世界政治の状況を，根本的に仔細に吟味せざるを得なくした。そうすることで，プロレタリアート，生産大衆の革命的動機づけと活発化という次の課題のための根本的でかつ戦術的な態度にたいする確固たる基礎付けをする必要があったのである。

周知のように，私は，その「3月行動」がプロレタリアートの闘争ではなく，間違った考えの，準備不十分の，組織のルーズなそして指導も拙劣な，できそこないの党の行動であるという限りで，「3月行動」の最も激烈な非難者とみなされていた。私はあきれた騒々しさをもって作られた「攻勢の理論」を，断固克服しようとした。加えて，私はまだ私の個人的「責任ある問題（シュルトコントー）」を抱えていた。すなわちリボルノにおけるイタリア社会党大会への，および執行委員会の戦術に対するドイツの党指導部のにえきらない態度が，私をして，思いもよらず，示威的に中央部から辞任させるという結果を引き起こした。私は，この「規律違反」に対して従来政治的にも個人的にももっとも身近にいたロシアの友人たちから激烈な反対を受けたのには少からず閉口した。

執行委員会においても，ロシアの党においても，ならびに共産主義インターナショナルのいろいろな支部においても，「3月行動」に対する熱狂的支持者は，少なからずいて，彼らは異口同音にそれを断固たる実行意思を持った幾10万人の労働者たちの運動であるとして祝賀した。同時に，「攻勢の理論」も革命の新しい福音として称賛された。私は，もっとも激しいたたかいが待ち構えていることを知っている。かつ，私は，このたたかいが共産主義的政治の大きな根本的路線を強め，道を切り開くためには，たとえその勝敗はどうあろうとも，たたかおうとかたく決心していた。

レーニンは，検討された諸問題すべてについて，どのような判断を下したのか？　彼は，どのようにして小さなマルクス主義的革命の基本方針でも行動に移すことが出来るのか，人々をも，ものごとをもそれらの歴史的関連で理解することが出来るのか，かつ力関係を推し測ることをどのようにして理解するのか？　彼ははたして，「左派」に属するのか，「右派」に属するのか。――「右派」とは，「3月行動」ならびに「攻勢理論」を無条件で歓迎しなかったものはすべて「右派」であり，「日和見主義者」だとラベルを貼られていた。私は，自分はもどかしさにいらだって，彼のこの問題に対する明確な回答を待った。事実，彼の返事の如何は共産主義インターナショナルのいろいろの目的，行動力はもちろん，その存在すらも左右していたのである。私がドイツ共産党中央委員会を脱退して以来，ロシアの友人との通信の糸も途切れていた。私は「3月行動」及び「攻勢の理論」に関するレーニンの見解については，ただうわさや，憶測を耳にするばかりであったので，すぐ疑問に思い，熱心に（会見を）頼んだのである。私の到着数日後[19]，彼との長い対談によって，私は次のような誤解の余地のない情報を得た。

2） クラーラ，レーニンと会う

レーニンは何よりも先に，ドイツにおける一般的情勢および党内の情勢に関する報告が欲しいといった。私は彼に出来得る限り明快に，客観的に，色々な事実や統計で例証するよう努力した。レーニンは時折，そのなかのある点の説明をもとめて小さな質問を入れ，簡単なノートを作っていた[20]。この会見で，私はもし世界大会が「攻勢の理論」の基礎をそのまま容認するなら，ドイツ共産党並びに共産主義インターナショナルの上に襲いかかるいろいろな危険に関してかくさずに意見を述べた。レーニンは好意的な，自信たっぷりの微笑をした。

「一体あなたはいつから悲観論者の仲間入りをしたのですか？」と彼がたずねた。「心配することはありません。『攻勢の理論家』という木々は決して天にまで達しません。われわれがいるのはどこまでもここです。あなたはここから学ぶところなくしてこの革命を『成し得た』と思いますか？　そしてわれわれはあなたもまた，そこから学ぶことを望みます。一体あれのどこが，理論なのですか？　とんでもない。あれは幻想であり，ロマンティシズムです。そう，ロマンティシズム以上のものではない。だから，あれが出来あがったのはいわゆる『詩人と思想家との国』で，その詩的天

19）到着は，すでにみたように6月8日，数日後というのは，11日か12日である。6月9～15日迄女性会議が開催されているから，その最中ということになる。しかし，肝心のマクシムのメモには具体的なことは書いていない。それらしきことは，6月14日のメモで，「……クループスカヤと母は，今日（6月14日），彼の所に行くことが出来る。あるいは，明日，彼が行くモスクワで話すことが出来ると申し合わせた」（SAPMO-BArc NY4005/15, Bl.95）と書いている。

20）このレーニンのやりかたであるが，1921年という想像を絶する多忙ななか，レーニン自らがドイツの情勢について把握していたかどうかが疑われる。この短い時間の中でレーニンは彼なりの経験に裏付けられた直感で多くを察し，急いで対応を準備したのかもしれない。

才を持った国民に属しており，左翼より一層左翼たらざるを得ない私たちの愛するベラ·クンの助けを借りて作られたのです。私たちは詩を作ったり，夢を見たりしていてはならない。私たちが対ブルジョワ闘争を起してそれに勝とうと望む以上，私たちはどこまでも正気で世界経済と政治的情勢を観察しなければならないのです。それでこそ私たちは勝つでしょう。勝つはずです。共産主義インターナショナルの戦術に関する大会の決議およびこれと結びついた論点のすべては，国際的経済情勢に関する私たちのテーゼと相関していなければならないと考えなければならない。これらはすべて一身同体となるべきです。さしあたり一方において私たちはタールハイマーやベラ・クンよりは，マルクスの方へ耳をかたむけています。ロシア革命から人々はドイツの『3月行動』より多くを学んでいます。すでに述べたように，私は大会の態度表明というものには，あまり心配していません。」

ここで私はレーニンの話をさえぎった。「でも大会はやはり『3月行動』は，『攻勢の理論』の結晶であり，実践であり，そしてその歴史的具体的実例であると，いわなければならないでしょう。一体，理論と行動は別々に切り離して考えられるものでしょうか？　決してそうはいきません。ここで多くの同志が，一方にあの『攻勢の理論』を排斥しながら，一方では『3月行動』を熱狂的に弁護しています。私はそのことを，首尾一貫性のないことと思います。私たちは確かに，たたかわなければならなかった労働者たちに心からの共感の意を表します。なぜなら，彼らはヘルジンクの権力の手先の術策によって行動を挑発されて，自分たちの立派な権利を擁護する必要上たたかわなければならなかったのですから。私たちとしてはたとえ作り話の数のように何万人であったにしろ，あるいはわずか数千に足らぬ少数であったにしろ，彼らに，同じように同情をよせて味方することをあえて辞しません。しかし，『3月行動』への私たちの中央（幹部）の，原則的，戦術上の態度というものは，断然別問題であったし，今もそうなのです。中央は，暴徒のごとしで，実に言語道断で，およそ理論，政治，あるいは文学的見地からしても一点の弁護の余地もない失策と断じざるを得ません」。

「もちろん，殺気立った労働者たちの防戦的行動と，上手く指揮できなかった党の攻撃的な違反――というよりは，むしろよく言えば彼らの指導にたいして，さまざまな評価がなされるでしょう」とレーニンは口早に，そして断定的に言った。「しかし，あくまで『3月行動の反対者』としてこれに対し，傍観していたあなた自身にこそ責任がある。一体あなたは中央部の倒錯した政策とその悪い影響ばかりを見て，中央ドイツのたたかっているプロレタリアを少しも見ていない。そればかりか，パウル・レーヴィの全く否定的な批判のごときにいたっては，党との協同一致の精神を欠いており，かつその反対論の内容そのものよりはむしろ，その口調が同志の反感をかった結果，目の付け所がどうも問題の中心を外れてしまっているようです。あの『3月行動』に対する大会の態度に関しては，あなたは，大会があのように妥協をしなければならなかった確乎たる根拠があったことを了解する必要があります。ほら，あなたは，そんなに驚いて，非難の目で私を見つめている。あなたにしてもあなたの友人たちにしても，あの妥協は，そのまま甘受しなければならないのです。あなたは，大会の獲物については獅子王のいうなりに分け前を故国に持ち帰るのを黙認するよりほかはないのです。それで結構，あなたの政治的根本方針だけは大丈夫勝利するでしょう。それも必ず立派に成功するでしょう。そうしてこそ始めて，もう再びあの『3月行動』の失策は繰り返さなくなるのです。大会の決議というものは，極めて厳格に実行されなければならない。執行委員会は必ずこれを実行するでしょう。私はそう信じて疑いません。

こうして大会はあの有名な『攻勢の理論』を破滅させて，そしてあなたの見解に適合した戦術を採用するようになります。しかし，そのためには，大会は，それと同時に一方では，そうすること，とりもなおさず，この理論の信奉者たちにも少しの慰めをあたえることにもなるのです。もし『3月行動』の批判に関して，私たちが，ブルジョワジーの従僕に挑発されたプロレタリアートが，戦ったのだという点を強調し，そしてまた，一般的に幾分でも，父親のような（väterlich）『歴史的』な寛大さを見せようというならば，それは可能な事でしょう。といえば，クラーラさん，あなたはそれを，もみ消しだとかなんとかいって私を責めるでしょう。だがそれはあなたにとって何のたしにもなりません。もし大会によって議決されるべき戦術が，可能な限り素早く，強い摩擦なしに，共産党の活動の原理になったとすれば，わが愛すべき『左翼論者』はあまりに楽々と後悔も苦痛も知らずに引きさがらなければならないことになります。それに私たちはまた，一方には――そして実際それに何をおいてもまっさきに――わが党内外における真の革命的労働者たちの感情を考慮する必要があるのです。あなただつて，かって私に手紙で[21]，ロシア人は今少し西欧の心理学を勉強して，私たち一流の頑強な，ぼさぼさの柴ぼうきで，人々にとびかかることをしないようにとご自身いってよこされたではありませんか。私はそれをもよく覚えています」。レーニンは如何にも心得顔に微笑した。「そうです，私たちは決して『左利き連中』を„柴ぼうき“で掃こうとは思わない。私たちはそうしないで，彼等の傷口に香油を塗って，痛みをやわらげてやろうと思っています。こうしてはじめて彼らはたちまちにしてわがインターナショナル第3回大会の戦術を実行する上で，あなたの望み通り嬉々として心血を注いで助力をしてくれるようになります。そうすることは，すなわちあなたの政策の路線で幅広いプロレタリアートの大衆をあなた方の政策の路線に集め，動員し，共産主義の指導の下でブルジョワジーに反対し，権力の奪取に身を呈することを意味するからです。

ところで，私たちがとるべき戦術の根本は，あなたがドイツの党の中央委員会に提出した決議文に明瞭に述べております。あの決議は，パウル・レーヴィのパンフレットとは異り，いささかも否定的でなく，あの批判は非常に肯定的です。一体あなたは，あの時，如何なる議論の結果，そして何の根拠があってああいう肯定的態度に出られたのですか！　あなたの決議の肯定的性格とレーヴィのパンフレットの否定的特徴の区別を，レーヴィから引き離すために利用しつくすというのならいいのですが，その代わりに，実際はあなたの方がレーヴィに引き付けられている形跡があるではありませんか」。ここで私はレーニンの話をさえぎった。「親愛なる同志レーニン！　あなたもまたわたしにパンのかけらほどの慰めを下さい。なぜ

21）この手紙とは，前章第12章でみたクラーラのレーニンへの1921年1月の第1の手紙ではなかろうかと私は推測する。

なら私は妥協案を飲まなければならなかったのです。どうも私は慰めと香油なしではいられません。「いや」レーニンは私をはねつけた。「私は決してそうは思っていない。その証拠に，私は，ただちにあなたにふさわしい罰を与えるでしょう。あなたは何で中央委員会を脱退するなんて，あんなたいへん愚かなことをしでかしたのか言って下さい。とんでもない愚行です。一体あなたの理性をどこへやってしまったのですか？　私はあのことには非常に立腹しました。そうです。激怒したのです。そんな無暴な行動の結果がどうなるか，そして，おまけに私たちには知らせもせず，まして私たちの意見もきかずにあんなことをするなんて！　何故あなたはあの時ジノーヴィェフに通知しなかったのです？　そしてなぜ，私に知らせなかったのです？ せめて電報を打ってくれることはできなかったのですか？」。

私はそこでレーニンにその時の必要やむを得ない事情から決心した理由を説明した。ところが彼は，その理由を認めてはくれなかった。

彼は鋭く叫んだ。「なんですって？ あなたはあなたの中央委員会における信任を，中央委員会の同志からではなく，党全体から受けたのですか？

あなたはあなたの一身上に負っている信用を絶対に失うべきではなかったのです」。私に改悛の情があるようにレーニンにはみえなかったので，彼は，私の中央からの脱退を鋭く批判し続け，突然つけ加えた。

「実は昨日[22)]，女性大会において，あなたが，まったく組織された最悪の日和見主義の権化とされているのをきいた。しかもそれは，私が知るところでは，女性のもとでの共産主義運動に始めて参加したあの善良なロイター－フリースラントの個人的指導のもとでです。それはほんのばかげたことに過ぎない。全くばかげています。『攻勢の理論』が女性大会においてあなたを，意地悪く不意打ちすれば救われると考えるのは誤解です。もちろん，あなたにたいする攻撃の中には他の思惑や望みが一役かっているに違いない……（……は，ママ）。私としては，あなたが，この事件を，

22）1921年6月9～15日に女性会議が開かれている。昨日とは6月15日かもしれない。とすれば，この対話の日は6月16日と特定できる。しかし，この段階で，女性会議でクララを誹謗するのはどういう人か，私には推測がつかなかったが，あるいはコロンタイかもしれない（その根拠と考えられる事実は本書第14章：714）。

人間的に非常に不愉快な当てつけを感じるとしても，政治的に明るい側面から受け取っていただくことを望みます。そんなことよりも，親愛なるクラーラ，あなたは絶えず労働者たちのこと，大衆の方を見ていてください。絶えず彼等のことを考え，私たちの達成すべき目的を考えてください。そうすれば，こんな些細な問題は，眼前から消滅します。些細な問題を見ないで済みますか？　私は，あなたが信じることが出来ることについて，私もまた黙認せざるを得なかったのです。あなたはかねて賞讃しておられるボルシェヴィキ党が，一撃をもってたちどころに絶滅すると思いますか？われわれの味方も，知性の反対とでもいうべきことを幾度もしてきました。ただとにかく，今はあなた自身の過失を考えてごらんなさい！　あなたはここで，無謀な手段をもうやらないと私に約束してもらわなければならない。さもないと，私たちの友情はこれかぎり終わりです」(Zetkin, *Ausgewählte* Ⅲ：105-112)。

3）レーニンの現状の認識とパウル・レーヴィ

この話が済んでから私たちの会話は再び私たちの主要問題に向けられた。レーニンは，後に大会で，彼の壮大にして，希望に満ちた演説で説明し，そしてそれ以前の委員会の討論で，攻撃的に鋭い言葉をかけたように，共産主義インターナショナルの戦術に対する，自分の考えの概括を根本的に詳論した。「世界革命の最初の波は去った。第2波はまだ高まっていない。」彼は説明した。「私たちはその第2波について空想を描くことは危険きわまりない。私たちは，海を鎖で鞭うつクセルクセス[23]ではない。」(中略)

「そして，パウル・レーヴィですよ！　あなたは彼とどういう関係にあるのですか。一体あなたの友人とどういう関係に？　大会はかれにどんな態度をとったのですか？」　この問題は，早くから私の舌の先まで出かかっていた。「パウル・レーヴィ，彼こそは問題のそもそも本体なのです。」とレーニンは答えた。「というのは，パウル・レーヴィ自身にこそ元来その責任があるのです。彼は私たちを見捨て，強情に，袋小路に入り込んで

23）Xerxes, ペルシャの王。B.C.480年ギリシャに遠征してサラミスの海戦で大敗して帰国。

いったのです。あなた自身としても，代表者たちにたいしてやったあなたの徹底的なアジテーションの中で納得しなければならなかった。あなたはそのようなアジテーションを私のところでする必要はないでしょう。御承知のとおり，私としてはパウル・レーヴィとその人物の手腕を評価しています。私はスイスで彼を知り，当時から彼に希望を託していました。彼は過酷な迫害時代にも礼節を曲げず，勇敢で聡明で，そして献身的でした。彼の労働者との関係に確かに冷たさを感じることがあったけれども，彼がプロレタリアートと固くむすびついていることを信じていました。なにか「距離を置きたい」式の幾分冷淡なところが。ところが彼のパンフレットが発表されるにおよんで，私は彼に疑いを抱くようになりました。私は彼に，強い偏屈とうぬぼれ（原語はEingängertum：この単語の意味不明Einbildungでは？：伊藤）の傾向と，また文学的虚栄のかけらがあると危惧するようになりました。「3月行動」に手厳しい批判は必要だったでしょう。けれども，パウル・レーヴィが引き出したものはなんであったか？　それは，党を残酷なまでに引き裂くことでした。彼は，批評しているのではなくて，ただ極端に一面的に誇張をしており，悪意のあるものです。彼は党が方向を見定めることのできるものを何一つ与えていない。彼には党との連帯精神が欠けている。同志たちが一致して，レーヴィの批判にある多くの正当さに対しても，立腹し，耳を貸さず，無視したのもそういうことだからです。そうして，――それはドイツ人以外の同志の間にも伝染して――同じ気分が生じています。つまり，『攻勢の理論』の理論的誤りおよび実行の拙劣さということ，そして，『左派』(原語はLinkser)のことはそっちのけにして，彼のパンフレットともっぱらレーヴィ個人に関する批難が議論の対象になったというような結果になってしまっています。彼らはパウル・レーヴィにたいして彼がこれまで非常に巧くやってきたことを感謝しなければならない。パウル・レーヴィは，彼自身の最悪の敵になったのです」。

私は，後半の話は認めざるを得なかった。けれども私は，レーニンのその他の意見に対しては断固として反論した。「パウル・レーヴィは虚栄心の強い，ひとりよがりの三文文士ではありません。彼は野心のある政治的立身出世主義者ではありません。若くて，大きな政治的経験もなく，深い理論的訓練もうけていない彼が，党の指導的地位を引き受けたのは，彼の逃れられぬ不幸でした。彼の望むところではなかったのです。ローザ・ルクセンブルク，カール・リープクネヒトおよびレオ・ヨギヘスの暗殺後，彼がそれを引きうけなければならなかったのです。彼はそれに何べんも抵抗しました。それは事実です。たとえ彼が，私たち同志に対して，彼とのつきあいで十分暖かい態度をとらず，むしろ孤立したもののような態度を持っていたにせよ，それでもなお私は全身全霊，党とともに，労働者とともに生きているということを確信しています。不幸な「3月行動」が，彼に深い衝撃を与えたのです。彼はカール，ローザやレオその他無数の人々が身命を賭した党の存在が，無益に危機に瀕し，努力が無駄になったと堅く信じているのです。彼は党が失われたと考えて，苦痛に涙を流し，文字どおり泣いているのです。この危機を救うことができるのは，もっとも強力な手段を使うほかはないと堅く信じているのです。そこで彼は，自分の生命を賭して祖国を救うために，断崖絶壁に自ら進んで身を投じる信じられないローマ人の気分になってパンフレットを書いたというわけです。パウル･レーヴィの意図はこの上ない純潔な，献身的なものであったのです」。

レーニンは答えた。「私はそのことについてあなたと議論しようとは思いません。あなたは，レーヴィ自身が自分を弁護する以上の彼の弁護者ですね。だが御存知のとおり，政治の問題においては意図の如何ということは問題でなくて，その結果如何が問題なのです。あなた方ドイツ人には「地獄への道は，善意によって舗装されている」といったような諺があるのではありませんか？　大会は彼を，パウル･レーヴィを責めもするでしょうし，また彼に対して苛酷でもあるでしょう。それは逃れられません。しかし，パウル・レーヴィに対する激しい批判は，ひとえに規律の違反にあるのであって，彼の根本的政治的立場にあるのではありません。(中略)パウル・レーヴィが私たちのところへ帰ってくる道は，開かれています。若し彼が自らそれを塞がない限り開かれています。彼の政治上の運命は，彼自身の手中にあります。彼は節度ある共産党員として，大会の決議に従わなければならず，一時，政治生活から退かなければなりません。それは彼にとって確かに，非常に苦痛なことでしょう。私は彼に心から同情し，心からそれを残念にも思います。あなたもそれはわかっているでしょう。けれども私は彼にこの苦難な時代を与えずにはすまされないのです。

パウル・レーヴィはあたかも，私たちロシア人が帝政時代に流刑や刑務所に入ったのと同じように，その刑罰を受けなければなりません。その時期こそが彼にとってもっとも勤勉な研究と冷静なる自己理解の時期として，彼のためにあるのです。彼は年齢も党員としてもまだ若過ぎます。彼の理論的知識も欠けており，国民経済学においても，彼はまだマルクス主義の研究の初歩にいるに過ぎません。彼はやがて今より，一層深い知識を得て，原則的にも一層確実になり，今より一層聡明な党指導者として再び世に出てくるに違いありません。私たちはレーヴィを失ってはなりません。彼のためにも，実際問題としても。私たちは有り余る程に，天才を味方には持ち合せていませんから，私たちは可能な限り，持ち合せているだけのものを減らさないようにしなければならないのです。だがしかし，もし，パウルに関するあなたの意見が正しいならば，彼をプロレタリアの革命的前衛から最終的に引き離すことは，彼にとっては到底癒し難い重傷を負わせることになるにちがいありません。あなたは，彼に対しては友好的に話をして，彼をして事の成り行きを一般的な見地から観察して，彼特有の「独善」から見ないように助けて下さい。私もこの点であなたを支援します。もし，レーヴィが苦行に服従して，よくこれに耐えうるならば，――例えば党機関紙に寄稿するにしても，いくつかの適切なパンフレットに書くにしても，仮名でというふうに――私は公開書簡で，3～4ヶ月のうちに彼の復党を求めます。彼は今，目前に水火の試練を控えています。私たちはともに彼がこれに堪へようと欲することを期待しています。

私は嘆息した。(中略) 私は言った。「親愛なるレーニン。どうぞあなたができることをやって下さい。あなた方ロシア人は，もう戦うためには苦もなく，軽卒なこともうまくやってのけるのです。かわいそうに，胸に抱きしめるものだけに心中を打ち明けるのです。私はあなたの党の歴史から，あなた方の仲間には呪いや祝福が，草原の上を吹きまくる風のように往ったり来たりするということを承知しています。私たち「西欧人」(Westler) は鈍重です。私たちは常に，かのマルクスが言ったように，歴史的なアルプスの山を背面に背負っています。私は再三あなたにお願いします。どうかパウル・レーヴィを私たちの間に引きとめるように，あなたができることをして下さい」。

レーニンは答えた。「心配無用！　必ずお約束は守ります。パウル・レーヴィ自身が堅く耐えさえすれば。」――レーニンは，彼の帽子，あの地味な，もういくらか古びたひさしのある帽子へ手を伸ばしてつかんで，穏やかな，しかしエネルギッシュな歩調で立ち去った（Zetkin, *Ausgewählte* Ⅲ: 113-116）。

4） ドイツ代表と会うレーニン

ドイツ代表中の「反対派たち」――同志マールツァーン，ノイマン，フランケンおよびミュラー――は，「3月行動」の性格と結果に関するかれらの経験の根拠について報告するために，レーニンと知り合いになりたいという，当然ながら熱い願望を持っていた。同志フランケンは，ライン地方から来ており，他の3人は労働組合員として来ていた。彼らは，共産主義インターナショナルの疑問の余地ない最初の指導者に，階級意識ある，優秀な革命的考えを持っているプロレタリアートの大部分が取った態度を説明し，ならびに「攻勢の理論」および彼らが当然必要とした戦術に関する彼ら自身の意見を述べることか重大問題だと考えていた。彼らはまた，もちろん彼らが運動したこれらの問題に関するレーニン自身の意見をも聞きたがっていたのである。レーニンはこれら同志たちの要求をもちろん喜んでいれるつもりであった。そこで，私のところで彼らが会合すべき日時が申しあわされた。同志たちは，私たち仲間同志で，私たち同志の大会の討論に加わる態度を決定するために，レーニンよりは少し先に来た。

レーニンは何時ものように時間が正確であった。所定の時間に1分とは違わず，彼はいつもの習慣に違わず，いとも簡単に，丁度その時議論に没頭していた他の同志たちに気がつかぬように入って来た。「こんにちは，同志の皆さん」。彼は皆と握手をして直ちに討論に加わるように着席した。そしてこのように各同志たちが知らず知らずのうちにレーニンと近づきになるのは当然なことだと思う。それで，私はレーニンを同志たちに紹介するにもおよばなかった。ところが，10分ほど一般的な会話をした後に，同志の一人が私を脇へ呼んで，そっと聞いた。「同志クラーラ，一体あの同志は誰ですか？」。「おや，あなたは彼を知らなかったのですか？」と私は答えた。「あれが同志レーニンですよ」「知りませんでした。本当ですか？」。私の友人は思っていたのだ。「私は，彼を『偉い人たち』と同じ様にわれわれの約束をすっぽかすんじゃないか，と。気取らない同志でも，あれほど素朴であたたかくない！　考えてごらんなさい，私たちの前の同志ヘルマン・ミュラーですら彼が首相になって以来，燕尾服を着込んで，偉そうに議会のなかを歩き廻っていましたよね」と。

私には，「反対派」の同志たちとレーニンとは，お互いに試験をしあっているのがみえた。レーニンは，自分の意見をことさら，隠そうとはしていなかったが，指導者として演説をぶつよりは，むしろ皆の意見を聞き，比較し，提議し，方向づけることを主眼としていた。彼はたえず質問し，極度の興味を持って同志たちの説明を追うように聞いたり，時折，細かい説明，補助的な報告を求めたりした。彼は，既に計画され，組織された労働者階級の巨大な大衆の任務の意義の重大なことを言葉を極めて力説し，集中化と厳格な規律の必要を説いた。レーニンは後になって私に，あの時の会合は非常に愉快だったと言った。「このマールツァーンと彼の一派のドイツプロレタリアートは，素晴らしい人たちだ。私は，彼らは，多分，炎を食べるような過激な言論の定期市（radikalen Wortjahrmarkt als Feuerfresser：大会での討論のことか：伊藤）以外にはなにも外へ持ちださないだろうと思う。私は彼らがどの程度まで遊撃隊として役立つか知らない。しかし，私は，彼らのような人々は，革命的プロレタリアートの幅広い，かたく組織された戦闘の支柱を形成し，企業や労働組合における，基本的な，戦いぬく力となることを，信じて疑いません。私たちはこのような構成分子を集め，行動させなければならない。彼らは私たちを大衆に結びつけてくれるのです」（Zetkin, *Ausgewählte* Ⅲ：116-118）。

レーニンの脅しや，比喩はたくみである。クラーラは，しかし，このレーニンの言葉から「かけひき」を多くを学んだに違いない。レーニンは，クラーラというドイツ共産党の幹部に，革命家としての術策の実例教育を試みたのだ。

クラーラの思い出はさらに続く。

「攻勢の理論家たち」は，トロツキーの，「経済状態と共産主義インターナショナルの新しい課題」に関する議論中，協議委員会でもプレナムにおいても，成果をあげなかった。彼等は「共産主義インターナショナルの戦術」に関するテーゼの一部変更や付加の申し出によって，かれらの見解の成功を期待した。提案とは，独・墺・伊3国の代表から提出されたものである。同志テラチーニがこれを弁護した。これを可決すべしという賛成論が沸騰した。一体この解決はどうなるのか？　見渡せばかって皇居だった，この広いクレムリンの大広間には，昔ながらのまばゆい金色の上に共産主義人民の家の燃え立つような赤が映えて，そのあたりに極度に緊張した空気がただよっている。誰もが神経をとがらせて，幾百の代表員もぎっしり詰めかけた傍聴者たちもその成り行き如何と固唾をのんだ。

レーニンが発言した。その演説は，彼の雄弁中の白眉であった。彼の弁論には何一つ修辞的な影というものはない！　明快な思考力，弁論上の理路整然たる論理，首尾一貫したまますすむ道筋だけが感銘を与える。そして荒けずりの一塊の花崗岩の如く，彼の言辞は一度彼の口からほとばしり出るや，そのままにして，理路整然と一貫するのであった（Zetkin, *Ausgewählte* Ⅲ：118−119）。（後略）。

私がこの地を退去出発する当日[24]，レーニンは別れの挨拶にやってきた。（中略）

「もちろんのこと，あなたは今度の大会の結果には不満でしょう」と彼

24）マクシムのメモによれば，7月27日出発とあり，Adolt.：（ママ）. Lenin, Sinowj. とあるのでこの日にレーニンが来たのかもしれない。メモは，7月12日の第3回世界大会終了後は，全くの略語で，かろうじて，7月27日に，モスクワを出発したことを判読できる程度である。最後は1.0.3.Abds. Balab. と書かれているので，いつかの夕方，バラバーノフが来たという意味かもしれない。

はいうのである。「今度の大会は一方においてはパウル・レーヴィの実行した方策と戦術とを弁護しながら，一方においては，彼自身を排除した不合理を憤慨しておられることも，私にはありありと目に見えるようにわかっております。これに関しては訂正を要することはもちろんであって，現に今も私は，かってあなたに申しあげたようにレーヴィの過失を考えているばかりではありません。私はさらに進んで，彼のあの失策のおかげで私たちが大衆を獲得する事がどれほどやりにくくなったかということまでも考えているのです。彼としてはこの際これによって十分教訓を得るよう，自分の過失を自認肯定するのが義務でありましょう。こうして彼がその政治的手腕をもって党の主権を握ることも遠からぬ内と思います。」そこで私は答えた。

「しかしながら，パウル・レーヴィにとっては何も彼の自分自身の意見を放棄しなくても，何か別に共産主義インターナショナルの処罰に服する方法がありそうなものですが，彼としては幸に国会議員候補を断念して，相当数の刊行物を発行することができ，その記事にも，第3回世界大会の事業を歴史的見地からこの上なく客観的に批判しています。これも第3回大会の事業に関する批判を排撃せずして肯定していることはもちろんです。それから彼を排斥しようとする大会の決議は間違っておりかつ不合理だということを言明してはいるものの，それ以外には彼は党全体の運動のためとあればこれに服従する意志のあることは間違いありなせん。パウル・レーヴィは，政治家として，そして人間として，このような勇敢な自己統制の行為によって断然何物かを得る所があっても，決して失うような人間ではないと思います。彼はきっと反対派からの屈辱的嫌疑を晴らし，そして真の共産主義は，彼の手で初めて実現するということを，実証するに相違ありません」。

レーニンが答えた。「なるほど，たいへん結構な想像です。ですがそういきますか？　が，まあとにかく私としても，あなたのレーヴィに対する温情的な楽観主義が的中して，余人の悲観主義が外れることを望んでやみません。私はもし，レーヴィ自身がことを打ち壊さない限り，彼を再度復帰入党させるという公開状を差し上げることをここに重ねてお約束いたしましょう。だがそれはそれとして問題の中心は別にあることをお忘れにならぬように。全体から見て，第3回大会の決議はまず成功でした。今度の大会は歴史的に見ても古今未曾有の価値あるものであり，また事実上共産主義インターナショナルの『転換点』となるものです。すなわち，今回の決議こそはわが革命的大衆党（マッセンパルタイ）発達上の第1期の結末を指示し，同時に革命的大衆政党への発展の第1段階を意味するものといえます。だからこそ，大会としては，この左派の幻想を排除しなければならなかったのです。すなわち世界革命は，あの暴風雨的な最初の速度で不断に継続して行くべきものであるという幻想，われわれはこのままじっとしていて，来るべき第2の革命の波に乗るべきものという幻想，そして，ただひたすら，われわれの旗の勝利を牽制することは党の意思とその活動に依存しているという空想を。もちろん，この革命をして「党だけの輝かしい行動」として，大衆というものを無視して行い，新聞紙上や大会議場のみにおいて客観的な諸條件とかけ離れた雰囲気の中に党の私事となしおおせることは極めて容易なことでしょう。だがしかし，これでは最終的には何ら革命的ではなくなって，外道に逸れてしまいます。私をしていわせれば，ドイツにおける「左翼の愚かなものども」は，あの「3月行動」と「攻勢の理論」にすっかり彼らの馬脚を曝露してしまったのです。そこで彼らはあなたを「だし」に使って清算をしなければならなくなったまでで，あなたはその犠牲になったというわけです。だが，しかし，実際は，今度の決着はやはり国際的なものなのです」。

「そこであなたはドイツへ帰られたうえでぜひ私たち一同が一致協同一団となって決定した戦術を実行していただかねばなりません。いわゆる『平和協定』なるものは，それ自身単独では，決して平和の保障となるものではないのです。すなわちあれは，いわゆる左右両翼の両者が打って一丸となり，明快かつ決定的な政治政策の上に，悪意のない正直な意志をもって援助してくれるのでなかったら一文の価値もないものです。こうしてあなたはご自身たとえいかに嫌でも不服でも，ぜひ中央委員会へ復帰していただかねばなりません。そしてその上はたとえ将来あなた個人としてはそこを去るのが自己の権利であり，ないし義務であるように思われても決して

2度と再び脱退をしてはなりません。あなたは，この困難な時期に，党のために，結局プロレタリアートのために奉仕する権利以外にはないはずです。党を団結させて行くことこそ今のあなたの義務なのです。私は個人としてもあなたに対して，党内に絶対に分裂を生まないよう，あるいは，せいぜいほんの小さな分裂で事が済むよう努力する責任を負わせておきましょう。そこであなたは，今もって何等深い理論的知識もなく，また実際上の経験もない青年党員たちには十分厳しくあたると同時に，また一方においては同時に彼らに対して充分に忍耐力を以てその大成を待つ必要があるでしょう。それからさらにあなたに御注意申し上げたいのは，同志ロイター－フリースラントを特に心をかけてやってほしいのです。彼はこの数年間，私たちのもとで非常に熱心に，よく働いてくれました。彼は，ベルリンの「ラディカル」の指導者として，中央委員会に入る人物です。彼をこのように使うだけでも，彼らと中央の連絡を保証するに足りるでしょう。私がロイターを知っているように，彼としても，『平和の協定』に従って，党内の人々とは，いわゆる『右翼』とでも，仲間として協働して活動する義務のあることを悟ったでしょう。もちろん，私は大会中，彼のうちにどこか頑固なそして度量の狭い点のあることを見出してしまいました。あれではちょっと指導者たるには足りない点があり，もし，一度党内に分裂や動揺を起こしたら，それを止めることができないのです」。

ここで私は驚いてレーニンの「良き教訓」をさえぎって質問した。「あなたはそのことについて何か疑っていらっしゃるんですか？」すると私の師匠（Lehrmeister）は微笑して云った。「いいえ，決して，ただ私は経験からです」。それから彼はまた話を続けた。「一体私たちと同じ仲間になっている有能な同志たちで既に労働階級運動に着手した人たちを援助することは，あなたの特別に大切な任務です。私も今現に，アドルフ・ホフマンとか，フリッツ・ガイヤーとか，ドイミヒとか，フリースとかその他の人々に目をつけております。あなたもまた彼らにたいし忍耐をもって将来を期待すべきで，彼らが時折『共産主義の純度』がないことがあっても，決して共産主義そのものが危機に瀕したり，全く没落したと考えてはなりません。これら同志たちは真に心から良き共産主義者たることを希望している人たちで，あなたとしても彼らを援助して良き共産主義者にしなければなりません。そしてかりそめにも例の改良主義的思想をして再び台頭させるような譲歩などを決してしてはならないことはもちろんです。改良主義はどんな偽りの素姓のもとにおいても，密輸入されるべきものではありません。あなたは，このような種類の同志たちを，少しでも彼らが共産主義者と異なる演説をしたり行動をしたり出来ない地位に置くようにしなければなりません。だがそれにしても，まずおそらくは，あなたがこの問題にきっと失望する時がきます。そして，たとえ大勢の中で『邪道に逆戻り』をして，あなたの手から離れて行く同志があったとしても，それでも，あなたが断乎としていさえすれば，2人，3人，いや10何人というようにその一部分を残して，彼らを真の共産主義者として，あなたと行動をともにさせることは不可能ではないはずです。アドルフ・ホフマン，ドイミヒらのような同志は，必ずいろいろな経験と知識とを党へ供給するでしょうし，それにまた，第1に労働者階級の信用を一手に握っている彼らはあなたと，労働大衆との間の絶好の生きた絆になります。私たちが絶えず考慮におかなければならないのは大衆で，私たちは決して頑固な『左翼』や臆病な『右翼』で大衆を驚愕動揺させてはなりません。もし私たちが絶えず事の大小いかんにかかわらず，首尾一貫した共産主義者として活動していさえすれば，彼らを獲得することはそれほど難しいことではないでしょう。そこであなたはドイツにあって大衆獲得の試験をして見なければなりません。必ず党を分裂させて私たちを失望させて下さらぬように。絶えず大衆ということを念頭においてください。クラーラさん。そうすれば，一度私たちの所へ革命がやってきたようにあなたの所にも革命はやってくるのです。大衆とともにそして大衆の力によってです」(Zetkin, *Ausgewählte* Ⅲ：121-123)。

このようなレーニンの言葉を聴いて，クラーラは，1921年8月1日ドイツへ帰国した。その後1年間，ドイツでは様々なことが起きていた。まず，クラーラは，コミンテルン第3回大会出席のためモスクワに来た1921年6月8日と，7月27日モスクワを去る時では，「3月行動」に対する評価を変えており「彼女は裏切った」とレーヴィを憤慨させたことは前章で述べたとおりである。

この先，さらに『レーニンの思い出』には，1922年10月終わり，第4回コミンテルンの世界大会でクラーラがモスクワに行った時のレーニンとの対話の思い出が書かれている。この部分は戦前も，今日に至っても上杉の部分的紹介（上杉　1977：95）以外は邦訳されていないので，みてゆくことにする。

レーヴィをめぐる2人の会談は，1922年10月末（Zetkin, *Ausgewählte* Ⅲ：123），コミンテルン第4回大会（11月4日～12月5日）に出席のためクラーラがモスクワを訪問したときに，また行われていたのである。クラーラのモスクワ到着2日後にレーニンは突然やってきた（Zetkin, *Ausgewählte* Ⅲ：124）。レーニンは春からずっと不調で5月に最初の発作を起こしたが，10月に復帰していたのである。12月に2度目の発作を起こしているから，つかの間の回復の間であり，奇跡的に2人の会話が行われたのだ。この部分はきわめて重要である。

丁度1922年，パウル・レーヴィが，ローザがブレスラウの獄中で書いた「ロシア革命論」を出版し，クラーラが，「ロシア革命についてのローザ・ルクセンブルクの立場」（Zetkin 1922a）を出した後であった。この時2人は何を話したか。

レーニンは，前回の会話を思いだして，クラーラの当時の「レーヴィ事件についてのお人よしの心理」をからかった。そしてレーニンは言った（Zetkin, *Ausgewählte* Ⅲ：125）。

> ところであなたは，ローザ・ルクセンブルクのロシア革命に対する態度について，レーヴィと論争して，あなたも「心理学を少なめに，政治をもっと多く」ができることを示しましたね。あなたが彼を厳しく罰したことは，十分に役立った。レーヴィは，彼の最悪の敵が彼をかたづけたであろうよりいっそう早く，かついっそう徹底的に，自分自身で自分を始末してしまいました。そして彼はもはや危険にはなりえない。私たちにとって彼はただの社会民主党の一員にすぎず，それ以上ではありません。たとえ彼

がそこでおそらくはある役割を果たすとしても，私たちに対してそれ以上のことは出来ません。この党が堕落しても，たいしたことではない。しかし，闘争の同志たちやローザやカールの友人にとっては，これは考え得る最悪の結果です。そうですとも，最悪の結果です。けれどもまた，彼の堕落と裏切りが共産党を大きく動揺させ，危機にいたらしめるかもしれないということは排除された。小さな危機での2～3のあがきや，数名の個人の分裂はあるかもしれませんが，党はその核心において健全です。党はドイツ・プロレタリアートの指導的な革命的な大衆党になる最良の道を歩んでいます。(後略)

この時の対話の終わりを，クラーラは「彼（レーニン）は歴史的『奇跡』を成し遂げることができた。彼は山をも動かす」(同上：129) と結んでいる。

1922年12月に，ロシア連邦，ウクライナ，ベロルシア，ザカフカス連邦（グルジア，アルメニア，アゼルバイジャン）によって，ソビエト社会主義共和国連邦が形成された。

1920年から1922年，クラーラがレーニンと話し合っていたこの時期，最初の社会主義国の実験のまえに立ちはだかる，内戦と干渉戦争，飢饉等の困難はあまりに大きく，レーニンは，ドイツで革命が起こることをどれだけ期待していたことだろう。コミンテルンの，不可解にさえ見えるドイツへの再三の干渉にも拘わらず，ドイツにそれは起こらなかった。レーニンが1921年に「新経済政策」にきりかえて，危機を脱出しようとするプロセスで，レーニンのレーヴィへの厳しい評価や，クラーラへの一見矛盾したアドヴァイスが行われたりしていたのである。そして最後にドイツ革命をレーニンは諦めたのだ。

クラーラは，それを「政治的に」理解しただろう。彼女は，この人類最初の実験に，前向きに賭けるしかなかったのである。その契機がこの対話であったと位置づけることができる。

クラーラの『レーニンの思い出』を政治的文書とみなしたとしても，クラーラはレーニンとの対話のプロセスで，レーニンの世界に引きずり込まれていったことは間違いないだろう。クラーラがレーニン没後に書いた，レーニンに対するアジテーション的評価を全訳してこのことを確認したい。

4　クラーラの「女性がレーニンに負うもの」(1925a)

クラーラ・ツェトキーンの女性運動に関する執筆は，本書第3章第3節でみたように1885年に始まっているが，そのときすでに，彼女にはマルクス，エンゲルス，ベーベルの女性論はいわば所与のものであった。ベーベルの『女性と社会主義』は1879年初版以来版を重ね，エンゲルスの『家族・私有財産および国家の起源』は1884年に出されていた。

すでにみたように，ローザがクラーラを「マルクス主義の理解については頼りにならない」と評したというが，1885年の時点で，クラーラは，同時代の誰よりも，こと女性労働問題・女性問題についてはマルクス主義を深く理解していたというのが私の考えである。

しかし，ロシア革命の後，クラーラがレーニンの女性問題についての理論とどういうかかわりを持つかは，クラーラにとって「新しい問題」であった。クラーラは，レーニンの没後1年，1925年に，「女性がレーニンに負うもの」(Zetkin 1925a = Zetkin, *Ausgewählte* Ⅲ：161-177) を書いている。80年近くを経た今となっては，現実とそぐわないことも多いがレーニン没後1年にあたっての歴史的文献としてあえて全文をみておきたい。

(1) 全文

全世界のいく百万もの人びとが，あの偉大な人はもはやいない，レーニンは死んだ，という知らせを悲しみのうちにうけとってから1年の月日が流れ去りました。全世界のいく百万もの人びとが，私たちのもっともすぐれた，もっともするどい洞察力をもつ，そしてもっとも大胆な指導者を失った，レーニンは死んだ，と悲嘆に胸をふるわせてから，1年がたったのです。

レーニンは，本当に死んだのでしょうか。労働者階級や小農層の男女，また世界東西南北の抑圧されているものや搾取されているものたちは，所有者による隷従の強制からの解放をめざす道を，実際に，レーニンの確かな賢明な指導なしに探し求めなければならないとでもいうのでしょうか。

いいえ，けっしてそうではありません。レーニンとならんでたたかいながら前進した私たちにとって，困窮し，重荷に耐えながら困苦と隷従の鎖からの解放を望んでいる大衆にとって，私たちから去っていったレーニンは，いままでにもまして生きているのです。たとえ肉体的死によって生命がとだえたとしても，彼のような天才的精神は，輝きを止めることはありえません。彼のような熱情的な心が冷えることはありえません。彼のような強力な意志が前進する力を失うことはありません。レーニンの精神，心そして意志は，私たちへの彼の遺産のなかに，とだえることなく生き続けています。すなわち彼の著作と演説のなかに，そして，その芽生えと開花とが，なにはさておき彼の業績である3つの歴史的創造物——ロシア共産党，ソビエト社会主義共和国連邦，共産主義インターナショナル[25)]——のなかに。

レーニンは，私たちすべての信頼すべき指導者であり，教師でありつづけました。そうです。彼は，死んでから，従前にもましてそうなのです。あらゆる諸国で，まえよりもいっそう多くの生産労働にたずさわる大衆が，彼の思想と彼の業績から学ぼうとしています。師を失い，しかも師なしに，この地では権力を得るためにブルジョアジーとたたかい，かの地では新しい共産主義世界を実現しなければならない生産大衆は，責任をますます強く感じたのです。時代は，さらに，彼らにもっと困難な課題を課すことになりました。世界ブルジョアジーは，不安定な支配を強固なものにしようと，いたるところで勤労者にたいする無慈悲な略奪と隷属化とをもって襲いかかりました。さらに彼らは，労働者および農民の共和国連邦，すなわち，政治権力が資本家の手からうばいとられている唯一の国家組織にたいし，あつかましくも新しい襲撃を行いました。共産主義にすすもうとするあらゆる国ぐにの大衆は，起りつつある諸問題についての解明と進路とをレーニンのことばと行為のうちに探し求めています。私たちは，彼が始め

25）今となってこの文を読めば，この3つのうち後者2つは，周知のとおり1990年までに消え去ったものであり，過去の遺物ということになる。コミンテルンは，クラーラの没後僅か10年の1943年に，ソ連邦はさらに半世紀近く生き延びて1990年に，そしてロシア共産党は，1991年エリツィンによって禁止・解散に追い込まれた。その後，スターリンに親和的なロシア連邦共産党が組織されているが，それは別としても，歴史的視点を，現在から未来に広げてクラーラのこの文を読み進めたい。

たことを彼の精神にそって続行することによって，彼がどのようにして勝利したかを証明していきたいと思います。

生産労働にたずさわる女性は，レーニンの教えのなかにわけ入り，その教えをわがものとする確実な基礎をもっています。実際この基礎は，肉体にくい込む資本主義の足枷を破壊しようとしている抑圧されたもの，およびふみにじられたもののどのような層のものより，資本主義的経済，社会諸制度および社会諸関係を転覆し，共産主義へ向かうことにその意志と行為を向けているどのような層のものより，一層確実なものです。資本主義が存続して，富んだものを大富豪に，貧しいものを物乞い（Bettler）に，弱いものを奴隷にするかぎり，働く女性は，二重の重荷を背負わなければならず，二重に権利を剥奪され，ふみにじられ，搾取される運命にあるでしょう。家庭では男性が，工場や畑では資本家が彼女の主人でありましょう。ひとえに共産主義のみが，彼女たちを，無権利状態や低い地位から解放するでしょう。しかし，いく百万という生産労働にたずさわる女性が，なお，自覚し，断固として社会の変革に協力するのでなくては，共産主義は実現できません。資本主義に反対する女性闘士，ならびに，新しいより高度な社会の復活に協力する女性は，レーニンから明確な知識をくみとらなければなりません。それによって彼女たちは，プロレタリア革命に最大の力を与えることができるのです。

たとえ，「女性問題」に関して1行も書かず，また一言ものべなかったとしても，レーニンは，富めるものがなお労働を搾取しているあらゆる国ぐにの生産労働にたずさわる女性や，ソビエト連邦のプロレタリア女性および女性農民にとっては，解放のためのすぐれた指導者でありましょう。なぜなら，レーニンは，私たちの時代の他のだれよりも多くのことを行って，女性の偉大な救済者であるプロレタリア革命をおしすすめ，その最初の生命の表示の決定的な力を与えたからです。レーニンは，科学的社会主義の天才的創始者，マルクスとエンゲルスが労働者に与えた知識，——資本主義を打倒して共産主義を樹立するためのもっとも重要な知識——を，独自に，いっそう明らかにし，いっそう発展させました。レーニンは，プロレタリアートに，共産主義を実現するためには，たんに国家権力を獲得するだけでは不十分であることをもっとも明瞭に，はっきりと示したのです。労働者階級は，強力な，容赦のないこぶしをもってブルジョア国家機構を打ち砕かなければなりません。国家機構は，生産労働にたずさわる者たちへの，ブルジョアジーによる，隷属と搾取のための道具です。それは，少数者による多数者の搾取と隷属とを廃止するにあたっては無用のものです。プロレタリアートは，国家を，共産主義によるみずからの解放のための道具につくりなおさなければなりません。プロレタリアートは，新しい国家秩序，プロレタリア的権力装置をつくりだす任務をもっているのです。

レーニンはまた，ブルジョア議会政治が，そのもっとも進歩した共和国段階においてもっている偽りの仮面をはぎとりました。彼はブルジョア議会政治を，あるがままのものとして労働者大衆に示しました。すなわち，それが，ブルジョアジーの，勤労者にたいする階級支配の場であること，また富めるものや搾取するものの種々の層が，彼らのうちのだれが，もっとも巨大な富を支配下の大衆から強奪するのかについての内輪の争いをもち出す政治的闘争舞台であることを示したのです。同時にレーニンは，ブルジョア社会とその国家を，この真理に照らして吟味し，ブルジョア民主主義から，すべてのきらびやかな虚飾をはぎとってしまいました。ブルジョア民主主義は，富んだものと力あるものの特権と支配権力に奉仕しながら国民の意志と権利をあざむいているのです。ブルジョア民主主義は，ねこかぶりの虚偽によって，勤労大衆の革命的闘争意志を毒し，麻痺させました。

しかしながら，レーニンは，勤労者の解放のために，ただブルジョア民主主義についての古い危険な妄信を，冷酷に粉砕しただけではないのです。彼は，ソビエト制度が唯一の国家形態であること，大土地所有者，工場主，商人，銀行家，そしてその他のすべての資本家の権力を永久に根絶するためには，プロレタリア・ディクタツーアが不可避の手段であるという明確な知識をつくりあげたのです。ただソビエト制度のもとでだけ，ただプロレタリア・ディクタツーアによってのみ，生活のための食糧や必需品をみたし，文化を発展させるものをつくり出す巨大な手段――すなわち，もろもろの土地，工場，大経営やその他種々の企業――を，これらの支配者の貪欲な手から奪い取ることができるでしょう。この手段は，勤労者の腕と智力によって生産力あるものになるのですが，それは，勤労者の共有物となって，少数者の致富と権力に役立つことをやめるときに，はじめてすべてのものの福祉，自由，教育を確実なものにするでしょう。

レーニンは，科学的社会主義の根本原理について，富めるもののサロンでつぶやいたのではありません。彼は，根本原理を，工場や仕事部屋のなかへ，そして農夫の小屋のなかへ運びこんだのです。それも，労働者と農民にむかって，ツァーリズムの専制と資本主義の暴政を粉砕することによって自由になることができるのだなどという人びとにたいして，ツァーリズムが，牢獄，シベリア，そして絞首台を用意していた時代にです。レーニンは，プロレタリアに，プロレタリア・ディクタツーアを樹立するために経なければならない，危険と犠牲にみちたけわしい道，すなわち，国家権力の奪取のための革命闘争への道を示しました。彼は，プロレタリアの目を開き，彼らの同盟者として農民が必要であることを教えました。彼は農民（Mushiks）に，工場のきょうだいたち（Brüdern）と力をあわせることによってだけ，吸血鬼のような大地主と高利貸とをその背中からふるいおとすことができると確信させました。彼はプロレタリアと農民に，闘争のために結集し，組織し，あらゆる点で整備し，闘争準備をするようよびかけました。彼は，ツァーリズムへの隷属のもとにあるあらゆる民族，国民，種族の，搾取されているものと抑圧されているものを，革命的な闘争意志で結びあわせました。彼は，長年にわたるこのうえないねばり強い，情熱的な努力と骨折りによって，彼にふさわしい栄光の革命党，ボルシェヴィキ党を生みだしたのです。この党は，その精神と組織とによって，資本主義に関するレーニンの教えを，プロレタリアおよび農民大衆に伝え，闘争と勝利へむけての指導のにない手となることができました。

レーニンが，与えられた諸関係を根本的に究明し，熟慮から断行へと移るべき決定的時がきたという確信を得たとき，また彼が，蜂起への呼びかけを響きわたらせたとき，大衆，党，そしてそのもっとも偉大な指導者としてのレーニンは，ひとつのもの，ひとつの不可分の全体となり，その全体は勝利することができましたし，勝利すべき運命にあったのです。英雄的な革命闘争のなかで，ロシア・プロレタリアートは，貧農の支持をうけて，世界ではじめて国家権力を奪取し，ソビエト制度とプロレタリア・ディクタツーアとを樹立しました。内外の反革命とのたたかい，飢え，寒さ，あらゆる種類の欠乏との犠牲にみちた闘争のなかで，ロシア・プロレタリアートは，彼らの赤い十月の獲得物を守り，維持し，強固にしました。

その歴史的偉業はレーニンなしには考えられません。レーニンだけがはたしえたものは，そこにおいて生きいきした現実となり，党と大衆の知識となり，党と大衆の生命となり，党と大衆の意志となりました。ソビエト社会主義共和国連邦は，国境を，山脈を，大海を越えて，以後いく世紀ものあいだ，レーニンの存在と業績について語る力強い記念碑です[26]。それは，世界革命の開始と力とを知らせるプロレタリア・ディクタツーアの最初の国なのです。すなわちそれは，世界ブルジョワジーにたいしては，恐怖を，そして人間をはずかしめ，大衆を殺戮する彼らの階級支配の制しがたい終わりのまえぶれを知らせ，世界プロレタリアートにとっては，彼らの革命的力の証明であり，そしてこの力を究極的には決定的行動に結集させよとの催促なのです。

この力強い記念碑は，生産労働にたずさわる女性とどのように関係しているのでしょうか。ソビエト連邦のいく百万というプロレタリア女性や女性農民は，このことについて語るのを喜びとし，また誇りとしています。彼女たちはもはや，工場で資本家が労働時間を深夜まで延長したり，収入を飢餓賃金にまでおし下げたり，商店や市場で彼女たちから掠奪したりすることをおそれませんし，村で大地主や富農や高利貸が，家や農場や田畑で勤勉に働いて得た彼女たちの生産物をもぎとることをおそれません。彼女たちはもはや，常々社会生活の場での男性の支配や特権，妻であるため，母であるための法律上の不利益や蔑視，権利剥奪をおそれはしません。

労働者と農民との共和国であるソビエト制度のもとでは，土地が全体の所有となっていますから，勤労農民は種をまいたところで，自ら収穫する

26）この時点で，クラーラがそう信じたということは紛れもない事実であり，ヨーロッパのみならず，日本を含む世界の少なからぬ労働者，被抑圧者，知識人は，ソビエト社会主義共和国連邦に希望を抱いたのである。

のです。ソビエト制度は，プロレタリアに，かれらの代表者や委員を通じて工場における労働諸条件をととのえる権力を与えています。なぜなら，大企業は，外国貿易，銀行，鉄道，海運と同じように，国家の手中にあり，また，資本家からの権利要求や営業許可における労働諸関係にも，国家の法律や規則が適用されているからです。なにしろ，この国家は，労働者と農民の国家です。勤労者が，女性も男性も，ソビエトのなかで法律をつくり，それを実施し，社会的諸制度，社会生活を管理し，創造するのです。ソビエトの立法は，女性と男性の人間性は同価値のものであること，したがって両性は，あらゆる社会の領城でその能力を自由に養い，発揮する同等にして完全な権利をもたなければならないということも承認しています。

ソビエト政府とその他のソビエト機関は，男女の完全な平等をみとめている法律によって生活がいきいきしたものとなるよう誠実な熱意をもって努力しています。また，社会の経済的・文化的再建のために，立法，行政，管理，すべての公共団体において，女性の協力を得るよう門戸を広く解放しています。そして，女性が，これに協力するために，教養や能力を高めるようにと，学校，学級をいく倍もつくり，諸措置を講じました。共同炊事場，食堂，洗濯工場や修理工場，託児所，子どもの家，臨海学校，その他の諸施設をつくりました。これによって，家事，子どもの養育や教育の仕事の負担が軽くなり，女性たちが職業にうちこみ，また公的生活に参加できるようになるのです。生産にたずさわる人びとの指導者としての共産党，そしてこの社会諸関係そのものが，プロレタリア女性と農民女性に，彼女たちの権利と義務，すなわち，もろもろの兄弟たちと力強く団結して，ソビエトの国を共産主義的共同体にまで栄え高めることを日々思い起こさせます。勤労女性は，ソビエト制度とプロレタリアートのディクタツーアのもとに，太古以来はじめて男性と実質的に平等なものとして生活しているのです。

ソビエト共和国以外の国ぐにの生産労働にたずさわる女性が，ロシア・プロレタリア革命，したがって革命の天才的指導者レーニンにおかげをこうむっていることはなんでしょうか。資本主義の支配の中心地では，帝国主義戦争と，これに伴いまたその結果としてもたらされた恐怖と苦難が，数百万の働く女性たちの個人的幸福と希望をふみにじりました。しかし，社会主義は彼女たちを無権利，抑圧，搾取から解放するでしょう。なぜなら，このおそろしい現象は，社会主義を実現するために大衆が信頼をよせていた第2インターナショナルにたいして，資本主義が勝利したことと同じ意味でありましたし，またいまもそうだからです。第2インターナショナルは，戦争が勃発したときに，たたかわずして，不名誉にもブルジョアジーに投降しました。民族の殺戮が終わってからも第2インターナショナルは，恥ずべき仕事を読け，資本主義に奉仕し，社会主義を汚し，裏切っています。非常に多くの労働者大衆は，これを社会主義それ自体の終わりだと考えました。血と汚物にまみれた指導者たちにたいする信頼とともに，革命によって資本主義の死の束縛からみずからを解放しようとするプロレタリアの力への信頼も失墜しました。ロシア・プロレタリアートの不滅の名誉ある行為は，社会主義はけっして空虚な妄想ではなく，またプロレタリアートのたたかいにおける革命的意志には，彼らを勝利へ導く力が固有の特質としてそなわっているという偉大な歴史的証明を与えたのです。貧農の支持をうけ，レーニンがひきいたボルシェヴィキ党の指導のもとに，ロシアの労働者は政治権力を奪取しました。彼らは，ツァーの専制政治下にあるおくれた国を打倒し，世界でもっとも進歩した国，すなわちソビエト国家を創設したのです。彼らはこの国家の権力を，プロレタリアのディクタツーアの力を，共産主義社会を建設する目的に向けました。あらゆる努力と闘争，あらゆる苦難と行動とは，この目標に向けられたのです。最大の犠牲，最大の困難にも落胆することなく，また強力な十分に準備した敵にも威圧されることなく，ソビエト国家では，働く人民——女性と男性——が巨大な事業をなしとげています。

世界を震憾させたこの力強いできごとによって，絶望におちいっていた抑圧された女性たちは，社会主義にたいする信念，プロレタリアートが社会を再興する力にたいする信頼をとりもどしました。解放への希望は，ふたたび彼女たちの胸にわきおこり，革命への闘争意欲となりました。さらに，もっとも重要な意味をもつ別のことが起こりました。資本主義が，飽くことを知らない野獣のように侵入した東洋の諸国において，ロシア革命は地上でもっとも奴隷化されもっともふみにじられたもの，すなわち，女性をめざめさせたのです。彼女たちは，人間を自覚し，人間的権利を要求しながら，数百年来の隷属の鎖をゆさぶっています。このように，ソビエト以外のあらゆる諸国で，いく百万という勤労女性の大軍が，ロシアのプロレタリア革命の雷雨と炎のなかにレーニンの声をきき，レーニンによって希望をよみがえらせ，勇気を百倍にしているのです。すなわち，レーニンの資本主義打倒への道筋と闘争手段についての明快さ，革命——その鉄のような足が圧制の古きものをふみつぶし，その創造力のある手が解放の新しきものをつくる——の諸条作への洞察，ブルジョワジーの階級支配を粉砕する闘争の準備についての忍耐と大胆さとによって。

女性に完全な人間性をもたらす共産主義による勤労者の解放は，国内だけでは完成できません。勤労者の解放は，一国の国境内では，ただひとつの国民についてだけでも完全にはけっして行いえないのです。それは，国際的できごとでなければならず，資本主義をあまねく根絶するのでなければならず，全世界においてあらゆる形，あらゆる種類の人間による人間の隷属と圧迫とを永遠に根絶するのでなければなりません。ロシアのプロレタリア革命は，世界革命のはじまりです。それは驚嘆すべきもの，巨大なものですが，それにもかかわらず，ようやく世界革命のはじまりなのです。カール・マルクスの弟子——先見の明ある，鋭い眼力をもつ弟子——であるレーニンほど，このことを明瞭に，確固として意識していたものはいません。ロシアの労働者が，ソビエト制度・プロレタリア・ディクタツーアを樹立するやいなや，レーニンの思考と行動とは，しっかりと世界革命に向けられました。

万国の労働者の巨大な力は，力強く抵抗しがたいひとつの力に統一され，結集され，ブルジョワジーの階級支配を国際的に鎮圧するだけの強さをもたなければなりませんでした。第2インターナショナルは，資本主義の防衛と維特に奉仕して，プロレタリアートの団結を濫用し，けがしました。第2インターナショナルにたいしては，プロレタリアの革命的にたたかうインターナショナルを対置することが肝要でした。レーニンは，この共産主義インターナショナルの創立者になったのです。彼は，東洋の決起しつつある種族や民族を，共産主義インターナショナルに参加させることによって，共産主義インターナショナルを，さき立つ2つのインターナショナルのわくを越えたものとし，搾取されているものと隷属しているものたちの真の世界組織にまで拡大したのです。目標を誤らず，行く手を明らかにし，大胆かつ慎重に考えながら，彼は，共産主義インターナショナルを，世界革命へと指導しました。このようにして，レーニンは，その学説と行動のなかで，「諸君は，諸君の鎖の他に失うものは何もない。そして得るものは全世界である。万国の労働者，団結せよ」という，無産者へのマルクスのよびかけに，新しい力あふれる生命を授けたのです。このよびかけのなかには，「闘争と革命に向って，諸君の兄弟と団結せよ」という勤労女性のあいことばを含んでいます。

たしかに，レーニンは，「女性問題」に関する1冊の本も，ただ1つの包括的な論文も書きませんでした。社会問題を，「一般的」に，抽象的にあつかうのは，彼の流儀ではありませんでした。彼は，ますます明確に，徹底的に考えぬき，プロレタリア革命の遂行にとって重要でありうるすべてのことについて，ますます断固として，決定的態度で意見をのべました。したがってまた，ブルジョワ社会での女性の人なみに扱われない隷属的な地位についてと，共産主義の実現にとっての女性の決定的な重要さについての彼の見解は，1本の赤い糸のように，その著作を貫いています。

男女の同権を原則的にみとめさせるためのたたかいは，西欧でほとんどはじまっていなかったときに，ロシアでは，すでに始められていました。それは，まず，「心の自由」を求める文学としての反政府的・社会的傾向をもつ文学作品[27]において，ついで，哲学的虚無主義[28]，すなわち社会改良運動の先駆者たちによって，あらゆる領域における男女の完全な同権の

27）専制政治と農奴制にたいする批判的風潮を持つ文学。1820年代～30年代におけるプーシキン，レールモントフ，30年代～40年代におけるゴーゴリの文学を指すものと思われる。

28）すでに本書で触れているニヒリズム。1860年代～70年代のロシアにあらわれた社会思想のひとつ。一言でいえば，慣習的に正常とされているモラルとか宗教的先入観とか，審美的定説とか，既成文化の伝統とか原則とかを否定する思想。その根底には単純ではあるが唯物主義があり，結論的にはツァーのもとの貴族制社会，封建遺制に対する急進的小ブルジョワ知識人の進歩的抵抗運動である。

ための闘争として始められました。この闘争は，西欧でのように，教育や職業活動や政治上の権利をめぐる両性間の相剋としてではなく，「父と子」のあいだの，2つの世代のあいだの論争[29]としておこなわれ，勝利をはくしたのです。この闘争は，ロシアの古い封建社会に，自由主義的，民主主義的，じつに革命的潮流が成長してきたことを，ブルジョアジーとプロレタリアートが形成されたことを知らせたのです。すべての社会革命運動にとって，のちには社会主義諸党にとって，男女の同権は，議論の余地のないかつ実践を支配したひとつの原則でした。女性はすべてにおいて，すぐれて活動的であり指導的でした。このような状況のロシアにあっては，ブルジョア民主主義思想やスローガンによって，プロレタリア女性の階級意識をにぶらせ，あいまいにする女権論は存在しませんでした。革命の数年まえになってはじめて，女権論的な見解と組織の萌芽が現れました。しかしその萌芽は，なんら適当な基盤を見いださず，それはロシアのブルジョアジーやインテリゲンチャが社会革命思想に媚を呈するのをやめて生粋のブルジョア自由主義者になったしるしとみなされました。

このようなわけで，レーニンは，男女の同権の原則的承認をたたかいとることも，また生産労働にたずさわる女性が，人を欺くブルジョア女権論の，自由とか教養とかへ押しすすむのにたいして，きっぱりしたけじめをつけることも必要ありませんでした。レーニンの眼前には，なん百万という勤労女性にとっての原則的同権を，プロレタリア革命によって社会的現実とし，これら数百万の女性自身を，革命を推進し，になう力にまでたかめるという課題が，ますます明白で緊急なものとして存在していたのです。つまり，特別な運動や特別な組織のなかでではなく，ほかでもない，プロレタリアートの革命的階級政党，すなわち共産党のなか，そして大衆行動，すなわち生産労働にたずさわるものの大衆活動のなかにおいて，同等の権

29）ロシア作家ツルゲーネフ（1818-83）の1862年発表の小説『父と子』をさす。19世紀半ばごろからロシアに古い理想主義に生きる保守的な封建地主貴族と，新たな唯物論を奉ずる進歩的な市民階級とのあいだに習慣，道徳，思想，文化などのあらゆる面で対立抗争が生じはじめていたが，ツルゲーネフはこの大きな社会問題を父と子の関係においてとりあげた。

利を有するものとしてです。

こうした問題についてレーニンが論じたものであまり長いものはありません。けれども，彼の演説と著作のなかには，女性のための完全な権利をもっとも熱心に要求し，革命的闘士としての女性の重要さを少なからず感動的・確証的に評価しているたくさんの表現が散在しています[30)]。彼のことばには行動が伴っていました。レーニンがロシア革命のために作り，指導した党のなかで，また世界革命におけるプロレタリアートの指導者であるべき共産主義インターナショナルのなかで，彼は，終始一貫，隊伍をくんでたたかっている女性同志たちへの完全な同権と平等のために尽力し，生産労働にたずさわる女性大衆が革命闘争と革命の建設労働へ参加するようにと，

30）たしかにレーニンは，女性問題にかんして包括的な文献を残していない。しかしレーニンの論文や演説のきわめて多くの分野で，断片的であるにしろ，女性問題をあつかっているものがみられる。それらをとりあげ，体系づけてゆくと，レーニンは，つぎの4つの分野で見解をのべていると思われる。それぞれの分野の関係論文名をここに注記しておく。

①　資本主義のもとでの女性の状態について：「ロシアにおける資本主義の発展」（1896/99）『レーニン全集』Vol.3所収（以下単に全集と記す。），「現代農業の資本主義的構造」（1910）全集Vol.16，「農業における小規模生産」（1913）全集Vol.19。

②　女性の権利および女性労働の保護についての党の綱領的位置づけと命題：「わが党の綱領草案」（1899）全集Vol.4.「革命的プロレタリアートと民族自決権」（1915）全集Vol.21，「スイス社会民主党内のツインマルヴァルド左派の任務」（1916）全集Vol.23。

③　国際社会主義女性運動について：「シュツットガルトの国際社会主義者大会」（1907）全集Vol.13，「ナーシェ・スローヴォ編集局へ」（1915）全集Vol.21，「国際女性社会主義者会議の決議草案」（1915）全集Vol.41，「社会排外主義との闘争について」，「社会主義と戦争」，「戦争についての檄」，「第一歩」（いずれも1915）全集Vol.22，「日和見主義と第2インターナショナルの崩壊」（1916）全集Vol.22，「ア・エム・コロンタイへ」（1915）全集Vol.35。

④革命のなかではたす女性の役割について

A　革命を準備する過程での女性の役割：「革命軍部隊の任務」（1905）全集Vol.9，「プロレタリア軍事綱領」，「〈軍備撤廃〉のスローガンについて」（いずれも1916）全集Vol.23，「プロレタリア民兵について」（1917）全集Vol.24，「わが国の革命におけるプロレタリアートの任務，プロレタリア党の政綱草案」（1917）全集Vol.24，「ボリシェヴィキは国家権力を維持できるか」（1917）全集Vol.26。

B　社会主義建設における女性の役割：「女性労働者第1回ロシア大会での演説」（1918.11.19）全集Vol.28，「偉大な創意」（1919）全集Vol.29，「ソヴエト共和国における女性労働運動の任務について」（1919.9.23）「ソヴェト権力と女性の地位」（1919.11.16），「女性労働者へ」（1920.2.21），「国際労働女性デーによせて」（1920.3.8）以上いずれも全集Vol.30，「国際労働女性デー」（1921.3.4）全集Vol.36。

彼女たちをはげまし，結集させ，武装させるのに役立つ組織的諸制度と諸措置を要求し促進しました。彼がその創立者であり指導者であった国家は，その法律に，女性の完全な，あらゆる面での同権を確保し，これを社会的に傷つけたり圧迫したりする可能性のあるすべてのものを法律から除きました。国が，社会的諸関係をたてなおしたので，男女の同権は，完全に発展し，また完全に完施されることが可能となりました。

ほかにどのようなことが考えられるでしようか。レーニンは，プロレタリア革命のもっとも卓越した指導者になりました。なぜなら彼の偉大にして情熱的な心は，すべて無権利なもの，隷属のもとにあるもの，そして苦悩しているものの心とひとつになったからであり，彼の透徹した精神は，徹底的に準備された研究によって，搾取されている生産大衆のなかに，革命的闘士と新しい社会の担い手とを認識したからであり，彼のゆるぎない意志は，革命を促進すること，すなわち遠い将来についての計画や口さきだけの信条ではなく，日常的課題を遂行することに，つまり，あらゆる努力と行動がそのために行われている生きいきした行為を遂行することにむけられていたからです。レーニンが人類の半数のみじめな運命を冷酷，無情に見すごし，この運命の苦痛にいたく同情しないということはありえないことでした。しかしながら，レーニンは，苦難や屈辱を越えたかなたに，偉大な歴史的課題と自由，この権利を剥奪されたものの創造的な力を見たのです。彼は，ブルジョア制度の十字架を従順に背負っている女性たちのうちに，それに対抗する仮借のない革命的な女性闘士，共産主義社会の建設者をみたのです。かれは，生産労働にたずさわる女性大衆の参加なしには，革命闘争においてブルジョアジーの階級支配を崩壊させることも，経済，社会制度，生活様式を，共産主義的に形づくることもできないと，深く確信していました。

革命の指導者としてのレーニンの努力と行動は，女性の地位を高め，その運命の重荷を軽くすることだけに限られていたのではけっしてありません。生産労働にたずさわる女性大衆をめざめさせ，教育し，武装させ，彼女たちを解放する事業をレーニンみずからやりぬくことをもまた志していました。レーニンは勤労女性の友であり救済者であっただけでなく，彼女たちの教師であり指導者でした。彼にとって重要なことは，女性大衆，すなわち，個々のプロレタリア女性と農民女性のなかで，ほとばしるような革命的な情熱と思想を，革命的行動力にむけて開き，革命的共同体――共産主義に生命と形態とを与える党と階級――の組織された自己活動にふさわしいイニシアティヴを獲得し発展させることでした。前世紀の90年代に，クループスカヤが女性労働者を目覚めさせ，結集させ教育するためにロシア語の最初の小冊子を書いたことが知られています[31]。クループスカヤは，レーニンにふさわしい，レーニンの思想の世界にもっとも精通した生活と闘争の同志でした。

レーニンは，全女性の，真の完全に社会的で人間的な解放のために努力しました。彼はあらゆる女性のために，法律上の完全な権利と，教育をうけ，労働するうえでの有効な社会的諸条件とを要求しました。彼が目標としていた「すべての料理女は，国家を統治することを理解しなくてはならない」という言葉は有名です。彼は，女性の活動分野がどこであろうと，たんにすべての女性に完全な社会的同権と平等を要求することだけを理解していたのではありません。彼は，そのような同権がたんに紙のうえに書かれているだけに終わらないための社会的前提，すなわちプロレタリア革命を胸にいだいていたのです。プロレタリア革命は，少数者が多数者を隷属させ，搾取するためのブルジョア的で複雑な国家機構を，簡単な，財貨の管理機構につくりなおします。この管理機構の仕事は，すべての人の生活や労働条件と深く結びついているので，簡単で，だれにもわかるものです。特に，知識と教育が，もはや富めるものの特権ではなく，すべてのものの共有財産になっているわけですから，すべての人は，管理機構の歯車の一部署をうめることを学べるのです。

31）クループスカヤ（レーニンの妻）は，ソビエトの教育家。革命運動に参加し，流刑，亡命の生活を送る。10月革命後，教育人民委員部次長。1921年第10回党大会後，党中央統制委員，中央執行委員。マルクス主義の方法論を教育学に体系的に適用した最初のひとり。クループスカヤがレーニンと結婚した年，1899年に書いた『女性労働者』をさしている。この論文は，1. 労働者階級の一員としての女性，2. 家庭における女性労働者の状態，3. 女性と子どもの教育，4. 結び，から成り立っている。邦訳は，勝田昌二訳『国民教育論』（明治図書）。

プロレタリア革命だけが，ブルジョア制度のなかで，女性が完全で調和的な人間性へむかって自由に成長する道にふさがっているすべての藪や岩をとりのぞき，地面をはき清めます。法律上の同権だけでは，生産労働にたずさわる女性はまだ解放されません。法律上の同権の意義を低く評価しようとするわけではありませんが，その価値はきわめて限られたものであり，不十分なものなのです。それは結局のところ，単なるブルジョア民主主義にすぎず，ブルジョアの階級の利益によってもてあそばれている，中身のない，おもてみだけのよい木の実にすぎません。しかし，女性のためにブルジョア民主主義の形式的権利をあえて完全に実施しようとするブルジョア国家はひとつもありませんでした。家族法において，すなわち，離婚と，いわゆる未婚の母と子の地位に関する法的規定においてはブルジョア民主主義の形式的同権すら，一度として女性に適用されませんでした。なぜでしょうか。なぜなら，男性が固執している特権は，ブルジョア社会のもっとも神聖なもの，すなわち私有財産制がかくれているカーテンだからです。ブルジョア的権利とは，詳しく観察すると，人権ではなく，所有力の結晶であり，所有権擁護の結晶であるといえます。

レーニンは，この事実を，断固として，生産労働にたずさわる女性の地位にかんする彼の叙述の中心点にすえています。あなたたちが完全に自由になりたいと思うなら，あなたたちの肉体をしいたげ，あなたたちの精神を束縛しているすべての鎖をうちくだこうと望むならば，プロレタリア革命によって生産手段の私的所有を廃止するためにたたかいなさい。この言葉は，レーニンが明白で確信ある論証のハンマーを打って女性たちに，いつでもあらたに銘記させた警告なのです。彼は女性たちに，生産手段の，全範囲にわたる社会的所有への転化とともにはじめて実現できる女性解放のもう一つの条件を，同じように徹底して示しました。それは，家族経済の廃止，すなわち，家族経済の機能を大規模な共同体経済に編入すること，およびこのなかへ女性を組み入れることです。レーニンは，ブルジョア制度の下で，「法のゆえに」，いいかえれば，所有力によって，貧困と軽蔑のうちに押しやられている妻や子どもたちにどんなに同情したことでしょう。同様にまた，「個人的な」煮鍋や洗い桶によるおくれた単調な労働のなかで，時間と力と道具を浪費し，その才能を殺し萎縮させて，抑圧され，悩んでいる主婦にどんなに同情したことでしょう。レーニンは，女性の家内奴隷的状態をやわらげ，いつの日かそれをまったく廃止するあらゆる制度や措置の熱心な主唱者です。

社会，世界の共産主義への変革は，つねに歴史において，ひとつの階級にたいして提起されてきたもっとも巨大な課題です。それは，あらゆる分野，すなわち，経済，社会諸関係，人間の人間にたいする諸関係，人間の自然にたいする地位においての科学の応用，革命・革新を意味します。この巨大な課題は，意識的で計画的な大衆行動によってだけ解決されうるのです。レーニンは，このような自分の見解に忠実に，共産主義建設と，国家権力の奪取とプロレタリア・ディクタツーアの樹立とによって，共産主義建設に邪魔になるものを地上からとりはらい，建設に必要ないく百万の創造的な力を解放する革命闘争にあたって，広範な女性大衆が活動することを評価しました。レーニンにとって簡単で自明のことが，まさしく多くのものにとって――しかも男性と同じように女性にとっても――なにか「不自然」な驚くべきことなのでした。なぜなら，彼らの感情と思想の世界は，偏見にみちたフルジョア的束縛のなかにとじこめられていたからです。それは，女性が家の外で職業活動にたずさわり，共同炊事場での労働あるいは共同炊事場を管理する労働から，大きな国家の統治にいたるまでの社会的諸課題に，その才能をあてがうということです。レーニンは，社会生活への女性の参加にもっとも有益な諸結果を期待しました。すなわち，多くの社会的必要物の重要さ，および女性解放のための合目的的な手段と道程との重要さにたいしてのよりすすんだ理解，そして，社会的生活内容とその形態の充実とを期待したのです。

彼にとって決定的に重要なことは，個々のすぐれた女性の輝かしい業績ではなくて，むしろ数百万の女性の地味な日常活動であり，もっとも単純なもっとも地道な日常活動です。なぜなら，たえず，小さなもの，そしてもっとも小さなもののなかに偉大なもの，全体を見，そしてそれを，全体との関連において不可欠のもの，価値あるものとして評価するあの透徹した精神こそレーニンのものだったからです。彼は，闘争と建設にあたって，ひとつの力だけで十分すぎるということはけっしてなく，おのおのの力が革命や共産主義にとって必要なものになりうることを強く感じていました。彼は，続けて，女性大衆のあいだでの共産主義的宣伝活動や教育活動を都市から農村にひろげ，無党派のプロレタリア女性や女性農民が活動的協力者に育つようエネルギッシュに働きました。共産主義が，女性を解放することができるのは，その建設にむけて数百万の女性の輝かしい意欲や力にあふれた活動が，数百万のきょうだいたち（Brüder）の意欲と活動とむすびつき，「必ずやりぬく」ことを断固としていいきるような，人を納得させる巨大な力となったときだけなのです。

そこで問題は結論づけられます。男女の同権と女性解放にたいするレーニンの立場は，彼の普遍的な革命的信念と，革命的生涯の事業との有機的な一部分であるといえます。なぜなら，理論と実践については，レーニンにあっては，理論は行動するための準備，行動そのものとまったく同じことを意味していたからです。女性がレーニンに負うものを十分に学びたい人はだれでも，レーニンの全著作に深くわけ入り，ボルシェヴィキ党，共産主義インターナショナル，そして最初の労働者と農民の共和国連邦をつくった革命の歴史を研究しなければなりません。そのようにしてはじめて，またそうすることによってだけ，レーニンの全体像を，女性の解放をも含めた人類すべての解放にたいしてもつ，彼の卓越した偉大さと意義において理解することができるのです。

この偉大な，心の広い人が，私たちに残してくれたのは豪勢な財産です。この財産は，私たちに義務を課しています。感謝しましょう。偉大な，比類ない革命家レーニンから学びましょう。彼の学説が，もっとも広範な男女の大衆の相続財産となるように，私たちなりにできることをしましょう。レーニンの精神にそって，共産党と大衆が世界改造の革命力に結合するために，両者の「ボルシェヴィキ化[32]」を促進しましょう。偉大な人，レーニンから学びましょう。レーニンは，つねに，革命に奉仕する働き手とし

32）コミンテルン第5回大会（1924）で加盟共産党の「ボルシェヴィキ化」が強調された。これは，表面的には当時各国の党を，レーニンの「新しい型の党」の原則にしたがって発展させるという意味であったが，その後の展開は第15章でのべる。

ての，また真の平等主義者としての自覚をもっていました。彼は同時に，生涯の長きにわたって熟練した親方であり，謙虚な徒弟であり，知識を授ける教師であり，知識に飢えた生徒であり続けました。このようにして彼は，プロレタリア革命の最初のもっとも偉大な働き手，もっとも天才的で，もっとも成功をおさめた指導者になったのです。私たちは，プロレタリア世界革命の促進と勝利にむかって，最後の火花となるまで私たちの力を私欲なしに投じ，レーニンに価するものとなりましょう。そのようにして，私たちは，レーニン，たたかうプロレタリアートに目的と道を知らせながら，先頭に立ってすすんだすべての偉大な人びと，自由のためにたたかってたおれ，英雄となったすべての無名の人びとにただ1つふさわしい記念碑の建設を助けることになるのです。この記念碑とは，共産主義社会のことです。そのとき，解放された女性たちは，喜びに満ち，感激しつつ，その神聖なみかげ石の壁に，「この記念碑はまた，革命的な女性の事業でもある」と書くことを許されるのです。

(2) 若干のコメント

この，クラーラ・ツェトキーンの文章は，社会主義と思われていた国家が崩壊し，社会主義と自称している国家でも,「それは違うだろう」と多くの人々に思われている現代においては，無意味と言えるであろうか。

カー(1961＝清水訳 1969：33)は書いている。

歴史家の機能は，過去を愛することでもなく，自分を過去から解放することでもなく，現在を理解する鍵として過去を征服し理解することである。

私は歴史家ではないが，歴史的資料をあつかって研究する者として，カーに同意する。

バラバーノフが，前掲のように「彼女（クラーラ）はドイツの少数反対派（レーヴィ）の方が正しいことを知っていたにもかかわらず，ボリシェヴィキの優れた指導者――つまり，ロシア政府の指導者（レーニン）――を支持する，と声を高めていったのである」((　)内の人名は伊藤による)という「支持」の理由の一端がここに示されている。クララーラとレーニンの対話を見ても，バラバーノフにしても，当時の歴史を切り開こうとした職業的革命家のやりとりであることを，忘れてはならない。そのなかでの矛盾，弱点は，事実として認めるしかない。

本章は，前章と，さらに続く次章と歴史的に一部重なり合っている。一部とは，「レーニンが生きていた時代」である。同じ時代を，前章では，ドイツ共産党との関係，次章では，女性政策の展開という全く別の視点から光を当てようと試みたが，本書の主人公，クラーラ・ツェトキーンの行動の叙述において重複を完全に避けきることが出来なかったことをここでお断りしておきたい。

第14章　レーニン時代のコミンテルンと国際女性運動

前章で，すでに，私は，クラーラ・ツェトキーンとレーニンとの対話を書く必要から，クラーラ出現以前の初期コミンテルンの女性運動の取り組みを先取りして記述した。

すでに本書第12章から，叙述はコミンテルンの時代に入っているが，本章では，第12～13章で明らかにしたことを前提にして，改めてレーニン生存中の，コミンテルンの女性運動とクラーラ・ツェトキーンの問題に限定して取り上げる。

まず，イネッサ・アルマンド亡きあと，レーニンの意向をくんで，クラーラが作成した，新しい時代の女性運動方針が，コミンテルンの方針として受け入れられていくプロセスから始め，この後，レーニンの生存中に，コミンテルンで彼女がかかわった女性運動について叙述する。

ひるがえってクラーラがはじめてモスクワに行った1920年は，コミンテルンの歴史の中では，1919年から1923年までの戦争直後の危機の時期として特徴づけられている[1)]。さらにこの5年は，1919～20年の創立期と，21～23年の大衆獲得と労働者統一戦線のための諸闘争の時期とに分けられる[2)]。女性運動の方針の分野でもこの時期区分は大体あてはまる。とはいっても，

1）トリアッチは，「共産主義インタナショナルの歴史にかんするいくつかの問題」の中で，コミンテルン第6回大会（1928年）がおこなった戦争直後のするどい危機の時期，相対的安定の時期，資本主義の矛盾の新しい激化と大衆運動の新しい高揚が期待される第3の時期という「3つの時期」区分を，「この区分は，本質的に正しい，またインタナショナルの歴史の時期区分にも有効なものとして記憶しなければならない」といっている（トリアッチ＝石堂他訳1961：152）。

2）ソ連邦共産党中央委員会付属マルクス・レーニン主義研究所『共産主義インタナショナル略史』（政治図書出版所，モスクワ，1969）の村田陽一訳（1973）『コミンテルンの歴史』上，下，大月書店，ソ連科学アカデミー編＝高山林太郎訳（1969）『コミンテルン小史』（刀江書院）は，この期を，1919-20年の創立期と1920-21年の大衆労働者統一戦線のための闘いの時期に分けている。

1923年はコミンテルンとしての女性運動へのとりくみはあまりみられない。したがって，クララも『共産主義女性インターナショナル』の編集と執筆以外，国際女性運動にかかわっていない。

マクダーマット他（1996＝萩原訳1998：18-19）は，「コミンテルンの時代区分には問題が多く，いまなお論争の絶えないテーマである」として，5つの時期区分を採用したが，これによると，クララがモスクワに行って，レーニンと対話し，それを書きとどめた時期は，1919～1923年の「レーニン時代のコミンテルン」とされる第1期である。それは「失敗に終わった革命的大変動，各国共産党の成立と組織的強化，ひきつづくソヴェト・ロシアの孤立化の時期」として特徴づけられる[3]。

クララの没年1933年までのコミンテルンの特徴的時期を，クララはどう生き抜いたかを，隙間なく描き切ることはきわめて難しい。マクダーマット他（同上：23）は，「諸事件を，その完全な歴史的複合性においてとらえ，厳密にその文脈に即して検討することによってはじめて，読者はその結果を適切に理解することが出来る。しかし，おそらく，どのコミンテルン研究者も直面せざるをえない最大の困難は，われわれをおじけづかすような，選択上の困難であろう」と書いている。その難関に本書も突入する。

クララ・ツェトキーンについて概略をいえば，コミンテルンの大会では，1919年，20年の，コミンテルン創立大会と第2回大会は欠席し，21年の第3回大会と，22年の第4回大会，レーニン没後の24年の第5回大会は出席した。

3）マクダーマット他（1996＝萩原訳1998：18-19）は，コミンテルンの時期区分の「もっとも一般的なモデル」として，①1919-23年に続いて，②1924-28年：「資本主義の相対的安定」，統一戦線戦術，およびソヴェトの党内闘争の国際的領域への波及に伴う，コミンテルンの「ボルシェヴィキ化」開始の時期。③1928-33年：いわゆる「第三期」。資本主義の危機，労働者階級の急進化，社会民主主義に対する「極左」的攻撃，および「スターリン主義化」の出現。④1934-39年：人民戦線の時期。反ファシズム階級間連合とブルジョア民主主義の限定的防衛，それと並んでソヴェト外交の要求およびスターリン主義的テロルの猛威。⑤1939-43年：ナチ・ソヴェト協定［独ソ不可侵条約］に典型的にあらわれた，コミンテルンがソヴェト外交政策の道具と化す最終的堕落。1943年5-6月のスターリンによるコミンテルンの解散。の5つに区分している。クララは，この①，②，③の時代を生きたのである。ただし，②の時期は，半分病気，③の時期はほとんど全期間病気の身ではあった。

スターリン時代の28年の第6回大会は病気で欠席している[4)]。

このうち，コミンテルンの大会での女性問題についての発言の機会は，1921年の第3回大会での「女性運動にかんする報告」(第20会議）と，1922年の第4回大会での「女性のあいだでの共産主義活動について」(第24会議）の2度であった。

また，「国際共産主義女性会議」では，1920年の第1回は欠席，21年の第2回，24年の第3回は出席で，26年の第4回は，挨拶は送ったが会議そのものは病気で欠席している。

クララは，1923年の後半以降，60歳代の半ばから，凍傷による足の手術，心臓病，眼病，リュウマチ等の病気で，治療しており，モスクワに来ても，カフカーズの保養地やアルハンゲルスクのサナトリウムでの生活が多くなる。そのなかで，主に彼女のテーマである女性運動への発言がどうなされたかを中心に見て行くことにするが，コミンテルンがおかれた全体的状況から女性問題だけを切り離すことはできない。

さらに，1924年以降は，レーニンの没後，スターリンがコミンテルンで権力を徐々に獲得していく時期と重なり，後にスターリン主義として検証・批判されることになる問題と無関係に女性問題・女性運動を扱うことはできない。これらのことを可能な限り念頭に置いて叙述するつもりであるが，上記，会議への参加状況からも明らかなように，クララのコミンテルンでの表だった活動は，レーニン時代に終わっているということができる。

1　1920年のクララ・ツェトキーンと初期コミンテルンの女性運動方針

(1) 1920年の「共産主義女性運動のための方針」

1）　はじめに書かれた「方針」

前章でふれた1919年のコミンテルン創立大会で採択された「社会主義のための闘争へ女性労働者をひき入れる必要性に関する決議」は，きわめて短い

4）コミンテルンは1935年，最後となる第7回大会を開催しているが，それは，1933年のクララ没後のことであるので本書ではふれない。

ものて文字通り「女性労働者をひき入れる必要性」についてだけふれているものであった[5)]。

実は1920年7月に開催されるコミンテルン第2回大会にむけて，クララ・ツェトキーンは「共産主義女性運動のための方針」(Zetkin 1920d) を送ったが，間に合わず，方針はたてられなかった。7月30～8月3日，第1回国際共産主義女性会議が開催され，前章でも述べたようにイネッサ・アルマンドが演説し，7月31日「全世界の勤労女性へ」という訴えをだした(村田編訳Ⅰ 1978：288-291)。

さて，クラーラが起草した上記「方針」は，同年11月ソビエトで書かれた同名の「共産主義女性運動のための方針」(Zetkin 1920h) の前段をなすものとして貴重であるが，その全文をわれわれは，ドイツ共産党の女性機関紙『ディ コムニスチン』1920年22号（日付はないが推定では9月中に出されていると思われる）でみることができる。この「方針」は，コミンテルン第2回大会での決議案のかたちで書かれており，最後にクラーラ・ツェトキーンという署名が入っている(Zetkin 1920d)。11月に執行委員会で実際に採択された「方針」とくらべてかなり短いものである。

ディーター・ゲッツェ (Götze 1972：6) は，クラーラが，この前段の「方針」で，「創立大会のように，単に女性を個々の国の共産党にひき入れる必要性を強調するだけでなく，女性をコミンテルンの諸党に獲得するための特別の方法・手段・組織を必要とすることに注意をむけさせた」と評価している。クラーラは，人知れず埋れてしまったこの前段の「方針」をもって新しいコミンテルンの女性運動に参加しようとしたのであった。

11月にモスクワ滞在中に完成した「共産主義女性運動のための方針」(Zetkin 1920h) は，前段の方針をもとに細部にいたるまで具体的に書き込んだものであった。この方針の全文はすでに，筆者（松原 1969：73-101）と，村田（村田編訳Ⅰ 1978：269-283）の翻訳がある。非常に長文であるので，本書では要

5）村田（村田編訳Ⅰ 1978：56）の翻訳がある。村田の注記（同：558）に，「この決定は，また『共産党へのプロレタリア婦人の協力についての決定』という表題でも知られている。その発案者はナデージダ・クループスカヤとアレクサンドラ・コロンタイであり，3月6日の会議でコロンタイがこの決議案を提出した。決定は全員一致で採択された」とある。

点のみにふれておきたい。

最初に書いた「方針」と，公のものとなった「方針」との間に，前章で見たクララとレーニンとの対話が入るのだが，レーニンが前段の「方針」を読んでいたかどうかは明らかではない。知られているのは，レーニンはクララに，新しい段階での国際女性運動の方針の作成を直接依頼し，その際留意点として次の諸点にふれたことである。

写真14-1　共産主義女性運動の方針（1920）表紙

2）　レーニンの指示

レーニンが「方針」の作成についてクララに与えた指示とは，クララの『レーニンの思い出』第2部によると次のようなものであった。

第1に，女性の真の解放が，共産主義，従って私有財産の廃止を通じてのみ可能であることを方針で強くうち出し，女性問題を，社会問題・労働問題の一部分として理解し，女性運動をプロレタリア革命に結びつけること。

第2に，女性運動の組織上の原則について，女性のあいだでの運動をすすめるための適当な機関・煽動の方法，特別な組織形態を考慮し，プロレタリア女性だけではなく小農，小市民女性を含むこと。

第3に，共産党がかかげる要求と，女性の悩み，願望とのあいだの政治的つながりを女性大衆に教え，そのことによって女性大衆を党の側にひきつけること。

第4に，家事労働からの解放のためのたたかいが，党の政治的任務の一つであることを明確にすること。

以上である。このような指示に従って，クララ・ツェトキーンは国際女性運動方針の作成を着手し直したわけであるが，この方針はクラーラ１人の手で完成されたのではない。それは，モスクワの指導的女性党員の討議を経て起草され，小委員会で検討され，さらにクラーラによって完成され，コミンテルン執行委員会の審議を経て決定されたものである。その全文は，『共産主義インターナショナル』(1920/21, Nr.15) に，「共産主義女性運動のための方針」と題して発表された。

これは，前文と行動方針および組織方針から成りたっている。以下要点を紹介する。

3) 「共産主義女性運動のための方針」(Zetkin 1920h) (要点)

前文－ブルジョア女性運動ならびに社会主義女性運動の総括－

前文は，まず第1に，「私有財産制度が，男の女に対する特権的で有利な立場の最終的にして根本的な基礎である」ことを指摘し，女性解放のためには2つの必要な条件が満たされねばならないとして次の2点をあげる。すなわち，1つは，「生産手段の私的所有が止揚され，社会的所有にとってかえられる」こと，2つは，「女性の労働が搾取や隷属のない制度の中で社会的生産に組織されること」である。

次に，これまでのブルジョア女性運動に対する総括を行い，プロレタリア女性運動との本質的相違を明らかにしている。つまり，前文は，ブルジョワ女性運動について，「実際には女権論者の要求の実現は，大体において所有階級の女性や娘のために資本主義制度を改良する結果になった」だけであって，その要求の実現は，結果的には，「プロレタリア女性のより広範な搾取可能性を意味し……両性間の経済的・社会的対立を激化させ……プロレタリアおよび小ブルジョアの女性にとって，あらゆる権利と完全な自由を保証するには不十分であった」といっている。また，ブルジョア女性運動のかかげる要求は，何ら階級対立を止揚するものではない。完全な女性解放はプロレタリアの男女の共通の階級闘争によってのみ実現される。そのためには，男女のプロレタリアートは国際的に連帯しなければならないとし，その点について「個々の国におけるプロレタリアートの階級闘争が国際的に結集し，世界革命においてその絶頂に達するように，女性の資本主義にたいするたたかい，そしてまたプロレタリアートのディクタツーア，すなわちプロレタリア階級ディクタツーアおよび評議会（ソビエト）制度の樹立のための革命的たたかいもまた国際的に結集されなければならない」というのである。

前文は，第1次世界大戦前後の女性の状態を分析し，帝国主義戦争が女性にもたらしたもの，すなわち，戦時と戦後の女性問題の特質変化をのべ，これらの問題の解決を，資本主義の廃止に求めた後，第2インターナショナル期の社会主義女性運動がはたした役割と欠陥に対する総括的評価を行っている。

前文はまず，「共産主義インタナーショナルは，より高度な歴史的段階で，女性の利益のために，第2インターナショナルが始めた仕事を継承したものである」といっている。そこでは，コミンテルンは，第2インターナショナルの女性運動の成果のどの点を継承するのか。前文は，第2インターナショナル期の女性運動の積極的役割を次のように総括する。すなわちそれは，一言でいえば，労働者に，国内的にも国際的にも性の区別なく団結することの必要性についての思想をひろめたことであり，具体的内容としては，第2インターナショナルが，労働組合組織や，社会主義者党に，女性を男性と同等な権利を持つ協力者として，また，プロレタリアートの経済的・政治的・階級闘争の共同のにない手として，彼らの戦列に加えることを呼びかけたこと。プロレタリア女性の闘争力を強めるために，資本主義の搾取を法的に制限することを要求したこと。ブルジョア女性運動とプロレタリア女性運動の根本的相違を明らかにし，プロレタリア女性をブルジョア女性からきりはなして，階級の一員として男性労働者とともにたたかうという方向づけを与えたこと，等である。

しかし，第2インターナショナルの女性運動は，方針は出しても，その実践については個々の国の社会民主党や労働組合組織にまかせたままで，事実上実践を放棄した形となっていたし，さらに，決定的なことは，国際女性運動のための組織を置かなかったという欠陥をもっていた。1907年の女性会議も，第2インターナショナルの組織の枠外に独立した形で行われたものであり，女性代表は，第2インターナショナルの大会に参加することはできたが，ビューローでの議席も，発言権ももたなかった。そのような状況のなかにつくられた国際女性書記局も，第2インターナショナルの一機関としての性格はもたなかった。

以上の点をのべたあとで，前文は，あらゆる勤労女性に対し，「革命的業績をもつ第3インターナショナルに結集せよ」と呼びかけて具体的に行動方針と組織方針を提起するのである。

行動方針

A　プロレタリア・ディクタツーアを樹立した国における方針

プロレタリアートが国家権力を奪取した国における女性運動の方針は，12項目かかげられている。それを要約すれば，

（1）直接的にソビエト制度を擁護するため，広範な女性を女性民兵にひき入れる。

（2）（3）（4）（5）資本主義から共産主義への過渡期の短縮が，女性の自覚ある協力にかかっていることを，プロレタリア女性，小農の女性，その他の勤労女性に知らせ，ソビエト組織や労働組合や諸団体を通じて，経済建設や，管理機構に広範な女性が参加するようにする。

（6）女性の精神的・肉体的・道徳的な条件を配慮しつつ，女性の労働を効果的なものにするために，労働条件改善に努力する。

（7）（8）伝統的家庭経済を，社会経済に組み換え，主婦を個別的家庭経済から解きはなって，社会経済のなかで職業活動を行い得るようにすること。そのため，これまで，家庭の中で女性が行っていた経済的諸課題を解決する社会的組織をつくる。

（9）（10）母親，子ども，青年の保護のための施設，病人，弱者，高齢者，労働能力を喪失した人たち，ブルジョア制度の遺産である売春婦を労働社会に連れ戻す援助をするための諸制度をつくる。

（11）男女共学を基盤とし，個性を発展させ，共同連帯の精神を身につけさせ，女性にも全面的な人間性発展の諸条件が保証される教育制度をうちたてる。

（12）女性，子ども，青年のための社会的福祉に貢献している主婦や母親への援助を行う。

B　プロレタリアートが政治権力奪取のためのたたかいを行っている国の方針

ここでの方針は16項目あげられているが要約すると次のとおりである。

（1）党，労働組合，その他の団体の諸組織に，女性を男性と同じ権利と義務をもつものとして参加させる。

（2）プロレタリアートおよび小農の女性にプロレタリアートの革命的行動と闘争の本質，目的，方法，および手段を啓蒙し，プロレタリアートの階級意識を高め，闘争能力を高めるための手段，方策，組織を追求する。

（3）あらゆる領域での法的および実質的な両性の完全な同権の獲得。

（4）市町村議会，国会，すべての公共団体で女性選挙権と被選挙権を，評議会制度（Sowjetordnung）と労働者階級のディクタツーアへの明確な見通しのもとに位置づけて要求する。

（5）労働者評議会（ソビエト）の選挙に，プロレタリア女性を選出し，小農の女性やその他の女性にソビエトの思想を普及する。

（6）普通教育および職業教育における女性の男性との同権を主張し，あらゆる職業領域に女性をひき入れる。また母親の使命を社会的仕事として認め，評価させる。

（7）男女の同一労働同一賃金（Für die gleiche Entlohnung gleicher Leistungen von Mann und Weib）。

（8）（9）働く女性の法的保護により，資本主義的搾取を制限する。労働監督官を置く。

(10)(11)(12) 働く女性から主婦として，母としての重荷をとりはらい，家庭経済を家族から社会経済に移す社会的組織をつくる。農業女性労働者，農村女性についても同じ。その際，家庭経済のおくれた性格について啓発を行い，主婦の無償労働を見込んでいる資本による男性労働者に対する低賃金政策を暴露する。

(13) 住居様式の徹底的改善。

(14) 無料の医療相談所，公共の健康管理施設をつくる。

(15) 売春制度を克服する経済的，社会的組織をつくること。

(16) 女性の権利にかかわるあらゆる部門で女性が協力すること。

C　資本主義以前の発展段階にある国々の方針

これらの国々での女性運動の方針として4点あげられている。その要点は，

（1）女性を家内奴隷，労働奴隷，男の快楽の奴隷におとしめる偏見，慣習，宗教上および権利上の諸規定の廃止のためにたたかい，この点で男女をともに啓発する。

（2）教育，宗族，公共生活の中で，男女の完全な平等を要求する。

（3）支配的所有階級によって搾取される女性の保護。

（4）ロシア革命後，ロシアの東方民族の女性の中での煽動および組織活動の経験に学んで，前資本主義的発展段階から共産主義に導くためのたたかいを行う。

組織方針

A　全国組織

（1）女性は，各国共産党の党組織および各級党機関に同じ権利と同じ義務をもって加盟することができる。共産党は，女性の煽動と教育のために，特別の組織と特別の制度をつくる。

（2）個々の地方党組織に5～7名からなる女性煽動委員会をおく。その任務は，大衆煽動，大衆組織への党員女性の派遣，女性党員の理論上と実践上の教育，党機関紙の女性欄の編集，等である。党委員会は，指導部の指導をうけ，その代表が党指導部のメンバーとなり，党組織のあらゆる会議に，一般的問題では審議権を，女性問題では決定権をもって参加する。

（3）党の各々の地区指導部には，地区女性煽動委員会をおく，その任務は，全地区の地方女性煽動委員会の活動を援助するものである。具体的には，地区のあらゆる地方女性委員会，中央の全国女性煽動委員会，全国女性書記局と連絡をとること，地方女性煽動委員会から資料を集め利用すること，全地方的煽動を準備すること，教育的文献を紹介すること，勤労女性を党の協力者に変える組織活動を行うこと，党の地区女性大会および無党派女性代表者会議を招集することである。同委員会の地区党組織との関係は，前記，（2）における，委員会と地方党組織との関係と同じである。

（4）全国指導部には，全国女性煽動委員会および，全国女性書記局を置く。その任務は地区および地方女性煽動委員会との恒常的･規則的連帯を保ち，全国党指導部と密接な関係を維持すること，地区女性委員会から資料を集めること，地区女性委員会のための煽動を準備し，教育的文献を集めること，職業労働，教育，女性の地位，労働女性の保護等，女性の経済的，政治的，社会的利益にかかわりのある事象や論争に常に注意をむけ，必要な措置をとること。女性党員の理論教育を行うこと。全国的煽動を準備し，組織すること。広範な勤労女性を党の協力者とするために必要な組織をつくること。全国女性会議を招集すること。国際女性書記局と恒常的つながりをもち，国際通信員を選出すること，などである。全国女性煽動委員会は，全国党組織と密接なつながりをもって活動し，委員会の代表は，党指導部のあらゆる部門，あらゆる活動に，女性問題に関しては決定権を，一般的問題には審議権をもって参加する。

B　国際組織

コミンテルン執行委員会のもとには，3～5人の党員からなる国際女性書記局がおかれる。書記局代表は，執行委員会の活動に，一般的問題には審議権を，女性問題には決定権をもって参加する。国際女性書記局の任務は，各種連絡，文献・資料の収集，教育，国際的情報機関紙の発行，女性共産主義者の国際会議の招集等である。

以上の諸点について方針を提示したあと，「万国のプロレタリア女性のみなさん！資本主義と資本主義的虚偽の民主主義に反対し，プロレタリア権力の奪取，プロレタリアディクタツーアとソビエト制度の設立のためのたたかいのために，共産主義インターナショナルの旗のもとに団結せよ！　このたたかいにおいて，失うものは鉄鎖のみであり，得るものは全世界であるということは，プロレタリアよりもむしろあなた方プロレタリア女性にあてはまることである」（Zetkin, *Ausgewählte* Ⅱ：289）といってこの方針は結ばれている。

4）「方針」のもつ意味

上で紹介した「共産主義女性運動のための方針」は，次の特徴をもっている。

第1に，この「方針」は，第2インターナショナル創立大会以来，女性運動の理論的・実践的指導にあたってきたクラーラ・ツェトキーンが，ロシア革命という新しい歴史的転換ののちに，レーニンおよびロシア共産党の女性指導者の協力のもとに初めて作成した国際女性運動の方針であるという点である。従ってその内容は，一方ではこれまでのクラーラ・ツェトキーンの女性解放論の総括と，コミンテルン期の女性運動の指導理論の出発点としての飛躍の意味をもつ。

まず，クラーラは，ドイツ共産党の創始者であるローザが，ロシア革命に対して批判的であり，また，第3インターナショナルを創設するのに時期尚早であると考えたのに対して，こだわりをほとんど持っていないようにみえる。方針の内容では，資本主義以前，資本主義，プロレタリアが権力を奪取した国という区分をとることにも疑問を感じてはいない。

第2に，この「方針」は，コミンテルンの女性運動指導に関する最初の行動方針・組織方針であり，しかもかなり包括的なものであったので，それ以後の方針のよりどころともなる意味をもっていた。とくに，コミンテルン第3回，第4回世界大会での女性運動の総括や方針は，基本的にはこの1920年の「方針」から出発し，それにたちかえり，強調するということのくりかえしと思える。

コミンテルンにおいて最初のまとまった女性運動に関する文書としてのこの「方針」を1889年の第2インターナショナル創立大会でのクラーラ・ツェトキーンの演説とくらべるなら，この「方針」は約30年の情勢の変化とプロレタリア女性運動の発展の上に立っているということができる。1889年には，クラーラ・ツェトキーンは，資本主義経済のもとにおける女性労働の不可避性と必然性から解きおこさなければならなかった。しかし，今や「方針」は，資本主義経済のもとで組織された女性労働者の力をもって，私有財産制を廃止し，究極的な女性の解放を論ずるところから始まっている。前文にのべられているブルジョア女性運動の本質規定は，第2インターナショナル期におけるクラーラ・ツェトキーンの女性論の特徴でもあり，1896年のドイツ社会民主党ゴータ大会におけるクラーラ・ツェトキーンの演説の継承であり，それが，コミンテルンでうけ入れられている。

第1回国際共産主義女性会議で位置づけ，評価することができなかった第2インターナショナル期のプロレタリア女性運動の総括が，前文で，その成果と欠陥を含めてクラーラによって明らかにされている。

第2インターナショナルの女性運動の総括は，第2インターナショナルの「右派」および「中央派」との闘争を続けて，女性運動を左派の思想で指導し続けて来たクラーラ・ツェトキーンの活動そのものの総括でもある。

しかし，前文では，1915年のベルンの国際社会主義女性会議についてのべているところで，クラーラ・ツェトキーンの決議の草案の内容に対してむけられたレーニンの批判については，クラーラはあえてふれることをしなかった。「方針」作成にあたってレーニンが与えた指示は，「方針」全体で大部分消化されているが，レーニンが大衆的女性組織についても方向を示しているのに対し，その点はこの「方針」では明文化されていない。この「方針」中の組織方針はすべて共産党の一機関としての党内女性組織を中心としており，一般女性との接点，および一般女性の女性運動の方針が希薄である。

(2) 無党派国際女性会議のプラン

クラーラ・ツェトキーンは，1920年秋，前項でのべた「方針」と並行して，無党派国際女性会議を開催するプランをもっていた。会議そのものは，レーニンやコミンテルン執行委員会議長ジノーヴィエフの賛成を得ていたが，ドイツやブルガリアの女性たちの協力を得られず開催にいたらなかった。その詳細は明らかではない。

しかし，このプランは，クラーラのレーニンとの対話（Zetkin, *Ausgewählte* Ⅲ：154）やコロンタイへの1921年2月1日の手紙（Zetkin, *Ausgewählte* Ⅱ：326-334）のなかで詳細に語られており，クラーラがかなりの力を入れてとりくもうとしていたことがわかる[6)]。1921年におけるクラーラの無党派国際女性会議のプランとは，これらの資料を組み合わせると次のようなものであった。

6）以後，クラーラの生存中，無党派国際女性会議の問題がコミンテルンの女性運動方針としてとりあげられたことはなかったが，1926年の第4回国際女性会議では，各国レベルでの無党派女性組織の問題について議論されている。その点については後述する。

目的：

第1次世界大戦およびそののちの情勢が，さまざまな階級や地位の女性に深い影響を与えたことは事実である。……ソ同盟のように，革命によって合理的な社会制度が採用されたばあいでも，しばらくは新しい生産と消費の体制が整わないため，解決すべき事がらは山のようにあった。ロシアの女性たちは，生計費を稼いだり家庭の消費生活の面倒を見たりすることについても，いろいろと辛酸をなめなければならなかった。このことについてはたいていの人は夢想だにしなかったし，今日でもごく僅かの人しかこのことを明確につかんではいない。ブルジョア社会はこれらの問題に満足な解答を与えることはできない。ただ共産主義の国家のみがそれらをなしうる。われわれは資本主義諸国の女性大衆にこのことを知らせなければならない。そしてその目的のために無党派国際女性大会を準備しなければならない（Zetkin, *Ausgewählte* Ⅲ：154）。

組織方針と議題，留意点：第1の仕事は，各国の共産党と常に密接な連絡をとりつつ各国から選びだした女性党員の委員会をつくり，大会の準備と招集を行うこと。委員会の最初の任務は，女性の指導者たちと密接な連絡をとりそれぞれの国に全国的な党派ぬきの準備委員会を創りあげること。この場合の女性指導者は，労働組合に組織された女性労働者，政治的な労働者階級の女性運動指導者および女医，女教師，女性ジャーナリストなどを含むあらゆる種類のブルジョア女性団体の指導者を包含すること。

大会の議題は第1に，職業上の女性の権利に関するものである。その問題としては，失業，同一労働同一賃金，8時間労働制と女性労働者の保護法規，労働組合および職業上の組織，母性と児童とにたいする国家的給付，主婦と母親の負担を軽減する社会施設のことを含む。第2に，婚姻法ならびに家族法の中での女性の地位と公法上の女性の地位の問題である。

大会の準備過程および実際の大会での留意点として，① 組織できる女性大衆（あらゆる社会層，あらゆる女性団体の代表者，公の女性集会からの代表者）にできるだけ広く呼びかけ，議題に上った問題を真剣に考えさせるように指導すること，② コミンテルン各国支部の活動とソ同盟における共産主義建設に彼女らの関心をむけさせること，③大会には「民衆議会」的性格を与える必要があること，④大会の議事日程の各細目にわたって党の立場からのテーゼおよび決議が大会に提出されねばならないこと，をあげ，これらの任務を遂行するための不可欠の条件として，女性党員の力量の問題が強調される。これらの女性党員には，大会の席上で次のことが要求される。

すなわち，「社会問題に関する理解と解説については唯物史観の科学的な卓越した力を示すこと，われわれの要求と提案との首尾一貫性を明らかにすること，そして最後にこれは最も重要なことだが，ロシアにおけるプロレタリア革命の勝利と女性解放事業における革命政府の開拓者的努力とを強調すること」(同上：157) である。

実際の準備過程と組織方針の具体化：以上の①，②が，クラーラ・ツェトキーンがレーニンとの対話の中でのべた無党派国際女性大会のプランであるが，実際にこのプランは時期的にも内容においてもはかばかしく進行しなかった。クラーラ・ツェトキーンは，翌1921年2月1日に，コロンタイへの手紙 (Zetkin 1921a) に，この大会の問題をとりあげ，準備の進行状況と，組織方針の具体的諸問題について見解をのべている。

彼女は，「大会は非常によく準備されなければならないし，多くの時間と労力を必要とする。大会は，女性の間の国際的統一が非常にぐらつかせられているということ，通信にもまだ多くの困難があるということを考慮に入れなければならない」(Zetkin, *Ausgewählte* Ⅱ：327) といい，彼女自身，オーストリア，チェコスロヴァキア，フランス，イギリス，ドイツの状態を慎重にあたってみて，計画が具体的形態をとってきたと告げている。その内容の要点は次のとおりである。

① 国内に，共産主義女性を中心として，数名の職業女性その他の代表を加盟させた女性委員会をつくり，大会の前準備と宣伝を行う。

② 大会への招待は，各国の指導的共産主義女性を中心として，数名の無党派の芸術家，教育学者を含む国際女性委員会が行う。

③ 国際女性委員会は，偏見なく，あらゆる政治的組織，労働組合，職業

組織，共同体組織に属する女性，主婦にさそいかけ，種々の組織の信任状をもつ女性代表ならびに公の集会あるいは人民集会で選出された女性代表を大会代表としてみとめる。

④　国内女性委員会は，次のことを義務づけられている。

a.　会議の性格と目的，その議事日程，代表派遣等々についての宣伝を行うこと。

b.　議事日程の微細な点にまで，女性に関する資料，要求，提案を収集すること。

c.　国際中央委員会（ハオプトアウスッシュス）と恒常的に連携し煽動の範囲や結果について，また，代表の選出等々についての報告ならびに議事日程に関する資料，提案，要求の報告を行うこと。

⑤　国際中央委員会は，国内委員会に助言と助力を与え，その報告と資料の収集を総括し個々の国を仲介しなければならない。

⑥　女性共産主義者は，この大会の準備過程でも，大会においても常に指導的でなければならない。大会前に議事日程の個々の詳細な点について態度を決めること，プロレタリア女性大衆のみならず小農，小中ブルジョワ，家事使用人等，全階級の女性の間で煽動を行うことによって，党の枠を越えて女性を鼓舞し，動員し，運動に参加させることが必要である。

⑦　国際女性大会に課せられた課題を遂行するためには，一つの国際機関と機関紙が必要である。

以上である。クラーラ・ツェトキーンの無党派国際女性会議のプランは，女性共産主義者の指導力を中心にした女性戦線における統一戦線的な萌芽形態とも言うべきものであろう。第2インターナショナル期にブルジョア女性運動の理論とプロレタリア女性運動の理論を峻別しつつもブルジョア女性の要求を階級的視点で分析し，運動の面では統一の可能性を追求してきたクラーラ・ツェトキーンの女性解放論が，無党派国際女性会議のプランの中で，統一戦線の女性論ともいうべき形において展開していくのを予感させるのである[7]。

1920年12月末，フランス共産党が設立された。ツールで開かれたフランス共産党創立大会に，クラーラはコミンテルン執行委員会代表としてフランス国境を越えて非合法裏で出席し，フランス語で演説した。ツールの党大会はコミンテルンの加盟を決議し，フランス共産党の結成を決定した（ドルネマン 1957＝武井 1969：275-276）。この非合法のフランス往復は非常に危険に満ちたものであったことが，マクシム作成の年譜にも記されている（SAPMO－BArch NY4005/18, Bl.61）。

フランスの作家，若きアラゴンは，このことを聞いて感動し[8]，在フランスの日本人ジャーナリスト守田有秋も新聞記事でそのことを知る[9]。

守田は，「1920年のクリスマスの日に，私はジュネヴから瑞西の国境を越えてベルガアドに入り，マルセイユに着いた。私は其処で彼の女が，ライン

7）前注の繰り返しになるが，無党派国際女性会議は，クラーラ・ツェトキーンの存命中には，ついに一度も開催されなかった。しかし，クラーラの没後，1934年8月4～6日，「戦争とファシズムに反対する国際女性会議」がパリに招集され，25カ国から1,086名の代表が集まった。また1938年5月13～15日，マルセイユで同じく無党派の女性を集めた「平和と民主主義のための世界女性会議」が開かれている。コミンテルン期の1930年代に開催された2つのこの無党派国際女性会議は1920年代のはじめからいだいていたクラーラ・ツェトキーンのプランの実践でもあり，また1920年代にコミンテルンが指導した国際共産主義女性運動が反ファシズムという新しい情勢に対応して発展した姿ということができよう。これらの会議は，第2次世界大戦後一般化するNGOの女性会議の先駆ともみてとれる。

8）当時アラゴン（1897-1982）は，23歳であった。『バーゼルの鐘』が書かれたのは1934年であるが，『バーゼルの鐘』の1965年版の序文に「……ディアーヌやカトリーヌに対立するものとして何故クララ・ツェトキンを選んだかということの象徴的意味を説明する必要がある……。（中略）……『バーゼルの鐘』の作者にとってクララ・ツェトキンとは何よりもまず，そこでフランス共産党が創立されたあの（1920年の）ツール大会の演壇へ，警察の追及の目をかすめて不意に姿をみせたあのドイツ女性にほかならなかった，という点に起因している」（アラゴン　1934＝稲田訳　1987：33）と書いている。稲田は，さらに訳者あとがきで，アラゴンは，第1次世界大戦末期に軍医補として動員され，休戦後も占領軍の一員としてドイツにとどまっていたこと。動員を解除されたアラゴンは，1920年のフランス社会党大会にレーニンのメッセージをもって官憲の目をかすめて，クララ・ツェトキンが突如壇上に現れ，コミンテルン加盟への演説を行い，フランス共産党が設立されたことをつたえ聞いて，「入党への夢とクララ・ツェトキンへの憧憬とが常に離れがたいものとして彼の胸のうちに抱かれていた」（同上424）と解説している。

9）守田有秋については，本書第11章注31）を参照のこと。

の国境を越えて佛国に潜入して居る記事を読んだ。佛国の新聞紙は，独逸軍の侵入よりも，より以上に此の老婆の潜入に対して驚いたらしく，何れも，数段の記事を費やし，彼女の肖像を，カシヤンのそれと並べて掲げて居た」(守田 1924：82) と書いている。

1920年末から1921年にかけては，ヨーロッパのプロレタリア革命は緊急の日程にはのぼらず，社会主義ロシアは孤軍奮闘を余儀なくされていた。その結果がコミンテルンの統一戦線戦術に反映し，新経済政策（ネップ）によるソビエトの再建への方針変更であった。

ネップ時代の，ロシアの女性労働問題については，コミンテルン女性書記局次長だったコロンタイが，著作や小説に書いている。コロンタイの筆致はソビエトの困難な時代の暗さを感じさせず，新しい男女関係，ネップの中を生きる男女の新たな現象，ネップ時代の女性労働問題を生き生きと描き，一部は日本にも紹介されて，誤解も含みながら影響を与えた (秋山 1998, 杉山 1994, 2001)。

2　1921年の第2回国際共産主義女性会議とコミンテルンの第3回大会

1921年のはじめから数年間，クラーラ・ツェトキーンは，コミンテルンの女性運動にゆきとどいた配慮をした。先に見た1921年2月1日付のクラーラのコロンタイあての手紙には，コロンタイが「共産主義女性運動のための方針」をロシアに紹介してくれたことに感謝し，無党派国際女性会議を招集するくわしいプランが述べられていた。

さて1921年のコミンテルンの女性運動は，革命後4年のソビエトの困難な国内情勢――経済的困難とならんで政治的困難――を無視するわけにはいかなかった。この年，3月8日から16日迄，ロシア共産党第10回党大会がひらかれ，戦時共産主義から新経済政策に移行する問題を審議していた。レーニンは3月4日付で，国際女性デーにむけてのメッセージを送っているが，その中でレーニンは，「国際労働女性デーには，世界のあらゆる国で，女性労働者の数かぎりない集会で，未曾有に困難な事業，だが偉大な，世界的に偉大な，真の解放事業に着手したソヴェトロシアにたいするあいさつが響きわたるであろう。狂暴な，しばしば残虐なブルジョア反動をまえにして，元気をなくすなという，励ましの声が響きわたるであろう」といっている（『レーニン全集』Vol.32:168-170）。

この年，国際女性書記局は，国際女性デーにむけてかなり長文の「万国の労働女性への呼びかけ」を発した（*Die Kommunistin*, 10.Apr.1921,Nr.7:45-51）。

1921年には，国際女性デーのあと，4月の『共産主義女性インターナショナル』の創刊，6月9～15日の第2回国際共産主義女性会議の開催，6月22日～7月11日のコミンテルン第3回大会による「女性運動」にかんする諸報告，7月3～9日のプロフィンテルン（赤色労働組合インターナショナルというロシア語の略）[10]の創立大会と，それによる女性労働組合運動にかんする決議・テーゼの採択[11]，12月12日のチフリス（＝トビリシ：グルジアの首都）での近東共産主義女性会議（*K F.-I.*, Mai/ Juni 1922, Doppelheft 5/6：23）など，いずれも国際共産主義女性運動史上，記録にとどめる必要のある重大な出来事があいついでいる。

1921年という年は，ドイツの「3月行動」の敗北によって，コミンテルンも大きな打撃を受けていたが，女性戦線は，それなりの前進を遂げていた。

(1)『共産主義女性インターナショナル（ディコムニステッィシェフラウエンインテルナツイオナーレ）』の創刊

1921年4月，コミンテルン執行委員会と，国際共産主義女性書記局の委託で，クラーラ・ツェトキーンを編集責任者とする女性月刊誌，『共産主義女性インターナショナル』がシュツットガルトでドイツ語で発刊された（1925

10）プロフィンテルンとは，赤色労働組合インターナショナル（Die Rote Gewerkschaftsinternationale）のロシア語の略称（Profintern）で，1921年にコミンテルンの後援のもとに創設された国際組織である。1939年に解散。プロフィンテルンは，女性労働者のために，「男性と平等な労働にたいして平等に支払うこと。おくれた産業部門や農業の女性労働者のために最低賃金制を確立すること。危険産業では7時間労働日および6時間労働日を制度化すること。年間1ヵ月の有給休暇を完全に実施すること。女性と18歳以下の若年者にたいする夜間労働や時間外労働を禁止すること。また特に重労働で健康に有害な産業と地下産業での労働を禁止すること。女性失業者のために男性失業者と同額の失業手当を制定すること等々」（アディベコフ＝梅田訳1973：79）の一般的要求綱領をかかげており，1928年にプロフィンテルン執行事務局付属女性部をおいた。

11）決議，テーゼは*K F.-I.*, Aug./Sept.,1921 Doppelheft 5/6, 45-51に掲載されている。

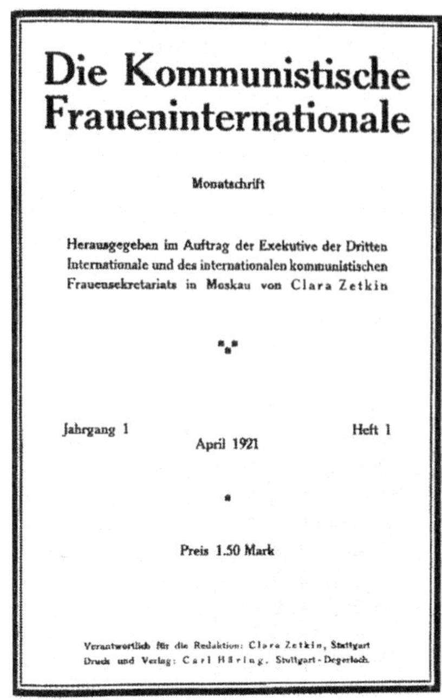
Die Kommunistische Fraueninternationale

Monatschrift

Herausgegeben im Auftrag der Exekutive der Dritten Internationale und des internationalen kommunistischen Frauensekretariats in Moskau von Clara Zetkin

Jahrgang 1 April 1921 Heft 1

Preis 1.50 Mark

Verantwortlich für die Redaktion: Clara Zetkin, Stuttgart
Druck und Verlag: Carl Häring, Stuttgart-Degerloch

写真14-2 『共産主義女性インターナショナル』

年廃刊)。

その内容は，A，論文，B，報告，C，覚え書，D，歴史・文芸に分れ，ほとんどその毎月にクラーラは長文のものを執筆していた。そのうち女性問題に関するものの標題を示すと，「第2回国際共産主義女性会議の課題について」(1921年　2，3号)，「モスクワでの共産主義女性の第2回国際会議」(1921年　5，6号)，「2つの11月革命と女性」(1921年，8/9合併号)[12]，「国際共産主義女性デー」(1922年2号)，「われわれ共産主義女性とプロレタリア統一戦線」(1922年5，6号)，「1932年の国際共産主義女性デー」(1923年2号)，「フランスとドイツの労働者の妻たちへ」(1923年3号)，「ソヴェトロシアのプロレタリア革命　女性組織の3周年記念について」(1923年6号)，「1924年の国際共産主義女性デー」(1924年1号)，「第3回国際共産主義女性会議の課題」(1924年3号)，「第3回国際共産主義女性会議の成果」(1924年 7号)，「レーニンの想い出」(1925年3，4号)，「バツームとチフリスのイスラム教女性クラブにて」(1925年5，6号)である。この標題を見ただけでも，『共産主義女性インターナショナル』誌は，国際女性運動史上の重要な資料であることが理解される。

たとえば，1921年と24年の第2回・第3回国際共産主義女性会議の内容が，この雑誌でかなり明らかになる。それと関連して，国際女性デーが，いつか

12) この論文の一部は，山川菊栄によって翻訳されて雑誌『種蒔く人』(1923.3.1)に掲載されている。

ら3月8日に統一されたかという問題についての史実も明らかになる。すなわち，国際共産主義女性書記局が，1920年の終りか1921年のはじめに，3月8日を女性デーとして統一したいという考えをもっていたが，1921年6月の第2回国際共産主義女性会議で，ブルガリアの代表がそのことを提案し，それが採択されて3月8日に定められたことも同誌によって確認されるのである（*K F-I.*，Jan/Feb.1922, Doppelheft, 1/2：1[13)]）。また，1922年，23年，24年の国際女性デー各国のとりくみについても同誌は詳細に把握していたのであった。ただし1925年には廃刊となる。

(2) 第2回国際共産主義女性会議

この会議は，1921年6月9-15日に開かれ，28カ国の代表82名（61名は決議権をもち他は評議権をもつ）が参加した。統一ドイツ共産党からは，クララ・ツェトキーン，ヘルタ・シュトゥルム他4人が参加した。ツェトキーンとシュトゥルムは，会議事務局員に選出された。

アルメニア，グルジア，アゼルバイジャン（近東），ペルシャ（中東），中国，朝鮮等，東方の女性の初参加がこの会議の国際的性格を広めた。会議招集にあたって国際女性書記局と執行委員会は，各国の代表にあらかじめ質問項目を公表してそれにそった準備をうながすなど，きめこまかい取り組みをおこなっている。

質問項目は大項目第1部から第7部まで，小項目は実に50項目にわたっている。大項目のみ列挙すると，①女性の経済的政治的地位，②大工業の中の女性，③労働組合の中の女性，④政治生活の中の女性，⑤社会生活の中の女

13）このことはZetkin (1922c) の，署名入りの「国際共産主義女性デー」という論稿に書かれている。そこには，「国際女性デーを，ロシアの女性同志たちが催している3月8日におこなうという，わがブルガリアの女性同志たちの提案とモスクワ第2回共産主義女性会議の決議は，感激の嵐でうけ入れられた。28カ国の女性共産主義者の代表の知恵と意思は，ひとつのすぐれた偉大な決断に結集した」と書かれている（伊藤2003：107）。しかし，私はその決議の原文を見ていない。村田（1978：587）にも，「ブルガリア代表の提案にもとづいて，今後は婦人デーをすべての国で三月八日に統一的に挙行することを決め，万国の勤労婦人への呼びかけと，全世界の婦人共産主義者への宣言とを採択した」とあるが，村田によって訳出された二つの決議「万国の勤労婦人への呼びかけ」と「法のまえと実際上での政治的同権」の中には相応する文言は見つけ出せない（村田編訳Ⅰ 1978：390-394）。

性，⑥革命運動の中の女性，⑦地方諸組織およびそれのコミンテルンへの加盟あるいは連携，ならびにこれらの組織の女性のあいだでの特別の活動，についてである。

会議の議事日程は，①女性共産主義者の国際連絡を確立し強化する手段と方法（報告者－コロンタイ），②勤労女性のあいだの活動の方法と形態（報告者－コロンタイ），③プロレタリアートによる政治権力の獲得と維持のための闘争への女性の参加（報告者－リリーナ），④プロレタリア・ディクタツーアのための闘争への女性の組入れ（報告者－シュトゥルム），⑤法のまえと実際上での女性の政治的同権（報告者－ツェトキーン），その他であった。女性書記局の活動報告はコロンタイ（女性書記局次長）によっておこなわれた。

これらの議題の討議にもとづき，会議は，6つの決議と呼びかけ，宣言を採択した。

6つの決議とは，①女性共産主義者と国際共産主義女性書記局の国際的連帯，②女性のあいだでの共産主義活動の形態と方法，③労働組合の中での活動，④プロレタリアートによる政治権力の奪取と維持ならびにプロレタリア・ディクタツーアのための闘争への女性の参加，⑤プロレタリア・ディクタツーアをめざす闘争の中へ女性を組み入れること（補足決議），⑥法的，実質的な政治的男女平等であり，宣言は，「全世界共産主義女性会議の宣言」，呼びかけは「万国の働く女性への呼びかけ」と題され，ツィナ・リリーナ，アレクサンドラ・コロンタイ，クラーラ・ツェトキーン，ヘンリェッテ・ローラント－ホルストの署名とその下に26カ国の代表者名が記入されている（村田編訳Ⅰ 1978：390-92）。

第2回国際共産主義女性会議は，モスクワの女性書記局を強化するために西ヨーロッパに「補助機関」をおくこと，国際女性デーをロシアの女性デーにあわせて3月8日に挙行することを決めた。この会議について，村田は，次のように解説している（同上：587，注139）。

> 第1の議題について6月11日に採用された決議では，各国の党の中央婦人委員会が国際婦人通信員を選任すること，通信員はモスクワの国際婦人

写真14-3　第2回国際共産主義女性会議議長席のクララ・ツェトキーン（中央白髪）とコロンタイ（その右）1921.6

書記局および他の国々の婦人通信員と規則的な連絡をたもつこと，国際通信員会議は6ヵ月に1回ひらかれること，モスクワの国際婦人書記局は，万国の共産主義婦人運動との連絡をいっそう強固に，また規則的にするために，西ヨーロッパに補助機関を設置すること，この補助役関は決議機関ではなく，モスクワの中央書記局の決定や指示に従う執行機関であること，などを決めていた。第2の議題について6月13日に採択された決議は，すべての党委員会のもとに婦人活動部を組織する義務を各党に課し，この婦人部の任務の概略を規定していた。この決議とは別に，国際婦人書記局のモスクワ部分によって準備された「婦人のあいだでの共産党の活動の方法と形態についてのテーゼ」草案が採択された。右の（本書では，上記の：伊藤）3つの文書は，コミンテルン第3回世界大会に提出されて，7月8日に大会によって承認された。③,④,⑤の議題は内的に相関連したものであった。討論のなかで，一部の婦人代表（イギリスのスミス，オランダのローラント－ホルスト他）は，選挙権の利用，中間層の職業婦人やプロレタリア的および小ブルジョア的家庭婦人を獲得するための活動，母性保護，婦人労働者の保護，家事使用人の状態の向上のための闘争などは，「日和見主義的」，「改良主義的」だとして，これに反対する意見を述べた。

会議は，近くひらかれる赤色労働組合インタナショナルの創立大会（後述：伊藤）にたいして，「労働組合内の婦人」にかんする問題を提起することを決定した。また，前述のようにブルガリア代表の提案にもとづいて，今後は婦人デーをすべての国で3月8日に統一的に挙行することを決め，万国の勤労婦人への呼びかけと，全世界の婦人共産主義者への宣言とを採択した。

篠塚（2008：318）によると，「『国際共産主義女性会議』でもツェトキーンとドイツ代表団は，『三月行動』の評価をめぐって対立した。開会（ママ）式ではアレクサンドラ・コロンタイが作成した決議文が採択されたが，その決議文には，ドイツ党（ママ）が三月行動によってますます強力になった，と書かれていたので，ツェトキーンはこの箇所に反対する公開声明文を，最初の会議で朗読なしに議事録に入れることに成功した。これに鋭く反対したドイツ代表団の対抗声明文も，執行部は，女性会議での党戦術的な対立を望まなかったので，朗読なしに議事録に入れた」とのことである。

(3) コミンテルン第3回大会と女性問題―クララ・ツェトキーンの報告内容

この女性会議の1週間後，1921年6月22日に開会されたコミンテルン第3回大会は，議事日程にはじめて正式に「女性運動」をとりあげた。第3回大会は，第1回大会，第2回大会とは異なったおもむきをもっていた。第1回および第2回大会のスローガンは，「中央派をたおせ！」であったが，第3回大会は，「みずからを党に組織したのち，革命の準備をすることを学びとること」（『レーニン全集』Vol.32：505）にその任務があった。ここでは「どういう方法で大衆を味方に獲得すべきか」が課題であり，レーニンの考えに沿った，戦術にかんするテーゼ草案を採択し，中心スローガンは「大衆の中へ」であった。そのような中で協同組合運動や青年運動とならんで女性運動が議事日程にあがったのである。女性運動にかんしては，クララ・ツェトキーンが主報告を行い，フランスのルーシー・コリアールがフランスの女性運動の報告を，コロンタイが補足の報告を行い，2つの決議とテーゼを採択している（*Pr. des III Kongresses der KI*：909-934）。

クラーラ・ツェトキーンの報告は，共産主義女性運動一般および，第2回国際共産主義女性会議の意義と内容についてであった。クラーラは，既述のようにコミンテルン第3回世界大会と，第2回国際共産主義女性会議に参加するため，息子のマクシムと，秘書でマクシムの妻であるハンナを伴って周到な準備の下に，モスクワに滞在していた。

1）　コミンテルン第3回大会での女性運動にかんする報告（Zetkin 1921e）

以下15頁にわたるが，クラーラの報告の全文の邦訳を記す（ごく一部中略あり）。

男女の同志のみなさん。私は，女性のあいだで共産主義活動を行っている執行委員会国際書記局の命をうけて，共産主義女性運動と共産主義女性会議について概要をのべようと思います。

共産主義女性運動は，同志のみなさんのおかげで，ますます多くの大衆が共産党に自覚的に結集している一部の諸国での発展においても，もっとも広範な政治的な女性大衆をプロレタリア革命に奉仕させようとする国際的な努力の集中においても，過去一年のあいだに非常に満足すべき進歩をとげたことはうたがいありません。プロレタリアートによる政治権力の奪取のためのたたかいや，ディクタツーアの樹立についても，またロシアのようにプロレタリアートがすでに権力を獲得した諸国においての，これら獲得物の防衛と共産主義建設についても同じことがいえます。しかし，なしとげられた進歩の喜びには，それ以上の苦しい汗が混じり込んでいます。たいていの国ぐにでは，共産主義女性運動の進歩は，共産党の支援なしに，それどころか，ほうぼうで共産党の公然・隠然の反対に抗して達成されてきたのです。自覚を持ち，目的を明らかにし，方向をみさだめた女性が，革命闘争に献身的に参加することなしには，内乱においてプロレタリアートが権力を獲得することもできないし，プロレタリア・ディクタツーア樹立ののちに，共産主義社会の建設に着手することもできないという事実の理解が，なおそこには欠けているのです。

まさしく，女性大衆の参加なしには，プロレタリアートは，経済闘争も政治闘争も遂行しえないということは，すでに戦前から社会主義労働運動内部で自明の理とされていました。明らかに，旧社会民主主義諸党の実践や，労働組合の実践は，口さきだけの信条よりはるかにおくれをとっているのです。女性の活動は，せいぜい，政治の，また労働組合への奉仕的仕事と見なされるにとどまり，プロレタリア解放闘争の決定的な要因としての本当の意義が考えられてはいませんでした。

男女の同志のみなさん。しかし，いまや，プロレタリアートにとって情勢はなんと変化していることでしょう。いまや，プロレタリアートの経済闘争は，資本主義没落の徴候がますます強まっているなかで進行しているのです。それはなにを意味するのでしょうか。それは，プロレタリアートの経済闘争は，ずっと以前よりもますますきびしく，犠牲の多い，困難なものになっていることを意味します。そしてさらになお，もうひとつのこと，すなわち，プロレタリアートの経済闘争もまた，結局，より高度な目的にむかって努力しているということを意味します。経済闘争はたんに，労働時間の短縮や，2～3ペニーの賃あげや，より有利な労働諸条件によって苦しみを軽減しようとするだけのものではありません。いいえ，経済闘争はすべて，今日では，結局，ひとつの目的－革命的プロレタリアートが生産を管理し，生産手段の所有をひきうけることにむかって激化してきているのです。プロレタリアートの政治闘争は，もはや，小さな改良や譲歩，つまり物乞いに施すスープや，形式的な政治的権利をめぐる問題ではなくなってきています。一言でいえば，プロレタリアートの政治闘争は，ブルジョワ社会の改良にではなく，ブルジョア仕会の破壊が問題なのです。それは，資本主義の生か死か，共産主義の生か死かをめぐる問題なのです。プロレタリアートの政治闘争は，資本主義経済の崩壊および内乱という灼熱の雰囲気のなかで展開されています。このような意義をもつプロレタリアートの闘争に直面して，女性の協力を断念してもよいなどということは，まったくとんでもないことです。そのうえさらにもう一つの事実があります。いまこそ，資本生義，ブルジョワ国家の転覆のために，以前にもましてより多くの女性大衆を革命闘争のなかへ投げ入れ，彼女たちを動員し，教育し，共産主義建設のために準備し，役立たせることが重要です(激しい喝采)。

戦前においてすでに，ヨーロッパには，3百万から6百万の女性過剰人口が存在しました。

いまやこうした過剰人口は，ざっと見積って，約1,500万人をかぞえます。以前には，大工業諸国に，女性過剰人口が存在し，バルカン諸国では，男性人口が過剰でした。それが現在ではより大きな工業諸国において女性の過剰人口はいちじるしく増大し，バルカン諸国でもまた，もはやたんに男性人口が過剰現象を示しているだけでなく，ここでは逆の現象が，日に日にますます顕著にあらわれています。女性の自覚的協力，女性の毅然とした理解ある協力なしに，どうして政治権力の奪取をめざすたたかいが考えられるでしょうか。どうして共産主義制度の建設を考えることができるでしょうか。私があげた数字は，私たちにつぎのことを教えます。ますます多くのプロレタリア女性大衆が，直接，資本主義的搾取の鞭に打たれるということ，そしてそれゆえに彼女たちの直接的な生活苦を通してブルジョア制度に反対するたたかいに駆りたてられるということです。数字は，しかし，またべつのことをも示しています。すなわち，家や家族のなかで，平和で喜びにみちた小楽団を所有していたように思われたブルジョア女性の数が減少したということであります。否，今日では，もはや，ブルジョア女性もまた公的生活や現代のたたかいに，いつまでも無関心だったり冷淡な態度のままでいることはできないのです。職業をもっているブルジョア女性たちも数百万という数にのぼっています。そして，今日，資本主義が支配するかぎり，男女間のせり合いという刺激のもとで，男性たちの生活費や生活内容は，職業女性たちと競合関係にあるのです。また内乱とそれがもたらしたものは，ブルジョアの家庭生活内にもまた非常に多くの影響を与えたので，無関心とか政治音痴とかいう古い壁が崩壊しはじめました。

男女の同志のみなさん。私はこうしたブルジョア女性界における発展過程が意味するものを一番過大評価したがらない人間です。しかし，私たちは，この発展過程を軽視してもなりません。実際，資本主義が崩壊し，階級闘争が激化する時代に，ブルジョア階級内で追いたてられているあの女性大衆は，革命的突進部隊のなかで変化することはむずかしいのです。私たちは，そのような発展を期待することはできません。私たちがそれを期待するのは馬鹿げたことでしょう。ブルジョア女性大衆はまた，ディクタツーアの樹立のために，断固たるたたかいを行うプロレタリアートの広範な突撃縦隊をけっして強めはしないでしょう。私たちは，彼女たちが内乱の時代に前哨戦で働くことができるだろうなどと考えようとしてはなりません。なおそのうえ，彼女たちは，ブルジョアジーの陣営，すなわち，私たちの不倶戴大の仇の陣営のなかで，不安，興奮，崩壊，そしてまた衰退を耐えしのびうると考えてもなりません。

ですから，もしも，いかなる国の共産党もプロレタリアートのたたかいにむけて女性を革命闘争にむかえ入れ，また女性の革命的教育をしたりするときに，男性を革命に動員するのと同じエネルギーをもって活動しないなどということがあるとするなら，それは，革命と革命をめざす大衆の活動にとって，――すべての力を結集するうえで――とほうもない損害だと私は思います。私は，女性を革命の自覚的協力者として結集させようとせず，また，教育しようともしない同志たちを，革命を意識的にさぼるものとよびます。

男女の同志のみなさん。ほとんどあらゆる国の共産党が，この点でどんな過失をおかしてきたかは，あまり目につくほど現われてはいません。なぜなら，執行委員会は，もっとも広範な女性大衆を第3インターナショナルの旗のもとに集める努力を，助言と助力を与えて支援するようつとめてきたからです。執行委員会議長，同志ジノーヴィエフは，女性のなかでの共産主義的活動は，共産主義活動一般のまさしく半分の意味をもっているということに十分な理解を示してきました。そこで，執行委員会は，第2回世界大会のあとで，精神的・政治的・財政的手段によって女性共産主義者を個々の国の党に結集させ，そしてそれから彼女たちを国際的に結集してたたかいのなかに導き入れる努力をしてきました。執行委員会は，そうすることによって，各国の，確信にみちた訓練された女性共産主義者からなる前戦小隊の熱烈な闘争を容易にし，支援し，上首尾の成功をおさめてきたのです。私たちが目ざしたものは，女性共産主義者の小部隊の名誉と成功であります。そして女性共産主義者は，2～3の国では，しばしば，どんな援助もなしに，それどころか，猛烈な反対にさからって第3インターナショナルの旗のもとに結集してきたのです。

そのようにして，昨年来，諸国の全戦線でもっとも広範なプロレタリア女性大衆を革命に動員し，革命的教育をほどこすための，女性共産主義者の計画的活動が準備されるようになりました。それにむけてのわがロシア共産党の活動は画期的なものであり，典型的なものでありました。ドイツの共産主義者たちもまた，旧スパルタクスブントのなかで，のちには統一共産党のなかで，創立の最初の日から，女性を諸組織内でたたかいの協力者にすることをめざして，計画的で熱心な努力を行ってきました。ブルガリアにおいても同様に，強力な目的意識ある共産主義運動が行われています。それは，広範なプロレタリア女性と農民女性大衆を革命闘争にむけて獲得するためには，男女とも共通の労働，共通の活動をすることが重要であるという真に共産主義的な意味をもつ女性運動となっています。しかしながら，他の諸国では，そのような計画的な活動への本当に出発点にあるだけであり，またある国では，なお出発点にすら立っていないという状態なのです。

私たちは，私たちの国際女性会議および当大会が，外的障害から身を守るためには，すべての国の共産党に，党が今日までなおそれを怠っているか，あるいはしぶい顔をしてはたしていたにすぎないその義務を思い起こさせることを希望します。私たちの第2回国際共産主義女性会議は，多くの国の女性共産主義者と執行委員会が，いっしょに活動することによって，どんな実行力を示したか，そしてどんな成果をあげたかを証明しました。昨年モスクワで開催された女性共産主義者の第1回国際会議は，16ヵ国から代表が派遣されましたが，それには，決議権をもつ20名の代表者と審議権をもつ数名のオブザーバーが参加したにすぎませんでした。ところで，男女の同志のみなさん。本年は，28ヵ国の男女代表者が国際会議に来ているのです。会談に参加しているのは82名の代議員ですが，そのうち61名は決議権をもち，21名が審議権をもっています。第2インターナショナルも，女性の国際的規模での革命的前進をはかろうという目標をもって努力しましたが，ただの一度もこのように成果ある会議を成功させたこと

写真14-4 第2回国際共産主義女性会議での近東，極東からの女性代表たちとクララ（前列から）2列目，白髪の女性，1921年6月（モスクワ赤の広場で）

はありませんでした。それどころか，もし代表者数を度外視して第3インターナショナルの旗のもとに結集した諸国の数の大きさにだけ目をむけるなら，私たちは，このモスクワ会議ほど広い範囲から代表者を派遣し，また遠大な意義をもつ会議は，これまでの国際的ブルジョア女性大会においてもただひとつとしてなかったということができます。さらに特筆に価する歴史的意義ある特色は，この会議に東方民族の女性の代表者が参加しているということであります。（中略）

東洋の女性代表の出席は，いったいなにを意味したでしょうか。それは，東洋の民族がめざめはじめ，闘争にたちあがっていること，しかも抑圧されているもののなかでももっとも抑圧されているもの，すなわち，数百年，数千年の長きにわたって，きわめて古い宗教的・社会的信念，教義，習慣，風俗の束縛をうけて生活していた女性たちを，革命闘争に吸収することを意味します。近東および極東からこの会議に女性が出席したことは，東洋の革命化がどんなに広くまた深くゆきわたってすすんでいるかの証拠であります。そのことはまた，私たち西洋人にとっても，すべての資本主義諸国のプロレタリアにとっても，非常に重要なことなのです。なぜなら，イギリスやフランスのプロレタリアートの解放の戦闘は，たんに自国の大地でたたかわれているだけでなく，インドやペルシヤの灼熱の広野でも，中国の各地でも，近東および極東のいたるところでもたたかわれているからです。男女の同志のみなさん。東洋の女性たちが私たちのところにやって来たことは，第3インターナショナルの革命闘争が，特別な，広く包括的な意義をもっていることを証明するものであります。第3インターナショナルは，東洋民族に，実際に期待され，信頼された最初にしてこれまでの唯一の組織なのであります。そしてそれは，最初のインターナショナルとして全人類を包括しています。「インターナショナルは人類となる」。すなわち，全人類を包括するものとなるでありましょう。これがこの会議に東洋の女性代表者が参加したこととかかわりあう意義なのであります。

ここで，女性共産主義者の国際会議そのものをごく簡単にふりかえってみましょう。共産主義女性運動とよばれるものの目的と課題は，私たちがその一員であることを誇りに思っている第3インターナショナルの目的，課題，原則，戦術によって与えられています。会議にとっては，資本主義世界に反対するたたかいのなかで，資本主義世界を助けるすべてのものに反対するたたかいのなかで，この諸原則，この戦術をまもる武器をつくりだすことか重要でありました。ですから，会議は，その仕事の大部分をつぎの2つの問題にふりむけてきたのです。すなわち，ひとつは，共産主義諸党は，女性のあいだの共産主義活動をどのような形態と方法で行うべきか，ということであり，ひとつは，個々の国ぐにの女性共産主義者と共産党とのあいだに，またモスクワの共産主義インターナショナルとのあいだに，そしてその媒介によって共通の統一的指導者および指揮者としての第3インターナショナル執行委員会とのあいだに，どのようにしたら密接にして強固な国際関係が樹立されうるかという問題であります。男女の同志のみなさん。会議は，これらの諸問題を詳しく論ずるとき，またそれらに関する決議が採択されるとき，ひとつのもっとも重要な原則によって指導されてきました。つまりなんらかの特別な共産主義的女性組織があるわけではないということです。共産党内の女性共産主義者にとっては，男性の共産主義者といっしょのただひとつの運動があるだけであり，ただひとつの組織があるだけです。共産主義者たちの課題と目的は，私たちの課題であり，私たちの日的であります。なんとかして革命諸勢力を分散させ，プロレタリアートによる政治権力の奪取という共産主義者の偉大な目的や，共産主義社会の建設から方向をそらす役割をはたそうとするいかなる分派行動も，いかなる変節もみとめるわけにはいきません。共産主義女性運動とは，もっとも広範な女性大衆をプロレタリアートの革命的階級闘争のために，資本主義の打倒と共産主義建設のために獲得することを目的として共産党の男性党員と全く同じように，女性党員の能力を計画的に配置し，計画的に組織すること以外のなにものでもありません。

しかし，男女の同志のみさん。組織と活動の共通というこの原則は，旧社会民主主義諸党によってもまたみとめられてきたものであります。この原則はしかしながら，旧社会民主主義諸党によって，頑迷さと偏狭さを伴いながら，また，平等原則の機械的適用を伴いながら実行されたので，それは，革命に奉仕する女性の能力を鎖から解きはなち，もっとも強力な成果をあげることを意味しませんでした。私たち共産主義者は，実践し，行動する革命家であります。私たちは，とにかく，プロレタリアとプロレタリア女性の利益およびたたかいの共通性というもっとも重要な原則から目をはなさずに，女性のあいだで共産主義活動を行うときに考慮に入れなければならない与えられた具体的諸関係に注意をはらっています。私たちは，女性の活動，女性の政治的自覚と政治闘争にとっての障害として，社会制度や家庭生活，さらに社会的偏見のなかに，種々さまざまな形で存在している社会的諸条件を見落としはしません。私たちは，女性の精神と肉体のなかに数百年来の古い隷属がのこした沈澱物をはっきりとみます。ですから，組織が共通であるにもかかわらず，女性大衆に近づき，彼女たちを女性共産主義者として結集し，教育するためには，特別の組織，特別の方策の樹立を必要とするのです。

私たちは，そのような組織として，指導的および管理的な党の審査委員会に，女性煽動委員会あるいは委員――それ以外に，諸党がそれをお好きな名前でなんとよんでもさしつかえないのですが――をおくことを提案します。しかもそのような委員会は，小地方のグループの指導部から，もっとも重要な中央指導部にいたるまでおかれなければなりません。私たちは，この組織を女性委員会と名づけます。それは，女性のあいだでの活動に従事すべきだからであります。しかし，私たちは，その委員会が女性だけから構成されることに重きをおいてそう名づけるのではありません。いやその反対です。私たちは，もしも女性委員会によりすぐれた政治的経験と能力をもった男性も所属するというのならそれを歓迎します。大切なことは，委員会が計画的・継続的に女性のあいだでの活動することであり，委員会が女性の生活にかかわるあらゆる必要や利害について態度をきめることであり，社会生活のあらゆる領域において，いく百万のプロレタリア女性と半プロレタリア女性の利益に精通し，エネルギッシュに関与することであります。この女性委員会は，もちろん，全党組織と密接な組織的・イデオロギー的共同をくんでだけ活動することができるしまた活動しなければなりません。しかし，女性委員会が，その課題を成功裏に遂行しようとするなら，委員会は，主導権と一定の運動の自由権とを必要とすることもまた当然のことであります。私たちの知るかぎりでは，ロシア，ドイツ，ブルガリアの共産党は，こうした主張をうけ入れるかあるいはうけ入れようと熱心に努力しています。そして，それらの諸党は，実際のところなんらの苦い経験をなめることもありませんでした。

女性のなかでの活動をするために，党組織は，計画的に煽動活動，組織活動および教育活動をおこなわなければなりません。口頭で，文書で，そして意のままになるあらゆる手段を用いるべきです。委員会は，その活動を行うにあたって，話されたことばや書かれたことばだけでなく，なにものにまさって活動や闘争こそが，もっとも広範な大衆を結集し，教育するためのもっとも重要な不可欠の手段であるということを忘れてはなりません。ですから，女性委員会は，共産党のあらゆる活動，プロレタリア大衆のあらゆる闘争に，女性を独自な活動的な分子としてひき入れることに努力しなければなりません。現在多くの場合，革命闘争の背景にいる女性が，たたかいの推進力にならなくてはなりません。男女の同志のみなさん。いうまでもなく私たちは，思いちがいをしてはいません。革命が女性大衆をひきつけるか，あるいは反革命が女性大衆をひきつけるかのどちらかなのです。みなさんは内乱がますますはげしい形をとっているから，女性もまた自分が誰に味方し，なんのためにたたかうかを決めなくてはなりません。もしも，あなたがた共産党員が，もっとも広範な女性大衆が革命の陣営にいることに注意をはらわないならば，ブルジョア諸政党が反革命の陣営に女性を集めようとするでしょう。そして，シャイデマン一派やデイットマン一派，すなわちあらゆる中途半ぱなインターナショナル，いいかげんなインターナショナルが，女性を今日，ブルジョア社会のもっとも強固な防壁である革命と反革命のあいだのあの境界領域にとどめておく努力をするでしょう。

男女の同志のみなさん。こうした事実に直面して，共産党は，女性委員会を通じて，プロレタリア女性，女性共産主義者をたんに合法活動にひき入れるだけでなく，非合法活動にもひき入れるよう努力しなくてはなりません。それは当然のことです。緊急連絡の仕事をはじめとして，女性が，誠実に器用に，とりわけ上手にやりおおせることのできる非合法活動があるのです。労働時間の延長を阻止するためのストライキから，街頭デモンストレーション，蜂起，武装闘争にいたるまでのプロレタリアートのあらゆる闘争に，共産党がもっと広範な女性を積極的構成メンバーとしてくみ入れるよう注意を払うべきこともまたもちろんです。革命闘争や内乱には，共産主義を通じて自分たちの自由を欲している女性たちの問題と関係のない，いかなる段階も，いかなる形態もないのです。私たちがみなさんに提案する決議は，私がここでみなさんのまえに説明した諸原則を的確に定式化しております。

かくして，各国の女性共産主義者の間およびモスクワの女性書記局との国際的結びつきに関して，私たちは諸共産党にたいし次のように要求します。すなわち，第1に，共産党は，個々の国でモスクワの書記局と連絡をとる国際女性通信員を選出すること，第2に，西ヨーロッパにおく補助機関が，モスクワの国際女性書記局を補助すること，であります。

私は，私たちの会議の活動を評価するにあたって，特別重要な決定に言及する必要があります。私たちは，労働組合内の共産党細胞（Zelle，基礎組織のこと：伊藤）の注意を，緊急の課題としての細胞活動を通じて女性労働者を獲得することに向けなければなりません。しかしまた同特に，搾取制度に反対する労働組合の闘争が問題であるかぎり，女性労働者を，組合官僚主義に反対するたたかいに導くことが重要であります。実際，職業女性の利益代表に関していえば，労働組合のなかにいる共産党員が，組合官僚主義を論駁することができる広範な戦線が存在しています。この組合官僚主義は，働く女性の利益を3度も裏切りました。組合官僚主義は，男女の別なく同一労働にたいして同一賃金をというスローガンのための闘争を，資本主義の利益のために放棄して女性を裏切りました。組合官僚主義は，戦後，企業や職場から，まず第1に女性が追い出されるのを無抵抗になすがままにしておき，それどころかそれを認めることによってふたたび女性を裏切りました。なぜでしょうか。飢えている女性であっても政治的にたちおくれているために男性よりも恐れられなかったからです。特に，女性には，街路や身売り的結婚で売春への道が開かれているから生計の心配はないなどとうそぶかれていたからです。組合官僚主義は，女性失業者が男性失業者よりもより少ない補償金でまるめこまれるか，まったく素手のままでほうり出されるかであるというはなはだしい不正にたいする闘争をとりあげなかったことによって，3度働く女性を裏切りました。そのことは，私の考えでは，労働組合内のわが共産党細胞が，企業のなかにいる女性を革命的闘士に教育するために注目し，利用しなければならない諸点です。さらに，プロレタリアートによる政治権力の奪取のあとで，共産主義を建設するためには，女性に職業教育，労働組合教育を施すことのもつ大きな意味は重要です。

しかし，会議が決定したもの，あるいはより正確にいえば，個々の国の女性共産主義者の国際的結合をよりいっそう強めるために，会議が大会に提出することを決定したものはよりいっそう重要なものです。私はすでに，諸党が相互に，またモスクワの共産主義女性書記局とのあいだに規則的・継続的なつながりをもつ国際女性通信員を選ぶべきだということを挙げました。しかし，この書記局自体が，より機能的でなければなりません。私たちは，それが単に女性共産主義者の活動やたたかいのための情報機関であるべきではなく，プロレタリア女性の参加を，統一し，高め，強める指導的な有力な機関であるように望みます。そうするためには，外国に，ひとつの国際的補助機関をつくる必要があります。書記局自体はたんに執行委員会との密接な組織的連帯のためばかりでなく，執行委員会そのものがモスクワにおかれなければならなかったと同じ客観的歴史的根拠からモスクワにおかれるべきです。なぜならモスクワは革命の中心であり革命ロシアの首都であり，ここでこそ革命闘争の経験が集中され，理論的認識や実践的指針のために利用しつくされうるからです。男女の同志のみなさん。私たちは，西ヨーロッパのつつましやかな補助機関が，モスクワの執行委員会の女性書記局にたいし，おおいに価値ある貢献をすることができると確信しています。ですから私たちは，みなさんに，私たちのこの決議に賛成してくださるようお願いいたします。

会議は，プロレタリア・ディクタツーア，評議会制度を獲得し維持するたたかいのなかで，女性の義務がなんであり，女性の実行能力がどの程度のものであるかについても検討しました。私たちはこの問題を，何よりもまず第1に，プロレタリアートの革命闘争にとっての，したがって女性の完全な解放にとっての一般的で原則的な意義に依拠して論じてきました。ですから，私たちは，世界経済情勢や世界政治情勢との関連において，すなわち，その情勢のもとではプロレタリアートは，革命的に権力を奪取するか，強化される搾取と屈従のもとに屈服するかのどちらかを選択する自由だけをもつというその情勢との関連において考察してきたわけです。自由か，野蛮への従属か，その選択はひとつの決断であり，プロレタリアートも，そしてまたもっとも広範な女性大衆も，歴史によってその決断のまえに立たされているのであります。私たちはそれゆえ，その問題を，女性の活動への参加，ディクタツーアの擁護のための闘争への参加との関連において，またディクタツーアの樹立後，経済的社会的生活の再建への女性の協力が意味することとの関連において論じてきました。私たちは，政治権力の奪取と擁護のためのプロレタリアの階級闘争の問題を，究極的には，法のまえでの，また実質上の女性の政治的平等をめざすたたかいとの関連でとりあつかいました。

会議は，すべての道はローマへ通ずという確信で一致しました。別の言葉でいえば，会議に女性が，勤労者として，母として，人間として，高くかかげなければならないすべての要求，すなわち，社会的労働を土台として完全な社会的権利と完全な義務を有する社会の一員になるために女性がかかげなければならないあらゆる要求，そして，女性の生活のあらゆる苦労と悩み，彼女の努力のあらゆる渇望を，ひとつの勧告のなかにまとめました。すなわち，プロレタリアートのディクタツーアの獲得と評議会制度の樹立をめざす革命的闘争へ，積極的に，大胆に，献身的に参加することがそれであります。そしてこの目的に到達したあとには，ソビエト制度をたんに武器を手にするだけでなく新しい社会生活－プロレタリアートのディクタツーアの擁護と評議会支配の是認であり，もっとも強固な土台である新しい社会生活の建設のためにシャベルを手にして，最後の火花となるまで犠牲的に活動することがそれであります。

同志のみなさん。私たちは，こうした諸問題を論ずるにあたって，共産主義女性運動が，政治的無関心という雲のなかで，溌剌としていなかったことは明らかだと考えます。しかし，たとえ私たちの会議が，決断すべき瞬間に，第3インターナショナルのまえにおかれている原則的・戦術的諸問題を論じてこなかったとしても，個々の女性共産主義者がもちろん，自分たちの一般的原則的かつ戦術的信念にもとづいて自主的に考察し，また女性運動へ反作用する諸問題について態度を決定してきたことはいうまでもありません。そしてもうひとつ，次のことももちろんです。すなわち，個々の共産党内で，原則と戦術をめぐるあなたがたの諸闘争は，私たちの闘争でありますし，またそうでなければならないということです。

男女の同志のみなさん。私たち女性共産主義者の国際会議代表者は，ロシアがひとつの偉大な歴史的事例であることを女性たちに示すためにあらゆる国ぐにに出かけて行こうではありませんか。ロシアは，政治権力の奪取なしに評議会ディクタツーアの樹立がなく，共産主義の建設もなく，女性の解放も平等もないということを教えています。しかしまた，ロシアは，万国の共産党につぎのことを告げています。すなわち，女性の協力や女性がともにたたかうことなしに，政治権力の奪取もなく，共産主義の建設もないということです。プロレタリアートは，資本主義打倒のたたかいのために，同様にまた共産主義の実現のために，私が前にあげた数字が示したような，たんに量的なものによって女性の協力を必要としているのではありません。それどころか，あなたがた，解放をあこがれているプロレタリア，また，あなたがた，解放されたプロレタリアは，私たちの行為の質的な面からも，私たちの協力なしにはすまされないのです。ありがたいことに，わたしたちは，あなたがたの模倣者ではなく，あなたがたのできそこないのまずい複製ではありません。私たちは，私たち自身の精神的・道徳的価値を，革命闘争においても革命的建設においても力いっぱいに発揮します。そしてそのことは，革命闘争を威嚇したり力を弱めたりするものではありません。それどころか，そのことは，革命闘争の高揚と精鋭化を意味するものです。さらにそのことは，新しい社会生活を貧乏にしたり，だいなしにしたり，浅薄にすることを意味するものではなくて，その豊かさ，その偉大な多様化，深まりおよび浄化を意味するものであります。

ですから，私たちは，すべての決定，行政，管理，建設，経済，政治，文化にかかわる機関および組織で働いているソ連邦の女性と連帯しましょう。プロレタリアートのあらゆる闘争，あらゆる戦闘のなかで，まだ資本主義的支配のもとに憔悴しているプロレタリア女性，各国の未解放の抑圧されている女性と連帯しましょう。私たちは，ロシアの初期の革命運動をもっともよく知っているひとりの人が書いたことばを忘れてはなりません。ステプニャークは，かれのすぐれた著書，『地下のロシア』のなかで，この国の革命運動は，この国の高い理想的・精神的高揚，そのまったく宗教的な熱狂と協力の力，すなわち，女性とともにたたかい，ともに生き，ともに死ぬという点に負っているといっています。それは，ロシアに生き続けている偉大な伝統であります。それは，あらゆる資本主義諸国でまた東洋のあらゆる諸国で，プロレタリアートのたたかいにとって指導的役割をはたす偉大な伝統にならなければなりません。

男女の同志のみなさん。私たちは，この大会で，プロレタリア革命の断固たる闘争にたちむかう広範なプロレタリア大衆との接触を失わないために，注意，注意，かさねて注意深くなければならないということをきいてきました。私たちは，このことがいかに真実か，いかに正しいかを知っています。しかし，私たちは，革命の歴史からもなお，別のことを学んでいます。先頭に立って大衆，革命的大衆を動かすために，大胆に，大胆に，さらに大胆に行動しましょう。私は，あなたがたに保証します。燃える魂で共産主義国家を求めているわたしたち女性は，資本主義にたいしてもっとも強く，もっとも和解できない憎しみをいだいているはずの私たちは，具体的諸状況についての冷静な熟慮を，高い目的と勝利のための勇敢な断行と結びつけるためには死をもいとわないことを。私たちは，私たちがどんな危険な場におかれているかを知っています。私たちは，権力の奪取のためにたたかうところだけでなく，すでに権力を獲得して，外国および国内の反革命によっておびやかされ，そして考えうるかぎりのもっとも困難な諸状況のもとで建設のあらゆる諸苦難によっておびやかされているところでもたたかいます。しかし，私たち女性にとっては，私たちの背後にあるものは士気を阻喪させないし，私たちのまえで威嚇しているものは私たちを驚かせはしません。私たちは，目をまっすぐ，輝かしい目的，すなわち人類を解放する共産主義にむけてきました。私たちは，目的へ向う道，すなわち，内乱，恐怖や危険を伴った革命闘争に目を見すえます。そしてそれにもかかわらず，私たちはただひとつのスローガン，「やり貫こう」をもつのみです（長く続く嵐のような拍手）。

Protokoll des Ⅲ Kongresses der Kommunistischen Internationale 1921：909-923頁から訳出（『選集』には未収録）

2） 会議での決定

コロンタイの報告はクラーラを補足して，とくに女性を共産党に獲得するための特別の組織をつくる必要性をその組織の性格および留意点についてほりさげたものであった。コロンタイの報告では，この特別の組織の必要性をコミンテルン第3回大会のスローガン「大衆の中へ」と意識的に結びつけていることが注目すべき点である。彼女は，もっとも主要なことは，「党の影響を広範な大衆にどのようにおよぼすか」ということであり，したがって女性運動の分野では「広範な無党派女性に，どのようにして影響をおよぼすことができるか」ということが問題にされなければならないと主張する。この広範な無党派女性とはいったいどのような人たちのことか。コロンタイによれば，それは，未組織の働く女性であり，しばしばブルジョア的観念にとらわれている女性である。この広範な女性大衆にわれわれが近づき，広範な女性層をわれわれのがわに獲得する方法として「特別の組織」が必要となるというのである。この「組織」については，第1回国際共産主義女性会議で意見がのべられていたが，国際本会議で採択されないままだったので，組織をつくった国はごく少数にすぎなかった。したがってこの会議で，「特別の女性組織」の目的，性格，留意点について，コロンタイがたち入って説明しているのである。

これらの報告にもとづいて採択された2つの決議とは，「共産主義女性の国際的統一と国際共産主義女性書記局にかんする決議」(同プロトコール：930-931）および，「女性のあいだでの共産主義活動の形態と方法にかんする決議」(同上：932-934）である。さきの決議は，「国際女性通信員」の任命とその義務について，またモスクワの「国際女性書記局」と西ヨーロッパでの「補助機関」の設置とその活動についてのべたものであり，その内容はすべて，1920年のクラーラ・ツェトキーン起草の「共産主義女性運動のための方針」ですでにふれられている点にあるとしている。

あとの決議は，第3インターナショナルの全支部の全機関－最下級から最上級までに，「女性委員会」を設置することを義務づけ，「女性委員会」の性格と活動内容を明記したものである。決議は，「この女性委員会は，特別の機関ではなくて，政治権力の奪取のたたかいのために，働く女性のもっとも広範な大衆を動員し，教育するという，当面の特別の任務のための行動機関にすぎない」(同上：933）という。さらに大会は，「女性委員会」の活動のために，簡単なテーゼを採択している。その内容は，階級闘争に女性を引き入れるための方法として，口頭・文書による煽動・教育のみならず，共産党の諸活動に女性を参加させ，特に働く女性をストライキ，街頭デモ，武装蜂起等の行動に参加させることの重要性をのべたものである。

この1921年の会議については，クラーラが編集していた『共産主義女性インターナショナル』の同年も，5，6号に，討議内容に発言者名も付した詳細な報告を書いて，事実上の議事録的役割をはたさせている。その中で彼女は，自らのことを，「同志ツェトキンは，国民として，また完全な権利と完全な義務をもつ社会構成員としての女性にとって，原則的，実践的意義をもつプロレタリアディクタツーアをめぐるたたかいとその成果について論究した。彼女は，その際，議会主義や形式的政治民主主義のいかなるブルジョワ的，日和見主義的評価をもしりぞけ，これに，社会的民主主義，ソビエト民主主義を対照させた」(*K F.-I.*, H.5/6, 1921: 19) として，この会議で採択された決議がクラーラの考え方をとり入れて書かれたといっている。

たしかに，決議「法のまえと実際上での女性の政治的同権」には，「勤労婦人の政治的同権は，資本主義諸国では，普通選挙権がおこなわれていてさえ形式的な紙上の同権にすぎない。それはブルジョア民主主義の表現である。ブルジョア民主主義は，社会の階級対立を度外視し，現実に存在しない万人の社会的平等を前提するのであって，ブルジョアジーの政治的階級支配の最も完成された形態である。ブルジョア民主主義のもとでも，有産者には，経済の面で性の差別なく勤労者を搾取し隷属させる権力がたもたれ，また教会，学校，新聞という被搾取者の精神的束縛の道具がたもたれ，さらに国家権力という被搾取者の政治的抑圧のための機構がたもたれている」(同上：36＝村田編訳Ⅰ 1978：393)，……「婦人の完全な政治的同権は，プロレタリアートが政治的権力を獲得し，そしてソヴエト制度のかたちでその執権を樹立するときにはじめて，真実となり，事実となることができる。プロレタリアートは，資本主義を根こそぎ一掃し，生きた人間にたいする死んだ所有の支配力を打破し，人間による人間のいっさいの搾取と隷属化に永遠に終止符を打つために，自己の執権を用いることによって，階級対立の基礎を破壊し，勤労階級にたいする有産者の支配の基礎，ならびに社会における男子の特権的地位の基礎を破壊する。プロレタリアートは，共産主義を樹立するために自己の執権を利用することによって，義務と権利と価値を等しくする働き手たち，勤労者たちの新しい，より高度の制度をつくりだす。この制度は，社会生活のあらゆる分野におけると同様に，また公務の分野においても，義務と権利を等しくする婦人の活動を保障する」(同上) と書かれているが，これはまさにクラーラの見解であろう。

1921年7月8日，コミンテルン第3回大会は，ツェトキーンが，第2回国際共産主義女性会議の報告をして，女性会議から出された諸文書「女性のあいだでの共産党の活動の方法と形態」についてのテーゼと決議「女性共産主義者の国際連絡を確立し強化する手段と方法についての決議」を全員一致で承認した (村田編訳Ⅰ 1978：601)。村田は，前者について，各国語議事録で補いながら内容を全訳している（村田編訳Ⅰ 1978：488-502）。

要点のみを記せば，次のとおりである。

決議は，①基本原則，②女性のあいだでの活動の方法と形態，③ソビエト制度の諸国における女性のあいだでの党活動，④ブルジョア的資本主義諸国において，⑤経済的に遅れた諸国（東洋）において，⑥煽動と宣伝の方法，⑦女性部の構造，からなっている。

①の基本原則は，第1回大会と第2回大会の決定の確認の上で，プロレタリア・ディクタツーア（村田訳では「執政」）が当面の基本的目標であり，これが男女のプロレタリアートの活動方法と闘争方針を規定していると強調している。②では，すべての分野に女性をひき入れるために，女性の特殊性を考慮して共産党内に専門的機構（部／委員会）をつくることが適当と確認している。その際，党の運動の組織的統一性を確保した上で，自主的創意を承認しなければならないとしている。③では，ソビエトやその執行委員会に女性を多く当選させるようになど。また，女性労働者の代表者会議の招集と組織を強調している。実はこの「代表者会議」は，次章でとりあげる1924年の第3回国際共産主義女性会議で，クラーラが批判することになるものであるので，ここだけ，村田訳でテーゼに書かれていることを見ておきたい。

> 代表者会議は，婦人労働者と婦人農民を教育するため，また婦人代表をつうじて婦人労働者および婦人農民の広範な，遅れた非党員大衆に党の影響をひろめるための最良の手段である。
>
> 代表者会議は，その地区または都市の工場や経営の婦人代表，その郷（ヴォロスチ）（婦人農民の代表者会議をひらく場合）または街区（主婦の婦人代表を選ぶ場合）の婦人代表によって構成される。ソヴィエト・ロシアでは，婦人代表は各種の政治的および経済的カンパニアに引きいれられ，企業のさまざまな委員会に派遣され，ソヴィエト施設の監督に参加させられ，最後にまたソヴィエトの諸部門の恒常的活動に実習員として2カ月の期限を限って参加させられている（1921年の法律）。
>
> 婦人代表は，職場総会，主婦または職員の集会で，党の定める基準によって選出されなければならない。婦人部は，婦人代表にたいする宣伝・煽

動活動をおこなう義務がある。この目的のために，婦人部は月に2回以上婦人代表を招集する。婦人代表は，各自の職場または都市街区の集会で活動報告をおこなう義務がある。婦人代表は3カ月の任期で選出される（村田編訳Ⅰ 1978：495）。

さて，1921年7月にはモスクワで前述の赤色労働組合インターナショナル（プロフィンテルン）[14)]が創立された。

1921年もおしつまって，12月18日のコミンテルン執行委員会総会は，レーニンの指示にもとづいて，資本の攻勢に反対する労働者階級の統一戦線についての歴史的テーゼ（村田編訳Ⅱ 1979：95-101）を採択した。

3　1922年とコミンテルン第4回大会でのクラーラの報告

1922年の国際女性運動は，1月22日から31日に開かれた第1回極東諸国勤労女性会議[15)]をもってはじまった。これは，イルクーツクで開催された第1回極東諸民族大会の開催中に，国際女性書記局が同大会への女性代表を招集して開いたものである。日本から1名，中国・モンゴル・朝鮮から各2名，合計7名の代表が参加した。この会議にはクラーラが参加した形跡はない。

14）本章注10につけ加えると，1921年7月3日にプロフィンテルン創立大会が開かれ，41ヵ国から380人の代議員が集まり，全世界の労働組合員総数4000万人のうち1700万を代表すると称した。大会には日本，中国，朝鮮，インドネシアからの代議員も出席し，「近東および極東の労働者」にプロフィンテルンへの加盟をうながした。1922年11月の第2回大会では，ヨーロッパでのプロフィンテルンの組織は後退しつつあるが，極東での宣伝活動が重要になりかけていることを明らかにした。しかしこれ以後，プロフィンテルンは改良主義的組合との妥協を許さない戦いを推し進めていくことによって，かえって「大衆的基盤を喪失」してしまい，1930年8月に開かれた第5回大会でロゾフスキーは新しい赤色組合の性格やそれを実現するための条件を規定することができず，1928年第4回大会のスローガン「工場の中へ！職場の中へ！大衆へ！」を繰り返すほかなかった。プロフィンテルンは，1935年7月のコミンテルン第7回大会で，「労働組合内部での広範な活動」つまり多数派との妥協へと早急に移行しなかったという批判を受け，「大衆組織」をつくることに失敗したことが明らかとなり，1939年までに解体させられた。

15）この会議は，あるいは，「極東諸民族勤労者大会女性分科会」とも呼ばれる（川端 1982：309）。

日本からというのは片山潜である。

この会議では,「ソビエト権力と東洋の勤労女性について」(リヴリーナ),「東洋での活動の方法および形態について」(ドルジニーナ),「飢饉について」(フルームキナ)が報告した。会議は2つの決議「極東諸国勤労女性の間における活動の基本原則,任務,方法および形態に関する決議」と「飢饉救済に関するフルームキナ報告における決議」と「極東勤労女性に対する女性分科会の呼びかけ」を採択した(村田編訳Ⅱ 1979:148-49, 561)。

またこの時期と重なって1月25〜26日に,ベルリンで第1回国際女性通信員会議が開かれていた。国際女性通信員の制度は,1921年の第2回国際共産主義女性会議およびコミンテルン第3回世界大会の決議「女性共産主義者の国際連絡を確立し強化する手段と方法について」によって設けられたものであって,その任務は,他の諸国の国際女性通信員およびコミンテルンの国際女性書記局とのあいだに規則的な連絡をたもつことであった。

各国の国際女性通信員は,協議と意見交換のため,6ヵ月に1回,国際女性書記局の代表をまじえて会議を開くことになっていたが,1922年に2度開かれただけでそれ以後は行われていない。1度目は,1922年1月後半にベルリンで(*IF-K.*, 1922, H.3/4:27-28),2度目は1922年10月に同じくベルリンで開催されている(*IF-K.*, 1922, H.9/10:26-29)。

第1回会議には,ロシア,ドイツ,フランス等ヨーロッパ9ヵ国の女性通信員が出席した。議事日程は,①各国の報告および国際女性書記局の報告,②国際女性デー,③ソヴェトロシア救援の活動,④戦後期の有業女性の実態調査委員会の活動であった(村田編訳Ⅱ 1979:577の注147のなかでの説明[16])。

この年は,女性運動にかんする国際的情報交換が豊かになり,執行委員会と女性書記局は各国の動きを随時把握しており,また,ベルリンの国際女性書記局補助機関も活発に活動していた(*Inprekor.*, 1922, Nr.8: 65-67)。2月24日〜3月4日のコミンテルン第1回プレナム(拡大執行委員会)第11議事日程では,コロンタイが国際女性書記局の活動報告をした。報告によれば,書記局は,極東の女性運動との連絡もとりはじめ,植民地での女性運動の検討もお

16) 村田は,同個所で第1回国際女性通信員会議の資料は入手できなかったと書いている。

こなわれ，国際女性デーと飢饉救援活動への参加の呼びかけにも力点がおかれていたことがわかる。

コミンテルンはとくにこの2つ，すなわち国際女性デーと飢饉救援活動の国際的活動を，広範な女性大衆を政治的思考，政治的活動に目ざめさせる出発点として重視した。

その後，1922年3月6日に，コミンテルン執行委員会幹部会会議の決定によって，国際共産主義女性書記局はモスクワからベルリンへ移転し，クラーラを責任者とし，モスクワには国際女性書記局東方部を置き，ゾフィ・スミドーヴィチとヴァルセニカ・カスパローヴァを責任者とし，ロシアと近・極東諸国を担当した[17)]。ベルリンの書記局はクラーラ・ツェトキーンを責任者とし，西ヨーロッパ諸国を担当した。モスクワの東方部は，スミドーヴィチまたはカスパローヴァを責任者とし，ソビエト・ロシアと近・極東諸国を担当した。東方部はひきつづき国際女性書記局と名のっており，事実上，2つの国際女性書記局が並存するかたちとなった（村田Ⅱ：577，注147）。

第2回国際女性通信員会議には，イギリスを除くヨーロッパの主要な12カ国と近・極東の女性通信員ないし代表が出席した。議事日程は，①共産主義女性運動の政治的任務について（ツェトキーン），②国際女性書記局の諸任務（ヘルタ・シュトゥルム），③労働組合の活動（イーザ・シュトラッサー），④協同組合の活動（カール・ビッテル），⑤ソビエト・ロシアへの救援活動（エルゼ・バウム）であった。村田（村田編訳Ⅱ 1979：577）は，この会議は，「事実上，国際共産主義婦人会議の役割を果たした」といっている。会議は「国際女性書記局の組織報告にたいする決議」を採択した[18)]（村田編訳Ⅱ 1979：264-266）。

17）しかし1924年のコミンテルン第5回大会時に開催された第3回国際共産主義女性会議のあと両者はコミンテルン執行委員会幹部会の女性部に統合され，クラーラがこの責任者となった。クラーラは，これ以降，東方への責任を負うことになる。

18）しかし，決議の中身をみると，「共産党と並行して女性共産主義者の別個の組織が存在しているところでは，活動の中央集権化のためにこれらの組織を解体し，その成員を直接に共産党に編入すべきである」という問題のある文言もみられる（村田編訳Ⅱ 1979：264，決議文は*K F-I*, H.9/10：26-29）。

写真14-5 コミンテルン第4回世界大会（1922）へのKPDの代表者たちと（中央列中央）がクララ・ツェトキーン

この1922年，11月5日～12月5日のコミンテルン第4回大会（初日はペトログラードで，9日からはモスクワで）第24会議，第11議事日程で「女性のあいだでの共産主義的活動」がとりあげられた[19]。この議事では，クララ・ツェトキーンが国際女性書記局の活動および女性のあいだでの共産主義活動の発展について，ヘルタ・シュトゥルムが主として組織問題について，スミドーヴィチがソヴェト連邦における女性のあいだでの活動について，カスパローヴァが東洋の女性運動について担当して報告し，「女性のあいだでの共産主義活動にかんする決議」（村田編訳Ⅱ 1979：321-322）を採択した。決議の中では，若干の支部ではコミンテルンの方針を計画的に実施していないと指摘している。

(1) クララの女性のあいだでの共産主義活動についての報告

では，クララ・ツェトキーンはどのような報告をしたのか，長文になるが，議事録から引き続き全文を邦訳する。

19）第4回世界大会の女性運動に関する議事日程の内容は，*Pr. Des IV. Kongresses der Kommunistischen Internationale*, 1922, 725-57. に，なおその要約は，*Bericht über die IV. Kongress der Kommunistischen Internationale*, 160-67. に載っている。

女性のあいだでの共産主義活動について (Zetkin 1922k)

男女の同志のみなさん。執行委員会国際女性書記局の活動にかんする報告，そして女性のあいだでの共産主義活動の発展にかんする報告を行うにあたって，私はまえもって若干の短い注意をしておかなければなりません。この注意自体が多すぎるように思われるかもしれません。なぜなら，この注意は確証ずみのこと，決定ずみのことをくりかえすにほかならないからです。しかし，それにもかかわらず注意をする必要があるのです。というのは私たちはまだ，わたしたちの活動について誤解されているという事実をまえにしているからです。そして誤解はたんに，敵対者の陣営のなかだけでなく，男女を問わず私の同志の陣営のなかにもあります。その誤解とは，女性のあいだでの共産主義活動とはなにか，各国支部やインターナショナルの諸機関に，その活動のためにどんな課題が与えられているかについてのものであります。誤解は，ある者にあっては明らかに古い昔の見解の残滓として影響を残しているものでありますが，一方，他の別な人たちにあっては，すすんで誤解をさがしだしているのです。というのは，彼らは，結局ことがら自体に違和的に，否，部分的にはきわめて排他的に対立しているからです。

女性のあいだで共産主義活動を行う国際女性書記局は，多くの人びとが思いちがいをしているような，女性による独立した組織や運動の総括体ではありません。そうではなく，それは，コミンテルン執行委員会の補助機関以外のなにものでもありません。書記局はたんに，執行委員会とたえず緊密な接触のもとに活動しているだけでなく，直接その監督と指導下におかれているのです。私たちが通常共産主義女性運動とよぶものは，けっして女性による独自の運動ではなく，またなにか女権論的傾向をもつものではありません。それは2つの目的をもった，女性のあいだでの計画的共産主義活動を意味しています。すなわち，第1に，すでに共産主義思想でみたされている女性をイデオロギー的・組織的に，共産主義インターナショナルの各国支部に加入させ，そこで活動させ，支部の全生活および全活動の自覚的協力者にすることであり，第2に，まだ共産主義思想を魂にふきこまれていない女性を共産主義思想のがわに獲得し，プロレタリアートのあらゆる活動と闘争にひき入れること，これです。生産労働にたずさわる女性大衆は，そのようなたたかいに動員されるべきであり，役立たされるべきであります。私たち女性が，たたかいの共通のにない手となり協力して敵にうち勝つことを，私たちの第1の，そしてもっとも主要な義務であると感じないような国ぐにには，共産党の活動もたたかいも存在しないのです。いやそれどころか，私たちは，共産党や共産党の結集体であるインターナショナルの活動やたたかいにおいて，第一線で降りしきる弾雨のなかに立つ覇気をもっていますし，またもっともつつましやかな日常活動においても情熱をもって先頭に立つ意気に燃えています。

女性のあいだでの共産主義活動と個々の党生活とのすべての面での強固なイデオロギー的ならびに組織的結合を行うにあたって，私たちが，こうした活動を行うための特別な組織を必要とすることはすでに自明のこととされてきました。女性のあいだでの共産主義活動は，たんに女性の問題であるべきではなく，それは全体の問題であり，あらゆる国の共産党の問題であり，共産主義インターナショナルの問題であるということも疑う余地のないことです。しかしながら，私たちが，もしこの目的を達成しようとするならば，なによりも統一的・計画的に女性のあいだでの共産主義活動を行い指導し，この目的に向かうことを重視する党機関がいつでも存在する必要があります。この機関は，女性書記局，女性部，あるいは別の名で呼ばれていいでしょう。多分私たちは，特別有利な状況のもとでは，ひとりの力ある個人——男性同志であれ女性同志であれ——が，一地方やひとつの地区全体の女性のあいだで，変わらぬ共産主義活動を行いうる可能性があることに異論をとなえはしません。しかしたとえ私たちが，党内のそのような個人的業績にどんなに大きな敬意をはらって注目するとしても，もし一個人の計画的活動のかわりに，多くの人びとの計画的共同作業がおこなわれるならば，その方が疑いもなく共産主義にとっての影響や効果はより大きいといわざるをえないでしょう。ですから多くの人びとの共同作業は，党とインターナショナルのなかでの目的にとっても，女性のあいだでの共産主義活動にとっても，スローガンでなければならないのです。共産主義的女性活動を行う党の特別の組織のなかで，第一線に立ってもっとももすぐれた女性たちといっしょに活動することは，明らかに党内の合目的的な要求であり，実践する活動部門の要求です。特別の組織をつくらなければならない理由は実に身近かなところにあるのです。私たちは，広範な女性大衆が今日もなお社会的に特別な諸条件のもとで生活し，活動しているという歴史的事実を無視してはいません。私たちは，社会のなかにおかれている女性の特別の地位が，特有の女性心理を生みだしてきたという歴史的事実を無視してはいません。女性として自然から与えられたものと社会的制度や境遇によって歴史的につくられたものとが互いにからみあっています。私たちは，小農大衆に特有の心理を，かれらの具体的生活諸条件の基礎のうえで十分考えなければなりませんし，同様にもっとも広範な女性大衆の特別の心理をもまた配慮しなければならないのです。そうすることによって一般に，――私は「一般に」ということばを力説します――女性はみずから，自分たちが共産主義活動を始めねばならないところで，最大限立派に，すぐれた洞察力をもって非常に敏速に，生産労働にたずさわる女性の生活の出発点が何であるかを知るということがいえましょう。一般にまた，搾取される階級，抑圧をはねつけつつある階級の奥深い女性層のなかで，女性は共産主義活動を効果的に行う方法と形態をうまく発見することもできるでしょう。しかしそれはもちろん一般論にすぎません。私たち共産主義者が，ビラを配布するめだたない活動から，決戦にかかわる実力闘争にいたるまでの党のあらゆる活動に参加することを私たちの義務とみなし，また私たちの名誉ある権利とみなす度合いに応じて，そして私たちには，わが党や共産主義インターナショナルの全体的で偉大な歴史的活動に参加する能力がないと思われるなら，私たちが侮辱と感ずる度合いに応じて，女性のあいだでの特別の共産主義活動を行うにあたってすべての男性もまた私たちを迎え入れてくれました。女性たちのいろいろの意見やいろいろの分野における私たちの組織ならびに私たちの全活動が非常に必要とされているのです。

男女の同志のみなさん。女性のあいだで共産主義活動をするための女性組織についての評判は，否定的であるよりはむしろ肯定的であることが最近数年のあいだに明らかになりました。インターナショナルの共産党支部が，そのような特別の組織をつくってきた諸国において肯定面があらわれているのです。女性書記局が当面する課題を遂行し，女性共産主義者を組織し，教育し，生産労働にたずさわる女性を動員し，社会的闘争に導き入れることをめざしているベルギーやドイツにおいては特にそういえるのです。そこでは，共産主義女性運動は共産党の活動全般の一大勢力になっています。

疑いもなくこれらの諸国では，党内には党員としての，また協力者としての多数の女性がおり，また党外には，つねに共闘者としての多くの女性大衆がいるのです。同じことは，私が最後にその名をあげる国，しかし，その意義は第一の地位にある国，すなわちソビエト・ロシアについてもいえるのです。ソビエト・ロシアでは，党としっかり手をむすんで共同活動を行う共産党女性部をもっています。そして，ソビエト権力の下で経済と社会とを共産主義に転化させるというこの困難な時期に，女性の協力がどんなに重要で不可欠のものであるかが党の指導のもとで示されました。ロシアのわが同志たちが，党の援助をうけ，党と一致し，党によって指導される女性部を通じてこれまで行ってきたこと，そして現に行っていることはもっとも重要なことです。すなわちそれは，労働者，農民の女性大衆を経済のあらゆる領域，社会生活のあらゆる領域での新しい諸関係をうちたてるための共同作業にひき入れることであり，また，当面浮かびあがっている困難な諸問題――たとえば失業，生活手段の欠乏，あたえられた歴史的状況のもとでは革命と結びついている問題など――を克服するための共同作業にひき入れることであり，そして，共産主義をめざしながら新しい社会をつくり出す際に，協力者とすることであります。私は，この点において，女性のあいだでの活動のためにソ連邦共産党の特別組織が行ってきたこと，また現に行っていることは，典型的でありかつ方向をさし示す意義をもっているといいたいのです。というのは，私たちはつぎのことを知っているからです。ソビエト・ロシアは，資本主義から社会主義への移行にあたって，社会を力で転覆するにない手として，私たちのまえにある最初の典型であります。ソビエト・ロシアで共産党とプロレタリアートのまえに立ちはだかっているのと同じ問題，同じ課題が，今日なお資本主義的階級支配のもとであえいでいる諸国においてもまた，たとえ事情がちがっても，いつの日か——望むらくは非常に早く——共産党とプロレタリアートの問題となり，課題となることでしょう。ですから，のちに，われらの同志スミドーヴィッチがロシア共産党女性部のこうした活動について報告することはとりわけ重要な意味をもっているのです。

さて，男女の同志のみなさん。共産党が女性のあいだで活動を行うために特別の組織をもつことがいかに必要であるかを示すために，否定的例をあげてみましょう。それは女性書記局のようなものが存在しないかあるいは新たに解散してしまった諸国において，共産主義的党活動への女性の参加がほとんどみられず，また女性プロレタリアートの階級闘争への参加がほとんどみられないことが例として示されています。ポーランドにおいては，党は今日まで，女性間で活動するための特別組織をつくることを避けてきました。女性が非常な業績をあげて隊伍を組んでたたかい，ストライキや大衆示威運動へ女性も十分に参加したことが共産党を満足させました。しかし，女性プロレタリアートの奥深くに共産主義運動を浸透させるにはそれでは不十分であることが自覚されはじめました。私たちは，ポーランドにおいて党の女性書記局がすみやかに生みだされ，それとともにもっとも広範な働く女性層に計画的な説得をすすめるための出発点が生みだされることを希望します。そのときにはまさしく，光栄あるたたかいにみちた過去をもつポーランドで都市や地方の生産労働にたずさわる女性たちは，共産党内で，現在とはまったく異なった前進的役割を演ずるようになるでしょう。最近のポーランドの議会選挙のさいに，反動派と大衆を欺く人々が共産主義的理念によって把握されていない無教育な女性大衆のなかでもっとも強い支持をうけたことが明らかになっています。そのようなことがくり返されてはなりません。

イギリスにおいては，女性プロレタリアートのなかで必要な組織的活動を行うための党組織がまったくといっていいほど欠けています。イギリス共産党は，プロレタリア女性を計画的に説得するために必要な方針を作成することを，前年において物理的諸力が不足していたということをひきあいに出して再三にわたって中断するかあるいはひきのばしてきました。こうした関係で，国際女性書記局の提案や勧告は無視されたままになっています。たとえ，ひとりの女性同志を全体の党煽動家として活動させたとしても，本来の女性書記局にはとうてい匹敵しないのです。イギリスの女性同志たちは，女性共産主義者の政治教育を行うための，そして彼女たちが党と強固に結びつくための準備を，控えめな方法で自力で行ってきました。こうした準備は非常によい結果をもたらしているので，同じような教育方針をつくるうえで共産党にとって模範となるべきものです。イギリス共産党執行委員会の態度は，私の見解では，たんに財政上の脆弱さのみならず，一部には組織の若さと，それと関連した組織の欠点からも説明されます。私はここで，党の批判をおこなおうとは思いません。イギリス共産党がまさに断固として，組織的にも政治的にも共産主義インターナショナルとの強固な統一のもとに前進し，革命的大衆党へ発展しようと活動し，闘争しつつあることを最近の党大会が示したからにはなおさらのことです。

私たちは，イギリスで行われた最近の選挙で，共産党の選挙勝利という形で，党の熱烈な意志とその実践の結果の証拠をみました。しかし，このような選挙の勝利，ならびに決定的な政治活動と再組織は，いまや，イギリス共産党が，どちらかといえば宣伝をこととしていた小党のせまくるしい小部屋から，労働者階級の大衆のなかへ歩み出たとき，イギリス共産党に，プロレタリア女性の魂を獲得するためにさらに闘争を続けることを義務づけるのです。インターナショナルのイギリス支部は，イギリスで数百万のプロレタリア女性が，女権同盟や古いタイプの女性労働組合，消費協同組合等々のなかに，また労働党や独立労働党に組織されているという事実を無視することはできません。共産党にとっては，プロレタリア女性の頭脳，心，意志，行為をわがものにするために，すべてこれらの組織とあらそうことがたいせつなのです。そうすることによって，共産党は，女性共産主義者を党に組織し，教育し，また党外のプロレタリア女性をプロレタリア階級の犠牲をいとわぬ闘士にしたてるための特別の活動組織をつくり出す必要性を，ときとともに，いっそう強く感ずるようになるでしょう。そのとき国際女性書記局はもちろん，執行委員会の委託者として，補助機関として，党を助けるでしょう。

フランスの周囲の事情は，特にふれておくにあたいします。フランスでは，マルセイユ大会が，革命的なプロレタリア女性運動をつくりだすことにむけて偉大な前進をもたらしました。フランスでは，女性界に生じていた革命的諸力がはじめて組織的に結集されました。しかもそれは共産党に結集されたのです。大会は，マルセイユでの第1回フランス共産主義女性大会が共産主義的意識をもつ女性を共産党に入れるために，そして党指導部に付属する女性書記局や女性新聞の形であらわされる共産主義女性運動の活動組織をつくるためにはどうすればよいかを決めました。

男女の同志のみなさん。しかし残念なことにパリ大会は，現存の蓄積をなきものにしてしまったのです。多分，短期間だけのことになるでしょうが——。党の危機の陰にかくれて，党のもたらした結果として，党指導部は，女性書記局の解散と，女性新聞，『女性労働者』の発行の中止を決定しました。私は，フランスの党内部の危機が克服されなければならないと主張してきました。私たちは同様にまた，大多数のプロレタリア女性層を私たちのインターナショナルの活動とたたかいの共同のにない手とするために，意見の一致した強力な目的意識をもつ共産党が必要とする組織をつくるという問題もまた，満足がいくように解決されなければならないと主張するものです。

イタリアにおいては，たいした困難もなく，昨年，女性共産主義者の党への加入や，必要とされていた特別の組織をつくることに成功しました。その組織は，失業者や搾取されている人びとなどの女性界の広く深い層を共産主義思想やプロレタリアートのたたかいの領域に導くでしょう。私が一般論としてのべてきたことに関して，つまり，女性共産主義者やプロレタリア女性を，搾取され抑圧されている大衆の階級闘争や革命的蜂起の推進力にするために，国の内外で私たちが活動組織をもつべきことがどれだけ必要であるかについて，同志ヘルタ・シュトゥルムが具体的に報告を行う予定です。

オランダでは，組織的には，国際女性書記局の援助のもとに，そこにあった特有な女性組織を解散することに成功しました。その特有な女性組織は，女性共産主義者のほかに部分的に，アナーキストくずれをも含んでいたのです。共産党員は，オランダ共産党に編入されて，そこで男性の同志とともに活動しています。女性共産主義者が党へ加入し，彼女たちが党内で計画的に協力するならば，大衆のなかでの彼女たちの活動は大成功をおさめ，また実り豊かなものになるということを証明している経験が一般に忘れ去られています。

ノルウェーでは，女性共産主義者の共産党への加入は，まだ共産主義インターナショナルの原則と方針に照応するよう十分な効果をあげてはいません。その理由は，ノルウェーの党活動の一般的諸特徴のせいであると説明されています。そこでは，女性の特別の組織は，ノルウェー共産主義労働党――それは今日なお社会民主主義的であると自称している――の組織と構造と一体となっています。その組織的基礎は，個々の党員にではなく，労働組合組織の組合員たることにあるのです。そこでは党の新組織とともに女性のあらゆる特殊組織も解体すること，また現在共産主義の理念に傾倒しているすべての女性を，さらにもっとも高度な活動や協力を行うようはげましうるような活動形態を見いだすことが期待されているのです。

スウェーデンでは，党の危機もなく，また共産主義インターナショナル支部に相応する一般的党組織もないのですが，同じことがあてはまります。ここにもまた共産主義女性の特有の組織があります。ところでスウェーデンでは，ノルウェーと同じように，特有の組織は，部分的には社会民主党の運動のなかで幅広い活動をしている古くからの，かつ根強い女権論的な遺物なのです。その組織は，社会民主主義的な過去のすべてのイデオロギー的遺物の克服と，断固とした共産主義的立場の勝利とともに消失するでしょう。

さて，奥深く広い範囲にわたる働く女性や搾取される女性層のなかで，私たちの共産主義的活動を成功させるためにはどうしたらよいのでしょうか。彼女たちを注目に価するような範囲にまでわたって把握していたでしょうか。それについて，私が，私の報告でもっとも強調したいのは，とりわけ遠大にして歴史的な意味ある事実であります。それは近東および極東において，困窮し，悩める女性たちがめざめはじめ，共産主義の旗のもとに結集しているという事実です。男女の同志のみなさん。そのことは，私たちがどんなに高く評価してもしたりないほどの意義ある事実です。事情はどうでしょう。そこでは，数百年来の，いやおそらく数千年来の古い偏見，部分的には，長期にわたって深く浸透してきた資本主義の発展——これは古いものを破壊し，死滅させることなしには新しいものを生みだすことのないものです——によってすら，根絶されることのなかった偏見にとらわれた女性大衆を啓蒙し，獲得することが重要なのです。資本主義はもちろん，そこにも堂々と進入し，すべての女性大衆を，資本主義的搾取と従属のもとに服従させました。日本，インド，トランスコーカサス[20]，それに中国やその他の国ぐにでも同じことです。しかしながら資本士義は，女性の古い社会的奴隷状態を根絶せずに，それを資本主義の目的に利用したのです。

東洋の諸国においては，女性はまだ社会生活の家父長的・前資本主義的な慣例に制約され，古い偏見に屈服させられ，社会制度や宗教や風習や慣習に苦しみながら生活しています。しかし，それにもかかわらず，女性はめざめはじめており，共産主義的思考様式を受け入れて立ちあがり，解放について語りはじめています。そのことはなにを意味するでしょうか。それは，資本主義が，この世でその最後の遠慮をすてたということを意味し

20）クラーラは，自分の演説で，コーカサスという地名に初めて言及している。しかもトランスコーカサス，つまりザカフカーズ，「コーカサスのむこう」，南コーカサスをさしている。北コーカサスの方は，若きトルストイが1851～1854年まで軍務についていた場所である。ロシアはカフカーズ山脈の北側斜面に住んでいた民族と衝突し，南側の独立国グルジア王国を19世紀の初めにロシア帝国の支配下にとりこんだ。革命期に，グルジアには，メンシェヴィキ政府が成立したことがある。「グルジアは，永いことソ連のうちでも反抗的で手に負えない一員であり続けた」（カー 1979＝塩川訳 2000：57）。クラーラがこの地に保養に行くことになるので再び触れる。

ます。つまり，前資本主義的文明段階にある諸国やまったく未発達な初期的資本主義の発展段階にある諸国が，資本主義諸国家の強力な支配下におかれ，あるいは資本主義的搾取欲によって未来の植民地領地としてこっそりとりかこまれているということです。豊かで比較的容易に搾取できるこれらの領地は，ブルジョアジーにとっては，そこでのもっとも恥ずべき，人間としての体面をけがすことこのうえない人民大衆からの掠奪とひきかえに，古い資本主義諸国において謀叛を起こしている労働者や，反抗する賃金奴隷たちに，ちっぽけな譲歩と改良の屑パンを投げ与えるための手段となるのです。もしもそれらの国ぐにおいて，自由への熱望が，資本主義や資本主義の支配にたいする憎しみが燃えあがるなら，抑圧されているもののなかでもっとも抑圧されているものたち，すなわち女性が立ちあがるなら，彼女たちが共産主義をめざして活動し，たたかおうとするなら，それは資本主義が急速度に終わりをむかえるという保証です。ですから，同志カスパローヴァが，執行委員会国際女性書記局の東洋における活動について私たちに報告してくれることは特別の注意に価するのです。東洋諸国の女性たちのますます多くが，献身的な断固たる態度で，搾取と隷属からの唯一の救済者としての共産主義の旗のもとに結集しはじめるという徴候があります。

多くの諸国で，特にラテン語系民族の諸国では，女性のあいだでなんらのべるに価する革命的活動を行いえていないことは確かです。教会の教義の影響，家族や社会に古くから伝わる伝統があまりに強くあまりに支配的なのです。女性大衆を家事の領域からつれ出して，労働と資本とのあいだの歴史的闘争の戦場に女性闘士として導き入れる努力をしましたがだめでした。

男女の同志のみなさん。東洋で起こっていることは，西洋の私たちにも，私たちが歴史的背景に不注意であるべきではなく，それを注目しなければならないということを示しているのです。しかしそれは同時にまた，人間の意志が可能にしうるものへ多大の注意をむけることでもあります。弱点や困難を弁護するために唯物史観をひきあいに出すのでしたら見当ちがいというものです。歴史的背景は確かに強い力をもってはいますが，しかしけっして万能なのではありません。わたしたちの知識や意志は，それを克服することも変革することもできるでしょう。もし，私たちがこういう確信をもっていないなら，私たちはマルクス主義者ともいえませんし，革命的闘士ともいえないでしょう。マルクスはフォイェルバッハとの論争のなかで，かれ自身の歴史観の出発点をなんと書いたでしょうか。「哲学者は，世界をただいろいろに解釈しただけである。しかし，だいじなことは，それを変革することである」。もしも，コーカサス・ソビエト共和国[21]で，そしてそればかりでなく，それを模範としてペルシャやトルコでも女性が共産主義者として，女性の解放をたたかいとる意志を表明しているとするなら，ラテン語系諸国においても女性のあいだでの共産主義活動の困難さはうち勝ちがたいも同然だ，などと説明することは問題にもならないと私は思います。いいえ，意志があるところには道もまた開けるのです。私たちは，世界革命への意志をもっています。それゆえに私たちは，搾取され奴隷状態にある広範な女性大衆に近づく道を見いださなければければなりませんし，まったく同様にその道を妨げている歴史的諸状態がどうであるかを見いださなければなりません。

資本主義が支配している諸国においても，またプロレタリア・ソビエトロシアや他のソビエト共和国においても，この報告をしている時点で，煽

21）コーカサス・ソビエト共和国について簡単に説明することは難しい。富樫によれば，南コーカサス諸国は，ロシアの支配下にあったが，ロシアの1917年2月革命から10月革命へと至る中で，グルジアはメンシェヴィキ，アゼルバイジャンはミュサヴァト党，アルメニアではダシュナク党がそれぞれ権力を掌握し，1918年にかけて，ザカフカース議会を設立した。オスマン・トルコが南コーカサスに侵攻してきたので，ザカフカース議会側はトルコに話し合いを求めたが，トルコ側は，独立国家ではない相手との交渉権を認めなかったので，ザカフカース民主主義連邦を創設し，ロシアからの独立を宣言した。しかし連邦は利害対立が激しく1カ月で崩壊し，1918年5月に，グルジア，アゼルバイジャン，アルメニアは独立した。1920年に赤軍が侵攻し，アゼルバイジャン，アルメニアにソヴィエト政権が打ち立てられ，グルジアには1921年にソヴィエト政権が樹立された。1921年ザカフカース社会主義連邦が形成されて，南コーカサス諸国は同連邦を通じてソ連に加入した。クラーラの演説は，それをコミンテルンの視点で見ているのである（富樫 2012：13-14．参照）。

動や宣伝，特に行動を通じて――活動と闘争を通じて――，いままで以上により多くの女性大衆を把握することに大きな進歩がみられました。プロレタリアートが経営主義からの一般的攻撃に反対して闘争しているところではどこでも，大衆が物資欠乏，重税，労働時間延長に反対して，一言でいえばプロレタリアートの生存条件の悪化に反対してたたかっているところではどこでも，また，プロレタリアートが戦争や経済建設の費用を，搾取されている広範な大衆に転嫁せんとする資本の攻撃に抵抗しているところではどこでも，女性もまた互いに行動的エネルギーを発揮して闘争に参加してきました。いたるところで，共産主義インターナショナルとその個々の支部の諸活動に参加した女性大衆の数が増加していることが確認されています。もしも，共産主義インターナショナルの名において彼女たちによびかけるなら，どこでも彼女たちはやってくるでしょう。そのことは特に，2つの国際的行動においてはっきりしました。ひとつは，国際女性デーのときです。国際女性デーは，本年は過去2年間よりもより統一したかたちで，いっそう多くのプロレタリア女性大衆を把捉して非常に大規模に行われました。そして，まさに，国際女性デーは，女性の特別の催しもの，女性だけのことではなくて，党のこと，党の活動，共産主義の資本主義への闘争通告，共産主義の闘争の開始であります。そしてこの闘争のために，搾取されるもの，抑圧されるものの数百万の軍隊が集められ，装備され，準備されるべきなのです。国際女性デーは，ほとんどあらゆる場所で，程度のちがいはあれ全党の活動として実施されてきました。

私たちが参加したもうひとつの国際的活動，すなわち，ソビエト・ロシアにたいする国際的活動についても同じことがいえます。これは，あらゆる国で，女性のすぐれたイニシアティブと協力のもとに実行されてきました。ノルウェーやフィンランドからスイスやイタリアにいたるまで，東洋でも西洋でも，女性たちは共産党と協力して，また党の内部で，国際的労働者救援の行動的宣伝家であり募金者であり，組織者でした。この活動で，彼女たちは，実際，大規模にたくみにかつ強力に，プロレタリア的団結心を示したのです。

同時に，国際女性デーに関しても，ソビエト・ロシアにたいする国際的労働者救援にかんしても，もうひとつのことが強調されなければなりません。両活動をすすめるにあたっての特別の目標は，政治活動の出発点，政治的決勝点への出発点ということでした。私たちは，国際女性デーにあたっては，生産階級の人民の妻たちが，主婦として母としてもっともつらい諸困難を克服するために，社会に提起しなければならない特別の諸要求を結びつけました。ソビエト・ロシアにたいする救援活動にあたっては，私たちは，プロレタリア的団結をはかりました。しかし，両方の場合とも私たちは，ここから広範な女性大衆を政治的思考，政治的活動にふるいたたせるという目標を追求します。母性保護，子どもの保護等々にたいする女性の要求も，ソビエト・ロシアとの連帯の実践と同じように，政治的活動，政治的闘争へと迫るのです。そもそもそれは，女性のあいだで共産主義活動を行うときの目的であるわけです。女性の経済的・社会的困難，女性の文化的価値のある生活への要求は，できうるかぎりの政治的活動，ブルジョア的社会にたいするもっとも鋭い闘争へと導くための出発点として利用されます。

多くの国ぐにで女性共産主義者が，プロレタリア女性大衆をめざめさせ，獲得し，そして資本主義制度に反対する闘争に導くために，党と協力し，あるいは党の指導のもとにそれぞれの機会や動機を利用するのは当然のことです。ですから，たとえばドイツでは，いわゆる堕胎法に反対するたたかいは，ブルジョア的階級支配やブルジョア的司法そしてブルジョア国家に反対する非常に幅広い効果的カンパニアの出発点だったのです。こうしたカンパニアは，私たちに広範な女性層の共感と共同行動をもたらしました。こうしたカンパニアもまた，女性問題としてだけではなく，政治的問題として，プロレタリアートにかかわることとみなされるのです。

私たちのがわからのすべてのカンパニアと行動は，プロレタリア統一戦線の旗じるしのもとに，共産主義インターナショナル第3回大会が私たちにあたえたスローガン「大衆の中へ！」の旗じるしのもとに実行されてきました。私たちは，プロレタリア統一戦線の権限や必要性を確信しているので，労働組合や協同組合運動の特別の領域で高まり深まりゆく運動を発展させることの真の重要性を認識しています。2つの分野での私たちのより強力な計画的活動によって，私たちがもっとも大量の女性層を把握し，たたかう力にすることができることは決定的であります。すなわち女性労働者と職業女性は労働組合運動を通じて，そして無職の女性と主婦――プロレタリア女性も小ブルジョア女性も――は協同組合運動を通じて。

非プロレタリア女性――職業女性も主婦も――の多数をもまた，資本主義反対闘争をめざす共産主義の旗のもとに結集するには，情勢は特別有利であります。資本生義の没落は，たんにドイツにおいてだけでなく，イギリスでも，その他のブルジョア諸国でも，新興富裕層をほとんど生みださず，新しい貧乏人を大規模に生みだしました。中産階級はプロレタリア化しているかあるいは少なくとも，程度の差はあれ急速にプロレタリア化することになるでしょう。したがって今日，生活難は，いままで資本の支配下でかなり安泰で快適な生存の可能性をもっていた多くの女性たちの金庫や胸のうちに，無慈悲な手をのばしています。ですからいまや，職業をもつ女性，わけても女教師やあらゆる種類の公務員などのような知識人は，こうした「全世界の最上のもの」に敵対する反逆者になるでしょう。物価高の圧迫および生計費の収入と支出のあいだのはなはだしい不均衡のもとでは，ますます多くの主婦が，ブルジョア階級の主婦であろうとも，彼女たちのもっとも基本的な生活利害から，今日の状況すなわち資本主義が存続することの矛盾についてめざめるのです。男女の同志のみなさん。私たちは，絶望的な疲れを暴動の明るい火花にあおぎおこし，ついには，革命的認識や革命的意志，行動に燃えあがるようにと，あの女性諸階層内にあらわれている騒擾や運動を利用しつくさなくてはなりません。私たちの運動，すなわち，労働組合や協同組合内の女性間での共産主義活動，またこうしたプロレタリア組織をつくるための共産主義活動は，とりわけこの目的に寄与することができるのです。この2つの領域で，女性はたんに統一戦線の重要なにない手になりうるだけではありません。女性はいく多の運動において，統一戦線の開拓者としてよりすぐれたこと，またより多くのことをすることができるのです。

私は，数百万という女性の生存のなかに生活苦が無慈悲にくいこんでいるので，彼女たちはめざめはじめるのだということをのべてきました。今日まで私たちにとって苦痛に感じられてきたもの，すなわち女性大衆の政治的たちおくれや無関心などは，ひどい苦しみという圧力のもとでは私たちにとって有利になりうるのです。なぜなら，それは，めざめた女性たちの共産主義的立場への移行を容易にするからです。女性の精神には，まだ男性のそれほどには政治的また社会的なことばが書き込まれていません。女性の精神は，社会民主主義的改良主義者，ブルジョア的改良家，その他の分子などの，まちがった人をまどわすスローガンでおおわれていることは少ないのです。女性の精神は，多くの場合，まだなにも書かれていない紙のようなものです。いままで政治的に無関心であった女性大衆を，女権論的，平和主義的，そしてその他の改良主義的諸団体を通過させることなく，ただちに私たちの闘争にひき入れることは，今後，比較的容易になるでしょう。たとえさしあたり，最終目的，つまりプロレタリア革命をめざす私たちのたたかいにではないにしても――私はこうした幻想を警戒せよといいたい――ブルジョアジーの全般的攻勢をはねかえすための私たちの防衛闘争にひき入れるのです。女性たちの大多数は，うたがいもなくもっともエネルギッシュに，防衛闘争に参加するでしょう。

私は，共産主義インターナショナルのなかで，非常に多くのはげましとたくましい活動がおかげをこうむっているブルガリアの同志たちが私たちにひとつの道を示してくれたと信じています。その道というのは，私たちが防衛戦のあいだ中も，その後のたたかいのためにより高い内容とより豊かな目的をもって女性大衆のあいだに組織的な基地をつくるために，要するに断固たる闘争を準備するために歩もうとした道なのです。わがブルガリアの同志たちは，シンパサイザーの女性たちによる同盟をつくってきました。この同盟は，たんに共産党に加入するための予備校であるばかりではなく，同時に，女性大衆を党のあらゆる活動，あらゆる行動にひき入れるための強固な組織的に重要な基地でもあるのです。わがイタリアの同志たちは，こうした例にならいはじめました。彼女たちは，ひとつの政党に加入したり，政治的集会に出向いたりするようなことをためらっているそんな女性たちを含む「シンパサイザーの女性たち」のためのグループをつくったのです。私は，彼女たちの行動の成果は満足なものであろうと信じています。提出されているこの例は，万国の女性のあいだでの共産主義活動にかかわりのあることとして，たんに注目されるだけでなく，これに依拠すべきものなのです。この例は，一般にわがインターナショナルの共産党諸支部の強化をもたらすばかりでなく，他の2つの有益な効果をもたらすでしょう。つまり，多数のプロレタリア階層および非プロレタリア階層への共産主義的影響のひろがりであり，またブルジョアジーの戦列内の動揺，分裂，寸断，つまり私たちの不倶戴天の敵の弱体化です。しかしすべてのブルジョアジーの弱体化は資本主義打倒とブルジョア的階級支配の崩壊をめざす闘争においてプロレタリアの力が強くなることを意味します。

男女の同志のみなさん。私は，私たちが労働組合や協同組合運動を通じで女性を確保するための共産主義活動をどのように考えているかについては，ここではこまかな点までたち入りません。それについては同志ヘルタ・シュトゥルムが私のつぎに報告するでしょう。私は，ただ私たちが活動するときに，あたかも労働組合運動や協同組合運動が資本主義制度の土台のうえでプロレタリアートのために資本主義の法律や存在諸条件をなくすることができるかのようないつわりの幻想をひきおこしてはならず，逆にすべての幻想を粉砕することを考慮に入れなければならなかったという点にふれたいのです。いいえ，労働組合や協同組合が行いうることは非常に重要で不可欠のものです。しかし，それらが資本主義を無きものにすることはできないし，また崩壊させることはできないのです。労働組合や協同組合の十分な効果はプロレタリアートによって政治権力が奪取されたのちに，つまり彼らのディクタツーアが樹立されたのちにはじめて生ずるのです。なぜなら，労働組合と協同組合は，たんに資本士義の残滓をなきものにするための手段であるばかりでなく，共産主義社会の新しい，より高い生活を建設する組織でもあるからです。

私たちは，労働組合および協同組合の性格や活動にたいしてもつプロレタリア・ディクタツーアの偉大な決定的意味に直面して，ソビエト共和国と資本主義によってなお支配されている諸国家とにおける女性間での共産主義活動に，どんな区別が生ずるのかを，私たちの立場に立ってあらためて浮き彫りにしなくてはなりません。資本主義的階級支配のもとにある諸国家にあっては，この2つの種類の組織の役割はもっとも幅広い大衆にとって防衛および闘争の組織としてのものであることが前面に顕著に出るでしょう。つまり労働組合運動の役割は，生産者としての大衆のためにあり，協働組合運動の役割は，商業資本，高利貸資本，不正商人の資本にたいする闘争にあるのです。それにたいし，ソビエト国家では，この2種類のプロレタリアートの組織の教育および建設の課題がより重要となります。

男女の同志のみなさん。最近数年間の私たちの活動が女性を共産主義インターナショナルの影響下にひき入れ，共産主義インターナショナルの味方に獲得するための活動として特別の意義をもつことを示してきたことに，注意していただかなければなりません。非合法活動だけが活動や闘争の唯一の形態であり，うわべは合法的な結社とならんで地下諸組織が活動しなければならないすべてのところで，女性共産主義者および私たちに同意している女性たちが演じている重要な役割があります。フィンランドでもポーランドでも，そしてその他の諸国家においても，いたるところで，明白な目的をもち，犠牲をいとわぬ女性共産主義者の協力が非常に有益であること――じつは私はそれを不可欠であることといいたいのですが――それが不可欠であることが示されました。もしもいま，もっとも邪悪な反動であるファシズムの進出によってひょっとして多くの国ぐにで私たちが非合法闘争をしなければならず，また力には力で対応し，ブルジョアジーの法秩序の崩壊にたいして私たちのがわでもブルジョア的合法性の無視と軽視とをもってこたえる必要に迫られたとするなら，同志諸君は女性たちを味方にしないでは前進できないでしょう。トリノのプロレタリア女性は，ファシズムが広がっているところでは，私たちは犠牲をいとわぬ女性たちの支援をあてにすることができるのだということを示しました。トリノでは，ファシズムに反対する最近の大規模なプロレタリアのデモンストレーションにおいて，武装したプロレタリア女性たちが，ローザ・ルクセンブルクの名を書いた赤旗をかかげて行進しました。この事実はブルジョアジーに警告を与えたにちがいありませんし，労働者の戦列においてはおそらく勇気とたたかう喜びとを高揚させたでしょう。

男女の同志の皆さん。もしも私たち女性のあいだでの共産主義活動が，私たちがここでごく簡単に一般的概略だけを描いた諸課題をすべて実行すべきものとするなら，つぎのことをしなくてはなりません。すなわちそれは，インターナショナルの支部にいる女性共産主義者は，彼女たちの義務を理想的に遂行することができるように，知識，意志，行動力の点で十分成長しているだろうかということを自分たちに，そして私たちとともにあるみなさんに，つまり私たちのみんなが互いにみずから問いかけることです。私たちは，女性共産主義者の場合も，男性の共産主義者の場合も，今日なお必要で基本的な理論的・実践的訓練に欠けているということを隠すべきではありません。――もっとも私たちは，一般的にいってあなたがた男性共産主義者より劣っているわけではないし，より無知であるわけではないのですが――政治的運動にみられる女性の未熟さ，弱点は，共産主義者一般の戦列内にある未熟さ，弱点の反映にすぎないのです。それは主として，私たちの支部が若いことからも説明されます。私たちが運動の若さという多くの利点とともにかかえこまなければならないこれら弱点は熱心な活動によって克服されるでしょう。男女の同志のみなさん。未熟さと弱点とを急速に克服することが，女性プロレタリアートのあいだでの共産主義的活動を遂行すべきことのなかでなによりも重要な意味をもつのです。ですから私はここであなたがたのすべてに，次のことに強い注意をむけていただきたいのです。つまりあなたがたの戦列のなかの女性共産主義者たちを，あなたがたが党の実践的諸課題に個人を関係づけるように，その諸課題を個人的に義務づけるように配慮してください。――個人的にとは，一人ひとりという意味です――。党員の理論的・実践的訓練のためにあらゆる教育機会，教育施設を彼女たちに公開するよう配慮して下さい。共同の完全な教育ができないところでは，必要な教育組織は講習や講演の形態で女性むけにふさわしい新聞や書籍の形態でつくられるよう配慮してください。同志のみなさん。女性を原則的にも実践的にも完全な資格をそなえた共産主義の協力者にきたえあげることは，あなたがたの固有の教育活動の一部であり，あなたがたの成功にとって重要にして不可欠な前提条件なのです。それは確かです。

私は，まさに今日，女性をもっとも明確に，深く，原則的に訓練することを考えることが特に必要だと思っています。この過渡期の共産主義という船は，政治権力の獲得とプロレタリア・ディクタツーアの樹立をめざして力強い大衆による断固たる革命闘争という広大な海洋へ出帆しなければならないのです。そこには2つの危険が迫っています。左側からは，冒険主義的反乱を夢想するという暗礁や岩礁で船がこっぱみじんにされるという危険が，右側からは，改良主義的な浅瀬に座礁するという危険が，つまり船が日和見主義の腐敗した悪臭ぷんぷんたる海にはまりこんで進まないという危険が迫っているのです。左右の危険を克服する道はただひとつしかありません。それは最大限に高められた積極的な意志です。すなわちこの歴史的諸状況のなかで，もっかの世界恐慌の状況とそれを克服しようとする諸条件のなかで，つまり革命闘争の諸条件のなかでそれが行動となり，明白このうえない洞察によって導かれるそのような意志です。ダントンはかってフランス革命の革命的闘士たちに「大胆に，大胆に，そしてもう一度大胆に！」とよびかけました。そうです。男女の同志のみなさん。私たちはこのことばを，共産主義のためにたたかおうとしている女性たちに毎日いおうではありませんか。彼女たちは，これまでも一部のものはひどく受動的構成員でした。そしてさらに，彼女たちが特に積極的でなければならない事態が迫っているのです。それゆえにこそ，大胆に，大胆に，そしてもう一度大胆に！ なのです。しかし私たちは，世界プロレタリアートの偉大な指導者，同志レーニンがくりかえし私たちによびかけているもうひとつのことば，すなわち，明確に，明確に，そしてもう一度明確に！慎重に，慎重に，そしてもう一度慎重に！ をこのことばにつけ加えなければなりません。そういうのは恐怖の表現としてではありませんし躊躇や動揺の結果としてでもありません。そうではなく，資本主義にたいする致命的な打撃を確かなものにするための前提条件としてであります。

男女の同志のみなさん。私たちはこのことを肝に銘じなければなりません。みなさんがいままでこの大会で聞いてきたすべてのことは，私たちに共産主義インターナショナルが前の大会でいかに正しく国際情勢を評価していたかを示してきました。現在のすべての指標は，社会は資本主義の除去，転覆のために客観的に成熟しているということ，いや成熟しすぎているということを私たちに示しています。いままで，プロレタリアートの意志が，すなわち資本主義制度の墓掘人としての使命を受けているあの階級の意志が，歴史的意味において成熟しているとして証明されたことはありませんでした。しかし，男女の同志のみなさん。今日の歴史的状況はアルプス地方のようなものです。そこでは数百年来，いかなる暴風雨をも嘲笑い，またなお数百年ものあいだ，太陽や雨や嵐のいかなる力をも嘲笑うかのように思われる巨大な雪塊が高い山頂に横たわっているのです。しかし，あらゆる見せかけにもかかわらず，雪塊はえぐりぬかれ，ぼろぼろに砕けるのです。それは「成熟して」突き落とされるのです。そして谷を埋めるなだれを起こすためには，おそらく小鳥がそのつばさを休め，つばさの端でこの塊りを押しやるだけで十分です。現在の状況のもとでは世界革命が私たち男女のまえにいつあらわれるかはわかりません。ですから世界革命を準備し，また準備させようとするためには毎時間，毎分を有益に活動することが重要なのです。世界革命，それはたんに世界の破壊，資本主義の破壊を意味するものではありません。それはまた世界の創造を，共産主義の創造を意味します。私たちの心に，このことばの意義を浸透させましょう。共産主義の世界の創造者となるように，私たちが準備し，そしてプロレタリア大衆を準備させましょう（嵐のような拍手）。

Protokoll des Vierten Kongresses der Kommunistischen Internationale 1922：725-738から訳出　（『選集』には未収録）

(2) 演説の意味

第4回大会での報告内容の中心は，第3回大会のそれと同じく組織問題であった。第2インターナショナル大会あるいはドイツ社会民主党の大会でのクララ・ツェトキーンの女性問題に関する発言は，女性問題そのものの理論的解明が主なるものであったが，コミンテルン期の彼女の女性論の中心は，指導上の諸問題とくに組織問題に置かれている。

しかも，組織問題自体が，党内の女性組織から，無党派女性大会の組織方針，統一戦線の発展を目指す大衆的女性組織と多面的内容を含んでいる。第4回大会の報告の中では，労働組合と協同組合という2つの大衆的組織をつかって，女性を統一戦線の主要なにない手，その率先者としての役割をはたさせようとしている。ここで問題になるのは次の2つの点である。

第1は，第4回大会で提起された統一戦線戦術は，旧社会民主党の指導部との統一戦線，労働者階級内部での統一戦線の結成であった。しかしクララ・ツェトキーンによるこの戦術と関連させた女性戦線での組織方針は，労働女性および職業女性は労働組合運動によって，主婦，小ブルジョア女性は協同組合運動によってその広範な女性層を把握することを目的としている。このことは，女性戦線に関する限り，統一戦線は最初から人民戦線的な内容を含んでいたという点である。

第2は，クララ・ツェトキーンがこの大会で問題にしている大衆的女性組織は，既存の労働組合および協同組合と，シンパサイザーの女性同盟であってきわめてその範囲が限られている点てある。この段階では，広範な女性を組織するための種々の形態の女性組織の結成についてコミンテルンは消極的であったし，具体的方針をもっていなかったと思われるが，クララは，そうした問題点について明確な見解を打ち出してはいない。

さて，この年，女性書記局は，各支部は女性党員との結びつきを強め，ソビエト連邦の援助，ドイツプロレタリアートとの連帯，フランスのルール占領反対闘争を展開した。

コミンテルンがその世界大会で議事日程に女性問題をのせたのは，レーニン生存中の1921年と1922年つまり第3回大会と第4回大会のみであった。この両大会で，コミンテルンの女性運動方針，組織方針の基礎はすえられ，それ以降は，執行委員会に付属する国際女性書記局が具体的指導をおこない，執行委員会に報告していた。

コミンテルンの女性部は，1922年は国際女性デーの挙行について，コーカサス地方のイスラム教徒の参加状況に注目している。

女性運動から離れて，この期のクラーラのコミンテルンでの活動をみておこう。

(3) 多様な活動

少し遡るがクラーラは，1921年10月10日のイタリア社会党大会にヘンリー・ヴァレッキとともにコミンテルン代表として出席した。偽名と変装でローマに行き，そこから，大会が開催されるミラノに着いた。イタリアの同党大会は，同年1月に続いて2度目であった。彼女は演説するや追っ手の追跡を振り切ってローマに戻った。その時の演説は，小冊子にもなっている(Zetkin & Walecki 1921i)し，「イタリア社会党の実在あるいは非実在をめぐって」と題して選集にも収録されている(Zetkin 1921h)。

1921年12月18日にコミンテルン執行委員会は，共産主義者と社会主義者の「統一戦線戦術」を打ち出した。しかし，とマクダーマットらはいう。「心にとどめておかなければならないのは，『統一戦線』という言葉がおもに社会主義者の労働者との共同行動を意味して，その指導者との組織的統一を意味してはいなかったことである(マクダーマット他 1996＝萩原訳1998：62)。

1922年4月2日には，ベルリンで3つのインターナショナル（第2インターナショナル，第3インターナショナル，第2半インターナショナル[22]）の，3インターナショナル会議が開かれた。ここに，10名のコミンテルン代表としてラデック，ブハーリン，ツェトキーン，フロサール，ヴァルスキ，片山潜らが参加した。会議の技術問題の協議のために，各代表団から3名ずつで，

22) 第2半インターナショナル（2½ International）は，第1次世界大戦後に第2インターナショナルとコミンテルンの統合をめざして結成された社会主義者の国際組織であり，正式には„International Working Union of Socialist Parties“と称し，「ウィーン・インターナショナル」（ウィーン連合）という通称でより知られている。なお「第2半」という表現はコミンテルン側からの呼び方であり，西川（2007：160）は，社会主義政党国際共同体（ウィーン共同体）と呼んでいる。

9人委員会を構成したが，コミンテルンからは，ツェトキーン，フロサール，ラデックが選ばれた。第2インターナショナルの代表は，労働組合内部に共産党の細胞を作らないこと，グルジアのソビエト国家からの分離[23]，政治犯を釈放する[24]等の要求を出し，コミンテ

写真14-6　変装してイタリアへ（1921年10月）

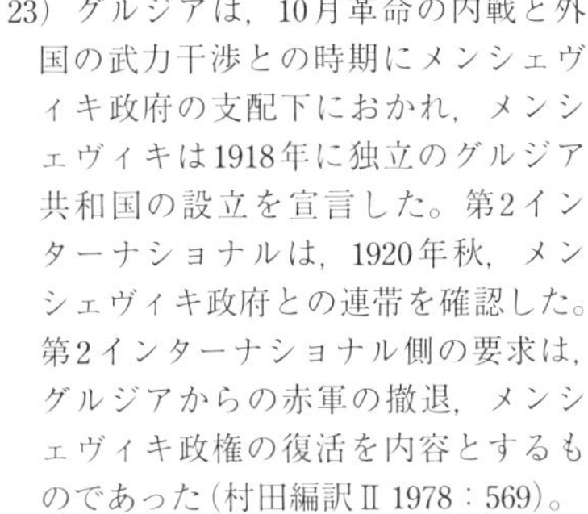

23）グルジアは，10月革命の内戦と外国の武力干渉との時期にメンシェヴィキ政府の支配下におかれ，メンシェヴィキは1918年に独立のグルジア共和国の設立を宣言した。第2インターナショナルは，1920年秋，メンシェヴィキ政府との連帯を確認した。第2インターナショナル側の要求は，グルジアからの赤軍の撤退，メンシェヴィキ政権の復活を内容とするものであった（村田編訳Ⅱ 1978：569）。

24）1922年のエスエルの裁判のことであり，トロツキーは，『わが生涯』のなかで次のように書いている。「彼らはわれわれに『寛容』を求めた。クララ・ツェトキンやその他ヨーロッパの共産党員は，当時はまだレーニンと私に対立しても自分の考えを述べる勇気があり，被告たちの命だけは容赦するよう強く主張した。つまり禁固刑にとどめるよう提案していたのだ。それは非常に重要なことのように見えた。しかし，革命期における個人抑圧の問題は，人道主義的な決まり文句がなすすべもなく引き下がるしかないようなまったく特殊な性格を帯びている。闘争は直接に権力をめざしており，生死にかかわるものである。この点にこそ革命の革命たるゆえんがある」（トロツキー 1930＝志田訳 2001：336-337）。

レーニンの電話による口述「われわれは払いすぎた」が，この会議の直後1922年4月11日付け『プラウダ』に載った（『レーニン全集』Vol.33：340-346）。ここには，クラーラの名前は出ていない（ラデック，ブハーリンは名ざし）が内容は当てはまる。また，カーの『ロシア革命　レーニンからスターリンへ1917-1927』のなかで，クラーラ・ツェトキーンの名が出てくる箇所が一つだけある。「1922年春，労働者反対派の22人のメンバーがロシア共産党の彼らに対する処遇に反対してコミンテルンに訴えた時――彼らはコミンテルンの規約によってこうする資格があったのだが――，この訴えは，ブルガリア人のコロラフとドイツ人のクララ・ツェトキンを含む委員会によって，即座に却下された。」（カー 1979＝塩川訳2000：127）というくだりである。この委員会について私は調べがついていない。当時，会議の技術問題の協議の為に，3つのインターナショナルから3人ずつの代表を出す「9人委員会」というものにツェトキーンが入っていたことは既述のと

ルン側は，会議の決裂を避けるため一定の譲歩に応じた。会議は今後の会議や世界大会の準備のために各インターナショナルから3名ずつ，9名からなる組織委員会の設置を決め，前記の9人委員会がこれにあてられた（村田編訳Ⅱ 1979：568）。

この会議については，西川（2007：158-170）が，紹介しているので，そのなかから，クララーラの動向を取り出して見る。

（アードラー[25]の開会演説の後：伊藤）次に登壇したのが，「第三」を代表するクラーラ・ツェトキーンである。彼女は，1914年7月の国際事務局ブリュッセル会議いらい初めて，かっては統一体だった国際労働運動のすべての部分が同じテーブルについた，と述べつつも，まずはっきりさせておかねばならないのは，と続けた。今日の分裂が生じたのは，労働者階級のいくつかの階層が帝国主義国との一時的な利害共同体を成立させ，その表現として，労働者階級の多くの政党や組織が反革命的な立場を取った，という事実によるものだ，と。これは明らかに「第二」に対する批判であった。労働者階級に，革命的闘争によって権力を獲得し，「勤労人民の独裁」を樹立してのみ資本主義が克服される，ということを理解してもらわねばならない，と彼女は主張し，現状では，原則的に意見の異なるインターナショナルの組織的統一は有害ですらある，と述べた。だが，「世界資本の攻撃に対抗する防御闘争」のために労働者階級が結集すべきであることは，有無を言わせぬ要請である，と断じた。したがって早急に労働者の国際大会を開催する必要がある。その会議を成功させるために，すべてのプロレタリア的な労働組合のみならず，アナキスト・サンディカリスト諸党の代表も招くことを提案した。労働者階級が行動出来ずにいたヴェルサ

おりであるが，この委員会でないことは文脈からも明らかであり，彼女は寛容の側に立ってレーニンの叱責を受ける側であったので，カーは別のことを言っているのであろう。

25）このときの「第2半インターナショナル」の代表は，オーストリアは社会民主党左派のフリードリヒ・アードラーとオットー・バウアー，フランスからはジャン・ロンゲ，ロシアのメンシェヴィキであるユーリー・マルトフとアブラモヴィッチ，イギリス独立労働党のウォールヘッドなどであった。

イユ会議の時とは違って，労働者階級の国際的な代表はジェノヴァに会する世界資本の代表者たちに恥ずべき約束違反の責任を取らせなければならないからである。さいごに彼女は，来るべき労働者の国際大会では，労働者大衆を「分かつのではなく統一させる」「緊急の共同行動に関する問題のみを取り上げる」べく提案し，次のような五つの議題を挙げて演説を終えた。①資本家の攻勢に対する防衛，②反動に対する闘争，③新たな帝国主義戦争に対する闘争の準備，④ロシア・ソヴェト共和国の再建への援助，⑤ヴェルサイユ条約と荒廃した地域の復興[26]。（拍手は「第三」代表からだけであった）（西川2007：161-162[27]）。

写真14-7　レーニン（左端）らと語らうクラーラ（右から2人目）の絵（モスクワレーニン博物館にて1989年8月筆者撮影）

1922年4月5日，第2インターナショナルが，労働組合内部の共産党細胞の解散，グルジアへの代表団の派遣，エス・エル党員の即時釈放という条件を撤回し，コミンテルン側もいくらか譲歩した結果[28]，「第2半インターナショナル」の代表アードラーによって起草された共同声明が採択された。コミ

26）これは，コミンテルン側の原則声明（村田編訳Ⅱ 1979:189-193）といわれているもので，クラーラ・ツェトキーンがドイツ語で読み上げたことをさしている。

27）西川のこの箇所の出典は，*Protokoll der Internationalen Konferenz der drei internationalen Exekutivkomitees in Berlin vom 2. Bis 5. April 1922, Wien, 1922.* クラーラの発言部分は（Zetkin, *Ausgewählte*, Ⅱ：570-577）に収録（Zetkin 1922f）。村田（1979：569）は，この声明の草案はラデックによって起草され，それにブハーリン，シュメラル，タールハイマーが手を入れたと解説している。

28）マクダーマット他（1996＝萩原訳1998：64-65）も，「第2インターナショナルの代表団の関心は，反ソ的立場で裁判を受けることになっていたエスエル党員とグルジアのメンシェヴィキ政府への対処の問題でいくらか譲歩し，レーニンに叱責されたということが起こっていた。」と書いている。

ンテルン代表団は別個に代表3人による独自声明も出している（村田編訳Ⅱ 1979:193-196,569-567参照)。

1922年11月29日～12月3日，プロフィンテルン第2回大会が開かれたが，ここでは幅広い女性労働者をプロフィンテルンに組織する必要性についてヘルタ・シュトゥルムが統一戦線の観点から発言している。クラーラがプロフィンテルンで発言することはなかった。

4 1923年のクラーラの動向

1923年はすでにレーニンは病床にあった。1923年1月に，フランスおよびベルギー軍がルール地方を占領して国際情勢は緊迫したものになった。すでに第12章でみたようにクラーラは，この年イタリア・ファシズム問題に取り組んだ。この年の前半健康を害したが，それを押して6月に開催された第3回コミンテルン拡大執行委員会に参加し，ファシズムに反対する演説をしたことは既述のとおりである。この年コミンテルンの女性運動に動きはなかったので，1921年からクラーラが編集していた『共産主義女性インターナショナル』についてみておきたい。1923年夏以降はクラーラは，はじめてコーカサスに保養に行く。

(1) 1923年前半の『共産主義女性インターナショナル』

この月刊誌の発行地は，前述のとおりクラーラの住所があるシュツットガルトのジレンブーフである。クラーラは，ほとんどの号で巻頭言的な論稿を書いていた。例えば，1923年の1月号は「ルール占領について」，2月号は「1923年の国際共産主義インターナショナルについて」，3月号は，ヘルタ・シュトゥルムとともに「フランスとドイツの働く人民の女性たちへ」というようにである。4月号，5月号には，「1923年の国際共産主義女性デーから」として，オーストリア，チェコスロヴァキア，オランダ，ノルウェー，英国，フランス，イタリア，ブルガリア，ドイツ，ユーゴスラヴィア，東洋のソビエト共和国（トランスコーカサス，アゼルバイジャン，トウルケスタン），極東（ウラジオストック，日本[29]，中国）（以上4月号），ソビエト・ロシア（5月号）の女性デーの取り組みを紹介している。

(2) はじめてのコーカサス

1923年夏に，クラーラは，はじめてコーカサスの療養地グルジアのシェリエスノヴォドスクに赴き，温泉入浴，マッサージ，薬剤療法の治療を年末まで受けていて半年間活動に参加しなかった。以後クラーラは，しばしばこの保養地にいくことになる。クラーラはこの地についての情勢や女性運動にはすでに一定程度の知識を得ていたが，直接この地域の女性と接触することになる。

前章で，イネッサ・アルマンドに関連して1920年夏の北コーカサスについて触れておいたが，あらためてコーカサスとはどんな土地であったのか。

すでに，ローザ・ルクセンブルクは，民族問題でこの地を注目していたし，イネッサ・アルマンドは1920年9月この地に保養に来てそのまま帰らぬ人となった。メンシェヴィキの抵抗が長く続いた地でもある。スターリンはコーカサスの，グルジアのゴーリの出身であるが，革命前長期にわたってコーカサス地方を根拠地にして活動した。

コーカサスは，ロシア語ではカフカーズ，地理的には，黒海とカスピ海に囲まれた温暖な地域の名称である[30]。中央に東西に走るコーカサス山脈があり，山脈の南は「コーカサスのむこう」の意味でザカフカス[31]と呼ばれているこ

29）日本共産党は1922年に創立され，1922年11月のコミンテルン第4回大会には高瀬清，川内忠彦が出席し，日本共産党はコミンテルン日本支部として承認された。片山潜がコミンテルン執行委員会幹部会員に選出された。1923年2月日本共産党第2回大会で，コミンテルン第4回大会の報告がされている。この年，はじめての国際女性デーの催しがもたれ，それがコミンテルンに報告されている。

30）1821年にプーシキンの，1830年にレールモントフの，1872年にトルストイの，同名の「コーカサスの虜」という文学作品がある地域でもある。1853年にトルストイはコーカサスで軍務につき，『カフカーズ物語』として知られる3部作その他を残した。いずれも北カフカーズを題材にしている。

31）英語ではトランスコーカサス（コーカサスの向こう）。広瀬（2008：11）は，「南コーカサスは『ザカフカス』とも呼ばれてきた。それはロシア語の呼称で（コーカサスは英語），『ザ』は向こう側，『カフカス』は，コーカサスを意味している。つまり，「ザカフカス」は「コーカサス山脈の向こう側」というわけである。それはこの地域が，ソ連解体まで

とはすでに述べた。ソ連時代のヨーロッパ部分の最南端に位置していたいわゆる「ザカフカス」は，古代から多数の民族が住んでいたが，現在，山脈の北はロシア，南にイスラムの国アゼルバイジャン共和国（首都バクー），キリスト教国のアルメニア共和国（首都エレヴァン），同じくキリスト教国グルジア共和国（首都トビリシ）[32]の3国がある。クラーラは，このグルジアの黒海に面した保養地シェリエスノヴォドスクに行ったというが，筆者は地図で確認できていない。グルジアの黒海側は　南はアジャリア自治共和国，北側はアブハジア自治共和国として，未承認の独立国となっており，グルジア共和国としての海岸線部分は極めて少ないが，いずれの共和国にも現在では多分ロシア語の呼び方であろうシェリエスノヴォドスクという名称の保養地は見当たらない。

ローザ・ルクセンブルクは，1908年から1909年にポーランド語で書かれた「民族問題と自治」のなかで，第5章の3節をカフカスの民族問題に割いている（ルクセンブルク1909＝加藤他訳 1984：193-198）。ここでローザは，「民族自治の問題が，その実施にあたって出会う困難のもうひとつの顕著な例が，カフカスに見られる。この地上のどこを探しても，カフカスほど，一つの地域に諸民族が複雑に入り混じっているところはない。太古の昔から，人々がヨーロッパとアジアの間を往来する場であったこの歴史的な地は，それぞれの人々の破片でちりばめられている」として，1897年の人口調査から，900万人を超えるカフカス地方の21民族の数を調べる。ローザによれば，次のとおりである。

ロシア人以外の，比較的数の多い民族集団のうち，最大のものは，（中略）グルジア人となる。グルジア人の歴史的領域は，チフリス県，およびスフム郡とサカタリ郡を含んだクタイス県であり，人口は211万490人で

モスクワ中心で考えられてきたことの証拠である。そのため，ソ連が解体したいまとなっては，『ザカフカス』とう呼称は避けられる傾向が強くなっている」といっている。従って南北コーカサスというべきであろう。南コーカサスは，2000年代には，紛争地帯であるとはいえ観光ルートも開けて，日本にも知られるようになったが，北コーカサスは，多くの未承認自治共和国が独立して，紛争も断続的に起こっている。

32）スターリンの出身地のグルジアは，グルジアワインやグルジア軍用道路で有名である。

ある。しかし，このうち，グルジア民族は，やっと半分を越える120万人しかいない。（中略）グルジアの中心にある旧首都のチフリス（トビリシのこと，以下同：伊藤）も，またどの郡の首都も，すべて，民族的にきわめて複雑な特徴を示している。そこでの優勢な要素となっているのはアルメニア人で，彼らがブルジョワ層を代表している。例えば，チフリスの人口16万人のうち，アルメニア人が5万5000人，グルジア人とロシア人がそれぞれ2万人ずつ，残りはタタール人，ペルシャ人，ユダヤ人，ギリシャ人などである。（中略）チフリスやその他の都市をグルジアの自治地区から除外することは，グルジアの社会・経済的な諸条件からみて不可能であるが，他方，アルメニア民族の立場からすると，それらの都市をグルジアの自治地域に含めるのも同じく不可能である。（中略）これ以上に難しいのは，残りのカフカス山岳系諸民族に適用した場合の自治の問題である。それらは地域的に混在し，各民族とも数的に極端に小規模である。経済的・社会的諸関係も，圧倒的に牧畜段階に留まっていて大概は放牧，ないし原始的農業の段階にある（ルクセンブルク 1909＝加藤他訳 1984：193-198）。

ローザが例示したコーカサス地域は，ナポレオン戦争の後，長くロシアによって征服されていたが，1905年以降民族解放運動が高揚し，1917年のロシア革命ののち，ブルジョア民族主義者やメンシェヴィキによってザカフカス委員会が作られ，ソビエト・ロシアと手を切って，トルコ，イギリスなどの外国勢力と結びつき，これらの国に占領されていた。しかし，1920年春に北カフカーズにソビエト政権が樹立され，アゼルバイジャンはその影響を受けてメンシェヴィキを追いだして共和国を宣言し，同年アルメニアとグルジアにおいてもメンシェヴィキが敗北した。1922年3月，グルジア，アゼルバイジャン，アルメニアの3共和国は，相互に軍事，政治，経済同盟を結び，ザカフカス・ソビエト連邦社会主義共和国を形成し，ソ連に加入した（香山1955，391-394参照）．

さらに，1922年12月，個々に開かれた4共和国（ロシア，ウクライナ，白ロシア，トランスコーカサス共和国）の大会において，ソビエト社会主義共和国連邦を形成することが表決された。最後に，4共和国の代議員が一堂に

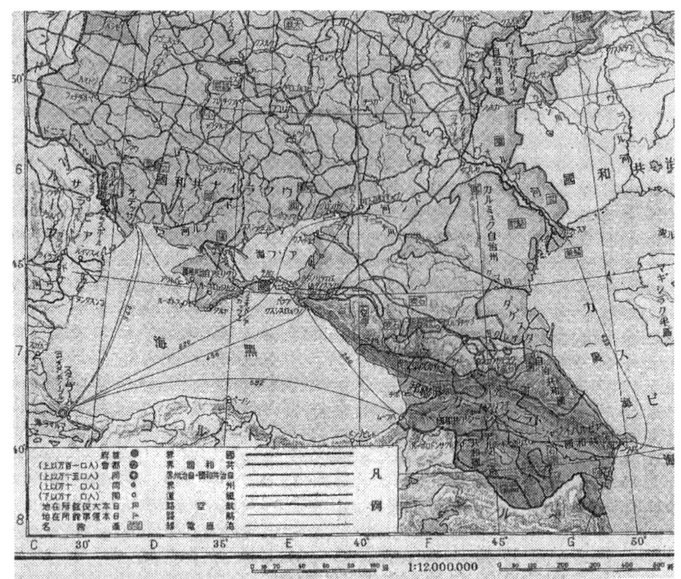

地図14-1　ソ連時代初めの頃のコーカサス地方の地図
http://keropero888.hp.infoseek.co.jp/map/soviet01.html（2007.10.10 アクセス）

会し，ソ連邦の第1回ソビエト大会となり，憲法草案の任を負った委員会を選出した。ソ連邦憲法は1923年7月に委員会によって承認され，1924年1月，ソ連の第2回ソビエト大会に依って正式に裁可された（カー1979＝塩川訳 2000：57-58参照）。

このような，民族的・歴史的特長を持つコーカサスにクラーラがはじめて保養に行ったのは，1923年8月のことであった[33]。従ってこの地域は依然として不安定であった。

このときすでにレーニンは死の床にあった。すでに述べたようにクラーラとの最後の対話（1922年10月末）もレーニンの奇跡的な一時的回復の時に行

33）この地はソ連崩壊後複雑な民族紛争の渦中に入った。2012年1月現在，多数の民族の独立紛争が継続している。私はこの地への訪問の機会をうかがいつつも，本書の執筆の終了までかないそうにないと一時諦めた。しかし，私は本書の執筆にあたってクラーラ・ツェトキーンの足跡を，現地までずっと追い続けてきたので，2012年10月に2週間弱ではあるが南コーカサスへ行き，グルジア軍用道路を通ってみた。これでクラーラの生活と活動にかかわる国や地方はひととおりたどったことになった。

われたものである。

クラーラは，カフカーズ滞在の機会を，単なる保養地として以外に，女性問題，グルジア問題その他，コミンテルンの近東での政策の在り方を知る絶好の機会として，期待を抱いたにちがいない。

第15章　スターリン時代へ移行期の
コミンテルンの女性運動のなかで

クラーラ・ツェトキーンは，さらに，レーニンからスターリンへの移り変わりの時期に，女性政策に関するコミンテルンの責任者として執行委員であり続けた。しかし，初期コミンテルンとは徐々に異なっていく（ロシアの経験を中心とする）女性運動の方針が，彼女の考えとはそぐわないものとなっていった。彼女の健康悪化と高齢化も進んだ。

マクダーマットとアグニューが，1924～1933年を，1924～28年までと1928～33年の2つの時期に分けたことは，前章冒頭でのべたところである（マクダーマット他1996＝萩原訳1998：18）。本章ではその区分に従って叙述する。

ドイツ共産党の国会議員であったクラーラは，丁度この時期に相当する60歳代の半ば頃から健康を害して，ドイツ共産党やコミンテルンでの，継続的活動は困難になっていた。1927年，ロシア革命10周年の年に，クラーラは70歳であった。

それから6年余り，ドイツにおいては国会議員であり，コミンテルンにおいては執行委員であり続けたなかでどういう困難に直面したかをみることにしたい。特にこの時期は，コミンテルンの「スターリン化」の時代でもあり，クラーラとトロツキーやスターリンとの関係もみなくてはならないが，この期のコミンテルン内の人間関係を正確に把握することは極めて困難である。

あえて，先回りして結論から言えば，クラーラは，トロツキーの一国革命の否定には反対し，ソ連共産党からのトロツキーの除名には外野席から支持を表明した。その後スターリンとの関係については，彼女は，コミンテルン「右派」といわれ，スターリンによって追放される人々の何人かを陰ながら擁護した。

先行伝記をみれば，1980年代までのクラーラの評価は「ソ連の友人」（ドルネマン1957＝武井訳：308）の強調であったが，ソ連・東欧崩壊後の1990年代の評価は「スターリンへの私的，ひそかな反対派」（Badia 1993 = Hervé *et al.*, 1994：261）とされ，21世紀にはいってすぐの評価は，「『スターリン化』の過程の加害者にして犠牲者」(Puschnerat 2003:235)とされる。2010年代現在，そのいずれもが，クラーラの一面をついていると思うが,「加害者にして犠牲者」という表現は，もっともらしく聞こえはするが，実は抽象的で何をも説明していることにはならない。例えば日本人は，第2次世界大戦の「加害者にして犠牲者」といっても，本質をついていることにはならないのと同様である。

この期になると，先述のように，日本にもすでに1922年に創立されてコミンテルンの支部となった日本共産党が存在したので，日本はクラーラとの組織的とはいえないまでも人的な細いつながりもでき，クラーラに関連する日本語文献も散見されるようになる（伊藤 1984：13-26)。

本章では，確認される文献に依ってこの期のクラーラの行動を追っていきたい。

1　1924～1928年

これまでの章ですでに幾度かふれたように，1924年のはじめまでに，革命的高揚は終わっていた。クラーラは，レーニンの死(1924年1月21日)に際し，葬儀に参加し，その直後の1月26日～2月2日に，ロシア社会主義連邦共和国第2回ソビエト会議で，初日にレーニンについて演説した（マクシムが作成したクラーラ･ツェトキーンの年譜, SAPMO-BArc-NY 4005/18:Bl.66による)。

また，5月23～31日に，クラーラはロシア共産党第13回大会にも参加し，挨拶の演説をしている（Zetkin 1924e)。このようにクラーラは，レーニン没後も，コミンテルンの執行委員としてオシップ・ツェトキーンの祖国，ロシアと積極的にかかわっていた。

1924年から28年の時代は，前にもふれたが，コミンテルンでは「ボルシェヴィキ化」(Bolschewisierung)の時代とされている。「ボルシェヴィキ化」とは，マクダーマット他（1996＝萩原訳1998：74-75)によれば，「コミンテルン執行委員会のロシア党代表の手中への権力の集中」という意味に発展して，コミンテルン初期の各国共産党の「ボルシェヴィキ化」の意味とはまた異なっている。

さらに，この間を通じてスターリンとその同調者がコミンテルンの中央機構を支配し，外国のスターリン支持者がそれぞれの党で重要ポストについていったので，それは，プシュネラートがいう「スターリン化」(Stalinisierung)(Puschnerat 2003：235) と同義となる。

プシュネラートは，すでに1921年のドイツ「3月行動」の総括の時から，クラーラ・ツェトキーンの，「ボルシェヴィキ化」の受容が始まり，それ以降は，「スターリン化」のプロセスの実行者となり同時に犠牲者でもあったとしている (同上)。はたしてそう単純化していいきれるものであろうか。

コミンテルンの女性運動も，こうした動向と当然無関係ではいられないはずである。では，スターリン時代にクラーラは，コミンテルンの女性運動にどうかかわったのか。事実を追うことにしたい。

(1) コミンテルン第5回大会と第3回国際共産主義女性会議

1） コミンテルン第5回大会

1924年6月17日から7月8日迄，レーニンの死後はじめてのコミンテルン世界大会，第5回大会が開催された。第5回世界大会は，労働者階級の党を思想的・組織的に強化する任務の重要性を強調して，コミンテルン諸支部の「ボルシェヴィキ化」というスローガンを提起した。大会によれば，「党のボルシェヴィキ化とは，ロシアのボルシェヴィズムのうちで国際的であったもの，またあるもの，一般的意義をもっていたもの，またもっているものを，われわれの諸支部にとりいれること」であり，「レーニンの遺訓を忠実に守りながらも，各国の具体的情勢を考慮にいれて遂行されなければならない」(ソ連ML研1969＝村田訳 上 1973：190-192) ものであるとされた。

たとえば，1923年に，ドイツでの「10月蜂起」に失敗したドイツ共産党の指導者たちは，コミンテルンによって右派として非難され，左派の新指導者であったルート・フィッシャーとマースローに代えられたが，そのような人事介入もコミンテルン諸支部への「ボリシェヴィキ化」の1例であった。

また第5回大会が採択したジノーヴィエフ起草の「戦術問題についてのテーゼ」は，「上からの統一戦線」(非共産主義者との統一行動を積極的に受け入れる，必要とあらば，社会党と労働組合の指導者にも訴えるという幅広い考え）を拒否して，宣伝と大衆の革命的動員の方法をあつかった「下からの統一戦線」戦術を提起した。これにたいし，ツェトキーン，トリアッティ，ラデックは，統一戦線をもっと幅広く適用する立場を訴えたが，とりいれられなかった（マクダーマット他1996＝萩原訳1998：81）。

こうした性格をもつ第5回大会は，議事日程の予定としては，組織問題のなかで「女性のあいだでの共産党の活動」をとりあつかうことになっていたが[1)]，大会プロトコールを調べてもそのことは記録されていない。クラーラはこの大会で，女性問題ではなく「知識人問題について」報告している[2)]（Zetkin 1924g）。

2） 第3回国際共産主義女性会議―「代表者制度」の資本主義国への適用の問題

コミンテルン第5回大会と時期的に一部重なりあって，1924年7月11～19日迄，第3回国際共産主義女性会議が開催された[3)]。国際女性書記局は，ドイツ，フランス，ポーランド，イギリス，イタリア，チェコスロヴァキア，ノルウェー，ブルガリア，中国の女性運動の実情を把握し点検した[4)]。第4回大会から第5回大会までのあいだに，女性書記局は，各支部の女性党員との結びつきを強め，各支部間の女性誌や諸文献の交換などを行った。国際的行動にかんしては，ソビエトロシアへの援助，ドイツプロレタリアートとの連帯，フランスのルール占領反対闘争，その他堕胎にたいする法的刑罰規定廃止運動を支援したりしている。

クラーラ・ツェトキーンが，報告や討論において1921年の第2回国際共産主義女性会議以上に重要な役割をはたしたのは，実はこの1924年の第3回国際共産主義女性会議であったと私は考える。同年3月，クラーラは『共産主

1）*Pr. V. Kongress der Kommunistischen Internationale,* Bd.1 中に，大会の日程として第7組織問題があり，その中に「女性のあいだにおける共産党の活動」と書かれている。村田訳下302の第5回大会議事日程の中にも「女性のあいだでの活動」とある。

2）この演説は，改造社の『社会科学』1928年11月特輯号に「有識者問題」として翻訳され掲載されている（邦訳者名なし）が抄訳である。

3）村田（村田編訳Ⅲ 1980：585）は，会議ははじめ1924年9月に予定されていたが，第5回大会の会期に合わせて繰り上げられたと説明している。

4）*Bericht über die Tätigkeit der K.I. von 4. Bis 5. Weltkongress,* 1924, 85-87, Ⅲ.Das Internationale Frauensekretariat による。

写真15-1　コミンテルン第5回大会時モスクワの国立ケーブル工場の代表者たちと（1924）（中央列右から3人目がクラーラ・ツェトキーン）

義女性インターナショナル』誌上に「第3回国際共産主義女性会議の課題」と題する論文を載せ，「資本主義諸国とソビエト共和国における女性大衆の間での共産主義活動の性格の諸条件の相違」を明らかにしていた（Zetkin 1924d, *K F-I.*, H.3, 1924：5-8）。

会議は9つの議題－①国際情勢と共産主義女性の課題（報告：クラーラ・ツェトキーン），②国際女性書記局報告，西洋諸国について（報告：ヘルタ・シュトゥルム），③東洋諸国について（報告：カスパローヴァ），④社会主義ソビエト共和国連邦について（報告：ニコラエーヴァ），⑤経営の中での女性労働者の把握（報告：カナチコフ），⑥社会主義ソビエト共和国連邦における活動の形態と方法（報告：モイローヴァ），⑦労働組合の中での活動（報告：イーザ・シュトラッサー），⑧協同組合の中での活動（報告：オストロフスカヤ），⑨社会教育（報告：クループスカヤ）を討議し，10本のテーゼと決議－（1）働く女性のあいだでの共産党の活動，（2）西欧資本主義国での生産女性労働者のあいだでの共産主義活動と国際女性書記局の活動，（3）社会主義ソビエト共和国連邦の女性のあいだでの活動，（4）東洋の女性のあいだでの活動，（5）女性労働者のあいだでの共産党の活動の形態と方法，（6）女性労働者と農婦のあいだでのロシア共産党の活動の形態と方法，（7）労働組合における女性労働者のあいだでの共産党の活動，（8）働く女性と協同組合，

(9) 女性の社会教育，(10) ユーゴスラビア共産党へ，を採択した[5)]。

この会議には22ヵ国から118名（うち議決権をもつ代表は56名）が参加しているが，討論の中心は，経営における女性労働者のあいだでの活動と女性代表者会議についてであったといえよう。これらの問題をめぐってロシア代表と資本主義国の代表の間には意見の相違があった。

クラーラがこの女性会議の直後に『共産主義女性インターナショナル』誌に載せた，「第3回共産主義女性会議の成果」では，会議で討論された諸点にふれながら，とくにソ連の代表から女性労働者の間での主要な活動形態として提起された「代表者制度」[6)]の資本主義国への適用の問題をめぐって強く自説をうち出しているのが注目される。クラーラは，「討論の時，代表者制度とならんで，無党派及び非共産主義的な働く女性の間でのわれわれの宣伝や組織活動の他の形態や方法（の取り上げ方：伊藤）が，残念ながらいささか不十分であった」(Zetkin 1924f：13) (*K F-I.*, H.7 1924：13) として次のように言う。

> ソビエト共和国においては，国家権力を奪取したおかげで，プロレタリアートはディクタツーア階級であり，共産党は与党である。これに対し，資本主義国においては，労働者階級は，ブルジョアジーの支配のもとにあり，共産党は，ブルジョア的，改良主義的諸組織とはげしく張り合って，追跡されたり迫害されたり，しばしば非合法の苦境と危険の中で，労働女性，勤労女性を得ようとつとめなければならない。女性同志たちが，このような事態に目をつぶって無視するようなことがあってはならないのである。なぜなら，代表者委員会の実現，活動，政治的関係をめぐる諸条件はいちじるしく変化し，ある所では要求としての意味をもつことが，別の所では猛烈な全面的な妨害を意味することがあるといった具合だからである。……個々の国で，代表者選挙，代表者委員会，そして代表者集会か，具体

5）第3回国際共産主義女性会議の議事日程と会議の討議については，*Internationale Pressekorrespondenz*（以下日本語の場合は『インプレコル』，独語・英語誌の場合は *Inprekor* と略記），1924年8月14日付けNo.106，8月20日付けNo.109が，テーゼと決議については，同誌8月21日付けNo.110が特集している。なお，(1)，(2)，(4) の決議は，村田編訳Ⅲ (1980：188-195) に収録されている。

6）Das Delegiertensystem.

的状況に合わせ，すべての資本主義権力とのたえまないねばり強いたたかいの中で達成されなければならないのは自明である。

このようなことを配慮しようとした同志たちが，プロレタリア・ディクタツーアの国からブルジョア支配の国への，代表者制度の，あまりに機械的な移植に対して方向転換するしかなかったのは正しかった。彼女たちが，これまでの活動，経験，成果をひきあいに出して，この制度が「プロレタリア女性の把握とボルシェヴィキ化の唯一の方法」ではないということをはっきりさせたこともまた正しかった。そして彼女たちが，個々の国にすでにある，たたかいの中で生み出された女性労働委員会や主婦の管理委員会や，女性の動員や組織化のための似たような組織を，「代表者制度のみが活動であり，ボルシェヴィズムである」という相言葉のもとに無造作に押しのけたりしないで，むしろこのような意味での宣伝形態，組織形態に仕上げられるべきだと要望したことは，3度正しかった。経営の中での活動やソビエト共和国の中での宣伝や組織の形態や方法について明らかにされたことは，――報告においても討論においても――このような見解を確認したことであった。代表者制度は，非常に価値あるものではあるが，広範な，非共産主義的女性大衆の間での活動の唯一の形態や方法ではけっしてないということがあらそう余地なく証明されたのである（Zetkin 1924f, *K F-I.*, H.7 1924：14-15）。

この点は，重要であるので，長くなるが，第3回国際共産主義女性会議での討論についての村田陽一の解説を以下引用しておきたい。

この会議では，経営の婦人労働者のあいだでの活動の形態と方法の問題が討議の焦点におかれた。いくつかの点で会議参加者の意見は一致しなかった。主婦のあいだでの活動の問題に関連して，ロシア代表ポールは，人手が不足している現状では，資本主義諸国の党は経営内の婦人労働者のあいだでの活動に全力を集中すべきで，主婦のあいだでの独自の系統的な活動は，勢力を分散させるゆえにおこなうべきではない，と主張した。ツェトキーン，シュトゥルムをはじめ，資本主義諸国の党の多くの代表は，これに強い異議をとなえた。ツェトキーンは次のように言った。

活動の重点を経営内におくことには異議はないが，高度に発展した資本主義国においてすら，工業婦人労働者はプロレタリア婦人のうちの少数者であり，経営外の婦人，労働者の妻たちを獲得しなければ，闘争のさいに後方に敵をもつことになる，と。

婦人代表者会議の問題では白熱した論争がおこなわれた。婦人代表者会議は，経営の婦人労働者や，主婦，婦人職員，家事使用人，農民婦人等によって一定の期限を限って選ばれる代表機関であって，革命後のソ連邦で適用されて，すぐれた成果をあげた活動形態であった。すでにジノーヴィエフが婦人会議に書簡をおくって，資本主義国の党が婦人代表者会議の組織化に実際に取りくむように要望していた。会議へのコミンテルン代表ペパーは次のように述べた。西欧諸国の党は婦人大衆のあいだでの活動で成功をおさめていないが，従来の活動方法では経営内の婦人労働者は獲得できない。婦人代表者会議こそ，従来の活動の弱さを克服すべき「唯一の積極的な思想」であって，「婦人代表者会議の系統的実施」が婦人会議の新たなスローガンでなければならない，と。クーシネンと，多くのロシア代表がこの主張を支持した。ツェトキーンは反論して次のように述べた。婦人のあいだでの活動の形態，方法は硬化したものではなく，代表者会議の方法は，貴重で多面的な手段ではあるが，党外婦人大衆を把握するための唯一最上の至聖の手段ではない。「われわれは，代表者会議の方法の実施に取りくむべきだが，機械的にそれを移植するのでなく，資本主義諸国の具体的な条件を考慮し，それに適応したかたちで実施しなければならない」。この方法が成功をおさめるための前提条件のひとつは，党が経営細胞を基礎として建設されていることである，とツェトキーンは指摘した。シュトゥルムは，婦人代表者会議は唯一の手段でも，主要な手段でもなく，多くの手段のうちの一つである，と述べた。資本主義諸国の多くの代表がツェトキーンとシュトゥルムに賛成した（村田編訳Ⅲ 1980：586）。

1924年の夏のこうした論争の中で，クララ・ツェトキーンは，個々の国の多様な条件にあわせた女性運動の組織と方法ということをくどいほど強調していたことに注目したい。クラーラは，一国の経験で成果をあげた女性運動の形態を，機械的に他国に移植することに疑問を持っていた。第2インターナショナル期から長い運動経験をもつクラーラは，ヨーロッパやアメリカの，歴史的・政治的諸条件の異なる多様な女性運動にふれて，運動の独自な発展と多様性をよく知っていたので，「ロシアの運動のために書かれた」ような「女性テーゼ」(Juchacz 1955：47) に反対したのである[7)]。

しかし，こうした意見の相違があったにもかかわらず，コミンテルン第5回世界大会と第3回国際共産主義女性会議のあと，ベルリンの国際共産主義女性書記局とモスクワとその東方部は，コミンテルン執行委員会幹部会の女性部に統合され，クラーラがその責任者となった。従ってクラーラはコミンテルン執行委員であり続けた。しかしその後，女性運動もただちに，クラーラの路線への巻き返しとでもいうべき方向が優勢を占めるようになるので，この時点が，クラーラのコミンテルンにおける最後の有効な発言だったということができる。

レーニンなきあと「これまでコミンテルンの活動に参加していなかったスターリンは，第5回大会に控えめに出席した。彼は，ジノーヴィエフを中心人物にさせておき，総会では発言しなかった」とカーは書いている (カー 1979＝塩川訳 2000：128)。コミンテルン第6回大会は1928年7月まで開かれず，その間, 6回の拡大執行委員会が事を決めるという変則的なものとなった。6回とは，①1924年7月，第4回拡大執行委員会総会，②1925年3-4月，第5回拡大執行委員会総会，③1926年2-3月，第6回拡大執行委員会総会，④1926年11-12月，第7回拡大執行委員会総会[8)]，⑤1927年5月，第8回執行委員会総会，⑥1928年2月，第9回執行委員会総会である。

7）この個所でユーハッツは，レーニン没後のこの会議を，„der zweite Kongress der KI“と書いているが誤りであろう。またこの個所と似た叙述が，ボン・バート - ゴーデスベルクのフリードリヒ・エーベルト・シュティフトゥクにあるユーハッツの遺品の中に残されている。すなわち，M.Juchacz NL, Brief von Rosi-Paul an M.Juchacz von 20. Juni 1952, および，Manuscript über C.Zetkin (Archiv der Demokratie/Fredrich Ebert Stiftung, Bonn-Bad Godesberg.) にである。

8）この時の各国の執行委員と懇談するスターリンを描いた絵が，2012年10月現在，グルジアのゴーリのスターリン博物館の2階展示室入口右に掲げられている (後述)。

写真15-2 1924年夏シェリエスノヴォドスク　ゴーリキーサナトリウムにて　2列目中央クラーラ

3） 再び北カフカーズでの保養

1924年夏，秋から冬再びクラーラは北カフカーズのシェリエスノヴォドスクに保養に出かけた。この温泉場で日本人片山潜と近藤栄蔵が会談している（近藤　1928：60）。写真が残されているが（写真15-2），クラーラの右横は片山潜と思われる[9]。

この地でのクラーラの心境を，伝記作家ドルネマンは次のように描いている[10]。

9）この時，日本共産党は23年の弾圧の事態に直面して24年2月少人数の委員会（ビュロー）を残して党の解体を申し合わせていた。1924年6-7月のコミンテルン第5回大会には日本代表として片山潜，佐野学，近藤栄蔵が出席し，日本問題委員会で党を再組織することを決定したのである。その時，シェリエスノボドスクの保養場でクラーラと会ったのだ。

10）ドルネマンのクラーラ・ツェトキーンの伝記は研究書として書かれたものではないので，出典の明示がほとんどない。この部分は『解放されたコーカサス』（1926a）からの引用であろう。また，ドルネマンはモスクワのRGASPI，ベルリンのSAPMOといったアルヒーフに当時から接触可能な立場にあったはずである。クラーラのナッハラースの一つ一つ私は，まったくなにもしないで休養するようにと，厳重に命令されました。私にはたたかう世界は，くっきりとした稜線を描いてそびえたつ山々のかなたに行ってしまったように思われました。山は，あるいは高く頂上まで森につつまれ，あるいはむきだしの岩肌がけわしい傾斜をなしてシェリエスノボドスクの山峡をへだてていました。それは，葉を鳴らす柏，とねりこ，楓，こぶかしわなどの形で家々の庭や構内のベランダとか窓の近くまで前哨——あるいは落後兵でしょうか？——をだしている，原始時代を思わせる堂々たるかつ葉樹林のまんなかにある，人里離れた山村でした。都会と呼ばれる大きな石の堆積の混乱と喧騒から逃れたい人は，人をいやす力のあるこの鉱泉で貴重な安静を見出すことができます。（ドネルマン 1957＝武井訳 1969：315-316）。

このクラーラの心境は，この時のクラーラのコミンテルンでの位地を暗示しているものかもしれない。コミンテルンの女性運動の実質的責任者としての仕事は，実はこのカフカーズ行きの時点で終わったのではないだろうか。

少なくとも1924年9月12日にはクラーラと同行していた[11]マクシムは，自作のクラーラの年譜に，「シェリエスノヴォドスクで彼女が健康治療をしていた時，グルジアでメンシェヴィキの蜂起が勃発した[12]。機会があり次第，クラーラは，現場の事態－蜂起の原因と結末等－を知るためにグルジアへ赴いた。蜂起とトランスコーカサスの生活を多方面から調査し，同時にグルジアの首都チフリス（トビリシ），チャツーリ，バツーム，アゼルバイジャンのカスピ海に突き出たバクーでの一連の集会を催した」（SAPMO-BArch NY4005/18, Bl.67）と書いている。

に，検索したドルネマンの署名が多く見られることを筆者は現地で確認している。しかし，本文に引用注，出典の明示のないことが悔やまれる。

11）マクシムが同行しているという事実は，次章で扱う1924年9月12日付けの手紙（SAPMO-BArch NY4005/60, Bl.152-154）によってわかる。

12）1924年の夏，農民一揆がジョージア（グルジアの英語発音：伊藤）で起った。これを契機に，スターリン政権は農民政策の再考をせまられている（ドイッチャー 下 1949＝山路訳 1953：15）。

この旅では，クラーラには前述ローザのカフカーズの民族問題への言及が意識されたであろうし，カフカーズの一国，グルジア問題がコミンテルンの小さからぬ問題としてクラーラも対応に苦慮したこともあって，大いなる関心をもたずにはいられなかったであろう。

ドルネマンは「彼女はまず，カフカス風の小さな馬車で山脈の北方を旅行した。そして農場を訪れ，男女の農民や労働者の代表と対談し，村や地区のソビエトを傍聴し，ドイツ人移民を訪問した。テレク地方では，1200人の代表が参加する大規模な婦人会議に出たが，代表は，ほんのすこしまえまで，ベールを被って歩き，被抑圧者のなかの被抑圧者といわれていた婦人たちだった。旅行は，ウラディカフカスからさらに古い軍用道路[13]をへて，グルジアの首都ティフリス(トビリシ)へとつづいた。(中略)また，バクーを見学し，油田を訪問した」(ドルネマン　1957＝武井訳1969：317) と書いている。これは，1925年の旅であろうか。トビリシからバクーへは汽車で行ったのであろう。

ここでの体験は，『共産主義者女性インターナショナル』(1925,5･6号：37-48) [14]に，「バツームとチフリスのイスラム教女性クラブにて」(Zetkin 1925d) という一文を残し，その後『解放されたコーカサス』(1926b) という書物にまとめられた。

「バツームとチフリスのイスラム教女性クラブにて」[15]という論稿の内容をかいつまんで紹介する。チフリスに1923年に女性クラブが結成されたとき，40名の会員だったが，それは，疑う余地のない成果であった。活動が実を結んで，1年足らずで200名になった。集まった人々は「インターナショナル」

13) 1799年帝政ロシア軍が軍事用に切り開いたもの。トビリシとウラディカフカズを結ぶ200kmの道。ロシアとコーカサスを結ぶ動脈的役割を果たしている (写真15-3)。

14) この号には，日本を含む極東，近東の女性運動を把握する論文も掲載されている (Arboré-Ralli 1925:13-18).

15) コーカサス地方の地名は，現地の民族による呼び名とロシア側からの呼び名が異なり，その地を書いているものの文脈によって異なるが，チフリス (ティフリス) はトビリシ，バツームはバトゥミとも呼ばれており，統一して書くことは難しい。同義であることを指摘するにとどめる。

写真15-3　コーカサス山脈とグルジア軍用道路（2012年10月筆者撮影）

を歌った。クラーラは，何度もこれまでこの歌を歌ったが「チフリスのクラブでのイスラム教の女性や少女の口から歌われるより，厳粛で，うっとりとした響きの言葉やメロディーをきいたことがありません」と書いている。彼女は集まった女性たちから革命前の生活の話を聞いた。貧困と，女性が家庭と子どもの世話に固定されていた様子を聞いた。ここに集まった女性クラブ員が，男女平等のための立法や，社会経済への女性の参加や，教育問題，教材について等多くを語っているさまがわかる。

「バツームでのイスラム教女性クラブでの夕べは，私がチフリスで偉大な文化的意味を持つ創作からうけた深い印象を確実なものとしました。ここでもまた，クラブの近隣の人々のなかのたくさんのイスラムの婦人たちの一団は，さらに広い輪に影響が行き届く兆しをみせています」とも書いている。バツームのイスラム教女性クラブは，チフリスの姉妹クラブより若く，組織も小さい。最初は60名の加盟であったが，すべてが活動家である。クラーラは，バクーについては特に記していないが写真が残されている。（写真15-4）

また，チフリスとは，前述のようにトビリシのことであり，バツームは，

写真15-4 バクーの女性活動家と一緒のクラーラ（+）（1924年10月）

バトゥミとも呼ばれる黒海に面した町で，ここグルジアの町でクラーラはなぜ，イスラム教徒の女性と会ったのであろうか。グルジアの多数派はグルジア人でグルジア正教徒のはずであるから，ここに少数民族として住んでいたアゼルバイジャン人の女性クラブと会合を持ったという意味なのか，私には判断がつかない。

しかし，この期に及んでも，この地はまだ革命が終息していない。コーカサスがこの時期，保養地として使われていることにも政策的意図があったのかもしれない。

グルジアの国教であったキリスト教＝グルジア正教もイスラム教徒のようにヴェールをかぶって教会に入る（筆者が訪れた2012年においても）。首都トビリシにイスラム教徒もいたであろうが，なぜクラーラは，キリスト教徒とではなく，イスラム教徒との集会を組織したのか。

コーカサスは，暖かいという意味ではロシアの保養地ではあったが，モスクワの政治からは，切り離された辺境の地，モスクワに恭順とはいえない異なる歴史と文化を誇るこの地への滞在は，政治的休養＝離脱としての意味も持っていたのではないだろうか。

しかし，1924年に，クラーラ・ツェトキーンが南コーカサスの，西欧・ロシアとは異なる歴史・文化・宗教をもつ女性たちとじかに接触したことの意味は大きかっただろう。1920年段階で「ロシアの東方民族」という表現でまだ見ぬ世界について書いていたその民族に接して，クラーラがその彼女の女性解放論の射程を広げなかったということはありえない。

(2) スターリン体制の初期―クラーラ・ツェトキーンの活動の沈滞へ (1925-1926)

1925年以降，コミンテルンでのクラーラの活動は女性問題だけに限定するわけにはいかない。コミンテルン指導部の複雑な人間関係と無関係ではいられなくなるからである。

マクダーマットとアヴェニューはいう。

> トロツキーは1925年のあいだはむっつりと黙りこみ，スターリンのジノーヴィエフとカーメネフとの連合はその年の秋までは，まだどうにかつづいていた。秋になってようやくジノーヴィエフが，そして1926年からはトロツキーも「一国社会主義」論の挑戦に応じ,「スターリン主義の機構」にたいして，勢力を結集し，いささか不つり合いなブロックを形成した。
>
> トロツキーもジノーヴィエフも，ソ連で社会主義社会の建設の過程が進行中であることについては，疑いもしなかったが，社会主義の最終的な，あるいは完全な勝利が外国の革命の成功なしに可能であるということを，二人は受け入れるわけにはいかなかった（マクダーマット他 1996 = 萩原訳 1998: 89)。

いずれトロツキーもジノーヴィエフもスターリンから罷免される運命となる。

1925年2月クラーラは，国際革命家救援組織（MOPR=IRH=IAHともいう）議長となった。これは，1922年11月30日にコミンテルンの指導下で設立された国際的人権団体で,「モップル」と 略称されるものである。クラーラは1924年2月にドイツ支部の長になっていたが，国際的な活動にはかかわっていなかった。初代議長はマルクレフスキーでその後任として就任したが，マクシム作成の年譜にはなぜか，書かれていない[16)]。

1）「女性のあいだでの活動にかんする組織協議会」と「5月決議」（1925）

1925年3月21日～4月6日に，各国共産党を思想的および組織的に強化する目的でコミンテルン執行委員会第5回拡大総会がひらかれた。この総会は「ボルシェヴィキ化」について，コミンテルン第5回大会の諸決定をいっそう発展させ，具体化し，また，当面の部分的な政治的諸要求の重要性，社会・政治生活の民主化のための闘争を展開することの重要性を指摘（ソ連邦共産党中央委員会付属マルクス・レーニン主義研究所（以下ソ連ML研と略記）1969＝村田訳 上1973：202-204）することを狙いとする会議であった。

1925年4月5～6日の第5回拡大総会開催中に，コミンテルン執行委員会組織局と国際女性書記局によって，「女性のあいだでの活動にかんする組織協議会」がもたれた。協議会の議事日程は，①国際女性書記局の活動と，支部での女性のあいだでの活動状態にかんする国際女性書記局の報告（クラーラ・ツェトキーン），②女性大衆のあいだでのロシア共産党の活動と，ロシア共産党の諸経験の西洋にとっての評価にかんする報告（ニコラェーヴァ），③支部報告，④討議，であった[17)]。

会議の主要な任務は，各国支部による第５回大会と第３回国際共産主義女性会議の諸決定の実施状況を点検し，経験の交流をはかることであった。討論では原則的な意見の相違は見られなかった。

準備された決議案は，小修正をくわえたのち，組織局に回付され，5月4日にその承認を得た（村田編訳 1980 Ⅲ：605参照）。

1925年5月4日に組織局で承認され発表された「女性のあいだでの活動にかんする組織協議会の決議」（コミンテルンでは，これを「5月決議」と呼んでいた）は，①女性のあいだでの諸活動のための党機関の組織化，②労働女

16）クラーラ・ツェトキーンのMOPRの活動については，Sommer（2008：105-114）の研究がある。なお，後述注41参照のこと。

17）協議会の内容および決議は，『インプレコル』誌1925年No.101（6月29日付け）に詳細に報じられている。

性大衆のあいだでの活動の組織形態，③労働組合の中での活動，④主婦のあいだでの活動，⑤家内女性労働者のあいだでの活動，⑥農業女性労働者，小農女性のあいだでの活動，⑦出版物，の7項目にわたり，非常に詳細なものであった（***Inprekor.***, 1925.6.29, No.101）。

この決議は，「ロシア共産党の経験の基礎上に，支部のボルシェヴィキ化と広範な大衆へのその影響の拡大と強化」[18]を目標としていたが，その特徴は次のとおりである。

まず第1に，コミンテルンの女性運動方針にロシア共産党の女性運動の経験が積極的にとり入れられたことをあげねばならない。この論調は，クララの影響が弱くなっていることを示すものである。すなわち，労働女性大衆の中での活動に，これまでもしばしば問題になっていた「女性代表者」による「女性代表者集会」（Frauendelegiertenversammlung）方式がそれ以後のコミンテルンがめざす女性運動の中心的組織形態となる。第2に，各支部の全機関にたいして，女性部設置を提起したことをとりあげなければならない。女性のあいだでの活動のための特別の組織は，1920年以来，「委員会」というかたちをとってきたが，「5月決議」の方針に，中央集中制を強め，長たる組織者の責任と権限を強めた「部」という形態を提起したのである。第3は，主婦，家内女性労働者，農業に従事する女性のあいだでの活動について具体的組織方針がうち出された点である。

以上のような内容をもつ「5月決議」はいっせいに各支部で実践に移された。イギリスの地方女性部の新設，フランスの重要地区（リヨン，北部，北東部，ブルターニュ地区）における女性部の設置をはじめ，チェコスロヴァキア，ノルウェー，イタリア，U.S.A.で，党の女性組織の前進がみられた。しかし当時の諸党の女性運動の一般的欠陥として，政治的主要スローガンを実際の女性大衆の利益や要求と結びつけることの不十分さ，カンパニアが経営や労働組合の中に根を下さず，女性労働者の諸層の中に党が組織拠点をもっていないという点が指摘されている（コミンテルン執行委員会報告1925/1926：

18）*Der organisatiorische Aufbau der Kommunistischen Partei,Organisationsberatung der Erweiterten Exekutive*, 1925：139.

61) [19]。

この期，ドイツ，フランス，チェコスロバヴァキアでは選挙闘争が行われていた。また，ロシアとの連帯のカンパニアが全支部で行われた。さらにイギリスでは，鉱山労働者の闘争や繊維労働者のストライキで，闘争を支持する最初の女性代表者会議がひらかれた。フランスでは，モロッコ戦争に反対するカンパニアで，労働者農民会議に，無党派女性，農民女性，主婦の広範な大衆の代表者が参加した。その他各支部は高物価，母子保護，女性労働者の権利，戦争の犠牲者，児童労働，社会保険，利子・税金問題についてのカンパニアを準備し，運動を展開した(EKKI 1925/1926：62)。

「5月決議」のあと大衆の中での活動では，経営，労働組合，協同組合，その他の特別の女性組織，農村において，それぞれ一定の前進がみられたが，経営内での女性労働者の把握はきわめて遅々たるものであった。その理由として，経営の女性労働者把握にたいする全党の指導の不十分さ，経営内に党が十分根をおろしていないこと，女性党員の構成が圧倒的に主婦に片寄っていることなどがあげられる(同上：62-63)。

「5月決議」の実践の中で，無党派女性の組織が各国に誕生した。ドイツの「赤い女性・少女同盟」，イギリスの「働く女性ギルド」，フランスの「戦争寡婦と母の会」，イタリアの「シンパのグループ」，ノルウェーの「労働者主婦協会」，アメリカの「働く女性の労働連合」がそれである。これらの組織は共産主義者によってつくられた(同上：65)。これらの組織の結成のねらいは，無党派の女性のあいだでの共産党の活動のための組織的基盤を準備することであり，組織の課題は，主に政治的啓蒙活動および教育活動であり，女性をプロレタリアートの闘争にひき入れることであった。

この期の各支部の女性むけ出版物は，まだきわめて不十分なものであるが，一般的傾向として，女性党員むけ機関誌から，広範な無党派女性大衆を対象とする女性新聞に発展している。しかし，コミンテルンは，女性新聞の主要な欠陥は，理論的不明快，現実性の欠如，経営内での女性労働者問題との結

19) *Tätigkeitsberichte der Exekutive der Kommunistischen Internationale, 1925/1926* : 61.（以下EKKI 1925/1926と略記）

びつきの弱さ，普及の不十分さにあると指摘している（同上：65-66）。

東洋支部の女性運動については，執行委員会は，中国，モンゴル，日本，トルコ，ペルシヤを把握していたが，これらの国の女性運動と国際女性書記局は，まだ直接的で定期的な結びつきを持ってはいなかったようである（同上：68-71）[20]。

クラーラは，1925年3～4月のコミンテルン執行委員会第5回拡大総会に参加し，また，「女性のあいだでの活動にかんする組織協議会」で「国際女性書記局の活動と諸支部の状態について」報告したが，「女性のあいだでの活動にかんする組織協議会の決議」や，会期の後にとりまとめられた組織局の「5月決議」そのものにかかわったかどうか定かではない。1925年についてのマクシム作成の年譜の叙述は，きわめて不十分である。この年に，メーデーはモスクワで過ごし（写真15-5），その後病気で，カフカーズに保養に行っていたことは確認される（写真15-6）が，7月12～17日まで開催されたドイツ共産党第10回大会（ベルリン）には参加せず，挨拶の短い電報を送っている[21]。

この第10回大会の議事日程には，「女性の間での党の活動」があり[22]，女性会議も開催されている[23]。しかし，これらにクラーラがかかわった形跡はない。この大会で，1924年からコミンテルンの幹部会員となっていたスターリン支持者のエルンスト・テールマンがドイツ共産党の議長となった。この時クラーラはドイツの党の中央委員会には入っていない。

1925年にはコミンテルンの女性運動とクラーラとの間に意思不疎通があったのではないかと推測される。なぜなら，1924年のクラーラの西欧の特徴を重視した方針と，ソ連的性格の強い「5月決議」がつながらないからである。1925年という年はコミンテルンにおけるクラーラの女性運動指導の弱まっ

20）ここでいう東方（つまりクラーラが把握した東方）の女性とは，カフカーズの向こう側，つまり南カフカーズの，主にイスラム教徒の女性であり，極東という場合は，人的接触ぐらいで日本では片山潜ら数名であって女性運動について具体的に報告されていたわけではなかったと思われる。

21）*Bericht über die verhandlungen des* Ⅹ. *Parteitages der Kommunistischen Partei Deutschlands*（Sektion der Kommunistischen Internationale), Berlin vom 12. bis 17. Juli 1925：444-445.

22）Ebenda：72-79.

23）Ebenda：745-769.

写真15-5 片山潜（左から3人目）とクラーラ（右端）赤の広場（1925.5.1）

写真15-6 コーカサスの旅，バクーへ（1925）車中のクラーラ・ツェトキーン

た年ではないかと私は推測する。

1925年11月に，クラーラはドイツへ帰国し，同月27日に，国会で「帝国主義的ロカルノ条約に反対する」演説を行った（Zetkin 1925h）。

2） コミンテルン第4回国際共産主義女性会議と第6回・第7回拡大執行委員会総会（1926）

1926年には，コミンテルンの拡大執行委員会総会は2回開催されている。

まず，コミンテルン第6回拡大執行委員会総会（1926.2.17～3.15）であるが，この会議にクラーラ・ツェトキーンは病気で参加していない。

ここで重ねて強調されたのは，統一戦線戦術についてであった。「統一戦線戦術は，なによりもまず，労働者の共同行動をめあてとしたものである」。「だが，統一戦線戦術はそれだけに尽きるものではない。有利な状況が存在する場合には，共産主義者は，若干の半プロレタリア層や小ブルジョワ層をもひき入れることのできるような部分的諸要求をかかげなければならない」（村田編訳1981 Ⅳ：540注7）と執行委員会は指摘した。

1926年4月10日のコミンテルン執行委員会組織局決議で，国際女性書記局は，女性のあいだでの活動についての第4回国際共産主義女性会議を開催することを決定し，各支部に呼びかけた。また，組織局は国際女性書記局を執行委員会の一専門部に改組する決定も行った[24]。決定は，この措置が執行委員会の指導諸機関にたいし，女性部の活動にいっそう精力的に協力する責任を課すものであり，またこれによって指導がいっそう国際化され，ソ連邦共産党女性部や諸支部との結びつきが強まることを述べていた（村田編訳Ⅳ 1981：540注7）。

第4回国際共産主義女性会議は，1926年5月29日から6月10日迄モスクワでひらかれた。国際女性書記局の責任者だったクラーラ・ツェトキーンは，この時6月モスクワで眼の手術を受けて，入院中のため会議には出席してい

24）1926年の第4回国際共産主義女性会議のまえまでは，女性運動についての報告は，「国際女性書記局」（Das Internationale Frauensekretariat）の名で行われていたが，この会議から「コミンテルン執行委員会女性部」（Die Frauenabteilung des EKKI）として行われるようになった。

ない[25]。1924年の第3回国際共産主義女性会議には，中心になって発言していたクラーラが，病気とはいえ1926年の時点で姿を現していないのである。クラーラが入院先から会議によせた挨拶の手紙は，1927年『インプレコル』誌22号に掲載されている。

この会議は，第1に，党の全活動の中で女性のあいだでの活動のための強力な組織をつくること，第2に，経営および労働組合活動の中での女性部の活動方向を見出すこと，第3に，ソビエト連邦以外の諸国における女性代表者集会の計画的組織化，第4に，ソビエト連邦および他の諸国のあいだでの経験の国際的交流の強化について具体的指導を行うことを，目的としていた。

この期においても，コミンテルン各支部では，働く女性の獲得のために党が特別の活動をおこなうことの必要性がなかなか理解されないこと[26]，女性党員数が絶対的にも相対的にも少ないこと，女性党員の構成に工場女性労働者の比率が低いことなどが指摘されている。

女性のあいだでの活動の不十分や困難の主要な原因として，拡大執行委員会は，経営組織（細胞）内での党建設の不十分さ，党の労働組合活動の弱さ，経営女性労働者への党の指導の弱さと政治的未訓練を，あげている。

第4回国際共産主義女性会議の議題は，①国際女性書記局の活動についての報告，女性のあいだでの活動のさしせまった課題（シュトゥルム），②女性のあいだでの活動のための党の諸機関（フリート）〈(a) 女性のあいだでのモスクワ地区女性部の活動，(b) 女性労働者のあいだでのソビエト連邦の経営細胞の活動〉，③大衆組織（労働組合，協同組合）の中での活動（シュトラッサー），④女性のあいだでの活動の特別の組織形態，(a) 女性代表者会議（アルチューヒナ），(b) 党派女性組織（シュトゥルム），⑤農民女性のあいだでの

25）会議には，西欧および東洋の主要諸支部の指導的な女性活動家のほか，経営や労働組合の女性活動家が出席し，コミンテルンの執行委員会書記局代表（エルコリ他），各専門部の代表，共産主義インターナショナル，国際赤色救援会，国際農民評議会の代表など，73名が，日本からは，大村（高橋貞樹）が参加した（村田編訳Ⅴ 1981：540）。

26）*Tätigkeitsberichte der Exekutive der Kommunistischen Internationale, 1925/1926,* に記されている報告によれば，各国の女性党員の人数と党員全体に対する比は，フランス1,100人（2%），チェコスロヴァキア2,500人（19.1%），ドイツ1,384人（13%），スゥエーデン（13%），ノルウェー（19.7%），イギリス1,700人（14.25%）とのことである。（スウェーデンとノルウェーは人数不明）

活動（ドンバル），⑥出版物と政治教育（アレクサンデル），の6項目であった。

女性会議は，これらの議題を討議した結果，次の12項目のテーゼと決議を採択した。すなわち，①拡大執行委員会女性部の報告と，女性のあいだでの活動のさしせまった課題，②アルチューヒナの報告にかんするテーゼ，ソ連邦共産党の働く女性大衆の中での活動にかんする報告，③女性のあいだでの活動にかんする決議，④東洋の働く女性のあいだでの活動にかんするテーゼ，⑤女性のあいだでの活動のための共産党の機関設立についての方針，⑥女性のあいだでの活動のための経営細胞の機関，⑦女性のあいだでの活動のための党機関，⑧女性代表者集会のための方針，⑨無党派大衆組織の中での活動，⑩教育と出版物のための方針，⑪アルチューヒナ同志の報告からの抜粋，⑫女性労働者と農業女性労働者のあいだでの活動，である[27]。

第4回国際共産主義女性会議が重視したのは，「5月決議」以来の女性代表者集会であった。この活動形態は，党と労働女性大衆とのあいだの恒常的つながりを目的とするものであった。この形態は，経営および，労働組合内の党の確実な基礎を前提とするものであるが，この問題をめぐる討議の中で，代表者会議の絶対視や否定等の両方向からの偏向があらわれた（村田編訳Ⅳ 1982：542）。これは，クラーラがすでに1924年に指摘していた問題である。

また，この会議は，無党派女性組織すなわち党外女性組織についてもはじめて報告・討論があり，決議の他に特別の指針も出されている（同上：36-38）。1921年以来，コミンテルンは，無党派や党外女性組織を党のイニシアチブで設立することに反対していたのだが，この会議ではこの原則が大きくゆらいだかの感がある（同上：542-43）。

その結果，1926年に，ベルリンおよびドイツの5つの都市で，最初の女性代表者集会がもたれ，経営の女性労働者，女性失業者，労働者の主婦，働く女性の一定層から代表が選出され，定期的に集会がもたれ，大衆の中での実践的課題を問題にした。ドイツの経験は，女性部拡大会議議事録や『インプレコル』誌などによって各支部につたえられ，各支部でも女性代表者集

27）会議報告の詳細は，『インプレコル』誌1927年22号と28号に報じられている。

会の形態が採用されるに至った（コミンテルン第6回世界大会報告，1928：65-66）[28]。しかしその後も，コミンテルンでは，党外大衆女性組織をめぐって，同じように資本主義国からの代表とロシア代表との間に論争が起っている。

クララ・ツェトキーンがシュトゥットガルトでドイツ語で編集していた『共産主義女性インターナショナル』誌はその前年1925年廃刊になっている。そのいきさつは不明である。次第にコミンテルンにおけるクララ・ツェトキーンの発言の場が狭められていく。1926年以降のコミンテルンの情報誌は女性問題をも含めて『インプレコル』誌に移り，クララは，1926年以降は，自ら指揮し，自由に執筆するジャーナルを持たなかったと考えられる。

しかし，1926年以降に，クララがコミンテルンの女性運動指導で，あまり積極的参加がみられないのは，単に病気のせいだけであろうか。女性運動の位置づけが，コミンテルンにおいて，「ボルシェヴィキ化」と「下からの統一戦線」路線に組み込まれるのをクララが疑問視し，その考えをコミンテルン執行部が見逃さず，疎んじられているということではないだろうか。

1926年にはクララは，『解放されたコーカサスにて』（Zetkin 1926a）と，『ドイツ労働者階級にとっての建設中のソビエト共和国の意義』（Zetkin 1926f）という小冊子も出した。

1926年の2度目のコミンテルン拡大執行委員会は，1926年11～12月のコミンテルン拡大執行委員会第7回総会であるが，この時クララは出席して，11月26日に国際情勢にかかわって，特に資本主義の相対的安定期におけるブルジョアイデオロギーについて演説している（Zetkin 1926c）。この時はすでに，トロツキーは政治局から追放された後であった。また，ジノーヴィエフもコミンテルン議長職を解かれ，以後議長職は廃止された。しかし2人は，まだロシア共産党中央委員会の委員ではあった。まさにこの時の拡大執行委員会はスターリンが，コミンテルンにおいても表面に出てくるそのときであったのである。

28）Die Komintern von dem IV. Weltkongress, *Tätigkeitsberichte der Exekutive der Kommunistischen Internationale für die Zeit von 5. bis zum 6. Weltkongress*, 1928：65-66.

写真15-7　第7回コミンテルン拡大執行委員会総会の代議員たちと歓談するスターリンの絵。2列目左から5人目の女性がクラーラ・ツェトキーン（グルジア，ゴーリのスターリン博物館で筆者撮影）。

写真15-7の絵は，1926年11-12月に開催された第7回コミンテルン執行委員会総会の代議員たちとスターリンが歓談しているところである。現在(2012年10月現在)，グルジアのスターリンの出身地，ゴーリの「スターリン博物館」の2階展示室入口右に掲げられている絵である。左から5人目にクラーラ・ツェトキーンが描かれている。彼女は，この会議でトロツキーの排除とジノーヴィエフのコミンテルンの議長解任に賛成しており，この時もコミンテルン幹部会員に選ばれている[29]。なお，この第7回拡大執行委員会総会は，

29）ジノーヴィエフの議長解任の声明は，はじめ1926年10月23日，ソ連邦共産党中央委員会・中央統制委員会合同総会でコミンテルン執行委員会代表団が行ったもので，執行委員会幹部会は，10月25日の会議で全員一致でこの声明を承認し，署名した。クラーラ・ツェトキーンの署名もある。第7回コミンテルン執行委員会総会後，12月18日の執行委員会会議で，コミンテルン幹部会に選出されたのは，ブハーリン，スターリン（以上ソ連邦），マヌイリスキー（ウクライナ），ギャラハー，マーフィ（以上イギリス），コラコフ（ブルガリア），譚平山（中国），ハケン，シュメラル（以上チェコスロヴァキア），クーシネン（フインランド），クレメ，セマール（以上フランス），レンメレ，テールマン，ツェトキーン（以上ドイツ），ロイ（インド），スマウン（インドネシア），エルコリ（イタリア），片山（日本），プルフニャク（ポーランド），シレン（スカンディナヴィア），ダン

コミンテルン最後の拡大総会となった（村田編訳Ⅳ 1981：556）。クラーラのコミンテルンの舞台での活動もこれが最後であった。その時の姿をこの絵は捉えている。

2 1927年――クラーラの70歳，ロシア革命10周年を頂点として

1927年は，ロシア革命10周年であった。この年の7月クラーラは70歳を迎えたが，体力が衰え，歩行は困難で，視力も弱り，片方の目はほとんど失明状態であった。

1927年1～2月，クラーラはコーカサスに保養に行く。1927年2月6日にはコーカサスのキスロヴォドスク（Kislovodsk：キスロヴォーツクとも読む）[30]のトロツキーサナトリウムから孫のヴェルフィへの手紙が出されている[31]。詳細は次章で扱う。

(1) クラーラ・ツェトキーン70歳，ロシア革命10周年

1） クラーラ・ツェトキーン70歳

カン（マイナー），ルーセンバーグ（U.S.A.），ロゾフスキー（プロフィンテルン），シャーツキン（共産主義青年インターナショナル）。また幹部会員候補に選ばれたのは，モロトフ，ピャトニツキー（以上ソ連邦），コドビリャ（アルゼンチン），シュラー（共産主義青年インターナショナル），トラン（フランス），ゲシュケ（ドイツ），クン（ハンガリー），マッジ（ジェンナーリ，イタリア），ボグツキ（ポーランド），アンベール-ドロ（スイス）であった（村田編訳Ⅳ 1981：556-557）。

30） この時期から10年ほどのちのことであるが，アンドレ・ジイドは『ソヴェト紀行修正』（1938）のなかで「僕は支配者としてのプロレタリアは，目下競争者にその位置を譲りつつあるといふ印象を受けた。何故かというに，〈世界最大の温泉地〉キスロヴォドスクに目下建設中の16の新療養所は，殆んど全部，国立銀行だとか，重工業人民委員会だとか，郵便電信人民委員会だとか，プラウダだとかいう，すべて政府機関の役所によって計画されたものであるからだ。これ等の行政省も勿論労働者を使用はしているものの，どうやら自分には官吏の方が労働者より容易にベッドも浴室も手に入れ得るとしか思へない」（ジイド 1937=堀口訳 1938：83-84）と書いているくだりに出くわした。キスロヴォドスクを〈世界最大の温泉地〉としようとしていた時期があったということである。なおキスロヴォドスクの読み方は，以下原文に従い統一しない。

31） そこには，「お医者さんが私をコーカサスのミネラル浴に来させました。私は，ここに，弱って病気で着いたので，すぐベッドに横たわらなくてはいけなくて，今日まで入浴できませんでした。」と書かれている（SAPMO-BArch NY4005/61, Bl.44）.

クララーラは，1927年7月5日の彼女の70歳の誕生日を，モスクワで迎えた。ソ連共産党のアカデミーは，クララーラの70回誕生日を記念して「国際女性運動の理論と実践研究部」を創設しクララーラはその議長となる。コミンテルンの女性部とは関係なく，ソ連共産党のアカデミーがこのポストをクララーラにつくったのである。そのことの意味は，クララーラは，コミンテルンの執行委員としてロシアに滞在していたというだけでなく，ソ連共産党に深くコミットしていたことを示すように思われる。クララーラは，オシップ・ツェトキーンの祖国にいて働いているという意識が晩年の支えになっていたのではなかったろうか。

『インプレコル』誌1927年7月1日付け（7. Jg.Nr.67:1417-1424）は，クララーラ特集を組んだ。そこにはモスクワからタールハイマーの「クララーラ・ツェトキーンとドイツ労働運動」，1917年のクララーラ60歳のときにフランツ・メーリングが書いていた「クララーラ・ツェトキーン－ツンデル」の採録，ヘルタ・シュトゥルムによる「クララーラ・ツェトキーン－革命的女性運動の国際的指導者」，G.G.L.アレクサンダーによる「軍国主義，植民地政策，帝国主義戦争に反対するクララーラ・ツェトキーンのたたかい」，エッダ・ブルムによる「クララーラ・ツェトキーンの仕事『平等』」という論稿が掲載されている。

同じ1927年の7月8日に，画家のケーテ・コルヴィッツは60歳の誕生日であった。ケーテの60歳はドイツで盛大な記念祝賀会や記念展がアカデミー主催で行われた。日本にはじめてケーテの人と作品を紹介した千田是也32)の，ケーテの60歳とクララーラの70歳を比較した一文がある。「彼女の画集，又は彼女に関する幾つかの著述が出版され，殊にこの月の始めから，伯林の各新聞は彼女の生誕を祝うために，こぞって記事や写真を掲げ始めた。プロレタリア新聞は云わずもがなだ。クララ・ツェトキンの70年の誕生日（同じ月の5日だ！）には，彼女のごまかしえぬ明白な階級的立場の故に，口を閉ざして一言も語ろうとしなかったブルジョア新聞までが，コルヴィッツに対してはキザッタラシイ賞讃の言葉を与えている。彼女の上にかぶさっている芸術

32）俳優であり，演出家であった千田是也（1904-1994）は，1927年春から31年秋までドイツに滞在し，1930年にドイツ人のイルムガルト・クルムと結婚した（加藤2008：265-722）参照。ここに引用する一文は千田（1928：16-17）にある。

写真15-8 ドイツへ帰国したクラーラ（中央）を迎えるベルリンの人々
ピーク（その右）とフーゴー・エーバーライン（その左）（1927年8月32日）

というベエルの故に，彼らは彼女の社会的名声を，あわよくば，自分の方へカスメ取る事が出来ると信じたからだ」（志真　2006：217-18，ただし，千田是也の文の出所不記）と書いている。（＊補章参照）

千田からみた，当時のベルリンのブルジョア的メディアの状況はこのようなものであったが，ルイーゼ・ドルネマンの伝記では，ベルリンのスポーツ宮殿では，クラーラ・ツェトキーン祭が行われ，ドイツのほとんどすべての大都市と多くの町や村で集会がもたれたと書いている（ドルネマン　1957＝武井訳1969：336，ただし出典なし[33]）。またベルリンでは，『革命のためにはすべてを！　女性闘士クラーラ・ツェトキーンの生涯と仕事』と題する小冊子[34]が出され，冒頭には，パウル・フレーリヒが，彼女の半生を描き，最後を「われわれは，女性闘士，クラーラ・ツェトキーンに挨拶する。われわれは，あなたの道を行く。きっとうまくいくだろう」ということばで結んでいる。1921年のパウル・フレーリヒのクラーラへの不信は，ここには見られ

33）ドルネマンは，この時，クラーラは，ジレンブーフへではなくコスチャが用意したビルケンヴェーダーの家に連れていかれたとあるが，これは事実に反する。ビルケンヴェーダーに移ったのは，1929年である。

34）*Alles für die Rovolution! Aus Leben und Werk der Kämpferin Clara Zetkin*, Berlin 1927, Vereingung Internationaler Verlags-Anstalten.

ない。

誕生日の数週間後クラーラはドイツへ帰る。レールルター駅で，ヴィルヘルム・ピークと群衆がこれを迎えた。

2）ロシア革命10周年

10月末クラーラはモスクワに戻ってロシア革命10周年の行事に参加する。他方ケーテ・コルヴィッツはロシア革命10周年で夫とともにモスクワに招待され，2週間滞在した。モスクワとカザンで彼女の個展が開催されたのである。

ケーテは，1927年大晦日の晩（Silvesterabend 1927）に書いている。

> わたしの60歳の誕生日を，それがもたらしてくれたあらゆる喜びを以て迎えた。愛する人たちといっしょにヒデンゼーへ，そしてあとでロシアへ行った。カールと私は，モスクワの，ちがった空気にあてられて帰ってきた（Kollwitz 1989：634＝鈴木2003：173）。

ケーテは，実は10年前の1917年の大晦日の晩にも日記を書いていた（Kollwitz 1989：347-348）。志真は，このロシア革命が起こった時の大晦日のこのケーテの日記と，1927年の大晦日の日記とつなげて次のように書いている。

> ケーテにとって，ソヴェトは，「新しい希望」であった。ロシア革命が起こった年の大晦日に，「ロシアから，何か新しいものが世界に持ち込まれた。わたしはそれが，きっといいものであるにちがいないと思える」と感想をのべている。革命10周年に際して「AIZ　労働者絵入り新聞」がおこなったアンケートに，「ここは，なぜわたしが共産党員ではないのかを説明する場ではありません。が，この場を借りて述べておきたいのは，過去10年のあいだにロシアで起こったことは，その重要さと，その広範囲におよぶ意義において，もっぱらフランス革命とだけ比較しうると思われることです。4年間の戦争と，革命運動による坑道掘りの作業によって，土台を掘り起こされた旧世界は，1917年11月，跡形もなく崩壊しました。

新しい世界のおおよその輪郭が，ハンマーで打ち出されたのです。ゴーリキーは，ソヴェト共和国の初期に発表した文章のなかで，『靴底が宙を飛ぶような』飛翔について語っています。ロシアでは，きっと，嵐のなかにこの飛翔が感じられるに違いありません。この飛翔，かれらの赤熱の信念こそ，わたしがつねづね共産主義者にたいして羨望してきたものです」と回答している（志真 2006：218-219）。

ドイツ共産党の内部の諸問題を多分間接的に感じて，距離をおいてきた60歳のケーテにとってもやはり，革命10周年のソビエトは，「新しい希望」であったことはたしかであろう。しかし，「違った空気」の意味は，ケーテの複雑な心の表現ではないかと思われる。

他方ひるがえってクラーラが60歳になった時，1917年はロシア革命の年であった。前にも書いたが，クラーラのドイツ社会民主党に対する批判と反戦行動のために，『平等』の編集担当の座を追われ，マリー・ユーハッツによって継続されることとなった。クラーラは，『ライプツィヒ人民新聞』紙上で国際社会主義女性運動家たちへ『平等』と関係を絶つよう呼びかけ，『ライプツィヒ人民新聞』の『女性付録』第1号を発行するといういわば，大騒動の直後に60歳の誕生日をむかえたのであった。その時は，フランツ・メーリングが『ライプツィヒ人民新聞』にクラーラへの祝辞を寄せた程度でクラーラの60歳の誕生日は過ぎて行った。

クラーラは70歳の1927年10月7日に，モスクワで開かれた社会主義革命10周年記念集会に参加し「赤旗勲章」を授与された。この時モスクワに招待されていたケーテ・コルヴィッツは，1927年11月6日付け日記で，赤の広場でのソビエト政府のパレードがあったこと，「老いたクラーラ・ツェトキーンが„Zetkina“という席に座っていた」ことを書いている（Kollwitz 1989：899）。このとき，ケーテは，どのような思いで，「老いたツェトキーン」をみていたのだろうか。

しかし，ロシア革命10周年は，スターリンとブハーリン，ルイコフ，トムスキーの提携，スターリン反対派の追放，トロツキーのアルマ・アタへの追放の年でもあったのである。

写真 15-9　ブハーリン

写真 15-10　ルイコフ

写真 15-11　トムスキー

3） 女性運動

1927年にニューヨーク，イギリス，チェコスロヴァキア，フランスで，「女性代表者集会」がひらかれた[35]。イギリスでは，イギリス共産党が，経営や労働組合内部に拠点をもっていないため，改良主義者の指導下にある労働党，労働組合，協同組合同盟の女性部から選出された女性代議員からなる代表者集会を招集し，そこに結集した働く女性と共産党との結びつきを深め，彼女たちに影響をおよぼすよう努力したのであった。イギリスの女性代表者集会の欠陥は，経営からの代表者数が少ないことと，連結した定期的集会に代表を結集する方向を確立できなかったこととされている（注35）の文献：66)。

以上のように，この期の女性運動方針の重要な柱は，女性代表者集会方式であり，集会と労働組合活動とのあいだに密接な結びつきをもつことが全支部の任務とされていたのである。

女性代表者集会方式とともに，無党派女性組織での活動の重要性も次第に増大してくる。

なぜなら，コミンテルン各支部にとっては，無党派女性組織の目的は，広範な女性大衆と弱体な党との結びつきをつくり，女性のあいだでの党の活動領域をうちたてることにあったからである。しかし，この期の無党派女性組織内での党の活動は，しばしば，一方でイデオロギー的不明確さ，他方で政治的偏向があらわれている。

たとえば，フランスの「反戦女性友愛同盟」は，女性大衆の平和主義に迎合することによって前者の例となり，ドイツの「赤色女性・少女同盟」は，共産党を模倣しすぎることによって，後者の偏向をおかしたとされる点などである（注35の文献：67）とされる。

その他，協同組合，「赤色救援会（ローテヒルフェ）」，「国際労働者救援会（インテルナツィオナーレアルバイターヒルフェ）」の中での女性運動も重視された。また，1926年から27年にかけて，各支部で，女性新

35） *Die Komintern von dem IV. Weltkongress, Tätigkeitsberichte der Exekutive der Kommunistischen Internationale für die Zeit von 5. bis zum 6. Weltkongress*, 1928：66-67。

聞が創刊されたが，十分な政治的理論的水準に達しえないという問題もあった（注35の文献：68, 70）[36]。

(2) コミンテルンでのクラーラの位置

レーニン没後のコミンテルンの「ボルシェヴィキ化」，そしてソ連共産党の「スターリン化」の時代に，クラーラが，コミンテルンでどのような位置にいたかを推測してみたい。

まず，トロツキーとクラーラは，1921年のクラーラのモスクワ行き以来の知己であった。クラーラとトロツキーの手紙は数通残されている。1922年6月7日，「あなたの手紙に基づいて，私は緊急に，シャフナー博士への必要な照会をするように指示を与えました。この点に関して出来る限りのことがなされるでしょう。心からも挨拶を。L.トロツキー」（RGASPI 528/2/433）というトロツキーからの返事がある。この時クラーラがトロツキーにどんな手紙を出したのかはわからない。

1923年6月5日には，ライプツィヒやベルリンの状況について，コミンテルン執行委員会の意見を聴きたいというクラーラからトロツキーへの手紙がある（RGASPI　528/2/197）。

トロツキーは，外国からのコミンテルン執行委員でしかも女性問題の責任者としての執行委員であるクラーラ・ツェトキーンの存在をあまり意識していなかったように思われる。

一国社会主義論を掲げた，ブハーリン＝スターリンの二頭政治と，ジノーヴィエフ，カーメネフ，トロツキーの合同反対派との論争が始まったのは1926年以降である。

クラーラがトロツキーをどうみたかの最初の表明は「一つのエピソード，何ら破局ではない」という論稿（Zetkin 1927c）中にある。これはもともと，『プ

36）出版物の名を挙げれば，ドイツ*Kämpferin*，イギリス*Working Women*，オーストリア*Arbeiterin*，ノルウェー*Guisten*，イタリア*Canpagna*，アメリカ合衆国*Working Women*，*Women at Home and the Shop*，*Voice of the Working Women*，カナダ*Women Worker*，チェコスロバキア*Arbeiterin*，*Roscevacka*，フランス*Ouvrière*等である（*Inprekor.*，英訳版，1927.3.3. No.17）。

ラウダ』に書いたものであることがクラーラの1927年12月6日付けウイルヘルム・ピークあての手紙でわかる。

「一つのエピソード，何ら破局ではない」のなかで，クラーラは，「ソ連共産党中央委員会と統制委員会の同志トロツキーとジノーヴィエフを党から排除するという決定」は，「誰をも驚かすことはできない」と書いている。1927年の終わりにトロツキーとジノーヴィエフは，スターリンとの政争にやぶれて除名された。そのプロセスを真近にみていたクラーラ・ツェトキーンが，ロシア革命10周年と，自分の70歳の誕生記念の行事を表面だけで受け止めていたはずはない。

クラーラ・ツェトキーン演説著作選集に収録された，1927年12月6日付けのヴィルヘルム・ピーク宛てのモスクワからの手紙は，「ソ連邦共産党（ボルシェヴィキ）におけるトロツキー反対派に反対する」と編集者によって題がつけられている（Zetkin, *Ausgewählte* Ⅲ：352-353）。その中身をみると，「私は，私の棺に打つ釘としてはありあまるほどの，反対派（Opposition）への絶え間ない緊張の中におりました。」，「私は，『プラウダ』に載った私の論文『一つのエピソード，何ら破局ではない』が『インプレコル』に掲載されたかどうか知りません[37]。反対派の行動は不名誉なことです。」，「反対派が，党とその歴史的課題を現在の状況下で粗末に扱うということは，許し難い犯罪的行為です」（同上：352-353）と書いている。

トロツキーの名前を直接挙げてはいないが，「反対派」とはトロツキーを意味する。クラーラが70歳でロシア革命10年の1927年は，決して喜ばしい年ではなかった。トロツキー，ジノーヴィエフとカーメネフは，左からスターリンを攻撃し，ブハーリン，ルイコフ，トムスキーは，スターリンが革命の目的を遂行する際の性急さと仮借なさを非難し，この遂行の速度と強度とを緩和させようとする「右」からの攻撃を行った（カー 1979＝塩川訳2000：233-247参照）。このようなソ連邦共産党内部の抗争をクラーラ・ツェトキーンは身近に見ていたのである。

37）この論稿は，『インプレコル』誌，1927年11月25日（Nr.116）の冒頭に„Eine Episode, keine Katastrophe“ Von Clara Zetkin（Moskau）として掲載されている（Zetkin 1927c）。

2007年7月に私はベルリンで開催されたクララ・ツェトキーン生誕150年のコロッキウムに参加した。その報告の中に，ローザ・ルクセンブルク財団のホルスト・ヘラスの「1927年のクララ・ツェトキーンの『罵りの手紙』(Dreckbrief)について」という報告(Helas 2008：137-141)があった[38)]。これは，ドイツ共産党首，エルンスト・テールマンを批判するブハーリンあての手紙である。

そのころ，日本共産党の様子はどうであったか。1925年に，コミンテルン極東部代表と日本の委員会（ビューロー）メンバーが上海で会議を開き，1926年2月コミンテルン第6回拡大執行委員会総会に党再建ビューローから徳田球一を派遣した。それを受けて同年12月山形県五色温泉で党再建第3回党大会を開催し中央委員に佐野文雄が就任した。1927年7月に渡辺政之輔ら日本共産党の代表は，コミンテルンと協議して「日本問題に関するテーゼ」(27年テーゼ）を作成した。テーゼはコミンテルンの影響を受けて社会民主主義にたいする闘争を押し出していた。

また，荒木茂と離婚した（1924年）中条百合子が『伸子』を書き終え，湯浅芳子とともに，モスクワにやってきたのは，ロシア革命10年の年である1927年12月3日，百合子28歳のときであった。百合子のソ連滞在は，スタ

38）Slaw Hedeler/Holst Helas/Klaus Kinner（Hrsg.）: Luxemburg oder Stalin, Das Schaltjahr 1928-Die KPD am Scheideweg, Berlin 2003:40-41,CD-Rom, Dokument 38を出典としている（筆者未見)。クララ・ツェトキーンからのコミンテルンの実質議長職のブハーリンへの1通の手紙を，1928年3月14日，ドイツ共産党中央委員会の会議に，エルンスト・テールマンが公開したというのである。コミンテルン議長への手紙は1927年11月11日と日付が入れられている。1927年秋，クララはドイツへ帰って，KPDの指導部内の問題点を指摘したものである。1925年コミンテルンによって編成されたいわゆるテールマン中央委員会が決して成功を収めていないことは明白だった。彼女はさしあたりKPD指導部員と個別の会談を行い，テールマンとそのことについて多くの会談をしたと書いている。彼女は，政治局の集会やKPDのZKの会議に参加した。ここでは，クララ・ツェトキーンが手紙の中で，1. 中央委員会の目下の状況は指導的集団的党機関としてどう評価するか。2. テールマンをどう考えるか。3. 指導的集団党組織として，中央委員会の有効性を立ち直らせるために何がもっとも緊急に変えられなければならないか。という点を挙げているという。それは秘密の手紙で，テールマン批判の『罵りの手紙』であった。

ーリンの時代の初期である。彼女はそれから約3年，モスクワを本拠地にして，ソ連各地やヨーロッパを旅行し[39)]，片山潜とも知己を得て1930年11月4日に帰国する[40)]。

この時期に，70歳を越えたクラーラ・ツェトキーンは，ツンデルと離婚し（1928），ソ連においては，モスクワ近郊アルハンゲルスクで療養し，ドイツではベルリン近郊ビルケンヴェーダーの新しい家を買って住んでいたので，百合子と直接の接点はない。

39）宮本百合子は，「ロシアの旅より」（1928），「石油の都バクーへ」（1933）等の小品で，コーカサス旅行のことを書いている。本書第14章で，クラーラが1923年に初めて訪れた保養地としてのコーカサスのことを書いたが，クラーラは，1924年，1925年，1927年，1928年にもこの地に行っている。百合子がコーカサスを旅行したのはそのあと1928年9～10月のことである。百合子は「ヴォルガ河からスターリングラードへ19日に上陸，それからウクライナの野を横切って，こちらで有名な温泉のあるキスロボードスク，ピャチゴルスクに一晩ずつ泊りました。コーカサスに近づいたこのあたりの景色は雄大です。山が多い。その山が幾重にもうちかさなった彼方に雪をいただいた峯があって，ちょうど那須野ヶ原から日光連山を眺める，あの眺望の数千倍大きく，強いものだといえましょう。だが温泉へは入らず。こっちの温泉はドイツのバーデン・バーデンや何かと同じで，冷鉱泉をのんだり，医者に指導されて浴するので，箱根へ行ったように，つくなり一風呂浴びて，ユカタに着かえるような気分は見られません。」（『宮本百合子全集』新日本出版社版Vol. 9：45-46.）と書いている。また，クラーラが1924年に訪れたことがあるバクーについても1928年当時の状況を詳細に書いている（『宮本百合子全集』同上版Vol. 9：581-592）。

クラーラの没後3年，1936年にアンドレ・ジイドは，「リトワニアのコヴノから，モスコオへ，レニングラアドへ」（ジイド1937＝堀口訳1938：257），「再びモスコオへ，さらに南下し，オルジョニキッゼ，チフリス，バトゥム，カヘェチ，スフウムを経て海路セバストポオルに至り，更に黒海，地中海を経て海路から（フランスへ）帰国した」（同上：265）が，「ソヴェトで探し求めたのは風光の美でも植物でもなく人間であった」（ジイド1936＝小松訳1937：39）と断りながら，「とは云ふものの，コーカサスの森林の美しさに眼を奪われたことを，やはり書き落としたくはない。カヘーチャにさしかかるあたりの森，ことにボルジョムの上にあるバクーリャニの森などは素敵である。あんなに美しい森を，私は今までみたことはない，またそれ以上に美しい森を想像したこともない」（同上：38-39）と書いている。

40）百合子の作品，小説『道標』の中に1930年の早春，小説の主人公伸子が，モスクワで，片山潜と思われる当時70歳の人物"山上元"に会った時の様子が描かれている。そこでは，ローザとの比較において「ローザにくらべるとクララの方は，ずっと常識的な女だ」，「あれは常識的な女だ」と繰り返している（『宮本百合子全集』同上版Vol.8：419-20）。同じ『道標』のなかで，伸子が1929年5月にベルリンを訪ね，カール・リープクネヒト館の地階の書店で，「クララ・ツェトキンのレーニン伝の英訳」を買ったとある（同全集Vol. 7：590-91）が，レーニン伝ではなく，1925年にクラーラが書いた『レーニンの思い出』の英訳のことではないかと思われる。

日本では1928年2月1日『赤旗』が創刊された。そして2月に普通選挙法による最初の総選挙で，合法政党である労働農民党から山本宣治ら2名を当選させた。しかし，1928年3月15日に，全国一斉大弾圧があり日本共産党とその支持者が検挙された。そのなかには少なからぬ女性党員もいたのである。

3　1928-1933年　スターリンと第3期

(1) 1928年：コミンテルン第6回大会：社会ファシズム論，階級対階級論

1928-33年の時期は，コミンテルンの用語で「第3期」としてあつかわれている。

次章でもとりあげるが，モスクワから，1928年3月13日付けで，クララがコスチャに出した手紙は，ドイツ共産党やコミンテルンの政治動向を書き，「スターリンと対立するトムスキーとルイコフ(Tomsky-Rykow)，中央派のブハーリン。ああ，私のコスチャ，このような状況は何と私を苦しめ，悩ますことでしょう。それにもかかわらず，私は，女性デーのために，モップル(MOPR[41])その他のために，多くの文筆活動をしました[42]」(SAPMO-BArch NY4005/56, Bl.52-55) と，渦中の人名を明記していた。クララの手紙にスターリンの名が出てくることは稀である。

ところが，同年3月16日 (発信地なし，実はモスクワからだが，つてにことづけてベルリンから投函された模様) 付けでは，「12日だったか13日だったかの私の手紙は，軽率だったかもしれません。(中略) あなたはその手紙をむろん受け取ったでしょう。――それは書留扱いでした――しかし，手紙が読まれ検閲されることが，ありえないことではなかったのです」(SAPMO-

41) 国際革命家救援組織，ロシア語で Mezhdunarodnaya organizatsiya pomoshchi bortsam revolyutsii の略語。ドイツ語のDie Internationale Roten Hilfe (IRH), Die Internationale Arbeiter Hirfe (IAH) と同じ。英語ではInternational Red Aid。1922年結成，43年解散。

42) 国際女性デーについては，クララ・ツェトキーンは『インプレコル』誌ドイツ語版に，「プロレタリア女性，小農女性，小市民層の女性は，国際共産主義女性デーに，単に，しのびよる戦争の危険に反対の抗議ばかりでなく，とりわけ中国やソビエト連邦への資本主義諸国の脅迫的襲撃に反対する精力的にして激しい抵抗をしよう」(*Inprekor.*, 1927. Nr.25:502) と書いている。

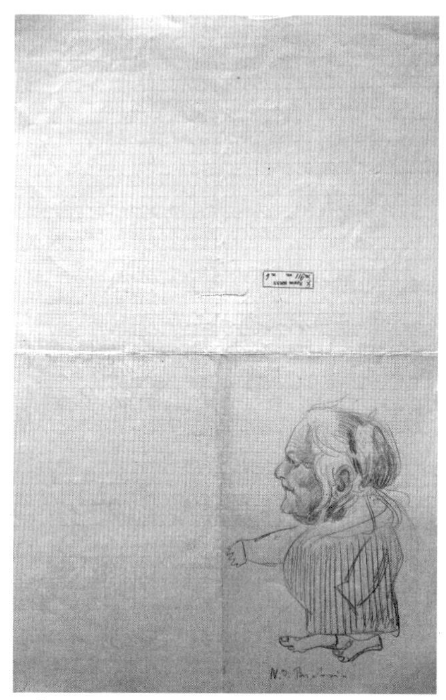

写真15-12 ブハーリンが描いたクラーラ・ツェトキーン

BArch NY4005/56, Bl.64-65）と書いていた[43]。

スターリンとブハーリンの対立は，翌1928年のコミンテルン第6回大会がその場となり，1928年7月19日に，ブハーリンをコミンテルンの活動から解任するという「ブハーリン同志についての決議」が採択された（村田編訳V 1982：113-115）。

クラーラは，ブハーリンと親しく，ブハーリンによるクラーラの鉛筆書きカリカチュア的スケッチ（RGASPI F528/2/410）が残されている（写真15-12）。

こうした首脳部内の紛争の間にも，コミンテルンの女性政策は引き継がれていった。コミンテルン第5回世界大会（1924年6月17日～7月8日）から，第6回世界大会（1928年7月15日～9月1日）迄のあいだに，コミンテルン拡大執行委員会女性部は，党が女性のあいだでの活動に積極的に参加すること，女性のあいだでの活動のための組織をつくり強化すること，経営および労働組合の活動の強化，女性代表者集会の定期開催，女性新聞の創刊と内容の充実を重点として指導し，各支部の

43）この時すでに追放されていたトロツキーは，それから8年後，『裏切られた革命』として日本に知られている（トロツキー 1936＝山西訳 1959，藤井訳 1992），原題『ソ連とはなにか，そしてソ連はどこへ行きつつあるか？』で，これと関連する箇所を「レーニン時代の政治局の中で今残っているのはひとりスターリンだけである。長年の亡命期間レーニンのもっとも親密な仲間であった二人の政治局メンバー，ジノーヴィエフとカーメネフは，一度も犯したことのない罪のため10年の禁固刑に服している。あとの3人のメンバー，ルイコフとブハーリンとトムスキーは指導部から完全にしめだされているものの，従順さに対する報償として二義的なポストについている。最後に本書の著者は亡命の身である。」（トロツキー 1936＝藤井訳 1992：132）と書いた。

点検をおこなった。

また，メーデー，国際協同組合デー，青年デー，子ども週間，3月18日戦争反対カンパニア，ソビエト連邦支援カンパニア，国際女性デーなどにとりくみ，各支部の女性運動の交流のために幾多の資料をも提供した。

しかし，1928年のコミンテルン第6回大会は，その議事日程に「女性運動」を含んでいない。第6回大会は，第1次世界大戦後の歴史に，戦争直後のするどい危機の時期，相対的安定の時期，資本主義の矛盾の新しい激化と大衆運動の新高揚が期待される第3の時期，といういわゆる「3つの時期」区分を与えた大会として，また，反社会民主主義的「コミンテルン綱領」を採択した大会として知られている。すなわちこの大会は，社会民主主義を「社会ファシズム」と規定し，共産党の政策を「階級対階級」の政策とした点で，のちにそのセクト主義的誤謬を指摘される大会でもあった。

スターリンの路線の強化はとどまるところを知らなかった。マクダーマット他（1996＝萩原訳：128）は，「数名の影響力のあるコミンテルンの外国役員，（中略）尊敬されていたクララ・ツェトキンとかは，『右翼』への攻撃をできるだけ小さくしようと試みた。彼らは『組織上の措置』，つまり除名措置をとることや，コミンテルンにおける討論の自由を抑圧することに反対した」と書いている。

第6回大会当時，資本主義国における女性労働は，全般的に劣悪な労働条件のままに放置され，女性労働者の保護や労働時間規制がきわめて不十分であった。これにたいして，女性労働者の抵抗の気運が高まり，ドイツにおいては，紡績工場の女性労働者が数週間，数カ月にわたる闘争をおこなっていた。また第6回大会のテーゼが指摘するように，大衆的軍隊化がすすみ，その新しい特徴として「青年の軍隊化の増大，就中それが事実上，且つ部分的には極めて明瞭に女性の軍隊化を含む」[44]という状態におかれた。こうした状況の中にあっても，女性の多くは社会民主党の指導下にあり，共産党の味

44）産業労働調査所発行『インタナショナル』1929年第3巻第3号：34（コミンテルン第6回世界大会テーゼ「帝国主義戦争に反対する闘争と共産主義者の任務」）

方にはなっていない。そこでコミンテルンの任務は，「工場において女性をとらえること，社会民主党下の女性を獲得すること」[45]にあるとされたのである。

第6回大会で採択された「コミンテルン綱領」中には，「4.資本主義から社会主義への過渡期とプロレタリアートのディクタツーア」という節のなかの「(3)プロレタリアートのディクタツーアと収奪者の収奪」という項に，「D.労働保護，日常生活，その他」として，女性問題にかんする次の規定がある。すなわち，「すべての女性にたいして，夜間労働と健康に特に有害な部門での労働を原則として禁止すること，児童労働の禁止，時間外労働の禁止」および，「法律のうえでの，また日常生活における男女の社会的平等，婚姻法と親族法の根本的改正，出産を社会的機能とみとめること，母子の保護，社会による青少年の扶養と教育（託児所，幼稚園，子どもの家，その他）の実現に着手すること。家事労働の負担をしだいに軽減するための施設（公衆食堂，共同洗濯所）の設立，女性を隷属させるイデオロギーや伝統との計画的な文化闘争」という規定である[46]。これらの規定には，女性解放の実質化のための綱領的命題として積極的な内容も含まれている。

コミンテルン第6回大会が区分した，いわゆる「第3の時期」，すなわち，資本主義の矛盾の新しい激化と大衆運動の新しい高揚が期待される時期は，女性労働者の生産および家庭にしめる役割，ひいては階級闘争内でしめる役割を変化させた。資本主義的合理化は，それまでの期間に労働者家族を支配していた習慣および伝統を根底からゆり動かした。生産過程での不熟練女性労働者の比率が増し，男女の労働力構成に変化をもたらした。モイローヴァは，このことについて，「長い間稼ぎ主の収入の補助と考えられていた女性の労働賃金が，しばしば家族の主要な収入になり，反対に労働者階級家族の男子の受ける失業手当が補助的なものに転化した」[47]といっている。

45）同上，第3巻第2号：59（「コミンテルン第6回大会詳報」）。

46）日本共産党中央委員会出版部『日本共産党綱領集』（1964：184-85）の「共産主義インターナショナルの綱領」に翻訳あり。

47）『インタナショナル』1930年第4巻第7号：116（モイローヴァ「国際婦人運動」*C.I.*1930.4.1の訳より）。

しかし，男性労働者の，女性労働者による大量の代置にもかかわらず，失業女性の数はいちじるしく増加しつつあった。なぜなら，資本主義的合理化は，生産に従事する労働力の全般的減退をひき起こすと同時に，労働者家族の貧窮が，労働者の妻および家族員の大多数を労働市場に賃労働者として流出させるからである。このような状態を，モイローヴァは，「プロレタリア婦人の運動は……いまや，補助的労働力の運動の形態を凌駕し，それ自体プロレタリアートの奔流的な切迫せる闘争の基本努力の一つに転化」[48]したととらえている。しかし，このような女性労働者層の地位に起こりつつある重大な変化を，資本主義諸国の共産党は，若干の例（ドイツ）をのぞいて的確にとらえることができなかった。

コミンテルンはこの時期，スターリンとの複雑な闘争で女性問題どころではなかったのではないかと思われる。しかも，スターリンの政敵ではなかった女性幹部が責任を持つ女性問題にまでスターリンの眼は行き届いていなかったかもしれない。

この時期，アルハーンゲリスクのクラーラの住いにフランスから文化人が訪問した。アンリ・バルビュス（写真15-13）やルイ・アラゴンらである。バルビュスは，小説『砲火』(1916)や『クラルテ』(1919)などで日本にも知られているが，クラーラに，1920年のフランス共産党の創立大会に潜入した時の様子をたずねたりしたという（Badia 1993：Hervé *et al.*, 1994：196）。

1928年10月ソ連は，第1次5カ年計画を開始した。

マクダーマット他（1996＝萩原訳　1998：129）は，「1928年の終わりまでにコミンテルンの雰囲気は，反対者にたいするでたらめな捜査で，『レッテル貼り』や悪口雑言が吐かれる雰囲気にまで堕落した」といっている。まさにこの時，宮本百合子は，モスクワにいたのだが，多くの人々がそうであったように，このような事情を知る由もない。

クラーラ・ツェトキーンは十分知ってはいたが，活動的時期は過ぎ去って消極的批判者にすぎなかった。そのこと自体をプシュネラートは，クラーラは「スターリン化」の加担者とも呼び，かつ「犠牲者」という言葉を付け加え

48）同上:119.

写真15-13　アンリ・バルビュス（左）とクラーラ・ツェトキーン（1928）

たのである。マクダーマットらの「主要人名解説」には，クラーラについて「インタナショナルの『右派』に控えめながら影響を与えていた彼女は時折スターリン主義者と衝突した」（マクダーマット他 1996＝萩原訳 1998：332）と書いている。また，トロツキーの『わが生涯』（下）の訳者志田が同書に付した人物一覧で，クラーラ・ツェトキーンは「右翼反対派に半ば同調し，その後，スターリンの政策を支持」（トロツキー1930＝志田訳　下　2001：後から19）と書いているが，どのように支持したかの根拠は本文中にみられない。両者とも根拠を示さない微妙な書き方であることは否めない。

(2) コミンテルン第10回執行委員会総会の1929年

マクダーマット他（1996＝萩原訳　1998：130）は，「1929年3月には，インタナショナルの破滅的な状況をもっともうまく要約したのはおそらくツェトキンであったが，彼女は当時，にがにがしげにつぎのように書いたのである。コミンテルンは，『生きた政治体であったが，いまや，一方ではロシアの命令を飲み込み，他方ではそれをいろんな言葉で反芻することしかできない死んだ機械になってしまった』[49]」と。

実際に，1929年の情勢は1928年より，いっそうきびしさを増していたが，国際女性デーのスローガンは，28年をうけついで，「帝国主義戦争に反対し，ソビエト連邦を守り，資本の略奪に反対するたたかい」（*Inprekor.*,1929,Nr.17:353）という表現に集約されるものであった。この年の女性デーにコミンテルンは，「経済的搾取と政治的抑圧に反対し，さし迫った戦争の危険に反対し，ソビエト連邦を守るためのたたかいをめざす巨大な革命的世界戦線」（*Inprekor.*,1929,Nr.17:354）に万国の働く女性を結集しようとしており，「わが女性デーならびに反戦カンパニアは，働く女性に，その運命つまり，帝国主義に反対する中国・インド・ラテンアメリカの植民地・半植民地諸国での民族運動や闘争と結合する国際連帯を理解させるだろう」（同上）と国際連帯の精神を強調している。

クラーラ・ツェトキーンは，この年の女性デーを，「国際共産主義女性デー」と呼び，「戦争に反対せよ！ソビエト連邦を守れ！　これが，今日の女性デーの準備に万国でかかげる旗に書かれる主要スローガンである。それは，共産主義インタナショナルの赤旗である。2つの主要スローガンとして，資本主義諸国家と植民地，半植民地諸国で搾取され抑圧されたものが，支配者や苦しみを与えるものにたいするたたかいの中でかかげる諸要求と，そこで，働く女性をおしつぶしている不幸をやわらげる特別の諸要求にまとめられる」（*Inprekor.*, 1929, Nr.19：385）として，「国際共産主義女性デーは，共産党，共産主義インタナショナルの旗のもとに，世界資本主義に反対する革命的統一戦線のために，大衆を集める。性や民族や人種や信仰の区別を知らないたたかう大衆，戦争に反対する戦争とソビエト連邦の擁護のためにたたかう大衆，資本主義諸国と植民地地域のたたかう決意あるものは，ソビエト連邦を建設中の姉妹兄弟に，3月8日に誓ってあいさつを送る。信頼には信頼を！　プロレタリア世界革命のために前進せよ！　共産主義万歳！」（*Inprekor.*, 1929,

49）マクダーマットとアグニューは，この言葉を，フランス語の文献から引用しているが私は直接確認していない。

Nr. 19 : 386）と呼びかけたのである。

この年が，クラーラがコミンテルンの女性運動指導に関わった最後であろう。

こうしたコミンテルンの基本姿勢の上で，コミンテルン拡大執行委員会は，1929年の国際女性デーをまえにして，次のような38項目のスローガンを発表した（*Inprekor.*, 1929, Nr.19：386[50]）。

1　コミンテルンのレーニン主義の旗のもとに，女性の完全な解放をもたらす世界の10月のために前進しよう。

2　万国の働く女性よ，ソビエト国家とともに，平和と一般的軍備縮小のためのたたかいに整列せよ。

3　帝国主義戦争に反対せよ。

4　階級意識ある女性労働者の警戒心を眠りこませる平和主義反対。

5　万国のプロレタリア女性，帝国主義と帝国主義戦争に反対し，ソビエト共和国をまもる階級闘争の統一戦線の位置につけ。

6　女性労働者は，諸君の利益を現実に代表するレーニンの党，共産党に入れ。

7　女性労働者と働く女性に飢えと病気をもたらす資本主義的合理化に反対せよ。

8　資本家の攻撃に反対し，労働者と女性労働者の反撃を。

9　女性労働者は，社会民主党が，自分たちの階級の利益を常に裏切ったということを想起せよ。労働組合から社会民主主義的官僚主義をたたき出せ。

10　女性労働者は，自由労働組合に入り，労働組合運動の左翼を強化し，反対派の経営評議会を選挙せよ。

11　裏切り派の労働組合指導者をたおせ。

12　植民地から手をひけ。植民地の抑圧されている女性労働者とプロレタ

50）スローガンの邦訳で，Arbeiterinenには「女性労働者」を，Werkätige Frauenには，「働く女性」をあてた。

リア的団結を。

13　妥協的社会民主党，労働者階級の利益を裏切る改良主義に反対する容赦ない闘争を。

14　女性労働者通信員，農村婦人通信員は，平和主義者，改良主義者，官僚主義者，社会民主主義者を怒りをこめて諸君の敵とみなせ。

15　より高い賃金と十分な暮らしのためにたたかえ。

16　同一労働にたいして同一賃金を。

17　戦争準備のかわりに，子どもたちにミルクとパンをよこせ。

18　万国の戦争準備に反対せよ。

19　資本主義に反対するいかなる闘争も，帝国主義戦争に反対する闘争であるということを想起せよ。

20　諸君の経営内の秘密の戦争準備を監視し，労働者階級のまえに暴露せよ。

21　経営の中での女性労働者の解雇に反対し精力的に抗議せよ。

22　失業者の完全な救済のためにたたかえ。

23　万国のたたかう女性労働者と団結しよう。

24　労働組合運動の国際的統一のためにたたかえ。

25　物価騰貴，税収奪，大衆課税にたいして断固としてたたかえ。

26　数百万の女性大衆は，全プロレタリアートとのたたかいと連帯せよ。

27　共産党，赤色救援会，IAHに入り，たたかうプロレタリアートの隊列を強化せよ。

28　政治囚のために大赦を要求せよ。

29　十分な母と子の保護のためにたたかえ。

30　堕胎法の廃止のためにたたかえ。

31　女性労働者のために十分な社会的保障を議会に要求せよ。

32　国家と自治体諸組織の労働者敵視政策に反対してたたかえ。

33　ブルジョア的慈善ではなく，労働者と女性労働者の母性保護のために政府の立法を要求せよ。

34　飢えと帝国主義戦争をもたらす政府をたおせ。

35　革命的政治諸組織への強まりつつある迫害に反対してたたかえ。

36　白色テロと階級裁判反対。

37　万国のプロレタリア政治犯の解放のためにたたかえ。

38　共産主義的・革命的女性新聞を購読しひろめよう。

コミンテルン拡大執行委員会はまた3月7日に，「万国の女性労働者と働く女性の皆さん」と題する国際女性デーにむけての呼びかけを発表している。それは1929年の国際女性デーが，新しい帝国主義戦争の危機と，失業者の増大の中で催されることを示し，資本主義国と植民地の女性労働者，労働者の妻，農村女性，働く女性には，帝国主義との闘争を，ソビエト連邦の女性には，社会主義建設と，プロレタリア･ディクタツーアの敵(富農，ネップ人，官僚主義者，寄生的人々）への断固たる攻撃に全力を集中するよう呼びかけている。

1929年の情勢からいって，この年の3月8日は，「帝国主義に反対する階級闘争の国際統一戦線」的性格をもつ女性の国際的連帯の日でなければならず，帝国主義勢力にたいする「攻撃」の日でなければならなかった。コミンテルン拡大執行委員会のスローガンや呼びかけや，その他のコミンテルンの女性運動指導者はくりかえし，このことを主張した。

1929年7月3日から19日迄ひらかれたコミンテルン拡大執行委員会第10回総会（クラーラ欠席）は，社会民主主義を事実上ファシズムと同列におき，社会民主党内の左派に，主要な打撃をむけよという，後にコミンテルンの誤りとして批判されるスローガン（「社会民主主義＝社会ファシズム論」）を提出した。

コミンテルン拡大執行委員会第10回総会は，8月1日を帝国主義戦争に反対する国際闘争デーとすることをきめ，この準備のために女性労働者の国際労働組合委員会が活動した（*Inprekor.*,1929, Nr.57：1383)。また同総会で採択されたテーゼは，経済闘争の独自的指導を強めるためのもっとも重要な実践的任務として，共産党による経済闘争の直接的指導，および指導の重点を直接に工場の中に集中することをあげ，女性のあいだでの活動について「女性労働者の革命的運動の飛躍と，共産党ならびに革命的労働組合運動にかかる運動の指導とのあいだの，ますます顕著となる不均衡をできるだけ迅速に取り除くことは，いかなる犠牲をはらってもなされなければならない。下級の党組織，工場細胞およびわれわれの掌中にある工場委員会は，彼等の活動を通じて女性労働者をもっと大きな規模において獲得しなければならない。冷静に，しかも断固として活動し，革命的な考えをもつ女性労働者を指導的地位に置くこと，特に就中大量の女性従業員を有する工場においてそうすることが必要である。共産党ならびに革命的労働組合の，女性労働者のあいだにおける活動の過小評価を止めなければならない」[51]としている。

この年10月には，ニューヨークの株式市場の大暴落に端を発して世界経済大恐慌がはじまった。資本主義の矛盾が噴き出したのである。

(3) 1930年以降, クラーラ抜きのコミンテルンの女性デー指導と各種国際女性会議

クラーラ･ツェトキーンは, 1930年にはドイツのビルケンヴェーダーにいて, コミンテルンを離れていた。マクシムの編んだ年譜には，すでに1928年から病気であることが記されている（SAPMO-BArch NY4005/18, Bl. 69-70）。しかし，クラーラは，しばしばコミンテルン拡大執行委員会女性部へ手紙を送って連絡を取り，国際女性デーにも何らかの形で発言していた。

1930年2月のコミンテルン拡大執行委員会拡大幹部会会議で，世界経済恐慌がますます破壊的となり，社会的矛盾を深めつつあることが指摘された（ソ連邦共産党中央委員会付属マルクス・レーニン主義研究所1969＝村田訳下1973：12）。3月6日には，コミンテルンの指導のもとに国際失業反対闘争デーがもたれた。

コミンテルンは，国際失業反対闘争デーと2日後の国際女性デーとのカンパニアを意識的に関連させながら，各国の女性の状態を把握していち早く国際デーの準備にとりかかった。『インプレコル』誌は，2月11日付（No.15）に，「国際女性デーの歴史から」（F.Pf）[52]をのせ，2月25日付（20号）は，国際女性

51）『インタナショナル』1929年第3巻第11号:102（「経済闘争と共産党の任務」テールマンとロゾフスキー報告にたいするテーゼより）。

52）このF.Pfという仮名論文は，国際女性デーの歴史について多くの事実誤認を含んでおり，日本でも邦訳されて流布されている。これによって国際女性デーの日本における歴史理解を誤らせるもととなったと私は思っている。この事実から当時の*Inprekor*誌の記述は，そのまま資料として使えないものもあるのではないかと疑いを持つ。

デー特集号（*Inprekor.*,1930, Nr.20）として編集した。この特集号は，日本でも全文翻訳されて出版されている（『国際プロレタリア婦人運動』戦旗社，1930年10月）が，この特集号の中に長文の「1930年の国際女性デーにかんするテーゼ」が発表されている。テーゼは冒頭でこの年の女性デーを特徴づけて次のようにいっている。

> 3月8日の共産主義女性デーは，女性の国際的団結の日であり，万国のはば広い女性大衆を，帝国主義，ファシズム，社会ファシズムに反対し，新しい帝国主義戦争に反対して，働くものの唯一の祖国，ソビエト連邦の防衛のためのたたかいに動員する日である。
>
> 国際女性デーと国際失業反対闘争デーが，時を同じくして開催されることは，この日に特別きわだった闘争的性格を与える（*Inprekor.*, 1930, Nr.20：475）。

テーゼは，国際失業反対闘争デーにも言及して「3月6日の失業反対闘争デーに，女性労働者は，解雇と失業に反対し，資本主義的合理化に反対し，ファシズムと社会ファシズムに反対して，資本主義への断固たる突撃のために，プロレタリア独裁のためにプロレタリアートの共同戦線の中でデモンストレーションをしなければならない」（同上：477）とした。

テーゼは，ソビエト同盟での社会主義建設を中心に，資本主義諸国での「合理化」や社会民主主義者のはたしている客観的役割を分析したあと，「働く女性の皆さん！　3月8日には，資本にたいする闘争をいどめ。起こりつつある断固たるたたかいにおいて，他のプロレタリアートとの共同の戦列の中で，ともにたたかうというあなた方の用意を示そう。共産党に大衆的に入党することによってあなた方の戦列を強化せよ！

共産党とプロレタリアートの革命的組織にたいしてむけられる弾圧に，断固とした戦いを声明しよう！　全労働者階級のなかで，資本の攻撃を防げ！　同一労働にたいして同一賃金を！　女性と男性に平等の社会保障をおこなえ！　大衆的解雇と，増大する失業にたいするたたかいにおいて，労働者と失業者の連帯を！　ファシストと社会ファシストとの挑戦に，プロレタリアの自衛組織の強化をもって答えよ！　帝国主義戦争の危険に反対し，ソ同盟の擁護のためのたたかいに戦列を固めて起ちあがれ！」（同上：480）というスローガンをかかげている。

1930年の後半，コミンテルンとプロフィンテルンは，それぞれ国際的女性会議を開催した。

〔ヨーロッパ共産党女性協議会〕

まずコミンテルンは，1930年7～8月にヨーロッパ共産党女性協議会（Die Europaische kommunistische Frauenberatung）を招集した。この会議の開催地や参加人員について，私は明らかにすることができなかったが，モイローヴァ，クーシネン等が報告している[53)]。会議は，1926年の国際女性会議以降の国際女性運動をどちらかといえば否定的に総括しており，その原因の究明と，今後の活動の重点を明らかにしている。ワシリエフは，女性のあいだでの活動の不十分さの原因として幹部の問題をあげ，幹部の構成においてプロレタリア女性が決定的役割を演じていないということ，および女性のあいだでの活動領域での社会民主主義的伝統にたいする闘争の不十分さを指摘した。また会議は，1925年「5月決議」以来提起されている「女性代表者会議」を「女性労働者のあいだでの活動の領域を工場にむける問題」（*Inprekor.*, 1931, Nr.17：444）と結合させ，女性運動の中心を工場内の活動におき，当面の任務は，「大衆的政治的ストライキを通じて労働者階級を権力獲得のための決定的闘争に導くことができるように，労働者階級の多数者を獲得し，大衆の革命的闘争を発展させること」（同上：445）にあるとした。そのためには，女性労働者とならんで労働者の妻の役割が重視される。ワシリエフは「労働者の妻の問題は，ここでは政治的，組織的に非常に重要になっている」（同上）とのべている。

この会議で採択された決議はきわめて長文なので，ごく一部のみを紹介す

53）この会議については，日本に「ヨーロッパ諸共産党婦人部幹部会議」の名で紹介され，産業労働調査所編『国際婦人運動の現勢』（希望閣，1931年3月）に，モイローヴァとクーシネンの報告ならびに，会議で採択された決議の全文が，さらに『インタナショナル』（1932年第6巻第4号）にワシリエフの報告が邦訳されている。

るにとどめる。

決議は，「コミンテルン第6回大会以来の期間のいちじるしい特色は，女性部の活動が，党大会や党会議の諸決議によって，また指導的党機関の諸決定によって，広範な労働女性大衆のあいだでの全党の活動として，特に工場内の労働者のあいだでの活動として，取り組まれる活動に正確な規定が与えられたことである」（*Inprekor.*,1930, Nr.89：2179）としつつも，この間に共産党の女性指導にあらわれた右翼的および左翼的偏向を指摘し批判している。すなわち，決議によれば，右翼的偏向とは，「①女性労働者をプロレタリアートの経済的・政治的闘争に大衆的にひき入れることを軽視して，文化的啓蒙活動に偏重したこと，②プロレタリアートの闘争における女性労働者の役割を過小評価したこと，③女性労働者にたいして社会民主主義と彼らの裏切り的政策の暴露がなされなかったこと，社会民主主義者の上層部と協力したこと，ストライキをやっている女性労働者に改良主義的労働組合の援助を期待するようすすめたこと，改良主義者が，女性労働者を犠牲にして経営者と契約をむすんだ時に改良主義者に譲歩したこと等々」（同上：2180）であり，左翼的偏向とは，「①女性労働者と労働者の妻がおかれている一般的生活条件と社会的諸条件を考慮しないこと，②労働女性大衆の部分的要求の過小評価，②敵や，ファシストや社会民主主義者やキリスト教の女性諸組織の影響下にある労働女性大衆を獲得することにたいする消極的態度，すなわち下からの統一戦線戦術を実践することを拒否したこと」（同上）であったとされている。また，「女性のあいだでの活動のもっとも重大な欠陥は，国際主義的教育が全く無視されていることである。この欠陥は，とりわけ国際女性デーのカンパニア，すなわち，国際主義的要素が優先されなければならないカンパニアにおいていちじるしい」（*Inprekor.*, 1930, Nr.90：2197）として，当時の情勢にてらして国際主義的連帯の思想の重要性を強調している。決議は，広範な女性をひき入れるためには，「女性の特殊な要求をかかげることが非常に重要な意義をもっている」（同上）として，「共産主義者は，工場からの既婚女性の追い出しにたいし断固たる闘争をおこない，資本主義のもとでは，既婚女性の生産へのひき入れは，プロレタリア大衆の経済的困窮に原因があること，また，女性は家庭に帰れというファシストや社会ファシストの叫びは，プロレタリアートの生活水準にたいする攻撃を隠蔽するための，単なるかけひきにすぎないことを大衆に明らかにしなければならない。『既婚女性を工場から追い出せ』というスローガンにたいし，失業反対闘争の一般的スローガン『7時間労働日を！』『週5日労働！』等々とともに，『経営者と国家の費用で母性保護を』『労働者のための安い給食を組織化せよ』『すべての解雇された労働者にたいして，国家と経営者の費用で保険を』『女性の保険の削減にたいする闘争を』『男女同額の失業保険』等の独自のスローガンを積極的に擁護しなければならない」(同上) といっている[54]。

〔第1回国際女性労働者会議〕

さて，1930年にひらかれたもう一つの国際的女性会議は，プロフィンテルン第5回大会（1930年8月15～30日）につづいて9月1日にモスクワで開かれた第1回国際女性労働者会議（Die erste lnternationale Arbeiterinnenkonferenz）である（*Inprekor.*, 1930, Nr. 65, 1597）[55]。会議には4つの報告，すなわち，①産

54）先取りして言えば，このヨーロッパ共産党女性会議の要請に応じて国際女性書記局は，1931年に入って，「女性労働者ならびに労働者の妻の代表者会議組織化のための指導原理」(*Inprekor.*, 1931, Nr.5：157-59.：これは，『インタナショナル』1931年第5巻第5号に邦訳されている）を発表した。「原理」は，代表者会議を，「女性労働者を政治的に教育し，彼らを実践的にプロレタリアートの一般的革命闘争の中で，時々刻々と共産主義的活動への積極的な参加へと引き寄せることにより，そこから共産党や革命的労働組合運動が不断に新たな力をくみとることができる泉」(同上157) であるとのべ，労働者の妻独自の代表者の会議についても方針を出している。「絶対的に男性の労働だけが，または主として男性の労働が産業で使用されるような地方（ルールゲビート・クラドノ）では，代表者会議は主に労働者の妻の代表から構成される。国や地方によって女性が非常にわずかに，あるいは全く従業していないような産業（建設労働・鉱業労働）にかんしては，闘争の時に労働者の妻の独自的な女性代表者会議を組織することができる」(同上：157-58) としている。

55）プロフィンテルンは1921年に結成され，女性労働者のために，「男性と平等な労働に対して平等に支払うこと。おくれた産業部門や農業の婦人労働者のために最低賃金を確立すること。危険産業では7時間労働日及び6時間労働日を制度化すること。年間1カ月の有給休暇を完全に実施すること。婦人と18歳以下の若年者にたいする夜間労働や時間外労働を禁止すること。また特に重労働で健康に有害な産業と地下産業での労働を禁止すること。婦人失業者のために男性失業者と同額の失業手当を制定すること」（アディベコフ＝梅田訳　1973：79）等の一般的要求をかかげていたが，1928年にプロフィンテル

業および階級闘争における女性労働者，②女性活動の組織的形態と方法，③ソヴェト同盟の社会主義建設における女性労働者，④植民地半植民地諸国の女性の労働条件が出された（同上）[56]。

これらの問題はいずれも，とくに資本主義諸国の生産の中での女性労働の役割を考えれば，政治的組織的意義をもっていた。

会議は，プロフィンテルンおよび革命的反対派の側からの女性労働者の闘争の指導が不十分であったことを自己批判し，女性のあいだでの活動を強化するために，活動の重点を工場内に移すことをあらためて強調した。

会議は，従来の活動の欠点や経験を総括し，西欧や植民地，半植民地の女性労働者のあいだの活動の新しい形態と方法を指図し，また，資本主義諸国の女性労働者と，ソヴェト権力と社会主義建設をめざすたたかいのゆたかな経験をもつ自由なソヴェト国家の女性労働者とのあいだの組織結合をも強める役割をになった（*Inprekor.*, 1930, Nr.65：1598）とされる。

1930年2月2日にプロフィンテルンはロゾフスキーと女性委員会議長トルモソヴァの署名で，国際女性デーに向けての檄を発している。檄は，「この日を期して，女性労働者の労働状態，生活状態，および日常闘争と結びつけて，彼女らの特殊要求を広く一般化しなければならぬ」とのべて，15項目のスローガンをかかげた。それは，「同一労働同一賃金」「7時間労働制」「合理化反対」「失業手当要求」「堕胎禁止法廃止」「国家母性保険」「教育・保育要求」他であり，帝国主義戦争，ファシズム，社会ファシズムとの闘争を呼びかけ，プロフィンテルンへの加盟をうったえている。檄はまた，国際女性デーの準備は主として工場に集中さるべきであり，未組織労働者，労働者の妻，失業女性をも準備の遂行に参加させなければならないとしている（『インタナショナル』1931，Vol.5, No.2：62-63）。

また，この年の8月にヴィーンで国際協同組合女性部会議（Die Konferenz

ン執行事務局付属女性部を置いた。しかしその後発展をみないまま，解散に至る（第14章注14参照）。

56）なおこの会議については，『インタナショナル』1931年第5巻第1号ならびに，前掲『国際婦人労働の現状』に，「第1回婦人労働者組合会議」（T. ゲッツ）という翻訳がみられる。これは，*Rote Gewerkschaftinternationale*，1939：11-12からとったものとあるが，私は原文をみていない。

写真15-14　第8回国際労働者救援会での議長職にあるツェトキーン（ベルリン 1931.10）

der internationalen Genossenschaftsfrauengilde）が開かれるなど，女性運動の国際的連帯の機運は強まった（*Inprekor.*, 1930, Nr.59：1383, Nr.61：1465）ようにみえる。

クラーラ・ツェトキーンが病気で戦線を離れてドイツにいた1930～31年に，コミンテルンがすすめた「第3期」の女性運動は日本にも知られるところとなった。日本では，初期コミンテルン，すなわちレーニン時代のコミンテルンの女性政策の情報には中断があって，いきなり「第3期」の情報に接したという感がある。

1931年には，クラーラは執筆活動（口述と思われる）をした。

ソ連の防衛と社会ファシズムとの闘争を色濃く出した国際女性デー（伊藤 1980：123-125）のあと，1931年3月26日から4月11日迄ひらかれたコミンテルン拡大執行委員会第11回総会には，クラーラは引き続き欠席した。この総会は世界情勢を分析して，「ブルジョアジーに勝利するため，労働者階級にプロレタリアートの執権をめざす決定的戦闘の準備をさせるための不可欠な条件として，労働者階級の多数者を獲得すること」が，共産党の主要な任務であるとし（ソ連邦共産党中央委員会付属マルクス・レーニン主義研究所 1969＝村田訳 下 1973：13）たが，共産党の打撃の鉾先が社会民主主義にむけられ，社会民主主義を社会ファシズムと評価したことは，その後の実践で広範な勤労大衆を反動とファシズムに反対する闘争にひき入れるための障害になったことは，後にも指摘されるとおりである（同上：15-19）。

1931年10月10-12日，国際労働者救援会（IAH）は，『第1回国際労働者救援会女性会議（Die erste internationale Frauenkonferenz der IAH）』をベルリンで開き，これにはベルリンにいたクラーラも参加し，オーストリア，ベルギー，ルーマニア，イギリス，アメリカ合衆国等21カ国から代表が集まっている。

クラーラはこの年の冬ロシアに戻った。

1932年春，資本主義諸国の女性労働者のストライキ闘争が激化した。しかし闘争は自然発生的に頻発し，プロフィンテルン系や「革命的反対派」の組合は必ずしもその先頭にたって系統的指導をおこなうことができなかった。チェコスロヴァキア，ドイツ，ポーランドでは鉱山労働者の妻が積極的に夫の闘争を支援した。

コミンテルン国際女性書記局は，1932年の国際女性デーにむけて，長文の呼びかけを出した（*Inprekor.*,1932, Nr.20:518）。

クラーラ・ツェトキーンも，この年『インプレコル』誌に，「国際女性デーによせて」（Zetkin 1932a）という長文の論文を発表した（*Inprekor.*,1932, Nr.21: 611-614）。この論文は9つの章からなるが，第2章が「国際女性デーの歴史」である。国際女性デーの創始者クラーラが，その創始後20年以上を経た1932年に，女性デーの歴史をどう描き出しているか，資料的価値もあるので以下訳出する。

1910年に，コペンハーゲンでひらかれた第2回国際社会主義女性会議は，性の区別なく，全プロレタリアの階級的結合とは何であるかを認識して，ブルジョア社会制度に反対し，社会主義をめざす男女の共同の闘争日として，毎年，国際社会主義婦人デーを挙行することを決定した。

女性社会主義者たちのコペンハーゲン会議での決議とその目的にあわせた遂行は，第2インターナショナル内の「右派」，すなわち日和見主義者の見解と態度にたいするもっともするどい闘争と同じ意味をもっていた。彼らとつながりをもつ諸党や諸組織の多くは，非常に強く改良主義者の感化をうけ，全プロレタリアートの前進の努力を示す階級的闘争行動日としての国際女性デーの性格を弱めてしまった。その結果，根本的で本質的な核心での統一がないまま，不明確でばらばらになったまま行われている。ロシアにおいてボルシェヴィキの党は，多大な困難にもかかわらず，コペンハーゲンの会議の決議を，その性格と目的にしっかり合致させて遂行した。そこでは，1917年3月8日のペトログラードでの国際社会主義女性デーは，ボルシェヴィキの活動，スローガン，疲れを知らぬ宣伝によって，巨大な大衆示威行動をひき起した。それは，戦争とツァーリズムに反対する大胆な大衆闘争にたかまった。1917年の3月8日は，ブルジョア民主主義革命の出発点，赤い10月の，矛盾にみちたおもわぬ序幕となった。1921年1月にモスクワで開かれた国際共産主義女性会議は，毎年，国際共産主義女性デーの開催に賛成することを言明した。3月8日の歴史的意義の価値をみとめて，会議はブルガリアの女性同志の提案に，一致して，熱列な拍手をおくり，この日付を，統一して国際共産主義女性デーのために確定することを決議した。共産主義インターナショナルの世界大会はこの決議を承認した。

今日とコペンハーゲン会議の決定とのあいだには，歴史的に若干の期間が横たわっている。しかしながら，それ以来の歴史的発展は，たとえそれが革命的感情の情熱的意思や望みにとって非常にゆるやかなものに思われようとも，長足の進歩をとげてきたのだ。人類は，嵐のような速度で回転する世界のなかにいる。人類は一つの新しい世界の前に立っている。1910年に，萌芽すなわち芽生えのうちに予告したものが，いわば温室の熱で一夜にして巨人のように成長したのだ。帝国主義的な人民の殺戮は，世界資本主義が，その死滅の時代に入ったということを意味する。資本主義的経済組織の破滅の重大な危機は，資本主義が死期の寸前にあることを証明している。……

そして，資本主義は民主主義の表情で美しくほろびはしない。それは，野獣のようなファシストの凶行をもって，いまわしい醜さのうちに死ぬ。

赤い10月は，プロレタリア大衆の信念に忠実な，未来を確信した英雄的・犠牲的勇気のおかげで，人類史の一つの新しい時期をきりひらいた。プロレタリア・ディクタツーアの国家の生活と活動は，目的と方向を知った共産党の指導のもとにある階級としてのプロレタリアートに，単に，大所有者と搾取者の支配を破る力をつけただけではなく，人間の人間による搾取や隷従化のない，社会制度としての社会主義を築く資格をも与えたという打ち消しがたい大きな証明であった。到達した高度に成熟した歴史的発展段階は，国際共産主義女性デーの性格や成果のうちに，その表われをみることができる。社会的経験や発達の過程を示す事実材料の充満という明白な，知的な広がりをもって，また完全な力の配置をもって，国際共産主義女性デーは，歴史的出来事が，大衆の知識，大衆の意志，そして大衆の行為の中に解放を告げ知らせる効果が現れるように寄与しなければならない（*Inprekor.,* 1932, Nr.21:612）。

国際女性デーの創始者，クラーラ・ツェトキーン自身が，女性デーの20数年をこのように振り返ってまとめているのである。そしてこれが，クラーラが国際女性デーについて書いた最後のものである。

1932年8月27日から9月15日迄ひらかれたコミンテルン拡大執行委員会第12回総会には，クラーラはドイツに戻っていて欠席した。総会は，資本の攻勢，ファシズム，帝国主義および戦争に反対して大衆を動員する問題について討議した。クーシネンは，報告のなかで「下からの統一戦線」を強調し，総会の決議は，部分的諸要求のためのプロレタリアートの経済闘争が，大衆を巨大な革命的戦闘にみちびいてゆく基本的な道であるとした（ソ連邦共産党中央委員会付属マルクス・レーニン主義研究所（1969＝村田1973下：30-32)。総会は，ファシズム，反動および戦争に反対する闘争へ大衆を動員するための多くの具体的任務を規定したが，その一方で，前総会の若干の一面的な方針をひきつづき有効なものとして保持し，個々の場合には，それをいっそう強めさえした（同上：33)。

また，この総会とほぼ時を同じくして，1932年8月27から29日迄，アムステルダムで国際反戦大会がひらかれた。これは，アンリ・バルビュスやロマン・ロランのイニシアチブで開催されたものであり，22カ国から2,200人の代表が集まった。1932年の8月には，多くの重要な会議が錯綜していたが，クラーラは，ドイツ国会開会演説を最優先してドイツへ行った。アムステルダム反戦会議には「約束と行動」というメッセージを送った[57]（Zetkin 1932d）。

(4) コミンテルンの女性運動政策のその後

スターリン時代への移行期におけるコミンテルンとクララ・ツェトキーンのかかわりは，このあたりで終わりとなる。

次に第13回拡大執行委員会総会が開かれたのは1933年11～12月のことで，クララはすでにこの世にはいなかった。コミンテルンの最後の大会となった第7回大会は，さらに2年後の1935年のことであるから，クララとはもはや縁は切れている。クララの没後コミンテルンは，スターリン時代のコミンテルンとなる。それは2期に分かれる。まず，1934～39年までは，「人民戦線の時期。反ファシズム階級間連合とブルジョア民主主義の限定的防衛，それと並んでソヴェト外交の要求およびスターリン主義的テロルの猛威」（マグダーマット他 1996=萩原訳 1998：19）の時期，続く1939～43年まではナチ・ソヴェト協定（独ソ不可侵条約）に典型的にあらわれた，コミンテルンがソヴェト外交政策の道具と化す最終的堕落と1943年5-6月のスターリンによるコミンテルンの解散」の時期（同上）へと突き進む。

そのような時代にクララの没後国際的女性運動はどのように継承され進展したのか。

まず，1934年8月4～7日に，世界反戦，反ファシズム女性大会が第1次世界大戦勃発20周年に際してパリで開かれ，大会は，アンリ・バルビュスによって起草された万国の婦人への宣言を採択した（村田編訳Ⅵ 1983：465-469，587-588注解〈389〉参照）。

コミンテルンは，1935年の7～8月に7年ぶりに最後となる第7回大会を開

57）クララがこのアピールを出した時の状況をルイーゼ・ドルネマンは書いている。「（ベルリンへの：伊藤）列車の中では，友人たちに会った。アムステルダムの平和大会に出席する代表団だった。そのなかには，共産主義インタナショナル執行委員会でのクララの友人である日本の労働運動指導者片山潜もいた。みなは興奮して語り合った。クララは代表団の人びとに，予想される大会の成果について質問し，諸国の友を反戦闘争に動員するためにも，私も私なりに努力しようと約束した。そして列車の中で大会あての手紙を書き，それを友人たちに託した。それはのちにアムステルダムでの大会で朗読され大きな喝采をうけた」（ドルネマン 1957=武井訳 1969：353）。

催した。議事日程第2項のディミトロフ報告「ファシズムの攻撃と，ファシズムに反対し労働者階級の統一をめざす闘争におけるコミンテルンの決議」のなかに，女性運動に関する言及がある（同上：137参照）。その後も，執行委員会書記局は，女性のあいだでの活動を発展させる問題を再三とりあげた。執行委員会の書記クーシネンのほか，国際女性運動の著名な代表者たちをふくむ特別委員会が設置された。委員会は，従来の活動を批判的に検討して，1936年8月に女性活動の問題について各国共産党にあてた書簡の草案を作成した。書簡の審議には，ディミトロフ，マヌイリスキー，ピーク，ギュヨーが参加した。書記局は1936年8月の幹部会で，「コミンテルンと国際女性運動。共産諸党への書簡（草案）」（同上：215-224，563注解〈237〉参照）を出した。

しかし，この書簡は最終的な決定とされず，各党の審議に付された。1937年3月14日，執行委員会幹部会会議においてディミトロフが「コミンテルンと国際女性運動」にかんする演説（同上：384-388）をし，1937年7月3日に執行委員会は「国際女性運動〈についての決定〉」（同上：259-262，571注解〈282〉参照）を出すに至った。書簡草案が出されてから1年が経っていた。ディミトロフが女性政策の指揮をとっているのが目につく。

1937年といえば，ロシア革命後20年であるが，1936～1939年はスターリンの大粛清の絶頂の年であった。ジノーヴィエフは1936年に，クン・ベラは1937年に，ブハーリンは1938年に，ピャトニツキーは1938年に，ラデックは1939年に，トロツキーは1940年に犠牲になっている。

これに対して，コミンテルンの女性運動について書いているディミトロフは，ブルガリアの共産主義者であり，ベルリンの国会焼打ち事件の嫌疑でナチスによって逮捕され無罪を実証[58]して釈放された人物である。1934年スターリンに請われてコミンテルンの書記長となり，反ファシズム人民戦線の主要な唱導者であるが，スターリン主義的テロルの推進者でもあった。

しかし，この期のディミトロフの女性運動論は，ある意味ではクラーラ・ツェトキーンを継承している。

58）実証の場はクラーラが少女時代を過したライプツィヒにあった「ドイツ大審院」であった。DDR時代は，そこは「ディミトロフ博物館」となり，統一ドイツでは「連邦行政裁判所」となって，ディミトロフの名は忘れ去られている。

第16章　晩年：私的･公的葛藤のなかで

1　晩年

(1) クラーラの晩年

クラーラの晩年をいつからとするか。クラーラは1857年生まれであるから，丁度60歳のときの1917年にロシア革命に遭遇した。1920年以来クラーラは，ドイツとロシアを，ドイツ共産党選出の国会議員ならびにコミンテルン執行委員として行き来したが，すでに，60歳代の後半頃から健康を害し，70歳になった1927年[1)]の終わりからは，歩行も困難で視力も弱っていた。1927年は丁度ロシア革命10周年にあたる。

1927年から没年の1933年の約6年を，私はクラーラの晩年と呼ぶことにする。1927年7月5日の誕生日はモスクワで迎え，同年の8月には2年ぶりにドイツに帰った。このときの帰宅先はまだ，シュツットガルトのジレンブーフ[2)]である。しかし，同年10月には，ロシア革命10周年記念式典に参加するためモスクワに戻る。

モスクワでの住まいはモスクワ中心部，クレムリンにも近いホテル・メト

1）1927年は，日本の昭和2年であり，前年暮れに大正時代が終わっていた。旧ソ連はレーニン没後3年を経過し，スターリンが権力を掌握するプロセスであり，コミンテルンの時代区分ではいわゆる「第3期」にあたった。コミンテルンの27年テーゼから32年テーゼをうけて日本では共産党への弾圧が続いていた。ドイツはヴァイマール共和国内でファシズムに移行しつつあった。1927年，トロツキーとジノーヴィエフがソ連共産党から除名されている。この頃，コミンテルンでは，スターリン路線とそれに反対する幹部との闘争が行なわれていた。

2）すでに述べたことを確認すると，ジレンブーフには，クラーラは1899年に結婚した2番目の夫で画家のフリードリヒ・ゲオルク・ツンデルとともに住んでおり，18歳年下のツンデルの影響で1890年代の後半から，1910年代のはじめのドイツ社会民主党の崩壊の頃まで，プロレタリアの芸術・文化論についての論文を残しているが，その後1916年頃からツンデルとは疎遠となって，1928年に正式に離婚する。

写真16-1　クラーラ・ツェトキーンの晩年の家（ベルリン近郊ビルケンヴェーダー）

ロポール205号室かモスクワ郊外のアルハンゲリスクの保養所であり，モスクワには長男のマクシムが，推測して1924年頃からクラーラの秘書エミリア・ミロヴィドヴァと同棲していた。エミリアはヘンリエッテという娘を連れていた。

次男のコスチャは，最初はシュッットガルトのジレンブーフに住んでいたが，1929年にそこを引き払って，クラーラの議会活動に便利なベルリン近郊のビルケンヴェーダーに一軒の家を購入して，妻ナジャとともに住んだ。今も「クラーラ・ツェトキーンハウス」として，地域住民に親しまれている家である（写真16-1）。

マクシムの最初の妻ハンナと，その息子（クラーラのただ一人の孫）ヴォルフガンクはシュツットガルトに住み続けた。

(2) 老いと病

マクシムがクラーラの没後1934年6月16日に公表した年譜[3)]（SAPMO-BArch NY4005/18, Bl.67-71）[4)]には，1925年と1926年も，クラーラは「絶えず病気」と書かれている。70歳の1927年は小康状態のようであるが，1928年

3）この年譜は，1934年にソ連で書かれていることを忘れてはならない。私はこの年譜を大いに参照したが，意図的に強調されている部分や，避けて通っている部分もあるように感じた。例えば，病名の記載なしで，病気の状態にあることの強調などである。

4）すでに，本書でこれまでもそうしてきたが，SAPMOの資料を使用するときの出典は（SAPMO-BArch NY4005/--, Bl.--）と示す決まりである。特に本章ではSAPMOの資料から得られた情報が多いので，読者には煩わしく思われるかもしれないが，正確を期するため省略せず記すことをおことわりしておきたい。

はまた「再び重い病気，ほとんど表に出ない」とある。フリードリヒ・ツンデルとの離婚が成立したのはこの1928年であった。ローザが「ジレンブーフのドラマ」と呼んだ出来事から実に12年がたっていた。ツンデルは同年パオラ・ボッシュと正式に結婚し，2人の間に息子が生れたのは1931年であった。前にもふれたが息子は父と同じくフリードリヒと名づけられた。

マクシムによれば，1929年は「ほとんど全時間横になっている」状態であったが，8月にドイツに帰る。1930年も病気。1931年も病気。冬の初めにロシアに戻り，またドイツへ。1932年はロシアに戻り「ずっと続く病気」。しかし，8月30日ドイツ国会に最年長議員として開会のためベルリンに行き，開会演説をすることになる（Zetkin 1932e）。

「この旅行，議会への登場，ベルリンでの約1ヶ月の非合法状態の生活が，最後の力を奪った。彼女はもはや健康を回復することはなかった」とマクシムは書いている[5)]。そしてモスクワに戻り，この年のうちに国際赤色救援会の10周年の小冊子を書く（Zetkin 1932f）。

1933年に入っても口述での執筆を続け6月20日の死に至る。肉体的には，年齢より老けて体が利かなくなり，精神的に孤独にさいなまれても，知的活動には意欲を見せ続けた。もっとも，プシュネラートは，最後は，同じことの繰り返ししか書いていないと言っているが，どこがどうという指摘はしていないし，私はそうは思わない。情勢によっては，あるいは，必要によっては，同じことを繰り返し言わざるを得ないということもあるのである。

2　息子たちの家庭生活：マクシムの場合

(1) マクシムとハンナ

ハンナは，『平等』誌を編集するクラーラの秘書であり，クラーラの長男マクシムの最初の妻であり，2人の間には，既述のとおりクラーラの唯一の孫にあたるヴォルフガンクが生まれていた。

5）晩年に限らず，クラーラは病身であった。プシュネラートはクラーラを，常に介護を必要とする人として描いている。しかし，1932年の演説や，最晩年の執筆活動（口述筆記による）の旺盛さを考慮すると，プシュネラートの指摘もその一面性が疑われる。

クラーラの手紙で確認される限りでは，1910年10月1日にはじめてハンナの名が「ハンナ・ブーフハイム嬢」として現れる（SAPMO-BArch NY4005/57, Bl.1）[6]。ハンナと，マクシムがいつ結婚したかは定かではないが，1913年まではクラーラがハンナを「あなた」(Sie) と呼んでおり（SAPMO-BArch NY4005/57, Bl.51），1915年にも，「ハンナ・ブーフハイム嬢」と呼んで文通していた（SAPMO-BArch NY4005/57, Bl.60）。クラーラが1915年に逮捕拘禁されたとき，ハンナはクラーラに代わって『平等』を出したこともすでにふれた。

1918年のクラーラの手紙では，「私のかわいいハンネーレ」(Meine Liebe Hannele)という親しい呼びかけに代わり，親しいよびかけ「ドゥ」(Du)を用い，文末も「母」(Mutter) で終わるようになる（SAPMO-BArch NY4005/57, Bl.90）。ここから，2人は1918年，第1次世界大戦後に結婚したと推測される[7]。以降クラーラのハンナへの手紙の終わりは，常に「母」となる。

1920年5月8日のクラーラの葉書は，「ハンナ・ツェトキーン様」(Frau Hanna Zetkin) という宛書になっており（SAPMO-BArch NY4005/58, Bl.7），1921年2月4日のクラーラの手紙は，「マクシムとハンナへ」と2人宛てで書き始めている（SAPMO-BArch NY4005/58, Bl.51）。この時期は2人は結婚して同居していたことが推測される。

1921年には，クラーラは，6月22日から7月11日までモスクワで開催されたコミンテルン第3回大会に出席するため，マクシムとハンナを同行した[8]。この旅については，すでに本書第12章で使用したように，マクシムの詳細

6）クラーラは，1911年3月29日のハンナ宛の手紙でClara ZZと書き（SAPMO-BArch NY4005/57, Bl.5），1912年8月22日付けでは「宛名をZetkinでなく，Frau Zundel宛てにしてください」とわざわざ注意書きしている（SAPMO-BArch NY4005/57, Bl.12）。そのあと1912年から1917年までの手紙にはClara Zetkin-Zundelと署名している。また，1912年2月4日には，ハンナの母に，ハンナの父の死を悼む手紙を書いているが，そこからハンナの父ブーフハイム氏は，クラーラとSPD仲間であったことがうかがわれる（SAPMO-BArch NY4005/57, Bl.7）。

7）マクシムは，ミュンヘンで医学を学び1908年から医師として働くが，第1次世界大戦中は，開戦後間もなく従軍してベルギー，ロシアやフランスの野戦病院にいた（SAPMO-BArch NY4005/113, Bl.56）。戦後DDRで暮らしたが経歴書にハンナとの関係，ヴォルフガンクの存在を，抹消するかのごとくなぜか全く書いていない（SAPMO-BArch NY4005/113, Bl.37-40, 51-56）.

8）このときハンナは妊娠中かもしれなかった。

写真16-2　モスクワにて1921年6月末から7月はじめの何れかの日，
（右から マクシム，ハンナ，クラーラ，左端不明）

な日記（SAPMO-BArch NY4005/15, Bl.85-142）が残されており，クラーラがトロツキーやレーニンと会っている様子もわかる。このときモスクワでの写真にはハンナの姿もある（写真16-2）。

この頃から，クラーラの活動，公的生活は多忙を極める。この1921年のモスクワ行き以降，マクシムはハンナを伴わずにクラーラと同行することとなる。多分，ハンナが身ごもっていたからであろう。クラーラはモスクワからハンナに，秘書としてのこまごました仕事上のことを依頼する手紙を送り続ける。手紙の終わりには当初「私のかわいい動物たちの世話をお願いします」と書かれていたりもする[9)]。

9）シュッツトガルトのジレンブーフの家のクラーラの猫や犬たちのことであろう。犬の一匹はWolfgangという名前であったと推測される（SAPMO-BArch NY4005/86, Bl.44）。しかし，このころ，ハンナの心中は不安でいっぱいっだと思われる。1921年9月28日のハンナのマクシムへの手紙には「あなたは旅立とうとしている大旅行について書いてきました。どこへ，どんな資格で行くのですか。ああ，あなたのことが心配です」と書いている（SAPMO-BArch NY4005/120, Bl.62）。そのあとハンナの手紙は1924年まで残されていない。

クラーラは1921年10月4日に，パスポートやヴィザの用意をベルリンからハンナに頼んでいる（SAPMO-BArch NY4005/58, Bl.76）。その翌日また「今，朝の4時ですがまだ寝ていません。ほとんど徹夜が2日も続いているの」という調子で，最後に「マクシムとあなたの，生まれてくる赤ちゃん」を気遣うことばを付している（SAPMO-BArch NY4005/58, Bl.80）。

写真16-3　マクシム・ツェトキーン（1920年代）

1922年1月15日に，クラーラはハンナに，ジレンブーフから去る手紙を書くが，最後に「マクシムを信じてください。彼は完全にあなたのマクシムです[10]」ということばで結んでいる（SAPMO-BArch NY4005/59, Bl.70）。この文章は，この頃から「なにかある」気配を感じさせる。1922年の1月24日にはクラーラはベルリンにいてドイツ国会で学校問題について演説をした。1922年2月3日に，ベルリンから，ハンナに自分の原稿の出版について仔細を依頼し，お金の処理も事細かに書き，3月1日きっかりにヴュルレンベルク銀行に1000マルクを支払うように依頼している（SAPMO-BArch NY4005/59, Bl.88）。この手紙のあとクラーラはコミンテルンの仕事のためにマクシムとモスクワに行ったと推測される。

(2) 孫ヴォルフガンクの誕生，エミリア・ミロヴィドヴァの登場

1） ヴォルフガンクの誕生

それから間もなく1922年2月11日ハンナは出産し，ヴォルフガンクと名づ

10) マクシムの心がハンナから離れていることを暗示しているかのようである。マクシムとハンナは1929年に離婚する。クラーラは，ハンナとマクシムとの関係にかかわらずハンナ宛の手紙の最後を「母」で結んだ。

けられた。クラーラ64歳，マクシム38歳のときであった。しかし不思議なことに，その翌日の1922年2月12日付けで，マクシムからクラーラへの差出場所不明の手紙がある。ロシアからの手紙と推測されるが，そこには「ハンナについて私は殆ど知りません。私に詳しい情報を返信してください」と書き，弟のコスチャの身の振り方を心配している文面[11)]が続くのである（SAPMO-BArch NY4005/64, Bl.64）。

1922年6月24日に，クラーラはモスクワからハンナに仕事のこと，特にチフリス[12)]での女性会議の準備について書いている。クラーラは手紙の最後に「赤ん坊とあなたにキスを，そしてみなさんに宜しく　母」。この手紙には，マクシムの短信がついている。「愛するかわいいハンナ！　どうしていますか。君と子どものことすぐにでも知らせてください。あなたにキスを。M」（SAPMO-BArch NY4005/59, Bl.137）。続いて同じ日付でクラーラは多少書き直した手紙を送る。その末尾は「あなたとヴェルフィにキスを，そして皆さんに宜しく　母」となっており，マクシムは「愛するハンナ！　君と子どもはどうしていますか。すぐ手紙ください。あなたにキスを。M」（SAPMO-BArch NY4005/59, Bl.139）と書いている。

1922年7月8日付けの，クラーラのモスクワからハンナあての手紙では，「あなたの手紙，そしてあなたの坊やの写真が，どんなに私を喜ばせたことか。私は全くあのちびちゃんに夢中になっています。ヴェルフはとても気力にあふれているように見えます。（中略）マクシムは，子どもをとっても自慢しています」（SAPMO-BArch NY4005/59, Bl.1）とある。このことから，クラーラはまだマクシムともども子どもに会っていないと思われる。マクシムのことも書いているが不遇の状態にあるようで，1922年8月1日，ハンナあてにクラーラは「（今日は：伊藤）マクシムの誕生日です[13)]。みじめな若者は全く休

11）この手紙でマクシムはクラーラに「コスチャにとっては，もう少し助手を続けるのがベストでしょう。しかし，彼がそうしたいなら，医師としてでないなら，いつでも仕事は得られるでしょう。例えば，西部の大学の講師として，就職するのは容易でしょう。（後略）」（SAPMO-BArch NY4005/64, Bl.64）と書いているのである。

12）チフリスでの会議を私は確認していない。

13）マクシムは1883年8月1日生まれであるから，1922年2月11日のヴォルフガンクの誕生時は38歳だった。

みがありません。彼は全く孤独で，彼を支えているものは仕事と信念だけです」と書き，マクシムが，知人を通じて何某宅宛てに，ハンナに送金したから間もなく受け取るだろうと加えている（SAPMO-BArch NY4005/59, Bl.13）。このころのマクシムの姿がよく見えない。クラーラの秘書としては生計が立たないということだったのだろうか。あるいはクラーラの秘書の仕事から独立したのか。

ところで，1922年7月28日付けのモスクワのクラーラからマクシムへの手紙に，はじめてというか早くもというべきかマクシムの2度目の妻となったミロヴィドヴァの名が現れる。「同志ミロヴ（G.Milow.）は，私に：：：：：：（ママ），世話をしてくれました。それは，私が理解する限りでは，うまい具合に中止になりました。ハンナは，きっととても喜ぶでしょう。あなたは私に，同志デルフェルとともに，非常にすばらしい協力者を紹介してくれました。彼女は役に立つ人で，私たちはこれまでお互いにうまくやってきました。最愛のマクシム，あなたにたくさんの愛と感謝のことばをいいましょう。（中略）ミル（Mil）は，すでにある見通しをもっています。（後略）」（SAPMO-BArch NY4005/64, Bl.81）と書いている。

この手紙は，いろいろ意味が取れない箇所があって，謎のような手紙であるが，マクシムは，Milow（idwa）（ミロヴィドヴァ）というロシア人秘書をクラーラに紹介し，クラーラが感謝しているのだと思われる。以後クラーラは，この女性をファミリーネームの省略であるミロ（あるいはミル）で呼び続け，決して名前エミリアとは呼ばなかった（SAPMO-BArch NY4005/64, Bl.87-88）。

1922年9月16日に，クラーラはベルリンからマクシムに，「ハンナから私はよい知らせの手紙をもらいました。ちびちゃんは強い歯が生え，そのせいで夜は非常に落ち着かないんですって。私はあなたに最近の写真を同封します。あなたの息子は本当に，すばらしい男の子です。（中略）コスチャは彼の博士論文に力を入れています」（SAPMO-BArch NY4005/64, Bl.88）と書いた。

そのあと，日付不明であるが，ハンナが子どもを育てるために苦労していることを縷々知らせて「彼女があなたのためにどんなに苦しみ，耐えているかを忘れてはいけません」とマクシムをいましめている（SAPMO-BArch NY4005/64, Bl.92）。

マクシムは，ハンナに，1922年11月26日，「愛するハンナ！ 君が，僕の誕生日の手紙を受け取っているといいのですが。僕は，君に何も送ることができませんでした。なぜなら僕は倹約をしなければならないのですから。というのも僕は，10月1日以来，住まいもなく，食事に行くこともなく，収入もないからです。（中略）12月1日にアメリカ人が経営する大きな病院で働き始めます。そうなるともっといい状態になると思います。住まいはまだ持っていませんが，すぐ持てるだろうと信じています。君とちびちゃんにキスを，マクシム」（SAPMO-BArch NY4005/59, Bl.13）と書いた。しかし12月3日には，「残念ながら僕はここでまだゆるがぬ地位をもちません。つまり，より正確に言うと僕は地位を得たけれどそこでまだ何も仕事をしていないのです。どうしてかというと営業がまだ始まっていないからです。（中略）ちびちゃんは元気ですか。そうであってほしいです。彼はまもなく元気に，最初のシュヴァーベン方言[14]をしゃべりだすでしょう。今，悪くはない。その反対です。愛する君，ハンナ！　最愛のみんなへ，M（マクシムのこと，以下同：伊藤）」（SAPMO-BArch NY4005/59, Bl.60）と記している。

マクシムに何が起きたのか推測できない。しかし，6月時点と語調が異なり，なんとなく無責任な書き方になっている。

それから年が明けた1923年4月26日に，クラーラはベルリンからハンナに書き送る。マクシムはモスクワに残っているようである[15]。

「マクシムからやっとあなたへの手紙を添えた便りを受け取りました。マクシムはインフルエンザにかかって，体調を崩していたのです。彼は私にあなたとの関係は変わらないし，あなたが私のもとに来ることを真剣に望んでいると書いていました。彼はあなたが嫌ならあなたに強く要求する権利をも

14）シュツットガルトはシュヴァーベン地方の首都で，シュヴァーベン訛りのドイツ語を話す。

15）この1923年8月7日に，クラーラはキスレヴォドスクから，「親愛なる同志スミドーヴィッチ＆ミロヴィドヴァ」に手紙を送る。手紙の上ではじめて後のマクシムの妻エミリア・ミロヴィドヴァの名前が公然と現れる（SAPMO-BArch NY4005/64, Bl.140）。1924年に，マクシムとエミリア・ミロヴィドヴァは親しくなったと推測される。そのことは1924年のクラーラのハンナへの手紙の内容から推測される。1925年8月12日の手紙ではクラーラは，Maxim u.Milaと2人宛てに書いており，文末はMutterとなる（SAPMO-BArch NY4005/64, Bl.158-159）。

ちません。ですから，すべてはあなたにかかっていると思います。（中略）私は今何もすることができません。ひどい病気で弱っているのでペンをもっていることが出来ないのです。どうぞ，私の口述筆記のために来てください。〔ベッドから挨拶を〕。ヴェルフィとあなたにキスを。母」（SAPMO-BArch NY4005/60, Bl.33）。同じくベルリンから1923年5月1日に，仕事の依頼の手紙を書く。

次は1924年2月2日の手紙である。どこからかは書かれていないがモスクワからであろう。この年1月21日レーニンが死んだ。その直後の手紙でありレーニンについても触れている。

「最初に個人的なことを」と断って「2月11日，私たちの愛するヴェルフィは2歳になりますね。私は心から彼とあなたのことを考えています。ずいぶん長い間会っていない年老いた悪い祖母から，心をこめて何度も彼にキスをします。あなたから何の便りもなく，あなたはコスチャを通じてあなた方のクリスマスプレゼントをドルで私から受け取ったかどうか，またマクシムからの42ドル，それに，バター，キャヴィアとお菓子，遅れてマーマレード，お茶，それにヴェルフィのための服地も受け取ったかわかりません。ともかく，私たちはあなたとヴェルフィ，皆さんがどうしているか心配です。（中略）C（コスチャのこと，以下同：伊藤）は，ヴェルフィが身体的，精神的に立派に発育していると書いてきました。お願いした待ち遠しい写真を私たちはまだいただいていません。ひどいですね。愛するハンナ。私は本当に，あなたが私に対立する理由はないですよね。あなたの1月と2月の給料を，あなたは私の友人を通じて，きちんと期限厳守で受け取ったでしょう。私はあなたに今日，彼女を通じて40ドル送らせました。そのうち25ドルはヴェルフィの誕生日の贈り物のためにと決めています。そして15ドルをどうぞあなたに」。そのあとに，仕事のこまごました依頼が続き，最後に話がレーニンの死におよぶ。「私の健康は目下よくありません。レーニンの死は私にとって恐ろしいほどの衝撃でした。単に政治的にではなく，個人的にもです。私たちは強い友情で結ばれていました。レーニン夫人は聖人であり，英雄です。彼女は彼女の運命を背負っているようです。私は非常に多くの仕事を抱えていることが幸いしています。マクシムはあまりに（私の仕事が：伊藤）多いと思い，彼は，医師として毎日私に関して非難しています。しかし，仕事がなければ私は生きていくことに耐えられません。マクシムからあなたへの手紙を同封します。（後略）」（SAPMO-BArch NY4005/60, Bl.98-100）。クラーラは同年3月22日にも，秘書としてのハンナに仕事に関する事務的依頼をする（SAPMO-BArch NY4005/60, Bl.98-109）。

この年のヴォルフガンクの2歳の誕生日に，マクシムはハンナに手紙を送った模様である。1924年2月12日付けの，それへのハンナの切々たる返事がある（SAPMO-BArch NY4005/120, Bl.72）ことからそれが推測される。そして，この時すでにモスクワの病院で医師として働いていたマクシムは，エミリアに心が移っていたのではないかと思われる。1925年には2人は同居している様子である。

2） エミリア・ミロヴィドヴァ

先に，1922年7月28日付け，モスクワのクラーラからマクシムへの手紙に，はじめてミロヴィドヴァの名が現れることを記した。ミロヴィドヴァをクラーラに紹介したのはマクシムであった。1923年までは，ミロはクラーラのモスクワでの秘書であった。その証拠は，コーカサスのキスレヴォドスクからだされた，1923年8月7日の手紙の冒頭が，「親愛なる同志，スミドーヴイッチとミロヴィドヴァ」で始まり，「あなたがたのクラーラ・ツェトキーン」で終わる手紙があるからである（前出，SAPMO-BArch NY4005/64, Bl.140-141）。しかし，このあとマクシムとミロヴィドヴァの間には変化があった。

それは，クラーラのハンナへの1924年7月9日の長い手紙でおしはかられる。クラーラは書いている。「（1924年6月：伊藤）18日と（7月：伊藤）1日の2つの手紙本当にありがとう。特にわたしたちのお気に入りのちびちゃんの2枚の写真ありがとう。私は18日付けのあなたの手紙に――それをやっと受け取ったのは6月28日でしたが――すぐ返事を書くつもりでした。しかし，つもりが，つもりのままにならざるをえませんでした。第1に，会議が，圧倒するほどの仕事の累積をもたらしたからです。第2に，私の健康が約1ヶ月来非常に悪いのです。それについてあなたは心配することはありません」（中略）。

「私は，あなたの18日付けの手紙を，深い衝撃と，涙の中で読みました。言い表せないほど大きい壁にはさまれている何かを感じました。そして私はあなたが背負っているもの，あなたがなお苦しんでいるもののすべてをあなたと共有します。激しい苦痛，悲嘆，苦悩，内面の孤独。非常に多くの誇りと名誉。（中略）ああ，愛するハンナ，私の苦痛，心配，あなたへの涙が，何かを変えることができるなら，あなたは，精神的に落ち着き，幸せになるに違いありません。しかし，私は私たちがたがいに変えることの出来ないところにいるということを納得しなければなりません。めぐりあわせですね。私の考えでは，あなたにとって，あなたの法的形式的自由を取り戻すことがMの義務です。あなたはまだ若く美しく賢く健康です。彼があなたにあたえることが出来なかった幸福を見出すことはまだ遅くはありません。彼は，あなたの生活の形成に障害物でないことは当然です。彼が，子どものために物質的配慮を引き受けなければならないことは自明です。（中略）そうしてとにかく彼が子どものためにも配慮できることを望みます。あなたが，ヴェルフィと一緒にここに来るなら，彼にもっとも好ましいでしょう。子どもにとって最上の世話と発達の可能性があるでしょう――もはや1921年ではありません――。そして，あなたは，ここで勉強も出来るでしょうし，あなたの固有の才能を育てることもできるでしょうし，あなたにとってあなたにふさわしい職業活動を想像することもできるでしょう。あなたのお母さんが一緒にくることもできますしあとからきてもいいです。（中略）若干の好ましいこと。Maxは，あなたに6月の終わりI.A.Hを介して100マルク送りました。あなたは総額を受け取りましたか。私は給料が入り次第，あなたの夏の旅行のためのお金を送ります。」手紙はさらに続くが省略する（SAPMO-BArch NY4005/60, Bl.139-145）。

この手紙は，いずれにせよハンナとマクシムの別離，マクシムの愛がミロに向いたことを暗示していると思われる。しかし，1924年9月12日にはコーカサスの保養所にマクシムと一緒に行っているという手紙をハンナに出し，いつものようにドイツにある資料をあれこれ送るようにハンナに指示している（SAPMO-BArch NY4005/60, Bl.152-154）。ハンナは，その時点でもクラーラのドイツにおける秘書であり続ける。クラーラは毎年2月に，ヴェルフィの誕生日前に必ず手紙を書く。

1925年のクラーラのハンナへの手紙は2月3日のもの1通しかSAPMOに残されていない。

> 私はあなたに，ベルリンからの私たちの出発直前に手紙を書きました。けれど，今まで一行の便りも受け取っていません。それにもかかわらず，私は心から望んでいること，つまり，あなたと，ちびのヴェルフィが元気であることを願っています。しかし，いわせてもらえば，私があなたからこれほどにも何の手紙ももらわないことは苦しいことです。（中略）1月はじめ，子どものための満期の100マルクが，B経由で発送されました。遅れて私は，訓練費の610マルクを発送させ，月給の300マルクを立て替え金ともども送らせました。今日私はあなたに2月のための100マルクを送りました。あなたはすべてを受け取ったものと思います。今日100マルクを払い込むとき，かわいこちゃんの誕生日が11日であることを思い出していました。100マルクから50マルクを誕生日のために使ってください。ヴェルフィに，彼が特別喜ぶなにかを買ってやってください。そして彼に，おばあちゃんとパパからの誕生日のお祝いだと言ってください。そうしたら私は来月50マルク送ります。私と彼の父親から何度も心からのキスを送ります。彼がなにも書かないとしても，私は彼が息子を愛し，彼のことを考え，ここに来てほしいと望んでいることを知っています。あなたがヴェルフィといっしょに尋ねてくることを決心してくれたらどんなに素敵でしょう。もうすぐ春です。私はもう14日も寝ており，とても弱っています。そしてすることが多くあるのです（SAPMO-BArch NY4005/61, Bl.1）。

1925年8月以降，クラーラのマクシムとミラへの手紙は，モスクワのRGASPIに多く保存されている。

そしてついに，シェリエスノヴォドスクから1925年8月12日にだされたクラーラの手紙が「私の心から愛する子どもたち，マクシムとミラ」と2人宛で始まるのである。「今日，私たちはあなた方の11日付け電報を受け取りました。どうもありがとう。私たちはあなたがたが仲良く，お変わりなくいることを喜んでいます。あなたたちは，この間9日付けの私の手紙を受け取っているでしょう。私は，手紙を女性部の住所に送りました。それには，ミラのための厚い手紙と，マクシムに白い包装紙のものを同封しました。(後略) CとNから宜しく。母」となるのである（SAPMO-BArch NY4005/64, Bl.158-159）。

以後，クラーラは，「愛するハンナ……，ヴェルフィに宜しく，母」「愛するマクシムとミラ……母」と息子とかかわる2人の女性にめまぐるしく手紙を書く。

1926年6月8日付けモスクワからハンナには次のように書いている。

待ちくたびれて受け取った手紙ありがとう。明日は，私が手術をして，病院のベッドに横たわって6週間目です。手術自体はとてもうまくいきました。(中略)多分私は今週退院できてダーチャに行けるでしょう。しかし，私はまだ長い間眼科医の治療をうけなければならず，仕事にとりかかることはできません。私はヘルタに，ヴェルフィの2着の背広上下分の生地を買わせました。それは，ダゲスタン産のすばらしい羊毛の生地です。(中略) 6月のための100マルクを5月に送っています。今送金には困難があります。でも私たちは可能な限り送りますから，あなたは，毎月，定期に100マルクを受け取ることが出来ます。あなたが夏に子どもとジレンブーフに来ると，私は再びあなたの近くにいることになります。(中略) 今日はこれ以上書けません。あなたとヴェルフィを心から抱きしめキスします。母 (SAPMO-BArch NY4005/61, Bl.24)。

1927年1～2月は，キスレヴォドスクの「サナトリウム・トロツキー」から多くの手紙を出している（SAPMO-BArch NY4005/64, Bl.187-189, SAPMO-BArch NY4005/64, Bl.195,SAPMO-BArch NY4005/64, Bl.202-204，SAPMO-BArch NY4005/64, Bl.207）。

1928年のクラーラの身の上にはいろいろのことが起るが，ヴォルフガンクへの手紙でみていきたい。

SAPMOには，一葉のマクシムとミラへの絵葉書が残されている（SAPMO-BArch NY4005/65, Bl.121）。裏はクラーラとヴォルフガンクの写真である。1929年の写真と推測され，おそらくヴォルフガンクがクラーラと並んで写っている唯一の写真であろう（後掲写真16-4）。

1929年にはメックレンブルク地方のロストック，オストゼーバート　ミューリッツ「海の家」から，のもの（SAPMO-BArch NY4005/65, Bl.104）が多いが，マクシムとミラあての同じ日付（1929年10月7日）に別の重要な手紙がある。マクシムへは，「私の愛する，困った，無口のマクシム」と呼びかけ，ハンナが離婚の決心をしたこと，ベルリンの住所がビルケンヴェーダーに移ったことを伝え（SAPMO-BArch NY4005/65, Bl.122-123），ミラ宛には，「……愛するミラ，私はマクシムへの手紙を同封します。それは，もちろんあなたにも決定的なものです。しかし，私はそれを個人的にマクシム宛てに書きました。なぜなら，それは，彼の個人的問題であるからであり，彼がそれについて結局のところ個人的に答えなければならないものだからです」として，ビルケンヴェーダーの新しい住所を教えている（SAPMO-BArch NY4005/65, Bl.126-127）。

マクシムとミロへの手紙は，SAPMOの他，モスクワのRGASPIにも残されている。

(3) 孫ヴォルフガンクへのクラーラの15本の手紙

ヴォルフガンクは既述のように1922年2月11日に生まれた。それ以来，ハンナ宛てのクラーラの手紙にヴォルフガンクのことに触れないものは1通もない。彼が手紙を理解するかもしれない1927年から，すなわち5歳になろうとする孫に直接手紙を書くようになる。もっともそれはハンナ宛てであることも含んでいた。SAPMOには，NY 4005/61, NY 4005/62, NY 4005/63, NY 4005/65,という分類のなかに，合計15本のクラーラからヴォルフガンク宛ての手紙や葉書が残されている。それを見ていきたい。

1）　最初の手紙：1927年2月6日コーカサスのキスレヴォドスク，トロツキーサナトリウムから

私のかわいい，かわいいヴェルフィ

あなたの年老いた，遠くにいるおばあちゃんが，あなたのお誕生日が11日だということを忘れたなんて思わないでね。ママがあなたに，あなたがほしいもの，必要ないいものを買ってあげられるように，1月の半ばにお金を送ったから，あなたのママはきっと受け取ったでしょう。私は遠くにいるからわからないけれど，あなたは，絵本，積み木，自動車，鉄道なんかがすきなの？　何をして遊ぶのが一番すきなの？　ママがそのことを私に書いてくれればいいのにね。私はね，かわいこちゃん，あなたが，クリスマスにやってきて，それからあなたといっしょにきっと誕生日をお祝いができると思っていました。でもね，私はとっても体が悪くてそれをできなくしたの。お医者さんが私をコーカサスのミネラル浴に来させたのです。私は，ここに弱って病気で着いたので，すぐベッドに横たわらなくてはいけなくて今日まで入浴できませんでした。でも，もう少しよくなったので，私は今日机にむかって私のかわいいヴェルフィに誕生日のお祝いを書くことができます。

私のかわいい，かわいいいたずらっこちゃん，あなたが元気であるように，心の中で，きかんぼうを抱きしめ，何度も何度もキスしたいです。元気で，強く，かわいく，賢くなってね。おばあちゃんは，あなたをとても愛しています。ママがあなたといっしょに，私のところにきてほしいと心から思っていますよ。私は，クレムリンで，子どもたちが散歩をしたり，遊んだりしているのをみる時，あなたもそのようにできるといいなと思い浮かべています。かわいいヴェルフィ，あなたは，小さい男の子や女の子とどういうふうに跳ね回っているのかな。

元気になったら私は3月初めにドイツに行き，3月半ばにジレンブーフへ，あなたのところへ行きます。そのことを思うと私はもううれしくって。コスチャ叔父さんやナジェシダ（Nadjeschda）さん[16]は，あなたの誕生日をお祝いし，あなたのお母さんや，お母さんの親戚は，お祝いの言葉をいうでしょう。私からお母さんに大きなキスを，そして宜しくね。シュツット

16）次の手紙からNadjaと呼ぶようになる女性であろう。

ガルトのおばあちゃん，おばさんやおじさんにもね。わたしのかわいいヴェルフィ，わたしはあなたを心にしっかりと抱きしめ，何度もキスします。おばあちゃん。

ママはモスクワ宛にいつものように手紙を書いてくださいね。私たちは14日以内に帰路につこうと思っています（SAPMO-BArch NY 4005/61, Bl.44）。

この手紙に対して，ハンナはヴォルフガンクになり代わって返事を書く。

1927年3月10日，シュツットガルト

愛するおばあちゃん，おばあちゃんのすてきな手紙をぼくは何度も読んでもらいました。本当にありがとう。積み木箱をハンスおじさんからもらいました。それで何度も遊びました。汽車は去年からもうもっています。マクシムおとうさんからは，ずっとほしいと思っているバイオリンがほしいです。28マルクありがとう。3週間前ぼくはまた1週間病気をしていました。でもいまはまた元気です。ママは，お医者さんに10マルクも払わなければなりませんでした。おばあちゃん元気になってね。心からの挨拶を。あなたの孫より。

また，ハンナ自身が書き添える。

愛するお母さん。あなたからの，誕生日のすてきな手紙にこんなに遅れて返事を書いてすみません。でもヴォルフガンクがまた病気だったのです。私自身，午前中家事をし，午後はタイプを打ち，南ドイツ労働者新聞の書店で，最低の賃金が支払われます。つまり，そこで私は，普通午後には1～2時間タイプを打って，1時間当たり1マルクをもらうのです。時々私はもっと多くを稼ぐために，在宅勤務までしています。2月14日ドイツ銀行から126マルク，3月7日に120マルク受け取りました。どうもありがとうございました。キスレヴォドスクからのお手紙本当にありがとうございました。マクシムからヴォルフガンクや私への手紙が届くまでどれくらいかかるか私は知りたいです。私は，私が出したすべての手紙に返事をもらっていません（SAPMO-BArch NY 4005/61, Bl.49）。

2） 手紙2：上記手紙へのクラーラの返事，日付なし，差し出し地なし

かわいい最愛のヴェルフィ。あなたのかわいいお手紙ありがとう。キスレヴォドスクからの私の誕生日の手紙が着いてうれしいです。あなたがまた病気だったこと，私をとても悲しませました。あなたはお母さんと夏に，何が何でも私のところに来なくちゃいけません。そうすれば，元気で強くなりますよ。誕生日の使いの人が，あなたにバイオリンを持っていかなかったなら，復活祭のうさぎがもっていくに違いありません。私はあなたのママに，ママが，ちゃんとした住所を知らせるように書きましょう。私が行ったとき，あなたは，私に，猫が雪の中で駆けるように初歩を弾いてくれなければなりません。あなたを心から抱きしめキスをします。おばあちゃん（SAPMO-BArch NY 4005/61, Bl.51）。

3） 手紙3：1927年7月21日　サナトリウム　アルハーンゲルスク

愛する小さなヴェルフィ。かわいい手紙と写真ありがとう。どんなに嬉しかったことでしょう。まだあなたのところへ行って，あなたを抱きしめることができないのが残念です。

私の誕生日に，糖菓工場の女性労働者のみなさんから私と同じ身の丈の像をもらったことを考えてみてください。それは全部砂糖，飴，チョコレートから，見事にできているのです。（中略）ヘンゼルやグレーテルは，悪い魔女のプフェッハークーヘン[17]にどうしましたか。（中略）あなたがここにいないのは残念です。ここには，たくさんの美しいものがあり，近所には快活な子どもたちがいます。子どもたちは野生のきれいなきのこやいちごをたくさん採ってくるので，あなたは全く残さずに食べることができないほどよ。お母さんにあなたを連れてここに来てといってね。あなたのお父さんはあなたを心から愛し，あなたの手紙を読み，写真をみてとても

17）香辛料・蜂蜜などを使ったクリスマス用焼き菓子。

喜んでいます（SAPMO-BArch NY 4005/61, Bl.58）。

この手紙は直前（7月5日）に，クラーラの70歳の誕生日をモスクワで祝われた時のことを孫に知らせている。クラーラはこのあと8月31日に1年半不在にしたドイツのシュツットガルトのジレンブーフの自宅に帰る。そこには，コスチャとナジャが住んでいた。そして，ハンナに手紙を出す。すぐ手紙を出していないのは，この1927年のこの時期のコミンテルンやドイツ共産党の状況の処理の方がクラーラにとって優先事項だったからであろう。

ジレンブーフ　1927年9月20日
愛するハンナ。出来ることなら息子ちゃんとすぐ来てください。私はベッドに横たわっています。そちらに行こうとしても，私が行くことは全く無理です。私は，もう1段も階段を上ることができません。まして，3つの急を要する仕事をあなたに話さなければなりません。また，私はヴェルフィに会いたいし，彼に，彼が欲しがっていた冬のマントと，おもちゃを買いたいのです（SAPMO-BArch NY 4005/61, Bl.66）。

ハンナはすぐ駆けつけたものと思われる。そして何かが起こった。多分マクシムとの関係の清算の問題だったであろう。なぜなら，次のクラーラの手紙が続くからである。

ジレンブーフ　1927年9月21日
愛するハンナ。あなたが昨日非常に悲しんで，苦しんで，不機嫌に立ち去ったということは，わたしにとって，眠られぬ，つらい夜をもたらしました。あなたは，気分的に落ち込んだのですね。
わたしたちが，あなたに敵対的であると思ったのですね。コスチャ，ナジャ，私さえもが。それはちがいます。CとN（コスチャとナジャのこと：伊藤）は，あなたとあなたの立場に対し理解があります。私の共感について，私からは語りたくありません[18]。あなたは，私にとって，依然として娘であり，家族のメンバーです。私たちは，困難な状況からあなたを助けるために力のおよぶ限りのことは何でもするつもりです。あなたはそれを信じることができるし，信じなければなりません。そのことであなたは救われるでしょう。すぐヴェルフィといっしょに来てください。私たちはそのことについても話しましょう。あなたがどう考えているか，あなたがどんな計画を起こりうることとして考えているか，打ち明けて話しましょう。来てください。来てください。あなたの家族にも宜しく。CとNはあなたに心からの挨拶を送っています。あなたと子どもに心からのキスを。母（SAPMO-BArch NY 4005/61, Bl.68）。

クラーラは，自らもハンナと似たような立場にあったし，この種の問題については，ローザとコスチャとの関係も含めて，感情的にならない人間であったように思われる。

4）　手紙4：モスクワ，1928年2月10日

私のかわいいヴェルフィ。明日はあなたの6歳の誕生日ですね。あなたのお母さんは，あなたに，きっとすばらしい誕生日のご馳走を，あなたが喜ぶあまいものを入れたり，あなたが欲しかったおもちゃをもつけて準備したでしょう。あなたは，一日中笑ったり，遊んだりして，楽しかったでしょう。私は，あなたといっしょにいないので，あなたの誕生日のご馳走のおいしいものをあげられないし，あなたと遊べなくて悲しいです。私は，コスチャ叔父さんとナジャ叔母さんに，あなたのお母さんが，あなたに，私にかわって，誕生日のご馳走のための何かおいしいものを用意するように頼んで欲しいと手紙を書きました。そうして欲しいと思います。（中

18）この意味であるが，このときクラーラは，1917年までは，Clara Zetkin-Zundelと署名していた2番目の夫ツンデルと疎遠になっていた。ツンデルは，パオラ・ボッシュを愛しており，やがて彼女を彼の2番目の妻としたが，ツンデルとクラーラの離婚の成立は1928年であった。このときまだ係争中であっただろう。こうした事情が背景にある書き方ではないかと思われる。

略）私はあなたがお母さんとこの夏私のところに訪ねてきて欲しいと思っています。あなたは，他の少年や少女と牧草地で遊んだり，森で，苺やラズベリーを探したり小川でボートに乗れますよ。体が丈夫になるでしょう。手紙が遅く着いたからって怒らないでね。私は，たくさん仕事があって体も弱っているの。だからもっと前に手紙を書くことができませんでした。かわいい，かわいい，ちいさなヴェルフィ。6歳を本当に元気で，楽しく，いい子でね。わたしのことを時には少し思い出してね。心からあなたを何度も抱きしめキスします。あなたを愛するおばあちゃん（SAPMO-BArch NY 4005/61, Bl.88）。

5）　手紙5：モスクワ，1928年3月12日

まあ，あなたは何と芸術家なんでしょう。すてきな絵をありがとう。あなたのパパもとっても気に入り，息子がもうこんなに上手にスケッチしたり，絵を描いたりすることをとっても喜んでいますよ。パパはあなたに宜しくといっています。クレムリンの庭では，子どもたちがスケートやスキーをして遊んでいます。 私はあなたがそのなかにいればどんなにいいかと思っています。夏にお母さんと訪ねていらっしゃい。私はあなたを抱きしめキスします。おばあちゃん（SAPMO-BArch NY 4005/61, Bl.98）。

この間クラーラとハンナのやりとりがある。

キスレヴォドスク，コーカサスから， 1928年9月20日[19]

愛するハンナ。あなたは，アルハンゲリスクからの私のこの前の手紙を受け取ったでしょう[20]。私はあなたに，どのような方法で，生活費とヴェルフィの教育を安定したものにするか，そして，あなたのための物質的な援助について伝えました。モスクワからの出発の前に，私は，そのことについての私の意思を，正式に文書によって書き残したのです。その意思は

19）これが，クラーラの最後のコーカサス行きと思われる。1923年，24年，25年，27年，28年と5度コーカサスに行っている。

20）その手紙はSAPMOに残されていない。

尊重されるでしょう。帰ったら，私は，あなたに記録の写しを送ることができます。あなたは内容を知っています。あなたは，安心できるでしょう。私が今日にも死んだとしても，愛する子ども，私のたったひとりの孫の教育は守られるし，あなたも，あなたが新しい生活を築きたいときに，物質的よりどころとなるでしょう。あなたのために完全に配慮することは，残念ながら私たちにはできません。そうできたらどんなにいいかと思いますが。（後略）（SAPMO-BArch NY 4005/61, Bl.142）。

6） **手紙6：1929年2月16日　モスクワから　ヴェルフィへ**

かわいいヴェルフィ。あなたの手紙とってもうれしかったです。ママは，あなたに，なぜわたしが誕生日に手紙を書かなかったか説明するでしょう。だってあなたのお父さんがあなたにお祝いを贈ったのです。私たちは，ママが，遅ればせながら何かいいものをあなたに買ってあげるお金を送ります。いまや，あなたは，もう大きな少年であり，もうすぐ2年生になりますね。私は，あなたが，ここで学校に通えたらどんなにいいかと思っています。ここは，学校は子どもたちにとって喜びです。元気で，明るくしていてね。ママとそして，あなたをとってもかわいく思っている遠くにいるあなたのおばあちゃんをも少しは好きに思ってね（SAPMO-BArch NY 4005/62, Bl.10）。

宛名はHerrn Wolfgang Zetkinとなっている。

7） **手紙7：1929年3月25日（5.1）モスクワから　ヴェルフィへ**

私の心から愛するヴェルフィ。あなたの手紙とても嬉しかったです。私はあなたに何度もありがとうをいいます。あなたは，もう立派な「立法学者」（Schriftgelehrter）ですね。あなたのお父さんもそしてみんなも，あなたの手紙をほめました。私があなたに，ドイツ字体文字（die deutsche Buchstaben）で書かないでごめんなさい。でも，それは私にとっても難しいのです。あなたに，ママが，私の手紙を読んで聞かせるまでのあいだに，あなたがローマ字体文字（die lateinische Buchstaben）が早く読めるようになることを望んでいます。かわいい，かわいいヴェルフィ。私がここで，子どもたちが遊んでいるのを見るとき，あなたのことを思い出します。あなたとママがここにいたら，どんなにいいだろうと。

クレムリンは，中庭と芝生のある小さな都市のようです。ここから冬にはもちろん何も見えません。高く積もった雪，雪，雪。子どもも大人もスキーに興じ，子どもたちは小さなそりにも乗っています。小さな子も大きな子も元気に走り回れる大きくてすてきなスケートリンクもあります。（中略）私は，あなたのところで，きっと，木々や茂みが緑になったり，黄色いさくら草やたくさんのちっちゃなものが咲いていたり，鳥がさえずったりしているだろうと，思い描いています。もうすぐ復活祭で，2年生に進級ですね。いい子で勉強してください。でも，勉強よりも遊んだり，散歩したりすることを忘れないでね。そうすれば，あなたは健康でいられます。あなたは，賢く，強く，愉快な若者になってください。それから，あなたは，きちんと働いて，いいこと，すてきなことを成し遂げてください。かわいいヴェルフィ。あなたのお父さん，コスチャ叔父さん，そしてナジャは，あなたにたくさんの挨拶を送ります。私は，あなたを胸にしっかりと抱きしめ，心からのキスをします。おばあちゃん（SAPMO-BArch NY 4005/62, Bl.19）。

8）　手紙8：1929年9月11日　グラール　ミューリッツ　ヴォルフガンク[21)]へ

愛するヴォルフガンク。私たちのところはいい天気になってきました。火曜日はまだよかったですが，水曜日は全く一変しました。木曜日は，雷雨，暴風雨で，悪天候の中をCが来ました。北からの冷たい，強い嵐が，一日中，海を打ちたたいていました。白く泡立つ波が揚陸桟橋の真ん中を越えて，吹きつけてきたのです。湖は渚の上に広がったので，今日もなお，「私たちの」砂の城塞の近くは，とても大きな泥沼となり，あなたの全船団は，その上を走ることができ，うまく操ることができそうなほどです。ところ

21）この手紙から，呼びかけがヴェルフィからヴォルフガンクに変わる。彼の8歳が近づく頃である。

どころ，渚は海藻と泥で黒山です。私は，あなたの叔父さんが流れや渦にもかかわらず湖に挑んだ唯一の海水浴客だったと思います。日は再び暖かい太陽の光がさした最初の日です。私たちはしばしばあなた方のことを話しています。そして，あなた方がもうここにいないのは残念です。あなたはどのような珍しいことを，ここで（in〔H〕）体験しましたか？　C, Nそしておばあちゃん（SAPMO-BArch NY 4005/62, Bl.36）。

これは，メックレンブルクのロストック，グラール　ミューリッツの「海の家」から出されたものである。同所からの1929年10月7日付けの，クララのマクシムへの手紙（SAPMO-BArch NY 4005/65/bl.122-123）には前述したが，ハンナが法的離婚に踏み切ったことが知らされている。このページの前（SAPMO-BArch NY 4005/65/bl.121）は，1枚の絵葉書の裏である。住所が書いていないので，マクシムとミロ宛ての手紙に同封したものと思われるが，その表がクララとヴォルフガンクの1929年に写した唯一の写真（写真16-4：ハンナとともに）である。ページ番号がないので，SAPMO-BArch NY 4005/65/bl.121の裏（Ruckseite）としておく。「1929年8月オストゼーの『渚の篭』の中の母，ハンナ，ヴォルフガンク」と読みとれる。

同日ミロ宛ての手紙でも，抽象的にその旨を伝え，自分が，シュツットガルトからビルケンヴェーダーに引っ越すことと，新住所[22]を知らせていた（SAPMO-BArch NY 4005/65/bl.126127）ことも前述のとおりである。

1929年12月3日，クララはビルケンヴェーダーからはじめてハンナへ手紙を書いている。ハンナが，ヴォルフガンクが健康でなく，歯の治療で痛がっていることを書いてきていることへの返事のようである。相談に乗り，お金の心配をしているが，最後に近著『レーニンの思い出』を送るとある（SAPMO-BArch NY 4005/62/bl.4850）。同じ日クララはヴォルフガンクにも書く。

22）新住所はBirkenweder（Nordbahn）bei Berlin, Bahnhof-Alee14とある。

写真16-4　オストゼーの『渚の篭』にて（ヴォルフガンク，クラーラ，ハンナ，1929年8月）

9）手紙9：1929年12月3日 ビルケンヴェーダーから ヴォルフガンクへ

心から愛するヴォルフガンク，お母さんが，あなたが歯の具合が悪いと書いてきました。とても痛くてお気の毒ね。すぐよくなるように。静かにしていてね。私たちの新しい住まいは，まだ沢山整備中ですが，とても居心地がいいです。あなた方が復活祭に私たちのところに来るなら，ベルリンのローゼンハイマー通りにいるよりいいですよ。大きな木があり，沢山の鳥や2～3匹のリスちゃんも居る庭ではねまわることができます。落花生をあげても，それをもってよそへはゆきません。私たちのところからそんなに遠くないところに大きな森，小川，小さな湖があります。素敵な散歩や遠足もできます。そして，郊外鉄道電車が，あなたがたを，40分でベルリンに運びます。お母さんそしてあなたのまわりのみんなと，かわいく，お行儀よくね。そして時には「年老いたおばあちゃん」を思い出してください。CとNから宜しく。おばあちゃん（SAPMO-BArch NY 4005/62, Bl.54）。

10）手紙10：1930年2月9日　ビルケンヴェーダーから ヴォルフガンクへ[23)]

23）宛名はWolfgang Zetkin，p. Adr. Buchheim, Stuttgart Strohberg 6, となっている。この年，3通のお祝いのカードが贈られている。ビルケンヴェーダーに居を構え，コスチャもナジャもシュツットガルトから引っ越したあとの最初のヴォルフガンクの誕生日というこかわいいヴォルフガンク，あなたの9歳の（？）誕生日に，あなたの健康と成長と，そして勉強や遊びでも楽しく快活に，あなたの身体と精神が強くなることを，私たちは心から願っています。おばあちゃん。

あなたにキスとお祝いを，ナジャ。心からの挨拶を　コスチャ。

（SAPMO-BArch NY 4005/62, Bl.68）。

葉書　1930年2月10日　ビルケンヴェーダーから ヴォルフガンクへ[24]

愛するヴォルフガンク，明日のあなたの誕生日を心からお祝いします。誕生日を元気で，楽しく祝ってください。そしてちょっぴり，あなたの年老いたおばあちゃんのことを思い出してね。

コスチャとナジャ（SAPMO-BArch NY 4005/62, Bl.71）。

11）　手紙（葉書）11：1930年2月10日　ビルケンヴェーダーから ヴォルフガンクへ

明日はあなたの8歳の誕生日ですね。あなたのおばあちゃんは，あなたのことを考え，すべてうまくいくように願っています。8つになってあなたには，多くの力と喜びがもたらされますよ。私たちは，昨日あなたの愛するお母さんに，あなたのために誕生日の贈り物を，電報で贈りました。私たちの誕生祝いのカードをみたら，あなたは，私たちのところで水浴びしたり，泳いだりすることができる場所に来たくなるでしょう。そして，そのほかに，小川や美しい湖もあります。あなたがそこでうまく泳ぎを覚えたら嬉しいです。そうすれば，あなたは，夏にお母さんと，オストゼーにあるミューリッツで，競って，ぴちゃぴちゃ音をたてて遊ぶことができますよ。すばらしいでしょう？ あなたはドミノで遊びますか？ あなたが，復活祭にお母さんと私たちのところに来るととても嬉しいです。ここはあなたの気に入るでしょう。CとNがあなたに挨拶を。大きな愛であなたのことを思っているおばあちゃん（SAPMO-BArch NY 4005/62, Bl.73）。

ともあろう。また，住所は，「Frau Buchheim方」となっている。

24）宛名は上と同じだが，Herrn Wolfgang Zetkin, Bei Frau Buchheimと，Herrnをつけている。

12)　手紙（葉書）12：1930年3月27日　ビルケンヴェーダーから ヴォルフガンクへ

かわいいヴォルフガンク。あなたが立派に成長し，泳いだり，よい成績を上げたりしていることとってもうれしいです。私たちは，あなたがお母さんとすぐ来てほしいと望んでいます。ここは，近くに美しい森や，湖や，小川があります。庭には大きな木があり，リスが飛び回っています。あなたにはとっても楽しいでしょう。

C, N そしてあなたを愛するおばあちゃんより（SAPMO-BArch NY 4005/62, Bl.81）。

1930年，クラーラはビルケンヴェーダーにいて，ハンナにこまめに手紙を書いて，励ましたり，マクシムの様子を知らせたりしているようである。子細は省略するが，1930年4月28日などには，コスチャがマクシムに電話したが，マクシムは，モスクワのいくつかの病院で働き，主任外科医もやっていて，へとへとで，手紙をいくら書こうと思ってもできないといっていますというようなことまで書いている（SAPMO-BArch NY 4005/62, Bl.90）。

13)　手紙13：1931年3月2日　ビルケンヴェーダーから　ヴォルフガンクへ

まあ，あなたから手紙をもらってどんなにどんなに嬉しかったでしょう。とくに，手紙から，あなたは，誕生日，謝肉祭，そして雪の日を，健康で，愉快に過ごしたことを知らされたのですから。（中略）あなたの手紙は，私をとっても喜ばせましたが，たとえば，あなたが，長い時間，机に座り込んでいることは私は好みません。学校や学校の勉強は，あなたを十二分に部屋にとじこめています。あなたは，新鮮な空気，運動，遊びを必要としています。ですから，あなたの自由時間に，本の虫になって過ごさないでくださいね。まず第1にあなたは，元気で，快活でなければなりません。あなたが，お母さんと，また，私を訪ねてくれるとき，私は，たくましくて，赤いりんごのような孫に会いたいのです。（中略）CとNが宜しく言っています。かわいい孫よ。

おばあちゃん（SAPMO-BArch NY 4005/63, Bl.18）。

14）　手紙14：1932年2月6日　モスクワ，ホテルメトロポール，205号室　ヴォルフガンクへ

心から愛する孫のヴォルフガンクへ。11日のお誕生日本当におめでとう。新しい（10歳の：伊藤）年は，本当に，健康で，力強く，たのしい事がいっぱいありますように。あなたの体，精神，個性が，もっと成長し，強くなりますように。そして，疲れませんように。私はあなたが喜んでよく勉強しているのが嬉しいです。しかし，どうか，学校，勉強，読書だけでなく，自由な空気や楽しい遊びで跳ね回ること忘れないでね。古代ローマ人が「健康な精神は，健康な肉体に宿る」といったのを聞いたことがあるでしょう。あなたの誕生日をあなたと一緒に祝えればどんなに楽しいでしょう。多分来年はそうできるでしょう。あなたのお父さんも，誕生日パーティのなかにいるでしょう。あなたの誕生日のお祝いをいっぱいすることができるように，1月にベルリンから，私たちの小切手で送られたお金を早めに受け取ってくれればと思っています。CとN，そしてあなたのお父さんは，みんな，あなたに誕生日のお祝いを贈ります。（後略）

おばあちゃん　クラーラ・ツェトキーン

私の金釘流の字をあなたが判読するのをきっとお母さんが助けるでしょう。あなたは，私の目がもう見えないこと，ただ私の手が書いていることを知っているでしょう。私のひどい病気はゆっくりよくなっているとはいえ，もう確実に弱っています。（後略）（SAPMO-BArch NY 4005/63, Bl.124）。

ここで，ハンナへのクラーラの1932年の2つの通信を挿入する。ヴォルフガンクは10歳になり，ハンナは多分経済的に行き詰まってか，何らかの理由で彼の授業料支払問題でクラーラに意見を求めたものと思われる。それに対してクラーラは，非理性的な対応をした。それをコスチャにたしなめられて，1週間ほどして，それを反省して意見を撤回し，言い訳がましい葉書を出している。ここには，もはやマクシムの姿もない。

1932年5月6日　モスクワ，ホテルメトロポール　ハンナへ

愛するハンナ，あなたの手紙を受け取りました。すぐ返事をしないでごめんなさい。私はまたかなり強い発作あるいは再発作で突っ伏しており，

座ることも何をすることもできません。（中略）今の状況の下では，もっとも必要なことだけ：コスチャは，あなたが4月と5月のために受け取った金額の決算書のような手紙を私に送ってよこしました。あなたの，ヴォルフガンクのための授業料を割り引くための申請をする意図は，私をとても傷つけ，感情を害するものです。それは，私の存在と人生に対する著しい反論です。ありのままにいって，私は，あなたに，物質的にも道徳的にもそのことを実施することを阻止することができます。物質的にとは，全額授業料を送らせることが現在私に全くできなくはないからです。道徳的にとは，誰もが自己の感情や思想によって行動しなければならないからです。よくなり次第，詳しい手紙を書きます。あなた方2人に挨拶を。母（引用者注：Mutterとサイン）（SAPMO-BArch NY 4005/63, Bl.150）。

葉書　1932年5月13日　ホテルメトロポール　ハンナへ

愛するハンナ，先日，私は，大変興奮して，あなたに，まちがった考えの手紙を書きました。今コスチャから私に，ものごとを，あるがまま以上に深刻に考えてはいけないと忠告する手紙がきました。今日の時代には，非常に多くの両親が，授業料の割引を請願しているでしょう。コスチャは，彼が，あなたにすでに1年分の授業料を送ったとわたしに知らせてきていました。あなたは，そのことから，わたしたちがヴォルフガンクのために可能なすべてをどんなに真剣に行っているかがわかります。私はあなたにとりわけ，若者の将来を考えること，そして，ですから，オーデンヴァルト学校への彼の入学を真剣に考慮に入れること，またそれについてあなたのお兄さんと（弟さんと？：引用者）話し合ってくださるようにお願いします。もう少しよくなったら，あなたに詳しく手紙を書きましょう。そのときまで，あなたとヴォルフガンクに心からのあいさつを。母（Mutterとサイン）（SAPMO-BArch NY 4005/63, Bl.151）。

15）　**手紙（葉書）15：1932年7月10日　アルハーンゲリスクから　ハンナとヴォルフガンクへ**

愛するハンナ，私のたった一人のかわいい孫ヴォルフガンク，あなたたちの電報とお祝いの言葉ありがとう。私はまだ何も書いていませんけれど，そのことで私に腹を立てないでください。残念ながら私の衰弱はひどいのです。もうすぐ少しはよくなると思います。処理しなければならないいろいろのことがあります。6月30日以来，私はモスクワ近郊の保養所，アルハーンゲリスクにいて，可能なかぎり何もしないで横たわっています。私はまだ歩くことができず一日の大部分を寝ていなければなりません。あなたがたがどうしているか，郵便が毎日とりにゆかれるメトロポールホテルの古い住所にすぐ手紙を書いてください。あなたがたに挨拶を。あなたがたのことをいとおしく考えています。

クラーラ・ツェトキーン（筆者注：サイン）

（SAPMO-BArch NY 4005/63, Bl.163）

この1932年7月5日に，クラーラは75歳の誕生日を迎えた。多分，ハンナとヴォルフガンクからそのお祝いの電報がきたのであろう。ヴォルフガンクの名前入りで彼に宛てたものはこれが最後に残されたものである。しかもサインはハンナにたいしてもこれまでのように「母」ではなく，クラーラ・ツェトキーンとなっている。

このあと，1932年7月31日ドイツの議会選挙でクラーラは当選し，8月30日の国会の開会にあたって，最年長議員としてドイツに赴いて演説することになる。1932年はクラーラにとって健康に致命的打撃を与えた。それでも彼女は，多くの論稿と，手紙を残した。1932年も何度もハンナに手紙を書く。

1932年7月26日のハンナへのモスクワ，アルハーンゲリスクからの手紙は長く，ヴォルフガンクの将来を思って沈痛なものである。最後に，「私はたった一人の孫に手紙を書きたいけれど，もう書く力がないから祖母が宜しくといっていたと伝えてください」として，「悲しい母」と「母」がまた現れて終わっている（SAPMO-BArch NY 4005/63, Bl.166）。

クラーラは75歳，ヴォルフガンクは10歳になっていた。クラーラが，孫が10歳になるまでこのような交流を持っていたことは殆んど知られていない。ヴォルフガンクは，第2次世界大戦で死んだという（2007年，ビルケンヴェーダーのクラーラ・ツェトキーンハウスでレジーナ・オルゲールさんの話）

が私は確認していない。第2次世界大戦後，マクシムが，ロシア人の妻ミロヴィドヴァとドイツ民主共和国に帰った時，ドイツ社会主義統一党（SED）に提出した文書には，ハンナとヴォルフガンクの名はなく，ミロの娘ヘンリエッテが家族欄に記入されている（SAPMO-BArch NY 4005/113, Bl.55）。

(4) マクシムとエミリアへの手紙

マクシムとエミリアへの手紙は1925～1931年の終わりまでモスクワのRGASPIに多く残されている。特に1929年からのものが多い。そこから幾つかをとりあげてみたい。

マクシムとハンナの離婚は，すでに1929年の7月に成立していた。

1929年11月22日（ビルケンヴェーダーから），マクシムとミラ宛ての手紙であるが，内容は，ミラの，戦争勃発までのドイツプロレタリア女性運動史の研究計画（小冊子を書くと言う）についてアドバイスしている[25)]。そこには非常にクールなクラーラの姿がある。自分のことについては，「11月27日に国会が召集されます。私は，体力が許す限り議会活動に対応するつもりです。私は長い間，座ったり，立ったりしていることができず，長い時間横になっていなくてはなりません。」と現状を告げながら，「私はなお，ソビエト共和国の東方への，研究とプロパガンダの大旅行をする夢を持っています」などと書いている。晩年のクラーラは，中近東，極東の女性問題についての関心を高めていたことが推測される。最後に「コスチャとナジャがくれぐれもよろしく」と書いている（RGASPI 528/2/241:1-4）。

年が明けて，1930年3月20日に，クラーラはビルケンヴェーダーから，マクシムとミラに，とにかく一行でもいいから手紙を書いてほしいと懇願したあと，ドイツの政治情勢に関する失望を書き，社会民主党が日々労働者階級を裏切り，弱体化しているのに「しかし，それでも労働者大衆は彼らの下に

25) ミラへのアドヴァイスは，翌月の手紙（RGASPI 528/2/243）や1930年代に入っての手紙にも見受けられる（RGASPI 528/2/245）。ミロは，マルクス・エンゲルス研究所で，ドイツプロレタリア女性運動をテーマとして研究しているようである。このテーマは後述のようにクラーラが，1928年にまとめたものであったが，その継続をミラに委ねたのかどうか読みとれない。

留まっています。彼らは，満足せず，悪口を言っているのにわれわれのもとにはきません。多くはナチスのところに走り，他の多くは無関心です。われわれの孤立は大きくなるばかりです」(RGASPI 528/2/246:1) と書いている。この頃のドイツ共産党の焦りが伝わってくるような文面である。それでも最後に2人の仕事は順調にはかどっているかを心配している。

1930年4月15日に，クララはまた，2人からの手紙を待ち焦がれている。彼らから手紙が来る前に，マクシムがモスクワの他の病院で働いていることなどを知人から聞いて，直接の報せがないことでイライラしていたのである。安堵したところで，ひとしきりドイツの政治情勢を説明する。2人からの，クララがモスクワに戻らないのかという問いに，クララは「せめて，最初のプロレタリア革命の聖なる土地で，ソビエト共和国の素晴らしい豪胆な犠牲をいとわない大衆のもとで死すことが出来たらどんなにうれしいでしょう」(RGASPI　528/2/247:3) と書く。自分の体調不良の症状について長い説明があるが，それによると，強い寒気，移動性の焼けつくような頭痛，めまい，右肺の痛み，咽頭の腫れ，声の嗄れ，睡眠障害などで，弱っているというのである。夜に発熱して40度近くに上がり，医者は，肺炎になりかかっているか，マラリアではないかなどと言っていることなどを書いている。

しかしながら，彼女は，まだやりのこした文筆活動があることを忘れてはいない。この段階でも，1928年に完成したはずの（後述），さらにミロに譲ったのではないかと思われた，ドイツプロレタリア女性運動の歴史を「私の研究」と呼んで，それをやりたいと書き，自分の心のうちにある「知識人問題」についての仕上げをしたいといい，さらに「私たちの文献の中に包括的根本的なもの以上のものはない。また，私はいろいろなところから，私の生涯の思い出を書くようにと迫られている。」(RGASPI　528/2/247:5) と，自伝を書きたいことをほのめかしている。私は，クララが日記も自伝も残さないことが，同時代のベーベル，リリー・ブラウン，ケーテ・コルヴィッツと異なると思っていたが，日記は別として自伝は書きたいという思いがあったことを，ここで初めて知らされるのである。

この手紙は，彼女の執念を吐露した一種の遺言のように思われる。

1930年7月5日にクララが，この73歳の誕生日の日付けで，マクシムとミラに出した手紙が残されている（RGASPI　528/2/250:1-5）。非常に落ち着いたというより沈んだ手紙である。2人あてであるが，主にミラに向けて書いている。クラーラの誕生日までには2人から手紙が届いていたようである。静かな午前に返事を書き始めたが午後に，多くの友人が来て中断し，翌日を挟み，7月7日付けで終わる長い手紙である。共産主義アカデミー女性部の再編や課題を問題にしており，3つの論文のコピーを送り，ミラにその訂正を，それぞれこまごまと依頼している。

クラーラの晩年の仕事や作品は，このようにミラの手に多くを負っていることが推測されるが，同じ7月25日に，クラーラはまたマクシムとミラに手紙を出す。先の3つの論文の訂正について，特に第1論文について詳しく指示している。しかし，1930年は，クラーラの文献リストに公表作品のない年であり，この3つの論文とはなにかが明確でない。

この手紙でクラーラは，「シュターツフェルラーク（Staatsverlag）のための3本の論文」といっている。また，その手紙の中でクラーラは，「国会の解散によって私ももうすぐ『失業者』の仲間入りをします。私は，そうすれば，学問的，文学的仕事を自由にやれます。さしあたり，初期ドイツプロレタリア女性運動についての私の研究に，1章挿入するでしょう。それから可能なら知識人問題の仕上げに入ります。それに次いで，多分，私の生涯の思い出の記録に取り掛かるでしょう」（RGASPI　528/2/251:2）と書いている。1930年4月15日の手紙に書いていたことへの思いが，さらに強まったことを示している。しかし，国会が解散しても，すぐ選挙があるわけなのに，クラーラは本気でそんなことを考えていたのだろうか？　年齢や健康を理由の引退と言うことも考えて「失業」といったのだろうか。

1930年11月26日，マクシムとミラ宛ての手紙は，2人がベルリンを去って後[26] 1カ月も手紙が来ないことに錯乱状態であった様子が書かれている。コスチャとナジャはさぞかし困ったことであろう。手紙の中に「幸いなことにアリョーシャ（Aljoscha：ナジャの息子）が，まだあなたがたのところに滞在

26）10月16日には，2人はビルケンヴェーダーにいたことが明らかになっている（後述）から，そのあとソ連に戻って1カ月という意味であろう。

していて，集団農場の農業専門家（アグローノム）としての彼の職業労働に，ミラが相談にのってもらって，彼女からとても援助を受けていると書いてよこしたのです。そのことは，私だけでなく，特にナジャもとても安堵したことでした」（RGASPI　528/2/254:2）とある。ここで，ナジャにはアリョーシャという息子が，ソ連にいて，マクシムとミラとも付き合っていたのだということがわかる[27)]。

3　息子たちの家庭生活—コスチャの場合

(1) コスチャとナジャ

コスチャの20歳代，コスチャはまぎれもなく，ローザに愛された男性の一人[28)]であり，他方でクラーラとローザは，政治的に志を同じくするものであった[29)]。しかし，ここでは，ローザとクラーラおよび，ローザとコスチャとの関係を意識しながらも，クラーラとコスチャとを母と息子との関係に限定してみていくことにする。

はじめにコスチャの生涯を概観する。コスチャこそ数奇な運命をたどった人である。パリで1885年に生まれ，3歳で父オシップと死別したコスチャは，少年期から青年期，兄マクシムとともにシュツットガルトのジレンブーフでクラーラの2人目の夫，画家，フリードリヒ・ツンデルのもとで過ごした。

コスチャはベルリンで医学を学んだ（Badia 1993=Hervé *et al.*, 1994：117）。

27）さらに，この手紙には「私は，競技場での大きな開会の祝典に，個人的参加を求められました。コスチャは，ベッドで寝ている私と相談の後，『原則的には』同意しましたが，同時に『私の息子としてではなく，医者としての意見としては』，私が行って，話すことはおそらくありえないことだろう。今回は，自分の挨拶を書いて送ること，と付け加えました」（同上）とあるので，1930年時点ではコスチャは医師をしていたことが分かる。

28）すでにのべているようにローザが深く愛した男性は，よく知られているレオ・ヨギヒェスのほか，コスチャ・ツェトキン，パウル・レーヴィと言われている（伊藤成彦 1991：iii）。ハンス・ディーフェンバッハもこれに加わる（Sehütrumpf 2012）。

29）ローザの伝記を書いた，パウル・フレーリヒは，「ローザ・ルクセンブルクの生涯と思想を生き生きと再現するのに最適の人は，クララ・ツェトキンであった。」と書いたが，クラーラとローザの関係は，すでにみたようにローザの没後1922年に発表されたロシア革命批判をめぐる論争の中でのクラーラの位置を検討することなしには語れず、私に関していえばその検討は，まだ不十分である。

コスチャは，1904年か5年にベルリンに行ったと推測される。ドルネマンの伝記には，コスチャのことを「ベルリンで勉強し，下宿先のローザ・ルクセンブルクから母親のように世話をしてもらった。彼も医者になったが，2～3年は――おそらくローザ・ルクセンブルクの影響で――国民経済を研究するために勉学を中断している」（ドルネマン　1957＝武井訳1969：130）と書かれている。

ベルリンでコスチャは，14歳年上のローザ・ルクセンブルクと愛しあっていた。その事実は，ローザのコスチャ宛の手紙で確認される。『ローザの手紙全集』（Luxemburg *Briefe* Ⅱ～Ⅴ 1982-84）には，1907年1月付けの「コスティーク，私の息子！」ではじまる最初の手紙から，1915年4月10日の最後の手紙まで8年間（これは，コスチャ22歳～30歳，ローザ37歳～45歳にあたる）で550通ほどのローザのコスチャ宛の手紙が残されていることはすでに本書第6章で記した[30)]。1915年で途絶えるのは，コスチャの第1次世界大戦への従軍であろう[31)]。コスチャがローザとともに写っている写真を二葉（写真16-5，写真16-6）掲げる[32)]。

コスチャは，1915年3月に召集され，6月に衛生兵としての教育を終え，衛生兵連隊に入った（Luxenburg, *Briefe* Ⅴ：66）。1918年の9月まで，クララをはじめ，ルイーゼ・カウツキーへのローザの手紙の中にコスチャとマクシムの安否を気遣う表現が何度も現れる[33)]。

30）ローザの手紙の邦訳は多く，カールおよびルイーゼ・カウツキー宛ては川口・松井訳1932，ゾフィー・リープクネヒト宛ては北郷訳 1952、レオ・ヨギヘス宛ては，伊藤成彦訳　1976，マチルデ・ヤーコブ宛てはベラート編 1973＝渡辺訳 1977，その他数名へあてた手紙は，伊藤成彦訳　1991があるが，コスチャ宛のものは邦訳されていない。

31）1914年11月1日付け，ローザのハンス・ディーフェンバッハ宛て手紙に，Costia ist noch zu Hause und arbeitet in der Redaktion. という一文がある。zu Hause は，伊藤成彦（1991:95）によっては「家で」，川口・松井（1983：261）によっては「銃後にあって」と訳されている。

32）写真16-6は「スイス社会アルヒーフ」でデジタル化して所有していたのでそれがオリジナルではないかと思われる。

33）映画『ローザ・ルクセンブルク』（1985）では，ローザが1917年に，ブレスラウ監獄に移されて後のある日，コスティアの訃報が届くというはこびになっているがこれは全くのフィクションであることがわかる。1917年に戦死したのは，ハンス・ディーフェンバッハである。フォン・トロッタ監督は何か考えての創作であったのだろう。

写真16-5　コスチャとローザ

写真16-6　ローザが描いたコスチャ像を掲げるコスチャとローザ（1910年頃）

例えばブレスラウから, 1918年9月6日付けクラーラ宛てに，ローザは,「最愛のクラーラ，あなたのカードありがとう。私はあなたがとても心配しているだろうと思います。コスチャがもうあなたの保護のもとにあり，マクシムからよい知らせが届いているといいんですが。ともかく時間が許すなら，一行でも書いてよこしてください。それをきけば，私は心が休まるでしょう。私のほうは，ヤーコブ嬢[34]がここに来て，3週間の予定でこの近くのグラッツェア連山に出かけたこと以外，新しいことは何もありません。帰路またここに寄るでしょう。私はあなたからの一言を待ち焦がれています。あなたを何度も抱きしめます。あなたのR」(Luxenburg, *Briefe* V：407)。

1918年11月11日に，ドイツは休戦協定に調印し第1次世界大戦は終結し，クラーラの2人の息子は前後して無事帰還した（※その時の情況は補章参照のこと)。リリー・ブラウンや，ケーテ・コルヴィッツの息子は，既述のとおり志願兵として出兵して，戦死している。

コスチャは戦後シュツットガルトに住んでいた。SAPMOに収集されている手紙で見る限り，1922年2月12日付けの，マクシムからクラーラへの差出場所不明の手紙のなかで，コスチャの身の振り方を心配している文面がある。

34）ローザの秘書，Jacob, Mathilde。

1922年9月16日，クラーラはマクシムに，「コスチャは，彼の博士論文に力を入れています」と書いていたのはすでに引用した。

戦後，コスチャは医学を学び直し，医師になるべく努力し，最終的に医師となった。

写真16-7　コスチャ・ツェトキーン（1920）

1924年2月2日付けのクラーラのハンナ宛ての手紙（SAPMO-BArch NY4005/60, Bl.98-100）でコスチャの名が現れ，その後しばしばCと略記されている。コスチャはその後，ローザの死の6年後，1925年には亡命ロシア人女性ナジャ・マッソヴァとシュツットガルトで生活していた[35]。1925年8月12日にだされたクラーラのマクシムとミラにあてた手紙の終わりは，「CとNから宜しく。母」となっている。このNは後に頻繁に現れるナジャのことであり，コスチャは，この頃からシュツットガルトに，伴侶ナジャ・マッソヴァと暮らしていたと思われる。ナジャとは誰か，そして，第1次世界大戦からの帰還後，またローザの没後，コスチャがナジャとどのようにして結ばれたかは，本研究の本流からは隔たるとはいえ，興味深いことではある[36]。

35）プシュネラートは，Costia und dessen Lebensgefährtin Nadja von Massov（Puschnerat 2003：373），あるいはNadja Zetkin, die erste Frau Costia Zetkins（Puschnerat 2003：391）と書いている。

36）ナジャについては，コスチャの旧友テル・ゲックが，ハインツ・フォスケ宛ての1980年5月5日付の手紙で書いている。「私に，クラーラ・ツェトキーンの2番目の息子，私の愛する旧友コスチャ・ツェトキーンの死去の知らせが，航空郵便でもたらされました。この悲しい知らせは，ドイツ生まれの彼の妻ゲルトルート・ツェトキーンから来たのです。この人は，コスチャの2番目の人生の伴侶です。最初の人は，叔母クラーラのシュツットガルトのジレンブーフの家で生活していたドイツ時代に私たちもとても親しくしていたロシア人女性で，コスチャがベルリンで知り合ったナジャ・マッソヴァでした。ナジその後，コスチャは，1927年2月6日のクラーラの手紙から読みとると，ナジャ[37]とともにヴォルフガンクの成長を見守るやさしい叔父さんとしての役割を見せる。

コスチャ自身の手紙では，1927年11月20日に，ジレンブーフからエリザベス[38]宛に「ナジャは明日戻ります。彼女が委任状をもってきてくれるといいのですが。ミュンヘンへの訪問が可能かどうかは，ナジャが母からもたらされる知らせにかかっています」(SAPMO-BArch NY4005/127, Bl.2) と，ナジャのことを書いている。彼は，クラーラが，ツンデルと正式に離婚した翌年，1929年に，シュツットガルトを離れベルリン近郊ビルケンヴェーダーにクラーラのために家を購入した。コスチャとナジャは，2人でそこに住んで，ベルリン滞在時のクラーラを助けた。これが，現在の「クラーラ・ツェトキーン－ハウス」である (Dörnenburg 1997：46)。

1930年代のコスチャの手紙がSAPMOに残されている。1932年2月6日 モスクワ，ホテル・メトロポール，205号室からヴォルフガンク10歳の誕生日を祝うクラーラからの手紙には，「CとN，そしてあなたのお父さんは，みんな，あなたに誕生日のお祝いを贈ります」とあり，コスチャとナジャも名を連ねているので，この時はモスクワにいたのではないかと思われる (SAPMO-BArch NY4005/63, Bl.124)。

ャは，ロシアの……（手書きのため筆者に判読不能）将校の妻でした。彼は，1917年の11月革命の勃発の際，命…（手書きのため筆者に判読不能）ナジャは彼女の病んだまだ小さかった息子たちとともにベルリンへ逃げました。そこで，コスチャは，彼女と知りあいになりました。それから，コスチャとシュツットガルトのジレンブーフのクラーラ・ツェトキーンの家に引っ越しました。その家は今まだ彼らの（判読不能）以来変わらずそこにあります。ナジャは，もうすでに何年も前にベルリンで死んでいます」(SAPMO-BArch NY4005/127, Bl.14)。

37) ナジャと呼ばれる女性と推測される名は，クラーラの手紙では，すでに述べたように，孫ヴォルフガンク宛の最初の手紙（1927年2月6日，コーカサスのキスレヴォドスク，トロツキー・サナトリウムから：SAPMO-BArch NY4005/61, Bl.44）に「コスチャ叔父さんやナジェシダ（Nadjeschda）さん」という併記で現れる。ナジェシダが本来の名であるとするとロシア人である。また，ナジャには，アリョーシャという息子がいたことは，すでにみた。

38) エリザベスは，クラーラの姪ではないかと思われるが，クラーラは時々自分のエリザベス宛の手紙の終わりに「母」と書いている。1939年パリからのエリザベス宛てコスチャの手紙があるが後述する。

コスチャは，1933年には1月から3月までベルリンからモスクワのクララと文通しているが，4月12日にプラハ発の手紙を最後に，一時消息が途絶える。

プシュネラートによると，1933年クララの没後，コスチャは一時モスクワで，母の遺品の整理に加わっているが，マクシムとも意見が合わず，1934年に，ロシアから出て，フランスに滞在したとある（Puschnerat 2003：391）。しかし，コスチャ本人は，1933年秋にロシアを出たと書いており，1939年4月にはまちがいなくパリにいた[39]。1885年にパリに生まれたコスチャは，54歳のときには生れ故郷のパリにいたのである。そのあとカナダに行った。コスチャはカナダのどこにいて何をしていたのか私は調べがつかないままである。

コスチャは1980年4月6日に95歳を前にして（4月14日が誕生日）カナダで没した。彼は，ローザの虐殺のあと60年以上も生きた。その知らせはドイツに，コスチャの二人目の妻ゲルトルートから，シュツットガルトのメーリンゲンのテル・ゲック経由で，当時の東ベルリンのマルクス・レーニン主義研究所の党中央アルヒーフのハインツ・フォスケにもたらされた[40]。

39）コスチャは，1939年4月27日付けでパリから，従妹のエリザベス・メイヤー（旧姓Wolff）に長い手紙を出している（Landesarchiv Baden-Wüettemberk Hauptarchiv Stuttgart, Q1/59 Bü 4）。この手紙の存在を私はベルリンのFrau Marga Foigtから，2013年の冒頭に知らされた（http://www.neues-deutschland.de/artikel/808645.nicht-gegen-russland.html）。そこには，ローザ・ルクセンブルク『愛の手紙』（2012）の編者ヨルン・シュートルンプ（Jörn Schütrumpf）の解説がついている。それによるとエリザベスとコスチャの親族たちはアメリカ合衆国に亡命しており，パリでも危険が迫ったコスチャがヨーロッパ脱出の方法をエリザベスに相談していたものと推測される。コスチャは「お手紙ありがとう」とエリザベスに感謝し，「私たちは」とあるので，ナジャか，カナダで一緒だったゲルトルートか，あるいはフランスへの亡命者仲間かのことを指しているように思われる。ナジャの可能性は低い。自分は難民として，医療の仕事で働いているがその日暮らしをしており，「私はしばしば，なぜロシアに行かないのかと聞かれます」が，母クララの遺品処理等で，ロシアに居づらくなった。決して反ロシアではないが1933年の秋にロシアを，当局の許可を得て脱出したと書いている。

40）コスチャの最後を，妻ゲルトルート・ツェトキーンは，1980年4月28日付けのカナダのHalfmoon Bayからの手紙で，ゲック夫妻に書いている。「親愛なるテルとレニ！　コスチャが4月6日－復活祭の月曜日－に亡くなりました。彼は，すでに約6年このかた，もはや私たちのコスチャではありませんでした。動脈硬化が，彼の脳を犯しました。彼は，長時間，通りや森の界隈を歩き回り，私は，しばしば警察に電話して助けを請わなければなりませんでした（後略）」。知らせを受けたテル・ゲックは，ゲルトルート・ツェト

(2) クラーラからコスチャ／ナジャへ

さて，SAPMOには，クラーラからコスチャへの手紙が，1927年12月9日モスクワからを初めとして，1928年6月5日まで8通。ナジャへは1928年1月16日を初めとして同年9月29日まで3通（最初から「母」と手紙の最後に書いているが，クラーラはナジャをSieで呼んでいる），コスチャとナジャ連名宛では，1928年8月24日と9月30日キスレヴォドスクから2通と，極めて少ない。しかし，ハンナへは前述のように，1924年2月2日付けの手紙からCとしてしばしば記載されている。コスチャからクラーラへの手紙は，1933年1月から4月12日まで，9通残されている。最後の手紙はプラハからである。最後はナジャとは一緒にはいない様子が伺われる。以下，文通の概観を記す。

モスクワ発，1927年12月9日付けでは，「私のいとしいコスチャ，私はあなたの1日と2日の手紙を6日に受け取りました。それらは私を上機嫌にしました。特に，あなたの，R．のめぐり合わせについてのコメントは，私をとても明るい気持ちにしました。（中略）まず，あなたを安心させること：私は元気です。私は今週中休んでいます（後略）」とある（SAPMO-BArch NY4005/56, Bl.14-17）。R.とはローザのことであろうか。

続いて，モスクワ，1927年12月25日付けでは，コスチャに，モスクワでのマクシム夫妻との静かなクリスマスの夜の様子が書かれているが，終わりの部分で，「月末にハンナに1月の生活費のための100マルク送らなければな

キーンの手紙の写しを自筆で作成し（SAPMO-BArch NY4005/127, Bl.16-17），1980年5月5日付けで，ハインツ・フォスケ（Prof. Dr. Heinz Vosske）に送った。フォスケは，1980年6月3日付けで，「尊敬するゲック殿，1980年5月5日のご親切な手紙とコスチャ・ツェトキーンの死去についての悲しいお知らせのゲルトルート・ツェトキーンの手紙の写しに心からお礼申し上げます。私は，関係官庁が，そのことについて情報が伝えられることを，指示するでしょう。5月の終わり，アルヒーフの用事であなたのお住まいの近くまでまいります。残念ながら，あなたとあなたの親切な奥様を，時間がなくてお訪ねできません。秋に私は多分再びあなたの近くで仕事をしなければならないでしょう。そのときよろしければ，ほんの短時間立ち寄ります。私は，あなたと奥様が引き続きお元気で，何よりずっと健康でいらっしゃることを望みます。ゲルトルート・ツェトキーンの手紙の写しでお手を煩わしたことに本当にお礼を申し上げます。友人としてのご挨拶をあなたの奥様にも。あなたの　Prof. Dr. Heinz Vosske」（SAPMO-BArch NY4005/127, Bl.18）と返信している。

写真16-8 「クラーラ・ツェトキーン号」の前で

らないのを忘れないでね。彼女は新年にはお金が必要ですから」と書いている（SAPMO-BArch NY4005/56, Bl.23-25）。

年が明けて1928年1月16日に，クラーラはナジャへモスクワから書く。「愛するナジャ。昨日午前，10日付のあなたの手紙を落手しました。そして日曜日にも（受け取りました：伊藤）。とてもすてきな週の始まりであり[41]，うれしいです。本当にありがとう。（中略）昨日いつになく，思いがけない嬉しいことがありました。ミヒャエル・ミヒャエロヴィッチ，私の汽船[42]の船長が私を訪ねてきました。マクシムとミラがいたので会話がはずみました。（後略）」（SAPMO-BArch NY4005/56, Bl.30-31）。ナジャへの2月3日付けには，ハンナの2月分生活費に「2月11日に6歳になるヴェルフィのための誕生日の贈り物として30マルクを付け加え」ることなどを書いている（SAPMO-BArch NY4005/56, Bl.35-38）。

41）1928年1月16日は月曜日である。
42）クラーラは，「クラーラ・ツェトキーン号」という船を贈られていた。

3月7日付けでは,「3月5日はローザ・ルクセンブルクの誕生日でした。私は,毎年,庭からマツユキソウの花束を送ったものです[43]。最後となった1918年にはブレスラウの監獄に送りました。(中略) 私の大切なナジャ。私はあなたがたのところへ行きたくて強いホームシックにかかっています (後略)」(SAPMO-BArch NY4005/56, Bl.46)。この手紙は,非常に回顧的で寂しい手紙というべきである。

モスクワからの,1928年3月13日付けコスチャへの手紙は,ドイツ共産党や,コミンテルンの政治動向を書き,すでに前章で引用したように,「スターリンと対立するトムスキーとルイコフ,中央派のブハーリン」(SAPMO-BArch NY4005/56, Bl.52-55) などと,この頃のクラーラの私信としては,危険であるはずの,渦中の人名を明記していた。

しかし,その数日後に,手紙は,軽率だったこと,書留扱いだったが,「手紙が読まれ,検閲されることが,ありえないことではない」と(SAPMO-BArch NY4005/56, Bl.64-65) 警戒している。クラーラが,手紙にこのような事実や心情をあらわにすることはめったになかった。

1928年は,モスクワ,アルハーンゲリスク,キスレヴォドスク (9月) が,発信地となっている。

1929年8月クラーラはドイツに帰り,ビルケンヴェーダーの家に住み,1931年冬ロシアに戻る。

(3) 1930年代のコスチャとクラーラの文通

1930年,1931年,コスチャのビルケンヴェーダーからの手紙が,SAPMOに5通残されている[44]。3通は従妹のエリザベス宛てで,1930年4月2日

43) すでに書いたが,1917年3月5日,ローザはクラーラへ,「……あなたの庭の美しい緑の挨拶と2つのマツユキソウもありがとう。……私がとっても嬉しいのは,あなたがコスチャと再び家にいるということです」(Luxemburg V:186) とあった。ここでは,クラーラはコスチャと11年前の3月を思い出しているのだ。

44) ベルリン近郊ビルケンヴェーダーから,1930年7月7日付けで,クラーラから,ミロの娘ヘンリエッテあての唯一の手紙も残されている。「愛する,誠実なヘンリエッテ」ではじまり,あそびにおいでとやさしく書いて,おばあちゃん,で終わっている(SAPMO-BArch NY4005/66, Bl.99)。クラーラは,ヴォルフガンクとヘンリエッテの二人に,おばあちゃんと自称した。

付け（SAPMO-BArch NY4005/127, Bl.4）[45]，10月16日付け（SAPMO-BArch NY4005/127, Bl.11），1931年3月20日（SAPMO-BArch NY4005/127, Bl.13），2通はベアテ宛てで1930年8月14日付け（SAPMO-BArch NY4005/127, Bl.8），1930年8月25日付け（SAPMO-BArch NY4005/127, Bl.9）である。

1930年10月16日付けのエリザベス宛てには，コスチャは「今，マクシムと彼の妻が私たちのところにいることは，母にとって嬉しいことです」と書いているので，マクシムとミラのベルリン訪問が伺われる。このあと2人はモスクワへ帰ったのであろう。1931年1月25日に，クラーラはベルリン，ビルケンヴェーダーからミロヴィドヴァ（クドリンスカヤ）へ，「なぜ2通の手紙に返事をよこさないの。母」（SAPMO-BArch NY4005/67, Bl.81）と電報を打っており，1931年6月27日には，「私の熱い思いで愛する子どもたち，マクシムとミラよ，いったい，私が書くべきなんですか。不愉快な子どもたちよ！　あんたたちは，あんたたちの年老いた，病気の母親をすっかり忘れてしまったの？　本当に！　（中略）それで，ハンナとヴォルフガンクといっしょに，7月27日から9月2日までミューリッツへ行きます」（SAPMO-BArch NY4005/67, Bl.82-83）などと書いているのをみると，マクシムとミラが頻繁に連絡をとらないか，クラーラのほうが，手紙を待ち焦がれる気性だったのかのどちらかであろう。このころのマクシムとミラへのクラーラの頻繁な手紙はRGASPIに残されている。この時本当にミューリッツへ行ったかどうか証明するものを私は発見していない。

クラーラは1932年7月5日の，モスクワで75歳の誕生日を迎えたあと，1932年7月26日，ハンナへのアルハーンゲルスクからの手紙は長いもので，ヴォルフガンクの将来を思って悲しい。最後に，（前述したが）「私はたった一人の孫に手紙を書きたいけれど，もう書く力がないから祖母が宜しくといっていたと伝えてください」といって，「悲しい母」で終わっている（SAPMO-BArch NY4005/63, Bl.166）。

45）この手紙には，ビルケンヴェーダー駅で降りて，クラーラの家に行く道順の地図がコスチャによって手書きされている。1930年4月2日にエリザベートに，45歳のコスチャが書き送ったこの道順で，私はクラーラの家に何度も行った。2011年現在，この界隈は変わっていない。

これも前述のように1932年7月31日ドイツの議会選挙でクラーラは，当選し，8月30日の国会の開会にあたって，最年長議員としてドイツに赴いて演説することになる。1932年はクラーラにとって健康に致命的打撃をあたえたが，翌年の6月まで，たとえ口述とはいえ執筆活動が衰えることはなかった。彼女は，多くの論文と，手紙を残したのである。1932年も何度もハンナに手紙を書く。その他1932年はアルハーンゲルスクの保養所から，多くの手紙を子どもたちに出し，返事を待ちあぐねている（SAPMO-BArch NY4005/67, Bl.136，SAPMO-BArch NY4005/67, Bl.138）。

ミラは1932年12月7日モスクワから，「愛する，愛するお母さん，ミラ」と手紙を書いている（SAPMO-BArch NY4005/67, Bl.164）。

〔1933年：コスチャのクラーラへの9通の手紙〕

クラーラの最晩年，1933年の家族の私信として，まとまって残されているのはコスチャからクラーラ宛てのものである。1933年1月6日から4月12日までの3ヶ月に9通ある。

この年，1月30日，ドイツではヒトラーが政権を掌握した。2月22日には国会放火事件が起こり，ドイツ共産党は禁止され，翌日大統領令「民族と国家の保護のための条例」が発布された。3月23日非常大権令（全権委任法）が可決され，ヒトラーは4月1日を「ユダヤ・ボイコットの日」としたのである。

以下の手紙はこのような情勢のなかで書かれているので，暗号のような部分もあって理解しがたい。

1） ベルリン，1933年1月6日（SAPMO-BArch NY4005/56, Bl.106.）

最愛のお母さん，お元気ですか。私のほうは，平穏です。ここは，すべて静かで穏やかです。お天気までも。議員団の使用人（Fractionsdiener）は，ハイゲルマン（Heigelmann）といいます。アンナ，ケーテ，それにファニーもあなたに心から宜しくといっています。千回ものキスを。あなたのコスチャ。　ゲルラッハの住所への手紙を。

2） ベルリン，1933年1月11日（SAPMO-BArch NY4005/56, Bl.108.）

あなたが元気か，ナスチャ（Nastja）*からすぐ聞きたいです。あなたのところにアウエルバッハ（Auerbach）がいましたか。彼は何を確かめたのですか。ここはすべて平穏です。私はあなたに何度もキスをします。あなたのコスチャ。（＊ナジャのことではないか。ベルリンから先にモスクワに逃れたのではないかと思われる：伊藤）

マクシム，ミラそして同志イエーガー（Genossin Jeger）に心からの挨拶を。

3）　ベルリン，1933年1月17日（SAPMO-BArch NY4005/56, Bl.110.）

最愛のお母さん，元気ですか。私はあなたの健康状態を大変心配しています。どうしているか短いものでも書いてください。私のことは心配要りません。近いうちに私は，〔ドゥヒェルト（Duchert）〕夫人と話すことを望んでいます。私はあなたを心から抱きしめます。コスチャ．マクシム，ミラそして同志イエーガーに心からの挨拶を。

4）　ベルリン，1933年1月24日（SAPMO-BArch NY4005/56, Bl.112-113.）

最愛のお母さん，あなたの詳しいお手紙，本当にありがとう。あなたが見えない目を，わたしのために，そんなに酷使しなければならなかったことを，私はとても恐縮しています。あなたの記憶でやるのが一番ですね。つまり，全体を熟考し，全体の最もよい組み立てについて，一つの計画や，さまざまの計画を作ってください。個人的なこと，社会的なこと，政治的なこと，党の政策的なことを。まだ固まっていない計画，まだ明確になっていない形式も。今後，記憶している以上のことはできるだけ言わないようにしてください。（中略）あなたにとって，何かエピソード，あるいは，頻繁に発生して特別の意味あることが起きている時は，それらを記録してください。あるいは，それらを秘書に口述筆記させることを試みるほうがいいでしょう。お互いに関係ある部分である必要は全くありません。そうではなく，あなたが，実際，たまたま心に浮かんだような，個別の片鱗でいいのです。全体の計画と関係ないことでも記録してください。でも，それ以外のことについては，前にも書いたように，あまり言わないでください。特に，人がしばしば何か思い出について話すとき，思い出は口伝えに再現されて一面的印象を与えたりします。(中略) あなたが，マクシム，ミラ，あるいはナジャに説明するとき，そして何かに関連して書き留めたり，書きつけたりするときはいささか事情が違いますけど。(後略)愛するお母さん，理性的に，医師の指示に従ってください。私はあなたをしっかり抱きしめキスをします。あなたのコスチャ。皆さんに心からの挨拶を。

5) ベルリン，1933年1月27日 (SAPMO-BArch NY4005/56, Bl.116.)

最愛のお母さん。お手紙，本当に本当にありがとう。水曜日に大きなデモンストレーションがありました。風と凍えるような寒さのなかで，ひどい衣服をまとって大衆は数時間にわたって我慢しました。労働者階級の統一の取れた行動への要求は強いです。私は，指導者の展望が弱いことを危惧しました。あなたやナスチャ (Nastja) は元気ですか。体をお大事に。私は何度もあなたにキスをします。あなたのコスチャ。

マクシム，ミラそして同志イエーガー (Gen.Jeger) に心からの挨拶を。

6) ベルリン，1933年2月1日 (SAPMO-BArch NY4005/56, Bl.119.)

最愛のお母さん，心からお手紙ありがとうを申し上げます。キッシュ (Kisch) の本は，よい宣伝本ですね。非常にすぐれたルポルタージュですね。(中略) しかし，本ははっきり意識してプロパガンダとして書かれたものです。(中略) 役に立つ本です。(中略) 他の同志以外にゼップ・ミラー (Sepp Miller) [46] が，あなたに心から宜しくとのことです。いいえ，私は，ヴェルフィの誕生日を忘れてしまっていませんよ。私は今日20マルクと挨拶を送ります。あなたに何度もキスを。あなたのコスチャ。マクシムに宜しく。

7) ベルリン，1933年2月7日 (SAPMO-BArch NY4005/56, Bl.121.)

最愛のお母さん。お元気ですか。政治的展開があなたにあまりに重くの

46) ミラー，ヨーゼフ (ゼップ) は，ドイツ共産党員。ナチスの迫害を逃れて亡命し，1946年に帰国 (Weber/Herbst 2004:508-509)。

しかかっていなければいいのですが。予期しないことではありませんでした。もっとも，コミンテルンにとって，1923年よりずっとずっと容易ならないことです。あるいは中国においてもそうですね。あのころは，間違った作戦や戦略についてまだ議論できました。しかし，今は決して人は敗北について，素朴なあきらめも口にすることはありません。ドイツ社会民主党の責任について言ってみてもつまりません。それは，部分的説明であって，私たちにとってなんの正当化でもありません。私はハンナと話すためにすぐ彼女のところに行こうと思います。

最愛のお母さん，私はあなたに何度もキスをします。あなたのコスチャ。

マクシム，ミラそして同志イエゴール（Gen.Jegor）に宜しく。

8）ベルリン，1933年2月22日（SAPMO-BArch NY4005/56, Bl.124.）

最愛のお母さん，今，注射の最初の強い作用が鎮まり，治癒因子がはっきり現れているといいのですが。私は，医学的理由から，あなたを政治的に煩わしません。私が知っている限りでは，ローザは自発性理論（Spontaneitätstheorie）[47]を作ったのでは決してないのですが，彼女が大衆運動と自発性に関して書いたことが，今では，はっきりと証明されています。客観的革命状況は，経済的ですが，主観的要因にとっては，労働運動の歴史においてこれまで決してなかったような，中央集権化的，組織的，そしてイデオロギー的に徹底的に規律を重んじる装置を，そしてそれにもかかわらず，完全な受動的態度を（というわけです）。

私は，春が，あなたの治療を助けることを望みます。素敵なあなたに私は何度もキスします。あなたのコスチャ。マクシムとミラ　　みなさんに

47）ローザのことに触れているこの箇所は，この情勢でコスチャとクラーラに深い意味を持ったに違いない。ローザは，大衆の運動はある一定の歴史的条件のもとで自然に発生するものであると強調していたが，フレーリヒは，後に「ローザはこの主張のために重い罪を背負わされることとなった。すなわち人々は彼女の見解を歪めて戯画化し，彼女は自然発生理論を作り，自然発生信仰に，あるいは自然発生神話に陥った，と主張したのである。こうした主張をまっさきにしたのはグレゴリー・ジノヴィエフであって，共産主義インターナショナルにおけるロシアの党の権威を高めるためであった」（フレーリヒ1948＝伊藤成山彦訳：169）と書いている。

宜しく。

9） プラハ，1933年4月12日（SAPMO-BArch NY4005/56, Bl.126.）

愛するお母さん，お元気ですか。この困難なときに，あなたについて，ナジャについて何も知らないということ，そして，あなたを不安にさせ心配させなければならないことは，もっとも辛いことです。私は，ドイツの反革命の発生を，ただちに体験することができたことは，多分非常に有益であることだと，うれしく，かつ期待しています。私の個人的体験を，私は，今述べることはしません。なぜなら，そうでないと，この手紙は決して潜り抜けられないでしょうから。今重要なことは，あなたが元気かどうかを知ることです。ここでは，キッシュ（Kisch）とその夫人が私に親しくしてくれています。

あなたのコスチャ。

チェコスロヴァキア，プラハⅠ，メラントリチョヴァ14，E.E.キッシュ

マクシムとミラそしてみなさんに何度も宜しく。

1933年4月に，コスチャが，なぜ一人プラハにいるのか，今私は説明できない[48)]。多分，ロシア人であるナジャは先にナチスドイツを逃れ，ユダヤ系

48）コスチャは，マクシムの記録では1933年以来不明とされている（SAPMO-BArch NY4005/113, Bl.55）。確かにプラハからモスクワに行き，1933年秋，モスクワからフランスに行った。クラーラの死に目にあったかどうかわからない。クラーラの遺品について2人の息子は意見が合わず，コスチャは同年フランスに亡命した。それ以後2人は会うことはなかった。1965年マクシムの82歳での没後しばらくして，USAのクラーラの研究者，カーレン・ハニーカットは，当時88歳のコスチャとその妻ゲルトルートと，1972年11月21日ニューヨークのロングアイランドで，1973年1月5日マンハッタンでインタビューをした（Honeycutt 1975：13）。インタビューは，1895年から1905年までの政治的・個人的生活の叙述の章に使われており，コスチャは，主に，クラーラとローザ，ベルンシュタインとの関係について思い出を語っているが，ルイーゼ・ツィーツやカール・カウツキーとの関係にも及ぶ（Honeycutt 1975：414）。1973年1月5日にはコスチャの妻ゲルトルート（Gertrud Zetkin）が，クラーラを激しやすい気質を持っていたと述べている。この頃のクラーラを知っているゲルトルートとは誰か。インタビューには，コスチャとゲルトルートがどうしてニューヨークにいるのかの説明がない。しかし，このインタビューによって，コスチャはアメリカ合衆国にその足跡を残し，その妻ゲルトルートとともに記録に残り，さらに1980年にはその死の知らせがカナダのゲルトルートから祖国に

ロシア人，オシップ・ツェトキーンの血を引く彼は，ナチスの手から早く逃れようとしてプラハにたどりついたところなのであろう。この時コスチャは48歳であった。

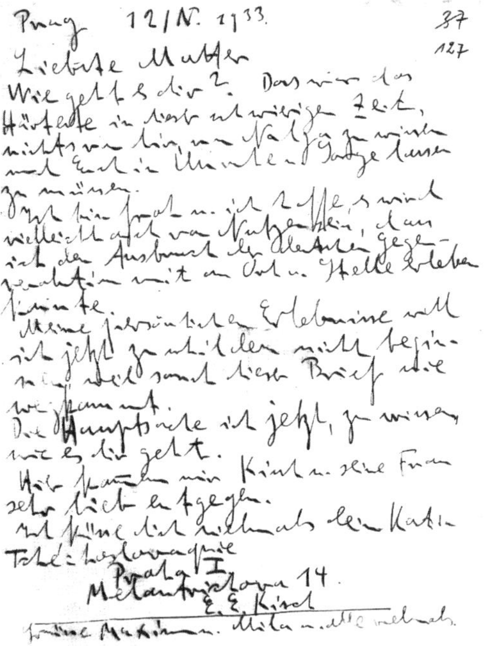

Prag 12/IV. 1933
37
127
Liebste Mutter
Wie geht es dir?
Praha II
Melantrichova 14.
E. E. Kisch

写真16-9　コスチャの筆跡：プラハからの1933年4月12日のクララ宛てはがき

クララが，ヴォルフガンクに手紙を書かなくなってからも，マクシムの経済的援助の不足へのハンナの督促の手紙は続き，クララは，ハンナとマクシムが法的に夫婦であろうがなかろうが，ハンナに手紙をたくさん書き，ヴォルフガンクの将来を心配した。

マクシムはミロとともにロシアに留まり，ロシア各地の病院で医師として勤め，戦後の東ドイツ（DDR）に戻る。しかし，ハンナはマクシムの経歴から消え，クララがあんなに心にかけていたヴォルフガンクも，ケーテ・コルヴィッツの孫カール・コルヴィッツと同じ運命をたどって第2次世界大戦の犠牲になったのか，戦後のドイツに現れない。ミロは，東独で，クララの理論を広める役割を担った（SAPMO-BArch NY4005/14, Bl.77）.

もたらされ，SAPMOに入る（SAPMO-BArch NY4005/127, Bl.14-17）。それによれば，コスチャはインタビューの翌年1974年頃から，病気になったと思われる。

4　最後の仕事，モスクワに死す

クラーラ・ツェトキーンは，1927年以降，歩行，視力その他で活動が制限されてから，口述も含めたいくつかのまとまった作品を残した。

もともと，クラーラは，ローザ・ルクセンブルクのような学術的・理論的単著はもちろん，アウグスト・ベーベルやリリー・ブラウンのような体系だった大著をもたなかった。クループスカヤやコロンタイのように教育や女性労働問題に関する専門的著書ももっていない。しかし，女性・政治運動家，革命家としてみるならば，個々の論稿は勿論，いくつかのテーマに沿った中程度の作品においては，単なる小冊子以上の手堅い内容のものを生涯書き続けてはいたのである。没年に書いたものも3点ある[49]。

クラーラは，既述のように1927年に「ソ連共産党アカデミーの国際女性運動の理論と実践の研究部門」のポストを与えられたが，最初の仕事は，ドイツ女性運動の歴史を書いたことであった。1928年に草稿として，『ドイツプロレタリア女性運動の歴史について』を書いた。クラーラはこの草稿では不十分と思っているふしがある。しかし，これは，20年後1958年に『ドイツプロレタリア女性運動の歴史について』(Zetkin 1958) として出版された。

その2年後，1930年に，「1930/31年の共産主義アカデミーの国際女性運動の理論と実践の研究部門の当面の活動計画」を考える。これは女性問題にかかわる最後のやり残した仕事であった。この最後の2点について書いておく。

(1) 最後の仕事　その1：ドイツ女性運動史 (1928)

『ドイツプロレタリア女性運動の歴史によせて』(Zetkin 1958) は，1958年，ドイツ社会主義統一党中央委員会附属マルクス・レーニン主義研究所から出版された。同研究所の「序」によれば，この書の原稿は，ソ連邦共産党中央委員会から引渡されたクラーラの遺稿であって，なかにおさめられている論文は，一つを除いてすべて初めて公表されるものとのことである。つまり，「ド

49) 1933年に書かれたものに，『世界の女性のためのレーニンの遺産』(Zetkin 1933a) と，同年に書かれ1957年に出版された『勤労者にたち向かう帝国主義戦争，帝国主義戦争にたち向かう勤労者』(1933b)，その他1点 (Zetkin 1933c) がある。

イツにおけるプロレタリア女性運動の起源」(Zetkin 1906j) という論文だけは，1905年に執筆され，1906年に『図解新世界年鑑』(*Illustrierter Neue Welt-Kalender*) および，『平等』に発表され (*Gl.*, 3,17, und 31 Okt., 14 und 28 Nov., 12. Dez. 1906)，さらにまた，1956年ドイツ社会主義統一党中央委員会附属M・L研究所編『労働運動の歴史と理論に関する寄与』4号にも収録され，独立の小冊子としても発行されていた。しかし他の4つの論文[50]と補遺を含めて形を整えたのは，クラーラ・ツェトキーン自身の「序文」によれば，1928年モスクワにおいてである。

1905年と1928年はたしかに全く別の時代的背景をもっている。1905年に，クラーラは49歳で，ドイツ社会民主党内に明らかになってきた右派と中央派および左派の3つの傾向の中で，左派としての頭角を表しつつあった。また，ドイツ社会民主党の女性運動指導においても，リリー・ブラウンに代表されるブルジョア女性運動の影響下にあった修正主義的傾向と日常的に思想闘争を続けていた。1905年のこの論文が，リリー・ブラウンを意識して書かれていたことは容易におしはかられる。1928年のクラーラ・ツェトキーンは，71歳で，主としてモスクワに在住し，コミンテルンの執行委員として，またコミンテルンの女性運動の指導者として活動を続けていた。この年に開かれたコミンテルン第6回大会は，綱領を採択し，「階級には階級を」というスローガンをかかげ，これまでの統一戦線政策に修正を加えて，社会民主主義に対する闘争を強化した。

この書はこうした時代的背景を反映している。クラーラ自身が序文で，1905年の研究を，新たな研究によって得られた資料で増補し，新たな歴史的段階で，プロレタリア女性運動史の再評価をつけ加えて出版する旨をのべている[51]。

この書の構成は，クラーラの「序文」に続いて独立した5つの論文すなわち，

50) ルィーゼ・ドルネマンによれば，この4編は，モスクワの「共産主義アカデミー女性部」のために書かれたものである (Dornemann 1960：412)。

51) しかし，1930年7月のミロヴィドヴァへの手紙で「初期ドイツプロレタリア女性運動についての私の研究に1章を挿入したい」旨書いていることはどういうことか。まだ不十分と思って加筆を望んでいたがはたせないまま，1958年，他人の手で序文が書かれたのではないだろうか。

「1848年から1849年のドイツ革命の中での女性解放の要求」,「ドイツにおけるブルジョワ女性運動の起源」,「階級集合の初期におけるドイツ労働者および職業女性労働問題」,「産業女性労働と女性解放に関するマルクス,エンゲルス及び第1インタナショナル」,「ドイツにおけるプロレタリア女性運動の起源」,そして補遺からなりたっている。

一国の市民的(ブルジョア)女性運動の発生と発展と今日の姿を明らかにすることは,その国の女性運動全体の方向を知るために大きな意味をもつ。なぜならブルジョア女性運動は,ブルジョア革命に附随して発生し,ブルジョアジーの性格によって特徴づけられ,歴史的に変貌をとげながらも,女性の一定の層を代表して女性運動のかなりの部分に一定のイデオロギー的影響を与えているからである。

こうした問題を,クラーラは,この書のなかで系統だてて書こうとしていた。

(2) 最後の仕事　その2:1930/31年の共産主義アカデミーの国際女性運動の理論と実践の研究部門の当面の活動計画(Zetkin 1930/1931)

しばしば繰り返しているが1927年7月5日,クラーラはの70歳の誕生日にアカデミーに国際女性運動研究のセクションが創立[52]され,その責任者となった(SAPMO-BArch NY4005/78, Bl.69)ことは前に述べた。このアカデミーは,もともと1918年10月1日に,モスクワで社会科学のための社会主義アカデミーとして開設され,1924年に名称を変えたものである。アカデミーのさまざまなセクションは,社会主義の歴史,理論,実践の諸問題を研究し,広報するという課題をもっていた。1926年11月からは,社会科学と自然科学領域に拡大されていた。クラーラが,この国際女性運動研究のセクションでどのような活動をしたか全貌は明らかではないが,クラーラ・ツェトキーンの手になる上記表題の資料が1974年に公表された。

この活動計画は,モスクワのRGASPIにクラーラのナッハラース〔RGASPI/528/1/1834〕として保存されており,ロシア語3頁のタイプ版とクラーラとは筆跡の違う手書きのドイツ語原稿9頁からなりたっている。私は,

52) 1936年にアカデミーは解散し,その研究所と会員はUdSSRの科学アカデミーに移った。

このオリジナル文書からではなく，カチャ・ハーフェルコーンとハインツ・カールがレクラム文庫に収録した，活字となったドイツ語（Zetkin 1974）から翻訳する。

1974年当時は（IML,ZPA, NL 5/29）として保存されており，1974年にはじめてレクラム文庫に収録公表されたとのことである。1930年のすべてと31年の秋まではクラーラはドイツにいたはずであるから，ドイツで書かれたものと思われる。

この活動計画はきわめて包括的なものであって，具体性に欠け，単なる列挙の感もあるが，ここではクラーラが歴史的，地理的に国際女性運動の全体をどの範囲まで把握していたかを知り，クラーラが最晩年に何を考えていたか知る手がかりとはなる。

クラーラは1919年までは，地域的にはドイツ・西欧，宗教的にはキリスト教圏，経済体制としては，資本主義的発展を遂げた国々を中心とするプロレタリア女性解放論者であった。もっとも，1907年と1910年の国際社会主義者女性会議では，アメリカ合衆国の女性運動家との接触はあり，国際女性デーの実施国が1911年以来世界に広がって行くなかで，視野を広げていったことは事実である（伊藤 1984:310-332）。1915年の国際社会主義女性会議では，ロシアの女性代表たちとの接触があり，非欧米的な女性運動の歴史や考えと比較するようになる。しかし，1917年まで編集した『平等』の中に掲載されたクラーラの手になる記事にも，非欧米的なものはみられない。

クラーラは，この計画では，イスラム，アジア，非資本主義圏に目を向けている。地域的には東方，宗教的にはイスラム圏までを視野に入れているのは，直接的にはモスクワに本部をおいたコミンテルンとの関わりによって生じたものであり，1920年以降の書き物に現れるようになる。以後1930年代はじめまで10年以上，コミンテルンの中近東・極東への活動の広がりとともに，クラーラの目は東へ向う。モスクワを拠点に非西欧的な地域への旅と見聞から得たものを，非資本主義的な諸国の女性問題と関連させて意識するようになり，中国，極東，日本への言及も見られるようになる。

この計画文書の冒頭は次のように書かれている（RGASPI/528/1/1834）

部門の計画の根底にあるソビエト共和国連邦内の，そしてその国境の外で働く女性の状態，彼女たちの国民経済における，また公的・政治的生活における役割の全面的で深い研究の必要性は，今日，女性の生産への包括の大規模な増大を通じて，社会主義建設と全生活形態の革新における国民経済への彼女たちの役割の意味の増大を通じて，また，植民地及び半植民地（的）資本主義諸国内の階級闘争への彼女たちの参加の広がりの意味を通じて，重大化している。

私たちのセクションを通じての研究に通底している問題は，特別の一領域，すなわち，問題の一カテゴリーに限定されるものではなく，さまざまの経済領域や社会的生活領域（経済，立法，歴史等）に属する諸問題の全混合物から成る。従って，この問題の研究は，共産主義アカデミーの他のセクションや研究所とのもっとも密接な結びつきにおいて行なわれなければならない。そして「1930年から31年の計画は次のテーマの仕上げを予定している。

以下箇条書きされているが，きわめて膨大なものである。

1　女性労働（女性の労働――アレクサンダー同志の文献研究――の理論的，歴史的研究の成果）。
2　生産の合理化との関連でソビエト共和国連邦における女性の労働。
3　諸国の農業経営における女性労働（集団的－ソビエト経済における女性の労働の使用，日雇い女性労働者の問題）。
4　企業でのサービス労働への女性労働力の利用（共産主義アカデミーの共同セクションとの共同で）。
5　労働（?（ママ）：この？は翻刻者が原文を読みとれなかったことを意味すると思われる：伊藤）と新しい生活形態の必要条件をあわせた労働者のサービス（扶助）の再建（構築）の選択。
6　労働者の生計問題。
7　階級闘争における女性（どのテーマが，ソビエト建設研究所プロレタリア・ディクタツーア部門の論集「建設期における階級闘争とプロレタリアートのディクタツーア」の一部をなすべきか。これでよい）

8　ソビエトの女性。

9　東方の女性（die Frau des Ostens）についてのソビエト立法の実践と実行。

10　10月革命の影響下でのソビエト東方における家族関係の変化。

11　女性問題におけるイスラム教聖職者の戦術。

12　労働者の生活形態の社会化の経済的必要条件（共産主義アカデミーの共同セクションとともにゴスプラン[53]のコーポ同志の講演）。

13　ソ連の諸条件のもとでの，および資本主義諸国における人口問題（社会衛生研究所のグレヴイッチュ同志の講演）。

14　資本主義諸国における戦後の国民経済のなかの女性労働（仕事は主に共産主義アカデミーの世界経済研究所の力で遂行されるだろう）。

A）アメリカ合衆国－ボーゲン同志

B）英国

C）ドイツ

D）フランス

E）ポーランド

15　極東の女性の経済的，一般的状況（日本，中国，インド，インドネシア）；中国の農民女性の状態についてのアンケートの仕上げ（資料・文献のさらなる収集）。

16　ロシアにおける女性労働の成立と教育（共産主義アカデミー経済研究所個別専門委員会の活動計画に含まれるべきテーマ）。

17　1905年の革命運動のなかでの女性労働者（労働女性，女性プロレタリア？）（進んだ聴衆のための講演）

18　旧ロシアの革命運動のなかでの女性（過程の資料のために――文献の仕事）。

19　10月革命と市民戦争のなかでの女性（記録の収集と整理，文献論文の編集）。

53）国家計画委員会。

20　パリ・コミューンにおける女性。

21　女性問題についての第2インターナショナルの理論と実践（記録の収集）。

22　大フランス革命の前夜および初期段階におけるにフランスの革命的女性クラブ（歴史研究所のゼミナールのためのテーマ）。

23　大フランス革命の時代の人民連合と革命委員会の中での女性。

24　女性問題に関するユートピアンの見方。

「1930/31年の共産主義アカデミーの国際女性運動の理論と実践の研究部門の当面の活動計画」（以下「計画」）は上記24項目に関して，①文献の収集と整理，②講演の組織，③論文の編集，の3つの方向から取り組み，組織的関係においては緊急の課題として，他のセクションとの連携の必要性があげられている。

この「計画」は，過去から（当時の）現在，近未来を射程に入れたものである。この「計画」は，論理的に筋道だったものではなく，クラーラの女性運動の実践の包括した世界をそのまま列挙している。しかし，横の広がりに比べてなぜか，ベーベルがえがいたような「社会主義と女性」という展望は見えない。

5　クラーラ・ツェトキーンの死

(1) アルハーンゲリスクにて

1933年1月30日にヒトラーが首相となり，2月1日に国会は解散された。2月27日ファシストによる国会焼打ち事件がおこり，3月9日に，ブルガリアの革命家ディミトロフ他2名が国会放火の疑いで逮捕された。この間，3月5日に国会選挙が行われ，ドイツ共産党は475万票を得て85人を当選させたが，一度も国会に立ち入ることはなかった。3月3日にはエルンスト・テールマンが逮捕されている。

コスチャがプラハからクラーラに手紙を出したのは，4月12日であった。

5月10日にナチスによる焚書が始まった[54]。

クラーラは，このとき，アルハーンゲリスクの病床にいる。マクシムの年譜によれば，「彼女はひたすら仕事をしている。彼女は『世界の女性のためのレーニンの遺産』(Zetkin　1933a)，『勤労者にたちむかう帝国主義戦争と帝国主義戦争にたちむかう勤労者』(Zetkin　1933b) を書いている」(SAPMO-BArch NY 4005/18, Bl. 71) とある。

写真16-10　晩年のクラーラ・ツェトキーンとサイン

クラーラの文筆活動は，口述筆記で行われている。ルイーゼ・ドルネマンは「口述するあいだも，呼吸困難には大いに悩まされた。ときには仕事の最中に，意識をうしなうこともあった。しかし，彼女はやってのけた。1933年5月2日に，親友レーニン夫人クループスカヤを最後に訪れたときに，クララはレーニンについてのパンフレット原稿を渡して出版を依頼した」と書いている（ドルネマン 1957=武井訳1969：357)。

クラーラの死についてのドルネマンの描写はこうである。

1933年6月なかば，クララの最後の日がきた。6月18日，彼女は気分が悪くなり，部屋にいることができなくなって，新鮮な空気を欲しがった。そして戸外の公園にかついでいってもらった。もう一度論文の口述をはじ

54）日本では，この1933年2月20日に小林多喜二が検挙され拷問により虐殺され，5月には京都大学で滝川事件がおきている。

Clara Zetkin beim Diktat, Archangelskoje 1933. Rechts N. K. Krupskaja

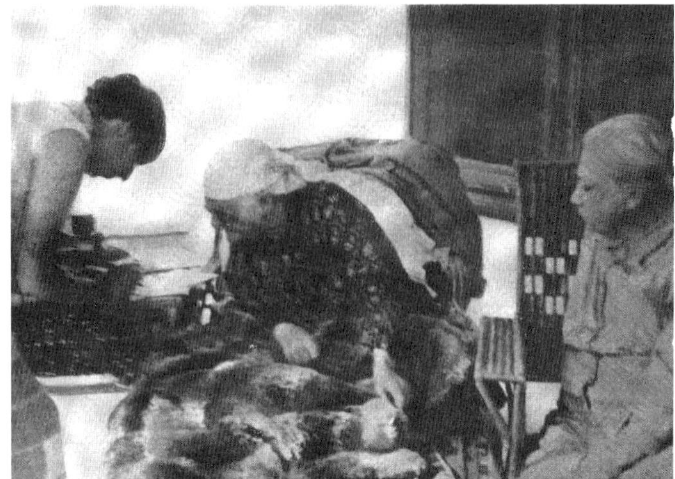

写真16-11 アルハーンゲリスクで口述するクラーラ（中央），クループスカヤ（右）（1933）

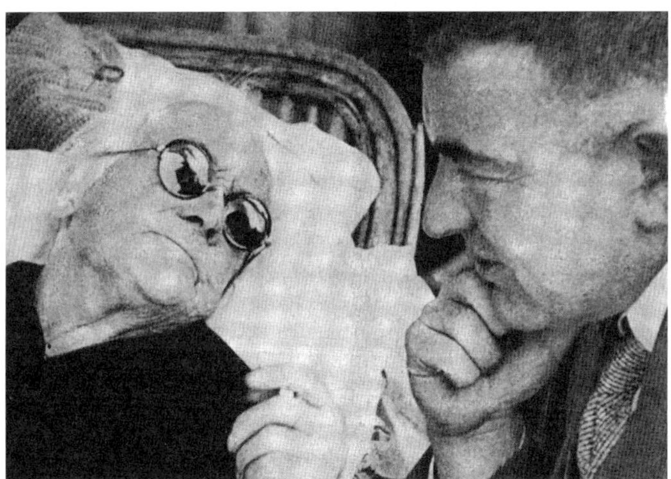

写真16-12 アルハーンゲリスクでのクラーラとヴィルヘルム・フローリン

めたが，2，3行でやめなければならなかった。つぎの日には，論文をつづけることができないと言って，なげいた。彼女は，もう一度社会民主党系労働者にあてた呼びかけを書かなければならないと言っていた。最後の新聞記事の朗読がおこなわれたが，もう中味を追うことはできないようだった。

6月19日の夜は蒸し暑かった。遠くの方で雷が鳴っていた。熱が上がっていた。そして死んだ友人のローザ・ルクセンブルクのことを話しはじめた。やがて呼吸が，ますます不規則になってきた。もういちばん近い肉親の言葉もわからなくなっていた。6月20日の午前2時，クララの心臓は鼓動をやめた（ドルネマン1957=武井訳1969：359）。

バディアの伝記にもほぼ同じことが書かれている（Badia 1993 = Hervé *et al.*, 1994：283）。

しかし，プシュネラートの叙述は，全く違っている。伝記と称しながら，死に至るプロセス，状況の具体的叙述はない[55)]。

(2) クレムリンの壁に眠る

彼女の遺体は，モスクワの労働組合の家の円形の広間に安置され，40万人の人々が最後の別れにやってきた。6月22日の赤の広場での追悼集会のフィルムが残されている。ドイツ共産党を代表して，フリッツ・ヘッカートが弔辞を述べた。フイルムで見た限りでは片山潜がヘッカートの横に立っている。モロトフとクループスカヤも追悼の辞を述べた。

---

55) プシュネラートの，クララーラの死に関する叙述は次のとおりである。「1933年6月20日彼女が死んだ時，彼女のメンタリテートを特徴づけた市民的世界観と生活様式は，彼女の見解によれば『崩壊』したのだ。すでに1932年8月にナチスの『フオルクスパローレ』（*Volksparole*）は，『老ツェトキーンは死にかけている。彼女は我々の時代に入り込んできた数10年来の過去の世代の遺物である……』と嘲っていた」（Puschnerat 2002：390）。これが，クララーラ・ツェトキーンに関するプシュネラートの，ルール大学教授資格論文の本文の終わりのことばである。なお，『フオルクスパローレ』とは，ナチのデュッセルドルフ，ガウ大管区の公式日刊紙であり，この文が掲載されたのは，1932年8月31日付け，つまり，最年長国会議員としてクララーラ・ツェトキーンが開会演説をしてファシズムを糾弾した翌日の号であった。

写真16-13　クラーラのデスマスク

写真16-14　赤の広場での葬儀（1933.. 6. 22）

クラーラの棺は，スターリンとモロトフに担がれてクレムリンの壁に葬られた。この2人に担がれたのも歴史的めぐりあわせであろう。その写真を私は1983年，ビルケンヴェーダーのクラーラ・ツェトキーンハウスで見た。しかしその後その写真を見ることはない。同年片山潜も74歳で没し，クラーラと並んでクレムリンの壁に眠っている。

写真16-15　クラーラが眠るクレムリンの壁

クラーラの死の時，マクシムは50歳，コスチャは47歳，孫ヴォルフガンクは11歳であった。

クラーラは，ライプツィヒで出会いパリで結ばれたオシップ・ツェトキーンの祖国，ロシアで死んだ。オシップも，40年の星霜を経て，若き日のパートナーが，自身がナロードニキとして命をかけた祖国ロシアで，クレムリンの壁に葬られるとは思いもつかなかったことであろう。

そして，そのクラーラも，その半世紀と少し後に，革命の祖国が崩壊することを予感も予想もしていなかったろう。

ケーテ・コルヴィッツの1933年の日記をみると，やっと7月に，半年の出来事を遡って追ったと思われる簡単な記述があらわれ，「5月21日に，クラーラ・ツェトキーンが死んだという知らせ」(Kollwitz：673＝志真 2006：233)とだけ書いている。5月と6月の思い違いであろう。

クラーラの死は，メディアを通じて世界に知らされた。英国の『タイムズ』紙は，1933年6月21日付けで「ドイツコミュニストのリーダー，ツェトキーン女史の死」という見出しで，彼女の経歴を掲載し，「……昨年8月，かなりの衰弱と病気をおして，彼女はパーペンレジーム（Papen régime[56]）のもとで選出された最初の議会の開会に最年長議員としての議長を務めるという彼女の権利を主張するために（モスクワから）ベルリンへの行程を旅した。2人の頑強な女性コミュニストにほとんど演壇に引き上げられるようにして彼女は立った。ステッキによりかかり，弱々しくぐらつきながら，1時間近く断固たる決意を以て，政府，ナチス，社会主義者たちに対して同様に多くの批判を浴びせかけた。これが，ドイツにおける彼女の最後の公の登板であったし，長く活動的な議会での経歴にふさわしい終結であった。その後，彼女はロシアに住んでいた。」（*The Times*, 1933.6.21：13, Issue 46476）と結んでいる。

日本では，1933年のクラーラの死は，長谷川時雨が設立した「輝ク会」の機関紙『輝ク』によって「クララ・ツェトキンの訃」として，クループスカヤと2人並んだ写真入りで報道されている（『輝ク』第5号，1933.7.17）。

1933年7月1日付け『赤旗』（145号）には，「同志クララ・ツェトキンへの弔辞」が掲載されている。野呂栄太郎[57]による一文である（野呂 1994：297-298）。そこには，「われわれは，彼女の輝ける一生を一つの語り草として終わらせてはならない。彼女の革命的生涯から教訓を汲み出し，それをわれわれの闘争の中に発展せしめねばならぬ。」とある。

1933年から年月は流れて，2013年はクラーラの没後80年である。

56）パーペンとは，フランツ・フォン・パーペンのことで，すでに本書でもふれている。彼は，ドイツの軍人，政治家，外交官。ヴァイマル共和政末期の1932年にヒンデンブルク大統領内閣の首相を務めたが，パーペン内閣は半年ほどで瓦解した。その後，ヒトラーと接近し，彼が首相になれるよう尽力するなどナチ党の権力掌握に大きな役割を果たした。1933年のヒトラー内閣成立でヒトラーに次ぐ副首相の座に就いた。しかし失脚し，その後はオーストリアやトルコでドイツ大使を務めた。第2次世界大戦後，ニュルンベルク裁判で主要戦争犯罪人として起訴されたが，無罪とされた。

57）野呂栄太郎はその翌年1934年に逮捕され，拷問が原因で絶命した。

終　章

本書の目的は，第1に，現存する資料によって可能な限り，クラーラ・ツェトキーンという人物の実像にせまり，クラーラ・ツェトキーンは歴史のなかでどういう役割を果たしたかを示すことであった。第2に，それによって，クラーラのかかわった女性運動に関する発言や著作，行動や生き方が，世界のジェンダー平等の運動や現在の日本の「男女共同参画」の実現に連なるもの，寄与するものが何であったかを考察することであった。この点を本章で要約してみるが，さらに，1984年の前著に向けられた批判に対して，本論に組み込み得なかった点について今の段階での私の考えをのべることにする。

1　クラーラ・ツェトキーンの伝記で注目したいところ

本論の各所で触れてはいるが，クラーラ・ツェトキーンという人物も，多くの歴史上の人物が免れないように，いかようにも書きうる人物である。東独時代のルイーゼ・ドルネマン，フランスのジルベール・バディア，ルール大学の教授資格論文ターニア・プシュネラートの3人が描くクラーラはそれぞれに異なっている。私は，この3人の伝記から多くを学んだが，本書は私独自の資料の検討に基づいて叙述した。伝記で強調したいのは次の点である。

(1) 出自と学びの場ということ

まず第1は，彼女の出自と学びの場である。さしあたり，なにゆえに彼女はヴィーデラウで生まれ，ライプツィヒに出たのか。両親，祖父母とたどれる限りでも，さまざまな要素がまじりあい，それが私が対象とする個人（クラーラ）に凝集してその出自を形成している。また，クラーラが生まれてからも，出生の地の名は，ヴィーデラウから，ケーニヒスハイン・ヴィーデラウとなり，地図上目印となる近くの都市ケムニッツは，東西分離の時，一時カール・マルクス・シュタットと名を変えて，東西両統一ドイツ後またケムニッツに戻った。

まじめな努力家の貧農出身のキリスト教徒の父と，ライプツィヒからやってきた進歩的思想の母との間に生まれたクラーラを，ドイツの華々しいブルジョア女性運動家たちと区別するものは，クラーラが地図でもなかなか発見できない小村で，貴族でも将軍でもなく，家系図を書くにも苦労する庶民の家に生まれているということである。

教育はといえば，時代的制約もあって，クラーラは，学位をとるような高等教育を受けているわけではない。さらに最初のパートナーは，無名のロシア人亡命ナロードニキであった。彼はそうそうたるナロードニキの名前を連ねた人名辞典にも，索引にも出てくることはない。

しかし，この時代に彼女が生きたライプツィヒとパリが，そしてパリへの亡命の道すがら，短期間過ごしたチューリヒも，クラーラ以外の誰もが入学することのできない「学校」の意味を持ったのだ。ライプツィヒの女性教師養成学校で受けた教育の内容は，教養的基礎をも含めて，ブルジョア的自由と平等の最高峰を行く，しっかりした職業教育であった。このことが幸いして，この時代のドイツ，フランスとロシアの代表的で多様な社会革命思想のほとんどすべてと彼女が接したときに，彼女は自分が選ぶべき思想への主体が確立していたというべきであろう。

パリでの，警察の監視下にある亡命者としての日々，外国でパートナーと自分の執筆のみで生活の資を稼ぎださなければ生きることができないという現実。2人の子の出産と育児が加速したどん底の貧困。社会主義者鎮圧法下で苦難を強いられている本国の社会民主党(当時はドイツ社会主義労働者党)の活動家との結びつきや，パリでの亡命ロシア人コロニーでの連帯も，彼女の「学校」，いやきっと「大学」であったといってよい。

彼女は最初から，教室でマルクス主義を学んだのではない。パリを舞台とした第2インターナショナルの創設に向けた実践運動の中で展開される各種思想闘争のるつぼのなかから，自力でマルクス主義を選びとっていったのである。

(2) ローザ・ルクセンブルクとの交友とレーニンとのかかわりで

当時の労働運動，社会主義運動はもちろん男性主導の運動であった。そのなかで，ローザ・ルクセンブルクとクラーラ・ツェトキーンが目立った女性であった。ドイツ社会民主党の中で理論的左派だったローザは，女性であるということに加えてポーランド人であるということで，常にドイツ社会民主党の幹部たちに違和感を抱いたに違いない。しかし，学位論文や『経済学入門』や『資本蓄積論』を書いて，ドイツ社会民主党の幹部と堂々とわたりあった彼女は，女性問題というものは，些細なこととしてずっと目もくれなかった。

その点，クラーラ・ツェトキーンは違っていた。彼女は本書でみたとおり，決して女性問題だけに発言したわけではないが，とりわけ女性労働問題にかんしては発言の中心的人物であった。

本書では，ローザとの親交をかなり重視して書いているので，ローザの手紙を使って，ローザがクラーラをどう見ていたかに注目した。当初ローザのクラーラ評価は極めて低いものであった。ヨギヘスへの手紙の中でのクラーラは，女性問題しか発言できないつまらない人，マルクス主義理解の頼りにならない水準，ローザの理論に依拠して引き写しに演説する人，たえまなくおしゃべりする人，おせっかいや，お人よしという印象であった。レーニンに気を許す人という感もあり，ローザは監視を怠らない。これらの記述はローザという，稀有な才能と強烈な性格の人物からの観察として，そのまま受け入れないにしても，クラーラがローザにそう見えたという点で貴重な資料であると私は理解する。また，クラーラの健康状態は，若い時からあまりよいものではなく，特に目の病に早くからかかっていることが具体的表現でローザによって知らされる。これらのことは先行伝記作家によってはあまり触れられていない点である。

しかし，20数年の付き合いを経て，ローザとクラーラは，最も信頼する関係をきずいて行く。そのことは，1918～1919年のドイツ革命時，ベルリンとシュツットガルトに離れて，ベルリンから，シュツットガルトのクラーラに出すローザの何通もの手紙によっても読みとることが出来る。ローザは女性を革命に引き入れることの重要さに気付き，クラーラの力をかりようとしている。もちろんクラーラはこれに応えようとした。ローザが惨殺された時のクラーラの歎きの言葉や追悼の文章も，2人の信頼関係を知る手掛かりとなる。そして何よりも，その後のクラーラ・ツェトキーンの行動から，ローザの遺志を継がざるをえない状態におかれるクラーラの無言の自覚がおしはかられる。気負ってローザの伝記を書いたネットルには，そのようなことはかかわりないことのようである。

今日，クラーラの名は，このローザとの関係で知られている。ローザが，1918年獄中でロシア革命について重要な何点かを批判し，それがパウル・レーヴィの手で1922年『ロシア革命論』として刊行された時，クラーラは同年に『ローザ・ルクセンブルクのロシア革命への立場』を書いた。この時のクラーラは，すでに，1919年のクラーラではなかった。

1920年と21年に，レーニンと会い，レーニンから革命の何であるかを良くも悪くも学んでしまっていた。クラーラの立場は，結果的にローザが原稿を書いた時おかれていた状況を説明するだけで，ロシア革命をそのまま擁護することとなり，ローザの論点に味方するものとはならなかった。ローザは，ロシア革命批判に依って今日なお注目を浴び，クラーラは，それに同調しなかったがゆえに今日忘れ去られている。

クラーラとレーニンの関係は，1907年の女性選挙権問題では，クラーラの立論の見事さにレーニンが目を見張り，1915年の反戦女性会議ではレーニンの「戦争を内乱へ」の立場をクラーラが拒否したことでレーニンを怒らせ，1921年のコミンテルンとドイツ共産党の関係では，クラーラがレーニンを批判したが，結局レーニンに言いくるめられた状態となり，クラーラは納得したわけではないが，ロシアの孤立と危機の回避のためのレーニンの苦境を読みとって妥協したという感じである。

(3) ケーテ・コルヴイッツとの関係

私は，ケーテ・コルヴィッツをも意識して本書に登場させた。ケーテの作品をみて私はクラーラの造形芸術家版という感じをずっと持ってきた。しかし，同じ思想的立場に立っていたわけではないことがわかる。ケーテについては，膨大な日記に注目したが，当初，ケーテはクラーラと対立したリリー・ブラウンと親しく，いっしょに旅行したりしている。ケーテとリリーの息子たちが第1次世界大戦に自ら志願し，そして2人とも，戦争の犠牲になった（リリーの場合はリリーの死の方が息子より先であったが）ことは共通している。ケーテは，兄コンラッド・シュミットや，夫カール・コルヴィッツのとの関係もあってか（それは別問題かもしれないが），立場としては，クラーラが最終的に袂を分かった「ドイツ社会民主党多数派」であった（と日記から読み取れる）。しかし，芸術家として，死体置き場でリープクネヒトやヨギヘスの死をスケッチし，やがて「飢えたるロシアを救え」というポスターを書き，国際労働者救援会の一員として働くさまは，彼女の行動が自ら告白する思想的立場に左右されているようにはみえない。日記ではヨギヘスの名前をケーテは知らないことになっているが，本当にそうだったのだろうか。私はつい疑ってしまう。

本書でみたとおり，1932年のつかのまのクラーラの最後のドイツ帰国時に，クラーラの家を訪ねたり（結局会えなかったが），クラーラがそれを知って，大慌てで「同志　コルヴィッツ」と手紙を書いているのをみると，表面からはわからない何かが2人の間にあったのではないかという気がしてくるがそれは私の考えすぎだろうか。

手紙や日記の存在は重要であるが，それらがその背後の真実にせまりきる力を持っているかどうかは，それだけでは万全とはいえないのではないかという疑問が残る。

(4) クラーラ・ツェトキーンの2人の連れ合い（Lebensgefährten）

クラーラは，法的関係は別として2人の男性と結婚した。最初のオシップ・ツェトキーンは，2人の息子，マクシムとコスチャの父親であり，彼らがその姓を生涯名のったナロードニキ亡命ロシア人である。パリでの貧困と病苦のうちに世を去り，チェルヌイシェフスキーの『何をなすべきか』的男女関係の世界には入ることが出来なかったであろう。クラーラはそのことに失望するいとまもなかったに違いない。オシップについては，1枚の写真と数点の論稿が残されているだけである。しかし，私には霧に包まれたオシップ像とでもいうべきものを，何点か心に描くことができる。その一枚は，オシップの葬列と葬儀の場面である。それは，ラヴローフを先頭にして，国籍も多様な，しかしやはりロシア人亡命家が多いさまざまな思想家たちの，オシップを葬るひっそりとした葬列である。私はオシップとクラーラのパリでの生活を少しでも身近に感じたい思いに駆られて，パリの住所をたよりに，2つのアパートやイヴリィ墓地を探し歩いた。オシップ･ツェトキーンは，クラーラに「ツェトキーン」というロシア人の姓を残した。このことがもつ意味は，クラーラに以後，ロシアへの注目という歴史的課題を与えたことであろうと推測される。

2番目の，18歳も若いフリードリヒ･ツンデルとの関係はどうだったろうか。ツンデルはドイツ社会民主党員芸術家であったが，思想や理論で武装されるという政治家的タイプではない。クラーラは，姓を，「ツェトキーン-ツンデル」と名乗り，ツンデルはシュツットガルトのジレンブーフの快適な自然の家の中で絵を画き，多くの領域の人物と芸術談義をかわしている。クラーラや2人の息子の肖像を描き，ローザがやって来ると快く迎え，自動車を運転して足の確保をする。ジレンブーフ時代は，プシュネラートがクラーラの生活を，その理論とはかけ離れたブルジョア的なものだと皮肉な目を向けるが，当時のドイツ社会民主党の幹部たちの生活は，似たようなものであったろう。ここで，クラーラは，あの地味な『平等』の発行を続けたのである。

1910年代に入って第1次世界大戦が近づくと，ドイツ社会民主党内部の議論にフリードリヒ・ツンデルはうんざりしていたようであるが，第1次世界大戦が起ると，自らの意思で民間人として赤十字活動に参加し，自分の車でフランスの戦場まで出かけ，クラーラの周りの党員仲間を仰天させた。1916年のことである。クラーラの思想と行動とのミスマッチは埋めようもなく，そのころから，ツンデルは，彼のモデルをしていた若いパオラ・ボッシュと親しくなり，クラーラとは疎遠になる。ローザはこの事態を「ジレンブーフのドラマ」と名づけて，ハンス・ディーフェンバッハに知らせた。

クラーラとフリードリヒ・ツンデルの法的離婚は1928年に成立するが，なぜそこまで延ばしたのか，その間の事情は私にはつかめなかった。ローザはすでに，この事態にイライラしている。ローザもあるいは，おせっかい屋だったのかもしれない。

ツンデルは1928年の終りか1929年始めにパオラ・ボッシュと正式に結婚し，1931年に2人の間には男の子が生まれ，父と同じ名のその息子は，長じて淡々と父の思い出を綴り，その文はネット上で今も見ることが出来る。ツンデルの絵は，チュービンゲンのクンストハレに所蔵されているし，画集も出されている。画集には，クラーラの「芸術とプロレタリアート」(1911)が，2人の結びつきを示す記念のように収録されている。私はシュツットガルトのジレンブーフとチュービンゲンのクンストハレを20年以上の間隔をおいて2度訪れたが，周囲はそれほど変わっていなかった。ジレンブーフには，クラーラ・ツェトキーン＝ハウスが残されている。2011年に私は，この家の100年を記念する小冊子を2€で買った。クラーラに関するさりげない情報が写真とともにぎっしりつまった超現代風の編集の小冊子である（Klein *et al.*, eds. 2009）。

(5) 息子たちとその連れ合いたちと孫（たち）

クラーラの長男マクシムはシュツットガルトのクラーラの秘書ハンナ・ブーフハイムと結婚してヴォルフガンクという孫がいた。しかし，マクシムは，ヴォルフガンクをほとんど顧みることなく，ヘンリエッテという娘を連れたロシア人女性エミリア・ミロヴィドヴァとモスクワで暮らしていた。クラーラは，このような男女の関係はやむをえざることと割り切って，ハンナを励まし，ヴォルフガンクの健康を気遣い，ハンナに秘書としての給料を払い，その他経済的援助をし続ける。彼女はヴォルフガンクとも，ヘンリエッテとも，孫として公平につき合っている。

かってのコスチャとローザの関係にも特に口をはさんでいる様子もなく，ローザ亡きあとコスチャがロシア革命を逃れてベルリンにやってきた子連れのナジャ・マッソヴァというロシア人女性と一緒になることにも何ら抵抗を感じているふうはない。私が，そのような資料に出くわさなかったということかもしれない。ただ，晩年，息子たちが連絡を取らないでいると異常なほどに興奮した手紙で叱責している。

マクシムもコスチャも医者になり，息子たちは，母であるクラーラに従順であるように見受けられる。マクシムはハンナとの関係でクラーラに逆らえない理由があったが，コスチャは常にやさしい医者として節度をわきまえた手紙を書き送っている。クラーラの没後の2人の生き方は対照的で，特にマクシムのコスチャの無視と，コスチャのドラマチックな晩年には，ドイツファシズムとスターリンのソ連との複雑な国際情勢を背後においていることが読みとれる。マムシムは，第2次世界大戦後，革命家クラーラ・ツェトキーンの息子として，エミリアを連れてドイツ民主共和国に帰り，フンボルト大学の教授となる。

コスチャはモスクワからパリ経由でカナダに亡命して兄と連絡をとることもなく94歳で没した。彼はローザの没後60年以上の年月を生きていたのだ。

2　現代のジェンダー平等・「男女共同参画」の実現，国際的女性運動とのかかわりでみると

没後80年を経た人物の書いたものから，今日の現実に連なるもの，寄与するものがあるかどうか無理に関連付けようとは思わないが，私自身の考察の基準は，クラーラがおかれたその時代的場所的背景のなかで，彼女が書いたものを読みこみ，マルクス主義女性解放論のこれまでの流れをつなぎ得るものはあるか，日本の現実の女性運動とかかわらせたとしても普遍性を持って発展させる可能性があるかどうかということを探ることでもあった。クラーラの女性問題への発言が1885～1933年の半世紀近くにわたって行われ，今から80年前までであるにもかかわらず，全体を通じで5点，今日の問題に通底するものがあると私は考えている。

それは何かというと，第1は，女性運動に対する社会主義者（社会民主党も共産党も）の男性の態度の問題であり，第2は，女性解放の土台としての女性の経済的自立の重視の問題であり，第3は，そのためにこそ必要な女性労働者保護の問題であり，第4は，女性運動における家庭的なことをどうとらえるかの問題であり，第5は，女性を社会変革的運動に引き入れるための特別な配慮の問題であり，第6は，現代の国際的女性運動とのつながりである。

これらはすべて古くて新しい問題なのである。

(1) 女性運動に対する社会主義者(社会民主党も共産党も)の男性の態度

第1の問題は，クラーラの演説に何カ所か現れていた。最初は1889年の第2インターナショナル創立大会の演説で「反動分子が女性問題について反動的見解を持つことは驚くにあたりません。ところが全く心外なことは，社会主義者の陣営内においても，女性労働の廃止を要求するあやまった見解に出くわすことであります」という箇所があるし，また「およそ，人間の顔をしている者すべての解放を自分の旗にかかげているその人々が，人類のまる半分を，経済的に従属させることによって，政治的かつ社会的な奴隷にしておくことは許されないことです。労働者が資本家によって抑圧されているように，女性は男性によって抑圧されています」とか，「男性の援助なしに，それどころか，しばしば男性の意志に反してさえ，女性は社会主義の旗のもとへ歩みよりました。そればかりでなく，女性は，ある場合には，経済状態に明白な理解をもつだけで，彼女自身の意志に反してさえ，さからいがたく社会主義へかりたてられてきたということもまた事実です」ともいっている。

さらに，それから32年を経た1921年，コミンテルンの第3回大会での演説で「たいていの国ぐにでは，共産主義女性運動の進歩は，共産党の支援なしに，それどころか，ほうぼうで共産党の公然・隠然の反対に抗して達成されてきたのです」ともいっていた。

この事実は，驚くにあたらない。当時からさらに90年を経た今日でも，多くの国で，たとえ革新的政党に属する男性だからといって全員男女平等思想が思想として身につき，ましてや実践を伴っているとはいい難い状況だからである。思想や理論を前提しても，ジェンダー意識の変革には，社会主義を標榜する男性といえども長い時間がかかり，当事者である女性とは異なる。

ただし，今日に至ると，選挙政策としては，女性団体などが行っている政党アンケートには，男女平等の目的意識の強い革新政党ほど，男女平等政策を掲げて高得点をとっているという事実は否定できない。政党幹部の男性割合が高い場合でもたてまえはそうである。この変化は重要である。社会民主党を基調とする北欧福祉国家においてみられる男女平等度のレベルの高さは，他の要因もあるにせよ，ベーベル以降の長い積み重ねの北欧における開花を感じさせる。

(2) 女性解放の土台としての女性労働と女性の経済的自立の重視

第2の問題は，クラーラが何ゆえに女性労働問題から入り，女性労働者の運動を重視したかの根本にある問題である。まず，1885年の最初の無署名論稿でクラーラは，「女性労働の完全な廃止」の要求は，「なんら社会主義的な要求ではなく反動的なものである」，「社会主義者が『女性労働の完全な排除』という要求をたてたなら，それは，社会主義諸党として矛盾である。」と言いきって，「完全な廃止ではなく」，「健康に害ある労働」を除いて，女性労働を排除する意見を強く批判する。それは，クラーラが女性の経済的自立を何よりも重んじたことと関係する。

1889年の小冊子『現代の女性労働者問題と女性問題』では，「新しい生産関係」は，女性の「これまでの家の中での活動を破壊しただけでなく，古い男性の支配の上に築かれていた家族をも転覆する」，そして「工場に移された女性の活動は，習慣的な家庭生活を破壊するが，経済的自立と同時に一般に女性の解放への最初の礎を築いた」という。しかし，「生産諸関係において男性から経済的に自立した女性は，まだ，政治的・社会的に男性の後見を受けており，公権喪失の状態であった」といって，この公権喪失からの復権を要求する。これは，この時代の状況をいっているのである。

1889年の第2インターナショナル創立大会の演説で「社会主義者が，まず第1に知らなければならないことは，経済的に従属しているか自立しているかということが，社会的に奴隷であるか自由であるかを決めるということであります」といっている。しかしその経済的自立がなお今日に至るまで女性にとって困難である。女性の経済的自立は女性解放のかなめであるにもかかわらず，その実現の条件の整備が今日の段階で遅れていることが法的権利や教育上の平等な権利を形式的にも獲得したあとではますます明らかになっている。

(3) 女性労働者保護と平等

第3の，女性労働者保護の必要性の問題は，女性の経済的自立の継続のための条件づくりの問題である。しかし，クラーラのこの問題の取り上げ方はストレートではない。クラーラはドイツ社会民主党の中ではいわば99％男性に取り囲まれていた。しかも上記第1の問題として挙げた考えの多い男性社会主義者のただなかにいたのである。

そこで1889年第2インターナショナル創立大会では，「私たち女性は，女性労働の制限に対して原則的立場から断固として抗議します。私たちは私たちの問題を，労働問題一般から区別しようとはけっして思っていませんから，特別の要求を定式化することはしないでしょう。私たちは，労働一般が資本に対して要求する以外の保障を求めはしません。ただ私たちは，ひとつの例外だけを妊婦のために認めます。妊婦の健康状態は，女性自身と子どもの利益のために特別の保護規定を必要とします。わたしたちは，けっして特別な女性問題というものを認めません！」といった。しかし，1890年代にはいるとクラーラは態度を変えたとの批判がある。それは姫岡論文によってなされた。

特別な女性問題を認めず，保護を要求しないといったにもかかわらず，クラーラは保護を要求する側にまわっているではないかというのである。しかし，1889年においてもクラーラは注意深く妊婦のための保護を要求している。また以前から「健康に害ある労働」以外の労働への女性就業制限は反対と主張し続けていた。つまり，彼女はまず，労働一般への女性労働を禁止しようとする動きへの反対を最優先にした。その地固めの上で，現実に対応して次の要求に着手するという方法をとっている。しかし彼女は「女性保護」などを要求したことはない。あくまで「女性労働者保護」であり「母性保護」であった。

保護と平等の問題もまさに今日の問題である。新自由主義，規制緩和による女性労働者の保護はずしは，ごく少数の女性（これも階級・階層がからむ）を除いて，女性をむしろ平等から遠ざけ，女性の貧困化を招いている。保護要求のもつ意味の再考が必要である。

同一労働同一賃金の問題については，1885年のクラーラの最初の論稿にフランス労働党の綱領に関して言及があり，その後もドイツ社会民主党の決議や第2，第3インターナショナルの方針に入れる努力をしている。本文中に必要に応じて原語を入れておいたが，単なるスローガン以上のものとは思われない。「同じ成果」（Leistung）に対してという場合と，「同じ労働」（Arbeit）

に対してという場合と二種あるが，これを今日の同一価値労働・同一賃金と直接関連づけることはできない。

(4) 女性運動における家庭的なことをどうとらえるか

第4の，女性運動における家庭的なことをどうとらえるかの問題に入る。1896年のドイツ社会民主党ゴータ会議の演説のなかで，クラーラは「……プロレタリア女性を，母として，また妻としての彼女の義務から遠ざけることでは，社会主義的女性煽動の課題をやりとげることができないでしょう。反対に，煽動は，女性がこの課題を，これまでよりもよりよく行えるように働きかけなければならないのです。そしてそうすることこそが，プロレタリアートの解放に利益を与えるのです。家族の中での関係が，すなわち彼女の家族内での行動が，改善されればされるほど，彼女はそれだけ戦闘力をもつようになります。彼女が自分の子どもの教育にたずさわることが多くなればなるほど，彼女は子どもたちを啓発することができますし，わたしたちと同じ感激と献身をもって，プロレタリアートの解放のために隊伍をくんでたたかい続けるよう配慮することができます。」といい，プロレタリア女性が置かれている現実の生活課題を重視し，それに密着し，プロレタリア女性の，母，妻，女性の要求に近づけ，と呼びかけたのだ。

さらに，1912年，第2インターナショナルバーゼル会議の演説と，1915年ベルンでの国際社会主義女性会議の演説では，一貫して母・妻としての平和の願いを情感に訴える。いきなり「戦争を内乱へ」というのはレーニンの考えであり，クラーラはそのように考えなかった。これはレーニンから批判されているが，クラーラは，当時の，一般の女性に戦争反対を呼び掛ける現実的方法を選んだのである。

クラーラ・ツェトキーンは，「女性が日常生活レベルで家庭的存在であるという性格を強く刻印されている存在」であることへの視野が欠落し，「個人」として男性労働者と同質にとらえたという批判があるがこれは全く当てはまらない。むしろその逆であり，ジェンダーの現実に即して，そこからの変革を考えた発言をしている。

(5) 女性を社会変革的運動に引き入れるための特別な配慮

第5は，女性を社会主義を目指す運動に引き入れるための細かな配慮の問題がある。1896年の同じ演説で，クラーラは，女性の心をとらえる方法を次のように言いあらわしている。「……山がモハメッドのところにやって来ないなら，モハメッドが山に行かなければならないのです。すなわち，わたしたちは，計画的に文書煽動によって，社会主義を女性のところにもたらさなければならないのです。こういうわけですから，わたくしは，みなさんに，ビラをくばることを提案します。すなわち，4半分のページに，社会主義綱領のすべてをぎっちり詰めたり，わたしたちの百年間の全知識を与えるような伝統的ビラではなく，階級闘争の立場から個別的に個々の実際的問題を論じた小さなビラです。これは重要なことです。そしてビラをつくるときの技術的問題は，わたしたちにとって重要な意味をもっております。伝統的なビラのように悪質な紙をつかってもっとも粗悪な印刷をしたものではなく――そんな粗悪なビラなら，書かれていることばにプロレタリアートのようには敬意を表しないプロレタリア女性は，しわくちゃにして投げすてるだけです。――アメリカやイギリスの禁酒家がするように，その装丁がこざっぱりした4ないし6ページの内容の小冊子がいいのです。なぜなら，プロレタリア女性もまた女性であるかぎり，『あら，きれいなものがあるわ。読んでみたいわ！』というのです。そしてわたしたちは，重要な文章を，大きな，太い活字で印刷しなくてはなりません。それなら彼女たちはちゃんと読むでしょう」。

これをどう読みとればよいであろうか。クラーラは，多数の女性の要求や感性に心を配る女性運動家であったことを意味する。今日の日本においても，実はこれは当てはまっている。現に日本でも現在地域の女性活動家たちはいつもそのことを考えて行動している。

上記5点は，今日日本の「男女共同参画」時代の女性運動にもあてはまることが多い。大多数の女性のジェンダー平等意識が，行きつ戻りつし，一時的であれ専業主婦志向が高まるのはなぜか。反原発運動において，空中や食品の放射線量の測定に敏感で，子どもへの影響を憂慮するのはなぜ女性に多いか。母親運動や主婦連合会などが生活や平和問題や教育問題に社会変革と連なる要求を掲げているのを考えただけでも，女性へのこうした運動上の配慮が重要でないとはいえないであろう。かって「生命を生み出す母親は，生命を育て守ることを望みます」という「母親大会」のスローガンが批判され，冷笑されることがあった。たしかに，「母親」は，女性の全体を包みはしない。しかし，母親大会・母親運動は，日本各地で戦後今日まで営々と続いている女性運動の一つの流れであることは事実である。それには女性のある階層に一般化できる運動の根拠があるからであろう。女性運動は多様な階層のどんな要求を排除しても進まない。それらが例え，矛盾するように見える場合であっても，である。

ここで，階級の問題であるが，階級の問題は，今日においてこそクラーラの発言が意味を持ってくる。今日では格差社会と言われているその格差のランクごとに，ジェンダー問題が存在する。共通項でくくられるようにも見えながら，実は少なからぬ差異が，矛盾する要求を生みだしたり，運動の足を引っ張るように見えることもある。もちろん，クラーラの時代のように階級はブルジョア，プロレタリアというように単純ではない。しかも，女性だからわかりあえるというものではない。男女が平等になればなるほど，保守系にも革新系にも女性は配置される。与党と野党にも男女は同様に場所を得る。現在の日本ではまだ男女不平等が激しいにもかかわらず，そのような現象がみられるようになった。そのような，多様性・複雑性のなかでも，それを越えて，ジェンダー平等は進んでいく。被差別者の自由とか，新自由主義的競争に勝ち抜いた強者のエリート女性の自由とかは，普遍性ある自由ではない。こうしたことを細く分析するためにも，階級・階層視点を重視する必要がある。

この問題の延長上に，真の女性解放とは何かという問題が問われる。社会主義社会でこそ女性は解放されるとベーベルやクラーラが考えた社会主義が，地上で生まれ損なったりしているからといって，結論を否定的に出すのは早い。

北欧福祉国家は，なぜ，男女平等度が高いか，崩壊した社会主義と思われていた国が，形の上でも男女平等を標榜し，不十分とはいえ統計上も平等が確認されていたのはなぜか。また，多くの先進資本主義国家が日本より平等度が高いのはなぜか。解決されなければならない要因は単純ではない。総じて，程度の差こそあれ地球上で，女性が解放されている国というものはまだない。

(6) 現代の国際的女性運動との関連

クラーラ・ツェトキーンは，第2インターナショナル期の1910年代に，女性選挙権と反戦をスローガンとする欧米とロシアを繋ぐ「国際女性デー」の普及に力を入れ，第3インターナショナル期に入ってからは，1920年にすでに無党派国際女性会議の具体的構想をもっていた。前者の国際女性デーは，2つの世界大戦を経て各国に広がり，1977年には国連の定める国際デーとして今日に繋がっている。

後者の無党派国際女性会議は，クラーラの没後，1930年代に反ファシズムと平和のスローガンで，パリ（1934年）や，マルセイユ（1938年）でもたれてはいたが，第2次世界大戦後，国際的レベルで国連が，設立の当初から女性の地位向上をその重要な仕事として位置づけ始めた。それは，これまでの欧米や社会主義実験諸国の女性運動を包摂し，1968年には国連経済社会理事会がNGOとの協議関係設定を行い，世界中の多様なNGO無党派女性運動が，〈国連⇔NGO〉の関係に入って行く。国連は，1975年を「国際女性年」と定めて，「平等・発展・平和」をスローガンに開発途上国に注目しながら地球規模の運動を展開し始めた。1975年の「国際女性年メキシコ会議」，1980年の「国連女性の10年中間年世界会議」（コペンハーゲン），1985年のナイロビ女性会議と将来戦略，そして1995年の北京女性会議の経験を通して大きな成果をあげて20世紀は終わった。これらの過程で，従来の欧米都市中流階級中心のナショナルなフェミニズムは「第3世界」と「出会い」，グローバル・フェミニズムとなったともいわれるようになった（伊藤2008：183-198）。

だったら，これまでのマルクス主義女性解放論はどうだったかと私は問いたい。

クラーラ・ツェトキーンらの国際プロレタリア女性運動は，最初から「ナショナル」を越えていた。第2インターナショナルは，西欧中心であったことは確かだが，少なくとも「ナショナル」を越え，第3インターナショナルにおいては第2インターナショナルの限界を越えた。クラーラは，「東方」と出あい,「極東」の女性運動をも射程に入れていた。今日の国連規模からみればかなり限定されたものであったとはいえ,その名のとおり「インターナショナル」であった。戦後,国連の女性運動によってはじめて先進国の女性が「第3世界」と「出あった」などというものではない。この歴史的事実を忘れることはできない。

過去の女性運動や理論の総括は,自らの経験や自国内の理解にもとづくのではなく,資料に基づいて歴史的で包括的であるべきである。そのとき,国際女性デーの歴史を含めて,どうしてもクラーラ・ツェトキーンに行きつき,彼女が浮かび上がる。クラーラ・ツェトキーンとはそのような位置の人物である。

3　1984年の拙著への批判とのかかわりで

1984年の拙著は,クラーラの伝記そのものを目的とせず(それは小伝という一つの章で済ませた),目的を「クララ・ツェトキンの女性解放論研究を通じて,マルクス主義女性解放論へのクララ・ツェトキンの貢献とその独自性を明らかにし,かつその限界は何かをも示して,マルクス主義婦人解放論の創造的発展はいかにして可能かを追求する手がかりとする」としていた(伊藤 1984:8, 413)。

前著の出版からは,すでに30年隔たるが,その間のこの研究に関わる変化として特に著しいのは,1980年代最後から90年代の初めのソ連・東欧の「社会主義」の崩壊を挙げなければならない。それに伴ってマルクス主義の評価もそれ以前とは当然異なったものとなる。本論でも断片的に示唆しておいたが,私はすでに水田珠枝氏から,マルクス主義女性解放論に関して,『社会思想史研究』誌上(1985年10月9号:185-193)の書評で否定的評価を受けていた。書評の論点は,私の言葉にしてまとめていえば,次のようになる。

第1は,<伊藤はマルクス主義の常識によりかかりすぎている。マルクス主義は伊藤にとってはすでに与えられたものであり,他者には自明のものではない概念や言葉を,自明のものとして説明抜きにつかっている>という点であった。確かに指摘される通りで,この指摘は,当時の私への批判の中心部分であったといえる。「よりかかる」,「与えられたものとして説明抜きにつかう」,「自明のものとする」という態度は,「すべてを疑う」ことから始めるべき研究者として反省すべきことである。

第2は,水田氏は,<伊藤は,この本を通じてツェトキンの階級的立場への固執を評価しているが,ツェトキーンの貢献とされる女性問題の階級関係での割り切り,女性運動を社会主義の政治運動に組みこむ傾向を,現代のマルクス主義女性解放論にもちこんできても,そのことをマルクス主義の女性解放論を創造的に発展させることになるとは思わない>という批判であった。私の論じ方からそのように受けとめられても仕方がないと今は思うが,私の真意は別のところにあった。

当時(1980年代初頭まで)の日本のマルクス主義女性解放論は,ほとんどマルクスとエンゲルスの引用ではじまりそれで事足れりとされ,ベーベルは少し外れたところで別扱いされ,レーニンについても別扱いで,クララーラ・ツェトキーンについてはほとんど知られていないに等しく,これらの人々は脈絡もなく,ばらばらにあつかわれていた。私は,マルクス主義女性解放論というからにはこれを繋ぎ,せめてクララーラが生きていた1933年までのマルクス主義者の女性解放論の流れを,時代的背景の脈絡と流れにおいて整理して把握しなければならないと考えたのである。歴史的に積み重ねられ,継承されてきた理論の研究は,女性問題の領域では特に遅れていることへの危惧が,19世紀のマルクス・エンゲルスだけでなく,20世紀のベーベル,レーニンとクララーラ・ツェトキーンを繋ぐ作業を必要とすると私は思ったのであった。

ベーベルは,永い間ドイツ民主党の党首で,男性の身でありながらその名も『女性と社会主義』を主著として,獄中で,人生のほとんどの時期30年にもわたって改訂を続けたにもかかわらず,その女性論をあくまで個人的見解とし,批判と責任は「もっぱら著者のみがおう」といい続けた。

クラーラは,そうではなかった。最初から,国際的,国内的運動の方針として論じ,けっして,批判と責任は「もっぱら著者のみがおう」というようなものではなかった。そのときクラーラの女性運動論で他を抜く特徴が「階級的立場への固執」,しかもさらに階層的にこまかな要求分析,女性運動を社会主義の政治運動に組みこむ具体的方法の追求であった。水田氏はそうしたクラーラの傾向を，現代のマルクス主義女性解放論にもちこんできても，そのことがマルクス主義の女性解放論を創造的に発展させることになるとは思わないといわれたが，女性問題の説明は，女性を一まとめにして論じるフェミニズムに対して，何よりも女性という性の問題プラス階級・階層の問題として具体的要求で把握し，運動の政策に結びつけるクラーラの論調をマルクス主義の女性問題への深まりであると，私は捉えたのであった。かつ，水田氏が私への批判のために例示したクラーラの引用からもクラーラの理論が，階級にのみ限定されていなかったことがわかるが，その点については，本書の該当個所で叙述している。

水田氏の批判の第3点は，クラーラ・ツェトキーンの限界を越えた伊藤の女性論を提示していないという点であった。これは，前著の目的ではなかった。その後30年もたっているので，その間に何かあるかと問われれば，クラーラ研究に50年もかかっているスローな歩みとはいえ，何もないということでもない。この間，関連単著としては『現代婦人論入門』(1985)，『家庭経済学』(1990)，『両性（ジェンダー）の新しい秩序の世紀へ——女性・家族・開発』(1993)，『生活・女性問題をとらえる視点』(2008) を出した。これらの単著に取り込まれている裾野の研究は，労働力再生産論，家庭経済学，家事労働論，生活時間論，GAD（開発とジェンダー視点）に関する，マルクス経済学の盲点と言われる論点への実証的，理論的研究としてとりくんできたつもりであった。しかし，そういう問題ではなかったのではないかと，今思っている。

私は，マルクス主義女性解放論にこだわって，クラーラ・ツェトキーンととりくんできた。クラーラは，社会主義の実験を目指したソ連の比較的初期しか見ていない。クラーラの晩年の作品（Zetkin 1932/33）では女性が解放される未来社会への展望という項目はない。しかし，当時のソ連を社会主義が実現された理想郷と考えてのことであったとは思われない。なぜならクラーラ没年の1933年は，ソ連の第1次5か年計画が早期達成されたと発表された年であったが，1930年代に入ってからの凶作によって多くの餓死者が出，ソ連では党内の論争もあって前途多難な時期だったからである。

晩年，IAH（IRH）を活動の場としたクラーラが，それを知らなかったということはなかったであろう。しかし文献からは証明されない。

女性解放論（と呼んでも呼ばなくても）がその背景とする思想や理論は，今や多様であり，新たなパラダイムが次々と生まれ，流行する。女性学だったり，多様なフェミニズムだったり，ジェンダー論だったりする。時代の思想の潮流も動いて行く。その流れの方向や全体を見据えながら，自分が選びとった理論を，常に現実との関連で発展させていくことが私の仕事であろう。

時代の潮流も，その気になってみれば，＜すでに与えられたもののように，他者には自明のものではない概念や言葉を，自明のものとして説明抜きにつかっている＞ということがみえてきたりする。しかしなかなかかみ合わなくて説明のされようもないということも多い。研究には終りがないのだから，時間が許す限り説明しあう努力だけはしたいものと思う。過去の蓄積の上に立ち失敗から学んで新しい道をきりひらくしかない。

最後に1984年に北海道大学に提出した学位論文（乙第2636号）にたいする，審査員からの指摘について，一言ふれておかなくてはならない。

審査所見には「若干の充さるべき点」として3点あげられていた。第1は，伝記的研究と理論の検討との積極的融合をすべきこと，第2はSPDの女性運動とドイツ女性労働者の労働と生活の実態とを説得的に関連させるべきこと，第3は，SPD内部の諸指導者（例えばローザ・ルクセンブルク）の言動の中にツェトキーンを置き，諸事象への態度の相違を浮き彫りにするべきこと，という指摘があった。

第1と第3については，不十分ながら本書で応える努力はした。しかし，第2については，クラーラの主要な演説や論稿を翻訳して，クラーラ自身をして関連付けて語らせただけで，私自らは，ほとんど応えていないことに改めて気付かされる。ここは重要な問題でありながら，私の関心が，ソ連・東欧の崩壊以降，新たに閲覧できるようになった一次資料に移ってしまったことによる。

このように，また課題を残してしまった。

あとがき

50年かかっても，やり終えることのできないテーマでした。

2013年6月20日は，クララ・ツェトキーン没後80年，8月13日は，アウグスト・ベーベル没後100年です。

この研究テーマを50年前の1963年に私に与え，「このテーマと心中せよ」といわれた，故新川士郎先生と新子夫人にまずお礼を申し上げます。次に「君はプレハーノフの『歴史における個人の役割を』を読んだか」など，この研究を心にかけていろいろご助言くださった故内海庫一郎先生にも感謝します。おふたりは，私の修士論文の主査と副査であられました。

このテーマで研究を続けて，修士時代も含めて20年かけて1984年に学位論文を申請した際，主査の労をとって下さった，新川先生の後継者である荒又重雄現北大名誉教授にお礼を申しあげます。その時，副査をお引きうけ下さり，私の研究の多々ある欠陥を，その後の研究に向けての課題として御寛恕下さった佐藤茂行北大名誉教授，石坂昭雄北大名誉教授に，遅ればせながら，今ここに感謝の意を表します。当時の北大の慣習により，刊行された著書を学位論文として申請しましたので，お名前を記して公にお礼を申し上げる機会がないまま，30年もの月日が経ってしまいましたことをお詫び申しあげます。

前著には，いくつかの書評での批判が寄せられましたが，特に，社会政策学会での大先輩である故島崎晴哉中央大学教授と，女性解放思想史の大家の水田珠枝名古屋経済大学名誉教授から，それぞれ社会政策学会と社会思想史学会の権威ある学会誌に，書評を賜り，厳しい御批判もいただきました。私の至らぬ点へのお二人の批判に，感謝し，お応えしようとしながら，心ならずも長い月日が流れました。

それには，この間，ペレストロイカ，グラスノスチ，ソ連・東欧の崩壊が起こり，冷戦中のイデオロギー対立に代った各種思想や理論の興隆と社会科学の新たなパラダイムの隆盛が，私に考える時間を要求したという理由もあります。

国際女性運動も1995年の国連北京女性会議，現在のUN Womenに象徴されるように，また国内では男女共同参画の運動にみられるように大きく変化しました。本書があつかう党派性の強い主人公クラーラ・ツェトキーンがその起源にかかわった「国際女性デー」は，今では，新旧の女性団体ばかりでなく，国連や政治的姿勢を問わず，各国政府が率先して取り組む地球的行事となりました。

こうした歴史的変化のなかで，1984年の前著は必然的に見直されなければならなくなり，その見直しが本書です。

前著の時も多くに方々にお世話になり，お名前を挙げさせていただきました。本書では，それに加えて，前著の後30年の間に新しくお世話になった多くの方々の名を挙げて謝意を表したいと思います。

ソ連・東欧の崩壊のあとに，私が最初に連携出来た関連研究者は，東西ドイツの統一前後をつないでベーベルの選集全10巻を編んだ，ウルズラ・ヘルマン（Dr.Ulsura Herrmann）さんとアンネリーゼ・ベスケ（Annelieze Beske）さんでした。1990年代の後半のことです。このお2人から，多くを学び，文通では追いつかなく1999年にベルリンでお会いして以来，今日までお世話になっています。お二人の緻密な研究方法は驚嘆に値するものでした。

2000年代に入って，私は日本学術振興会の科学研究費助成を得て，懸案事項であった1990年代以降公開された2つのアルヒーフ，モスクワのRGASPIとベルリンのSAPMOをやっと訪れることができました。その際の紹介の労をとってくださった大村泉現東北大名誉教授と，RGASPIの受け入れを可能にして下さったヴァーレリー・フォミチョフ（Dr.Valerij Fomičev）さん，ベルリンのSAPMOでの検索を助けてくださったロルフ・ヘッカー（Dr. Rolf Hecker）さんの名をあげなければなりません。この2つの巨大アルヒーフで公開された資料を加えることなしに，本書はありえませんでした。

上記のみなさんの御親切に心から感謝します。

また，日本で開催されたMEGA研究会や，国際ローザ・ルクセンブルク学会への参加からベルリンのローザ・ルクセンブルク財団（Roza- Luxemburg-Stifftung）のウラ・プレナー（Dr.Ulla Plener）さんと知己を得，2007年にベルリンで開催された「クラーラ・ツェトキーン生誕150年のコロッキウム」で報告する機会を得ました。その報告をジャーナルや出版物にも論文として掲載してくださったプレナーさんとローザ・ルクセンブルク財団にお礼を申し上げます。

1980年来の友人，ライプツィヒのペーター・ホイマン（Peter Heumann）さんには，いつも大変お世話になっていますが，2011年にも，クラーラの生地の資料館に行く私のために，ホイマンさんはヴィーデラウまで車をとばしてくださいました。ホイマンさんは「ライプツィヒ独日協会」の会長でもあり，東日本大震災者救援の催しをライプツィヒでやってくださっている方です。

そして，ベルリン近郊ビルケンヴェーダーのクラーラ・ツェトキーン記念館の仕事にも関わっているマルガ・フォイクト（Marga Voigt）さんの名も挙げたいと思います。マルガさんは，クラーラ・ツェトキーンについての最近の情報を見逃さず，何か発見すると即刻e-メールで知らせてくれています。マルガさんは，クラーラが第1次世界大戦反戦運動にあたって書いた手紙集を，大戦勃発100年にあたる2014年に出版すべくその仕事が進行中とのことです。

私のドイツ語の文章の添削をしていろいろ教えて下さった若い日本学研究者のザンドラ・ベイヤー（Sandra Beyer）さんにも感謝します。

私の最後の職場，昭和女子大学で，1989年以降の10数年，同大女性文化研究所にともに籍を置いた掛川典子教授との共同作業のことも書かずにはいられません。ゲリッツェン女性史コレクションの昭和女子大学女性文庫への収集や，邦訳のないベーベルの『女性と社会主義』関連の文書を発見して，『ベーベルの女性論再考』と題する女性文化研究叢書を編んだ日々には，「大学らしい」喜びがありました。チュービンゲン大学仕込みの，決して低きに堕さない掛川教授の研究姿勢からも多くを学ばされたことを感謝します。

定年前の5年間，私は大学院生活機構学研究科長をつとめていましたが，大学院行政の目まぐるしい変化の渦に巻き込まれて悪戦苦闘を強いられた時も，私の研究を見守って下さった平井聖前学長と，毎年研究発表の場を与えて下さった坂東眞理子女性文化研究所長（現学長）にお礼を申しあげます。

特に2005年11月25日に女性文化研究所の第101回研究会に，RGASPIの主任研究員ヴァーレリー・フォミチェフ博士をおむかえして「新時代のロシアのアルヒーフの国際的役割」と題するお話をうかがう機会を得たことは幸運でした。

また，文学研究科長の言語学者，池上嘉彦教授と全学的会議でいつも席をとなり合わせましたが，教授は年に数回ドイツをはじめ，ヨーロッパでの学会に出かけておられました。私がドイツに行くと知ると，会議の合間に，ドイツの新しい交通機関の便などを教えてくださったり，教授の親しい友人の世界的言語学者などを紹介してくださってベルリンのお宅を訪ねたりもしたものです。そして私の退職の時，教授から何と新版の『独独辞典』を記念にいただいたのです。大学院運営と院生教育で自分の研究どころではない雰囲気のなかにあって，私はいつも隣にアカデミズムの匂いをただよわせた本物の学者が，何事にも動じず泰然と坐しておられるというだけで「やはりここは大学だ」と我に返って混乱した心を落ち着けることが出来ました。そのことを池上嘉彦東大名誉教授に感謝したいと思います。

本書を，これまでもお世話になっていた御茶の水書房からだしていただくことは，在職中からの約束でした。今日まで待っていただき，原稿を読んで，いろいろご助言いただいた橋本盛作社長に心から御礼を申し上げます。

そして，ここには書き切れない，私の研究をずっと見守ってくれた大切な友人たちと，教え子のみなさんに，心からの謝意を表します。

2013年6月20日　クラーラ・ツェトキーン没後80年の日に。

伊藤　セツ

文献リスト

1　利用・検索図書館・アルヒーフ

・国内：北海道大学付属図書館，国立国会図書館，東大総合図書館，一橋大学図書館，法政大学図書館，法政大学大原社会問題研究所，昭和女子大学図書館（女性文庫），首都大学東京情報センター。

・国外：アルファベット順，（所在地），訪問年

Archiv der sozialen Demokratie-Friedrich-Ebert-Stiftung (Bonn-Bad Godesburg). 1981.

Bibliothek des Museums für Leipzig Stadts Geschichte (Leipzig). 1981.

Commenius Bücherei (Leipzig). 1978.

Deutsche Bücherei (Leipzig). 1981.

Dimitroff Muzeum Bibliothek (Leipzig). 1981.

Hauptstaatsarchiv Stuttgart (Stuttgart). 2011.

IISG (Internationaal Instituute voor Sociale Geschiednis) (Amsterdam). 1981.

Internationaal Archief voor de Vrouwenbeweging (Amsterdam). 1981.

Karl-Marx-Uni. Bibliothek (Leipzig). 1981.

Kunsthalle (Tübingen). 1983, 2011.

New York Public Library (New York)1986.

Pädagogische Hochschule „Clara Zetkin" Leipzig-Bibliothek (Leipzig). 1978, 1980, 1981, 1983, 1985.

Staatsarchiv (Leipzig). 1981.

Stadtarchiv (Leipzig). 1981.

University of Maryland, College Park Library (College Park). 2003.

University of Wisconsin-Madison Libraries (Madison). 1985. 1986, 1987.

RGASPI (Moskau). 2005.

SAPMO (Berlin). 2006, 2011.

Schweizerisches Sozislarchiv (Zürich). 1999, 2011.

Zentrales Parteiarchiv am IML beim ZK der SED (Ost-Berlin). 1978, 1981, 1983, 1985.

2　欧文引用文献（著者名アルファベット順）

定期刊行物の略号

B V-T.	*Die Berliner Volks-Tribüne.*
BzG.	*Beiträge zur Geschichte der deutschen Arbeiterbewegung,*
Mitteilungsblatt.	*Mitteilungsblatt der Forschungsgemeinschaft „Geschichte des Kampfes der Arbeiterklasse um die Befreiung der Frau"* (*Leipzig*)
NZ.	*Die Neue Zeit.*（*NZ*の索引表示に基づき，巻数と論文初頁の通し頁を記す）
Gl.	*Die Gleichheit*（無署名のものが多い）

Inprekor.	*Internationale Presse-Korrespondenz.*
KI.	*Die Kommunistische Internationale.*
K F-I.	*Die Kommunistische Fraueninternationale.*
L V-Z.	*Leipziger Volkszeitung.*
Pr.+地名	SPD大会の場所を示す議事録
WSt.	*Wissenschaftliche Studien des Pädagogischen Institutes.Leipzig.*
WZ.	*Wissenschaftliche Zeitschrift der Pädagogischen Hochschule „Clara Zetkin" Leipzig.*
ZfG.	*Zeitschrift für Geschichtswissenschaft, Berlin.*

その他，選集・シリーズ・発行所等の略号

DBE	*Deutsche Biographische Enzyklopädia*,1~12
Eine Chlonik	Forschungsgemeinschaft „Geschichte des Kampfes der Arbeiterklasse um die Befreiung der Frau" an der Pädagogischen Hochshule „Clara Zetkin" Leipzig, Hrsg. (1984) *Zur Rolle der Frau in der Geschichte des Deutchen Volkes* (*1830 bis 1945*) *Eine Chronik*, Verlag für die Frau, Leipzig.
Bebel, *Ausgewählte*	*August Bebel Ausgewählte Reden und Schriften*, 1~10.
Luxemburg, *Briefe*	*Rosa Luxemburg Gesammelte Briefe*, 1~5.
Zetkin, *Ausgewählte*	*Clara Zetkin Ausgewählte Reden und Schriften,* I, II, III.
Diss.	Dissertation.
IML/ZK/SED	Institut für Marxismus-Leninismus beim Zentral Komitee der Sozialistischen Einheitspartei Deutschlands

A

Adibekow, G.M. (1971=Schewtscenko 1973) *Die Rote Gewerkschaftsinternationale*, Verlag Tribüne, Berlin.

Akademie der Wissenschaften der UdSSR Institute für Geschichte der UdSSR (Original, Москва, 1965 = Deutsche Übersetzung 1983) *Die Geschichte der Zweiten Internationale*, Verlag Progress Moskau.

Albrecht, W. F. Boll, W. Bouvier, R. Leuschen-Seppel, und M. Schneider (1979) Frauenfrage und deutsche Sozialdemokratie vom Ende des 19. Jahrhunderts bis zum Beginn der zwanziger Jahre, (1979年第15回リンツ会議配布資料).

Alexander, G.G.L. (1927) *Aus Clara Zetkins Leben und Werk*, Vereinigung Internationeler Verlagsanstalten, G.m.b.H. Berlin.

Die Arbeitengemeinschaft „Geschichte des Kampfes der deutschen Arbeiterklasse um die Befreiung der Frau" am Pädagogischen Institut Leipzig, Hrsg. (1970) *Um eine ganze Epoche voraus, 125 Jahre Kampf um die Befreiung der Frau.* Leipzig.

Arboré-Ralli, E (1925) Anfänge des Erwachens und der Bewegung der Frauen im nichtsowjetischen Oreint, *KF-I.*, H.5/6.

Arendt, Ingrid & Hans-Jürgen. (Hrsg.) (1974) *Bibliographie zur Geschichte des Kampfes der deutschen Arbeiterklasse für die Befreiung der Frau und zur Rolle der Frau in der deutschen*

Arbeiterbewegung—Von den Anfängen bis 1970, Von der Pädagogischen hochschule „Clara Zetkin“ Leipzig, Leipzig.

Autorenkollektiv des Institute für Geschichte der Deutschen Akademie der Wissenschaften zu Berlin unter Leitung von Dr. Horst Bartel (1963) *August Bebel, Eine Biographie*, Dietz Verlag, Berlin.

Autorenkollektiv unter Leitung von Ursula Herrmann und Volker Emmrich (1989) *August Bebel, Eine Biographie*, Dietz Verlag, Berlin.

B

Badia, Gilbert (1993) *Clara Zetkin, féministe sans frontières*, Les Editions Ouvrières, Paris.

Badia, Gilbert (1993=Ubersetzt. Florence Hervé und Ingebourg Nödinger 1994) *Clara Zetkin, Eine neue Biographie*, Dietz Verlag Berlin GmbH, Berlin.

Balabanoff, Angelica (1959 = Hrsg. Schütrumpf, Jörn 2013) *Angelica Balabanoff, Lenin oder; Der Zweck heiligt die Mittel*, Karl Dietz Verlag, Berlin.

Bartel, Horst, Wolfgang Schrörder, Gustav Seeber, und Heinz Wolter (1975) *Der Sozialdemokrat 1879-1890, Illustrierte Geschichte des Kampfes der Arbeiterklasse gegen das Ausnahmegesetz*, Dietz Verlag, Berlin.

Bebel, August (1875) Den Frauen das Wahlrecht, Diskussionsbeitrag auf dem Vereinigungskongreβ der Sozialdemokraten Deutschlands in Gotha (Bebel, *Ausgewählte* 1 : 306-307.)

Bebel, August (1885) Für den sozialdemokratischen Arbeiterschutzgesetzentwurf, Aus der Rede im Reichstag zur Änderung der Gewerbeordnung, (Bebel, *Ausgewählte* 2/1 : 260-270.)

Bebel, August (1902) Zwei Literarische Erzeugnisse über die Frauenbewegung, in: *NZ.*, XX. Jg., Nr.10, 1901/1902 : 293-301. (選集に収録なし，リリー・ブラウンの『女性問題—その歴史的発展と経済的側面』書評を含む)

Bebel, August (1910) Bebels Brief an die Internationale Frauenkonferenz zu Kopenhagen (1910.8.27), in : *Gl.*,20.Jg., Nr.25 : 389-390, 1910.9.12. Bebel, *Ausgewählte* 9 : 200.

Bebel, Augut (1910) *Aus meinem Leben*, Erster Teil, Verlag J.H.W. Dietz Nachf. Stuttgart.

Bebel, Augut (1911) *Aus meinem Leben*, Zweiter Teil, Verlag J.H.W. Dietz Nachf. Stuttgart.

Bebel, Augut (1914) *Aus meinem Leben*, Dritter Teil, Verlag J.H.W. Dietz Nachf. Stuttgart.

Bebel, August (1961) *Aus meinem Leben*, Dietz Verlag, Berlin. 3巻合本。

Bebel, August (1989) *August Bebel, Zum Siebzigsten Geburtstag 22. Februar 1910* : Reprinted d. Unikas aus d. Zentrum Parteiarchiv d. SED/Nachbemerkung von Ursula Herrmann. Dietz Verlag, Berlin.

Bebel, August (1997) *Aus meinem Leben*, Bonn Dietz, Bonn. 3巻合本。

Bebel, August (1970-1997) *Ausgewählte Reden und Schriften*,1, 2/1, 2/ 2, 6, Dietz Verlag, Berlin, 3, 4, 5, 7/1, 7/2, 8/1, 8/2. 9, 10/1, 10/2, K.G.Saur Verlag, München.

Berthold, Lothar und Ernst Diehl (Hrsg.) (1964) *Revolutionäre deutsche Parteiprogramme*, Dietz Verlag Berlin.

Beske, Anneliese (1990) Frau Julie, in: *Ich muß mich ganz hingeben können, Frauen in Leipzig.* Hrsg. Friedrich Bodeit, Verlag für die Frau, Leipzig.

Belli, Joseph (Hrsg. und eingel. von Schütz, Hans, J.) (1978) *Die Rote Feldpost unterm Sozialistengezetz*, Verlag J.H.W. Dietz Nachf. Gmbh, Berlin, Bonn.

Bergman, Jay (1983) *Vera Zasulich, A Biography*, Stanford University Press, Stanford , California.

Beutin, Heidi, Wolfgang Beutin, Holger Malterer und Friedrich Mülder (Hrsg.) (2004) *125 Jahre Sozialistengesetz*, Peter Lang Europäischer Verlag der Wissenschaften, Frankfurt am Main, Berlin, Bern, Bruxelles, New York, Oxford, Wien.

Boetcher Joeres, Ruth-Ellen (1983) *Die Anfänge der deutchen Frauenbewegung, Luise Otto-Peters*, Fischer Taschenbuch Verlag GmbH, Fankfurt am Mein.

Bouvier, Beatrix W. (1979) Einleitung, in: Braun (1901 復刻 1979) XIII-XVIII.

Boxer, M. J. & Quateart, J.H. (ed.) (1978) *Socialist Women: Europian Socialist Feminism in the Nineteenth and early Twentieth Centuries*, Elsevier, New York, Oxford, Shannon.

Braun, Lily (1901) *Die Frauenfrage, Ihre geschichtliche Entwicklung und wirtschaftliche Seite,* Verlag Hirzel, Leipzig. (1979 J.H.W.Dietz Nachf. GmbH, Berlin, Bonn.)

Buhle, Mari Jo (1981) *Women and American Socialism 1870-1920*, University of Illinois Press, Urbana, Chicago, London.

Bürgi, Markus (1996) *Die Anfänge der Zweiten Internationale, Positionen und Auseinandersetzungen 1889-1893*, Campus Verlag, Frankfurt am Main, New York.

C

Chatterjee, Choitali (1995) *Celebrating Women: International Women's Day in Russia and the Soviet Union, 1909-1939.* Diss.Indiana Uni.

D

Dornemann, Luise (1957, 1960, 1973) *Clara Zetkin, Ein Lebensbild*, Dietz Verlag Berlin.
(邦訳：1957年版，武井武夫訳 (1969)『解放運動の母，クララ・ツェトキンの生涯』新日本出版社，東京)．この伝記の原書は，小改訂をして4版まで版を重ね，*Clara Zetkin, Leben und Wirken*, (5., völlig neu erarbeitete und ergänzte Auflage) として1973年に新版改定され，その後も版を重ねた。どの版に依るかで内容が異なるので注意を要する。

Dörnenburg, Manuela (1997) *Clara Zetkin, Eine Annahrung*, Edition Korona, Birkenweder.

E

Eberlein, Alfred (Hrsg.) (1969) *Die Presse der Arbeiterklasse und der Sozialen Bewegung*, Band 1-6, Verlag Suer & Auvermann KG. Frankfurt/ Mein.

Evans, Richard J. (1979) *Sozialdemokratie und Frauenemanzipation im deutschen Kaiserreich,* Berlin, Bonn.

F

Forner, Philip S. (Ed.) (1984) *Clara Zetkins Selected Writings*, International Publishers, New York.

Förster, Alfred (1971) *Die Gewerkschaftspolitik der deutschen Sozialdemokratie während des Sozialistengesetzes, von Wydener Parteikongress 1880 bis zum Parteitag von St. Gallen 1887,* Verlag Tribüne, Berlin.

Forschungsgemeinschaft „Geschichte des Kampfes der Arbeiterklasse um die Befreiung der Frau" an der Pädagogischen Hochshule „Clara Zetkin" Leipzig, (Hrsg.) (1984) *Zur Rolle der Frau in der Geschichte des Deutchen Volkes (1830 bis 1945) Eine Chronik*, Verlag für die Frau, Leipzig.

Forschungsgruppe „Geschichte des parlamentarischen Kampfes der KPD in der Zeit der

Weimarer Republik“ an der Sektion der M-L der Marthin-Luther-Uni. Halle-Wittenberg IML beim ZK der SED (1980) *Kommunism im Reichstag, Reden und biographische Skizzen*, Dietz Verlag, Berlin.

Freyberg, Jutta von, Georg Fülberth, Harry Jürgen, Bärbel Hebel-Kunze, Heinz-Gerd Hofschen, Erich Ott und Gerhard Stuby (1989) *Geschichte der deutschen Sozialdemokratie, Von 1863 bis zur Gegenwart*, Pahl-Rugenstein Verlag, Köln.

Fricke, Dieter (1961) Clara Zetkin und der „Sozialdemokrat,“ in : *BzG*, H.4, 1961, 927-933.

Fricke, Dieter (1962) *Zur Organisation und Tätigkeit der deutschen Arbeiterbewegung 1890-1914*, VEB Verlag Enzyklopädie, Leipzig.

Fricke, Dieter (1976) *Die deutsche Arbeiterbewegung, 1869 bis 1914, Ein Handbuch über ihre Organisation und Tätigkeit im Klassenkampf*, Dietz Verlag, Berlin.

Fricke, Dieter (1987) *Handbuch zur Geschichte der deutschen Arbeiter-bewegung*, Band1, Band 2, Dietz Verlag, Berlin.

Frölich, Paul (1927) *Alles für die Revolution! Aus Leben und Werk der Kämpferin Clara Zetkin*, Vereinigung Internationaler Verlags Anstslten, Berlin.

G

Gélieu, Claudia von (2008) Die frühe Arbeiterinnenbewegung und Clara Zetkin (1880er/1890er Jahre) in: Plener (Hrsg. 2008: 41-48).

Gemkow, Heinrich (1969) *August Bebel*, VEV Bibliographisches Institut Leipzig, Leipzig.

Gemkow, Heinrich und Angelika Miller (Hrsg.) (1990) *August Bebel, <-ein prächtiger alter Adler>*, Dietz Verlag, Berlin.

Gerhard, Ute, Elisabsth Hannover-Drück und Romina Schmitter, (Hrsg.) (1980) *„Dem Reich der Freiheit werb“, Die Frauen-Zeitung von Louise Otto*, Syndikat Autoren-und Verlagsgemeinschaft, Frankfurt am Main.

Gilman, Charlotte Perkins (1991) *The Living of Charlotte Perkins Gilman*, The Union of Wisconsin Press, Madison.

Gizcyki (Braun) Lily (1895/1896) Die Frau in der Dichtung, in: *NZ.*, XIV. Bd.1895/1896.

Götze, Dieter (1972) Wirken Clara Zetkins in der Kommunistischen Internationale 1919 bis 1924, in: *Wst*, H/2.

Götze, Dieter (1982) *Clara Zetkin*, VEB Bibliographisches Institut, Leipzig.

Gutjahr, Wolf-Dietrich (2012) *Revolution muss sein, Karl Radek-Die Biographie*, Böhlau Verlag, Köln, Weimar, Wien.

H

Haferkorn, Katja, Karl-Heinz Leidigkeit (Leitung) (1980) *Kommunisten im Reichstag, Reden und biographische Skizzen*, Dietz Verlag, Berlin.

Hardel, Lilo (1964) *Das Mädchen aus Wiederau*, Der Kinderbuchverlag, Berlin.

Hass, Gerhart, *et al.*, Hrsg-Kollectiv, (1970) *Biographisches Lexikon zur deutschen Geschichte*, VEB Deutscher Verlag der Wissenschaften, Berlin.

Hecker, Rolf (2008) Clara Zetkin und Dawid Rjasanow auf den Spuren von Karl Marx, in : Plener (Hrsg.) (2008 : 142-148).

Hedeler, Wladislaw und Alexander Vatlin (Hrsg.) (2008) *Die Weltpartei aus Moskau, Der*

Gründungskongress der Kommunistischen Internationale 1919, Protokoll und neue Dokumente, Akademie Verlag, Berlin.

Henicke, Hartmut (2008) Clara Zetkin : „Um Roza Luxemburgs Stellung zur russischen revolution", Theoretisch-methodische Anmerkungen, in: Plener (Hrsg. 2008 : 86-104.) .

Helas, Horst (2008) Über einen „Dreckbrief" Clara Zetkins von 1927, in : Plener (Hrsg. 2008 : 137-141).

Herrmann, Ulsula (Hrsg.) (1997) *August und Julie Bebel, Briefe einer Ehe,* Dietz, Bonn.

Hervé, Florence (1978) Rolle Clara Zetkins und der „Gleichheit" in der internationalen sozialistischen Bewegung bei der Erarbeitung, Verbereitung und Durchsetzung marxistischer Position in der Frauenfrage. (第14回リンツ会議報告原稿)。

Hervé, Florence (Hrsg.) (1979) *Brot & Rosen*, VMB. Frankfurt am Mein.

Hervé, Florence (Hrsg.) (2007) *Clara Zetkin oder: Dort kämpfen, wo das Leben ist.* Karl Dietz Verlag Berlin.

Hetmann, Frederik (1976) *Rosa L. Die Geschichte der Roza Luxemburg und ihrer Zeit*, Beltz Verlag, Weinheim und Basel.

Hippel, Theodor Gottrieb von (1772) *Über die bürgerliche Verbessrung der Weiber,* Berlin. (一橋大学メンガー文庫)

Hirsch, Hermut (1970) *Bebel,* Rowohlt Taschenbuch Verlag GmbH, Reinbeck bei Hamburg.

Hohendolf, Gerd (1962) *Revolutionale Schulpolitik und marxistische Pädagogik im Lebenswerk Clara Zetkins*, Volk und Wissen Volkseigener Verlag, Berlin.

Hohorst, Gerd, Jürgen Kocka und Gehard A. Ritter (1975) *Sozialgeschichtliches Arbeitsbuch, Materialien zur Statistik des Kaiserreichs 1870-1914*, Verlag C.H.Beck, München.

Honeycutt, Karen (1975) Clara Zetkin, A Left-Wing Socialist and Feminist in Wilhelmian Germany, Diss. Columbia University.

Höpfher, Christa und Irmtraud Schubert (1980) *Lenin in Deutschland,* Dietz Verlag, Berlin.

Hugel, Cecile (1970) *Women of the Whole World,* March 6. Special Issue.

Hymowitz, Carol & Michaele Weissman (1978) *A History of Women in America*, Bantam Books.

I

IML/ZK/SED (Hrsg.) (1956) *Dokumente und Materialien zur Geschichte der Deutchen Arbeiterbewegung*, Bd.1, Juli 1914-Okt. 1917, Dietz Verlag, Berlin.

IML/ZK/SED (Hrsg.) (1970) *Geschichte der Deutschen Arbeiterbewegung, Biograohisches Lexikon*, Dietz Verlag, Berlin.

Institute für Geschichte der Arbeiterbewegung (1990) *Rosa Luxemburg und die Freiheit der Andersdenkenden*, Diets Verlag, Berlin.

Ivanov, N.N. *et al.*, eds. (1988) Karl Marx, His Life and Work, Documents and Photographs, Collets, Lomden, Wellingborough.

J

Juchacz, Marie (1955) *Sie leben für eine bessere Welt, Lebensbilder führender des 19. Und 20. Jahrhunderts*, Verlag nach J.H.W. Dietz GMBH, Berlin und Hannover.

Juchaz, Marie (1956) *Sie lebten für bessere Welt, Lebensbilder fühlender Frauen des 19. Und 20. Jahrhunderts*, Verlag nach J.H.W. Dietz, GmbH., Berlin, Hannover.

IML/ ZK/ SED (1984) Die Kommunistisch Internationele 1919-1943, Ihr weltweites Wirken für Frieden, Demokratie, nationale Befreiung und Sozialismus in Bilden und Dokumenten, Dietz Verlag, Berlin.

K

Kandel, Liliane & Francoise Picq (1982) Le Mythe des Origins, à propos de la journèe internationale des femmes. in : *La Revue en Face*, No.12, fall 1982 : 67-80.

Kaplan, Temma (1985) On the Socialist Origins of International Women's Day, in : *Feminist Studies*, Vol.11, No.1 (Spring 1985). なお, この論文は下記に転載された。

Kaplan, Temma (1988) On the Socialist Origins of International Women's Day, Holthoon, Frits Van & Marcel Van Der Linden (eds.), *Internationalismus in the Labour Movement 1830-1940*, E. J. Brill, Leiden, New York, Kopenhagen, Köln : 188-194.

Katalog der Kunsthalle Tübingen (1975) Georg Friedrich Zundel 1875-1975, Tübingen.

Kirsh, Ruth (1982) *Käte Duncker — Aus Ihren Leben*, Dietz Verlag, Berlin.

Klein, Günter & Adele Sperandio (eds.) (2009) *Waldheim Stuttgart e.v. Clara-Zetkin-Haus*, UWS-Pepier & Druck GmbH, Sttutgart.

Kliche, Dieter (1977) „Clara Zetkin (1857-1933)" in : Schlenstedt, *et al.*, Hrsg. 1977 : 369-415.

Koch, Hans (Hrsg.) (1977) *Clara Zetkin, Kunst und Proletariat*, Diez Verlag, Berlin.

Kollwitz, Käthe (1989) *Die Tagesbücher*, Siedler Verlag, Berlin.

Kongress-Protokolle der Zweiten Internationale, Band1, Paris 1889-Amsterdam 1904 (1975) Verlag Detlev Auvermann KG・Glashütten im Taunus, Darmstadt.

Kongress-Protokolle der Zweiten Internationale, Band2, Sttutgart 1907-Basel 1912 (1976) Verlag Detlev Auvermann KG・Glashütten im Taunus, Darmstadt.

Kongress-Protokolle der Zweiten Internationale, Ergänzungsheft:Bericht vom zehnten Internationalen Sozialistenkongress in Genf 31.juli bis 5. August 1920, Hrsg.vom Sekretariat der Sozialisten-und Arbeiter-Internationale, Verlag J.H.W. Dietz Nachf. GmbH, Berlin, Bonn. (Reprints, Hrsg. Dieter Dowe)

KPD (1929 = 1972) *Protokoll der verhandlungen des 12. Parteitages der kommunistischen partei Deutschlands (Sektion der Kommunistischen Internationale)*, Matherialismus Verlag, Frankfurt (Oliginalausgabe, 1929, Internationale Arbeiter-Verlag Berlin).

Krivoguz, Igor (= Translated Belskaya, Natalya, and Nemodruk, Vyacheslav 1989) *The Second International, 1889-1914*, Progress Publisher, Moscow.

Kusenberg, Kurt & Beate (Hrsg.) (1981) *Kähte Kollwitz,* 9. Auflage, 1996, Rowohlt Taschenbuch Verlag GmbH., Reinbeck bei Hamburg.

Kuczynski, Jürgen (1962) *Die Geschichte der Lage der Arbeiter unter dem Kapitalismus, Band 2, Darstellung der Lage der Arbeiter in Deutschland von 1849 bis 1870.* Akademie Verlag Berlin.

Kuczynski, Jürgen (1962) *Die Geschichte der Lage der Arbeiter unter dem Kapitalismus, Band 3, Darstellung der Lage der Arbeiter in Deutschland von 1871 bis 1900.* Akademie Verlag Berlin.

Kuczynski, Jürgen (1967) *Die Geschichte der Lage der Arbeiter unter dem Kapitalismus, Band 4, Darstellung der Lage der Arbeiter in Deutschland von 1900 bis 1917/18.* Akademie Verlag Berlin.

L

Lazitch, Branko (in collaboration with Milorad M. Drachkovitch) (1973) *Biographical Dictionary of the Comintern*, The Hoover Institution Press, Stanford University, Stanford, California.

Lion, Hilde (1926) *Zur Soziologie der Frauenbewegung, Die sozialistische und die katholische Frauenbewegung*, F.A.Herbig Verlagsbucherhandlung, G.m.b.H., Berlin.

Lopes, Anne and Gray Roth (2000) *Men's Feminism, August Bebel and German Socialist Movement*, Humanity Books, New York.

Ludwig (Hrsg.) (1982) *Clara Zetkin–Bilder und Dokumente*, Verlg für die Frau, Leipzig.

Luxemburg, Rosa (I, II, III, 1982, IV, 1983, V, 1984) *Gesammelte Briefe*, Hrsg.von IML beim ZK der SED, 5.Bde., Dietz Verlag, Berlin.

Luxemburg, Rosa = Schütrumpf, Jörn (Hrsg.) (2012) *Rosa Luxemburg, Die Liebesbriefe*, Karl Dietz Verlag, Berlin.

M

Mallachow, Lore (1961) *Clara Zetkin Ihre Leben in Bildern*, VEB Verlag Enzyklopädie Leipzig, Leipzig.

Meyer, Alfred G. (1985) *The Feminism and Socialism of Lily Braun*, Indiana University Press, Bloomington.

Marx-Aveling, Eleanor und Edward Aveling (1886=Hrsg. Nödinger, Ingeborg 1983) *Die Frauenfrage*, Verlag Marxistische Blätter, Frankfurt am Main.

Marx-Aveling, Eleanor und Edward Aveling (1886=Hrsg. Müller, Joachim und Edith Schotte 1986) *Die Frauenfrage (The Woman Question)*, Verlag für die Frau, Leipzig.

Meurer, Bärbel (2010) *Marianne Weber, Leben und Werk*, Mohr Siebeck, Tübingen.

Miller, Sally M. (ed.) (1981) *Flawed Liberation, Socialism and Feminism*, Greenwood Press. Westport, London.

Müller, Eckhard (2008) Clara Zetkin und die Internationale Frauenkonferenz im März 1915 in Bern, in: Plener (Hrsg. 2008: 54-71.).

Müller, Joachim (1976) Clara Zetkins Wohnungen in Leipzig, in: *WZ*, H.2.

Müller, Joachim (1977) Clara Zetkin und ihre Beziehungen zu Leipzig, in: *Jahrbuch zu Geschichte der Stadt Leipzig 1977*, Auftrag des Rates der Stadt Leipzig.

Müller, Joachim (1980) *70 Jahre Internationale Frauentag*, Verlag für die Frau, Leipzig.

N

Niggemann, Heinz (1981) *Emanzipation zwischen Sozialismus und Feminismus*, Peter Hammer Verlag, Wuppental.

Niggemann, Heinz (Hrsg.) (1981) *Frauenemazipation und Sozialdemokratie*, Fischer Taschenbuch Verlag, Frankfurt am Mein.

P

Pieck, Wilhelm (1948) *Clara Zetkin-Leben und Kampf*, Dietz Verlag Gmbh, Berlin.

Plener, Ulla (Hrsg.) (2008) *Clara Zetkin in ihrer Zeit, Neue Fakten, Erkenntnisse, Wertungen*, Karl Dietz Verlag Berlin.

Puschnerat, Tânia (2003) *Clara Zetkin, Bürgerlichkeit und Marxismus, Eine Biographie*, Klartext, Essen.

R

Reetz, Dorothea（1978）*Clara Zetkin als sozialistische Rednerin*, Verlag für die Frau, Leipzig. Diss. Humboldt Uni.

Reutershan, Joan-Banks（1980）Clara Zetkins Ausnahmeposition in der Literaturpolitik der Deutschen Sozialdemokratie in der Epoche der Internationale, Diss. New York Uni.（英語名は，Clara Zetkin's Exceptional Role in the Literary Politics of German Social Democracy during the Epoch of the second International.）

Reutershan, Joan（1985）*Clara Zetkin und Brot und Rosen*, Perter Lang, New York, Berne, Frankfurt am Mein.

Riddell, John（Ed.）（1993）*To See the Dawn, Baku, 1920――First Congress of the Peoples of the East,* Pathfinder Press, New York, London, Montreal, Sydney.

Ruppert, Wolfgang（1988）（Brandt, Willy Hrsg.）*Fotogeschichte der deutschen Sozialdemokratie*, Siedler Verlag, Berlin.

S

Sachse, Mirjam（2008）„Ich erkläre mich schuldig". Clara Zetkins Entlassung ans der Redaktion der „Gleichheit" 1917. in : Plener（Hrsg., 2008 : 72-78）.

Schejnis, Sinowi（1984）*Alexandra Kollontai, Das Leben einer ungewöhnlichen Frau, Biografie,* Verlag Neues Leben, Berlin.

Schlenstedt, Dieter und Klaus Städtke（Hrsg.）（1977）*Positionsbestimmungen, Zur Geschichte marxistischer Theorie von Literatur und Kultur am Ausgang des 19. und Beginn des 20. Jahrhunderts*, Verlag Philipp jun, Leipzig.

Schmidt, Helga, Dudrun Mayer（2010）*Die Universität Leipzig im Spiegel der Stadtentwicklung von 1409 bis 2009*, Leipziger Universitätsverlag, Leipzig.

Schneider, Wolfgang（1990）*Leipziger Demontagebuch,* Gustav Kiepenheuer Verlag, Leipzig und Weimar.

Scholze, Siegfried（1985）Zur Geschichte des 8. Martz als Datum des Internationalen Frauentag, in: VIII. Clara- Zetkin-Kolloquim der Forschungsgemeinschaft „Geschichte des Kampfes der Arbeiterklasse um die Befreiung der Frau" *Referate und Diskussionsbeitrage*, Leipzig : 31-38.

Scholze, Siegfried（1987）Über Clara Zetkins Vorwort zu E.Bellamys „Rückblick aus dem Jahr 2000 auf das Jahr 1887" , in *: Mitteilungsblatt*, H. 3/87 : 49-54.

Schröder, W（1910）*Handbuch der Sozialdemokratischen Parteitage*, Bd.1. München.

Schröder, Wolfgang（2010）*Leipzig――die Wiege der deutschen Arbeiterbewegung, Wurzeln und Werden des Arbeiterbildungsvereins 1848/49 bis 1878/81*, Karl Dietz Verlag Berlin.

Schütrumpf, Jörn（Hrsg.）（2012）*Roza Luxemburg, Die Liebesbriefe*, Karl Dietz Verlag, Berlin.

Seebacher-Brandt, Brigitte（1988）*Bebel- Künder und Kärrner im Kaiserreich,* Verlag J. H. W. Dietz Nachf. GmbH, Berlin, Bonn.

Sommer, Heinz（2008）Clara Zetkin und die Rote Hilfe, in ： Plener（Hrsg. 2008 : 105-114）.

Stadtgeschichitliche Museum Leipzig,（Hrsg.）（1990）*Neues Leipzigisches Geschicht=Buch,* Fachbuchverlag, Leipzig.

Stansell, Christine（1986）*City of Women, Sex and Class in New York 1789-1860*, Alfred A. Knopf, New York.

Staude, Fritz (1972) Der Kampf der „Gleichheit“ für die Emanzipation der Frau, in: *WZ,* Leipzig, H.1: 59.60,

Staude, Fritz (1973) Die Rolle der „Gleichheit“ im Kampf Clara Zetkins für die Emanzipation der Frau, in: *BzG.*, H.3 : 427.

Staude, Fritz (1975) Clara Zetkin und die Entwicklung der ploletarischen Frauenbebegung 1872-1908, Diss. Potsdam Uni.

Staude, Fritz (1977) Die Bedeutung der Leipziger Jahre für Clara Zetkins Entwicklung, in: *Sächsische Heimatblätter*, H.5.

Staude, Fritz (1981) Clara Zetkins Staats-examenzeugnis, *BzG.* H5.: 741-742.

Staude, Fritz (1980) Clara Zetkin und die „Beliner Volks-Tribune“, in : *BzG*, H.6, 883.

T

Thönnessen, Werner (1969) *Frauenemanzipation Politik und Literatur der deutschen Sozialdemokratie zur Frauenbewegung, 1863-1933*, Europäsche Verlagsanstalt, Frankfurt am Main. (英訳：Joris de Bres, *The Emancipation of Women, The Rise and Decline of the Women's Movement in German Social Democracy 1863-1933*, Pluto Press, Glasgo, 1973.).

Tsuzuki, Chushichi, *The Life of Eleanor Marx 1855-1898, A Socialist Tragedy*, Clarendon Press, Oxford. 1967.(自らによる邦訳，都築(1984)あり)。

U

U.N. (1993) DR/1171/Rev.1-September, 1993-5M.

V

Vierhaus, Rudolf (Hrsg.) *Deutsche Biographische Enzyklopädia (DBE)* 2. Ausgabe, Band 1 (2005) ～Band 12 (2008) K·G·Saur, München.

W

Weber, Hermann und Andreas Herbst, (2004) *Deutche Kommunisten-Biographisches Handbuch 1918 bis 1945*, Dietz Verlag, Berlin.

Weikart, Richard (1994) *Socialist Dawinism: Evolution in German Socialist Thought from Marx to Bernschtein,* Diss. Ph.D. in History of the University of Iowa, Iowa.

Wimmer, Walter (Leitung) (1980) Deutsche Kommunisten über die Partei, Artikel und Reden 1918 bis 1939, Dietz Verlag, Berlin.

Wollstonecraft, Mary (1792) *A Vindacation of the Rights of Women: With Strictures on Political and Moral Subjects.*Vol.1 London Joseph Johnson (初版は昭和女子大図書館所蔵)

Wurms, Renate (1980) *Wir wollen Freiheit, Frieden, Recht, der Internationale Frauentag, Zur Geschichte des 8. März*, Verlag Marxistische Blätter, Frankfurt am Mein.

Z

Zentralinstitut für Geschichte der Akademie der Wissenschaften der DDR (1980) *Das Sozialistengesetz 1878-1890*, Illustrierte Geschichte des Kampfes der Arbeiterklasse gegen das Ausnahmengezetz, Dietz Verlag, Berlin.

Ziegler, G. (1966) Wie der Internationale Frauentag geboren wuede, in : *Frauen der Ganzen Welt*, (1966.1: 12)。

その他報告書類

Verhandlungen und Berichte des Internationale Arbeiter-Kongresses zu Brüssel, 16-22 Aug.1891：32.

Berichte an die Zweite Internationale Konferenz socialistischer Frauen zu Kopenhagen am 26 und 27 August 1910.

Bericht über die Verhandlungen des IX Parteitages KPDs (Sektion der KI) Abgehalten in Frankfurt am Mein vom 7. bis 10. April 1924, Hersg. Von der Zentrale der KPD, 1924.

Bericht über die Verhandlungen des X Parteitages KPDs (Sektion der KI), Berlin vom 12. bis 17. Juli 1925, Hersg. vom Zentral-Komitee der KPD, Berlin 1926, Vereinigung Internationaler Verlagsanstalten G.M.B.H.

Bericht über die Verhandlungen des XI Parteitages der KPD (Sektion der KI), Essen vom 2. bis7. März 1927, Hrsg. vom Zentralkomitee der KPD, Berlin 1927. Vereinigung Internationaler Verlagsanstalten G.M.B.H.

International Conference of the SED Central Committee to mark the 100th anniversary of the publication of August Bebel's book „Women and Socialism", Berlin, capital of the GDR, 23-25 February 1979.（2分冊）

Hrsg. Im Auftrag des Rates der Stadt Leipzig anlässlich des 825 jahrigen Bestehens der Messestadt Leipzig vom Stadtgeschichtlichen Museum Leipzig. (1990), *Neues Leipzigisches Geschicht=Buch* Fachbuchverlag, Leipzig.

3　クラーラ・ツェトキーンの演説・著作リスト（発表年代順）

- 引用あるいは言及したもの，他女性問題に関するものを中心に掲載する。原則として手紙は除くが，引用したものに限り必要と認めたものは記載する。
- ＊は，クラーラ・ツェトキーン演説・著作選集に収録されているものであり，選集中の所在も（　　）内に示す。
- ＊＊は，邦訳のあるものである。（　　）内に邦訳の所在を示す。
- クラーラ・ツェトキーン自身編集した雑誌に関しては無署名の場合が多いが，確実と思われるものを収録した。記号あるいは署名のある場合は，それも記す。
- 同年の発表については発表順に a, b, c,……を附す。冒頭2点はOssip Zetkinのもの。

Zetkin, Ossip (1884) Die Lage der Berg-und Hüttenarbeiter in Ural. in: *NZ*. H. II, 529-538.

Zetkin, Ossip (1885) Die barfüβigo Bande, Ein Beitrage zur Kenntniß der Lage der arbeitenden Klassen in Russland. in: *NZ*. H. III, 156-164 H. IV. 202-209.

Zetkin, Clara (1885) Die Sozialdemokratie und die Frauenarbeit, in: *Der Sozialdemokrat*, Nr.1, 1885.1.1.

Zetkin, Clara (1886a) Sozialdemokratie und die Frage der Frauenarbeit − Ein Beitrag zur Programmfrage, in : *Der Sozialdemokrat*, Nr. 33, 34, 35, 1886. 8.11, 8.18, 8.25.

Zetkin, Clara (1886b) Louise Mitchel nach Ihren Memoiren, in : *NZ*, H. IV, 210-221, 270-285.

Zetkin, Clara (1887a) Frauenemanzipation und Arbeiterinnenbewegung, in: *BV-T.*, Probenunmer. 1887.

Zetkin, Clara (1887b) Die Frauenbewegung in Frankreich, in: *BV-T.*, Nr.21, 22, 1887.

Zetkin, Clara (1888a) Die Russischen Studentinnen, in: *NZ.*, H.VI. 357-371, 1888.

Zetkin, Clara (1888b) Zur Frauenfrage, in: *BV-T.*, Nr.16, 1888.4.21.

Zetkin, Clara (1888c) Zur Frauenfrage, in: *BV-T.*, Nr.20, 1888.5.19.

Zetkin, Clara (1888d) Zur Frauen-und Kinderarbeit in Frankreich, I, in: *BV-T.*, Nr.27, 1888.7.7.ჳ（この記号は，両ツェトキーンを意味すると思われる）。

Zetkin, Clara (1888e) Zur Frauen- und Kinderarbeit in Frankreich, II, in: BV-T., Nr.28, 1888.7.14, ჳ.

Zetkin, Clara (1888f) Zur Frauen- und Kinderarbeit in Frankreich, III, in: *BV-T.*, Nr.29, 1888.7.21, ჳ.

Zetkin, Clara (1888g) Die Frage der Frauenarbeit und ihre Lösung, in: *BV-T.*, Nr.38, 1888.9.22.

Zetkin, Clara (1888h) Gewerkschaftliche Organisation der arbeitenden Frauen, in: *BV-T.*, Nr.39, 1888.9.29.

Zetkin, Clara (1888i) Carlo Pisacane, ein Vorläufer des Sozialismus in Itarien I, II, III, IV, in: *BV-T.*, Nr.43, 1888.10.27., Nr.44, 1888.11.3, Nr.45, 1888.11.10., Nr.46, 1888.11.17.C.Z. という署名。

Zetkin, Clara (1888j) Zur Arbeiterinnenbewegung, in: *BV-T.*, Nr.44, 1888.11.3.（無署名）

Zetkin, Clara (1888k) Die Frauen-und Arbeiterinnenfrage der Gegenwart (Aus Frauenkreisen), in : *BV-T.*, Nr.45, 1888.11.10.

Zetkin, Clara (1888l) Warum muss die Frau hinaus ins öffentliche Leben? (Aus Frauenkreisen) I,II, in : *BV-T.*, Nr.46, 1888.11.17, Nr.47, 1888.11.24.

Zetkin, Clara (1888m) Zwei Frauenaufrufe, in : *BV-T.*, Nr.48, 1888.12.1.

Zetkin, Clara (1888n) Der „Mutterberuf" der Frau (Aus Frauenkreisen) I, II, III, in : *BV-T.*, Nr.48, 1888.12.1. Nr.48, 1888.12.8. Nr.49, 1888.12.15.

Zetkin, Clara (1888o) Zur Berliner Arbeiterinnenbewegung, in : *BV-T.*, Nr.50, 1888.12.15.

以下 Ossip Zetkin 名で2点あるが，Clara Zetin も実質共著と思われる。

Zetkin, Ossip (1889a) *Charakterköpfe aus der französisischen Arbeiterbewegung*, Verlag der Berliner Volks-Tribüne, Berlin, 1889.

Zetkin, Ossip (1889b) *Der Sozialismus in Frankreich seit der Pariser Commune*, Berliner Arbeiterbibliothek, Verlag der Berliner Volks-Tribüne, Berlin, 1889.

以下より Clara Zetkin 単独名に戻る。a, b, c は連続する。

Zetkin, Clara (1889c) Ein Arbeiterinnenstreik in Frankreich, in : *BV-T.*, Nr.1, 1889.1.1. (Cz)

Zetkin, Clara (1889d) Vorsintflutliche Anschaungen über die Frauenfrage, in : *BV-T.*, Nr.8, 1889.2.23.

Zetkin, Clara (1889e) Zur Frauenfrage, in : *BV-T.*, Nr.23, 1889.

Zetkin, Clara (1889f) Der Internationale Arbeiterkongreβ und die Streitigkeiten unter französichen Arbeiter: in : *BV-T.*, Nr. 19, 1889.5.11.

Zetkin, Clara (1889g) Die nächsten Reichstagswahlen und die Frauen, in *BV-T.*, Nr.24, 1889.6.15, Nr.28, 1889.7.13.

Zetkin, Clara (1889h) *Die Arbeiterinnen-und Frauenfrage der Gegenwalt*, Berliner Aebeiterbibliothek, Verlag der Berliner Volks-Tribüne, Berlin, 1889.

Zetkin, Clara (1889i) ＊, ＊＊ Für die Befreiung der Frau! (Rede auf dem Internationalen Arberterkongress zu Paris) 19. Juli 1889. (Zetkin, *Ausgewählte* I : 3-11), ＊＊ (松原 1969 : 11-20).

Zetkin, Clara（1889j）Zur Frage der Frauenarbeit, in: *BV-T.*, I, Nr.41, 1889.10.12, II,（署名あり，以下同）Nr.42, 1889.10.19, III, Nr.43, 1889.10.26, IV, Nr.44, 1889.11.2, V, Nr.45, 1889.11.9, VI, Nr.46, 1889.11.16, VI, Nr.48, 1889.11.30, VII, Nr.50, 1889.12.14, Schluss, Nr.52, 1889.12.28.

Zetkin, Clara（1890a）Zur Frauenbewegung, in: *BV-T.*, Nr.6, 1890.2.8.

Zetkin, Clara（1890b）Zur Frauenbewegung, in: *BV-T.*, Nr.10, 1890.3.8.

Zetkin, Clara（1890c）Die Frauenarbeit, I, II, in: *BV-T.*, Nr.26, 1890.6.28.cl.Nr.27, 1890, 7.5.

Zetkin, Clara（1890d）Die Frauen und die Politik, in: *BV-T.*, Nr.32. 1890.8.9.zt.

Zetkin, Clara（1890e）Das Kapital und die Frauenemanzipation, in: *BV-T.*, Nr.35. 1890.8.30. zt.

Zetkin, Clara（1891）Arbeiterinnen-bewegung, in: *Gl.*, 2.Jg., Probenummer: 3-8, 1891.12.28.（見本号であるので1. Jgではないかと思われるが，実物は2. Jahrgangと記載している）。

Zetkin, Clara（1892a）Die russischen Revolutionärinnen, in: *Gl.*, 2.Jg., Nr.1: 14-15, 1892.1.12.

Zetkin, Clara（1892b）Die Frauenabteilung der Weltausstellung zu Chicago, in: *Gl.*, 2.Jg., Nr.16: 134-135, 1892.8.10, Nr.17: 137-140, 1892.8.24.

Zetkin, Clara（1892c）Anträge sozialdemokratischen Frauen zum Parteitage, in: *Gl.*, 2.Jg., Nr.23: 186, 1892.11.2.

Zetkin, Clara（1892d）Dreieinhalb Monate Fablikarbeiterin, in: *Gl.*, 2.Jg., Nr.26: 209-210, 1892.12.28.

Zetkin, Clara（1893a）Wahrheit und Dichtung über die Verhältnisse unserer Arbeiterinnen, in: *Gl.*, 3.Jg., Nr.1: 1-4, 1893.1.11.

Zetkin, Clara（1893b）Schutz der Wöchnerinnen in Frankreich, in: *Gl.*, 3.Jg., Nr.2: 13-14, 1893.1.25.

Zetkin, Clara（1893c）Louise Michel, in: *Gl.*, 3.Jg., Nr.6: 44-46, 1893.3.22.

Zetkin, Clara（1893d）Wer ist Proletarierin? in:*Gl.*, 3.Jg., Nr.9: 65-67, 1893.5.3.

Zetkin, Clara（1893e）Ein Programm bürgerlicher Frauenrechtlerin auf der Ausstellung zu Chicago, in: *Gl.*, 3.Jg., Nr.13: 101-103, 1893.6.28.

Zetkin, Clara（1893f）＊Die deutschen Genossinnen im Wahlkampf, in: *Gl.*, 3 Jg., Nr.15 : 118-120, 1893.7.26.（Zetkin, *Ausgewählte* I : 22-29）.

Zetkin, Clara（1893g）Arbeiterinnenschutz und Frauenrechtler, in: *Gl.*, 3.Jg., Nr16: 124-128, 1893.8.9.

Zetkin, Clara（1893h）Der gesetzliche Arbeiterinnenschutz, eine hygienische Notwendigkeit, in: *Gl.*, 3.Jg., Nr.18:137-139, 1893.9.6.

Zetkin, Clara（1893i）Zur Frage des gesetzlichen Arbeiterinnenschutzes, in: *Gl.*, 3.Jg., Nr19: 147-149, 1893. 9. 20.

Zetkin, Clara（1893j）Das Prinzip der Gleichberechtigung der Frau und der gesetzliche Arbeiterinnenschutz, in: *Gl.*, 3.Jg., Nr.19:149-151, 1893.9.20.

Zetkin, Clara（1893k）Folgen des gesetzlichen Arbeiterinnenschutzes in wirtschaftlicher Beziehung, in: *Gl.*, 3.Jg., Nr.20: 157-159, 1893.10.4.

Zetkin, Clara（1893l）＊Frauenarbeit und gewerkschaftliche Organisation, in: *Gl.*, 3.Jg., Nr.22: 169-171, 1893.11.1.（Zetkin, *Ausgewählte* I : 31-42）.

Zetkin, Clara（1893m）Zur Lage der Arbeiterinnen der Konfektionbranche und Trikotwarenfabriken in Stuttgart, wezw. Würtemberg, in: *Gl.*, 3.Jg., Nr.22: 173-175, 1893.11.1.

Zetkin, Clara（1893n）Arbeiterinnenschutz in der Schweiz, in: *Gl.*, 3.Jg., Nr.23:183-184, 1893.11.15.

Zetkin, Clara（1893o）Der mit dem freien Vereins-und Versammlungsrecht für die Frauen! in: *Gl.*,

3.Jg., Nr.23:185-189, 1893.11.15.

Zetkin, Clara (1893p) Der Lockout der englischen Bergarbeiter und ihre Frauen, in: *Gl.*, 3.Jg., Nr.26: 190-192, 1893.11.29.

Zetkin, Clara (1894a) Weibliche Fablikinspektoren, in: *Gl.*, 4. Jg., Nr.1: 7-8, 1894.1.10, Nr.4: 30, 1894.2.21.

Zetkin, Clara (1894b) Der Lockout der englischen Bergarbeiter und ihre Frauen, in: *Gl.*, 4.Jg., Nr.26: 190-192, 1893.11.29.

Zetkin, Clara (1894c) Der Aufstand in Sizilien und die sizilianischen Frauen, in: *Gl.*, 4.Jg., Nr.5: 38-40, 1894.3.7.

Zetkin, Clara (1894d) Lohn- und Arbeitsverhältnisse Mannheimer Fabrikarbeiterinnen I, in: *Gl.*, 4.Jg., Nr.6: 44-47, 1894.3.21.

Zetkin, Clara (1894e) Zur Lage Arbeiter und Arbeiterinnen in der Berliner Kragen- und Manschesterfabrikaction, in: *Gl.*, 4.Jg., Nr.11: 86-87, 1894.5.30.

Zetkin, Clara (1894f) Klassengegensätze der Säuglinge, in: *Gl.*, 4.Jg., Nr.12: 93-95, 1894.6.13.

Zetkin, Clara (1894g) Lohn- und Arbeitsverhältnisse Mannheimer Korsett-Fabrik, in: *Gl.*, 4.Jg., Nr.12: 95-96, 1894.6.13.

Zetkin, Clara (1894h) Das Proletariat und das Vereinsrecht der Frauen, in: *Gl.*, 4.Jg., Nr.14: 105-106, 1894.7.11.

Zetkin, Clara (1894i) Das Proletariat und das Wahlrecht der Frauen, in: *Gl.*, 4.Jg., Nr.15: 113-114, 1894.7.25.

Zetkin, Clara (1894j) Zwei Illustrationen zum Vereins „Recht" der Frauen, in: *Gl.*, 4.Jg., Nr.15: 117-118, 1894.7.25.

Zetkin, Clara (1894k) Amerikanische Fabrikinspektorinnen über die Kinderarbeit im Staate Illinois, in: *Gl.*, 4.Jg., Nr.15: 118-120, 1894.7.25.

Zetkin, Clara (1894l) Der internationale Textilarbeiterkongreβ zu Manchester, in: *Gl.*, 4.Jg., Nr.19: 149-152, 1894.9.19.

Zetkin, Clara (1894m) Die gewerkschaftlich organisierten Arbeiterinnen in Deutschland, in: *Gl.*, 4.Jg., Nr.22: 169-170, 1894.10.31.

Zetkin, Clara (1894n) Frauen als Fabrikinspektorinnen, in: *Gl.*, 4.Jg., Nr.24: 187-189, 1894.11.28.

Zetkin, Clara (1895a) ＊Die frauenrechtlerische Petition, das Vereins- und Versammlungsrecht des weiblichen Geschlechts betreffend, in: *Vorwärts.*, 1895.1.24/2.7. (Zetkin, *Ausgewählte* I: 53-68.).

Zetkin, Clara (1895b) Der Verbot der Frauenarbeit im Bergbau, in: *Gl.*, 5.Jg., Nr.4: 21-23, 1895.2.6.

Zetkin, Clara (1895c) Bebel's Ausführungen im Reichstag über das Wahlrecht der Frauen, in: *Gl.*, 5.Jg., Nr.6: 43-45.1895.3.20/Nr.7:52-54, 4.3.

Zetkin, Clara (1895d) Der Normalarbeitstage für Arbeiterinnen vor dem Reichstag, in: *Gl.*, 5.Jg., Nr.6: 45-46.1895.3.20.

Zetkin, Clara (1895e) Eine Antwort der Normalarbeitstage für Arbeiterinnen vor dem Reichstag, in: *Gl.*, 5.Jg., Nr.6: 45-46.1895.3.20.

Zetkin, Clara (1895f) Luise Otto-Peters, in: *Gl.*, 5.Jg., Nr.7: 56, 1895.4.3.

Zetkin, Clara (1895g) Die Bedeutung des Achtstundentags für die proletarische Frauen, in: *Gl.*,

5.Jg., Nr.9: 68-69, 1895.5.1.

Zetkin, Clara（1895h）＊Friedrich Engels, in: *Gl.*, 5. Jg., Nr. 17: 129-131, 1895.8.21／Nr. 18: 138-140, 1895.9.4／Nr. 19: 146-147.1895.9.18.（Zetkin, *Ausgewählte* I: 80-83, 部分のみ）

Zetkin, Clara（1895i）Von der Tätigkeit der weiblichen Fabrikinspektoren in England, in: *Gl.*, 5. Jg., Nr. 20: 157-159.1895.10.2.

Zetkin, Clara（1895j）＊Zur Agrarfrage, Rede auf dem Parteitag der Zozialdemokratischen Partei Deutschlands zu Breslau（10.Okt.1985）in: *Pr. Bleslau*, Berlin, 1895.（Zetkin, *Ausgewählte* I : 84-94.）.

Zetkin, Clara（1895k）Die birmanische Frau, in: *Gl.*, 5. Jg., Nr.24:191-192, 1895.11.27.

Zetkin, Clara（1896a）John Stuart Mills Frau, in: *Gl.*, 6. Jg., Nr.6:38-40, 1896.3.4.

Zetkin, Clara（1896b）Dr. Wörishoffer zur Frage der Anstellung Weiblicher Fabrikinspektoren, in: *Gl.*, 6. Jg., Nr.6: 46-48, 1896.3.18.

Zetkin, Clara（1896c）Wie sollen sich die Arbeiterinnen organisieren? in: *Gl.*, 6. Jg., Nr.8: 57-58, 1896.4.15.

Zetkin, Clara（1896d）Zur Frage des gesetzlichen Arbeiterinnenschutzes, in: *Gl.*, 6. Jg., Nr.9: 68-71, 1896.4.29.

Zetkin, Clara（1896e）Frauenrecht im Reichstage, in: *Gl.*, 6. Jg., Nr.14: 105-106, 1896.7.3.

Zetkin, Clara（1896f）Bebels Rede im Reichstage zur Frage der Eheschließung, in: *Gl.*, 6. Jg., Nr.14: 107-110186.7.3.

Zetkin, Clara（1896g）Die Stellungsnahme der deutschen Frauenrechtlerinnen zu den auf die Rechte der Frau bezüglichens Bestimmungen des neuen bürgerlichen Gesetzbuchs, in: *Gl.*, 6. Jg., Nr.14: 111, 1896.7.3.

Zetkin, Clara（1896h）Bebels Rede im Reichstag für die Gleichberechtigung der Frau in der Ehe, in: *Gl.*, 6. Jg., Nr.15: 116-118, 1896.7.22.

Zetkin, Clara（1896i）Die Konferenz der weiblichen Delegierten des Londoner internationalen Kongresses, in: *Gl.*, 6. Jg., Nr.17: 130-131, 1896.8.19.

Zetkin, Clara（1896j）Ein Talmifreund der Frauenrechte, in: *Gl.*, 6. Jg., Nr.18: 137-138, 1896.9.2.

Zetkin, Clara（1896k）Jede proletariche Mutter eine Kampferin, in: *Gl.*, 6. Jg., Nr.19: 146-147, 1896.9.16.

Zetkin, Clara（1896l）Die gewerkschaftlich organisierten Arbeiterinnen in Deutschland, in: *Gl.*, 6. Jg., Nr.20: 153-156, 1896.9.30.

Zetkin, Clara（1896m）Die Massenversammlungen der Berliner Genossinnen, in: *Gl.*, 6. Jg., Nr. 21: 163-164, 1896.10.14.

Zetkin, Clara（1896n）＊, ＊＊Nur mit der proletarischen Frau wird der Sozialismus siegen!（Rede auf dem Parteitag der Sozialdemokratischen Partei Deutschlands zu Gotha, 16. Okt. 1896）*Pr. Gohta*, Berlin, 1896.（Zetkin, *Ausgewählte* I : 95-111, ＊＊松原 1969 : 21-39）.

Zetkin, Clara（1896o）Die Frauenfrage auf dem sozialdemokratischen Parteitage, in: *Gl.*, 6. Jg., Nr. 22: 170-171, 1896.10.28.

Zetkin, Clara（1896p）Bedeutung der Beschlüsse des Parteitages die Frauenfrage betreffend, in: *Gl.*, 6. Jg., Nr. 22: 177-178, 1896.11.11.

Zetkin, Clara（1896q）Wiltschaftlicher Krieg und Frauenpflicht, in: *Gl.*, 6. Jg., Nr. 25: 193-194, 1896.12.9.

Zetkin, Clara（1896r）Zur Antwort, in: *Gl.*, 6. Jg., Nr. 25: 198-200, 1896.12.9.

Zetkin, Clara (1896s) Sozialistische Stimmen über die Frauenfrage, in: *NZ.*, H.XV1,: 783, 1896/97.
Zetkin, Clara (1897a) Weibliche Fabrikinspektoren und bürgerliche Frauenbewegung, in: *Gl.*, 7. Jg., Nr. 2: 10-11.1897.1.20.
Zetkin, Clara (1897b) Die Frage der Fabrikinspektoren vor dem Reichstage, in: *Gl.*, 7. Jg., Nr. 3: 20-22.1897.2.3.
Zetkin, Clara (1897c) Kritische Bemerkungen zu Genossen Brauns Vorschlage, in: *Gl.*, 7. Jg., Nr.6: 42-44, 1897.3.17, Nr.7: 50-51, 1897.3.31.
Zetkin, Clara (1897d) Arbeiterinnen, verteidigt Euch! in: *Gl.*, 7. Jg., Nr.8 : 57-58, 1897.4.14.
Zetkin, Clara (1897e) Warum ist für die Arbeiterinnen die gewerkschaftliche Organisation besonders nötig? in: *Gl.*, 7. Jg., Nr.10: 73-74, 1897.5.12.
Zetkin, Clara (1897f) Genossen Brauns modifizierter Vorschlag, in: *Gl.*, 7. Jg., Nr. 15: 115-116, 1897.7.21.
Zetkin, Clara (1897g) Was leistet die Gewerkschaft für die Besserstellung der Arbeiterin? in: *Gl.*, 7. Jg., Nr.16: 122-123, 1897.8.4.
Zetkin, Clara (1897h) Arberterinnenschutz und Frauenfreiheit, in: *Gl.*, 7. Jg., Nr.18: 137-139, 1897.9.1.
Zetkin, Clara (1897i) Der Internationale Kongreβ für Arbeiterschutz zu Zürich, in: *Gl.*, 7. Jg., Nr.19: 145-148, 1897.9.15.
Zetkin, Clara (1897j) Weibliche Fabrikinspektoren, in: *Gl.*, 7. Jg., Nr.23:177-173, 1897.11.10.
Zetkin, Clara (1897k) Der Kongreβ der gemäβigten Frauenrechtlerinnen in Stuttgart, in: *Gl.*, 7. Jg., Nr.23: 179-180, 1897.11.10.
Zetkin, Clara (1897l) Der Delegiertentag der vereine „Frauenwahl“ , in: *Gl.*, 7. Jg., Nr.24: 187-188, 1897.11.24.
Zetkin, Clara (1897m) * Dem Proretariat die beste sozialistische Literatur, (Rede auf dem Parteitag der Sozialdemokratischen Partei Deutschland zu Hamburg.5.Oct.1897, *Pr.Berlin* 1897: 111. (Zetkin, *Ausgewählte* I : 118-120.).
Zetkin, Clara (1897n) * Wahlbeteiligung zur Revolutionierung der Massen (Rede auf dem Parteitag der Sozialdemokratischen Partei Deutschland zu Hamburg 8.Okt. 1897) (Zetkin, *Ausgewählte* I : 121-123.).
Zetkin, Clara (1898a) Schutz unseren Kindern, in: *Gl.*, 8.Jg., Nr.1: 2-3, 1898.1.5.
Zetkin, Clara (1898b) Nicht Haussklavin, nicht Mannweib, weiblicher Vollmensch, in: *Gl.*, 8. Jg., Nr.2: 9-10, 1898.1.19.
Zetkin, Clara (1898c) Eleanor-Marx-Eveling, in: *Gl.*, 8. Jg., Nr.8 : 57, 1898.4.13.
Zetkin, Clara (1898d) Stellungsnahme der bürgerlichen Frauenrechtlerinnen zu den Wahlen, in: *Gl.*,8. Jg., Nr.9: 69-70, 1898.4.27.
Zetkin, Clara (1898e) Was haben die Proletarierinnen von dem neuen Reichstag zu erwarten? in: *Gl.*,8. Jg., Nr.15: 113-115, 1898.7.20.
Zetkin, Clara (1898f) Die gewerkschaftliche Organisation der deutschen Arbeiterinnen im Jahre 1897, in: *Gl.*, 8.Jg., Nr.17:129-131, 1898.8.17.
Zetkin, Clara (1898g) Schwierigkeiten der Gewerkschaftlichen Organisierung der Arbeiterinnen, I, II, III, IV, in: *Gl.*, 8.Jg., Nr.18: 138-239, 1898.8.31 ／ Nr.19 : 145-146, 1898.9.14 ／ Nr.22 : 160-

170, 1898／Nr.24: 185-187.

Zetkin, Clara（1898h）Ein deutsche Frauenbuch, in: *NZ.*, H. XVII:431, 1898/99.

Zetkin, Clara（1899a）*Der Student und das Weib*, Berlin.（小冊子）

Zetkin, Clara（1899b）Schutz gegen die kapitalistische Ausbeutung, nichit Vervot der Arbeit, in: *Gl.*, 9. Jg., Nr.2: 9-10, 1899.1.18.

Zetkin, Clara（1899c）Kann das Verbot der Fabrikarbeit verheirateter Frauen die Proletarierin dem Heim und den Kindern zurückgeben? in: *Gl.*,9. Jg., Nr.3: 17-19, 1899.2.1.

Zetkin, Clara（1899d）Keine soziale Gleichstellung ohne wirtschaftliche Selbständigkeit, in: *Gl.*, 9. Jg., Nr.6: 41-42, 1899.3.15.

Zetkin, Clara（1899e）Eine Dichterin der Freiheit [Klara Müller], in: *Gl.*, 9. Jg., Nr.6: 44-45, 1899.3.15.（Klara Zetkin）

Zetkin, Clara（1899f）Her mit dem Frauenwahlrecht, in: *Gl.*, 9. Jg., Nr.16: 121-122, 1899.8.2.

Zetkin, Clara（1899g）Dienstbotenbewegung, in: *Gl.*, 9. Jg., Nr.17: 129-131, 1899.8.16.

Zetkin, Clara（1899h）Die gewerkschaftliche Organisation der deutschen Arbeiterinnen im Jahre 1898, in: *Gl.*, 9. Jg., Nr.8: 137-139, 1899.8.30.

Zetkin, Clara（1899i）Der gesetzliche Arbeiterinnenschutz eine Vorbedingung für die höhere Entwicklung und die Befreiung der Proletarierin, in: *Gl.*, 9. Jg., Nr.24: 185-186, 1899.11.22／Nr.26: 202-203, 1899.12.20.

Zetkin, Clara（1899j）Drei Kongresse bürgerlicher Frauenrechtlerinnen, in: *Gl.*, 9. Jg., Nr.24: 187-191, 1899.11.22 .

Zetkin, Clara（1900a）Zur Beurteilung der Mädchenheime der Evangelischen Diakonievereine, Herrn Prof.Dr.Zimmer zur Antwort, in: *Gl.*, 10. Jg., Nr.4: 27-30, 1900.2.14（Klara Zetkin）

Zetkin, Clara（1900b）Wie der Millitalismus die "heilige" Stellung der festigt, in: *Gl.*, 10. Jg., Nr.6: 44-45, 1900.3.14.

Zetkin, Clara（1900c）Warum fordern die Proletarierinnen den Achtstundentag? in: *Gl.*, 10. Jg., Nr.9: 66-67, 1900.4.25.

Zetkin, Clara（1900d）Für Sittlichkeit und gleiches Recht, in: *Gl.*, 10. Jg., Nr.12:89-90, 1900.6.6.

Zetkin, Clara（1900e）Was bringt die neueste Reform der Gewerbe-Ordnung den Arbeiterinnen? I, II, in: *Gl.*, 10. Jg., Nr.13: 97-99, 1900.6.20／Nr.14, 105-107, 1900.7.4.

Zetkin, Clara（1900f）Die Bewegung der Berliner Plätterinnen und Wäscherinnen, in: *Gl.*, 10. Jg., Nr.15: 116-118, 1900.7.18.

Zetkin, Clara（1900g）Der Inernationale Kongreβ für Frauenwerke und Frauenbestrebungen in Paris, in: *Gl.*, 10. Jg., Nr.16: 122-124, 1900.8.1.

Zetkin, Clara（1900h）Die Bewegung der Berliner Wäscherinnen und Plätterinnen, in: *Gl.*, 10. Jg., Nr.16: 126-127, 1900.8.1.

Zetkin, Clara（1900i）Wilherm Liebknecht, in: *Gl.*, 10. Jg., Nr.17: 129-130, 1900.8.15.

Zetkin, Clara（1900j）Zur Frauenkonferenz, in: *Gl.*, 10. Jg., Nr.19: 146 148, 1900.9.12.

Zetkin, Clara（1900k）Die Frauenkonferenz zu Mainz, in: *Gl.*, 10. Jg., Nr.20: 153-158, 1900.9.26.

Zetkin, Clara（1900l）Frauenrechte vor dem Mainzer Parteitag, in: *Gl.*, 10. Jg., Nr.21: 162-163, 1900.10.10.

Zetkin, Clara（1900m）Proletarische und bürgerliche Frauenbewegung , in: *Gl.*, 10. Jg., Nr.24: 185-

186, 1900.11.21.
Zetkin, Clara (1900n) „Wandlungen", Eine Entgegnung, in : *Gl.*, 10. Jg., Nr.24:187-189, 1900.11.21. (Klara Zetkin).

Zetkin, Clara (1900o) Absteigende und aufsteigende Kurtur, in : *Gl.*, 10. Jg., Nr.25: 193-194, 1900.12.5.

Zetkin, Clara (1900p) Nachschrift zu Genossen Brauns Artikel, in : *Gl.*, 10. Jg., Nr.25:195, 1900.12.5.

Zetkin, Clara (1901a) Die radikaler Frauenrechtlerinnen und das Frauenwahlrecht in der gemeinde, in : *Gl.*, 11. Jg., Nr.3: 19-20, 1900.1.30.

Zetkin, Clara (1901b) Handelsverträge und Fraueninteressen, I, II, in: *Gl.*, 11. Jg., Nr.3: 19-20, 1901.3.27／Nr.8: 57-58. 1901.4.10.

Zetkin, Clara (1901c) Schutz allen Arbeiterinnen, in: *Gl.*, 11. Jg., Nr.967-68, 1901.4.24.

Zetkin, Clara (1901d) Gesetzlicher Schutz und gewerksschafte Organisation der Arbeiterinnen, in: *Gl.*, 11. Jg., Nr.9: 69, 1901.4.24.

Zetkin, Clara (1901e) Arbeiterinnen- und Fraueninteressen im Reichstag, in: *Gl.*, 11. Jg., Nr.10: 81-83, 1901.5.22.

Zetkin, Clara (1901f) Zur Lage der Arbeiterinnen in der Berliner Blumen-, Blätter- und Putzfedernindustrie, in: *Gl.*, 11. Jg., Nr.12: 89-91, 1901.6.5.

Zetkin, Clara (1901g) Die Wirtschaftsgenossenschaft, I, II, III, IV, in: *Gl.*, 11. Jg., Nr.13: 89-91, 1901.6.19／Nr.14: 105-106, 1901.7.3 (Klara Zetkin)／Nr. 15: 113-114, 1901.7.17 (Klara Zetkin)／Nr.16: 121-122, 1901.7.31 (署名なし)。

Zetkin, Clara (1901h) Arbeiterinnen, organisiert euch! in: *Gl.*, 11. Jg., Nr.17: 130-131, 1901.8.14.

Zetkin, Clara (1901i) Der Entgegnung zur Antwort, in: *Gl.*, 11. Jg., Nr.18: 142-144, 1901.8.28.

Zetkin, Clara (1901j) Die Arbeiterinnen in den deutschen Gewerkschaftsorganisationen im Jhare 1900, in: *Gl.*, 11. Jg., Nr.19: 145-147, 1901.9.11.

Zetkin, Clara (1901k) Gegen das Elend in der Konfektionsindustrie, in: *Gl.*, 11. Jg., Nr. 22: 169-171, 1901.10.23.

Zetkin, Clara (1901l) Für freies Vreins- und Versammlungsrecht, in: *Gl.*, 11. Jg., Nr. 23: 177-178, 1901.11.6.

Zetkin, Clara (1901m) Der zweite Verbandstag der fortschrittlichen Frauenvereine, in: *Gl.*, 11. Jg., Nr. 24: 187-190, 1901.11.20.

Zetkin, Clara (1901n) Eine deutsche Fabrikinspektorin über die Gewerbeaufsicht durch Frauen, in: *Gl.*, 11. Jg., Nr. 26 : 204-206, 1901.12.18.

Zetkin, Clara (1902a) *Geistiges Proletariat, Frauenfrage und Sozialismus* (Nach einem Vortrag, gehalten in einer öffentlichen Studentenversammlung zu Berlin im Januar 1899), Berlin, 1902.

Zetkin, Clara (1902b) Wie die Radikale Frauenrechtlei Chronik schreibt, in : *NZ.*, H.XX*2* : 292~300, 1902.

Zetkin, Clara (1902c) Frauenarbeit im Reichstag, in: *Gl.*, 12. Jg., Nr.4: 25-26, 1902. 2.12.

Zetkin, Clara (1902d) Die Tätigkeit der Beschwerdekommission der berlinr Arbeiterinnen im Jahre 1901, in: *Gl.*,12. Jg., Nr.4 : 30-31, 1902. 2.12.

Zetkin, Clara (1902e) ＊, ＊＊ Schutz unseren Kindern! I, II, in: *Gl.*,12. Jg., Nr.11: 81-82, 1902. 5.

21／Nr.12: 89-91, 1902.6.4.（Zetkin, *Ausgewählte* I : 202-213, ＊＊五十嵐 1964 : 5-17.）.

Zetkin, Clara（1902f）Vereinsrecht der Frauen in Preuβen, in: *Gl.*, 12. Jg., Nr.11: 84-85, 1902. 5.21.

Zetkin, Clara（1902g）Auguste Schmidt, in: *L V-Z.*, 1902.6.21.

Zetkin, Clara（1902h）Zur Frauenkonferenz in München, in: *Gl.*, 12. Jg., Nr.18: 137-139, 1902.8.27.

Zetkin, Clara（1902i）Zur Frauenkonferenz zu München, in: *Gl.*, 12. Jg., Nr.20: 153-157, 1902.9.24.

Zetkin, Clara（1902j）Fraueninteresse und Frauenpflicht, in: *Gl.*, 12. Jg., Nr.23: 177-178, 1902.11.5.

Zetkin, Clara（1902k）Die fünfte Generalversammlung des Bundes deutcher Frauenverein, in: *Gl.*, 12. Jg., Nr.24: 186-188, 1902.11.19.

Zetkin, Clara（1902l）Die gesetzliche Einschränkung der Kinderausbeutung vor der Reichstagskommission, in: *Gl.*, 12. Jg., Nr.26: 202-204, 1902.12.17.

Zetkin, Clara（1902m）Besprechung von Henriette Fouth. Die Fabrikarbeit verhairateter Frauen, in: *NZ.*, H.XXI: 252.1902/03.

Zetkin, Clara（1903a）＊, ＊＊ Was Die Frauen Karl Marx verdanken, in: *Gl.*, 13. Jg., Nr.7: 49-50, 1903.2.25.（Zetkin, *Ausgewählte* I : 218-225, ＊＊松原 1969 : 40-49.）.

Zetkin, Clara（1903b）Was wir an Schutz für die Arbeiterinnen fordern, in: *Gl.*, 13.Jg., Nr.9: 67, 1903.4.22.

Zetkin, Clara（1903c）Die Reichstagswahlen und das Vereinsrecht der Frauen in Preuβen, in: *Gl.*, 13. Jg., Nr.9: 70-72, 1903.4.22.

Zetkin, Clara（1903d）Die Reichstagswahlen und das Vereinsrecht der Frauen in Preuβen, in: *Gl.*, 13. Jg., Nr.9: 70-72, 1903.4.22.

Zetkin, Clara（1903e）Schutz den Müttern, in: *Gl.*, 13. Jg., Nr.10: 73-75, 1903.5.6.

Zetkin, Clara（1903f）Frauenrechte und Sozialdemokratie, in: *Gl.*, 13. Jg., Nr.11:81-83, 1903.5.20.

Zetkin, Clara（1903g）Verräter proretalischer Fraueninteressen, nicht Vertreter, in: *Gl.*, 13.Jg., Nr. 13: 98-99, 1903.6.17.

Zetkin, Clara（1903h）Wir kämpfen für Frauenrecht, in : *Gl.*, 13.Jg., Nr.13: 99-100, 1903.6.17.

Zetkin, Clara（1903i）Proletarischen Frauen im Wahlkampf, in: *Gl.*, 13.Jg., Nr.14: 106-107, 1903.7.1.

Zetkin, Clara（1903j）Der neue Reichstag und die sozialistischen Forderungen der Frauen, in: *Gl.*, 13.Jg., Nr.15: 113-114, 1903.7.15.

Zetkin, Clara（1903k）Heraus mit der gesetzlichen Verkürzung des Arbeitstags der Arbeiterinnen! in: *Gl.*, 13.Jg., Nr.16: 122-123, 1903.7.29.

Zetkin, Clara（1903l）Verlängerte Mittagspause oder früherer täglicher Arbeitsschluβ für die Arbeiterinnen? I, II, III, in: *Gl.*, 13.Jg., Nr.17: 180-181, 1903.8.12／Nr.18: 137-139, 1903.8.26／Nr.25: 193-194, 1903.12.2.（Klara Zetkin）

Zetkin, Clara（1903m）Die Zehnstundenbewegung der Textilarbeiter in Crimmitschau, in: *Gl.*, 13.Jg., Nr.18~19, 20, 21, 22, 23, 24, 25, 26, 14.Jg., Nr.1の各号。

Zetkin, Clara（1903n）＊ Um den Zehnstundentag, in: *Gl.*, 13.Jg., Nr.24: 185-186, 1903.11.18.（Zetkin, *Ausgewählte* I : 238-245.）

Zetkin, Clara（1903o）Das Weib und der Intellektualismus, in: *NZ.*, H.XXIz : 52-59, 86-91, 1903.

Zetkin, Clara（1904a）Der Heimarbeiterschutzkongreβ, in: *Gl.*, 14.Jg., Nr.7: 49-50, 1904.3.23.

Zetkin, Clara（1904b）Louise Michel, in: *NZ.*, H.XXII2 : 30.1904.

Zetkin, Clara（1904c）Louise Michel, in : *Gl.*, 14., Jg., Nr.8 : 57-58, 1904.4.6.

Zetkin, Clara (1904d) Die internationalen Frauentage zu Berlin, in: *NZ.*, H.XXIIz 452-459, 1904.
Zetkin, Clara (1904e) Eine Freiheitskampferin, in : *Gl.*, 14.Jg., Nr.9: 71-72, 1904.4.20
Zetkin, Clara (1904f) Für unsere Kinder, in : *Gl.*, 14.Jg., Nr.11: 8 1-82.1904.5.18.
Zetkin, Clara (1904g) Damenrecht, nicht Frauenrecht, in : *Gl.*, 14.Jg., Nr.13 : 97-98, 1904.6.15.
Zetkin, Clara (1904h) Internationale Frauenkongreβ zu Berlin, in : *Gl.*, 14.Jg., Nr.14 : 108-110, 1904.6.29.
Zetkin, Clara (1904i) Stand der gewerkschaftlichen Arbeiterinnenorganisation in Jhare 1903, in: *Gl.*, 14.Jg., Nr.16: 122-123, 1904.7.27.
Zetkin, Clara (1904j) Um das Wahlrecht, in: *Gl.*, 14.Jg., Nr.18: 137-138, 1904.8.24.
Zetkin, Clara (1904k) Zur Frauenkonferenz in Bremen, in: *Gl.*, 14.Jg., Nr.19: 145-146, 1904.9.7.
Zetkin, Clara (1904l) ＊Der Internationale Kongreβ zu Amsterdamam, in: *Gl.*, 14.Jg., Nr.19: 147, 1904.9.7. (Zetkin, *Ausgewählte* I : 246-250.).
Zetkin, Clara (1904m) Die Frauenkonferenz zu Bremen, in : *Gl.*, 14.Jg., Nr.21: 162-164, 1904.10.5.
Zetkin, Clara (1904n) ＊, ＊＊Die Schulfrage (Referat, gehalten auf der 3. Frauenkonferenz in Bremen) Berlin 1904. (Zetkin, *Ausgewählte* I : 251-271, ＊＊五十嵐 1964 : 18-42.).
Zetkin, Clara (1904o) Vorwort zu dem Gedichdband „Aus engen Gassen" von Otto Krille, Otto Krille: *Aus engen Gassen*, Berlin.
Zetkin, Clara (1905a) Frauenrechtlerliche Zweideutigkeit bei der Arbeiterinnenorganisation, in : *Gl.*, 15.Jg., Nr.6: 33, 1905.3.22.
Zetkin, Clara (1905b) Die deutschen Arbeiterinnen in den Gewerkschaftsorganisation, in : *Gl.*, 15.Jg., Nr.13: 73-74, 1905.6.28.
Zetkin, Clara (1905c) Die sechste Generalversammlung des Bundes deutscher Frauenverein, in: *Gl.*, 15.Jg., Nr.13: 74-75, 1905.6.28.
Zetkin, Clara (1905d) Die Stellng der Frauen im Entwurf einer organisation der sozialdemokratischen Partei Deutschlands, in: *Gl.*, 15.Jg., Nr.16: 91-92, 1905.8.9.
Zetkin, Clara (1905e) Ein Nachwort zu den Verbandstagen der bürgerlichen Frauenrechtlerinnen, I, II, in : *Gl.*,15.Jg., Nr.22: 129-130, 1905.11.1 ／ Nr.24: 140-141, 1905.11.29.
Zetkin, Clara (1905f) Arbeiterinnen, aufgewacht! in: *Gl.*, 15.Jg., Nr.23:133, 1905.11.15.
Zetkin, Clara (1905g) Das Frauenstimmrecht vor dem bayerischen Landtag, in: *Gl.*, 15.Jg., Nr.24: 139-140, 1905.11.29.
Zetkin, Clara (1906a) Die Konferenz der Bürsten- und Pinsel- arbeiter und -arbeiterinnen, in: *Gl.*, 16.Jg., Nr.1 : 2-3, 1906.1.10.
Zetkin, Clara (1906b) Heraus mit dem Frauenwahlrecht! in: *Gl.*, 16.Jg., Nr.2: 7, 1906.1.24.
Zetkin, Clara (1906c) Frauenstimmrecht in Reichstag, in: *Gl.*, 16.Jg., Nr.5: 26-27, 1906.3.7 ／ Nr.6: 34-35, 1906.3.21.
Zetkin, Clara (1906d) Ehe und Sittlichkeit, I, II, III, IV, V, VI, VII, VIII, in: *Gl.*, 16.Jg., Nr.8: 49-50, 1906.4.18 ／ Nr.10: 64, 1906.5.16 ／ Nr.11: 71-72, 1906.5.30 ／ Nr.14: 81-82, 1906.7.11 ／ Nr.15: 99-100, 1906.7.25 ／ Nr.16: 105-106, 1906.8.8 ／ Nr.17: 113-114, 1906.8.22 ／ Nr.18: 119-120. 1906.9.5.
Zetkin, Clara (1906e) Henrik Ibsen, in: *Gl.*, 16.Jg., Nr.12: 78, 1906.6.13 ／ Nr.13 : 85-86, 1906.6.27.
Zetkin, Clara (1906f) Mutterschutzforderungen der deutschen Genossinnen, in: *Gl.*, 16.Jg., Nr.17: 115, 1906.8.22.

Zetkin, Clara (1906g) Referat über das Frauenstimmrecht, in: *L F-Z.*, 1906.9.25

Zetkin, Clara (1906h) Über die sozialistische Erzirhung in der Familie (Rede, gehalten auf dem Parteitag der SPD in Mannheim), *Pr. Mannheim*, 1906.

Zetkin, Clara (1906i) Frauenkonferenz zu Mannheim, in: *Gl.*, 16.Jg., Nr.20: 135, 1906.10.3.

Zetkin, Clara (1906j) Die Anfänfange der proletarischen Frauenbewegung in Deutschland, in: *Gl.*, 16.Jg., Nr.20: 138, 1906.10.3 ／ Nr.21: 1 46-147, 1906.10.17 ／ Nr.22: 154, 1906.10.31 ／ Nr.23: 161, 1906.11.14 ／ Nr.24: 169-170, 1906.11.28 ／ Nr.25: 178, 1906.12.12. (Klara Zetkinの署名入り)

Zetkin, Clara (1906k) Frauenstimmrecht und Wahlrechtskampf in Österreich, in: *Gl.*, 16.Jg., Nr.22: 151-153, 1906.10.31. (Klara Zetkinの署名入り)

Zetkin, Clara (1906l) Frauenstimmrecht (Referat auf der vierten sozialdemokratische Frauenkonferenz in Mannheim), *Pr. Mannheim*, 1906.

Zetkin, Clara (1907a) *Zur Frage des Frauenwahlrechts* (Bearbeitung nach dem Referat auf der Konferenz sozialistischer Frauen zu Mannheim), Berlin, 1907. (小冊子)

Zetkin, Clara (1907b) Ibsen über das Frauenstimmrecht, in: *Gl.*, 17.Jg., Nr.5: 35-36, 1907.3.6.

Zetkin, Clara (1907c) *, ** Der Internationale Sozialistenkongreβ zu Stuttgart, in: *Gl.*, 17.Jg., Nr.18: 149-150, 1907.9.2. (Zetkin, *Ausgewählte,* I : 359-366, **松原 1969 : 48-63.).

Zetkin, Clara (1907d) Die erste Internationale Konferenz sozialistischer Frauen, in: *Gl.*, 17.Jg., Nr.18: 150-151, 1907.9.2.

Zetkin, Clara (1907e) * Der Kampf um das Frauenwahlrecht soll die Proletarierin zum klassenbewusstsein politischen Leben erwecken, in: *Internationaler Sozialisten-kongreß zu Stuttgart 1907,* Berlin, 1907. (Zetkin, *Ausgewählte* I, 344-358.).

Zetkin, Clara (1907f) Julius Motteler, in: *Gl.*, 17.Jg., Nr.21: 177-178, 1907.10.14.

Zetkin, Clara (1907g) Arbeiterinnen, organisiert euch! in: *Gl.*, 17.Jg., Nr.22 : 187-188, 1907.10.28.

Zetkin, Clara (1907h) Wahlreform und Frauenstimmrecht in Oldenburg, in: *Gl.*, 17.Jg., Nr.26: 227-228, 1907.12.23.

Zetkin, Clara (1908a) Die Frauen und die Wahlrechtsdemonstrationen, in: *Gl.*, 18.Jg., Nr.2: 12-13, 1908.1.20.

Zetkin, Clara (1908b) * Karl Marx, in: *Gl.*, 18.Jg., Nr.6: 47-48, 1908.3.16. (Zetkin, *Ausgewählte* I : 387-395.).

Zetkin, Clara (1908c) Warum fordern wir den Achtstundentag, in: *Gl.*, 18.Jg., Nr.9: 78, 1908.4.27.

Zetkin, Clara (1908d) Dritte sozialdemokratische Frauenkonferenz in Österreich, in: *Gl.*, 18.Jg., Nr.10: 87-88, 1908.5.11.

Zetkin, Clara (1908e) Der Internationale Frauenstimmrechtskongreβ zu Amsterdam, in: *Gl.*, 18.Jg., Nr.16: 142-143, 1908.8.3.

Zetkin, Clara (1908f) Frauenbildungsvereine, in: *Gl.*, 18.Jg., Nr.17: 151-152, 1908.8.17.

Zetkin, Clara (1908g) *, ** Die Jugendorganisation (Leitsätze, Resolution und Rede auf der 5. Frauenkonferenz in Nürnberg), *Pr.Nürnberg*, sowie Bericht über die 5. Frauenkonferenz, Berlin, 1908. (Zetkin, *Ausgewählte* I : 396-441, **五十嵐 1964 : 72-121.).

Zetkin, Clara (1908h) Die sozialistische Frauenkonferenz zu Nürnberg, Resolution und Beschlüsse der Frauenkonferenz zu Nürnberg), in: *Gl.*, 18.Jg., Nr.20: 184-185, 1908.9.28.

Zetkin, Clara (1908i) Rückblick auf die Nürnberger Frauenkonferenz, in: *Gl.*, 19.Jg., Nr.1: 2-5,

1908.10.12.
Zetkin, Clara（1908j）Die Gewerbeaufsichtsbeamten in Sachsen über die Frauenarbeit in den Fabriken, in: *Gl.*, 19.Jg., Nr.2: 20-21, 1908.10.26.
Zetkin, Clara（1908k）Der Bund deutscher Frauenvereine und die Dienstbotenfrage, in: *Gl.*, 19.Jg., Nr.2: 21-22, 1908.10.26.
Zetkin, Clara（1909a）Konfessionelle Arbeiterinnenorganisationen, in: *Gl.*, 19.Jg., Nr.13: 198-199, 1909.3.29.
Zetkin, Clara（1909b）Der Schutz der Heimarbeiter in der Reichstagkommision, I, II, in: *Gl.*, 19.Jg., Nr.17: 257-258, 1909.5.24／Nr.18: 274-276, 1909.6.7.
Zetkin, Clara（1909c）Der Londoner Kongreβ des Weltbundes für Frauenstimmrecht, I, II, in: *Gl.*, 19.Jg., Nr.18: 276-278, 1909.6.7／Nr.19: 293-296, 1909.6.21.
Zetkin, Clara（1909d）Von der Frauenarbeit in Preuβen, I, II, III, in: *Gl.*, 19.Jg., Nr.20: 307-308, 1909.7.5／Nr.21: 321-322, 1909.7.19／Nr22: 338-339.1909.8.2.
Zetkin, Clara（1909e）Hinterbliebeneversicherung, I, II, III, in: *Gl.*, 19.Jg., Nr.23: 358-359: 1909.8.16／Nr.24: 374-375, 1909.8.30／Nr.25: 389-392, 1909.9.13.
Zetkin, Clara（1909f）Die weibliche Mitgliederzahl der deutschen Gewerkschaften im Jahre 1908, in: *Gl.*, 19.Jg., Nr.25: 394-395: 1909.9.13.
Zetkin, Clara（1909g）Friedrich Schiller, in: *Gl.*, 20. Jg., Nr.3:34-336: 1909.11.8 ／ Nr.4: 50-52, 1909.11.22／Nr.5: 66-67, 1909.12.6.
Zetkin, Clara（1908/9a）Johann Gottfried Herder, in: *Gl.*, 1908/1909, Beilage Nr.3.
Zetkin, Clara（1908/9b）Honoré de Balzac, in: *Gl.*, 1908/1909, Beilage Nr.20.
Zetkin, Clara（1909/10）Über unsere Kraft [Bjørnson, Rezension], *Gl.*, 1909/1910, Beilage Nr.8-16.
Zetkin, Clara（1910a）Vom Haushalt der Arbeiterfamilien, I, II, in: *Gl.*, 20.Jg., Nr.8: 116-117, 1910.1.17／Nr.9: 130-131, 1910.1.31.
Zetkin, Clara（1910b）August Bebel, in: *Gl.*, 20 .Jg., Nr.10: 145-146, 1910.2.14（Klara Zetkin）.
Zetkin, Clara（1910c）＊Der Vorkämpfer unserer Frauenbewegung, in: *Vorwärts*, 1910.2.22.（Zetkin, *Ausgewählte*, I : 458-465）.
Zetkin, Clara（1910d）Zur Geschichte einer gewerkschaftlichen Frauenorganisation, in: *Gl.*, 20.Jg., Nr.12: 182-184, 1910.3.14.
Zetkin, Clara（1910e）Zur Frauenkonferenz, IV, in: *Gl.*, 20.Jg., Nr.14: 214-216, 1910.4.11.（Die Redaktion der „Gleichheit“）.（以下の3本は，Zur Frauenkonferenzという記事のVを担当という意味）
Zetkin, Clara（1910f）Zur Frauenkonferenz, V, in: *Gl.*, 20.Jg., Nr.16: 249-251, 1910.5.9.（Klara Zetkin）.
Zetkin, Clara（1910g）Zur Frauenkonferenz, V, in: *Gl.*, 20.Jg., Nr.17: 264, 1910.5.23.（Klara Zetkin）.
Zetkin, Clara（1910h）Zur Frauenkonferenz, V, in: *Gl.*, 20.Jg., Nr.18: 281, 1910.6.6（Klara Zetkin）.
Zetkin, Clara（1910i）Mehr Schutz den Müttern, in: *Gl.*, 20.Jg., Nr.23: 353-354, 1910.8.15.
Zetkin, Clara（1910j）Internationalen Tagungen zu Kopenhagen, in: *Gl.*, 20.Jg., Nr.24: 369-371, 1910.8.29.
Zetkin, Clara（1910k）＊,＊＊Internationaler Frauentag（Aus einem Antrag an die II. Internationale Sozialistische Frauenkonferenz in Kopenhagen）, in: *Gl.*,20.Jg., Nr.24: 378, 1910.8.29.（Zetkin, *Ausgewählte* I : 480, ＊＊松原 1969 : 64.）.

Zetkin, Clara (1910l) Die Zweite Internationale Konferenz Sozialistischer Frauen zu Kopenhagen, in: *Gl.*, 20.Jg., Nr.25: 387-389, 1910.9.12.

Zetkin, Clara (1910m) Resolutionen und Beschlüsse der Zweiten Internationalen Frauenkonferenz zu Kopenhagen, in: *Gl.*, 21.Jg., Nr.1: 9-10, 1910.10.10.

Zetkin, Clara (1910n) *, ** Für den Kampf um den Frieden, Resolutionen der Zweiten Internationalen Sozialistischen Frauenkonferenz in Kopenhagen, in: *Gl.*, 21.Jg., Nr.1: 9, 1910.10.10. (Zetkin, *Ausgewählte* I : 481, **松原 1969 : 65-66.).

Zetkin, Clara (1910o) Zwei Tagungen bürgerlicher Frauenrechtlerinnen, I, II, in: *Gl.*, 21.Jg., Nr.2: 21-23, 1910.10.24 ／Nr.3 :35-37, 1910.11.7.

Zetkin, Clara (1910p) Julie Bebel, in: *Gl.*,21.Jg., Nr.5:67-69, 1910.12.5.

Zetkin, Clara (1910q) Ein Dichter der Revolution [Ferdinand Freiligrath], *Gi.*, 1910, Beilage Nr.19.

Zetkin, Clara (1910/11) Fritz Reuter, *Gl.*, 1910/1911, Beilage Nr.4.

Zetkin, Clara (1911/12) Ein Arbeiterdrama , Lu Märtens „Bergarbeiter" , Rezension, *Gl.*, 1911/1912, Beilage Nr.1

Zetkin, Clara (1911a) * *Kunst und Proletariat*, Verlag des Bildungsausschusses, Sttutgart. (小冊子) (Zetkin, *Ausgewählte* I: 490-505)

Zetkin, Clara (1911b) Emma Ihrer, in: *Gl.*, 21.Jg., Nr.8, 1911.1.16.

Zetkin, Clara (1911c) Paul Singer, in: *Gl.*, 21.Jg., Nr.10, 1911.2.13.

Zetkin, Clara (1911d) Unsere Kundgebung für das Frauenwahlrecht, in: *Gl.*, 21.Jg., Nr.11: 161-162, 1911.2.27.

Zetkin, Clara (1911e) Unser Märzentag, in: *Gl.*, 21.Jg., Nr.12: 177-179, 1911.3.13.

Zetkin, Clara (1911f) Unser Tag, in: *Gl.*, 21.Jg., Nr.13: 193-194, 1911.3.27.

Zetkin, Clara (1911g) Der sozialdemokratische Frauentag, 1. In Deutschland, in: *Gl.*, 21.Jg., Nr.13: 199-201, 1911.3.27.

Zetkin, Clara (1911h) Feinde des Mutterschafts- und Säuglingsschutzes, in: *Gl.*, 21.Jg., Nr.17: 257-259, 1911.5.22.

Zetkin, Clara (1911i) Witwen- und Waisenverhöhnung, in: *Gl.*, 21.Jg., Nr.18: 273-275, 1911.6.5.

Zetkin, Clara (1911j) Verschrechterung statt Verbesserung des Mutter- und Säuglingsschutzes, in: *Gl.*,21.Jg., Nr.19: 290-291, 1911.6.19.

Zetkin, Clara (1911k) Von der Internationalen Textilarbeiterbewegung, in: *Gl.*,21.Jg., Nr.22: 337-339, 1911.7.31.

Zetkin, Clara (1911l) Um das Bürgerrecht der Frau in der Gemeinde, I, II, in: *Gl.*, 21.Jg., Nr.24: 377-374, 1911.8.28/Nr.26: 406-408, 1911.9.25.

Zetkin, Clara (1911m) Von der Internationalen Textilarbeiterbewegung, in: *Gl.*, 21.Jg., Nr.22: 337-339, 1911.7.31.

Zetkin, Clara (1911n) Zur Frage der Frauenleseabende, in: *Gl.*, 21.Jg., Nr.25: 386-390, 1911.9.11.

Zetkin, Clara (1911o) Die sechste Konferenz der sozialdemokratischen Frauen, in: *Gl.*, 21.Jg., Nr.26: 403-404, 1911.9.25.

Zetkin, Clara (1911p) Die proletarische Frauenbewegung im Geschäftsjahr 1910/11, in: *Gl.*, 22.Jg., Nr.2: 25-26, 1911.10.23.

Zetkin, Clara (1911q) Revolution in China, in: *Gl.*, 22.Jg., Nr.3: 33-35, 1911.11.1.

Zetkin, Clara (1911r) Paul und Laura Lafargue, in: *Gl.,* 22.Jg., Nr.6: 83-85, 1911.12.11.
Zetkin, Clara (1912a) Für unser Bürgerrecht, in: *Gl.,* 22.Jg., Nr.8: 117-118, 1912.1.4.
Zetkin, Clara (1912b) Vom neuen Liberalismus, in: *Gl.,* 22.Jg., Nr.17: 257-259, 1912.5.15.
Zetkin, Clara (1912c) Scherben (kz), in: *Gl.,* 22.Jg., Nr.18: 273-274, 257-259, 1912.5.29.
Zetkin, Clara (1912d) Der sozialistische Frauentag (1. In Deutschland), in: *Gl.,* 22.Jg., Nr.18: 278-280, 1912.5.29.
Zetkin, Clara (1912e) Die Frauenerwerbsarbeit im Deutschen Reiche, I, II, III, IV (m), in: *Gl.,* 22.Jg., Nr.19: 289-290, 1912.6.12／Nr.21: 321-323, 1912.7.10／Nr.22: 337-339, 1912.7.24／Nr.25: 389-393. 1912.9.4.
Zetkin, Clara (1912f) Das Bürgerrecht der Frau in der Gemeinde vor dem preuβischen Abgeordnetenhaus, in: *Gl.,* 22.Jg., Nr.21: 328-329, 1912.7.10.
Zetkin, Clara (1912g) Fortschrittliche Volkspartei und bürgerliche Frauenbewegung, in: *Gl.,* 23.Jg., Nr.3: 33-38, 1912.10.30.
Zetkin, Clara (1912h) Die Frauen bei der internationalen sozialistischen Friedenskundgebung zu Basel, in: *Gl.,* 23.Jg., Nr.6: 82-85, 1912.12.11.
Zetkin, Clara (1912i) ＊, ＊＊ Wir erheben uns gegen den imperialistischen Krieg! (Rede auf dem Internationalen Sozialistenkongreβ zu Basel), in: *Außerordentlicher internationaler Sozialisten-Kongreß zu Basel am 24.und 25. Nov. 1912, Berlin,* 1912.3. (Zetkin, *Ausgewählte* I: 564-569, ＊＊五十嵐 1964 : 122-128. 伊藤が本書にて再訳を試みる。).
Zetkin, Clara (1913a) Um das Frauenwahlrecht, in: *Gl.,* 23.Jg., Nr.10: 145-147, 1913.2.5.
Zetkin, Clara (1913b) Rüsten wir für unseren Tag! in: *Gl.,* 23.Jg., Nr.11: 161-162, 1913.2.19.
Zetkin, Clara (1913c) Volksrecht, Frauenrecht, in: *Gl.,* 23.Jg., Nr.12: 177-178, 1913.3.5.
Zetkin, Clara (1913d) Luise Otto-Peters, I, II, III, in: *Gl.,* 23.Jg., Nr. 12: 179-180, 1913.3.5／Nr.13: 195-196, 1913.3.19／Nr.14: 212-213, 1913.4.2.
Zetkin, Clara (1913e) Der sozialdemokratische Frauentag, 1. In Deutschland. in: *Gl.,* 23.Jg., Nr. 13: 199-201, 1913.3.19.
Zetkin, Clara (1913f) Aufstieg der proletarischen Frauenbewegung, in: *L V-Z.,* 1913.5.23.
Zetkin, Clara (1913g) August Bebel ist tot! in: *Gl.,* 23.Jg., Nr. 24: 369, 1913.8.20.
Zetkin, Clara (1913h) Fünfte Generalversammlung des Deutschen Verbandes für Frauenstimmrecht zu Eisenach, in: *Gl.*, 24.Jg., Nr. 4: 53-56, 1913.11.12.
Zetkin, Clara (1913i) *Karl Marx und sein Lebenswerk*, Elberfeld, 1913. (小冊子)
Zetkin, Clara (1913/14) Der Roman als Kino (Rezension), *Gl.*, 1913/14, Beilage Nr.21.
Zetkin, Clara (1914a) Unsere Tag, unsere Woche, in: *Gl.*, 24.Jg., Nr. 12: 177-178, 1914.3.4.
Zetkin, Clara (1914b) ＊ Genossen Luxemburg verurteilt, in: *Gl.*, 24.Jg., Nr. 12: 178-180, 1914.3.4. (Zetkin, *Ausgewählte* I : 607-618.).
Zetkin, Clara (1914c) Unser internationaler Frauentag, 1. In Deutschland. in: *Gl.*, 24.Jg., Nr. 13: 198-199, 1914.3.18.
Zetkin, Clara (1914d) Unser internationaler Frauentag, in: *Gl.*, 24.Jg., Nr. 14: 215-217, 1914.4.1.
Zetkin, Clara (1914e) Bebels Erinnerungen, in: *Gl.*, 24.Jg., Nr. 15:225-227, 1914.4.15.
Zetkin, Clara (1914f) Proletarierinnenn heraus! in: *Gl.*, 24.Jg., Nr. 16:243-244, 1914.4.29.
Zetkin, Clara (1914g) ＊ Proletarische Frauen, seid bereit! in: *Gl.*, 24.Jg., Nr. 23: 353-354, 1914.8.5. (Zetkin,

Ausgewählte I : 621-625.).

Zetkin, Clara (1914h) Jean Jaurès, Klara Zetkin, in: *Gl.*, 24.Jg., Nr. 24: 369-371, 1914.8.28.

Zetkin, Clara (1914i) Frauenpfricht, in: *Gl.*, 24.Jg., Nr. 25: 373-375, 1914.9.4.

Zetkin, Clara (1914j) Der letzte Krieg, in: *Gl.*, 25Jg., Nr.1: 2-3, 1914.10.2. (検閲, 1か所19行削除).

Zetkin, Clara (1914k) Wir Mütter, in: *Gl.*, 25.Jg., Nr. 2: 9-10, 1914.10.16. (検閲, 3か所25行削除).

Zetkin, Clara (1914l) * An die sozialistischen Frauen aller Länder! in: *Gl.*, 25.Jg., Nr.5, 1914.11.27. (Zetkin, *Ausgewählte* I : 635-638.).

Zetkin, Clara (1915a) Keine Illusion, in: *Gl.*, 25.Jg., Nr.8: 41-42, 1915.1.9.

Zetkin, Clara (1915b) Internationale Solidarität und Friedenswille der Frauen aller Länder, in: *Gl.*, 25.Jg., Nr.9: 45-46, 1915.1.22 (検閲, 末尾9行削除).

Zetkin, Clara (1915c) Frauenversammlungen in der Schweiz, in: *Gl.*, 25. Jg., Nr.11:63-64:, 1915.2.19.

Zetkin, Clara (1915d) Mehr Sozialismus, in: *Gl.*, 25.Jg., Nr.10: 53-54:, 1915.2.5 (検閲, 途中, 数か所, 数行, 末尾6行削除).

Zetkin, Clara (1915e) Woraus es ankommt, in: *Gl.*, 25.Jg., Nr.11: 61-62:, 1915.2.19 (検閲, 途中7行, 末尾30行削除).

Zetkin, Clara (1915f) * Der internationale sozialistische Frauentag, in: *Gl.*, 25.Jg., Nr.13: 73-74:, 1915.3.19. (Zetkin, *Ausgewählte* I : 665-667.) .

Zetkin, Clara (1915g) * Frauen des arbeitenden Volkes! in: *Berner Tagewacht,* 1915.4.3. (Zetkin, *Ausgewählte* I : 668-671, **松原 1969 : 67-72.).

Zetkin, Clara (1915h) Eine internationale Konferenz sozialistischer Frauen, in: *Gl.*, 25.Jg., Nr.15: 86-87, 1915.4.16. (検閲, 途中5箇所, 約71行削除あり, 記事としての体をなさない).

Zetkin, Clara (1915i) Zwei Grundfragen der sozialen Fürsorge für Kriegerwitwen und Kriegerwaisen, I, II, III, IV, in: *Gl.*, 25.Jg., Nr.17: 101-102, 1915.5.14 ／ Nr.18: 109-110, 1915.5.28 ／ Nr.20: 125-127, 1915.6.25 (IIIは検閲, 途中1か所, 16行, 最後25行削除) *zz* ／ Nr.22: 142-143.1915.6.23.

Zetkin, Clara (1915j) Konferenz zur sozialen Fürsorge für Kriegerwitwen und Kriegerwaisen, in: *Gl.*, 25.Jg., Nr.17: 102-103, 1915.5.14.

Zetkin, Clara (1915k) Ausländische Urteile über die Internationale Sozialistische Frauenkonferenz zu Bern, I, II, in: *Gl.*, 25.Jg., Nr.17: 103-104, 1915.5.14. (冒頭から半分削除) ／ Nr.18: 112-113.1915.5.28.

Zetkin, Clara (1915l) * Für den Frieden, in: *Die Internationale,* H.1., 1915 : 29-41 (Zetkin, *Ausgewählte* I : 672-694.).

Zetkin, Clara (1915m) Versammlung des Schweizerichen Arbeiterinnenverbandes, Z. in: *Gl.*, 25.Jg., Nr.18: 113-114, 1915.5.28.

Zetkin, Clara (1915n) Ausländische Urteile über die Internationale Sozialistische Frauenkonferenz zu Bern, in: *Gl.*, 25.Jg., Nr.19: 118-119, 1915.6.11.

Zetkin, Clara (1915o) Der Internationale Friedenskongreβ der Frauen im Haag, in: *Gl.*, 25.Jg., Nr.20: 127-128, 1915.6.25. (検閲, 途中5か所, 33行削除)

Zetkin, Clara (1915p) Die Armee des Friedens, in: *Gl.*, 25.Jg., Nr.21: 133-134, 1915.7.9. (検閲, 途中3か所, 17行, 最後25行削除, 後半80行削除で記事としての体をなさない).

Zetkin, Clara (1916a) Friedenafragen und Kriegskredite, in: *Gl.*, 26.Jg., Nr.8:53-55, 1916.1.7.

Zetkin, Clara (1916b) Konferenz der deutschsprachigen Sozialistinnen in den Vereinigten Staaten, I, II, in: *Gl.*, 26.Jg., Nr.8: 55, 1916.1.7 ／ Nr.9: 63-64 (IIにはf.r.の署名).

Zetkin, Clara (1916c) Eduard Vailland, in: *Gl.*, 26.Jg., Nr.9: 61-63, 1916.1.21.
Zetkin, Clara (1916d) * Franz Mehring zum 70. Geburtstag, in: *Gl.*, 26.Jg., Nr.11: 77-80, 1916.2.18. (Zetkin, *Ausgewählte* I : 706-717.).
Zetkin, Clara (1916e) Kriegskosten und Volkslasten, in: *Gl.*, 26.Jg., Nr.11: 80-81, 1916.2.18.
Zetkin, Clara (1916f) Der sozialistische Frauentag in Deutschland, in: *Gl.*, 26.Jg., Nr.12: 85, 1916.3.3.
Zetkin, Clara (1916g) Wer soll zahlen? in: *Gl.*, 26.Jg., Nr.12: 85-86, 1916.3.3.
Zetkin, Clara (1916h) Pressestimmen zur Fraktionspaltung, in : *Gl.*, 26.Jg., Nr.15: 109-110, 1916. 4.14.
Zetkin, Clara (1916i) Ein drohender Krieg der Geschlechter, in: *Gl.*, 26.Jg., Nr.17: 126-127, 1916.5.12.
Zetkin, Clara (1916j) Friedensarbeit, in: *Gl.*, 26.Jg., Nr.18: 133, 1916.5.26.
Zetkin, Clara (1916k) Die Frauenarbeit in der schweizerischen Jndustrie, in: *Gl.*, 26.Jg., Nr.18: 133-135, 1916.5.26.
Zetkin, Clara (1916l) Das Maimanifest des Internationalen Sozialistischen Bureaus, in: *Gl.*, 26.Jg., Nr.18: 135-136, 1916.5.26.
Zetkin, Clara (1916m) Die Maifeier 1916, in: *Gl.*, 26.Jg., Nr.18: 136-137, 1916.5.26.
Zetkin, Clara (1916n) Die neuen Steuern, in: *Gl.*, 26.Jg., Nr.19: 141-142, 1916.6.9.
Zetkin, Clara (1916o) Die fallenden Hüllen, in: *Gl.*, 26.Jg., Nr.21: 157-158, 1916.7.7.
Zetkin, Clara (1916p) Ein Blatt Geschichte, I, II, III, in: *Gl.*, 26.Jg., Nr.22: 165-166, 1916.7.21 ／ Nr.23: 171-172: 1916.8.4 ／ Nr.24: 177-178, 1916.8.18.
Zetkin, Clara (1916q) Um die Kriegsziele, in: *Gl.*, 26.Jg., Nr.23: 169-171, 1916.8.4.
Zetkin, Clara (1916r) Der Weg zur Gesundung, in: *Gl.*, 26.Jg., Nr.24: 177, 1916.8.18.
Zetkin, Clara (1916s) Die Kriegszielerörtungen, in: *Gl.*, 26.Jg., Nr.25: 181-182, 1916.9.1.
Zetkin, Clara (1916t) Die Konferenz der sozialistischen Parteien neutraler Länder im Haag, in: *Gl.*, 26.Jg., Nr.25: 183-184, 1916.9.1.
Zetkin, Clara (1916u) Lily Braun, in: *Beilage der Gl.*, Nr.25, 1916.
Zetkin, Clara (1916v) Pax Romana, in: *Gl.*, 26.Jg., Nr.26: 189-190, 1916.9.15.
Zetkin, Clara (1916w) Frauenkonferenz in Groβ-Berlin, in: *Gl.*, 27.Jg., Nr.1: 3-4, 1916.10.13.
Zetkin, Clara (1916x) Zur Frage der Bevölkerungspolitik, in: *Gl.*, 27.Jg., Nr.1: 4-6, 1916.10.13.
Zetkin, Clara (1916y) Resolutionen der sozialistischen Fauenkonferenz für Groβ-Berlin, in: *Gl.*, 27.Jg., Nr.2: 12-14, 1916.10.27.
Zetkin, Clara (1917a) An die sozialistischen Frauen aller kriegführenden Länder! in: *Gl.*, 27.Jg., Nr. 8: 53, 1917.1.19.
Zetkin, Clara (1917b) Unsere Pflicht und unser Recht, in: *Gl.*, 27.Jg., Nr.8: 53-54, 1917.1.19.
Zetkin, Clara (1917c) Die Konferenz der Parteiopposition, in: *Gl.*, 27.Jg., Nr.9: 57-58, 1917.2.2.
Zetkin, Clara (1917d) Die Friedenskundgebung der Konferenz zu Berlin, in: *Gl.*, 27.Jg., Nr.9: 58-59, 1917.2.2.
Zetkin, Clara (1917e) Was tun? in: *Gl.*, 27.Jg., Nr.10: 65-66, 1917.2.16.
Zetkin, Clara (1917f) Eine Friedenskundgebung englischer Proletarinnen,in:*Gl.*, 27.Jg., Nr.11: 73-74, 1917.3.2.

Zetkin, Clara (1917g) Was nicht tut? in: *Gl.*, 27.Jg., Nr.12: 77-78, 1917.3.16.

Zetkin, Clara (1917h) Das Recht der Frau zur Mitarbeit in der Kommunalverwaltung vor dem Preußischen Abgeordnetenhaus, I, II, in: *Gl.*, 27.Jg., Nr.13: 85-86, 1917.3.30 ／ Nr.14: 91, 1917.4.13.

Zetkin, Clara (1917i) * An die Konferenz der sozialdemokratischen Opposition zu Gotha (Zetkin, *Ausgewählte I*: 754-755)

Zetkin, Clara (1917j) Stellungsnahme der beiden sozialdemokratischen Parteien zum Frieden, zur Demokratisierung der politischen Zustände und zur Revolution in Rußland, in: *Gl.*, 27.Jg., Nr.16: 107-108, 1917.5.11 ／ Nr.17: 113-114, 1917.5.25.

Zetkin, Clara (1917k) Ottilie Baaders siebzigster Geburtstag, in: *Gl.*, 27.Jg., Nr.17: 114-115, 1917.5.25.

Zetkin, Clara (1917l) * An die sozialistischen Frauen aller Länder! in: *L V-Z.*, 1917.6.19. (Zetkin, *Ausgewählte* I : 757-757)

Zetkin, Clara (1917m) * Abschied von der „Gleichheit", in: *Frauen-Beilage der L V-Z.*, 1917.6.29. (Zetkin, *Ausgewählte* I : 760-765.).

Zetkin, Clara (1917n) Die Gewerkschaftliche Arbeiterinnenorganisationen in Jahre 1916, I, II, in: *Frauen-Beilage der L V-Z.*, 1917.10.19/11.2.

Zetkin, Clara (1917o) Eine bürgerliche Studie über die Lage der Arbeiter Frauen im Rheinischen Industriegebiete, in: *Frauen-Beilage der L V-Z.*, 1917.10.19.

Zetkin, Clara (1917p) Aus der Frauenbewegung der abhängigen Sozialdemokratie, in: *Frauen-Beilage der L V-Z.*, 1917.10.19.

Zetkin, Clara (1917q) * Das Friedenswerk der russischen Revolution, in: *L V-Z.*, 1917.11.16. (Zetkin, *Ausgewählte* I :766-769.).

Zetkin, Clara (1917r) * Der Kampf um Macht und Frieden in Rußland, in: *Frauen-Beilage der L V-Z.*, 1917.11.30. (Zetkin, *Ausgewählte* I : 770-777.).

Zetkin, Clara (1917s) Schutz von Mutter und Kind, in: *Frauen-Beilage der L V-Z.*, 1917.12.24.

Zetkin, Clara (1918a) * Neues und Altes, in : Frauenbeilage der *L V-Z.*, 1918.1.25. (Zetkin, *Ausgewählte* II : 3-7.).

Zetkin, Clara (1918b) * Mit Entscheidenheit für das werk der Bolschewiki! (Zetkin, *Ausgewählte* II : 8-40.).

Zetkin, Clara (1918c) An die sozialistischen Frauen aller Länder, in: *Frauen-Beilage der L V-Z.*, 1918.2.22.

Zetkin, Clara (1918d) Arbeitslosigkeit der weiblichen Erwerbstätigen, in: *Frauen-Beilage der L V-Z.*, 1918.2.22.

Zetkin, Clara (1918e) Der Internationale sozialistische Frauentag, in: *Frauen-Beilage der L V-Z.*, 1918.4.5/4.19/5.1/5.17/6.14.

Zetkin, Clara (1918f) Der Internationale sozialistische Frauentag im Ausland, in: *Frauen-Beilage der L V-Z.*, 1918.4.5.

Zetkin, Clara (1918g) Brennende Fraueninteressen, I, II, III, IV, V, VI, VII, VIII, in: *Frauen-Beilage der L V-Z.*, 1918.5.31/6.14/7.5/7.12/7.26/8.9/8.23/10.9/10.20.

Zetkin, Clara (1918h) Zur Lage der Textilarbeiterinnen, I, II, III, IV, in: *Frauen-Beilage der L V-Z.*,

1918.7.5/7.12/7.26/8.9.
Zetkin, Clara (1918i) Das Kommunale Wahlrecht der Frauen in den deutschen Bundesstaaten, in: *Frauen-Beilage der L V-Z.*, 1918.7.12.
Zetkin, Clara (1918j) Die Frauen über den Gesetzentwurf gegen die Verhinderung von Geburten, in : *Frauen-Beilage der L V-Z.*, 1918.7.26.
Zetkin, Clara (1918k) Frauenrecht in der neuen russischen Konstitution, in: *Frauen-Beilage der L V-Z.*, 1918.8.9.
Zetkin, Clara (1918l) Eine Konferenz über die Frauenarbeit in der Übergangswirtschaft, in: *Frauen-Beilage der L V-Z.*, 1918.8.23/9.9/9.20.
Zetkin, Clara (1918m) Von der Frauenbewegung der Abhängigen Sozialdemoklaten, in: *Frauen-Beilage der L V-Z.*, 1918.9.9/10.4/12.2.
Zetkin, Clara (1918n) Um die sozialistischen Frauen aller Länder! in: *Frauen-Beilage der L V-Z.*, 1918.11.1.
Zetkin, Clara (1918o) * Ein Jahr proletarischer Revolution in Rußland, in: *Frauen-Beilage der L V-Z.*, 1918.11.13. (Zetkin, *Ausgewählte* II : 43-54.).
Zetkin, Clara (1918p) Frauenrecht und Frauenpflicht, in: *Frauen-Beilage der L V-Z.*, 1918.11.16.
Zetkin, Clara (1918q) * Die Revolution und die Frauen, in: *Die Rote Fahne*, 1918.11.22. (Zetkin, *Ausgewählte* II : 55-60.).
Zetkin, Clara (1918r) * Um Schein oder Sein voller Demokratie, in: *Frauen-Beilage der L V-Z.*, 1918.12.2. (Zetkin, *Ausgewählte* II : 61-70.).
Zetkin, Clara (1919a) * Karl Liebknecht und Rosa Luxemburg müssen für die Massen lebendig bleiben (Aus dem Brief an Mathilde Jacob, die Sekretärin Rosa Luxemburgs, 1919.1.18) (Zetkin, *Ausgewählte* II : 71-74.).
Zetkin, Clara (1919b) * Rosa Luxemburg und Karl Liebknecht (in: *LV-Z.*, vom 1919.2.3) (Zetkin, *Ausgewählte* II : 75-92.).
Zetkin, Clara (1919c) Arbeiterinnen, wer schützt euch? in: *Die Kommunistin*, S.n., 1919.
Zetkin, Clara (1919d) Der internationale weiße Terror und die Proletarierinnen, in: *Die Kommunistin*, S.n., 1919.
Zetkin, Clara (1919e) Protest der sozialistischen Fraueninternationale gegen den Gewaltfrieden von Versailles und Saint-Germain, in: *Die Kommunistin*, Nr.5, 1919.
Zetkin, Clara (1919f) Die Frauen für die Räte, die Frauen in die Räte! I, II, in: *Die Kommunistin*, Nr.7/Nr.8, 1919.
Zetkin, Clara (1919g) An die sozialistischen Frauen aller Länder! in: *Die Kommunistin*, Nr.10, 1919.
Zetkin, Clara (1919h) Fraueninteresse und Frauenpflicht, in: *Die Kommunistin*, Nr.14, 1919.
Zetkin, Clara (1919i) Aufruf an die sozialistischen Frauen aller Länder! in: *Der Kämpfer*, 14. Aug 1919.
Zetkin, Clara (1919j) * Ich will dort kämpfen, wo das Leben ist. (Aus der Rede auf dem außerordentlichen Parteitag der USPD in Berlin, 1919.3. 4), in: *Pr. Des des Parteitages der USPD in Berlin*, 1919. (Zetkin, *Ausgewählte* II : 93-115.).
Zetkin, Clara (1919k) Frauen für die Räte, die Frauen und die Räte, in : *Die Internationale*, H.2,3,1919.

Zetkin, Clara (1919l) Einleitung zu Roza Luxemburg; *Die Krise der Sozialdemokratie.* Leipzig.

Zetkin, Clara (1920a) Die Reichsfrauenkonferenz der KPD, in: *Die Kommunistin*, Nr.7, 1920.

Zetkin, Clara (1920b) * *Revolutionäre Kämpfe und Revolutionäre Kämpfer 1919.* Rosa Luxemburg, Karl Liebknecht, Leo Jogiches, E. Levine, Franz Mehring und all den treuen, kühnen revolutionären Kämpfern und Kämferinnen des Jahres 1919 zum Gedächtnis von Clara Zetkin, Verlag Spartakus, Siidd. Arbeiterbuchhandlung, Stuttgart.（小冊子）選集には小見出しの文言が1か所変更され最後1.5頁が省略されて収録。(Zetkin, *Ausgewählte* II : 147-181.).

Zetkin, Clara (1920c) * Die internaitionale Lage (aus dem Referat auf dem III. Parteitag der Kommunistischen Partei Deutschlands, 26.Feb. 1920), in: *Bericht über den 3. Parteitag der Kommunistischen Partei Deutschlands* (Spartaksbund) am 25. Und 26. Feb. 1920, Berlin o.J., : 69-67. (Zetkin, *Ausgewählte* II : 182-194.).

Zetkin, Clara (1920d) Richtlinien der Kommunistischen Frauenbewegung, in: *Die Kommunistin*, Nr.22.1920.

Zetkin, Clara (1920e) *Die Frau bei der Verteidigung und Aufbau Sowiet-Rußlands*, Leipzig.（小冊子）

Zetkin, Clara (1920f) Einleitung zur russischen Ausgabe der Richtlinien zur Internationalen Kommunistischen Frauenbewegung, in: *KI.*, Nr.16, 1920.

Zetkin, Clara (1920g) * Das erste Wort der Kommunisten, in: *Verhandlungen des Reichstags, I. Wahlperiode 1920*, Bd.344, Berlin.1920. (Zetkin, *Ausgewählte* II : 195-222.).

Zetkin, Clara (1920h) *, ** Richtlinien der Kommunistischen Frauenbewegung, *K I.,* 1920/ 21, Nr.15: 530-555. (Zetkin, *Ausgewählte* II : 260-289, **松原 1969 : 73-101, 村田 1978 : 269-283.).

Zetkin, Clara (1920i) * Zur kommunistischen Schulpolitik (Diskussionsrede auf dem Vereinigungsparteitag der KPD und der linken USPD, 1920.12.6) in: *Bericht über die Verhandlungen des Vereinigungsparteitages der USPD und der KPD*, Berlin, 1921.(Zetkin, *Ausgewählte* II : 309-312.).

Zetkin, Clara (1920j) * Die russischen Arbeiterinnen grüßen die deutschen Arbeiterinnen (Begrüßungsrede auf der I. Frauenreichskonferenz der VKPD.1920.12.8). in: *Bericht über die Verhandlungen des Vereinigungsparteitages der USPD und der KPD*, Berlin, 1921. (Zetkin, *Ausgewählte* II : 313-315.).

Zetkin, Clara (1920k) * Klar, rückhaltlos und offen zur III. International bekenen (Rede auf dem XVIII. Parteitag der Sozialistischen Partei Frankreichs in Tours, 1920.12.27), in : *Stenographischer Bericht des XVIII.Parteitages der Sozialistischen Partei Frankreichs vom15.bis 30. Dez.1920 in Tours.* (Übersetzung), (Zetkin, *Ausgewählte* II : 316-325.).

Zetkin, Clara (1920l) *Der Weg nach Moskau*, Verlag der Kommunistischen Internationale.（小冊子）

Zetkin, Clara (1921a) * Zur Arbeit unter den Frauen (Brief an Alexandra Michailowna Kollontai, 1921.2.1), (IML beim ZK der SED, Berlin, Archiv=現：SAPMO), (Zetkin, *Ausgewählte* II : 326-334.).

Zetkin, Clara (1921b) Die Frauen und die Kommunistischen Partei, in : *Frauen Reichssekretariat der VKPD*, Leipzig, 1921.

Zetkin, Clara (1921c) Geleitwort, in: *K F-I.*, H.1: 1-5, *Monatschrift*, April 1921.

Zetkin, Clara (1921d) II. Internationale Konferenz der kommunistischen Frauen, in: *Der Kämpfer*,

Chemnitz, 1921.7.23.

Zetkin, Clara (1921e) ＊＊Bericht über die Frauenbewegung, in: *Pr. des III. Kongresses der KI.*, 1921. (＊＊松原 1969 : 102-120.).

Zetkin, Clara (1921f) Die zweite Internationale Konferenz der Kommunistinnen zu Moskau, in: *K F-I.*,Doppel-H.5/6: 7-24, Aug./Sept. 1921.

Zetkin, Clara (1921g) ＊Gegen das „Gesetz zum Schutz der Republik", Rede im Reichatag, 1921. 10.1. (Zetkin, *Ausgewählte* II : 335-356.).

Zetkin, Clara (1921h) ＊Um Sein oder Nichtsein der Italienischen Sozialistischen Partei, Rede auf dem Parteitag der Italienischen Sozialistischen Partei in Mailand, 1921.10.10) (Zetkin, *Ausgewählte*, II : 357-380.).

Zetkin , Clara & Henri Walecki (1921i) *Dem Reformismus entgegen, Reden auf dem Parteitag der Sozialistischen Partei Italiens in Mailand mit einer Einleitung über die Ergebnisse des Parteitages*, Verlag der Kommunistischen Internationale, Auslieferungsstelle für Deutschlend: Carl Hoym Nachf, Louis Cahnbley, Hamburg.

Zetkin, Clara (1921j) Die beiden Novemberrevolutionen und die Frauen, in: *K F-I.*, Doppel-H.8/9 : 1-13, Nov./Dez, 1921. (山川菊栄の英語からの重訳と思われる部分訳あり。山川 1919)

Zetkin, Clara (1921k) ＊Erklärung (20. Dezember 1921) A. Warskiと連名。Warskiが筆頭。in: *Die Rote Fahne,* 1921.12.22. (Zetkin, *Ausgewählte* II : 381-382.).

Zetkin, Clara (1922a) ＊*Um Rosa Luxemburgs Stellung zur russisischen Revolution*, Hamburg, 1922. (Zetkin, *Ausgewählte* II : 383-475.).

Zetkin, Clara (1922b) ＊Gegen das reaktionale Reichsschulgesetz (Rede im Reichstag, 24.Jan. 1922) in: *Verhandlungen des Reichstags,* I. Wahlperiode 1920, Bd.325, Berlin, 1922. (Zetkin, *Ausgewählte* II : 476-495.).

Zetkin, Clara (1922c) Der Internationale Kommunistische Frauentag, in: *K F-I.*, Doppel-H.1/2: 1-6, Jan./Febr. 1922.

Zetkin, Clara (1922d) Proletarierinnen schaffende Frauen in allen Ländern, erlahmt nicht in der Hungerhilhe für Sowiet Rußland, in: *K F-I.*, Doppel-H.1/2: 7, Jan./Febr. 1922.

Zetkin, Clara (1922e) Der internationale Kommunistische Frauentag, in: *K F-I.*, Doppel-H. *16/17*, 1922.

Zetkin (1922f) ＊Für die Aktionseinhalt des internatonalen Proletariats (Erklärung im Namen der Delegation des Exekutivkomitees der Kommunistischen Internationale auf der Konferenz der drei internationalen Exekutivkomitees in Berlin, 2. April 1922), in: *Protokoll der Internationalen Konferenz der drei internationalen Exekutivkomitees in Berlin vom 2. Bis 5. April 1922, Wien, 1922,* Wien 1922 : 7-10. (Zetkin, *Ausgewählte* II : 570-577.).

Zetkin (1922g) ＊Die proletarische Einheitshront,in: *K F-I.*,Doppel-H.7/8:1-8, Juli/Aug. 1922. (Zetkin, *Ausgewählte* II : 578-591) (*K F-I.* 掲載時の題はNochmals, Die proletarische Einheitshront, であり，選集では冒頭数行が削除されている).

Zetkin (1922h) Rosa Bloch,in: *K F-I.*,Doppel-H.7/8:19-24, Juli/Aug. 1922.

Zetkin (1922i) Luise Zietz, in: *K F-I.*,Doppel-H.9/10:21-26, Sept./Okt. 1922.

Zetkin (1922j) Begrüßungsschreiben der Genossin Clara Zetkin an Frauen-Reichs-Konferenz der KPD, in: *Die Kommunistin*, Nr.20, 1922.

Zetkin (1922k) ＊＊Die Kommunistische Arbeit unter den Frauen, in: *Pr.des IV. Kongresses der KI.* 1922. (＊＊松原 1969 : 121-145).

Zetkin, Clara (1922l) *Wir klagen an! Ein Beitrag zum Prozess der Sozial-Revolutionäre, Verlag der Kommunistischen Internationale Auslieferungsstelle für Deutchland.* Carl Hoym Nacht. Louis Cahnbley, Hamburg. (小冊子)

Zetkin (1923a) ＊Zur Ruhrbesetzung, in: *K F-I.,* Jg.3, H.1: 1-8, Jan. 1923. (Zetkin, *Ausgewählte* II: 597 - 610.).

Zetkin (1923b) ＊Cuno an der Spree, Poincaré an der Ruhr schlagen! (Rede zur Eröhhnung des VIII. Parteitages der KPD in Leipzig, 1923.1.28) in: *Berichte über die Verhandlungen des III. (8.) Parteitages der KPD,* Berlin 1923: 171-181) (Zetkin, *Ausgewählte* II: 611-630).

Zetkin (1923c) Der Internationale Kommunistische Frauentag 1923, in: *K F-I.,* Jg.3, H.2: 1-7, Feb. 1923.

Zetkin (1923d) Um Deutschlands nationales Lebensrecht, in: *K F-I.,* Jg3, H.4: 1-11, Apr. 1923.

Zetkin (1923e) Zum dreijährigen Jubiläum des Frauenorgans der proletarischen Revolution Sowiet-Ruβlands, in: *K F-I.,* Jg.3, H.6 : 28-32, Juni. 1923.

Zetkin, Clara (1923f) ＊An alle Sektion der Kommunistischen Internationale! An alle klassenbewußten Proletarier der Welt! (Aufruf des Internationalen Provisorischen Komitees zur Bekämpfung des Faschismus), in: *Inprekor.,* Nr.13 : 307, 1923. (Zetkin, *Ausgewählte* II: 643-645.).

Zetkin, Clara (1923g) ＊Der Kampf gegen den Faschismus, (Bericht auf dem Erweiterten Plenum des Exekutivkomitees der KI, 1923.6.20) . in: *Protokoll der Konferenz der Erweiterten Exekutive der Kommunistischen Internationale, Moskau, 12-23. Juni 1923,* Hamburg 1923: 204-232. (Zetkin, *Ausgewählte* II: 689-729.).

Zetkin, Clara (1924a) Der Internationale Kommunistische Frauentag 1924, in: *Inprekor.*, Nr.18/ Nr.19, 1924.

Zetkin, Clara (1924b) Heraus zum Internationalen Kommunistischen Frauentag, 1924! in: *Inprekor.*, Nr.18, 1924.

Zetkin, Clara (1924c) Der Internationale Kommunistische Frauentag 1924, in: *K F-I.,* Jg4, H.1: 1-12, Jan. 1924.

Zetkin, Clara (1924d) Die Aufgaben der Dritten Internationalen Konferenz der Kommunistinnen, in: *K F-I.,* Jg.4, H.3: 1-15, März. 1924.

Zetkin, Clara (1924e) ＊Für volle sosiale Befreiung der Frauen!　Begrüßungsrede auf dem XIII. Parteitag der Kommunistischen Partei Rußlands (Bolschewiki) 23.Mai 1924, in: *Inprekor.,* 1924, Nr.24 : 545-546. (Zetkin, *Ausgewählte* III : 3-8.).

Zetkin, Clara (1924f) Die Ergebnisse der Dritten Internationalen Kommunistischen Frauenkonferenz, in: *K F-I.,* Jg.4, H.7 : 1-25, Juli 1924.

Zetkin, Clara (1924g) ＊, ＊＊Die Intellektuellenfrage, (Aus dem Referat auf dem V. Kongreß der Kommunistischen Internationale, 7.Juli 1924), in: *Protokoll, Fünfter Kongreß der K I,* Bd.II. o. O.u. J.,: 946-982. (Zetkin, *Ausgewählte* III : 9-56). (＊＊翻訳改造社の『社会科学』1928年11月特輯号に「有識者問題」として翻訳されて掲載されているが抄訳，邦訳者名なし).

Zetkin, Clara (1924h) Referat über die Weltlage und die Aufgaben der Kommunistinnen, in: *Inprekor.*, 1924, Nr.106: 1924.

Zetkin, Clara（1924i）Die III. Internationale Konferenz der Kommunistinnen Begrüβungsansprechen,（Referat über die Weltlage und die Aufgaben der Kommnistinnen/Schluβwort）, in: *Inprekor*, Nr.106: 1924.）.

Zetkin, Clara（1924j）Die soziale Erziehung der Frauen（Schluβrede）, in: *Inprekor.*, Nr.106: 1924.

Zetkin, Clara（1924k）Die Weltlage und die Aufgaben der Kommunistinnen,in: *Inprekor.*, Nr.118: 1924.

Zetkin, Clara（1924/1925）＊ *Erinnerrungen an Lenin*, Dietz Verlag, Berlin 1957. 小冊子。（Zetkin, *Ausgewählte* III : 89-160.）.

Zetkin, Clara（1925a）＊，＊＊Was die Frauen Lenin verdankenin, in: *K F-I.*, Jg.5, H.1, 1925: 1-12.（Zetkin, *Ausgewählte* III : 161-177, ＊＊松原 1969 : 146-166.）.

Zetkin, Clara（1925b）Heran an die schaffenden Frauenmassen! in: *K F-I.*, Jg.5, H.2: 3-10.

Zetkin, Clara（1925c）Erinnerungen an Lenin, in: *K F-I.*, Jg.5, H.3/4: 2-49.März/April 1925.

Zetkin, Clara（1925d）Im mohammedanischen Frauenklub zu Batum und zu Tiflis, in : *K F-I.*, Jg.5, 5/6, Mai/Juni 1925: 37-48.

Zetkin, Clara（1925e）Was bedeutet die Genossenschaft für die Hausfrau? in : *Inprekor.*, Nr.95, 1925.

Zetkin, Clara（1925f）Über die Tätigkeit des Internationalen Frauen Sekretariats und den Stand der Arbeit unter den Frauen in den Sektionen, in : *Inprekor.*, Nr.101,1925.

Zetkin, Clara（1925g）Brichte der Sektionen auf der Organisationsberatung über die Arbeit unter dem Frauen, in : *Inprekor.*, Nr.101, 1925.

Zetkin, Clara（1925h）＊Gegen den imperialistischen Locarnovertrag, Aus der Rede im Reichstag, 27. November 1925, in: *Verhandlungen des Reichstags, III.Wahlperiode 1924* : 4631-4639,（Zetkin, *Ausgewählte* III : 189-209.）.

Zetkin, Clara（1926a）Herbei, schaffende Frauen aller Länder, zu Eurem Internationalen Tag! in : *Inprekor.*, Nr.6, 1926.

Zetkin, Clara（1926b）*Im befreiten Kaukasus*, Berlin, Wien.（単著）

Zetkin, Clara（1926c）＊ *Die Bedeutung der aufbauenden Sowietunion für die deutsche Arbeiterklasse*, Berlin.（小冊子）（Zetkin, *Ausgewählte* III : 221-321）.

Zetkin, Clara（1926d）＊Zur Internationalen Lage（Rede auf dem Erweiterten Plenum des Exekutivkomitees der Kommunistischen Internationale, 26.Nov. 1926）, in: Protokoll. Erweiterte Exekutive der Kommunistischen Internationale, Moskau, 22.Nov.-16.Dez.1926, Hamburg/Berlin 1927: 250-256.（Zetkin, *Ausgewählte* III : 337-347.）.

Zetkin, Clara（1926e）*Frau und Genossenschaft*, Berlin, 1926.（小冊子）

Zetkin, Clara（1926f）*Lenin ruft die werktätigen Frauen, Artikel Lenins zur Frauenfrage*, Erinnerungen an Lenin von Clara Zetkin,（Stimmen der Arbeiterinnen und Bäuerinnen über Lenin）Berlin, 1926.（小冊子）

Zetkin, Clara（1926g）*Souvenirs sur Lenine*, Paris, 1926.（『レーニンの思い出』の仏語訳）.

Zetkin, Clara（1927a）An die IV. Internationale Beratung über die kommunistische Arbeit unter den schaffenden Frauenmassen, in : *Inprekor.*, Nr.22, 1927.

Zetkin, Clara（1927b）An die werktätigen Frauen aller kapistalistischen Länder, in : *Inprekor.*, Nr.25, 1927.

Zetkin, Clara（1927c）Eine Episode, Keine Katastrophe, in: *Inprekor.*, 1927, Nr.116, 11.25.

Zetkin, Clara（1927d）*Begrüßungsschreiben der Genossin Clara Zetkin an den ersten Reichskongreß des Roten Frauen- und Mädchen Bundes*, Berlin, (o. J.)

Zetkin, Clara (1927e) ＊＊ *Reminiscences of Lenin*, Londen.（『レーニンの思い出』の英語訳).（**第1部邦訳,「レーニンの思ひ出」(1) 訳者名なし『レーニン研究』創刊号 (1931年12月), 南北書院:39-49, 1932年。「レーニンの思ひ出」(2) 訳者名なし『レーニン研究』第3号 (1932年2月), 南北書院 : 36-48。検閲で×印あり。第2部にあたるところの邦訳は, 平井潔『レーニン青年・婦人論』青木書店1956 : 11-57。)（すべて英語からの重訳と思われる).

Zetkin, Clara (1928) Jede von euch muβ wissen, daβ es auf ihre Mitarbeit ankommt, Rede auf einer Konferenz der Frauenorganisation der Ostvörker der Sowjetunion, in : *Inprekor.*, Nr.11, 1928.

Zetkin, Clara (1929a) Zum Internationalen Frauentag 1929, in: *Inprekor.*, Nr.19, 1929.

Zetkin, Clara (1929b) N.K. Krupskaja und die werktatigen Frauen, in: *Inprekor.*, Nr.19, 1929.

Zetkin, Clara (1929c) Die III. Internationale als Erweckerin und Führerin der Frauen des Ostens, in: *Inprekor.*, Nr.22, 1929.

Zetkin, Clara (1929d) Werktätige Frauen auf! Dem roten Weltmai entgegen! in: *Inprekor.*, Nr.34, 1929.

Zetkin, Clara (1929e) Das Rückwärts der II. Internationale im Kapf um die Befreiung der Frau, in: *KI.*, H.9/10, 1929.

Zetkin, Clara (1930/31) Einstweiliger Arbeitsplan der Sektion zum Studium der Kommunistischen Akademie für das Jahr 1930/1931. in: Haferkorn *et al.*, eds. (1974: 456-460) .

Zetkin, Clara (1931) (mit Traute Hölz) *Gemeinsame Not—gemeinsamer Kampf,* (Flugschrift der Internationalen Arbeiterhilfe zum 10 Jahrestag der IAH-Frauenbewegung) Berlin.

Zetkin, Clara (1932a) Zum Internationalen Kommunistischen Frauentag. in:*Inprekor,* Nr.21.1932.

Zetkin, Clara (1932b) ＊ Einheitsfront ist das Gebot der Stunde!, in: *Inprekor.,* Nr.66, 1932. (Zetkin, *Ausgewählte* III : 420-425.).

Zetkin, Clara (1932c) ＊ *Hungermai, Blutmai, roter Mai*, Hamburg/Berlin. (Zetkin, *Ausgewählte* III : 381-403.).

Zetkin, Clara (1932d) ＊ Verheiβung und Tat! Zun Internationalen Kongress gegen den Krieg, in: *Inpreor.*, Nr.66: 2117-2120. 1932 (Zetkin, *Ausgewählte* III : 404-412).

Zetkin, Clara (1932e) ＊ Es gilt, den Faschismus niederzuringen! (Eröffnungsrede als Alterspräsidentin des Reichstages, 30.Aug.1932) in: *Verhandlungen des Reichstags, VI. Wahlperiode 1932*, Bd.454, Berlin 1933: 1-3. (Zetkin, *Ausgewählte* III : 413-419.).

Zetkin, Clara (1932f) ＊ *Werk und Weg der Internationalen Roten Hilfe, 10 Jahre Kampf und Solidarität*, Berlin. (Zetkin, *Ausgewählte* III : 426-469部分 „Unterdrücke von Heute-Siegen von Morgen" と題して掲載).

Zetkin, Clara (1933a) ＊ *Lenins Vermächtnis für die Frauen der Welt*, Moskau/Leningrad, 1933. (Zetkin, *Ausgewählte* III : 472-521.). (小冊子)

Zetkin, Clara (1933b) ＊ *Die imperialistischen Kriege gegen die Werktätigen—die Welktätigen gegen die imperialistischen Kriege*, Dietz Verlag, Berlin.1957. (Zetkin, *Ausgewählte* III : 522-616.).

Zetkin, Clara (1933c) ＊ Unterstützt den heldenmütigen Kampf der deutschen Arbeiter gegen den blutigen Terror des Hitlerfaschismus! (Aufruf zur Internationalen Hilfswoche der IRH, 17.bis 25. Juni 1993) in: *Rundschau über Politik, Wirtschaft und Arbeiterbewegung*, Basel, Nr.17: 538.

1933. (Zetkin, *Ausgewählte* III : 617-619.).

Clara Zetkin 没後に出版されたもの

Zetkin, Clara (1957) *Erinnerungen an Lenin*, Dietz Verlag, Berlin.

Zetkin, Clara (1957,1960) *Ausgewählte Reden und Schriften,* I, II, III, Dietz Verlag, Berlin.

Zetkin, Clara (1958) *Zur Geschichte der Proletarischen Frauenbewegung Deutchlands*, Dietz Verlag, Berlin.

IML/ZK/SED Hrsg. von Ilse Schiel und Erma Milz (1971) *Karl und Losa, Erinnerungen*, Dietz Verlag, Berlin. (栗原佑訳　1975　ツェトキン他著　『カールとローザ―ドイツ革命の断章』大月書店)

Zetkin, Clara, (1974) Haferkorn, Katja und Heinz Karl Hrsg. *Zur Theorie und Taktik der Kommunistischen Bewegung*, Verlag Philipp Reclam jun, Leipzig.

Zetkin, Clara (1977a) Koch, Hans. Hrsg. *Kunst und Proletariat*, Diez Verlag, Berlin.

Zetkin, Clara (1977b) Harferkorn, Katja (Red.) *Für die Sowjetmacht*, Dielz Verlag, Berlin.

Zetkin, Clara (1978) *Zur Geschichte der Proletarischen Frauenbewegung Deutchlands*, Verlag Marxistische Blatter, Frankfurt am Main.

Zetkin, Clara (= Forner, Philip S, ed.transrated 1984) *Clara Zetkin, Selected Writings,* International Publischers, New York.

4　邦訳文献 (著者名50音順)

ア行

アディベコフ，ゲ・エム (1971＝梅田美代子訳 1973)『プロフィンテルン小史』大月書店，東京。

アラゴン，ルイ (1934＝稲田三吉訳 1988)『バーゼルの鐘』三友社出版，東京。

アレーシン，ミハイル (1990＝渡辺温子訳 2010)『世界初の女性大使―A.M.コロンタイの生涯』東洋書房，東京。

アンダースン，イーヴリン (1945＝大木貞一訳 1974)『ハンマーか鉄床か』東邦出版社，東京。

アントーノフ，ヴェ・エフ (1965=内村有三訳 1972)『ロシア革命の先駆者たち』大月書店，東京.

イトキナ，ア・エム (1970＝中山一郎訳 1971)『革命家・雄弁家・外交官―ロシア革命に生きたコロンタイ―』大月書店，東京。

ヴァイマー＆シェラー (1976＝平野監訳 1979)『ドイツ教育史―思想史的・社会史的考察』黎明書房，名古屋.

ヴォロビヨワ＆シネリニコワ (1967＝岩上淑子訳 1968)『マルクスの娘たち』大月書店，東京。

ウルメン, G.L (1978＝亀井兎夢監訳 1995)『評伝　ウィットフォーゲル』新評論，東京。

エーマー，ヨゼフ (2004＝若尾祐司，魚住明代訳 2008)『近代ドイツ人口史―人口学研究の傾向と基本問題』昭和堂，京都市。

カ行

カー，エドワード・ハレット（1961＝清水幾太郎訳 1969）『歴史とは何か』岩波書店，東京。
カー，エドワード・ハレット（1969＝南塚信吾訳 1969）『ロシア革命の考察』みすず書房，東京。
カ―，エドワード・ハレット（1979＝塩田伸明訳 2000）『ロシア革命　レーニンからスターリンへ　1917-1929』岩波書店，東京。
カウツキー，ルイーゼ編（不明＝川口浩・松井圭子訳 1983）『ローザ・ルクセンブルクの手紙―カールおよびルイーゼ・カウツキー宛―（1869-1918）』岩波書店，東京。
カプシチンスキ，リシャルド（1993＝工藤幸雄訳 1994）『帝国　ロシア・辺境への旅』新潮社，東京。
ガラクチノフ，アナトーリイ・アンドリアノヴィチ/フェドトーヴィチ・ニカンドロフ（不明＝小西善次訳 1969『ロシア・ナロードニキのイデオローグ』現代思潮社，東京。
クリフ，トニー（1959＝浜田泰三訳 1961）『ローザ・ルクセンブルク』現代新書12，現代思潮社，東京。
ゲイ，ペーター（1952＝長尾克子訳 1980）『ベルンシュタイン　民主的社会主義のディレンマ』木鐸社，東京。
ゲムコウ，ハインリヒ編（1967＝坂井信義訳 1969）『カール・マルクス　伝記』大月書店，東京。
コルヴィッツ，ケーテ（1989＝鈴木東民編訳 2003）『ケーテ・コルヴィッツの日記―種子を粉にひくな』アートダイジェスト，東京。
コミンテルン編（1922＝高屋定国・辻野功訳 1970）『極東勤労者大会　日本共産党の原点』合同出版，東京。
コロンタイ，A・エム（1923＝松尾四郎 1928）『赤い恋』世界社，東京。
コロンタイ，A・エム（不明＝大竹博吉訳 1930）『婦人労働革命―経済の進化における婦人の労働』内外出版，東京。

サ行

ジァーク，リュボーフィ他（1968＝佐藤節子編訳 1970）『ロシア革命の婦人たち』啓隆閣，東京。
ジィド，アンドレ（1936＝小松清訳 1937）『ソヴエト旅行記』岩波書店，東京。
ジィド，アンドレ（1937＝堀口大学訳 1938）『ソヴエト紀行修正』第一書房，東京。
シュルツ，ハンス・ユルゲン編（1982＝越智久美子編訳 1985）『女たちの肖像―世紀転換期をドイツの女性たちはどう生きたのか』泰流社，東京。
ジョル，ジェイムズ（1955, 1974＝池田清，祇園寺則夫訳 1976）『第二インター　1889-1914』木鐸社，東京。
ステプニャーク（ペンネーム）（1882＝佐野努訳 1970）『地下ロシア』三一書房，東京。
ズットナー，ベルタ・フォン（1889＝ズットナー研究会訳 2011）『武器を捨てよ！』上，下，新日本出版社，東京。
ソ連科学アカデミー編（1969＝高山林太郎訳 1969）『コミンテルン小史』刀江書院，東京。
ソ連邦共産党中央委員会付属マルクス・レーニン主義研究所（ソ連ML研と略す）（1969＝村田陽一訳1973）『コミンテルンの歴史』上，下，大月書店，東京。

タ行

チェルヌイシェフスキイ(1863=金子幸彦訳 1978)『何をなすべきか』上，下，岩波書店，東京。

ティフ，フェリクス(1996＝阪東宏訳 1996)「共産主義インターナショナルの創設に対するローザ・ルクセンブルクとレオ・ヨギヘスの立場」(阪東宏編著 1996『ホーランド史論集』三省堂：67-87)

ドイッチャー，アイザック(1949＝山路健訳 1952)『スターリン　政治的評伝　上巻』文芸春秋社，東京。

ドイッチャー，アイザック(1949＝山路健訳 1953)『スターリン　政治的評伝　下巻』文芸春秋社，東京。

トリアッティ(1959＝石堂清倫・谷沢道耶訳 1961)『コミンテルン史論』青本書店。

トルストイ，レフ・ニコラエヴィチ(1863＝中村白葉訳 1952)『コザック　カフカーズ物語』岩波書店，東京。

ドルネマン，ルィーゼ(1957＝武井武夫訳 1969)『解放運動の母，クララ・ツェトキンの生涯』新日本出版社，東京。

トロツキー，レフ(1930＝志田昇訳 2001)『わが生涯』下，岩波書店，東京。

トロツキー，レフ(1931＝山西英一訳 1972)『ロシア革命史(1)』角川書店，東京。

トロツキー，レフ(1936＝山西英一訳 1959)『裏切られた革命』論争社，東京。

トロツキー，レフ(1936＝藤井一行訳 1992)『裏切られた革命』岩波書店，東京。

ナ行

ネットル，J.P.(1966，1969＝諫山正，川崎賢，宮島直機，湯浅赳男，米川紀夫訳 1974)『ローザ・ルクセンブルク』上，河出書房新社，東京。

ネットル，J.P.(1966，1969＝諫山正，川崎賢，宮島直機，湯浅赳男，米川紀生(ママ)訳 1975)『ローザ・ルクセンブルク』下，河出書房新社，東京。

ハ行

バーフ，イ・ア/ゴリマン・エリ・イ/ウェ・イ・クニナ編(1964＝刀江書院編集部訳 1967)『第一インタナショナル史—1864-70年』第一部第一巻，刀江書院，東京。

ハフナー，セバスティアン(1987＝山田義顕訳 1989)『ドイツ帝国の興亡—ビスマルクからヒトラーへ』平凡社，東京。

バラバーノフ，アンジェリカ(1938＝久保英雄邦訳 1970)『わが反逆の生涯　インターナショナルの死と再生』風媒社現代史選書，名古屋市。

バロン，サミュエル.H.(1963＝白石治朗，加藤史朗，阪本秀昭，坂本博訳 1978)『プレハーノフ，ロシア・マルクス主義の父』恒文社，東京。

ビーアド，チャールズ/メアリ/ウイリアム(1944,1960＝松本重治，岸村金次郎，本間長世訳 1964)『新版アメリカ合衆国史』岩波書店，東京。

ヒングリー，ドナルド(1967＝向田博訳 1972)『ニヒリスト　ロシア虚無青年の顛末』みすず書房，東京。

ブラゴエワ，ステラ(1961＝草野悟一訳 1970)『ブルガリア人民の星　ゲオルギ・ディミトロフ』恒文社，東京。

フレーリヒ，パウル(1948＝伊藤成彦訳 1991)『ローザ・ルクセンブルク－その思想と生涯』

御茶の水書房，東京。
フレーフェルト，ウーテ（1986=若尾祐司，原田一美，姫岡とし子，山本秀行，坪郷實 訳 1990）『ドイツ女性の社会史　200年の歩み』晃洋書房，京都。
ブレネケ，ベルト（1958＝野村修編 1972：46-49）「シュツットガルト，11月7日」。
プレハーノフ，ゲオルギー・ヴァレンチノヴィチ（1898＝木原正雄訳 1958）『歴史における個人の役割』岩波書店．東京。
フレヒトハイム，オシップ・K.（1948＝足利末男訳 1971）『ヴァイマル共和国時代のドイツ共産党』東邦出版社，東京。
ブレンターノ，ルーヨ（不明＝石坂昭雄/加来祥男/太田和宏2007）『わが生涯とドイツの社会改革―1844-1931―』ミネルヴァ書房，東京。
ベーベル，アウグスト（1910＝伊東勉，土屋保男訳 1958）『ベーベル婦人論上下』大月書店，東京
ベラート，シャルロッテ編（1973＝渡辺文太郎訳 1977）『獄中のローザ，マティールデ・ヤーコブへの手紙』新泉社，東京。
ベラミー，エドワード（1888＝本間長世，中里明彦訳 1975）『エドワード・ベラミー　かえりみれば―2000年より1887年，ナショナリズムについて』研究社，東京。
ポリット，ハリー編（不明＝土屋保男訳 1954）『マルクス　エンゲルス　レーニン　スターリン婦人論』大月書店，東京。
ボルケナウ，フランツ（1939＝鈴木隆，佐野健治訳 1968）『世界共産党史』合同出版，東京。

マ行

マイネッケ，フリードリヒ（1946=矢田俊隆訳 1974）『ドイツの悲劇』中央公論社，東京。
マクダーマット，ケヴィン＆ジェレミ・アグニュー（1996＝萩原直訳 1998）『レーニンからスターリンへ　コミンテルン史』大月書店，東京。
マールイー，イ・ゲ（1967＝是永純弘監訳 1980）『双書マルクス主義と統計　1, 2』大月書店，東京。
ミッシェル，ルイーズ（1898＝天羽均，西川長夫訳 1971）『パリ・コミューン　上　一女性革命家の手記　上　』人文書店，東京。
メーリング,フランツ（1960＝足利末男，平井俊雄，林功三，野村修訳 1968-1969）『ドイツ社会民主党史』上，下，ミネルヴァ書房，京都。
メーリング，フランツ（1933＝栗原佑訳 1953）『カール・マルクス―その生涯の歴史』第二巻，大月書店，東京。
メリニチェンコ，ヴラジミール・エフィーモヴィチ（2002＝村山敦子監訳 2005）『レーニンが愛した女　イネッサ・アルマンド』新読書社，東京。
モムゼン，ハンス（1989＝関口宏道訳 2001）『ヴァイマール共和国史―民主主義の崩壊とナチスの台頭』水声社，東京。

ラ行

ラボー，ジャン（1978＝加藤康子訳 1987）『フェミニズムの歴史』新評論，東京。
ラッサール，フェルディナント（1861, 1862＝猪木正道訳 1953）『学問と労働者　公開答状』創元社，東京。

リー，R／ナウモフ，O/フレヴニュク，O（1995=岡田良之助・萩原直訳 1996）『スターリン，モロトフあて・1925年－1936年　極秘書簡』大月書店，東京.
リャザノフ，レーニン著（不明＝新城信一郎訳1927）『マルクス主義と婦人問題』共生閣，東京。
ルイコフスキ，イェジ＆ザヴァツキ，フベルト（2001=河野肇訳 2007）『ケンブリッジ版世界各国史　ポーランドの歴史』創土社，東京。
ルカーチ，ジェルジ（1923＝平井敏彦訳 1965）「ローザ・ルクセンブルク『ロシア革命批判』に関する批判的注解」『ローザとマルクス主義』ミネルヴァ書房，京都。
ルクセンブルク，ローザ（1893-94＝小林勝編集責任2012）「資本主義的搾取と労働者保護立法」『ローザ・ルクセンブルク全集』I，御茶の水書房，東京。
ルクセンブルク，ローザ（1898＝肥前栄一訳1970）『ポーランドの産業的発展』未来社，東京。
ルクセンブルク，ローザ（1898＝スキルムント，バーバラ，小林勝訳 2011）『ポーランドの産業的発展』御茶の水書房，東京。
ルクセンブルク，ローザ（1908-9＝加藤一夫，川名隆史訳 1984）『民族問題と自治』論争社，東京。
ルクセンブルク，ローザ（1918＝救仁郷繁訳 1962）「ロシア文学論－コロレンコ『わが同時代人の歴史』の自訳ドイツ語版への序文－」，田窪清秀，高原宏平，野村修，救仁郷繁，清水幾太郎訳（1962）『ローザ・ルクセンブルク選集』4，現代思想社，189-225。
ルクセンブルク，ローザ（北郷隆五編訳，大内兵衛解説1952）『ローザ・ルクセンブルクの手紙―ゾフィー・リープクネヒトへ―』青木書店，東京.
ルクセンブルク，ローザ（ティフ，フェリクス編1968－71＝伊藤成彦・米川和夫・坂東宏邦訳 1976-77）『ヨギヘスへの手紙』全4巻，河出書房新社，東京。
ルクセンブルク，ローザ（ベラート，シャルロッテ編1973＝渡辺文太郎訳 1977）『獄中のローザ』新泉社，東京。
ルクセンブルク，ローザ（秋元寿恵夫編訳 1982）『獄中からの手紙』岩波書店，東京。
ルクセンブルク，ローザ（伊藤成彦・丸山敬一編訳 1985）『ロシア革命論』論創社，東京。
ルクセンブルク，ローザ（伊藤成彦編訳 1991）『友への手紙』論創社，東京。
ルバノフ S. A.＝（不明＝伊集院俊隆訳 1990）『クループスカヤの場合―ペレストロイカの光に照らして』新読書社，東京。
レーニン，ツェトキン（水野正次編訳 1927）『婦人に與ふ―レーニンは労働婦人になんと呼びかけたか―』共生閣，東京。
ローゼンベルク，アルトゥール（1928＝足利末男訳 1969）『ヴァイマル共和国成立史』みすず書房，東京。
ローゼンベルク，アルトゥール（1935＝吉田輝夫訳 1964）『ヴァイマル共和国史』思想社，東京。

5　和文引用文献（著者名50音順）（松原＝伊藤セツ　クラーラ・ツェトキーン関連文献は後に別掲）

あ行

相原重政（1901）「独逸帝国職業及営業調査ニツイテ」『統計集誌』東京統計協会，No.231,

256-271,「独逸帝国営業調査編纂表式」『統計集誌』東京統計協会, No. 234, 412-415,「1895年独逸帝国職業及営業調査職業分類（前号の続き）」『統計集誌』東京統計協会, No. 235, 448-454。
秋山洋子（1998）「『赤い恋』の衝撃」『文学史を読みかえる② 〈大衆〉の登場―ヒーローと読者の20～30年代』インパクト出版会, 東京。
浅岡康子（2006）『あるドイツ市民都市の肖像　ライプツィヒ』鳥影社・ロコズ企画, 諏訪市。
阿部謹也（1998）『物語　ドイツの歴史　ドイツ的とは何か』中央公論社, 東京。
荒畑寒村（1961）『寒村自伝』論争社, 東京。
有澤廣巳（1994）『ワイマール共和国物語』上, 下, 東京大学出版会, 東京。
有賀夏紀, 小檜山ルイ編（2010）『アメリカ・ジェンダー史研究入門』青木書店, 東京。
五十嵐顕編訳（1964）『クララ・ツェトキン　民主教育論』明治図書, 東京。
石垣綾子, 坂西志保（1957）『世界女性解放史』中央公論社, 東京。
石川捷治（1979）「コミンテルン初期のファシズム認識：ドイツ共産党の分析と関連を中心に」『九州大学情報リポジトリ　法政研究』Vol.45, No.1:35-77。
石田勇治編（2007）『図説　ドイツの歴史』河出書房新社, 東京。
一條和生（1990）『ドイツ社会政策思想と家内労働問題』御茶の水書房, 東京.
市田せつ子（1990）「世紀末の女性―アイデンティティ模索の軌跡」『九州工業大学情報工学部紀要　第3号　人文・社会科学編』17-52.
伊藤定良（2002）『ドイツの長い19世紀　ドイツ人・ポーランド人・ユダヤ人』青木書店, 東京。
伊藤セツ（1985）『現代婦人論入門』白石書店, 東京。
伊藤セツ（1990）『有斐閣　経済学叢書 15 家庭経済学』有斐閣, 東京。
伊藤セツ（1993）『両性の新しい秩序の世紀へ―女性・家族・開発―』白石書店, 東京。
伊藤セツ（2008）『生活・女性問題をとらえる視点』法律文化社, 京都。
伊藤成彦（1985）「ローザ・ルクセンブルクとロシア革命」伊藤成彦・丸山敬一訳（1985）『ロシア革命論　ローザ・ルクセンブルク』論争社, 東京。
伊藤成彦（1991）『ローザ・ルクセンブルクの世界』社会評論社, 東京。
伊藤成彦（2009）『ローザ・ルクセンブルク思想案内』社会評論社, 東京。
伊藤成彦・丸山敬一編訳（1985）『ロシア革命論　ローザ・ルクセンブルク』論争社, 東京。
糸川紘一（2007）「トルストイとコーカサス」『ユーラシア研究』No.37：53-55.
稲子恒夫（1981）『ロシア革命』教育社, 東京。
犬丸義一（1980）「ベーベル『婦人論』刊行百年によせて―日本への翻訳ノート」『歴史評論』No.357,（1980.1）。
井上正蔵（1952）『ハインリヒ・ハイネ―愛と革命の詩人』岩波書店, 東京。
井上正蔵（1966）『ハイネ詩集』白鳳社, 東京。
井上正蔵（1967）『ハイネ序説』未来社, 東京。
井上洋子, 古賀邦子, 富永桂子, 星乃治彦, 松田昌子（2006）『ジェンダーの西洋史　改訂版』法律文化社, 京都。
猪木正道（1953）「解説」ラッサール, 猪木正道訳『学問と労働者, 公開答状』創元社, 東京, 114-160。
上杉重二郎（1969）『ドイツ革命運動史』上・下, 青木書店, 東京。

上杉重二郎（1973）「時代区分に関するエセー―1921年3月行動について―」『北海道大学教育学部紀要』No.22：13-18。
上杉重二郎（1976）「ドイツにおける1921年3月行動の諸問題」『北海道大学教育学部紀要』No.26：1-11。
上杉重二郎（1977a）「中部ドイツにおける1921年3月行動にかんする調査委員会記録の分析」『北海道大学教育学部紀要』No.28：103-128。
上杉重二郎（1977b）「労働者政府序論：1918/1919年ドイツにおける」『北海道大学教育学部紀要』No.29：1-7。
上杉重二郎（1977c）「1921年夏におけるクララ・ツェトキンとレーニン」『北海道大学教育学部紀要』No.30：91-100。
上杉重二郎（1978）「1921年3月行動におけるドイツ共産党の戦術に対する批判および反批判」『北海道大学教育学部紀要』No.31：1-40。
上杉正一郎（1951）『マルクス主義と統計』青木書店，東京。
上野和子（2003）「革新主義時代のアメリカ女性参政権運動」『英米文化』No. 33：89-103.
上野千鶴子（1998）『ナショナリズムとジェンダー』青土社，東京。
上村千賀子（1991）『占領政策と婦人教育―女性情報担当官E.ウィードがめざしていたものと軌跡―』（財）日本女子社会教育会。
上村千賀子（2007）『女性解放をめぐる占領政策』勁草書房，東京。
上村千賀子（2010）「メアリ・ビアド－歴史における力としての女性」有賀他編（2010：239-244）
江上輝彦（1972）『ある革命家の華麗な生涯―フェルディナント・ラッサール』社会思想社，東京。
エルツおもちゃ博物館・軽井沢　桜庭彰子編（2010）『木工おもちゃのミニチュア展―森から生まれた小さな芸術品たち』エルツおもちゃ博物館，軽井沢。
大河内一男（1936）『独逸社会政策思想史』日本評論社，東京。
大崎功雄（1970）「クララ・ツェトキンの家庭教育論の人格論的一考察」『教育史学会紀要13集』講談社，東京。
大谷喜代子（1999）「エセル・スマイス―イギリスのオペラに新風を送った強者」小林緑編著『女性作曲家列伝』平凡社：171-186。
大塚金之助（1969）『ある社会科学者の遍歴』岩波書店，東京。
岡崎一（1991）「ジョセフィン・コンガー『夫の経済的倚頼』」『初期社会主義研究』No.5：108-113。
岡崎文規（1935）『国勢調査論』東洋出版社，東京。
大辻千恵子（1980）「アメリカ社会党と婦人参政権運動―全国婦人委員会（1908-1915）を中心として―」『国際関係研究』別冊II津田塾大学：33-49。
大橋秀子（2000）「金子喜一とジョセフイン・コンガーアメリカ『社会主義フェミニズム』の萌芽」『初期社会主義研究』No.13：153-164。
大橋秀子（2001）「シカゴにおける金子喜一―人種的偏見と闘った『シカゴ・ディリー・ソーシアリスト』時代」『初期社会主義研究』No.14：75-92。
大橋秀子（2002）「ジョセフイン・コンガ―・カネコと社会主義フェミニズム―The Socialist Women を通して見る20世紀初頭のアメリカ女性参政権運動―」『ジェンダー研究』

No.5, 2002.12.
大橋秀子（2011）『金子喜一とジョセフィン・コンガー――社会主義フェミニズムの先駆的試み』岩波書店，東京。
大橋秀子（2012）「ジョセフィン・コンガーをアメリカに追う（その一）―『リニアス・ブラティン』に掲載されたコンガーの死亡記事を中心に」『初期社会主義研究』No. 24：138-151。
大村泉／窪俊一／フォミチョフ，V／編（2005）『ポートレートで読むマルクス――写真帖と告白帖にみるカール・マルクスとその家族』極東書店，東京。
大村泉／窪俊一／ヘッカー，R／フォミチョフ，V（2011）『わが父カール・マルクス』極東書店，東京。

か行

掛川典子（2002）「女性と戦争――ハーグとベルン1915年」『昭和女子大学女性文化研究所ニューズレター』No.39, 2002：2-3
掛川典子（2004）「市民的女性運動とベーベルの関わり―21世紀の視点から読み解く―」昭和女子大学女性文化研究所編『ベーベルの女性論再考』：197-250。
片山潜（1954）『自伝』岩波書店，東京。
加藤哲郎（2008）『ワイマール期ベルリンの日本人　洋行知識人の反帝ネットワーク』岩波書店，東京。
上条勇（2011）『ルドルフ・ヒルファディング――帝国主義論から現代資本主義論へ』御茶の水書房，東京。
金子幸代（1986）「都市空間としてのライプツィヒ」『鴎外』No.38。
金子幸代（1992）『鴎外と＜女性＞――森鴎外論究―』大東出版社，東京。
金子幸彦（1961）『ロシヤ文学入門』岩波書店，東京。
金子幸彦，細谷新治，石川郁男，今井義夫編著（1981）『ロシア解放思想の先駆者　チェルヌイシェフスキーの生涯と思想』社会思想社，東京。
神品芳夫（1977）「15．1890年－1909年　ヴイルヘルム時代／世紀の転換期／ユーゲント様式」，藤本淳雄，岩村行雄，神品芳夫，高辻知義，石井不二雄，吉島茂（1977）『ドイツ文学史』東京大学出版会，所収。
香山陽坪（1955）「カフカーズ」岩間徹編『世界各国史4　ロシア史』山川出版社，東京。
川越修（1990）「19世紀ドイツにおける女性論」（川越他編著　1990：19-57）。
川越修，姫岡とし子，原田一美，若原憲和編著（1990）『近代を生きる女性たち――19世紀ドイツ社会史を読む』未来社。
川越修，辻英史編著（2008）『社会国家を生きる　20世紀ドイツにおける国家・共同性・個人』法政大学出版局，東京。
菊池昌典（1967）『ロシア革命』中央公論社，東京。
清眞人，高坂純子（2005）『ケーテ・コルヴィッツ――死，愛，共苦』御茶の水書房。
北川誠一，前田弘毅，廣瀬陽子，吉村貴之編著（2006）『コーカサスを知るための60章』明石書店，東京。
倉田稔（1975）「ベーベルのはじめの婦人論（1）」『人文研究』（小樽商大）No. 49。
倉田稔（1979a）「ベーベルのはじめの婦人論（2）」『人文研究』（小樽商大）No. 58。

倉田稔（1979b）「ベーベルと婦人の解放」『季刊　女子教育もんだい』秋号。
倉田稔（1989）『ベーベルと婦人論』成文社，東京。
栗原浩英（2005）『コミンテルン・システムとインドシナ共産党』東京大学出版会，東京。
黒田多美子（2001）「女性の教育と社会進出—中産階級の娘たちの教育界への進出」河合節子・野口薫・山下公子編『ドイツ女性の歩み』三修社，東京。
小林勝（2008）『ドイツ社会民主党の社会化論』御茶の水書房，東京。
小林緑（2010）「国際女性デーと女性作曲家」『婦人通信』No.620：14-15。
小松久男（2007）「ロシア革命とイスラーム：中央アジアを中心に」『ユーラシア研究』No.37：15-20。
近藤栄蔵（1928）「クララ・ツェトキン」『文芸戦線』第5巻第3号。

さ行

斎藤哲（1979）「コミンテルン第3回大会とドイツ共産党」『明治大学学術成果リポジトリ政経論叢』Vol.47, No5-6：179-217。
斎藤治子（2011）『令嬢たちのロシア革命』岩波書店，東京。
佐々木照央（2001）『ラヴローフのナロードニキ主義歴史哲学—虚無を越えて』彩流社，東京。
笹本駿二（1988）『スイスを愛した人びと』岩波書店，東京。
佐藤清（2010）「19世紀フランス社会主義思想とプルードン—自由対権威の位相—」佐藤清編著『フランス—経済・社会・文化の諸相』中央大学出版部，東京：1-36。
篠塚敏生（2008）『ヴァイマル共和国初期のドイツ共産党—中部ドイツでの1921年「3月行動」の研究』多賀出版，東京。
篠原一（1956）『ドイツ革命史序説』岩波書店，東京。
島崎晴哉（1963）『ドイツ労働運動史』青木書店，東京。
島崎晴哉（1985）「書評『クララ・ツェトキンの婦人解放論』」社会政策学会『社会政策年報第29集　先進国における労働運動』御茶の水書房，東京。
志真斗美恵（2006）『ケーテ・コルヴィッツの肖像』DWELL績文堂出版，東京。
昭和女子大学女性文化研究所編（2004）『ベーベルの女性論再考』御茶の水書房，東京。
下山房雄（1992）「フランスあることないこと－女性解放運動と労働組合主義」『女性労働問題研究』No.22：27-35.
初宿正典，辻村みよ子編（2010）『新解説世界憲法集』第二版（初版は2006），三省堂，東京。
白井厚（1979）「私にとってのベーベル—『女性と社会主義』刊行百年に際して」『女子教育もんだい』秋号（白井厚，尭子『女性解放論集』慶応通信1982に収録）。
杉山秀子（1994）『もうひとつの革命—アレクサンドラ・コロンタイ〈その事業〉』学陽出版，東京。
杉山秀子（2001）『コロンタイと日本』新樹社，東京。
須藤温子（2002）「ルイーゼ・オットー＝ペータースの『シスターフッド』」ソシオロゴス編集委員会『ソシオロゴス』2002年：143。
住沢とし子（1983）「ドイツ婦人労働者の政治的・社会的動向—第一次世界大戦からドイツ革命期にかけて—」『歴史評論』No.395（1983.3：36-57, 76）
住沢とし子（1985）「女性労働者の日常生活史—第二帝政期・ドイツ」『現代史研究』32, 1985.8。

住沢とし子(1986)「高度工業化の過程における女性労働—ドイツ第2帝政期を中心に—」『寧楽史苑』(奈良女子大学史学会)No.31, 32-56。
千田是也(1928)「ケエテ・コルヴッツ　Kaethe Kollwitz」『中央美術』No.146：16-51。

た行

高木八尺, 末延三次, 宮沢俊義編(1957)『人権宣言集』岩波書店, 東京。
高村宏(1989)『エルンスト・テールマン伝—反ファシズム革命家の肖像』創樹社, 東京。
高野岩三郎(1903)「1895年に於ける独逸帝国職業及営業調査報告書」『統計集誌』No. 263：66-69, No. 264：116-124, No. 265：150-157。
高野岩三郎(1915)「1895年ニ行ハレタル独逸帝国職業及営業調査」『統計学研究』大倉書店, 東京：394-454。
高野岩三郎(1916)「1907年独逸帝国職業及営業調査に就いて」『統計集誌』No. 424：295-303。
田崎聖子(2007)「Theodor Gottlieb von Hippel研究のための一次資料の閲覧·比較および収集」『「対話と深化」の次世代女性リーダーの育成：『魅力ある大学院教育』イニシアティブ, 平成18年度活動報告書：海外研修事業：48-51』お茶の水女子大学。
田村雲供(1998)『近代ドイツ女性史　市民社会・女性・ナショナリズム』阿吽社, 京都.
田村雲供／生田あい編(1994)『女たちのローザ・ルクセンブルク—フェミニズムと社会主義』社会評論社, 東京.
田村栄子(2005)「第8章　新生ワイマル共和国の実験と苦悩」若尾祐司, 井上茂子編著(2005：191-215)。
田村栄子(2009)「『いま』ヴァイマル時代のドイツ共産党を考える」『季論21』No.5：176-187。
垂水節子(2002)『ドイツ・ラディカリズムの諸潮流—革命期の民衆　1916～21年』ミネルヴァ書房, 京都.
垂水節子(2005)「第5章　20世紀初頭ドイツの労働者文化とジェンダー」若尾他編(2005：128-150)。
垂水節子(2006)「ドイツの〔神話化〕されたストライキ—1903／04年クリムミチャウ繊維業の女性労働者への関心—」『愛知県立大学紀要(地域研究, 国際学編)』：227-243。
垂水節子(2012)「歴史研究におけるジェンダー視点——20世紀初頭ザクセンの繊維労働者のストライキを中心に——『現代史研究』No. 58：49-64。
土屋保男(1979)「ベーベル『婦人論』のすすめ」『婦人通信』1979.3。
都築忠七(1984)『エリノア・マルクス　1855－1898　ある社会主義者の悲劇』みすず書房, 東京。(Tsuzuki, Chushichi, *The Life of Eleanor Marx 1855-1898 A Socialist Tragedy*, Clarendon Press, Oxford. 1967がオリジナル)。
手塚富雄(1963)『ドイツ文学案内』岩波書店, 東京。
寺崎あき子(1994)「女(わたし)の目で読みとくローザ・ルクセンブルク　性・民族・階級を考える手がかりとして」田村他編(1994：19-42)。
富永幸生(1978)「革命とファシズム(1921-1924)」富永他編(1978：1-58)。
富永幸生, 鹿毛達雄, 下村由一, 西川正雄(1978)『ファシズムとコミンテルン』東京大学出版会, 東京。
富樫耕介(2012)『コーカサス　戦争と平和の狭間にある地域』東洋書店, 東京。

な行

中野智世（2008）「『家族の強化』とソーシャルワーク　マリー・バウムの『家族保険』構想から」川越修他編（2008：204-239）。

長野ひろ子，松本悠子編（2009）『ジェンダー史叢書第6巻　経済と消費社会』明石書店，東京。

仲正昌樹編（2001）『ヨーロッパ・ジェンダー研究の現在－ドイツ統一後のパラダイム転換』御茶の水書房，東京。

長屋政勝（1992）『ドイツ社会統計方法論史研究』梓出版社，松戸市。

長屋征勝（1993）「社会統計的認識の胎動―ドイツ社会統計思想形成の一断面―」『経済論叢』（京都大学）Vol.151，No.1.2.3。

長屋政勝（2006）『ドイツ社会統計形成史研究―19世紀ドイツ営業統計の展開を中心にして―』京都大学大学院人間・環境学研究科社会統計学研究室，京都。

中林賢二郎（1976）『統一戦線史序説 1914－1923』大月書店，東京。

西川正雄（1980）「『婦人論』とアウグスト・ベーベル―発刊（1879）百周年に寄せて―」『歴史評論』No.395（1980.3）。

西川正雄（1985）『初期社会主義運動と万国社会党　点と線に関する覚書』未来社，東京。

西川正雄（1989）『第一次世界大戦と社会主義者たち』岩波書店，東京。

西川正雄（2005）「ローザ・ルクセンブルク記念碑論争」若尾他編著（2005：188-190）。

西川正雄（2007）『社会主義インターナショナルの群像　1914-1923』岩波書店，東京。

二村一夫（2008）『労働は神聖なり，結合は勢力なり―高野房太郎とその時代―』岩波書店，東京。

日本共産党中央委員会出版局（1967）『日本共産党の45年』日本共産党中央委員会機関紙経営局，東京。

日本共産党中央委員会出版局（1972）『日本共産党の50年』日本共産党中央委員会機関紙経営局，東京。

日本共産党中央委員会（1982）『日本共産党の60年』日本共産党中央委員会出版局，東京。

日本共産党中央委員会（2003）『日本共産党の80年　1922-2002』日本共産党中央委員会出版局，東京。

日本婦人団体連合会（1963）『国際婦人デーの歴史』同会発行パンフレット。

野村修編（1972）『ドキュメント現代史2　ドイツ革命』平凡社，東京。

野呂栄太郎（1933）「同志クララ・ツェトキンへの弔辞」『野呂栄太郎全集　下』新日本出版社，東京，1994。

は行

服部英太郎（1967）『ドイツ社会政策論史』（上，下）服部栄太郎著作集，第1巻，第2巻未来社。

服部栄太郎（1974）『ドイツ社会運動史』服部栄太郎著作集，第7巻，未来社。

服部伸（2005）「『世界強国』への道」若尾他，井上編著（2005：139-160）。

林健太郎（1963）『ワイマル共和国』中央公論社。

原葉子（2008）「誰が年金をもらうべきか――　遺族保険（1911）導入時の議論にみるジェンダー・世代・階層」，川越他編（2008：103-136）。

阪東宏編著（1996）『ポーランド史論集』三省堂，東京。

姫岡とし子（1990）「19世紀前半の女たち」，川越他編（1990：64-124）。
姫岡とし子（2004）『ジェンダー化する社会－労働とアイデンティティの日独比較史』岩波書店。
姫岡とし子（2005）「啓蒙の世紀」，若尾他編（2005：28-52）。
姫岡とし子（2009）「ドイツにおける労働者のジェンダー化－労働運動の営為を中心に」，長野他編（2009：107-122）。
姫岡とし子，川越修編（2009）『ドイツ近現代ジェンダー史入門』青木書店，東京。
平井潔（1956）『レーニン青年・婦人論』青木書店，1956。
平井正（1980）『ベルリン　1918-1922　悲劇と幻影の時代』せりか書房，東京。
平井正（1981）『ベルリン　1923-1927　虚栄と倦怠の時代』せりか書房，東京。
平井正（1982）『ベルリン　1928-1933　破局と転換の時代』せりか書房，東京。
広瀬陽子（2008）『コーカサス　国際関係の十字路』集英社，東京。
法政大学大原社会問題研究所編（1995）『新版社会労働運動大年表』労働旬報社，東京。
星乃治彦（2009）『赤いゲッペルス-ミュンツェンベルクとその時代』岩波書店，東京。

ま行

松岡利道(1988)『ローザ・ルクセンブルク　方法・資本主義・戦争』新評論，東京。
松尾章一（1983）「金子喜一とジョセフィン・コンガーをアメリカに追って」『歴史評論』No.395：77-92。
松戸清裕（2011）『ソ連史』筑摩書房，東京。
松原セツ訳著（1969）『クララ・ツェトキンの婦人論』啓隆閣，東京。
松村高夫（2004）「『階級』概念は時代遅れか？――イギリス社会史におけるポスト・モダニズムとその批判的検討――」『法学研究』Vol.77, No.1：259-281。
松村高夫（2007a）「歴史認識論と『歴史認識問題』」松村他編著（2007a：33-69）。
松村高夫（2007b）「大量虐殺の20世紀」松村他編（2007b：1-24）。
松村高夫，矢野久編著（2007a）『裁判と歴史学　731細菌戦部隊を法廷からみる』現代書館，東京。
松村高夫，矢野久編著（2007b）『大量虐殺の社会史』ミネルヴァ書房，東京。
丸畠宏太（2005）「第3章　国民国家の黎明」若尾他編著（2005：58-80）。
三井礼子（1963）『現代婦人運動史年表』三一書房，東京。
水田珠枝（1985）「書評　『クララ・ツェトキンの婦人解放論』」『社会思想史研究』No.9：185-193。
水戸部由枝（2005）「ドイツ社会民主党と性倫理―1913年，『出産ストライキ』論争を中心に」『西洋史学』2005，3：50-57。
三宅立（2005）「第一次世界大戦とドイツ社会」，若尾他編著（2005：166-187）。
宮本百合子（1931）「ソヴェト紀行」新日本出版社版『宮本百合子全集』9（1980）所収．新日本出版社，東京。
村瀬興雄（1954，1962増補5版）『ドイツ現代史』東京大学出版会，東京。
村田陽一編訳（1978）『コミンテルン資料集』第1巻，大月書店，東京。
村田陽一編訳（1979）『コミンテルン資料集』第2巻，大月書店，東京。
村田陽一編訳（1980）『コミンテルン資料集』第3巻，大月書店，東京。

村田陽一編訳（1981）『コミンテルン資料集』第4巻，大月書店，東京。
村田陽一編訳（1982）『コミンテルン資料集』第5巻，大月書店，東京。
村田陽一編訳（1983）『コミンテルン資料集』第6巻，大月書店，東京。
村田陽一編訳（1985）『コミンテルン資料集』別巻，大月書店，東京。
森鴎外（1996）『森鴎外全集　13　独逸日記/小倉日記』筑摩書房，東京。
守田有秋（1924）「一人の老婆」『解放』Vol.4, No.1：80-82。
森戸辰男（1916）「職業及営業調査に現はれたる独逸の有業女子」『統計集誌』422号：13-21。

や行

山川菊栄（1919）「最近の世界婦人運動」『解放』1919年2月号：20-23。
山川菊栄（1921）「革命渦中の婦人」『改造』1921年1月号：61-62。
山川菊栄（1923）「露独革命と婦人の解放（クララ・ツェトキン）—解説」『種蒔く人』Vol.4, Nr.17 : 172。
山川菊栄（1949）「4月10日を『婦人の日』に」『前進』4月『山川菊栄集』第7巻:101，岩波書店，東京。
山川菊栄（1979）『日本婦人運動小史』大和書房，東京。
矢野久（1992）「書評　川越他編著『近代を生きる女たち—19世紀ドイツ社会史を読む—』『三田学会雑誌』」Vol.84, No.4 : 323-326。
矢野久，ファウスト，アンゼルム編（2001）『ドイツ社会史』有斐閣，東京。
山田徹（1997）『ヴァイマール共和国初期のドイツ共産党』御茶の水書房，東京。
山田照子（2003）「ルイーゼ・オットー＝ペータースとドイツカトリック運動—ドイツ三月前期・革命期の市民女性運動—」『立命館国際関係論集』第3号。
山田照子（2005）「ドイツ三月前期・革命期のルイーゼ・オットー＝ペータース——『城と工場』『女性新聞』を中心に——」『立命館国際研究』18巻2号（2005年度）。
山田照子（2006）「ルイーゼ・オットー＝ペータース　思想と行動の軌跡—19世紀ドイツ市民女性運動—」立命館大学学位論文。
弓削尚子（2009）「『啓蒙の世紀』以降のジェンダーと知」，姫岡他編（2009: 2-22）。
米田佳樹（1980）「クララ・ツェトキン考－その家庭教育観の変遷をめぐって」『研究紀要』No.26（四国大学・同短期大学）。

ら行

良知力（1978）『向こう岸からの世界史一つの48年革命史論』未来社，東京。
良知力（1986）『女が銃をとるまで—若きマルクスとその時代』日本エディタースクール出版部，東京。
歴史学研究会編（1994，1997年）『世界史年表』岩波書店，東京。
歴史学研究会編（2001）『日本史年表　第四版』岩波書店，東京。

わ行

若尾祐司（1996）『近代ドイツの結婚と家族』名古屋大学出版会，名古屋。
若尾祐司（2005）「第2章　三月革命期ドイツの女性運動」，若尾他編（2005：41-71）。
若尾祐司，井上茂子編著（2005）『近代ドイツの歴史—18世紀から現代まで—』ミネルヴァ書房，京都。
若尾祐司，栖原弥生，垂水節子編（2005）『革命と性文化』山川出版社，東京。
若桑みどり（2005）『戦争とジェンダー』大月書店，東京。
和田春樹（1963）「6人のナロードニキ」，『ソビエト科学アカデミー版　世界史　月報』No.17, 1963.5，東京図書株式会社。
和田春樹（1973）『ニコライ・ラッセル　国境を越えるナロードニキ』上．下，中央公論社，東京。

6　著者（松原→伊藤）クラーラ・ツェトキーン既発表関連文献（発表年順）

松原セツ（1964a）「クララ・ツェトキン研究序説―その生涯とプロレタリア婦人運動」，『北大経済学』No.5：49-91。
松原セツ（1964b）「クララ・ツェトキン研究序説　その2―クララ・ツェトキンはドイツプロレタリア婦人運動史をいかに論評したか」，『北大経済学』No.6：133-176。
松原セツ（1965a）「研究ノート：第2インターナショナル期のクララ・ツェトキンの婦人論」，『北大経済学』No.8：115-152。
松原セツ（1965b）修士論文「第2インターナショナル期のクララ・ツェトキンの婦人解放論」北海道大学大学院経済学研究科に提出，未印刷。
松原セツ（1966）「研究ノート：C.ツェトキンの国際プロレタリア婦人運動指導方針（1920）について」『北大経済学』No.9：56-84。
伊藤セツ（1967）「初期コミンテルンの婦人運動方針とクララ・ツェトキンの役割」，『北大経済学』No.11：1-30。
伊藤セツ（1968）博士予備論文「コミンテルン期のクララ・ツェトキンの婦人解放論」北海道大学大学院経済学研究科に提出，未印刷。
松原セツ（1969a）「クララ・ツェトキンの婦人運動論」，村上益子編『婦人論のイデオロギー』啓隆閣，東京：260-278。
松原セツ編訳（1969b）『クララ・ツェトキンの婦人論』啓隆閣，東京。（再掲）
伊藤セツ（1971）「ドイツ社会民主党の発展過程における婦人問題にかんする理論と政策の展開」，『北星学園女子短期大学紀要』No.17：37-66。
伊藤セツ（1973）「ドイツ社会民主党の婦人政策（1889-1913）」吉武清彦編『社会政策学の現代的課題』，北海道大学図書刊行会，札幌市：74-107。
伊藤セツ（1979）「C.Zetkinの婦人論の今日的意義」『立川短大紀要』Vol.12：43-53。
伊藤セツ（1980）「国際・戦前編―プロレタリア婦人運動連帯の歴史を追って―」川口和子，小山伊基子，伊藤セツ（1980）『国際婦人デーの歴史』校倉書房，東京：9-185。
伊藤セツ（1981）「C.Zetkinの婦人解放理論の出発点」『立川短大紀要』Vol.14：1-11。
伊藤セツ（1982a）「ドイツ民主共和国『婦人解放のための労働者階級の闘争史共同研究チーム』の活動」，『婦人労働問題研究』No.1（『賃金と社会保障』No.833, 1982.1月上旬号）：66-62。
伊藤セツ（1982b）「山川菊栄とコミンテルンの婦人政策」，『婦人労働問題研究』No.2（『賃金と社会保障』No.851, 1982.10上旬号）：47-55。
伊藤セツ（1983）「M. J. Buhle著『婦人とアメリカ社会主義』」，『婦人労働問題研究』No.3（『賃金と社会保障』No.861, 1983.3上旬号）：55-57。

伊藤セツ(1984a)『クララ・ツェトキンの婦人解放論』有斐閣，東京。(博士論文)
伊藤セツ(1984b)「自著を語る　伊藤セツ『クララ･ツェトキンの婦人解放論』」，有斐閣『書斎の窓』No.333. 1984.4：40-11。
Itoh, Setsu (1985a) Veröffentlichungen und Forschungen über Clara Zetkin in Japan, in: *Mitteilungsblatt* 2(1985):5-23.
伊藤セツ(1985c)「Clara Zetkinの婦人解放論研究補遺」，『現代史研究』No.32：26-32。
伊藤セツ(1984aの2刷。1986.3出版)
伊藤セツ(1986)「クララ･ツェトキン･コロッキウムの報告」，『婦人労働問題研究』No.9(『賃金と社会保障』No.931, 1986.2上旬号)：41-42。
伊藤セツ(1988a)「国際女性デーの起源とアメリカ社会党の婦人運動」，『立川短大紀要』Vol.21：5-13。
伊藤セツ(1988b)「クララ・ツェトキン コロキュームとバッハオーフェン展と」，『女性史研究』第23集。
伊藤セツ(1988c)書評「近代女性の目覚めと成長描く，アラゴン　稲田三吉訳『バーゼルの鐘』」，『文化評論』No.323, 1988年2月号：310-312。
伊藤セツ(1990)「クララ・ツェトキン(女性解放思想史講座)」，『季刊 女子教育もんだい』No.45：96-103。
伊藤セツ(1992)「ベーベルの女性論再考(第1報)」，『生活機構研究科紀要』(昭和女子大学大学院)Vol.2：95-102。
伊藤セツ(1996)「ベーベルの女性論再考(第2報)」，『生活機構研究科紀要』(昭和女子大学大学院)Vol.5：51-61。
伊藤セツ(1997a)「ベーベルの女性論再考(第3報)」，『生活機構研究科紀要』(昭和女子大学大学院)Vol.6：67-86。
伊藤セツ(1997b)「国連デーとしての『国際女性デー』の20年(1977-1997)」，『昭和女子大学女性文化研究所紀要』No.20：59-93。
伊藤セツ(1998a)「アウグスト･ベーベル『女性と社会主義』にみるジェンダー統計表」，『昭和女子大学女性文化研究所紀要』No.21：1-17。
伊藤セツ(1998b)「アウグスト&ユーリエ・ベーベル夫妻間の文通」，『昭和女子大学女性文化研究所紀要』No.22：41-50。
伊藤セツ(2000)「アウグスト・ベーベル小伝」『昭和女子大学女性文化研究所紀要』No.25：21-36。
伊藤セツ(2001)「社会主義女性解放の旗手—クララ・ツェトキン」，河合節子・野口薫・山下公子編『ドイツ女性の歩み』三修社，東京：291-305。
伊藤セツ(2002)「ツェトキン，クララ」，井上輝子，上野千鶴子，江原由美子，大沢真理，加納実紀代編『岩波女性学事典』岩波書店：342。
伊藤セツ(2003a)「マルクス主義女性解放論」奥田暁子，秋山洋子，支倉寿子『概説　フェミニズム思想史』ミネルヴァ書房，東京。
伊藤セツ(2003b)『国際女性デーは大河のように』御茶の水書房，東京。
伊藤セツ(2004)「アウグスト・ベーベルの『女性と社会主義』の形成(二)—利用統計の変遷　ジェンダー統計に注目して—」，昭和女子大学女性文化研究所編(2004)：133-181。
伊藤セツ(2005a)「クラーラ・ツェトキーンのライプツィヒ時代(1872-1880)」，『大東文化

大学経済論集』Vol.84, No.1：19-34。

伊藤セツ（2005b）「クラーラ・ツェトキーンのパリ時代（1882-1890）」（研究ノート），『昭和女子大学女性文化研究所紀要』No.32：43-55。

伊藤セツ（2006）「クラーラ・ツェトキーン研究におけるロシア―モスクワでのRGASPIアルヒーフ利用を中心に―」，『昭和女子大学女性文化研究所紀要』No.33：53-63。

伊藤セツ（2007a）「クララ・ツェトキン生誕150年によせて」，『婦人通信』No.589：22-24。

伊藤セツ（2007b）「クラーラ・ツェトキーン晩年の私的生活の一断面―ドイツ連邦文書館SAPMOに残された孫ヴォルフガンクへの手紙を通じて―」，『学苑』No.797 : 2-19。

伊藤セツ（2007c）「＜クラーラ・ツェトキーンと文学＞に関する覚書」，『昭和女子大学女性文化研究所紀要』No.34：43-59。

伊藤セツ（2007d）「クラーラ・ツェトキーンと次男コスチャ＆ナジャ・ツェトキーン夫妻との文通」，『学苑』No.802：（33）-（46）。

伊藤セツ（2008a）「クラーラ・ツェトキーンの文学・芸術評論について」，昭和女子大学女性文化研究所編『昭和女子大学女性文化研究叢書第6集　女性文化と文学』御茶の水書房，131-154。

Ito, Setsu（2008b）Clara Zetkin in ihrer Zeit- für eine historisch zutreffende Einschätzung ihrer Frauenemazipations-theorie, in：Plener（Hrsg. 2008 : 22-27）

伊藤セツ（2008c）「ビルケンヴェーダーでのクララ・ツェトキン―没後75年によせて」『婦人通信』No.600：13-15。

伊藤セツ（2009）「クラーラ・ツェトキーンの女性解放思想のジェンダー視点からの再考」2005-2008年度　科学研究費補助金研究成果報告書，基盤研究（C）課題番号17510224。

伊藤セツ（2010）「書評：姫岡とし子，川越修編『ドイツ近現代ジェンダー史入門』」イギリス女性史研究会ニューズレター『女性・ジェンダー・歴史』第5号（2010.11.15:16）：6。

伊藤セツ（2012）「『ジェンダー史』研究のドイツ帝国統計批判への疑問―1882, 1895, 1907年調査をめぐって」経済統計学会『経済統計学会ジェンダー統計部会ニュース』No.25（2012.4.30）：9-15。

※本書初版（2013）出版後

伊藤セツ（2017）「クラーラ・ツェトキーンと『資本論』第1巻―マルクス主義と女性解放論・女性運動」日本科学者会議編『日本の科学者』Vol.52, No.9（2017.9）：22-27。

クラーラ・ツェトキーンの年譜と関連年表

年	月／日	年齢	クラーラ・アイスナー／ツェトキーン／ツンデルに関する事項 関連するドイツの事項，女性運動など	ドイツの歴史的事項・国際的関連事項 関連する市民的女性運動の動向など	日本の歴史的状況 日本女性史・抵抗運動史
1857	7/5	0	ドイツのザクセン地方，ケムニッツ近郊ヴィーデラウ村（現ケーニヒスハイン - ヴィーデラウ）で，教会学校教師ゴットフリート・アイスナー（農民出身）と市民的女性運動に共鳴するヨゼフィネ・アイスナー（小市民層出身）夫妻の長女として生れる。（父51歳，母34歳）。 （この時クラーラの後のパートナー，ウクライナのオデッサ生れのユダヤ系ロシア人，オシップ・ツェトキーン4歳）。	世界初めての経済恐慌。 ドイツ全土にストライキ。 この年，ゲルツェン55歳，プルードン48歳，マルクス39歳，エンゲルス37歳，トルストイ31歳，ラヴローフ33歳，ラサール32歳，チェルヌィシェフスキー29歳，ベーベル17歳，ヴェーラ・ザースリチ8歳，エリノア・マルクス2歳，プレハーノフ0歳（1856.11生れ）。	安政4年 12/7(10/21)ハリス，将軍徳川家定と会い大統領親書を提出。
1858		1		プロイセンで王弟ヴィルヘルム摂政位就任。「新時代」はじまる。	4/23井伊直弼大老になる。 6/19日米修好通商条約締結。 10/25徳川家茂14代将軍。 安政の大獄。
1859	2/4	2	弟アルトール誕生。	第2次イタリア独立戦争。ダーウィン『種の起源』刊行。	6. 横浜，長崎，函館開港。吉田松陰処刑。 12/3片山潜生れる。
1860		3		ベーベル，ライプツィヒに定住（20歳）。	桜田門外の変：井伊直弼暗殺される。

1861		4		プロイセンでヴィルヘルム1世即位。ドイツ進歩党結成される。ライプツィヒに職業教育協会創立，ベーベル入会。バッハ・オーフェン『母権論』。米：南北戦争。露：農奴解放。	和宮，徳川家茂と結婚。
1862	2/5	4 5	妹ゲルトルート誕生。	ビスマルク，プロイセン宰相に就任。露:ツルゲーネフ『父と子』(ニヒリストという用語使用)。	徳川慶喜将軍後見人となる。 生麦事件。
1863		6		1/1米：リンカーン大統領，奴隷解放宣言。 ラサール『労働者綱領』。 5/23ラサール「全ドイツ労働者協会」(ADAV)ライプツィヒで結成。 6/7労働者教育協会「ドイツ労働者協会同盟」(VDAV)結成。露：チェルヌイシェフスキィ『何をなすべきか』。露：ポーランドの反乱。	高杉晋作，奇兵隊を編成。 薩英戦争。
1864	12/17	7	父方の祖母ロジーネ・マリア没(84歳)。	普墺両国による対デンマーク戦：シュレスヴィヒ＝ホルシュタイン戦争。 8/26　ADAV党首ラサール，(ヤンコ・フォン・ラコヴィツアとの)決闘で死去(1825→39歳)。 9/28　ロンドンで国際労働者協会(IAA＝第1インターナショナル)創立。英国女性ハリエッテ・ロー総評議員に入る。	英・米・仏・蘭下関を襲撃。幕府，4カ国と講和条約調印。
1865		8		2．ライプツィヒ労働者教育協会新設，ベーベル議長。 3/25　ルィーゼ・ツィーツ，7/2リリー・ブラウン誕生。	慶応元年 景山(福田)英子誕生。

年	月/日	年齢	クラーラ・アイスナー/ツェトキーン/ツンデルに関する事項 関連するドイツの事項，女性運動など	ドイツの歴史的事項・国際的関連事項 関連する市民的女性運動の動向など	日本の歴史的状況 日本女性史・抵抗運動史
				10/15-17ライプツィヒで第1回ドイツ女性会議，「全ドイツ女性協会」(ADF) 設立（ルィーゼ・オットー・ペータース，アウグステ・シュミット）。 米：南北戦争終結。リンカーン銃撃さる。 露：トルストイ「戦争と平和」(→1869)，プルードン没(1809→) 9/12-28　IAAロンドンで第1回大会のための準備会議。	
1866	1/26	8 9	母方の祖父ヨハン・ドミニクス・フィターレ没(77歳)。	6/16-7/26普墺戦争。露：カラコーゾフの皇帝襲撃事件。 マルクス「個々の問題についての暫定中央評議会代議員への指示」 9/3-8 IAA第1回大会（ジュネーブ)，工場女性労働の禁止ではなく保護を主張。女性・児童問題についてプルードン主義者と対立。	薩長同盟。 家茂没す。 徳川慶喜15代将軍となる。
1867		10		北ドイツ連邦成立。憲法制定。普通平等直接選挙法(男性のみ)。ベーベル，北ドイツ議会に議員として当選。 4/14　レオ・ヨギヘス生れる。 7/8ケーテ・コルヴィッツ生れる(→1945.4.22，77歳)。 9/2-8　IAA　第2回大会（ローザンヌ)。 9.14　マルクス，ハンブルクで『資本論』第1巻刊行。	福沢諭吉：『西洋事情』出版。大政奉還。坂本龍馬暗殺される。

1868		11		9/6-13　IAA第3回大会（ブリュッセル）。	明治維新。明治元年。 1/3王政復古，五カ条の誓文，東京遷都。地方諸侯の家族を国元へ帰す。
1869		12		2/10「マニュファクチュア・工場及び手工業者の国際労働組合」結成（ザクセン，モテラー指揮）。 8/7　ベーベル派，アイゼナハで「社会民主労働者党」（SDAP）創設（アイゼナハ綱領を採択）。 9/6-11　IAA　第4回大会（バーゼル）。露：クループスカヤ，ペテルスブルクで生れる。	1/6高野房太郎出生。 7版籍奉還。
1870		13		独：カトリック中央党創立。 マリアンネ・ヴェーバー生れる。 露：4/22　レーニン生れる。 露：ナロードニキ運動盛ん。 7/19－71.1/28　普仏戦争。	各地で年貢減免騒動。 平民に苗字使用許可。 『横浜毎日新聞』創刊。
1871	7	14		普仏戦争終結，ドイツ帝国成立，ヴィルヘルムⅠ世皇帝即位。ビスマルク，初代帝国宰相。仏：3/18-5/28パリコミューン。5/5ローザ・ルクセンブルク生れる(1870年説有)。8/13カール・リープクネヒト生まれる。9/17-23　IAAロンドンで会議。	廃藩置県。 岩倉具視ら欧米へ。津田うめら5少女同船，米国留学。 『大阪府日報』創刊。
1872	11/4	15	アイスナー一家ライプツィヒへ転居（父66歳）フランクフルター通り43番地に住む。	露：資本論第1巻翻訳刊行。 露：モスクワ大学に女性コース。 9/2-7　IAA第5回大会（ハーグ），バクーニン主義者との闘争。IAAの所在地をニューヨークに移すことを決定。	佐渡金山工夫不穏。 『東京日日新聞』（現毎日新聞）創刊。 福沢諭吉『学問のすゝめ』。 新橋・横浜間鉄道開業。 文部省女学校設立。 富岡製糸工場開業。

年	月/日	年齢	クラーラ・アイスナー/ツェトキーン/ツンデルに関する事項 関連するドイツの事項，女性運動など	ドイツの歴史的事項・国際的関連事項 関連する市民的女性運動の動向など	日本の歴史的状況 日本女性史・抵抗運動史
				議長：フリードリヒ・アドルフ・ゾルゲ。 11末：露：ラヴローフ，チューリヒへ。 3/19（西暦3/31）アレクサンドラ・ミハイロヴナ・コロンタイ生れる。	高島炭坑坑夫暴動。 太陽暦採用。
1873	11/2	16	ゴットフリート・アイスナー，ライプツィヒ市民権を得る。	独：社会政策学会創立	地租改正条例布告。 各地農民蜂起。 征韓派敗北。
1874	秋	17	母方の祖母ルィーゼ・ヘンリエッテ・オットー・フィターレとモッシェル通り10番に住む。アウグステ・シュミット経営の女性教師養成学校に入学。弟アルトゥール，トーマス学校に入学。露：オシップ・ツェトキーン，ナロードニキの「人民の中へ」運動に加わる。	5/24ジョセフィン・コンガー米国ミズリー州で出生。	森有礼『妻妾論』。 東京女子師範学校設立。 恤救規則制定。
1875	6/4 8/26 10/13	17 18	父の死（69歳） 同居の母方の祖母の死（85歳），モッシェル通り8番に住む。 ゲオルグ・フリードリヒ・ツンデル生まれる。	5/22-27ゴータで，ラサール派とアイゼナハ派統一して「ドイツ社会主義労働者党」（SAPD）結成。「ゴータ綱領」採択（両派の折衷）。党大会：「健康とモラルを害するすべての女性労働の禁止」。 マルクス「ドイツ労働者党評注」。 露：トルストイ「アンナ・カレーニナ」（→1877完成）。	福沢諭吉『文明論之概略』。 各地で農民蜂起。 10/21金子喜一，横浜で出生。
1876		19	学友のロシア人バルバーラとロシア人学生のサークルやライプツィヒ労働者の催しに出席。 この年の暮れか翌年，オシップ・ツェトキーン，オデッサから亡命したと推測される。	IAA　フィラデルフィア協議会，解散を決定。 露：「土地と自由」派結成，プレハーノフ：『資本論』読む。ペテルブルクのカザーニ寺院広場での	札幌農学校創立。 不平士族の反乱。

				示威行動主導。多くのナロードニキ逮捕される。バクーニン没(1814→62歳)。	
1877		20	ロシア人亡命ナロードニキ，オシップ・ツェトキーンと知り合う。弟アルトゥールの友人を媒介に，「ドイツ社会主義労働者党」(SAPD)の機関紙に触れる。	露：4/24-78.3/3　露土戦争。 ベーベル：ビスマルク侮辱のかどで6カ月の禁固。	明治10 西南戦争：西郷隆盛自刃。 各地で農民蜂起。 東京大学発足。
1878	3 5/1 10/19 10/21 冬	20 21	教員国家試験に合格。社会民主党の集会に出る。 ライプツィヒ近郊ベルムスドルフで家庭教師の仕事に就く。 社会主義者鎮圧法採択。その後，ライプツィヒのSAPDの非合法活動に参加(社会主義的政治組織への関わりの始まり)。 社会主義者鎮圧法官報で公示。 バルバーラの招きで帝政ロシアの首都ペテルスブルクへ旅行。	1. 露：ナロードニキのヴェーラ・ザスーリチ，トレーポフ暗殺未遂事件。 露：ペテルスブルクに，ベストゥージェフ女子大学開設。 エンゲルス『反デューリング論』	パリ万国博。 大久保利通暗殺。 有島武郎生れる。
1879		22		2. ベーベル『女性と社会主義』第1版出版。 9/28　チューリヒでSAPD機関紙『デア　ゾツィアルデモクラート』第1号発行。 スターリン生れる(→1953)	沖縄県設置。 植木枝盛『民権自由論』。 長谷川時雨生まれる。
1880	春 8/20-23 9/3	 23	春：ビスマルク社会主義者鎮圧法の5年延長を議会に提出。 スイスのシュロス・ヴィデンでのSAPD党大会。 ライプツィヒでの報告集会でオシップ・ツェトキーン逮捕される。	露：ナロードニキ，スイスやドイツに亡命。プレハーノフもスイスに亡命。	『六合雑誌』創刊。 国会開設請願運動高揚。 片山潜，岡山師範学校入学。山川均生まれる。
1881	4 6/27	 24	ライプツィヒ戒厳状態。 オシップ(アナーキスト外国人としてザクセンから追放処分)，国外へ脱出。 クラーラも，ドイツを去りオーストリアのトラウンシュタインの工場主の家で家庭教師。	選挙：SAPD12議席。 ブランキ没(1805→) 露：3/1アレクサンドルⅡ世の襲撃・死。 6. 独墺露三帝同盟成立。	植木枝盛「日本国憲法草案」起草。 自由党結成。

年	月/日	年齢	クラーラ・アイスナー/ツェトキーン/ツンデルに関する事項 関連するドイツの事項，女性運動など	ドイツの歴史的事項・国際的関連事項 関連する市民的女性運動の動向など	日本の歴史的状況 日本女性史・抵抗運動史
1882	夏 11	25	バルバラの招きでチューリヒへむかい，ユリウス・モテラーのもとで『デア　ゾツイアルデモクラート』のドイツへの非合法輸送の仕事に携わる。ベルンシュタイン，モテラー，フォルマー，アクセリロート，ザースリッチ，プレハーノフと知己を得る。 パリへ行き，オシップと再会，共同生活。	プレハーノフ訳露語版『共産党宣言』出版。	岸田俊子，自由民権運動に加わる。演説。 立憲改進党結成。
1883	 3/29-4/1 8/1	 26	ドイツ及びフランスの社会主義運動に協力。亡命ナロードニキたちとのつきあい。同時にマルクス主義の研究。 コペンハーゲンでSADPの非合法大会。 第１子出産，マクシムと命名。	ビスマルク：健康保険法（労働者医療保険法） イエニー・ランゲ没。 カール・マルクス没（65歳）。 プレハーノフらマルクス主義的結社「労働解放団」をジュネーブで設立。ベーベル『女性と社会主義』を『過去・現在・未来の女性』と変えて出す。	鹿鳴館開館。 景山英子ら蒸紅学舎設立。 三池炭鉱，高島炭鉱暴動。 12片山潜，サンフランシスコへ。働きながら大学に通う。
1884	 5	 27	文筆活動の準備。 社会主義者鎮圧法延期される。	ビスマルク：労災保険法。 選挙：SAPD　24議席。 労働者保護政策再燃。 『女性市民』（プロレタリア女性運動の最初の機関紙）創刊。 エンゲルス『家族・私有財産および国家の起源』。	秩父事件おこる。 巌本善治ら『女學新誌』創刊。荻野吟子　最初の女医。 1884-1888森鴎外ドイツに留学（1884－1885ライプツィヒ）。
1885	1 4/15 9/28-29	 28	クラーラ，はじめての（無署名）論文「社会民主主義と女性労働」を『デア　ゾツィアルデモクラート』に発表（Nr.1, 1885.） 第２子出産，コンスタンチン（コスチャ）と命名。 森鴎外ライプツィヒで全ドイツ女性協会（ADF）に出席。	SADP，階級的観点から工場法を全面的に改定する法案提出：女性だけでなく男性にも。1885女性労働者保護要求。	福沢諭吉「日本婦人論」。 『女学雑誌』創刊。明治女学校設立。 11/23大阪事件。
1886			クラーラ，無署名の「社会民主主義と女性労働の問題」を『ゾツィアルデモクラート』Nr. 33, 34, 35に3回にわたって発表。 「ルィーゼ・ミッシェルの思い出」を，『ディ　ノイエ・ツァイト』に，	イリノア・マルクス-エイヴリング／エドワルト・エイヴリング『女性問題』発表。	6/12甲府雨宮製糸場工女ストライキ。 高野房太郎渡米。

	 秋 10/21	 29	その他女性問題について，論考を発表。 ２人の子と静養のためライプツィヒを訪問。非合法集会で演説。 パリへ戻る。オシップ発病。		12/6東京基督教婦人矯風会設立。廃娼・禁酒・一夫一婦制を目指す運動。
1887		30	「女性問題と女性労働運動」を，『ディ　ベルリーナー・フォルクスートリビューネ』(Probenunmer.1887) に，その他数編の論考を発表。社会主義者鎮圧法延期。	SADP：ザンクト・ガレンで党大会。	明治20 徳富蘇峰民友社設立。 『国民之友』創刊。
1888		31	女性労働問題の論考のほか，「ロシアの女子学生」を『ディ　ノイエ・ツァイト』に掲載。 オシップ，パリ，サルペトレ病院に入院。	独：3/2皇帝ヴィルヘルムⅠ世没。 皇帝ヴィルヘルムⅡ世即位。 「女性福祉協会」創立 (ミンナ・カウアー)	鐘紡設立。
1889	1/30 7/15/21 7/19 夏	31 32	オシップ没 (36歳)。パリのイヴリィ墓地に葬られる。 オシップ・ツェトキーンの名で『パリコミューン後のフランスにおける社会主義』および『フランス労働運動の巨匠たち』の２冊をベルリン労働文庫　Ⅳ,Ⅴとして出版。 第２インターナショナル創立大会 (パリ)。 クラーラ，第2インター創立大会で，女性解放に関する演説。 小冊子『現代の女性労働者問題と女性問題』を出す。	6/22ビスマルク：老齢・廃疾保険法制定。 ローザ　チューリヒへ亡命。チューリヒ大学で自然科学，数学，政治学，経済学を学ぶ。 クループスカヤ，ベストージェフ大学入学，2カ月で退学。 墺：ベルタ・フォン・ズットナー，小説『武器を捨てよ』発表。	2/11大日本帝国憲法発布。 皇室典範制定。 衆議院議員選挙法公布。
1890	 3/20 初夏 9/30 10/12-18	 33	「資本と女性解放」を『ディ　ベルリーナー・フォルクスートリビューネ』(Nr.35. 1890) に発表。 ビスマルク失脚。 クラーラ，パリを去る決心をする。皇帝の親政開始。 健康を害し，スイスのノルドラッハにある保養所に入る。 社会主義者鎮圧法廃止。 ドイツからの多くの亡命者1890年の秋にドイツに戻る。 クラーラ一時ライプツィヒへ。 SADPハレ党大会。党名を「ドイツ社会民主党」(SPD) に改称。	2/4ヴイルヘルムⅡ世詔勅ドイツ労働保護法の原則的綱領。 2/20帝国議会選挙SADP勝利。 6. ヨギヘス，スイスへ亡命。ローザと知り合う。 ベーベル『過去･現在･未来の女性』の題を変えて『女性と社会主義－過去・現在・未来の女性』を出す。	11/3山川菊栄生れる。 7/1第1回総選挙。

年	月/日	年齢	クラーラ・アイスナー/ツェトキーン/ツンデルに関する事項 関連するドイツの事項，女性運動など	ドイツの歴史的事項・国際的関連事項 関連する市民的女性運動の動向など	日本の歴史的状況 日本女性史・抵抗運動史
1891	初夏	34	ドイツ社会民主党の出版の中心地シュツットガルトへ。ローテブール通り147番地のアパート4階に住む。 ディーツ社で働く。エドワード・ベラミィの英語の未来小説『紀元2000年からの回顧』を翻訳。	ベーベル『女性と社会主義－過去・現在・将来の女性』第9版全面改訂版，シュツットガルト ディーツ社から出版。	
	8/16-22		第2インターナショナル第2回大会(ブリュッセル)。未参加。		
	10/14-20		SPDエルフルト党大会。エルフルト綱領決定。未参加。		
	12/28		クラーラ『平等』の編集を引き受け，第1巻見本号を発行する。		
1892	1/11		『平等』の第2巻第1号発行。この年から『平等』に多数の論考書く。		2/15第2回総選挙。
	11/14-21	35	SPDベルリン党大会。クラーラ，女性労働について演説。これ以降1913年まですべてのSPD大会に参加。		
1893	夏	36	デュッセルドルフ女性政治活動委員会メンバーに対する有罪判決が下され，プロイセン，バイエルンでも女性運動に対する弾圧が始まる。クラーラは，合法活動と非合法活動を結び付け，政治的権利のための闘いを続ける。	3. ローザ，ヨギヘスへの手紙はじまる。 デュッセルドルフで7名の女性が，結社法に抵触したとのかどで逮捕。	4/3日本基督教婦人矯風会結成。 片山潜，米，グリンネル大学でラサール伝を読み，社会主義に関心をもつ。
	8/6-12		第2インターナショナルチューリヒ大会。クラーラ参加し，フリードリヒ・エンゲルスと知り合う。以後クラーラは，1912年まですべての第2インターナショナルの大会に参加。	8/8ローザ，第2インターチューリヒ大会で演説(代表権の擁護)。 ローザ，『労働者問題』No5-6に「女性と年少者の労働」書く。	
	10/22-28		SPDケルン党大会。		
1894		37	マクシム，シュツットガルトの高等学校，カール-ギムナジウムに入学。	ヨギヘス，プレハーノフと対立。 レーニン『人民の友とは何か』	1/20大阪天満紡績スト。 7/25日本艦隊，清国軍艦を砲撃。日清戦争。 10片山潜エール大卒業。 この年第3/4回総選挙あり。
	10/21-27		SPDフランクフルト党大会。女性問題「非公式」協議。 女性アジテーション委員会が解散され(ベルリンは残す)，代わりに単独の信任者が選出されることが定められた。	2. レーニンとクループスカヤ，ペテルブルクで知り合う。 9/4ニューヨーク在住の高野房太郎，ゴンパースと面会。AFL日本担当オルグとなる。	
1895			1895年はドイツの女性運動の試練の年。	ルイーゼ・オットー＝ペータース没(76歳)。	4/17日清講和条約調印(下関条約) 樋口一葉「たけくらべ」「にごりえ」「十三夜」発表。
	1-2		ベルリンの女性政治委員会解散を命じられる。		
		38	女性の結社権の請願について女権論者と論争	8/6エンゲルス没(75歳)。	
	10/11-12		SPDブレスラウ党大会。クラーラ修正主義的農業綱領に反対。党	プレハーノフ『史的一元論』	

			大会はクラーラをSPD統制委員に選出(1917年まで)。 リリー・ブラウンはクラーラの『平等』の論文を批判しながらも積極的にSPDに接近。	ベーベル『女性と社会主義』第25版改訂記念版。	
1896	7/27-8/1 7/31 10/2-6	39	第２インター第4回大会(ロンドン)へ参加。 女性の会議が特別に設定され，30人参加。 エリノア・エイヴリングの家で，マルクスとヘレーネ・デームートの息子フレディと会う。 SPDゴータ党大会。クラーラ，社会主義女性運動論について演説。 リリー・ブラウンSPDへ入党。クラーラは歓迎の意向。リリー，『平等』の編集に関わる。クラーラ，画家のゲオルク・フリードリヒ・ツンデルと知り合う。	ローザ，パリ経由で第２インター第4回大会に「ポーランド王国社会民主党」(SDKP)代表で出席。	明治29。 1.片山潜13年ぶりに帰国。岡山へ。 4/26社会政策学会（桑田熊蔵ら）の母体となる研究会発足。11正式発足。 樋口一葉没。高野房太郎帰国(27歳)。
1897	3-7 7 10/3-9 10/5	40	『平等』誌上でSPDの女性運動組織に関してリリー・ブラウンと論争。 『平等』誌上に「覚書」という欄を作り，リリー・ブラウンとクラーラ・ツェトキーンの連名で執筆(1901年5月迄続く)。 SPDハンブルク党大会。 クラーラ党大会で「最上の社会主義文学をプロレタリアートに読ませよう」という演説。	チューリヒで女性保護の国際会議。 4.ローザ，「ポーランドの産業的発展」で学位取得(チューリヒ大学)。 5. ローザ，グスタフ・リューベックとの形式上の結婚でドイツ市民権を得る。	明治30 2/7高野房太郎，社会政策学会入会。 3/2足尾鉱毒事件。 4/6房太郎，パンフ『職工諸君に寄す』。7/5房太郎による「労働組合期成会」発起会。天満紡女工のスト。片山潜・高野房太郎ら『労働世界』。
1898	2/1 10/3-8	 41	女性と少女のベルリン大衆集会で，クラーラは，カイザードイツの侵略政策に抗議。 海軍法案に対する闘争。 SPDシュツットガルト党大会。	露：ロシア社会民主労働党創立。 プレハーノフ『歴史における個人の役割』。 4/1　エリノア・マルクス・エイヴリング自殺(43歳)。 5.ローザ，ドイツへ移住。SPDに入る。ベルンシュタイン批判。	2/13中条（宮本）百合子生れる。 3/15第5回総選挙。 8/10第6回総選挙。 9/1農商務省：工場法案発表。 富岡製糸工場スト。 徳富蘆花「不如帰」「国民新聞」に連載。

年	月／日	年齢	クララ・アイスナー／ツェトキーン／ツンデルに関する事項 関連するドイツの事項，女性運動など	ドイツの歴史的事項・国際的関連事項 関連する市民的女性運動の動向など	日本の歴史的状況 日本女性史・抵抗運動史
	10/3-9		ローザ・ルクセンブルクとともに，SPDシュツットガルト党大会でベルンシュタインへの反対に関与。	5. クループスカヤ，流刑地でレーニンと結婚。 コロンタイ，チューリヒ大学へ。	片山潜，社会政策学会に入会。宣言起草委員となる。
1899	9 10/9-14 11	42	ブルーメン通り34-Ⅲに転居（そこが『平等』発行の住所） 小冊子『学生と女性』 リリー・ブラウンと論争。 SPDハノーファー党大会。修正主義（ベルンシュタインら）と論戦。 ゲオルグ-フリードリヒ・ツンデルと結婚。『平等』のこれまでの編集者名Klara Zetkin(Eißner)が，11月22日発行のNr.24からKlara Zetkin(Zundel)に変わる。	ローザ「社会改良か革命か」。 国際婦人会議（ロンドン）。 露：レーニン「ロシアにおける資本主義の発達」。 コロンタイ，ロンドンへ。	福沢諭吉「女大学評論」「新女大学」時事新報に連載。 3.金子喜一，米国へ。 4/30横山源之助『日本の下層社会』。
1900	9/15-16 9/17-21 9/23-27	43	SPD第1回女性会議（マインツ）。議題：信任者制度の整備／プロレタリア女性の間での政治活動／労働者保護法のための活動／女性と少女の教育協会。クララ，O.バーダーの活躍。 SPDマインツ党大会。女性労働者の法的保護。女性の結社権。帝国議会SPDフラクションへの女性の権利要求等を議題。 ローザ「世界政策」「ポーランド問題」について発言。 第2インターナショナル第5回大会（パリ）に参加。	8/7　W.リープクネヒト没。 レーニン『イスクラ』発行。 ラヴローフ没（1823→） 露：ベーベルの『女性と社会主義』露語訳（ブロイド）。	3/10治安警察法公布，女性の集会結社を禁止。津田梅子，女子英学塾創立。 8. 高野房太郎清国へ。北京で活動。 片山潜，第2インターパリ大会の決議により第2インター本部員となる。
1901	6/5 9/22-28	 44	『平等』誌上の「覚書」，リリー・ブラウンとクララ・ツェトキーンの連名解消。 「経済協同組合」問題で論争。クララ，リリーを『平等』から退ける。 SPDリューベック党大会。ベルンシュタインの修正主義論争。	クループスカヤ，『女性労働者』出版。リリー・ブラウン『女性問題－その歴史的発展と経済的側面』。 7/29アメリカ社会党結成。 露：「社会革命党」（エス･エル）結成。 ベーベル『ノイエ・ツァイト』にリリー・ブラウンの書評。 ベルンシュタイン帰国。	愛国婦人会設立。岸田(中島）俊子没。与謝野晶子『みだれ髪』。社会民主党創立。解散させられる。 片山潜・西川光二郎『日本の労働運動』。 『労働世界』を『社会主義』と改題。
1902		 45	クララはすでに白内障を患っている（ローザの手紙より推測）。 長男マクシム（19歳），ミュンヘンで医学の勉強をはじめる。	3. レーニン『何をなすべきか』。	1/30日英同盟協約調印。 幸徳秋水「社会主義と婦

	9/13-14 9/14-20 9/24		SPD第2回女性会議（ミュンヘン）。議題：女性政治活動家の教育/女性・児童・家内労働の法的保護/女性の政治的同権（特に結社集会権）。クラーラ，O．バーダー，L.ツィーツ活躍。 SPDミュンヘン党大会。9/18クラーラ，議会外でのプロレタリアートの活動について演説。 『平等』12Jg., No.20, SPD第2回女性会議に関する長文の報告と7本の決議文掲載。	アウグステ・シュミット没(69歳)。	人」(万朝報)。 8/10第7回総選挙。
1903	9.13-20 9 10 10/7	46	SPDドレスデン党大会で修正主義との論争。 クリミチャウの繊維労働者のストライキを支援。女性労働者の10時間労働日啓発。 ツェトキーンとツンデル，シュツットガルト郊外ジレンブーフに転居。 『平等』の住所10/7付けから，ヴイルヘルムスヘーエ，ポスト・デーゲルロッホ・バイ・シュツットガルトに変わる。	マリー・キュリー，夫ピエールとノーベル物理学賞。 4/22金子喜一アメリカ社会党に入党。有島武郎，バハフォード大学大学院入学，金子と知り合う。 コロンタイ『フィンランドの労働者の生活』。 露：社会民主労働党第2回大会。ボリシェヴィキとメンシェヴィキに組織問題をめぐり分裂。トロツキー，ボルシェヴィキと袂をわかつ。 11.『イスクラ』メンシェヴィキのものとなる。	3/1第8回総選挙。 3/31農商務省『職工事情』。 堺利彦『家庭雑誌』創刊。 幸徳，堺『平民新聞』創刊。 12/29片山潜，米国に向け渡航（第2回渡米）。
1904	 8/14-20 9.17-18	 47	第2インターナショナル第6回大会（アムステルダム）参加。 片山潜とプレハーノフ握手。クラーラは片山潜の英語演説をドイツ語に通訳。 第3回SPD女性会議（ブレーメン）。議題：一般的政治活動/子どもの保護/10時間労働日（クラーラ）/国民学校（同）/結社・集会権（E.イーラー）/『平等』について（W．ケーラー）。決議は，女	1/16ローザ，「不敬罪」で禁固3カ月。 3/2片山潜，シカゴでアメリカ社会党大会で演説。 第2インター第6回大会で片山潜「自国政府に対して闘争せよ」の演説。ローザ，片山潜と会う。 金子喜一，ハーバード大学大学院専攻科に在籍，有島武郎同大学院聴講生。金子喜一，コンガーと文通開始。	1/23第1回社会主義婦人講演会。 2/8連合艦隊，旅順郊外のロシア艦隊を攻撃：日露戦争。 3/1第9回総選挙。 3/12高野房太郎，青島の独逸病院で死去（35歳）。 9与謝野晶子「君死に給うこと勿れ」。 10/25福田英子『妾の半生涯』。

年	月/日	年齢	クラーラ・アイスナー/ツェトキーン/ツンデルに関する事項 関連するドイツの事項，女性運動など	ドイツの歴史的事項・国際的関連事項 関連する市民的女性運動の動向など	日本の歴史的状況 日本女性史・抵抗運動史
	10/19		性選挙権/子どもを守る委員会」設置について。 SPDブレーメン党大会。 『平等』(14Jg.,Nr.22)に決議掲載。	6. レーニン『一歩前進二歩後退』 12/22(ボ)『フペリョード』(前進)ジュネーヴで発行。トロツキー『われわれの政治的課題』。	11/23幸徳，堺訳『共産党宣言』。 『平民新聞』No.21にコンガーの一文掲載される。
1905	1/22 1/25 2/9 9/17-23	48	第1次ロシア革命のはじまり(血の日曜日)。 クラーラ，ストライキ中のドイツ鉱山労働者の妻たちへの闘争を呼びかける。 クラーラの音頭でロシア革命支持のための21の大衆集会ベルリンで開かれる。クラーラはモアビートで演説。 SPDイエナ党大会。組織問題を詳細に決める。クラーラは政治的大衆ストライキの承認を擁護。ベーベル支持する。	4.12露，第3回社会民主労働党(ボ)大会ロンドンで。 ルィーゼ・ミッシェル没(1830→)。 ヘレーネ・シュテッカー「母性保護同盟」，ズットナー，ノーベル平和賞受賞。 10/21金子・コンガー，ニューヨークで結婚。 11 ヨギヘス，ワルシャワへ。 12/31ローザ，非合法にワルシャワへ(アンナ・マーチュケ名で)	9/5日露講和条約調印，日比谷焼打事件。
1906	1/13 9/22-23 9/24-29	49	クラーラの母エリザベス没(83歳)。 ドイツ政府の帝国主義政策への反対闘争。 第4回SPD女性会議(マンハイム)。コロンタイ出席。クラーラ，コロンタイと知己。 SPDマンハイム党大会。社会民主主義と国民教育を議題とする。クラーラは，家庭教育についての報告。党大会は，クラーラを中央教育委員に選出。この頃SPD内に左派，修正主義，中央派の三つの思潮が並存。	3 ローザ，ワルシャワで逮捕。7月まで収監・釈放。 6. 露：社会民主労働党第4回大会(ボ)は少数派となる。 コロンタイ『フィンランドと社会主義』。	1/18片山潜米国から帰国。 3/6堺利彦『社会主義研究』創刊。
1907	8/17-18 8/18-24 8/22	50	女性選挙権問題で大きな働きをする。 第2インターナショナル第1回国際社会主義女性会議(シュツットガルト)。クラーラ，国際女性書記局員に選ばれ，『平等』は，国際的機関紙に指定される。 第2インターナショナル第7回大会(シュツットガルト)参加。クラーラ，女性選挙権に関する報告。決議提案，通過。ローザも大会参加。	1/15ローザ，コスチャへの現存する初めての手紙。 6-7ローザ，ベルリンの獄中で『国民経済学入門』書く。 6/5金子・コンガー『ソーシャリスト・ウーマン』発刊。 8.コンガー，第1回国際社会主義	明治40年 1/1福田英子『世界女性』創刊。同誌18号(10/1)に第2インターナショナルの第1回社会主義女性会議を報道。 1/15『日刊平民新聞』発刊。

	9/15-21		クラーラ，この会議でレーニンと知り合う。 SPDエッセン党大会。党学校と教育委員会について，H.シュルツ報告。クラーラは，グスタフ・ノスケの軍国主義への屈服に反対する。9/17ブルジョワの愛国主義とプロレタリアの愛国主義について発言。	女性会議にメッセージ送る。 マリアンネ・ヴェーバー『法発展における妻と母』出版。 10.ローザ，SPD党学校「経済学入門」の講義。	2/4足尾銅山争議。 2/12福田英子・菅野スガら治警法第5条改正請願。 6/2片山潜ら『週刊社会新聞』発刊。
1908	春 5/15 9はじめ 9/11-12 9/13-19	 51	クラーラ，ベルリン，ブレスラウ，フランクフルト・アム・マインでの選挙権運動の示威行動に参加。 新帝国結社法，女性に政治結社への参加を許可。 クラーラ心臓の発作（コスチャとローザの手紙より推測） 第5回SPD女性会議（ニュルンベルク）。議題：中央女性信任者の報告：政治活動/機関紙/結社法廃止後のSPD内での女性の新しい組織（L.ツィーツ）/青年の社会主義教育（家庭での教育-ドゥンカー，青年の組織-ツェトキーン），決議：青年組織を設立する決議。クラーラは，獄中にあったカール・リープクネヒトの支援のもとに自主的社会主義的青年組織の創立を提案して支持される。 SPDニュルンベルク党大会。クラーラ，9/19戦争煽動者に反対する発言。カウツキーとの対立。	1.レーニン，クループスカヤ，ジュネーヴへ。 プロイセン結社法の廃止。女性の政党党員登録可能になり，女性の大学入学を正式承認される。 5/12アメリカ社会党，全国女性委員会設置。 12. コロンタイ，ドイツへ亡命。 レーニン，クループスカヤ，パリへ，ラファルグ夫妻と会う。	 5/15第10回総選挙。 6/22荒畑寒村ら赤旗事件。
1909	 9/12-18 12/6	 52	オーストリアの帝国主義政策（ボスニア・ヘルツィゴビナ占領）に反対。 SPDライプツィヒ党大会に参加。 社会保険制度について（L.ツィーツ），カウツキーと決別。 『平等』(19.Jg.,Nr.5)ベーベルの『女性と社会主義』50版宣伝。	2/28アメリカ社会党，全国女性委員会，女性選挙権獲得のための「女性デ――」を催す。3.『ソーシャリスト・ウーマン』が『プログレッシヴ・ウーマン』にタイトル変更。5. 金子結核で帰国。 10. ベーベル，『女性と社会主義』49版出版。	1/11東洋モスリン争議。 10/8金子喜一没す。
1910	 2-3 2/14 3/19		普通選挙権運動の評価をめぐってSPD左派と中央派対立。 プロイセンの選挙権要求行動に参加。 『平等』は，ベーベル生誕70歳を記念する特集号。 SPD指導部，1910年のSPD女性会議の開催を不承認。	ベーベル，『女性と社会主義』第50版増補新改訂記念版。 2/22　ベーベル70歳誕生日。 2/27　アメリカ社会党全国女性委	 5/25大逆事件。 8/22韓国併合。 高等女学校令改正。 河田嗣郎『婦人問題』。

年	月／日	年齢	クラーラ・アイスナー／ツェトキーン／ツンデルに関する事項 関連するドイツの事項，女性運動など	ドイツの歴史的事項・国際的関連事項 関連する市民的女性運動の動向など	日本の歴史的状況 日本女性史・抵抗運動史
	8/26-27 8/28-9/3 9/18-24 10/9 10/1	53	第２回国際社会主義女性会議（コペンハーゲン）参加。決議の一つに後の国際女性デーに関するものあり。 第２インターナショナル第8回大会（コペンハーゲン）参加。 軍国主義と戦争の危険に対し，修正主義，中央派，左派顕在化。 SPDマクデブルク党大会，選挙法闘争，ローザ出席。 クラーラ，SPDのヴュルテンベルク州指導部となる。 クラーラ秘書，ハンナ・ブーフハイムへの初めての手紙。	員会「女性デー」開催。国際的に広げる意向を持ち，第２回国際社会主義女性会議に代表派遣。会議で承認される。 ヒルファーディング『金融資本論』。 11/20トルストイ没。 11/22　ユーリエ・ベーベル没。	上杉慎吉『婦人問題』。 安部磯雄『婦人の理想』，井上哲次郎編『女大学の研究』。 『白樺』創刊。 石川啄木『時代閉塞の現状』
1911	3/19 3/27 夏 9/8-9 9/10-16 冬	54	ドイツで第1回社会民主主義女性デー。 『平等』に女性デーを，オーストリア，デンマーク，スイスでの挙行した報告あり。 米国，ボスニアからの「女性デー」連帯の挨拶を紹介。 第2回モロッコ事件に関してクラーラは，帝国主義戦争に反対し，修正主義や中央派とたたかう。 第6回SPD女性会議（イエナ）参加。議題：女性ビューローの報告 SPDイエナ党大会参加。保険制度，帝国議会選挙カンパニアでドイツ労働者に帝国主義戦争準備（モロッコ問題）に反対するたたかいを呼びかける（ベーベル）。ローザも出席。 小冊子『芸術とプロレタリアート』出版。	1/9　エンマ・イーラー没（54歳）。 1/31　パウル・ジンガー没。 独：遺族保険導入。 キュリー夫妻ノーベル化学賞受賞。 5.　米『プログレッシヴ・ウーマン』No.48，大逆事件を特集。 10/10中国辛亥革命。 11/20ラファルグ夫妻の自殺，葬儀にレーニン，ロシア社会民主労働党を代表して出席。	大逆事件に死刑判決：菅野スガ，幸徳秋水ら死刑。 3.29工場法公布（16.9/1施行）。 平塚らいてう『青鞜』創刊。 「人形の家」公演。 『新婦人』創刊。 東京市電大スト。
1912	3/12 5/2 9/15-21	55	ドイツで国際女性デー。5.　オーストリア，オランダでも。 クラーラ，病気でミュンヘンの病院に入院・手術（ツンデルの手紙で確認，ローザもふれている。コスチャが『平等』の編集担当） SPDケムニッツ党大会。生活物資の高騰，帝国議会選挙，農業労働者保護問題となる。新海軍法案との闘争。	1/12帝国議会選挙。SPD 110名。 露：プラハで党会議。（ボ）は一つの党となる。 2.　レーニン：供託金問題でローザ，クラーラを訪問。 3/11-19　ルール鉱山労働者のストライキ 4.22（5/5）露『プラウダ』ペテルブルクで創刊。 7.　レーニン夫妻，クラコフへ。 10.　第１次バルカン戦争→翌年5月迄。	明治45（大正元年） 4/13石川啄木没。 7/30　大正と改元。 8/1鈴木文治ら友愛会結成。

	11/24-25		第２インター，バーゼルで臨時会議参加。クラーラ，女性に平和擁護のたたかいを呼びかける。かつドイツ帝国議会SPDフラクションの日和見主義的態度を批判。	レーニン「民族自決権について」 米：『プログレッシヴ・ウーマン』(No.63-70）の発行は，コンガーとアメリカ社会党全国女性委員会の共同編集で発行。	
1913	3/2		ドイツで国際女性デー，「赤い週間」設定。 国際女性デー：『平等』3/19に，オーストリア，ガリチア，オーストリア＝シュレージエン，スイス，オランダ，ロシア，ボヘミア，ハンガリーで挙行の報告あり。	1.ローザ『資本蓄積論』 コロンタイ，『母性と社会』書く。 3/16　露：第１回国際女性デー 6/29-7/30第２次バルカン戦争。	1/1『青鞜』新しい女特集。 西川文子ら「新真婦人会」結成。雑誌『新真婦人』 東北帝大に女性3名入学。
	8-11	56	『平等』に「出産減少」についての論文多数掲載。	8/13アウグスト・ベーベル没。 SPD「出産ストライキ論争」。 独：女性美術家連盟（代表K.コルヴィッツ）。	10/25石原修『女工と結核』講演。
	9/1		『平等』16頁のアウグスト・ベーベルの思い出特別号を出す。		
	9/14-20		SPDイエナ党大会参加。日和見主義の勝利。フーゴ・ハーゼとならんでフリードリヒ・エーベルトが党首となる。 クラーラ『カール・マルクスと生涯の業績』。	11米『プログレッシヴ・ウーマン』は『カミング・ネーション』に名称変更。⇒1914.7終刊。	
1914	2/18,3/18		『平等』「第3回国際社会主義女性及び女性労働者組織の国際会議」(8/21-22，ウィーン）の実施予告を出す。	2/20　ローザ反軍国主義のたたかいで1年の懲役。	読売新聞，婦人付録新設。 6/20東京モスリン女工スト。
	3/8		国際女性デー（ドイツ，オーストリア，スイス，ボヘミア，モラバ，ボスニア，オランダ，ハンガリー，スエーデン，フランス，ロシア）		
	4/21		「赤い週間」に際してクラーラは女性たちに平和闘争を呼びかける。 ベルリンのSPD党組織，および各国の女性社会主義者，第3回国	6/28　サライェヴォ事件。 7/28　オーストリア，ハンガリー，セルビアに宣戦布告。	8/23対独宣戦布告。
	6-7	57	際女性会議の準備。		
	7/29-30		ブリュッセルで社会主義インターナショナル書記局会議へクラーラ，ローザ出席。	8/1独，対露宣戦。8/3対仏宣戦。 9.独，マルヌの戦で後退。	
	8/4		第１次世界大戦勃発。準備された上記女性会議開催されず。	9.5.レーニン夫妻ベルンへ。	
	8-9		SPD帝国議会議員団戦費賛成投票。	9.6レーニン，戦争に賛成した社会民主主義者を「社会愛国主義者，社会排外主義者」と非難。戦争を内乱への考え。ベルンのボリシェビキ会議で新インターンショナル	
	9/10		『平等』の誌面乱れる。 ドイツ帝国議会でSPD議員団が戦争公債に賛成。		10/19 独領南洋諸島占領。
	10/2		クラーラは，カール・リープクネヒト，ローザ，フランツ・メーリングとともにSPDの戦争政策に反対。		11/7 青島占領。

年	月/日	年齢	クララ・アイスナー/ツェトキーン/ツンデルに関する事項 関連するドイツの事項，女性運動など	ドイツの歴史的事項・国際的関連事項 関連する市民的女性運動の動向など	日本の歴史的状況 日本女性史・抵抗運動史
	10/30		『平等』Nr.1。これ以降検閲による空欄続出。『平等』紙の編集はずたずたになる。	の創設を提起。「民族自決権について」	
	12/2		ローザ，K.リープクネヒト，F.メーリング，ツェトキーン『ベルナー・タークヴァハト』でSPDの戦争協力を批判する声明。 第2次戦時公債法案にカール・リープクネヒト反対。	壊，ベルタ・フォン・ズットナー没。 コロンタイ『母親労働者』。	
1915	3		スイス，オーストリア＝ハンガリー，オランダ，米国で国際女性デー。	1/15ローザ，コスチャへの現存する最後の手紙。	
	3		コスチャ召集される。	2/18ローザ逮捕され，1年の禁固刑。	
	3/26-28		国際社会主義女性会議（ベルン）開催。クラーラ参加。		3/25第12回総選挙。
	4/15		ローザ，フランツ・メーリング，クラーラ他の論文を掲載した『ディ・インテルナツィオナーレ』第1号。1号で発売禁止。	4.ローザ，獄中で「社会民主主義の危機（ユニウスブロシューレ）」書く。	
	6		コスチャ衛生兵として訓練を終え衛生兵連隊に入隊。		
	7/29	58	クラーラ，自宅で逮捕される。ベルン国際社会主義女性会議宣言のドイツでの配布と『インテルナツィオナーレ』第1号発行の2件で起訴される。7/31，8/18，9/13，10/12ローザ獄中からクラーラへ手紙。	4/27-28国際女性平和自由連盟12カ国（ハーグ） クループスカヤ，バセドウ氏病。	8/5台湾の抗日蜂起鎮圧のため軍隊出動。
	8/20		『平等』Nr.24でクラーラの逮捕が報道される。この間『平等』は，ハンナ・ブーフハイムが代理刊行（『平等』奥付の説明）。	5.レーニン「第2インタナショナルの崩壊」「社会排外主義との闘争について」	
	9/5-8		スイス，ツインメルヴァルト会議。クラーラは拘束中で不参加。	秋：レーニン『社会主義と戦争』	
	10/12		クラーラ釈放される。	10/10　米国でドイツ語を話す女性社会主義者会議	
	10/29		クラーラ『平等』Jg.26,Nr.3より編集再開。インテルナツィオナーレ派の女性指導者として戦争反対の非合法活動に参加。	コロンタイ，アメリカへ	12/25農商務省に工場監督官設置。
	12		戦時公債法案2人反対。中央派も反対。 マクシムもこの年徴兵されたと推測される。	クループスカヤ『国民教育と民主主義』。	
1916	1/1		ベルリン，リープクネヒトの事務所でインテルナツィオナーレ派の全国活動家会議。ケーテ・ドゥンカー，ベルタ・タールハイマー参加。獄中のローザの起草になる「国際社会民主主義の任務に関する方針」。スパルタクスグルッペの結成。クラーラは病気で不参加。	レーニン夫妻チューリヒへ。 2/18　ローザ出獄。 4/14-30　第2回ツィンマーヴァルト会議（キーンタール）	『婦人公論』創刊。 工場監督官設置。 友愛会婦人部設置『友愛婦人』創刊。中條百合子「貧しき人々の群」。

年	月日	年齢	クラーラ関連	世界	日本
	3-4 3/19 3/24 5/1 5はじめ 5/26 6はじめ 9/21-23 9/24	59	スイス，オランダ，ハンガリーで女性デー。 スパルタクスグルッペ全国から17人の代表がベルリンで第一回全国会議。 戦時予算案への投票をめぐってSPD議員が分裂。 ベルリンのメーデー：ポツダム広場の反戦デモでカール・リープクネヒト逮捕される。 フリードリヒ・ツンデル，民間人として自由意思で赤十字活動で招集され，自分の車でフランスの戦場に行く。 『平等』紙上(26Jg.,Nr.13,S.137)でリープクネヒトに連帯。 ローザ，数日ジレンブーフのクラーラの下に滞在。 SPDベルリン党会議。ルィーゼ・ツィーツ発言。 社会主義女性会議（ベルリン）。女性職業労働問題，母と子の保護，食糧問題で決議。 この頃「ジレンブーフのドラマ」(ローザのH.ディーフェンバッハへの手紙による)が起きている。ツンデルとの実質的別れ。	6/26　中立国社会主義政党労働者会議(ハーグ)。 7/10　ローザ収監(ブレスラウ)。 8/8　リリー・ブラウン没(51歳)。 コロンタイ『社会と母性』出版。 コロンタイ『誰にとって戦争は必要か』。 10/30ローザ，ヴロンケ監獄に移送。	『青鞜』無期休刊。 9/11河上肇「貧乏物語」『大阪毎日新聞』に連載開始。 11/3山川均と青山菊栄結婚。 9/1工場法施行。
1917	1/7 3/2 4/6-8 5/16 5/25 6/8 6/19 6/29 7/5 9/5-12	60	ドイツ独立社会民主党（USPD）創立準備大会。 『平等』11から14号まで毎号「社会民主党内の論争」という記事。 ゴータでUSPD創立大会。クラーラは病気で出席せず，大会に電報を送る。党大会はクラーラを統制委員に選出する。 クラーラはSPD指導部から『平等』編集者の地位を追われる。 『平等』Nr.17がクラーラ最後の編集となる。 『平等』Nr.18マリー・ユーハッツによって継続される。 クラーラは『ライプツィヒ人民新聞』紙上で国際社会主義女性運動家たちへ『平等』と関係を絶つよう呼びかける。 クラーラ『ライプツィヒ人民新聞』の『女性付録』第1号発行。 クラーラ60歳の誕生日，フランツ・メーリングが『ライプツィヒ人民新聞』にクラーラへの祝辞を寄せる。 第3回ツィンマーヴァルト会議（ストックホルム）即時休戦のアピール。	3/10露：ペトログラードの労働者デモ。 3/12　露：2月革命。 3レーニン「遠方からの手紙」。 4/14レーニンらはチューリヒから「封印列車」でロシアへ帰国。 トロツキー，帰国ボルシェヴィキと連携。 露：臨時政府，第1次連立政府。 5.スウェーデン左派社会党（後の共産党）創立。 6 露：社会民主労働党（ボ）第6回大会。スターリン中央委員。 7.20露：臨時政府20歳以上のすべての男女に普通，平等選挙を定める。	『主婦之友』創刊。 富士瓦斯紡績スト。 4/20第13回総選挙。 8/26職工組合期成同志会結成。 友愛会婦人部機関紙『友愛婦人』創刊。

年	月/日	年齢	クラーラ・アイスナー/ツェトキーン/ツンデルに関する事項 関連するドイツの事項，女性運動など	ドイツの歴史的事項・国際的関連事項 関連する市民的女性運動の動向など	日本の歴史的状況 日本女性史・抵抗運動史
	10/14-20 11/30		SPDヴュルツベルク党大会。エーベルト，クラーラの罷免を説明。 クラーラは『ライプツィヒ人民新聞女性付録』に「ロシアにおける権力と平和のための闘争」を書く。	7/22　ローザ，ブレスラウ（ヴロツワフ）刑務所に「保護拘禁」。 8.　ローザ，獄中から「焦眉の時局問題」を『スパルタクス』に発表。 レーニン『国家と革命』 11/7ロシア10月革命。 11/25露：憲法制定議会選挙。エスエル，ボリシェビキを破る。 12/3ロシア・ソビエト政権。 12/22-23露：ブレスト・リトウスクで対独講和開始。	11/10ロシア10月革命第1報。 12山川均『新社会』で，初めてロシア10月革命を論評。
1918	1/4 1/28 3/3	61	米大統領ウィルソン，講和のための14ヶ条発表。 ドイツ大衆ストライキ。労働者評議会（レーテ）成立。主勢力はベルリン金属労働組合の職場活動家集団（オプロイテ） ブレスト・リトウスクで露独単独講和。 この間クラーラは重病であったがUSPDには手紙で意思表示していた。	1.第3回ロシア・ソヴィエト大会。 2/1露：ユリウス暦から西暦に変更。 3/3ブレスト・リトウスクで調印。ウクライナ，白ロシア，バルト地方を失う。 3/6-8ロシア社会民主労働党（ボ）は，ロシア共産党（ボ）に改名。 共産主義者を社会民主主義者から区分。 3/11モスクワを首都とする。 レーニン「プロレタリア革命と背教者カウツキー」 6/14エスエル右派とメンシェヴィキの追放。 7/10ロシア社会主義連邦ソヴィエト共和国憲法採択：18歳以上の男女の選挙権・被選挙権承認。	富山県漁民女性米騒動。 北海道帝国大学設立公布。 平塚・与謝野，母性保護論争。 米騒動。

				ローザ　獄中で「ロシア革命論」書く（公表せず）。 プレハーノフ没（72歳）。 露：内戦：「戦時共産主義」。 8.フィンランド共産党創立。 11/3　オーストリア共産党創立。 11/5　ギリシャ社会主義労働党（後の共産党）創立。 ウクライナ，バルト地方，ポーランド共産党設立。 11/8ローザ解放。 11/10ローザ，ベルリン着。 11末ハンガリー共産党創立。 12.露：コルホーズ（集団農場），「ソフホーズ」（国営農場）設立。	8/2シベリア出兵宣言。 8/4.日本，米国，英国軍隊がウラジオストックに上陸。干渉軍「白軍」を援助。
	8/29		クラーラ，レーニンへ手紙。		
	10/4		ドイツ，連合軍に休戦申し入れて承認される。		
	10-11		ドイツ「挙国一致内閣」。キール軍港で水平反乱。キール労働者・兵士評議会成立。ドイツ革命のはじまり。各地でレーテ成立。		
	11/9		ヴイルヘルムⅡ世退位。		
	11/11		ドイツ休戦協定調印。		
	11/22		クラーラ「革命と女性」を『ローテ・ファーネ』に書く。		
	11/25		スパルタクス同盟「万国のプロレタリアへ」		
	12/14		ローザ　「スパルタクスブントは何を欲するか」（KPD綱領）。		
	12/16		ベルリンで開かれた労兵評議会は，立憲君主共和国を支持。		
	12/30-1/1		ドイツ共産党（KPD）創立大会（クラーラ，病気で欠席）。 ローザ，綱領提案のための演説。 ローザ，クラーラと『ローテ・ファーネ』女性付録の相談（手紙で）。 この頃復員したマクシムとハンナが結婚したと推測される。		
1919	1/6		ドイツ，ゼネスト，エーベルト政府に軍と義勇軍結集。	1/11　ローザ，クラーラへの最後の手紙。	4/21堺利彦，山川均ら『社会主義研究』創刊。
	1/8-12		ベルリン労働者のゼネスト，50万人のデモ隊ノスケの率いる反革命群と戦闘（1月闘争），反革命軍占領。KPDに対する迫害。		
	1/10		ブレーメンでレーテ共和国。		
	1/15		ローザ，カール・リープクネヒト逮捕され反革命軍兵士ルンゲ・フォーゲル中尉によって虐殺される。 以後パウル・レーヴイが指導者。		
	1/19		国民議会選挙（KPDボイコット）		
	1/25		カール・リープクネヒトの埋葬。		
	2/6-13		国民議会をヴァイマールに招集。SPD右派エーベルト臨時大統領。同シャイデマン首相。ノスケ国防相。経営協議会。	3/2-6コミンテルン（創立大会）。	

年	月/日	年齢	クラーラ・アイスナー/ツェトキーン/ツンデルに関する事項 関連するドイツの事項，女性運動など	ドイツの歴史的事項・国際的関連事項 関連する市民的女性運動の動向など	日本の歴史的状況 日本女性史・抵抗運動史
	3/4 4/13-5/3 4/8，4/30 5/15 6/28 7/31 10/22-23	 62	クラーラ，USPDベルリン臨時党大会で党の右派指導者を批判し，公式にUSPDを離党。KPDに入る。 ミュンヘンでバイエルン-レーテ共和国成立→崩壊。 クラーラ，レーニンへの手紙。 『共産主義女性』(*Die Komunistin*) 第1号発行。 独，連合軍とヴェルサイユ条約に調印。 ヴァイマール憲法制定。人民の自由と権利の保障と帝国主義的性格。両性の同権を謳う。 KPD第2回党大会（非合法）。 クラーラKPD中央委員に選出される。	議長にジノーヴィエフ。 ドイツ代表エーバーライン時期尚早説で投票保留。 3/10ヨギヘス，ベルリンで逮捕され虐殺される。 3/18-23ロシア共産党第8回大会。スターリン，中央委員会政治局組織局メンバーとなる。 3/31-4/4ハンガリー＝ソヴィエト共和国。 3.イタリア，ムッソリーニ，ミラノで「戦闘ファッシ（団）」結成。 4/10オランダ共産党創立。 5/4中国北京で5・4運動始まる。 5/31(6/4)ローザの遺体ランドヴェア運河で発見さる。6/13埋葬。 9/1アメリカ共産党創立。 メキシコ共産党，デンマーク左派社会党（後の共産党）創立。 ヴェーラ・ザスーリチ没（70歳）。 10/29 ILO創立。	 6.『解放』創刊。
1920	2/25-26 3/13-17（4上旬 4/14-15 6/6 7/28	 63	KPD第3回党大会(非合法，カールスルーエ)。クラーラ参加。「国際情勢について」報告。軍事一揆の危険警告。 エーアハルト海兵部隊カップを首相に任命。カップ暴動。バウァー・ノスケ政府ドレスデン→シュツットガルトに逃亡。 クラーラ，ヴュルテンベルクの労働者に，武装闘争を呼びかけ。 KPD第4回党大会（ベルリン）。クラーラ参加。 第1回国会議員選挙，クラーラとパウル・レヴィKPDから当選(44万票)。 クラーラ，国会ではじめての演説。KPDの綱領の説明。	1/10国際連盟発足。 3.露党大会。 3. ヒトラー，ナチス結成。 4/15スペイン共産党創立。 5/23インドネシア共産党創立。 5.レーニン『共産主義の「左翼」小児病』。 7/19-8/7コミンテルン第2回大会。レヴィと対立。「21カ条の加入条件」を8/6に定める。	1. 私立大学（早大，慶大，法政，明治，中央，同志社，日本，国学院）「大学令」で初の私立大として認定される。 3/28新婦人協会発会式。

	7		「共産主義女性運動の方針」を書いてモスクワで7月末ひらかれる第1回国際共産主義女性会議に送るも間に合わず。	7/30-8/3第1回国際共産主義女性会議，イネッサ・アルマンド演説。	
	7-8/3		エルツ山地の虐殺への抗議行動に参加。	7/31「全世界の勤労女性へ」 バクーで「東方諸民族大会」 露：マルクス・エンゲルス研究所	
	晩夏		ソビエト・ロシアへの招待状受け取る。	7/31-8/5第2インターナショナル再建大会(ジュネーブ)。	
	秋		クラーラ，守田有秋と文通。	7/31-8/11イギリス共産党創立。	
	10/12-17		USPDハレ臨時大会。コミンテルン加入のドイミヒ＝シュテッカー決議案を可決。	8．イネッサ，カフカスで休養。	
	10-11		クラーラ，ソビエトロシアを訪問，リガへ船で，ペトログラードへ，労働婦人・農村婦人の3000人の集会に出席。 レーニンに会う（9.23-27の間と10月23日）ブハーリン，ジノーヴィエフにも会う。 クラーラ，レーニンからコミンテルンの女性運動の方針の仕上げを委任される。 クラーラ「共産主義女性運動のための方針」(案)完成。	キスロヴォーツクへ。ナリチクへ。 9/10トルコ共産党創立。 9/24　イネッサ，コレラで死亡。 10/11　遺体モスクワへ到着。 10/12　イネッサ，クレムリンの壁に葬られる。 10/13　イラン共産党創立。	10/23蜂須加農場争議。
	11/2-5		KPD(スパルタクスブント)第5回大会。	10/30　オーストラリア共産党創立。	
	12/4-7		USPD左派とKPDの統一大会（KPD第6回大会，ベルリン）。レーヴィUSPDのドイミヒと党中央の幹部。クラーラ報告。		
	12/25-30		ツールで開かれたフランス社会党（共産党創立）大会に非合法裏に出席。 在フランスの守田有秋が新聞記事でそのことを知る。 この年小冊子3冊出す。『革命的闘争と革命的闘士』，『ソビエトロシアの擁護と建設のための女性』，『モスクワへの道』。	12/25-30　フランス社会党コミンテルン加盟をめぐって分裂，フランス共産党創立。	12/9堺利彦，山川均，大杉栄ら日本社会主義者同盟を結成。
1921	1/13		パウル・レーヴィ，コミンテルン代表としてイタリア社会党大会出席のためリヴォルノへ。	1/13イタリア社会党(右：トラーティと左：セラーティ)分裂。 リヴォルノの第17回党大会で左派（ボリディーガ，グラムシ，トリアッティ）はコミンテルン支部に。	2『種蒔く人』創刊。
	1/7		統一共産党『公開書簡』を出す（多数者を引き入れる戦術）。		
	1/24		クラーラ，ドイツ国会でソビエトロシアとの外交関係再開を主張。 クラーラ，レーニンへの手紙でコミンテルン執行委員会批判。		
	1/25		クラーラ，レーヴィ，ドイミヒら，中央委員会多数派との意見の	2/22国際社会党協議会（ウィーン同盟）コミンテルン「第2半インターナショナルについて」。	4/24山川菊栄ら「赤蘭会」結成。(22年「八日会」に発展的に解消)
	2		相違のためKPD中央委員会から退く。		

年	月/日	年齢	クラーラ・アイスナー/ツェトキーン/ツンデルに関する事項 関連するドイツの事項，女性運動など	ドイツの歴史的事項・国際的関連事項 関連する市民的女性運動の動向など	日本の歴史的状況 日本女性史・抵抗運動史
			中部ドイツ「3月行動」開始。敗北。	露：飢饉。	
	3.19		パウル・レーヴィ「3月行動」を批判し党から除名される。	初頭，レーニン不調（頭痛）	4.堺利彦，山川均，近藤栄蔵ら，日本共産党結成のための準備委員会。宣言・規約案を作成。暫定中央委員会を設立。
	4		クラーラ，レーヴィらと行動を共にしたことの自己批判公表。	3/5-6スイス共産党創立。	
	4/15		『共産主義女性インターナショナル』第1号創刊（25年廃刊）。	露：「国家一般計画委員会」（ゴスプラン）創立。3.8-16ロシア共産党第10回大会。新経済政策（ネップ）へ。	
	6.4-		マクシムとハンナをドイツから同行してモスクワへ。		
		64	レーニンとの対話（主に「3月行動」について）		
	6/9-15		クラーラ，コミンテルン第2回国際共産主義女性会議に参加し「法のまえと実際上の女性の政治的同権」について報告。	モスクワでプロフインテルン創立。	
	6/22-7/12		コミンテルン第3回世界大会に参加。執行委員に選出される。クラーラ「女性運動」について演説。 「ドイツ共産党問題」議題。「統一戦線」「大衆の中へ」がスローガン。	5/8ルーマニア共産党創立。5/14-16チェコスロヴァキア共産党創立。 5．ポルトガル共産党創立。	
	8/22-26		KPD（コミンテルン支部）イエナ第7回党大会。クラーラ参加。中央委員となる。統一戦線路線「大衆に近づけ！」36万の党員。26人の国会議員を擁す（うち13人間もなく離党）。	9．ベルギー共産党創立。 エジプト，カナダ，ルクセンブルク，ニュージーランド，南アフリカに共産党結成。	
	10/10-14		スイス経由でイタリア社会党大会（ミラノ）に非合法裏に参加。クラーラ演説する。	11.モンゴル人民共和国宣言。 冬以降レーニン健康を害す。	
1922	1		パウル・レーヴィ：ローザの「ロシア革命論」を公表。	1．極東諸民族大会（モスクワ）。	1．極東諸民族大会に徳田球一，高瀬清ら出席。
	1/24		クラーラ「ローザのロシア革命にたいする立場」発表。	レヴィ，SPDに復帰。	
	1/25-26		第1回国際女性通信員会議	ルイーゼ・ツィーツ没。	1．山川均，田所輝明，上田茂樹ら『前衛』創刊。
	1後半		ドイツ国会で学校問題について演説。	コロンタイ『経済の発展における女性の状況』（モスクワ）。	
	2/11		マクシムの妻ハンナ男児出産。ヴォルフガンクと名付ける。		3．山川菊栄ら八日会結成。
	3/2		コミンテルン第1回拡大執行委員会で「戦争の危機と戦争に反対する各国共産党の闘争」について発言。マクシムを伴う。	3．レーニン数カ月の不調訴える。	3/3全国水平社創立。
	3/6		コミンテルン執行委員会幹部会決定により，国際女性書記局はモスクワからベルリンに移りクラーラがその責任者となる。	3/25ブラジル共産党結成。	ロシアの飢饉救援運動。
	4/2-5		ベルリンで3つのインターナショナルの会議，クラーラ，コミンテルン代表としてベルリンへ（レーニンと意見合わず）。	4/4露：第11回党大会：スターリン書記局，書記長となる。 4/22　レーニン手術。	7/15日本共産党結成（直後の主な党員，市川正一，徳田球一，野坂参三，荒畑寒村，近藤栄蔵，堺利
	6/7		トロツキーからクラーラへの手紙。	5/26　レーニン最初の発作（10月	

	6/7-11 7/8 10/24 10 10末 11/4-12/5 12/3	65	コミンテルン第2回拡大執行委員会。 ハンナあてモスクワからの手紙（孫の写真を見て）。 ベルリンでの「第2回国際女性通信員会議」でクラーラは「共産主義女性運動の政治的任務について」報告。 ドイツ共産党綱領草案公表（綱領委員会にクラーラ入る）。 クラーラとレーニンの対話。 コミンテルン第4回大会。統一戦線がスローガン。ドイツ（代）40人。右派：ラデック，ブランドラー，クラーラに反対。クラーラは「国際女性書記局の活動」，「女性の間での共産主義活動」，「ロシア革命5年と世界革命」報告する。 「共産党のボルシェヴィキ化」。 マクシムからハンナへの手紙。モスクワで定職についていない様子。この頃からマクシムとハンナに亀裂が推測される。	に復帰）。 7/18独，共和国保護法可決。 レーニン総会で演説（最後の演説）。 チリー共産党創立。 10/30伊：ムッソリーニ政権成立 11/30「国際労働者救援会」（IAH）モスクワで創立。 11月末　レーニンとトロツキー，党内官僚主義への危険を危惧。 12/12　レーニン執務室で仕事の最後の日。12/16レーニン2度目の発作,引退。レーニン遺書口述。 グルジア共和国の抵抗。 12/30　ソヴェト社会主義共和国連邦樹立。	彦，山川均）（1945年まで非合法）。同党コミンテルン加盟決議。コミンテルン第4回大会で支部となる。 イタリアでファシスト政権成立。
1923	1/6-7 1/28-2/: 1-5 3/17-20 4-5 6/12-23		フランス帝国主義者によって計画されたルール占領に反対するエッセンでのKPD会議に出席。 KPD第8回党大会（ライプツィヒ）。クラーラ，外国政治情勢について報告。 クラーラ，『共産主義インターナショナル』の中でルール占領反対闘争問題について，ソ同盟について論文発表。 クラーラ，ドイツ国会においてクーノーとポアンカレ反対闘争を呼びかける演説。 クラーラ，フランクフルト・アム・マインでの国際労働者会議で，国際ファシストの危険に反対するたたかいを呼びかける。 重病，数日意識不明，片足切断の危機。 コミンテルン第3回拡大執行委員会総会。クラーラ，病気，担架で。ファシズムに関する報告を行う。荒畑寒村この報告を聞く。 クラーラ，病気（足，心臓）ソ同盟で療養，この年の夏から秋はドイツでの活動に参加せず。	1/4レーニン，スターリンを批判スターリンとトロツキーの関係に関する遺言加筆。この年からトロツキー問題。反トロツキーキャンペーン。 コロンタイ『経済の発展における女性の労働』，『赤い恋』『偉大なる恋』 3/9　レーニン3度めの発作，言語障害。レーニンの活動終止。 ソ連：4.17-25第12回党大会。レーニン欠席。スターリンの書記長の権限強化。トロツキー対ジノヴィーエフ・カーメネフ・スターリン。	山川菊栄「各国の国際女性デー」（前衛），「プロレタリアと婦人問題」（種蒔く人）2.4.日本共産党第2回大会。執行委員長堺利彦。3.臨時大会。「綱領草案」，日本で初の国際女性デー開催。開催にあたり有島武郎資金援助。2ヶ月後有島，波多野秋子と心中。 山川菊栄，ベーベル『婦人論』英文から重訳初完訳。 6/5．第1次共産党事件。

年	月／日	年齢	クラーラ・アイスナー／ツェトキーン／ツンデルに関する事項 関連するドイツの事項，女性運動など	ドイツの歴史的事項・国際的関連事項 関連する市民的女性運動の動向など	日本の歴史的状況 日本女性史・抵抗運動史
	7/5 8/9 9/27 9 10/23-25 11/23	66	クラーラ，モスクワ，トロツキーへの手紙。 クラーラ，コーカサスで初めての保養。年末まで滞在。 キスロヴォドスクから，後のマクシムの妻となる秘書ミロヴィドヴァ宛ての手紙。 ルール地域，ゼネスト。 KPD男性党員26万人，女性党員3万3千人。 KPDの「10月蜂起」ハンブルクでKPD単独武装蜂起。挫折。 KPD非合法化。	5/15　レーニン，ゴルキで闘病。 10/8トロツキー党中央委員会に書簡，10/24党指導部を批判したトロツキー第２の書簡。 独：母の日導入。ヘレーネ・ランゲ，チュービンゲン大学で名誉博士号。 パレスティナ共産党の創立。 11/8-9　ミュンヘン一揆	9.1.関東大震災。9.16.大杉栄，伊藤野枝虐殺される。IAH日本へ支援船。日本拒否。堺利彦，山川均，赤松克麿，日本共産党解体主張。
1924	1/21 1/26-2/2 2/2 3/1 4/7 5/4 5/23-31 6/17-7/8 7/9 7/12-13 7/11-19 夏	 67	レーニンの死の知らせをクルプスカヤから電話で受ける。葬儀に参加。この年ドイツに戻らず。 ソ連邦第２回ソビエト会議でレーニンについて演説。 ハンナへの手紙（事務的依頼，孫の2歳の誕生日のこと，経済的心配。送金。レーニンの死の衝撃）。 KPD合法化。『ローテ・ファーネ』復刊。 KPD第9回党大会（フランクフルト・A.マイン）クラーラ病気で帰国せず欠席。社会ファシズム論。左派的中央部選出。 国会選挙，KPD370万票(12.6%)。62名当選。 クラーラ，ロシア共産党第13回大会に参加。挨拶。 コミンテルン第５回大会。 クラーラ「知識人問題」について報告。近藤栄蔵この演説聴く。 コミンテルン第4回拡大執行委員会。 第3回国際共産主義女性会議，クラーラ「世界情勢と女性共産主義者の任務」について報告。各国の条件に見合った多様な運動論を展開を必要とすることを主張。モスクワとベルリンの女性書記局，コミンテルン執行委員会幹部会の女性部に統合され，クラーラが責任者となる。 クラーラ，2度目のコーカサス。温泉場で，片山潜，近藤栄蔵と歓談。シェリエスノドヴォスクにいる。 グルジアの蜂起，クラーラ馬車で山脈の北方旅行，ヴラディカフ	トロツキー病気，コーカサスへ。 1/21レーニン没（1870－54歳） ペトログラードをレニングラードと改称。 4．スターリン「レーニン主義の基礎について」。 5/22露：主だった党員集会でレーニンの遺書が読み上げられ，スターリンの職継続決定。 トロツキーの孤立。 5/23-31ソ連共産党第13回大会：反トロツキー闘争決議。 6-7コミンテルン第5回大会にスターリン出席。トロツキーも出席。 KPD指導部を，左派のルート・フィッシャー，マースローに代える。	3．会議を開くことなく日本共産党解散。 片山潜，中央ビュロー組織。再建に着手。 婦人参政権獲得期成同盟会。 大正12 社会政策学会解散。

	秋－冬		カズからグルジアの首都チフリス（トビリシ）へ，チャツーム，バツーム，バクー。イスラム教の女性との出会い。	8/28独：ドーズプラン採択。多大の賠償金。	
			この年，マクシムとクラーラのロシア人秘書エミリア・ミロヴィドヴァが親しくなったことが推測される。		
			ヘレーネ・シュテッカー訪ソ：クラーラと会う。		
			ガブリエル・デュシェーヌ（仏）と会う。		
	11/6		ヒトラー，ナチス解散（翌年再建）		
	12/7		国会選挙，KPD，270万票（8.9%）。45名当選。	12スターリン「一国社会主義」理論提唱。	
1925 病気		68	この年，年中病気。コスチャ，亡命ロシア人ナジャ・マッソヴァとシュツットガルトで生活。	エイゼンシュテイン『戦艦ポチョムキン』。	2.普通選挙法可決（男子のみ有権者22%）。
	2		クラーラ，IAH（MOPR）議長（マルクレフスキー-カルスキーの後任）。	独：ヒトラー『わが闘争』第1巻。	4/22治安維持法公布。
			ケーテ・コルヴィッツIAHの会員。	7/24オッティリーエ・バーダー没（78歳）	ソ連邦を承認。日ソ基本条約調印。
			小冊子「レーニンは勤労女性に呼びかける」。	8.16キューバ共産党（後に人民党）創立。	
	3/28		大統領フリードリヒ・エーベルト没。		
	3/21-4/6		コミンテルン第5回拡大執行委員会総会。「ボルシェビキ化」。		
	4/5-6		コミンテルンの「女性の間での活動に関する組織協議会」開かる。クラーラは，「国際女性書記局の活動と諸支部の状態について」報告。「5月決議」。		細井和喜蔵『女工哀史』。山川菊栄『婦人問題と婦人運動』。
	7/17-		KPD第10回党大会。クラーラ，欠席。エルンスト・テールマン議長。	12/18-31ソ連共産党第14回大会，「生産手段」生産優先の原則。実効的計画化の開始，集約的工業化の第一歩，農業危機の深化。党内闘争の頂点。スターリン，一国社会主義論を主張。トロツキー軍事人民委員を解任。	9.合法機関紙『無産者新聞』創刊。
	8/12～		クラーラ，3度目のコーカサス。チフリス（トビリシ），バクーへ。		12. 農民労働党創立（解散させられる）。
			クラーラ，2年以上も不在にしたドイツへ戻る。国内遊説。		
	11/24		ドイツに「赤色女性・少女同盟」結成さる。		
	11/27		ドイツ国会で「ロカルノ条約」に反対する演説。ソ連へ。		
1926 病気			年中病気。	独：ヒトラー『わが闘争』第2巻。	大正15-昭和元年
	2/17-3/15		コミンテルン第6回拡大執行委員会総会。クラーラ欠席。	スターリン「レーニン主義の諸問題」。	3. 労働農民党創立。
	5/29-6/10		国際女性書記局，女性のあいだでの活動についての第4回国際女性会議開催。クラーラは準備に参加したが会議そのものには病欠。	4/11露：トロツキー，ジノーヴィエフ，カーメネフ「合同反対派」結成。	12/4. 日本共産党第3回大会。「山川主義」と「福本主義」の対立。
	6		モスクワで目の手術を受け入院。		

年	月/日	年齢	クラーラ・アイスナー/ツェトキーン/ツンデルに関する事項 関連するドイツの事項，女性運動など	ドイツの歴史的事項・国際的関連事項 関連する市民的女性運動の動向など	日本の歴史的状況 日本女性史・抵抗運動史
	11/22-12/16	69	コミンテルン第7回拡大執行委員会総会。クラーラ参加。国際情勢について演説。 小冊子『ドイツ労働者階級にとってのソ連邦建設の意義』，本『コーカサスは燃えている』(マクシムによる)。	4/24独ソ友好中立条約。 10.　スターリン＝ブハーリンの覇権確立，ブハーリン議長。ジノーヴィエフの排除。トロツキー政治局から排除。	
1927 病気 小康 状態	1-2 3/27 5/18-30 7/5 8/31 9/11 10/19 11/7 11/25 12/6	 70	クラーラ，4度目のコーカサス。キスロヴォドスクのサナトリウムにいる。 KPDエッセンで第11回大会。クラーラは不参加。 コミンテルン第8回拡大執行委員会総会。 誕生日はモスクワで迎える。モスクワの共産主義アカデミーに，クラーラの70回誕生日を記念して「国際女性運動の理論と実践研究部」が創設され議長となる。 1年半不在にしたドイツ（ジレンブーフ）へ帰る。ヴィルヘルム・ピークとベルリンの労働者の歓迎を受ける。 ブハーリンへの手紙。 ドイツ国会で学校政策について演説。 モスクワで開かれた社会主義革命10周年記念集会に参加。「赤旗勲章」を授与される。 体力衰え，歩行困難，視力も弱る(片方の目失明)。 『インプレコル』紙に「ひとつのエピソード，破滅ではない」。 ヴィルヘルム・ピークへの手紙(「ソ連共産党（ボ）におけるトロツキストの抵抗に反対する」と題がついている)。 小冊子『レーニンと勤労女性』。	独：母性保護規定の拡大。 『ニューヨーク・タイムズ』レーニンの遺書公表。 9/29コミンテルン執行委員会幹部会，トロツキー反スターリンの演説。11.革命10周年記念で国際ソ連友の会設立。 10/21-23ソ連共産党中央委員会総会。 トロツキー，ジノーヴィエフら，党籍剥奪。12/2-19ソ連共産党第15回大会「反対派」の敗北。 ケーテ・コルヴィッツ（60歳）革命10周年記念で夫とともにモスクワに招待される（モスクワ，カザンで展覧会)。 コロンタイ『ワシリーサ・マギーナ』出版。	福田英子没(62歳) 7.　コミンテルン，渡辺政之輔「日本問題にかんする決議」(27テーゼ)。 7.関東婦人同盟結成。 10.『労働婦人』創刊。 12.日本共産党拡大中央委員会「テーゼ」承認。 12/3.　中条百合子(28歳)，湯浅芳子とモスクワ到着(1930年まで)。
1928 病気	 2 2/9-25		再度重い病気 クラーラ，スターリンの路線に消極的反対。 モスクワ近郊アルハンゲリスクに転地，小さな別荘，家は古い庭園の中。 コミンテルン第9回拡大執行委員会総会	1/16トロツキー，アルマ・アタに追放。	長谷川時雨『女人芸術』創刊。 婦選獲得共同委員会結成。 2/1「赤旗」創刊。 2/20普通選挙法に依る最

	 3 4 5 7 7/17-9/1 8/17 9 10.1	 71	クラーラ欠席。 社会民主主義主要打撃論。 大気安静療法，視力落ちる，失神，心臓病，不眠，マクシムの妻エミリー・ツェトキン・ミトロヴィドヴァ，孫ヘンリエッテ，口述筆記。 国会選挙，324万3千票と54議席。 フリードリヒ・ゲオルグ・ツンデルと正式離婚。 コミンテルン第6回大会，クラーラ欠席。コミンテルン綱領決定。 「ドイツプロレタリア女性運動の起源」の旧作に手を入れて完成。 アンリ・バルビュス来る。(1920年仏へ潜入の様子聞く)， ルイ・アラゴン来る。 クラーラ，5度目のコーカサス。キスレヴォドスク滞在。 コーカサスから出した手紙あり。 KI議長ブハーリンへの手紙 ツンデルは，パオラ・ボッシュと結婚(ツンデルとボッシュの息子フリードリヒ・ツンデル1931年に生れる)。	6.ジノーヴィエフとカーメネフ再入党。 トロツキー，コミンテルン綱領草案批判，一国社会主義批判。 「社会ファシスト」 ショーロホフ(→1940)『静かなるドン』。 10/1ソ連第1次5カ年計画発表。	初の選挙。労働農民党から山本宣治当選。 日本共産党山川均，荒畑寒村除名。 3/15共産党一斉検挙(3.15事件)。 4/10労働農民党，日本労働組合評議会等解散させられる。 治安維持法改正公布，山本宣治刺殺。特高設置。 山川菊栄『無産階級の婦人運動』。 9-10百合子，湯浅とバクー油田，ドン・バス炭鉱見学。
1929 病気	 2/27 3 6/9-16 6 7/3-19	 72	ジレンブーフにいたコスチャ，ベルリン近郊ビルケンヴェーダーにクラーラのための家を買う。コスチャとナジャそこへ移動。ハンナと孫ヴォルフガンクはシュツットガルトに住む。 クラーラ，ドイツ(ビルケンヴェーダー)へ帰る。 ベルリンで反ファシズム大会。 KPD第12回党大会(最後の合法的党大会)。クラーラ欠席，KPDの中央委員を降りる。 リャザーノフへのフレデリック・デームートに関する手紙。 コミンテルン第10回執行委員会総会，クラーラ欠席「社会民主主義=社会ファシズム論」。 マクシムとハンナ離婚。	4.スターリン，ブハーリンを攻撃。モロトフ人民委員会議長。 8/1国際反戦デー。 レーニン廟建設。 パーヴェル・アクセリロート没(78歳) 10/24アメリカ合衆国に端を発する大不況，世界大恐慌の開始。 ブハーリン執行委員会によって解任。ルイコフ追放される。トロツキー国外追放。トルコへ。	女性および年少者の深夜業禁止， 4.16共産党一斉検挙(4.16事件)壊滅状態。 4．済南事件。6．中央ビュロー，冒険主義。 9/24伊藤千代子拘禁死去(3/15で検挙)。 日本共産党冒険主義。
1930 病気			病気。殆んど全期間病臥している。 ドイツで生活(ビルケンヴェーダーにいる)。 シュツットガルトの孫のヴォルフガンク，モスクワのマクシムとミラにしばしば私的手紙を出す。	1.インドシナ共産党創立。 4/30 マレー共産党創立。 2/9パウル・レーヴィの死。	片山潜，『コミンテルン』誌で伊藤千代子紹介。 2.百合子，片山と会う。 6.「赤旗」発行禁止

年	月/日	年齢	クラーラ・アイスナー/ツェトキーン/ツンデルに関する事項 関連するドイツの事項，女性運動など	ドイツの歴史的事項・国際的関連事項 関連する市民的女性運動の動向など	日本の歴史的状況 日本女性史・抵抗運動史
	7/5 7-8 9/1 9/14	73	原稿を3本書いてモスクワのミラに送り訂正を頼む。 第1回国際女性労仂者会議 ヨーロッパ共産党女性協議会 国会選挙，KPD450万票。77名。	9/14 独：国会選挙でナチス107議席獲得。 ソ連：マヤコフスキー，自殺。トロツキー『わが生涯』。	7.「赤旗」復刊。鐘紡争議，全日本婦選大会。 11/8百合子帰国。
1931	 3/26-4/11 10/10-12 冬	 74	ドイツで生活（ビルケンヴェーダー） コミンテルン第11回拡大執行委員会。クラーラ欠席。 ドイツの経済危機一層強まる。 ベルリンでのIAH第8回世界大会とその第1回国際女性会議に参加。 マクシムへ何度も手紙を出す。 ロシアに戻る。	ソ連：凶作，トロツキー『ロシア革命史』。 独：「ナチ女性団」設立。 ソ連：モスクワのキリスト大寺院爆破。	1．日本共産党中央再建。無産婦人大会，婦人公民権案衆議院可決，大日本婦人会発会式。 9/18満州事変。
1932 病気	 7/5 7/31 8 8/27-29 8/27-9/15 8-9 8/30	 75	この年，全期間病臥状態。 小冊子『飢えた5月，血まみれの5月，赤い5月』 クラーラ，レーニン勲章授与される。 ドイツ国会選挙。クラーラ当選（KPD530万票。89議席） 論稿「約束と行動！」アムステルダム反戦集会を支持。 アムステルダム反戦集会。クラーラ挨拶を送る。 コミンテルン第12回拡大執行委員会。クラーラ欠席。 クラーラ1カ月ドイツ滞在。 クラーラ，ドイツ国会の最年長議員として国会を開会し，ファシズムの危険に反対する統一戦線を作ることを呼びかける。 この活動が彼女の最後の力を奪った。 小冊子『IRHの活動と道――闘いと団結の10年』。	ケーテ・コルヴィッツの兄コンラート・シュミット没。 ソ連：党決議「文芸・芸術団体の改組について」ですべての芸術団体が解散，凶作。 5．コミンテルン「日本における情勢と日本共産党の任務にかんするテーゼ」(32テーゼ) ケーテ・コルヴィッツ：65歳記念でモスクワとレニングラードでコルヴィッツ展。 8/27-29．アムステルダム反戦集会	『日本資本主義発達史講座』刊行始まる。 2.百合子，宮本顕治と結婚。文化運動弾圧。『女人芸術』廃刊。『働く婦人』創刊。 5．「32テーゼ」(社会ファシズム論含む）上海事変。東京地下鉄スト，大日本国防婦人会創立。 アムステルダム反戦集会に片山潜参加。
1933	1/30 2/1 2/27 3/5		ヒトラー首相となる。 国会解散。 カール・リープクネヒト記念館警察に接収される。 国会議事堂放火・炎上。国会選挙（ナチス228席）。KPD475万票。85人（一度も国会に立ち入らず）。	ソ連：第1次5ヶ年計画が4年3ヶ月で遂行されたと発表。 3/3エルンスト・テールマン逮捕される。	2/20小林多喜二検挙され拷問により虐殺さる。 5．京都大学滝川事件。 長谷川時雨「輝ク会」設立。機関紙「輝ク」を創

	3/9		ディミトロフ他2名のブルガリア人国会放火の疑いで逮捕。	3/10米：ルーズヴェルトが大統領に就任。ニュー・ディール始まる。	刊，クラーラの訃報を掲載。
	3/23		「全権委任法」可決。	米ソ国交樹立。	女性と16歳未満のもの坑内労働禁止，
	4/12		コスチャ，プラハからの手紙。		7/1野呂栄太郎弔辞『赤旗』に掲載。
	5/10		ナチの焚書始まる。		
	6/18		最後の小冊子「世界の女性のためのレーニンの遺産」，「勤労者を敵とする帝国主義戦争－帝国主義とたたかう勤労者」を書く。		
	6/20		病状悪化。午前2時，モスクワ近郊アルハンゲルスクで死す（75歳）。	この時，マクシム50歳，コスチャ47歳，孫ヴォルフガンク11歳。	
			（この日は後に国際赤色救援会募金デーとなる）		
	6/22		棺はスターリンとモロトフによって担がれ，クレムリンの壁に埋葬される。葬儀には片山潜も出席した。		11/5片山潜没（74歳）。

主要参考文献：SAPMO-Barh NY 4005/18/BI. 36-71.（マクシム・ツェトキーン作成の伝記的年譜 1934），Dornemann（1957, 1960, 1973），Badia（1993=Hervé *et al.*, 1994），歴史学研究会編（1997），法政大学大原社会問題研究所編（1995），歴史学研究会編（2001），Forschungsgemeinschaft（Hrsg.）（1983），

補　章

1．旅

本書、初版が出た（2013年）以後も、私はクラーラ・ツェトキーンを追う旅を続けた。私はクラーラの生誕160年の2017年に、どうしてもクラーラの生地に近いエルツ山地とケムニッツの雰囲気を肌で感じたかった。2017年12月のある日、ケムニッツの小さなホテルに泊まり、翌日エルツ山地の雪の中を左にチェコ、右にドイツの境目をゆっくり走る蒸気機関車に1時間乗った。この地の主産業が、鉱山業から木工業、繊維産業へと移り変わる歴史に思いを馳せながら、クラーラが生まれた1857年を想った。

本書第1章の冒頭に、クラーラは、エルツ山地の北側のなだらかな丘陵地帯、ケムニッツとライプツイヒの間のヴィーデラウに生まれたと書いた。私は1978年から2011年までの間に3回、ベルリンやライプツイヒ側（北側）から自動車で生地に接近したが、もっと南寄りにあるエルツ山地というものの実感がどうしてもわかなかった。そのエルツ山地を今回は、バスと蒸気機関車で堪能したのだった。暗くなってから、雪の中をバスは、エルツ山地のまんなか、アンナベルク・ブーフホルツのクリスマス・マーケットに着いた。広場の真ん中に大きな女性の像が立っていた。その像は、バルバーラ・ウテマン（1514-1575）で、ドイツ人名辞典にも載っている人物である。この地の鉱業が衰えたあと16世紀にボビンレース（ドイツ語ではスピッツェン・クレッペライ）を考案して、この地に手工業を興した女性だという。そのレース編みも衰えた後、木工細工のおもちゃ・木の人形で栄え、衰え、それら伝統を残しながら三百年の歴史が流れてドイツ産業革命の前にクラーラが、この地の近くで生まれたのだった。雪で囲まれたエルツ山地のマーケットは、この地の伝統的産物、レースと毛糸の編み物と木の人形が人気で、たくさんの人出で賑わっていた。

本書第2章・第3章で、私は、クラーラとライプツィヒで知り合いパリで結婚した亡命ロシア人ナロードニキ、オシップ・ツェトキーンの事を、パリ警察の資料他をもとに、オシップは「ウクライナ南部、黒海に面した港湾都市オデッサで生まれた」と書いた。パリに死したオシップが葬られたイヴリィ市民墓地には2000年9月に訪ねて行ったというのに、彼の生地へのイメージは漠然としたままだった。ギリシャ神話オデッセィアに由来するオデッサに2016年10月に行く機会を得た。街の基礎を築いたエカテリーナⅡ世の像がそびえるように立つオデッサ。エイゼンシュテインの映画「戦艦ポチョムキン」(1925)とその映像の中の有名な「階段」。銃弾に当たった母親が手を離した乳母車が子どもを乗せたまま「階段」を滑り落ちるシーンのその「階段」をこの目で見たかった。この階段は、オシップが生まれた1853年の10年以上前に作られたというが、今もあった。若きオシップが追っ手から逃れるために階段を駆けおりたかもしれない。歴史的にも「本来の『ロシア』はウクライナ」とさえいわれるウクライナは今、ロシア帝国支配下のウクライナでも、ソ連構成国のウクライナでもなく、独立国ウクライナであるが、いまなおロシア連邦と紛争が続くウクライナでもある。チェルノブィリの原発事故(1986年)の永遠の事後を重く抱え、周辺の諸国の中でも最貧国といわれるウクライナでもある。

オシップ・ツェトキーンがウクライナ出身のロシア人であることの意味について、これまで考察が足りなかった。しかし、後年、モスクワで13年もコミンテルンの仕事に携わったクラーラが、コーカサスには何度も行っているのになぜかオデッサに行った形跡はない。当時のこの地とソ連との複雑な関係のせいもあっただろうか。

第12章で私は、ラトヴィアのリーガ駅で1921年クラーラ一行は穏やかならぬ事件に遭遇したことを書いた。2015年10月、私はラトヴィアの首都リーガ駅でモスクワ行きのホームに立ち、かつダウガヴァ川ぞいに下流に向かって歩いた。クラーラが、1920年代の始めから32年まで、海路をとったり(第13章)、何度もここからのモスクワへ(またその帰り1928年まではシュツットガルトその後はベルリンへ)広軌鉄道への(からの)、乗り換えを経験し、1921年には、クラーラ自身がリーガ駅で検束されたり、書類を紛失したりした（第14章）というこのリーガ駅を見ないままで、私はすませたくはなかった。

しかし、もちろん2015年のリーガ駅も、プラットホームからみる軌道も、目を凝らして見つめても何も語らない。バルト3国の真ん中の国ラトヴィアの駅構内でなぜ、クララーラは奇妙な経験をしたのかに思いを馳せる。ロシア革命と第一次世界大戦終結後バルト3国はそれぞれ複雑な政治状況にあったが、1918年11月18日、非ボリシェビキのラトヴィア人が民族会議を設置し、ソビエト・ロシアからの独立を宣言した。すでにラトヴィアと停戦条約を結んでいたドイツはそれを1週間後に承認した。ラトヴィアはその後も、ドイツ軍、ボリシェビキ軍、ロシア白軍に翻弄され、内戦状況を経て、1920年8月11日には、リーガでようやくソビエト・ロシアと平和条約締結にこぎつけたという歴史を持つ。クラーラ一行の身の上に起こった不可解にも思われる経験はそれらのことを反映していたのだろう。クラーラのモスクワへの旅の往復は、当時のドイツ領ポーランドを経由して、諸勢力が拮抗している混乱の中で行われていたのだ。いずれにせよ、クラーラにとっては毎度、難儀で消耗な旅だっただろうことを想像させる。

2．第20回（2013年）社会政策学会学術賞と本書への8本の書評

本書は、2014年5月に、第20回（2013年）社会政策学会学術賞を受賞した。受賞はしたが、選考委員会の授賞の理由がすべてお褒めの言葉ばかりであるはずがないことは学会の性格上当然である（選考経過・理由は社会政策学会ホームページ中のhttp://jasps.org/archives/1804でアクセス可。2018/3/8現在）。しかし、全体として本書を学術賞に値すると評価していただけたことに感謝し、さらに研鑽をつむ義務を負わされた思いである。

書評についてであるが、受賞前、本書の最初の書評は、水田珠枝氏（『週刊読書人』2014.4.18）のものであった。前著『クララ・ツェトキンの婦人解放論』（有斐閣 1984）に続き、この厚くしつこい本書に目を向けてくださったことにまず感謝したい。その上で「ツェトキーンの思想をジェンダー平等につなぐには難点がある。たとえば、プロレタリア女性を母として妻としての義務から遠ざけることに反対したツェトキーンの主張は、時代的制約を考慮し

たとしても、ジェンダー平等を支持する女性たちには受け入れにくいだろう。ジェンダー平等という用語は、過去および現在のマルクス主義女性解放論の外側にいる多くの女性たちの努力の成果なのである」との御批判を頂いた。しかし私は、ジェンダー平等の実現のためにこそ、女性の母としてあるいは家庭的義務と正面から向き合わなければならないと考えている。「保育園落ちた！日本死ね！」「たれの子どもも殺させない－ママの会」「家庭でケア役割を担うのは主に女性。なぜ？」から始まって今日の社会運動に大きなインパクトを与えているのはその具体的現れでなくて何であろう。家庭的義務を問題にし、改善・解決することによってこそジェンダー平等の実現への具体的道筋が示されるのである。クラーラは、未来社会を目ざしての長いたたかいの途上にある本質的問題に注目したのである。

また水田氏の「ジェンダー平等」という用語の出自をマルクス主義の「外側」からか「内側」からかと区別することも、重要な用語を、ジャルゴン化して排他的になるので、過去の理論の蓄積・歴史的反映・継承として捉え直すことに重きを置く私は、違和感をもたざるをえない。しかし、前著に続いて、二度も書評の労をとって下さった大先輩にお礼を申し上げる。

次いで同年秋、イギリス女性史研究会『女性とジェンダーの歴史』(No.2, 2014.11) に、矢野久氏と倉田稔氏が書評を書いてくださった。ドイツ社会史研究が専門の矢野氏の書評は大局的視点から、詳細にお読みいただいた結果、私の欠点・不足点をあますところなく拾い上げてくださっている。一言でいえば、歴史をとらえる方法は新しく動いているのであり、私の方法は「古い」ままにとどまっているとのご指摘である。歴史の中の「個人」を捉える私なりの方法は例えば「グローバル・ヒストリー研究」にも若干ヒントを得たが、もともとは歴史学の新しい流派と無関係な独自の試行錯誤の結果である。

他方、ベーベルの研究にも詳しい倉田氏は非常に細かな点についてのコメントと同時に、クラーラを、コミンテルンの大局的な方向の中で位置づけてご意見をくださり、他の評者からかなりが批判的に読まれていると思われる「終章」を、意外にも評価してくださっていると読み取れる。しかし、「著者も時代の子だという感慨を私はもつ」の一言の裏には、矢野氏と共通の批判がこめられていることも推察される。

2015年に入って年度の終わりの3月をピークに4人の方の書評が出た。荒又重雄氏が、昭和女子大学『学苑』No.893（2015.3）と『労動総研クォータリー』No.98（2015.4）に紹介・書評を書いてくださった。ロシア社会思想史に詳しい荒又氏は半世紀以上前から、新川士郎教授の北大社会政策ゼミで私の同門の先輩であり、かつ新川先生の北大の「Sitzを譲り受けた」後継者であって、私の論文博士申請時の主査であった。批判点は1984年の学位申請論文の審査経過に詳しく書かれており、それになお十分応えていない本書の欠点も、私の限界を知った上で、さらに深入りされず、私が新たに資料から発見したり、強調したかった点を見逃さず汲み上げてくださり、一般労働者の読者をも想定されて、読み方の示唆まで与えてくださっていることに恐縮する。

荒又氏の書評には、新川門下生なら書き落としてはならないことへの言及があった。それは、新川研究室に所蔵されていたコミンテルン関係文献のことである。確かに私は、1960年代の院生時代、当時でさえ変色していたタイプ打ちの「『伊藤文庫』目録」、その整理にあたった門下生の手書きの「コミンテルン関係文献原簿」なるものを引き継ぎ、「『伊藤文庫』婦人問題・クララ・ツェトキン関係目録」を作成して本研究に使ったのであった。『伊藤文庫』とは、戦前に北海道の日高の素封家の出で早稲田大学に入学した伊藤四郎氏が、輸入される警察押収対応文献を買い集め、かろうじて持ち帰った資料・書籍であり、それを、新川研究室が購入したもの（現在一部は北大附属図書館に寄贈）である。私のRGASPIへの道は、私を育ててくれた研究室の歴史的伝統を引き継いでのことであり、その学恩の上に本書の出版も有り得たのだと、荒又氏の書評によって再確認させられた。

イギリス史専門の高田実氏の『大原社会問題研究所雑誌』（No.677, 2015.3）での書評は、ていねいに拙著をフォローして紹介くださった上で、いくつかの評価点と問題点の指摘をされている。指摘の中心は、私が本書の何カ所かで批判している「言語論的回転」あるいは「言説の理論」について「言説分析がもつ有効性を取り込みつつ、より歴史像を豊かにする可能性」を追求する方向もあるという点である。過去の理論の蓄積・継承と、パラダイム転換との関係を慎重にとらえたいと考えている私へのご助言であると心にとめておきたいと思う。

掛川典子氏は、『昭和女子大学女性問題研究所紀要』(No.42, 2015.3) に書評を書いてくださった。掛川氏とは同じ職場で20年間、女性文化研究所の運営の苦楽を共にした。ドイツ史の中でもマリアンネ・ヴェーバーやヘレーネ・シュテッカー研究の掛川氏はクラーラと思想を異にする同時代人に造詣が深いばかりではなく、研究の視点を異にする現代フェミニズムの先端にも詳しく、本書のことを「ラディカル・フェミニズムあるいは言説論者からは否定されもしよう」と拙著への批判をあらかじめ想定されている。この点については、掛川氏と私は、かねてより仕事がら常に議論し、現代の女性問題を把握する共通項を模索して来た。氏は「混迷する21世紀に入り、ジェンダー平等も世界平和もまだ実現していない。人類の理想社会を求めて、女性問題と平和希求のための研究は終わらない」と私たちの職場、女性文化研究所の仕事の姿勢を表現して、それに私の研究に繋げてくださっている。

日本ドイツ学会を率いる姫岡とし子氏は、学会誌『ドイツ研究』(No.49, 2015.3) に、本書を取り上げてくださった。姫岡氏の批判点は、姫岡氏としては当然の内容で、言語論的転回によって資料の読み方が拡大するという見解は、高田実氏の見解とも一致する。また「妻・母としての参加がジェンダー平等にどうつながっていくか」という水田氏と同じ疑問提起に関しては、この種の問題で、多数派女性の日常生活の営みの困難を、同じ地平で共感する場と離れた所にいる「研究者」の非当事者目線での理論構築である思いがする。理論だけではなく運動の場からの叫びと結びついてはじめて「つながる」のである。子ども、妻等、生活現場の問題と結びついてこそジェンダー平等に「つながる」ことは論を待たない。私がクラーラの見解を受け入れる理由はここにある。このことは、今地域で多数の普通の女性市民の中で生活して市民運動に近く身を置いている私の再確認である。

ここで、この箇所と内容的に関わりのある住沢とし子氏の1980年代初頭の論文 (「ドイツ婦人労働者の政治的・社会的動向――第一次世界大戦からドイツ革命期にかけて――」『歴史評論』No.395, 1983年3月号：36-57、76) を本書でとりあげていなかったことは、不注意であったと、私は反省していることを付け加えておきたい。レーテ運動に関する女性の参加の低さへのクラーラの言及には、女性と家庭的なものを当面きりはなさず運動に関わらせる方法を探るクラーラの見方と関わることにもなる。姫岡氏との平行線は今後も交差することはないであろうが、何はともあれ、姫岡氏が『ドイツ研究』で拙著を取り上げてくださったことと、長きにわたって、異なる視点、方法からの刺激を、私に常に与えてくださっていることに感謝している。

さて、私の知る限りの最後は、1984年の前著を社会政策学会誌で書評して下さった故島崎晴哉氏門下のドイツ労働問題研究の社会政策学会の松丸和夫氏のもの（『女性労働研究』No.59, 2015.6）である。氏は、1984年の拙著を島崎晴哉氏が『社会政策学会誌』に書評されたことがある繋がりから、超御多忙の中を時間を割いてくださり、氏の危惧を吐露されている。それは、本書の二つの目的（第一に、クラーラ・ツェトキーンという人物の実像に迫り、歴史の中でどういう役割を果たしたかを示し、第二に、クラーラの女性運動に関する発言、著作、行動、生き方が「世界のジェンダー平等の運動」や日本の「男女共同参画」の実現にいかに寄与するか）に関し「第一の目的に沈潜しようとすればするほど、第二の目的とは隔たりが広がるリスクが増大し、逆に、第二の目的を前面に押し出すことは、現在から過去の事実を大なたで切り捨てることにもなりかねない」といわれている。だが私は、終章で、この二つを統一的に捉えることをこころみたつもりであったが不十分であったのだろう。

ともあれ、書評の労をとってくださった諸氏に、それにかけられたであろう多大な時間を想って感謝にたえない。

3．クラーラのはじめての手紙集の出版によせて

2016年11月、マルガ・フォイクト編『クラーラ・ツェトキーン：戦争の手紙（1914-1918）』カール・ディーツ出版（2016）が届いた。いかにもドイツの専門書らしい重厚さ、見事な構成内容（この本の場合は、目次、謝辞、献辞、手紙本文と特殊な表現への補足説明と詳細な脚注、補遺、年譜、編者の刊行によせることば、関連専門家のエッセィ、略語一覧、使用された当時の新聞・雑誌一覧、検索文書館一覧、地名索引、生年没年および解説付きで本書に出現する人物の索引、編者紹介）に接していつものように感嘆する。

クラーラの手紙の初めての収録が、「戦争」に関わるものであったことは、

第一次世界大戦から100年を経た今日、実に時宜を得ている。もっとも「開戦100年の2014年に出したい」と、2011年ベルリンでフォイクト氏に会ったとき言われていたのだった。

内容をみると、クラーラの1914年の手紙31篇、記録4点、1915年の手紙62篇、記録3篇、1916年の手紙32篇、記録2篇、1917年の手紙、51篇、記録1篇、1918年の手紙32篇、記録1篇が収録されている。これだけの手紙を、フォイクト氏は、15の文書館（ドイツ7か所：ボンのフリードリヒ・エーベルトStiftung、カールスルーエ、ポツダム、コブレンツ、ハンブルク、ヴュルテンベルク、ベルリンSAPMO、コペンハーゲン、ストックホルム、アムステルダムのIISG、モスクワRGASPI、スイスのベルン2カ所とチューリヒのスイス社会文書館、ヴィーン）を尋ねて収録している。私は、上記の文書館のうちボンのフリードリヒ・エーベルトStiftung、ベルリンのSAPMO、アムステルダムのIISG、モスクワのRGASPI、チューリヒのスイス社会文書館には行っているが、その他には行っていない（本書913ページ）。

「刊行に寄せて」を読むと、この手紙集の構想は、2007年にベルリンで持たれたローザ・ルクセンブルク財団主催のクラーラ・ツェトキーン生誕150年シンポジウム「クラーラ・ツェトキーンとその時代」に端を発しているとのことである。このシンポジウムには私も出席していたが、その時マルガ・フォイクト氏を知らなかった。フォイクト氏とはじめて会ったのは、さらにその前年2006年ベルリンのSAPMOに行ったとき、東北大教授（当時）大村泉氏の紹介でお世話になったロルフ・ヘッカー氏が、2011年にふたたびSAPMOに行った私に紹介して下さった時であった。

フォイクト氏は、これまで、クラーラには選集その他が出版されているのに、手紙集が欠けていたことを指摘されていた。フォイクト氏によれば、ツェトキーンの手紙遺品は、1914年から1933年だけでも1000通以上の多くにのぼるが、第一次世界大戦100年にあたり、1914年から1918年までの戦争の時代に関する手紙を集めているとのことであった。この手紙集は、ドイツ国内では、ローザ・ルクセンブルク、フランツ・メーリング、カール・リープクネヒト、国際的には、イネッサ・アルマンド、アレクサンドラ・コロンタイ、ヘレーネ・アンケルシュミット、そしてアンジェリカ・バラバーノフへの、1914年8月から、1918年11月までの172の手紙と、27の葉書、電報等、その下書きやノートを収録したものである。編集・表記の方法について、フォイクト氏は詳細な説明を行っている。もう気が遠くなるような仕事である。フォイクト氏は、謝辞と、「刊行に寄せて」のなかで、ソ連東欧の崩壊後の1990年以降だされたクラーラの伝記として、フランスのジルベール・バディア（1993）、ドイツのターニア・プシュネラート（2003）と、日本のセツ・イトー（2013）があると本書もあげている。奇しくも10年間隔ででている。

収集された手紙のなかに、本書第11章第4節に関わる、クラーラのローザ宛（1918年11月17日付け）1通の重要な手紙（SAPMO-BArch, NY4005/78）が含まれていた。この手紙について取り上げておきたい。

4．クラーラのローザ宛、1918年11月17日付け手紙について

（マチルデ・ヤーコブ経由、署名はマチルデにはClaraZZ、ローザにはClara）

この手紙によってシュツットガルトにいたクラーラの状況、1918年11月のドイツ革命についてのいくつかの見解、マクシム、コスチャ、フリードリヒ・ツンデルのこの時期の消息が明らかになる。この時クラーラは（本書第7章：350－353にみるように）、『平等』の編集を追われて、1817年6月29日から『ライプツイヒ人民新聞』の「女性付録」の編集をして、隔週1回、1918年12月2日付け38号まで出し続けていた。1918年11月9日、スパルタクスブントの機関紙として『ローテ・ファーネ』が発行されたが、クラーラはこれにローザの求めに応じてシュツットガルトから協力していた。ローザは、これに「女性付録」が必要と思っていたのだった。

「私の愛するローザ」にはじまる手紙は概略、次のようなものである。

1．まず、この切迫した1918年のドイツ革命の現況に関して、自分はローザと意見を交換したいと非常に強く思っている。そのためには、ぜひローザと再会したいが、ローザはベルリンを動けないであろうから、ただちに自分が行くことができるようにしたいと思っている。また、クラーラはさらに、自分はここシュツットガルトにいてライプツィヒ女性新聞を編集するよりべ

ルリンでもっと多くの事をしたいと意思表示している。これまでのこの時期のクラーラの状況の説明は、本書第11章第4節で叙述したように重病でシュツットガルトから動けないというものが主であった。しかし、この手紙からはそのことを感じさせない。「病気説」はマクシムのクラーラの年譜に特に強調されている何かの配慮だったのではないだろうかとさえ思わせる。

2. クラーラは、今まさに進行中のドイツ革命の中でのブルジョアジーの性格とプロレタリアートの位置についての考えをのべる。クラーラは、「ドイツ革命の出発点は兵士の要求から出た軍人の革命運動でしたが、この状況では、それは、軍国主義に反対し、個人支配に反対し、政治的民主主義に賛成する革命闘争にならざるを得なかった。この戦いは自ずと必然的にプロレタリア大衆によって勝ち取られなければならないものでした」と書く。しかし、プロレタリアートはその役割をはたさなかった。「プロレタリアートは殆ど真面目に闘わずに政治権力を獲得しました」と、そのことに大きな懸念を示している。

3. すでに予告されていた（本書第11章、545頁）「憲法制定国民議会」の性格についても、その多面性を分析しクラーラは彼女の見解をのべる。結論から言ってクラーラは「憲法制定国民議会」選挙に欺瞞性を感じて反対の態度をとっている。この点はローザと大きく違うところである。クラーラは「憲法制定国民議会は、ブルジョア的反革命の隠された盾です。表向きの民族と階級の調和を生み出す努力のための戦いのイチジクの葉（Kriegs-Feigenblatt）です」と書いている。

4. ドイツ独立社会民主党（USPD）内部の意見の不統一を訴えている。USPDは、SPDに見切りをつけた党であったが、その中にもクラーラ・ツェトキーンのような、ローザと同じ「スパルタクスグルッペ」の会員（公には、「インテルナツイオナーレ派」）とSPDに近い両極がいたのである。しかし、クラーラは、所属政党としては、ローザの死後までUSPDを動かず、USPD左派の立場を貫いたのであったが、当時のUSPDの状況をこの手紙でローザに知らせている。彼女は「私は、さしあたりわれわれが、妥協しない根本的批判をもって独立社会民主党内に留まろうという考えです。タールハイマーやリュックは即時の分離に賛成です。彼らは今日既に独自の党を創立しようとしました。彼らは、すぐにでも新党を作ろうとしています。……あなた(ローザの事：伊藤）もまた、すぐ党が独立することに賛成であると彼らは言っています。私は彼らに、信じられないと言いました。長時間激しい議論をしましたが彼らの意見を変えることは出来ませんでした。私の信念は、今、分離に加わることを拒否するということ、しかし、私は――誤解を解くためにそして曖昧な立場に陥らないために――女性新聞の編集を辞めると云いました。」と書いて、新党（ドイツ共産党）を作ることにクラーラは反対していたと読み取れる。

5. この情勢の中でクラーラは女性の中でどう活動すべきかを書くことを忘れない。「私の肉体的能力がなんとか許す限り私はシュツットガルトのスパルタクスグルッペの政治生活に参加し、私たちの根本的見解を公にする活動をするでしょう。とりわけ女性のためにです。私たちの戦いは今ますます女性を必要としています。私は女性新聞を通じて女性の指導的な精鋭部隊にのみ働きかけています。そのことも重要なことですが、しかし、私たちは、直接にプロレタリア女性大衆を把握するということが、最も重要です。日刊紙を必要としていることに加えて、短いチラシが必要です。日刊紙は、今は不可能です。頻繁に出されるチラシがその埋め合わせをしなくてはなりません」と。

6. この手紙の中に、クラーラの二人の息子、マクシム、コスチャ、二人目の夫、フリードリヒ・ツンデルの近況報告が入る。2人の息子については、「マクシムは今彼の野戦病院とともに帰還行進中です。彼は、胃腸カタルとリューマチに殆ど絶え間なく苦しんでいます。コスチャは、まだシュツットガルト近郊のリハビリ病院にいます。彼の神経はかなり衰弱しています。彼がもうすぐ野戦臨時医としてどこに派遣されるか誰も知りません。こうした不確実さは彼に重くのしかかっています。彼は今後、場合によっては＜自ら除隊して＞、チュービンゲンへ医学の勉強を終えるために行くという目標をたてています。彼は学業の終了と、しっかりした仕事と自立を渇望しています」と書いている。本書第16章第3節：862に、1918年9月6日付けローザからクラーラへの手紙の中で、ローザはマクシムとコスチャはどうしているかと尋ねているが、この手紙で、「無事帰還」とあっさり言えたものではないことが初めて理解される。

また夫のフリードリヒ・ツンデルについては、重い病気になってもう5週間になり「夜となく昼となく、彼に死との戦いと死の不安感をもたらす、医師の助力を要する神経性発作がはげしく起きる」ので、3週間は家で、2週間は入院したことなどが知らされている。

7. 当時のシュツットガルトの革命的状況とそのなかでの自らの活動が書かれている。この間クラーラは決して病気で伏してばかりいたのではなかった。本書（547頁）の、これまでの資料から得た私の危惧は否定されなければならない。ベルリンという中心地ではないが、シュツットガルトの革命の渦の中にクラーラもいたのである。11月9日、日曜日「私は、野外で5つの演説をしました。フランス人、イタリア人、ルーマニア人、セルビア人、ロシア人とドイツの警官の見張りを前にして――。外国人は非常に喜んで感謝していました。ロシア人は、革命的ドイツ人民への心からの挨拶と感謝を私に与えました。さらにこの日は二つの短い演説を、ウルムのミュンスタープラッツとゲッピンゲンの歳の市の屋台店の下の通りでしました。私は死ぬ程疲れ、声をつぶして家に帰りました」とある。

この一通のローザへの手紙の存在によって1918年11月18日時点でのクラーラ・ツェトキーンの考え、彼女家族全員の消息、ドイツ革命時のシュツットガルトの雰囲気などが、クラーラ自身の筆によって明らかになった。

5．2017年のクラーラ・ツェトキーン生誕160年、そして未来へ

クラーラ生誕160年の2017年は、ロシア革命100年、マルクス『資本論』第1巻150年でもあった。10年前、クラーラ生誕150年の2007年には、ベルリンでローザ・ルクセンブルク財団主催の記念コロキウムが開催され、記念出版もあったほか、ベルリン近郊ビルケンヴェーダーのクラーラ・ツェトキーン・ハウスで地域住民による催しももたれた（本書序章：11-12、及び2007年7月30日、筆者の研究ブログhttp://setsuito.jugem.jp/?month=200707　参照）。その10年後、クラーラ生誕160年の催しはどうだったのかは、マルガ・フォイクト氏からメールで次のような情報を得ている。一つは、2017年5月14

日、シュツットガルト-ジレンブーフでのマルクス-エンゲルス財団による集会、他の一つは同年7月8日、ビルケンヴェーダーのクラーラ·ツェトキーン・ハウスで「ビルケンヴェーダ——　クラーラ・ツェトキーン記念の地振興会」主催での小集会である。前者では、「クラーラ－ツェトキーン－不屈の生涯」というテーマで、4人の報告があった。第1報告者、フローレンス・ヘルヴェー（ジルベール・バディアの、クラーラの伝記のフランス語からドイツ語への翻訳者）が、クラーラを社会主義フェミニスト政治の初期のパイオニアとして、ドイツ労働運動及び社会主義女性インターナショナルの女性政治家としての彼女のイニシアチヴについて述べ、第2報告者、マルガ·フォイクトは、自らが編集したクラーラの、第1次世界大戦前・中に書いた多数の手紙について、第3報告者ハインツ・カール（Die Linke：左翼党ドイツ労働運動史マルクス主義作業グループ議長）が、ドイツ共産党とコミンテルンの中でのクラーラの役割とその政策論争を、第4報告者、ギュンター・クライン（ジレンブーフ森の家協会議長）が、クラーラの30年以上のシュツットガルトでの生活と活動について報告した。後者では、マルガ・フォイクト、クラウディア・フォン ゲリゥ、Dr.エッカルト・ミュラーが招待された。マルガは、自ら編集した『戦争の手紙』について話し、歴史家のクラウディア・フォン ゲリゥは、クラーラの同志で友人のエンマ・イーラー、ケーテ・コルヴィッツとその女性繊維家内工業労働者の絵につい話し、クラーラが、すでに100年も前から女性の賃金について同一労働同一賃金の明確な主張をしていたことについてふれ、Dr.エッカルト・ミュラーは、アネリース・ラシッツァとともに編集したローザ・ルクセンブルク全集7巻を示し、クラーラの友人ローザについて語ったとのことである。

日本では、そのような集会がもたれるはずもないが、私は「マルクス『資本論』第1巻150年とクラーラ・ツェトキーン」という小論を、マルクス『資本論』第1巻刊行150年記念を特集した『日本の科学者』2017年9月号に書いて、ささやかな記念とした。拙稿一覧の最後に加筆しておいた（伊藤セツ2017）。

クラーラ・ツェトキーンの記念の行事は、全体としてはこれまでもささやかであった。本書第15章２の(1)：794 − 805に、私は、ロシア革命10年とクラーラの70歳について書いたが、当時ベルリンにいた千田是也の伝えるケーテ・コルヴィッツの紹介（千田 1928:16-51）のなかに、70歳のクラーラが現れる。私が入手しかねていた『中央美術』No.146に掲載されたこの論文のコピーを、拙著初版を読まれた近藤龍哉日本女子大学名誉教授（中国文学）がご親切にも送って下さったのである。それによってさらに、この千田論文を読んでいくと、ケーテが「年齢」について弱気なことを書いていることに対して、千田は「クララ・ツェトキンだったら、こんな泣き言は決して云わないだろう」（同上：21）といいつつ、ケーテの正直さ、優しさ、「あらゆる物を残りなく感受するデリケートな心」を讃えている（同上）。これによって千田が、クラーラとケーテを意識して比較しているのがわかるが、私も私なりの視点から比較してきたので、千田の観察が興味深く、コピーを送って下さって近藤氏にお礼を申し上げる。

実は、私は、2017年12月、ドイツを旅していて、そのケーテの生誕150年の展覧会に、ドレスデンで偶然出くわしたのである。「ドレスデン国立美術コレクション」での「Käthe Kollwitz in Dresden」と題する見事な展示であった。この生誕150年を記念して新たに編まれたカタログも入手して、ケーテの世界に浸りながら、10年前（2007年）のクラーラ生誕150年のことを想わずにはいられなかった。

2017年には、日本でも、ロシア革命100年、マルクス『資本論』第1巻150年については、雑誌の特集や、評論等は見られた。

本書初版は、クラーラ・ツェトキーン没後80年、アウグスト・ベーベル没後100年の2013年に出された。クラーラの没後100年は2033年にやってくる。その時まで、私が生きていれば、もう少しクラーラを追い続けることができるだろうが、もはや先の事はわからない。だとすれば、ここらで、未来社会の展望について考えてみたくもなる。クラーラ・ツェトキーンは、ベーベルのように未来社会について書いてはいない。私はベーベルの『女性と社会主義』の第4編、彼の未来社会論ともいうべき「社会の社会化」を構成する11の章に強くひかれるものである。ベーベルが、ただ空想的社会主義的に未来社会を描いたとは思われない。しかし、未来社会への道は遠いことは、これまでも誰もが思い知らされてきた。現状をみれば、地球上の少なからぬ場所が戦闘状態にあり、人類も自然も原発の放射能に汚染し、これまでの社会主義の実験は失敗に終わり、未来社会への道は閉鎖されたかのようである。しかし、クララたちが始めた「国際女性デー」は、平等・開発・平和を求めた1975年の国際女性年以降、国連が取り上げて1977年に国連の日となったことにより、思わぬ展開を見せた。「国際女性デー」は年々水量を増して大河となって未来に向かっている。国連はSDGsの目標達成を1930年までと定め、UN Womenは50/50 Planetを掲げて、貧困僕滅やジェンダー平等、人権、人間の尊厳への努力はたゆまず進められている。

本書増補改訂版を脱稿した2018年3月8日当日の国際女性デーは、日本では、首都東京だけでも、従来からの実行委員会の方式中央集会が「核兵器なくそう、戦争でなく平和へ、ジェンダー平等」をかかげてとり行われただけでなく、世界のフェミニストと連帯するWomen's Marchが、セクハラに反対する# Me Too, # We Too, # With Youをかかげ、また女性の地位向上につながる二つの法律：選択的夫婦別姓の民法改正案と、女性議員を増やす目的の「政治分野における男女共同参画推進法案」の制定や改正を求める集会が国会内でもたれた。日本各地での行事の数とひろがりは、まとめようもないほどであった。

今後もこのように国際女性デーだけでも、世界中で、クララの時代にはみられなかったGOやNGOや市民運動の合流や、それぞれの立脚点から、ジェンダー平等と世界の平和を求めて社会を変革する人類未踏の未来社会へと向かっていくだろう。

たとえ国際女性デーのルーツが忘れられ、ルーツを探そうという人が絶えたとしても、クララ・ツェトキーンが、国際女性デーの創設にかかわった史実は存在するのである。

人名索引

（家系図内にある人名〈＊印〉については原語，生年－没年はここに記入しない。）

ウ

エ

オ

カ

キ

ク

ケ

コ

サ

シ

ス

セ

ソ

タ

チ

ツ

テ

ト

ナ

ニ

ノ

ハ

ヒ

フ

へ

ホ

マ

リ

ル

レ

● 人名のローマ字表記，生年，没年は，主に次の辞書を参照した。
Vierhaus（Hrsg.,）2. Ausgabe, 2005 ～ 2008, 12. Bde.
Weber, *et al.*,（2004）, Lazitch（1973）, IML/ZK/SED（1970）.

事項索引（紙誌名，組織名含む）

カ

キ

ク

ケ

コ

サ

シ

ス

セ

ソ

タ

ナ

ニ

ネ

ノ

ヘ

ホ

リ

ル

レ

ロ

ワ

地名(国名)索引

ア

イ

ウ

エ

オ

カ

キ

ク

ケ

コ

サ

シ

ホ

マ

ミ

メ

モ

ユ

ヨ

ラ

リ

ル

レ

ロ

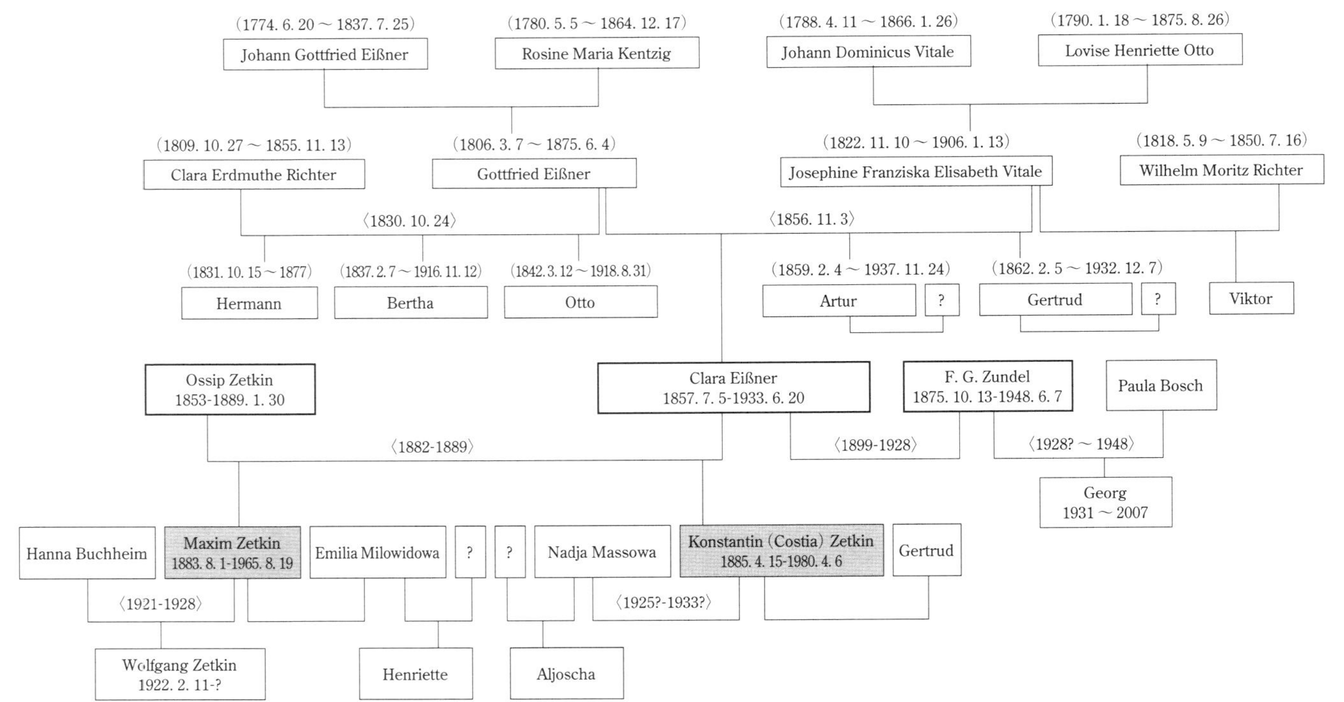

クラーラ・ツェトキーン家系図　（伊藤セツ作成）

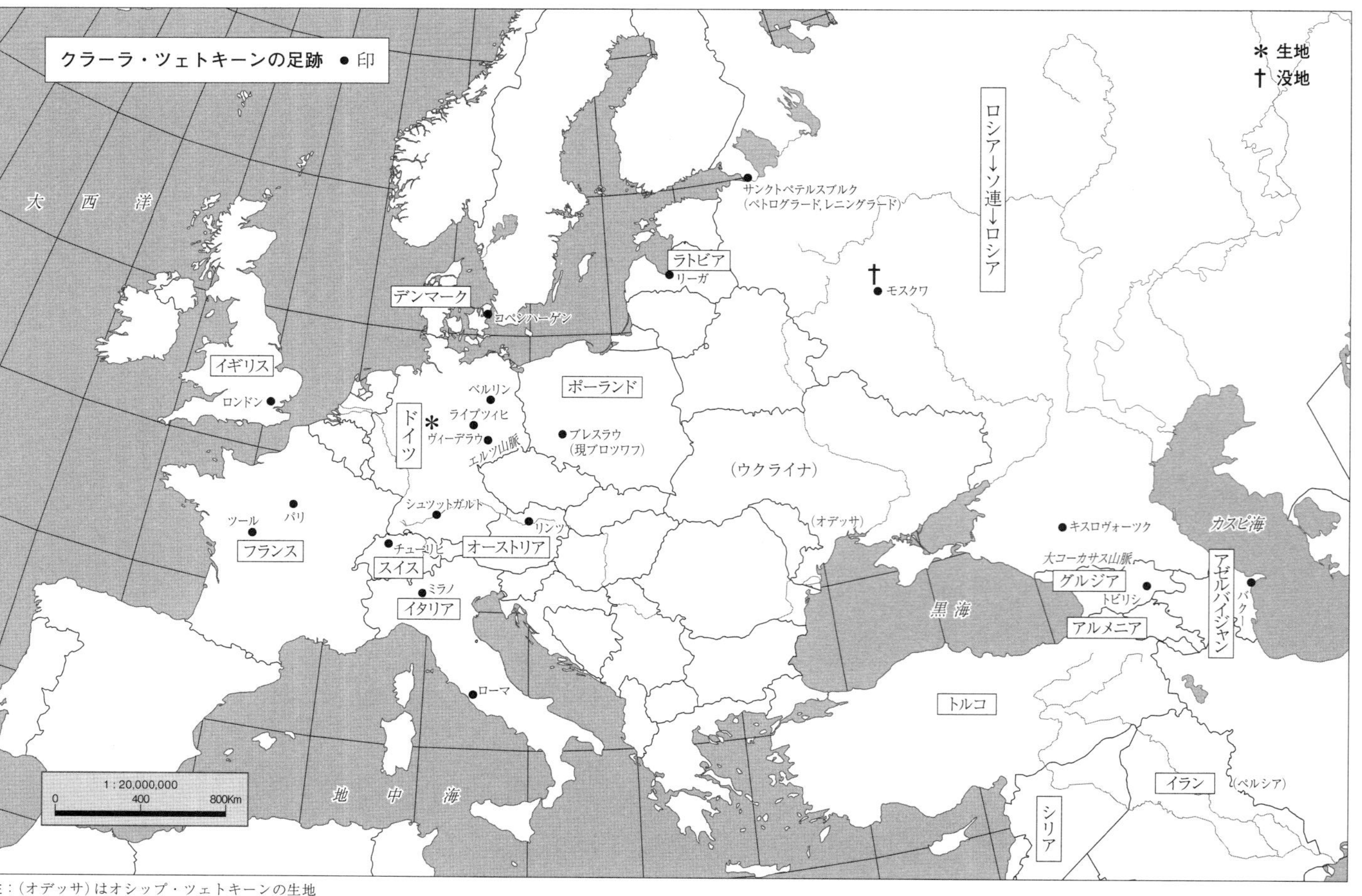

注：（オデッサ）はオシップ・ツェトキーンの生地

Clara Zetkin — Eine Biografie

Für Geschlechtergleichheit - gegen Krieg
Gegen Faschismus - für Frieden

Setsu Ito

Inhalt

Verlagsgesellschaft Ochanomizu-Shobo Verlag, Tokio Japan
Die erste Auflage 2013,
Die verbesserte und erweiterte Auflage 2018

著者紹介

伊藤セツ（いとう・せつ／Ito, Setsu）

1939年　函館生まれ.
1962年　北海道大学経済学部卒業.
1968年　北海道大学大学院経済学研究科修士課程を経て同博士課程単位取得満期退学.
　　経済学博士（1984年 北海道大学）.
1968-1973年　北星学園女子短期大学教員.
1974-1989年　東京都立立川短期大学教員.（1981年8-10月　旧東独「ライプツィヒ-クラーラ・ツェトキーン教育大学」に都費派遣短期研修）.
1989年-2009年 昭和女子大学教授. 同大女性文化研究所所長（2000-2004）, 大学院生活機構研究科長（2004-2009）.
2009年3月　昭和女子大学定年退職. 昭和女子大学名誉教授.
所属学会：社会政策学会（1998-2000 代表幹事）.（一社）日本家政学会（1994-1998 理事）.
　　経済統計学会.

〔単著〕
『クララ・ツェトキンの婦人論』（編訳著：松原セツ名）啓隆閣, 1969./『クララ・ツェトキンの婦人解放論』有斐閣, 1984./『現代婦人論入門』白石書店, 1985./『有斐閣経済学叢書15 家庭経済学』有斐閣, 1990./『両性（ジェンダー）の新しい秩序の世紀へ』白石書店, 1993./『国際女性デーは大河のように』御茶の水書房, 2003./『女性研究者のエンパワーメント』ドメス出版, 2008./『生活・女性問題をとらえる視点』法律文化社, 2008.

〔共著〕
川口和子他『国際婦人デーの歴史』校倉書房, 1980./大森和子他『家事労働』光生館.1981/伊藤セツ他『生活時間』光生館1984.他.

〔共編著〕
宮崎礼子, 伊藤セツ編『家庭管理論』有斐閣, 1978./伊藤セツ, 天野寛子編『生活時間と生活様式』光生館, 1989./小谷正守,伊藤セツ編『消費経済と生活環境』ミネルヴァ書房, 1999./昭和女子大学女性文化研究所編『ベーベルの女性論再考』御茶の水書房, 2004./伊藤セツ・伊藤純編『ジェンダーで学ぶ生活経済論』ミネルヴァ書房, 2010, 他.

〔翻訳：分担訳〕
リンダ・ブルム著（1991）森ます美他共訳『フェミニズムと労働の間』御茶の水書房, 1996./ベティ・フリーダン著（1997）女性労働問題研究会訳『ビヨンド・ジェンダー』青木書店, 2003./UN著（2005）日本統計協会訳『世界の女性2005－統計における進展』日本統計協会, 2006.他.

増補改訂版　クラーラ・ツェトキーン――ジェンダー平等と反戦の生涯――

2013年12月25日　第1版第1刷発行
2018年6月20日　増補改訂版第1刷発行

著　者――伊藤セツ
発行者――橋本盛作
発行所――株式会社 御茶の水書房
〒113-0033 東京都文京区本郷5-30-20
電話 03-5684-0751

Printed in Japan　　組版・印刷／製本――株式会社タスプ

ISBN978-4-275-02092-5 C3010